Die pfälzische Sozialdemokratie

Die pfälzische Sozialdemokratie
Beiträge zu ihrer Geschichte von den Anfängen bis 1948/49

Herausgegeben von
Manfred Geis und Gerhard Nestler

Verlag K. F. Geißler

Die Deutsche Bibliothek - CIP-Einheitsaufnahme

Die **pfälzische Sozialdemokratie** : Beiträge zu ihrer Geschichte von den Anfängen bis 1948/49 / hrsg. von Manfred Geis und Gerhard Nestler – Edenkoben : Geißler 1999
  ISBN 3-933086-75-2

1999
Alle Rechte vorbehalten
© Verlag K.F. Geißler GmbH & Co.KG, Edenkoben

Lektorat: Eris J. Keim
Gestaltung: Friedel Ernst Maischein
Umschlag unter Verwendung eines Plakates der SPD von 1948
zum Gedenken an die Revolution 1848 und an das Hambacher Fest 1832
(Archiv der sozialen Demokratie, Bonn).
Satz, Lithographie: Verlag Pfälzische Post GmbH, Neustadt
Druck und Bindung: Progressdruck GmbH, Speyer
ISBN 3-933086-75-2

Inhalt

Einleitung		11
Erich Schneider	Pfälzische Sozialdemokratie und die 1848/49er Tradition vom Kaiserreich bis zur Bundesrepublik	15
Wilhelm Liebknecht	Auf dem Hambacher Schloß!	40

Vorgeschichte

Wilhelm Kreutz	Anfänge der pfälzischen Arbeiterbewegung. Vom Hambacher Fest bis zur Gründung des Allgemeinen Deutschen Arbeitervereins 1832 - 1863	43
Gerhard Wunder	„Kein Heil außer dem Sozialismus." Der Neustadter Arbeiterverein von 1848/49	58
August Bebel	Auf Wanderschaft in der Pfalz	63
Dieter Schiffmann	Johann Philipp Becker. Das revolutionäre Leben eines Frankenthaler Bürstenbinders	64
Friedrich Engels	Dem Gedächtnis Johann Philipp Beckers	65
Kurt Baumann	Ferdinand Lassalle und die Pfalz	70

Von der Gründung der ersten Ortsvereine bis zur Jahrhundertwende

Erich Schneider	Die pfälzische Sozialdemokratie von ihren Anfängen bis zur Jahrhundertwende	73
Josef Queva	Erste Begegnung mit August Dreesbach	77
Josef Queva	Der erste Ortsverein in der Pfalz. Erinnerung an die Gründung des ADAV in Oggersheim	94
Willi Breunig	Die Anfänge der Ludwigshafener Sozialdemokratie	98
Josef Queva	Das erste Arbeiterfest in der Pfalz	101

Wilhelm Gerhold	Unter dem Sozialistengesetz	108
Dieter Schiffmann	Anfänge der sozialdemokratischen Arbeiterbewegung in Frankenthal	111
Johannes Hartmann	Eine heitere Episode aus dem Sozialistengesetz	116
Gerd Rauland	Der Beginn in der Westpfalz. Die Gründung der SPD in Kaiserslautern	118
Daniel Leßwing	Über die illegale Arbeit in Kaiserslautern	124
Daniel Leßwing	Wie ich unter dem Sozialistengesetz Sozialdemokrat wurde	133
Franz Josef Ehrhart	1884: Ein bewegtes Jahr	135
Philipp Jakob Weber	Einige lose Blätter aus Mutterstadt	142
Hans Blinn	Die „Blutroten" in der Südpfalz. Frühe sozialistische Bestrebungen in Landau und Umgebung	144
Josef Kaiser	Der „Arbeitertag" 1891 in Speyer. Ein Meilenstein der pfälzischen SPD-Geschichte	150
Reinold Rehberger	Die Gründung der nordpfälzischen Sozialdemokratie	158
Hans Kirsch	Sozialdemokratische Diaspora. Die Anfänge der SPD im Kuseler Land	170
Michael Staudt	Hugo Dullens und die Entstehung der saarpfälzischen Sozialdemokratie	176
Erich Schneider	Franz Josef Ehrhart im Urteil von Zeitgenossen	184

Von der Jahrhundertwende bis zum Ende des Ersten Weltkrieges

Hans Fenske	Jahre des steten Aufstiegs. Die pfälzische Sozialdemokratie 1900 - 1914	197
Karl Klingel	Begegnung mit Rosa Luxemburg 1906	221
Friedrich Profit	„Der rote Schrecken!"	222
Karl Scherer	Eduard Klement und die „Hottentotten-Wahl" im Jahre 1907	225
Friedrich Profit	Eine verunglückte Schloßbeleuchtung	236

Sylvia Fräßle	Die Arbeit der pfälzischen SPD-Abgeordneten im bayerischen Landtag 1893 bis 1907	239
Stefan Mörz	Die Presse der pfälzischen Sozialdemokratie bis zum Ende des Ersten Weltkrieges	253
Daniel Leßwing	Über die „Pfälzische Freie Presse"	256
Claudia Klemm	Lambrecht wählt 1909 den ersten sozialdemokratischen Bürgermeister in Bayern	264
Elisabeth Alschner	Die Anfänge der Arbeitersportbewegung in der Pfalz und in Speyer	269
Heinrich Thalmann	Die pfälzische Sozialdemokratie in der Zeit des Ersten Weltkrieges	277

Weimarer Republik

Gerhard Nestler	Zur Geschichte der pfälzischen SPD in der Weimarer Republik von 1918 bis 1929	288
Alfred Hermann	Die Geschichte der pfälzischen USPD	329
Stefan Schaupp	Der Kampf der pfälzischen SPD gegen die „Freie Pfalz"-Bewegung im Jahre 1919	344
Diethard Hennig	Johannes Hoffmann (1867 - 1930). Vom Volksschullehrer zum Ministerpräsidenten	351
Matthias Spindler	Hintergründe und Folgen der „Hoffmann-Aktion" vom Oktober 1923	373
Willi Breunig	Friedrich Profit (1874 - 1951). Vom Eisenbahner zum Parteiführer	380
Hans Blinn	Die Landauer SPD in der Weimarer Republik	387
Ute Renner	Die sozialdemokratische Frauenbewegung der Pfalz 1918 - 1933	393
Stephan Pieroth	Sozialdemokratische Presse 1918 - 1933	416
Armin Dürr	Die SPD-Fraktion im Kreistag der Pfalz von 1920 bis 1933	425
Roland Paul	Karl Klingel (1859 - 1936). Der „Renommierbauer" der pfälzischen SPD	437

Dieter Schiffmann	Sozialdemokratische Kommunalpolitik in der Weimarer Republik. Das Beispiel Ludwigshafen	442
Elisabeth Alschner	Juden in der pfälzischen SPD	450
Ute Renner	Die Arbeiterwohlfahrt in der Pfalz – Eine Domäne der Sozialdemokratinnen	460
Karlheinz Lipp	Der Pfälzische Volkskirchenbund der evangelischen Sozialisten	470
Vera Stürmer	Die pfälzische SPD in der Endphase der Republik	478
Gerhard Nestler	„Gegen die Fascistische Gefahr". Die Speyerer SPD in der Endphase der Republik	494
Egon Busch	Die Schiersfelder SPD im Kampf gegen die Nazis	502

In der Zeit der Nazi-Diktatur

Günter Braun	Verfolgung – Emigration – Widerstand. Pfälzische Sozialdemokraten unter der Naziherrschaft	505
Friedrich Schott	Das Treffen am Asselstein	523
Günther Janson	Der 10. März 1933 in Oppau	532
Georg Setzer	Wir kamen wieder! Erinnerungen an die ersten Tage des Naziregimes	537
Adam Haas	Das Frühjahr 1933 in Frankenthal	542
Eugen Hartmeyer	Die ersten Jahre der NS-Diktatur	545
Gerhard Nestler	Karl Hüther – ein Frankenthaler Widerstandskämpfer und seine Geschichte	553
Werner Ludwig	Erinnerungen an Verfolgung und Exil in Frankreich	556

Die Zeit nach 1945

Ralf Hundinger	Die Wiedergründung der pfälzischen SPD und ihre Entwicklung bis 1948	562
Friedrich Schott	Der Neuanfang 1945	599
Wehrmann Seel	„Den Schaffenden zur Seite stehen." Erinnerungen an die Jahre 1945 und 1946	604

Werner von Blon	Die Zweibrücker Sozialdemokratie in den ersten Nachkriegsjahren	606
Johannes Theisohn	Die Wiedergründung der SPD in Haßloch	613
Liesel Schäfer	„Dann begann eine aufregende Zeit." Zum Neuanfang der SPD in Pirmasens	619
Klaus J. Becker	Sozialdemokratie oder Sozialistische Einheitspartei in der Pfalz? SPD und KPD in der Nachkriegszeit	626
Jürgen Keddigkeit	Schwierige Wachablösung in Kaiserslautern	633
Hans Bardens	Beginn meiner politischen Arbeit in der Nachkriegszeit	644
Stephan Pieroth	Die sozialdemokratische Presse in der Pfalz nach dem Zweiten Weltkrieg	647
Günter Braun	Friedrich Wilhelm Wagner (1894 - 1971). Vom Hemshofjungen zum Verfassungsrichter	654
Josef Kaiser	Der Sozialdemokrat Adolf Ludwig und der Aufbau der Gewerkschaften in der Pfalz 1945 - 1949	671
Josef Kaiser	Franz Bögler (1902 - 1976). Der „rote Kurfürst" von der Pfalz	677

Dokumentarische Überblicke

Eris J. Keim	Parteitage und Vorstände der pfälzischen Sozialdemokratie 1891 bis 1949	687
Eris J. Keim	Wahlen und Abgeordnete der pfälzischen Sozialdemokratie 1893 bis 1949	732
Gerhard Nestler	Bibliographie zur Geschichte der pfälzischen SPD von den Anfängen bis 1949	768

Anhang

Personenregister	794
Geographisches Register	808
Bildnachweis	817
Herausgeber, Autorinnen und Autoren	818

„Es ist dem jungen Volk gut, wenn es an die alten Bewegungen erinnert wird", so schrieb Friedrich Engels am 24. März 1877 an seinen Freund, den Bürstenbinder Johann Philipp Becker aus Frankenthal.

Es ist in der Tat so. Wer seine Geschichte nicht kennt, wer nicht weiß, wo seine Wurzeln liegen, der wird sich schwer tun, seine eigene Identität zu finden, und er wird Probleme haben, die gesellschaftlichen und politischen Veränderungen der Gegenwart richtig einzuschätzen und zu bewerten. Dies gilt für den Einzelnen ebenso wie für politische Bewegungen und Parteien. Aus diesem Grund hat der SPD-Bezirk Pfalz dieses Buch, das die ersten 100 Jahre seiner Geschichte beschreibt, ideell und finanziell gefördert und unterstützt.

Wir freuen uns auf eine Fortsetzung, die dann vor allem geprägt ist durch eine fast zwanzigjährige Amtszeit des ehemaligen Bezirksvorsitzenden Werner Ludwig und auch die Zeit einschließt, in der mit Kurt Beck erstmals ein Sozialdemokrat aus der Pfalz Ministerpräsident des Landes Rheinland-Pfalz geworden ist.

Neustadt an der Weinstraße,
im Juni 1999

Dr. Winfried Hirschberger
Vorsitzender des SPD-Bezirks Pfalz

Einleitung

Die Sozialdemokratie kann in der Pfalz auf eine lange Geschichte zurückblicken. Aus kleinen Anfängen hat sich im Laufe der Jahrzehnte eine einflußreiche Organisation entwickelt, die das politische Geschehen in der Region mitgestaltet und mitgeprägt hat. Unser Buch will die Etappen dieses Weges bis 1948/49 nachzeichnen, die wichtigsten Ereignisse beschreiben und an die Frauen und Männer erinnern, die sich für die großen Ziele der Sozialdemokratie – Freiheit, Demokratie und soziale Gerechtigkeit – eingesetzt haben.

Die Pfalz, von 1816 bis 1945 bayerischer Regierungsbezirk, gehörte zunächst nicht zu den Hochburgen der sozialdemokratischen Arbeiterbewegung in Deutschland. Dies hing vor allem mit der Wirtschaftsstruktur des Raumes zwischen Rhein und Westrich zusammen, der vergleichsweise spät von der Industrialisierung erfaßt wurde. Zudem beschränkte sich diese auf den nördlichen Teil der Vorderpfalz, einige Randtäler des Pfälzer Waldes, die drei größeren Städte der Westpfalz und das saarpfälzische Kohlerevier um St. Ingbert. Daher bildete sich eine klassenbewußte Arbeiterschaft auch erst sehr viel später heraus als in den industriellen Zentren. Hinzu kam, daß sich die Pfalz meist in einer nationalen Randlage befand und in Krisen- und Kriegszeiten besonders zu leiden hatte. Entwicklung und Politik der sozialdemokratischen Bewegung blieben davon natürlich nicht unberührt. Immer wieder mußte sich diese im komplizierten und spannungsreichen Beziehungsgeflecht von Region, Land und Gesamtstaat orientieren und widerstreitende Interessen ausbalancieren.

Die ersten sozialdemokratischen Bestrebungen, die sich in der Zeit des Hambacher Festes und der Revolution von 1848 und 49 regten, blieben ohne großen Nachhall und verebbten nach dem Scheitern der revolutionären Bewegung rasch. Erst 20 Jahre später vermochten es lassalleanische Agitatoren aus Hessen und Baden, in den vorderpfälzischen Industrieorten sozialdemokratische Organisationen zu gründen, zunächst 1871 in Oggersheim, kurz darauf in Ludwigshafen und Mutterstadt, 1872 in Frankenthal, Lambrecht und Speyer. Diese waren zwar bald den Unterdrückungsmaßnahmen des monarchischen Obrigkeitsstaates ausgesetzt, aber noch unter dem „Sozialistengesetz" begann sich neues Parteileben zu regen. Ein Meilenstein der Entwicklung war der erste öffentliche pfälzische Parteitag 1891 in Speyer.

Vor der Jahrhundertwende setzte auch in der Pfalz der Aufstieg der Sozialdemokratie zur Massenbewegung ein. Unter der Führung von Franz Josef Ehrhart gelang es, die Parteiorganisation weiter auszubauen. Gleichzeitig wurde sie allmählich vom „Vorort" Mannheim gelöst und in den bayerischen Landesverband integriert. Die Mitgliederzahlen stiegen rapide, mit der „Pfälzischen Post" entstand ein eigenes Presseorgan und 1898 gewann Ehrhart das erste Reichstagsmandat für die pfälzische Sozialdemokratie.

Der Aufschwung hielt bis zum Ersten Weltkrieg an. Aus der Reichstagswahl von 1912 ging die SPD auch in der Pfalz als stärkste Partei hervor. Drei Jahre zuvor hatte in Lambrecht der Gemeinderat zum ersten Mal einen Sozialdemokraten zum Bürgermeister gewählt – er war der erste SPD-Bürgermeister in Bayern überhaupt.

Als 1914 der Erste Weltkrieg ausbrach, wurde diese Entwicklung freilich jäh unterbrochen. Die SPD verlor zahlreiche Mitglieder, und ihre Arbeit kam fast völlig zum Erliegen. Der Wiederaufschwung, der im letzten Kriegsjahr einsetzte und in der Pfalz selbst durch die Spaltung der Partei und die Gründung der USPD nur wenig beeinträchtigt wurde, erhielt in der revolutionären Übergangsperiode kräftig Nahrung. Bei den Wahlen zur Nationalversammlung und zum bayerischen Landtag im Frühjahr 1919 erzielte die pfälzische SPD ihr bis dahin bestes Ergebnis. Es sollte bis 1933 nicht mehr übertroffen werden.

Die außen- und innenpolitischen Erschütterungen der jungen Republik, der sich bereits in der Reichstagswahl von 1920 abzeichnende Rechtsruck der politischen Landschaft und die Turbulenzen in der bayerischen Politik, die den Sturz von Ministerpräsident Johannes Hoffmann herbeiführten und die bayerische SPD in die Opposition drängten, stellten auch die pfälzischen Sozialdemokraten vor große Herausforderungen. Dennoch waren sie imstande, ihre Organisation zu festigen und weiter zu entwickeln; mit der Herausgabe einer zweiten Parteizeitung, der „Pfälzischen Freien Presse" in Kaiserslautern, konnten sie überdies die Voraussetzungen für die Agitation in der West- und Nordpfalz verbessern.

In der Endphase der Weimarer Republik hatte in der pfälzischen SPD der Kampf gegen die rechtsradikalen und nationalistischen Kräfte Priorität. Dem Bündnis der NSDAP mit den konservativen Eliten in Staat, Wirtschaft und Gesellschaft, deren Ziel die Beseitigung der Demokratie war, stand sie indes machtlos gegenüber. In den ersten Jahren der NS-Herrschaft versuchten Sozialdemokraten aktiven Widerstand zu leisten. Nach dem Scheitern dieser Bemühungen beschränkten sich die meisten von ihnen allerdings darauf, die Diktatur zu überdauern und ihre politische Gesinnung zu bewahren.

Daß dies gelang, zeigte sich 1945. „Wir kommen wieder", so hatte Franz Bögler im Jahre 1933 versprochen, als die SA das Gebäude der „Pfälzischen Post" in Ludwigshafen besetzt hatte. Nun war es soweit. Noch vor der offiziellen Zulassung von Parteien durch die französische Besatzungsmacht gingen pfälzische Sozialdemokraten daran, ihre Organisation wieder aufzubauen und ins politische Geschehen einzugreifen. Sie knüpften dabei organisatorisch, personell und programmatisch an die Strukturen der Weimarer Zeit an. Schon im Oktober 1945 fand im Naturfreundehaus Elmstein-Harzofen ein erstes Treffen statt. Führende pfälzische Sozialdemokraten, allen voran Eugen Hertel und Franz Bögler, der alsbald zur dominierenden Persönlichkeit im Parteibezirk aufstieg, übernahmen leitende parlamentarische Funktionen im neugegründeten Bundesland Rheinland-Pfalz, zu dem die Pfalz nun gehörte. Andere, wie Hans Hoffmann und Wilhelm Bökenkrüger, traten in die Landesregierung ein.

Das vorliegende Buch ist chronologisch gegliedert. Es schlägt einen Bogen von den ersten Ansätzen bis in die Zeit nach dem Zweiten Weltkrieg, zur Bildung des Landes Rheinland-Pfalz und zur Gründung der Bundesrepublik Deutschland. Dabei wurden die großen Zäsuren der deutschen Geschichte des 19. und 20. Jahrhunderts als

Periodisierungskriterien zugrunde gelegt; sie haben trotz einiger Besonderheiten auch für die Geschichte der Pfalz und der pfälzischen Sozialdemokratie Gültigkeit. Die Jahre 1948/49, mit denen die Darstellung des Buches endet, wurden freilich nicht als starre zeitliche Begrenzung gehandhabt. Bei einigen Beiträgen gab es gute Gründe, diese zu überschreiten, biographische beziehungsweise autobiographische machten es geradezu notwendig. Die Zeit von 1949/50 bis zur Gegenwart, die bislang weitgehend unerforscht ist, soll in einem zweiten Buch vorgestellt werden.

Der vorliegende Band ist eine Mischung aus wissenschaftlichen Beiträgen und Quellentexten. Diese Konzeption ist bewußt so gewählt worden, um die Frauen und Männer, die die Geschichte der pfälzischen Sozialdemokratie geprägt haben, selbst zu Wort kommen zu lassen. Größere Überblicksdarstellungen leiten die einzelnen Perioden ein; diesen folgen kleinere Aufsätze zu speziellen Themen, lokalen Ereignissen und einzelnen Persönlichkeiten. Dazwischen sind die Quellentexte – meist Erinnerungsskizzen pfälzischer Sozialdemokratinnen und Sozialdemokraten – eingestreut. Sie sind teils als eigenständige Beiträge in das Buch aufgenommen, teils als Kästen in die wissenschaftlichen Aufsätze eingefügt worden. Einige von ihnen wurden bereits an anderer Stelle veröffentlicht. Sie werden hier – mitunter auszugsweise – nochmals abgedruckt. Photographien und Abbildungen von Zeitungen, Plakaten, Flugblättern und Zeitungsannoncen ergänzen die Texte. Wenn dies nicht gleichmäßig und ausgewogen hat geschehen können, so hängt dies mit der unterschiedlichen Überlieferung des Materials zusammen. Epochenübergreifende dokumentarische Überblicke und eine Bibliographie runden das Buch ab, ein Personen- und ein geographisches Register sollen der leichteren Benutzung des Bandes dienen.

Natürlich konnten nicht alle Aspekte und Probleme behandelt werden, die die Geschichte der pfälzischen Sozialdemokratie betreffen. Verschiedentlich fehlte es an Voraussetzungen, Vorarbeiten und Mitarbeitern. Vermißt werden insbesondere Studien, die die Organisationsgeschichte in die sozialökonomische Entwicklung und die Alltagsgeschichte der Region einbinden. Immerhin konnten im Vorfeld dieses Projektes eine Reihe von Arbeiten angeregt werden, die nun, in geeignete Form gebracht oder als Originalbeiträge, erstmals erscheinen. Im Blick auf die Zukunft wäre es nicht der schlechteste Ertrag, wenn mit dieser Publikation weitere Forschungen, Erinnerungen und autobiographische Aufzeichnungen initiiert würden.

Abschließend ist allen zu danken, die das Zustandekommen dieses Buches ermöglicht haben. Ein besonderer Dank gilt den Autorinnen und Autoren, den wissenschaftlich ausgewiesenen Historikern und Archivaren ebenso wie den zahlreichen „Laienhistorikern". Wir danken Eris J. Keim, der engagiert und kritisch einen großen Teil der redaktionellen Arbeit getragen hat, Friedel Ernst Maischein, der für die graphische Gestaltung verantwortlich war, und dem SPD-Bezirk Pfalz, der das Buch finanziell und ideell großzügig gefördert hat.

Neustadt an der Weinstraße,
im Juni 1999

Manfred Geis/Gerhard Nestler

Erich Schneider

Pfälzische Sozialdemokratie und die 1848/49er Tradition vom Kaiserreich bis zur Bundesrepublik

Obgleich das Verhältnis der Sozialdemokratie des 19. Jahrhunderts zur Revolution von 1848/49 eher ambivalent war, und der damalige „Sozialismus marxistischer Prägung weit mehr wollte, als die bürgerlich-liberale Bewegung" einstmals „gefordert hatte"[1], betrachteten sich die Sozialdemokraten von allem Anfang an als die „wahren Erben" von 1848/1849.[2] So solidarisierte man sich schon frühzeitig mit den sogenannten „Märzgefallenen" und Barrikadenkämpfern, auch wenn sie noch kein ausgeprägtes proletarisches Klassenbewußtsein besaßen, und sympathisierte insbesondere mit der Linken der Paulskirche – allen voran Robert Blum – und jenen radikaldemokratischen Kräften, die sich vor allem in der sogenannten „Reichsverfassungskampagne" von 1849 engagiert hatten.

Neben dem sozialdemokratischen Publizisten und Historiker Wilhelm Blos pflegte von den führenden Sozialdemokraten namentlich Wilhelm Liebknecht in zahlreichen Reden, Schriften und Jubiläumsartikeln die Reminiszenzen an die bürgerliche Revolution und den bewaffneten Volksaufstand hier im Südwesten, an dem er als prominenter Mitstreiter ebenso teilgenommen hatte wie zum Beispiel Friedrich Engels oder der Frankenthaler Johann Philipp Becker. Im Geschichtsbild der Sozialdemokratie besaß die Erinnerung etwa an den 18. März 1848 in Berlin – Wilhelm Liebknecht sah darin einen „Sieg der Demokratie"[3] – und den Pariser Kommuneaufstand vom Frühjahr 1871 einen hohen Stellenwert, wobei der Mythos des 18. März das Gedenken an die Kommune allerdings allmählich zurückdrängte. Mit ihrem alljährlichen Bekenntnis zum 18. März und der demonstrativen, einer Kampfaktion gleichenden „Wallfahrt" zu den Gräbern der Barrikadenkämpfer in Berlin-Friedrichshain erhoben die Sozialdemokraten in aller Öffentlichkeit den Anspruch, die berufenen Träger der demokratischen Traditionen und die eigentlichen „Testamentsvollstrecker" von 1848/49 zu sein.[4]

„Testamentsvollstrecker" der gescheiterten Revolution

Die Aktualisierung der Revolution diente – ähnlich wie die Feier zum Ersten Mai – nicht allein der Popularisierung eines eigenen Geschichtsbildes, sie war überdies ein willkommenes Mittel in der Auseinandersetzung mit dem politischen Gegner, was sich nicht zuletzt in Wahlkämpfen niederschlug. Dabei setzte man sich unter anderem kritisch auseinander mit den konservativen und bismarckfreundlichen nationalliberalen Historikern, mit der im Kern illiberalen und demokratiefeindlichen Staats- und Gesellschaftsordnung und den repressiven Tendenzen des zeitgenössischen preußisch-deutschen Militär- und Beamtenstaates. Erinnert sei hier nur an das Sozialistengesetz, das preußische Dreiklassenwahlrecht oder die „Umsturz-" und „Zuchthausvorlage".

Wenn sich die Sozialdemokraten in ihrem politischen Selbstverständnis so ungeniert als die legitimen Nachfolger von 1848 und 1849 sehen konnten und wenn sie dabei versprachen, die Ziele der Barrikadenkämpfer von einst verwirklichen zu wollen, so war dies zu einem guten Teil auch zu erklären aus dem deutlichen Abrücken der Mehrheit des liberalen Bürgertums von seinem „Heroenzeitalter", vom revolutionären Impetus in der ersten Hälfte des 19. Jahrhunderts (Hambacher Fest und 1848/49).[5] Diese nicht zuletzt durch die Bismarck'sche Reichsgründung bewirkte Entwicklung des Liberalismus hatte zu einer folgenschweren Schwächung der bürgerlichen Demokraten geführt. Zugleich ließ diese Rechtswendung der Nationalliberalen die sozialdemokratische These vom schmählichen „Verrat des Bürgertums an seinen frühen Idealen"[6] durchaus plausibel erscheinen. Wie sehr die „entarteten Nachfahren des alten Liberalismus" ihre eigene revolutionäre Vergangenheit „verleugneten", das glaubten die Sozialdemokraten im übrigen auch an deren Haltung zum Hambacher Fest von 1832 nachweisen zu können.[7]

Beginn der Traditionspflege in Baden und in der Pfalz

An der bewußten Pflege der 1848/1849er Tradition, die mit anderen Symbolwerten aufwartete und in der sich eine Fest- und Gedächtniskultur manifestierte, die in merklichem Kontrast zu den üblichen und amtlich sanktionierten politischen Feiern der wilhelminischen Ära stand, beteiligten sich auch die Sozialdemokraten im pfälzisch-badischen Raum. Dabei kooperierten sie gelegentlich mit der linksliberalen Deutschen Volkspartei, die ebenfalls in scharfer

Zeitgenössische Abbildung des Festzuges auf das Hambacher Schloß am 27. Mai 1832.

Opposition zu Bismarck, zu den Nationalliberalen und zum preußisch-deutschen Obrigkeitsstaat stand. Die demokratische Volkspartei sah in der „Volkserhebung" von 1848/49 ganz direkt und unmittelbar „die Wiege ihres eigenen Daseins", wie einer ihrer renommierten Wortführer, Professor Ludwig Quidde, es einmal formuliert hatte.[8] Die Volkspartei befand sich zwar nach der Reichsgründung in einer hoffnungslosen politischen Isolierung, verfügte aber gleichwohl im Südwesten über einen Stamm prinzipienfester Anhänger, die auch der verhängnisvollen Ideologie der sogenannten „Realpolitik" widerstanden. Zugleich verschaffte sich die Volkspartei durch ihre rührige Presse eine unbestreitbare Resonanz. Diese Organe der bürgerlichen Demokratie, wie zum Beispiel der „Alzeyer Beobachter", die „Neue Badische Landeszeitung" (Mannheim), die „Frankfurter Zeitung" oder die „Pfälzische Volkszeitung" (Kaiserslautern) pflegten unbeirrt und nachdrücklich den Erinnerungskult an 1848/49, wandten sich energisch gegen jegliche Schmähung und Verleugnung der Bewegung von 1848/1849, versuchten, das Gedenken an die gescheiterte Revolution im Bewußtsein der Menschen fest zu verankern und forderten eine grundsätzliche Demokratisierung von Staat und Gesellschaft. Zwangsläufig konkurrierten sie dabei mit der sozialdemokratischen Presse, so etwa nach dem Fall des Sozialistengesetzes auch mit der „Mannheimer Volksstimme" oder der „Pfälzischen Post" Ludwigshafen. Dem hartnäckigen Bemühen der entschiedenen Demokraten war es auch vornehmlich zu verdanken, daß man unmittelbar nach dem deutsch-französischen Krieg von 1870/71 die gefallenen Volkskämpfer und standrechtlich erschossenen Freischärler von 1849 durch die Errichtung von Denkmälern in Kirchheimbolanden (1872) und in Mannheim (1874) ehrte. Diese Denkmalsenthüllungen waren zwar „eindrucksvolle Höhepunkte" und bescherten den Demokraten so etwas wie einen „späten Triumph", doch blieb derselbe gewissermaßen Episode, weil sich die politische Entwicklung im Reich „gegenläufig verhielt".[9] Damals spielten die noch in Eisenacher und Lassalleaner gespaltenen Sozialdemokraten nur eine Nebenrolle, auch wenn beispielsweise der „Leipziger Volksstaat" dem Gedächtnis der Märzrevolution beziehungsweise dem 25. Jahrestag der Volkserhebung große Aufmerksamkeit widmete und unter anderem Georg Herweghs bekanntes Gedicht „Achtzehnhundertvierzig und acht" publizierte.

Denkmalprojekte

Anders war es dann später bei dem Rastatter Denkmalsprojekt für die „Märtyrer" von 1849, das wegen der Widerstände der badischen Regierung erst im Jahre 1899 realisiert werden konnte. Dieses „Sammel-Heldengrab" und Erinnerungsmal „für die Blutzeugen der deutschen Freiheit", in dessen Errichtung die „Pfälzische Post" eine „Ehrenpflicht für das deutsche Volk" sah[10], war ein echtes Gemeinschaftswerk von Demokraten und Sozialdemokraten. Zwischen beiden Gruppierungen gab es trotz aller prinzipiellen Gegensätze manche politischen Übereinstimmungen und persönlichen Kontakte. Mitunter war es auch vorgekommen, daß alte „Achtundvierziger" zu offenen Parteigängern der noch jungen sozialdemokratischen Bewegung geworden waren. Erinnert sei hier an den ehemaligen badischen Revolutionsminister und bekannten demokratischen Politiker Amand Goegg (1820 - 1897), der sich als besonders tatkräftiger Befürworter des Rastatter Denkmals einen Namen machte.

Nicht zu vergessen ist auch der Mainzer Paul Stumpf (1826 - 1912), welcher genauso wie Johann Philipp Becker nach 1849 im internationalen Sozialismus eine neue politische Heimat fand. Als Mitte der sechziger Jahre die Reaktion etwas an Schärfe verlor und das politische Klima sich besserte, spielte der unter anderen mit Bekker, Engels, Liebknecht und Marx befreundete Stumpf eine wichtige Rolle bei der Errichtung des Denkmals in Kirchheimbolanden. Er saß auch im Denkmal-Komitee und gehörte zu denen, die die Ausführung des Planes besonders forcierten. Diese Sache lag ihm sehr am Herzen, hatte er doch die Reichsverfassungskampagne als Hauptmann in jenem rheinhessischen Freischärler-Bataillon mitgemacht, das vom 10. Mai bis zum 14. Juni 1849 in der Donnersberggegend stand. Im Denkmal-Komitee selbst verlangte Stumpf in den Beratungen statt der in Aussicht genommenen Figur der Germania ein eindeutiges „Symbol der Freiheit". Da er sich mit anderen radikalen Gesinnungsfreunden mit dieser Forderung nicht durchsetzen konnte, trat er aus dem Gremium aus. Dies hinderte ihn freilich nicht daran, genau so wie in all den Jahren zuvor, das Grab seiner ehemaligen Mitstreiter in Kirchheimbolanden aufzusuchen und 1909 auf der Gedächtnisfeier als Redner aufzutreten.[11]

In der Zeit des Sozialistengesetzes von 1878 bis 1890 war den Sozialdemokraten selbstredend ein öffentliches Gedenken an die Revolution unmöglich gemacht worden, allenfalls der „illegale", in Zürich erscheinende „Sozialdemokrat" konnte sich ungestört den „Gedenktagen des Proletariats" widmen. Selbst die demokratische Volkspartei der Pfalz bekam die damalige Repression zu spüren, wurde doch etwa ihre große Hambach-Jubiläumsfeier 1882 auf Grund des Sozialistengesetzes verboten. Insgesamt hielt sich ihre Presse, was den zentralen Bezugspunkt 1848/49 angeht, in den achtziger Jahren merklich zurück.[12]

So ist es verständlich, daß ein nennenswerter Erinnerungskult erst nach 1890 aufblühen konnte. Dies läßt sich neben den zunehmenden historischen Rückblicken und Gedenkartikeln in der Presse besonders gut an der rasch wachsenden Zahl der von den sozialdemokratischen Ortsvereinen inszenierten Märzfeiern nachweisen. In diesen Veranstaltungen, für die man einen Eintritt von 15 oder 20 Pfennig verlangte, gab es neben der obligatorischen Gedächtnis- oder Festrede auch Konzertdarbietungen, gesangliche und „deklamatorische Vorträge" sowie Theatervorstellungen unter anderem mit Szenen aus dem Arbeiterleben.

Aufleben des Erinnerungskults nach 1890

Bedeutenden Anteil am Aufschwung des Revolutionsgedenkens hatte natürlich auch die inzwischen reicher fließende Parteiliteratur zu diesem Thema. Diese zum Teil als Agitationsschriften gedachten Publikationen, zu denen auch die beliebten „Volkskalender" zu rechnen sind, wurden seitens der Parteipresse extra empfohlen und meistens in den Parteiverlagen oder Parteibuchhandlungen vertrieben.

Unter den einschlägigen Autoren finden sich Johann Philipp Becker, Wilhelm Blos, Friedrich Engels, Johann Jacoby, Ferdinand Lassalle, Wilhelm Liebknecht, Franz Mehring und Karl Wörle. Letzterer leitete eine Zeitlang das von der Fortschrittspartei gegründete „Pfälzische Journal" Ludwigshafen. Das Vorwort zu seinem Buch „Miterlebtes – Aus den Tagen der deutschen Revolution und deren Vorgeschichte" verfaßte der Autor im übrigen im Mai 1906 in Ludwigshafen.

Eine beachtliche Breitenwirkung erzielte Liebknechts überaus populäre Schrift „Zum Jubeljahr der Märzrevolution", Berlin 1898. Viel gelesen wurde auch Wilhelm Blos' „Die deutsche Revolution. Geschichte der deutschen Bewegung 1848 und 1849", deren erste Auflage 1893 in Stuttgart erschien. Ähnliches gilt auch für die von Blos besorgte Edition der „Denkwürdigkeiten des Generals Franz Sigel aus den Jahren 1848/49", Mannheim 1902, und seine „Badischen Revolutionsgeschichten", die 1910 in der Mannheimer Parteibuchhandlung herauskamen.

Im Kreise der demokratischen Volkspartei schätzte man neben Blos vor allem die umfangreiche Studie von Otto Hartmann über die „Volkserhebung der Jahre 1848 und 1849 in Deutschland", Berlin 1900. Die Arbeit von Hartmann war das Ergebnis eines von der Volkspartei zum Revolutionsjubiläum 1898/99 angeregten Preisausschreibens.[13]

Mit ihren revolutionsbezogenen Beiträgen mußte die Sozialdemokratie freilich auch weiterhin etwas vorsichtig sein. So wurde etwa die Mannheimer „Volksstimme" 1894 in einen „Hochverratsprozeß" verwickelt, weil sie ein „revolutionäres Flugblatt" aus dem Jahre 1849 abgedruckt hatte. Der inkriminierte Text war Bestandteil eines mit der Überschrift „Reminiszenzen" versehenen Aufsatzes, der als Einleitung zu einer Artikelserie dienen sollte, in der man neben anderem wichtige zeitgenössische Dokumente zur badischen Revolution vorstellen wollte. Die Anklagebehörde sah in dem Abdruck „ein Verbrechen des versuchten Hochverrats", einen Appell „zum gewaltsamen Umsturz der badischen Verfassung" sowie eine „Aufreizung verschiedener Bevölkerungsklassen zu Gewalttätigkeiten gegeneinander". In der Affäre war es auch zu einer „Aufsehen erregenden Verhaftung" der beiden Verleger der „Volksstimme", August Dreesbach und Karl Fentz, gekommen.[14]

Erinnerungsfeiern 1898 und 1899

Höhepunkte des Revolutionsgedenkens und der Erinnerung an die Revolutionsopfer, in der „das klassenbewußte Proletariat" eine selbstverständliche „Pflicht" sah, bildeten vor dem Ersten Weltkrieg fraglos die Jubiläumsjahre 1898/99 und 1908/09. Aus der Vielzahl der geschichtlichen Erinnerungsfeiern ragen dabei die Märzfeiern in Ludwigshafen und Kaiserslautern – „Wir stehen auf historischem Boden" –, die Revolutionsfeier mit Wilhelm Liebknecht im August 1899 in Ludwigshafen und die Veranstaltung am Revolutionsdenkmal in Kirchheimbolanden im Juni 1909 – Hauptredner war hier Wilhelm Blos – deutlich heraus.[15]

Mit diesen Feiern wollten die Sozialdemokraten auch dem reaktionären zeitgenössischen Bismarck-Kult, der, wie es Franz Josef Ehrhart einmal etwas drastisch formulierte, auch in der Pfalz „ausgebrochenen nationalen Denkmalseuche"[16] und allem Chauvinismus und „byzanthinischem Rummel"[17] entgegenwirken. Darüber hinaus versuchten sie, damit jenen Teil des Bürgertums zu treffen, der die Revolution bewußt ignorierte, ja der „miserabel genug war, sich die Vorkämpfer seines politischen Emanzipationskampfes von der servilen Presse verunglimpfen zu lassen".[18] Selbstverständlich diente der Rückgriff auf die Revolutionsepoche auch einfach der parteipolitischen Profilierung. Das läßt sich exemplarisch belegen für die Jahre 1898 und 1899, als nacheinander Reichstagswahlen und bayerische Landtagswahlen für eine fühlbare politische Belebung sorgten. Nicht von ungefähr hielten die pfälzischen

> **Sozialdemokratischer Arbeiter-Bildungs-Verein Kaiserslautern.**
>
> 2259
>
> Sonntag, den 20. März 1898, Abends 8 Uhr, im Saale der Brauerei "Löwenburg".
>
> **1848.   50jährige   1898.**
>
> # "März-Jubiläums-Feier"
>
> bestehend in **Festrede** des Herrn Landtagsabgeordneten **Fr. J. Ehrhardt**,
>
> **Gesangs-Vorträgen**
>
> des "Vorwärts" (Arbeiter-Gesang-Verein.)
>
> # CONZERT
>
> **u. declamatorischen Vorträgen.**
>
> **Eintritt 20 Pfg.**
>
> Die Parteigenossen, sowie alle freiheitlich gesinnte Bürger sind zu dieser Jubiläums-Feier freundlichst eingeladen.
>
> **Der Vorstand:**
> **Ed. Klement.**

Anzeige der „März-Jubiläums-Feier" mit Franz Josef Ehrhart am 20.3.1898 in Kaiserslautern.

Sozialdemokraten auch ihren zehnten Landesparteitag nach dem Sozialistengesetz im September 1899 in Kirchheimbolanden ab. Dies war weit mehr als nur eine symbolische Geste. „Einen Akt der Pietät erfüllend", begaben sich die Delegierten dort zunächst auf den Friedhof, wo man „an dem Denkmal der im Kampfe für die Reichsverfassung gefallenen Vorkämpfer ... einen prachtvollen Kranz mit roter Schleife und Widmung niederlegte". Erst nachdem man auch „in zu Herzen gehenden Worten" den „Manen der 1849er Helden", die einst „für ihre Ideale ihr Herzblut hingaben", die gebührende „Huldigung" hatte zuteil werden lassen, wandte man sich den eigentlichen Parteitagsgeschäften zu.[19] Was die Beflaggung bei den Märzfeiern betrifft, so ist in unseren Quellen weitgehend von roten Fahnen die Rede. Zudem konnte es durchaus vorkommen, daß man unmittelbar an die „Ehrung der Märzgefallenen" ein „Hoch auf die internationale revolutionäre Sozialdemokratie" ausrief, was beispielsweise der demokratischen „Pfälzischen Volkszeitung" denn doch „etwas sonderbar" vorkam.[20]

Auch auf dem 16. Pfälzischen Gautag in Annweiler 1905 oder dem Parteitag der deutschen Sozialdemokratie von 1906 in Mannheim bezog man sich gern auf die 1848/1849er Ereignisse. Beim Treffen in

Annweiler wurde sogar ein spezielles Foto mit dem Denkmal für die bei Rinnthal 1849 ums Leben gekommenen Freischärler zum Verkauf angeboten. In diesem Zusammenhang erinnerte die „Pfälzische Post" selbstverständlich an die Teilnahme von Friedrich Engels an diesem Gefecht. Den Schauplatz der Zusammenkunft der pfälzischen Parteigenossen selbst bezeichnete das Blatt als „revolutionsgeschichtlichen", mit „dem Blute der 49er Revolutionäre getränkten Boden".[21]

Wie sehr man die Märzfeiern im Kampf gegen den wilhelminischen Klassenstaat auch tagespolitisch instrumentalisierte, beweist auch das Jahr 1908. Damals stellte die „Pfälzische Post" das Gedenken an die Märzgefallenen in einen unmittelbaren Bezug zum aktuellen Kampf der Sozialdemokratie gegen das preußische Dreiklassenwahlrecht und das von den Junkern dominierte „Dreiklassen-Parlament in Preußen", in dem man nicht ohne Grund den „Hort der gefährlichsten Reaktion" erblickte. Die Zeitung brachte in großer Aufmachung einen Aufruf des pfälzischen Gauvorstandes, in welchem er an die „Parteigenossen und Gewerkschaftskollegen" appellierte, die

Titelseite der „Pfälzischen Post" vom 17.3.1908 mit einem Aufruf zu den Revolutions-Gedenkfeiern.

Sonntag, den 20. August, Nachmittags ½4 Uhr

Volks-Versammlung
im großen Saale des Gesellschaftshauses in **Ludwigshafen.**

Tages-Ordnung:

Die bad.-pfälz. Volkserhebung 1848|49

Referent: Herr Reichstagsabgeordneter **Wilh. Liebknecht** aus Berlin.

Jedermann ist freundlichst eingeladen. Der Einberufer: **F. J. Ehrhart.**

Anzeige der Volksversammlung mit Wilhelm Liebknecht in Ludwigshafen am 20.8.1899.

Märzfeiern zu besuchen und damit zugleich „in Massen gegen das preußische Dreiklassenwahlrecht" zu demonstrieren.

In mehr als zwei Dutzend öffentlichen Versammlungen, in denen der Gauvorstand die erste Garnitur seiner Redner auftreten ließ, sollte dabei allein das Thema „Die Ereignisse des Jahres 1848 und der preußische Wahlrechtskampf" erörtert werden.[22] Im März 1912 schließlich diente der große Bergarbeiterstreik im Ruhrrevier – die „Pfälzische Post" sprach vom „Riesenkampf der Bergarbeiter" – als Folie für den Gedenkartikel, für den das Parteiorgan die Überschrift wählte: „Unsere Toten – unser März".[23]

Feier in Ludwigshafen 1899 mit Wilhelm Liebknecht

Von allen Revolutionsfeiern hierzulande in der wilhelminischen Ära stieß zweifellos die Ludwigshafener Kundgebung mit Wilhelm Liebknecht am 20. August 1899 im großen Saal des Gesellschaftshauses auf das stärkste Echo. Liebknecht, der gerade ein Jahr zuvor im „Pfälzischen Volkskalender" ein lesenswertes Feuilleton über einen Besuch auf dem Hambacher Schloß geschrieben hatte, referierte über die „badisch-pfälzische Volkserhebung 1848/49". Diese Gedenkfeier sollte ursprünglich in Mannheim abgehalten werden, und zwar gemeinsam mit der demokratischen Volkspartei. Sie war vom badischen Innenminister August Eisenlohr „rigoros" verboten worden, so daß man kurzerhand ins benachbarte Ludwigshafen auswich. Dort machte das Bezirksamt keine Einwände und ließ die Versammlung lediglich durch einen Polizeikommissär überwachen. Das badische Verbot galt im übrigen für alle vorgesehenen Demonstrationen und Veranstaltungen, beispielsweise auch auf dem Mannheimer Friedhof, wo während des ganzen Tages Demokraten und Sozialdemokraten gezwungenermaßen immer nur „einzeln nach dem Denkmal pilgern" durften.[24] Wie zur Einstimmung auf die Liebknecht-Rede brachte die „Pfälzische Post" auf ihrer Titelseite eine Abbildung des „Heldenmals zu Mannheim", umrahmt von einem Gedicht zum „Ehrentag der Toten", welches Franz Schreiber zum 18. März 1878 für das „Badisch-Pfälzische Volksblatt" verfaßt hatte. Der von Franz Josef Ehrhart als „feuriger

Demokrat" charakterisierte Franz Schreiber (1850 bis 1901) hatte in den siebziger Jahren stark mit den Sozialdemokraten sympathisiert und war dann vor der Jahrhundertwende ein führendes Mitglied der Volkspartei geworden. Zugleich zählte er zu den profilierten demokratischen Journalisten („Frankfurter Zeitung", „Kleine Presse", Frankfurt) im Südwesten.[25]

Die durch die schikanösen Maßnahmen der badischen Behörden erst so richtig „aufgerüttelten Massen" hatten verständlicherweise den überaus populären „alten Veteran" Liebknecht mit „brausenden Hochrufen" und mit einem „wahren Sturm der Begeisterung begrüßt".[26] Sie standen im „bis auf den letzten Platz gefüllten Saal Kopf an Kopf, Männer und Frauen, Alt und Jung", um den Worten des alten, „verehrten Führers Liebknecht" zu lauschen.[27] Der berühmte Gast wiederum bot auf dieser „imposanten" und „erhebenden" Feier[28] eine eindrucksvolle, „mit vielen persönlichen Erinnerungen durchwebte Schilderung" der Jahre 1848 und 1849[29], hatte ihn doch „das Schicksal" einst selbst „in den Wir-

Titelseite der „Pfälzischen Post" vom 19.8.1899 mit Abbildung des Heldenmals und Gedicht von Franz Schreiber.

belstrom der Revolution geführt".³⁰ Liebknecht appellierte an seine Zuhörer, alles zu tun, damit es der „Reaktion" nicht gelinge, „eines der größten Ereignisse" der jüngsten Geschichte einfach totzuschweigen, ja „aus dem Gedächtnis des Volkes auszutilgen". Da „die Sieger auch die Schule in die Hand genommen" hätten zur Propagierung ihres tendenziösen Geschichtsbildes, hielt Liebknecht es für durchaus möglich, daß „man in dreißig Jahren" eine „ganze Generation" – nämlich die 1848er und 1849er – „vergessen lassen könne", wenn man es unbedingt wolle.

Die „Pfälzische Post" sah in der „ohne Störung" verlaufenen Großkundgebung „eine große Demonstration gegen das badische Polizeiregiment" sowie die „badische Reaktion, die das Andenken an die Vergangenheit ersticken" wolle. Zugleich wertete sie die Versammlung als machtvollen „Protest gegen das Ministerium Eisenlohr, welches heute immer noch die nationalliberale Legende hochhalten wolle, als wäre die Gründung des deutschen Reiches mit preußischer Spitze die Erfüllung der Bestrebungen der Revolution von 1848/49 gewesen".³¹

Gegen derartige, Demokraten und Sozialdemokraten provozierende „Behauptungen nationalliberaler Historiker" hatten sich Wilhelm Blos und Wilhelm Liebknecht in ihren Publikationen ebenfalls wiederholt recht entschieden und „leidenschaftlich verwahrt".³²

Traditionspflege nach 1918

Bezüglich der Akzeptanz und Pflege der 1848/49er Tradition gab sich das pfälzische Blatt um die Jahrhundertwende im ganzen recht zuversichtlich. So registrierte man selbstbewußt, daß „aus dem Samen der 1848/49er Demokratie", den man „vernichtet glaubte", inzwischen der „weltüberschattende Riesenbaum der Sozialdemokratie geworden" sei. Ihn „zu fällen", hätten die Gegner des „klassenbewußten Proletariats" einfach nicht mehr die Kraft. Gleichzeitig war man davon überzeugt, „daß für das deutsche Volk einmal der Tag kommen" werde, „an dem es seine Fesseln abwirft und mit dankbarer Einmütigkeit auch derer gedenkt, welche es zum ersten Mal in die Freiheit führen wollten und dabei ihr Leben ließen". Ja man spürte jenen historischen Augenblick nahen, der „die Gedenktage der Revolution von 1848/49" endlich zu „deutschen Nationalfesttagen" erhöhe³³. Was diesen ersehnten und von allen akzeptierten Nationalfeiertag angeht, so waren, wie wir wissen, die Erwartungen der Sozialdemokraten allzu hoch gespannt.

Immerhin kam es mit der Revolution von 1918 zum erhofften Zusammenbruch des bekämpften alten Regimes. An die Stelle des ungeliebten „Obrigkeits- und Machtstaates"³⁴ wilhelminischer Observanz trat nun der auf dem Grundsatz der Volkssouveränität basierende republikanische Volksstaat, die Weimarer Republik, deren Verfassung in ganz wesentlichen Punkten auf das Werk der Paulskirche und das Erbe von 1848/49 zurückging. Dies wurde auch symbolisch zum Ausdruck gebracht durch das Bekenntnis zu Schwarz-Rot-Gold als den „Reichsfarben" (Art. 3 der Weimarer Verfassung). Freilich hatte diese Republik von Weimar von allem Anfang an mächtige und erbitterte Widersacher, die auch von dem jetzt häufiger beschworenen „Geist von 1848" nichts wissen wollten und deren Geschichtsbild zum Teil dem bekannten konservativen Interpretationsmuster des Kaiserreiches verhaftet blieb. So änderte sich nach 1918 im Umgang mit der Revolution von 1848/49 im Grunde nicht allzu viel, wobei sich allerdings für die Sozialdemokraten jetzt der Vorteil ergab, daß sich ihr Revolutionsgedenken frei von kleinlicher Überwachung durch die Polizei und ohne Eingriffe der Zensur entfalten konnte.

Auch nach dem politischen Umsturz und dem Neubeginn 1918/19 blieb die Pflege des Erbes von 1848/49 vornehmlich das Anliegen der SPD und der Linksliberalen, ab 1919 der DDP, die beide ja in der Verwirklichung der demokratischen Republik mit gutem Recht endlich die Erfüllung von 1848/49 erblicken konnten. Zur SPD und DDP gesellten sich dann noch jene liberalen Kräfte des Zentrums, die trotz mancher Vorbehalte und Einschränkungen die Verfassung von Weimar bejahten und mittrugen. Auf diese sich mit der Weimarer Republik identifizierenden Parteien („Weimarer Koalition", vor allem auch in Preußen) stützte sich auch das 1924 gegründete Reichsbanner Schwarz-Rot-Gold, die republikanische Massenorganisation zur Festigung und zum Schutze der parlamentarischen Republik vor antidemokratischen Tendenzen. Im politischen Selbstverständnis und in den Veranstaltungen des Reichsbanners hatte die Paulskirchentradition verständlicherweise einen hohen Stellenwert. Dies betraf insbesondere die Verfassungsfeiern am 11. August, dem Tag der Unterzeichnung und Verabschiedung der Verfas-

Aufruf des vorbereitenden Ausschusses zur Gründung einer Ortsgruppe Kaiserslautern des Reichsbanners vom 8.5.1925.

Erich Schneider

sung von 1919, und die zusätzlich arrangierten „Republikanischen Tage", die das demokratische Bewußtsein stärken sollten. Den Verfassungstag hätten sich SPD und DDP gern als offiziellen, gesetzlichen Feiertag gewünscht, doch ließen sich entsprechende Forderungen in Bayern und damit in der Pfalz nicht realisieren. Anlässe, Kontinuität mit 1848/49 zu zeigen, boten für die demokratischen Parteien und das Reichsbanner darüber hinaus die traditionellen Märzfeiern, die Revolutionsjubiläen 1923/24 und 1928/29 oder die das Hambacher Fest berührenden Erinnerungsjahre 1922 und 1932.

Genauso wie im Kaiserreich gingen auch in der Weimarer Zeit bei den 1848/49er Reminiszenzen die stärksten Impulse von der SPD aus. Sie verfügte auch mit Abstand über den größten Einfluß im Reichsbanner, das sich hauptsächlich aus der sozialdemokratischen Arbeiterschaft rekrutierte. Die Sozialdemokraten waren jetzt sichtlich noch spürbarer motiviert als vor 1914 und forcierten die bereits um die Jahrhundertwende übliche Kultur des Feierns. Dabei wurden sie wirkungsvoll von ihrer Presse unterstützt, wie ein Blick in die Mannheimer „Volksstimme", die „Pfälzische Post" oder die „Pfälzische Freie Presse" (Kaiserslautern ab 1921) anschaulich beweist.

Reichsbanner Schwarz-Rot-Gold

Für die Entwicklung des pfälzischen Reichsbanners war der erste „große republikanische Tag für Südwestdeutschland" beziehungsweise der „Tag der Republik" am 27./28. September 1924 in Mannheim von eminenter Bedeutung. Auf dieser „wuchtigen Demonstration" wurde auch die Bildung eines Gauvorstandes für die bayerische Rheinpfalz und damit gleichzeitig die Gründung einer ersten Ortsgruppe des Reichsbanners in Ludwigshafen beschlossen.[35] Der Ortsverein Ludwigshafen rief erstmals am 25. Oktober 1924 die pfälzischen „Anhänger der Republik" dazu auf, sich doch umgehend dem Reichsbanner, diesem „Bollwerk zum Schutze der Weimarer Verfassung" und der „Einheit und des Bestandes der Republik", anzuschließen. Gerade die Pfalz „mit ihrer freiheitlichen Tradition" dürfe hier nicht zurück stehen.[36]

An der Spitze des pfälzischen Gauvorstandes des Reichsbanners stand von 1925 bis 1933 der sozialdemokratische Rechtsanwalt Friedrich Wilhelm Wagner (1894 - 1971) aus Ludwigshafen. Der Reichstagsabgeordnete und spätere Vizepräsident des Bundesverfassungsgerichtes in Karlsruhe Wagner – Carlo Schmid nennt ihn in sei-

Aufruf zum 4. Republikanertag am 1.7.1928 in der „Pfälzischen Post" vom 20.6.1928.

nen Memoiren einen „aufrechten Demokraten"[37] – gehörte zu den treibenden Kräften und herausragenden Repräsentanten seiner Organisation im Südwesten. Er genoß auch auf Grund seines persönlichen „Mutes" und seiner „mitreißenden" Eloquenz allseits großen Respekt, ja Beliebtheit.[38] Von Ludwigshafen aus breitete sich das Reichsbanner rasch in der Pfalz aus, vor allem in den sozialdemokratischen Hochburgen. Bald konnte man zahlreiche Ortsgruppen registrieren, die nicht allein bei den kommunalen Verfassungsfeiern aktiv und präsent waren.

Das pfälzische Reichsbanner kooperierte eng mit dem benachbarten Baden, und es kam zu einem häufigen Austausch der Redner. So sprachen von badischer Seite aus unter anderen die Reichsbannerleute Ludwig Haas, Karl Helffenstein, Hermann Heimerich, Oskar Hofheinz, Hermann Hummel, Heinrich Köhler, Ludwig Marum, Adam Remmele, Johann Georg Schöpflin, Joseph Wirth auf pfälzischen Treffen. Von der Pfalz sah man Friedrich Wilhelm Wagner öfter im Badischen. Erinnert sei hier nur an seinen Auftritt auf der Reichsbannerkundgebung an Pfingsten 1927 in Heidelberg, wo man in jenen Tagen eine Gedenktafel am Geburtshaus Friedrich Eberts, des ersten Reichspräsidenten der Weimarer Republik, enthüllte.[39]

Weit mehr als die vielfältigen lokalen Veranstaltungen vermochten gerade diese mit beträchtlichem Aufwand organisierten regionalen „Reichsbannertage" die Massen zu mobilisieren. Der erste offizielle Reichsbannertag fand am 8. und 9. August 1925 auf dem Hambacher Schloß statt. In der gleichzeitig als Verfassungsfeier inszenierten Großkundgebung sprachen auch der Reichskanzler a. D. Wilhelm Marx und der sozialdemokratische Reichsinnenminister a. D. Wilhelm Sollmann.

Bemerkenswerten Zuspruch fanden sodann die Reichsbannertage in Ludwigshafen (1926 und 1929), in Kaiserslautern (1927), in Kirchheimbolanden (1929) sowie der „Südwestdeutsche Republikanertag" 1929 in Mannheim. Daneben kam es auf lokaler Ebene Jahr für Jahr zu Dutzenden von Verfassungsfeiern, bei deren Vorbereitung und Durchführung dem Reichsbanner die Schlüsselrolle zufiel. Diesen Gedenktagen maß man eine hohe „politische und identifikatorische Symbolkraft" zu.[40] Sie sollten das republikanische „Wir-Gefühl" festigen, die Akzeptanz der republikanischen Staatsform steigern und eine Art von Verfassungspatriotismus bilden. Selbstverständlich tat dabei die demokratische Presse alles in ihrer Macht stehende, um den Veranstaltungen die größtmögliche Resonanz zu verschaffen.

Ringen um Symbole

Um den „republikanischen Gedanken im Herzen der Massen mehr und mehr zu verankern" und „im Volke lebendige Wurzeln schlagen zu lassen", strebte man einen Verfassungstag mit echtem Volksfestcharakter an.[41] Dazu rechnete man Festzüge, Konzerte, Tanz, sportliche Wettkämpfe, Spiele für Kinder. Insgesamt fällt ins Auge, daß die meisten Verfassungsfeiern nicht nur im Atmosphärischen einen unverkennbaren sozialdemokratischen Charakter aufwiesen mit recht zahlreicher, ja geschlossener Teilnahme etwa der Ortsvereine und Mitgliedschaften, der Arbeitersportvereine, der Arbeiterjugend, der Gewerkschaften, der Frauen und Kinder. Die besondere sozialdemokratische Komponente ergab sich auch in der Auswahl der prominenten auswärtigen Redner. Zu nennen sind hier Friedrich Ackermann, Albert Grzesinski, Karl Höltermann, Hermann Heimerich, Wilhelm

Fahne des Reichsbanners Speyer aus dem Jahre 1926.

Hoegner, Willi Karbaum, Karl Mayr, Carlo Mierendorff, Adam Remmele, Johann Georg Schöpflin, Wilhelm Sollmann, Friedrich Stampfer, Johannes Timm und Hans Vogel.[42]

Diese sich natürlich auch in der Parteipresse spiegelnde sozialdemokratische Dominanz resultierte zu einem guten Teil aus dem unaufhaltsamen Niedergang der DDP und der eher zögerlichen und „spröden" Haltung des Zentrums[43], in dem man sich bei weitem nicht so für das Reichsbanner einsetzte wie in der SPD. Unentwegt und äußerst eindringlich verlangte man in der sozialdemokratischen Presse ebenfalls, daß am Verfassungstag ausgiebig geflaggt würde, und zwar Schwarz-Rot-Gold! Dabei ließ man sich von der verbreiteten Aversion gegen diese Farben nicht entmutigen. Für die Sozialdemokratie besaß dieses „Symbol der Republik, des Geistes der Freiheit, des Geistes von Weimar", wie Wagner es einmal formulierte[44], allerhöchsten Rang. Schwarz-Rot-Gold war für sie ein ganz wesentliches Medium der Identifikation mit der Republik. Darüber hinaus ermöglichen es diese Farben, in aller Öffentlichkeit der „Sympathie mit dem Staate von Weimar" Ausdruck zu verleihen und persönliche Gesinnung zu dokumentieren, insbesondere auch gegenüber „Verächtern der Republik" und „Gleichgültigen und Lauen". Letztere versuchte man dadurch „aus dem Schlafe zu rütteln", während den Gegnern Entschlossenheit und Kampfbereitschaft signalisiert werden sollten.[45]

Entsprach die Beflaggung nicht den Erwartungen, sparten die Partei-Zeitungen nicht mit Kritik und Polemik. Vor allem die mangelhafte Beflaggung mancher Geschäfts- und Privathäuser oder in typisch bürgerlichen Wohnvierteln empfand man als Ärgernis. In diesem immer wieder monierten Fehlen des Flaggenschmuckes glaubte man ein klares Symptom dafür zu erkennen, „daß die Begeisterung des deutschen Volkes für den republikanischen Volksstaat noch sehr begrenzt" sei.[46] In der Tat erreichten gerade die von der SPD und den Gewerkschaften entwickelten Aktivitäten selten die Bevölkerungskreise außerhalb des von der Arbeiterschaft geprägten Sozialmilieus.

Besonders empfindlich reagierte die SPD-Presse auf eine, wie man glaubte, bewußte, eine absichtliche „Sabotierung", „Boykottierung"[47] des Verfassungstages. So empfand man es auch als offenkundige „Brüskierung", ja „Provokation", wenn öffentliche Gebäude, wie Bezirksämter, Gerichte, Schulen, nicht geflaggt hatten. Empört war man auch, wenn beispielsweise „die Spitzen der städtischen Behörden" trotz Einladung bei den republikanischen Feiern „durch Abwesenheit glänzten" oder einzelne Gemeinden den Verfassungstag rundweg mißachteten und sich anmaßten, sich „ohne weiteres über das hinwegsetzen zu können, was man der Achtung der deutschen Republik schuldig" sei.[48] Freilich gestand man sich auch ein, daß es mit dem bloßen Beflaggen allein nicht getan sei und daß man auch „mit dem Herzen dabei" sein müsse.[49]

Kritischer Aufmerksamkeit erfreute sich „die Geschäftswelt" in den Städten. Hier wurde vereinzelt regelrecht notiert, wer nicht geflaggt hatte. Man scheute sich nicht, auch einmal Namen zu nennen und kündigte an, in Zukunft diejenigen „etwas näher unter die Lupe zu nehmen", die nicht oder die „Schwarz-Weiß-Rot" flaggten. In diesem Fall verwies man auf mögliche unangenehme „Folgen" für ein derartiges Verhalten.[50] Schließlich und endlich galten auch für Festumzüge und Demonstrationen anspruchsvolle Maßstäbe. So wünschten sich die Parteiorgane nicht selten eine noch stärkere Beteiligung und mehr „Bekennermut".[51]

Unsicherheit und Skepsis

Im ganzen bleibt bei der Lektüre der zeitgenössischen Presseberichte über die pfälzischen Verfassungsfeiern, die ja auch stets ein Spiegelbild der jeweils herrschenden Stimmung sowie der inneren Befindlichkeit der Republik darstellen, ein zwiespältiger Eindruck, und es kann kaum die Rede sein von einem stabilen, krisenfesten und vor allem breiten republikanischen Bewußtsein. Auch wenn manche Veranstaltungen „glänzend besucht" waren und Augenzeugen zu der Überzeugung kamen, die Republik schlage „immer mehr Wurzeln", ließen sich Unsicherheit und Skepsis nicht verdrängen, zumal es immer wieder Dämpfer und Rückschläge gab.[52]

Bisweilen konnte es sogar vorkommen, daß die Verantwortlichen überhaupt nicht so recht wußten, wie sie es denn mit „der Verfassungsfeier halten" sollten, so 1929 in Kaiserslautern. Hier ließ der sichtlich etwas ratlose Oberbürgermeister „sogar in Pirmasens, Zweibrücken, Landau und Neustadt telefonisch anfragen", was man denn in diesen Städten zu unternehmen gedenke. Die SPD-Stadtratsfraktion bezeichnete dies mit Blick gerade auf den zehnten Jahrestag der Reichsverfassung als „beschämenden Mißstand" und beklagte überdies, daß man es auch in den Schulen versäume, das Weimarer Verfassungswerk gebührend zu behandeln.[53]

Das wohl beste Echo fand der Verfassungstag jeweils im Raum Frankenthal-Ludwigshafen-Mannheim mit seinem starken sozialdemokratischen Umfeld. Nicht ohne eine gewisse Berechtigung war man deshalb im Sommer 1932 im „roten Ludwigshafen" noch davon überzeugt, daß „die unter sozialistischer Führung stehende republikanische Bevölkerung" in „ihrer Treue zur Republik" nicht „wanken", nicht „klein-

Aufsatz von Andreas Bayer in der Heimatbeilage der „Pfälzischen Post" vom 17.4.1929.

mütig" werde, ja selbst dem wachsenden Terror „der Nazibanditen mutig" widerstehen werde.[54]

Was nun die unmittelbare Pflege der 1848/49er Tradition und die Rezeption der Paulskirchenbewegung während der Verfassungstage und der Reichsbannertreffen angeht, so wurde sie zweifellos im schwarz-rot-goldenen Fahnenkult für jedermann am augenfälligsten. Ein besonderer Nimbus war hierbei den wenigen noch erhaltenen Originalfahnen von 1848/49 eigen, die bei manchen Gedenkfeiern und Umzügen gezeigt bzw. mitgeführt wurden. Die gleiche Hochachtung und Bewunderung genoß die „alte, ehrwürdige schwarz-rot-goldene Fahne vom Hambacher Fest", jenem „wichtigen Vorspiel" oder „Vorsignal von 1848". Dieses kostbare, vom Neustadter Reichsbanner sorgsam wie eine „Reliquie" gehütete Originaltuch hing auch einmal (1930) bei einer Verfassungsfeier im Berliner Reichstag, und zwar an markanter Stelle im Sitzungssaal, wo es direkt „über dem Präsidentenplatz als besondere Zierde des Saalschmuckes" diente.[55]

Anspielungen auf Hambach, „die Wiege der deutschen Freiheitsbewegung"[56], sowie auf 1848/49 waren naturgemäß auch Bestandteil einer Vielzahl von Reden und Aufsätzen in der zeitgenössischen sozialdemokratischen Tagespresse. Dabei kamen an den Verfassungstagen in der „Pfälzischen Post" und in der „Pfälzischen Freien Presse" immer wieder bekannte Autoren zu Wort, wie zum Beispiel Max Adler, Anna und Wilhelm Blos, Otto Braun, Eduard David, Wilhelm Hoegner, Paul Levi, Paul Löbe (Reichstagspräsident 1920 bis 1932), Carlo Mierendorff, Karl Renner, Philipp Scheidemann, Carl Severing, Friedrich Stampfer oder Hermann Wendel. Einige von ihnen konnte man auch als Redner auf republikanischen Kundgebungen oder bei SPD-Veranstaltungen hören.

Ausstellungen und historische Studien

Außer im journalistischen Bereich thematisierte man auch in Sonderausstellungen über die Revolutionsära die Kontinuität zu 1848/49. Dies geschah etwa aus Anlaß des dritten Pfälzer Republikanertages am 9. und 10. Juli 1927 in Kaiserslautern oder im Jubiläumsjahr 1929 sowohl in Ludwigshafen als auch in Mannheim. Die im Juni und Juli im Ebertpark in Ludwigshafen gezeigte Heimatausstellung „Die pfälzische Freiheitsbewegung von 1849" bot den Besuchern „reichlich Anschauungsstoff". Die Exponate stammten aus der stadt- und bezirksgeschichtlichen Sammlung, die von den Sozialdemokraten entsprechend gefördert wurde. Die „Pfälzische Post", welche sich bildungspolitisch sichtlich engagierte, machte in ihrem anspruchsvollen und interessanten Unterhaltungsteil „Bei uns daheim – Aus Vergangenheit und Gegenwart der Pfalz" wiederholt auf das Ausstellungsprojekt aufmerksam. Parallel dazu veröffentlichte sie in der Beilage einige lesenswerte Abhandlungen zur regionalen Revolutionshistorie. Ihre Verfasser waren der Diplomhandelslehrer Ludwig Andreas Bayer, der junge Student der Geschichte und Germanistik Kurt Baumann, der Bezirksschulrat und Leiter des Ludwigshafener Heimatmuseums Karl Kleeberger und der Zweibrücker Volkskundler und Historiker Albert Becker. Becker hatte bereits 1928 in „Bei uns daheim" die legendäre Pfingstreise Robert Blums 1848 in die Rheinpfalz behandelt und damit an den hierzulande unvergessenen Volkskämpfer erinnert, dessen Portrait auch auf so mancher sozialdemokratischen Revolutionsfeier zu sehen war.[57]

Von den Aufsätzen können vor allem die Studien von Baumann und Bayer als wichtige Beiträge zur Revolutionsgeschichte gelten.[58] Während Baumann in den folgenden Jahrzehnten zu einem der angesehensten und produktivsten Pfalzhistoriker avancierte, ist Andreas Bayer heute weitgehend vergessen. Immerhin überraschte er 1929 mit einer materialreichen, fundierten Arbeit über „Kirchheimbolanden in der Sturm- und Drangperiode der Pfalz 1848/49". Für Bayer, der auch Vorträge über diesen Gegenstand in sozialdemokratischen Ortsvereinen hielt, wurde mit der Gründung der Weimarer Republik nach über einem halben Jahrhundert endlich das „erreicht", was die Freischärler einst „gewollt".[59] Die „Pfälzische Post" spendete dem jungen Historiker Anerkennung und nannte seinen Namen zusammen mit demjenigen von Wilhelm Blos und Hermann Wendel.[60] Wendel wiederum gedachte 1932 der 50. Wiederkehr des Todes von Gottfried Kinkel und zitierte in diesem Zusammenhang auch aus der 1930/31 erschienenen zweibändigen Revolutionsgeschichte des „guten Kenners des demokratischen Deutschlands" Veit Valentin, dessen Arbeiten vor allem den Beifall der Republikfreunde fanden.[61]

Die bereits erwähnte Mannheimer Ausstellung wurde anläßlich des Südwestdeutschen Republikanertages vom 31.8. und 1.9.1929 eröffnet, der in besonderem Maß der „Stärkung des republikanischen Traditionsbewußtseins" dienen sollte.⁶² Die Begrüßungsansprache im Schloßmuseum hielt Oberbürgermeister Hermann Heimerich. Der bekannte sozialdemokratische Kommunalpolitiker, der auch nach dem Zweiten Weltkrieg noch einmal in das Amt des Oberbürgermeisters berufen wurde, betonte unter anderem, daß man mit der Ausstellung auch den Zweck verfolge, „der jüngeren Generation die Wurzeln der heutigen Staatsverfassung aufzuzeigen". Auch der Festredner, der Museumsdirektor Professor Dr. Friedrich Walter, hob den „engsten Zusammenhang" zwischen „dem Werk von Weimar und der Reichsverfassung der Paulskirche" hervor.⁶³ Nach einer Schilderung der „Entwicklung der politischen Kämpfe vor 30 Jahren" kam er zu dem Fazit, daß die „deutsche Revolution von 1848/49" zwar „vorzugsweise, aber nicht aus-

Plakat zum Republikanertag anläßlich des Gedenkens an den 14.6.1849 mit Friedrich Ackermann in Kirchheimbolanden am 16.6.1929.

schließlich eine Bürgerrevolution gewesen" sei, daß vielmehr sich „in jener Zeit bereits der erste Anfang der deutschen Arbeiterbewegung bemerkbar gemacht" habe.

Beim Festakt im Rittersaale des Schlosses waren auch der badische Innenminister Adam Remmele, der Bundespräsident des Reichsbanners Otto Hörsing und der frühere badische Staatspräsident Professor Willy Hellpach zugegen. Das von Tausenden von „Reichsbannerkameraden" besuchte Fest in den Straßen Mannheims, auf dem die Reichsbannerführung wie erwartet heftig mit allen „Reaktionären" und „Hetzern von rechts und links abrechnete", gestaltete sich zu einem wahren „Massenmeeting", zu einer „gewaltigen Demonstration", die ihre „Wirkung" auf die Beteiligten – darunter viele Pfälzer – nicht verfehlte. Zum Zeremoniell gehörte selbstverständlich auch eine Ehrung der Gefallenen des Ersten Weltkrieges und eine Kranzniederlegung am 1849er „Totenmal".[64]

Aktivitäten im Gedenkjahr 1928/29

Weitere herausragende Ereignisse in den Jubiläumsjahren 1928 und 1929, in denen man sich wiederholt zusammenfand, um die „kostbaren Erinnerungen"[65] an 1848 und 1849 zu pflegen, waren sodann die vom Reichsbanner inszenierte „Gedächtnisfeier zu Ehren der Märzgefallenen" am 18. März 1928 in Ludwigshafen sowie der Republikanertag am 16. Juni 1929 in Kirchheimbolanden, das längst zu einem kollektiven Gedächtnisort, zu einer Art von lieu de mémoire geworden war.

In Ludwigshafen unterstrich das Mitglied des Reichsausschusses des Reichsbanners, der sozialdemokratische Reichstagsabgeordnete Johann Vogel aus Berlin, erneut, daß „das Andenken" an die Revolution von 1848/49 „fest in den Herzen der deutschen Arbeiter verankert" sei. Dies um so mehr, als die „Nachfahren der 1848/49er Revolutionäre", das heißt, „das heutige Bürgertum" in seiner Mehrheit, „davon nichts wissen wolle".[66] Bereits am Vortag hatte Carlo Mierendorff in einem Sonderblatt der „Pfälzischen Post" zum Revolutionsjubiläum dargelegt, wie sehr sich gerade das Proletariat „der revolutionären Tradition" verpflichtet fühle. Nach Mierendorff gäbe es „ohne die Märzrevolution nicht den Boden", auf welchem die deutsche Sozialdemokratie heute „stehe und kämpfe". Mit dieser Interpretation variierte und erweiterte der Verfasser die unter anderen von Wilhelm Liebknecht propagierte These, nach der „die Toten des 18. März" die Vorläufer des kämpfenden Proletariats bzw. der späteren Revolutionäre von 1918 gewesen seien, welche die 1848/49 erstrebte „Demokratie" dann doch „durchgesetzt" hätten.[67]

Der Republikanertag in Kirchheimbolanden entwickelte sich „zu einer großen Kundgebung für Demokratie und Reichseinheit". Zu ihm waren „die Kameraden des Reichsbanners aus allen Teilen der Pfalz, aus dem Saargebiet und aus Hessen in hellen Scharen herbeigeeilt". Die Angaben über die Zahl der Teilnehmer, von denen sich nicht wenige vorkamen, als stünden sie gewissermaßen „auf den Schultern der Freischärler von 1848/49", schwankten zwischen 5.000 und 10.000. Die Stadt präsentierte sich zur „80. Wiederkehr" des Todes der Reichsverfassungskämpfer von 1849 „in reichem Flaggenschmuck". Damit sollte auch zum Ausdruck gebracht werden, wie sehr an diesem Ort „die Tradition von 1848/49 hochgehalten" werde und wie wenig man sich andererseits von ein paar Hakenkreuzschmierereien in einigen Straßen beeindrucken ließ.

Von den drei sozialdemokratischen Rednern Friedrich Ackermann, Richard Hammer und Friedrich Wilhelm Wagner würdigte der aus der Pfalz stammende Rechtsanwalt und damalige Bürgermeister von Augsburg Ackermann ausführlich die historischen Ereignisse. Hierbei legte er vor allem Wert darauf, seinen Zuhörern zu verdeutlichen, daß „kein Staat" auf die Dauer „leben" und gedeihen könne, „wenn ihm nicht bestimmte Symbole vorausgingen". Diese Symbole müßten jedoch auch zutiefst „in den Herzen der großen Masse des Volkes verankert" sein. In diesem Zusammenhang versuchte er, den Nachweis zu führen, „daß die heute bestehende Republik" – ganz „im Gegensatz zu den Behauptungen ihrer Gegner" – sehr wohl auf demokratische Traditionen zurückgreifen könne. Die oft kolportierte Meinung, die Weimarer Republik sei ein Staatswesen „ohne jede Vergangenheit" und sozusagen künstlich „gemacht", ließ er nicht gelten. Wie falsch dies sei, „beweise beispielsweise auch Kirchheimbolanden" und seine Vergangenheit. Genau wie alle anderen, die „an dieser historischen Stätte zusammengekommen" waren, gelobte er schließlich unverbrüchliche „Treue zur Republik" und zur „sogenannten Weimarer Verfassung".[68]

Der Vorsitzende der pfälzischen SPD und Redakteur der „Pfälzischen Post", Richard Hammer (1879-1944), wiederholte noch einmal die bekannte Auffassung, daß das, „wofür die Freiheitskämpfer vor 80 Jahren ihr Blut vergossen" hätten, „durch die Revolution von 1918" seine Verwirklichung gefunden habe. Doch appellierte er auch an alle, sich mit dem Bestehenden nicht zufrieden zu geben und dafür zu kämpfen, daß diese „demokratische Republik" mit noch mehr „sozialem Geist" erfüllt werde. Angesichts der wachsenden demokratiefeindlichen Stimmung riet er zu erhöhter Wachsamkeit, wobei er unter anderem auf das „provozierende Auftreten der Nationalsozialisten" in der Nordpfalz verwies.[69] Wie berechtigt diese aktuelle Warnung war, belegen nicht zuletzt die Vorfälle während der einige Wochen später in der „Hitlerhochburg Pirmasens" veranstalteten Verfassungsfeier. Dort versuchten ein paar Dutzend „Hitlerleute", den Fackelzug der Republikaner „zu sprengen" und die demokratische Feier durch das „Absingen nationalistischer Lieder" und durch andere Provokationen massiv zu stören. Gleichzeitig wurden an verschiedenen Gebäuden der Stadt schwarz-rot-goldene Fahnen heruntergerissen".[70]

Vor dem Ende 1933

Die „schwere Notzeit", die dann ab 1930 „über Deutschland lagerte", überschattete begreiflicherweise auch die Verfassungstage und wirkte bisweilen etwas „lähmend" auf so manche Veranstaltung. Konfrontiert mit dem „Riesengespenst der Arbeitslosigkeit" und den sich häufenden Notverordnungen, die von der bayerischen Staatsregierung ab 1932 auch gegen die republiktreue „Eiserne Front" angewandt wurden, war vielen im Lande „nicht gerade zum Feiern" zumute.[71] Gleichwohl gedachten die pfälzischen Sozialdemokraten 1930, 1931 und 1932 vielerorts in eindrucksvoller Weise des Verfassungswerkes und nutzten die gute Gelegenheit, um gegen die Diktatur zu demonstrieren. Auch die „Hundertjahrfeier des Hambacher Festes" 1932 lief nicht ab ohne unüberhörbare aktuelle Bezüge. So äußerte man aus naheliegenden Gründen ein lautes „Bekenntnis zur freien Meinungsäußerung" und zog einen „klaren Trennungsstrich" zum, wie die „Pfälzische Post" sich ausdrückte, „faschisierten Bürgertum".[72]

Überblickt man „die dramatischen Jahre"[73] unmittelbar vor der NS-Machtergreifung, läßt sich konstatieren, daß sich die pfälzischen Sozialdemokraten von dem zunehmenden „faschistischen Terror"[74] keineswegs einschüchtern ließen. Angesichts des militanten „Aufmarsches der Hakenkreuzler" und einer drohenden „bolschewistischen" oder „nationalsozialistischen Diktatur" bekundete man entschiedene „Kampfbereitschaft"[75], Solidarität und beispielsweise auch „volles Vertrauen" zu Männern wie dem preußischen Ministerpräsidenten Otto Braun und seinem Innenminister Carl Severing.[76] Überdies unternahm man alles, um die „Abwehrfront" gegen die Feinde der Republik noch „zu verstärken".[77] Obgleich spürbar in die Defensive gedrängt, erneuerten Reichsbanner und Eiserne Front bis in den März hinein auf eigens einberufenen antifaschistischen Großkundgebungen und Propagandamärschen das „Treuegelöbnis" zum „Weimarer Werk"[78] und zur „Sicherung und Bewahrung"[79] jener Verfassung, die der Karlsruher Historiker Franz Schnabel im August 1932 in Mannheim als „das letzte Bollwerk von Recht und Freiheit" bezeichnete.[80] Dabei gewann nunmehr die Identifikation mit der vielfach verhöhnten „Fahne der Republik"[81] in der Konfrontation mit den gewaltbereiten braunen Kolonnen der SA eine ganz andere Qualität als etwa Mitte der relativ ruhigen zwanziger Jahre.

Diejenigen aus dem Umkreis des pfälzischen Reichsbanners und der Eisernen Front, die in jener Zeit der „besonderen Bewährung"[82] an exponierter Stelle kompromißlos und mit Zivilcourage vor der „Hitlerseuche", der „Hakenkreuzpest", einem „Deutschland am Hakenkreuz" oder dem fatalen „Weg ins Dritte Reich" gewarnt hatten[83], sahen sich nach der Etablierung der NS-Herrschaft vielfältigen Repressalien ausgesetzt; und ein großer Teil von ihnen vermochte sich nur durch die rasche Flucht ins Ausland vor der Verfolgung zu retten. Auf diejenigen, die nicht emigrierten, warteten Gestapoverhöre, Überwachung, Berufsverbot, Haft und anderes. Zu dem Kreis pfälzischer Sozialdemokraten, die „in den bösen Jahren für ihre demokratische Gesinnung zu leiden hatten"[84], gehörten Franz Bögler, Eugen Hertel, Fritz Müller, Wilhelm Hofmann, Adolf Ludwig, Fritz Volkemer und Friedrich Wilhelm Wagner, um nur einige zu nennen.

Die meisten von ihnen wirkten dann nach dem Ende der NS-Diktatur tatkräftig mit am Neuaufbau der Gewerkschaften und der SPD, am demokratischen Neubeginn in den Städten und Gemeinden oder an der Entwicklung des Landes Rheinland-Pfalz. Friedrich Wilhelm Wagner war es darüber hinaus vergönnt, als Mitglied des Parlamentarischen Rates, seine Erfahrungen einzubringen in die Beratungen und die Ausarbeitung des Grundgesetzes, das sich nicht zuletzt durch die demonstrative Hervorhebung der Grundrechte den besten Traditionen der Paulskirche verpflichtet weiß.

Jahrhundertfeiern 1948/49

In die Gründungsphase der Bundesrepublik und damit zugleich in die Zeit des „Kalten Krieges", der Berlin-Blockade, der sich verfestigenden deutschen Teilung und äußerst desolater sozialer und wirtschaftlicher Verhältnisse fielen schließlich auch die „Jahrhundertfeiern" der 1848/49er Revolution. Diese Gedenktage fanden in der pfälzischen Sozialdemokratie ihre gebührende Beachtung, auch wenn angesichts der drückenden „Gegenwartsnöte"[85] der äußere Rahmen bescheiden bleiben mußte. Verwiesen sei hier nur auf das Echo in der sozialdemokratischen Presse oder auf die vom SPD-Bezirk Pfalz im Frühjahr 1948 unter dem Titel: „Weißt du noch ..." herausgegebene Erinnerungsschrift. Diese Broschüre bringt unter anderem einen Rückblick auf die herausragenden Ereignisse des Jahres 1848 sowie Reminiszenzen an den Hambacher „Völkerfrühling".[86] Sie versucht, auch mit dem Abdruck „aufrüttelnder" Revolutionslieder von anno 1848/49[87] und mit einem graphisch ansprechenden und wirkungsvollen Umschlagbild – es zeigt die von einer schwarz-rot-goldenen Fahne umschlungenen Silhouetten der Paulskirche und des Hambacher Schlosses –, das zwölf Jahre lang verleugnete und verhöhnte republikanische Traditionsbewußtsein zu neuem Leben zu erwecken.

Auch bei den öffentlichen Veranstaltungen zum Revolutionsjubiläum in Annweiler und Kirchheimbolanden spürte man das besondere sozialdemokratische Engagement. Das Nordpfalzstädtchen stand dabei, wie das Mainzer Parteiorgan „Die Freiheit" eigens hervorhob, sogar „zwei Tage lang im Zeichen der Gedenkfeiern" und damit „der schwarz-rot-goldenen Fahnen der neuerstandenen deutschen Bundesrepublik".[88] Hier empfand so mancher Festbesucher gerade „das Erlebnis der alten, lange nicht mehr gesehen" Farben als einen Höhepunkt der Gedenktage. Leider stieß diese „Jahrhundertfeier der deutschen Demokratie" bei weitem nicht auf die gewünschte Resonanz. Es fehlten nicht nur die von vielen Organisatoren erwarteten „Massen" wie beispielsweise 1929, sondern man vermißte vor allem „die Jugend" und jene „Jahrgänge, denen die Feier Symbol und Fanal hätte werden müssen", wie man in der „Rheinpfalz" sichtlich enttäuscht und ernüchtert registrierte.[89]

In den parteiübergreifenden Kundgebungen sprachen seitens der SPD der Vorsitzende der Landtagsfraktion, Eugen Hertel aus Kaiserslautern, „einer der bedeutendsten Köpfe der rheinland-pfälzischen Sozialdemokratie"[90], und der Mainzer Innenminister Jakob Steffan. Steffan, dessen Auftritt am 12. Juni 1949 den Feierlichkeiten so etwas wie eine offizielle Note verlieh, war vor der Machtergreifung 1933 hessischer Landtags- und Reichstagsabgeordneter gewesen und hatte sich 1940 dem Widerstandskreis um Wilhelm Leuschner angeschlossen. Unter der NS-Gewaltherrschaft mußte er besonders schwer leiden und sieben Jahre Haft – einige Zeit auch im Konzentrationslager Dachau – überstehen. Die CDU war auf der Kirchheimbolandener Feier durch das Mitglied des Parlamentarischen Rates Dr. Albert Finck, den nachmaligen rheinland-pfälzischen Kultusminister, vertreten. Der aus Herxheim bei Landau stammende Journalist hatte unter anderem im Jahre 1931 auf der großen Verfassungsfeier in Ludwigshafen die Festrede gehalten und sich damals wegen seines couragierten „Bekenntnisses zum Staat

Umschlagseite der von Bezirk, Stadt- und Unterbezirk Ludwigshafen am Rhein herausgegebenen Erinnerungsschrift von 1948.

von Weimar und zur freiheitlichen Republik" die Anerkennung der sozialdemokratischen Presse erworben.[91]

In allen Jubiläumsansprachen und historisch-politischen Würdigungen der Revolution war 1948/49 verständlicherweise die zeitgeschichtliche Komponente stets präsent, drängten sich namentlich die bitteren Erfahrungen von „zwölf Jahren Nazismus"[92] und „totalem Zusammenbruch"[93] permanent auf, spürte man zum Beispiel auch unterschwellige Angst vor „der Bedrohung der Menschenrechte und der demokratischen Freiheiten durch den Osten".[94] In diesem unmittelbaren Verweis auf die „grausige Diktatur Hitlers" und das beispiellose „Elend", das sie überall „hinterlassen" hatte,[95] läßt sich die eigentliche Signatur dieses Revolutionsjubiläums und sein singulärer historischer Stellenwert wohl am besten erkennen.

Beim Blick auf die jüngste Vergangenheit und „die Not der Gegenwart"[96] wurde allerdings die Zukunftsperspektive nicht außer acht gelassen. So betonte etwa Eugen Hertel, daß „die unheilvollen politischen Irrtümer der letzten Jahre jedem Deutschen eine heilsame Lehre sein müßten", an der sich künftiges politisches Handeln zu orientieren habe.[97] In den Märtyrern der Revolution, die man in Annweiler und Kirchheimbolanden „in würdiger Form ehrte", sah man sodann übereinstimmend „die Vorkämpfer für eine deutsche Demokratie". Ihr Opfer „verpflichte" die Nachgeborenen und habe genau so wie die von ihnen einst vertretenen „Ideale" insbesondere „für die Jugend" Vorbildfunktion.[98] Die Rückbesinnung auf ihr „Vermächtnis" wie auch auf „die Ideen der Paulskirche" wiederum hielt man für geeignet, dem deutschen Volk in der Zeit eines „nie dagewesenen Zerfalls seiner materiellen und moralischen Kraft" wertvolle Hilfe zu geben beim Aufbau einer „sicheren", von sozialer Gerechtigkeit erfüllten Demokratie. Freilich – so waren sich alle einig – könnten „nur Frieden, Freiheit und Einheit", also „die Erfüllung der Ziele der Bewegung von 1848", eine solche dauerhafte Demokratie „gewährleisten". Gelänge dieses große Werk, so seien auch „der Erhebung von 1848/49 nach einem Jahrhundert endlich Sinn und Erfüllung gegeben".[99]

Anmerkungen:
1 Horst Krause, Wilhelm Blos. Zwischen Marxismus und demokratischem Sozialismus in Geschichtsschreibung und Politik, Husum 1980, S. 11.
2 Ebd., S. 10 und Franzjörg Baumgart, Die verdrängte Revolution, in: Geschichte und Gesellschaft 14 (1976), S.158 und S.161.
3 Wilhelm Liebknecht, Zum Jubeljahr der Märzrevolution, Berlin 1898, S. 96.
4 Ebd., S. 4 und Krause (wie Anm.1), S. 10.
5 „Vorwärts" vom 5.3.1908, „Pfälzische Post" vom 27.5.1907 und Erich Schneider, Sozialdemokratie und Hambacher Fest, in: Schon pflanzen sie frech die Freiheitsbäume. 150 Jahre Hambacher Fest, hrsg. v. Willi Rothley/Manfred Geis, Neustadt 1982, S. 297-374.
6 Baumgart (wie Anm. 2), S. 161.
7 „Pfälzische Post" vom 27.5.1907, „Pfälzische Volkszeitung" vom 20.3.1899 und Schneider (wie Anm. 5).
8 Ludwig Quidde, Vorwort zu: Otto Hartmann, Die Volkserhebung der Jahre 1848 und 1849 in Deutschland, Berlin 1900, S. XII.
9 Peter Blastenbrei, Mannheim in der Revolution 1848/49, in: Kleine Schriften des Stadtarchivs Mannheim Nr. 10, Mannheim 1997, S. 132.
10 „Pfälzische Post" vom 17.1.1899, 19.8.1899 (mit Abbildung des Denkmals) und Jörg Schadt, Alles für das Volk. Alles durch das Volk. Dokumente zur demokratischen Bewegung in Mannheim 1848 - 1948, Stuttgart 1977, S. 172 ff. Hier ist auch die Rede von den „Märtyrern der Revolution".
11 „Pfälzische Post" vom 14.6. und 28.6.1909 sowie vom 19.3.1912.
12 Erich Schneider, Die Hambacher Festjubiläen 1872 und 1882 und das Hambachbild der politischen Parteien nach der Reichsgründung, in: Hambach 1832. Anstöße und Folgen, hrsg. v. Alois Gerlich, Wiesbaden 1984, S.100 ff.
13 Hartmann (wie Anm. 8) wandte sich vor allem gegen die „nationalservilen" (S. 191) und „scheinliberalen Historiker Bismarck'scher Observanz" (S.

Erich Schneider

81) und nennt Wilhelm Blos „einen der besten Geschichtsschreiber der Revolution" (S. 162).
14 „Vorwärts" vom 21.10.1894, 1. Beilage.
15 „Pfälzische Volkszeitung" vom 21.3.1898 und 20.3.1899 und „Pfälzische Post" vom 14.6.1909. Auf den Märzfeiern in Kaiserslautern 1898 und Ludwigshafen 1899 hielt Franz Josef Ehrhart die Festrede. Er hatte schon zwanzig Jahre zuvor auf der Märzfeier des Kommunistischen Arbeiterbildungsvereins in London gesprochen. Vgl. dazu „Vorwärts" (Leipzig) vom 12.4.1878.
16 Stenographische Berichte der Verhandlungen der bayerischen Kammer der Abgeordneten Bd.VI/1896, S. 549. Sitzung vom 23.1.1896. Auf der März-Jubiläums-Feier des Sozialdemokratischen Arbeiterbildungsvereins Kaiserslautern am 20.3.1898 attackierte Ehrhart auch den Kult der Sedansfeiern seitens des „heute sich liberal nennenden Bürgertums", das von seiner Erinnerung an die 48er Bewegung inzwischen völlig „abgekommen" sei. Vgl. „Pfälzische Volkszeitung" vom 21.3.1898.
17 „Pfälzische Post" vom 18.6.1913.
18 Ebd. vom 19.8.1899.
19 Ebd. vom 4.9.1899; genau so wie auf der Märzfeier am 19.3. in Kaiserslautern wies man in Kirchheimbolanden die Genossen darauf hin, daß man „hier auf historischem Boden" stehe.
20 „Pfälzische Volkszeitung" vom 20.3.1899.
21 „Pfälzische Post" vom 8.9. und 21.11.1905.
22 Ebd. vom 14.3. und 17.3.1908 sowie „Vorwärts" vom 15.3.1908.
23 „Pfälzische Post" vom 18.3.1912.
24 Ebd. vom 21. und 22.8.1899, „Pfälzische Volkszeitung" vom 21.8.1899, „Pfälzer Zeitung", Speyer vom 23.8.1899; Schneider (wie Anm.5), S. 368-374 sowie Schadt (wie Anm. 10), S. 164 und S. 172 ff. Das Verbot verschaffte den Sozialdemokraten selbstredend „ausgezeichneten Agitationsstoff", wie August Dreesbach anmerkte, vgl. Schadt, S. 173.
25 „Pfälzische Post" vom 19.8.1899 und Schadt (wie Anm. 10), S. 48 und S. 90.
26 „Pfälzische Post" vom 21. und 22.8.1899 und „Pfälzische Volkszeitung" vom 21.8.1899.
27 „Pfälzische Post" vom 21.8.1899.
28 Ebd.
29 „Pfälzer Zeitung" vom 23.8.1899.
30 Schneider (wie Anm. 5), S. 370.
31 „Pfälzische Post" vom 22.8.1899.
32 Baumgart (wie Anm. 2), S. 166.
33 „Pfälzische Post" vom 19.8.1899
34 Ferdinand Siebert, Die Verfassungen von 1849, 1871 und 1919, in: Von Frankfurt nach Bonn, Die deutschen Verfassungen 1849 - 1949, Frankfurt/Main 5. Aufl. 1961, S. 13.
35 „Pfälzische Post" vom 29.9.1924.

36 Ebd. vom 25.10. und 5.11.1924. Zur Geschichte des pfälzischen Reichsbanners vgl. auch ebd. vom 9.7.1927. Die „Nachwehen des passiven Widerstandes und der Separatistenzeit" sowie das Besatzungssystem in der Pfalz haben die Gründung des Reichsbanners sichtlich verzögert.
37 Carlo Schmid, Erinnerungen, München 1981, S. 410.
38 Ebd. und Eugen Hertel, Ein Leben für Demokratie und Sozialismus. Erinnerungen eines Pfälzers und Bürgers der Barbarossastadt 1893 - 1966, Kaiserslautern 1966, S. 116.
39 „Pfälzische Post" vom 7.6.1927.
40 Elfi Bendikat, „Wir müssen Demokraten sein". Der Gesinnungsliberalismus, in: Detlef Lehnert/ Klaus Megerle (Hrsg.), Politische Identität und nationale Gedenktage. Zur politischen Kultur der Weimarer Republik, Opladen 1989, S. 149.
41 „Pfälzische Post" vom 1.7.1929 und Georg Kotowski, Auf dem Boden der gegebenen vollendeten Tatsachen. Der politische Katholizismus, in: Lehnert/Megerle (Anm. 40), S. 168.
42 Von diesen führenden politischen Persönlichkeiten stammten Friedrich Ackermann (1876 - 1949) und Karl Höltermann (1894 - 1955) aus der Pfalz.
43 Karl Rohe, Das Reichsbanner Schwarz-Rot-Gold, Düsseldorf 1966, S. 303. Die distanzierte Haltung des Zentrums war nach Meinung der „Pfälzischen Post" vom 9.7.1927 auch durch „innerparteiliche Schwierigkeiten, geschaffen durch die Konkurrenz der Bayerischen Volkspartei", bedingt.
44 „Pfälzische Volkszeitung" vom 25.5.1925 und „Pfälzische Freie Presse" vom 26.5.1925. Für Wagner ging es bei dem Kampf um Schwarz-Rot-Gold ganz essentiell um das Ringen „für den Bestand des republikanischen Staates".
45 „Pfälzische Post" vom 1.7.1929, 12.8.1932, 8.8. und 9.8.1924.
46 „Pfälzische Freie Presse" vom 12.8.1929.
47 „Pfälzische Post" vom 12.8.1926 und 13.8.1927.
48 Ebd. vom 12.8.1924, 13.8.1927, 12.8.1929 und „Pfälzische Freie Presse" vom 13.8.1929.
49 „Pfälzische Post" vom 15.8.1929.
50 Ebd. vom 15.8.1929, 1.9.1930, 1.9.1929.
51 Ebd. vom 9.7.1927, 1.7.1929, 13.8.1929 und 1.9.1930. In der Ausgabe vom 9.7.1927 heißt es: „Der Hauptfeind ist zu sehen in der Lauheit der Republikaner selbst."
52 Ebd. vom 8.8.1927, 12.8.1925, 12.8.1926 sowie vom 12. und 13.8.1929.
53 „Pfälzische Freie Presse" vom 16.8.1929 und „Pfälzische Presse", vom 16.8.1929.
54 „Pfälzische Post" vom 9. und 12.8.1932 sowie vom 10.8.1931.
55 „Pfälzische Volkszeitung" vom 11. und 12.8.1930 und „Pfälzische Post" vom 25. und 30.5.1932.
56 „Pfälzische Post" vom 5.8.1925.

57 Bei uns daheim. Aus Vergangenheit und Gegenwart der Pfalz. Heimatbeilage der „Pfälzischen Post" 5 (1929), S. 51, 71 und 78 sowie 4 (1928) S. 45 ff.
58 Kurt Baumann, Zur Charakteristik der pfälzischen Revolution von 1849 und Proletarische Strömungen in der pfälzischen Bewegung von 1848/49 sowie Andreas Bayer, Kirchheimbolanden in der Sturm- und Drangperiode der Pfalz 1848/49, in: Bei uns daheim 5 (1929), S. 93 ff. und S. 33 ff.
59 Ebd., S. 82 und S. 84.
60 „Pfälzische Post" vom 15.6.1929.
61 „Pfälzische Freie Presse" vom 17.11., 21.11.1932 und Albert Becker, in: Pfälzisches Museum Jg. 1932, S. 277. Zu Valentins Studie über das Hambacher Fest meinte die „Pfälzische Volkszeitung" vom 30.6.1932, sie gehöre zu den Werken, „die dem Hambacher Geist voll gerecht" würden.
62 Blastenbrei (wie Anm. 9), S.139; vgl. dazu auch die Abbildung des Ankündigungsplakats. Nach Blastenbrei wurde der Republikanertag auch „als Beitrag zur Verteidigung der Weimarer Verfassung von 1919" verstanden.
63 Ebd., S. 141; „Pfälzische Post" vom 2.9.1929 und „Pfälzische Volkszeitung" vom 2.9.1929. Blastenbrei bringt eine Reproduktion der ersten Seite des Redemanuskripts von Friedrich Walter.
64 Ebd.
65 Ebd. vom 15.6.1929.
66 Ebd. vom 19.3.1928.
67 „Pfälzische Post" vom 17.3.1928 und „Pfälzische Freie Presse" vom 19.3.1928.
68 „Pfälzische Post" vom 17. und 18.6.1929 und „Pfälzische Volkszeitung" vom 17. 6.1929.
69 „Pfälzische Post" vom 17.6.1929.
70 „Pfälzische Freie Presse" vom 13.8.1929 und „Pfälzische Post" vom 14.8.1929.
71 „Pfälzische Post" vom 10.8., 12.8., 18.10.1931 und 12.8.1932.
72 Ebd. vom 30.5.1932.
73 Hertel (wie Anm.38), S.165.
74 „Pfälzische Freie Presse" vom 11.8.1932 und „Pfälzische Post" vom 9.8. und 12.8.1932.
75 „Pfälzische Post" vom 9.8.1932, 12.8.1931 und „Pfälzische Freie Presse" vom 11.8.1931.
76 „Pfälzische Post" vom 10.8.1931.
77 „Pfälzische Freie Presse" vom 11.8.1931.
78 „Pfälzische Volkszeitung" vom 11.8.1930, „Pfälzische Post" vom 12.8.1930 und 11.8.1932 sowie „Pfälzische Freie Presse" vom 27.2.1933.
79 „Pfälzische Freie Presse" vom 12.8.1930.
80 Ebd. vom 13.8.1932, „Pfälzische Post" vom 12.8.1932 und „Neue Mannheimer Zeitung" vom 12.8.1932.
81 „Pfälzische Freie Presse" vom 9.8.1930.
82 Hertel (wie Anm. 38), S. 118.
83 „Pfälzische Freie Presse" vom 24.3.1930, 28.2.1931 und „Pfälzische Post" vom 10.8.1932. Vgl. dazu auch die Rede Carlo Mierendorffs am 15.1.1932 in der Fruchthalle zu Kaiserslautern („Pfälzische Freie Presse" vom 16.1.1932).
84 Carlo Schmid (wie Anm. 37), S. 410.
85 „Die Freiheit" Mainz, vom 19.3.1948.
86 Weißt du noch … Ein Buch der Erinnerung. Gewidmet unseren Jubilaren. Hrsg. von der SPD Bezirk Pfalz, Stadt- und Unterbezirk Ludwigshafen, Ludwigshafen 1948, S. 9 f.
87 Ebd., S. 8.
88 „Die Freiheit" vom 15.6.1949
89 „Die Rheinpfalz" vom 14.6.1949.
90 Helmut Mathy, in: Hambach 1832 - 1982. Ein politisches Lese- und Bilderbuch zur Geschichte von Freiheit und Demokratie, Mainz 1982, S. 371.
91 „Pfälzische Post" vom 12.8.1931.
92 „Die Freiheit" vom 30.4.1948.
93 Weißt du noch … (wie Anm. 86), S. 3. In seinem Vorwort schreibt Erich Ollenhauer auch, daß „das deutsche Volk heute die bitterste Notzeit seiner Geschichte" durchlebe.
94 „Die Freiheit" vom 19.3.1948
95 Ebd. vom 8.6.1949.
96 Ebd. vom 19.3.1948.
97 Ebd. vom 15.6.1949.
98 Ebd. vom 8.6. und 15.6.1949
99 Ebd. und „Die Rheinpfalz" Ausgabe Kirchheimbolanden vom 14.6.1949.

Wilhelm Liebknecht

Auf dem Hambacher Schloß!

Als das Hambacher Fest gefeiert wurde … war ich 6 Jahre alt, und damals habe ich wohl noch nichts verstanden, wenn auch in meiner Gegenwart sicherlich oft die Rede von diesem Volksfest gewesen ist, … das in einem immer heller erglänzenden Glorienschein vor meiner jugendlichen Phantasie stand …

Genug, ich habe in meiner Jugend viel und unter der Seele sich einprägenden und einbrennenden Umständen vom Hambacher Fest gehört, und als ich zum erstenmal – im Jahre 1845 – nach Heidelberg kam, hatte ich große Lust, einen Abstecher nach dem Schauplatz des denkwürdigen Ereignisses zu machen, allein es kam nicht dazu. Zwei Jahre später führte mein Schicksal mich in die Schweiz … Dort vergaß ich, über anderem, das Hambacher Fest. Und als ich nach 15 Jahren der Trennung von Deutschland in die Heimat zurückkehrte, da kam ich auch sofort wieder in die Kämpfe, die mein ganzes Denken und Sinnen in Anspruch nahmen und mir keine Zeit ließen zu einer romantisch-historischen Vergnügungsreise.

Erst im Jahre 1882, unter dem Sozialistengesetz, wurde ich von Neuem an das Hambacher Fest erinnert. Unsere Genossen, welche die von dem Bürgertum in's Korn geworfene Flinte der Demokratie aufgenommen haben, erinnerten sich jenes von dem deutschen Bürgertum vergessenen Festes … und beschlossen, zum Andenken und Gedächtnis am 27. Mai jenes Jahres die rote Fahne auf den Zinnen des Hambacher Schlosses zu hissen – als symbolische Ankündigung, daß die Sozialdemokratie von der gesamten feudalen und bürgerlichen Welt Besitz ergreifen will und wird …

Wilhelm Liebknecht (1826 - 1900)

Aufs Hambacher Schloß kam ich aber auch damals nicht. Und wieder vergingen Jahre und Jahre, bis vor der letzten Reichstagswahl – 1893 – mein Weg mich in die Pfalz führte; und eine Fahrt zum Schloß wurde damals auch verabredet. Indes, es blieb bei der Verabredung und ich fing schon an, das Hambacher Schloß als eines jener Tantalus-

Schaustücke zu betrachten, die man immer ersehnt und niemals erreicht. Da wurde es mir plötzlich wieder in nächste Nähe gerückt.

Auf dem Gothaer Kongreß [im Oktober 1896] hatte ich eine Einladung zum Abhalten einiger Cyklus-Vorträge angenommen, die von den Frankfurter Freunden eingerichtet worden sind … Es traf sich, daß ich Ende April dieses Jahres [1897] in Mannheim und Ludwigshafen zu reden hatte – dort am 24. und hier am 26. April, mit einem freien Sonntag dazwischen … Und da wurde … ein Ausflug nach Heidelberg, wohin ich zu einer Zusammenkunft in Parteisachen eingeladen war, beschlossen und für Montag einer nach dem Hambacher Schloß …

Endlich!

Die Reisebegleiter waren schon auf dem Posten. Freund Ehrhart leider verhindert. Fort nach der Bahn! … Es war ein schöner, es war ein herrlicher Frühlingstag. Wir sind in Neustadt a. d. Haardt. Genossen bewillkommnen uns. Lustige Pfälzer. Der goldene Sonnenschein und der Sonnenschein im goldenen Wein – das gibt leichtes Blut und frohen Mut. O die glücklichen Völker der Weinlande! … Wir haben keine Zeit zu verlieren; ich muß abends in Mannheim sprechen, und wir haben gut anderthalb Stunden Marsch. Auf den Weg! Und ohne Gepäck fürbaß.

Ich schaue hinab in die breite, gesegnete Rhein-Ebene und hinauf zu den Höhen, die sich terrassenförmig, malerisch auftürmen. Die Vegetation ist mindestens einen halben Monat weiter als in Berlin, Flieder und Kastanien schon in der Blüte. Die Wiesen grün, die Bäume ergrünend im jungen Trieb. Die Weinstöcke noch kahl. Weinstöcke wohin wir blicken …

Vorwärts? Wir können uns nicht aufhalten. Die Versuchung ist groß, aber diesmal soll das Hambacher Schloß mir nicht entgehen. Also vorwärts, so verführerisch auch hier und da der liebe Herrgott den Arm nach uns ausstreckt. Vorwärts! Meinem ehemaligen Reichstagskollegen, dem Freunde des leider verstorbenen braven Kröber und unbeugsamen Demokraten wie er – Grohé, der im Dorf unter dem Hambacher Schloß wohnt, wird eine kurze Standvisite abgestattet, allein, obgleich Grohés Weinkeller weit berühmt ist – nicht ein Tropfen! …

Fort! Und Vorwärts!

Hurrah! Da steigt das Hambacher Schloß vor uns auf. Der Anblick beflügelt unsere Schritte und eine Viertelstunde früher, als wir berechnet, sind wir am Ziel.

Eine Enttäuschung zunächst.

Eine Ruine und keine Ruine. Oder besser: eine alte Ruine und daran angeflickt eine neue Ruine – die sogenannte „Maxburg", ein möglichst häßlicher Bau, wie dazu bestimmt, die Trümmer des alten Baues ihrer Poesie zu entkleiden … Einsam und verlassen! Kein Kastellan – und nicht einmal ein Wirt …

Wir schauten uns um in der Ruinen-Wüstenei. Ja, Wüstenei! Es ist eine Schande, daß man diese denkwürdige Stätte so hat verwahrlosen lassen. Von den Behörden ist nichts anderes zu erwarten, doch die Bürger, die Arbeiter der Pfalz, sie haben sich zu schämen, daß sie eine Pflicht so verabsäumt. Vielleicht denkt man nachträglich an die Erfüllung!

Hier eine Metalltafel, welche die Richtung der Orte zeigt, die von hier zu sehen. Historischer Boden. Alte Geschichte, Mittelalter, Neuzeit. Dort zur Linken Worms und der Melibokus, wo die Römer gehaust. Weiter rechts Waghäusel und Rastatt, wo 1849 die Entscheidungsschlachten geschlagen wurden und wir dem Verrat der Übermacht erlagen. Und ganz zur Rechten: Straßburg, – o Straßburg, du wunderschöne Stadt, – und etwas weiter der Kropsberg, hinter dem hervor 1525 die Nußdorfer Bauern mit den 12 Artikeln auf das Hambacher Schloß gezogen sind, um, nachdem sie die Burg überrumpelt, sich hier an dieser Stätte um das noch unzerstörte Schloß herumzulagern und von deutscher Freiheit und deutscher Einheit zu träumen, die sich nun bald erfüllen werden. – –

Das „bald" hat lange gedauert.

Die Revolution der Bauern scheiterte.

Und die Revolution der Bürger, von der 307 Jahre später die Wirth, Siebenpfeiffer und Börne träumten, sie ist gescheitert.

Und heute stehen wir da, die Männer der internationalen Sozialdemokratie. Wir werden verwirklichen, was 1525 von den Bauern und 1832 von den Bürgern geträumt ward. Und viel mehr noch. Denn der Gesichtskreis hat, mit der erhöhten Kultur, sich erweitert und die Sozialdemokratie hat das Recht, mit jenem Römer von sich zu sagen: „Nichts Menschliches ist mir fremd!" Wir wollen vollenden, wir werden vollenden, was unsere Vorgänger erstrebt haben, die vor 372 und vor 65 Jahren hier standen – und zwischen dem Hambacher Fest und der Vollendung soll keine so lange Zeit verstreichen, wie zwischen dem ersten der Bauern und dem zweiten der Bürger. –

Die Arbeiter machen raschere Arbeit. –

Mit diesem Gelöbnis traten wir den Heimweg an … Die Zeit drängte. Wir eilten. Schweigsam zunächst. Wenn die Erinnerungen, Gedanken und Gefühle sich häufen, ist der Geist zu beschäftigt, um das Bedürfnis nach Aussprache zu haben.

Aber bald erinnnerten wir uns, daß wir in der Pfalz waren, daß wir seit Neustadt keinen Tropfen über unsere Lippen gebracht, und daß unter dem Schloß ein vortrefflicher Wein wächst …

Schneller als wir auf's Schloß gekommen, waren wir in Neustadt – der Weg führt stets abwärts. Noch eine Stunde mit den Neustadter Genossen, dann zurück nach Ludwigshafen und Mannheim, wo ich meine Rede hielt. Den folgenden Tag nach Frankfurt, wo ich meinen Schlußvortrag hatte. Und zurück an die Alltagsarbeit. Und aus der Tretmühle heraus rufe ich den Pfälzer Genossen zu: Auf Wiedersehen!

Und womöglich noch einmal auf's Hambacher Schloß! –

Aus: Weißt du noch … Ein Buch der Erinnerung. Hrsg. von der Sozialdemokratischen Partei Bezirk Pfalz, Ludwigshafen 1948, S. 113-121; zuerst veröffentlicht in: Pfälzischer Volkskalender für das Jahr 1898, Ludwigshafen.

Wilhelm Kreutz

Anfänge der pfälzischen Arbeiterbewegung
Vom Hambacher Fest bis zur Gründung des Allgemeinen Deutschen Arbeitervereins 1832 - 1863

Wer nach den Anfängen der pfälzischen „Arbeiterbewegung" fragt, muß zunächst seinen Untersuchungsgegenstand präzisieren und seine Terminologie problematisieren. Denn zum einen kann in der seit 1816 zu Bayern gehörenden, agrarwirtschaftlich dominierten Pfalz, in der Industriearbeiter erst während des Kaiserreichs zu einem ökonomisch bedeutsamen Faktor avancierten, für die Jahrzehnte zwischen Hambacher Fest und Gründung des Allgemeinen Deutschen Arbeitervereins durch Ferdinand Lassalle von „Arbeitern" im modernen Wortsinn kaum die Rede sein. Zum anderen dürfen weder alle Repräsentanten der entschieden liberalen oder demokratischen Opposition noch die wiederholten Manifestationen sozialen Protests, die seit den 1830er Jahren der politischen und gesellschaftlichen Entwicklung des bayerischen Rheinkreises ihren Stempel aufdrückten, zu Vorläufern der „Arbeiterbewegung" stilisiert werden.

Gewiß, sowohl nach der Julirevolution von 1830 als auch nach der Februarrevolution von 1848 in Frankreich gehörte die Pfalz zu den Brennpunkten der politischen Auseinandersetzung im Deutschen Bund, und in der Krisenregion kam es nicht allein im Umfeld dieser beiden zentralen Ereignisse zu wirtschaftlich motivierten „Widersetzlichkeiten" oder „Fruchtkrawallen".[1] Aber bis zur Revolution von 1848/49 blieb die politische Programmatik der pfälzischen Opposition ebenso weitgehend der Naturrechtslehre der Aufklärung verhaftet wie dem bürgerlich-liberalen Ideal einer Eigentümer- und Kleinproduzentengesellschaft.

Gerade die aus der napoleonischen Ära überkommenen, im rechtsrheinischen Bayern nicht geltenden „französischen" oder „rheinischen Institutionen", namentlich die Aufhebung des Feudalwesens, die napoleonische Rechts- und Gerichtsverfassung sowie die Gewerbefreiheit, begründeten die Sonderstellung der Region und prägten ihre politische Identität. Zudem trug der Nimbus der Heroen des Hambacher Festes wesentlich dazu bei, daß die entschiedenen Liberalen der Vormärzjahre in der Pfalz länger dominierten als in anderen Teilen Deutschlands. Sie setzten sich nicht nur bei den Wahlen zur ersten deutschen, in der Frankfurter Paulskirche tagenden, Nationalversammlung durch, sondern bestimmten bis zur „Reichsverfassungskampagne" von 1849 die politische Linie der Region. Hinzu kamen ihre ins Auge springenden theoretischen Defizite. Sie rezipierten nur in Ausnahmefällen die neuen Ideen französischer oder englischer Frühsozialisten. All dies führte dazu, daß die Mehrzahl der etablierten pfälzischen Liberalen und Demokraten den sozialen Protesten fernstand, wenngleich sie sich mit Parolen und Symbolen der „Französischen Revolution" zu drapieren suchten.[2]

Wer dann, wenn nicht die breite soziale und demokratische Protestbewegung der Pfalz, soll im Mittelpunkt des folgenden knappen Überblicks stehen? In den Blick zu rücken sind erstens jene pfälzischen Exilanten, die nach 1832 in Frankreich, England oder in der Schweiz mithalfen, neue Handwerkerorganisationen aufzubauen, sowie jene wandernden Gesellen, die sich diesen Auslandsvereinen und Geheimbünden anschlossen, die gemeinhin als Ursprung der deutschen Arbeiterbewegung angesehen werden.[3] Zweitens gilt es, den während der Revolution von 1848/49 Kontur gewinnenden Differenzierungsprozeß der politischen Vereine in der Pfalz zu umreißen und die ersten pfälzischen Arbeitervereine zu skizzieren, die sich der „Allgemeinen deutschen Arbeiterverbrüderung" Stephan Borns anschlossen.[4] Hierbei wird nach ihrem Anteil an der Radikalisierung der „Reichsverfassungskampagne" und am pfälzischen „Maiaufstand" ebenso zu fragen sein wie nach dem Einfluß der im Frühsommer 1849 von außerhalb in die Pfalz strömenden Revolutionäre, allen voran der Exponenten des „Bunds der Kommunisten".[5] Nicht zuletzt soll das Problem von Kontinuität oder Diskontinuität der pfälzischen Entwicklung sowohl im Vor- als auch im Nachmärz thematisiert und die unterschiedlichen Auswirkungen der auf das Hambacher Fest wie auf den „Maiaufstand" folgenden Reaktionsepochen aufgezeigt werden.[6]

Die „Hambacher" und die Auslandsvereine deutscher Handwerker

Die nach dem Hambacher Fest[7] massiv einsetzenden staatlichen Repressionen engten nicht nur den Aktionsspielraum der liberalen Kammeropposition ein, sondern entzogen zugleich dem ohnedies nur wenig entwickelten politischen Assoziationswesen den Boden. Die Mitgliedsstaaten des Deutschen Bunds verboten die zahlreichen Filialkomitees des „Preß- und Vaterlandsvereins", der im Frühjahr 1832 binnen weniger Wochen vor allem in Süddeutschland Fuß gefaßt hatte[8], ebenso wie die Burschenschaften. Noch härter schritt die Obrigkeit gegen die Hambacher Redner sowie die studentischen Aktivisten ein. Sie wurden strafrechtlich verfolgt und in aufsehenerregenden Prozessen zu Gefängnis-, ja teilweise zu langjährigen verschärften Zuchthausstrafen verurteilt. Viele Angeklagte indessen konnten sich ihrer Verhaftung durch die Flucht ins Ausland entziehen oder wurden – wie Philipp Jakob Siebenpfeiffer und Jakob Venedey – aus dem Gefängnis befreit und über die deutschen Grenzen geschleust.

Es verwundert daher weder, daß sich die entschiedene politische Opposition bis zum Vorabend der Revolution von 1848 vor allem im Ausland organisierte und von dort aus agitierte, noch, daß die „Märtyrer" von 1832/33 in den neuentstehenden Auslandsvereinen eine dominierende Rolle spielten. Bemerkenswert ist in diesem Zusammenhang allein, wie stark sich die prominenten pfälzischen Oppositionsführer, die in Frankreich Zuflucht fanden, im Hintergrund hielten. Nennenswerte Impulse gingen nach 1833 nur von dem vormaligen Zweibrücker Anwalt Joseph Savoye aus, der ein Jahr zuvor dem provisorischen Zentralkomitee des „Preß- und Vaterlandsvereins" angehört und maßgeblich an der Gründung seiner Pariser Filiale mitgewirkt hatte.[9] Die treibenden Kräfte dieser seit Sommer 1832 unter dem Namen „Deutscher Volksverein" bekannten Organisation waren zunächst der aus Hof stammende Kaufmann Hermann Wolfrum und der in Rastatt geborene, seit seiner Heidelberger Studienzeit mit Savoye bekannte Journalist Joseph Garnier.[10] Zu den prominentesten Mitgliedern des „Volksvereins" zählten Heinrich Heine, der allerdings nicht nur das Hambacher Treiben ironisch gegeißelt hatte, sondern sich auch von den Vereinsaktivitäten der Handwerker distanzierte, sowie sein Pariser Kontrahent Ludwig Börne, der im Mai 1832 als Ehrengast des Hambacher Fests umjubelt worden war und bis zu seinem Tod dem deutschen Assoziationswesen in der französischen Metropole eng verbunden blieb.

Die Verschärfung des französischen Vereinsgesetzes vom April 1834 zwang die führenden Mitglieder der Pariser Organisation – wollten sie ihre politische Arbeit fortsetzen – dazu, den „Volksverein" in einen Geheimbund umzugestalten. Im neuen „Bund der Geächteten" spielten die nach Paris geflohenen Hambacher – selbst Savoye – eine geringere Rolle als zuvor, zumal sich die Geheimorganisation mehr und mehr den Ideen einer „sozialen Demokratie" des französischen Jakobiners und Sozialisten Gracchus Babeuf (Babouvismus) öffnete und damit das politische Programm des demokratischen Radikalismus überwand, das jene verfochten. Denn ungeachtet der Kritik an den wirtschaftlichen Zuständen Deutschlands, die sich unter ihre Parolen von Freiheit und nationaler Einheit mischten, sahen die Hambacher in der „sozialen Frage" ein eher sekundäres Problem, das sich nach der umfassenden Liberalisierung von Staat und Gesellschaft quasi von selbst erledigen werde. So lauthals sie die steuerliche Überbürdung der Pfalz oder die mit der Eingliederung in den Zollverein verbundenen Einbußen des Handels und der Landwirtschaft beklagt hatten, so sehr verschlossen sie ihre Augen vor der Not der „unteren Classen des Volkes". Die zumindest rhetorische Solidarität mit dem „Vierten Stand" bekundenden Reden, die Daniel Pistor[11] oder Johann Heinrich Hochdörfer[12] in Hambach gehalten hatten, waren in die offizielle Festbeschreibung erst gar nicht aufgenommen worden, und während des Landauer Prozesses hatten sich die Angeklagten – nicht allein aus taktischen Gründen – von jenen „Excessen" distanziert, die unmittelbar nach dem Hambacher Fest in zahlreichen Städten und Dörfern ausgebrochen waren. Dieser politischen Linie blieben Friedrich Schüler[13] und Joseph Savoye im Exil ebenso treu wie der ab Mitte der 1830er Jahre in Paris als Redakteur des Journals „Le Monde" tätige ehemalige Münchener Burschenschafter Daniel Pistor, der sich um 1837 allerdings mit dem deutschen Komitee überwarf und aus dem politischen Leben zurückzog.

Auf die politisch-programmatische Weiterentwicklung des „Bundes der Geächteten" gewann demgegenüber ein anderer Einfluß, der im Umfeld des Hambacher Festes als Journalist hervorgetreten war: Jakob Venedey, der Mitarbeiter des „Wächters am Rhein", jener radikalen Mannheimer Zeitung Franz Stro(h)meyers, die als einziges badisches Presseorgan den Kurs der pfälzischen Opposition unterstützt hatte.[14] Der Sohn des einstigen Kölner Revolutionsanhängers Michel Venedey war im September 1832 verhaftet, aber unter Mithilfe des Bürstenbinders, Hambacher Redners und späteren Schweizer Exilanten Johann Philipp Becker[15] aus dem Frankenthaler Gefängnis befreit worden. In Paris trug er als Herausgeber der Zeitschrift „Der Geächtete" zur frühen publizistischen Profilierung des „Bundes" bei, wenngleich sein Forderungskatalog – Recht auf Arbeit, Arbeitslosenfürsorge und progressives Steuersystem – hinter der babouvistischen Programmatik zurückblieb, die eine gesetzliche Begrenzung des Privateigentums und eine Umverteilung des Besitzes im Interesse der Allgemeinheit verlangte. Entscheidende Impulse für die Hinwendung zur „sozialen Demokratie" gingen dabei von der Rezeption der „Menschen- und Bürgerrechtserklärung" aus, die Charles Antoine Teste auf der Basis der programmatischen Reden Robespierres verfaßt hatte.[16] Teste zählte zum Umkreis des ehemaligen Mitverschwörers von Babeuf, Filippo Buonarroti, mit dessen „Charbonnerie Française" der „Bund der Geächteten" zusammenarbeitete. Dem französischen Ableger des internationalen Geheimbundes der „Carbonari" gehörte auch der ehemalige, nach dem Hambacher Fest gemaßregelte Friedensrichter von Winnweiler, Karl August Klein[17], an. Vor allem in seinem Zufluchtsort Grafenstadten nahe Straßburg war dieser, alle aus Deutschland Vertriebenen unterstützende, mit Geldmitteln wohl versehene Mittelsmann ein Dorn im Auge der deutschen Behörden, und in Paris, wo er ab 1838 von einem kleinen Weinhandel lebte, trat er in engeren Kontakt mit Führern der „Revolutionspartei".

In diesem Argumentationszusammenhang kann auf die ideologischen Kontroversen innerhalb der deutschen Exilgruppen in Paris ebensowenig eingegangen werden wie auf die 1837 erfolgte Abspaltung des „Bundes der Gerechtigkeit".[18] Selbst der nur kurzzeitig erfolgreiche Versuch, die in der französischen Hauptstadt lebenden Oppositionellen 1840 wieder in einem „Bund der Deutschen" zusammenzuschließen, ist hier nur zu erwähnen, weil Friedrich Schüler an ihm mitwirkte.[19] Festzuhalten ist demgegenüber, daß das in Paris entstandene „Glaubensbekenntnis eines Geächteten",[20] eine der einflußreichsten politischen Schriften des Vormärz, in zahlreichen Exemplaren kursierte und sich in der zweiten Hälfte der 1830er Jahre in Deutschland verschiedene Sektionen des Geheimbunds, sogenannte „Zelte" und „Lager", begründeten. Daß die Propaganda der Pariser Bünde auch in der Pfalz auf fruchtbaren Boden fiel, belegen zumindest die in der Speyerer Landesbibliothek überlieferten Flugschriften oder die Affäre um den Bornheimer Blechschmied Johann Eßlinger, der 1835 nach seiner Rückkehr aus Paris wegen Verbreitung des Aufrufs „Betrachtungen eines deutschen Arbeiters ..." von den rheinbayerischen Behörden belangt wurde.[21]

Weitaus stärkeren Einfluß als auf die Entwicklung des Pariser Geheimbundwesens gewannen ehemalige Hambacher und pfälzische Handwerker auf die Ausbreitung des Vereinswesens in der Schweiz, zumal die hier ab 1834 entstehende geheime Emigrantenorganisation, die als das „Junge Deutschland" in die Annalen der Geschichte einging, ihrer radikal demokratischen Programmatik weitaus näher stand.[22] Diese am 15. April 1834 als Sektion von Giuseppe Mazzinis „Jungem Europa" begründete Vereinigung, die es sich zur Aufgabe machte, die in der Schweiz anwesenden deutschen Handwerksgesellen politisch zu assoziieren, verlor erst zu Beginn der 1840er Jahre an Einfluß, als Wilhelm Weitlings frühkommunistische Ideen die deutschen Gesellen anzogen. Zu den fünf deutschen Unterzeichnern der Verbrüderungsakte mit Mazzinis internationalem Geheimbund zählte der Jurist Karl Theodor Barth[23], der in Zweibrücken mit Schüler, Savoye und Ferdinand Geib zusammengearbeitet hatte. Der Hambacher Redner gehörte wie der bereits genannte Mannheimer Redakteur Franz Stro(h)meyer zum ersten, allein durch den Berner Gründerkreis gewählten Zentralausschuß des „Jungen Deutschland". Außerdem stand er dem Berner Klub als Präsident vor, ehe die Kantonsoberen ihn 1834 nach England auswiesen. Noch im Oktober desselben Jahres konstituierte er in Nancy eine Sektion des „Jungen Deutschland". An der Gründung des Berner Vereins beteiligten sich daneben der Frankenthaler Student der Medizin Karl Wilhelm Vinzenz[24], der Homburger Student der Philologie, Redakteur der „Deutschen Tribüne" und Hambacher Redner Christian Scharpff[25], sowie der Neustadter Forstkandidat Gustav Lembert.[26] Sie alle hatten schon an dem von Mazzini finanzierten, gescheiterten „Savoyerzug" vom Jahresbeginn 1834 teilgenommen und engagierten sich in der Folge in den jungdeutschen Sektionen der Schweiz: Lembert, Sohn des in Mannheim geborenen Juden, ehemaligen „Jakobiners" und Neustadter Friedensrichters Abraham Lembert, war wie die anderen in Bern und in Zürich aktiv. Scharpff agitierte in der jungdeutschen Filiale in Straßburg; Vinzenz trat nach seiner Abschiebung nach London 1836 der dortigen „Société des refugiés politiques" bei und wurde zum Präsidenten des jungdeutschen Komitees der englischen Metropole gewählt.

Im Berner Verein wirkte außerdem der Homburger Schriftsetzer Michael Roth.[27] Der ehemalige Bürodiener des Landkommissärs Philipp Jakob Siebenpfeiffer hatte die Buchdruckerkunst beim Zweibrücker Georg Ritter erlernt, der Siebenpfeiffers „Bote aus dem Westen", Wirths „Politische Reform Deutschlands" sowie weitere politische Flugschriften gedruckt und verlegt hatte und der 1832/33 selbst in Konflikt mit der Obrigkeit geraten war. Unter Roths Regie fand am 27. Juli 1834 im Steinhölzli bei Bern ein Handwerkerfest statt, das ebenso wie die Verbreitung seiner revolutionären Flugschrift „Das Vater Unser neuer Lehrart. Zu beten an den Palästen der deutschen Fürsten" zu seiner Ausweisung führte. Nachdem er noch in Genf und Zürich als Präsident der Klubs des „Jungen Deutschland" fungiert hatte, wurde er 1836 verhaftet und nach London abgeschoben. Der Züricher Sektion des „Jungen Deutschland"

drückte in der Anfangszeit Georg Fein aus Braunschweig seinen Stempel auf, der 1832 an Wirths „Deutscher Tribüne" mitgearbeitet hatte und seitdem mit den pfälzischen Demokraten in enger Verbindung stand.[28] 1835 agitierte er in Liestal im liberalen Kanton Basel-Land, wo er einen neuen Zentralausschuß bildete, dem zeitweise auch Roth angehörte.

Übertroffen wurden die Aktivitäten der bisher Genannten durch den vormaligen Sembacher Pfarrer Johann Heinrich Hochdörfer, der 1832 in seinem Blatt „Der Bürgerfreund. Ein Volksblatt für deutsche Nationalität und Völker-Freiheit" nicht nur offen zur Volksbewaffnung aufgerufen, sondern auch erste sozialreformerische Ansätze entwickelt hatte. Nach Verbüßung einer zweijährigen Haftstrafe arbeitete der „Außenseiter" der Hambacher Bewegung ab 1836 als Privatlehrer im Kanton Basel-Land und ab 1839 in Bern, wo er sich rasch zum Wortführer des „Jungen Deutschland" aufschwang und bis 1841 das Auftreten der Jungdeutschen im Handwerkerbildungsverein bestimmte. Hier verfocht er einen „sozial gefärbten Radikalismus"[29] und verbreitete daneben die neuen Lehren Johann August Wirths, der sich nach dem Ende seiner Gefängnisstrafe auf der Schweizer Seite des Bodensees niedergelassen hatte.[30] Im heutigen Kreuzlingen gab er die „Deutsche Volkshalle" heraus, deren Artikel unterstreichen, wie weit er sich von seinen Hambacher Positionen entfernt hatte. Ähnlich wie Venedey und Hochdörfer war er sich inzwischen der sozialen Problematik bewußt geworden. Unter dem Einfluß Charles Fouriers, dessen frühsozialistisches Programm er ansonsten ablehnte, forderte er gesamtstaatliche oder kommunale Altersheime und eine Art sozialen Wohnungsbaues. Daneben verlangte er staatliche Beaufsichtigung des Fabrikwesens, eine gesetzliche Begrenzung der Arbeitszeit, eine staatliche Mitwirkung bei der Festsetzung gerechter Löhne und für in Fabriken arbeitende Kinder regelmäßigen Unterricht. Zum Multiplikator der Lehren Wirths, die bis 1842 in den jungdeutschen Vereinen in der Schweiz großen Widerhall fanden, avancierte Hochdörfer[31], der mit seinem ehemaligen Mitstreiter die Überzeugung teilte, daß die soziale Erneuerung zum guten Teil ein moralisches Problem darstelle. In seiner 1840 publizierten Schrift „Über Abschaffung der Todesstrafe und Verhütung der Verbrechen vom Standpunkte der Sozialreform" forderte er ein umfassendes Volksbildungssystem, ein Recht auf Arbeit, staatlich festgesetzte Tariflöhne für Arbeiter und schließlich eine „Organisation der Arbeit", eine Art gewerkschaftlichen Assoziationswesens. Seine deutlich von Babeuf inspirierte Position unterstreicht die programmatische Weiterentwicklung der Jungdeutschen, die ihre ursprünglich rein nationalpolitischen und demokratischen Ziele um sozialreformerische erweiterten. Anfang der 1840er Jahre hatten sich ihre Vorstellungen durchaus an jene des „Bundes der Geächteten" angenähert, bevor die Konfrontation mit dem religiös motivierten Sozialismus Wilhelm Weitlings, der rasch Anhänger unter den Handwerksgesellen gewann, dem „Jungen Deutschland" allmählich den Boden entzog. Ebenso wie die Hambacher, die in Frankreich Zuflucht fanden, standen die pfälzischen Emigranten in der Schweiz frühsozialistischen Ideen fremd gegenüber, ausgenommen Hochdörfer, der sich indes aus persönlichen Gründen mit Weitling überwarf.

Quellenmäßig kaum zu fassen ist jedoch, wie viele der in der Schweiz oder in Frankreich sich aufhaltenden pfälzischen Gesellen den Auslandsvereinen beitraten. Im „Schwarzen Buch", dem von der Frankfurter Bundeszentralbehörde in den 1830er Jahren zusammengestellten Gesamtverzeichnis aller wegen politischer Delikte Angeschuldigten, finden sich nur sieben, die – alle außer dem bereits erwähnten Eßlinger – in jungdeutschen Sektionen der Schweiz organisiert waren: der Sattlergeselle Friedrich Jakob Bittmann aus Billigheim, der Schustergeselle Johann Georg Bollinger aus Heuchelheim bei Bergzabern, der Buchdruckergeselle Andreas Groß aus Frankerthal, der Schlossergeselle Daniel Hess aus Speyer, der Zeugschmied Johann Philipp Knopp aus Neustadt, der 1834 dem jungdeutschen Zentralausschuß angehörte sowie der Buchdruckergehilfe Heinrich Weiß aus Kaiserslautern.[32] So bescheiden sich ihre Zahl auch ausnehmen mag, die soziale Homogenität dieser Handwerksgesellen unterstreicht, wie problematisch ihre Kennzeichnung als „Arbeiter" ist.

Die Revolution von 1848/49 und die ersten pfälzischen Arbeitervereine

Wenngleich die Kontinuität zwischen Trägern der vormärzlichen Opposition und Repräsentanten der Revolution von 1848 und 1849 in keinem Reichskreis so ausgeprägt war wie in der Pfalz, sind unter den sich ab März 1848 in der Pfalz politisch Engagierenden nur wenige der bisher Genannten zu finden. Dies hatte nur zum geringen Teil „biologische" Ursachen, denn allein Barth war im Alter von 32 Jahren in der Schweiz verstorben. Entscheidender ins Gewicht fiel, daß andere, durch wiederholte Verhaftungen und Abschiebungen zermürbt, entweder – wie Lembert, Vinzenz und Roth – in die Vereinigten Staaten ausgewandert waren oder ihren Frieden mit der Obrigkeit geschlossen und eine bürgerliche Existenz aufgebaut hatten: Klein, der 1839 nach München zurückgekehrt und über ein Jahr in Untersuchungshaft verhört worden war, zog sich Anfang der 1840er Jahre aus der Politik ganz zurück. Stro(h)meyer, der Mitbegründer des „Jungen Deutschland", hatte bereits 1837 als Spitzel Metternichs die politische Seite gewechselt[33], Scharpff sich als Professor für deutsche Literatur in Mülhausen niedergelassen, wo der aus der Pfalz stammende Kaufmann Hermann Eichborn eine Handwerkerlesegesellschaft leitete.[34] Die ohnehin nur „mittelbar" zur pfälzischen Bewegung des Jahres 1832 zählenden Fein, Venedey und Wirth kehrten zwar 1845 bzw. 1848 nach Deutschland zurück, engagierten sich allerdings ebenso außerhalb der Pfalz wie Johann Philipp Becker, der 1849 mit seiner Freischar am badischen Aufstand teilnahm. Pistor, der seit Anfang der 1840er Jahre als erfolgreicher Anwalt in Metz arbeitete und nach der Pariser Februarrevolution in die Departementskommission seiner neuen Heimat gewählt worden war, kam Mitte Mai 1849 nur kurz in den deutschen Südwesten, um „bei Volksversammlungen in Kaiserslautern und Mannheim mit aufmunternden Worten die Grüße der französischen Demokraten" zu überbringen.[35]

Da darüber hinaus Savoye die französische Staatsbürgerschaft angenommen hatte und die Verhandlungen in der Paulskirche als Bevollmächtigter der französischen Revolutionsregierung – mit starker Parteinahme für die Linke – verfolgte[36], nutzten allein Schüler und Hochdörfer die Märzamnestie Maximilians II., um nach langen Jahren der Abwesenheit im März 1848 in ihre Heimat zurückzukehren und hier erneut ins politische Leben einzugreifen. Gerade ihr politisches Engagement unterstreicht jedoch den im Januar 1849 einsetzenden Polarisierungsprozeß der – ungeachtet aller graduellen politisch-ideologischen Differenzen – bis zu diesem Zeitpunkt noch vereinten liberal-demokratischen Opposition der Pfalz.

So repräsentiert auf der einen Seite Friedrich Schüler, der 1848 sowohl in die Paulskirche als auch in den bayerischen Landtag einzog, die politische Linie der großen Mehrheit der pfälzischen Volksvereine, in denen sich die bürgerlich-liberale Bewegung organisierte. Er blieb bis zum Sommer 1849 nicht nur seinen demokratischen wie großdeutschen Überzeugungen treu und stimmte infolgedessen gegen die kleindeutsch-erbkaiserliche Lösung, sondern er glaubte im Mai 1849 noch an eine parlamentarische Lösung der Reichsverfassungsfrage und lehnte einen Eintritt in die Revolutionsregierung der Pfalz entschieden ab.[37] Demgegenüber steht Johann Heinrich Hochdörfer auf der anderen Seite für die sozialrevolutionäre Minderheit der pfälzischen Arbeitervereine, die 1848/49 nach dem Vorbild der vormärzlichen Auslandsvereine entstanden. Er hatte sich in Neustadt niedergelassen, wo die Radikalen bereits 1848 ebenso wie in Frankenthal, Kaiserslautern, Landau, Edenkoben, Dürkheim und Zweibrücken einen demokratischen Verein gründeten, dem sich an der Haardt noch im selben Jahr ein Arbeiterverein affiliierte.[38]

Aber weder die Begeisterung, mit der die Pfälzer Robert Blum und andere Linke der Nationalversammlung anläßlich ihrer „Pfingstreise" feierten, noch die Tatsache, daß der Neustadter Arbeiterverein, der dortige demokratische Verein, der Bildungsverein von Odernheim und der Bürgerverein von Kirchheimbolanden Delegierte zum Ersten Demokratenkongreß vom 14. bis 17. Juni 1848 nach Frankfurt entsandten, können darüber hinwegtäuschen, daß die radikale Bewegung der Pfalz bis zur Jahreswende 1848/49 marginal blieb; zumal angesichts ihrer französischen „Institutionen" und ihrer liberalen Gesellschaftsordnung der Kampf um Bauernbefreiung, freie Ansässigmachung oder Gewerbefreiheit obsolet war, der sich rechts des Rheins in gewaltsamen Erhebungen entlud. Im Gegenteil, die „Märzerrungenschaften" bestätigten den Stolz der Rheinbayern auf ihren fortschrittlichen Sonderstatus. Sie standen fast geschlossen hinter dem liberal-demokratischen Programm der „Pfarrer Frantzischen Parthey", der fast alle Nationalversammlungs- und Landtagsabgeordneten angehörten.³⁹ Erst die seit der Krise vom September zunehmend erschütterte Stellung von Reichsregierung und Paulskirchenparlament, die Auseinandersetzungen um die Einführung der Grundrechte, die vom bayerischen König provozierte Demontage des Münchner „Märzministeriums" sowie die Ergebnislosigkeit des „Revolutionslandtags" beschleunigten auch hier den politischen Polarisierungsprozeß. Diesen konnte selbst der Beitritt aller Volks- und demokratischen Vereine zum deutschen „Zentralmärzverein", der entschieden für die Annahme der Reichsverfassung focht, nicht überdecken.⁴⁰

Zum Zentrum der radikalen Bewegung avancierte der am 14. Januar 1849 wiederbegründete Arbeiterverein von Neustadt, der während des am 28. und 29. Januar 1849 in Heidelberg tagenden „Provinzial-Arbeiterkongresses für Süd-West-Deutschland" der „Allgemeinen Deutschen Arbeiterverbrüderung" zum Vorortverein für die Pfalz bestimmt wurde.⁴¹ Auf dem Anfang April 1849 in Nürnberg zusammentretenden ersten „Bayerischen Arbeiterkongreß", zu dem auf briefliche Einladung der Neustadter Stephan Born selbst anreiste⁴², vertrat der Landauer Schuldienstaspirant Johann Ludwig Ehrstein die mittlerweile sechs pfälzischen Arbeitervereine von Neustadt, Frankenthal, Speyer, Bergzabern, Kaiserslautern und Landau sowie den Arbeiterbildungsverein von Germersheim.⁴³ Unter den Vertretern der bayerischen Arbeiterbildungs- und Wanderunterstützungsvereine fiel der pfälzische Delegierte durch sein Eintreten für unbedingte Gewerbefreiheit auf. Sein Engagement spiegelt das Ergebnis der Petitionsbewegung an die Nationalversammlung wider, denn mit Ausnahme Rheinpreußens setzte sich kein anderer Reichskreis so geschlossen für das liberale Wirtschaftsziel ein wie die Pfalz.

Den Kurs des Neustadter Arbeitervereins, der bald 600 Mitglieder zählte⁴⁴, bestimmten Hochdörfer, der zahlreiche Artikel zum Vereinsorgan „Der Pfälzer Volksmann" beisteuerte⁴⁵, der aus Stuttgart stammende deutschkatholische Prediger Heinrich Loose⁴⁶ sowie der Uhrmachermeister Josef Valentin Weber, der zugleich dem Vorstand des demokratischen Vereins sowie der freien christlichen Gemeinde angehörte und als Präsident der „Allgemeinen Deutschen Arbeiter-Verbrüderung Rheinbayerns" fungierte.⁴⁷ Ganz im Sinne der politische Linie Borns grenzten sie ihre Politik nach links wie rechts ab. So lehnte etwa Weber öffentlich den zünftigen „Monopolismus" ebenso ab wie den Wirtschaftsliberalismus und den Kommunismus.⁴⁸ Sie alle seien im Gegensatz zum „Socialismus", wie er ihn verstand, nicht geeignet, die soziale Lage der Arbeiterklasse zu verbessern. Deutlich erinnert sein Ruf nach progressiver Einkommenssteuer, Assoziationen und Arbeiterbildung an die frühsozialistischen, sozialreformerischen Vorschläge Hochdörfers.⁴⁹

Im Gegensatz zu dem im Gasthof „Zur Republik" tagenden Neustadter Arbeiterverein haben die Aktivitäten seiner pfälzischen Filialvereine bislang wenig Kontur gewonnen. Namentlich bekannt sind bislang allein der bereits genannte Ehrstein

Der Pfälzer Volksmann.
Ein demokratisches Kreuzerblatt,

herausgegeben von

H. Loose und **J. V. Weber.**

Nr. 2.   Neustadt, den 29. Mai   **1849.**

Dieses Blatt erscheint zunächst in zwanglosen Nummern (wöchentlich 2 mal.) Alle, die auf den Pfälzer Volksmann abonniren wollen, werden ersucht, gefälligst in Bälde es zu thun, entweder bei ihren Postämtern, oder bei der Redaktion. Zugleich werden alle Männer unserer Richtung gebeten, uns ihre Kräfte zu widmen.

Neustadt, im Mai 1849.

Briefe erbittet man franco. Die Expedition: J. V. Weber, Uhrmacher.

Ein ernstes Wort in schwerer Zeit.

Das pfälzische Volk scheint in seinem Ringen und Streben nach einem menschenwürdigen, freien, glücklichern Dasein einem Dämon zu erliegen, der, der Hölle entstiegen, ihm unwiderstehlich alle Aussichten der so hoffnungsreichen Zukunft zu rauben sucht, statt es in den Aether der Freiheit zu führen. Das Herz des Menschen und Freiheit liebenden Mannes bricht vor Schmerz ob dieser Wahrnehmung. Pfälzer! ist keine Aussicht der Rettung? Fast will es so scheinen! Der Völker Himmel in unserm Vaterlande besonders ist schwarz und Untergang und Verderben drohend. Nirgends leuchtet ein Strahl froher Hoffnung. — Die freiheits- und volksmörderischen Tyrannen auf den Thronen umlagern die Völker mit ihren mord- und blutgierigen Söldnerhorden. Ihnen zur Seite als treue Bundsgenossen stehet die immer gerüstete unermüdliche Bande der privilegirten räuberischen Mammonsseelen, die immer bereit sind, ihrem Gott das Herzblut ihrer dürftigen Mitmenschen zu opfern. Meine Brüder! ist gegen diese Ungeheuer in Menschengestalt keine Rettung? Klingt dieses Wort hart? Erinnert Euch des Wortes des liebevollsten, sanftesten Herzens, das je unter Gottes Sonne schlug und das die unersättlichen Raubseelen, selbst im Heiligenschein und Gottesschmuck, am Kreuze würgten. — Erinnert Euch jenes Wortes: „Es ist eher möglich, daß ein Kamel durch ein Nadelöhr gehe, als daß ein Reicher in's Himmelreich komme." — Ist noch Hülfe und Rettung aus der Gewalt dieses verbündeten Feindes der Menschheit? Seht auf zu den Sternen! Hört, die Manen Eurer seeligen Heldenväter flüstern euch zu: Rettung für euch liegt nur in euerm Muth, in euerm Todesmuth für Freiheit und Vaterland, in Hingebung für Weib und Kind, für eure Brüder, für euer Volk, um es endlich aus Schmach, Elend, Slaverei und Tyrannei — zu erlösen. — Helft euch selbst, so hilft euch Gott.

Aber vernehmt und durchdringt euch endlich davon: dieser Muth ist ein anderer als Gurgel- und Schrei- und Maulheldenmuth. — Davon fällt noch keine Mücke von der Wand, geschweige ein Tyrann von seinem Throne. — Dieser Muth ist auch nicht blos Soldaten- oder Schlächten- und Kampf-Muth, — sondern es ist vor allem entschlossener unbeugsamer Bürgermuth, der überall, im Kittel wie im modischen Herrenrock, im Bauernwammes wie im Stutzerfrack, nichts kennt, nichts achtet, nichts zur Geltung kommen läßt als des Menschen und des Bürgers heiliges, unantastbares Recht und dafür jeder Zeit Gut, Blut und Leben einsetzt; der nur einen todeswürdigen Feind auf Erden kennt: den Feind der Freiheit und der Rechts-Gleichheit aller Sterblichen. Dieser Muth ist die zum Tode entschlossene unerschütterliche Bereitwilligkeit, für den geringsten unserer Brüder diese Rechtsgleichheit und Ebenbürtigkeit in Gesetz und Verfassung sicher zu stellen, und denjenigen als den gefährlichsten Feind des Menschengeschlechts zu behandeln, der irgend ein Vorrecht anspricht oder geltend zu machen — sucht. —

Hört, was ich euch verkünde! Hütet euch zu wähnen, dieß seien bloße Worte. Glaubt ihr das, meint ihr das, dünkt ihr euch schon etwas, solche Worte nur zu hören: so verdienet ihr, daß die Pest in eure Gebeine fahre, euch das Mark bis auf den letzten Gran vertrockne und die Erde von dieser Generation bis auf den letzten Mann reinige. — Aber die Gluth, die Gluth der Freiheit, die in euerer Brust sprühet, ist Zeuge vor Gott, vor Mit- und Nachwelt, daß ihr bessern Geschlechtes seid. Deßhalb richte ich folgenden Aufruf zur augenblicklichen Verwirklichung an euch.

1) Da das Schicksal der Pfalz ganz in den Händen einer provisorischen Regierung liegt, zusammengesetzt aus wenigen Männern mit gänzlicher Unumschränktheit, so fordere ich euch auf und mache euch im Namen euerer Freiheit, euerer Menschen- und Bürgerwürde zur Pflicht — ungesäumt dieser Regierung einen Gesetzgebungsrath und oberste Aufsichtsbehörde zur Seite zu stellen, bestehend aus 270 Bürgern, gewählt in offener, freier Wahl aus der an jedem Cantonsorte zu versammelnden Cantonsbürgerschaft. — Bürger! ich beschwöre euch, beachtet den Rath, den euch ein vielerfahrener Mann des Vaterlands und der republikanischen Freiheit hier gibt. — Ich sage euch, wenn euch Jemand davon abrathet, erkennt darin, daß er ein Feind und Verräther des Volks und der Freiheit ist. Gebt ihr ihm Gehör, so werdet ihr es zu spät bereuen müssen. —

Dieser Gesetzgebungs- und Aufsichts-Ausschuß ist

Titelblatt des „Pfälzer Volksmanns" vom 29.5.1849.

aus Landau, der Vorstand des Frankenthaler Arbeiterbildungsvereins, Georg Fendl, der Frankenthaler Bierbrauer Ludwig Haas, in dessen Gastwirtschaft noch bis April 1852 Demokratenveranstaltungen stattfanden[50], sowie die Speyerer Lithographen Eduard Heeren und Ludwig Höflinger, die für die Arbeiterzeitung „Trompete von Speyer" verantwortlich zeichneten.[51] Die punktuellen Hinweise lassen jedoch den Schluß zu, daß ebenso wie in Neustadt auch in den anderen Städten enge personelle Verflechtungen zwischen Arbeiter- und demokratischen Vereinen auf der einen sowie zwischen Arbeitervereinen und freikirchlichen bzw. deutschkatholischen Gemeinden auf der anderen Seite bestanden.

Der 1844 im Kampf gegen die Ausstellung des „Heiligen Rocks" in Trier von Johannes Ronge und Johann Czerski gegründete Deutschkatholizismus hatte seit 1845 in verschiedenen Städten der Pfalz Anhänger gewonnen, die in Neustadt, Frankenthal oder Kaiserslautern vorwiegend dem Handwerkerstand entstammten.[52] Daneben gehörten mehr als 20 Prozent der nach dem gescheiterten „Maiaufstand" von 1849 im Zweibrücker „Verwahrungs-Haus" Inhaftierten deutschkatholischen und freikirchlichen Gemeinden an.[53] Wie eng freireligiöses Engagement und politischer Radikalismus, säkularisierte christliche und sozialistische Heilserwartung verbunden waren, zeigte sich bereits in den Auslandsvereinen deutscher Handwerksgesellen in Paris und in der Schweiz, noch bevor etwa Weitling seinen epochemachenden Artikel „Die Kommunion und die Kommunisten" veröffentlichte.[54]

Aus ihrer politischen Marginalität traten die pfälzischen Arbeitervereine – an der Seite der radikalen Demokraten – erst ab Ende April 1849 heraus.[55] Denn nachdem die Mehrzahl der deutschen Regierungen die Reichsverfassung – ungeachtet der demütigenden Ablehnung der Kaiserwürde durch Friedrich Wilhelm IV. – anerkannt hatten, rückte Bayern ins Blickfeld der politischen Öffentlichkeit Deutschlands. Zwar wies Maximilian II. – ebenso wie die Monarchen in Hannover, Preußen, Sachsen und Österreich – die Frankfurter Beschlüsse zurück. Noch aber glaubte die parlamentarische Linke ihre Mehrheit im Landtag nutzen zu können, um die Münchener Regierung zur Annahme zu zwingen, zumal die seit Herbst 1848 schwelende Regierungskrise den entscheidungsschwachen König zusätzlich lähmte. Ein „Ja" Bayerns und damit aller süddeutschen Staaten indes hätte die Position der Nationalversammlung gefestigt.

Vor diesem Hintergrund verstärkten sowohl die parlamentarische als auch die außerparlamentarische Opposition ihre Bemühungen, um die Bevölkerung zu mobilisieren. In der Pfalz setzten sich die politischen Vereine mit vier Volksversammlungen, die zwischen dem 29. April und dem 3. Mai 1849 Zehntausende nach Kaiserslautern lockten, eindrucksvoll in Szene. Doch im Gegensatz zu den etablierten Abgeordneten, die in dieser Machtdemonstration nur ein Druckmittel für ihre parlamentarische Strategie im bayerischen Landtag sahen, glaubten die Radikalen, den Massenprotest gegen die „hochverräterische" Regierung für ihre weitergehenden republikanischen Ziele nutzen zu können.

Diese unterschiedlichen Motive erklären die Widersprüche in den sich in den nächsten Wochen überstürzenden Ereignissen. So lehnte die Kaiserslauterer Volksversammlung am 2. Mai den Antrag Looses und Webers auf sofortige Trennung der Pfalz von Bayern ab, nahm jedoch jenen, der die Einrichtung eines zehnköpfigen „Landesverteidigungsausschusses" empfahl, mit großer Mehrheit an. Aber die bekannten pfälzischen Parlamentarier waren den Kaiserslauterer Versammlungen fern geblieben und mieden den Ausschuß. Am 8. Mai gelang es dem pfälzischen Deputierten August Culmann und der Frankfurter Zentralgewalt, mit der Entsendung von Reichskommissar Jacob Bernhard Eisenstuck die Wogen zu glätten und die Gesetzlichkeit des pfälzischen Vorgehens unter Beweis zu stellen. Nachdem allerdings in Sachsen und Baden der offene Aufstand ausgebrochen war, gab es in der Pfalz kein Halten mehr.

Die am 17. Mai in Kaiserslautern gewählte provisorische Regierung erklärte die Trennung der Pfalz vom Königreich. Gemäßigte Repräsentanten gehörten ihr nicht an, da sie erneut nicht erschienen waren. Unter den fünf Mitgliedern der Regierung

Denkmal für die Freiheitskämpfer von 1849 auf dem Friedhof von Kirchheimbolanden. Abbildung der „Gartenlaube", Jahrgang 1872.

dominierten die Radikalen, allen voran der „alte Hambacher" und Neustadter Arzt Dr. Philipp Hepp, der Speyerer Notar Martin Reichard, der Kaiserslauterer Redakteur Nikolaus Schmitt, der Grünstadter Rechtskandidat Peter Fries sowie der Rechtskandidat Dr. Theodor Greiner aus Thaleischweiler. Verbindungen zur Arbeiterbewegung lassen sich – sieht man von den persönlichen Beziehungen Hepps zu Loose und Weber ab – allein bei Greiner nachweisen. Bereits im Sommer 1848 hatte er im Arbeiterbildungsverein Münchens agitiert und war zusammen mit anderen Radikalen am 27. September 1848 verhaftet worden, weil die Polizei jede Aufwiegelung der anläßlich des Oktoberfests in die bayerische Metropole strömenden Besucher im Keim ersticken wollte.[56]

Mit der Wahl der provisorischen Regierung indessen überschritt die „pfälzische" „Reichsverfassungsbewegung" ihren Zenit. Der Rückhalt der Bevölkerung, die den gesetzlichen Kurs der etablierten Parlamentarier unterstützt hatte, schwand. Jetzt schlug nicht nur die Stunde der radikalen Minderheit, sondern noch einmal die Joseph Savoyes, der mittlerweile Abgeordneter der französischen Radikalen in der Pariser Nationalversammlung geworden war.[57] Er koordinierte die Absprachen der französischen Republikaner, die zum Aufstand drängten, mit den Revolutionsregierungen der Pfalz und Badens, er stellte die Kontakte zum exilierten Polenkomitee her, aus dessen Reihen jene einen Großteil ihrer Offiziere rekrutierten. Seine Verbindungen scheinen außerdem dazu beigetragen zu haben, daß neben rheinischen und rheinhessischen Freischaren nun Mitglieder des „Bundes der Kommunisten", allen voran Friedrich Engels, in die Pfalz strömten, um hier ihre Ziele zu verwirklichen. Neuere Untersuchungen haben freilich gezeigt, daß ihr Einfluß auf die provisorische Regierung von der älteren pfälzischen Forschung weit überschätzt wurde. Nennenswerte Impulse gingen – sieht man von dem Kölner Kommunisten Karl d'Ester ab – nicht von ihnen aus.

Die politische Mobilisierung und Revolutionierung der Pfalz – in den Augen der Mehrzahl ihrer Einwohner Notwehrmaßnahmen gegen die Willkür der bayerischen Regierung – waren „primär pfälzischen Ursprungs".[58] Erst als der Ausschluß der pfälzischen Parlamentarier aus dem bayerischen Landtag (23./24. Mai) sowie die Flucht der linken Deputierten der Nationalversammlung von Frankfurt nach Stuttgart (30. Mai) schrittweise alle Hoffnungen raubten, die Reichsverfassung auf legalem Weg durchsetzen zu können, und parallel hierzu die Anstrengungen der provisorischen Regierung zur Verteidigung der Republik in Zwangsmaßnahmen umschlugen, zog sich das Bürgertum zurück und überließ den einheimischen wie ausländischen „Roten" das Feld. Daß jene sich die Pfalz auserkoren, war wohl kaum das Werk geheimbündlerischer Verschwörer, zumal es zwischen den Auslands- und den pfälzischen Arbeitervereinen nur punktuell personelle Kontinuitäten gab. Auch in dieser Frage stellte die Neustadter Organisation eine Ausnahme dar, denn neben Hochdörfer scheint Weber bereits vor 1848 Kontakte zur frühsozialistischen Bewegung gehabt zu haben.[59] Entscheidender ins Gewicht fiel der in den Auslandsvereinen vor allem der 1830er Jahre gepflegte Mythos von Hambach. Gerade vor diesem Hintergrund wird die Enttäuschung über die Passivität der Pfälzer ebenso verständlich wie der Spott, den die Repräsentanten der Linken nach dem Scheitern des Aufstands kübelweise über die „weinseligen" pfälzischen „Schoppenstecher"[60] ausgossen.

Der Einmarsch der preußischen Truppen am 13. Juni und der am selben Tag scheiternde Aufstandsversuch in Paris entzogen der Revolutionsregierung den Boden. Binnen weniger Tage brach der dilettantisch organisierte Widerstand zusammen, zumal die erwartete Hilfe aus dem Elsaß und Baden ausblieb. Die Reste der schlecht ausgerüsteten Freischaren und der teilweise erst einexerzierten Volkswehr, die fast ausnahmslos aus Angehörigen der besitzlosen Klassen bestanden, flohen am 18. Juni über den Rhein oder setzten sich nach Frankreich ab. Und die Verhängung des Kriegszustands sowie die Repressionen der Obrigkeit bereiteten dem politischen Leben ein Ende.[61]

Auf ähnliche Art und Weise wie nach 1832 wurden nicht nur die politisch Desavouierten strafrechtlich belangt und teilweise jahrelang inhaftiert, sondern in der Folge auch alle politischen Vereine, ja selbst Turn-, Gesangs- und religiöse Vereine in der Pfalz verboten. Die Wanderschaft der Handwerksgesellen nach Frankreich und in die Schweiz schränkte die Regierung erheblich ein, befürchtete sie doch, daß auf diesem Wege erneut aufrührerische Ideen nach Deutschland gelangen könnten. Die im Münchener Hauptstaatsarchiv überlieferten Akten unterstreichen, daß der Aufwand mit dem die bald im deutschen Polizeiverein zusammengeschlossenen einzelstaatlichen Behörden „revolutionär-kommunistische Umtriebe" verfolgten, in keinerlei Verhältnis zu seinem Ertrag stand. Neben den Ansätzen zu einer ersten gewerkschaftlichen Organisation – 1848 hatten sich Frankenthaler und Kaiserslauterer Buchdrucker dem deutschen „National-Buchdrucker-Verein" angeschlossen[62] – verschwanden die ersten pfälzischen Arbeitervereine nach der gescheiterten Revolution, so scheint es, „spurlos".

Spuren ihrer Mitglieder sind selbst im Exil kaum zu finden. Wenngleich detaillierte Analysen noch ausstehen, haben sich vermutlich nur einzelne an der Weiterentwicklung der deutschen Arbeiterbewegung im europäischen Ausland beteiligt. Namentlich bekannt ist bislang allein, daß Josef Valentin Weber, der zunächst in die Vereinigten Staaten geflohen war, 1861 in London an der Seite von Karl Marx im kommunistischen Arbeiterbildungsverein wirkte.[63] Es verwundert in diesem Zusammenhang nicht, daß sein Sohn, der Kaufmannsgehilfe Wilhelm Weber, am 19. September 1864 in Neustadt zusammen mit dem Bildhauer Kolb den ersten „Allgemeinen Deutschen Arbeiterverein" der Pfalz gründete. Diesen lassalleanischen Zweigverein, dem etwa 50 Handwerksgesellen und Tagelöhner beitraten, löste die Polizei jedoch schon am 9. Oktober auf.[64] Er blieb lange singulär, nicht nur aufgrund des reaktionären Vereinsgesetzes aus dem Jahre 1850, sondern auch weil die sich ab 1859 reorganisierenden pfälzischen Liberalen eigene Fortbildungs- oder Arbeiterbildungsvereine gründeten, die dem Genossenschaftssystem von Hermann Schultze-Delitzsch verpflichtet waren.[65] Wie schon in der Vergangenheit standen die Arbeiter-Handwerker und die Unterschicht der Pfalz auch am Vorabend des deutsch-französischen Kriegs sozialistischen Ideen fern. Sie sollten hier erst nach der Reichsgründung auf fruchtbaren Boden fallen.

Anmerkungen:
1 Vgl. hierzu und im Folgenden Hans Fenske, Politischer und sozialer Protest in Süddeutschland nach 1830, in: Demokratische und soziale Protestbewegungen in Mitteleuropa 1815-1848/49, hrsg. v. Helmut Reinalter, Frankfurt am Main 1986, S. 143-201.
2 Zur Gesamtentwicklung: Wilhelm Kreutz, Zur politischen Entwicklung der bayerischen und badischen Pfalz vom Ende der napoleonischen Herr-

schaft bis zur Gründung der Bundesländer Rheinland-Pfalz und Baden-Württemberg, in: Kurpfalz, hrsg. v. Alexander Schweickert, Stuttgart 1997, S. 51-98, bes. S. 51-68.

3 Zum Gesamtzusammenhang und statt vieler: Beatrix W. Bouvier, Die Anfänge der sozialistischen Bewegung, in: ebd., S. 265-302.

4 Eine neuere monographische Darstellung der Revolutionsereignisse von 1848/49 in der Pfalz fehlt. Den aktuellsten Überblick bieten die Aufsätze im Jahrbuch zur Geschichte von Stadt und Landkreis Kaiserslautern (Jb KL), Bd.22/23 (1984/85): Die Pfälzische Revolution 1848/49 im Umfeld von Kaiserslautern, Kaiserslautern 1985; zum Differenzierungsprozeß des politischen Vereinswesens vgl. vor allem Michael Wettengel, Das liberale und demokratische Vereinswesen in der Pfalz während der Revolution 1848/49, in: ebd., S. 73-90.

5 Zur Problematik der in der älteren Literatur immer wieder apostrophierten „landfremden Elemente" vgl. die Ausführungen von Bernd Schwarzwälder, Frühe „Arbeiterbewegung" in Neustadt an der Haardt. Außerparlamentarisches Vereinswesen in der Reichsverfassungskampagne der Pfalz 1848/49, in: Mitteilungen des Historischen Vereins der Pfalz (MHVP) 81 (1983), S. 371-405, hier S. 371 ff und Kurt Baumann, Volkserhebung und Konspiration in der pfälzischen Bewegung von 1848/49, in: MHVP 68 (1970), S. 292-317.

6 Vgl. Kurt Baumann, Die Kontinuität der revolutionären Bewegung in der Pfalz von 1792-1849, in: Hambacher Gespräche 1962, Wiesbaden 1964, S. 1-19.

7 Zu Hambach und den Folgen siehe: Hambacher Fest 1832-1982. Freiheit und Einheit, Deutschland und Europa. Katalog zur Ausstellung des Landes Rheinland-Pfalz zum 150jährigen Jubiläum, Neustadt an der Weinstraße 1982; Schon pflanzen sie frech die Freiheitsbäume. 150 Jahre Hambacher Fest, hrsg. v. Willi Rothley/Manfred Geis, Neustadt an der Weinstraße 1982; Hellmut G. Haasis, Volksfest, sozialer Protest und Verschwörung. 150 Jahre Hambacher Fest, Heidelberg 1981; Hambach 1832. Anstöße und Folgen, Wiesbaden 1984.

8 Vgl. Cornelia Foerster, Der Preß- und Vaterlandsverein von 1832/33. Sozialstruktur und Organisationsformen der bürgerlichen Bewegung in der Zeit des Hambacher Fests, Trier 1982.

9 Zum Werdegang Savoyes in Paris: Imma Melzer, Pfälzische Emigranten in Frankreich während und nach der Revolution von 1848/49. Teil I, in: Francia 12 (1984), S. 372-424, bes. S. 381 f sowie Kurt Baumann, Friedrich Schüler/Joseph Savoye/Daniel Pistor, in: Das Hambacher Fest. Männer und Ideen. Hrsg. v. Kurt Baumann, 2. Auflage Speyer 1982, S. 95-180, bes. S. 144 ff.

10 Vgl. hierzu und im folgenden Wolfgang Schieder, Anfänge der deutschen Arbeiterbewegung. Die Auslandsvereine im Jahrzehnt nach der Julirevolution von 1830, Stuttgart 1963, S. 14 ff.

11 Zu Pistors Werdegang vgl. Baumann, (Anm. 9), bes. S. 118 ff und S. 139, S. 142 ff und S. 175-180 sowie Edgar Süß, Die Pfälzer im „Schwarzen Buch". Ein personengeschichtlicher Beitrag zur Geschichte des Hambacher Festes, des frühen pfälzischen und deutschen Liberalismus, Heidelberg 1956, S. 102-104.

12 Zu Hochdörfer: Helmut Kimmel, Der Anteil der pfälzischen Geistlichen an den Ereignissen der Jahre 1832 und 1849, in: Blätter für pfälzische Kirchengeschichte und religiöse Volkskunde 20 (1953), S. 1-2 sowie Süß (Anm. 11), S. 70-71.

13 Zu Schüler: Baumann (Anm. 9).

14 Zu Venedey vgl. Artikel: Venedey, in: Heinrich Best und Wilhelm Weege, Biographisches Handbuch der Abgeordneten der Frankfurter Nationalversammlung 1848/49, Düsseldorf 1996.

15 Zu Johann Philipp Becker siehe den Beitrag Dieter Schiffmanns in diesem Bande.

16 Vgl. u.a. Schieder (Anm. 10), S. 181-187.

17 Zum Werdegang Kleins vgl. Süß (Anm. 11), S. 75-77.

18 Dazu: Jacques Grandjonc, Ideologische Auseinandersetzungen im „Bund der Gerechten", in: Die frühsozialistischen Bünde in der Geschichte der deutschen Arbeiterbewegung. Vom „Bund der Gerechten" zum „Bund der Kommunisten" 1836-1847. Ein Tagungsbericht, hrsg. v. Otto Büsch, Hans Herzfeld u.a., Berlin 1975, S. 81-94.

19 Vgl. Schieder (Anm. 10), S. 56 sowie Baumann (Anm. 9), S. 95 ff.

20 Vgl. Schieder (Anm. 10), S. 181-187.

21 Siehe: Helmut Renner, „Betrachtungen eines deutschen Arbeiters ..." Ein revolutionärer Aufruf aus dem Jahre 1835, in: Pfälzische Heimatblätter 5 (1957), S. 38.

22 Hierzu und im Folgenden Schieder (Anm. 10), S. 29 ff.

23 Zu Barth vgl. Süß (Anm. 11), S. 33-34.

24 Zum Werdegang von Vinzenz ebd., S. 130-131.

25 Zu Scharpff ebd., S. 113-114.

26 Zu Lembert vgl. ebd., S. 93-94.

27 Zu Roth ebd., S. 110-111 sowie Schieder (Anm. 10), S. 36, S. 41 ff, S. 130 und S. 146.

28 Vgl. Wolfgang Schlegel, Die Affäre Fein, in: Rothley/Geis (Anm. 7), S. 185-195 und Schieder (Anm. 10), siehe Personenregister.

29 Schieder (Anm. 10), S. 219.

30 Zu Wirth vgl. Anton Doll, Philipp Jakob Siebenpfeiffer/Johann Georg August Wirth, in: Baumann, Hambacher Fest (Anm. 9), S. 7-94, bes. S. 86-93; Schieder (Anm. 10), S. 212-220 sowie Norbert Deuchert, Vom Hambacher Fest zur ba-

dischen Revolution. Politische Presse und Anfänge deutscher Demokratie 1832-1848/49, Stuttgart 1983, S. 108-132.
31 Schieder (Anm. 10), S. 219.
32 Vgl. Süß (Anm. 11), S. 40 ff, 63, 69 f, 80 f und S. 134.
33 Vgl. Literarische Geheimberichte. Protokolle der Metternich-Agenten, Bd.1: 1840-1843, hrsg. v. Hans Adler, Köln 1977, S. 42.
34 Vgl. Schieder (Anm. 10), S. 41.
35 Vgl. Baumann (Anm. 6), S. 310; dieser Hinweis fehlt in Baumanns biographischen Ausführungen zu Pistor, vgl. Baumann (Anm. 9), S. 176. Hinzuweisen ist in diesem Zusammenhang auf das revolutionäre Engagement seines Bruders Lorenz während des Pfälzer Maiaufstands; vgl. ebd., S. 176 sowie Melzer (Anm. 9), S. 378.
36 Vgl. Melzer (Anm. 9), S. 394-405.
37 Neben den bereits genannten Publikationen zum Revolutionsgeschehen in der Pfalz ist – trotz mancher Fehlurteile und Lücken – nach wie vor auf die Dissertation von Helmut Renner, Die pfälzische Bewegung in den Jahren 1848/49 und ihre Voraussetzungen. Ein Beitrag zur pfälzischen Geschichte des 19. Jahrhunderts, Phil. Diss. Masch. Marburg 1955, zurückzugreifen.
38 Hierzu und im folgenden: Wettengel (Anm. 4), S. 75-79.
39 Vgl. Karl Scherer, Zur Geschichte kirchlicher Parteien in der Pfalz. Die „Pfarrer Frantzische Parthey" 1848/49, in: Blätter für pfälzische Kirchengeschichte und religiöse Volkskunde 35 (1968), S. 231-252.
40 Dazu in Kürze Wilhelm Kreutz, Revolution – Reform – Reaktion: Regierungspolitik und Parlamentarismus im nachmärzlichen Bayern (Arbeitstitel).
41 Hierzu und im folgenden Schwarzwälder (Anm. 5), hier: S. 389 sowie Rainer Kessler, „Die wandernde Barrikade". Aus der Pfälzer Arbeiterbewegung von 1849, in: Pfälzer Heimat 35 (1984), S. 154-161.
42 Vgl. Schwarzwälder (Anm. 5), S. 389 sowie Deutsche Handwerker- und Arbeiterkongresse 1848-1852. Protokolle und Materialien, hrsg. v. Dieter Dowe und Toni Offermann, Berlin und Bonn 1983, S. 331.
43 Vgl. Kurt Baumann, Proletarische Strömungen in der pfälzischen Bewegung von 1848/49, in: Bei uns daheim. Aus Vergangenheit und Gegenwart der Pfalz. Heimatbeilage der „Pfälzischen Post" 5 (1929) vom 6. und 13.2.1929, S. 14 sowie Deutsche Handwerker- und Arbeiterkongresse (Anm. 42), S. 329 f.
44 Namentlich bekannt sind der Kaufmann Karl Meergott, der Geschäftsmann Johann Egidius Fischer, der Bleicher Saladin Mattil, der Arzt Dr. Benjamin Maas sowie der aus Wolfenbüttel stammende Buchhändler Adolf Buchheister; vgl. Baumann (Anm. 43), S. 13.
45 Vgl. Schwarzwälder (Anm. 5), S. 392-396.
46 Zum Werdegang Looses ebd., S. 398-401.
47 Ebd., S. 401-402.
48 Wettengel (Anm. 4), S. 79-80.
49 Vgl. auch Schwarzwälder (Anm. 5), S. 402-405.
50 Vgl. Die Allgemeine deutsche Arbeiterverbrüderung 1848-1850. Dokumente des Zentralkomitees für die deutschen Arbeiter in Leipzig, bearb. und eingel. von Horst Schlechte, Weimar 1979, S. 216.
51 Vgl. Schwarzwälder (Anm. 5), S. 403 und Baumann (Anm. 43), S. 14.
52 Dazu: Heinz Friedel, Der Deutschkatholizismus und sein Verhältnis zum pfälzischen Protestantismus, in: Blätter für pfälzische Kirchengeschichte und religiöse Volkskunde 30 (1963), S. 144-154; Wilhelm Kantzenbach, Zur Geschichte des Deutschkatholizismus in Bayern und in der Pfalz im Vormärz, in: ebd. 39 (1972), S. 5-15.
53 Vgl. Karl Obermann, Die Zusammensetzung einiger Freischaren der Revolution von 1848/49, in: Jahrbuch für Wirtschaftsgeschichte 1973, Berlin 1973, Teil IV, S. 125-145, bes. S. 135 ff und S. 141.
54 Vgl. Schieder (Anm. 10), S. 263 ff sowie Kessler (Anm. 41), S.160.
55 Hierzu und im folgenden: Regina M. Schneider, Landesausschuß und Provisorische Regierung in Kaiserslautern 1849, in: Jb KL 22/23 (1984/85), S. 91-117.
56 Vgl. Karl Rüdinger, Die Arbeiterbewegung in Bayern 1848-1850. Ein Beitrag zur Geschichte der 48er Bewegung in Bayern, Bottrop 1934, S. 12.
57 Melzer (Anm. 9), S. 410-423.
58 Schwarzwälder (Anm. 5), S. 376.
59 Ebd., S. 402. Daneben hat Baumann (Anm. 43), S. 14 darauf hingewiesen, daß der Lithograph Höflinger im Herbst 1848 von Lyon nach Speyer gekommen sei.
60 Friedrich Engels, Die deutsche Reichsverfassungskampagne, zitiert nach Schwarzwälder (Anm. 5), S. 371.
61 Vgl. Hannes Ziegler, Die Jahre der Reaktion in der Pfalz (1849-1853) nach der Mairevolution von 1849, Speyer 1985 sowie in Kürze Kreutz (Anm. 40).
62 Vgl. Wettengel (Anm. 4), S. 80.
63 Vgl. Erich Schneider, Die Anfänge der sozialistischen Arbeiterbewegung in der Rheinpfalz 1864-1899. Ein Beitrag zur süddeutschen Parteiengeschichte, Phil. Diss. Masch. Mainz 1956, S. 29.
64 Ebd.
65 Ebd., S. 30-32.

Gerhard Wunder

„Kein Heil außer dem Sozialismus"
Der Neustadter Arbeiterverein von 1848/49, Josef Valentin Weber und die Arbeiterzeitung „Der Pfälzer Volksmann"

In den Jahren 1848 und 1849 wurde ganz Deutschland von einer großen demokratischen Bewegung erfaßt. In Bayern dankte König Ludwig I. am 20. März 1848 zugunsten seines Sohnes Maximilian II. ab. Ende April und Anfang Mai des Jahres wurde die Nationalversammlung gewählt, die in der Frankfurter Paulskirche eine Verfassung ausarbeitete. Die größeren Einzelstaaten lehnten diese Verfassung jedoch ab. Die Pfälzer entschieden sich daher für eine Revolution. Sie bildeten am 2. Mai einen „Landesverteidigungsausschuß" und zwei Wochen später, am 17. Mai, eine provisorische Regierung, die unmittelbar nach ihrer Wahl die Unabhängigkeit der Pfalz von Bayern proklamierte.

In der Pfalz war Neustadt am radikalsten. Der spätere Regierungspräsident Zenetti (1849 bis 1850) meinte, hier sei das Zentrum „für aufregende politische Tendenzen", „für die Entstehungs- und Ausbruchsgeschichte des Pfälzer Aufstandes", die „Geburtsstätte" der pfälzischen „Volksversammlungen". Sein Nachfolger Hohe (1850 bis 1853) gab zu Papier, Neustadt sei „reich an schreisüchtigen, prahlerischen, aber charakterlosen Originalen" und alle Einwohner seien ausnahmslos entweder Republikaner oder Anarchisten. Die Justiz hielt Neustadt für den Mittelpunkt aller „rotrepublikanischen Tendenzen".

Wie kam Neustadt zu diesem Ruf? Die Stadt war die versammlungsfreudigste, demokratischste, radikalste und pressefreudigste der Pfalz. Schon am 29. Februar 1848 plante man hier eine Bürger- und Volksversammlung. Solche politischen Großkundgebungen fanden dann häufig statt:

Am 4. März mit den pfälzischen Abgeordneten des Landtages, am 10. und 12. Juni 1848 mit linken Parlamentariern aus der Paulskirche, am 6. Mai 1849, als man den bewaffneten Aufstand für eine eigene pfälzische Republik forderte und noch am 15. Juni, drei Tage vor dem Zusammenbruch der Revolution. Stadtrat und Bürgermeister wurden im Mai 1848 neu gewählt, und die Stadtratssitzungen waren von nun an öffentlich. Noch am 8. Mai 1849 beschworen der Bürgermeister, der protestantische und der katholische Pfarrer und die Bürgermeister der benachbarten Dörfer den König, die Verfassung doch anzuerkennen und damit eine Eskalation der Revolution zu verhindern. Nichts beweist besser, daß die Mehrheit der Neustadter für die demokratische Idee und die Reichsverfassung eintrat. Wie in der Paulskirche so gab es allerdings auch in Neustadt in einzelnen Fragen große Meinungsverschiedenheiten.

Zunächst organisierten sich die Neustadter Demokraten in einem „Volksverein", den der liberale Arzt Dr. Hepp im März 1848 begründete. Hepp wurde im Januar 1849 in den bayerischen Landtag und am 2. Mai in die pfälzische Revolutionsregierung gewählt. Die Radikaleren errichteten am 16. April 1848 einen Arbeiterverein und kurz darauf im Mai zusätzlich einen „Demokratischen Verein" mit dem Arzt Dr.

Josef Valentin Weber (1815 - 1895), nach einer Miniatur um 1850.

Klein an der Spitze. Der Arbeiterverein nahm am Frankfurter Demokratenkongreß vom 14. bis 17. Juni 1848 teil und schloß sich der Allgemeinen Deutschen Arbeiterverbrüderung an, die von dem Buchdrucker Stephan Born ins Leben gerufen worden war. Die ADAV bestimmte Neustadt am 28. Februar 1849 zum Vorort für die Pfalz.

Der Arbeiterverein war eng mit den beiden deutschkatholischen Kirchengemeinden in Neustadt und Mußbach verflochten. Auch der Vorsitzende der Turn- und Sportgemeinde von 1846, Buchheister, sprach auf Versammlungen von der „Teilung des Vermögens und der Einführung der sozialen Republik." Ein Arbeiter-Gesang-Verein, dessen Vorsitzender Tülp war, und ein Arbeiter-Bildungs-Verein tagten wie der Arbeiterverein im Gasthaus „Zur Republik". Schon damals besaßen die Linken eine rote Fahne und grüßten mit erhobener Faust.

Der Arbeiterverein hatte 598 Mitglieder. Sein Gründer und Vorsitzender war der Uhrmacher Josef Valentin Weber, nach Meinung der Justiz einer „der gefährlichsten und gewissenlosesten Beförderer communistischer und anarchistischer Tendenzen". Er wurde am 18. Dezember 1815 in Edenkoben geboren und heiratete 1842 in Neustadt, wo auch vier seiner sieben Kin-

Aufruf an die Arbeiter der Pfalz.

Arbeiter! Verbrüderung macht stark.

Unsere Feinde lehren uns, daß wir, falls wir das uns gesteckte Ziel, die endliche Verbesserung unserer unglücklichen Lage erreichen wollen, uns verbinden müssen; um so enger je größer die Macht, die unserer gerechten Forderung entgegen ist. Unter Arbeiter verstehen wir alle Diejenigen ohne Ausnahme, welche ihr Brod mit redlicher Arbeit, sey es mit der Hand oder dem Kopfe verdienen.

An euch Bürger, ob Taglöhner auf dem Lande oder in den Städten, ob Arbeiter oder Arbeitgeber, Meister, Gesellen und Lehrlinge, sofern ihr das Recht auf Arbeit anerkennt, geht der Aufruf.

Wir, die wir uns das Volk nennen, haben gemeinsame Interessen. Um diese mit Nachdruck zu wahren, bedarf es vor Allem des gemeinschaftlichen Handelns, das ist aber nur möglich in der Vereinigung.

Tretet also zusammen in jedem Orte, in jeder Stadt und gründet Arbeiter-Bildungs-Vereine, die sich zur Aufgabe machen, allgemeine Bildung zu verbreiten und durch Wort und Schrift die Mängel unserer Zustände frei und offen darzulegen, so wie die Mittel zu erforschen, durch welche bessere Zustände erreicht werden können.

Es hat sich seit einiger Zeit in unserm deutschen Vaterlande ein großer Arbeiter-Bund gebildet, überall von Nord bis Süd von Ost bis West reichen sich diese Arbeiter-Bildungs-Vereine bestehend aus dem Kern des Volkes, aus der thatkräftigen Jugend die Hände, um, so vereint das Ziel Wohlstand und Bildung zu erstreben.

Um aber auch unsern Feinden weil sie es wagen, uns das wenige Errungene zu schmälern, wie ein Mann gegenüber stehen zu können, müssen wir uns vereinigen.

Bürger, die ihr Alle die gewaltige Neuzeit begriffen, und für die Verwirklichung ihrer Ideen entflammt seyd, tretet zusammen, um so sicher daß große Ziel der Freiheit, Wohlstand und Bildung für Alle zu erreichen.

Im Namen des Arbeiter-Bezirks-Congresses zu Neustadt a. d. H.

    Schnell.   Maas.   Weber.

Die löbl. Redaktionen der pfälzischen Blätter werden gebeten, vorstehenden Aufruf in ihre Spalten aufzunehmen.

Aufruf aus dem „Boten für Stadt und Land" Kaiserslautern vom 18.2.1849.

der zur Welt kamen. Da Weber mit vier Jahren seinen Vater verlor und bei seiner Heirat seine Mutter als Beruf „Wirtin" angab, wuchs er vermutlich in ärmlichen Verhältnissen auf. Weber trat zum erstenmal in Erscheinung, als am 3. April 1845 die deutschkatholische Gemeinde – die erste in ganz Bayern – gegründet und er in den Gemeindevorstand gewählt wurde. 1848 schloß sich Weber zunächst dem Volksverein von Dr. Hepp an, dann dem „Demokratischen Verein" von Dr. Klein, bevor er schließlich den „Arbeiterverein" gründete. In der Mitgliederliste des Vereins vom 21. Januar 1849, die die ersten 339 Namen in alphabetischer und die restlichen in loser Reihenfolge aufführt, steht Weber unter Nummer 330.

Neben Weber gehörten die beiden Theologen Heinrich Hochdörfer und Heinrich Loose zu den führenden Persönlichkeiten des Arbeitervereins. Hochdörfer (1799 bis 1851), aus Neustadt-Winzingen stammend, hatte in Heidelberg studiert, war protestantischer Pfarrer geworden, hatte am Hambacher Fest teilgenommen, wurde verfolgt, war nach Verbüßung einer Haftstrafe in die Schweiz emigriert und kehrte 1848 nach Winzingen zurück. Loose (1812 bis 1872) stammte aus Stuttgart, hatte in Tübingen Theologie studiert und sich 1845 den Deutschkatholiken angeschlossen. Er kam im Oktober 1848 nach Neustadt als Prediger der freien christlichen Gemeinde und trachtete, wie es die Justiz formulierte, „ausschließlich auf Aufwiegelung der untersten Volksschichten und Realisieren des Kommunismus", hielt „bei jeder Gelegenheit in Wirtshäusern und Kneipen sowie in Volksversammlungen Reden im sozialrepublikanischen Sinne". Hochdörfer und Loose zeigen beispielhaft, daß der Arbeiterbewegung von Anfang an auch Intellektuelle angehörten.

Als Bayern die neue Reichsverfassung ablehnte, war die Entrüstung in Neustadt und der ganzen Pfalz groß. Bereits am 28. April 1849 veröffentlichten Loose und Weber einen gemeinsamen Aufruf, in dem sie auf das schärfste dagegen protestierten. Bei der Volksversammlung am 1. Mai forderten sie in Kaiserslautern offen die Revolution und am darauffolgenden Tag kandidierten beide für die Wahl in den pfälzischen „Landesverteidigungsausschuß", der am Vortag beschlossen worden war. Sie wurden allerdings nicht gewählt und riefen daher auf eigene Faust eine pfälzische Republik aus. Eine öffentliche Versammlung in Neustadt am 6. Mai nahm einstimmig einen Antrag Webers an, eine progressive Einkommensteuer einzuführen und allgemeine direkte Wahlen für ein pfälzisches Parlament abzuhalten. Am 8. Mai führte Weber ein Freikorps mit „Sensenmännern" an, das die Bahnlinie Neustadt-Haßloch zerstörte, um eine militärische Intervention Preußens zu erschweren.

Ende Mai 1849 gründeten Loose und Weber sogar eine eigene Arbeiterzeitung. Sie erschien unter dem Namen „Der Pfälzer Volksmann" zweimal wöchentlich im Umfang von vier Seiten. In Neustadt gedruckt, von Weber expediert, brachte das Blatt politische Artikel, Aufrufe, Nachrichten und politische Lieder. Mit „W." sind freilich nur zwei, mit „Weber" ist ein Artikel gezeichnet. Weber wetterte darin gegen die „Geldsäcke" und den Liberalismus und forderte „Kampf auf Tod und Leben". Weiter hieß es: „Unsere Bewegung, unsere Revolution (ist) eine soziale", ihr Ziel die „demokratisch-soziale Republik". „Kein Heil außer dem Sozialismus". „Das Volk will ... die politischen Rechte als ein Mittel, um eine soziale Reform auf gesetzlichem Wege herbeiführen zu können": und schließlich: „Laßt uns feststehen, ihr Sozial-Demokraten, einer für alle und alle für einen ... Der Feind ist ... Uneinigkeit." Soweit wir wissen, war Weber der erste, der den Begriff „Sozialdemokrat" in der Pfalz verwendete.

Vor den einmarschierenden Preußen floh Weber am 16. Juni zunächst nach Karlsruhe und von dort weiter in die Schweiz. In der Uhrmacherstadt La Chaux-de-Fonds im Neuenburger Jura, wo er sich niederließ, belebte er den Jahre zuvor eingegangenen deutschen Arbeiterverein wieder. Am 19. Februar 1850 wählten ihn Delegierte mehrerer deutscher Arbeitervereine in Murten zu ihrem Sitzungspräsidenten. Kurze Zeit später aber wurde Weber von den Schweizer Behörden ausgewiesen. Er entschloß sich, nach England zu gehen und kam am 9. Mai 1850 in London an. Dort wurde er zu einem Wortführer des deutschen Bildungsvereins für Arbeiter und lernte Karl Marx, Friedrich Engels und Wilhelm Liebknecht kennen. Marx bat ihn sogar einmal um eine Bürgschaft. Weber starb am 26. Dezember 1895 in Chelsea.

In die Pfalz war kurz nach Ende der Revolution Grabesstille eingekehrt. Ein neues Vereinsgesetz machte alle öffentlichen Versammlungen anzeigepflichtig, schloß Frauen und Minderjährige aus und verbot (bis 1898) vertikale und horizontale Parteigliederungen. Die Regionalwahlen von 1852 und die Gemeindewahlen von 1853 wurden manipuliert. Überall schuf die Reaktionsregierung ein Überwachungssystem, das einer wirksamen Opposition keine Chance ließ. Als der junge August Bebel 1858 als Drechslergeselle für zwei Monate in die Pfalz kam, fand er daher auch kein politisches Leben mehr vor. Das sollte sich allerdings in den folgenden Jahren gründlich ändern!

Dieser Beitrag ist eine Überarbeitung meiner Schrift „Die Sozialdemokratie in Neustadt", Neustadt 1985, S. 10 - 19. Vgl. auch meinen Beitrag über Weber, in: Der Rhein-Neckar-Raum in der Revolution von 1848/49, Ubstadt-Weiher 1998, S. 316 - 319.

August Bebel

Auf Wanderschaft in der Pfalz

Ende Januar 1858 war das Geschäft liquidiert, und ich rüstete mich zur Wanderschaft ... Am 1. Februar trat ich die Reise zu Fuß bei heftigem Schneetreiben an ... Von Heidelberg wanderte ich zu Fuß nach Mannheim und von dort nach Speyer, woselbst ich Arbeit fand. Die Behandlung war gut und das Essen ebenfalls und reichlich, schlafen mußte ich dagegen in der Werkstatt, in der in einer Ecke ein Bett aufgeschlagen war ... In jener Zeit bestand im Handwerk noch allgemein die Sitte, daß die Gesellen beim Meister in Kost und Wohnung waren, und diese letztere war häufig erbärmlich.

Der Lohn war auch niedrig, er betrug in Speyer pro Woche 1 Gulden 6 Kreuzer, etwa 2 Mark. Als ich mich darüber beklagte, meinte der Meister, er habe in seiner ersten Arbeitsstelle in der Fremde auch nicht mehr erhalten. Das mochte fünfzehn Jahre früher gewesen sein. Eines Sonntags ließ ich mich in der Brauerei zum Storchen verleiten, ein Kartenspiel zu machen. Ich verlor, da ich nichts vom Spiel verstand, in kurzer Zeit 18 Kreuzer, mehr als ein Viertel meines Wochenlohnes. Darüber geriet ich in große Aufregung und schwor, nie mehr um Geld zu spielen. Meinen Schwur habe ich gehalten ...

Sobald das Frühjahr kam, litt es mich nicht mehr in der Werkstätte. Anfang April ging ich wieder auf die Walze, wie der Kunstausdruck für das Wandern lautet. Ich marschierte durch die Pfalz über Landau nach Germersheim und über den Rhein zurück nach Karlsruhe und landaufwärts über Baden-Baden, Offenburg, Lahr nach Freiburg i. B., woselbst ich wieder Arbeit nahm ...

Aus: August Bebel, Aus meinem Leben (1910), Berlin-Bonn 1986, S. 26 f.

Dieter Schiffmann

Johann Philipp Becker
Das revolutionäre Leben eines Frankenthaler Bürstenbinders

London, 9. Juli 1886: Friedrich Engels unterbricht die Arbeiten an der Herausgabe der englischen Übersetzung des „Kapital" von Karl Marx, um einen Einladungsbrief an einen „lieben alten Kameraden" zu schreiben: „Wenn Du erst in Paris bist, so könntest Du auch ein wenig übers Wasser hierher kommen. Die Kosten dafür trage ich gern, und hier kostet dich der Aufenthalt keinen Heller ... Wir haben noch allerlei miteinander zu verhandeln, und Du kannst mir speziell noch so manches aus der Entwicklungsgeschichte der Bewegung mitteilen ... Also entschließ Dich. Ich freue mich ungeheuer darauf, Dich wieder einmal zu sehen und mit Dir von Angesicht zu Angesicht zu verhandeln. Wäre ich noch so stramm auf den Beinen wie Du, so käme ich nach Genf. Aber so! Nun, ich erwarte, Du tust es für mich und kommst hierher. Dein alter F. Engels."

Wie schon so oft in den vorausgegangenen Jahren liegt dem Brief eine Postanweisung über fünf englische Pfund bei, um dem Empfänger, der in Genf in großer wirtschaftlicher Not lebt, etwas zu helfen. Der Empfänger des Briefes – es ist der 1809 in Frankenthal geborene Johann Philip Bekker – nimmt Engels Einladung an und bricht wenige Wochen später zur letzten großen Reise seines Lebens auf.

Diese Reise führt ihn nochmals an den Schlachtfeldern vorbei, auf denen er 1849 als General der badisch-pfälzischen Revolutionstruppen gegen die Preußen und deren Verbündete gekämpft hat; sie führt ihn aber auch nach fast 50 Jahren zum erstenmal wieder in seine Heimatstadt Frankenthal. Als Sohn des Schreinermeisters Georg Becker hat er hier einige Jahre das Progymnasium besucht und dann das Bürstenbinderhandwerk erlernt. Trotz der harten Handwerksarbeit bleibt er seiner Leidenschaft für das Lesen und Schreiben treu, vertieft sich weiterhin in historische und naturwissenschaftliche Bücher, dichtet und schreibt schon bald Artikel für die liberale oppositionelle Presse. Hier heiratet er 1831 seine Frau Elisabeth, die Tochter des Frankenthaler Schuhmachers Seser, und hier kommen die ersten der insgesamt 22 Kinder aus dieser Ehe auf die Welt.

Als Johann Philipp Becker im Alter von 29 Jahren 1838 Frankenthal den Rücken kehrt und sich in der Schweiz niederläßt, der zahlreichen Prozesse und Strafen wegen seiner politischen Arbeit leid und enttäuscht über das Scheitern der demokratischen Bewegung in Deutschland, liegen Jahre rastloser politischer Agitation und Organisation im „Kampf gegen Fürstenthrone" hinter ihm. Schon beim Besuch des bayerischen Königs Ludwig I. in Frankenthal im Jahre 1829 hat Becker gegen den allgemeinen Jubel dadurch protestiert, daß er mit einigen Freunden unter dem noch aus der Franzosenzeit stammenden Freiheitsbaum revolutionäre Lieder sang. Als ein, wie er sich selbst bezeichnet, „Freiheit und deutsche Einheit tümelnder Raufbold" ist Becker damals überall dabei, wo wegen der wirtschaftlichen Not der Pfalz demonstriert, wo gegen die Zersplitterung Deutschlands durch die Fürsten protestiert und wo für Pressefreiheit, Volkssouveränität und den Freiheitskampf des polnischen Volkes geschrieben und organisiert wird.

Hambacher Fest

So ist es selbstverständlich, daß Becker und seine republikanischen Freunde aus Frankenthal am 27. Mai 1832 unter den Zehntausenden sind, die von Neustadt hinauf auf das Hambacher Schloß zum „Nationalfest der Deutschen" ziehen. Die Hoffnung, am nächsten Tag werde endlich das Zeichen zum Losschlagen gegeben, würden irgendwelche Waffen an die Festteilnehmer verteilt, erfüllt sich nicht.

Es bleibt bei mehr oder minder unverbindlichen Protestreden. Da reißt Becker, wie er sich später erinnert, der Geduldsfaden: „Sofort bestieg ich heiligen Eifers ein großes leergetrunkenes, neben der Rednerbühne umgestürztes Weinfaß, rief gleich einem mit seinen Gesetzlichkeitstiraden nicht enden wollenden Sprecher zu: Halt endlich's Maul dort drüben mit deinem Legalitätsschmus! und überschrie ihn dann

Friedrich Engels

Dem Gedächtnis Johann Philipp Beckers

Becker war ein seltener Mann. Ein einziges Wort bezeichnet ihn ganz – das Wort: kerngesund; an Körper und an Geist war er kerngesund bis zuletzt. Ein Hüne von Gestalt, von riesiger Körperkraft, dabei ein schöner Mann, hatte er seinen ungelehrten, aber keineswegs ungebildeten Geist, dank glücklicher Anlage und gesunder Tätigkeit, ebenso harmonisch entwickelt wie seinen Körper.

Er war einer von den wenigen Menschen, die nur ihrer eigenen instinktiven Natur zu folgen brauchen, um richtig zu gehen. Daher wurde es ihm auch so leicht, mit jeder Entwicklung der revolutionären Bewegung Schritt zu halten und im achtundsiebzigsten Jahre noch ebenso frisch in der ersten Reihe zu stehen wie im achtzehnten. Der Knabe, der 1814 schon mit den durchziehenden Kosaken gespielt und 1829 Sand, den Erdolcher Kotzebues, hatte hinrichten sehen, entwickelte sich vom unbestimmten Oppositionsmann der zwanziger Jahre immer weiter und stand noch 1886 vollständig auf der Höhe der Bewegung. Dabei war er kein finsterer Gesinnungslümmel wie die meisten „ernschten" Republikaner von 1848, sondern ein echter Sohn der heitern Pfalz, lebenslustig, liebte Wein, Weib und Gesang trotz dem Besten. Erwachsen auf dem Boden des Nibelungenliedes, um Worms, sah er noch auf seine alten Tage aus wie eine der Gestalten aus unserem alten Heldengedicht: heiter und spottvoll den Gegner anrufend zwischen den Schwerteshieben, Volkslieder dichtend, wenn es nichts zu schlagen gab – so und nicht anders muß er ausgesehen haben, Volker der Fiedeler!

Aus: Der Sozialdemokrat Nr. 51 vom 17.12.1886.

Johann Philipp Becker (1809-1886).

derart, daß er alsbald verstummte und ich das Wort allein erhielt, um nun direkter unter allgemeinem Beifallsjubel zur allgemeinen Bewaffnung aufzufordern."

Becker, der einzige „Mann aus dem Volk" unter all den Advokaten und Studierten, bleibt mit seinen Auffassungen in Hambach ziemlich allein. Hambach wird nicht zum Ausgangspunkt einer deutschen demokratischen Revolution. Im Gegenteil: Kurze Zeit später finden sich die Initiatoren und Redner des Hambacher Festes, unter ihnen auch Becker, über alle Meinungsunterschiede hinweg in den Gefängnissen von Frankenthal und Zweibrücken und vor den Schranken des Landauer Gerichts wieder.

Im Gegensatz zu vielen anderen in seinem revolutionären Elan ungebrochen, organisiert Becker, der 1832 schon Jakob Venedey, den prominenten Führer des „Bundes der Geächteten", aus dem Frankenthaler Gefängnis befreit hat, bald nach seiner Freilassung die Flucht des neben Wirth populärsten Führers der Hambacher Bewegung, Dr. Siebenpfeiffer, aus demselben Frankenthaler Gefängnis.

Zeit seines Lebens ein unvorstellbar fleißiger Briefschreiber, wovon auch heute noch die in seinem Nachlaß in Amsterdam verwahrte Korrespondenz zeugt, versucht Bekker in den nächsten Jahren von Frankenthal aus, durch Briefe, zahllose Reisen und Besprechungen, die Verbindungen unter den versprengten Resten der demokratischen Bewegung von 1832 aufrechtzuerhalten. Er ist aber auch bei der Befreiung der letzten Gefangenen vom mißglückten Frankfurter „Wachensturm" des Jahres 1833 mit dabei. Erst als einer der Allerletzten ringt er sich zur Erkenntnis durch, daß die Zeit in Deutschland noch nicht reif ist für den Kampf für die demokratische Republik.

Schweizer Exil

Die aufgewühlte politische Situation in der Schweiz mit den heftigen Verfassungskämpfen in einigen Kantonen gibt für Becker da schon einen besseren Kampfboden ab. Als Wein- und Uhrenhändler kommt er weit herum, knüpft überall Kontakte, reorganisiert die dortigen deutschen Arbeitervereine, schreibt kämpferische Artikel und Broschüren und wird zu einem der prominentesten Führer der Schützenvereine.

1843 und 1845 marschiert Becker an der Spitze der Bieler Truppen bei den Freischarenzügen gegen Luzern und im Sonderbundskrieg 1847 gegen die Kantone, die sich einer demokratischen Reform der Schweizer Bundesakte verweigern, dient er dem Kommandeur der Berner Truppen, Ulrich Ochsenbein, als Adjutant. Das Ideal der Volksbewaffnung, für das er auf dem Hambacher Fest so leidenschaftlich eingetreten ist, sieht er hier in der Schweiz verwirklicht.

Januar. **Erster Jahrgang.** N° 1.

Der Vorbote.

Organ
der Internationalen Arbeiter-Association.

Monatsschrift

redigirt von Joh. Ph. Becker.

Der Preis à 6 Monate für Genf mit Postlohn 70 Cent., für die übrige Schweiz 80 Cent., für Deutschland 30 Kreuz. oder 8½ Sgr., für Frankreich und Italien 1 Fr., für England 1 Schl. Der Preis für 12 Monate ist der doppelte und für einzelne Nummern 10 Cent.

Man abonnirt auf allen Postämtern, oder auch direct auf dem Büreau der Redaktion und Expedition **PRE L'EVEQUE 33**, Genf. Agentur für Frankreich: G. A. Alexander, Straßburg, 5, **RUE BRULÉE**; Paris 2, **COUR DU COMMERCE, SAINT-ANDRÉ-DES-ARTS**. Agenturen für England und überseeische Länder, 8, **LITTLE NEWPORT-STREET, LEICESTER-SQUARE W. C.**, London. Auch kann der „Vorbote" jederzeit auf dem Wege des Buchhandels bezogen werden.

Was wir wollen und sollen.

Gestützt auf das Recht der Selbstbestimmung, wollen wir für alle Völker in Beseitigung jedweden Restes mittelalterlicher Einrichtungen und moderner Klassenherrschaft, die Herstellung des einen freien Volksstaates anstreben.

Wir werden nie eine andere Souveränität und Majestät als die Volkssouveränität und Volksmajestät anerkennen.

Als unumgängliches Mittel zum Zwecke wollen wir die Solidarität (Gesammtverbindlichkeit) aller Völker verwirklichen helfen.

Wir werden nur solchen Nationalitätsbestrebungen Vorschub leisten, welche auf ganze Freiheit, Selbstständigkeit und Gleichberechtigung Aller hinzielen um jedes Volk in Ebenbürtigkeit, als organisches Glied der großen Kette des Menschenthums dem freien Bunde allgemeiner Eidgenossenschaft einverleiben zu können.

Wie wir nach Außen die Racenabneigungen und den Kriegsgeist

Titelblatt des von Johann Philipp Becker 1866 - 1871 redigierten „Vorboten".

Revolution von 1848/1849

Als im Jahr der Revolutionen 1848 auch in Deutschland eine Volkserhebung ausbricht, ist Becker, obwohl seit 1846 Schweizer Bürger, zur Stelle, um seine inzwischen gesammelten militärischen Erfahrungen im Dienste der Demokratie einzubringen. Überall in der Schweiz rekrutiert er unter den Emigranten eine deutsche Legion. Doch als er mit dieser Freischar in Baden ankommt, hat Hecker, der Führer der badischen Revolution, bereits eine schwere Niederlage einstecken müssen. So bleibt nach einigen kleineren Scharmützeln nur der geordnete Rückzug in die Schweiz, von wo aus Becker die in seinen Augen unfruchtbaren Debatten des Frankfurter Parlaments mit scharfer Kritik verfolgt.

Aber Becker richtet seinen Blick über die deutschen Kirchtürme hinaus: Als im Frühjahr 1849 in Rom die Republik proklamiert wird, zieht er mit den Resten der Legion von 1848 und mit Angehörigen seines Wehrbundes „Hilf Dir" nach Marseilles, um von dort der römischen Republik per Schiff zu Hilfe zu kommen, was aber durch die militärische Intervention der Franzosen im letzten Augenblick zunichte gemacht wird.

Auf die Kunde vom erneuten Ausbruch der Revolution in Baden eilt Becker umgehend von Marseilles nach Karlsruhe, wo er zum Oberbefehlshaber der badischen Volkswehren ernannt wird. Völlig unzureichend ausgerüstet und ohne Kavallerie und Artillerie wird Becker mit seinen Truppen im Juni 1849 an die Front gegen die sechsmal stärkeren preußischen Truppen geschickt. Von Offensive kann unter diesen Umständen keine Rede sein. In zum Teil brillant geführten Gefechten, die ihm die lebenslange Bewunderung des damals mitkämpfenden Friedrich Engels eintragen, muß Becker den Rückzug der Hauptmasse der pfälzisch-badischen Revolutionstruppen decken. Hirschhorn, Heidelberg und Durlach sind die wichtigsten Stationen, ehe am 29. und 30. Juni die Niederlage bei Rastatt das Ende der Revolutionsarmee besiegelt, deren Reste von Becker dann noch in die Schweiz in Sicherheit gebracht werden können.

Durch sein militärisch-revolutionäres Engagement um Geschäft und Haus in Biel gebracht, übersiedelt er 1850 nach Genf. Nach einem kurzem Zwischenspiel als Wirt, dem es nicht an Gästen, aber dessen Gästen es stets an Geld fehlt, schlägt er sich die nächsten Jahre als Gemüsegärtner, Handelsagent, Druckereibesitzer und als einer der ersten berufsmäßigen Photographen durchs Leben. Vier Jahre hält er sich in Paris auf, betreibt ein kleines chemisches Labor und verliert bei einem seiner Experimente durch eine Explosion auf einige Monate sein Augenlicht.

Bekenntnis zur frühen Arbeiterbewegung

In jenen Jahren zieht Becker aus der Erfahrung des vielfältigen Scheiterns der bürgerlich-demokratischen Bewegung in Deutschland den Schluß, daß die wahre Demokratie nur von der rasch anwachsenden Arbeiterschaft erkämpft werden kann, die deshalb in einer proletarischen Partei auf nationaler und internationaler Ebene organisiert werden muß. Diese Einsicht ohne großen ideologischen Überbau bringt ihn, der ohnehin jedem Dogma abhold ist, in engen freundschaftlichen Kontakt zu so gegensätzlichen Führungsfiguren der frühen Arbeiterbewegung wie Karl Marx, Ferdinand Lassalle und Michael Bakunin. Becker wirbt zunächst für den von Lassalle 1863 gegründeten Allgemeinen Deutschen Arbeiterverein. Vergeblich versucht er, Lassalle bei seinem Genfer Aufenthalt von dem

Delegierte des Baseler Kongresses der Internationalen Arbeiter Association 1869. Ganz rechts J. P. Becker.

schicksalhaften Duell abzubringen, an dessen Folgen dieser wenige Tage später sterben sollte.

Unter dem Einfluß der Kritik von Marx an Lassalle und dessen Nachfolgern und in der Erkenntnis, daß „die Emanzipation der Arbeiterklasse keine lokale und nationale, sondern nur eine allgemeine Aufgabe" sein kann, schließt sich Becker dann 1864/65 mit seinem Deutsch-Republikanischen Volksbund der Internationalen Arbeiter-Association, der Ersten Internationale, an. Als Leiter der deutschsprachigen Sektion nimmt er an allen Kongressen der Internationalen teil, gibt als deren deutsches Organ den „Vorboten" heraus, nimmt zu Hunderten von Personen in Deutschland brieflichen Kontakt auf und bewegt allmählich zahlreiche Arbeiterbildungsvereine und Ortsgruppen des Allgemeinen Deutschen Arbeitervereins zum Anschluß an die Internationale. Damit schafft er von Genf aus die Grundlage für die Gründung der Sozialdemokratischen Arbeiterpartei Deutschlands, die auf dem Kongreß in Eisenach 1869, an dem auch Becker als Gast teilnimmt, unter der Führung von August Bebel und Wilhelm Liebknecht vollzogen wird.

Nun, im Spätsommer 1886, auf seiner Fahrt nach London zu Engels, benutzt der „Jean Philippe", wie ihn seine Freunde nennen, den Aufenthalt in Frankenthal auch, um mit dem jungen Franz-Josef Ehrhart aus Ludwigshafen, dem Führer der unter dem Sozialistengesetz verbotenen Sozialdemokratie der Pfalz, über die politische Lage und die Entwicklung der geliebten Pfalz seit 1832 und seit 1848/49 zu sprechen. Wenige Wochen später, nach dem beglückenden Aufenthalt im Hause Engels und der Rückkehr nach Genf, stirbt Johann Philipp Becker am 7. Dezember 1886.

Aus: Frankenthal lokal 7 (1986), Nr. 5, S. 20-22.

Kurt Baumann

Ferdinand Lassalle und die Pfalz

Der Pistolenschuß des rumänischen Barons Janko von Racowitz, der am frühen Morgen des 28. August 1864 im Gehölz von Carrouge bei Genf seinen Duellgegner Ferdinand Lassalle auf den Tod verwundete, zerriß nicht nur ein Leben in der Blüte des Mannesalters, zerbrach ein Menschenschicksal mitten in einer jäh aufsteigenden Bahn, sondern zerstörte auch in einem Augenblick für die deutsche Arbeiterbewegung alle die Entwicklungsmöglichkeiten und -tendenzen, welche allein an die individuelle Persönlichkeit des großen Führers geknüpft waren. Lassalles Gründung, der Allgemeine Deutsche Arbeiterverein, wurde nach kurzer Zeit zum Schauplatz unwürdiger Streitigkeiten und Eifersüchteleien, um endlich von der mächtig aufblühenden marxistischen Arbeiterbewegung unter Liebknechts und Bebels Führung überrannt zu werden.

Niemand konnte wohl das Kommende voraussehen, als die Todesnachricht durch die deutschen Gaue ging und Freund und Feind aufhorchen ließ; aber doch fühlte jedermann, daß das plötzliche Abbrechen dieses eigenartigen Lebens, dieser pathetisch-kitschige Theatertod, einen Verrat an der Sache des Proletariats, die er vertrat, darstellte. Wie in seinem Leben nichts von einer proletarischen Lebensführung zu finden war, so zeigte sich auch sein Sterben als eine aristokratische Extravaganz – „eine der vielen Taktlosigkeiten, die er in seinem Leben begangen hat", wie Marx sich in einem Brief an Engels äußerte.

Wie ein letztes Atemholen vor einer großen Entscheidung fallen in die Zeit zwischen eifriger politischer Tätigkeit und seinem plötzlichen Ende die fast idyllischen Erlebnisse, die Lassalle in Berührung mit unserer pfälzischen Heimat bringen: Vom 7. bis 15. Juli 1864 verbringt er eine harmlosglückliche Woche, die letzte sorglose seines Lebens, im Kreise lieber Freunde in Neustadt und Bergzabern. Wir dürfen wohl annehmen, daß die Anregung zu der Pfalzreise auf die Gräfin Sophie Hatzfeld, seine vertraute Freundin und Gefährtin, zurückging, welche schon zwei Jahre zuvor in Neustadt geweilt hatte. Die Erinnerung an die persönlichen Beziehungen zu Neustadt und die daselbst verlebten schönen Tage mögen in der Gräfin den Wunsch geweckt haben, den schönen Fleck Erde wiederzusehen; vielleicht klang in Lassalle ihre Einladung vom Oktober 1862 nach: „Warum sind Sie nicht hier? Es würde Ihnen in jeder Beziehung gut sein, physisch und moralisch. Traubenkur, schöne Gegend und ein gemütliches, heitres Beisammensein", als er sich im Sommer 1864 entschloß, vor dem gewohnten Kuraufenthalt in der Schweiz ein paar Tage in der Pfalz zu verbringen.

Am 26. Mai traf Lassalle mit der Gräfin in Bad Ems zusammen; sie begleitete ihn auf seiner Reise durch das Rheinland, über Düsseldorf und Köln, seiner letzten, triumphreichen Agitationsreise, nach Frankfurt am Main, von wo aus sie am 6. Juni in größerer Gesellschaft in die Pfalz abreisten. Neben dem Frankfurter Rechtsanwalt Jo-

Ferdinand Lassalle (1825 - 1864).

hann Baptist von Schweitzer und dessen Freund, dem ehemaligen bayerischen Offizier F. B. von Hofstetten mit Gemahlin und Schwester befanden sich in der Reisegesellschaft zwei junge mittelrheinische Parteigenossen, der Mainzer Advokat Friedrich Städel und der aus Osthofen gebürtige Musiker und Richard Wagner-Schüler W. Weißheimer, welch letzterer in seinen „Erlebnissen" einen eingehenden Bericht über die Reise hinterlassen hat.

Am Abend des 7. Juni kamen die Reisenden in Neustadt an und nahmen im „Gasthaus zum Löwen" Wohnung. Zunächst beanspruchten noch politische Besprechungen die Zeit Lassalles. Schon seit langem war die Gründung einer Tageszeitung einer seiner Lieblingspläne und hatte sich auch im Verlauf seiner agitatorischen Tätigkeit als eine Notwendigkeit herausgestellt.

Lassalle war sich jedoch darüber klar, daß bei der Auseinandersetzung zwischen bürgerlicher und proletarischer Demokratie, die irgendwann einmal kommen mußte, eine unbedingt zur Verfügung stehende Presse von unersetzlichem Wert sei und war deshalb froh, in Schweitzer und Hofstetten die geeigneten Persönlichkeiten zur Herausgabe eines Parteiblattes gefunden zu haben, wobei Schweitzer die Redaktion übernehmen sollte, Hofstetten den Geldgeber darstellte. Die diesbezüglichen Verhandlungen kamen am 8. Juni zum Abschluß; so wurde der Garten des „Löwen" in Neustadt zur Geburtsstätte des „Sozialdemokraten", welcher zu Beginn des folgenden Jahres unter Schweitzers Leitung in Berlin erschien und bis 1872 die Interessen des Allgemeinen Deutschen Arbeitervereins vertrat. Am Abend dieses bedeutsamen Tages wurde ein Spaziergang „in das Tal bei Neustadt" – vielleicht das Schöntal – unternommen, bei dem man sich angeregt über Literatur, besonders über die Gedichte Uhlands, unterhielt und Lassalle durch Deklamieren längerer Stellen aus ihnen Proben seines Gedächtnisses ablegte.

Am Samstagnachmittag besuchte die Gesellschaft das Dorf Haardt, wo in einem Gasthaus eingekehrt und bei einer guten Flasche Dürkheimer Rast gemacht wurde. Den Tag beschlossen politische Gespräche, welche das Frankfurter Parlament und besonders die erbkaiserliche Partei unter die kritische Lupe nahmen und schließlich wußte noch Weißheimer für den nötigen Frohsinn zu sorgen, indem er das Ergebnis der Unterhaltung in einen rasch improvisierten „Fortschrittler-Marsch" formte.

Am nächsten Morgen verließ die Gesellschaft Neustadt, um von Bergzabern aus Trifels, Madenburg und die Dahner Schlösser zu besuchen. Bei dem letzten Ausflug besprachen Lassalle und Weißheimer den Plan zu einer Oper „Ziska", zu der Lassalle den Text schreiben wollte.

Am 15. Juli verließen die Gräfin und Lassalle Bergzabern – Schweitzer und Hofstetten waren schon vorher abgereist –, in Karlsruhe trennten sie sich: während sie sich nach Wildbad begab, fuhr Lassalle in die Schweiz, seinem Schicksal entgegen. Wir erfahren von Weißheimer nichts über eine Berührung Lassalles mit den Neustadter radikalen Kreisen. Daß eine solche aber stattgefunden hat, ja daß sogar der Aufenthalt Lassalles die Gründung einer Ortsgruppe des Allgemeinen Deutschen Arbeitervereins, die allerdings nicht zustande kam, anregte, erfahren wir aus anderen Nachrichten.

In einem Schreiben an Eduard Willms in Berlin, den stellvertretenden Sekretär des Vereins, vom 11. Juli teilt Lassalle die Ernennung des Kaufmanns Wilhelm Weber zum Bevollmächtigten für Neustadt mit. Wilhelm Weber war der Sohn des früher in Neustadt ansässigen, wegen seiner kommunistischen Umtriebe während der Revolution 1849 zum Tode verurteilten Uhrmachers Josef Valentin Weber, der sich in den 1860er Jahren zu London aufhielt. Trotz seiner Jugendlichkeit – er war noch minderjährig – besaß er schon eine bewegte politische Vergangenheit: durch eine bei der Feier des Jahrestages der Leipziger Völkerschlacht im Jahre 1861 gehaltenen Rede, in der er sich gegen die politischen Illusionen des Bürgertums wandte – "Deutschland hat damals nur die Despoten gewechselt!" – und mit einem Hoch auf Robert Blum schloß, hatte er sich bei den Behörden mißliebig und verdächtig gemacht und eine ausgedehnte Pressepolemik hervorgerufen; ausfällige Äußerungen über Gottfried Kinkel auf der Kneipe des Neustadter Turnvereins führten zu einer Ausschließung aus demselben; wir gehen wohl nicht fehl, wenn wir in seinem Urteil über Kinkel die Ansichten von Karl Marx und des Londoner Sozialistenkreises über diesen Helden des revolutionären deutschen Bürgertums widergespiegelt sehen.

Die Gründung einer lassalleanischen Parteigruppe in Neustadt kam übrigens nicht zustande, da Weber als Minderjähriger keine Versammlungen abhalten durfte und sich sonst wohl niemand als Führer fand. Weber begnügte sich infolgedessen mit der Errichtung eines Lesezimmers, wo sich Gleichgesinnte trafen. Noch war der Boden nicht bereit für die Entstehung einer starken sozialistischen Bewegung, noch war die Gedankenwelt des Sozialismus nur so wenigen eigen, daß ein Pressebericht über die Generalversammlung des Frankenthaler Vorschußvereins im März 1865 behaupten konnte, "daß die Agitation der sogenannten Sozialdemokraten in der Pfalz durchaus keinen Boden findet und daß der gesunde und praktische Sinn des Pfälzers rasch durchschaut, daß die Gebrechen in unserem sozialen Leben nicht durch eine Inanspruchnahme von Staatsmitteln, sondern bloß durch Selbsthilfe und gegenseitige Unterstützung der Bürger geheilt zu werden vermögen." Ein Jahrfünft später war die pfälzische sozialistische Arbeiterbewegung auf dem Marsch.

Aus: Bei uns daheim 5 (1929), Bl. 22-23 vom 21.8. und 4.9.1929.

Eine Fahne vom Hambacher Fest 1832. (Im Besitz des SPD-Bezirkes Pfalz).

Fahne der pfälzischen Abgeordneten der Nationalversammlung in Frankfurt von 1848. (Im Besitz des SPD-Bezirkes Pfalz).

Fahne des Arbeiter-Gesang-Vereins „Sängergruß" Speyer von 1898, Vorder- und Rückseite.

Farbtafeln

Banner des Arbeiter-Radfahrer-Bundes „Solidarität" Dudenhofen, um 1914.

Plakat der Turngesellschaft Rheingönheim zum Gruppenturnfest des Arbeiter-Turner-Bundes vom 25. bis 27.6.1921.

Fahne des Arbeiter-Gesang-Vereins Landau von 1924, Vorder- und Rückseite.

Plakat der SPD zum Republikanertag mit Friedrich Ackermann am 16.6.1929 in Kirchheimbolanden.

Plakat der SPD-Ortsgruppe Ludwigshafen zur Wahlkundgebung mit Reichstagskandidat Wilhelm Hofmann am 11.9.1930 im Pfalzbau.

Erich Schneider

Die pfälzische Sozialdemokratie von ihren Anfängen bis zur Jahrhundertwende

Für die Anfänge der sozialistischen Arbeiterbewegung in der Pfalz läßt sich kein bestimmtes „Geburtsdatum" ermitteln. Erste zaghafte sozialistische Regungen registriert der Historiker in der Revolutionsepoche von 1848/49, und zwar insbesondere in der frühen Arbeiterbewegung in Neustadt[1], das man als eines der Zentren der damaligen radikaldemokratischen Bestrebungen bezeichnen kann.[2]

Für die Entstehungsgeschichte der pfälzischen Sozialdemokratie wichtig ist dann zweifellos die im September 1864 erfolgte Gründung der ersten pfälzischen Lokalorganisation des „Allgemeinen Deutschen Arbeitervereins" in Neustadt. Dies geschah im Anschluß an einen Besuch Ferdinand Lassalles im Juli 1864 in der Vorderpfalz. Da die erwähnte Vereinsgründung schon nach wenigen Wochen ein jähes Ende fand – es fehlte nicht zuletzt an einem arbeiterreichen industriellen Hinterland – erwies sich dieser Versuch, die sozialdemokratische Bewegung in der Pfalz fest zu verankern, nur als Zwischenspiel.

Insgesamt waren die Einflüsse der beiden zunächst heftig miteinander konkurrierenden Richtungen der „Lassalleaner" (ab 1863) und der „Eisenacher" (ab 1869) in der Pfalz vor der Reichsgründung und der stürmisch einsetzenden industriellen Entwicklung um und nach 1870 recht gering. Über Ansätze kam man nicht hinaus. Die Mehrzahl der politisch interessierten Arbeiter stand bis zum Ausklang der 60er Jahre unter der Führung der linksliberalen Kräfte des fortschrittlichen Bürgertums, das sich in zahlreichen Orten bemühte, Vertreter des vierten Standes in sogenannten „Arbeiterbildungsvereinen" zu sammeln.

Erste ADAV-Vereine

Die politische Neuordnung Deutschlands und die tiefgreifenden sozialökonomischen Umwälzungen schufen dann allerdings rasch eine neue Situation. Besonders im mächtig aufstrebenden Industriegebiet Mannheim-Ludwigshafen bildeten sich fortan Schwerpunkte sozialistischer Agitation und Organisation. Von hier aus vollzog sich dann auch der sozialdemokratische Einbruch in den übrigen pfälzischen Raum, wobei die Westpfalz bis auf wenige Ausnahmen zunächst unerschlossen blieb. Der Anfang wurde in Oggersheim gemacht. Dort konnten im Herbst 1871 während eines größeren Streiks die Lassalleaner den ersten pfälzischen Ortsverein ins Leben rufen, der nun wirklich festen Bestand haben sollte. Noch im selben Winter setzten sich die Lassalleaner in Mutterstadt und Ludwigshafen fest; es folgten Frankenthal im März und Speyer im Juli 1872.

Im Mai 1872 hatte die pfälzische sozialistische Bewegung noch von einer anderen Seite einen nachhaltigen Anstoß erfahren. Gemeint ist ein mehrwöchiger Streik von etwa 400 Webern in Lambrecht. Dieser „Tuchmacherstreik" erregte die pfälzische Öffentlichkeit sichtlich und fand in der Presse starke Beachtung, zumal offensichtlich empörende soziale Mißstände und „bitterer Hunger" unter „dem Arbeiterproletariat" die „eigentliche Ursache" für den Aufstand waren. Selbst bürgerliche Blätter sprachen von „gerechten Forderungen" der Weber, die eine durchschnittliche Arbeitszeit von 15 Stunden zu ertragen hatten. Vom Streik selbst erwarteten sich die Beobachter der Verhältnisse kein gutes „Resultat". Vielmehr befürchtete man für die Zukunft einen „unauslöschlichen Haß des Arbeiters gegen den Arbeitgeber" sowie „die Häufung von Zündstoff auf Zündstoff" in dem „sonst so friedlichen Lambrecht".[3]

Die verbitterten Arbeiter, deren Streik nach mehreren Wochen erfolglos endete, traten in hellen Scharen zu den Lassalleanern über und gründeten den sechsten Ortsverein dieser Richtung. So verfügten die rührigen Lassalleaner schon über mehrere Stützpunkte in der Pfalz, bevor die von Bebel und Liebknecht angeführten Eisenacher hier erstmals Fuß fassen konnten.

Franz Josef Ehrhart

Im Frühjahr 1873 begann jedoch auch die Eisenacher Richtung der deutschen Sozialdemokratie ihre Parteiarbeit auf die Pfalz auszudehnen. Dies war vor allem ein Verdienst des damals zwanzigjährigen Franz Josef Ehrhart (1853 bis 1908), in dem man den eigentlichen „Gründungsvater" und bedeutendsten Wegbereiter der pfälzischen Sozialdemokratie sehen darf. Mit ihm begegnet uns eine markante Persönlichkeit, die – bis an die Grenze der physischen Leistungskraft gehend – unter empfindlichen persönlichen Opfern die sozialdemokratische Bewegung vor der Jahrhundertwen-

Plakat für die Arbeiterversammlung vom 27.6.1872 in Speyer.

de in Deutschland mit aufgebaut hat und die als proletarischer Volksführer von Rang so etwas wie eine charismatische Ausstrahlung gewann. Ehrhart selbst stammte aus höchst ärmlichen Verhältnissen. Er wurde am 6. Februar 1853 im südpfälzischen Dörfchen Eschbach bei Landau als uneheliches Kind einer Dienstmagd geboren. Als sogenanntes „Pflegekind" fiel er der Gemeinde zur Last und verlebte in Eschbach und anschließend in Fürth eine harte Jugend. Nach äußerst dürftiger Schulausbildung trat er mit dreizehn Jahren im Frühjahr 1866 bei einem Tapezierer in Fürth in die Lehre, wobei er nach seinen eigenen Angaben täglich bis zu 16 Stunden arbeiten mußte.

Während der Lehrzeit kam Erhart bereits mit sozialistischem Ideengut in Berührung, ein älterer Geselle aus der Werkstatt des Meisters nahm ihn des öfteren heimlich mit zum Besuch sozialistischer Versammlungen in Nürnberg und Fürth. Diese Begegnung mit dem revolutionären Evangelium bestimmte unwiderruflich den weiteren Lebensweg des Pfälzers, der ihn nach Jahrzehnten in die sozialdemokratische Führungselite führen sollte.

Die Jahre der Wanderschaft, die den bildungshungrigen Handwerksgesellen seit 1869 zunächst durch Mittel- und Süddeutschland ziehen ließ, begünstigten den engeren Anschluß an die Sache des Sozialismus, und bald kam es zu ersten persönlichen Kontakten mit bekannten Agitatoren. Der Augsburger Schriftsetzer Johann Most (1846 - 1906), einer der ersten deutschen sozialdemokratischen Reichstagsabgeordneten und ein mitreißender Redner, gewann Ehrhart zur Mitarbeit bei den Eisenachern; er wurde einer der politischen Mentoren des jungen Pfälzers. Most wies ihn auch bald auf die Möglichkeit einer erfolgversprechenden Agitation in der für die Eisenacher noch unerschlossenen linksrheinischen Pfalz hin. Im Frühjahr 1873 konnte Ehrhart von Kaiserslautern aus die erste Gründung einer Eisenacher Lokalorganisation auf pfälzischem Boden melden. Diese Mitgliedschaft in der damals von der demokratischen Volkspartei dominierten Stadt vertrat Ehrhart auf dem 5. Kongreß der sozialdemokratischen Partei zu Eisenach im August desselben Jahres.

Nach diesem Parteitag zog Ehrhart nach Mannheim, von wo aus er für die Eisenacher tätig war, die auch in Kirchheimbolanden und Neustadt (1875) eine zuverlässige Anhängerschaft gewannen. Im März 1878 mußte der außergewöhnlich eifrig und hartnäckig operierende Ehrhart zum ersten Mal wegen seiner politischen Überzeugung mit einer Gefängniszelle Bekanntschaft machen. Schuld daran war seine Solidarisierung mit den im Leipziger Hochverratsprozeß verurteilten Idolen Bebel und Liebknecht. August Bebel erwähnte später in seinen Memoiren diese Verhaftung Ehrharts, die den Pfälzer auch in einen brieflichen Kontakt mit Bebel brachte. Die Ehrhart auferlegte zweimonatige Haft – er hat sie 1904 im „Illustrierten Die-Neue-Welt-Kalender" recht anschaulich geschildert – sollte weiß Gott nicht seine letzte sein![4]

Aufschwung nach Gotha

Im Mai 1875 vereinigten sich die bis dahin feindlichen Brüder der Lassalleaner und Eisenacher auf dem Gothaer Kongreß. Dieser Zusammenschluß gab der pfälzisch-badischen Bewegung, die zunächst einen einzigen Organisationsbezirk bildete, merklichen Aufschwung. Da der Gesamtpartei nach der Verschmelzung weit mehr geschulte Agitatoren zur Verfügung standen, konnte auch die politische Arbeit im Südwesten intensiviert werden.

Dazu trug vornehmlich der 1876 eigens ins Industriegebiet von Mannheim/Ludwigshafen delegierte Rheinländer August Dreesbach (1844 - 1906) bei. Der ehemalige Schreiner hatte zur ersten Garnitur der früheren Lassalleaner gezählt. Älter und erfahrener als Ehrhart, lagen die sozialistischen Sturm- und Drangjahre längst hinter ihm.

Dreesbach war ein besonnener, rhetorisch talentierter Mann von durchaus realpolitisch-pragmatischer Einstellung. Seit dem Sommer 1876 führte er den Vorsitz der pfälzisch-badischen Parteigruppe mit sichtlichem Geschick. Der noch viel zu wenig ausgereifte Ehrhart, der sich selbst für die Berufung Dreesbachs eingesetzt hatte, ordnete sich willig dem neuen Lehrmeister unter. Trotz unverkennbarer Gegensätze nicht nur im Temperament schlossen beide Politiker bald gute Freundschaft. Das mit der Zeit immer enger werdende Verhältnis bewährte sich über alle politischen Stürme und Richtungskämpfe der Jahrzehnte hinweg und schuf so eine vorzügliche Basis für eine erfolgversprechende Kooperation der sozialdemokratischen Kräfte beiderseits des Rheines.

Nach Dreesbachs Ankunft in Mannheim orientierte sich Ehrhart mehr und mehr nach der Pfalz, wo die Sozialdemokraten im April 1876 in Neustadt erstmals einen sogenannten „Arbeitertag" veranstalteten. Dieses Treffen war gewissermaßen „der erste Parteitag der damals noch vereinigten SPD-Bezirke Pfalz und Baden".[5] In Neustadt beschloß man unter anderem die Bildung eines „Agitations-Komitees" mit Sitz in Mannheim und die Aufstellung eigener Kandidaten für die Reichstagswahl.

Die politische Belebung in der Zeit des Reichstagswahlkampfes 1877 gestaltete sich zu einem weiteren Faktor der Politisierung der Arbeiterschaft. So war man nicht

August Dreesbach (1844 - 1906).

überrascht, daß in den Wahlkreisen Speyer-Ludwigshafen-Frankenthal und Neustadt-Landau dem Kandidaten Dreesbach über 2.500 Stimmen zufielen. Dies war, gemessen an den damaligen Verhältnissen, durchaus ein Achtungserfolg. Bei der Wahl zeigten sich neben Ludwigshafen vor allem Mundenheim, Oggersheim und Lambrecht besonders „anfällig" für die sozialdemokratische Partei. In der Westpfalz gab es hingegen noch keine offizielle Kandidatur der „Roten".

Der vielversprechende Wahlausgang ermunterte die Partei dazu, sich nun auch eine Zeitung zu schaffen. Das Presseorgan erschien Ende September 1877 unter dem Namen „Pfälzisch-Badisches-Volksblatt" in Mannheim, und zwar einmal wöchentlich. An seiner Gründung war Ehrhart neben Dreesbach maßgeblich beteiligt. Welche Beachtung man dem Aufwärtstrend, dem „rapiden Wachsen der Roten in der Pfalz" damals schenkte, ergibt sich unter ande-

Josef Queva

Erste Begegnung mit August Dreesbach

Im August 1874 wohnte ich einen Tag der Generalversammlung des Allgemeinen Deutschen Arbeitervereins in Frankfurt a. M. bei. Dort lernte ich die Führer der Partei, Hasenclever, Hasselmann, die Gebr. Kapell, Fritzsche u. a., kennen. Die Verhandlungen waren für mich hochinteressant ... Auf dieser Generalversammlung wurde auch beschlossen, August Dreesbach in hiesiger Gegend (Mannheim oder Stuttgart) zu stationieren, da es gerade da an Redekräften fehlte.

Im Oktober erhielt ich einen Brief von Dreesbach. Ich sollte am kommenden Samstag eine Volksversammlung einberufen. Er käme nach Stuttgart, würde aber vorher eine oder zwei Versammlungen in der Pfalz abhalten. Ich bereitete sie vor und ging dann Samstag abends an den Bahnhof, Dreesbach abzuholen. Ein etwas korpulenter Herr mit einem roten Halstuch stieg aus und ich sagte mir: „Das ist mein Mann". So war es auch. Ich nahm Dreesbach mit in meine Wohnung ... Dort aßen wir zu Nacht und dann begaben wir uns in den Wenz'schen Saal, in dem die Versammlung stattfand.

Der Saal war schon dicht besetzt, was Dreesbach sehr freute. Zur Überwachung war Bürgermeister Ganß in eigener Person erschienen und hatte als Begleiter Herrn Pfarrer Uhrig mitgebracht. Dreesbach sprach mit hinreißender Beredsamkeit, so daß sämtliche Arbeiter für ihn waren. Das ist der beste, den wir bis jetzt gehört haben, sagten sie. Herr Ganß schien nicht so sehr begeistert. Bei ungewöhnlich scharfen Ausfällen Dreesbachs hatte er in der Aufregung manchmal mit einem seiner großen Füße gestampft. Dann machte er wieder Notizen auf einem Bogen Papier, den er vor sich ausgebreitet hatte. Da keine Gegenrede beliebt wurde, war die Versammlung in knapp zwei Stunden zu Ende und Dreesbach wollte noch mit dem letzten Zuge nach Mannheim fahren, um bei einem dortigen Freunde zu übernachten. Beim Schluß packte Herr Ganß seine Papiere zusammen und ging mit pfiffig lächelnder Miene zum Saal hinaus. Was dies zu bedeuten hatte, sollte ich erst später erfahren. Wir gingen dann, ein ganzer Trupp, mit Dreesbach an den Bahnhof, wo er uns versprach, recht bald wieder zu kommen. Aber wir müßten auch immer so gut die Versammlungen besuchen ...

Nach Verlauf von 10 oder 14 Tagen erhielt ich einen Brief von Stuttgart. Dreesbach schrieb mir, er habe eine Auflage zugestellt erhalten wegen der Volksversammlung, die er bei uns gehalten, die Sache käme am soundsovielten zur Verhandlung und ich solle für einen tüchtigen Anwalt und für Entlastungszeugen sorgen. Die Anklage sei auf Denunziation des überwachenden Bürgermeisters zurückzuführen.

Aus: Bei uns daheim 4 (1928), Bl. 7 vom 4. 4. 1928.

rem aus einem Beitrag der bürgerlichen „Neuen Frankfurter Presse", den auch die „Neustadter Zeitung" abdruckte.

In diesem Situationsbericht aus nationalliberaler Perspektive liest man: „Man kann im Allgemeinen sagen, daß noch vor einem Jahrzehnt die Sozialdemokratie in der Pfalz eine unbekannte Größe war. Seit den beständigen Agitationen der letzten Jahre, seit dem Inslebentreten einer nicht unbedeutenden sozialen Presse zu Mannheim für die Pfalz, Baden usw. hat sich das Verhältnis geändert. Die Sozialdemokraten verstanden es, mit Abzug einiger weniger Orte, die ganze Fabrikbevölkerung der Pfalz für sich zu gewinnen. Ein roter Faden zieht sich von Kaiserslautern durch das Neustadter Tal bis vor nach Ludwigshafen. Dort verzweigt er sich nach Norden und Süden längs des Rheines Ufern. Nicht nur aber in den Städten, sondern auch auf dem Lande an den Orten, wo die Arbeiter täglich in die Fabriken der benachbarten Städte wandern, so in Rheingönheim, Mutterstadt, Friesenheim, Mundenheim, Maudach, Schifferstadt etc. haben sie zahlreichen und wachsenden Anhang. Nun, es wäre das eine Erscheinung, die konform den Verhältnissen anderer Fabrikorte sich entwickelte. Aber die Gefahr und das Schlimme beruht darin, daß dieses Gift sozialdemokratischen Drachenblutes bald noch scheinbar versteckte Orte ergreifen und zerfressen wird, die nicht gleichsam 'natürlich' zum Rayon der Roten gehören. Das Hauptübel aber bei uns sitzt darin, daß man zu wenig die zwei Hauptmittel gegen das 'rote Gespenst' anwendet, nämlich die tatkräftige Unterstützung liberaler Arbeitervereine und die Entgegenwirkung von seiten der Liberalen in öffentlichen Versammlungen ... Hoffen wir hierin eine Besserung und zwar bald – es möchte sonst an manchen Orten zu spät sein ..."[6]

Mag dieses „größte und verbreitetste nationale Organ Mittel- und Süddeutschlands" in der Absicht, gegen die verhaßten „sozialdemokratischen Irrlehren" ganz entschieden „Front zu machen", das Ausmaß der roten Gefahr auch bewußt etwas greller gezeichnet haben, so läßt sich doch sagen, daß 1878 die Dinge für die Sozialdemokratie hierzulande nicht schlecht standen. So verfügte man beispielsweise über ein Netz von 14 örtlichen Parteimitgliedschaften (Edenkoben, Frankenthal, Friesenheim, Haßloch, Kaiserslautern, Lambrecht, Kirchheimbolanden, Ludwigshafen, Mundenheim, Mutterstadt, Neustadt, Oggersheim, Rheingönheim und Speyer) und von 16 Gewerkvereinen (Gewerkschaften).

Doch mitten hinein in diesen unverkennbaren Aufschwung stieß im Oktober jäh das Sozialistengesetz. Es lähmte zunächst jeglichen Unternehmungsgeist, blockierte die offene Parteiarbeit, führte zu permanenter Überwachung, schweren Rückschlägen, ja Stagnation. Überdies verschärfte es die gesellschaftliche Diskriminierung und Isolierung der Genossen und trieb viele Anhänger der Partei in bittere Nöte.

Wie rigoros man die Sozialdemokraten einzuschüchtern und zu disziplinieren suchte, veranschaulicht ein signifikantes Beispiel aus Kaiserslautern. Hier erschien bereits vier Monate vor dem Erlaß des Ausnahmegesetzes vom 21. Oktober 1878, und zwar unmittelbar nach dem Hödel'schen Attentat auf den Kaiser, eine von rund einhundert „Fabrikgeschäften, Gewerbebetrieben und Arbeitgebern der Stadt unterzeichnete Erklärung", die sich ganz massiv gegen die Sozialdemokraten richtete. In ihr wird „der gemeinschaftliche Beschluß" verkündet, alle diejenigen Arbeiter und Angestellten sofort zu entlassen, „die sich offen zur sozialdemokratischen Partei bekennen sowie alle diejenigen, welche künftighin die Bestrebungen dieser Partei durch Teilnahme an ihren Versammlungen, durch Halten oder Verbreiten ihrer Blätter und Flugschriften oder durch die Beiträge in deren Kassen unterstützen". In diesem Aufruf, der von den meisten namhaften Arbeitgebern unterzeichnet wurde, vergaß man darüber hinaus nicht, darauf hinzuweisen, daß man sich fortan alle aus politischen Gründen zu Entlassenden „gegenseitig bekanntgebe".[7]

In einem anderen Aufruf „an alle gutgesinnten, ordnungs- und vaterlandsliebenden Bürger" hatten kurz zuvor ebenfalls bekannte Einwohner der Stadt versichert, daß „am hiesigen Ort kein Platz" sei „für eine Partei, deren Tendenz den Umsturz alles Bestehenden bezwecke". Gleichzeitig appellierte man an alle Gleichgesinnten, dem „wüsten sozialdemokratischen Treiben entgegenzutreten".[8]

Ehrharts politische Wanderjahre im Ausland

Die Verkündung des Sozialistengesetzes selbst erlebte Ehrhart nicht mehr in Deutschland. Bereits im August 1877 hatte er Mannheim verlassen, um sich im Ausland weiterzubilden, gleichsam seine Wanderjahre fortzusetzen. Hauptstationen seines dreijährigen Auftenthaltes in der Fremde wurden London, Paris und Brüssel. In London trat Ehrhart dem legendären, bereits 1840 gegründeten „Kommunistischen Arbeiterbildungsverein" bei, dem auch Marx und Engels angehörten. Da der Pfälzer in seiner neuen Umgebung eine emsige Tatkraft entwickelte, übertrug man ihm bald das Amt des Vereinssekretärs. Gleichzeitig betätigte er sich als Korrespondent für den Leipziger „Volksstaat", für den er laufend Situationsberichte verfaßte, die uns ausgiebig über seine Aktivitäten informieren. Auch

Franz Josef Ehrhart (1853 - 1908).

mit britischen Gewerkschaften nahm Ehrhart Verbindung auf. Im Dezember 1877 begleitete er beispielsweise eine englische Arbeiterdelegation anläßlich des Londoner Steinhauerstreikes auf einer Reise durch Deutschland. Vor allem aber nutzte Ehrhart die Londoner Zeit zu der so dringend notwendigen Vertiefung seines Wissens, nicht zuletzt seiner theoretischen Festigung als Sozialdemokrat.

Durch seine umtriebige Energie lenkte der Pfälzer sowohl die Aufmerksamkeit der deutschen Parteileitung als auch der internationalen Polizei auf sich, die ihn nach dem Erlaß des Sozialistengesetzes genau observierte. Auf die Auswirkungen des Ausnahmegesetzes reagierte Ehrhart wie viele seiner Parteifreunde mit gesteigerter Radikalität.

Diese Haltung führte ihn vorübergehend sogar in eine nicht unproblematische Nachbarschaft zu anarchistischen Gruppen, die einer ausgesprochenen Revolutionsphraseologie und einer reichlich verschwommenen „Propaganda der Tat" huldigten sowie mit putschistischen Aktionen sympathisierten. Damit gerieten sie in zunehmenden Gegensatz zu Marx und Engels und zur deutschen Parteiführung. Höhepunkt dieser Entwicklung war für Ehrhart die Mitarbeit an der seit 1879 zusammen mit Most und anderen Gesinnungsfreunden herausgegebenen Londoner „Freiheit". Dadurch drohte ihm eine weitgehende Isolierung von der durch Bebel und Liebknecht gelenkten Sozialdemokratie.

Im Herbst 1879 verlegte Ehrhart seinen Wohnsitz nach Paris, wo er in Berührung kam mit alten Kommunekämpfern, revolutionären polnischen und russischen Emigranten und bekannten Exponenten der I. Internationale. Der Pariser Polizeipräsident Andrieux, der den Pfälzer sogar in seinen Memoiren zitierte, ließ Ehrhart jedoch im Frühjahr 1880 aus der Seine-Metropole ausweisen. Im Sommer erhielt er schließlich den Auftrag, Deutschland und Österreich zu bereisen, um für die „Freiheit" zu werben. Auf der Fahrt nach Wien wurde er am 22. August in Mannheim verhaftet. Ein Gericht verurteilte ihn wegen illegaler Tätigkeit zu drei Monaten Gefängnis. Noch während der Haft trennte sich Ehrhart vom halbanarchistischen und sozialrevolutionären Parteiflügel Londoner Observanz und schwenkte auf den offiziellen Kurs der Sozialdemokratie ein.

Nach Ehrharts Rückkehr

Die Freunde in der Heimat nahmen den Zurückgekehrten mit offenen Armen auf, und auch die Parteiführung hielt ihr anfängliches Mißtrauen gegen den „Linksabweichler" nicht lange aufrecht. Ehrhart wandte sich von nun an ausschließlich dem pfälzischen Parteigau zu.

Dreesbach widmete sich dafür ganz seinem Mannheimer Wahlkreis, überließ auch nach 1884 dem pfälzischen Parteifreund den aussichtsreichen Wahlkreis Speyer-Ludwigshafen. Ehrhart nahm 1884 seinen Wohnsitz in Ludwigshafen, machte die Meisterprüfung und schuf sich nach der Heirat durch die Eröffnung eines Möbelgeschäftes eine solide Existenz, die ihm die wirtschaftliche Unabhängigkeit ermöglichte. Dies hatte mit zur Folge, daß er nie ein bezahltes Parteiamt ausübte.[9] Daß Ehrhart nach turbulenten Wanderjahren schließlich bald seßhaft wurde, geht wohl auf Dreesbachs Einfluß mit zurück, der sich um den weiteren Lebensweg des Jüngeren ernsthaft sorgte.

Auch im politischen Alltag begann nun für Ehrhart ein neuer Abschnitt. Nach der Übernahme der Leitung der pfälzischen Parteigeschicke – während seiner Abwesenheit hatte ihn der tüchtige Oggersheimer Joseph Queva, ein früherer Lassalleaner, vertreten – blieb Ehrhart nichts anderes übrig, als in vielem ganz vorne anzufangen.

Was sozialdemokratisches Engagement unter den oft schikanösen Auswirkungen des Sozialistengesetzes wirklich bedeutete, dies lernte er erst jetzt in der Heimat kennen. Wie ernst es den Ordnungsmächten damals war, die Sozialdemokratie klein zu halten, lehren die Vorfälle in Ludwigshafen anläßlich der Reichstagswahlen 1884, als die Regierung der Pfalz sich nicht scheute, Truppen aus den Garnisonen von Germersheim und Landau aufzubieten, um sozialdemokratische Kundgebungen zu unterdrücken. Diese Militärintervention, bei der es nur dank der Disziplin der Arbeiter nicht zu folgenschweren Ausschreitungen kam, fand in der Presse ein lebhaftes Echo. Ehrhart selbst hat 1903 aus Anlaß des 25. Jahrestages des Sozialistengesetzes die Ereignisse dieses „bewegten Jahres" ausführlich im Berliner „Vorwärts" beschrieben.[10]

Nach der Rückkehr zur praktischen politischen Kleinarbeit vor Ort baute Ehrhart zielstrebig eine sozialdemokratische Zellenorganisation auf, die allmählich wieder an den Stand von 1878 anknüpfen konnte; überdies bemühte er sich, die Fäden zur Westpfalz etwas enger zu knüpfen. Bei all dieser Arbeit im Untergrund und in der „Illegalität" fand Ehrhart selbstredend zuverlässige und geschickte Helfer, die sich durch die „brutale Ächtung der Arbeiter" auf die Dauer nicht mutlos machen ließen. Im Gegenteil, hat doch nach Ehrharts Aussage die Unterdrückung die Betroffenen um so enger „zusammengeschweißt" und vielerorts „den Kreis der Genossen" gewissermaßen „zu einer Familie verdichtet". In dieser inneren Geschlossenheit und beispielhaften Solidarität erblickte er auch eine der Ursachen „für die späteren Siege" und den bemerkenswerten Aufschwung der sozialdemokratischen Bewegung.[11]

Von den Pionieren der pfälzischen Sozialdemokratie seien an dieser Stelle stellvertretend nur einige genannt: Jakob Binder, Wilhelm Gerhold, Jean Hauck, Josef Huber, Bruno Körner, Friedrich Profit, Franz Wilhelm Wenzel in Ludwigshafen, Fritz Graf und Johann Sturm in Speyer, Joseph Queva in Oggersheim, Philipp Keidel in Pirmasens, Christian Glafey, Eduard Klement, Karl und Nikolaus Kurz, Daniel Leßwing in Kaiserslautern oder der Landwirt Karl Klingel in Großbockenheim. Letzterer war ob seiner „falschen Klassenlage" als selbständiger Bauer ein politisches Kuriosum in Südwestdeutschland! Viele dieser Mitstreiter Ehrharts haben ab der Jahrhundertwende als Stadträte in der Kommunalpolitik wertvolle Arbeit geleistet oder im bayerischen Landtag für die Verbesserung der sozialen Verhältnisse in der Pfalz gestritten.

Wahlagitation

Wie erfindungsreich und flexibel sich Ehrhart und seine Freunde auf die durch das Sozialistengesetz geschaffenen neuen Bedingungen einstellten, zeigt am besten die trotz aller Verbote und Kontrollen so effektive Agitation bei den Reichstagswahlen 1881, 1884 und 1887. Im Wahlkreis Speyer-Ludwigshafen-Frankenthal erhielt die Sozialdemokratie 1881 bereits 2.912 Stimmen, das waren wesentlich mehr als 1877. Nicht ohne Grund verwies man auf dem sozialdemokratischen Geheimkongreß in Kopenhagen, auf dem auch Dreesbach und Ehrhart weilten, auf diese Entwicklung in der Rheinpfalz. Im Jahr 1884 kam Dreesbach im selben Wahlkreis sogar in die Stichwahl mit dem nationalliberalen Gegenkandidaten, wobei Teile der Zentrumswähler den Sozialdemokraten unterstützten. Diese Vorgänge verfolgte man auch außerhalb der Pfalz mit Aufmerksamkeit.

Gerade die Vorarbeit zu dieser Wahl war von den Sozialdemokraten sehr gründlich geleistet worden; unter anderem hatten zuvor so bedeutende auswärtige Genossen wie August Bebel, Karl Grillenberger und Georg von Vollmar den pfälzischen Parteifreunden auf geheim gehaltenen Besuchen den Rücken gestärkt. Hier ist besonders eine pfälzische Parteikonferenz unter Bebels Vorsitz am 1. Juni 1883 in Ludwigshafen zu erwähnen.

Ein Versuch Grillenbergers, im Juni 1884 im Neustadter Saalbau zu sprechen, wurde von der Polizeibehörde verboten, obgleich der Vortrag des Reichstagsabgeordneten bereits in der bürgerlichen Presse angekündigt war. Das Versammlungsverbot bezog sich auch auf Veranstaltungen im Freien, befürchtete man doch einen „großen Zuzug" von Sozialdemokraten „aus nah und fern", ja eine Demonstration auf

Mitbürger! Wähler!

Unsere Herren Liberalen sind aus Furcht, daß

Dreesbach

gewählt wird, am Ueberschnappen; sie machen im Verläumden und Lügen die tollsten Bocksprünge.

Wir wurden aufgefordert, die Bombe des Dr. Clemm zu erwiedern, aber lassen wir den Leuten das billige und kindliche Vergnügen, hinter sicherem Versteck ihre schmutzigen Pfeile auf uns zu schießen, wir sind gegen derartige unsaubere Geschosse gefeit.

Mit ächt amerikanischem Humbug soll deren Dr. Groß in den Reichstag geschmuggelt werden.

☞ Laßt Euch nicht bethören! Auf deren Lügen gebt die einzige Antwort, wählt

AUGUST DREESBACH,

Kaufmann in Mannheim.

NB. Seht Euch vor, unsere Gegner fälschen unsere Stimmzettel.

Das socialdemokratische Wahlkomitee.

Im Auftrage:

J. F. Ehrhart.

Plakat des sozialdemokratischen Wahlkomitees zur Reichstagswahl im Wahlkreis Speyer-Ludwigshafen am 28.10.1884.

dem Hambacher Schloß, das vorsichtshalber bereits am Vorabend der geplanten Grillenberger´schen Rede überwacht wurde. Der Einberufer der dann untersagten Neustadter Versammlung, der Schuhmacher Wilhelm Pfaff, erfuhr eine empfindliche Maßregelung. Er wurde auf zwei Jahre aus Neustadt ausgewiesen und mußte „das Weichbild der Stadt innerhalb 24 Stunden verlassen".

Ein Jahr später gelang es Grillenberger freilich, die Polizei zu überlisten und mit etwa 30 sozialdemokratischen Vertrauensmännern im Hambacher Wald eine geheime Besprechung zu arrangieren, auf der Fragen der Agitation und Taktik erörtert wurden.[12]

Auch in den Wahlkreisen Neustadt-Landau und Kaiserslautern-Kirchheimbolanden vermehrte sich nach und nach der sozialdemokratische Anteil, allerdings gestaltete sich dort die Aufwärtsbewegung sehr zäh. In Kaiserslautern lag das mit daran, daß die meisten Arbeiter ihre Stimme der demokratischen Volkspartei gaben. Die Demokraten lagen bis 1898 immer recht günstig im Rennen, waren keineswegs arbeiterfeindlich eingestellt und lehnten überdies das Sozialistengesetz strikt ab. In den Wahlkreisen Homburg-Kusel und Germersheim-Bergzabern wurden erst seit 1890 sozialdemokratische Stimmen gezählt, selbst im industriereichen Wahlkreis Pirmasens-Zweibrücken setzte der Aufstieg nicht vor 1890 ein. Hier erreichte der sozialdemokratische Zählkandidat 1887 gerade 27 Stimmen, drei Jahre später waren es aber schon rund 2.000!

Hambach-Jubiläum 1882

Die Aktivitäten der Sozialdemokraten blieben selbstverständlich nicht auf die Wahlkämpfe beschränkt. Ein Beispiel dafür, wie sie jede sich bietende Gelegenheit ausnützten, um die Öffentlichkeit auf die Existenz ihrer Partei aufmerksam zu machen, geben die Vorgänge anläßlich des Hambacher Jubiläums 1882. Damals verboten die Behörden eine von den Demokraten in Hambach beabsichtigte Kundgebung. Die Sozialdemokraten schalteten sich rasch ein und inszenierten eine große Flugblattaktion. Ehrhart hatte sich mit Johann Philipp Becker in Verbindung gesetzt und ihn als Verfasser eines „Offenen Briefes an die deutschen Parteigenossen bei Gelegenheit der 50jährigen Gedenkfeier des Hambacher Festes" gewonnen. Diese kleine Flugschrift wurde in verschiedenen Orten „heimlich verteilt".

Darüber hinaus versuchten in der Nacht zum 29. Mai sechs Sozialdemokraten unter Ehrharts Führung, eine rote Fahne auf dem Hambacher Schloß zu hissen. Der „Handstreich" mißlang jedoch, Ehrhart wurde verhaftet und „in Ketten" abgeführt. Das spektakuläre Unternehmen wirbelte in der Presse manchen Staub auf, zumal man anfangs glaubte, bei Ehrhart Dynamitpatronen – es waren bloß fingierte, um die Polizei zu foppen – gefunden zu haben. Selbst der Züricher „Sozialdemokrat" schaltete sich in die Pressekommentare ein, und Wilhelm Liebknecht rühmte den Schneid und Unternehmungsgeist der Pfälzer Genossen.[13]

In der zweiten Hälfte der 80er Jahre fiel Ehrhart dann der Ausbau der Partei insofern etwas leichter, als die Polizeiorgane bei der Ausübung des Sozialistengesetzes in der Regel jetzt weniger streng verfuhren. Diese unverkennbare „Wendung zum Besseren" (Ehrhart) machte es z. B. möglich, daß man wieder öffentliche Versammlungen, wenn auch genau überwachte, abhalten durfte. Auch bildeten sich wieder Fachvereine (Gewerkschaften), Hilfskassen, sozialdemokratisch orientierte Turn- und Gesangvereine. Nur auswärtigen Agitatoren verwehrte man nach wie vor Zutritt und Auftritt. Kamen sie in die Pfalz, so ging alles recht diskret zu, so etwa im Juli 1885, als man sich mit Bebel auf einer verborgenen Insel nahe der Neckarmündung traf.

Allmählich erhielt die Partei auch eine neue Organisationsstruktur in den sogenannten „Wahlvereinen zur Erzielung volkstümlicher Wahlen für Reichstags-, Landtags- und Gemeinderatswahlen". Diese Arbeiterwahlvereine entstanden seit Herbst 1886. Sie waren rein sozialdemokratische Institutionen trotz ihres harmlos klingenden Namens. Obwohl eine gewisse Mäßigung seitens der Polizei unverkennbar war, verhängte man nach wie vor zahlreiche Freiheitsstrafen wegen angeblicher Verstöße gegen die Bestimmungen des Ausnahmegesetzes.

Noch 1887 mußte Ehrhart für zwei Monate ins Gefängnis. Er hatte sich persönlich nie Schonung gegönnt, auch bekannte er sich, solange das Sozialistengesetz in Kraft blieb, zum radikalen Flügel seiner Partei. Noch 1887 auf dem Parteitag in St. Gallen forderte er deshalb mit der ihm eigenen Konsequenz seine Partei auf, im Reichstag härter und unnachgiebiger aufzutreten.

Pfälzischer Parteitag 1889

Zu einem sichtbaren Meilenstein in der pfälzischen Parteigeschichte wurde der 15. September 1889, fand doch an diesem Tage erstmals unter dem Sozialistengesetz ein pfälzscher sozialdemokratischer Parteitag statt, zu dem sich über 150 Delegierte in Neustadt versammelten. Die Konferenz, die man auch als Geburtsstunde des SPD-Bezirkes Pfalz bezeichnen könnte, führte zu einer strafferen Zusammenfassung der einzelnen pfälzischen Parteigruppen.

Fortan sollten auch in allen sechs Reichstagswahlkreisen eigene Kandidaten aufgestellt werden. Ludwigshafen erhob man offiziell zur pfälzischen Parteizentrale unter gleichzeitiger Loslösung von Mannheim. Gerade in dieser auch nach außen hin dokumentierten Trennung von Mannheim lag wohl der wichtigste Beschluß der Zusammenkunft, die ganz im Zeichen der dominierenden Persönlichkeit Ehrharts stand.

Wenig später, im November 1889, wurde dann auch der inzwischen recht bekannt gewordene Sozialdemokrat in den Stadtrat des aufstrebenden Industrieortes gewählt. Er war damit der einzige Vertreter seiner Partei in einem Gemeindeparlament hierzulande, der erste pfälzische sozialdemokratische Mandatsträger überhaupt. Der günstige Ausgang der Reichstagswahlen von 1890, namentlich in den Wahlkreisen Speyer-Ludwigshafen, Kaiserslautern und Pirmasens, und der Wegfall des umstrittenen Sozialistengesetzes trugen dann so etwas wie Hochstimmung in die Partei.

Freude und Genugtuung bereitete den pfälzischen Genossen vor allem die Wahl des ebenso beliebten wie verdienstvollen Weggefährten August Dreesbach in den Reichstag. Endlich hatte er den benachbarten Wahlkreis Mannheim erobern können und saß nun als einziger Badener unter den 35 sozialdemokratischen Reichstagsabgeordneten. Von ihnen kamen 1890 übrigens erst drei aus dem Königreich Bayern, ein Exempel dafür, wie schwer es die Partei insgesamt in Süddeutschland noch hatte! Der vielversprechende Wahlausgang des Jahres 1890 spornte die nordbadischen und pfälzischen Genossen wiederum mächtig an, ein eigenes Parteiorgan herauszugeben, und zwar die Mannheimer „Volksstimme". Das Blatt richtete sich gezielt an die Arbeiter in Baden und in der Pfalz. Ehrhart, der bei diesem Projekt bereits seine dritte Zeitungsgründung an verantwortlicher Stelle erlebte, ließ 1892 eine spezielle pfälzische Redaktion einrichten, der fortan seine ganz besondere Sorge und Aufmerksamkeit galt.

Nach dem Sozialistengesetz

Der Fall des Sozialistengesetzes 1890 ermöglichte es den Sozialdemokraten, endlich aus der aufgezwungenen Illegalität herauszutreten und unter freieren politischen Bedingungen zu arbeiten. Freilich waren nun bei weitem nicht alle „Pressionen" für sie aus der Welt. Unversöhnliche „Sozzenfresser" gab es nach wie vor en masse, insbesondere unter den nationalliberalen Arbeitgebern, was mancher Genosse, zumal der gewerkschaftlich organisierte, zu spüren bekam. Sehr zu klagen hatte man in der Partei weiterhin über einige „schneidige Bezirksämter" in der Pfalz, deren nicht selten karrieresüchtige Chefs eine besonders restriktive „Handhabung" des bayerischen Vereins- und Versammlungsrechts bevorzugten. Das ging so weit, daß man unzulässige Überwachungen und Verbote praktizierte, ja selbst bei Waldfesten, Tanzvergnügungen, Fahnenweihen von Gesangvereinen etc. Schikanen machte.

Auch kam es zu willkürlichen Redeverboten, wie z. B. in Kaiserslautern. Hier durfte die den Gewerkschaften nahestehende „sozialdemokratische Agitatorin" Helma Steinbach aus Hamburg – eine namhafte Exponentin der deutschen Frauenbewegung – den Vortrag nicht halten, den sie kurz zuvor in Speyer und Ludwigshafen zu Gehör gebracht hatte. Nach wie vor stand für die Sozialdemokraten auch das drohende Gespenst der sogenannten „Umsturz-" und „Zuchthausvorlage" im Raum. Überdies machte die Auslegungspraxis des „groben Unfug-Paragraphen" Schwierigkeiten und Ärger. Noch Ende 1893 bezeichnete Ehrhart im Landtag zum Beispiel „die Versammlungsfreiheit" etwa in Landau als „vollkommen illusorisch". Hier wurden besonders jene Gastwirte hart bedrängt, die die Absicht hatten, ihre Lokalitäten den Sozialdemokraten zur Verfügung zu stellen. Sie mußten unter anderem mit „Militärverbot", mit der Verweigerung der Genehmigungen für Tanzmusiken oder gar mit völligem Konzessionsentzug rechnen. So waren denn Saalabtreibungen nicht selten. „Gefährlich" lebten auch sozialdemokratische Redakteure, denen man häufig Verstöße gegen das geltende Presserecht vorwarf und Beleidigungsklagen anhängte. Da die Partei aus Finanznot Prozeßkosten scheute, blieb für die Betroffenen nur der Weg ins Gefängnis.

Ehrhart hat bis zur Jahrhundertwende in der Münchener Abgeordnetenkammer immer wieder sozialdemokratische Gravamina vorgetragen. Dabei ging es auch um schwerwiegende Fälle, wie z. B. auffallende Wahlmanipulationen bei Reichstags- und Gemeinderatswahlen in Ludwigshafen. Hier herrschten zeitweise „schlimme Zustände", spielten namentlich die „Anilinherren" (das „Anilin- und Pfalzbahnkartell") nach Ehrharts Einschätzung eine „gewaltige" und zugleich „keine sehr ehrenwerte Rolle". Lange Zeit aktuell blieb auch hier der aus den achtziger Jahren stammende Slogan: „Wer nicht wählt den Dr. Groß, der ist morgen arbeitslos".[14]

Gemeindewahlen in der Pfalz

Verbreitete Mißstände machten namentlich die Gemeinderatswahlen mancherorts zur Farce. Ehrhart – bald ein geschätzter Experte für Fragen der Kommunalpolitik – hat die obwaltenden Zustände mehrfach recht drastisch geschildert. So auch in einer so-

Vertrauensleute der 1880er Jahre aus den Orten Alsheim, Assenheim, Dannstadt, Hochdorf und Meckenheim bei einem Erinnerungstreffen. Aufnahme etwa 1913.

zialgeschichtlich höchst anschaulichen Studie in der Zeitschrift „Kommunale Praxis", wo es unter anderem heißt:

„Die 6 Wahlwochen zählen zu den kritischen Tagen erster Ordnung. Schon lange vor der Wahl treten die 'Wahlmacher' in der Gemeinde in Aktion, sie werden von mandatshungrigen Kandidaten geschmiert, wofür sie ihrer Spender Loblied zu singen haben. Wein, Hasen- und Rehbraten werden aufgetischt. Vor und am Wahltag fließt der Wein in Strömen. Mir ist ein Ort bekannt, in dem über die Straße Girlanden von Knackwürsten zur Verfügung der 'Herren Wähler' gezogen worden waren! Manch derartige Wahl hat schon gutsituierte Familien an den Bettelstab gebracht. Es gibt nicht wenige Gemeinden, in denen seit undenklicher Zeit zwei Ortsdynastien jeweils um das Gemeindezepter auf Leben und Tod kämpfen. In solchen Orten ist die Einwohnerschaft in zwei Hälften gespalten; in einem Ort ist diese Teilung in 'Nord- und Südarmee' schon seit Jahrzehnten amtsbekannt. In einem solchen Gemeindeverband bildet die fünfjährige Amtsperiode den Waffenstillstand. Mit dem Herannahen der Wahl bricht dann der Krieg mit seinen gehässigsten und rücksichtslosesten Begleiterscheinungen aus. Die Familien mit all ihren Gliedern sind an diesem Kriege in der fanatischsten Weise engagiert. Meineid, Haß, Verhetzung der Familien gegeneinander sind in der Regel das Überbleibsel solcher Wahlen.

Daß die auf solche Weise zusammengefummelte Ortsverwaltung den Verhältnissen entspricht, versteht sich am Rande. Wer wollte von derartigen Gemeindevertretungen gar einen Funken sozialpolitischen Verständnisses erwarten? Mit der Entwicklung der Industrie wurde auch das bäuerliche

Element in steigendem Maße von Proletariern durchsetzt. Die Industriearbeiter sind, namentlich soweit sie von der modernen Weltanschauung infiziert sind, ganz anders geartet als die Knechte von ehedem, sie verlangen zu ihren gemeindlichen Pflichten auch die damit verbundenen Rechte. Dem Protzenbauerntum ist die Ausdehnung der Industrie, die ihm sein Gelände und seine Produkte zu hohen Preisen abnimmt, ganz willkommen; aber die lebenden Produkte dieser Entwicklung sind ihm in der Seele verhaßt. Mögen es Blutsverwandte, die eigenen Söhne oder Brüder oder 'hergeloffene Fremde' sein, sobald sie keine Bauern sind, sondern vom Tagelohn der Industrie sich ernähren, gelten sie nicht für voll, sie werden bei jeder Gelegenheit in der gewalttätigsten Weise mit der Nase auf ihre Recht- und Machtlosigkeit gestoßen. Darauf ist auch der wesentlichste Teil der Abneigung zwischen Arbeiter und Bauer zurückzuführen. Bedauerlicherweise glaubt der 'Kuh- und Ziegenbauer', der das ganze Jahr vom 'Pferde- oder Protzenbauer' gehänselt und mißachtet wird, sich, sobald der Arbeiter in Betracht kommt, solidarisch.

Seit zehn Jahren hat sich die sozialdemokratische Partei in größerem Umfange an den Gemeindewahlen offiziell beteiligt. Es war eine schwere Arbeit, gegen die Unsumme eingefressenen Unwesens und Vorurteils anzukämpfen. Der erste Schlag wurde gegen das wüste, charakterlose Saufgelage geführt. Unser pfälzischer Gautag hat wiederholt in einer Resolution ausgesprochen, daß er es für eine 'Ehrenpflicht der Genossen' erachte, 'allerorts dies unmoralische Treiben der Parteien und Cliquen bei den Gemeinderatswahlen, wie solches durch Trinkgelage und Bestechungen fast allgemein zum Ausdruck gelangt, mit aller Entschiedenheit zu bekämpfen'. Es kann heute gesagt werden, daß wir nach

Mitgliedskarte Franz Josef Ehrharts für das Jahr 1893.

dieser Richtung einen bedeutenden Erfolg errungen haben, denn dieser Zustand ist in fast allen Gemeinden, in denen wir uns an der Wahl beteiligen, beseitigt worden".[15]

Verbesserung der Organisation

Nach der Nichterneuerung des Sozialistengesetzes 1890 verbesserten die pfälzischen Sozialdemokraten zunächst ihre Organisationsstruktur. In zwei aufeinander folgenden Jahren 1891 und 1892 wurden ein „Agitationsverein Pfalz" und ein „Agitationskomitee für die Pfalz" geschaffen, überdies organisierte man jetzt jährlich sogenannnte „Arbeitertage", die sich seit 1895 „Parteitage" und seit 1902 „Gautage" nannten.

Den Reigen dieser Arbeitertage eröffnete Speyer am 7. Juni 1891. Mehr Bedeutung erlangte allerdings der Arbeitertag in Kaiserslautern am 5. und 6. Juni 1892, bereitete er doch die Einsetzung des zwölfköpfigen Agitationskomitees vor, das sich am 20. Juli 1892 konstituierte und seinen Sitz in Ludwigshafen fand. Unter Ehrharts Leitung wurde es zum Mittelpunkt des nun mustergültig aufgebauten pfälzischen Parteigefüges. Es kann als Vorläufer des nachmaligen Gau- und derzeitigen Bezirksvorstandes betrachtet werden. Der Ausdruck „Gauvorstand" wurde dabei 1898 geläufig. Selbstredend stellte dieses Gremium auch fortan die meisten Parteiredner im Lande, wobei Ehrhart mit weitem Abstand die Hauptlast zu tragen hatte. Er kümmerte sich auch um den Auftritt renommierter auswärtiger Genossen, zu denen neben den schon genannten Bebel, Grillenberger oder Vollmar in den neunziger Jahren u. a. Richard Fischer aus Berlin, Wilhelm Liebknecht und Martin Segitz gehörten. Unvergeßlich blieb dabei die imposante Veranstaltung mit Liebknecht 1899 in Ludwigshafen zum Jubiläum der Revolution von 1849. Mächtigen Eindruck machten aber auch die Vortragsreisen prominenter sozialdemokratischer Frauen. Erinnert sei in diesem Zusammenhang nur an das Referat von Wilhelmine Kähler aus Hamburg im Oktober 1898 in Pirmasens und Kaiserslautern, das sich unmittelbar auch an „die Frauen und Mädchen" wandte und deren Verhältnis zu wirtschaftlichen und politischen Fragen thematisierte. Für Pirmasens war dies die erste öffentliche Versammlung, „in der eine Frau als Rednerin auftrat". Im ganzen war die Resonanz enorm; für Kaiserslautern zählte die „Pfälzische Volkszeitung" zirka 800 bis 900 Zuhörer, darunter etwa 100 Frauen.[16]

Bildung der bayerischen Partei

Unter den veränderten politischen Rahmenbedingungen kam es nach 1890 auch bald zu einem engeren Anschluß der pfälzischen Partei an die rechtsrheinische bayerische, deren markanteste Persönlichkeiten Karl Grillenberger (1848 - 1897) und Georg von Vollmar (1850 - 1922) Ehrhart schon längere Zeit persönlich kannte. Die beiden Süddeutschen gehörten zu den imponierendsten Figuren der deutschen Sozialdemokratie jener Zeit und genossen auch im bürgerlichen Lager Respekt und Ansehen. In engem Kontakt und Einvernehmen mit ihnen hatte Ehrhart den Ausbau der gesamtbayerischen Landespartei vorangetrieben und ihre politische Linie grundlegend mitbestimmt.

Der zum Teil heute noch in Amsterdam erhaltene Briefwechsel der drei Parteiführer gibt ein lebendiges Zeugnis vom großen persönlichen Engagement der drei und den freundschaftlichen Gefühlen, die sie miteinander verbanden. Dem Einfluß Grillenbergers und Vollmars ist es vornehmlich zuzuschreiben, daß sich der Pfälzer nach 1890 von radikalen Illusionen abkehrte und einem stärker realpolitisch-reformistischen Kurs zuwandte. Einen bedeutenden Anteil an dieser Entwicklung hatte dabei die praktische Arbeit im bayerischen Landtag. Da die Landtagswahlen nach einem sehr rückständigen und für die Sozialdemokraten ungünstigen Verfahren durchgeführt wurden, ermöglichten die bayerischen Genossen dem Pfälzer 1893 die Erringung eines Landtagsmandates in einem sicheren Nürnberger Wahlkreis. Mit Ehrhart zogen vier weitere Sozialdemokraten in die Münchener Abgeordnetenkammer, die nun zum ersten Mal eine sozialdemokratische Fraktion erlebte.

Von dieser kleinen Gruppe, die auch als offizieller gesamtbayerischer Landesvorstand auftrat, gingen viele Impulse aus zu einer gewissen Vereinheitlichung der locker gefügten bayerischen Partei. Seit dem ersten gesamtbayerischen Parteitag 1892 in Regensburg waren sich die recht heterogenen Landesgruppen schon schrittweise nähergekommen. Die Neuordnung fand dann auf dem Würzburger Parteitag 1898 einen vorläufigen Abschluß. Das Organisationsprinzip sah eine Art von Zentralisation auf betont föderativer Grundlage vor. Die Gesamtpartei gliederte sich demnach in drei Gauverbände: Ober- und Niederbayern mit Schwaben, die fränkischen Regierungsbezirke mit der Oberpfalz sowie die Rheinpfalz. Schwerpunkte der einzelnen Gaue waren München, Nürnberg, Ludwigshafen. Diese Einteilung nahm Rücksicht auf historische, landsmannschaftliche und wirtschaftlich-soziale Gegebenheiten und auf die eine größere Unabhängigkeit gewohnten Parteiführer des Trios Vollmar, Grillenberger und Ehrhart, die über eine beachtliche „Hausmacht" verfügten und bisweilen scherzhaft als „Stammesherzöge"

apostrophiert wurden. Mehr noch als diese organisatorische Vereinigung oder die jetzt alle zwei Jahre inszenierten gesamtbayerischen Parteitage – 1902 traf man sich in Ludwigshafen – vermittelte jedoch die wirkungsvolle Tätigkeit der Landtagsfraktion ein gesamtbayerisches Bewußtsein innerhalb der Partei. Viel trugen dazu die in Broschüren und in der Presse verbreiteten Fraktionsanträge und Landtagsreden bei. Sie konfrontierten die öffentliche Meinung mit den sozialdemokratischen Programmpunkten und Zielen und gaben den Abgeordneten die Möglichkeit, sich stärker zu profilieren. Dies alles führte zu einer merklichen Belebung des parteipolitischen Alltags. 1899 vergrößerte sich dann die sozialdemokratische Fraktion auf elf Mitglieder, darunter neben Ehrhart die Pfälzer Huber und Keidel. Es versteht sich, daß die drei stets auch pfälzische Anliegen und Interessen vertraten.

Was die Binnenstruktur des Gaues Pfalz anbetrifft, so zählte er 1898/99 sechsunddreißig Ortsvereine, darunter allerdings nur sechs in der Westpfalz. Der mit weitem Abstand wichtigste war Ludwigshafen mit 497 Mitgliedern. In dieser angehenden „SPD-Hochburg" stellte die Partei Ende 1899 auch sage und schreibe sieben von 27 Stadträten! Auf Ludwigshafen folgten Frankenthal mit 190, Speyer mit 187, Pirmasens mit 125, Rheingönheim mit 122, Mundenheim mit 109, Friesenheim mit 107, Oppau ebenfalls mit 107, Kirchheimbolanden mit 85 und Kaiserslautern mit 74 Mitgliedern.[17]

Die „Pfälzische Post" erscheint

Im Anschluß an seine Wahl in die Abgeordnetenkammer 1893 machte sich Ehrhart daran, die Vorbereitungen zur Herausgabe einer eigenen pfälzischen Parteizeitung zu intensivieren. So sehr ihn dabei ungeduldige Freunde auch drängten, der gewissenhafte und äußerst sparsame Mann an der Spitze sorgte zu allererst einmal für eine sichere finanzielle Grundlage, ehe er den letzten Schritt wagte. Dieses Zögern – Ehrhart mußte wohl auch Rücksichten auf die Mannheimer Genossen nehmen – ist der „Pfälzischen Post", die seit 1895 als Kopfblatt der Mannheimer „Volksstimme" erschien und 1904 endlich in einer eigenen Druckerei in Ludwigshafen herauskam, gut bekommen. Nach anfänglichen Schwierigkeiten entwickelte sich der Absatz günstig, zumal der ebenso anspruchsvolle wie ehrgeizige Parteiführer es verstand, das „Blatt bis ins letzte Dörfchen dringen zu lassen", wie die Wiener „Arbeiter-Zeitung" einmal bewundernd anmerkte.[18]

Die „Pfälzische Post" bereicherte die Zeitungslandschaft in der Pfalz außerordentlich. Da Ehrhart beträchtlichen Einfluß auf

Bestätigung des Wahlkommissärs über die Wahl Franz Josef Ehrharts zum Landtagsabgeordneten im mittelfränkischen II. Wahlkreis Nürnberg vom 12.7.1893:

„Ich beehre mich Ihnen mitzuteilen, daß Sie bei der heutigen Landtagswahl für den II. Wahlkreis Nürnberg bei 259 wahlberechtigten und 252 erschienenen Wahlmännern mit 143 Stimmen zum Abgeordneten gewählt wurden. Zugleich ersuche ich im Hinblicke auf art. 27 des Wahlgesetzes vom 1. Juni 1848/21. März 1881 binnen 8 Tagen sich über die Annahme der Wahl erklären zu wollen. Der Wahlkommissär."

das Organ nahm, sprach man gelegentlich auch von Ehrharts „Sprachrohr". Besondere Beachtung fanden die von ihm persönlich unterzeichneten Beiträge (in der Regel blieben die Artikel anonym), die zumeist auf der Titelseite erschienen. In ihnen nahm der „rote Pfalzgraf" von Zeit zu Zeit ganz offen Stellung. Da konnte es auch einmal vorkommen, daß er sich mit August Bebel oder anderen Parteigrößen anlegte. Weil seine persönliche Machtposition in der Pfalz nahezu absolut war, Autorität und Rang in der Gesamtpartei ebenfalls zusehends stiegen – seit 1899 war Ehrhart Mitglied der Kontrollkommission und damit des Parteivorstandes –, wußten Freund und Feind derartige grundsätzliche Ausführungen der „Pfälzischen Post" gebührend zu würdigen. Manches wurde sogar von anderen Parteizeitungen übernommen, hatte Ehrhart doch auch als „Parteijournalist" bald einen guten Namen.[19]

Kampf gegen die Nationalliberalen

Nach der Realisierung des Zeitungsprojektes gab es für den Kreis um Ehrhart nur noch einen brennenden Wunsch, nämlich den übermächtigen pfälzischen Nationalliberalen – sie waren bis zur Jahrhundertwende mit weitem Abstand führend – endlich ein Reichstagsmandat zu entreißen. Beinahe wäre dies Ehrhart schon 1893 geglückt, als er im Wahlkreis Speyer-Ludwigshafen in die Stichwahl kam. 1898 war es dann soweit, der Wahlkreis endlich erobert. Ehrhart konnte ihn dann bis zu seinem Tod behaupten, auch bei den für die SPD negativen Wahlen von 1907, als die Partei überall im Reichsgebiet eine Niederlage erlitt und die Zahl ihrer Reichstagsabgeordneten auf nur 43 herabsank. Einen beachtlichen Fortschritt konnten die Sozialdemokraten 1898 auch im Wahlkreis Kaiserslautern-Kirchheimbolanden melden, vermochten sie doch hier überraschend in die Stichwahl vorzudringen. Ebenso wie in dem gerade genannten vorderpfälzischen Wahlkreis konnte auch hier die einmal erreichte Position behauptet und weiter ausgebaut werden. Alles in allem wurden 1898 in der Pfalz 25.146 Stimmen für die Sozialdemokratie gezählt, im Vergleich zu nur 14.329 im Jahre 1893. In den Städten Frankenthal, Ludwigshafen, Kaiserslautern und Speyer hatten sich die „Roten" überdies die Mehrheit erkämpft.

Die Nationalliberalen sahen das „ansehnliche Anwachsen des sozialdemokratischen Heerbanns während eines halben Jahrzehnts" mit Bekümmernis und trauerten jenen Zeiten nach, in denen „ein Anhänger Bebels in einem pfälzischen Dorf noch eine Merkwürdigkeit war". Nachgerade wie ein Schock wirkte auf „alle vaterlandsliebenden Männer" die Niederlage im Wahlkreis Speyer-Ludwigshafen-Frankenthal. Jetzt sandte „zum ersten Mal seit dem Bestehen des geeinigten deutschen Reiches die Pfalz, die sich bisher stets mit Stolz als das deutscheste aller deutschen Gebiete gefühlt hatte, einen Vertreter des Umsturzes in den Reichstag", wie die „Pfälzische Presse" wehklagte.[20]

Bündnis mit dem Zentrum

Noch nachhaltiger als bei den Reichstagswahlen erfolgte allerdings der Einbruch in die jahrzehntelange nationalliberale Vorherrschaft bei den Landtagswahlen. Diese schon ein wenig spektakuläre Zerschlagung der politischen Dominanz der Liberalen erzwangen die Sozialdemokraten gemeinsam mit dem Zentrum durch eine Reihe von Wahlbündnissen, die auch den Zweck verfolgten, eine längst überfällig gewordene Wahlrechtsreform in die Wege zu leiten.

Erich Schneider

Die selbst in der überregionalen Presse aufmerkam registrierten Kompromisse waren auf sozialdemokratischer Seite wesentlich das Werk Ehrharts, dessen taktisches und diplomatisches Geschick sichtbare Erfolge feierte. Besonders die im Speyerer Dom erfolgten Absprachen zwischen den Unterhändlern beider Parteien erhitzten die Phantasie der Zeitgenossen, führten zu mancher Parlamentsdebatte und Pressepolemik und waren noch bis zum Ersten Weltkrieg Gegenstand von Diskussionen und Reminiszenzen.

Freilich erntete Ehrhart mit diesem „Kuhhandel" nicht überall in seiner Partei Beifall, doch wußte er allen Angriffen – insbesondere der Linken – klug und entschieden zu begegnen. In diesem Zusammenhang hat er auch in seiner „Pfälzischen Post" und im Berliner „Vorwärts" seinen Standpunkt dargelegt.[21] Das erste Bündnis zwischen dem Zentrum und der Sozialdemokratie wurde 1899 abgeschlossen. Bereits bei den Landtagswahlen 1905 ergab sich dann eine grundlegende Wandlung der parteipolitischen Strukturen in der Pfalz. Fraglos war die pfälzische Sozialdemokratie unter Ehrharts Führung zu einer bedeutenden politischen Kraft im Lande geworden, und es ist nicht zuletzt ihr zuzuschreiben, daß sich das politische Leben in der Pfalz reizvoller, vielgestaltiger, dynamischer und spannender gestaltete. Ein Blick in die Tagespresse beispielsweise der Jahre 1898 und 1899 belegt dies in hohem Maße.

Mit dem viel zu frühen Tod des außerordentlich populären Ehrhart am 20. Juli 1908 endete eine insgesamt denkwürdige Epoche in der Geschichte der pfälzischen Arbeiterbewegung, die in mancher Hinsicht exemplarisch ist für die Gesamtentwicklung der sozialistischen Arbeiterbewegung nach der Reichsgründung. Ehrhart starb, erst 55jährig, physisch total erschöpft. Im unablässigen Dienst für die Sache der Partei hatte er sich wie manch anderer Mitstreiter seiner Generation allzubald verbraucht. Das auffallend große Echo auf seinen überraschenden Tod bewies nicht nur den Pfälzern noch einmal eindringlich die Bedeutung seiner Persönlichkeit für die pfalzbayerische und darüber hinaus für die deutsche Sozialdemokratie überhaupt. Selbst führende nichtsozialdemokratische Tageszeitungen, voran die „Frankfurter Zeitung" und die „Kölnische Volkszeitung", konnten dem untadeligen Sozialdemokraten, der sich zu „den bewundernswürdigen Führern des Proletariats emporgearbeitet" hatte[22] und der in wachsendem Maße zum Exponenten einer stärker reformistisch ausgerichteten Strömung in der Partei geworden war, Respekt und Anerkennung nicht versagen.

Anmerkungen:
1 Bernd Schwarzwälder, Frühe „Arbeiterbewegung" in Neustadt an der Haardt, in: Mitteilungen des Historischen Vereins der Pfalz 81(1983), S. 371-405. Zum Folgenden vgl. Erich Schneider, Die Anfänge der sozialistischen Arbeiterbewegung in der Rheinpfalz 1864-1899, Phil. Diss. Mainz 1956.
2 Gerhard Wunder, Chronik der Sozialdemokratie in Neustadt von 1832 bis 1945, in: Hundert Jahre Neustadter SPD, Neustadt 1978, S.16 ff.
3 „Süddeutsche Post" München v. 26.6.1872 und Franz Josef Ehrhart, Ein Rückblick, Teile I und II, in: „Pfälzische Post" v. 22.9. und v. 12.10.1906.
4 „Illustrierter Die Neue-Welt-Kalender" für das Jahr 1904, S. 63 ff. Zu Ehrhart vgl. Erich Schneider, Franz Josef Ehrhart, in: Pfälzer Lebensbilder Bd. I, hrsg. v. Kurt Baumann, Speyer 1964, S. 273-319.
5 Wunder (Anm. 2), S. 23.
6 „Neustadter Zeitung" v. 6.4.1878 („Die 'Roten' in der Pfalz").
7 „Pfälzische Volkszeitung" Kaiserslautern, vom 15.6.1878.
8 Ebd., v. 5.6.1878.

9 Vgl. „Arbeiter-Zeitung" Wien, v. 22.7.1908.
10 Franz Josef Ehrhart, Ein bewegtes Jahr, in: „Vorwärts" v. 21.10.1903. Der Beitrag erschien als „Ludwigshafener Parteierinnerung" auch in der „Pfälzischen Post" v. 22.10.1903.
11 Ebd. Vgl auch: Franz Josef Ehrhart, Ein Rückblick, in: „Pfälzische Post" v. 22.9.1906.
12 Landesarchiv Speyer, Best. H 3, Nr. 932/IV.
13 Franz Josef Ehrhart, Das Hambacher Fest, in: „Die Neue Welt". Illustriertes Unterhaltungsblatt, Hamburg 1908, S. 180 ff und Erich Schneider, Sozialdemokratie und Hambacher Fest, in: Schon pflanzen sie frech die Freiheitsbäume. 150 Jahre Hambacher Fest, hrsg. v. Willi Rothley/Manfred Geis, Neustadt 1982, S. 297-374.
14 Stenographische Berichte über die Verhandlungen der bayerischen Kammer der Abgeordneten v. 19.12.1893, S. 183 f u. S. 186; v. 31.5.1894, S. 539; v. 25.1.1896, S. 595 ff u. S. 599 ff v. 13.2.1896, S. 941f; v. 16.2.1898, S. 203;. Dr. Ludwig Groß (1825-1894) war nationalliberaler Landtags- und Reichstagsabgeordneter des Wahlkreises Speyer-Ludwigshafen und galt als Vertreter der Interessen der „Anilinherrn".
15 Franz Josef Ehrhart, in: „Kommunale Praxis" Dresden, v. 1.12.1904.
16 „Pfälzische Volkszeitung" v. 14.10. und vom 16.10.1898.
17 Abrechnungsliste des SPD-Gauvorstandes Pfalz, Ludwigshafen v. 16.8.1899. Die „Pfälzische Post" v. 4.9.1899 spricht von nur 33 Ortsver-einen.
18 „Arbeiter-Zeitung" Wien (Anm. 9).
19 Dazu: Erich Schneider, „Die Presse ist das Herzblut der Bewegung." Der Sozialdemokrat Franz Josef Ehrhart als Publizist und Zeitungsgründer und die „Pfälzische Post" Ludwigshafen in der Ära des „Roten Pfalzgrafen", in: Mitteilungen des Historischen Vereins der Pfalz 94 (1996), S. 367-460.
20 „Pfälzische Presse" v. 20.6. u. v. 25.6.1898.
21 Franz Josef Ehrhart, Zum bayerischen „Kuhhandel", in: „Vorwärts" v. 6.8.1899.
22 Protokoll über die Verhandlungen des Parteitages der Sozialdemokratischen Partei Deutschlands abgehalten zu Nürnberg 1908, S. 218.

Josef Queva

Der erste Ortsverein in der Pfalz
Erinnerung an die Gründung des ADAV in Oggersheim

Das Jahr 1869 ging zu Ende und das Kriegsjahr 1870 begann. Ich mußte im Mai zur Konskription nach Neustadt und wurde dort zu meinem großen Leidwesen für untauglich erklärt. Ich wäre lieber Soldat geworden. Ende Juli ging der Tanz los. Am gleichen Tage wurde die Samtfabrik in Oggersheim geschlossen und sämtliche 800 Arbeiter aufs Pflaster gesetzt. Mein älterer Bruder mußte sofort einrücken und machte als Unteroffizier den Feldzug mit …

Infolge des unaufhaltsamen Vordringens der deutschen Armeen kam wieder etwas Leben in die Geschäfte und eines Tages hieß es: Die Samtfabrik wird wieder eröffnet. Ich meldete mich und bekam wieder meinen alten Platz in der Samtschneiderei. Es wurde nun geschuftet wie noch nie. Die gewöhnliche Arbeitszeit betrug nahezu 14 Stunden. Sie begann morgens um fünf und endete abends um acht Uhr; mittags hatten wir eine Stunde Pause. Für Frühstück und Vesper waren je 20 Minuten freigegeben. Außerdem war man gezwungen (laut Statut), wöchentlich dreimal am Abend zu arbeiten und zwar dienstags bis zehn, donnerstags bis zehn und samstags bis zwölf Uhr. Wer diese Arbeitszeit nicht einhielt, wurde beim ersten Fehlen mit einem halben Gulden, beim zweiten mit einem Gulden bestraft und beim dritten Male entlassen.

Diese Vorschriften galten nicht nur für Erwachsene, sondern auch für schulentlassene Kinder von 11 bis 13 Jahren. Das Statut, das von der Regierung in Speyer abgestempelt und unterschrieben war, wurde jedem Arbeiter beim Eintritt in die Fabrik ausgehändigt. Man kann also sehen, daß die königliche Regierung mit dieser Menschenschinderei einverstanden war. Es wurde geschuftet, aber die Unzufriedenheit war nicht mehr zu unterdrücken, es gärte unter den Arbeitern. Es wurden Zusammenkünfte veranstaltet, anonyme Zettel angeklebt usw. Die Alten, die später nicht mittun wollten, hetzten die Jungen auf und in mehreren Zusammenkünften wurden die Forderungen schriftlich ausgearbeitet, die in einer Verminderung der Arbeitszeit um zwei Stunden und einer Lohnerhöhung von 25 Prozent gipfelten.

Der Streik

In einer öffentlichen Versammlung wurden die Forderungen verlesen und einstimmig angenommen. Dann wurden acht Mann gewählt, bei denen auch mein älterer Bruder war, und beschlossen, am nächsten Montag die Forderungen bei der Fabrikdirektion einzureichen. Mit Bangen erwarteten wir den nächsten Montag.

Als am Montagmorgen der Achtuhrzug eingefahren war, mit dem Direktor Marx, der in Mannheim wohnte, ankam, gingen unsere acht Leute mit ihrem Schriftstück in der Hand aufs Bureau. Es dauerte keine zehn Minuten, da kamen sie mit aufgeregten Gesichtern wieder heraus. „Was habt ihr erreicht?", fragte einer der Außenstehenden. „Nichts", antworteten sie, „wir sind nämlich entlassen". Ein Sturm der Entrüstung ging durch unsere Reihen. Der Maschinenmeister, ein energischer Mann, erklärte: „Dann können wir nicht mehr weiter arbeiten", ging ins Maschinenhaus und stellte die Maschinen ab. Sämtliche Arbeiter versammelten sich nun im Fabrikhof. Die Polizei war durch einen Eilboten benachrichtigt und Kommissar Schädler war sofort zur Stelle. Der Direktor, ein Jude, ein kleines, gebrechliches Männchen von über 60 Jahren, sprang ihm entgegen und rief: „Herr Kommissar, Herr Kommissar, wir brauchen Militär! Telegraphieren Sie sofort nach Speyer!"

Josef Queva (1849 - 1929).

„Herr Direktor", entgegnete der Kommissar, „ich sehe nicht ein, zu was wir Militär brauchen. Die Leute sind ja ganz ruhig. Sie werden Verbesserungen erreichen wollen und es wird am klügsten sein, wenn Sie mit ihnen unterhandeln."

„Nichts wird unterhandelt", schrie der Direktor, „auf revolutionärem Wege wird nichts bewilligt. Sie werden sehen, Herr Kommissar, wir bekommen Revolution, wenn Sie nicht einschreiten. Alle sind von der Arbeit fortgelaufen. Das war noch nicht da, seit ich Direktor bin."

Mir stieg bei dieser Äußerung die Galle ins Blut. Gewöhnlich blieben mir die Worte zwischen den Zähnen stecken, wenn ich etwas sprechen sollte. Aber die Not gebar den Mann. Entschlossen trat ich hervor und rief mit lauter Stimme: „Herr Direktor, Sie tun uns Unrecht. Wir haben gemeinschaftlich unsere Forderungen ausgearbeitet, haben acht von unseren anständigsten Arbeitern gewählt, die Ihnen die Forderungen überreichten, und was haben Sie gemacht? Sie haben unsere Leute hinausgejagt wie die Hunde und haben sie plötzlich entlassen. Also haben nicht wir, sondern Sie den revolutionären Weg betreten."

Ein Beifallsgemurmel ging durch die Schar der Arbeiter. Auch der Kommissar nickte beifällig und sagte: „Herr Direktor, hören Sie es. Am besten wird es sein, wenn Sie mit den Leuten unterhandeln." – „Ich kann es nicht, heute gar nicht, ich bin zu aufgeregt." Dabei griff er sich mit beiden Händen in seinen Wollkopf hinein.

Der Mann war wirklich in einer gewaltigen Aufregung. Inzwischen hatte der Färber Herle, einer unserer tatkräftigsten Männer, das große Fabriktor geöffnet und rief: „Heraus, Leute!" Alles marschierte hinaus. Als die letzten kamen, sagte Herr Marx: „Wollt Ihr denn wirklich alle gehen?" Wie auf Kommando ging der ganze Trupp auf den Wenz'schen Saal zu. Dort wurden noch Verhaltensmaßregeln erteilt und Leute aufgestellt, die morgens die Ortseingänge besetzen sollten. Dann gingen wir ruhig nach Hause. Die Aufregung war groß, besonders bei den Führern. Wer noch keinen Streik mitgemacht hat, kann dies nicht fassen. Es ist ein Stück Revolution, das man da erlebt.

Nun begannen seitens der Fabrikdirektoren die Intrigen. Daß dabei auch die Behörde belogen wurde, darf uns nicht wundern. Es wurde ihr von der guten Behandlung der Arbeiter erzählt. Von den Prügeln, die junge Arbeiter in manchen Betrieben bekamen, wurde natürlich nichts verraten. Die Zeitungen wurden alarmiert und brachten teils lügenhafte, teils auch günstigere Artikel. Arbeiterfeindlich verhielt sich der damals in Ludwigshafen erscheinende „Pfälzer Kurier". Derselbe schrieb, die Oggersheimer Arbeiter seien übermütig geworden. Sie hätten elfstündige Arbeitszeit und wollten durch ihren Streik neunstündige erzwingen, auf was doch die Fabrikleitung nicht eingehen könne. Eine Richtigstellung dieses sachlich unzutreffenden Artikels wurde nicht aufgenommen. In den Orten, in denen von unseren Arbeitern wohnten, ging jeden Tag der Polizeidiener mit der Schelle herum und gab bekannt: „Wer morgen früh die Arbeit in der Samtfabrik nicht aufnimmt, braucht überhaupt nicht mehr zu kommen." Natürlich kamen dann unsere Sendboten und Vertrauensmänner und sagten den Leuten, daß sie tapfer aushalten sollten.

Die Gründung des lassalleanischen Arbeitervereins in Oggersheim

So ging die Woche hin. Auf Samstagabend hatten wir eine öffentliche Versammlung in den Wenz'schen Saal einberufen. Ein Redner von Mannheim war erschienen, der die unmenschlichen Zustände in der Fabrik schilderte, die unverschämten Zeitungsartikel kritisierte und schließlich zum Beitritt in den Allgemeinen Deutschen Arbeiterverein aufforderte. Etwa 200 Arbeiter kamen der Aufforderung nach. Erst nach der Versammlung erfuhren wir von neuen Intrigen der Fabrikleitung.

Dem Saal gegenüber, in der Wirtsstube – das Ganze lag ebener Erde – hatte sich der Spinnereiobermeister Hägy postiert und hatte ein großes Faß Bier auf dem Tische stehen. Er ließ einen um den anderen von seinen Spinnern hereinrufen und sagte: „Wie kommt es, daß Sie nicht mehr arbeiten wollen? Sie haben doch sonst immer gearbeitet und schönes Geld verdient." Die Spinner gaben zu Antwort: „Ja, ich bin's nicht allein, die anderen sind schuld. Wenn die wieder arbeiten, arbeite ich auch." Nur ein Arbeiter von Fußgönheim war tapfer, der sagte: „Herr Direktor, wenn die Zustände in unserer Fabrik nicht geändert werden, dann arbeiten wir überhaupt nicht mehr."

„Das werde ich mir merken", antwortete Herr Hägy. Die Spinner tranken dann ihr Faß Bier und versprachen, am nächsten Montag anzufangen. Der Verrat der Spinner machte böses Blut unter den Arbeitern. Über Sonntag durfte sich in ganz Oggersheim keiner auf der Straße sehen lassen.

Am Montagfrüh wurde das Fabrikglöcklein geläutet, die Maschinen wurden laufen lassen und die Spinner auf Schleichwegen in die Fabrik geführt. Aber gearbeitet konnte nicht werden, da die Bedienungsmannschaft fehlte. Die Ansetzer und Aufstecker, die Webermädels, alle waren auf der Straße geblieben. Die Zigarrenmacher hatten uns zuliebe blau gemacht und hielten Ansprachen an die jungen Leute. Es war also nichts mit der Arbeit. Am Dienstagmorgen gab es dieselben Manöver. Da verlor Herr Marx die Geduld. Er machte zuerst einen großen Krach mit Herrn Hägy, der ihm doch versprochen hatte, die Arbeiter in die Fabrik zu führen. Dann schickte er den Bureaudiener zu uns, wir möchten die Abordnung schicken, er wolle mit uns unterhandeln. Wir trommelten unsere acht Mann zusammen, die sich sofort aufs Fabrikbureau begaben. Herr Marx wollte nur eine Stunde Arbeitsverminderung zugeben. Aber da unsere Abgeordneten standhaft waren, einigte man sich auf eine Arbeitszeit von morgens sechs bis abends sieben Uhr (mit den seitherigen Frühstücks- und Mittagspausen). Nur mußten sie dem Direktor versprechen, in dringenden Fällen abends zu arbeiten. Die Lohnerhöhung wurde auf zwölfeinhalb Prozent festgesetzt. Wir erklärten uns mit den Abmachungen einverstanden und nahmen sofort dem Wunsch des Direktors gemäß, die Arbeit wieder auf. Wir hatten ja keinen großen Sieg errungen, aber immerhin einen Sieg, wenn man bedenkt, welche Gewalt damals die Fabrikleitungen mit Unterstützung der Behörden und der öffentlichen Meinung ausübten. Einige Maßregelungen, die trotzdem vorgenommen werden sollten, scheiterten glänzend an der Solidarität der Arbeiter.

Wir suchten nun, unseren Allgemeinen Deutschen Arbeiterverein etwas auszubauen, nachdem wir den Zigarrenarbeiter August Schmitt zum Bevollmächtigten gewählt hatten. Er war zwar nicht ganz mein Mann, da er noch sehr mit alten Vorurteilen behaftet war, aber er war ein angesehener, stattlicher Mann, der auch etwas Rednertalent hatte. Wir hielten alle 14 Tage eine Mitgliederversammlung ab und alle fünf bis sechs Wochen eine öffentliche Versammlung, in der gewöhnlich Oeser aus Mannheim referierte. Er stammte aus Sachsen, war Schreiner von Beruf, ein begeisterter Lassalleaner und guter Redner.

Aus: Bei uns daheim 4 (1928), Bl. 4-5.

Willi Breunig

Anfänge der Ludwigshafener Sozialdemokratie

Mitte der 1860er Jahre begann der Allgemeine Deutsche Arbeiterverein (ADAV) auch in Süddeutschland stärker für seine Ideen zu werben. Ausgangspunkt seiner Agitationstätigkeiten waren seine Organisationen – der ADAV selbst sprach von Mitgliedschaften – in Frankfurt, Mainz, Offenbach und Wiesbaden. Für die weitere Entwicklung in der Pfalz war es von besonderer Bedeutung, daß 1867 auch in Mannheim ein lassalleanischer Arbeiterverein gegründet wurde.

Frühe Agitation des ADAV

Wenn auch die Pfalz selbst um diese Zeit noch kaum berührt wurde, so hatte sich die sozialistische Bewegung doch bereits dicht an ihrer Grenze festgesetzt.

Für Ludwigshafen, das damals gerade durch eine feste Brücke mit Mannheim verbunden worden war, wurde damit natürlich in erster Linie die Gefahr einer lassalleanischen Infiltration immer größer. Die Tatsache, daß seit 1865 zunächst zur Errichtung der Rheinbrücke, sodann aber auch für die Expansion der Industrie ein reger Zustrom von Arbeitern erfolgte, verstärkte diese Bedrohung noch. Aufgrund der angeführten Voraussetzungen konnte erwartet werden, daß ein Auftreten lassalleanischer Agitatoren in Ludwigshafen nicht ohne Folgen bleiben würde. Die aus Unternehmern des Handels- und Gewerbestandes zusammengesetzte Kommunalverwaltung traf deshalb Vorkehrungen, um ein Übergreifen der sozialistischen Bewegung auf die Stadt zu verhindern. So wurden die von Mannheim nach Ludwigshafen kommenden Personen und die beim Brückenbau beschäftigten Arbeiter nicht nur zur Aufrechterhaltung der öffentlichen Sicherheit, sondern auch aus politischen Gründen einer scharfen polizeilichen Kontrolle unterworfen. Was die ortsansässigen Arbeiter betraf, so besorgte der jeweilige Arbeitgeber die politische Überwachung.

Darüber hinaus wurde von den mit der liberalen Fortschrittspartei sympathisierenden Unternehmern Ludwigshafens 1868 ein Arbeiterbildungsverein gegründet. Die Konstituierung dieses Vereins verfolgte zweifellos den Zweck, einer eventuellen sozialistischen Agitation zuvorzukommen. Durch möglichst geschlossene Erfassung der Arbeiter im Fortbildungsverein sollte den Lassalleanern der Boden entzogen und jede Möglichkeit zur Einwirkung auf die Arbeiterschaft genommen werden. Entgegen den im fortschrittlichen Lager gehegten Erwartungen ging jedoch von den auch andernorts bestehenden Arbeiterbildungsvereinen nur geringer Widerstand aus, als lassalleanische Wanderredner im Frühjahr 1869 zum erstenmal in der Vorderpfalz agitierten.

Dies blieb jedoch fast überall Episode. Nur Ludwigshafen machte gewissermaßen eine Ausnahme. Der schnelle Anstieg der Arbeiterbevölkerung in der Stadt nach dem Ende des deutsch-französischen Krieges wurde insbesondere von den Lassalleanern in Mannheim aufmerksam verfolgt. Seit Sommer 1871 versuchten sie über Ludwigshafen in die Pfalz vorzudringen. Diesen Bestrebungen war schon bald ein erster Erfolg beschieden, denn am 2. September 1871 fand hier die erste lassalleanische Versammlung statt. Obwohl die fortschrittliche Lokalpresse der Zusammenkunft angesichts der geringen Teilnehmerzahl keine Bedeutung einräumte, fügte sie dennoch an den Versammlungsbericht einen längeren Artikel über die Gefahren des Sozialismus und die Notwendigkeit seiner Bekämpfung an.

Gründung des ADAV in Ludwigshafen

Hauptsächlich die Einberufung weiterer Versammlungen, aber auch der persönliche Kontakt mit einigen interessierten Arbeitern verfolgten den Zweck, die Voraussetzungen für die Gründung einer lassalleanischen Mitgliedschaft in Ludwigshafen zu schaffen.

In diesem Stadium der Vorbereitungen traten in Oggersheim die Arbeiter der Samtfabrik in den Streik. Dadurch ergab sich nicht erwartet die Möglichkeit, dort schneller zum Ziel zu gelangen. Die Gründung der lassalleanischen Mitgliedschaft in Ludwigshafen scheint jedoch sofort im Anschluß an die Oggersheimer Ereignisse erfolgt zu sein.

Der genaue Gründungszeitpunkt konnte nicht ermittelt werden, indessen findet sich Mitte Dezember 1871 in der Lokalpresse zum erstenmal eine Anzeige des ADAV Ludwigshafen, mit der eine Mitgliederversammlung angekündigt wurde. Die anfängliche Mitgliederzahl dürfte zwischen 50 und 100 gelegen und sich überwiegend aus Arbeitern zusammengesetzt haben, die vor der Zuwanderung schon einmal mit der sozialistischen Bewegung in Berührung gekommen waren. Die Wirksamkeit konzentrierte sich zu Beginn ausschließlich auf eine rege Vortragstätigkeit.

In wöchentlichen Versammlungen wurden die Mitglieder mit dem Leben, dem Wirken und den Lehren Ferdinand Lassalles bekannt gemacht. Außerdem fanden Vorträge über die sozialen und politischen

Anzeige einer Versammlung des ADAV aus dem „Ludwigshafener Anzeiger" vom 11.12.1871.

Verhältnisse sowie über die Zielsetzungen des Allgemeinen Deutschen Arbeitervereins statt. Auch der „Neue Sozialdemokrat" wurde bei den Zusammenkünften gelesen und besprochen. Referenten im ersten Halbjahr nach der Gründung waren hauptsächlich Robert Oeser aus Mannheim, Emil Fleischmann aus Karlsruhe sowie Heinrich Schäfer aus Offenbach.

Als wichtiges Ereignis für die Weiterentwicklung der Ludwigshafener Mitgliedschaft erwies sich eine Versammlung, welche die beiden führenden Lassalleaner Karl Frohme und Georg Wilhelm Hartmann am 19. Juni 1872 abhielten. Bei dieser Gelegenheit wurde zum erstenmal eine größere Anzahl von Arbeitern und Bürgern mit den Zielen des ADAV bekannt gemacht. Insbesondere sorgten die 500 bis 600 Teilnehmer dafür, daß der Organisation der Lassalleaner künftig erheblich mehr Aufmerksamkeit zuteil wurde, als es bislang der Fall gewesen war. Der „Ludwigshafener Anzeiger" vertrat zwar weiterhin die Ansicht, „daß die Prinzipien dieser Socialdemokraten in den hiesigen Arbeiterkreisen keine Wurzeln fassen". Dieser Meinung steht jedoch eine gleichzeitig verfaßte amtliche Niederschrift entgegen, die wie folgt lautet: „Die Agitation wird systematisch betrieben und wenn sie auch bei der besseren Bürgerclasse Mißbilligung und Widerwillen hervorruft, so bleibt sie jedoch bei den Arbeitern nicht ohne Erfolg."

Erste Beteiligung an Reichstagswahlen

Auch der im Herbst 1873 gefaßte Beschluß, an der bevorstehenden Reichstagswahl im ersten pfälzischen Wahlkreis Speyer-Ludwigshafen teilzunehmen, war Ausdruck wachsenden Erfolges. Die Aufstellung des Offenbacher Zigarrenmachers Adam Heuser, hauptsächlich im Hinblick auf dessen zahlreiche Berufsgenossen in Oggersheim erfolgt, konnte zwar von vornherein nur die Bedeutung einer Zählkandidatur haben. Dennoch wurde von den Lassalleanern eine rege Wahlagitation in der Vorderpfalz entfacht. Für Heuser, der wegen starker Inanspruchnahme im Maingebiet nur kurz in die Pfalz kam, betrieb der Schlosser Karl Meyer aus Mühlheim am Main die Wahlvorbereitungen. Besonders intensiv waren seine Bemühungen in Ludwigshafen.

Das bedeutet, daß sich bereits Ende 1873 der Schwerpunkt der lassalleanischen Bestrebungen in der Pfalz von Oggersheim nach Ludwigshafen verlagerte. Allerdings begegnete dort die Agitation den größten Schwierigkeiten. Denn wie die wirtschaftliche Expansion der Stadt die Voraussetzung für die sozialistische Arbeiterbewegung steigern mußte, begünstigte sie auch die Stellung der örtlichen Fortschrittspartei.

Die letzten Wochen des Jahres 1873 standen ganz im Zeichen der sozialistischen Wahlkampagne. Sowohl in mehreren Arbeiterversammlungen wie in den Zusammenkünften der Fortschrittspartei trat Meyer als Referent auf, um für das lassalleanische Parteiprogramm und die Kandidatur Heusers zu werben. Auch Flugblätter und Wahlaufrufe gab Meyer im Auftrag des „Wahlcomitees" für den ersten pfälzischen Wahlkreis heraus. Darin wurde zum Ausdruck gebracht, daß eine Umwandlung der sozialen Verhältnisse „auf friedlichem und gesetzlichem Wege ... durch eine Gesetzgebung im Sinne des Volkes" angestrebt werde. Weiter heißt es wörtlich: „Als Endziel unserer verschiedenen Forderungen verlangen wir die Einführung von Productiv-Associationen mittels Staatshilfe, wie solche bisher ja schon in so vielen Fällen auch dem Capital gewährt worden ist."

Obwohl die lassalleanischen Thesen keine revolutionäre Tendenz beinhalten, wur-

Josef Queva

Das erste Arbeiterfest in der Pfalz

Bei einer Zusammenkunft der Genossen von Ludwigshafen, Oggersheim und Frankenthal im Frühjahr 1873 machte man den Vorschlag, in Oggersheim ein Arbeiterfest zu veranstalten. Der dortige Mayer'sche Bierkeller sei sehr geeignet und wir hätten jedenfalls einen großen Besuch zu erwarten. Mir sagte die Sache zu und ich übernahm die Vorarbeiten. Ich setzte mich mit dem Gesangsverein „Lassallia" in Mannheim in Verbindung. Derselbe besorgte die Cäcilienkapelle und ließ zur Publikation passende Plakate herstellen. Wir bestimmten den ersten Sonntag im Juni als Festtag.

Der Tag rückte heran. Es war ein schöner, herrlicher Tag. Wir versammelten uns schon etwas früher im Garten unseres Vereinslokals. Auch kam die Musikkapelle mit dem Gesangsverein „Lassallia" dorthin. Wir veranstalteten dann einen Festzug vom Vereinslokal zum Bierkeller. Es war der erste sozialdemokratische Festzug in der Pfalz. Die Genossen waren recht zahlreich erschienen von Mannheim, Ludwigshafen, Frankenthal (mit Gesangsverein), Maudach, Mutterstadt, Maxdorf, Flomersheim, wo natürlich die Genossen noch sehr spärlich waren. Alle waren vertreten. Die Begrüßungen wollten kein Ende nehmen. Das Fest wurde mit einem schönen Proletarierlied des Gesangsvereins „Lassallia" eröffnet, dem folgten die Musikkapelle, der Frankenthaler Gesangsverein usw. Die Krone von allem bildete die hochbegeisternde Festrede von Karl Frohme, dem späteren Reichstagsabgeordneten und Chefredakteur des Hamburg-Altonaer Volksblattes, der damals in Frankfurt weilte und hierhergekommen war, unser Fest verherrlichen zu helfen. Die Begeisterung stieg aufs höchste. Es war ein Fest der Freude und der Verbrüderung.

Aus: Bei uns daheim 4 (1928), Blatt 6 vom 24.3.1928.

den sie doch von den Anhängern der Fortschrittspartei als umstürzlerisch empfunden und so bezeichnet. Man war sich im nationalliberalen Lager darüber im klaren, daß die sozialistische Agitation in Anbetracht der zahlreichen Arbeiterbevölkerung nicht ohne Einfluß auf das Wahlergebnis bleiben werde. Die fortschrittlich gesinnte Ludwigshafener Stadtverwaltung erachtete es deshalb für notwendig, dem lassalleanischen Treiben ein Ende zu setzen. Nachdem Rückfragen in der hessischen Heimatgemeinde Meyers keine Anhaltspunkte für einen Angriff auf seine Person ergeben hatten, konnte die Ortsbehörde den Agitator nur noch durch Verhaftung aktionsunfähig machen. Als Meyer am Neujahrstag 1874 in Ludwigshafen eine weitere Versammlung abhalten wollte, wurde er „wegen Befürchtung der Ruhestörung ... in Verwahr genommen".

Die sozialistische Arbeiterbewegung in der Vorderpfalz war somit im entscheidenden Stadium des Wahlkampfes auf sich allein gestellt. Da sie in dieser Zeit über eigene Führungskräfte noch nicht verfügte, mußte die so lebhaft begonnene Agitation zusammenbrechen. Das Ergebnis der Reichstagswahl vom 10. Januar 1874 wurde dadurch zweifellos zu Ungunsten der Lassalleaner beeinflußt. Dennoch erlebte die sozialistische Bewegung im ersten pfälzischen Wahlkreis, wenigstens soweit es die Städte anbelangte, keine Enttäuschung. In Ludwigshafen wurden für Heuser nur einige Stimmen weniger abgegeben als für den Bewerber des Zentrums.

Fehlen einer regionalen Führung

Die Ereignisse vor der Reichstagswahl von 1874, insbesondere der völlige Zusammenbruch der Wahlagitation im entscheidenden Augenblick, ließen erkennen, daß die lassalleanische Bewegung in der Vorderpfalz zur Weiterentwicklung unbedingt einer regionalen Führerpersönlichkeit bedurfte. Die Nominierung eines hauptamtlichen Agitators für den südwestdeutschen Raum und die Übernahme dieser Position durch August Dreesbach im Frühjahr 1874 fanden daher die einmütige Zustimmung der pfälzischen Mitgliedschaften.

Bereits im März trat Dreesbach zum erstenmal in der Vorderpfalz in Aktion, wobei er sehr schnell die Sympathie vieler Arbeiter gewinnen konnte. In seinen Versammlungen ging er insbesondere auf die Pariser Commune ein, deren Erhebung sich in diesen Tagen jährte. Infolge seiner Stationierung in Stuttgart konnte Dreesbach aber nur eine begrenzte Wirksamkeit in der Vorderpfalz entfalten. Die von ihm nach einjähriger Unterbrechung im Frühjahr 1875 in Ludwigshafen und Oggersheim gemachten Anstrengungen mußten sich daher auf eine Konsolidierung dieser wichtigen Stützpunkte beschränken. Der von seiner Agitation erhoffte Aufschwung blieb allerdings zunächst aus. Das bedeutet, daß die lassalleanische Bewegung in der Vorderpfalz zur Zeit der Verschmelzung der beiden sozialistischen Parteien im Mai 1875 stagnierte. Das Führungsproblem hatte diese Situation mitverursacht. Auch der von den Mitgliedschaften nach der Reichstagswahl 1874 eingeschlagene Weg war wenig zur Intensivierung geeignet gewesen. Obwohl die Wahlagitation gezeigt hatte, daß größere Erfolge nur durch öffentliche Betätigung zu erzielen waren, hatten sich die Lokalvereine anschließend immer mehr eingekapselt. In Ludwigshafen stützte sich die Bewegung nach wie vor auf gelernte Holz- und Metallarbeiter, die überwiegend in Handwerksbetrieben beschäftigt waren. Zur Erfassung der in den chemischen und metallverarbeitenden Industriebetrieben Tätigen fehlte noch jede Initiative.

Neuorganisation nach Gotha

Nach der Einigung von Gotha wurden Baden und die Pfalz zu einem einheitlichen Agitationsgebiet mit Mannheim als Zentrum zusammengefaßt. Auf dem ersten pfälzischen Arbeitertag am 17. April 1876 in Neustadt wurde diese Regelung ausdrücklich gebilligt. Gleichzeitig kam man überein, in allen Orten, wo zuvor Mitgliedschaften der Lassalleaner oder der Eisenacher bestanden hatten, jeweils einen Vertrauensmann einzusetzen, dessen Hauptaufgabe es sein sollte, mit der regionalen Parteileitung in ständigem Kontakt zu bleiben. Ferner wurde eine verstärkte Agitation für die sozialistischen Zielsetzungen auf Grundlage des Gothaer Programms beschlossen.

In Ludwigshafen ergaben sich aus der Intensivierung der Agitation wesentliche Fortschritte. Die unmittelbare Nähe der Parteileitung sowie die sozialen Verhältnisse bildeten die Voraussetzungen, daß die Stadt immer mehr in die Rolle des Zentrums der pfälzischen Bewegung hineinwuchs. Hinzu kam, daß die Partei in dem Schlossergesellen Daniel Klein über einen rührigen Vertrauensmann am Ort verfügte. Er betrachtete die Erfassung der Industriearbeiterschaft als seine wichtigste Aufgabe. In der Waggonfabrik beschäftigt, führte er eine ganze Reihe seiner Kollegen dem Sozialismus zu. Die Waggonfabrik war der erste Ludwigshafener Industriebetrieb, in dem die sozialistischen Bestrebungen starke Resonanz fanden. Klein, der mehr organisatorisch als agitatorisch begabt war, suchte insbesondere durch persönliche Kontakte zum Erfolg zu gelangen. Damit war seine Wirksamkeit zwar auf einen wichtigen, aber doch begrenzten Bereich ausgerichtet.

Der Anhang unter der Industriearbeiterschaft blieb zunächst auf die Gruppe in der Waggonfabrik beschränkt. Daneben waren in der sozialdemokratischen Mitgliedschaft am Ort auch weiterhin überwiegend Handwerksgesellen organisiert. Die verstärkte Agitation nach der Einigung in Gotha führte allerdings bis zum Sommer 1876 zur erheblichen Ausweitung der Gefolgschaft in Ludwigshafen. Eine nennenswerte strukturelle Veränderung war damit jedoch nicht verbunden, denn die zahlreiche, meist ungelernte Arbeiterschaft der chemischen Industrie stand der Sozialdemokratie nach wie vor fern.

Kandidatur August Dreesbachs

Führten indessen schon die sozialdemokratischen Bestrebungen unter der Zeit zu staatlicher Besorgnis, so galt das erst recht gegenüber den Wahlvorbereitungen der Partei, die gegen Ende 1876 einsetzten. Dreesbach kandidierte im ersten und zweiten pfälzischen Wahlkreis. Während die Nominierung im Wahlkreis Neustadt-Landau noch mehr die Bedeutung einer Zählkandidatur hatte, wurde der Wahlkampf im Bezirk Speyer-Ludwigshafen bereits mit größten Erwartungen geführt. In pausen-

Die Badische Anilin- und Soda Fabrik um 1870.

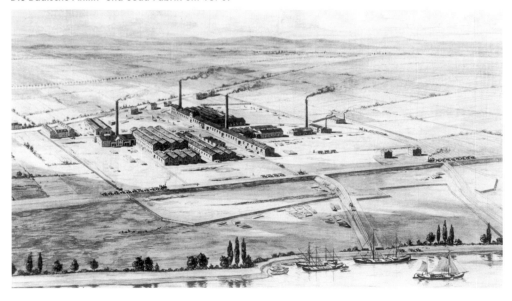

losem Einsatz sprachen Dreesbach und Ehrhart in Arbeiterversammlungen zur Reichstagswahl. Zentren der Wahlagitation waren Frankenthal, Ludwigshafen, Mutterstadt, Oggersheim und Speyer.

In Ludwigshafen, wo man sich verständlicherweise den größten Erfolg versprach, erreichte die sozialdemokratische Wahlbewegung ihren Höhepunkt. In seinen Referaten, zuletzt noch am Tag vor der Wahl, kritisierte Dreesbach immer wieder die nationalliberale Partei, deren politische Vorherrschaft in der Stadt und im Wahlkreis es zu brechen galt. Die Arbeiter rief er auf, „bataillonsweise am Wahltage zur Wahlurne marschieren zu wollen, und es werde der Sieg der Arbeiter gewiß sein". Gleichzeitig forderte Dreesbach zum Beitritt in den sozialdemokratischen Verein auf, da zur Förderung der Bewegung auch finanzielle Mittel notwendig seien. An die Versammlungen schloß sich jeweils der Vertrieb von Broschüren und Flugschriften an. Hauptsächlich das Gothaer Programm wurde in hoher Zahl verbreitet. In der letzten Phase des Wahlkampfes kam außerdem ein regionales Flugblatt zur Verteilung. Es enthielt heftige Kritik an der Sozialgesetzgebung und die Aufforderung, Dreesbach zu wählen.

Im Jahr 1877 war es allerdings noch nicht möglich, die nationalliberale Partei aus ihrer Machtposition zu verdrängen. Die Entwicklung dazu setzte jedoch schon zu diesem Zeitpunkt ein. Die Reichstagswahl vom 10. Januar 1877 brachte den Liberalen in Ludwigshafen zwar einen Stimmenzuwachs gegenüber 1874, ihr Anteil am Gesamtergebnis ging indessen von 71 auf 57 Prozent zurück. Im ganzen Wahlkreis ergab sich sogar absolut wie relativ eine Abnahme der nationalliberalen Stimmen. Dagegen konnten das Zentrum und die Sozialdemokratie sowohl am Ort als auch im ersten pfälzischen Wahlkreis ihre Anteile absolut und prozentual gegenüber 1874 steigern. Beurteilt man das Wahlergebnis ausschließlich nach den prozentualen Veränderungen, so erzielte die Arbeiterpartei eindeutig das beste Resultat.

Im Gegensatz zu den bürgerlichen Parteien setzte die Sozialdemokratie auch nach der Reichstagswahl ihre Bestrebungen durch Einberufung von Arbeiterversammlungen fort. In Ludwigshafen und den Orten der näheren Umgebung analysierte Dreesbach das jeweilige Wahlergebnis und betonte die Notwendigkeit einer permanenten Agitation zur Erzielung weiterer Fortschritte. Dabei erörterte er auch das Projekt einer regionalen Parteizeitung und forderte von den Arbeitern in ihrem eigenen Interesse die dafür notwendige Unterstützung. Der unmittelbare Eindruck des Wahlerfolges schien Dreesbach für die Verwirklichung seines Planes besonders günstig. Dem neuen, unter dem Titel „Pfälzisch-Badisches Volksblatt" erschienenen Parteiorgan war jedoch nur ein kurzzeitiger Erfolg beschieden. Es fiel dem „Sozialistengesetz" zum Opfer.

Von wesentlicher Bedeutung für die weitere Agitation war auch die Versammlung, die Ferdinand Weidemann am 5. Juli 1877 in Ludwigshafen abhielt. Vor einem größeren Zuhörerkreis regte er in seinem Referat die Gründung einer lokalen Fabrikarbeiter-Gewerkschaft an, um die der Sozialdemokratie noch völlig fernstehenden Belegschaften der chemischen Betriebe über die gewerkschaftliche Organisation der Bewegung zuzuführen.

Im Gegensatz zur gemäßigten Agitation von Dreesbach und Ehrhart kritisierte Weidemann dabei in überaus scharfer Form die sanitären, sozialen und politischen Verhältnisse in der Badischen Anilin- und Sodafabrik.

Gegenwehr des Unternehmertums

Angesichts des raschen Auftriebs, den die Sozialdemokratie seit der Reichstagswahl 1877 zu verzeichnen hatte, mehrten sich die Stimmen, die ein energisches Einschreiten des Staates gegen die sozialistische Bewegung verlangten. Auch die pfälzische Handelskammer Ludwigshafen, die Interessenvertretung der nationalliberalen Unternehmerschaft der Pfalz, schloß sich dieser Forderung mit folgenden Worten an: „Man lese die Tagesliteratur der Socialdemokratie einmal mit Aufmerksamkeit durch; man betrachte sich die Sprache, die darin geführt wird, und vergegenwärtige sich deren Wirkung auf blind gläubige, urtheilsbefangene Leser; verfolge den in ekelerregender Weise sich breitmachenden Cynismus, der allein schon die heuchlerisch vorgeschützten Reformbestrebungen Lügen straft: und es muß sich einem die Überzeugung aufdrängen, daß es hohe Zeit ist, bald und nachhaltig dem Treiben entgegenzutreten, zum Schutze der Bedrohten, zum Schutze der Bethörten, und Sache der Regierungen dürfte es darnach sein, den bestehenden Gesetzen in etwas nachdrücklicherer Weise Achtung zu verschaffen, als es bisher geschehen ist." Wenn diese Stellungnahme auch nicht ausschlaggebend war für die seit Mitte 1878 eingeleiteten Maßnahmen zum Verbot der Sozialdemokratie, so trug sie doch dazu bei, das Vorgehen zu rechtfertigen.

Die durch die Kaiserattentate bewirkte Ächtung der sozialistischen Bewegung, verbunden mit einer partiellen Abkehr der bisherigen Anhängerschaft sowie die überraschende Auflösung des Reichstages verhinderten eine systematische Wahlagitation der Arbeiterpartei in der Vorderpfalz. Zur Vorbereitung auf die Abstimmung am 30. Juli 1878 beschränkte man sich daher auf einige zentrale Versammlungen, zu denen die Getreuen aus dem gesamten Agitationsgebiet kamen. Höhepunkte des kurzen Wahlkampfes waren die Zusammenkünfte

Franz Josef Ehrhart (2. v. r.) mit Genossen, um 1890.

am 14. Juli in Oggersheim und am 27. Juli in Ludwigshafen. In beiden Versammlungen wandte sich Dreesbach entschieden dagegen, daß man die Sozialdemokratie für Untaten verantwortlich mache, die sie selbst mißbillige. Um eine Ausnahmegesetzgebung zu verhindern, müsse die Partei noch stärker als zuvor in den Reichstag zurückkehren. Es sei daher die Pflicht aller Arbeiter, nur sozialdemokratische Kandidaten zu unterstützen. In Ludwigshafen und einigen umliegenden Orten konnte die Sozialdemokratie auch diesmal Stimmengewinne verzeichnen. Im gesamten Wahlkreis mußte sie dagegen einen geringen Verlust hinnehmen.

Unter dem Ausnahmegesetz

Am 19. Oktober 1878 verabschiedete der neugewählte Reichstag das „Gesetz gegen die gemeingefährlichen Bestrebungen der Socialdemokratie". In Erwartung dieses Beschlusses hatte die Regierung der Pfalz bereits während des Wahlkampfes die nachgeordneten Behörden angewiesen, sich eine genaue Übersicht über die jeweils bestehenden Organisationen der Bewegung zu verschaffen, um zur gegebenen Zeit ein schnelles Vorgehen zu ermöglichen. Nach den vom Bezirksamt Speyer am 2. Juli und 5. September 1878 erstatteten Berichten gab es in Ludwigshafen einen Zweigverein der Sozialistischen Arbeiterpartei und vier Gewerkvereine dieser Richtung, davon zwei mit eingeschriebenen Hilfskassen.

Auch in den umliegenden Orten bestanden verschiedentlich Sektionen der sozialistischen Partei- und Gewerkschaftsbewegung. Wie aus der in den Berichten enthaltenen Mitgliederstatistik hervorgeht, verfügten jedoch lediglich der Parteiverein (260 Mitglieder) und der Tischlerbund (161 Mitglieder) in der Stadt über beachtenswerte Gefolgschaften. Die übrigen Organisationen traten dagegen zahlenmäßig noch kaum in Erscheinung.

Unter Berücksichtigung der personellen Querverbindungen zwischen Partei und Gewerkschaften dürfte der Mitgliederstand des Parteivereins mit dem in Ludwigshafen damals überhaupt erfaßten Personenkreis gleichzusetzen sein. Im Verhältnis zu der am Ort insgesamt tätigen Arbeiterschaft lag demnach nur eine geringe Organisationsdichte vor. Das rührte im wesentlichen daher, daß der Sozialdemokratie bislang von den zahlreichen Industriearbeitern kaum Unterstützung zuteil geworden war.

Für diese Abstinenz gegenüber der sozialistischen Bewegung spielten einmal die Verhältnisse der Fabrikarbeiter selbst eine maßgebliche Rolle, zum anderen aber auch die Zustände, die in den Betrieben anzutreffen waren. So wies Dreesbach in seinen Wahlversammlungen verschiedentlich darauf hin, daß die Arbeiter von den Fabrikanten zur Stimmabgabe für den nationalliberalen Kandidaten gezwungen würden, ohne daß diese Behauptung jemals Widerspruch fand. In Ludwigshafen kursierte seit den 70er Jahren das Sprichwort: „Wer nicht wählt den Dr. Groß, der ist morgen arbeitslos."

Alle diese Schwierigkeiten für die sozialistische Bewegung in Ludwigshafen wurden aber übertroffen durch das Inkrafttreten des Sozialistengesetzes am 21. Oktober 1878. Es unterband nicht nur die Aufklärung unter der Fabrikarbeiterschaft, sondern die sozialdemokratischen Bestrebungen überhaupt, so daß eine siebenjährige mühevolle Aufbauarbeit zunächst von einer ungewissen Zukunft überschattet war.

Ratlosigkeit und Entmutigung in den Reihen der vorderpfälzischen Sozialdemokraten hielten jedoch nicht lange an, vielmehr wurden bereits Ende 1879 hauptsächlich in Ludwigshafen die Agitation und Organisation in der erzwungenen Illegalität wieder aufgenommen. Das Ausnahmegesetz erwies sich dabei schon bald als ein Instrument, das die sozialistischen Bestrebungen mehr förderte als hinderte. Je länger es in Kraft blieb, desto stärker wuchs die Anhängerschaft. Noch unter dem Sozialistengesetz erlangte die Sozialdemokratie 1889 mit Ehrhart eine Vertretung im Ludwigshafener Stadtrat, und zehn Jahre später, kurz vor der Jahrhundertwende, gingen bereits die Landtagssitze und das Reichstagsmandat von der nationalliberalen auf die sozialdemokratische Partei über. Aus kleinen bescheidenen Anfängen war die Sozialdemokratie innerhalb einer Generation zur stärksten politischen Richtung in Ludwigshafen geworden.

Dem vorstehenden Aufsatz liegt meine Schrift: Soziale Verhältnisse der Arbeiterschaft und sozialistische Arbeiterbewegung in Ludwigshafen am Rhein 1869-1919, Ludwigshafen (2. Aufl.) 1990, zugrunde.

Wilhelm Gerhold

Unter dem Sozialistengesetz

Im Jahre 1851 wurde ich in Oberelsungen, einem Orte in der Nähe von Hessen-Kassel, geboren. Als ich das 8. Schuljahr vollendet hatte, kam ich nach Dortmund zu einem Schuhmacher in die Lehre. Nach überstandener vierjähriger Lehrzeit suchte ich wieder meinen Geburtsort auf, wo ich längere Zeit nötig war, um meine Eltern zu unterstützen. Nachdem mein Vater gestorben war und meine Mutter bei meiner Schwester ein Unterkommen gefunden hatte, schnürte ich mein Bündel und ging auf die Walze.

Es war im Jahre 1874 im März, als ich nach 14tägiger Wanderschaft in der Rheinpfalz in Haßloch landete und bei einem Schuhmachermeister Arbeit fand. Von Politik hatte ich damals noch keine Ahnung. Die verschiedenen politischen Vereine und ihre Bestrebungen waren mir böhmische Dörfer und ich muß gestehen, daß ich mich auch nicht sonderlich bemühte, sie kennen zu lernen.

Eines Tages kam von Mannheim ein junger Glaser zugereist, Karl Buchert war sein Name, der bei einem Glasermeister in meiner Nachbarschaft Arbeit bekam. Wir waren bald bekannt und auch befreundet miteinander. Unsere Unterhaltung drehte sich, außer gleichgültigen Dingen, meist um öffentliche Angelegenheiten. Da er Sozialdemokrat war, hörte ich so manches von ihm, das mich interessierte und zum Denken anregte. Der „Neue Sozialdemokrat", das Organ des Allgemeinen Deutschen Arbeitervereins, wurde mir bald zur unentbehrlichen Lektüre. Die Broschüren von Lassalle, Bebel und Liebknecht las ich mit großer Teilnahme. So kam es, daß aus dem anfangs gleichgültigen Schuhmachergesellen nach und nach ein überzeugter Sozialdemokrat wurde. Mein Freund siedelte eines Tages, da es ihm in Haßloch nicht lebhaft genug zuging, wieder nach Mannheim über. Als ich später einmal nach ihm fragte, sagte man mir, daß er nach Amerika ausgewandert sei.

An den Osterfeiertagen des Jahres 1876 tagte in Neustadt an der Haardt eine Konferenz, zu der alle Freunde der Arbeiterbewegung eingeladen waren und die den Auftakt zur Agitation für die Sozialdemokratische Partei in der Pfalz bildete. Selbstverständlich folgte ich dieser Einladung. Als dann nach einer längeren Aussprache die Vertrauensmänner für die einzelnen Orte, die vertreten waren, ernannt wurden, wurde ich als solcher für Haßloch bestimmt. Damit begann meine eigentliche Arbeit im Dienste der Partei. Meine Aufgabe erblickte ich in erster Linie darin, für geeignete Lokalitäten zur Abhaltung von Volksversammlungen zu sorgen, solche anzumelden und einzuberufen. Auch die Parteiliteratur galt es nach Möglichkeit an den Mann zu bringen. Im ganzen fanden bis zur Reichstagswahl

1877 vier Versammlungen statt, die alle gut besucht waren und durchweg einen guten Verlauf nahmen. Am Wahltage wurden 110 Stimmen für Dreesbach abgegeben, ein Resultat, das niemand erwartet hatte. Es war aber auch ein Beweis dafür, daß die aufgewendete Mühe und Arbeit nicht vergebens war. Der an diesem Tage gewählte Reichstag aber verfiel der Auflösung, weil er den ersten, von Bismarck eingebrachten Gesetzentwurf gegen die „gemeingefährlichen Bestrebungen der Sozialdemokratie" ablehnte. Von dem dann neu gewählten Reichstag 1878 wurde er jedoch in etwas abgeänderter Form angenommen … Das Sozialistengesetz trat am 21. Oktober 1878 in Kraft. Damit war für uns vorläufig alles politische Leben ausgelöscht. Versammlungen durften keine mehr stattfinden, die Parteiliteratur wurde verboten. Die „Freiheit", die wir eine Zeit lang von London im Briefumschlag zugestellt erhielten, mußten wir bald wieder abbestellen, weil sie nach und nach ins anarchistische Lager hinüberwechselte. An ihrer Stelle erschien die „Laterne", ein Organ in Westentaschenformat, das aber bald durch den in Zürich erscheinenden „Sozialdemokrat" abgelöst wurde.

Im Jahre 1882 siedelte ich nach Ludwigshafen über. Es war noch ein kleiner Kreis von Parteifreunden, dem ich durch den Genossen Seel zugeführt wurde. Um besser und erfolgreicher agitieren zu können, schufen wir das Klubsystem. Jeder von uns war gehalten, für sich einen Klub zu bilden. Es galt daher, unserer Bewegung noch fernstehende Freunde und Bekannte aufzusuchen und für unsere Sache zu gewinnen. Diese Art Agitation bewährte sich vorzüglich. Wir konnten bald eine schöne Zahl neu gewonnener Parteimitglieder buchen. Unsere Zusammenkünfte fanden im Sommer bei schönem Wetter regelmäßig unter freiem Himmel statt. Ein tiefgelegenes Wiesengelände, unweit des damaligen Schießhauses, wurde für diesen Zweck als geeignet befunden und benutzt. Hier lagerten wir oft bis zur Mitternachtsstunde und diskutierten über Parteiangelegenheiten oder lauschten einem Vortrage des Genossen Ehrhart.

Sonntags nachmittags unternahmen wir öfters Ausflüge in die nahe gelegenen Ortschaften, um für die Partei zu werben. Zu diesem Zwecke marschierten wir auch eines Tages nach Neuhofen; in einer gutbesetzten Wirtschaft kehrten wir ein. Nachdem wir Platz genommen, wurde, wie üblich, von unserer Seite eine Frage an den Genossen Ehrhart gerichtet, der diese in längeren Ausführungen beantwortete. Bei dieser Gelegenheit kam Ehrhart auch auf den Anilingewaltigen Dr. Carl Clemm zu sprechen, dessen Verhalten seinen Arbeitern gegenüber er einer Kritik unterzog. Seine diesbezüglichen Ausführungen aber gingen dem größten Teile der Anwesenden gegen den Strich. Einer von ihnen – wie wir nachträglich erfuhren war es ein Lehrer – sprang auf und verbot dem Genossen Ehrhart das Weitersprechen. Clemm, so meinte er, sei ein Ehrenmann, dem viele Arbeiterfamilien ihre Existenz verdankten, ganz besonders aber habe er sich der Neuhofer Bevölkerung gegenüber als Wohltäter erwiesen. Sie würden nicht dulden, daß über diesen Mann in einer Weise, wie es eben hier geschehen, gesprochen würde. Die Anwesenden, meist Bauern, waren aufgestanden und nahmen eine drohende Haltung gegen uns ein. Wir hielten es daher für geraten, das ungastliche Lokal zu verlassen. Eine andere Wirtschaft aufzusuchen wäre zwecklos gewesen; eine Anzahl Bauernburschen war uns auf den Fersen und zog sich erst zurück, als wir Neuhofen im Rücken hatten. In den anderen Orten war es vielfach nicht besser ...

Dem Rate einiger Freunde folgend, entschloß ich mich eines Tages, die Schuhmacherei selbständig zu betreiben. Von dem Genossen Pfleger wurde mir zu diesem Zwecke im Hinterhause des von ihm bewohnten Anwesens ein Zimmer ebener Erde zur Verfügung gestellt. Unter der Pritsche, auf der ich, während ich arbeitete, thronte, hatten wir vorher den Fußboden ausgehöhlt und so ein Versteck geschaffen, in dem die uns zugesandten verbotenen Drucksachen bis zur Weiterbeförderung verstaut wurden. Wenn ich dann, was ja nicht selten vorkam, mit einer Haussuchung beehrt wurde, hatte ich natürlich keine Zeit, mich um die ungebetenen, uniformierten Gäste und ihr Treiben in meinem Heim zu kümmern. Ich blieb ruhig auf meinem Schemel sitzen und ließ mich durch nichts in meiner Arbeit stören. Die Polizeimänner konnten einem wirklich leid tun, wenn sie sich im Schweiße ihres Angesichtes abgemüht hatten, um etwas Verbotenes aufzustöbern und dann ohne das Gewünschte gefunden zu haben, wieder abziehen mußten.

Aus: Bei uns daheim 6 (1930) Bl. 1 vom 11.1.1930.

Dieter Schiffmann

„Immer vorwärts und muthig voran, nie stille stehen ..."

Anfänge der sozialdemokratischen Arbeiterbewegung in Frankenthal

Die seit Mitte des 19. Jahrhunderts rasch voranschreitende Industrialisierung brachte mit der Ausbreitung des modernen Fabrikbetriebes und dem rapiden Wachstum der Bevölkerung eine gewaltige Umwälzung der gesellschaftlichen Lage der Frankenthaler Arbeiter. Die Entwicklung Frankenthals von einer Kleinstadt zur ansehnlichen Mittelstadt verlief parallel zur Entstehung einer zahlreichen Industriearbeiterschaft. Nach Jahrhunderten der Stagnation verdoppelte sich die Bevölkerung zwischen 1800 und 1880 erstmals auf rund 9.000 Einwohner. Bis zur nächsten Verdoppelung sollte es angesichts der Anziehungskraft der Frankenthaler Industrie nur fünfundzwanzig Jahre dauern.

Ein großer Teil dieser neuen Industriearbeiterschaft kam aus dem vorderpfälzischen Umland und entstammte den ländlichen Unterschichten. Ihr gesellschaftliches Bewußtsein war stärker durch den Traum vom eigenen Bauernhof bestimmt als von der Erwartung, auf Dauer unter den harten äußeren Bedingungen der damaligen Fabriken sich den kärglichen Lebensunterhalt verdienen zu müssen. Erst allmählich wuchs eine zweite Generation von Industriearbeitern heran, die – in der Stadt geboren – sich voll als „Proletarier" verstanden, als Angehörige einer Klasse, der im Gegensatz zum Bürgertum die Zukunft gehören würde.

Bis auf wenige hochqualifizierte Facharbeiter waren die Arbeiter in den Fabriken Objekte hemmungsloser Ausbeutung. Wer sich dagegen auflehnte, wurde entlassen und kam auf sogenannte „schwarze Listen". Die Verdienste der Männer waren trotz der überlangen Arbeitszeiten recht bescheiden, und deshalb mußten vielfach auch die Frauen und die Kinder durch Fabrikarbeit zum Unterhalt der Familie mit beitragen. Zerrüttete Familienverhältnisse waren dann oftmals die unausweichliche Folge dieser Mißstände.

Unter diesen schwierigen Bedingungen setzte 1871 eine Welle sozialdemokratischer Agitation im vorderpfälzischen Raum ein. Der konjunkturelle Aufschwung der Gründerjahre verbesserte die Position der Arbeiter gegenüber den Unternehmen. Ein teilweise erfolgreicher Streik von Oggersheimer Spinnereiarbeitern, der ihnen eine Senkung der täglichen Arbeitszeit um drei auf zwölf Stunden einbrachte, wurde zum Ausgangspunkt dieser neuen Bewegung im Winter 1871/72.

Bildung einer ADAV-Ortsgruppe

In Frankenthal gelang der Durchbruch Ende Februar 1872 mit einer von dem einheimischen Carl Dreissigacker einberufenen Versammlung, in der Redner aus Oggersheim und Mannheim sprachen. Begeistert trugen sich 80 Arbeiter als neue Mitglieder in die Listen ein, „... worauf Gesang geeigneter social-demokratischer Lieder erfolgte". Der Enthusiasmus, der die neue ADAV-Ortsgruppe auszeichnete, spiegelt sich auch in dem Versammlungsbericht, der im Zentralorgan der Lassalleaner, dem „Neuen Socialdemokrat", abgedruckt wurde: „Immer vorwärts und muthig voran, nie stille stehen, als edle Kämpfer der Arbeit uns zeigen, dann werden wir sicher und rasch zu unserem Ziele gelangen! Dieses Gefühl scheint jetzt im Süden von Tag zu Tag sich mächtiger zu zeigen; die Arbeiterbewegung, die Sehnsucht nach Freiheit nehmen immer größere Dimensionen an."

Am 1. März teilte der Vorstand des ADAV mit, daß Carl Dreissigacker zum Bevollmächtigten in Frankenthal ernannt worden sei. Frankenthal war damit nach Oggersheim, Mutterstadt und Ludwigshafen die vierte Bastion der Lassalleaner in der Pfalz. Durch Dreissigackers rührige Aktivität gelang es, die Organisation der Ortsgruppe zu stabilisieren. Aus einer Übersicht anläßlich der Neuwahl des Präsidenten des ADAV im Juni 1872 geht hervor, daß die Frankenthaler Ortsgruppe mit 74 Mitgliedern zu den größten in Deutschland gehörte. Auf dieser Grundlage ging Dreissigacker auch daran, in den benachbarten Orten für die Sozialdemokratie und die Einrichtung von „Produktiv-Associationen mittels Staatshilfe" zu werben.

Die politische Wirklichkeit sah vorerst allerdings noch etwas anders aus! Wegen seiner Aktivität unter den Lambrechter Webern, wo er den Arbeiterbildungsverein im Juni 1872 zum Übertritt zum ADAV bewegen konnte, machte Carl Dreissigacker bald mit der bürgerlichen Justiz Bekanntschaft. 1873 verurteilte ihn das Frankenthaler Gericht zu einem Monat Gefängnis, weil er bei dem wochenlangen Streik im Lambrechter Tal einer der Hauptsrädelsführer gewesen sei.

Entstehung des proletarischen Milieus

Allen Repressionen zum Trotz erreichten die Frankenthaler Lassalleaner bei den Reichstagswahlen von 1874 mit 89 Stimmen ei-

Die Kühnle'sche Maschinenfabrik Frankenthal, vor 1900.

nen ersten bescheidenen Erfolg. Über den unmittelbaren Kreis der Mitglieder hinaus hatte die Partei noch wenig Einfluß. Um so größer war der innere Zusammenhalt. Die gemeinsam erfahrene politische und gesellschaftliche Diskriminierung förderte die Ausprägung eines starken Sonderbewußtseins.

Bereits Mitte der 1870er Jahre finden sich Ansätze zu einer Entwicklung, die die Sozialdemokratie seit den 90er Jahren zu einer proletarischen Gegengesellschaft im Rahmen der bürgerlich-kapitalistischen Gesellschaft machen sollte. Die Partei verstand sich schon damals auch als Bildungsanstalt und Kulturträger. Dazu gehörten die Pflege und Entwicklung eines eigenständigen Liedgutes ebenso wie die Vermittlung freiheitlich-demokratischer Dichtkunst (vor allem Schiller, Freiligrath, Herwegh). Es bildete sich ein eigenständiger Versammlungsstil heraus, zu dem der gemeinschaftliche Gesang ebenso gehörte wie der Kult um Ferdinand Lassalle.

Zu den mit anderen Ortsgruppen veranstalteten Arbeiterfesten gehörten der Festzug mit eigener Musikkapelle, die Liedvorträge der Arbeitergesangvereine und Gedichtrezitationen. Um 1873 verfügten die Frankenthaler Sozialdemokraten schon über einen eigenen Gesangverein. Aus der Tradition dieser Arbeiterfeste sollten sich nach dem Fall des Sozialistengesetzes die Maifeiern entwickeln.

Seit 1874 wurde die Ortsgruppe des Allgemeinen Deutschen Arbeitervereins von dem Schneidermeister Keistler und dem Gießer Frank geleitet, der in der Kühnleschen Maschinenfabrik arbeitete. Nebenbei betrieb Frank seit 1875 noch die Wirtschaft „Zur Neuen Welt". Da die anderen Säle und Wirtschaften meist nicht zur Verfügung standen, wurde sie als Parteilokal zum Zentrum der ganzen Arbeit und der „Parteiwirt" zu einer der wichtigsten Figuren in der Partei. Hier wurde auch die Parteizeitung ausgelegt, da sich kaum jemand ein Abonnement leisten konnte.

War die Agitation in der Stadt schon recht mühsam, so waren die Bedingungen in den Landgemeinden des Bezirksamtes Frankenthal noch viel schwieriger. Mehr als einmal mußten die Frankenthaler Flugblattverteiler vor den Mistgabeln bewaffneter Bauern flüchten. Die Sozialdemokratie blieb die Partei der städtischen Unterschichten.

Kampf gegen die Nationalliberalen

Die nationalliberale Vorherrschaft blieb in Frankenthal zwar auch noch bei den Wahlen von 1877 und 1878 ungebrochen, aber gegenüber 1874 konnte die nunmehr vereinigte Sozialdemokratie ihre Stimmenzahl auf 192 verdoppeln (gegenüber 599 der Nationalliberalen). Der Aufwärtstrend war unübersehbar, zumal auch die Gründung von zwei „Gewerkvereinen" (Gewerkschaften) gelungen war. Er hielt auch während des Sozialistengesetzes an. Trotz Unterdrückung und Verbot ging es mit der sozialdemokratischen Bewegung auch in Frankenthal weiter aufwärts.

Die zwölf Jahre der Illegalität förderten nur den Prozeß der Isolierung und Radikalisierung in der Arbeiterschaft. Das Wahlergebnis von 1881 war ein erster deutlicher Hinweis auf diese Radikalisierung. Nur ganz knapp, mit 61 Stimmen Vorsprung, konnten die Nationalliberalen ihre führende Stellung in Frankenthal behaupten. Symptomatisch für die Schwierigkeiten der sozialdemokratischen Wahlwerbung ist der nachstehend abgebildete Wahlaufruf aus der „Frankenthaler Zeitung": „An die Wähler des Wahlkreises Speyer-Frankenthal!"

Bei den Reichstagswahlen vom Jahr 1884 konnten sich die Frankenthaler Sozi-

> **An die Wähler des Wahlkreises Speier-Frankenthal!**
>
> Für die am 27. Oktober stattfindende Reichstagswahl empfehlen wir als Kandidaten den schon von früheren Wahlen bekannten Herrn
>
> **August Dreesbach, Kaufmann aus Mannheim.**
>
> NB. Stimmzettel sind an den Wahllokalen sowie bei den bekannten Personen zu haben. Außerdem kann sich auch ein Jeder seinen Zettel selbst schreiben. Man nimmt ein weißes viereckiges Stück Papier und schreibt obigen Namen genau ab.
>
> Alle Wähler, welche gegen die jetzige reaktionäre Strömung in Deutschland sind, werden dringend ersucht in ihren Freundeskreisen für die Kandidatur Dreesbachs zu wirken, da uns bekanntlich alle andern Agitationsmittel unmöglich gemacht sind.
>
> Im Auftrage vieler Wähler
> **Wilh. Seel.**

Wahlaufruf für August Dreesbach aus der „Frankenthaler Zeitung" vom 15.10.1881.

aldemokraten im ersten Wahlgang mit einem Zuwachs von rund 150 Stimmen auf 440 verbessern, das waren immerhin 34,7 Prozent der abgegebenen gültigen Stimmen (bei einer Wahlbeteiligung von 70,4 Prozent). Dieser Erfolg zählte um so mehr, als auch in diesem Wahlkampf wieder die Polizei gegen sozialdemokratische Flugblattverteiler vorgegangen war und zwei von ihnen verhaftet hatte.

Die sogenannten „Kartell-Wahlen" von 1887 brachten für die Sozialdemokratie auch in Frankenthal eine Stagnation. Die von Bismarck systematisch geschürte Furcht vor der angeblichen Kriegsgefahr aus dem Westen und den militärfeindlichen „Reichsfeinden" im Innern schloß das Bürgertum eng zusammen und verfehlte auch bei vielen Arbeitern nicht die beabsichtigte Wirkung. Der sozialdemokratische Zugewinn von 40 Stimmen verblaßte vor dem erdrutschartigen Sieg des nationalliberalen BASF-Direktors Dr. Clemm, der in Frankenthal 58,3 % der Stimmen im ersten Wahlgang erreichte. Wenn der unmittelbare Erfolg auch noch ausgeblieben war, so bestätigte aber der Wahlkampf wenigstens, daß die Organisation der Sozialdemokraten intakt war und funktionierte.

Scheitern der Unterdrückungspolitik

Die Wahlen von 1890 brachten ein weiteres Anwachsen der Sozialdemokraten in der Stadt um 140 Stimmen. Damit hatte sich ihre Stimmenzahl gegenüber 1877 mehr als verdreifacht. Besser konnte das Scheitern einer zwölfjährigen Unterdrückungspolitik nicht dokumentiert werden. Das Selbstbewußsein der organisierten Arbeiterschaft wurde durch das absehbare Ende des Sozialistengesetzes gewaltig gesteigert. Entsprechend einem Beschluß der Mitgliederversammlung des Fachvereins der Metallarbeiter fand am 1. Mai 1890 abends ein Festbankett statt.

Der internationale Sozialistenkongreß hatte 1889 für den 1. Mai 1890 zu einer internationalen Manifestation für den Achtstundentag aufgerufen. In richtiger Einschätzung der Machtverhältnisse verzichtete man darauf, zu einer Arbeitsniederlegung an diesem Werktag aufzurufen. Im Verlaufe des Banketts im festlich geschmückten Grosch´schen Saal durfte nach einer polizeilichen Auflage keine politische Rede gehalten werden. So bediente man sich eines Programms aus Musik, Gesang und Deklamationen, um die 400 Anwesenden auf diesen Kampftag der Arbeiterklasse einzustimmen. Gestärkt durch die große Resonanz dieser würdevollen Manifestation des Willens, den Kampf für die Interessen der Arbeiterschaft selbst in die Hand zu nehmen, wurde im Juli 1890 – noch unter dem Sozialistengesetz – ein sozialdemokratischer Wahlverein in Frankenthal gegründet. Damit war die organisatorische Basis geschaffen für die Arbeit unter den freieren Bedingungen nach 1890. Diese Arbeit trugen zum einen Männer wie Keistler und Hockenberger, die schon bei der Gründung 1872 dabei gewesen waren, zum anderen jüngere Leute, wie der Dreher Georg Metz, die ihre ersten politischen Erfahrungen unter dem Sozialistengesetz gemacht hatten.

Aus: Frankenthal einst und jetzt 1979, H. 2, S. 41-47.

Johannes Hartmann

Eine heitere Episode aus dem Sozialistengesetz

Es war an einem herrlichen Sonntagmorgen in irgend einem Jahre des Sozialistengesetzes. Meine Erinnerung an die Begebenheit, die ich erzählen möchte, hat das genaue Datum nicht bewahrt; denn ich ging damals in die erste Klasse der Volksschule und meine kindliche Einfalt würdigte nicht die Tragik, die aus dem unglücklichen Ausgang dieser Geschichte entstehen konnte. Mein Vater, Tünchermeister Franz Hartmann, war einer der ersten Genossen in Roxheim, wo damals noch keine Ortsgruppe bestand. Wenn auch die harte Faust des Sozialistengesetzes schwer auf allen Genossen lastete, so wußte man doch männlich zu tragen, was es an Gefahren brachte. So hatte mein Vater mit einigen Parteigenossen Flugblätter, die auf irgendwelche geheimnisvolle Weise in seinen Besitz gelangt waren, in der Woche verteilt. Mit List und allerlei feingesponnenen Ränken wußte man sie ihrer Bestimmung dienstbar zu machen. Die Mutter in ihrer weiblichen Ängstlichkeit glaubte meinem Vater zureden zu müssen, daß er sich doch nicht in solche Gefahr begebe und Unglück über seine Familie bringe.

An jenem Sonntagmorgen – es läutete gerade zur Kirche – war wieder von diesen Dingen die Rede. Mein Vater schaute gerade zum Fenster hinaus, als er einen Brigadier (Gendarm) mit dem Polizeidiener des Dorfes auf sein Haus zuschreiten sah. Blitzschnell hatte er die Lage begriffen. Die übrig gebliebenen Flugblätter aus dem Schrank zu reißen und mir sie schnell mit hartem Griff unter den Sitz der Bank zu schieben, war eins und schon lag auch die Schiefertafel vor mir. Er drohte mir ganz furchtbar mit den Augen und sagte flüsternd und doch eindringlich: „Du bleibst hocke und stehscht net uff! Verstanne, Hannes!"

Die Tür öffnet sich und hereintreten die beiden, voran der Brigadier und hinter ihm der Polizeidiener. „Guten Morgen, Herr Hartmann! Wir kommen in amtlicher Untersuchung! Sie haben Flugblätter in dieser Woche verteilt!" – „Ich! Keine Spur!" – „Wenn Sie leugnen, müssen wir Haussuchung halten! Was treibt denn der Junge?" – „Ich muß mei Aufgabe mache!" – „So, so!"

Nun ging's los, das Suchen mit Argusaugen. In der Kommode, unter der Kommode, auf, im und unter dem Schrank, man bog sich, reckte sich und kroch auf allen Vieren. Nach gründlicher Durchsuchung der Stube ging's in die Kammer. Alle Betten wurden durchwühlt, selbst im Schließkorb und in der Zylinderschachtel auf dem Schrank suchte man. Mein Vater immer mit unschuldsvollem Gesicht hinterdrein. Nachdem man auch die Küche in allen Winkeln durchstöbert hatte, ging's auf den Speicher und in den Keller. Unter Schimpfen und Fluchen stellte man die kleine Wohnung in einen Kriegszustand, daß es aussah, als ob man in letzter Minute die Flucht vor dem Feinde ergriffen und alles durcheinandergewühlt habe. Mein Vater hatte mir in einem unbewachten Augenblick zugeblinzelt, und auf den Ofen gedeutet. Kaum knarrte die Speichertreppe unter ihren Füßen, als ich aufsprang und den ganzen Wust Flugblätter freudestolz in den Ofen schob. Ich fühlte mich in dem Augenblick als Held, der das größte Werk vollbracht. Der Ofen brummte und entwickelte eine Hitze, als ob ein lohender Scheiterhaufen für alle Sozialisten errichtet worden wäre, auf dem sie ihre armen, unschuldigen Seelen aushauchen sollten. Schnell war ich wieder auf meinem Platz und schrieb mit zitternder Hand, ängstlich hinauslauschend. Meine Mutter hatte sich die ganze Zeit nicht sehen lassen. Eben kam man vom Speicher hinab und trat hinaus. Fetzen verbrannten Papieres wirbelten im Hof und ein verständnisinniges Lächeln spielte um die Mundwinkel des Brigadiers. Behutsam hob er einen Fetzen auf und versuchte zu lesen, ließ ihn aber mit einem verstohlenen Seitenblick auf meinen Vater wieder fallen: „Der Junge?!" – „Der Junge?!" meinte er mit einem Blick zum Fenster und krachend schlug das Hoftor zu. Bald darauf stand mein Vater in der Stube und der Schelm lachte aus seinen Augen, als er mich ansah. Mit umständlicher Bewegung langte er in seine Hosentasche, zog den Beutel und gab mir 10 Pfennig zur Belohnung für meine so fein und sicher gespielte Rolle.

Aus: Bei uns daheim 5 (1929), Bl. 3 vom 6.2.1929.

Gerd Rauland

Der Beginn in der Westpfalz
Die Gründung der SPD in Kaiserslautern

Die Geschichte der Kaiserslauterer SPD ist noch nicht geschrieben.[1] Für die Anfänge der sozialdemokratischen Bewegung und die Gründungsphase der Partei liegen allerdings einige meist ältere Untersuchungen vor, die, obwohl mittlerweile im Detail ergänzungs- und wohl auch korrekturbedürftig, noch immer den aktuellen Forschungsstand repräsentieren und auf denen die nachfolgenden Ausführungen über weite Strecken basieren.[2] Mit ihnen soll der Versuch unternommen werden, die überaus unübersichtliche Organisationssituation der hiesigen Sozialdemokratie nach dem Fall des Sozialistengesetzes etwas zu erhellen.

Die Ausgangsbedingungen

Trotz erster bescheidener Ansätze zu einer industriellen Entwicklung blieb Kaiserslautern im Grunde bis zur Mitte des 19. Jahrhunderts das verschlafene Landstädtchen, das es immer gewesen war. Einen entscheidenden Wendepunkt markiert erst die Fertigstellung der durchgehenden Eisenbahnverbindung von den saarländischen Kohle- und Stahlrevieren an den Rhein. Kaiserslautern konnte fortan mit Standortbedingungen aufwarten, von denen Unternehmer träumen: Gelände; perfekte Verkehrsanbindung; Rohstoffe, wie etwa Holz und Steine, vor Ort; Kohle und Eisen in der Nähe; ein ausreichendes Arbeitskräftepotential in den umliegenden Dörfern und nicht zuletzt der Verzicht der Stadt auf die Erhebung von Umlagen, da der städtische Haushalt aus den Einnahmen der Waldwirtschaft bestritten wurde. 1857 wurde die Kammgarnspinnerei gegründet, in den sechziger Jahren folgten die bedeutenden metallverarbeitenden Betriebe wie Pfaff, Kayser und das Eisenwerk, um nur einige Beispiele zu nennen. Textil-, Eisen- und Holzindustrie entwickelten sich neben anderen Branchen zu den bedeutendsten Säulen der Kaiserslauterer Wirtschaft. In der Gründerzeit boomte die Stadt. Die anschließende allgemeine Krise überstand die hiesige Wirtschaft ohne größere Verwerfungen. Bis fast zum Ende des Jahrhunderts behauptete Kaiserslautern seinen Rang als größte Industrie- und Handelsstadt der Pfalz. Mit der industriellen Entwicklung einher ging ein sprunghafter Anstieg der Einwohnerzahl von knapp 9.000 im Jahr 1850 auf mehr als 48.000 im Jahr 1900. Die Mehrheit der Lauterer Neubürger rekrutierte sich aus von den Beschäftigungsmöglichkeiten in der Stadt angezogenen Arbeitern und ihren Familien. Weist die Statistik für 1874 noch 2.500 Industriearbeiter aus, so beträgt die Zahl der abhängig Beschäftigten 1877 bereits fast 5.000.[3]

Die Lebens- und Arbeitsverhältnisse der Kaiserslauterer Arbeiter waren gekennzeichnet durch die unter den Bedingungen des Manchester-Kapitalismus stets anzutreffenden Begleiterscheinungen: Löhne am Rande oder knapp über dem Existenzminimum, ein 13stündiger Arbeitstag an sechs Tagen in der Woche, Sonntags-, Feiertags-

und Nachtarbeit, letztere auch für Frauen. Kinderarbeit war normal, und es muß schon als Fortschritt bewertet werden, daß ab 1873 Fabrikarbeit für Kinder unter 12 Jahren zumindest auf dem Papier verboten, für solche von 12 bis 14 Jahren auf sechs Stunden und für Jugendliche von 14 bis 16 Jahren auf zehn Stunden begrenzt und für alle weniger als 14 Jahre alten Kinder ein mindestens dreistündiger Unterricht am Tag vorgeschrieben war.

Jeglicher Schutz der Arbeiter gegen Krankheit, Unfall, Invalidität oder Entlassung fehlte bis zu der als flankierende Maßnahme zum Sozialistengesetz zu verstehenden Sozialgesetzgebung der 80er Jahre ebenso, wie eine Vorsorge für die Sicherung der Existenz im Alter.

Vereinzelte Sozialmaßnahmen von Unternehmern, wie etwa die mietfreie Zurverfügungstellung von Werkswohnungen, entsprangen bestenfalls einer aus patriarchalisch geprägtem Gedankengut resultierenden Verantwortung. Die Anerkennung eines Rechtsanspruchs der Arbeiter auf eine menschenwürdigere Existenz war damit in keinem Fall verbunden. Über in den Fabrikordnungen – so zum Beispiel in der des Stahlwerks Kaiserslautern – festgelegten, detaillierten Strafkatalogen versuchten sie, ganz dem „Herr im Hause"-Standpunkt jener Zeit verhaftet, Zucht und Ordnung aufrecht zu erhalten; und mittels dieses Instrumentariums griffen sie bis weit über das Fabriktor hinaus tief in die Privatangelegenheiten ihrer Arbeiter ein.[4]

Der Stadtrat von Kaiserslautern registrierte die aus der veränderten Bevölkerungsstruktur und der „Sozialen Frage" potentiell erwachsenden Gefahren sehr wohl. Als Lösungsmöglichkeit für dieses Problem fiel ihm allerdings nichts Besseres ein, als 1879 in München die Einrichtung einer Garnison zu beantragen, um sich auf diese Weise gegen ein eventuelles Aufbegehren der zu zwei Dritteln aus Proletariern bestehenden Einwohnerschaft zu schützen: „Bis aber Hülfe von der nächstgelegenen Garnisonsstadt bei käme, könnte schon ein großes Unglück entstanden sein, während bei der ständigen Anwesenheit einer genügenden Truppenmacht alle Exzesse im Keime unterdrückt werden könnten".[5]

Wurzeln und Anfänge der sozialdemokratischen Bewegung in Kaiserslautern

Als Reflex auf die „Soziale Frage" entstanden in den 60er Jahren des letzten Jahrhunderts in Deutschland die ersten eigenständigen Organisationen der Arbeiterschaft. Mit diesen Gründungen hatte die politische Arbeiterbewegung ihre Abnabelung vom radikalen Bürgertum endgültig vollzogen und sich auf eigene Füße gestellt. Während die Lassalleaner nie bis in die westpfälzische Provinz vordringen konnten, sind Aktivitäten der Eisenacher ab 1873 in Kaiserslautern nachweisbar.[6] Der Boden war hier seit 1869 vom „Demokratischen Arbeiterbildungsverein" (DABV) bereitet worden.

Von großer Bedeutung für die Entwicklung in Kaiserslautern wurde das Auftreten der süddeutschen Volkspartei. Dabei handelte es sich um eine demokratisch ausgerichtete bürgerliche Bewegung, die sich 1868 in Stuttgart als Partei konstituiert hatte und in deren Programm eine überraschende Annäherung an sozialdemokratische Forderungen zu konstatieren ist. So wurde zum Beispiel ein Verbot der Kinderarbeit gefordert, ferner die Reduzierung der Arbeitszeit und die Festsetzung eines Normalarbeitstages, sowie die unbeschränkte Koalitionsfreiheit für Arbeiter. In der Pfalz wurde die Partei von dem gebürtigen Kaiserslauterer Adolf Kröber geführt, der 1869 den Sprung in den hiesigen Stadtrat schaffte und dort, unterstützt von dem ebenfalls der Volkspartei zugehörigen Bürgermeister Karl Hohle (Bürgermeister von 1869 bis 1875), politisch wirkte. Auf Initiative Kröbers entstand dann im Mai 1869 auch der DABV Kaiserslautern.[7] Der Verein richtete für seine Mitglieder eine Bibliothek ein, eine Krankenkasse wurde geschaffen, Diskussions- und Vortragsveranstaltungen zu sozialrelevanten Themen wurden veranstaltet. Innerhalb weniger Monate – bis März 1870 – konnte der Verein 783 Mitglieder gewinnen, überwiegend Arbeiter und Handwerker. Von den Behörden bald als politischer Verein eingestuft, unterstützte der DABV fortan bei Wahlen die Volkspartei.

Im Zuge der Reichstagswahl von 1871 kam es schließlich zu Reibereien, die letztlich zur Trennung von DABV und Volkspartei führten. Der DABV näherte sich mehr und mehr der Sozialdemokratie, was spätestens die Nominierung und Unterstützung des Sozialdemokraten Johann Jacoby bei der Nachwahl zum Reichstag im Jahr 1873 im Wahlkreis Kaiserslautern-Kirchheimbolanden augenscheinlich dokumentiert. Stimmten bei dieser Wahl im Kaiserslauterer Stadtgebiet 674 von insgesamt 1.116 Wählern für den sozialdemokratischen Kandidaten, so erlitt der DABV bei den nachfolgenden Stadtratswahlen eine vollständige Niederlage, indem er gegen die Volkspartei keinen einzigen seiner Kandidaten durchbrachte. Der Verein existierte zwar noch einige Zeit weiter, verfiel aber politisch in die Bedeutungslosigkeit. Seine ehemaligen Mitglieder bildeten das Reservoir für Franz Josef Ehrhart, der seit 1873 von Kaiserslautern aus als hauptamtlicher Agitator für die Eisenacher tätig war. Daß es ihm gelang, in Kaiserslautern Mitglieder für die SDAP zu werben, läßt sich belegen. Das Protokoll des Eisenacher SDAP-Kongresses von 1873 nennt Ehrhart als Vertreter einer Gruppe von 36 Kaiserslauterer Parteimitgliedern. Ein Jahr später vertraten Julius Schade aus Frankfurt – Ehrhart hatte inzwischen Kaiserslautern verlassen – 20 und auf dem Vereinigungskongreß in Gotha, wo sich im Jahr 1875 Eisenacher und Lassalleaner zur „Sozialistischen Arbeiterpartei Deutschlands" (SAP) zusammenschlossen, Ignaz Auer aus Hamburg 60 Kaiserslauterer Parteiangehörige.[8] Daraus läßt sich schließen, daß die Eisenacher zwar einen Mitgliederstamm in Kaiserslautern halten konnten, daß es jedoch an einer Führungspersönlichkeit vor Ort fehlte. Für einen organisatorischen Zusammenschluß dieser Sozialdemokraten auf lokaler Ebene gibt es nicht nur keinen Hinweis, es sprechen vielmehr alle Indizien dagegen. In einem Bericht des Bezirksamts an die Regierung in Speyer vom 9. Januar 1874 wird konstatiert, daß außer dem DABV kein weiterer politischer Verein in der Stadt existierte. Weiter heißt es dort: „Wohl haben hiesige Sozialdemokraten Versammlungen abgehalten, aber stets erklärt, keinen Verein zu bilden".[9] Auch in einem Schreiben vom 5. Januar 1875 meldet das Bezirksamt über den DABV hinaus Fehlanzeige, was politische Vereine anbelangt.[10] 1876 heißt es: „Ein förmlicher Verein besteht nicht".[11] Wohl würden hier Mitglieder der Sozialdemokraten aus Hamburg Beiträge erheben, ohne sich allerdings als Verein anzumelden. In den folgenden Jahren bis 1887 meldete das Bezirksamt in seinen jährlichen, auf das Vorjahr bezogenen Januarberichten stets: „Kein sozialistischer Verein".[12] Auch bei den Sozialistenkongressen waren ab 1876 keine Kaiserslauterer Parteimitglieder mehr vertreten.[13]

Gegen die Annahme vom Vorhandensein eines Ortsvereins der SDAP in Kaiserslautern sprechen auch die auf den Parteitagen erlassenen Organisationsrichtlinien. Zwar waren die Mitglieder 1869 zunächst verpflichtet worden, Lokalvereine zu gründen. Da dies aber zu schweren Kollisionen mit der Vereinsgesetzgebung der meisten deutschen Länder führte, wurde dieses Prinzip schon auf dem Parteitag in Stuttgart (Juni 1870) wieder aufgegeben und statt dessen das Vertrauensmännersystem eingeführt. Die Vertrauensmänner wurden einmal jährlich in öffentlichen Versammlungen gewählt. Sie hatten den Kontakt zwischen den Mitgliedern an der Basis und der Gesamtpartei herzustellen und dafür zu sorgen, daß die Mitgliedsbeiträge an die Partei abgeführt wurden. Die Ausgaben auf lokaler Ebene mußten durch Sammlungen und Spenden bestritten werden, die Erhebung eigener Beiträge war untersagt, da dies sofort die Behörden auf den Plan gerufen hätte.

Die Richtlinien für die Organisation am Ort waren bewußt sehr lose gefaßt, damit die Mitgliedschaften den örtlichen Bedingungen Rechnung tragen konnten. Falls lokale Arbeiterbildungsvereine oder Arbeiterwahlvereine gegründet wurden, durfte diesen keinerlei direkte Verbindung zur Partei nachgewiesen werden können. Für Kaiserslautern ist nach dem DABV bis 1887 kein solcher Verein belegbar.[14]

Zusammenfassend kann demnach festgestellt werden: Es hatte in den 70er und in der ersten Hälfte der 80er Jahre des 19. Jahrhunderts wohl stets Mitglieder der SDAP bzw. später der SAP gegeben. Zu einem örtlichen Zusammenschluß war es freilich in dieser Zeit nicht gekommen, auch nicht in Form einer Tarnorganisation. Nach Gründung der SAP scheint die sozialdemokratische Bewegung in Kaiserslautern rückläufig gewesen zu sein, ohne jedoch ganz zu verschwinden. Für die Zeit nach Oktober 1878 erklärt sich dies sicherlich aus der strengen Handhabung des Sozialistengesetzes durch die bayerischen Behörden. Trotz der Nominierung August Bebels als Zählkandidat bei den Reichstagswahlen 1881 und 1884 im Wahlkreis Kaiserslautern-Kirchheimbolanden gelang den Sozialdemokraten kein nennenswerter Abstimmungserfolg.[15]

Die Gründung der Sozialdemokratischen Partei in Kaiserslautern

Am 4. Dezember 1887 konstituierte sich in Kaiserslautern ein Arbeiterwahlverein. Laut Satzung war das Vereinsziel die Erzielung volkstümlicher Wahlen. „Der Verein hat den Zweck, Mitglieder zu gewinnen, die dahin wirken, bei Reichstags- und

Bürger! Arbeiter! Landleute!
Geht nicht mit der Volkspartei! Wählt den Arbeiter-Candidaten
Aug. Bebel,
Drechslermeister aus Leipzig.

Anzeige zur Reichstagswahl am 27.10.1881 im „Kaiserslauterer Stadtanzeiger" vom 27.10.1881.

Landtagswahlen, sowie bei Gemeindewahlen Männer in die betr. gesetzgebenden u. Vertretungskörper zu wählen, welche Sparsamkeit bei dem Haushaltungsetat zu erreichen suchen, sowie das Wohl des gesamten Volkes im Auge behalten und dem gedrückten Arbeiter-, Handwerker- und Bauernstand kräftig zur Seite stehen".[16]

Offenkundig handelte es sich bei diesem Verein um eine rein sozialdemokratisch orientierte Organisation, zumal die Vorstandsmitglieder durchweg aktenkundige Sozialdemokraten waren. Dennoch konnten die Behörden den Verein auch mit den Mitteln, die das Sozialistengesetz bot, nicht verbieten, da das Reichstagswahlgesetz allen Wählern das Recht gewährte, zum Zwecke der Erörterung von Reichstagswahlangelegenheiten Vereine zu bilden und Versammlungen in geschlossenen Räumen abzuhalten. Allgemein wurde bisher der Buchbinder Christian Glafey als Hauptinitiator des Vereins angesehen.[17] Allerdings scheint dessen Rolle etwas überschätzt worden zu sein. Ein behördliches Verzeichnis nennt für das Jahr 1887 auch nicht ihn als Vorsitzenden, sondern den Schriftsetzer Georg Theobald. Glafey taucht darin erst an dritter Stelle auf. Bald darauf war er im Vorstand gar nicht mehr vertreten. Dafür finden sich dort andere Namen, die in der Gründungsphase der Sozialdemokratischen Partei Kaiserslauterns nach 1890 eine bedeutende Rolle spielen, wie zum Beispiel Nikolaus Kurz, Wilhelm Müller, Rudolf Künstler und 1891 – als Vorsitzender – Eduard Klement.[18]

Mit Ablauf des 30. September 1890 trat das Sozialistengesetz außer Kraft. Damit war zwar die Zeit der schlimmsten Behörden- und Polizeiwillkür zu Ende. Das restriktive Vereinsrecht war aber unverändert gültig. Es bot weiterhin viele Möglichkeiten, gegen die Sozialdemokratie vorzugehen und ihre Anhänger zu schikanieren. Insbesondere mußte die Partei bald erkennen, daß sie nach wie vor ihre Organisationsentscheidungen nicht frei treffen konnte. Schon im Oktober 1890 fand ein Parteitag in Halle statt.[19] Die Partei nannte sich von nun an „Sozialdemokratische Partei Deutschlands".

Eduard Klement (1867 - 1940).

Das in Halle erlassene Organisationsstatut ist deutlich geprägt von den engen, durch das Vereinsrecht definierten Grenzen. Die Bestimmungen für die örtlichen Organisationen wurden bewußt vage formuliert, damit jeweils den spezifischen Bedingungen Rechnung getragen werden konnte. Da formelle Ortsvereinsgründungen im Sinne von Parteiuntergliederungen nach wie vor nicht möglich waren, behielt man das unter dem Sozialistengesetz bewährte Vertrauensmännersystem bei. Das Statut bestimmte: „Die Parteigenossen in den einzelnen Reichstagswahlkreisen wählen in öffentlichen Versammlungen zur Wahrnehmung der Parteiinteressen einen oder mehrere Vertrauensmänner. Die Art der Wahl dieser Vertrauensmänner ist Sache der in den einzelnen Kreisen wohnenden Genossen".[20] Abgesehen von einer 1892 vorgenommenen geschlechtsneutralen Formulierung – man sprach nun von Vertrauenspersonen – blieb dieses Statut bis Ende des Jahrhunderts gültig.

Die Funktion der Vertrauensleute bestand wie ehedem in einer Vermittlerrolle zwischen Basis und Parteispitze, sowie in der Kassierung und Weiterleitung der Beiträge. Jene sollten nach Möglichkeit kein Amt in den lokalen Arbeiterbildungs- bzw. Arbeiterwahlvereinen bekleiden, um jeden Anschein einer förmlichen Verbindung dieser Organisationen mit der Partei zu vermeiden.

Dies ließ sich aber offensichtlich nicht überall durchhalten, wie auch das Beispiel Kaiserslautern beweist. Sowohl Eduard Klement als auch Nikolaus Kurz hatten das Amt des Vertrauensmanns inne, gehörten aber gleichzeitig den Vorstandschaften verschiedener Vereine an. In den 90er Jahren zeichnete sich immer mehr die Tendenz ab, daß die örtlichen Wahlvereine als äußere Organisation in die Rolle von Ortsvereinen hineinwuchsen bei gleichzeitiger Beibehaltung des Vertrauensleutesystems als innerer Organisation. Letzteres wurde auch nach der Aufhebung des Verbindungsverbots nicht aufgegeben, da es unter anderem die Integration weiblicher Mitglieder ermöglichte. Bis 1908 war Frauen die Mitgliedschaft in politischen Vereinen, ja sogar die bloße Anwesenheit bei deren Veranstaltungen, gesetzlich verboten.[21]

Vor diesem Hintergrund muß die spezifische Entwicklung in Kaiserslautern gesehen werden. Während der Arbeiterwahlverein weiterbestand, traten gleich zu Beginn des Jahres 1891 zwei weitere sozialdemokratisch orientierte Vereine in Erscheinung.

Dies waren der Agitationsverein für die Westpfalz und ein Arbeiterbildungsverein. Der Agitationsverein stellte eine eigentümliche Sonderform dar. Seine Aufgabe war die Vorbereitung von Wahlkämpfen und vor allem die Agitation der ländlichen Bezirke. Sein Wirkungsfeld wurde im Juni 1892 auf den Bereich des Wahlkreises Kaiserslautern-Kirchheimbolanden begrenzt. Die Mitgliedschaft war beschränkt, aus den Landgemeinden sollten nur jeweils eine oder zwei Personen dem Verein angehören dürfen. Sie waren wohl nur dafür vorgesehen, bei Agitationsveranstaltungen die organisatorischen Vorbereitungen zu treffen. Der Verein bestand anfangs nur aus vier Mitgliedern, nämlich aus Theobald Schwehm, Eduard Klement, Nikolaus Kurz und Friedrich Moritz. Er wurde später anläßlich von Wahlen jeweils aufgelöst und an seine Stelle trat ein Wahlkomitee. Nach Ablauf der Wahlen wurde er dann wieder ins Leben gerufen. Die Geschichte dieses Vereins liegt weitgehend im dunkeln. Er scheint auch nicht nach den Wünschen der Parteioberen funktioniert zu haben. Auf einer Parteiversammlung im September 1892 wurde die Tätigkeit des Vorsitzenden Schwehm scharf kritisiert, worauf dieser den Saal verließ und anschließend vollständig von der politischen Bühne verschwand. Im März 1895 zeigte Klement den Behörden die endgültige Auflösung des Agitationsvereins an.[22]

Eine wichtigere Rolle bei der Entstehung der Kaiserlauterer Parteiorganisation kam dem ebenfalls im Januar 1891 gegründeten Arbeiterbildungsverein zu. Dieser Verein spaltete sich wegen persönlicher Animositäten im Juli 1891 in zwei Abteilungen, die sich künftig nach ihren Versamm-

Daniel Leßwing

Über die illegale Arbeit in Kaiserslautern

Die Organisation hatte es in jener Zeit recht schwer, man mußte bei allem sehr vorsichtig zu Werke gehen und durfte das Mißtrauen nie ganz ausschalten. Verlassen konnte man sich nur auf die richtigen und erprobten Parteigenossen, die hielten ja treu und fest zusammen. War etwas auszufechten, so waren sie zur Stelle. Das verstand sich bei ihnen von selbst. Ich stelle mir oft die Frage, ob der Zusammenhalt unter den Genossen heute noch der gleiche ist wie früher.

Damit die Parteigeschäfte richtig geführt wurden, wählte man einen Vertrauensmann, der alles zu leiten hatte. Unser erster Vertrauensmann war ein Schuhmacher aus der Vorderpfalz. An einem schönen Tag war er verschwunden, ohne abzurechnen. Wir wählten dann den Schreiner Jakob Thedy von hier, der versah sein Vertrauensamt gewissenhafter und gab sich auch mehr Mühe in der Agitation. Leider konnte er sich hier auf die Dauer nicht halten, er zog nach Saarbrücken. Schon vor seinem Weggang wurde ich zum Vertrauensmann gewählt und blieb es auch bis zum Schluß des Sozialistengesetzes.

Ein fester Beitrag konnte nicht erhoben werden, da alle Leistungen freiwillig waren. Noch weniger war es zu empfehlen, Listen zu führen. Das wäre ein Spiel mit dem Feuer gewesen. Hätte die Polizei einmal eine Liste in die Finger bekommen, so hätte es nicht nur einen Prozeß wegen Geheimbündelei gegeben, sondern all die genannten Genossen wären auf Monate ins Gefängnis gewandert und wären in dieser Zeit brotlos gewesen.

War etwas zu besprechen, so kamen nur die zuverlässigsten Genossen zusammen, gewöhnlich in einer Privatwohnung. Ab und zu gingen wir auch in eine Parteiwirtschaft, so in den „Storchenturm" oder in die „Löwenwirtschaft" in die Fackelstraße. Es war gut, den Platz von Fall zu Fall zu wechseln. Im Sommer machten wir auch Ausflüge, bald dahin, bald dorthin. Da konnten wir uns ordentlich aussprechen und wurden nicht gestört. Die Gelder, die gesammelt wurden, gingen entweder an den Genossen Bebel oder sie wurden zu anderen Unterstützungszwecken verwendet ... Alles ging auf freiwillige Spenden zurück.

Unsere Zeitung, der „Sozialdemokrat", erschien in Zürich. Sie wurde auf Seidenpapier gedruckt und in Leinenpäckchen versandt. Die Korrespondenzen und Bestellungen waren geheim, sie gingen teils direkt an den Verlag, teils an Deckadressen an der Schweizer Grenze in Baden. Die Briefe wurden so geschrieben, als gingen sie an einen guten Freund. Was man zu bestellen hatte, schrieb man mit Geheimtinte zwischen die einzelnen Zeilen. Diese Geheimtinte war aus zwei verschiedenen Chemikalien zusammengesetzt, die eine war zum Scheiben, die andere zum Lesen. Wenn man einen solchen Brief lesen wollte, mußte man mit einem Schwämmchen, das man in eine der Chemikalien eintauchte, über die Schrift streichen. Dann kamen die geheimen Schriftzeichen, die das wesentliche mitteilten, zum Vorschein.

Wenn der „Sozialdemokrat" direkt an meine Adresse kam und der Briefbote ihn brachte, mußte ihn meine Frau in den Kochtopf stecken, bis ich nach Hause kam und ihn weiter beförderte. Man hatte ja immer zu befürchten, daß die Polizei sich einstelle und die Wohnung untersuche. Anfangs durfte man das Blatt noch lesen, nur nicht weiterverbreiten. Später änderte sich das, d. h. man wurde auch als einfacher Leser bestraft, weil damit für den Verlag und einen unbekannten Dritten ein Anlaß zur Verbreitung gesehen wurde. Was die Geheimschrift betrifft, so hat die Polizei viel daran herumstudiert, sie konnte aber trotz aller Bemühungen das Geheimnis nicht entschleiern.

Sobald ich die Nummer des „Sozialdemokrat" gelesen hatte, packte ich sie in einen Briefumschlag, ließ jedesmal von einem anderen Genossen die Adressen schreiben und sandte den Brief an einen Fabrikdirektor, jede Woche an einen anderen. Daß das viel Staub aufwirbelte, läßt sich denken, und daß die reaktionären Zeitungen schimpften, ließ mich kalt. Ich wollte nur erreichen, daß die großen Herren auch den „Sozialdemokraten" kennenlernten. Für sie bestand keine Gefahr, wegen Verbreitung unerlaubter Schriften bestraft zu werden. Sie konnten doch einmal ihre Nase hineinstecken und erfahren, wo den Arbeiter der Schuh drückt.

Aus: Weißt Du noch? ... Ein Buch der Erinnerung, hrsg. vom SPD-Bezirk Pfalz, Ludwigshafen 1948, S. 70-81.

lungslokalen Arbeiterverein „Saalbau" beziehungsweise Arbeiterverein „Storchenturm" nannten. Zur ersten Gruppe gehörten Klement und Kurz, zur zweiten August Schlegelmilch, Adolf Schmalenberger und der Wirt des Versammlungslokals, Wilhelm Müller.[23] Wie vergiftet das Klima unter bestimmten Gruppierungen der Sozialdemokraten gewesen sein muß, ergibt sich aus einem Polizeibericht über eine Parteiversammlung im März 1892. Der Polizeikommissär notierte, Schwehm habe Wilhelm Müller „aus vollem Halse" zugerufen, er sei ein Schuft.[24]

Somit ergibt sich in Kaiserslautern im Juni 1892 das folgende Bild: Ein Arbeiterwahlverein und zwei Arbeiterbildungsvereine, zum Teil untereinander heillos zerstritten, aber gleichwohl personell und in der Zielsetzung eng miteinander verflochten, fochten für die gleiche Sache. Daß eine solche Zersplitterung der Entwicklung der Sozialdemokratie nicht förderlich sein konnte, wohl auch die Kräfte der Aktiven überforderte, liegt auf der Hand.

Es war Eduard Klement, der die dringend notwendige Organisationsreform in die Wege leitete. Am 5. und 6. Juni 1892 fand in Kaiserslautern der 3. Pfälzische Arbeitertag statt. Klement erreichte, daß dieser Parteitag ein Schiedsurteil über die Kaiserslauterer Vereinszwistigkeiten sprach. Danach sollten alle bestehenden Vereine aufgelöst und anschließend ein neuer gegründet werden. Lediglich der Arbeiterwahlverein „Storchenturm" verweigerte sich diesem Arrangement. Er bestand unter der Regie von Wilhelm Müller noch ein Jahr

Statuten

des

Sozialdemokratischen Agitations-Vereins für die Westpfalz,

umfassend die Wahlkreise

"**Kaiserslautern-Kirchheimbolanden, Zweibrücken-Pirmasens** und **Homburg-Kusel.**"

(Politischer Verein.)

§ 1.

Mit dem Sitze in **Kaiserslautern** hat sich ein politischer Verein gebildet, welcher den Namen "**Sozialdemokratischer Agitationsverein für die Westpfalz**", umfassend die Wahlkreise **Kaiserslautern-Kirchheimbolanden, Zweibrücken-Pirmasens** und **Homburg-Kusel** führt. Dieser Verein stellt sich die Aufgabe mit **allen zu Gebote stehenden, gesetzlichen Mitteln** für die **sozialdemokratischen** Grundsätze in obenerwähnten Wahlkreisen Propaganda zu machen.

§ 2.

Die Mitgliederzahl des Vereins soll eine **beschränkte** sein und entscheidet über die Aufnahme der Vorstand. Der Verein kann **einzelne** Mitglieder auch **außerhalb** seines Sitzes haben, jedoch dürfen diese Mitglieder **nicht** zu Filialen und Zweigvereinen zusammentreten, sondern haben sich **einzeln** bei dem Vorstand in Kaiserslautern zur Aufnahme zu melden und **einzeln** mit demselben in Verkehr zu treten. In der Regel soll nicht mehr, wie je ein Mitglied von auswärtigen Orten in den Verein aufgenommen werden.

§ 3.

Die Mittel, welche der Verein für seine Zwecke bedarf, werden beschafft durch freiwillige Beiträge seiner Mitglieder, sowie auch durch allenfallsige Schenkungen.

§ 4.

Die Verwaltung des Vereins wird durch einen aus vier Personen bestehenden Vorstand besorgt, welcher sich nach eigenem Ermessen in die

Statuten des Sozialdemokratischen Agitationsvereins für die Westpfalz vom 22.2.1891.

Anzeige in der „Pfälzischen Volkszeitung" Kaiserslautern vom 16.9.1892.

weiter, wurde aber nicht mehr als der Sozialdemokratie zugehörig angesehen.

Die beiden anderen unter der Führung Klements stehenden Vereine lösten sich beschlußgemäß selbst auf, um sich unmittelbar danach zu einem sich wiederum „Arbeiterbildungsverein" nennenden Verein unter der Vorstandschaft Klements zu formieren. Dies erfolgte im Juli 1892, bereits am 3. August rief dieser Verein per Inserat zu einer „großen öffentlichen Volksversammlung" auf.[25]

In dieser Vereinsgründung hat die Sozialdemokratische Partei Kaiserslauterns ihren Ursprung. Es ist jene Organisation, die sich, als es juristisch möglich wurde, naht- und bruchlos in den Ortsverein Kaiserslautern verwandelte. Bis 1898 wurde sie unter diesem Namen geführt, 1899 in den behördlichen Verzeichnissen erstmals als „Sozialdemokratischer Verein" tituliert und daran änderte sich dann nichts mehr.[26] Es war dies die für alle Parteien übliche Form, daß sie auf lokaler Ebene als Parteivereine in Erscheinung traten.

Daß auch nach dem Selbstverständnis der Kaiserslauterer Sozialdemokraten mit dem Zusammenschluß vom Juli 1892 eine örtliche Parteigliederung ins Leben getreten war, die rasch eine Ortsvereinsidentität entwickelte, zeigt sich an zwei Anzeigen in der „Pfälzischen Volkszeitung" vom Juli und September 1892, mit denen die „Sozialdemokratische Partei Kaiserslautern" Versammlungen einberief.[27] Dies war gleichwohl ein Drahtseilakt unter den bestehenden vereinsrechtlichen Bestimmungen, ist aber auch so zu deuten, daß man ausbalancieren wollte, wie die Reaktion der Behörden sein würde. Ein weiteres Indiz ist die Tatsache, daß spätestens seit 1895 ein Stempel geführt wurde mit dem Aufdruck „Sozialdemokratische Partei Kaiserslautern". Er wurde auch im Schriftverkehr mit den Behörden verwendet, findet er sich doch erstmals unter dem Dokument, mit dem Klement dem Bezirksamt die Auflösung des Agitationsvereins anzeigte.[28]

Den Vorsitz des Sozialdemokratischen Vereins oder – wie man mit gutem Grund auch sagen kann – der Sozialdemokratischen Partei Kaiserslauterns hatte lange Jahre Eduard Klement inne. Nach seinem Einzug in den Bayerischen Landtag versahen dieses Amt zunächst für ein Jahr Peter Wolf und dann bis zum Ersten Weltkrieg Hubert Merck.

Bedingungen und Folgen des Bekenntnisses zur Sozialdemokratie

Schon oft ist die Frage aufgeworfen worden, wieso es so lange dauerte, bis die Sozialdemokratie in einer Industriestadt wie Kaiserslautern so richtig Fuß fassen konnte, warum sich ihr Aufstieg so quälend langsam vollzog, warum die Bewegung so lange ohne wirklich zählbaren Wahlerfolg geblieben war. Dabei sollte man sich vergegenwärtigen, was es für den einzelnen Arbeiter bedeutete, sich zur Sozialdemokratie zu bekennen, welche im Wortsinne existenzbedrohenden Risiken er nicht nur für sich selbst, sondern auch für seine Angehörigen in Kauf zu nehmen bereit sein mußte. Sozialdemokrat zu sein, aktiver zumal, hieß ständig mit einem Bein im Gefängnis zu stehen, permanent mit Entlassung rechnen zu müssen, allzeit schikaniert und verachtet zu werden. Und diese Feststellung gilt nicht nur für die Zeit des Sozialistengesetzes, sondern im Prinzip genauso davor und danach. Einige konkrete Beispiele aus Kaiserslautern sollen dies belegen.

Für manchen Kaiserslauterer Unternehmer war die Reizschwelle schon bei der Mitgliedschaft im DABV überschritten. Ein Fabrikant erklärte seinen Arbeitern kurz und bündig: „Von meinen Arbeitern darf durchaus keiner diesem Arbeiterbildungsverein angehören".[29] Nach dem Attentat auf Kaiser Wilhelm, das später als Begründung für das Sozialistengesetz herhalten mußte, warnte die Metallarbeiterzeitung „Das Panier" die Kollegen, nach Kaiserslautern zu kommen, weil „auch hier die Herren Sozialistenvertilger ganz außer Rand und Band sind";[30] drei Genossen seien bereits gemaßregelt worden, weitere Entlassungen stünden bevor. Als besonders rigoros wird Michael Pfaff beschrieben, der sofort die Entlassung anordnete, wenn die sozialdemokratische Gesinnung eines seiner Arbeiter bekannt würde.[31] Schon im Juni 1878 starteten die Kaiserslauterer Fabrikherren eine regelrechte Offensive gegen die Sozialdemokraten. Sie beschlossen, jeden, der verdächtig war mit der Bewegung zu sympathisieren, zu entlassen. Dabei genügte als Grund schon der Besuch einer Versammlung oder das Lesen einer mißliebigen Schrift. Eine schwarze Liste wurde erstellt und in der ganzen Region verteilt, um sicherzustellen, daß ein Gemaßregelter auch sonst nirgendwo Arbeit finden konnte. In der dazu in der Presse veröffentlichten Erklärung fehlt bei den Unterzeichnern kein Name, der in der Kaiserslauterer Wirtschaft nennenswerte Bedeutung hatte.[32]

Aufschlußreich ist auch das Verhalten der Presse. Die Arbeit der Sozialdemokraten schwieg sie gemeinhin tot, berichtet wurde nur über Negatives. Ein Beispiel dafür liefert Karl Kurz, der Sohn von Nikolaus Kurz und selbst schon als Kind aktiv in der Bewegung, in seinen Erinnerungen. Als Klement 1892 wieder einmal wegen Beamtenbeleidigung vor Gericht stand, und Nikolaus Kurz als erster von sieben Zeugen für den Angeklagten aussagte, wurde ihm sofort ein Meineidsverfahren angedroht. Obwohl acht Aussagen gegen eine standen, wurde Klement zu sechs Wochen Gefängnis verurteilt. Die „Pfälzische Presse" erwähnte lediglich das Urteil und die Androhung eines Meineidverfahrens für den Tünchermeister Kurz. Ein empfindlicher Geschäftsrückgang für Kurz war die Folge.[33] Der Vorgang zeigt auch, daß seitens der Justiz keine Objektivität gegenüber Sozialdemokraten erwartet werden konnte.

Klement bezahlte 1893 seine Kandidatur für den Reichstag mit dem Verlust seines Arbeitsplatzes; und als Johannes Hoffmann 1908 der SPD beitrat, war sein Rauswurf aus dem Schuldienst eine Selbstverständlichkeit.

Der Umgang der Behörden mit der Sozialdemokratie trug ausgesprochen polizeistaatliche Merkmale. In jeder Versammlung saß ein Polizist, der anschließend sofort einen Bericht anzufertigen hatte. Beim geringsten Anlaß war er verpflichtet, die Versammlung aufzulösen, was meist mit der Floskel, es seien aufreizende Reden geführt worden, gerechtfertigt wurde. Hatte man vergessen, eine Versammlung anzumelden, setzte es eine Geldstrafe. In internen Circularien ordnete das Bezirksamt „strengste Überwachung" und „schärfste Beobachtung" aller sozialdemokratischer Aktivitäten an.[34] Reichte das vereinsrechtliche Instrumentarium einmal nicht aus, scheute sich das Bezirksamt nicht, bis hart an die Grenzen der Legalität zu gehen.

Da während der Zeit von der Wahlausschreibung bis zum Wahlabschluß Versammlungen nicht angemeldet zu werden brauchten, sorgte sich das Bezirksamt, daß ihm etwas entgehen könnte. Deshalb wurden die Bürgermeister persönlich verpflichtet, in die Versammlungen zu gehen, bei Gesetzesverletzungen sofort einzuschreiten, strafbare Äußerungen zu notieren, „insbesondere auch wegen Vergehen in Bezug auf die Religion", und unverzüglich gerichtliche Verfolgung zu veranlassen.[35]

Karl Kurz (1876 - 1966).

Die Kirchenvertreter beider Richtungen bedankten sich für solche Fürsorge, indem sie gegen die Sozialdemokratie polemisierten, die Frauen gegen ihre Ehemänner aufhetzten und auf diese Weise Ehen zerstörten. Karl Kurz nennt die Kirche „den größten und fanatischsten Gegner" und gibt mehrere Beispiele, die diese Einschätzung untermauern.[36] Diese mehr oder weniger beliebige Aufzählung bringt eines deutlich zum Ausdruck: Die Sozialdemokraten waren nicht nur den Repressionen von Behörden, Polizei und Klassenjustiz ausgesetzt, sie hatten sich darüber hinaus auch gegen die Attacken einer Einheitsfront aller reaktionärer, gesellschaftlich relevanter Kräfte wie Presse, Unternehmertum und Kirche zur Wehr zu setzen.

Wer sich unter diesen Bedingungen zu der Bewegung bekannte, mußte der Idee mit Haut und Haaren verschrieben und von der Sache absolut überzeugt sein. Unmittelbare Vorteile, außer vielleicht dem Gefühl, für eine gute Sache zu kämpfen und vielleicht einen Wechsel auf die Zukunft zu zeichnen, waren nicht zu erwarten. Daß nicht alle diesem Druck gewachsen waren, erscheint nur allzu verständlich.

**SPD und Wahlen:
Die Diskrepanz zwischen absolutem und relativem Erfolg**

Es dauerte bis 1912, ehe die SPD erstmals das Mandat für den Reichstag im Wahlkreis Kaiserslautern-Kirchheimbolanden gewinnen konnte[37], und erst 1905 gelang mit Eduard Klement einem Kandidaten aus Kaiserslautern der Sprung in den bayerischen Landtag.[38] Diese Bilanz erscheint zunächst recht mager und könnte zu der Schlußfolgerung verleiten, die sozialdemokratische Bewegung sei jahrzehntelang auf der Stelle getreten.

Franz Josef Ehrhart, der erste aus der Pfalz kommende Sozialdemokrat, welcher in den Landtag einzog, errang 1893 sein Mandat nicht in einem der fünfzehn pfälzischen Wahlkreise, sondern im Wahlkreis Nürnberg, in dem er vorsorglich aufgestellt worden war.[39] Der Erfolg Klements bei der Stadtratswahl 1894 kam unter höchst merkwürdigen Umständen zustande und basierte nicht auf dem Stimmenanteil der Kaisers-

Von Daniel Leßwing 1911 für Heinrich Christmann ausgestelltes Mitgliedsbuch.

lauterer SPD. Er gelangte vielmehr auf Grund von wahltaktischen Absprachen ausgerechnet auf der nationalliberalen Liste gerade noch so in den Stadtrat.[40]

Dennoch täuscht das Bild gewaltig. Spätestens seit den 90er Jahren konnte die SPD einen rapiden Anstieg ihres Wählerpotentials verbuchen und das einmal erreichte hohe Niveau halten. Eine kurze Analyse der Reichstagswahlergebnisse macht dies deutlich. Die Diskrepanz zwischen absolutem Erfolg, der sich an der Zahl von Mandaten bemißt, und relativem Erfolg, wie er in der Anzahl von Wählerstimmen zum Ausdruck kommt, findet ihre Erklärung im Wahlrecht und in einer die Sozialdemokratie extrem benachteiligenden Wahlkreiseinteilung. Gewählt wurde nach einem reinen Mehrheitswahlsystem. Der Kandidat mit der Stimmenmehrheit erhielt das Mandat, die anderen Stimmen waren – auch wenn es fast genauso viele waren – vollständig verloren.

Infolge der Zugehörigkeit zu dem ländlich geprägten Wahlkreis VI wurde das sozialdemokratische Stimmpotential der Stadt Kaiserslautern lange Zeit paralysiert. Ab 1898 kamen die Sozialdemokraten im Wahlkreis Kaiserslautern-Kirchheimbolanden stets in die Stichwahl, die sie bis einschließlich 1907 immer verloren. Sie erreichten aber bei diesen Stichwahlen immerhin Stimmenanteile von 48,1, 44,1, und 48,2 Prozent. Die Stichwahl von 1912 wurde dann mit 57,1 Prozent der Wählerstimmen endlich gewonnen.[41]

Betrachtet man die Ergebnisse gesondert für die Stadt Kaiserslautern, wird die starke Position der Sozialdemokraten noch deutlicher. Bei den Erstwahlen erreichten sie bis 1907 immer Ergebnisse knapp unter 45 und 1912 sogar von 50,1 Prozent. Wäre nur in der Stadt Kaiserslautern über die Vergabe des Mandats entschieden worden, hätte die SPD seit 1898 kontinuierlich den Abgeordneten gestellt. Bei den Stichwahlen stimmten 73,1 Prozent, 50,0 Prozent, 66,2 Prozent und 1912 gar 84,4 Prozent für die SPD.[42]

Nach Wählerstimmen in der Stadt Kaiserslautern lag die SPD bereits 1893 fast mit den führenden Nationalliberalen und der etwas schwächeren DVP gleichauf, bei allen folgenden Wahlen ließ sie die anderen Parteien um Längen hinter sich.[43]

Anmerkungen:

1 Bei diesem Beitrag handelt es sich um die überarbeitete Fassung eines Vortrages, der erstmals in: 100 Jahre Sozialdemokratische Partei Kaiserslautern 1892-1992, Kaiserslautern 1992, erschien.
2 Vor allem: Erich Schneider, Die Anfänge der sozialistischen Arbeiterbewegung in der Rheinpfalz 1864 - 1869. Ein Beitrag zur süddeutschen Parteiengeschichte, Diss. Mainz 1956 (MS) und Gerhard Herzog, Die Anfänge der Arbeiterbewegung und die Gründung der SPD in Kaiserslautern (1867 - 1905), Otterbach 1974.
3 Vgl. dazu: Albert Munzinger, Die Entwicklung der Industrie von Kaiserslautern, Kaiserslautern 1921; Ernst Christmann/Heinz Friedel, Kaiserslautern einst und jetzt. Beiträge zur Geschichte der Großstadt Kaiserslautern, Otterbach 1970.
4 Zur sozialen Lage der Arbeiterschaft vgl. Schneider (Anm. 2), S. 20 ff; auch Herzog (Anm. 2), S. 14 ff.
5 Zitiert nach Christmann/Friedel (Anm. 3), S. 320.
6 Vgl. Schneider (Anm. 2), S. 42.
7 Zur Rolle des DABV in Kaiserslautern: Herzog (Anm. 2), S. 27 ff.
8 Vgl. Dieter Fricke, Die deutsche Arbeiterbewegung 1869 bis 1914. Ein Handbuch über ihre Organisation und Tätigkeit im Klassenkampf, Berlin 1976, S. 47 und S. 92.
9 Landesarchiv Speyer (LA Sp), Best. H 36, Nr. 128, Bl. 32.
10 Vgl. ebd., Bl. 41.
11 Ebd., Bl. 42.
12 Ebd., Bl. 43 ff.
13 Vgl. Fricke, (Anm. 8), S. 145 f, 152 f.
14 Zu den Organisationsrichtlinien und dem Vertrauensmännersystem ebd., S. 24 ff.
15 Zur Kandidatur und zum Abschneiden Bebels: Herzog (Anm. 2), S. 66 f.
16 LA Sp Best. H 36, Nr. 128, Bl. 6; zum Arbeiterwahlverein vgl. Herzog (Anm. 2), S. 66 f.

17 Z.B. Schneider (Anm. 2), S. 104 f.
18 Vgl. LA Sp Best. H 36, Nr. 128, Bl. 23, 68, 71, 74, 76 und 86.
19 Zu den dort getroffenen Organisationsentscheidungen siehe Fricke (Anm. 8), S. 175 ff.
20 Ebd., S. 176.
21 Ebd., S. 193; vgl. auch LA Sp Best. H 36, Nr. 128, Bl. 97-99.
22 Zum Agitationsverein: LA Sp Best. H 36, Nr. 124 und Nr. 128, Bl. 18.
23 Zum Arbeiterbildungsverein bzw. seinen Gruppierungen vgl. Eris J. Keim, „Aller Anfang ist schwer". Erinnerungen, Dokumente, Biographien zum 100jährigen Bestehen der modernen Metallarbeiter- und sozialdemokratischen Bewegung in Kaiserslautern, Mertesheim 1991, S. 34; vgl. auch LA Sp Best. H 36, Nr. 128, Bl. 8, 16 und 17.
24 LA Sp Best. H 36, Nr. 124, Bl. 68.
25 Vgl. Herzog (Anm. 2), S. 76 ff.
26 Siehe LA Sp Best. H 36, Nr. 128, Bl. 148 und 149.
27 Abgedruckt bei Herzog (Anm. 2), S. 80 bzw. 82.
28 Vgl. LA Sp Best. H 36, Nr. 124, Bl. 140.
29 Zitiert nach Herzog (Anm. 2), S. 26.
30 Ebd., S. 47.
31 Ebd., S. 48.
32 Siehe „Kaiserslauterer Zeitung" v. 15.6.1878.
33 Vgl. die nach 1945 aufgezeichneten Einnerungen von Karl Kurz, Zur Geschichte der Kaiserslauterer Parteibewegung 1887 - 1894, abgedruckt bei: Keim (Anm.23), S. 82.
34 Z.B. LA Sp Best. H 36, Nr. 124, Bl. 19.
35 Ebd., Bl. 6.
36 Kurz (Anm. 33), S. 76; zur Rolle der Kirche ebd., S. 76 f.
37 Vgl. Schneider (Anm. 2), S. 176.
38 Dazu Herzog (Anm. 2), S. 93.
39 Über die Umstände der Wahl Ehrharts: Schneider (Anm. 2), S. 153 f.
40 Zu den Vorgängen bei der Wahl Klements in den Stadtrat vgl. Keim (Anm. 23), S. 32 f; auch Kurz (Anm. 33), S. 85 f.
41 Vgl. Ernst O. Bräunche, Parteien und Reichstagswahlen in der Rheinpfalz von der Reichsgründung 1871 bis zum Ausbruch des Ersten Weltkrieges 1914. Eine regionale partei- und wahlhistorische Untersuchung im Vorfeld der Demokratie, Speyer 1982, S. 336 f.
42 Vgl. ebd., S. 343.
43 Vgl. ebd., S. 346.

Daniel Leßwing

Wie ich unter dem Sozialistengesetz Sozialdemokrat wurde

Am 21. Oktober 1878 trat das Sozialistengesetz in Kraft. An dem schwarzen Brett im Eisenwerk Kaiserslautern stand angeschlagen, daß alle Arbeiter, die in dem sozialdemokratischen Verein sind und nicht austreten, sofort entlassen werden. Das war das erste mal, daß ich das Wort „Sozialdemokrat" hörte. Ich fragte meine Kollegen: „Was sind das für Menschen?" Aber sie waren genauso unwissend wie ich. Obwohl ich in der Fremde war, habe ich nie etwas von Sozialdemokratie gehört. Einmal reiste ein Buchdrucker eine Zeitlang mit mir. Wenn wir in eine Stadt kamen, in der es eine Druckerei gab, sprach mein Wanderkamerad vor und bekam eine Mark. Ich fragte ihn, wie es käme, daß er überall eine Mark bekomme. Er antwortete, er sei im Buchdruckerverband organisiert. Das war das erstemal, daß ich etwas von einer Organisation hörte, aber von der Sozialdemokratie hatte ich immer noch keine Ahnung. Das war in der Mitte der siebziger Jahre.

Doch zurück zum Sozialistengesetz. Zunächst brauchte ich mir keine Sorgen zu machen, denn am 5. November 1878 wurde ich zur Fußartillerie nach Metz eingezogen. Da wurde schon das Gepäck untersucht, das man mitbrachte; man durchschnüffelte die Zeitungen, in die etwas eingepackt war. Genauso war es, wenn man vom Urlaub zurückkam. Von Zeit zu Zeit wurden die Spinde durchsucht und alle Briefe und Liebesbriefe durchstöbert; aber nie konnte ich erfahren, warum dies immer und immer wieder geschah.

Endlich nach drei Jahren, 1881, kam unerwartet die Aufklärung. Wir Reservisten wurden nach der Heimat entlassen. Als wir am Bahnhof anmarschiert kamen, wurde das Kommando „Halt!" angegeben. Gleich darauf kam unser Oberstleutnant hoch zu Roß und hielt uns Reservisten einen Vortrag über die Sozialdemokratie, der ungefähr eine Stunde dauerte. Er sagte etwa, diese Sorte Menschen will nicht arbeiten, wollen den Thron stürzen, wollen immer nur teilen, und wenn alles verlumpt sei, wollten sie wieder teilen, dem Bauer die letzte Kuh aus dem Stalle holen, sein Feld teilen und alles wieder verlumpen. In diesem Ton ging es weiter. Nun wußte ich, um was für schlechte Menschen es sich in der Sozialdemokratie handelte, und ich ahnte, daß zwischen ihnen und den Revisionen in der Kaserne ein Zusammenhang bestehen müsse. Ich kam nach Hause, aber einen Sozialdemokraten hatte ich immer noch nicht zu sehen bekommen. Im Stillen dachte ich: das müssen ganz gefährliche Menschen sein.

Der Winter 1881/82 ging herum, ohne daß ich einen dieser Menschen, die alles stürzen wollen, zu Gesicht bekam, und ich gewann die Überzeugung, in Kaiserslautern könnten keine sein, wenigstens keine von den ganz schlimmen, die alles durcheinander werfen und teilen wollen. Daß der Oberstleutnant die Unwahrheit gesprochen habe, war doch nicht anzunehmen, also mußten sich diese „Sozze" anderswo aufhalten.

So ging dies bis März 1882. Da bekam ich ein Statut von der Metallarbeiter-Krankenkasse, Sitz Hamburg, in die Hand. Das sagte mir zu und fand meinen Beifall. Ich nahm Rücksprache mit einigen Kollegen und wir gründeten als Filiale die Metallarbeiter-Krankenkasse Kaiserslautern. Wir waren anfangs nur fünf Mann, so daß wir gerade die Ortsverwaltung zusammen brachten. Wir agitierten fleißig und immer mehr Metallarbeiter fanden den Weg zu uns. Fremde Kollegen reisten zu und das schlug dem Faß den Boden aus: Bei den Zugereisten waren auch „Sozze". Da bekam ich denn die richtige Aufklärung, ich wußte Bescheid und sah ein, daß der Oberstleutnant uns beschwindelt hatte.

Aus: Weißt Du noch? ... Ein Buch der Erinnerung, hrsg. vom SPD-Bezirk Pfalz, Ludwigshafen/Rh. 1948, S. 70-81.

Franz Josef Ehrhart

1884: Ein bewegtes Jahr

Es war nicht das erstemal, als im August 1884 unser Generalfeldpostamt uns mit der erfreulichen Nachricht beehrte, daß zwei Kisten „Porzelain" unsrer harrend in Worms lagern. Wenn dieses hohe Amt befahl, dann mußten die Knechte hören, und sie taten es gerne, nur hatten wir den Wunsch, daß die hohen Aufträge nicht gar so oft kommen mögen.

Solch zerbrechliche Waren mußten schnell und vorsichtig expediert werden, deshalb wurden mit dieser Mission stets die zuverlässigsten Genossen betraut. Für diesmal war unser Fallstaff – es war sein Spitzname, wie wir alle solche hatten – dazu ausersehen. Unser Fallstaff war ein eigenartig Menschenkind, hätte ihn ein widerwärtig Schicksal nicht auf den dreibeinigen Schusterbock verschlagen, so wäre er vielleicht ein Dichter geworden ... Er war der ruhigste, aber auch der fetteste unter uns allen. Unser Ideal coupierte auch sein Herz bis auf die letzte Falte, deshalb blieb er vorläufig auch selbstverständlich unbeweibt.

Der Befehl, die beiden Kisten in Worms zu holen, wurde ihm sofort nach Empfang zugestellt und nach 15 Minuten dampfte er schon vergnügt nach Worms. Nach zwei Stunden hatte er das kostbare „Porzelain" zu Schiff gebracht, um damit gen Ludwigshafen zu steuern. Im Hinterzimmer eines großen Verkehrslokals, wo sich täglich allerlei Marktgüter stauten, fanden auch unsere „Porzelain"-Kisten vorläufig Platz. Um die elfte Abendstunde entleerten sich, wie das in einer sittsamen Kneipe üblich war, die Wirtsräume. Nur einzelne wenige hielten stand. Als diese sich ganz allein fühlten, verschwanden sie im Nebenlokal. Mit unheimlicher Ruhe, als gelte es einen Kassenschrank auf ungesetzliche Weise seines Inhalts zu entleeren, wurden die Kisten geöffnet.

Das „Porzelain" war wohlverpackt, wurde mit Adressen versehen und als der Mond eine Stunde später mit aufgeblasenen Backen neugierig auf uns herabglotzte, verdufteten die nächtlichen Gesellen einer nach dem anderen schwer mit Paketen beladen durch das Hinterhaus. Die ersten Eisenbahnzüge brachten den über das ganze Reich verstreuten Eigentümern bereits die Sendungen. Vom Empfang des oberpostamtlichen Befehls bis zur völligen Expedition waren kaum 24 Stunden verflossen, selbst von den Kisten war keine Spur mehr vorhanden. Alles ging glatt, wir waren seelenvergnügt.

Es mußte im großen Expeditions-Mechanismus wieder einmal ein Rädchen gebrochen sein, denn schon des folgenden Tages wurde uns eine weitere Sendung signalisiert. Unmittelbar darauf folgte aber die betrübende Nachricht, daß Verrat im Spiele sei. Wir versuchten zwar mit der größten Vorsicht die Rettung der Sendung, aber das „Porzelain" war diesmal verloren, wir mußten es leider schwimmen lassen, die Polizeiers angelten es bereits. Das war zwar recht schlimm, aber es war noch nicht das Schlimmste. Es begannen nunmehr die Nachforschungen nach dem Adressaten, zugleich aber auch nach den zuvor bereits expedierten Kisten; unser Fallstaff bescheinigte nämlich den Empfang der letzteren als „Friedrich Meyer".

Die polizeiliche Spur führte nach Ludwigshafen, allwo solche Schandtaten „ortsbehördlich bekannterweise" schon öfters vorgekommen sein sollten. In ihrem unergründlichen Scharfsinn begannen Polizei und Gendarmerie nunmehr zu haussuchen; wo sollten sie anders suchen als bei dem „Friedrich Meyer"; deren gab es aber mehrere; sie hatten deshalb alle das Vergnügen, behausucht zu werden. Als aber bei den Friedrichen nichts, gar nichts entdeckt wurde, gings an die übrigen Meyer, mit dem gleich negativem Erfolge. Ganz zuletzt machte die findige Polizei aber doch eine Entdeckung bei einem der Meyers resp. bei dessen Ehefrau. Als die ärmste nämlich der grünberockten kgl. bayrischen Gendarmen ansichtig wurde und diese ihr bedeuteten, daß sie eine Haussuchung vornehmen wollten, geriet das arme Weib in furchtbare Angst, in ihrem Schreck wehklagte sie und gestand reumütig ihre Schuld. Des Hausherrn ungetreue Dienstmagd hatte ihr nämlich „Seefe aufgedrungen", die der Herrschaft gestibitzt worden sei, sie überantwortete unaufgefordert den verdutzt dreinschauenden Gendarmen das Vierpfundpaket und bat reumütig um Gnade, da sie ja nur von dem gottvergessenen Weibsbild in das Unglück gestürzt worden sei. Seife hatten die bewaffneten Vollstrecker des famosen Ausnahmegesetzes allerdings nicht gesucht, da sie aber nichts andres, namentlich nichts Verbotenes fanden, begnügten sie sich gerne mit der „Seefe"…

Inzwischen rochen wir Lunte, daß man unsrem Fallstaff auf den Fersen war. Eine Bierhebe glaubte nämlich unsere nächtliche Expedition bemerkt zu haben und denunzierte uns, die wollte sich an ihrem Herrn rächen. Es galt für uns zunächst, den Wirt zu schützen, der zweifellos seine Konzession eingebüßt hätte. Er war kein Genosse, um so mehr hielten wir uns verpflichtet, ihm Unannehmlichkeiten vom Halse zu halten. Der einzige Weg bot sich uns dadurch, daß Fallstaff ausreißen mußte. Dieser sträubte sich zwar ganz entschieden dagegen, er wollte nicht als Feigling gelten, indes der Gute mußte! Ein halbes Jahr irrte unser armer Freund in der Schweiz und den deutschen Vaterländern, dem größten Verbrecher gleich, umher. Unglücklicherweise fanden um jene Zeit beständige Razzias auf den Herbergen nach Complicen des Frankfurter Rumpf-Mörders statt. Ebenso sorgenvoll, wie er des Abends sich zur Ruhe gebettet, erwachte Fallstaff des Morgens. In wehmütigen Briefen bestürmte er uns um die Erlaubnis, wiederkommen zu dürfen; wir versagten es ihm. Schließlich traf er nächtlicherweise ohne unseren Konsens, aber zu unserem größten Schrecken ein. Wir einigten uns und des anderen Morgens trabte der Missethäter freudigen Herzens zum Staatsanwalt nach Frankenthal und zugleich selbstverständlich ins Loch. 90 Tage harrte er resigniert seines Urteils. So lange brauchte der Ankläger nämlich, um zu konstatieren, daß Fallstaff der einzige und alleinige Verbrecher war. Endlich kam der Tag der Erlösung, nur zu zwei Monaten wurde er verknurrt, er hatte also einen Monat zuviel gebrummt; da er dem Staate nichts schenken wollte, so nahm er in seiner urwüchsigen Gutmütigkeit an, das er nunmehr für den zuviel abgemachten Monat aufs neue sündigen dürfe, und er hats gethan, er hat dem Staatsanwalt mit Zinsen und Zinseszinsen Vergeltung geübt.

Wir wurden zu jener Zeit von unserer Polizei viel geplagt, aber wir übten nach besten Kräften Revanche. Wenn alles bei uns recht sauber war, dann wurden unsere Polizeier auf den Trab gebracht. Wenn sie so Tag und Nacht in Aufregung waren, die Zugänge der Stadt, die Post-Schalter und Briefkästen bewachten und nichts fischten, dann stellten sie ermüdet ihre undankbare Arbeit ein, und nun begann stets unsere Thätigkeit. Da auch die Post vielfach in Konnex mit der Polizei arbeitete, so bedurfte es bei Verbreitungen von Kreuzbandsendungen eines außergewöhnlichen Mittels. So waren die Flugschriften etc. in Couverts und Streifbändern bald mit dem Aufdruck eines Krieger- oder landwirtschaftlichen Vereins, bald mit der Firma der badischen Anilin- und Sodafabrik oder eines anderen ordnungsgetreuen Unternehmens gehüllt, es klappte fast immer, aber stets entleerte die bürgerliche Presse einen großen Kübel sittlicher Entrüstungsjauche über die elenden Missethäter. Die gemißbrauchten Firmen verwahrten sich hoch und teuer, daß sie mit solchem freventlichem Inhalt nichts gemein hatten. Alle wollten sie kein Verständnis dafür haben, daß wir im Krieg mit der Gesellschaft standen, der von dieser mit gemeinen Mitteln gegen uns geführt wurde, sie wollten nicht begreifen, daß wir im Kampfe um unser heiliges Recht all jene Mittel benutzten, die uns zu Propaganda als geeignet schienen, die aber namentlich unsren Zweck förderten, das infamste aller Ausnahmegesetze allgemein verächtlich zu machen und zu Fall zu bringen.

Es wurde immer toller, Polizei und Gendarmerie reichten nicht mehr aus. Aus den guten jungen Bürgern und Bürgersöhnen wurde eine Hilfspolizeitruppe gebildet, die in der Jagd auf Rotwild gedrillt wurde. Das Abzeichen war eine blauweiße Armbinde. Selbstverständlich traten nunmehr mit diesem polizeilichen Massenaufgebot auch Massenhaussuchungen ein, aber sie waren stets ohne jeden Erfolg. Früher als es den polizeilichen Arrangeuren lieb war, erkaltete das Feuer der freiwilligen Polizei, sie schämten sich ihrer Aufgabe und begannen sich zu drücken.

Unser Heim war stets polizeirein, nur eine Stelle hatten wir, die niemals bei einer Razzia vergessen wurde, die uns aber immer Bauchzwicken verursachte, das war bei unserm „Fallstaff". Er hatte mittlerweile selbständig eine Schusterei angefangen … Es war eine Lust ihm zuzuschauen, wenn bei der Razzia ein ganzes Rudel ordentlicher und unordentlicher Polizeier in seiner Klause einschneite. „Der dicke Fallstaff" saß alsdann vergnügt, als tanzten Elfen um ihn, auf seinem Holzthron, er hatte es mit der Arbeit so wichtig, daß er keinen Moment den seinen Raum bis auf den diskreten Strohsack durchwühlenden Belästigenden widmen konnte. Ein centnerschwerer Berg von alten zerrissenen Schuhen und Stiefeln lagerte um ihn, auch diese wurden einer peinlichen Untersuchung unterzogen, dabei teilweise ihres Staubes entledigt. Als schließlich die Schnüffler schmutzig und bestaubt des Junggesellen Wohnung von außen schlossen, dann drehte er ihnen lustig eine Nase, er hatte alle Ursache dazu. Unter seinem Thron war nämlich der Fußboden ausgehöhlt und ein Lager von „Verbotenem" errichtet; es war zuweilen sehr umfangreich, eine Entdeckung hätte uns schwere Stunden bereiten müssen.

Das interessanteste Bild boten unsere Versammlungen. Da jede öffentliche Regsamkeit verboten war, so mußten wir im geheimen tagen. Unser beliebtester Versammlungsplatz war eine Stelle am Ufer des Rheins; dort wo jetzt der Hafen mit seinen großen Anlagen errichtet ist, waren damals nur Löcher und Gräben, die mit ausgehöhlten Weidenstämmen bewachsen waren. Eine sumpffreie Stelle wurde ausgewählt. Zuvor erhielt die Polizei in der Regel

Franz Josef Ehrhart (1853 - 1908).

eine vertrauliche Mitteilung, daß an einem entgegengesetzten Ende der Stadt etwas vorgehe, wir waren von der Seite aus ungeschoren. Wenn Finsternis eingetreten, dann erst rückten die Obleute mit ihren Gruppen, aus den verschiedensten Richtungen kommend, in aller Stille heran. Hier entwickelte sich mehrere Jahre lang und stets ohne Störung, ein Stück Ludwigshafener, ja vorderpfälzischer Parteigeschichte ab. Einstmals, es war bei dem die Gemüter erregenden Dampfersubventionsstreit, wurde die Stelle sogar an einem Sonntagnachmittag mit Erfolg benutzt. Ruhig wie wir gekommen, verließen wir stets vergnügt unsren Weidenstumpf.

Etwas ungemütlicher wickelten sich die sogenannten öffentlichen Versammlungen ab. Jahrelang war uns auch hier jede öffentliche Bethätigung rücksichtslos verboten. Wir halfen uns dabei so gut es ging mit dem Frage- und Antwortspiel. An einem Ende des Lokals nahm der Referent Platz, am entgegengesetzten Ende ein Wißbegieriger, der dem Referenten laute Anfragen stellte. Die vorher kartenspielenden Gäste wurden ruhig, der befragte Genosse konnte seine Antwort derart geben, daß auch die übrigen Zuhörer, die mit Vergnügen die Karten beiseite legten, den Ausführungen lauschen konnten. Eine solche Unterhaltung bleibt mir in steter lebhafter Erinnerung, es war in Oggersheim. Der alte Schädler waltete dort als einer der Gestrengsten seines Amtes als Polizeikommissarius. Die von uns einberufene Versammlung war selbstverständlich verboten. Wir erwirkten indes von Schädler, daß die große Anzahl von Versammelten sich in dem Saale zu einem gemütlichen Beisammensein niederlassen durften. Ich ließ mich in Ermangelung eines andren Platzes auf dem Klavier nieder. Von dem entgegengesetzten Ende des Saales wurde ich gefragt, was ich von dem unterdrückten Centrum und den nahe bevorstehenden Reichstagswahlen halte. Kopf an Kopf drängte sich die Masse, unter ihnen selbstverständlich der alte Schädler. Ich begann zu erzählen, aber es war von außen her noch etwas unruhig. Da hob der Kommissarius mit seiner ganzen Würde mit schneidender Stimme zu befehlen an: „Ruhig da draußen, wer nichts hören will, soll verduften!" Und es trat eine wundervolle Ruhe ein, just als wäre es eine wirkliche Versammlung. Etwa fünf Viertel Stunden hatte ich zur Beantwortung der Frage verwendet, donnernder Beifall lohnte mein „Tischgespräch". Es hätte kein Hahn nach diesem geselligen Zusammensein gekräht, wenn nicht andern Tages die liberale Presse in einer Notiz der hohen Behörde kund und zu wissen gethan hätte, daß wir Ordnung und Gesetz umgangen und die Polizei verhonipelt hätten. Schädler wurde darob zur Verantwortung seiner Haltung an die Regierung nach Speyer berufen. Er versicherte mir später allen Ernstes, daß er nie mehr ein solches Tischgespräch dulden werde, denn er habe am grünen Tisch eine lange Nase erhalten. Wir haben darob dem Alten, der sich jahrelang schwer an uns versündigte, gerne alle Sünden vergeben …

Je näher wir der Reichstagswahl entgegenrückten, um so mehr spitzten sich die Dinge zu. Ganz besonders war das in Ludwigshafen der Fall, wo jede Spur einer Versammlung unterdrückt wurde. Der Pächter zu den „Drei Mohren" stellte uns zu jeder Zeit seinen Saal bereitwilligst zur Verfügung. Fast jede Woche beriefen wir eine neue Versammlung ein, jedesmal erfolgte kurz vor dem Termin das prompte Verbot derselben. So nahte dann der letzte Sonntag vor der Wahl heran, an dem wir wiederum auf nachmittags 3 Uhr eine Wählerversammlung einberiefen. Ein freisinniger Buchdrucker stellte uns des Morgens seine Typen und Maschinen – eine Handquetsche – zur Verfügung. Wir schusterten auf derselben, so gut es eben ging, selbstverständlich im Auftrag von „Hottingen-Zürich", höchsteigenhändig ein kleines „Flugblatt" zusammen, in dem wir feierlich Protest gegen die maßlose Vergewaltigung durch die Regierung einlegten. Plötzlich kam der von uns als Posten aufgestellte Genosse atemlos hereingestürzt und machte uns die wenig erfreuliche Mitteilung, daß soeben Militär in die Stadt einrücke. Richtig vernahmen wir alsbald den unheimlichen dumpfen Massenschritt: ein Bataillon der Landauer Infanterie zog feldmarschmäßig, mit scharfen Patronen ausgerüstet, an uns vorüber. Auf einem öffentlichen Platze wurden die Schießprügel zu Pyramiden zusammengestellt. Patrouillen ordneten sich zum Ausmarsch. Wir aber druckten, wenn auch etwas beklommen, ruhig weiter. Des Mittags traf noch ein weiterer Trupp Soldaten ein. Die Lage war nun, dessen waren wir uns bewußt, sehr ernst. Um 3 Uhr sollte unsere verbotene Versammlung beginnen. Der Saal war schon längst mit Militär besetzt.

Wie ein Lauffeuer verbreitete sich in der Umgebung, besonders auch in Mannheim, die Nachricht von dem Ludwigshafener Belagerungszustand, denn es war tatsächlich ein solcher. Zu vielen Tausenden strömten die Volksmassen mit Kind und Kegel in die Stadt. Die Hauptstraße, in der sich auch die „Drei Mohren" befanden, war von einem vieltausendfachen Menschenknäuel besetzt. In der nächsten Straße war das Millitär gegen uns aufgestellt. Pünktlich um 3 Uhr holten wir unseren Kandidaten, Genossen Dreesbach, aus Mannheim ab; er war damals von einer schweren Erkrankung soweit hergestellt, daß er, in Decken gewickelt, den Transport gerade mit Mühe aushalten konnte.

Als der Wagen die Rheinbrücke und das Ludwigshafener Gebiet passierte, da ertönte ein vieltausendstimmiges Hoch auf unsern Kandidaten und die Sozialdemokratie. In lauten Verwünschungen erging sich das Volk, und zwar fast ausnahmslos über die Polizei bis hinauf zum Polizeiminister. Nunmehr flatterten auch unsere des Morgens hergestellten Flugblättchen, von den Dachstuben herabgeworfen, zu vielen Tausenden in den Lüften. Langsam nur konnte sich unser Wagen durch die Menge bewegen. Wir fuhren ruhig durch die Hauptstraße der Vorstadt Friesenheim zu. Die ungeheure Volksmenge wälzte sich nach. Hinter diesem Menschenstrom marschierte das Militär mit aufgepflanztem Bajonett. Wir befanden uns in höchster Aufregung. Wohl hatten wir unser heiliges Recht für uns, allein auf der anderen Seite war die brutale Gewalt; es wurde uns mitgeteilt, daß es in Friesenheim zum Zusammenstoß kommen sollte, was gleichbedeutend mit einem furchtbarem Blutbad gewesen wäre. Da ohnedies unser Zweck, gegen die Regierungsgewalt zu protestieren, erreicht war, so machten wir an der Peripherie der Stadt eine Wendung und alsdann Halt.

Hier erhoben wir unsern kranken Kandidaten im Wagen, mit dem Aufgebot all seiner Kräfte sprach er mit durchdringender Stimme zur Menge, die einzig richtige Antwort am folgenden Wahltage zu geben, sich nunmehr nach allen Richtungen zu zerstreuen und jeder Provokation aus dem Wege zu gehen. Noch ein die Lüfte durchzitterndes Hoch, und unsere Ordnungsmannschaften traten in Tätigkeit, die Masse löste sich auf, unser Kandidat fuhr erschöpft im geschlossenen Wagen auf Umwegen nach Mannheim zurück. Für uns – die Ohrenzeugen – begann aber nun ein schweres Stück Arbeit. Wir mußten dafür sorgen, daß die Soldateska keine Arbeit bekam, und es gelang uns dies im vollkommensten Maße. Als das Militär in Friesenheim eintraf, war der Ort von Arbeitern fast wie ausgestorben. Enttäuscht zog das Militär wieder heimwärts. Des Abends gegen 9 Uhr wurden die verkehrsreichsten Straßen ohne allen Grund militärisch abgesperrt und die von Mannheim zurückkehrenden Theaterbesucher vom Militär in seinem Tatendrange in rohester Weise belästigt. Unsere Vertrauensleute eilten von Wirtschaft zu Wirtschaft, die alle besetzt waren, zur Mäßigkeit mahnend, daß nicht etwa der Alkoholteufel uns einen Strich durch die Rechnung mache. Unser Bemühen war von Erfolg gekrönt. Verhaftungen wurden wohl in großer Zahl vorgenommen, Gefängnisse und Wachlokale reichten nicht aus, all die Herbeigeschleppten ohne Geschlechts- und Standesunterschied zu fassen, aber keiner der Unsrigen war dabei. Groß war die Niederlage der Ordnungsgesellschaft, als sie andern Tags nicht eine einzige der vielen Verhaftungen aufrecht erhalten konnte, als nicht einmal ein Grund für ein Strafmandat vorlag. Erst des Nachts um 2 Uhr trennten wir uns …

Des andern Abends hatten wir in die Vorstadt Mundenheim eine Versammlung einberufen, auch sie war selbstverständlich verboten. Das Militär folgte uns wie tags zuvor. Allein der Ortsbürgermeister erwartete das Militär an der Ortsgrenze und protestierte gegen dessen Einrücken, denn er wolle, sagte er, Frieden in seiner Gemeinde haben, der werde aber vom Militär gestört werden. Nachdem das Militär noch etwa zwei Stunden die Landstraße belagert hatte, zog es mißmutig wieder nach Ludwigshafen zurück. Des andern Tages fand die Reichstagswahl statt. Das Resultat war ein für uns günstiges, unsere Stimmenzahl hatte sich gegen all unsere Erwartung vermehrt. Wir kamen in die Stichwahl!

Wir hatten nun das Vergnügen, unser Militär noch weitere 10 Tage, bis zur Stichwahl, zu beherbergen, aber ruhig wickelten sich die Dinge nunmehr ab. Hätten unsere Ordnungsverteidiger nicht durch ständiges Patrouillenlaufen sich der Einwohnerschaft in Erinnerung gebracht, so hätte niemand von ihrer Aufgabe weiter Notiz genommen. Der Patrouillenaufmarsch machte sich besonders des Nachts in unheimlicher Weise bemerkbar. Vor meiner Wohnung erschienen sie fast alle zwei Stunden. Kaum vierzehn Tage verheiratet, hatten wir beide unter solchen Umständen recht sonderbare Flitterwochen. Endlich war auch die Stichwahl beendet. Wir fielen selbstverständlich durch. Das Militär nahm von seinem wenig rühmlichen Operationsfeld schleunigst Reißaus. Zum Schuß gab es keine Gelegenheit, nur in zwei Fällen hatten sich Soldaten aus Versehen gegenseitig angeschossen, einer erhielt dabei einen Denkzettel für sein ganzes Leben. Nunmehr kam die Begleichung der Zeche, niemand wollte die Soldaten gerufen haben, niemand sie bezahlen. Es bedurfte langer Verhandlungen und Prozesse, bis die Saalbesitzer, bei welchen das Militär einquartiert war, entschädigt wurden. Der Katzenjammer trat aber bei unsern Gegnern in augenscheinlicher Weise ein. Vom Regierungspräsidenten bis hinab zum Polizeikommissar erkannten sie, welche unverantwortliche Eselei sie begangen. Alle waren bis auf die Knochen blamiert.

Von dieser Zeit ab trat auch eine Wendung zum Besseren ein, ab und zu wurde eine Versammlung gestattet, selbst einen Wahlverein zu bilden, hatte man uns gnädigst erlaubt. Die Tatsachen haben auch selbst den vernageltsten Sozzenfressern gezeigt, daß mit dieser Art Sozialistenbekämpfung sie nichts zu erreichen vermochten. Wir arbeiteten ruhig und unverdrossen, einig unter uns, weiter – von Erfolg zu Erfolg. Hatten wir 1884 auch noch keinen positiven Sieg zu verzeichnen, so sind sich die älteren Genossen, die jene brenzlichen Tage mit erlebten, doch darüber einig, daß durch jene brutale Ächtung der Arbeiter ein beträchtlicher Teil zu unseren späteren Siegen vorgearbeitet wurde. Daß unsere Gegner und die Regierung mit ihren Organen dazu, allerdings gegen ihren Willen, ihr redlich Teil beigetragen haben, darüber mögen sie sich alsbald gewiß selbst klar geworden sein.

Aus: „Vorwärts", Berliner Volksblatt vom 21.10.1903 (Sonderbeilage). Das Pseudonym „Fallstaff" steht für Wilhelm Gerhold.

Philipp Jakob Weber

Einige lose Blätter aus Mutterstadt

Bei der Reichstagswahl im Jahre 1887 waren wir fleißig am Werke Flugblätter zu verteilen. Mein Bruder Johannes und ich waren bei solcher Arbeit stets beisammen. Es war an einem Samstagabend gegen 12 Uhr als wir unsere Tour beendet hatten. Wir freuten uns schon gründliche Arbeit geleistet zu haben, ohne ertappt worden zu sein, aber es kam anders. Mein Bruder und sein Nachbar waren einander aus nichtigen Ursachen nicht hold. Dieser erstattete bei der hiesigen Polizei Anzeige wegen „Verbreitung verbotener Schriften".

Am 24. Juli wurde daraufhin mein Bruder verhaftet und in das Untersuchungsgefängnis Ludwigshafen gebracht. Drei Tage später wurde ich von der Gendarmerie auf meiner Arbeitsstelle (Guilini) besucht und nach kurzem Verhör im Portierhaus mein Haftbefehl ebenfalls ausgesprochen. Sicherheitshalber begleitete mich der Polizeiwachtmeister an meine Arbeitsstelle, wo ich mich umziehen durfte. Noch am selben Tage wurde bei meinen Eltern eine Haussuchung nach verbotenen Schriften ergebnislos vorgenommen. Doch die Durchsuchung war eine gründliche. Nach einigen Tagen, es war an einem Donnerstagnachmittag, wurde ich gefesselt nach Frankenthal transportiert mit einem anderen, der in Ludwigshafen einen Mann erstochen hatte.

Mein Bruder legte gegen die Verhaftung von uns beiden Beschwerde ein und am Samstagabend um 6 Uhr wurden wir aus der Haft entlassen, um später verurteilt zu werden. In Oggersheim, wo wir Bekannte trafen, gab es das erste Stelldichein. Am nächsten Arbeitstage in aller Frühe waren wir wieder an unserer Arbeitsstelle.

Wir kamen dann öfters noch mit dem Genossen Ehrhart zusammen; im November erhielten wir vom Landgericht Frankenthal folgende Strafen: wegen meiner Jugend kam ich mit 3 Tagen davon. Mein Bruder Johannes erhielt einen Monat und Genosse Ehrhart zwei Monate Gefängnis. Der damals freisinnige Abgeordnetenkandidat Merkle aus Frankenthal hatte unsere Verteidigung übernommen. Bei der Verhandlung selbst waren viele Parteigenossen anwesend u. a. Huber, Hauck, Queva, Binder und Wenzel.

Unser Vater war Zigarrenmacher und beteiligte sich bei den Anfängen der sozialistischen Bewegung; uns Kindern war es in Fleisch und Blut übergegangen. Als Mitglied des Fabrikarbeiterverbandes, Zahlstelle Mutterstadt, machten wir im Jahre 1892 oder 1893 eine Agitationstour mit einem guten Freunde Blauth und dem jetzigen Bürgermeister Weber nach Neuhofen. Bei der geselligen Unterhaltung wurde deklamiert, u. a. auch das Gedicht „Schraube ohne Ende", dem „Wahren Jakob" entnommen. Die Gendarmerie, welche uns damals überwachte, wollte wissen was mit der Schraube ohne Ende gemeint sei. Es wurde erklärt, daß das Bezirksamt hierüber Auskunft geben werde.

Im Jahre 1889 fand hier im „Pfälzer Hof" bei J. Born, welcher anerkennenswerterweise als einziger jederzeit seinen Saal zur Verfügung stellte, eine öffentliche Wählerversammlung statt, in welcher Genosse Dr. Rüdt, Heidelberg, sprach. Der diensttuende Polizeidiener wollte mich damals aus der Versammlung ausweisen, da ich zu jung sei. Auf meinen Protest hin ging er an den Rednertisch und fragte, wie alt ein Besucher sein müsse. Mit der Antwort „21 Jahre" gab er sich zufrieden.

Die Arbeiterbewegung setzte in Mutterstadt bereits in den 80er Jahren ein und zwar waren es damals zwei Arbeiterkrankenvereine, in welchen sich Gleichgesinnte zusammenfanden. Drei Arbeitervertreter gehörten damals dem Gemeinderat an. Anfangs der 90er Jahre gründeten wir hier einen Konsumverein, welcher heute dem Konsumverein Ludwigshafen angeschlossen ist. Das Lokal war die Wirtschaft „Zur Sonne" von Genosse Johannes Müller. Aus diesem Konsumverein entwickelte sich der Arbeiterwahlverein. Im Jahre 1898 wurde von den Mitgliedern dieses Vereins der Arbeitergesangverein gegründet. Als erster, der die sozialistische Bewegung nach Mutterstadt brachte, dürfte Johannes Schmalbach, ein Schuhmacher, in Betracht kommen.

Aus: Bei uns daheim 6 (1930), Bl. 3 vom 5.2.1930.

Hans Blinn

Die „Blutroten" in der Südpfalz
Frühe sozialistische Bestrebungen in Landau und Umgebung

Die Südpfalz war wegen des Fehlens größerer Industriezentren kein günstiger Nährboden für sozialistische Ideen – noch viel weniger ihre „Metropole", die damalige Beamten- und Garnisonsstadt Landau, die „Stadt des Hofratsliberalismus". Daher bedurfte es schon Bekennermut und Zivilcourage, um den Grundstein für die späteren Ortsvereine der SPD zu legen.

In der Stadt selbst fand sozialdemokratisches Gedankengut verhältnismäßig spät Eingang. Man weiß zwar, daß sich im Mai 1849 ein „Arbeiterverein" mit etwa 60 Mitgliedern gegründet hatte. Sie gehörten meist dem Handwerkerstande an, dem von der damaligen Teuerung am härtesten betroffenen Bevölkerungsteil, um den sich der Staat am wenigsten kümmerte.

Bereits 1840 hatte die Landauer Polizei in blindem Verfolgungseifer nach Mitgliedern eines „Arbeiter-Vereins" gefahndet, da in Kassel am 23. November 1839 der Bedienstete eines Oberappellationsgerichtsrates auf der Straße „aufreizerische Texte" mit der Adresse des „Londoner Arbeitsvereins" gefunden hatte – und schon wurde in Landau eine Fahndung nach dem Verein ausgelöst, der hier sein staatsgefährliches Unwesen treiben sollte! Ein Übermittlungs- oder Schreibfehler machte aus „London" das pfälzische „Landau", in dem es außer der arglosen „Casino"-Gesellschaft, die lediglich die Pflege der Geselligkeit auf ihre Fahnen geschrieben hatte, und dem Unterstützungsverein der Napoleon-Veteranen keinerlei Vereinszusammenschlüsse gab.[1]

„Oppositionelles Aufbegehren oder gar kommunistische Tendenzen haben im allgemeinen in der Bevölkerung nicht bestanden. Sie mögen zwar hie und da bei einzelnen vorkommen", schrieb der Landauer Bürgermeister, der Advokat Friedrich Norbert Mahla, an den Speyerer Regierungspräsidenten Johann Baptist von Zenetti im März 1849, doch „die Pfalz ist kein Boden dafür, weil kein eigentliches Proletariat da ist."

Arbeiterunterstützungsverein

Am 3. Januar 1858 entstand in der Stadt – angeblich von „Blutroten" gegründet – ein „Arbeiterunterstützungsverein" und damit wieder eine größere Organisation, die sich aber ihren Statuten vom 13. Januar 1861 zufolge „der Verfolgung politischer Ziele und Zwecke strengstens enthalten" und nur auf dem Gebiet der Sozialfürsorge und der „geselligen Unterhaltung" tätig sein wollte. Die etwa 276 Mitglieder mit ihrem Präsidenten, dem Seifensieder Johann Philipp Lang, waren in der Hauptsache Handwerker, vor allem Schneider, Schuhmacher, Schlosser und Tapezierer, die an die Tradition des zuvor angeführten „Arbeitervereins" von 1849 anknüpften. Am 19. Januar 1860 zählte der Verein bereits 343 Mitglieder.

Als Ferdinand Lassalle vom 7. bis 15. Juli 1864 in Neustadt an der Haardt weilte, soll er auch versucht haben, in Landau eine Versammlung mit einer Rede über das

Wahlrecht abzuhalten. Das dafür an die Stadtverwaltung gerichtete Gesuch wurde von dieser aber abgelehnt.

Am 29. März 1865 kam es dann zur Verschmelzung des „Arbeiterunterstützungsvereins" mit dem seit dem 19. Februar 1860 bestehenden allgemeinen „Männer- und Frauen-Hilfsverein", weil die Mitglieder beider Vereine „denselben Zweck" verfolgten.[2]

Arbeiterbildungsverein

Am 24. Mai 1869 wurde ein „Arbeiterbildungsverein" zur „geistigen und materiellen Fortbildung des Arbeiters" ins Leben gerufen. Er lehnte „sozialistische Bestrebungen" ab und schloß noch 1878 alle Sozialdemokraten aus dem Verein aus. Einer der Initiatoren dieser Arbeiterbildungsvereine war der Landauer Advokat Julius Petersen.[3] Dort, wo die Fortschrittspartei starken Einfluß hatte, waren in ihnen Arbeiter allerdings kaum vertreten. Erst ab 1899 stand dem Landauer Verein mit dem in Coburg geborenen, aus Meiningen 1879 zugewanderten Buchdrucker Paul Merkel (1858-1922) ein Sozialdemokrat vor, der als Metteur beim „Landauer Anzeiger" eine Anstellung gefunden hatte.

Mit der Entstehung des „Arbeiterbildungsvereins" am Vorabend der Bismarckschen Reichsgründung war freilich der Keim für die spätere sozialistische Bewegung gelegt. Ihre ersten Anhänger waren Fremdarbeiter, die beim Schleifen der Festungsanlagen nach 1871 Brot und Arbeit fanden. Da hinzu gesellten sich wandernde Schneider, denen die vielen Uniformwerkstätten immer Beschäftigung geben konnten. Landau blieb gleichwohl bis zur Jahrhundertwende das Schmerzenskind der Sozialdemokratie in der Pfalz. Vielerlei Gründe spielten da mit. Das Kleinhandwerk und der Handel in der Stadt beschäftigten nur wenige Arbeiter, und Fabriken waren ebensowenig zu finden wie in der Umgebung. Lediglich eine Tabakfabrik in Godramstein beschäftigte 28 Arbeiter, mehr Tagelöhner als Fabrikarbeiter.

Erste Ansätze zur Parteibildung

Am 27. April 1873 wollte Franz Joseph Ehrhart im „Englischen Garten" in der Reiterstraße eine Versammlung abhalten. Drei Tage später, am 30 April, veröffentlichte der „Anzeiger für die Kantone Landau, Annweiler & Bergzabern" folgende Meldung: „Ein junger Mensch von etwa 20 Jahren, der Tapeziergehilfe Erhard (!) aus Nürnberg, Social-Demokrat, wollte am vergangenen Sonntag in der Bierbrauerei zum Engl[ischen] Garten einen Vortrag halten, was ihm aber vom Bürgermeisteramte, weil nicht rechtzeitig angemeldet, untersagt worden ist." Dies ist die erste Nachricht vom Versuch eines sozialdemokratischen Redners, in Landau öffentlich aufzutreten. Mit der Gründung einer Ortsgruppe der Lassalleaner in Neustadt und einer „Gewerkschaft der Holzarbeiter" in Edenkoben (1873) faßte die sozialdemokratische Arbeiterbewegung dann aber auch in der Südpfalz Fuß. Die Gewerkschaft der Holzarbeiter wurde allerdings durch den Beschluß des Bezirksamtes Landau am 4. September 1875 verboten, da sie zu politisch sei.[4] Im Jahre 1876 gelang es schließlich, die erste sozialdemokratische Zusammenkunft durchzuführen. Am 21. Dezember sprach August Dreesbach in der „Stohrerschen" Wirtschaft am Weißquartierplatz vor etwa 150 bis 180 Personen zu den bevorstehenden Reichstagswahlen. Die Versammlung erreichte „ohne jedwede Opposition und ohne Störung der Ordnung, sogar mit einigem Beifall" ihr Ende.[5]

Einberufer war der aus Wachenheim stammende, in Neustadt arbeitende Schreinergeselle Anton Gabler. Der „Kantons-Anzeiger", der ausführlich über das Referat von Dreesbach berichtete, konnte sich nicht verkneifen, seine Meldung wie folgt zu beenden: „Schließlich möchten wir noch einige persönliche Bemerkungen über den Vortrag machen. Ein Redner für das Volk, für den sich Herr Dreesbach doch ausgibt, sollte auch für das Volk verständlich sprechen. Abgesehen von grammatikalischen Schnitzern, die in der Hitze der Rede mitunterlaufen können, sollte Herr Dreesbach sich doch befleißigen, nicht gar zu sehr mit Fremdwörtern um sich zu werfen, die die Hälfte seiner Zuhörer nicht richtig versteht. Wenn dann gar von 'inspicirten' Zeitungen von 'Properitäten' und dgl. die Rede ist, so erregt das auf der einen Seite verständnißloses Staunen, auf der anderen Seite ein mitleidiges Lächeln. Eine beantragte Tellersammlung zur Bestreitung der Unkosten fand keinen Anklang und unterblieb daher".[6] Bei der Wahl selbst, am 10. Januar 1877, gaben 13 Landauer Bürger ihre Stimme der „Sozialdemokratischen Arbeiterpartei Deutschlands" – es waren die ersten sozialdemokratischen Wähler in der Stadt.

Unter dem Sozialistengesetz

Das „Sozialistengesetz" von 1878 lähmte zunächst jede weitere Agitation. Das Landauer Bezirksamt konnte dem Münchener Innenministerium von einem „allgemeinen Schneiderverein" – 19 Mitglieder, davon 12 „Fremde" – berichten, der eine lebhafte politische Wirksamkeit entfaltete und daher überwacht werde. Am 4. Mai 1878 wurde diese Vereinigung durch einen amtlichen Beschluß aufgelöst, da es sich „um einen politischen Verein handle". Der Beschluß wurde jedoch nach einer Berufung am 5. Juli „außer Wirksamkeit" gesetzt. „Da aber sozialdemokratische Bestrebungen bestehen, werde der Verein überwacht", hieß es.[7]

Als sämtliche Arbeiterorganisationen von den Behörden verboten wurden – unter anderen endgültig der Landauer Schneiderverein und die Edenkobener Gewerkschaft der Holzarbeiter, die „tatsächlich mit sozialdemokratischer Tendenz auf das politische Gebiet übertrat" –, schlossen sich die „wenigen sozialdemokratischen Reste" in der Stadt und Umgebung zu sogenannten „Sterbe- und Krankenkassen" zusammen. So zum Beispiel im Januar 1879 in Edenkoben zu der „Centralkranken- und Sterbekasse der Tischler und verwandter Berufsgenossen".

Eine rege „Untergrundarbeit" während der Verbotszeit gab es in Annweiler, Be-

Gaststätte zum „Trifels" in Landau.

zirksamt Bergzabern, einem kleinen Landstädtchen, in dem von 1867 bis 1869 der spätere SPD-Reichstags- und Landtagsabgeordnete Karl Grillenberger aus Nürnberg auf seiner Wanderschaft als Schlosser Arbeit gefunden hatte. Es waren vor allem der Schneider Georg Seebach und der Schuhmacher Friedrich Flaschendreher, die sich in den Wirtshäusern offen zur Sozialdemokratie bekannten. „In Annweiler ist kein Boden bei der jetzigen Einwohnerschaft für derlei Ideen. Beide genießen kein besonderes Ansehen".[8] Dies jedenfalls glaubte das Bezirksamt im Oktober 1884 feststellen zu können. Zusammen mit dem Bäcker Christian Schwarze wurde Flaschendreher wegen „beschimpfende(r) Äußerungen" zu einer Gefängnisstrafe von drei Monaten verurteilt: Sie wollten eine Republik wie die Schweiz, weil Kaiser, Könige und Prinzen soviel Geld kosteten. Die Leute wären noch zu dumm, sie wüßten unsere Zwecke nicht, hieß es in der Urteilsbegründung.[9]

Als im Jahre 1890 das „Sozialistengesetz" außer Kraft gesetzt worden war, wurde Landau im bescheidenen Maße selbst zu einem sozialdemokratischen Ausstrahlungspunkt für die nähere Umgebung. Der aus dem Württembergischen stammende Hutmacher Johann Laux bearbeitete den steinigen Boden in der militärisch-spießbürgerlichen Stadt mit gutem Erfolg. Er war es auch, der in diesen Jahren viele Versammlungen in der näheren Umgebung der Stadt abhielt und für die Sozialdemokratie agierte, so etwa in Edenkoben, Wollmesheim, Niederhochstadt, Rohrbach, Billigheim, Ingenheim, Offenbach, Annweiler und Bindersbach. Noch ein Jahrzehnt zuvor hatte es in einer Meldung an die Regierung in Speyer geheißen, daß „die sozialdemokratische Bewegung in den Landgemeinden des hiesigen Bezirks keinen Eingang und Boden" gefunden hätte.[10]

Laux brachte es auch fertig, schrieb der spätere Reichstagsabgeordnete Josef Huber in seinen „Erinnerungen", „daß in dem streng katholischen Herxheim zur Wahl 1893 eine Versammlung, wenn auch mit Hindernissen, abgehalten werden konnte. Wir fuhren mit einem Leiterwagen hin. Als wir in dem Dorf einzogen, standen Frauen und Kinder in großer Anzahl vor dem Lokal und betrachteten uns mit erstaunten Gesichtern. Auch waren schon zwei Kapläne auf dem Platze. Das Bild entsprach einer Illustration im damaligen 'Wahren Jakob', 'Der Sozialdemokrat kommt', wo alles rennt und der Ortsgeistliche die Sturmglocke läutet, um die rote Gefahr zu bannen. Der Saal wurde uns erst freigegeben, nachdem Laux dem Wirte 60 Mark vereinbarte Saalmiete ausbezahlte. Das Lokal war dicht besetzt. Die Herrn Kapläne stellten sich uns vor und fragten, ob Diskussionsfreiheit sei, was wir bejahten. Nachdem ich eineinhalb Stunde gesprochen, wobei größte Ruhe herrschte, ergriff ein Kaplan, der von Maikammer war, das Wort und entgegnete ziemlich sachlich. Nach ihm meldete sich sein Kollege Kuntz, der aus dem Orte gebürtig und ein recht patziges Hetzkaplänchen war. Ich antwortete dann beiden und bemerkte, wie Kuntz die Sonntagsschuljugend gegen uns aufhetzte. Die älteren Leute verhielten sich ruhig, und man merkte ihnen an, daß sie im Banne des Geistlichen standen. Mit gezückten Messern gingen die Jungen auf mich los und bezeichneten uns als Hemshöfer. Die Versammlung wurde schließlich in größtem Tumult aufgehoben. Auf der Straße entschuldigte sich dann der Kaplan von Maikammer, worauf ich ihm sagte, daß wir mit dem heutigen Erfolg zufrieden seien, das Resultat bei der Wahl werde schon zeigen, daß die Hetze seines Kollegen uns nur genützt habe. Und so war es auch. Das Resultat war überraschend:

125 sozialdemokratische Stimmen, noch am Wahlabend machten die Herxheimer telegraphisch nach Ludwigshafen Mitteilung. Vorher hatten wir drei Stimmen. Auf dem Heimweg nach Landau fragte ich Laux, woher er die 60 Mark für die Saalmiete hatte. Er antwortete lächelnd: Von den Bauern in Herxheim. So war es in der Tat. Seit der Gemeinderatswahl gab es zwei Dorfparteien, und die unterlegene Partei rächte sich an der anderen dadurch, daß sie auf ihre Kosten die Sozialdemokraten ins Dorf kommen ließ".[11]

Gescheiterte Gründungsversuche

In das Jahr 1890 fällt auch der erste Versuch der Sozialdemokraten, in der Stadt Landau einen Ortsverein ins Leben zu rufen. Der Schneider Franz Rappel aus Beilstein, Gemeinde Laufenthal bei Regensburg stammend und hier verheiratet, gründete einen Verein zur „Erzielung volkstümlicher Wahlen, auch sozialdemokratischer Wahlverein genannt". Da Rappel für seine Anhänger kein Lokal fand, in dem man Zusammenkünfte abhalten konnte, ging es mit dieser Organisation freilich bald wieder zu Ende. Einige der Genossen wurden als Einzelmitglieder im Ortsverein Neustadt an der Haardt weitergeführt.[12]

Die Schwierigkeit „Versammlungsraum" spielte in Landau immer eine große Rolle. Die Gastwirte konnten es sich nicht leisten, ihre Räume den Sozialdemokraten zur Verfügung zu stellen, weil sie befürchten mußten, daß für ihr Lokal mehrere Monate Militärverbot ausgesprochen würde, wie zum Beispiel im April 1898 für die von den Soldaten gern besuchte Wirtschaft „Zum alten Fritz" in der Kronstraße. Dort hatte der sozialdemokratische Reichstagskandidat Josef Huber eine Rede gehalten. Im Jahre 1898 wagte es Franz Rappel erneut, mit 20 bis 30 Mitgliedern einen „Sozialdemokratischen Verein" zu gründen. Trotz aller Aktivitäten seines Vorsitzenden, der auf dem 9. pfälzischen Parteitag im September des Jahres in Frankenthal für den Landauer Ortsverein sogar zwei Anträge einbrachte, löste sich der Verein 1900, es kann auch 1903 gewesen sein, erneut auf.

1905 wurde ein dritter Versuch gewagt, und diesmal war den Genossen mehr Glück beschieden. Sie suchten sich zuerst einen Gastwirt, bei dem sie ihre Zusammenkünfte abhalten konnten. Als die Gaststätte „Zum Trifels" (heute Theaterstraße 10) neu verpachtet werden sollte – Besitzer war Ernst Saalfeld, Logenbruder des Parteimitgliedes Richard Joseph, der als Weinhändler das Lokal belieferte – konnte man den Küfer Balthasar Dreher als neuen Pächter gewinnen. Die Ludwigshafener Parteileitung steuerte zudem die nötige finanzielle Starthilfe bei, übernahm die Bürgschaft und gab der Belheimer Brauerei „Silbernagel" eine Kaution. Noch im Januar des Jahres war das Lokal für das Militär verboten und erst wieder zugelassen worden, nachdem der Inhaber Saalfeld und der „Restaurateur" Franz Josef von Chossy einzelne Gewerkschaften und den Arbeitergesangverein „Freie Sängervereinigung" auf die Straße gesetzt hatten.[13] Dieser Vorgang kam sogar im bayerischen Landtag zur Sprache.

Man hatte nun ein „Parteilokal", und die Genossen wurden verpflichtet, nur noch im „Trifels" zu verkehren. Später trafen sie sich auch in den Gaststätten „Zum Prinzregenten" und „Zum alten Fritz".

Errichtung des Ortsvereins

Den Anstoß zur erneuten Vereinsgründung hatte Franz Joseph Ehrhart gegeben. Er hielt am 30. April bei der Maifeier des Landauer Gewerkschaftskartells unter Mitwirkung des neugegründeten Arbeitergesangvereins „Freie Sängervereinigung" im „Trifels" die Festrede und war von dem guten Besuch dieser Veranstaltung so begeistert, daß er zur Gründung eines eigenen Ortsvereins der SPD ermunterte. Schon einige Wochen vorher – im März 1905 – hatte der SPD-Gauvorsitzende Bruno Körner bei einer Gewerkschaftssitzung für eine Ortsvereins-Gründung plädiert.[14] Immerhin erklärten 43 Männer von den am 9. Juli 1905 im „Trifels" Versammelten, zu denen Wilhelm Herzberg, Chefredakteur aus Ludwigshafen, gesprochen hatte, ihren Parteibeitritt.[15]

Die Gründungsmitglieder sind nicht mehr alle bekannt. Bestimmt aber zählten zu ihnen der Gastwirt Balthasar Dreher, der Maler Lebrecht Kranz und Jakob Krebs, dessen Mitgliedsbuch – die Nr. 4 – noch erhalten ist, der Rechner der Ortskrankenkasse Paul Merkel, der Schuhmachermeister Bernhard Peters, die Schneider Jakob Kapp, Georg Liar, Jakob Pressler, Jakob Renner, Samuel Wiessner und Heinrich Tobergte, der Krankenkassen-Kontrolleur Georg Saur sowie Wilhelm Bauer. Bauer und Tobergte konnten 60 Jahre später beim Jubiläum noch dabei sein. Der Mitgliedsbeitrag betrug 25 Pfennige im Monat, davon gingen drei an den Vorstand der Gesamtpartei, an den Gauvorstand sieben und an den Landesvorstand zwei.

Zum 1. Vorsitzenden des „Sozialdemokratischen Wahlvereins", so nannte sich der Ortsverein, der sich die „Förderung der Grundsätze und Bestrebungen der Sozialdemokratie" zum Ziele setzte, wurde der in Ludwigshafen geborene Wilhelm Bauer gewählt. Er blieb für Jahrzehnte die führende Persönlichkeit der Landauer Sozialdemokraten und wurde 1948 zum Ehrenbürger ernannt.

Anmerkungen:

1 Stadtarchiv (StA) Landau, Neue Akte 142.
2 StA Landau, 124/3.
3 Ludwig Konrad Julius Petersen (*25.04.1835 in Landau, † 29.11.1909 in München), war in Dürkheim, Frankenthal und Zweibrücken Advokatanwalt, wurde 1871 Kammerpräsident in Straßburg, 1880 Senatspräsident in Colmar, 1873/74 und 1881/83 Reichstagsabgeordneter; ab 1883 Reichsgerichtsrat in Leipzig.
4 Landesarchiv Speyer (LA Sp). H 1, Nr. 11460 (Meldung des Bezirksamtes Landau v. 12.8.1876).
5 LA Sp H 1, Nr. 18180 (Meldung des Bezirksamtes Landau v. 22.12.1876); „Anzeiger für die Kantone Landau, Bergzabern & Annweiler" sowie „Eilbote" v. 22.12.1876.
6 „Anzeiger für die Kantone Landau, Annweiler & Bergzabern" v. 22.12.1876.
7 LA Sp H 1, Nr. 929 (Meldung v. 5.11.1878).
8 Ebd., Nr. 717 (Meldung aus Bergzabern v. 24.10.1884). Schneider Georg Seebach, „war in Oldenburg beschäftigt und scheint dort die Ideen aufgenommen zu haben."
9 Ebd., Nr. 932/V (Bericht aus Annweiler v. 16.4.1885).
10 LA Sp. H 1, Nr. 932/II (Bericht v. 18.6.1880).
11 Josef Huber: „Erinnerungen", in „Bei uns daheim" 4 (1928), S. 118.
12 StA Landau. Vereinsregister, Eintrag 1890.
13 „Pfälzische Post" v. 17.1.1906.
14 Ebd., v. 2.5.1905.
15 Ebd., v. 12.7.1905.

Josef Kaiser

Der „Arbeitertag" 1891 in Speyer
Ein Meilenstein der pfälzischen SPD-Geschichte

Am 8. und 9. Juni 1891 stand im Mittelpunkt der Berichterstattung fast aller in der Pfalz erschienenen Zeitungen ein Ereignis, dessen Bedeutung für die Entstehung der SPD im linksrheinischen Bayern bisher nur oberflächlich gewürdigt wurde: Am 7. Juni 1891 versammelten sich Sozialdemokraten aus vielen pfälzischen Orten zu ihrem ersten öffentlichen regionalen Parteitag.[1] Auch der „Pfälzische Kurier" in Ludwigshafen befaßte sich in seinem Leitartikel „Zur politischen Tagesgeschichte" am 9. Juni 1891 mit dem Ereignis.

Der Kommentator ging dabei vom damals in Österreich diskutierten Ausnahmegesetz gegen die Sozialdemokratie aus. Er vermutete, daß es keine Mehrheit im Abgeordnetenhaus finden würde und folgerte: „Sollte dies aber doch der Fall sein, so wird man in Oesterreich mit der Zeit gerade so gut wie bei uns zu der Ansicht kommen, daß mit Polizeimaßregeln eine politische Partei nicht todt gemacht werden kann."

In Deutschland war zwischen 1878 und 1890 versucht worden, mit dem „Gesetz gegen die gemeingefährlichen Bestrebungen der Sozialdemokratie" die noch junge sozialdemokratische Arbeiterbewegung zu unterdrücken und aus dem politischen Leben auszuschalten. Dieser Versuch war fehlgeschlagen – auch in der Pfalz. Deshalb warnte der Verfasser, „daß die Sozialdemokraten in ihrer Agitation sehr rührig" seien, „woran sich die übrigen Parteien, speciell die nationalliberale, ein Beispiel zur Nachahmung nehmen sollen ... eine Nachlässigkeit könnte sich sonst bei der nächsten Reichstagswahl bitter rächen."

Es war jedoch weniger die „Nachlässigkeit" der politischen Gegner, die auch weiterhin versuchten, die SPD mit allen Mitteln zu bekämpfen, sondern das starke Anwachsen der sozialdemokratischen Arbeiterbewegung in Deutschland, das die Sozialdemokraten auch in der Pfalz zu einer einflußreichen politischen Kraft werden ließ.

Organisationsversuche und Verbot bis 1891

Die Entstehung der sozialdemokratischen Arbeiterbewegung ging auch in der Pfalz nicht von einem bestimmten Datum aus. Bereits 1864 bestand in Neustadt für wenige Wochen eine kleine Lokalorganisation des 1863 von Ferdinand Lassalle gegründeten Allgemeinen Deutschen Arbeitervereins (ADAV). Dieser frühe Organisationsversuch blieb jedoch Episode, nicht zuletzt wegen des mangelnden Interesses der Arbeiter in der landwirtschaftlich geprägten Gegend.

Erst mit dem Aufbau eines industriellen Zentrums in und um Ludwigshafen bildete sich in den 1870er Jahren allmählich ein organisatorisches Potential, bei dem die Bemühungen der vor allem aus dem Badischen in die Pfalz kommenden Agitatoren des ADAV auf fruchtbaren Boden fielen. Die Bewegung faßte zunächst vor allem in der Vorderpfalz Fuß, die Aufbauarbeit in der

Westpfalz wurde durch das Fehlen eines Industrieproletariats dort erschwert.

Die organisatorische Schwerpunktbildung im vorderpfälzischen Raum wurde noch dadurch verstärkt, daß Baden und die Pfalz einen Organisationsbezirk bildeten. Solche territorial übergreifenden Einheiten waren nötig, um die Arbeit der zwar weitverbreiteten, aber zahlenmäßig noch geringen Arbeiterbewegung überhaupt koordinieren zu können. Der ADAV zählte im Deutschen Reich 1875 schätzungsweise 15.000 Mitglieder, die 1869 von August Bebel und Wilhelm Liebknecht in Eisenach gegründete Sozialdemokratische Arbeiterpartei gerade 9.000 Mitglieder. In der Pfalz hatten die „Eisenacher" zu jenem Zeitpunkt erst drei örtliche Organisationen, in Kaiserslautern, Kirchheimbolanden und Neustadt, gründen können. 1878 mußten diese erfolgversprechenden Bemühungen jedoch der obrigkeitsstaatlichen Unterdrückung weichen. Die bis dahin in der Region entstandenen 14 „Mitgliedschaften" der 1875 zur Sozialistischen Arbeiterpartei Deutschlands (SAPD) vereinigten beiden Arbeiterparteien fielen dem Sozialistengesetz ebenso zum Opfer wie eine Reihe anderer Organisationen der Arbeiterbewegung.

Aufhalten konnte das Sozialistengesetz die Aufwärtsentwicklung der sozialdemokratischen Arbeiterbewegung aber auch in der Pfalz nicht. Die Sozialdemokraten konnten weiterhin an Wahlen teilnehmen und bei diesen Gelegenheiten öffentlich auftreten. Die verbotenen lokalen Vereine wurden ab 1884 durch berufliche „Fachvereine" ersetzt. Seit 1886 wurden dann „Wahlvereine" gebildet, die wieder eine feste sozialdemokratische Organisationsform darstellten. Kontakte dieser Vereine untereinander und ein erstes illegales Treffen 1885 im Wald bei Hambach deuteten schon vor dem Auslaufen des Sozialistengesetzes auf die Bestrebungen zur Gründung einer regionalen Parteiorganisation hin. Am 15. September 1889 kamen in Neustadt 150 Delegierte zum ersten pfälzischen Arbeitertag zusammen. Der wichtigste der dort gefaßten Beschlüsse war, bei den Reichstagswahlen im Februar 1890 in allen sechs pfälzischen Wahlkreisen Kandidaten aufzustellen. Die notwendige organisatorische Basis zur erfolgreichen Umsetzung dieser Entscheidung war in der Vorder- und in der Westpfalz aber sehr unterschiedlich. Ein Wahlerfolg blieb noch versagt. Eine im Dezember 1890 in Lambrecht tagende Funktionärskonferenz beschloß deshalb, die Pfalz in zwei Agitationsbezirke aufzuteilen. Im Januar 1891 konstituierte sich zunächst ein „Agitationsverein" für die Vorderpfalz mit Sitz in Ludwigshafen, im Februar dann auch für die Westpfalz mit Sitz in Kaiserslautern. Dieses organisatorische Nebeneinander war jedoch nur eine Übergangslösung von kurzer Dauer.

„Auf nach Speyer!"

In der seit 1890 in Mannheim erscheinenden „Volksstimme", dem SPD-Organ für Baden und die Pfalz, erschien am 3. Juni 1891 der Aufruf zum „Zweiten Pfälzischen Arbeitertag" am Sonntag, dem 7. Juni 1891 in Speyer. „Einrufer" war der Schneider Johann Sturm aus der Domstadt. Er bat das „löbliche Bürgermeisteramt" in Speyer um die Überlassung des Stadtsaales, um von „morgens von 10 Uhr ab eine Sitzung, zu welcher nur Anhänger der Sozialdemokratischen Partei Zutritt haben sollen", abzuhalten. „Danach soll von Nachmittags 3 Uhr ab eine öffentliche Versammlung stattfinden, zu welcher Jedermann Zutritt haben soll." Unter Angabe der jeweiligen Tagesordnungen und unter der Zusicherung,

„den üblichen Miethsbeitrag" zu leisten sowie „in Gemeinschaft mit meinen Genossen für die größte Ruhe und Ordnung aufkommen zu wollen", verblieb Sturm, „Hochachtungsvoll ergebenst", auf eine Antwort wartend. Der Bürgermeister bat den Stadtrat, „beurkunden zu wollen ob die Herren für Genehmigung des Stadtsaales zum Sozialdemokratischen Parteitag stimmen, oder dagegen". Er selbst merkte an, daß es rechtlich keine Gründe gebe, das Gesuch abzulehnen und wendete diesen Umstand gleich zum Vorteil: „Mehr halte ich die Versammlung im Stadtsaal im Interesse der öffentlichen Ordnung viel besser untergebracht unter den Augen der Polizeibehörden als in einem Wirtslokal." Diesem Argument konnten sich auch die Stadtväter nicht widersetzen. Der Bürgermeister teilte dem Bezirksamt mit: „Mit Zustimmung des Stadtrathes wurde der Stadtsaal zur Abhaltung des Arbeitertages eingeräumt. Hierfür war zunächst die Erwägung maßgebend, daß sich das Versammlungslokal in unmittelbarer Nähe des Polizeilokals befindet und die Schutzmannschaft daher im Falle der Auflösung einer Versammlung sogleich in ganz unauffälliger Weise sich zur Verfügung des überwachenden Beamten stellen kann. In jedem anderen Lokal wäre eine gleich rasche und unauffällige Beiziehung der Polizeimannschaft nicht möglich. Sodann konnte auch die Einräumung des Stadtsaales nicht verweigert werden, weil in demselben schon zwei sozialdemokratische Versammlungen abgehalten worden sind, und es an einem begründeten Vorwand für die Vorenthaltung des auch allen anderen Parteien zugänglichen Lokales gefehlt hat."

Das große Interesse der Presse und der Regierung am Arbeitertag entsprang dem Argwohn, mit dem die konservativen Blätter und die Behörden die Aktivitäten der erst seit einem Jahr wieder legal agierenden Sozialdemokraten beobachteten. Die Kommentare und Berichte in den Zeitungen waren daher kaum um Objektivität bemüht. Mit der Wahl des Veranstaltungsortes Speyer, dem Sitz der Regierung und des Bischofs, hatten die pfälzischen Genossen, „mit viel Geschick ... nicht ohne ein gut Teil herausfordernder Ironie" („Neustädter Zeitung"), gleich zwei ihrer ärgsten Gegner provoziert. Die sozialdemokratische wie die Presse überhaupt schenkten deshalb dem Ereignis schon im Vorfeld große Aufmerksamkeit. Das Königliche Bezirksamt Speyer, die Königliche Regierung der Pfalz und sogar das Königliche Bayerische Staatsministerium des Innern in München gaben sich nicht nur mit der auch nach dem Sozialistengesetz noch üblichen Überwachung der sozialdemokratischen Aktivitäten zufrieden. Berichte wurden angefertigt, von Behörde zu Behörde zur Kenntnis genommen und weitergeleitet. Die Korrespondenz zeigt, daß die obrigkeitsstaatliche Verwaltung keine Möglich-

Johann Sturm (1850 - 1919).

keit ungeprüft ließ, ob ein Einschreiten oder die nachträgliche juristische Verfolgung einzelner Redner wegen kolportierter Äußerungen möglich sei.

Großveranstaltung mit über tausend Besuchern

Die Organisation des Arbeitertages, der mit über 1.000 Besuchern eine Großveranstaltung war, erforderte von den Teilnehmern viel Engagement und von den Veranstaltern zudem Umsicht, um nicht mit den restriktiven Bestimmungen des bayerischen Vereinsgesetzes in Konflikt zu geraten. Erst wenige Tage vor dem Termin wurde öffentlich eingeladen. Für die vormittags von zehn Uhr ab stattfindende nichtöffentliche Versammlung mußten in kürzester Zeit Vertreter gewählt werden. Dies durfte aber nicht durch die lokalen „Wahlvereine" geschehen, sondern nur in öffentlichen Versammlungen oder, „da wo dies nicht angeht, durch Sammeln von Unterschriften der Genossen." Franz Josef Ehrhart hatte dazu in seiner damals gerade erschienenen Schrift „Das Bayrische Vereins- und Versammlungsgesetz nebst den einschlägigen Vollzugsvorschriften und nöthigen Randbemerkungen" (Mannheim 1891) ausgeführt: „Es ist gerade hier die größte Vorsicht zu gebrauchen, um sich nicht den Folgen des Paragraphen 128 des Strafgesetzbuches auszusetzen. Die organische Gliederung verschiedener Vereine, die Unterordnung eines Vereins unter die Beschlüsse und die Organe eines anderen ist verboten. Es ist namentlich darauf zu sehen, daß die Selbständigkeit eines Vereins nach jeder Richtung bewahrt bleibe. Man vermeide es ganz besonders, in solchen Versammlungen Vertrauensmänner der sozialistischen Partei oder Delegierte zu deren Kongressen zu wählen, weil findige Staatsanwälte solche Handlungen als einen Verstoß gegen Artikel 17 gerichtet auffassen, auch schon wiederholt richterliche Kollegien darauf basierende Urteile gefällt haben."

Das Verfahren der Delegiertenwahl und ihre Legitimation war damals noch unklar und nicht einheitlich. In den Berichten ist überliefert, daß an der „Vertrauensmännerversammlung" vormittags 49 Delegierte aus 20 Orten, insgesamt aber über 400 Personen teilnahmen. Einige Delegierte waren schon am Vortag angereist. Josef Huber aus Ludwigshafen erinnerte sich 1928 in der Beilage „Bei uns daheim" der „Pfälzischen Post": „Die Delegierten, die schon Samstags zur Vorberatung anwesend sind, erhalten nur für das Nachtlager Entschädigung. Auf 200 sozialistische Wähler entfällt ein Delegierter. Ludwigshafen entsendet 10. (Vertreten waren 27 Orte mit 53 Delegierten.)" Hubers Angaben weichen von anderen ab, aber die Annahme ist begründet, daß die Mehrheit der Teilnehmer aus der Vorderpfalz kam. Der westpfälzische Agitationsverein hatte immer noch Probleme, unter der Landbevölkerung Anhänger zu finden. „In Kaiserslautern", wurde berichtet, „seien die bisherigen Erfolge befriedigend, auf dem Lande dagegen habe man nicht viel ausrichten können. Es fehlte besonders an Rednern und deshalb habe man sich begnügen müssen, alle vierzehn Tage 'Ausflüge' auf das Land zu machen."

Versammlung unter dem Bild Lassalles

Die Organisationsarbeit wurde auch durch lokalen Eigensinn erschwert, wie die Klagen über die Genossen in Pirmasens und Kirchheimbolanden zeigen, die sich „nicht unterordnen, sondern die Agitation selbständig betreiben" wollten.

„Das Versammlungslokal war mit einem großen Aufwand von rothem Tuch und Farbe ausdekoriert worden. Von den Galerien hingen zwei große Fahnen herab. Auf der einen war ein Arm, welcher ein Beil hielt, umschlossen von der Devise: 'Freiheit, Gleichheit, Brüderlichkeit' abgebildet. Über dem Platze des Versammlungsbureaus prangte die rothe Anschrift: 'Proletarier aller Länder, vereinigt Euch!' An der roth trapierten Rednertribüne befand sich das Bild Lassalles. Tannengirlanden und Kränze, durchwunden mit rothen Bändern und Schleifen, vervollständigten diese Dekoration." Der Stadtsaal in Speyer bot den Delegierten ein imposantes Bild. Auch die mit der Überwachung beauftragten Polizeibeamten zeigten sich davon beeindruckt, sonst hätten sie nicht, wie die zitierte Beschreibung zeigt, alles im Detail festgehalten. Und da der „Arbeitertag" unter „Aufsicht des Herrn königlichen Bezirks-Amt-Assessors Esslinger und des Herrn Polizeiwachtmeisters Steinmetz" stattfand, gibt der Wochenbericht des Vorstandes des Königlichen Bezirksamtes an das „Hohe Präsidium Königlicher Regierung der Pfalz" in Speyer auch genau Auskunft über Verlauf und Inhalt der nichtöffentlichen Delegiertenversammlung vormittags, zu der die Presse keinen Zutritt hatte. Organisatorische Fragen standen dabei im Mittelpunkt. Dreieinhalb Stunden wurde über Mängel und mögliche Verbesserung der Agitation debattiert, und schließlich wurde ein Beschluß gefaßt, die beiden erst wenige Monate zuvor gegründeten Agitationsvereine für die Vorder- und die Westpfalz zusammenzufassen, „mit Sitz in Ludwigshafen". Damit wurde der Grundstein für die herausragende Stellung der Ludwigshafener Parteiorganisation gelegt, die bis in die Weimarer Zeit fortdauerte.

Zwei zeittypische politische Forderungen kamen in Resolutionen zur Verstaatlichung des Getreidehandels und zur staatlichen Kontrolle der medizinischen Versorgung zum Ausdruck. Gerade in der weitgehend landwirtschaftlich geprägten Pfalz wurde es als wichtig angesehen, die Getreideproduktion und -vermarktung der Spekulation der freien Wirtschaft zu entziehen. Und die Gesundheitsversorgung war aus damaliger Sicht nur unter staatlicher Verwaltung zu gewährleisten, „damit jeder Ort, so gut er einen Arzt für das geistige Wohl der Einwohner besitze in Gestalt von Pfarrern, auch einen Arzt für das leibliche Wohl derselben habe und ein Verunglückter nicht oft stundenlang hilflos liegen bleiben müsse".

„Agitationsschauspiel" nach zwölfjähriger Unterdrückung

Bemerkenswert ist der Beschluß, daß der bayerische Reichstagsabgeordnete Grillenberger beim internationalen Sozialistenkongreß 1891 in Brüssel „auch die Pfalz vertreten" sollte, „da besondere Beschickung zu kostspielig ist." Die Kasse der im Entstehen begriffenen pfälzischen Parteiorganisation war leer, und vielen Teilnehmern war es schon schwergefallen, die Fahrt zum Arbeitertag nach Speyer zu finanzieren. Der Entzug der vorher genehmigten Fahrpreisermäßigung für die „Kaiserslauterer Genossen in der Frühe, nachdem sie bereits im Bahnzug ihre Plätze eingenommen hatten", war nur eine der restriktiven Maßnahmen, mit denen die Obrigkeit die Organisation des Arbeitertages zu erschweren versuchte.

Was die offiziellen Behördenberichte nicht wiedergeben, sind Eindrücke vom Aufsehen, für das die „aus allen Gegenden der Pfalz und der Nachbarschaft" an den Sitz des Bischofs und der Regierung „herbeigeeilten" Sozialdemokraten sorgten: „Sogar eine Chaisse sah Ihr Berichterstatter (der „Neuen Bürger-Zeitung", Neustadt), die mit frischem Grün untermischt,

An die Parteigenossen der Pfalz!

Genossen! Beauftragt von der Lambrechter Konferenz, berufen wir hiermit den

Zweiten Pfälzischen Arbeitertag.

Derselbe soll am **7. Juni** in dem **Stadtsaale zu Speyer** tagen.

Es findet des Morgens um 10 Uhr pünktlich eine Sitzung statt, zu welcher nur Delegirte und mit Eintrittskarten versehene Genossen Zutritt haben.

Die Tagesordnung für diese Sitzung lautet:

1. Bericht über die agitatorische Thätigkeit seit der Lambrechter Konferenz.
2. Organisation und Agitation.
3. Unsere Presse.
4. Anträge aus der Mitte des Parteitages.

Nachmittags 3 Uhr ist in demselben Saale eine öffentliche Versammlung, zu welcher Jedermann Zutritt hat.

Die Tagesordnung für dieselbe lautet:

1. Das Landtags- und Gemeindewahlrecht in Bayern. Rf. Genosse Grillenberger.
2. Die Thätigkeit unserer Fraktion im Reichstag. Rf. Genosse Dreesbach.
3. Der Bauernstand und die Sozialdemokratie. Rf. Genosse Dr. Rüdt.

Im Interesse einer glatten Abwickelung der reichhaltigen Tagesordnung empfiehlt sich, daß die Delegirten, soweit es irgend möglich, sich schon Samstag Abend in Speyer in unserem Vereinslokale zum „Schwanen" einfinden.

Es werden sowohl des Samstag Abends, wie auch des Sonntags zu jedem Zuge Komitemitglieder die Genossen am Bahnhofe in Speyer empfangen.

Genossen! Nehmet unverzüglich die Wahl von Delegirten vor. Wir empfehlen Euch dringend, mit Rücksicht auf das bayr. Vereinsgesetz, dieselben **nicht** in Wahl- oder sonstigen Vereinsversammlungen, sondern in öffentlichen Parteiversammlungen vorzunehmen. Da jedoch, wo dies nicht angeht, mögen die Genossen durch Unterschrift ihre Delegirten bestimmen.

Die Eintrittskarten können bei den Vertrauensmännern unentgeltlich in Empfang genommen werden. Wir bitten, uns raschestens von allen Orten die Delegirten sowie die Anzahl der theilnehmenden Genossen mittheilen zu wollen. Anträge wolle man bis längstens zum 5. Juni an uns gelangen lassen.

Genossen! Die Aufgabe unseres Parteitages soll sein, uns gegenseitig aufzuklären, uns zu neuer Thätigkeit zu stärken durch gegenseitigen Gedankenaustausch. Erscheint deshalb massenhaft!

Unser Ruf sei

Auf nach Speyer!

Namens der Einrufer

J. Sturm,
Speyer, Allerheiligenstraße.

Zuschriften und Anfragen sind zu richten an

Joseph Huber,
Ludwigshafen, Oggersheimerstraße 25.

Vom kommunistischen Zukunftsstaat.
II.

Nach den sozialistischen Prinzipien soll die Arbeit allein, nur sie, als Werthsubstanz und als Werthmaß dienen. In dieser Eigenschaft aufgefaßt, bildet sie den Eckstein des ganzen sozialistischen Systems im Sinne von Karl Marx und Lassalle.

Daß in diesem System kein „Arbeitszwang" existirt, versteht sich von selbst, da Jeder nur durch eigene Arbeit leben kann und auch Jeder gern wird arbeiten wollen. Oberster Grundsatz bei jeglicher Thätigkeit wird sein: erst für Alle das Nothwendige, dann das Nützliche und schließlich das Angenehme. Die Vortheile eines solchen Systems in ökonomischer und sittlicher Hinsicht müssen bei näherer Betrachtung geradezu erstaunlich erscheinen. Daß die Arbeitsgenossenschaften einem ganz natürlichen Triebe zu einer einheitlichen Organisation unter einander genügen würden, bedarf wohl kaum der Erwähnung. Sie würden sonach thatsächlich nur einen einzigen großen Geschäftsbetrieb ausmachen, welcher von den Bedingungen und dem Zustande der Produktion in allen einzelnen Zweigen die genaueste Kenntniß und auf Grund einer wissenschaftlichen Statistik des Produktenbedarfes die Möglichkeit hat, jede Ueberproduktion und ihre verheerenden Wirkungen zu vermeiden.

Sie würden ferner durch Konzentrirung der Betriebe eine immense Produktionskostenersparniß, also Alles in Allem eine ganz unberechenbare positive Bereicherung der Gesellschaft bewirken.

Ganz besonders würde letzteres der Fall sein müssen bei den Genossenschaften für Ackerbauproduktion, indem sie den Ackerbau zu seiner ganzen Ertragsfähigkeit zu bringen vermöchten. Was unter den heutigen Zuständen in dieser Hinsicht gethan werden kann, ist verhältnißmäßig sehr unbedeutend. Um nämlich das Land ertragsfähiger zu machen, ist nothwendig es zu verbessern. Das kann nur geschehen durch zweckmäßige Bearbeitung, Anlegung von Abzugs- und Bewässerungsgraben, Baumpflanzungen c. — Derartige Verbesserungen stellen also einen Rentenkauf dar, d. h. die Verausgabung eines Kapitals, welches sich bei ihnen nur in einer langen Reihe von Jahren als Rente ersetzt, nicht aber auf einmal wieder als Kapital herausgezogen werden kann. Der heutige Grundbesitzer nun wird, wenn er nicht selbst zugleich großer

---

Titelblatt der „Volksstimme" Mannheim vom 3.6.1891 mit dem Aufruf zum „Arbeitertag" in Speyer.

mit der obligathen roten Parteifarbe, geschmückt war" – so eine der vielen Impressionen, mit denen die zahlreichen Presseberichte über den Verlauf des zweiten Arbeitertages ausgeschmückt waren. Besonders auf die öffentliche Versammlung nachmittags gingen diese so ausführlich ein, daß der Polizeiberichterstatter deswegen „darüber sich kurz zu fassen" erlaubte.

Bei der öffentlichen Nachmittagsversammlung war der Stadtsaal bis zum letzten Platz gefüllt. Die Angaben der Presse und des Polizeiberichtes reichen von 400 bis 1.500 Besuchern. Die tatsächliche Zahl dürfte dazwischen liegen. Im Mittelpunkt der Kundgebung standen Referate damals bekannter Persönlichkeiten der deutschen Sozialdemokratie. Auf offene Ohren stießen die Referenten allemal: namentlich der badische Landtagsabgeordnete Rüdt aus Heidelberg mit seinen Ausführungen zu „Bauernstand und Sozialdemokratie", einem Thema, das auch Ehrhart immer wieder in seinem politischen Wirken beschäftigte. Erst am frühen Abend schloß die Versammlung „mit einem Hochruf auf die internationale Sozialdemokratie". Die Veranstalter konnten zufrieden sein. Hunderte Anhänger waren ihrer Einladung gefolgt, darunter auch viele, die noch nicht Mitglied der SPD waren. Vom Erfolg des zweiten Arbeitertages ermutigt, „hat der in Ludwigshafen am Rhein bestehende sozialdemokratische Agitationsverein" schon wenige Tage später „im Anschlusse an einen Beschluß des neulichen Parteitages zu Speyer seine Wirksamkeit auf die ganze Pfalz erstreckt und führt nunmehr den Namen 'Sozialdemokratischer Agitationsverein für die Pfalz'. In Folge der Bildung eines sozialdemokratischen Agitationsvereins für die ganze Pfalz mit Sitze in Ludwigshafen am Rhein hatte sich der in Kaiserslautern bestehende sozialdemokratische Agitations-

verein für die Westpfalz aufgelöst, ist jedoch als 'Sozialdemokratischer Agitationsverein Kaiserslautern' wieder gegründet worden", teilte das Regierungspräsidium am 15. Juli 1891 allen Bezirksämtern mit.

Publizistische Anerkennung dafür, ihre Organisationen nach zwölfjähriger Unterdrückung durch das Sozialistengesetz zwischen 1878 und 1890 so schnell wieder aufgebaut zu haben, erfuhren die Sozialdemokraten nur in wenigen Fällen: „Das muß man ihnen lassen: sie haben in sich selbst allein mindestens ebensoviel Energie als alle anderen politischen Parteien in Deutschland zusammen. Man mag sie werfen, wie man will, wie die Katzen fallen sie immer wieder auf die Beine." So urteilte der Kommentator der „Neustädter Zeitung" über das „Agitationsschauspiel", das sich am 7. Juni 1891 von den frühen Morgenstunden bis abends in Speyer bot und das als Zäsur zwischen der Konstituierungsphase der SPD im linksrheinischen Bayern und dem ersten großen politischen Erfolg durch die Wahl Ehrharts in den Reichstag 1898 anzusehen ist.

Beginn einer neuen Etappe

In der Literatur zur Geschichte der regionalen SPD wurde der Arbeitertag 1891 kaum berücksichtigt. Als bedeutsamer wurden vielmehr der erste pfälzische Arbeitertag vom 15. September 1889 in Neustadt und der dritte vom 5. und 6. Juni 1892 in Kaiserslautern vermerkt: In Neustadt waren erstmals eine Beteiligung an den Reichstagswahlen 1890 in allen sechs Wahlkreisen der Pfalz und die Bildung eines „Zentralwahlkomitees" beschlossen worden. Und in Kaiserslautern wurde drei Jahre später ein dauernd tätiges „Agitationskomitee" gewählt, das als Vorläufer des heutigen Bezirksvorstandes gelten muß. Vergleichsweise bedeutende Beschlüsse wurden 1891 nicht gefaßt. Aber die Verfasser der anläßlich des 50. Bezirksparteitages veröffentlichten Broschüre[2] gingen davon aus, daß der „erste ordentliche Bezirksparteitag ... am 7. Juni 1891 in Speyer stattfand. Von hier an beginnt auch die Zählung der Bezirksparteitage der SPD der Pfalz." Aber bereits die Zeitgenossen betrachteten das Treffen in der Domstadt als den „Zweiten Pfälzischen Arbeitertag", dem der Neustadter vorangegangen war.

Doch unabhängig davon, daß der Arbeitertag von 1891 „erst" der zweite Parteitag der pfälzischen SPD war, markiert er auf jeden Fall den Abschluß einer Entwicklungsphase und den Beginn einer neuen Etappe ihrer Geschichte. Während der von 1889 noch unter den sehr eingeschränkten Organisations- und Agitationsbedingungen des Sozialistengesetzes vorbereitet und durchgeführt werden mußte, und sich die Konferenz vom Dezember 1890 in Lambrecht auf die Teilnahme von Funktionären beschränkte, war die Zusammenkunft in Speyer ein Ereignis, dessen Bedeutung weit über die Parteiorganisation hinausging. Bewußt wurde die Möglichkeit genutzt, neben einer nichtöffentlichen Delegiertenversammlung auch eine öffentliche Kundgebung zu veranstalten, die Festcharakter hatte. Durch die Teilnahme von Delegierten und Mitgliedern ohne Mandat aus der gesamten Pfalz wurde unterstrichen, daß die SPD trotz des Sozialistengesetzes die schon Ende der 1860er, Anfang der 1870er Jahre begonnenen Anstrengungen zur Errichtung einer regionalen Organisation weitergeführt hatte. Aus den 14 Mitgliedschaften, die zu Beginn des Sozialistengesetzes 1878 in der Pfalz bestanden hatten, waren bis zum Parteitag 1891 bereits 23 örtliche Organisationen geworden, die von Delegierten vertreten wurden. 1892 fand in Kaiserslautern, wie in Speyer beschlossen, der dritte pfälzische Arbeitertag statt, bei dem ein dauernd tätiges Agitationskomitee gewählt wurde. Es war Vorläufer des späteren Gau- beziehungsweise Bezirksvorstandes. Gleichzeitig wuchs die Zahl der lokalen Gliederungen und der Mitglieder. 1895 gab es schon 28 pfälzische SPD-Ortsvereine, 1898 waren es 36. Der „Bericht des Gauvorstandes" zum 10. Parteitag 1899 verzeichnete über 3.000 Mitglieder in 33 örtlichen „Partei-Organisationen".

Mit dem Parteitag 1891 trat die SPD in der Pfalz öffentlich sichtbar über die lokale Ebene hinaus in das politische Leben der Region ein. Innerhalb weniger Jahrzehnte wurde sie zur bestimmenden Kraft. Ein wichtiger Markstein auf diesem Weg war der Arbeitertag in Speyer.

Anmerkungen:
1 Es handelt sich bei diesem Beitrag um eine Zusammenfassung meiner beiden Artikel: „Unser Ruf sei: Auf nach Speyer!" Vor hundert Jahren fand der erste pfälzische „Arbeitertag" nach dem Sozialistengesetz statt, in: Pfälzische Post 11 (1991) Nr. 39, S. 7 f., und: Organisationsprobleme gab es besonders auf dem „platten Land". Ein Rückblick zum pfälzischen Arbeitertag 1891, in: ebd., 11 (1991), Nr. 41, S. I-II, VI und VIII.
Ich widme diesen Beitrag Elisabeth Alschner, die mir den größten Teil des Archivmaterials und der Dokumente, auf die ich mich stütze, zur Verfügung gestellt hat.
2 1832-1957. Die pfälzische Sozialdemokratie – Werdegang und Aufbau, Neustadt 1957, S. 18.

Josef Kaiser

Reinold Rehberger

„Dem gedrückten Arbeiter zur Seite stehen"
Die Gründung der nordpfälzischen Sozialdemokratie

In der agrarischen Nordpfalz regte sich erst in den späten 80er Jahren des vergangenen Jahrhunderts die Sozialdemokratie. Es waren die Steinarbeiter des mittleren und unteren Alsenztales, die sich zunächst in der Gewerkschaft und dann in der Partei zusammenfanden. Im ältesten pfälzischen Industriebetrieb, in der 1742 gegründeten Kupfer- und Eisenschmelz der Gienanths in Hochstein, herrschte zu diesem Zeitpunkt noch Ruhe. Das Unternehmen war patriarchalisch geführt worden – mit Arbeiterwohnungen und eigener Krankenkasse inklusive. Erst um die Jahrhundertwende brachen auch hier die Klassengegensätze auf, als der Firmeninhaber im Jahre 1901 die Akkordsätze der Gießer kürzte und die Arbeiter daraufhin in einen mehrwöchigen Streik traten.

Sozialistische Ideen hatten es schwer im Norden der Pfalz, wo Pfarrer und Lehrer, Bauern und Bezirksamtmänner noch viel entschiedener als anderswo den Ton angaben. Kein gewachsenes, selbstbewußtes Proletariat wie andernorts, keine eigene Presse, keine Verbündete; dafür aber reichlich Ablehnung von einer zu achtzig Prozent von der eigenen Scholle lebenden Bevölkerung. Erst nach dem Weltkrieg änderten sich die Verhältnisse ein wenig. Ortsvereinsgründungen in den größeren Gemeinden wie in Rockenhausen und Winnweiler 1920 brachten die SPD allmählich nach vorne.

In der zweiten Hälfte des vergangenen Jahrhunderts avancierte das Bauerndorf Alsenz zur Steinmetropole des neuen Deutschen Reiches. Ausgiebige Sandsteinformationen hier und in der Umgebung lieferten das Material, mit dem sich die Neureichen in Wiesbaden und Mainz, in Worms und Frankfurt ihre Villen bauen ließen. Auch für den Bau des Berliner Reichstagsgebäudes wurden in der Nordpfalz Steine gebrochen. Tausende von Tagelöhnern und Arbeitern schufteten in den Brüchen. Die monotonen Hammerschläge kündeten nicht nur von schwerer körperlicher Arbeit, sondern wurden zur Erkennungsmelodie für den Aufbruch in eine neue Zeit:

Alsenz, den 7. August 1887. In der Gastwirtschaft von Georg Schworm trifft sich ein halbes Hundert Steinarbeiter. Anlaß: Gründung eines Steinmetzenvereins.

1887 ist ein Jahr, das an innen- und außenpolitischer Rasanz mit den anderen Jahren der stürmischen Gründerzeit locker mithalten kann: Auf dem Balkan hängt der Frieden wegen der Bulgarienkrise wieder einmal an einem seidenen Faden und in Deutschland gewinnt die Rechte dank geschickter Kriegsgefahr-Propaganda die absolute Mehrheit im Reichstag, und aufkommender Nationalismus und Säbelrasseln in fast allen Ländern des alten Kontinents machen dem bürgerlich-aufgeklärten wie auch dem sozialistisch-pazifistischen Lager das Leben schwer. Noch gilt im Deutschen Reich das „Sozialistengesetz". Es sieht Strafen für Sozialisten und Gewerkschafter vor, falls diese sich öffentlich versammeln oder Druckschriften verbreiten.

Die „gute alte Zeit" auch im Alsenztal im Umbruch

Kein Wunder, daß angesichts der staatlichen Gewalt sich auch die Initiatoren der Alsenzer Versammlung betont vorsichtig verhalten. Die scheinbare Zurückhaltung, mit der die Akteure an diesem Sonntag in Schworms Kneipe zu Werke gehen, wird gleich im Paragraphen 1 ihres Statuts deutlich: „Der Verein bezweckt die Förderung und Bildung der Kollegialität der Steinmetzen, sowie Hebung des Berufes auf gesetzlichem Wege, er befaßt sich weder mit Politik noch Religion." Paragraph 2: „Dieser Zweck soll erreicht werden durch öfters zusammen kommen der Steinmetzen, wo wissenschaftliche oder geschäftliche Vorträge gehalten können werden, welche alle nur auf den Beruf bezug haben."

Die Steinbrüche links und rechts der Alsenz zwischen Steingruben und Hochstätten sind die Keimzellen der nordpfälzischen Gewerkschaftsbewegung, damit auch der lokalen Sozialdemokratie. Es ist ein Revier mit Tradition. Mittelalterliche Burgherren ließen hier schon für sich schuften, und auch die hohe Geistlichkeit, deren Monumentalbauten in Mainz, Speyer und Worms imponieren, gehörte zu den Abnehmern, wenn sie Kirchen und Klöster baute.

Die Brüche gehören Kleinunternehmern, die sie gekauft oder gemietet haben. Die Beschäftigten sind meist ungelernte Arbeiter-Abkömmlinge kinderreicher Kleinbauern- oder Tagelöhnerfamilien. Sie stammen aus Alsenz oder den umliegenden Dörfern. Nicht wenige von ihnen nehmen täglich stundenlange Fußmärsche in Kauf, um in den Bruch zu kommen, wo sie für einen Hungerlohn ihrer gefahrvollen Tätigkeit nachgehen: In den Jahren 1875 bis 1893 berichten die Zeitungen von über 23 Todesfällen. Wenn es nicht der Tod und die üblichen Knochenbrüche oder Quetschungen sind, die den Arbeitern ihr Handwerk zum lebensgefährlichen Broterwerb machen, dann ist es, irgendwann einmal, die Berufskrankheit Staublunge. Die meisten werden nicht älter als 50 Jahre.

Wanderredner bringen neue Ideen

Der Steinhauer und Tagelöhner-Sohn Friedrich König – er ist der Motor der Alsenzer Sozialdemokratie – ist schon sehr früh mit der Arbeiterbewegung in Berührung gekommen. Bereits in der zweiten Hälfte der 70er Jahre sind die ersten sozialistischen Wanderredner in der Nordpfalz aufgetaucht: Gewerkschaftsagitatoren aus Leipzig, Mannheim und Stuttgart. Sie appellieren an die Solidarität unter den Arbeitenden, prangern Militarismus sowie das menschenverachtende Herrschaftssystem von Thron und Altar an und fordern soziale Gerechtigkeit.

Die Redner tragen hochbrisantes Material im Gepäck: Flugblätter und Zeitungen, deren Vertrieb von den Behörden verboten ist. Die Agitatoren treffen sich in den Gasthäusern mit den Arbeitern im kleinen Kreis – gelegentlich im Hinterzimmer sympathisierender Wirte. Auf diese Weise haben sich auch die ersten pfälzischen Arbeitskämpfe bis an die Alsenz herumgesprochen: der Spinnereiarbeiterstreik von Oggersheim 1871 und der Lambrechter Weberstreik 1872. Auch über den brutalen Einsatz von 600 bayerischen Soldaten gegen die Teilnehmer einer sozialdemokratischen Wahlversammlung in Ludwigshafen am 26. Oktober 1884 ist man im Bilde.

Hier, in der Steinmetropole des Reiches, fallen die Botschaften aus den anderen Regionen auf fruchtbaren Boden. Die unsäglichen Arbeitsbedingungen werden nur noch vom miserablen Lohn übertroffen. So beträgt um 1884 der Spitzen-Tageslohn für einen Alsenzer Steinhauer gerademal 1,71 Mark. Zum Vergleich: 1 Kilogramm Roggenbrot kostet 0,26 Mark, 1 Kilogramm Rindfleisch 1,16 Mark (1882). Für einen Sonntagsbraten, wenn es ihn denn jemals gegeben hat, muß das Oberhaupt einer siebenköpfigen Familie einen Tag lang schuften – zwölf bis vierzehn Stunden.

Hitze im Sommer, dazwischen Regen und Hagel, machen das Brechen und Bearbeiten des Materials zu keiner angenehmen Beschäftigung. Je kleiner die Brüche, desto primitiver die Methoden. Zwar helfen Pferde, Esel und Loren beim Transport, doch hydraulisches Gerät oder andere Erleichterungen gibt es nicht. Mitunter werden eingeseifte schwere Dielen an die Hänge gelegt, auf denen dann die tonnenschweren Quader, festgemacht mit Seilen und begleitet von den Arbeitern, „die vorher ihr Gebet gesprochen haben – für alle Fälle", ins Tal rutschen. Wer nicht rechtzeitig von der Stelle kommt, holt sich böse Schrammen. Trotz allem sind die Steinbrüche hochwillkommen – als Alternative zu den bäuerlichen Beschäftigungsmöglichkeiten. Dort nämlich, in den Quetschbetrieben, ist nicht viel zu verdienen: Die Bauern leben oft selbst von der Hand in den Mund. Auch angesichts der zunehmenden Konkurrenz auf dem Arbeitsmarkt sind die Brüche eine passable Ausweichmöglichkeit. Bei einer Arbeitslosenquote, die auf dem Land in den 80er Jahren des vergangenen Jahrhunderts, trotz Saison- und Gelegenheitsarbeitern, ständig um 30 Prozent gelegen haben dürfte, ziehen sie Hunderte von nordpfälzischen Arbeitern an.

Die Monarchie regiert mit eiserner Hand

Über der Pfalz weht seit 1816 die bayerische Fahne. Unglücklicherweise, denn den Regenten in München ist das vom „Mutterland" abgetrennte Grenzland als möglicher Kriegsschauplatz stets verdächtig: sie investieren nichts. Selbst die Eisenbahntrassen werden von privaten Aktiengesellschaften finanziert. Schließlich quälen den Hof auch andere Sorgen: Schlösser, Prachtbauten und ein schönes Heer. Bayern mißbraucht die Pfalz als Nahrungs- und Genußmittellieferanten und seine Bewohner als zahlungskräftige Steuerzahler.

In Kirchheimbolanden, der Bezirkshauptstadt, regierten von Anfang an kranke und überforderte Amtmänner. Ludwig Kollmann (1853 - 79) war faul und ideenlos, Eugen Rau (1879 - 88) paranoisch und Hermann Esper (1888 - 1909) übernervös, an Gehirnhautentzündung erkrankt und antriebsschwach. Diese „Crème de la Crème" der bayerischen Beamtenschaft ließ das Land am Donnersberg, für das die Münchener Hofschranzen die charmante Bezeichnung „Bayerisch-Sibirien" erfanden, nicht hochkommen. Als desinteressierte Angestellte des Münchener Außenpostens, der Regierung in Speyer, verwalteten diese drei ortsfremden Amtmänner über ein halbes Jahrhundert die Nordpfalz mehr schlecht als recht.

Nur dann, wenn die Monarchie in Gefahr schien, war es mit ihrer Laschheit plötzlich vorbei. Dann setzten die Beamten die Pickelhauben – Gendarmen und Polizeidiener – in Marsch. So auch am 19. Juli 1890. Drei Jahre nach der Gründung (!) des Alsenzer Steinmetzenvereins drang dieser an sich ungeheuerliche Vorgang an Hermann Espers chronisch vereitertes Ohr. Sofort wollte er vom Alsenzer Bürgermeister wissen, wer denn die Mitglieder und Initiatoren des Vereins seien, und ob jener auch eine Satzung habe. Hintergrund: Es stand eine Reichstags-Nachwahl ins Haus (weil der bisherige nationalliberale Wahlkreisabgeordnete, der ehemalige Frankfurter Oberbürgermeister Johannes Miquel, preußischer Finanzminister wurde), und die Gemeinde Alsenz war jene Kommune in Espers Reich, die mit den meisten sozialdemokratischen Stimmen aufwarten konnte: Schon bei der vorherigen Reichstagswahl vom 20. Februar 1890 landeten 46 SPD-Stimmen in der Alsenzer Wahlurne.

Bauern-Bürgermeister Wilhelm Dietz teilte Esper auf dessen Anfrage mit, daß „in dem Verein Politik betrieben" werde. Dietz war „ganz sicher, daß sämmtliche Stimmen, die bei der letzten Reichstagswahl dem sozialdemokratischen Kandidaten zufielen, von Mitgliedern des Fachvereins abgegeben" worden sind.

Die Behauptungen des Alsenzer Dorfoberhauptes waren nicht aus der Luft gegriffen. Natürlich machten Friedrich König und seine Vorstandsgenossen Karl Spieß, Frank Schrick, Friedrich Winold, Jakob Kilian, Christian Ludwig in der schummrigen Kneipe des Wirtes und Schneiders Georg Schworm in der Hauptstraße „Politik": Mobilisierung der Arbeiterschaft und ihrer Familien für die Ziele der Sozialdemokratie. Das schwante wohl auch dem sonst eher phantasielosen Bezirksamtmann. Esper: Es bestehe „hieramts die Vermuthung, die Vereinstätigkeit halte sich nicht immer genau an den in den Statuten niedergelegten Grundsatz, die Politik aus dem Spiel zu lassen", schrieb er an Dietz zurück und machte Druck, denn Esper wollte, daß der Steinmetzenverein sich und seine Ziele erkläre, um ihn so – als Partei – besser kontrollieren und damit ausschalten zu können. Esper an Dietz: „Es solle der Verein, falls jene Vermuthung zutrifft, seine politische Richtung erklären und sich den Bestimmungen der Art. 14 ff des Vereinsges. unterwerfen."

Schlau gedacht, denn die einschlägigen Artikel im bayerischen Vereinsgesetz, welches auch die Arbeit der „politischen Vereine", also der Parteien, regelte, gaben den Behörden das Recht, „Vereine zu schließen", wenn dieselben die „religiösen, sittlichen, gesellschaftlichen Grundlagen des Staates zu untergraben drohen".

Die Untergrabung fand statt, und selbst der entrüstete Amtmann in Kirchheimbolanden konnte nicht verhindern, daß diesmal 81 statt 46 SPD-Stimmen in der Alsenzer Wahlurne lagen, das waren genau 33,06 Prozent. Aufgeschreckt vom Wählerzustrom für die Sozialdemokratie unternahmen in der Folgezeit die staatlichen Instanzen alles, um den Genossen das Leben schwer zu machen. Schnüffler verfaßten wichtigtuerisch Sensationsberichte an die Ämtchen, Denunzianten hatten Hochkonjunktur, und Staatsdiener schrieben in den Versammlungen der Sozialisten eifrig mit.

Die Keimzelle der nordpfälzischen Sozialdemokratie

So blieb denn auch den Bürokraten und uniformierten Amtsträgern nicht verborgen, daß die Alsenzer Steinhauer nicht nur lokale Nabelschau betrieben, sondern auch gerade dabei waren, ein Netz von Stützpunkten über den gesamten pfälzischen Nordzipfel zu legen. Von Alsenz aus wurden gewerkschaftliche und sozialistische Ortsgruppen in Hochstätten, Odernheim und Staudernheim initiiert. Bürgermeister Dietz bestätigte dies am 15. Juli 1891 in einem zweiseitigen Brief an das Bezirksamt Kirchheimbolanden. „Zweifellos dürfte es wohl sein, daß die einzelnen Mitglieder dieser beiden Vereine [Alsenz und Staudernheim] gegenseitig in Verbindung stehen und wohl in politischen Angelegenheiten miteinander correspondieren … Daß diese sämmtlichen Personen wohl mehr oder weniger überzeugungstreue Socialde-

Anmeldung des Sozialdemokratischen Arbeiter-Wahlvereins Alsenz vom 25.10.1891 beim Kgl. Bezirksamt Kirchheimbolanden.

„Wir haben unterm heutigen Tag einen sozialdemokratischen Arbeiterwahlverein gegründet mit beiliegenden Statutten.
Der Vorstand ist wie folgt zusammengestellt. Gehorsamst, der Vorstand des Sozialdemokratischen Wahlvereins. Friedrich König I. Vorsitzender, Georg Eid, Schriftführer."

mokraten sind, dürfte zweifellos behauptet werden können. Weitaus der größte Teil der hiesigen Steinhauer bzw. Steinbrucharbeiter gehört der socialdemokratischen Partei an." Also „Partei". Wann der SPD-Ortsverein Alsenz gegründet worden ist, läßt sich heute nicht mehr rekonstruieren – möglicherweise sogar noch während des „Sozialistengesetzes", wahrscheinlich aber erst nach dessen Aufhebung am 30. September 1890; auf jeden Fall aber noch vor dem 25. Oktober 1891.

An jenem Tag teilte der 31jährige Steinhauer Friedrich König dem Königlichen

Bezirksamt in Kirchheimbolanden mit, daß man „unterm heutigen Tag einen Sozialdemokratischen Arbeiter-Wahlverein gegründet" habe, dessen Aufgabe es sei, „Mitglieder zu gewinnen, die dafür wirken, bei Reichstags- und Landtagswahlen, sowie bei Gemeindewahlen, Männer in die betreffenden gesetzgebenden Vertretungskörperschaften zu wählen, welche Sparsamkeit bei dem Haushaltsetat zu erzielen suchen, sowie das Wohl des gesammten Volkes im Auge behalten, dem gedrückten Arbeiter, Handwerker und Bauernstand zur Seite stehen." Offizieller Anlaß für diese Aktion war die Landtags-Nachwahl vom 4. November 1891.

Genutzt hatten die Aktivitäten übrigens wenig. Der 70 Jahre alte und kranke Bauer Karl Spies vom Schmalfelderhof rückte als Kandidat der Nationalliberalen in den Landtag nach – getreu der alten Devise, daß für die Sozialdemokraten in der kaiserlichen Nordpfalz noch nicht einmal ein Blumentopf zu gewinnen war. Unmittelbar vor und nach der Gründung des Alsenzer Arbeiterwahlvereins von 1891 inszenierte die Obrigkeit ein regelrechtes Kesseltreiben gegen die Genossen im Alsenztal. Es wurde vom Kirchheimbolander Bezirksamtsassessor Heinrich Rauchalles, der seinen kranken Vorgesetzten Esper vertrat, ausgelöst: Rauchalles gab Weisung, „die Versammlung durch einen Abgeordneten polizeilich zu überwachen und über den Verlauf kurz zu berichten" – und das, obwohl das „Sozialistengesetz" nun schon seit über einem Jahr in der Mottenkiste verschwunden war. Zunächst mußte Friedrich König, der auch diese Versammlung einberufen hatte, das Treffen beim Bürgermeister anmelden; der Wirt Georg Schworm hatte anschließend dem Amt schriftlich zu bestätigen, daß er die Arbeiter überhaupt in sein Lokal ließe. Und schließlich saß dort der Spitzel: Gemeindesekretär Stephan Brühl. Dieser lieferte Dietz das Material für den Bericht nach Kirchheimbolanden, wonach „der Verlauf der Versammlung ein ruhiger war" und, daß 50 Personen teilgenommen hätten, wobei der Sozialdemokrat Gustav Weichers aus Kirchheimbolanden „über die bekannten Dinge, über die alle social-dem. Agitatoren reden", gesprochen habe – also „Bedeutung der Arbeiter, Kapitalismus, Getreidezölle". Zum Schluß seien „sofort" 40 Personen dem Arbeiterwahlverein beigetreten.

Die Nervosität der Obrigkeit hatte aber auch noch einen anderen Grund: Immer mehr sozialistische Arbeiter „dienten" beim Militär. Die Paläste und Ministerien hatten Angst, daß sich dies eines Tages gegen sie wenden könnte. Bereits am 18. Februar 1890 beauftragte der Speyerer Regierungsdirektor Hermann von Wand „vertraulich" alle pfälzischen Bezirksämter, den Musterungsbehörden schon im Vorfeld mitzuteilen, welche Wehrpflichtigen „Anhänger der sozialdem. Partei" seien.

Die Obrigkeit zittert vor der neuen Macht

Diese Masche setzte sich noch bis kurz vor Ausbruch des Ersten Weltkrieges fort. In ihren „geheimen Berichten" denunzierten die Gendarmen Ludwig Hub (Ebernburg) und Heinrich Steitz (Gaugrehweiler) reihenweise militärpflichtige Arbeiter des unteren Alsenztals. Sie seien „unzuverlässig" und „religionsfeindlich", lebten aber andererseits „in geordneten Verhältnissen", würden gelegentlich „saufen", seien „tüchtig und fleissig", aber leider „socialistisch inficirt". Über den 20jährigen Steinhauer Georg Freudenberger hieß es im Juli 1906: „Er ist Mitglied des Deutschen Steinhauer-Verbandes, mit Ortsgruppe in Alsenz. Diesem Verein bezahlt Freudenberger schon seit einigen Jahren wöchentlich 40 Pfennig." Das „Sozialistengesetz" war längst aufgehoben, als es im Juli 1892 in Alsenz zum ersten großen Streik kam, weil die Unternehmer nicht mehr für das Arbeitsgerät aufkommen wollten. In Scharen verließen Steinhauer, Steinrichter und Hilfsarbeiter die Brüche. Die Zeitung schrieb: „Ein großer Teil der Arbeiter ist abgereist, um in auswärtigen Betrieben Arbeit zu übernehmen. Die großen Arbeitsplätze am Bahnhof bieten ein trauriges Bild: wo seither reges Treiben herrschte, ist vollständige Ruhe eingetreten."

Trotz der räumlichen und manchmal verwandtschaftlichen Nähe zu den Betriebsinhabern war das Klima zwischen Chef und Arbeiter auch im Alsenz des ausgehenden 19. Jahrhunderts nicht gerade angenehm. Mit dazu beigetragen hatte die dörfliche Struktur – die zahlenmäßige Übermacht borniertet Bauern und die Herrschaft der sogenannten „Respektspersonen". Beide Gruppen verachteten die Arbeiter und sahen in ihnen triebhafte Individuen, dem Suffe und Fraße ergeben, – und Habenichtse obendrein.

Tatsächlich, es prallten völlig verschiedene Welten aufeinander: Auf der einen Seite die Proletarier, deren extrem gefährliche Arbeit sowie die Aussicht auf einen frühen Tod (Staublunge) zwangsläufig zu einer anderen Lebenseinstellung und zu einem anderen Konsumverhalten führen mußte als bei denen auf der anderen Seite, bei den Bauern. Diese fühlten sich als „Grundbesitzer", die ihre Pfennige nach dem Motto: „Man weiß nie, was kommt", zusammenhielten.

Die Mitglieder der grünen Front waren allen möglichen Eskapaden, wozu sie selbst einen Kneipenbesuch zählten, abhold. Aber das allein war es nicht, was in den Krautern von Scholle und Schule den Haß anstachelte; vielmehr waren es die anderen Ansichten in den Köpfen der Arbeiter, die bei den von Nationalismus besoffenen Würdenträgern auf schroffe Ablehnung stießen. Mit „sozialer Gerechtigkeit", Freiheit und Gleichheit oder Pazifismus, den Grundideen der frühen Sozialdemokratie, vermochten weder Bürgermeister Wilhelm Dietz noch der protestantische Dorfpfarrer D. theol. Heinrich Drescher etwas anzufangen.

Drescher – er war von 1882 bis 1894 Pfarrer in Alsenz – hegte einen ganz besonderen Haß auf das Proletariat. Dem Lehrersohn aus Winterborn paßte überhaupt die ganze Richtung nicht. In seinem „Bericht über den Stand der Pfarrei Alsenz 1.1.85 - 31.12.88" meldete er im Januar 1889 dem Königlichen Dekanat Obermoschel: „Der Industrialismus und Materialismus der Zeit hat auch hier zu Lande die Herzen erobert. Erwerben und genießen – das ist die Losung; was darüber ist, ist unnötig und wertlos. Bei dieser auf das Materielle gerichteten Sinnesart bleibt für Gottesdienst und Kirche, für Religiosität und Sittlichkeit wenig Verständnis, wenig Liebe, wenig Teilnahme. So geringer aber die Freude an Gottes Wort ist, um so größer sind Genuß- und Vergnügungssucht. An mancherlei Gelegenheiten, diese zu befriedigen [fehlt es nicht], die zahlreichen Vereine sorgen für Bälle, Concerte, theatralische Vorstellungen u.d.gl."

Dann wird der Pfarrer deutlich: „Die Knaben der Arbeiterbevölkerung gehen schon von ihrem 10ten Lebensjahr an während der Schulferien-Zeit als Lehrlinge in die Steinbrüche, um dort sehr frühzeitig die geistigen Bazillen und Bakterien in sich aufzunehmen, die später das allmähliche Schwinden ihres religiös-sittlichen Eigentums herbeiführen müssen. Die politische

Parteileidenschaft, namentlich in den Wahlkämpfen auflodernd, ist auch für das kirchliche Leben von schädlichen Folgen. Der Geist der Jahre 1848/49 [scheint] noch immer fortzuleben, und lassen Manchen nicht erkennen, daß eine andere Zeit gekommen ist mit anderen Bedürfnissen und anderen Aufgaben."

Religiosität und Sittlichkeit waren es, die den Honoratioren gefährdet schienen. Die „andere Zeit" – das war die allmähliche Loslösung von den traditionellen, jahrhundertealten Strukturen. Der soziale Wandel, wie er zunächst in den Städten unter dem Einfluß emanzipatorischer Kräfte wie Sozialismus, Liberalismus und Freidenkertum einsetzte, erfaßte nun auch das platte Land.

Das bemerkte auch Pfarrer Drescher. In dem zitierten Bericht schreibt er: „Über das eheliche Leben und das Verhältnis beider Geschlechter zueinander sind laxe Ansichten gang und gäbe. Zwar ist der Prozentsatz unehelicher Geburten durchschnittlich nicht hoch (1885: 1 unter 65; 1886 2 unter 60; 1887: 1 unter 70; 1888:2 unter 70); dagegen ist in Alsenz fast zur Regel geworden, daß die Bräute ohne Myrthenkranz [zum Zeichen der 'Unschuld'] oder unverdientem Kranz an den Traualtar treten ... Für öffentliche Vergnügungen hat die große Mehrzahl weit mehr Zeit und Geld als für die Kirche. Die Vergnügungssucht ist über die Maßen groß. Das Verhalten dabei verstößt oft gegen Anstand und gute Sitte; doch sind Streitigkeiten und Schlägereien selten. Die Jugend wird frühzeitig eingeführt." Pfarrer Drescher vollendete sein Alsenzer Sittengemälde aus den späten Achtzigern mit der Feststellung: „Personen, die der Trunkenheit ergeben sind, sind vorhanden; dagegen sind Prozeßsüchtige dem Berichterstatter nicht bekannt. Wegen Meineides sind zwei Verurteilungen vorgekommen."

Schwieriges Terrain Nordpfalz

Das Auf und Ab der Alsenzer Arbeiterbewegung spiegelt sich auch im Zyklus der wirtschaftlichen Entwicklung wider. Gegen Ende des Jahrhunderts, als eine heißgelaufene Konjunktur immer wieder in tiefe Depression umschlug, als Banken und auf Spekulation aufgebaute Unternehmen reihenweise Konkurs machten, geriet auch das neue Reich ökonomisch in unruhiges Fahrwasser. Die Nordpfalz blieb davon nicht verschont. Es gab Phasen, da wurde in den Brüchen bis in die Nacht malocht, aber es kamen auch Monate, in denen Totenstille über dem Land lag. Für die Brucharbeiter hieß dies Abschied nehmen von zu Hause und Suche nach Arbeit und Brot in entfernt gelegenen Gebieten. Bis nach Hamburg und Schlesien fuhren viele, um einen Arbeitsplatz zu ergattern.

Das waren dann auch jene Zeiten, in denen den sozialistischen Vereinigungen vor Ort, der Gewerkschaft, der Partei, der Unterstützungskasse, die Luft ausging. Auch in Alsenz wurden Gewerkschaft und SPD mehrmals wiedergegründet – dann, wenn die Arbeiter wieder zu Hause waren.

Am 31. Oktober 1897 war es wieder einmal soweit. Eine Zahlstelle des Deutschen Steinarbeiterverbandes wurde eingerichtet. Das rief auch diesmal wieder den Bezirksamtmann Esper auf den Plan. Der Beamte wollte vom Bürgermeisteramt Ludwigshafen, dort existierte ebenfalls eine Steinarbeiter-Zahlstelle, wissen, ab „die dortige Organisation als politischer Verein erklärt oder sich selbst als solche bezeichnet hat". Auch jetzt ging es Esper wieder nur darum, das Alsenzer Vorhaben mit dem Partei-Stempel versehen zu können, weil sich damit, über das Vereinsgesetz, diese neue Organisation besser aushebeln ließe. Espers Recherchen – der Beamte in Kirchheim-

Reinold Rehberger

bolanden bemühte sogar das Berliner Polizeipräsidium – ergaben schließlich, daß der Steinarbeiterverband eine berufsständische Organisation mit dezentralem Charakter sei, die zwar einen aus zwei Personen bestehenden „Central-Ausschuß" besitze, dieser aber den Vereinen vor Ort weitgehend freie Hand lasse. Statuten gäbe es keine, meldete die Berliner Polizei nach Kirchheimbolanden, und das Verbandsblatt „Der Steinarbeiter" erscheine in Rixdorf „mit einer Auflage von 3.300 Exemplaren".

1897 war auch das Jahr, in dem in Alsenz wieder einmal ein Arbeiterwahlverein gegründet wurde. Fünfzehn Monate vor der nächsten Reichstagswahl hatten sich im „Weißen Roß" die Arbeiter versammelt, um an der „Besprechung über Gründung eines Arbeiter-Wahlvereins dahier" teilzunehmen. So jedenfalls hatte der Schriftsetzer G. K. König dem Bürgermeisteramt die Zusammenkunft annonciert. Für den Wirt Schlampp wurde diese Veranstaltung zu einer teueren Angelegenheit. Weil er die Ortspolizeibehörde nicht von dem Treffen informiert hatte – wozu er nach Artikel 2 des Vereinsgesetzes verpflichtet gewesen war – brummte ihm der Obermoscheler Amtsanwalt August Herr drei Mark Geldstrafe auf.

Was das Verhältnis zwischen Arbeitern und Obrigkeit in Alsenz mitunter so spannend und aus heutiger Sicht stellenweise vielleicht auch amüsant macht, ist die relative Unbefangenheit der neuen und die büttelhafte Borniertheit der alten Klasse. Als dem bayerischen Innenminister Max von Feilitzsch im Januar 1899 eine Zeitungsmeldung aus Kaiserslautern vorgelegt wurde, aus der hervorging, daß das dortige Landgericht den 16jährigen Steinhauer Gustav Spieß, der an einer Gewerkschaftsversammlung teilgenommen hatte, wegen Übertretung des Vereinsgesetzes freisprach

– nur Volljährige durften an politischen Versammlungen teilnehmen –, verschlug es dem Minister fast die Sprache. Sofort spitzte er den Justizminister an: „Wenn die Darstellung dieses Berichtes bezüglich der öffentlichen Versammlung, welche die Genossenschaft der Steinarbeiter in Alsenz am 7. August v. Js. veranstaltet hat, richtig sein sollte, so wäre die Freisprechung im Hinblick auf die Art. 13 und 15 des Gesetzes über die Versammlungen und Vereine unverständlich. Es wird deshalb der gefälligen Würdigung unterstellt, ob Anlaß gegeben sei, die Einlegung der Revision zu veranlassen." Justizminister Leopold von Leonrod wies die Staatsanwaltschaft in Kaiserslautern an, Revision gegen das Urteil einzulegen, und das Oberlandgericht München verdonnerte Spieß zu einer Mark Geldstrafe, weil die Alsenzer Versammlung „öffentlichen Charakter" gehabt habe. Über das Münchener Urteil dürfte sich Stephan Brühl, der Alsenzer Gemeindeschreiber, der sich zum Mitschreiben eingefunden hatte, gefreut haben. Denn der hatte Spieß – und mit ihm weitere Jugendliche – aufgefordert, das Lokal zu verlassen. Während die anderen gingen, blieb Spieß. Jetzt mußte er eine Mark zahlen und war vorbestraft – glänzende Voraussetzungen für eine bürgerliche Karriere im deutschen Kaiserreich.

Einigkeit macht stark

Es gehört zu den Randerscheinungen der frühen sozialistischen Jahre, daß Gewerkschafter und Parteigenossen untereinander oft wie Mitglieder einer Großfamilie verkehrten. Die Außenseiterposition in einer von lauter „Erfolgsmenschen" bestimmten Umgebung war den Menschen, die in den Brüchen schufteten, aufgezwungen; aber auch Verfolgung und allgegenwärtiges Unrecht, Ausbeutung und Haß von der Ge-

genseite, schweißten zusammen. Und: Wer Solidarität predigt, muß Solidarität leben. Wie eine große Familie mochte sich die Truppe der „socialistisch Inficirten" nicht nur in Alsenz der Öffentlichkeit präsentiert haben. Zwar konnte in der Nordpfalz von einer aufblühenden Arbeiterkultur mit eigenen Sport-, Gesang- und Bildungsvereinen, Unterstützungskassen und Geschäften (Konsum) nicht gesprochen werden, doch auch ohne diese Einrichtung fühlte man sich an der Alsenz nicht alleine gelassen.

In dieser Zeit, Anfang des neuen Jahrhunderts, spürten Nordpfälzer schon die Sogwirkung der Stadt. Kaiserslautern war bis 1897 die größte pfälzische Kommune – mit einem respektablen industriellen Potential: Maschinenbau, Metallverarbeitung, Spinnerei, Möbel- und Düngemittelfabrikation sowie einem halben Dutzend Brauereien. Hier saßen die Kommerzienräte zuhauf.

Hier lebten auch Eduard Klement und Peter Wolf: der eine, ein aus Westpreußen zugewanderter Ziseleur und späterer Gastwirt und Zigarrenhändler, der andere ein junger einheimischer Rechtsanwalt. Seit den Neunzigern war Klement der Beauftragte der von Ludwigshafen aus gesteuerten pfälzischen SPD für die Nordpfalz. Unermüdlich rackerte sich der Mann im Reichstagswahlkreis Kaiserslautern-Kirchheimbolanden ab – mal als Kandidat seiner Partei, aber noch viel öfter als Versammlungsredner oder Organisator von Kundgebungen und Ortsvereinsgründungen. Peter Wolf, der sich mehr um die Kommunalpolitik in Kaiserslautern kümmerte, stand als Anwalt den bedrängten nordpfälzischen Genossen bei und trat gelegentlich auch als Redner bei ihnen auf.

So auch am 1. Mai 1904, als die Alsenzer Sozialdemokraten zu einem Familienausflug auf den Stahlberg eingeladen hatten. Sie kamen mit Kind und Kegel und hatten auch gleich ihre Musikkapelle mitgebracht. Etwa 70 Menschen verbrachten den Tag an der stillgelegten Schachtanlage „Frischer Muth", bei Picknick und Tanz. Es war Sonntag und der 1. Mai im Deutschen Reich noch lange kein Feiertag. Der mit den Arbeitern sympathisierende Wirt Max Engel vom „Blauen Löwen" in Neubau rollte ein Bierfaß an. Unterdessen hatte Johann Baptist Mühlbauer, der Königliche Wachtmeister und Chef der Gendarmeriebrigade Rockenhausen, mit einigen Polizisten im Gasthaus Maurer Stellung bezogen. Denn Demonstrationen, so stand es im Gesetz, waren verboten. Am „Frischen Muth" schnüffelte der Polizeidiener Engel aus Dielkirchen durchs Unterholz. In regelmäßigen Abständen rannte er zu Mühlbauer, um ihn über den Verlauf der Versammlung zu informieren. Einen Tag später meldete der Gendarm dem Rockenhausener Bezirksamtmann Karl Pöhlmann: „Stadtrat Wolf aus Kaiserslautern habe eine Stunde lang über das Mailicht, Zukunftsverheißungen, Achtstundentag und gegen den Kapitalismus gesprochen. Er habe auch erwähnt, daß sie mit Gewalt nichts zwingen, sondern durch Verstärkung ihrer Partei ihren Zweck erreichen wollten. Aufreizungen oder Gehässigkeiten habe er in seiner Rede nicht durchblicken lassen. Um 7 1/4 Uhr marschierte genannter Verein unter Vorantritt einer 5 Mann starken Musikkapelle von Stahlberg heraus gegen den Neubau zu."

Genau das war verboten. Versammlung ja, Demonstration nein. Mühlbauer: „Vor der Wirtschaft Maurer ließ ich den Zug halten, erkundigte mich nach dem Leiter dessen, wo mir Stadtrat Peter Wolf, 37 Jahre alt, prot. in Kaiserslautern wohnhaft, als Anführer dieses Aufzugs bezeichnet wurde. Auf meine Bemerkung, daß ich ihn zur Bestrafung anzeige, erklärte er, das sei nicht schlimm, das koste ja nur 3,50 DM, welche Äußerung in der Strafanzeige gebührend Berücksichtigung finden wird. Nachdem dieser Verein Stahlberg verlassen hatte, wurde durch die sofort gepflogenen Recherchen konstatiert, daß erwähnter Verein vom 'Frischen Muth' aus in den Saal des Adjunkten Engel marschierte, von dort in 'Corpore' in die Wirtschaft Günther, von dort aus an die Wohnung des [kranken Arbeiters] Johannes Koch, dem ein Ständchen gebracht wurde."

Der große Streik von 1906

Solche Kabinettstückchen, aber natürlich auch in erster Linie die Verschärfung der Klassengegensätze, die um die Jahrhundertwende nun immer häufiger zutage traten, sowie die ständig wiederkehrenden Meldungen von Streiks in allen Industrierevieren des Reiches blieben in der Nordpfalz nicht ohne Wirkung.

Im Juli 1905 kam heraus, daß die Steinbrecher im unteren Tal schon seit 1901 zwei Stunden am Tag zuviel gearbeitet hatten. Ein Fabrikinspektor aus Speyer hatte es ihnen gesagt. Statt von 7 bis 18 Uhr wurden in Alsenz und Umgebung noch immer von 6 bis 19 Uhr Steine geklopft – zum selben Tagelohn versteht sich. Die Firmen führten zudem noch falsche Lohnlisten, um ihren Betrug gegenüber der Unfallversicherung zu vertuschen; einige der Klitschen führten überhaupt keine Beträge ab. Die Zeitung schrieb: „Unter den Mitgliedern der Baugewerksgenossenschaft herrscht zur Zeit große Erregung anläßlich einer Revision der Beiträge zur Unfallversicherung. Eine größere Anzahl von Arbeitgebern aus dem Münstertal wurde wegen unrichtiger Führung der Lohnlisten in Strafe genommen."

Bei ihrer Versammlung in Alsenz beschlossen die Steinbruchbesitzer im November 1905, Revision gegen die ergangenen Urteile einzulegen. Gleichzeitig drohten einige, zutiefst beleidigt, „infolge dieser namhaften Verkürzung und sonstiger mißlichen Verhältnisse wegen, die das Geschäft zu einem unrentablen machen, ihren Betrieb einzustellen".

Mit solchen Sprüchen erreichte die Stimmung unter der Arbeiterschaft ihren Siedepunkt. Als dann – wenige Monate später – sich einige Arbeitgeber auch noch an den Akkordlöhnen vergriffen, kam es zum Knall: Rund 200 Arbeiter legten im Februar 1906 in Alsenz Hammer und Brecheisen zur Seite und verließen die Brüche. Sie forderten: Abschaffung der Akkordarbeit, Einhaltung des gesetzlich vorgeschriebenen 9-Stunden-Tages sowie neue, gestaffelte und bestätigte Stundenlöhne von 50, 55 und 65 Pfennigen.

Was folgte, war der längste Arbeitskampf in der Geschichte der Nordpfalz. Er dauerte 18 Wochen und bescherte den Streikenden ein katastrophales Ergebnis: Mit ihren Forderungen bissen sie nicht nur bei den Wackenbaronen auf Granit, auch die eigene Front bröckelte gewaltig. Aus Angst, den wohnortnahen Arbeitsplatz für immer zu verlieren, fiel mancher Kumpel um. Etwa 50 Alsenzer fanden noch während des Streiks in verschiedenen Betrieben Kaiserslauterns eine neue Stelle, andere versuchten ihr Glück im Rhein-Main- oder Ruhrgebiet. Selbst die Vermittlungsbemühungen des Rockenhausener Bezirksamtmanns Georg Baer blieben ohne Erfolg – sehr zum Leidwesen auch der Bäcker, Metzger und Wirte in der mit 2.100 Einwohnern größten Gemeinde des neuen Bezirks Rockenhausen. Nach acht Wochen waren nur noch 30 Mann im Streik. Die anderen gingen, zum alten Lohn, wieder in die Betriebe zurück – angelockt vom Arbeitgeber-Ultimatum, wonach nicht mehr zu kommen brauche, wer sich bis August nicht gemeldet habe. Nur zehn bis zwölf Arbeiter kamen nicht mehr zurück.

Die Steinbruchbesitzer konnten sich ihres Sieges nicht lange erfreuen. Ein Jahr später, im Sommer 1907, ging die Nachfrage nach Material rapide zurück, und auch viele Alsenzer Arbeiter hatten inzwischen ihrem Dorf den Rücken gekehrt – manche sogar für immer. Das „Nordpfälzer Tageblatt" notierte am 30. November 1907: „Der Betrieb der hiesigen Steinhauereien wird von Tag zu Tag flauer. Die Arbeit wird von einigen Geschäften zeitweise auf einige Tage eingestellt. Es wäre für Alsenz und Umgebung sehr zu wünschen, wenn irgend eine Fabrik sich hier etablieren würde."

Möglicherweise hat der Streik der Nordpfälzer Steinindustrie den Garaus gemacht. Der Arbeiter und spätere Vorsitzende des SPD-Unterbezirks Karl Flohr erinnert sich: „Aber nicht allein die Arbeiter waren arm, sondern auch die Unternehmer waren verarmt und konnten sich nie mehr erholen. Die Aufträge, die selbst aus Berlin kamen, wurden während des Streiks sonstwohin verlagert."

Der Niedergang der Alsenzer Sandsteinindustrie

Wie immer: Das Geschäft mit Nordpfalz-Steinen war längst zu einer brüchigen Angelegenheit geworden. Schon 1901 war man in Alsenz wegen der ausbleibenden Aufträge und trotz des Referenzauftrages Reichstag, beunruhigt: „Die Aufträge aus Frankfurt, Wiesbaden und anderen Städten blieben dieses Jahr vollständig aus. Leider sind die Zeiten dahin, wo unsere weißgrünen Sandsteine Modeartikel waren. Alle öffentlichen Gebäude werden jetzt in roten Sandsteinen aufgeführt."

In diese Phase des Niedergangs der heimischen Steinindustrie fällt das Datum der Wiedergründung des SPD-Ortsvereins Alsenz, diesmal als dauerhafter Organisation. Das geschah 1905 auf Initiative des Steinhauers Theodor Kroll; Eduard Klement war Pate. Die Renaissance der Partei an der Alsenz wurde beflügelt vom Erfolg der Kaiserslauterer Genossen, deren Kandidat Klement am 17. Juni desselben Jahres in den Landtag gewählt wurde. 18 Jahre nach der Gründung der Steinmetzengewerkschaft beim Gastwirt und Schneider Georg Schworm bekam die Alsenzer Sozialdemokratie nun endlich Boden unter die Füße.

Bei diesem Beitrag handelt es sich um die überarbeitete Fassung meines in der Festschrift: 105 Jahre Sozialdemokratie in Alsenz. Beiträge zur Geschichte der Arbeiterbewegung in der Nordpfalz, Alsenz 1996, erschienenen Aufsatzes. Die meisten Zitate sind meinem Doppelband: Treudeutsch. Die Kaiserzeit in den Kantonen Rockenhausen, Winnweiler und Obermoschel (1870-1899) und Treudeutsch. Die Kaiserzeit im Bezirksamt Rockenhausen (1900-1918), Geldern 1994, entnommen.

Hans Kirsch

Sozialdemokratische Diaspora
Die Anfänge der SPD im Kuseler Land

Der westpfälzische Bezirk Kusel war von jeher ein ländlich geprägtes Gebiet. 1867 lebten in den drei Kantonen Kusel, Lauterecken und Wolfstein rund 40.000 Menschen, die zu 80 Prozent evangelisch waren. Das Gebiet um Schönenberg-Kübelberg und Waldmohr gehörte damals noch zum Bezirksamt Homburg und kam erst nach dem Ersten Weltkrieg zum Kuseler Bezirk. Von den 98 Gemeinden des Bezirks hatten nur vier – Kusel, Lauterecken, Wolfstein und Odenbach – mehr als tausend Einwohner, fast die Hälfte dagegen weniger als dreihundert. Arbeit fanden die Menschen hauptsächlich in der Landwirtschaft. Daneben gab es Steinbruchbetriebe in Rammelsbach und Theisbergstegen, Tuchfabriken in Kusel sowie Maschinen- und Drahtfabriken in Kusel und Altenglan. Doch die starke industrielle Entwicklung, die es in der zweiten Hälfte des 19. Jahrhunderts in anderen Teilen der Pfalz gab, ging am Kuseler Land weitgehend vorüber. Hier verdienten 1907 noch immer 60 Prozent der Beschäftigten ihren Lebensunterhalt in der Landwirtschaft.

Politische Verhältnisse in den 70er und 80er Jahren

Politisch lag die Macht im Bezirk seit der Reichsgründung fest in nationalliberaler Hand, obwohl es erst 1884 zur Gründung eines Nationalliberalen Wahlvereins kam. Weiter gab es seit dem Jahr 1881 in Kusel einen „Volksverein", dessen Zweck die „Einführung und Durchführung demokratischer Grundsätze mit dem Standpunkt der deutschen Volkspartei" war. 1894 schließlich entstand aus Protest gegen die Freihandelspolitik der Reichsregierung und der Nationalliberalen eine Wahlkreisorganisation des konservativen „Bundes der Landwirte". Vertreter des Reichstagswahlkreises Homburg-Kusel war seit 1871 der Deidesheimer Weingutbesitzer Armand Buhl, Vorsitzender der pfälzischen Nationalliberalen und Anhänger Fürst Bismarcks. Als der „Eiserne Kanzler" 1878 das Sozialistengesetz durchsetzte, betonte Buhl, daß er die Bestrebungen der Sozialdemokraten als „gefährlich für den Bestand unserer modernen Kultur" ansehe, und er hoffe, daß es gelingen werde, „gesetzliche Bestimmungen zu vereinbaren, die der Gefahr wirksam begegnen".

Im Bezirk Kusel gab es zu dieser Zeit allerdings noch keinerlei sozialdemokratische Regungen. Bei den Arbeitervereinen, die sich ab 1869 bildeten, handelte es sich jedoch nicht um politische oder gewerkschaftliche Kampforganisationen, deren Ziel die soziale und rechtliche Besserstellung der Arbeiter in einer sich industriell verändernden Gesellschaft gewesen wäre. Es waren vielmehr reine Geselligkeits- und Unterstützungsvereine, die zudem politisch national und konservativ geprägt waren. Und gewerkschaftliche Aktivitäten gab es im Bezirk Kusel erst nach der Jahrhundertwende. So konnte der Kuseler Bezirksamtmann im Rahmen des Vollzugs des Sozialistengesetzes bis 1890 regelmäßig „Fehlanzeige" an die Regierung in Speyer melden. Und doch kam es gerade im letztgenannten Jahr zu ersten sozialdemokratischen Aktivitäten im Kuseler Raum.

Erste sozialdemokratische Aktivitäten

Auf dem pfälzischen Arbeitertag der SPD im September 1889 in Neustadt beschlossen die Delegierten, daß die Partei bei der Reichstagswahl 1890 in allen pfälzischen Wahlkreisen antreten solle, auch in Bergzabern-Germersheim und Homburg-Kusel, wo es bisher noch keine sozialdemokratischen Kandidaturen gegeben hatte. Zum Kandidaten für den Wahlkreis Homburg-Kusel wurde Franz Josef Ehrhart bestimmt. Die Wahl fand am 20. Februar 1890, einem Donnerstag, statt. Und wenige Tage zuvor geschah etwas, was es im Kuseler Bezirk bis dahin noch nicht gegeben hatte: sozialdemokratische Agitation. Die Kuseler Gendarmerie erhielt am Sonntag, dem 16. Februar, Kenntnis davon, daß in der Stadt Flugblätter verteilt würden. Sofort begann sie mit ihren Ermittlungen, bei denen sich herausstellte, daß tatsächlich Flugblätter in mehreren Wirtschaften ausgelegt worden waren. Es handelte sich um gedruckte Exemplare, deren vollständiger Text uns leider nicht bekannt ist. Er begann mit „Arbeiter, Handwerker, Kleinbauern! In wenigen Tagen, am 20. Februar…" und endete mit der Aufforderung „schreibe deutlich darauf: Franz Josef Ehrhart in Ludwigshafen".

Der Verdacht, die Flugblätter verteilt zu haben, fiel sofort auf den 35jährigen, aus Posen stammenden Schlossergesellen Karl Scholl, der in der Maschinenfabrik Gilcher in Kusel arbeitete. Seine Wohnung wurde von der Gendarmerie unverzüglich durchsucht. In der anschließenden Vernehmung gab Scholl folgendes an: „Vorige Woche, den Tag weiß ich nicht mehr genau, erhielt ich von Herrn Huber aus Ludwigshafen einen Brief, worin mich derselbe ersuchte, für die Sozialdemokratische Partei Wahlrufe in hiesiger Stadt zu verbreiten. Da ich der Sozialdemokratischen Partei angehöre, sagte ich Herrn Huber zu. Am Sonntag, den 16. Februar, abends, ging ich nun auf die hiesige Post und nahm die an mich gesendeten Wahlrufe in Empfang und verteilte dieselben in verschiedenen Wirtschaften, als: August Dick, Wand, Hermann Fritz und Heß. Ich glaubte hierzu berechtigt zu sein und setzte voraus, daß Herr Huber keine ungesetzliche Handlung von mir verlangt. Die anderen Parteien verteilen auch Wahlrufe ungehindert, also muß ich annehmen, daß dieses auch die Sozialdemokraten tun dürfen. Die Zahl der an mich gesandten Wahlrufe kann ich nicht angeben, weil ich dieselben nicht gezählt habe. Es können etwa fünfzig bis sechzig Exemplare gewesen sein."

Die von der Polizei aufgefundenen Flugblätter wurden sofort beschlagnahmt und dem Bezirksamt übergeben. Bei den Patrouillengängen der Gendarmerie konnten in den benachbarten Orten keine weiteren Exemplare gefunden werden. Der Bezirksamtmann, der das Verteilen der Flugblätter für einen Verstoß gegen das zu dieser Zeit noch geltende Sozialistengesetz hielt, meldete den Vorfall sofort der pfälzischen Regierung in Speyer.

Beim Bezirksamt Ludwigshafen fragte er an, ob das Flugblatt dort verboten worden sei. Die Antwort fiel jedoch anders aus als erwartet: „Von einem Verbot des fraglichen Flugblattes hier nichts bekannt; diesseits nicht verboten." Daraufhin gab die Gendarmerie die Flugblätter wieder an den Verteiler Karl Scholl zurück. Bei der Wahl am 20. Februar 1890 erreichte die Nationalliberale Partei im Wahlkreis Homburg-Kusel wieder die absolute Mehrheit. Für den sozialdemokratischen Kandidaten Ehrhart entschieden sich 94 Wähler, das waren 0,8 Prozent aller Stimmen.

Der Bezirksamtmann berichtete nach Vorliegen des Ergebnisses unverzüglich an die Regierung in Speyer: „Den Bemühungen eines dahier in der Gilcherschen Maschinenfabrik beschäftigten Schlossers Karl Scholl, der mit dem bekannten Socialdemokraten Josef Huber in brieflichen Verkehr getreten war, gelang es, eine für die hiesige Arbeiterbevölkerung ziemlich hohe Zahl der Stimmen für den Kandidaten der Socialdemokraten, Tapezierer Ehrhart in Ludwigshafen, zusammenzubringen (Kusel 34, Diedelkopf 14, Blaubach 12 Stimmen). Ich glaube nicht, daß unter den Arbeitern dahier viele Männer der Socialdemokratie thatsächlich gewonnen wurden. Ich vermag aber nicht zu verhehlen, daß die niedrigen Löhne, die besonders in einer Fabrik dahier bezahlt werden, manchen Arbeiter umso eher bedungen haben, dem socialdemokratischen Kandidaten seine Stimme zu geben, der den Arbeitern goldene Berge versprach."

Bildung sozialdemokratischer Wahlvereine

Sieben Jahre dauerte es nun, bis die Bemühungen der Sozialdemokraten um eine bessere Organisation auf dem Lande endlich auch den Kuseler Raum erreichten. Am 18. Juli 1897 trafen sich in Altenglan eine Anzahl Männer und gründeten den „Sozialdemokratischen Wahlverein Altenglan und Umgegend".

Erster Vorsitzender war Friedrich Becker, die übrigen Vorstandsmitglieder sind uns nicht bekannt. Als Ziele legte man in der Satzung fest: „Gegenseitige Belehrung durch Vorträge und Besprechung über kommunale, politische, nationalökonomische und wirtschaftliche Tagesfragen, um zur Zeit der Klassen den Interessen der Arbeiterschaft Geltung zu verschaffen." Am 20. September 1902 entstand auch in Kusel ein Sozialdemokratischer Verein. Unter dem Vorsitzenden Hans Greim gaben sich die Mitglieder eine Satzung, in der sie erklärten, „für die Grundsätze und Bestrebungen der Sozialdemokratie einzutreten, für politische und wirtschaftliche Aufklärung zu wirken und insbesondere auch bei Wahlen die Kandidaturen der Sozialdemokratischen Partei zu unterstützen". Neue Vereine konstituierten sich danach 1904 in Mühlbach, 1905 in Bedesbach, 1907 in Rammelsbach und 1909 in Ulmet.

Nach dem Jenaer Parteitag von 1905, der den Ortsvereinen ihre Selbständigkeit genommen hatte, war auch im Wahlkreis Homburg-Kusel eine sozialdemokratische Wahlbezirksorganisation ins Leben gerufen worden. Vorsitzender war 1909 Karl Koch aus Erdesbach. Bei einer Tagung im März 1910 hieß es: „Der Kreis der Genossen, der sich an unserer Arbeit beteiligt, wird immer größer; die Zahl der Orte, die Delegierte entsenden, mehrt sich." Genannt werden die Orte Homburg, Altenkirchen, Breitenbach, Brücken, Dittweiler, Frohnhofen, Gries, Kübelberg, Erdesbach und Rutsweiler. Im Jahre 1913, in dem es auch in Krottelsbach einen Sozialdemokratischen Verein gab, waren im Wahlkreis Homburg-Kusel insgesamt 515 Parteimitglieder registriert; 1914 gab es im Wahlkreis 14 sozialdemokratische Vereine.

Aufschwung vor dem Ersten Weltkrieg

Bei den Reichstagswahlen konnten die Sozialdemokraten im Wahlkreis Homburg-Kusel nach 1890 nur langsam Zugewinne erzielen. 1893 erhielten sie 99 Stimmen, kaum mehr als drei Jahre zuvor. Im Januar 1898 errangen sie dann mit 835 Stimmen (5,7 Prozent) ein deutlich verbessertes Ergebnis, wobei der größte Teil der Stimmen, nämlich 668, aus dem Kuseler Bezirk kam. Schon fünf Monate später mußte nach dem Tode des nationalliberalen Mandatsinhabers neu gewählt werden, wobei der Stimmenanteil der Sozialdemokraten leicht auf 5,3 Prozent zurückging. Bei der Wahl 1903 konnte die SPD ihre Stimmenzahl dann fast verdoppeln und erreichte 10,2 Prozent. Einen erneuten Rückgang auf 8,4 Prozent mußte die Partei bei der „Hottentottenwahl" des Jahres 1907 hinnehmen. Die Wahl 1912 schließlich brachte für die Sozialdemokraten im Wahlkreis Homburg-Kusel das

Anmeldung der ersten, von Jean Hauck für den 21.11.1897 einberufenen sozialdemokratischen Versammlung im Raum Kusel vom 17.11.1897 in Kusel.

beste Vorkriegsergebnis mit 17,4 Prozent. Dabei kamen von den 3.645 Stimmen, die der Kandidat Friedrich Profit erhielt, 1.862 aus dem Kuseler Bezirk und 1.783 aus dem Bezirk Homburg.

Am Vorabend des Ersten Weltkriegs hatten die Sozialdemokraten nach schwierigen Jahren des Beginns also auch im Kuseler Land Fuß gefaßt. Schwerpunkte lagen dabei in Rammelsbach, Kusel, Altenglan, Lauterecken und Waldmohr. Allerdings blieb die SPD hinter dem Bund der Landwirte und den Nationalliberalen auch weiterhin nur drittstärkste Partei. Bei der letzten Landtagswahl vor dem Weltkrieg, ebenfalls im Jahr 1912, erreichte die Partei im Wahlkreis Kusel mehr als 20 Prozent der Stimmen. Bei den Gemeinderatswahlen allerdings blieben sozialdemokratische Mandate auf ganze sieben Gemeinden beschränkt.

Schwierigkeiten in ländlicher Gesellschaft

Bei einem Vergleich mit anderen pfälzischen Bezirken wie etwa Ludwigshafen, Kaiserslautern oder Frankenthal wird deutlich, daß die sozialdemokratische Bewegung dort bereits viel stärker entwickelt und dementsprechend auch erfolgreicher war. Woran lag das vor allem? Wichtigster Grund war zweifellos die Tatsache, daß es im Bezirk Kusel einen überdurchschnittlich hohen Anteil an landwirtschaftlich Beschäftigten gab. Zwar versuchten die bayerische und die pfälzische Partei, auch die Kleinbauern mit sozialdemokratischem Gedankengut vertraut zu machen. So gab der bayerische SPD-Führer und Landtagsabgeordnete Georg von Vollmar bereits 1893 eine Flugschrift heraus mit dem Titel „Für Wahrheit, Freiheit und Recht. Was dem Bauer, Bürger und Arbeiter helfen könnte." Im Landtag machte er die Lage der Bauern zum Gegenstand eines Antrages. In der Begründung wies er darauf hin, daß die Leiden der kleinen und mittleren Bauern den Leiden der Lohnarbeiter wesensgleich seien. Deshalb müsse auch der Kampf, den die Bauern zu führen hätten, der gleiche sein, den auch die Arbeiter, die Sozialdemokratie führten. Vollmar rief die Bauern zur Organisation und zur festen Verbindung mit der Arbeiterschaft auf. Dadurch würden sie die Macht erlangen, den Staat zu zwingen, die Ausbeutungsfähigkeit des Kapitalismus immer mehr einzuschränken.

Der Vollmarsche Gedanke eines sozialdemokratischen Bauernprogramms schien sich anfänglich in der Sozialdemokratie auch durchzusetzen. Der Frankfurter Parteitag 1894 nahm eine Resolution an, die die Notlage der Bauern und Landarbeiter durch eine gründliche Reform gelindert wissen wollte. Ein besonderer Agrarausschuß sollte dazu Vorschläge erarbeiten. Mit diesen Vorschlägen beschäftigte sich der Parteitag 1895 in Breslau. Nach erregten Debatten lehnten die Delegierten den Antrag der Agrarkommission schließlich ab. Eine von Karl Kautsky eingebrachte Resolution begründete dies damit, daß eine Hebung der Lage der Bauern eine Stärkung des Privateigentums bedeute; ferner weise der Entwurf dem Ausbeuterstaat neue Machtmittel zu und erschwere dadurch den Klassenkampf des Proletariats. Damit war die von den bayerischen Sozialdemokraten eingeleitete Annäherung an die Landwirtschaft vorerst gescheitert.

Den Bauern war auch eine geräuschvolle, lärmende politische Agitation, wie sie in den Industriegebieten üblich war, zuwider. Mit Schlagworten und theoretischen Erörterungen waren sie nicht zu gewinnen. Dazu kam die strikte Ablehnung von Agrar-Schutzzöllen durch die SPD. Dieser sozialdemokratische Standpunkt, der die große städtische Arbeiterschaft vor der Verteuerung der Lebensmittel bewahren sollte, erschwerte eine Annäherung an die in der Landwirtschaft Tätigen ungemein. Diese wählten lieber nationalliberal oder den Bund der Landwirte, der energisch für Schutzzölle eintrat und eine steuerliche Schonung der Bauern verlangte.

Behinderungen durch lokale Autoritäten

Neben den Nachteilen, die der SPD durch die ländliche Struktur erwuchsen, gab es immer wieder Diskriminierungen durch Behörden und sonstige Institutionen. Der „Kuseler Anzeiger" titulierte die Sozialdemokraten mit Vorliebe als „vaterlandslose Gesellen". Das katholische Pfarramt Kusel untersagte bei der Beerdigung eines Rammelsbacher Sozialdemokraten die priesterliche Begleitung und alle kirchlichen Begräbnishandlungen, falls die SPD die Träger stellte oder als Korporation mit einer Fahne teilnehme. Die Regierung der Pfalz stellte den Militärbehörden Listen zur Verfügung, in denen alle Rekruten verzeichnet waren, die als Anhänger oder Förderer der Sozialdemokratie galten. In den Satzungen der Krieger- und Militärvereine des Bezirks war die Bestimmung enthalten, daß alle jene Mitglieder aus dem Verein ausgeschlossen werden, „welche sich offen zur Sozialdemokratie bekennen oder aber Anlaß geben, sie dazu zu überführen". Als der Altenglaner Turnverein 1904 einen Sozialdemokraten zum Vorsitzenden wählte, erklärte der Gauturnrat, daß dies mit den Grundsätzen der deutschen Turnerschaft nicht vereinbar sei und verlangte die Abwahl. Der Verein aber hielt geschlossen zu seinem Vorsitzenden und trat aus dem Gauturnverband aus.

Bei der Vorbereitung der Landtagswahl 1905 „vergaß" es der Gemeindeschreiber beim Bürgermeisteramt Rammelsbach, hundert Personen in die Wählerliste einzutragen, wobei sich herausstellte, daß es sich bei den „Vergessenen" ausschließlich um Arbeiter handelte. In Kusel beraumte der Feuerwehrkommandant ausgerechnet immer dann Feuerwehrübungen an, wenn die SPD eine Versammlung hatte. Und noch im Reichstagswahlkampf 1912 wurden den Sozialdemokraten im Wahlkreis Homburg-Kusel wie zu Zeiten des Sozialistengesetzes Lokale für Versammlungen verweigert.

Doch alle Diskriminierungen konnten nicht verhindern, daß sich auch im Kuseler Land die Sozialdemokraten bis zum Ersten Weltkrieg immer stärker etablierten. Sie hielten sich dabei an den Rat des Ortsvereins Waldmohr, der 1909 geschrieben hatte: „Mögen die Genossen nur auf der betretenen Bahn weiterarbeiten, die Erfolge können dann nicht ausbleiben."

Dieser Beitrag beruht auf: Hans Kirsch, Für Freiheit, Gleichheit und Recht. Die Anfänge der Sozialdemokratie im Kuseler Land, Kusel 1991.

Michael Staudt

Hugo Dullens und die Entstehung der saarpfälzischen Sozialdemokratie

Kontrolle, Bespitzelung, Verhaftung und Repressalien durch Behörden, Kirchenvertreter sowie Arbeitgeber bildeten die „Ecksteine" im politischen Leben der ersten Sozialdemokraten im saarpfälzischen Raum. Die staatstragende Presse machte gezielt Stimmung gegen die „roten Blutläuse", wie sie der spätere Vorsitzende der Bergwerksdirektion Saarbrücken, Ewald Hilger, zu nennen pflegte.[1] Die unerbittliche Härte der gesellschaftlichen und sozialen Ächtung kam einem mittelalterlichen Bannspruch gleich: „Wir halten es aber an der Zeit", schrieb beispielsweise die „Dudweiler Zeitung" 1891 in ihrer Unterhaltungsbeilage, „daß sich alle besseren Elemente zusammenscharen und energisch gegen eine Partei, die gegen Staat, Ordnung, Gesetz und Kirche ist, auftreten ... Noch ist es Zeit, noch ist es nicht zu spät, die Sozialdemokratie in unserem Land wie dürres Laub von einem Baume abzuschütteln ... Macht Front gegen die Ausgeburten unserer Zeit!"[2]

Diese politischen, sozialen und kulturellen Vorurteile lassen sich auf eine Figur vereinigen, der 1909 als „Kämpfer für Freiheit und Recht" von der sozialdemokratischen Bewegung ein kleines Denkmal gesetzt wurde: Hugo Dullens, geboren am 2. November 1827 in Ibbenbüren/Westfalen, gestorben am 13. März 1904 in St. Ingbert. „Dullens war eine Mischung aus mehrfach verurteiltem Landstreicher, politischem Agitator und schrulligem Kauz, der sogar dem Saarbrücker Landrat das Patent einer Schiffsschraube verkaufen wollte".[3]

Erstes Auftreten von Dullens

Schon sein erstes Auftreten in der damals noch zu Bayern und zur Pfalz gehörenden jungen Industriemetropole St. Ingbert wurde mißtrauisch beobachtet. Der Stadtrat entschloß sich umgehend zur Ausweisung, „weil durch ein längeres Verweilen desselben in der Stadt St. Ingbert die öffentliche Sicherheit und Sittlichkeit gefährdet erscheint".[4] Die Begründung formulierte die Stadtratsversammlung unter dem Vorsitz des Bürgermeisters Heinrich folgendermaßen: „Derselbe [Hugo Dullens] treibt sich beschäftigungslos in der Stadt umher und kann sich über eine geregelte Tätigkeit nicht ausweisen. Nach seinen vielen Vorstrafen zu schließen, scheint er eine solche auch nicht anzustreben, sondern von Tag-Diebereien, Betrügereien und Fälschungen leben zu wollen; und steht im Gerufe sozialdemokratischer Bestrebungen, wie die bei ihm aufgefundenen Aufrufe und Schriften sozialdemokratischen Inhalts beweisen, und steht er nach seinem heimlichen Postverkehr zu schließen mit auswärtigen Sozialdemokraten in Verbindung. Hiernach ist es zu befürchten, daß dessen Einfluß den Leuten hiesiger Gegend, worunter zahlreiche Bergleute, in ihrer monarchischen Gesinnung ... großes Unheil anrichten könnte, zumal die Arbeiterbevölkerung hiesiger Gegend von socialen Ideen noch frei ist. Es ist daher nicht einzusehen, warum ein so gefährlicher Mensch in hiesiger Stadt geduldet werden soll".[5]

In der Tat blieb die saarpfälzische Region lange Zeit unberührt von jeglicher sozialdemokratischer Agitation, obwohl der aufstrebenden Industriemetropole durchaus ein günstiger Nährboden für sozialdemokratische Ideen vorausgesagt worden war. So stellte bereits 1849 der pfälzische Revolutionär Gottfried Kinkel anläßlich eines Besuchs in St. Ingbert fest, „daß die Stadt mit einer Arbeiterbevölkerung von mehr als 1.000 Seelen künftig zu einer Rolle in der Bewegung bestimmt ist".[6] Während in der Pfalz aber in den 60er und 70er Jahren erste sozialdemokratische Ortsgruppen und Wahlvereine gegründet wurden, konnte der nationalliberale St. Ingberter Hüttendirektor Krämer beruhigt gegenüber dem zuständigen Bezirksamt im Jahre 1875 feststellen: „Der weitaus größte Teil der Arbeiter ist entweder hier oder in den benachbarten Orten ansässig, besitzt [ein] Haus und etwas Land, gehört daher den konservativen Elementen zu. Eine sozialdemokratische Partei existiert hier nicht".[7] 1887 wurden heimlich sozialdemokratische Wahlaufrufe unter St. Ingberter Haustüren geschoben. Ohne zählbaren Erfolg bei den Reichstagswahlen.

Verfestigung sozialdemokratischer Bestrebungen

Erst ab 1889 kam es zu gezielter sozialdemokratischer Agitation in der Saarpfalz. Der Pirmasenser Sozialdemokrat Philipp Keidel stattete St. Ingbert in diesem Jahr einen Besuch ab. „Die Stimmung unter den Arbeitern", so weiß ein Polizeispitzel über die Ausführungen Keidels in einer SPD-Versammlung zu berichten, „sei sehr günstig für ihre Partei ... Er [Keidel] sei nicht dort gewesen um aufzuwiegeln, sondern die Stimmung zu hören, weil bei der letzten Reichstagswahl keine Stimme dort für ihre Partei abgegeben worden sei, worauf ihm erwidert wurde: 'Die Stimmung sei gut, allein sei bis jetzt noch keiner dagewesen, der was gesagt habe'".[8]

In der Periode der großen Streiks der Bergarbeiter an der Saar (1889 - 1893) versuchten die Pirmasenser Sozialdemokraten, Einfluß auf die örtliche Bergarbeiterbewegung zu nehmen. Schon bei der Reichstagswahl im Jahre 1890 konnten die Sozialdemokraten aus dem Stand überraschende Erfolge erringen. Die vermeintlich heile katholische Welt geriet ins Wanken und Grü-

Anzeige einer Bergarbeiter-Versammlung vom 19.10.1890 in der „St. Ingberter Zeitung".

Sonntag, den 19. Oktober, Nachmittags ½4 Uhr
im Saale von Peter Schweitzer (Höfchen):

Allgemeine

Bergarbeiter-Versammlung.

Tages-Ordnung:
1. Berichterstattung über den 1. deutschen Bergarbeitertag.
2. Verschiedenes.

Um zahlreiches Erscheinen ersucht

Der Einberufer:
Peter Groß.

beln. Der Katholische Klerus war geschockt: seine christliche Bergarbeiterschaft nahm die Regelung ihrer Angelegenheiten mit der Gründung von Rechtsschutzvereinen selbst in die Hand.

Ab Sommer 1890 legte Hugo Dullens mit der Fortführung der Arbeit des Arbeiterwahlvereins den Grundstock für eine dauerhafte sozialdemokratische Vereinskultur vor Ort. Die Reichstagswahlen 1893 brachten ihm den Lohn für seine unermüdliche Arbeit: 20 % der abgegebenen gültigen Stimmen entfielen auf den sozialdemokratischen Reichstagskandidaten.[9] Ein mehr als respektables Ergebnis, zumal die Nationalliberalen und das Zentrum mit dem Slogan in die Wahl gezogen waren: „Ein christlicher und patriotischer St. Ingberter wählt keinen Sozialdemokraten!" Am 3. Oktober 1899 konnte Hugo Dullens dem Bürgermeisteramt St. Ingbert stolz berichten, „daß sich unterm 1. October hier im Lokale von Peter Redel ein sozialdemokratischer Verein" gebildet hat, dessen Vorstand er angehöre.

Unermüdliche Agitation

Auch in der Folgezeit betrieb er unermüdlich die Verteilung von Flugblättern, sozialdemokratischem Schriftgut und bemühte sich ab 1901 wieder verstärkt um die neuaufkeimende Bergarbeiterbewegung. Bis ins Grab verfolgte ihn, der die Gesellschaft polarisierte, die Häme seiner Gegner, die seine Agitationsarbeit zu verhindern suchten.

Die „Pfälzische Post" berichtete in ihrer Ausgabe vom 18. März 1904 über die näheren Begleitumstände seiner Beerdigung und kritisierte Roheit unter der St. Ingberter Bevölkerung: „Eine solche Roheit, eine solche Gefühllosigkeit, solche geringe Achtung vor einem Toten ist uns in unserem Leben noch nicht begegnet. Gemein ist es, wenn Leute mit abgewandtem Gesicht den Leichenzug passieren lassen, oder den Hut auf dem Schädel den Leichenzug vorbeilassen. Wenig Ehrfurcht hat man selbst auf dem Friedhof, der durch die große Zahl der dort Ruhenden eine geheiligte Stätte ist, gezeigt. Erbarmungslos wurde alles niedergetrampelt. Selbst das Tor, das, nachdem der Leichenzug passiert war, von der Polizei geschlossen wurde, hat man aufgesprengt ... Unsere auswärtigen Genossen waren geradezu empört über die zur Schau getragene Gefühllosigkeit und Roheit".[10]

Gerade im Hinblick auf die Person Hugo Dullens' lassen sich damit alle Schwierigkeiten belegen, denen die Sozialdemokratie in dieser Region bis zum Ersten Weltkrieg ausgesetzt war. Allein die rege Tätigkeit, die Dullens als Verteiler sozialdemokratischer Flugblätter, Wahlzettel und Zeitungen entwickelte, war Anlaß genug für die Behörden, ihn ängstlich und aufmerksam zu überwachen.

Mit den umfangreichen Überwachungsberichten entstand mit den Jahren eine regelrechte Personalakte Hugo Dullens. Sie ist eingeordnet in die „Akten betreffend die Ausführung des Reichsgesetzes gegen die Socialdemokratie". Sie ist auch Zeugnis von den unermüdlichen Bemühungen der Behörden, sich ein erklärendes Bild von diesem Sozialdemokraten zu machen.

Widersprüchliche Charakterisierungen

Die behördlichen Charakterisierungen sind zuweilen sehr widersprüchlich. Einerseits wird Hugo Dullens als einfältiger provinzieller Agitator bloßgestellt, andererseits werden alle seine Tätigkeiten akribisch überwacht und zunehmende Agitationserfolge beklagt. Immer wieder wurde vergeblich versucht, Hugo Dullens aus dem Saarraum auszuweisen, obwohl der Saarbrücker Landrat Maximilian von Voss in einem Wochenbericht aus dem Jahre 1887 an die Regierung in Trier schrieb: „Übrigens wird man die Gefährlichkeit dieses Menschen nicht gerade sehr hoch anzuschlagen haben, nach vielfachen persönlichen Wahrnehmungen und den fortgesetzten Beobachtungen der Polizeiorgane kann ich dem geistig verfahrenen und kindlich-phantastischen Menschen, der seine sozialistischen Hirngespinste in ungeschicktester Weise an den Mann bringt und sie mit Gründen gar nicht zu vertreten weiß, die Bedeutung eines Agitators schlechterdings nicht beimessen. Zudem wird der Eindruck, den die Schwätzereien des in den drei [Saar-]Städten ... fast allgemein bekannten greisen Strolches an sich machen könnten, durch den Umstand wesentlich beeinträchtigt, daß die ihm wegen eines gemeinen Verbrechens – Urkundenfälschung – widerfahrene Bestrafung mit Zuchthaus ja mehr und mehr zur Kenntnis gelangt ist. Die von ihm etwa zu befürchtende Förderung aufwieglerischer Ideen beschränkt sich auf die allerdings früher von ihm unternommene Verbreitung sozialdemokratischer Zeitungen".[11]

Bezeichnend für seine politische Mission ist in der Tat der Auszug aus dem Strafregister: allein bis 1895 verzeichnet das Register insgesamt 74 Monate Gefängnis- und Zuchthausstrafen sowie 153 Geldstrafen nicht nur wegen betrügerischen Bankrotts, Urkundenfälschung und Jagdvergehens, sondern eben auch wegen zahlreicher Verstöße gegen das Sozialistengesetz. Wenig schmeichelhaft sind auch die weiteren Erörterungen des Saarbrücker Landrats in seinen regelmäßigen Berichten nach Trier: „Keineswegs ein gefährlicher Agitator, da er bei seinem zerfahrenem, schwatzhaften Wesen schwerlich auf irgend Jemanden Eindruck zu machen im Stande ist und jedem sein unstetes Leben bekannt ist und in den letzten Jahren auch wohl sehr bittere Entbehrungen seine physischen Kräfte zu Grunde gerichtet zu haben scheinen".[12]

Hugo Dullens ist aber keineswegs der einfältige und ungeschickte Agitator, zu dem ihn die Behörden stempeln. So heißt es an anderer Stelle: „Er ist ein gut beanlagter, sprachen- und schriftgewandter Kaufmann von reicher Erfahrung." Seine Kontakte zur pfälzischen Sozialdemokratie und zur pfälzisch-badischen Parteiorganisation stammen aus seiner Frankenthaler Zeit (1871 - 1886). Ebenso wie der pfälzische SPD-Führer Franz Joseph Ehrhart verbrachte auch Dullens einige Jahre in London.[13] Als ausgebildeter Sprachenlehrer, der neben Englisch auch Holländisch, Französisch und Spanisch sprach, war er demnach keineswegs der „ungebildete Trottel", zu dem er zuweilen vom Saarbrücker Landrat Voss deklassiert wurde.

Verfolgung und Haft

Hausdurchsuchungen waren bei Dullens an der Tagesordnung. Gefunden wurden verschiedene Zeitungen: der „Süddeutsche Postillion", die „Arbeiter-Zeitung", die „Arbeiter-Chronik", „Der Wahre Jakob", die alle „auf dem Boden ultraradikaler und größtentheils sozialdemokratischer Tendenzen stehen".[14] Trotz eingehender Observierungsmaßnahmen verbreitete Dullens diese Erzeugnisse im preußischen und bayerischen Saarraum. Wegen eines Preßvergehens – Dullens hatte auf einem sozialdemokratischen Wahlflugblatt die vorgeschriebene Angabe des Wohnortes des Verlegers verschwiegen – wurde er zu einem Monat Zuchthaus verurteilt.

Im Zuchthaus Diez saß er zusätzlich eine einjährige Strafe wegen betrügerischen

Auszug aus dem 16 Positionen umfassenden Strafregister von Dullens, etwa 1896.

Bankrotts ab. Eindringlich verwiesen die Landräte in ihren Berichten an die jeweiligen Regierungen immer wieder auf das Abgangsurteil der Zuchthausverwaltung aus dem Jahr 1890, „welches den gefährlichen Menschen ... richtig erkennt und charakterisiert".[15] Der Gefängnisgeistliche konnte trotz Haft keine Verbitterung oder Verhärmung seines Seelenlebens ausmachen: „Sein äußeres Verhalten war im Ganzen gut. Zu bedauern ist, daß er bei seinen großen Plänen, mit denen er sich beständig trägt, die Nothwendigkeit ernster Arbeit zum ehrlichen Durchkommen in der Welt übersieht und vergißt. Die Arbeiterbewegung unserer Zeit beschäftigte ihn geistig anscheinend fortwährend. Religiöse Verpflichtungen erkennt er nicht an, ohne jedoch dabei irgendwie gehässig oder verbittert zu sein".[16] Der Verwaltungsvertreter resümierte: „Schwindler und Volksbeglücker. Eitler, eingebildeter, selbstgerechter, trotzdem aber keineswegs unfähiger Kopf. Hat wohl trotz seines Alters seine letzte Strafe noch nicht verbüßt".[17]

Die Polizeiorgane sind sich nach seiner Entlassung einig: „Vermöge seiner bekannten Verbindungen mit den Führern der sozialdemokratischen Partei wird Dullens besonders geeignet und gewillt sein, die Organisation von socialdemokratischen Vereinen, Verbreitung von Druckschriften pp. in die Hand zu nehmen".[18]

Lohn der Mühen

Auch empfindliche Geldstrafen konnten Hugo Dullens in der Folgezeit nicht von seiner agitatorischen Tätigkeit abbringen. Zusätzlich gründete er einen Arbeiterleseverein in St. Ingbert. Für eine im März 1892 in der Stadt angesetzte SPD-Versammlung, bei der August Bebel zunächst als „Zugpferd" fungierte, verfaßte er eine Resoluti-

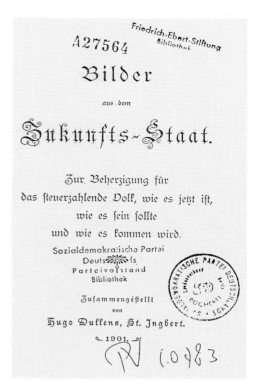

Titelblatt der Dullens-Schrift von 1901.

on, die er geschickt im Versammlungsgeschehen plazierte. Nahezu einstimmig erklärten sich 1.500 Teilnehmer per Handzeichen für die Annahme der Resolution und damit gleichzeitig ihren Beitritt in die SPD.[19]

Ein eindrucksvolles Bekenntnis der zumeist katholischen Bergarbeiter zur Sozialdemokratie unter den Augen der Polizeibehörden, die fleißig mitschrieben. Von seinen Versuchen, vor allem wieder zwischen 1901 und 1904 in St. Ingbert ein geregeltes und lebendiges sozialdemokratisches Vereinswesen auf die Beine zu stellen, zeugen auch die zahlreichen Mitglieder- und Vertrauensmännerversammlungen. 1903 konnte der sozialdemokratische Verein 70 Mitglieder aufweisen. Vor dem Hintergrund der spezifischen Verhältnisse in „Saarrabien" eine besorgniserregende

Zahl für die Verwaltungs- und Polizeibehörden.

Eins der letzten behördlichen Lebenszeichen ist auf den 27. August 1901 datiert. Der Landrat von Saarbrücken machte an den Trierer Regierungspräsidenten die Mitteilung: „In der Bürgermeisterei Dudweiler sind im Juni des Jahres sozialdemokratische Schriften 'Bilder aus dem Zukunftsstaat von Hugo Dullens aus St. Ingbert' unter die Arbeiter und bergmännische Bevölkerung vertheilt worden".[20]

In diesem Alterswerk hatte Hugo Dullens seine sozialistischen Zukunftsvisionen selbst zu Papier gebracht.[21] In den Kapiteln über den Kapitalismus, die Staatsform, das Bürgerrecht, die Religion, die Arbeiter, das Recht auf Arbeit, den Massenmord, die freie Liebe und anderes beschreibt er seinen Zukunftsstaat „zur Beherzigung für das steuerzahlende Volk, wie es jetzt ist, wie es sein sollte und wie es kommen wird".

In seinem Todesjahr 1904 berichtete die Bergwerksdirektion in Saarbrücken, daß es in St. Ingbert und Umgebung laut Bestellschein 531 Abonnenten der „Pfälzischen Post" gibt[22] – ein weiteres Zeichen für die erfolgreiche lokale Verbreitung sozialdemokratischer Vorstellungen und Zukunftsbilder. Diese hohen Abonnentenzahlen, der Ausbau St. Ingberts zum regen Kommunikationszentrum der Arbeiterbewegung im Saarraum[23], die Versuche der Sozialdemokraten auch im großen St. Ingberter Eisenwerk mit 2.000 Beschäftigten Fuß zu fassen[24], die Einrichtung einer Zahlstelle des Deutschen Metallarbeiter-Verbandes, vertreten durch Hans Böckler, der von 1903 bis 1905 in St. Ingbert wohnte[25], und nicht zuletzt der relativ hohe Organisationsgrad des St. Ingberter SPD-Ortsvereins veranlaßten die Behörden ab 1904 zu einem schärferen Vorgehen gegen die Sozialdemokratie in der bayerischen Saarpfalz.

Würdigung durch die „Pfälzische Post"

Gemessen an den schwierigen regionalen Verhältnissen ist es nur den frühen Agitatoren wie Hugo Dullens zu verdanken, daß die „Roten im schwarzen Eck" einen Boden vorfanden, den sie zunehmend ertragreicher bestellen konnten.

Die „Pfälzische Post" würdigt in ihrer Ausgabe vom 15. März 1904 sein Lebenswerk: „St. Ingbert, 14. März, Hugo Dullens tot ... Seit mehr als 20 Jahren ist er im Saargebiet tätig gewesen, weit über die Grenzen seiner Wirksamkeit hinaus war er bekannt und es dürfte wenige der älteren Parteigenossen im Reiche geben, die dem tapferen Genossen nicht die schwielige Hand gedrückt. In den Kreisen seiner Genossen genoß er das größte Vertrauen und schon seit Jahren bekleidete er den Posten des Kassierers des Sozialdemokratischen Vereins St. Ingbert. Auch nach den internationalen Kongressen Zürich, Paris, London etc. war er delegiert und dürfte somit auch bei unseren ausländischen Parteigenossen kein Fremder sein. Durch sein einfaches, schlichtes Wesen erwarb er sich die Achtung aller Parteigenossen ... Ihm, der auch in schwieriger Zeit, als in unserem Va-

Todesanzeige der „Westpfälzischen Zeitung" vom 14.3.1904.

terlande Recht und Ordnung mit Füßen getreten wurde, als die Reaktion ihre Triumphe über die Partei der Arbeiter feierte, die Fahne des Sozialismus im Saarrevier hochgehalten hat; ihm, der mehr als einmal die Klassenjustiz am eigenen Leibe erprobt hat, war es noch vergönnt gewesen zu erleben, daß sich diese geknechtete und unterdrückte Partei zu einer Dreimillionenpartei entwickelt hat. So anspruchslos und bedürfnislos er gegen seine eigene Person war, so hätte er doch für die Partei sein letztes und bestes geopfert. Sein Andenken werden wir stets in Ehren halten und wenn so mancher Name seiner Widersacher längst der Vergessenheit wird anheimgefallen sein, wird der Name unseres verstorbenen Genossen im Herzen der organisierten Arbeiterschaft fortleben. Der Vergessenheit entreißen und der Beachtung aller Parteigenossen empfehlen, möchten wir seine Worte, die er am Schlusse einer Rede in der Mitgliederversammlung am 29. Februar aussprach: 'Genossen seid einig, wir treiben schweren Zeiten entgegen!'"[26]

Anmerkungen:
1 Landeshauptarchiv Koblenz (LHAK) 442, 4244, S. 391; ausführliche Informationen zur Entwicklungsgeschichte der saarpfälzischen Sozialdemokratie finden sich in: Sigrid Barmbold und Michael Staudt, Die Roten im schwarzen Eck. Die Anfänge der Sozialdemokratie in St. Ingbert 1889-1919, St. Ingbert 1991.
2 „Dudweiler Zeitung" v. 2.2.1891, Unterhaltungsbeilage.
3 Klaus-Michael Mallmann, Die Anfänge der Bergarbeiterbewegung an der Saar 1848-1904, Saarbrücken 1981, S. 75. Ein vergleichbarer Patent-Antrag Hugo Dullens existiert zudem an den Minister Freiherrn von Deilitzsch in München, datiert vom 3.12.1895, Bayerisches Hauptstaatsarchiv (BayHSTA) MH 14432.
4 Stadtarchiv St. Ingbert, Stadtratsprotokoll v. 25.9.1886.
5 Ebd.
6 Hanns Klein, Gottfried Kinkel als Emissär der provisorischen Regierung der Pfalz im Frühjahr 1849 im Westrich. Bemerkungen zu neuentdeckten Kinkel-Briefen, in: Jahrbuch für westdeutsche Landesgeschichte 7 (1981), S. 122.
7 Landesarchiv Speyer (LA Sp), Best. H 3, Nr. 5181.
8 LA Sp Best. H 3, Nr. 929 III, fol. 294.
9 Die Ergebnisse wurden dem St. „Ingberter Anzeiger" v. 17.6.1893 entnommen. Der Zweibrücker Bezirksamtmann Dr. Emil von Schlagintweit bestätigte die SPD-Gewinne in der Streikperiode eingehend in einem Schreiben vom 8.5.1898 an die Regierung der Pfalz, LA Sp, Best. H 46, Nr. 402, S. 30.
10 „Pfälzische Post" v. 18.3.1904.
11 LHAK 442, 6695, S. 547-550.
12 Ebd., S. 607-610.
13 Ebd., S. 675.
14 LHAK 442, 6694, S. 150.
15 Ebd., S. 553 ff.
16 Ebd., S. 559-562.
17 Ebd., S. 562.
18 Ebd., S. 554.
19 LHAK 442, 4376, S. 315-319, 331-339, S. 373, 403-405.
20 LHAK 442, 4157, S. 623-627.
21 Hugo Dullens, Bilder aus dem Zukunfts-Staat. Zur Beherzigung für das steuerzahlende Volk, wie es jetzt ist, wie es sein sollte, wie es kommen wird, St. Ingbert 1901.
22 LHAK 442, 4249. Hinzu kommen die Abonnenten, die ihre Zeitung mit der Post zugeschickt bekamen. In 16 Gastwirtschaften des saarpfälzischen St. Ingbert lag die Zeitung aus. Ein für den preußischen Saarraum zu dieser Zeit unvorstellbarer Tatbestand.
23 Vgl. LHAK 442, 4249, LHAK 442, 3792, S. 41-46; LHAK 442, 3783, S. 555-557; LHAK 442, 4244, spez. S. 523-531.
24 LHAK 442, 4244, S. 445.
25 LHAK 442, 4244 u. 4445, sowie 442, 3792, spez. S. 41-46; 442, 3783, S. 555-557; 442, 3790, S. 7. Für den Agitationserfolg spricht zudem die Tatsache, daß die Zahl der freien Gewerkschaftsmitglieder von 23 (1901) auf 324 (1906) anstiegen.
26 „Pfälzische Post" v. 15.3.1904.

Erich Schneider

Franz Josef Ehrhart im Urteil von Zeitgenossen

Zeitgenössische Äußerungen über den „bereits zu Lebzeiten legendären" Ehrhart[1], dessen „Name mit der Jugendgeschichte der deutschen Sozialdemokratie unlöslich verknüpft ist"[2] und den man um die Jahrhundertwende „zu den alten führenden Genossen" seiner Partei rechnete[3], gibt es verständlicherweise in Fülle. Dazu zählen Aussagen und Erinnerungen bekannter sozialdemokratischer Weggefährten, wie Viktor Adler, August Bebel, Heinrich Georg Dikreiter, Kurt Eisner, Friedrich Engels, Edmund und Richard Fischer, Adolf Geck, Karl Grillenberger, Wilhelm Herzberg, Berthold Heymann, Wilhelm Keil, Wilhelm Liebknecht, Friedrich Profit, Max Quarck, Martin Segitz oder Klara Zetkin, um einige zu nennen. Doch auch der junge Liberale Theodor Heuss darf nicht vergessen werden, wenngleich er in einem anderen politischen Lager stand.

Unmittelbaren Anlaß, sich ausführlicher mit dem Lebensweg, dem politischen Wirken und der Persönlichkeit des „roten Pfalzgrafen" zu beschäftigen, ergab sich natürlich im Zusammenhang seines allzu frühen Todes am 20. Juli 1908, der im übrigen ein außergewöhnliches Echo nicht nur in der sozialdemokratischen Publizistik auslöste. Damals brachten die Parteiblätter – zumeist in großer Aufmachung – eingehende Nachrufe und Würdigungen, so unter anderen der Berliner „Vorwärts", die „Münchener Post", die „Leipziger Volkszeitung", die „Fränkische Tagespost" (Nürnberg), die „Schwäbische Tagwacht" (Stuttgart), die „Schwäbische Volkszeitung" (Augsburg), die „Volksstimme" Magdeburg, der „Arme Konrad", der Hamburger „Die-Neue-Welt-Kalender", der „Süddeutsche Postillon" oder die Stuttgarter „Gleichheit", die führende „Zeitschrift für die Interessen der Arbeiterinnen" und selbstverständlich die „Pfälzische Post"!

Diese bemerkenswerte Resonanz, in der sich nicht zuletzt die verbreitete Popularität des „proletarischen Volksführers"[4] eindringlich spiegelte, wurde hierzulande ebenso aufmerksam registriert wie etwa die Tatsache, daß beispielsweise die Ludwigshafener Bevölkerung eine geradezu „ungeheuere" Anteilnahme am Tod des beliebten Volksvertreters bekundete, dessen Beisetzung die Physiognomie der Fabrikstadt für einige Stunden merklich veränderte und namentlich dem „Straßenbild" ein bisher nicht erlebtes Aussehen verlieh.[5]

Aus der Vielzahl der Pressestimmen sind im vorliegenden Beitrag fünf ausgewählt, wobei auch zwei nichtsozialdemokratische Zeitgenossen zu Wort kommen sollen. Der Autor von Text I ist der sozialdemokratische Jurist und Publizist Dr. Max Quarck (1860 - 1930). Seine „Erinnerungen an unseren 'Pfalzgrafen'" erschienen am 22. Juli 1908 in der von ihm redigierten Frankfurter „Volksstimme". Dokument II findet sich im „Morgenblatt" (Titelseite) der Wiener „Arbeiter-Zeitung" vom 22. Juli 1908. Diese renommierte Zeitung, die von dem Arzt Dr. Viktor Adler (1852 - 1918) herausgegeben wurde, galt als offizielles „Zentralorgan der

Franz Josef Ehrhart (1853 - 1908), um 1900.

österreichischen Sozialdemokratie". Viktor Adler war Mitbegründer und Führer der Partei und zugleich einer der markanten Exponenten des „Austro-Marxismus". Er hatte Ehrhart persönlich gekannt und möglicherweise den Text selbst verfaßt. Dem „roten Pfalzgrafen" freundschaftlich verbunden war auch Kurt Eisner (1867 bis 1919), der Verfasser von Text III. Eisner wirkte damals als Chefredakteur der „Fränkischen Tagespost". Sein hier aus Raumgründen gekürzter Beitrag erschien unter der Überschrift „Partei und Persönlichkeit – Der Pfalzgraf" u.a. im Karlsruher „Volksfreund" vom 3. August 1908. Da der Aufsatz in verschiedenen Parteizeitungen abgedruckt wurde, hat er das zeitgenössische Ehrhartbild sicher mitgeprägt. In Quelle IV äußert sich Max Treutler, einer der namhaften pfälzischen Journalisten jener Tage. Treutler stand den Nationalliberalen und später dem konservativen „Bund der Landwirte" nahe; er brachte den Nekrolog in der Ausgabe seines in Neustadt erscheinenden „Pfälzischen Kuriers" vom 21. Juli 1908. Text V schließlich stammt von Theodor Heuss (1884 bis 1963) und wurde am 2. August 1908 in der Berliner Wochenschrift „Die Hilfe", dem Sprachrohr des Naumann-Kreises, veröffentlicht.

Die fünf Artikel bieten insgesamt ausdrucksstarke, farbige Skizzen und facettenreiche Umrisse zur politischen Biographie und zum Charakterbild des Pfälzers, dessen Persönlichkeit und Charisma die Zeitgenossen so nachhaltig beeindruckten.

Dokument I:
Erinnerungen an unseren „Pfalzgrafen"
von Max Quarck, „Volksstimme" Frankfurt, vom 22.7.1908

Unser Franz Josef, der uns so rasch und unverhofft genommen ist und den sie morgen in Ludwigshafen bestatten, kannte keine Klagen und kein Gegreine. Lieber eine Derbheit als ein Jammerwort! Und so will ich sein Andenken feiern, wie es mir aus dem Verkehr mit ihm geblieben ist.

Wir Jüngeren lernten ihn als einen der wenig älteren Führer kennen, die hauptsächlich im Kampf und in der Überlistung der Gegner aufgewachsen und frischgeblieben waren und sich dadurch eine bewundernswerte Schlagfertigkeit angeeignet hatten.

Bei Freund Ehrhart paarte sich diese Kampftugend mit gutem Mutterwitz und derbheiterer Lebensauffassung. Seinem nicht schönen, aber anziehenden Kopf, in dessen Zügen der Lebenskampf gemeißelt war, dem „rötlich strahlenden Gipfel", sah man an, daß er auch wußte, was fröhlich leben heißt. Weder sein kleiner Sprachfehler noch die Schwierigkeiten, die er manchmal mit Fremdwörtern hatte, beeinträchtigten den Eindruck, den wir Jüngeren von ihm empfingen: ein temperamentvoller ganzer Kerl, ein Draufgänger noch mit 50 Jahren, wenn es sein mußte, auch ein bissel verschlagen und bauernschlau, aber doch alles nur, um unsere große Sache vorwärts zu bringen. Vor allem brachte ihn eines der Jugend nahe: er ging selbst zu ihr, und das war und ist in unserer Partei eine seltene Eigenschaft, die mit Liebknecht und Ehrhart schier ausgestorben scheint. Ehrhart mit holte Schoenlank[6] zur Partei und zur Agitation heran. Ehrhart hat eine Reihe jüngerer bayerischer Genossen großgezogen. Ehrhart sorgte stets dafür, daß an der Spitze seines Pfälzer Blattes ein lebendiger, junger Geist stand, und auch mich rief er, der erfahrene, alte Politiker, der seit Ende der achtziger Jahre Stadtrat war, zur kommunalen und allgemeinen Agitation in seine Pfalz. So lernte ich ihn kennen in der Versammlung, wo ihm alles treu und ehrfürchtig lauschte und nach der Versammlung im fidelen Zusammensein, wo er seiner Lust und seinem Spott mit seiner harten und doch so treuherzigen Stimme und seinen listig blinzelnden Äuglein die Zügel schießen ließ.

Am lustigsten sah ich ihn, als er uns 1902 vom 6. bayerischen Parteitag in Ludwigshafen nach Neustadt in sein gelobtes Pfälzer Weinland führte und übers ganze Gesicht strahlte, weil er uns die schönsten Weinlagen, die besten Wirtshäuser und den herrlichsten Tropfen zeigen konnte. So verwachsen war dieser internationale Sozialist mit seiner deutschen Heimat! Was haben die herrschenden preußischen Junker für eine Ahnung von dieser herrlichen Mischung im deutschen Proletariate, das in seinen besten und hellsten Köpfen gleichzeitig bodenständig und heimatstreu, wie nur irgend jemand, und doch glühend international ist, eben weil es sein Vaterland aus dem borussischen Jammer reißen und zu allem übrigen mit den Eigenschaften der freiesten Länder schmücken möchte!

Zuletzt sprach ich ihn auf der vorjährigen Pressekonferenz in Berlin. Da war er noch aufgelegt und kampfeslustig wie einer. Er freute sich, daß ich an einem Weckruf für die chemischen Arbeiter schaffte. Auf diesem Gebiete lag ja ein großes Stück seiner Lebensarbeit. Wie er schon 1874 bei der Reichstagswahl, die durch das tatsächliche Zusammengehen von Eisenachern und Lassalleanern den besten Grund für die Einigung von 1875 schuf, von Mannheim aus Baden erfolgreich bearbeitet hatte, so war ihm der erste pfälzische Arbeitertag nach der Einigung und das schöne Stimmenergebnis in der Pfalz bei den Reichstagswahlen im Januar 1877 zu verdanken.

Er war der erste klare Kopf, der damals die geknuteten Anilinarbeiter von Ludwigshafen zur klassenbewußten Agitation und Organisation zu führen begann. In einem heute vergriffenen Schriftchen von 1892 hat er später als erster in unserer Partei auf diesem Gebiete die „Zustände in der Badischen Anilin- und Sodafabrik" schriftstellerisch und auf Grund mühsamer Erhebungen geschildert – er, der einfache Tapezierergeselle! Solche schlichten Leistungen wiegen manchmal schwerer als dickleibige gelehrte Bücher. Diese sind oftmals Spekulationen im Doppelsinne dieses Wortes, jene aber Taten, und zwar Befreiungstaten. In dem Kampf gegen die modernste und privilegierteste Kapitalmacht, die chemische, hat er auch nie nachgelassen, und das brachte uns in den letzten Jahren besonders nahe. Ähnlich wie er ganz richtig und beizeiten in den pfälzischen Privatbahnen und ihrem berüchtigten Leiter, Generaldirektor Lavale, die zweite Macht im Staate erkannte, deren ungeheurer Druck auf der Pfalz lag und der er den Krieg bis aufs Blut erklärte.[7]

Die jetzt zustande gekommene Verstaatlichung der Pfalzbahnen ist zum größten Teile Ehrharts Werk. Erst 1882 war er endgültig von Mannheim nach Ludwigshafen in sein Pfalzgrafentum übergesiedelt, nachdem er 1878-1880 in London die Bitternisse und Freuden des Jahres vor und nach Einführung des Sozialistengesetzes gekostet hatte. Im Neuen-Welt-Kalender von 1908 hat er ganz in seiner derben und festen Art diese drei Jahre geschildert.[8] Für seinen praktischen und unermüdlichen Kampfsinn ist der Schlußsatz bezeichnend:

„Für uns alle, die wir jene Kämpfe in London mitgemacht, war es eine mühe- und opferreiche, für manchen auch eine gefährliche Tätigkeitsperiode, aber wir waren uns einig, frei von prinzipiellen, taktischen oder persönlichen Streitereien und das befruchtete unsere Arbeit."

Das ist der ganze Ehrhart. Während der Parteistreitigkeiten der letzten Jahre drückte er sich wohl gelegentlich auch noch kräf-

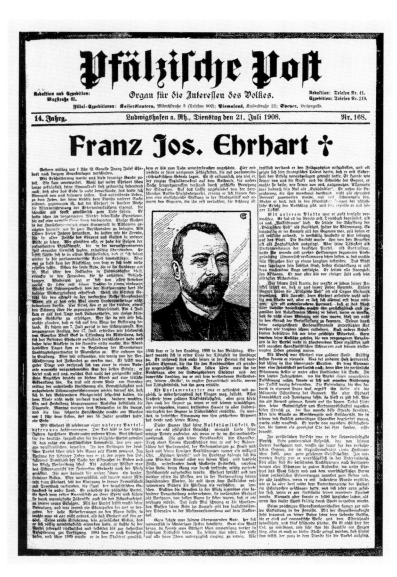

Titelblatt der „Pfälzischen Post" vom 21.7.1908 mit Nachruf auf Ehrhart.

tiger über den oder jenen Parteipapst oder Parteistänkerer aus. Es war ihm wie so manchem unter uns unfaßbar, wie man sich unter Genossen gegenseitig abschlachten und nicht nach jeder Meinungsdifferenz sofort wieder die Bruderhand reichen konnte, wenn man das richtige Gefühl für die proletarische Kameradschaftlichkeit und Einigkeit habe. Auch er ist deshalb nicht dem Schicksal entgangen, von Norden her als „Revisionist" oder „blauweißer Sozialdemokrat" verschrien zu werden. Er lachte darüber und ging seinen Weg weiter, hat sich auch nie, ähnlich und aus denselben Gründen wie Auer, direkt in die Parteistreitigkeiten gemischt.[9] Ein paar gelegentliche Hohnworte für die Genossen, die Zeit zu solchem Mist hätten, waren alles, was er dazu verlauten ließ. Und er tat recht daran.

Unser Pfalzgraf, der seine Lagerstätte mit Most geteilt hatte, als ihn der gleich feurige Freiheitsgeist zu diesem zog, brauchte sich wahrlich nicht gegen jene Vorwürfe zu verteidigen, weil er in dem praktisch-revolutionären Wirkungskreis, den er sich aus eigener Kraft geschaffen hatte, alle Möglichkeiten ausschöpfte, um unsere Sache vorwärts zu bringen.[10]

Mit ihm ist der letzte aus dem unvergleichlichen Parteitrio Auer-Grillenberger-Ehrhart gestorben, den handelnden Politikern unserer Partei, denen jeder Augenblick verloren schien, in dem sie nicht irgend einen Stein vorwärts schoben.

Die Erinnerung an den verstorbenen Freund wäre unvollständig, wenn ich nicht noch seine besondere Freude an jedem Schabernack erwähnte, den er der Polizei und den Behörden spielen konnte. Bei solchen Streichen floß seine gesunde und derbe Lebensfreude mit seinem Parteiinteresse zu einer köstlichen Einheit zusammen: Er organisierte lange vor Motteler[11] und Bernstein[12] das Paschen verbotener Zeitungen, in seinem Falle der „Londoner Freiheit", über die deutschen Grenzen und ließ sich dafür 1880 in Mannheim mit wahrem Vergnügen zu drei Monaten Gefängnis verurteilen. Er zettelte 1882 den unnachahmlich lustigen Zug auf das Hambacher Schloß an, den er im „Pfälzischen Volkskalender" 1896 geschildert hat. Um dem Bezirksamtmann Siebert in Neustadt, einem der dümmsten Sozialistenfresser, einen Schabernack zu spielen, wurde ein Sprengattentat auf die Schloßruine simuliert.

In Wirklichkeit sollte nur zum 50jährigen Jubiläum des Hambacher Festes mitternächtlicher Weile eine rote Fahne auf dem Schloßturm aufgezogen werden. Zum Schein waren Sprengpatronen mitgenommen worden, die mit Streusand gefüllt waren. Ein riesiges Sicherheitsaufgebot um ganz Neustadt war von dem Bezirksamtmann angeordnet worden. Bei dem Versuch, in der Nacht die Fopperei zu vollenden und die rote Fahne auf der einsam ragenden Ruine zu hissen, wurde Ehrhart ergriffen, wie ein furchtbarer Verbrecher in Ketten gelegt und nach Neustadt und Frankenthal transportiert. Er mag dabei nicht schlecht in sich hineingelacht haben, der listige Pfälzer. Als man den Streusand in den Patronen fand und die Fopperei offenbar wurde, ließ man Ehrhart laufen.

Die Vereitelung des Hambacher Attentats aber blieb die größte Tat des sozialistenwütigen Bezirksamtmannes Siebert, der von da ab durch die drastische Kur etwas geheilt war. 1884 gab's dann im Wahlkreise Ludwigshafen 4.822 rote Stimmen, und wir kamen zum ersten Mal in die Stichwahl. Auch die 800 Soldaten, die man wegen der Wahlkundgebungen der Ludwigshafener Arbeiter für ihr Versammlungsrecht in die Anilinstadt als „Strafbayern" geworfen hatte, mußten wieder unverrichteter Sache und mit langer Nase abziehen. Ehrhart sorgte schon dafür, daß nichts Dummes vorkam!

Mit dieser lustigen Erinnerung schließe ich die Gedächtnisplauderei an unseren Pfalzgrafen am besten und in seinem Sinne. Er war ein treuer Kamerad, ein kluger Lenker, ein Mann des Handelns und des Eingreifens und ein heiterer Spötter über die Nichtigkeiten dieses Lebens zugleich. So wollen wir ihn in der Erinnerung behalten!

Dokument II:
Franz Josef Ehrhart gestorben
„Arbeiter-Zeitung" Wien, vom 21.7.1908

Einen unserer tüchtigsten Genossen, einen Mann voller Eigenart, den Führer der Sozialdemokratie in Bayerns Rheinpfalz, Franz Josef Ehrhart, hat gestern ein tückisches Leiden dahingerafft. Wenn es eines Beweises bedürfte, daß der Einwand unserer Gegner, die Sozialdemokratie zerstöre alle Individualität, sie verwische alle Selbständigkeit, hinfällig sei, so genügt der Hinweis auf die uns in den letzten Jahren entrissenen Führer der deutschen Sozialdemokratie, auf Liebknecht, auf Auer und nicht zuletzt auf Ehrhart. Man kann sich kaum einen eigenartigeren, so sehr von der Schablone abweichenden, so selbständigen und gewandten Politiker, Parlamentarier und Volksmann vorstellen wie den Abgeordneten für Speyer-Ludwigshafen. Er wie Auer und Bebel zeigten uns, daß die Sozialdemokratie schlummernde Talente erweckt, dem Volke neue geistige Kräfte zuführt, die ohne den Befreiungskampf des Proletariats unbekannt geblieben, ohne Betätigungsmöglichkeit verdorrt wären.

Wenige Gestalten in der deutschen Sozialdemokratie waren so frisch, lebhaft, kampfeslustig, von so großer polemischer Gewandtheit wie Ehrhart. Nicht bloß mit den Gegnern, mit allen bekannten Führern der Sozialdemokratie hat er die Klinge gekreuzt; aber doch hatte er keinen Feind, niemand konnte ihm auf die Dauer gram sein, obgleich ihm eine außerordentliche Rücksichtslosigkeit und eine göttliche Grobheit eigen waren. In seinem Wesen lag trotz allem Aggressiven auch etwas zutraulich Versöhnendes. Seine politischen Gegner in der Partei konnten sich dem Reiz seiner Persönlichkeit nicht entziehen; allgemein herrschte die Überzeugung, daß er mit jeder Faser an der Partei hänge und daß er unermüdlich bleiben werde in seinem Streben, die Verbreitung, das Ansehen und den Einfluß der Sozialdemokratie zu fördern.

Ehrharts Jugend und erstes Mannesalter waren ein ununterbrochener Kampf; auch bis zu seinem Ende war ihm lieb der Kampf mit dem Feinde; aber erfolgreicher erwies er sich in der Überlistung des Gegners.

In der kämpfenden Partei war er ein unübertrefflicher Organisator, ein trotz erheblicher Sprachfehler sehr wirkungsvoller Agitator, ein unvergleichlicher Finanzminister; in der zum Siege gelangten Partei wäre er ein Staatsmann ersten Ranges, ein Diplomat von höchster Gewandtheit geworden.

Lange bevor er im Reichstag, im bayerischen Landtag wie im Ludwigshafener Gemeinderat gesessen hatte, hatte er in staatlichen Gefängnissen das Sitzen für das öffentliche Wohl gelernt.

Schon mit zwanzig Jahren hatte er sich vor einem Geschworenengericht zu verteidigen. Niemand, sicherlich auch nicht der Staatsanwalt, ahnte damals, daß der Angeklagte einmal ein berühmter Parlamentarier und Parteiführer werden dürfte; freilich hat auch der eifrige Staatsanwalt von Mannheim, der in diesem Prozeß das „Schuldig!" der Geschworenen gegen den

Trauerzug zur Beerdigung von Franz Josef Ehrhart am 23.7.1908 in Ludwigshafen.

jungen Tapezierergehilfen durchsetzte, von seiner gewaltigen Karriere kaum geträumt. Er hieß Marschall Freiherr von Bieberstein, nachher wurde er badischer Bundesratsbevollmächtigter, dann unter Caprivi Staatssekretär der auswärtigen Angelegenheiten, und jetzt ist er Botschafter des Deutschen Reiches in Konstantinopel.[13] Die beiden Gegner vom Mannheimer Schwurgerichtssaal trafen sich wiederum im Deutschen Reichstag, wo Ehrhart Marschall an ihr erstes ungemütliches Zusammentreffen erinnerte. Viele Jahre, schwere Kampfeszeiten für Ehrhart, waren inzwischen verflossen.

In Paris und London suchte sich Ehrhart sein Brot zu erwerben, seinen Gesichtskreis zu erweitern und stets für die Partei zu organisieren und zu kämpfen. In London war er, als die Attentate von Hödel und Nobiling Bismarck den ersehnten Anlaß zur Verhängung des Sozialistengesetzes gaben. Er war an der Gründung der von Johannes Most herausgegebenen „Freiheit" beteiligt. Um den Schmuggel über die Grenze und die Verbreitung in Deutschland besser zu organisieren, reiste Ehrhart nach Deutschland. Die Polizeispitzel waren ihm auf den Fersen, und bald war er in Mannheim in Untersuchungshaft, die ziemlich lange währte. Drei Monate waren nachher noch abzubrummen. In dieser Zeit machten Most und seine „Freiheit" die Schwenkung zum Anarchismus, die der gut geschulte Ehrhart nicht mitmachte.

Aus dem Gefängnis entlassen, widmete sich Ehrhart Mannheim und dem nördlichen Baden, aber auch in der angrenzenden Pfalz und deren wichtigster Industrie- und Handelsstadt Ludwigshafen der Propaganda, wobei er aber damals und bis zu seinem Tode dem Tapeziererhandwerk treu blieb.[14]

Unseres Wissens hat Ehrhart niemals eine bezahlte Parteistellung angenommen. Unter der Herrschaft des Sozialistengesetzes hatte Ehrhart eine lange Reihe von Konflikten mit der Polizei und den Gerichten. Zahllos sind die Schnurren, die von ihm erzählt werden, niemand konnte so die Polizisten und Spitzel an der Nase führen und täuschen und dabei so erfolgreich Flugblattverteilungen, die Expedition des „Sozialdemokrat", Konferenzen und Versammlungen ungestört von der Polizei veranstalten wie er. Felsenfestes Vertrauen erwarb er sich insbesondere in der Pfalz, seine Autorität war fest begründet; unter den zahlreichen von ihm erworbenen Kose- und Spitznamen ist keiner gebräuchlicher als der des „Pfalzgrafen am Rhein".

Unter der Herrschaft des Sozialistengesetzes und nach dessen Fall stand er auf dem radikalsten Flügel der Partei. Sprichwörtlich wurde sein Ausspruch auf dem Parteitag zu St. Gallen: „Wir müssen viel ruppiger werden." Oft wurde Franz Josef, wie er meist kurz genannt wurde, an diesen Ausspruch erinnert, als er immer mehr zum rechten Flügel der Partei rückte. Aber er vergaß doch nie, was er der Einheit und Geschlossenheit der Partei schuldig war. Er beteiligte sich auch an der Leitung der Gesamtpartei, deren Vorstand er als Kontrolleur angehörte. Als Vertreter der Partei nahm er mit Bebel auch an dem in Wien 1901 abgehaltenen Gesamtparteitag teil, auf dem unser neues Programm zustande kam.

Zur Ausbildung der besonderen, recht stark auf praktischen Erfolg zielenden Richtung der Sozialdemokratie in Bayern hat er viel beigetragen; seiner als Kuhhandel viel verschrieenen, aber stets erfolgreichen Kompromißpolitik bei den bayerischen Landtagswahlen ist das Zustandekommen der für die Erringung des allgemeinen Wahlrechts notwendigen Zweidrittelmehrheit zuzuschreiben. Groß war sein Einfluß in der Pfalz, nicht bloß im Ludwigshafener Gemeindekollegium, das er beherrschte; im Landtag sprach er selten, aber oft war seine Meinung bestimmend für die Haltung der Fraktion, der er großen Einfluß zu verschaffen wußte. Im Reichstag trat er weniger hervor, zumeist nur in Fragen, die seine Heimatprovinz betrafen, so bei Weinfragen. Die Verfälscher des Weins verfolgte er mit ätzendem Spott und eindrucksvollem Witze, der auf Minister und gegnerische Parteien oft von großer Wirkung war.

Ehrhart ist nicht bloß als Parteigenosse und als Politiker zu würdigen, ihm gehört auch ein Plätzchen unter den deutschen Humoristen. Als Erzähler seiner Erlebnisse war er von unerschöpflichem Humor, leider ist bloß wenig von dem gedruckt, was er zu erzählen liebte.

An dem tiefen Schmerze der deutschen Sozialdemokratie über den schweren Verlust, an dem Schicksalsschlag, der sein Tod für alle ist, die ihn kannten, nimmt die österreichische Sozialdemokratie mit vollem Mitgefühl Anteil.

Dokument III:
Partei und Persönlichkeit – der Pfalzgraf (Auszug)
von Kurt Eisner, „Volksfreund" Karlsruhe, vom 3.8.1908

Es war etwas Belebendes und Stählernes, was gerade von unserem „Franzel" auf die „Akademiker" überging. Sie fanden in der Freundschaft mit ihm, in der gemütlichen wie in der ernsten Diskussion gleichsam den verlorenen Weg zur Natur wieder. Wenn ich in Berlin dem Pfalzgrafen die Hand schütteln konnte, so fiel mir auf einmal so mancherlei großstädtisches Seelenelend, viel peinigende Verdrossenheit ab, ich fühlte mich wie auf sicherem, festem Boden, und in der Ferne rauschten der Rhein und das Weinlied der Pfalz. Auch Ehrhart hatte sich wie die beiden anderen süddeutschen Parteiführer Auer und Grillenberger bei aller seelischen Abhärtung doch jenes reine Kinderempfinden bewahrt, das wohl das wichtigste Unterscheidungsmittel der Menschenwerdung ist. In allen bedeutenden Männern ist diese kindliche Zartheit und Liebenswürdigkeit erhalten geblieben. Unser Pfalzgraf enthüllte nicht selten jäh in vertrauten Stunden, besonders dann, wenn er gegen Parteierscheinungen rebellierte, eine überraschende Innigkeit leichtverletzlichen, reinen Gemütslebens, das sich nur durch einen derben Humor gegen allzuschwere Erschütterungen zu verteidigen verstand.

Ich habe einmal vor Jahren acht helle Tage mit ihm verbracht, jene liederlich angeregte Woche beim Wiener Programmparteitag, da wir immer erst den Weg ins Bett fanden, wann wir schon zur Arbeit aufstehen mußten.

Ehrhart war der Mittelpunkt unseres kleinen Zirkels, der sich zusammengefunden hatte. In jener leicht berauschten Wiener Lebenskunst ward Ehrhart warm und jung. Er fühlte sich fast wohler als in seiner Pfalz – und das war viel; er hörte ebenso bescheiden und klug zu, wie er unerschöpflich war im Erzählen von Schnurren seines eigenen Lebens.

Einmal schleppten wir Ehrhart in eine französische Posse. Maran[15] entfaltete alle diese bestaunten Künste seiner Meisterschaft in der Darstellung von impotenten, lächerlichen Hahnreien. Ehrhart war erst verwundert, dann verblüfft und schließlich allen Ernstes wütend. Es war nicht mehr bloß foppender Scherz, wenn er laut erklärte, er wolle auf die Bühne und den Kerl verprügeln, der in seiner Jammergestalt das ganze Männergeschlecht schände. Er bäumte sich wirklich gegen diese Verhöhnung der Mannheit auf, der Schauspieler beleidigte seine innerste Auffassung von Menschenwürde.

Denn Ehrhart war ein Mann, ganz auf sich selbst gestellt und in sich selbst ruhend. Ehrhart ging stets seinen eigenen Weg. Er sah nicht nach den Winden, die seine Segel schwellen könnten.

Er handelte seiner Überzeugung gemäß und fragte in selbstbewußter Weise nicht nach Gunst und Laune. Aber gerade weil er ein Mann aus der eigenen Kraft war, seine Entschlüsse schmiedete, darum fand er auch die Freiheit, sich auch einem Mehrheitswillen zu beugen, selbst wenn er ihn mißleitet hielt. Und in den letzten Jahren des deutschen Parteilebens geriet seine feste Überzeugung nicht selten in Widerspruch mit der geltenden Politik. Bisweilen sprudelte sein Unmut hervor, so in jener prächtigen Mannheimer Parteitagsrede (1906), in der er die bayerische Partei verteidigte und hinter lustigen Humoren die innerlich bewegte Leidenschaft nur mühsam verbarg. Aber gerade wegen dieser stolzen Selbständigkeit, die nur der Sache diente, dachte Ehrhart nie einen Augenblick daran, mürrisch beiseite zu gehen; er arbeitete, solange seine Kraft reichte.

Und dieser schaffende Arbeitsdrang, der für einen deutschen Politiker so wenig unmittelbaren Ertrag findet, bildete schließlich unseren geschicktesten Unterhändler heraus. Ehrhart wußte Menschen zu behandeln, auch die Gegner. Und so ward ihm der Kuhhandel, bei dem er sich nie betrügen ließ, fast zur Passion.

Als endlich die Beseitigung des indirekten Landtagswahlsystems in Bayern durchgesetzt und dem Kuhhandelsgeschäft der Nährboden entzogen war, meinte ich zu ihm, daß ihm nun der ganze Erfolg keinen Spaß mehr machte. Da seufzte Ehrhart und schnitt die ärgerlichste Miene, als hätte er ein Glück unwiderruflich verloren. Seine Kuhhandelslust war ja schließlich nur eine Form seines unbändigen Triebes, auch dem steinigen Boden der Gegenwart Erfolge abzugewinnen und die Partei, das Proletariat, die Nation und die Menschheit vorwärts zu bringen, indem man keine Stunde brachliegen läßt. In solcher volkstümlichen Art der Diplomatie und Staatsmannskunst löste sich die politische Fähigkeit und Energie auf, die dem deutschen Volke noch immer von der herrschenden Klasse verkümmert wird.

Ohne die Partei aber wäre Ehrhart vielleicht günstigenfalls ein fleißiger, behaglicher Handwerksmeister geworden, der philisterhaft zum vergnüglichen Abendschop-

Einweihung des Ehrhart-Denkmals auf dem Friedhof in Ludwigshafen am 17.7.1910.

pen ging. Im Parteileben ward er jene Persönlichkeit voll Saft und Reichtum, die auch ihn unter die Baumeister an der Zukunft sich erheben ließ.

**Dokument IV:
Ein toter Mann, der lebt.**
von Max Treutler, „Pfälzischer Kurier", vom 21.7.1908

Das ist Franz Josef Ehrhart. Was sterblich an ihm war, das tragen sie morgen hinaus, daß es zu Asche werde, aber sein Geist, der lebt in der umfassenden Arbeiterorganisation, die er, vorwiegend er, geschaffen in der Pfalz.

Den „Pfalzgrafen bei Rhein" nannte man ihn. In dem Sinn, wie es gemeint war, mit Recht. Denn er ist der sichtbare Träger jener politischen, sozialen und wirtschaftlichen Macht gewesen, welche die Sozialdemokratie innerhalb unseres engeren pfälzischen Heimatlandes ausübt; und er war es, der die Arbeiterbataillone zur Schlacht führte, sie kommandierte in der Zeit des Kampfes, sie organisierte und beeinflußte in den Tagen des Friedens.

Aber auch Ehrhart herrschte nur kraft der Suggestion der sozialistischen Lehren, und darum hörte naturgemäß sein Einfluß da auf, wo jene Halt machen müssen vor dem rocher de bronce der nationalen, der monarchischen Idee, vor der klaren Erkenntnis dessen, was möglich ist innerhalb der Sphäre unserer heutigen Staatsordnung.

Zwar gehörte er nicht zu den Stürmern und Drängern seiner Partei, die am liebsten über Nacht die Welt auf den Kopf stellen möchten, aber das revolutionäre Blut floß doch in seinen Adern, wenn auch etwas verdünnt durch das Wasser der Opportunität und durch die Summe der Erfahrungen einer langen und arbeitsreichen politischen Tätigkeit. Einst verkörperte diese Richtung innerhalb der bayerischen Sozialdemokratie das Triumvirat Vollmar[16], Grillenberger, Ehrhart. Nun steht der erste noch allein an der Spitze eines jungen Nachwuchses. Die zwei anderen – kräftige, gesunde Männer, wie man glaubte, – sind dem immer leidenden Vollmar in den Tod vorangegangen.

Ich kenne Ehrhart seit vielen Jahren und habe mit ihm die Waffen gekreuzt, nicht nur im Streite des unpersönlichen Meinungsaustausches der Zeitung, sondern auch Auge in Auge, Mann gegen Mann in öffentlichen Versammlungen.

Immer aber fand ich in ihm den wenn auch rücksichtslosen, so doch ehrlichen und aufrechten Gegner. Seine Art zu kämpfen war weit vornehmer als diejenige manches pfälzischen Politikers, der mir in seinen Anschauungen wesentlich näher stand als dieser internationale Sozialdemokrat, der für seine Überzeugung nicht nur zündende Worte fand, sondern auch alles Ungemach harter Freiheitsstrafen, finanzieller und anderer schwerer Sorgen auf sich nahm.

Diese Sorte ist rar geworden in unserer Zeit, rar auch bei den Genossen; man macht behaglicher Politik heute als vor zwanzig und mehr Jahren – und weiß sich zu salvieren.

Das war nicht Ehrharts Art! Und darum zwang er auch seinen Gegnern Respekt ab, um so mehr, als er, aus denkbar ärmlichstem Milieu hervorgegangen, nur sich selbst allein jene Stellung im politischen und sozialen Leben dankt, die ihn zum allgemein geachteten Mann machte. Frei blieb er natürlich auch dabei nicht von den Begleiterscheinungen, die einer auf solche Weise emporgestiegenen Persönlichkeit meist anhaften, aber seine Klugheit und ein angeborenes Taktgefühl bewahrten ihn vor jener lächerlichen oder abstoßend wirkenden Pose des parlamentarischen Parvenü.

Mir war er immer eine interessante Erscheinung, interessant durch die Art einerseits wie in seinem Kopf die Welt sich malte, andererseits durch das, was er als das Fazit seiner Lebenserfahrung darstellte und wie er diese in die Tat umsetzte. Man konnte auch als Gegner Beträchtliches von ihm lernen, obgleich – oder vielleicht gerade weil er der gefählichsten Einer gewesen ist, denn er verstand es vorzüglich, die Köpfe der Arbeiter in Brand zu setzen und im Feuer zu erhalten.

Die Genossen haben ein Recht dazu, an seinem Sarg zu klagen und den Verstorbenen zu feiern, denn viel, sehr viel ist er ihnen gewesen. Uns anderen aber war er ein Widersacher, den aus dem vaterländischen und monarchischen Empfinden heraus zu bekämpfen, pflichtgemäße Aufgabe sein mußte, denn selbst da, wo Ehrhart der Bourgeoisie Konzessionen machte, verlor er nie den Endzweck all seiner Tätigkeit, ihre Revolutionierung, aus dem Auge.

Persönlich war er ein liebenswürdiger, einfacher und wie ich höre seinen Freunden gegenüber stets zu Opfern bereiter Mann. Daraus erklärt sich wohl auch die treue Anhänglichkeit der Arbeiterscharen an ihn, welche gleichzeitig dem Führer und dem Menschen galt.

War das Thema der Politik bei gelegentlichen Zusammenkünften zwischen ihm und mir erschöpft, dann kramte er wohl manchmal alte Erinnerungen aus, die er mitunter durch einen recht bissigen Humor zu salzen pflegte.

Ich merkte dann, daß er das, was man ihm in seiner bewegten politischen Laufbahn da und dort angetan hatte, wohl verzeihen, nicht aber vergessen konnte und daß eben in diesem „Nichtvergessen" ein Teil jener demagogischen Kraft und Lust lag, welche ihn trieb, der bürgerlichen Gesellschaft bei jeder ihm passend dünkenden Gelegenheit die saftigsten Sottisen, die schärfsten Anklagen ins Gesicht zu schleudern.

Gemütlich aber plauderte er, sobald er auf seine Jugend, seine Wanderungen und auf die allerhand Streiche zu sprechen kam, welche er der heiligen Hermandad in Paris nicht minder wie in London und Berlin – also auch hier „international" – zu spielen verstand, wenn diese auf den Fang des grünen revolutionären Bramarbas ausging. Immer erwischten ihn die Policemans nur „beinahe", stets war der Vogel ausgeflogen, wenn sie ihn fangen wollten. Einige dieser Episoden hat er mit Geschick und Geschmack literarisch verwertet und sie mir einst dediziert, nachdem wir uns vorher in einem Wahlkampf wacker miteinander herumgeschlagen hatten.

Man sieht, bis ans Herz ging ihm die grimmige Wut der leidigen Politik denn doch nicht. Das hielt sich unbeschädigt davon. Ein Prediger der freien Liebe ist er gewesen, wie es das Programm seiner Partei will, für sich war er ein treuer Gatte, ein guter Vater, das sorgende Haupt einer an der Stätte seiner Wirksamkeit geachteten Familie.

Ich aber senke an seiner Bahre die Waffe, welche ich im Leben oft gegen diesen Gegner führte, zum letzten, achtungsvollen Gruß!

Dokument V:
Anerkennung über die Parteigrenzen hinweg
von Theodor Heuss, „Die Hilfe", Nr. 31 vom 2. August 1908

Mit dem Reichstagsvertreter von Ludwigshafen, dem Führer der pfälzischen Sozialdemokratie, ist einer der tüchtigsten und vorurteilsfreiesten Männer aus der deutschen Arbeiterbewegung ausgeschieden.

Ehrhart war ein witziger und schlagfertiger Redner, den man gerne reden hörte; er verstand es, auch seiner Polemik die Würze des derben und gutmütigen Humors zu geben.

Innerhalb der Partei hätte er, wäre sein Verhältnis zu Preußen und den norddeutschen Genossen unmittelbarer gewesen, der Nachfolger Auers werden können. Auch er, aus dem Proletariat hervorgegangen, hat eine Empfindung dafür gehabt, wie notwendig der Arbeiterbewegung die Verbindung mit Wissenschaft und bürgerlicher Intelligenz ist, und hat in diesem Sinne den jungen Akademikern die Stange gehalten. Nichts war ihm so fremd wie der billige Radikalismus und die unduldsame Enge des spezifisch berlinerischen Genossentums, und er hat dem wiederholt Ausdruck gegeben. Er erfreute sich um seines Humors und seiner Offenheit willen großer persönlicher Beliebtheit auch bei den Liberalen, die in Bayern, wo er Vollmars Politik mitstützte, oft die Schärfe seiner Bekämpfung zu spüren bekamen. Nun hinterläßt er eine Lücke, die nicht ausgefüllt werden kann, denn er war keine beliebige Nummer und Schablone, die einmal als Dank für braven Parteidienst den Überstrich eines Mandats erhält, sondern ein Mensch für sich, von eigner Farbe. Wenn eine wirkliche Persönlichkeit aus dem politischen Leben verschwindet, beklagt man das über die Parteigrenzen hinweg.

Anmerkungen:
1 Diethard Hennig, Johannes Hoffmann. Sozialdemokrat und Bayerischer Ministerpräsident, München 1990, S. 26.
2 „Die Volksstimme", Frankfurt v. 21.7.1908.
3 „Vorwärts", Berlin v. 21.11.1905.
4 „Volksfreund", Karlsruhe v. 3.8.1908.
5 „Pfälzer Volksbote", Kaiserslautern v. 24.7.1908 und „Landauer Zeitung" v. 25.7.1908. Selbst das „Organ der Zentrumspartei in der Pfalz" berichtete ausführlich über die Trauerfeier und schrieb u.a., daß „verschiedene Fabriken sogar Arbeitsruhe hatten eintreten lassen".
6 Dr. phil. Bruno Schoenlank (1859-1901) war ein hochbegabter Journalist und von 1894-1901 vielbeachteter Chefredakteur der „Leipziger Volkszeitung".
7 Mit dem aus Kandel stammenden Pfalzbahndirektor Jakob (von) Lavale (1843-1925) hatte sich Ehrhart vor allem im Münchener Landtag lebhaft auseinandergesetzt.
8 Franz Josef Ehrhart, Aus meiner Londoner Zeit. Erinnerungen, in: „Illustrierter Die-Neue-Welt-Kalender" für das Jahr 1908, S. 58-62.
9 Der mit Ehrhart befreundete Ignaz Auer (1846-1907) galt nach August Bebel als einflußreichste Persönlichkeit im Berliner Parteivorstand.
10 Johann Most (1846-1906). Über den später zum Anarchismus wechselnden Most vgl. Ehrharts Nachruf in der „Pfälzischen Post" v. 22.3.1906.
11 Julius Motteler (1838-1907) organisierte als sogenannter „roter Feldpostmeister" von der Schweiz aus den illegalen Vertrieb sozialdemokratischer Druckschriften, insbesondere des Züricher „Sozialdemokraten".
12 Eduard Bernstein (1850-1932) war zur Zeit des Sozialistengesetzes ab 1881 Reakteur des „Sozialdemokraten".
13 Dazu auch Ehrharts Erinnerungen: „Vor dem Ausnahmegesetz", in: „Illustrierter Die-Neue-Welt-Kalender" für das Jahr 1904, S. 63-67.
14 Ehrhart legte 1884 die Meisterprüfung ab und betrieb unter tatkräftiger Mithilfe seiner Frau in Ludwigshafen ein Möbelgeschäft.
15 Pseudonym für den Schauspieler Gustav Dolezal (1854-1917). Er spielte am Josefstädter Theater in Wien und war in der Darstellung seniler Lebemänner und schwachsinniger Pantoffelhelden unübertroffen.
16 Georg von Vollmar (1850-1922) war zwischen 1890 und 1914 die wegweisende Führerpersönlichkeit der bayerischen Sozialdemokratie. Die Mitglieder des „Triumvirats" verband eine enge Freundschaft. Sie gelten als „Gründungsväter" der bayerischen SPD.

Hans Fenske

Jahre des steten Aufstiegs
Die pfälzische Sozialdemokratie 1900 - 1914

Wenige Monate vor seinem Tode schrieb Friedrich Engels im März 1895 eine Einleitung zur Neuauflage von Marx' „Klassenkämpfe in Frankreich". Mit Genugtuung blickte er auf die guten Wahlresultate, die die SPD in den letzten Jahren zum Reichstag, zu einigen einzelstaatlichen Landtagen und in manchen Kommunen erzielt hatte. Dieses stetige Wachstum erschien ihm wie ein Naturprozeß. Gehe es weiter voran, „so erobern wir bis Ende des Jahrhunderts den größeren Teil der Mittelschichten der Gesellschaft, Kleinbürger wie Kleinbauern, und wachsen aus zu der entscheidenden Macht im Lande, vor der alle anderen Mächte sich beugen müssen, sie mögen wollen oder nicht".[1] Die in der Reformismus-Debatte auf dem Erfurter Parteitag von August Bebel geäußerte Vermutung schien sich zu bestätigen, daß nur wenige der derzeitigen Mitglieder und Anhänger der SPD die Verwirklichung der letzten Ziele der Partei nicht mehr erleben würden.[2]

Die Reichstagswahlen von 1898

Die Hauptwahlen zum 10. Reichstag am 16. Juni 1898 gaben diesen Erwartungen neue Nahrung. Schon bei Bekanntwerden der ersten Resultate hatte die SPD allen Grund zur Freude. Das „gewaltige Wachstum der sozialdemokratischen Stimmen …, zum Teil weit über unsere Erwartungen" hinaus, sei „von außerordentlichem Wert für die Entwicklung der deutschen Verhältnisse", frohlockte der „Vorwärts" am 17. Juni, und in einer Extraausgabe vom gleichen Tage stellte das Blatt fest: „Der Sieg der Sozialdemokratie bei der gestrigen Wahl erweist sich noch weit größer und vollständiger, als wir anfangs vermuteten".[3] In der Tat: Mehr als 2,1 Millionen Wähler hatten die SPD mit 27,2 Prozent der gültigen Stimmen zur eindeutig stärksten Partei in Deutschland gemacht, und in 87 der 397 Wahlkreise hatte ein Sozialdemokrat die relative Mehrheit.[4] Daß daraus schließlich nur 56 Mandate wurden, lag an den Möglichkeiten, die die absolute Mehrheitswahl bot. Bei den nun nötigen Stichentscheiden konnten die bürgerlichen Kräfte in zahlreichen Wahlkreisen in gemeinsamer Front einen SPD-Sieg verhindern. Das war ärgerlich, aber es erschütterte die Zuversicht der großen Mehrheit in der Partei nicht, der Tag werde schnell kommen, an dem ohne sonderliche Erschütterungen eine sozialistische Gesellschaftsordnung errichtet werden könnte.

Auch die pfälzische Sozialdemokratie war mit dem Wahlausgang sehr zufrieden. Sie hatte ihre Stimmenzahl in der Hauptwahl mit 25.146 statt 14.329 fünf Jahre zuvor fast verdoppelt. Aus 12,3 % der gültigen Stimmen waren 22,0 % geworden. Vor allem aber war es anders als 1893 gelungen, in der im Wahlkreis Speyer auch diesmal nötigen Stichwahl den Sieg davonzutragen. Franz Joseph Ehrhart setzte sich mit 55,1 % der Stimmen klar durch und konnte in den Reichstag einziehen. Das wurde möglich, weil sich jetzt jeder zweite

Zentrumswähler des ersten Wahlgangs für ihn entschied.[5] Ebenso erfreulich war, daß der SPD-Kandidat im 6. pfälzischen Wahlkreis, Kaiserslautern, ebenfalls in die Stichwahl kam. Allerdings unterlag Eduard Klement mit wenigen hundert Stimmen seinem Gegner vom Bund der Landwirte; die Unterstützung durch die bürgerlichen Demokraten und eines Teils der Zentrumspartei reichte nicht ganz aus. Bemerkenswert war hier, daß Klements Stimmenzahl im zweiten Wahlgang mehr als doppelt so hoch war als im ersten: Mehr als die Hälfte seiner diesmaligen Wähler gehörten eigentlich dem bürgerlichen Lager an.[6]

Für das Reich war die vom „Vorwärts" getroffene Kennzeichnung der Wahl als „Wendepunkt"[7] verfrüht. Für die Pfalz traf sie insofern zu, als die bisher dominierenden Nationalliberalen eine herbe Schlappe hinnehmen mußten. Ihr Anteil an den gültigen Stimmen in der Hauptwahl sank von etwas mehr als der Hälfte auf nun nur noch ein gutes Drittel (35,4 %), und sie stellten nicht mehr alle sechs pfälzischen Reichstagsabgeordneten, sondern nur noch vier, von denen nur einer sich gleich in der Hauptwahl durchsetzte; in Kaiserslautern hatten sie zugunsten des Bauernbündlers überhaupt auf die Nominierung eines Kandidaten verzichtet. Aber immer noch waren sie die relativ stärkste politische Kraft in der Pfalz, und das Zentrum war nicht sehr viel schwächer, während die SPD mit einigem Abstand erst auf dem dritten Platz lag. Sie hatte noch viel zu tun, wollte sie ihre Position nachhaltig verbessern. Noch lange nicht war sie gleichmäßig im Land vertreten. Ihr Schwerpunkt nach Mitgliedern und Wählern lag eindeutig in der Vorderpfalz. Allein aus dem Wahlkreis Speyer kamen 47,7 % ihrer Stimmen, weitere 13,9 % aus Landau. Der Wahlkreis Kaiserslautern – und vor allem die Stadt selbst – steuerte 19,9 % bei, Zweibrücken 11,4 %. Ganz zurück standen Germersheim mit 4,8 % und Homburg mit 2,3 %. Diese Verteilung entsprach dem Stand der Organisation, nicht aber dem Stimmenpotential. Wo es keine Parteigenossen gab, konnte ein Wahlkampf naturgemäß nur unter sehr erschwerten Bedingungen geführt werden. Die von Georg von Vollmar wenige Jahre zuvor auf dem Landesparteitag in München gestellte Aufgabe, der Bevölkerung die Interessengemeinschaft aller politisch, sozial und wirtschaftlich Bedrängten mit der Sozialdemokratie einsichtig zu machen[8], war noch längst nicht gelöst.

Richtungsstreit in der Partei

Das war freilich nur zum Teil eine Frage der Organisation. Mitglieder ließen sich nur gewinnen, wenn den Menschen die Zielsetzung der Partei als erstrebenswert vor Augen geführt werden konnte. Das war in einer Region, die auf weite Strecken rein agrarisch geprägt und deren Bevölkerung fast zur Hälfte katholisch war[9], nicht einfach, solange die SPD die Grundlagen der bestehenden Gesellschaftsordnung radikal in Frage stellte und sich als Kampforganisation einer klassenbewußten Arbeiterschaft ansah. An diesem Kurs aber hielt auf Reichsebene die Mehrheit der Mitglieder und namentlich der führend tätigen Genossen unbeirrt fest, wie sich auf allen Parteitagen zeigte. Ob sich die Auseinandersetzungen um den besonders von Georg von Vollmar betonten Reformismus[10] oder um die Bestrebungen von Eduard Bernstein nach Revision der Programmatik[11] drehten, ob man über die Stellungnahme zu den Haushaltsgesetzen der Einzelstaaten oder über ein sozialdemokratisches Agrarprogramm stritt, immer setzten sich die Vertreter der reinen Lehre durch, und dies mit erdrückender Mehrheit.

Besonders eindrucksvoll zeigte sich dies auf dem Dresdener Parteitag von 1903. Wie schon zuvor immer vertrat auch jetzt wieder die Masse der Delegierten die Ansicht, daß die Klassengegensätze sich zuspitzten, statt abzunehmen und daß die herrschenden Klassen, wenn sie sich ernsthaft im Besitz der Staatsgewalt bedroht sähen, jedem Fortschritt mit allen Kräften widerstreben und auch einen schweren Konflikt nicht scheuen würden. Mit der eindrucksvollen Majorität von 288 gegen 11 Stimmen verurteilte der Parteitag „auf das entschiedenste die revisionistischen Bestrebungen, unsere bisherige bewährte und siegesgekrönte, auf dem Klassenkampf beruhende Taktik in dem Sinne zu ändern, daß an die Stelle der Eroberung der politischen Macht durch Überwindung unserer Gegner eine Politik des Entgegenkommens an die bestehende Ordnung tritt". Dann nämlich werde „aus einer Partei, die auf die möglichst rasche Umwandlung der bestehenden bürgerlichen in die sozialistische Gesellschaftsordnung hinarbeitet, also im besten Sinne des Wortes revolutionär ist, eine Partei …, die sich mit der Reformierung der bürgerlichen Gesellschaft" begnüge. Der Parteitag verwarf ferner „jedes Bestreben, die vorhandenen, stets wachsenden Klassengegensätze zu vertuschen, um eine Anlehnung an die bürgerlichen Parteien zu erleichtern".[12]

Das Beharren auf diesen Positionen gab den bürgerlichen Gegnern der Sozialdemokratie immer wieder den Anlaß, die SPD als Partei des Umsturzes zu diffamieren, und es bewirkte, daß sie sich selbst in ihrem Milieu einsperrte, also Partei der Arbeitnehmer in Industrie und Gewerbe vor allem im evangelischen Deutschland blieb. Sie hatte demzufolge, wie erst jüngst eine sorgfältige Analyse der Wahlen von 1912 gezeigt hat, schließlich kein besonderes Wachstum mehr zu erwarten.[13] Das freilich konnten ihre Strategen im Jahrzehnt vor dem Ersten Weltkrieg angesichts der kräftig ansteigenden Stimmenzahlen noch nicht erkennen, und es ist auch fraglich, ob sie ihr politisches Grundsatzprogramm wegen einer solchen Einsicht geändert hätten.

Die Position der Pfälzer

Die Wortführer der pfälzischen Sozialdemokratie hatten im Richtungsstreit eine völlig eindeutige Position. Ehrhart, der wegen seiner großen Verdienste um den Aufbau der Organisation eine ganz außerordentliche Position im Parteigau besaß – seine „Führerstellung war unbeschränkt" und „seine Meinung galt als bindend"[14] –, hatte nach radikalen Anfängen bald nach dem Fall des Sozialistengesetzes seine Ansichten gründlich überprüft und dachte und handelte fortan als Reformist.

Ehrhart ließ keine Gelegenheit aus, seinen Standpunkt zur Geltung zu bringen, daß es vor allem auf eine Politik des „hier und jetzt" ankomme und daß die „Lebensaufgabe" der SPD darin bestehe, „andere, bessere Verhältnisse auf politischem und sozialem Gebiete zu schaffen".[15] Von theoretischen Kontroversen hielt er sich fern. Als es während des Lübecker Parteitags im September 1901 wieder einmal hoch herging – die Streitpunkte waren die Budgetbewilligung und die Ausrichtung der Parteipresse – erklärte er lapidar, es werde „über die Theorie viel leeres Stroh gedroschen, nützlicher wäre, sich mehr mit der Kleinarbeit zu beschäftigen". Und diejenigen, die allzu weitgespannte Erwartungen hegten, bezeichnete er als „im Parlament im Mond zu Hause".[16] An klaren Worten ließ er es niemals fehlen. So ist es erstaunlich, daß er, wie die meisten anderen Reformisten und

> **Hagenbach.**
>
> Sonntag den 21. Mai 1905, nachmittags 3½ Uhr, im Saale zum Hirsch von Vincenz Wiebelt
>
> **Volks=Versammlung.**
>
> Tages=Ordnung:
>
> **Was die Sozialdemokraten wollen.**
>
> Referent: Herr **Bruno Körner**, Ludwigshafen.
>
> **Freie Diskussion.**
>
> Zu dieser Versammlung ist jedermann höflichst eingeladen.
>
> Der Einberufer:
>
> Jos. Vogel.
>
> Gerisch & Cie., Ludwigshafen a. Rh.

Plakat für eine Versammlung in Hagenbach am 21.5.1905 mit Bruno Körner.

Revisionisten auch, 1903 der Dresdener Resolution zustimmte. Wieso damit „Bebel die Waffe aus der Hand" geschlagen wurde[17], ist nicht zu erkennen, der Beschluß diente im Gegenteil auch später noch dazu, die gemäßigten Genossen an die Kandare zu nehmen. Auf dem Leipziger Parteitag wurde er 1909 ausdrücklich bekräftigt.[18] Das zustimmende Votum in Dresden war kein geschickter Schachzug, sondern bestimmt von dem Bestreben, die Einheit der Partei nach außen zu demonstrieren.

Das pfälzische Unbehagen an der Dresdener Entschließung sprach sich einige Wochen später aus, als eine am 25. Oktober tagende Konferenz des 1. Wahlkreises in einer einstimmig verabschiedeten Resolution scharfe Kritik an der Art und Weise übte, in der in Dresden der Kampf von Person zu Person geführt worden sei; das sei eine schwere Schädigung der Parteiinteressen.

Hinsichtlich der Taktik hieß es, „daß die stets wachsende Zahl unserer Anhänger es geboten erscheinen läßt, unter energischer Wahrung des Charakters der Partei als einer proletarischen Kampf- und Klassenpartei durch vermehrte praktische Mitarbeit auf allen Gebieten den durch die letzten Reichstagswahlen errungen Machtzuwachs[19] zugunsten der besitzlosen Klassen in die Wagschale zu werfen". Zugleich wurde Ehrhart für seine bisherige Tätigkeit Anerkennung gezollt und die Erwartung ausgesprochen, „daß er in der Reichstagsfraktion im Sinne der vorstehenden Resolution wirken wird".[20] Die orthodoxe Mehrheit der Parteitage möge beschließen, was sie wolle, das werde, so die Botschaft dieser Resolution, die SPD in der Pfalz nicht von ihrem pragmatischen Kurs abbringen.

Die von der Wahlkreiskonferenz ausgesprochene Bezeichnung der SPD als „Kampf- und Klassenpartei" und die Rede von der Förderung proletarischer Interessen waren keinesfalls leere Worthülsen. Auch unter den pfälzischen Sozialdemokraten war der Vulgärmarxismus weit verbreitet und spielte eine wichtige Rolle bei der Integration der Partei. Der Sozialismus wurde als Ziel nicht aufgegeben, nur war er für die sozialdemokratische Führungsschicht in der Pfalz kein aktuelles Thema. Das war ganz die Haltung Bernsteins. Die Parteibasis dürfte die Begrifflichkeit ernster genommen haben.

Das Bayerische Gemeindeprogramm

Weder der Landesverband Bayern noch die einzelnen Gaue hatten das Recht auf ein eigenes Programm neben dem der Gesamtpartei. Daß sie an ihm festhielten, war selbstverständlich, aber sie modifizierten es durch Spezialforderungen. Diese Funktion hatte vornehmlich das Gemeindeprogramm. Hier kam der hohe Wert, den die bayerischen Sozialdemokraten der Mitarbeit am bestehenden Staat beimaßen, stets sehr klar zum Ausdruck. Die auf dem außerordentlichen Landesparteitag in Nürnberg 1913 einmütig beschlossene Fassung sagte einleitend und eher im Vorübergehen, die Sozialdemokratische Partei Bayerns stehe auf dem Boden des Programms der Gesamtpartei. „Sie erstrebt also die Überführung der Produktionsmittel in den Besitz des auf demokratischer und sozialistischer Grundlage aufgebauten staatlichen Gemeinwesens." Dann jedoch wurde betont: „Sie tritt aber auch mit dem zweiten Teil jenes Programms schon in der gegenwärtigen Gesellschaftsordnung für die Demokratisierung aller Verfassungs- und Verwaltungsformen, die wirtschaftliche und soziale Besserstellung der Arbeiter, die gerechtere Verteilung der Staatslasten und die Befreiung aller Unterdrückten ein."

Es folgten zahlreiche genau bezeichnete Forderungen: Einheitliche Gemeindeordnung für das ganze Land, Ausbau der Selbstverwaltung, Beschränkung der Staatsaufsicht auf die Beanstandung von Verwaltungsakten und Prüfung ihrer Gesetzmäßigkeit durch die ordentlichen Gerichte, Beseitigung der Vorrechte der Höchstbesteuerten, gemeindliche Ortspolizei, Abschaffung des Bestätigungsrechts für gemeindliche Organe, Beseitigung der Vorschriften über die Einstellung von Militäranwärtern, Einkammersystem, allgemeine, geheime und direkte Wahl für Männer und Frauen, Proporz, Abhalten der Wahlen an einem Sonntag, vierjährige Mandatszeit mit Ausscheiden der Hälfte der Gewählten nach zwei Jahren, Diäten, Immunität, Besetzung der Distrikts- und Landräte nach dem gleichen Modus, spezifische Gemeindesteuern und kommunale Zuschläge zur staatlichen Einkommensteuer, weltliche Einheitsschule mit höchstens 40 Schülern pro Klasse, staatliche Schulärzte, Mitwirkung von Eltern und

Mitglieder und sozialdemokratische Reichstagswahlstimmen für das Jahr 1904/05

Ortsname	Sozialdem. Reichstagswahlstimmen 1903	Mitgliederstand 1905 Absolut	%	Mitgliederstand 1904 Absolut	%	Zu- oder Abnahme in %
Kusel	167	7	4,2	21	12,5	66,6 −
St. Ingbert	406	20	4,8	20	4,8	−
Neustadt	1429	90	6,3	80	5,6	12,5 +
Eisenberg	253	20	7,9	17	6,7	17,5 +
Haßloch	473	40	8,5	38	8,0	5,2 +
Kaiserslautern	3411	320	9,4	240	7,0	33,3 +
Bolanden	73	9	12,3	15	20,5	40,0 −
Grünstadt	254	32	12,6	38	14,9	15,7 −
Dürkheim	215	28	13,0	24	11,1	16,6 +
Altrip	238	32	13,4	25	10,5	28,0 +
Roxheim-Bobenheim	220	30	13,6	30	13,6	−
Nieder-Auerbach	137	20	14,7	18	13,1	11,1 +
Schifferstadt	422	65	15,4	71	16,8	8,4 −
Annweiler	253	40	15,4	40	15,4	−
Iggelheim	160	25	15,6	24	15,0	5,0 +
Thaleischweiler	81	15	18,5	−	−	−
Friesenheim	1059	200	18,7	200	18,7	−
Frankenthal	1571	300	19,0	300	19,0	−
Neidenfels	103	20	19,4	20	19,4	−
Ixheim	103	20	19,4	45	43,7	55,5 −
Zweibrücken	455	90	19,7	45	9,9	50,0 +
Maxdorf	141	28	19,8	30	21,3	6,6 −
Weisenheim a. S.	116	23	19,8	20	17,2	15,0 +
Maudach	150	30	20,0	30	20,0	−
Oggersheim	648	135	20,8	140	21,6	3,6 −
Waldsee	124	27	21,7	35	38,2	20,3 −
Lemberg	134	30	22,0	−	−	−
Hettenleidelheim	108	25	23,1	42	38,8	40,5 −
Billigheim	68	16	23,5	18	26,4	11,1 −
Lambsheim	166	40	24,1	35	21,0	14,3 +
Ludwigshafen	5694	1400	24,6	1300	23,0	7,7 +
Beindersheim	61	15	24,6	17	27,8	11,7 −
Edenkoben	282	70	24,8	95	33,6	26,3 −
Übertrag	19175	3262	−	3093	−	−

Quelle: Rechenschaftsbericht des Gauvorstandes der Pfalz für das Geschäftsjahr 1904/05.

Ortsname	Sozialdem. Reichstags- wahlstimmen 1903	Mitgliederstand				Zu- oder Ab- nahme in %
		1905		1904		
		Absolut	%	Absolut	%	
Übertrag	19175	3262	—	3093	—	—
Pirmasens	2077	535	25,7	400	19,2	33,7 +
Hambach	167	45	26,3	—	—	—
Moorlautern . . .	68	18	26,4	—	—	—
Altenglan	75	20	26,6	25	33,0	20,0 −
Frankenstein . . .	70	19	27,1	11	15,7	72,7 +
Neuhofen	218	60	27,5	52	23,7	15,4 +
Mutterstadt . . .	391	110	28,1	144	36,8	23,6 −
Frankeneck . . .	103	30	29,1	35	33,9	14,3 −
Mundenheim . . .	982	300	30,5	230	23,4	30,4 +
Mühlbach a. Glan .	98	30	30,6	28	28,5	7,1 +
Kirchheimbolanden .	261	80	30,6	90	34,4	11,1 −
Edigheim	169	52	30,7	52	30,7	—
Lambrecht	412	130	31,5	90	21,6	44,4 +
Hochdorf u. Umgebg.	141	46	32,6	—	—	—
Kandel	58	19	32,7	—	—	—
Eppstein	76	25	32,9	30	39,6	16,6 −
Dannstadt	51	17	33,3	—	—	—
Mörsch	66	22	33,3	16	24,2	37,5 +
Wörth a. Rh. . .	90	30	33,3	24	26,4	25,0 +
Oppau	355	120	33,8	110	30,9	9,1 +
Altleiningen . . .	60	21	35,0	25	41,3	17,0 −
Rodalben	67	25	37,3	—	—	—
Heßheim	120	45	37,5	45	37,5	—
Alsenz	144	54	37,5	40	27,0	35,0 +
Hagenbach	53	20	37,7	—	—	—
Speyer	1343	510	37,9	400	29,7	27,5 +
Rheingönheim . .	438	170	38,8	156	35,6	8,9 +
Studernheim . . .	31	15	41,6	17	47,2	11,7 −
Ruchheim	66	30	45,4	27	40,9	11,1 +
Böhl	72	35	48,7	—	—	—
Flomersheim . . .	103	54	52,4	50	48,5	8,0 +
Rohrbach b. Landau	30	20	66,6	35	116,6	42,8 −
Summa	27630	5969	21,6	5205	18,8	14,7 +

Gemeinden an der Schulverwaltung, unentgeltlicher Unterricht und Übertragung der Schullasten auf den Staat, Jugendfürsorge, Kleinwohnungsbau, Ausbau und Verbilligung des Vorortverkehrs, öffentliche Gesundheitspflege, Ausweitung der Armen- und Waisenpflege, Koalitionsrecht für Gemeindearbeiter, Betrieb der der Allgemeinheit dienenden Anstalten auf Rechnung der Gemeinde.[21] So wurde ein vollständiges sozialstaatliches Programm entwickelt, und im Landtag wurden gerade in diesem Bereich zahlreiche Initiativen entfaltet.

Entwicklung der Mitgliedschaft

Der Mitgliederstand der pfälzischen SPD war an der Wende vom 19. zum 20. Jahrhundert noch sehr schwach. Im 1. Quartal 1899 waren 2.456 Parteigenossen eingetragen, von denen mehr als ein Drittel im Gebiet des heutigen Ludwigshafen und rund drei Fünftel innerhalb des Wahlkreises Speyer lebten.[22] Etwa 0,3 % der Bevölkerung des Regierungsbezirks Pfalz waren mithin in der SPD organisiert, in Ludwigshafen lag der Erfassungsgrad mit 1,2 % genau viermal so hoch.[23] Im Laufe der nächsten anderthalb Jahrzehnte verfünffachte sich die Mitgliederzahl im Gau auf 12.805 Ende März 1914; in Ludwigshafen war das Wachstum etwas geringer.[24] Jetzt gehörten etwa 1,3 % der Pfälzer der Partei an, und in Ludwigshafen lag der Hundertsatz mehr als doppelt so hoch. Das Wachstum vollzog sich nicht ganz gleichmäßig. Jährlich kamen gemeinhin Hunderte Genossen hinzu, nur gelegentlich war der Zustrom zur Partei geringer, und ganz selten, so von 1912 auf 1913, gab es geringfügige Rückschläge.[25]

Die durch das seit dem 15. Mai 1908 gültige neue Vereinsgesetz ermöglichte Zugehörigkeit von Jugendlichen nach der Vollendung des 18. Lebensjahres und von Frauen zu politischen Vereinen, also zu Parteien, brachte keinen großen Gewinn. Im April 1910 lag die Zahl der männlichen Parteigenossen um knapp 450 höher als zwei Jahre zuvor, und nur 444 Frauen hatten sich der SPD angeschlossen – das waren nur 4,6 % der damals 9.638 Mitglieder. Diese Zurückhaltung lag gewiß nicht an dem sehr niedrigen Beitrag von 20 Pfennig im Monat – Männer zahlten durchweg einen Groschen mehr –, sondern an dem

Mitgliederzahlen in den pfälzischen Wahlkreisen

Wahlkreis	II 1912		I 1914	
	männl.	weibl.	männl.	weibl.
Speyer	5.612	673	6.712	24
Landau	1.592	131	1.610	84
Germersheim	408	16	421	14
Zweibrücken	1.479	285	1.395	174
Homburg	426	12	647	26
Kaiserslautern	1.204	75	1.117	82
Pfalz	10.721	1.192	11.902	903
Insgesamt	11.913		12.805	

Quelle: Protokoll Landesparteitag Neustadt 1914 (Anm. 24), S. 63.

noch sehr geringen Politisierungsgrad der Frauen. Immerhin schien allmählich eine spürbare Verbesserung einzutreten: Im zweiten Quartal 1912 waren schon 10,3 % der Mitglieder weiblich, der Hundertsatz hatte sich mehr als verdoppelt. Dieser relativ hohe Stand konnte indessen nicht gehalten werden. In der Folgezeit nahm die Zahl der Frauen in der SPD wieder ab; am 31. März 1914 waren es nur noch 903, d. h. 7,8 %.[26] Überhaupt war der Mitgliederzuwachs in der unmittelbaren Vorkriegszeit nicht mehr ganz so lebhaft wie in vielen Jahren zuvor. Vom 2. Quartal 1912 bis zum 1. Quartal 1914, also in 21 Monaten, war nur ein Anstieg um 872 Genossen zu verzeichnen. Das waren 8,4 Prozent.

Am relativ besten war die Entwicklung in diesen zwei Jahren im Wahlkreis Homburg. Hier, wo der Ausgangspunkt freilich besonders niedrig lag, ergab sich ein Anstieg um gut 50 %. Hier also war noch Boden zu gewinnen, ansonsten aber hatten Organisation und Mitgliederstand offensichtlich einen gewissen Reifegrad erreicht. Daß die Sozialdemokraten im Germersheimer Wahlkreis kaum vorankamen, lag zum einen an dem hier verhältnismäßig hohen Katholikenanteil, 1910: 56,9 %[27] –, zum anderen am ausgeprägt agrarischen Charakter der Region.

In der Parteileitung sah man wohl, daß sich das Wachstum inzwischen langsamer vollzog, aber man bewertete diese Stagnation als vorübergehend und glaubte, sie überwinden zu können. Immer wieder wurden die Parteifreunde dazu aufgerufen, in der Werbung nicht nachzulassen. Namentlich blickte man auf die zweite Säule der Arbeiterbewegung und bemühte sich um einen Anschluß möglichst aller Mitglieder der Freien Gewerkschaften, war doch nur knapp die Hälfte dieses Personenkreises auch in der Partei organisiert.[28]

Nach einer vom damaligen Vorsitzenden der SPD in Ludwigshafen, Friedrich Profit, im Jahre 1906 erstellten Statistik über die Altersverhältnisse und die Berufe der in der Stadt bei der Partei eingetragenen Genossen war die große Mehrheit dieser Männer in den besten Jahren: 80 % waren zwischen 25 und 44 Jahre alt, nur 6,4 % jünger, nur 13,6 % älter. Mehr als fünf Sechstel, 85,6 %, waren lohnabhängig beschäftigt, und fast ein Drittel, 31,2 %, bezeichnete sich als Fabrik- und Hilfsarbeiter. Nur 158 Mitglieder, 12,4 %, waren selbständige Gewerbetreibende, in 25 Fällen, 2 %, war der Beruf nicht angegeben.[29] Diese Beobachtungen lassen sich wegen des ausgesprochen industriellen Charakters der Stadt nicht für die Pfalz verallgemeinern. Andernorts war der Anteil der gewerblich Beschäftigten höher. Aber die Zahlen belegen doch eindrucksvoll, in welch hohem Maße die SPD eine Partei städtischer Arbeitnehmer war. Die Mehrzahl der maßgeblichen Persönlichkeiten in der pfälzischen SPD gehörten dem kleinen Kreis der selbständigen Gewerbetreibenden an. Die meisten von ihnen waren allerdings nicht schon in diese Schicht hineingeboren, sondern hatten sich nach ihrer Gesellentätigkeit selbständig gemacht, vielfach mit beruflichem Erfolg. Dafür ist Ehrhart das beste Beispiel.

Entwicklung der Ortsgruppen

Die Zahl der pfälzischen Ortsgruppen vervierfachte sich während der hier betrachteten anderthalb Jahrzehnte. Im 1. Quartal 1899 bestanden nur 36 lokale Organisationen, davon nicht mehr als sechs in der gesamten Westpfalz. Selbst so wichtige Orte wie das von annähernd 13.000 Menschen bevölkerte St. Ingbert oder Homburg mit fast 5.000 Einwohnern verzeichneten keinen einzigen Parteigenossen, wiewohl es dort Industrie gab und also ein ansprechbarer Personenkreis vorhanden war.[30] Bis zum Vorabend des Ersten Weltkriegs wandelte sich das Bild gründlich. Im 1. Quartal 1914 zählte man in der Pfalz 143 Vereine und Sektionen. Im Wahlkreis Speyer waren es 42, im Wahlkreis Landau 27, im Wahlkreis Germersheim 15, im Wahlkreis Zweibrücken 22, im Wahlkreis Homburg 17 und im Wahlkreis Kaiserslautern 20.

Im letzten Vorkriegsjahrzehnt wurde im Nordosten der Pfalz eine nochmalige Verdichtung des Netzes erreicht, während die organisatorische Struktur im Westen und auch im Südosten ganz erheblich ausgeweitet wurde.

Die Schaffung von Ortsvereinen war gerade in kleineren Gemeinden keine leichte Aufgabe. Das erste Erfordernis war selbstverständlich das Vorhandensein eines ansprechbaren Personenkreises und das Aufbrechen von dort vorhandenen Hemmungen. Sodann mußten sich Männer finden, die Geschick und Zeit hatten, die nötige Arbeit zu leisten, und drittens mußte es einen Gastwirt geben, der sein Lokal als Treffpunkt zur Verfügung stellte. Gerade hieran haperte es oft. Wurden einem Ortsverein regelmäßig Räume überlassen, so konnte das durchaus zum Wegbleiben anderer Gäste, also zu Umsatzeinbußen, führen oder Ärger mit den Behörden zur Folge haben, etwa Kleinlichkeit bei der Überwachung der Polizeistunde oder bei der Erteilung von Ausnahmegenehmigungen. Es lag vor allem an diesen Problemen, wenn nicht jede Ortsgruppe kontinuierlich bestand, nicht aber an der Nachlässigkeit der Genossen, wie gelegentlich auf den Parteitagen vermutet wurde. Wechselte der Gründer oder Vorsitzende seinen Wohnsitz oder versagte ein Wirt nach einiger Zeit sein Lokal, so konnte das das Ende oder doch eine längere Unterbrechung der politischen Arbeit am Ort bedeuten, namentlich in kleinen Gemeinden. Selbst in einer Stadt von der Größe Landaus bedurfte es mehrerer Ansätze, ehe der Ortsverein problemlos und kontinuierlich arbeitete.[31]

Besonders mühsam war der Aufbau der SPD-Organisation im 5. Wahlkreis, der außer Homburg auch das Bezirksamt Kusel umfaßte und 1895 knapp 101.000 Einwohner zählte (1910: 121.600). Hier gab es 1899 nur eine einzige Ortsgruppe, den Sozialdemokratischen Verein Altenglan und Umgebung, der namentlich unter den dortigen Steinbrucharbeitern Resonanz fand. Anläßlich einer Versammlung im Oktober

Verteilung der Ortsgruppen auf die Wahlkreise

Wahlkreis	1905	1908	1910	1912	1914
Speyer	32	40	40	42	42
Landau	10	14	20	25	27
Germersheim	6	9	9	13	15
Zweibrücken	8	15	14	23	22
Homburg	2	2	9	14	17
Kaiserslautern	7	12	16	20	20
Pfalz	65	92	108	127	143

Quellen: Protokolle Landesparteitage München 1908 (Anm. 34), S. 75-77; Erlangen 1910, S. 47; Neustadt 1914 (Anm. 24), S. 63.

Die dreizehn großen Ortsvereine im Jahre 1908

Ortsverein	Mitglieder
Ludwigshafen	1.450
Pirmasens	704
Speyer	686
Kaiserslautern	511
Frankenthal	467
Friesenheim	400
Mundenheim	376
Neustadt	268
Oggersheim	212
Oppau	205
Lambrecht	195
Rheingönheim	191
Mutterstadt	128
Gesamt	5.793

Quelle: Protokoll Landesparteitag München 1908 (Anm. 34), S. 75-77.

jenes Jahres notierte der überwachende Bezirksamtsofficial, der Vortragende habe nur mäßigen Beifall gefunden. „Echte Sozialdemokraten gibt es eben in Altenglan und Rammelsbach nur wenige oder gar keine".[32] Immerhin fand einige Monate später ein aus Karlsruhe angereister Redner einen recht großen Hörerkreis von etwa 150 Personen. Seine Darstellung des konkreten Forderungskatalogs der SPD und seine entschiedene Zurückweisung des Vorwurfs, die Partei zerstöre Staat und Familie und wolle das Privateigentum beseitigen, erhielt „ziemlich lebhaften Beifall".[33] Der Ortsverein kümmerte dennoch vor sich hin und schlief bald ganz ein. Erst 1903 wurde er wiederbelebt, zählte 1905 aber nur 17 Mitglieder. Gemessen an den 75 Stimmen, die die SPD dort 1903 bei den Reichstagswahlen erhalten hatte – 1907 waren es nur 73[34] – war das nicht einmal wenig, aber die Mannschaft war doch so klein, daß ein blühendes Vereinsleben nicht entstehen konnte. Auch der im September 1902 ins Leben gerufene Ortsverein Kusel wurde schnell inaktiv und mußte 1909 neuerlich begründet werden. Um 1910 wurde die Tätigkeit der SPD endlich auch in der Westpfalz intensiver.

Ortsgruppen von der Größe Altenglans gab es etliche. Von den 1908 bestehenden 92 Ortsvereinen hatten 36 weniger als 25 Mitglieder; am kleinsten war Erlenbrunn im Wahlkreis Zweibrücken, das nur 3 Genossen zählte. 43 Vereine hatten zwischen 25 und 99 Mitglieder, nur 13 überschritten diese Grenze und dies zumeist sehr deutlich, sie lagen mit Ausnahme von Pirmasens, Kaiserslautern, Neustadt und Lambrecht alle im ersten pfälzischen Wahlkreis. In diesen 13 Ortsvereinen lebten etwas mehr als zwei Drittel (67,3 %) aller Sozialdemokraten im Regierungsbezirk – allein ein Drittel auf dem Gebiet Ludwigshafens nach heutiger Umgrenzung. Die 79 kleineren Vereine kamen zusammen auf 2.817 Mitglieder (32,7 %).[35]

Regionale Organisationsstrukturen

Die auf dem 3. pfälzischen Arbeitertag 1892 beschlossene Organisation hatte über den einzelnen Ortsgruppen für jeden Wahlkreis ein Bezirkskomitee und darüber ein für die gesamte Pfalz zuständiges zentrales Agitationskomitee mit Sitz in Ludwigshafen vorgesehen. Die Wünsche nach einem gesamtbayerischen Verband fanden in der Pfalz zunächst wenig Gegenliebe. Als während des Münchener Parteitags 1894 darüber gesprochen wurde, erklärte Ehrhart, die „Pfälzer könnten sich einer Zentralleitung nicht gut anschließen, da sie selbst bereits eine solche haben".[36] Die Bedenken wurden zurückgestellt, als die bayerische Sozialdemokratie sich 1898 in

Würzburg eine nur lockere Struktur gab und den Regionen viel Spielraum ließ. Die Landtagsfraktion fungierte als Landesvorstand, sie war in dieser Eigenschaft zu allen im Parteiinteresse erforderlichen Anordnungen befugt und für ihr Handeln dem alle zwei Jahre zusammentretenden Landesparteitag verantwortlich. Eine weitere Zentralisation schien den Delegierten die Gefahr der Lähmung zu bergen. So wurde die Partei in die drei Gauverbände Nordbayern, Südbayern und Pfalz mit den Vororten Nürnberg, München und Ludwigshafen gegliedert. Diese mitgliederstarken Vororte bestimmten mit Ausnahme des vom jeweiligen Gautag zu wählenden Vorsitzenden die anderen acht Vorstandsmitglieder. Den Gauvorständen oblag die Führung der Agitation, die Veranstaltung von Versammlungen, die Zuteilung von Rednern sowie die Herausgabe von Flugschriften. In den Wahlkämpfen wirkten sie als Zentralwahlvorstand.[37] In der Pfalz bildeten die Wahlkreiskomitees die mittlere Organisationsebene, darunter standen die selbständigen Ortsgruppen.

Nachdem sich die Gesamtpartei im Reich 1905 in Jena ein neues Statut gegeben hatte, mußte die bayerische und die pfälzische Organisation etwas verändert werden. Das Jenaer Statut bestimmte in Paragraph 4, daß die Grundlage der Organisation ein in jedem Wahlkreis zu bildender Sozialdemokratischer Verein sei; ihm habe jeder in diesem Bereich wohnende Parteigenosse als Mitglied anzugehören.[38] Damit verloren die Ortsvereine ihre bisherige Stellung und wurden zu Untergliederungen der Wahlkreisvereine. Das an die Jenaer Beschlüsse angepaßte bayerische Statut definierte die Ortsvereine als Organe des Gesamtvereins und beließ ihnen viel Bewegungsfreiheit. Die Ortsvereine eines Wahlkreises hatten den Vorort zu bestimmen, und dessen Verein hatte die Leitung der Wahlkreisorganisation zu übernehmen. Kam eine Einigung darüber nicht zustande, entschied der Gauvorstand. Dieser war nun vom Gautag zu wählen, sofern der Gautag dem Vorort nicht ganz oder teilweise sein Recht dazu übertrug.[39] Da die Satzung derlei Vorbehalte in mehreren Fällen machte und mithin sehr flexibel gehalten war, änderte sich an den Verhältnissen im Gau Pfalz nicht viel.

Zwistigkeiten in Lokalorganisationen

Auf die Stabilität der realen Strukturen wirkte auch hin, daß die Zusammenarbeit der Parteimitglieder auf allen Ebenen und zwischen den Ebenen sehr gut war. Natürlich gab es unterschiedliche Meinungen und gelegentlich auch Reibungen, aber sie gingen doch in aller Regel nicht so weit, daß eine Verständigung schwierig oder gar unmöglich wurde. Handfesten Streit gab es zu Beginn des Jahrhunderts in Neustadt. Den Anlaß dazu bot das 1899 vom Gauvorstand mit dem Zentrum abgeschlossene Bündnis für die Landtagswahl. Dieser Kompromiß irritierte manchen pfälzischen Genossen, und das „Zentrum der Kritik" war Neustadt.[40]

Der dortige Ortsverein unter Johann Stein lehnte das Abkommen aus prinzipiellen Gründen ab, indessen nicht geschlossen. Die Kontroverse wurde so heftig ausgetragen, daß die Ortsgruppe sich spaltete. Da der 1902 in Ludwigshafen abgehaltene Landesparteitag aber natürlich nicht bereit war, innerhalb einer politischen Gemeinde zwei Ortsgruppen anzuerkennen – nur für Ludwigshafen selbst galt eine Ausnahme –, mußte man sich wieder zusammenraufen. Das gelang nur mühsam. Die Kontroverse schleppte sich hin und flammte 1905 anläßlich des erneuerten Wahlbündnisses wieder auf. Der gesamte Vorgang wiederholte sich. Stein und etwa drei Dutzend andere Mitglieder traten aus und gründeten im Oktober einen Sozialdemokratischen Lokalverein Neustadt, der aber keine parteiamtliche Billigung fand.[41]

Auch in Ludwigshafen kam es zu Abspaltungen. In den 90er Jahren trennten sich einige Genossen, die mit dem reformistischen Kurs der pfälzischen SPD unzufrieden waren, von der Partei und gründeten einen Lese- und Diskutierclub „Vorwärts". Diese Organisation fand nur wenige Mitglieder; mit der Begründung, sie gefährde die öffentliche Sicherheit, wurde sie gleichwohl 1896 vom Bezirksamt Ludwigshafen aufgelöst. 1905 bildete sich neuerlich ein Anarchistischer Lese- und Diskutier-Club Ludwigshafen. Auch er hatte keine sonderliche Resonanz in der Arbeiterbewegung. Natürlich beobachtete ihn das Bezirksamt, es betrachtete ihn aber mit sehr viel mehr Gelassenheit als seinen Vorgänger zehn Jahre zuvor und ließ ihn bestehen. So konnte er einige Zeit tätig sein, bis er 1908 seine geringen Aktivitäten ganz einstellte und sich selbst auflöste.[42]

Vermutlich hätte der Gauvorstand sich ein beträchtliches Maß an Spannungsmöglichkeiten aufgeladen, wäre er 1914 einer von außen kommenden Anregung gefolgt. Damals stellten die Parteifreunde an der Saar beim Gesamtvorstand in Berlin den Antrag, mit ihrem die Reichstagswahlkreise Saarburg-Merzig-Saarlouis, Saarbrücken und Ottweiler-St. Wendel-Meisenheim umfassenden Agitationsbezirk an den Gau Pfalz angegliedert zu werden; sie erhofften sich davon verbesserte Wirkungsmöglichkeiten.

In Berlin war man bereit, diesen Wunsch zu erfüllen, aber sowohl der bayerische Landesvorstand, der nach den Jenaer Statuten nicht mehr mit der Fraktion identisch war, als auch der pfälzische Gauvorstand entschieden sich nach eingehender Prüfung dahin, den Antrag nicht anzunehmen. Beide Gremien hielten es mit Recht nicht für förderlich, daß Agitationsbezirke verschiedener Landeszugehörigkeit zusammengeschlossen würden. Die Unterschiedlichkeit der Rechtslage in den beiden Teilen des neugeschaffenen erweiterten Gaugebietes mußte zu Schwierigkeiten führen und die ordentliche Arbeit stören.[43] Für diese Vermutung sprachen gute Gründe. So war etwa die Haltung der bayerischen Behörden gegenüber der Sozialdemokratie deutlich großzügiger als die der preußischen. Das mußte bei der Agitation berücksichtigt werden, und das konnte zu erheblichen Meinungsunterschieden auf den Gautagen oder im neuen Vorstand führen. Es war keineswegs anzunehmen, daß die Verschmelzung der beiden Bezirke problemlos und glatt vonstatten gehen würde.

Die finanzielle Situation

Finanziell waren die Orts- und Wahlkreisvereine und der Gau nicht sonderlich gut ausgestattet, da die Landesparteitage die Beiträge niedrig halten wollten. Vorschlägen auf Anhebung des Satzes, wie sie etwa von Profit 1908 unter Hinweis auf die dann verbesserten Agitationsmöglichkeiten gemacht wurden[44], folgten die Delegierten nur zögernd. Auch nach der seit 1913 geltenden Neufassung der Satzung wurden von Männern nur 30 Pfennig monatlich verlangt, allerdings als Mindestsatz, so daß die Ortsvereine die tatsächlich kaum genutzte Möglichkeit hatten, einen höheren Betrag zu fordern. Vom jeweiligen Beitrag mußten 20% an die Gesamtpartei abgeführt werden, zwei Pfennige erhielt der Landesvorstand, fünf Pfennige bekam der Gau, der Rest verblieb dem Ortsverein.[45] Mit gerade 24 Pfennig pro Mitglied und Jahr konnte der Gau die ihm satzungsgemäß zufallenden Aufgaben schwerlich erfüllen. Es mußten deshalb weitere Einnahmen erzielt werden, und das gelang auf verschiedenen Wegen. Vom 1.9.1902 bis zum 31.8.1903 beispielsweise gingen 2.467,65 Mark Beiträge ein, aus dem Verkauf des Statutenheftes und von Broschüren kamen 566,10 Mark, gesammelt wurden 599,77 Mark, die sonstigen Einnahmen beliefen sich auf 325,24 Mark, und der Gesamtvorstand in Berlin schickte für den Wahlfonds 1.616,33 Mark.[46]

Für den an der Jahreswende 1906/07 geführten Wahlkampf konnten erheblich mehr Spenden mobilisiert werden als 1903. Voller Stolz hieß es in dem 1908 erstatteten Geschäftsbericht, daß die Kosten von etwas mehr als 17.100 Mark „von den klassenbewußten Arbeitern der Pfalz selbst bestritten" worden seien; Extrabeiträge und Sammlungen hatten immerhin 16.685,- Mark erbracht, so daß der Gauvorstand aus seinen eigenen Mitteln nur 417,- Mark beisteuern mußte.[47]

Wahlen und Wahlbündnisse

Dreimal wurde zwischen der Jahrhundertwende und dem Kriegsausbruch der Reichstag neugewählt, am 16. Juni 1903, sodann nach vorzeitiger Auflösung des Parlaments am 25. Januar 1907 und schließlich am 12. Januar 1912. Hinzu kamen drei Ersatzwahlen: am 21. März 1906 im Wahlkreis Kaiserslautern, weil der linksliberale Abgeordnete sein Mandat niedergelegt hatte, am 15. September 1908, nach dem Tode Ehrharts, im Wahlkreis Speyer und am 15. Juli 1909 in Landau, dessen Abgeordneter ebenfalls verstorben war.[48] Die Sozialdemokraten betrieben ihre Werbung in jedem Fall mit sehr großem Einsatz, verteilten Hunderttausende von Flugblättern – Plakate waren damals noch nicht üblich – und hielten zahlreiche Versammlungen ab. Dabei wurde gerade den Vorstandsmitgliedern außerordentlich viel abverlangt. „Der Mangel an rednerischen Kräften" habe sich, so klagte der Gauvorstand im Rückblick auf 1903, sehr fühlbar gemacht, „so daß einzelne Genossen bei der Wahlbewegung einen unermüdlichen Eifer entwickeln mußten".[49] Gleichwohl konnte nicht allen Anforderungen nach Rednern entsprochen werden. Mit dem weiteren Wachstum der Partei verringerte sich dieses Manko in den folgenden Jahren.

Wie sehr die Resonanz der SPD zunahm, läßt sich am besten sehen, wenn man die Zahlen der Wahlberechtigten in den Jahren 1898 und 1912 mit denen der SPD-Wähler an denselben Daten vergleicht. 1898 waren 164.871 Männer wahlberechtigt, 1912 dagegen 204.375. Das war ein Anstieg um 39.504 oder um 24 %. Demgegenüber konnten statt 25.146 SPD-Wählern 1898 vierzehn Jahre später 56.474 verzeichnet werden, das waren 31.328 oder 124,6 % mehr. War 1898 erst ein knappes Sechstel aller Wahlberechtigten für die Partei zu gewinnen – 15,3 % –, so war es 1912 mit 27,6 % schon mehr als ein Viertel. Jetzt war die SPD die relativ stärkste Partei in der Pfalz. 1907 hatte sie erst den zweiten Rang erreicht.

Ehrhart konnte sein 1898 errungenes Mandat 1903 verteidigen, er gewann es freilich wieder erst im Stichentscheid. Da die Nationalliberalen und das Zentrum ihrer Gefolgschaft Enthaltung empfohlen hatten, siegte er jetzt bei der sehr geringen Wahlbeteiligung von 36,4 % mit 99,2 % der Stimmen; selbst viele seiner Wähler aus dem ersten Wahlgang waren nicht nochmals an die Urnen gekommen. Die knapp 16.000 Stimmen der Hauptwahl, 45,5 %,

Sozialdemokratische Wahlerfolge

Wahlen	Wahl-berechtigte	Wähler	Wahl-beteiligung	SPD-Stimmen	SPD-Anteil	
					an Wahlber.	an gültigen St.
1898	164.871	114.631	69,5%	25.146	15,3%	22,0%
1903	182.862	151.284	82,7%	37.589	20,6%	24,9%
1907	192.650	168.197	87,3%	41.486	21,5%	24,8%
1912	204.375	176.515	86,4%	56.474	27,6%	32,2%

Quelle: Bräunche (Anm. 5), S. 336-340.

bezeichneten das sozialdemokratische Wählerpotential im 1. Wahlkreis mithin sehr genau. Auch in Kaiserslautern wurde eine Stichwahl nötig, aber Klement unterlag wiederum seinem Gegenkandidaten. Auch bei der Ersatzwahl 1906 konnte er sich nicht durchsetzen. Er hatte zwar in der Hauptwahl erstmals die meisten Stimmen erhalten, fand im Stichentscheid aber zu wenig Zuspruch aus dem bürgerlichen Lager; nur ein Teil der Zentrumsklientel ging zu ihm über. Wie schon 1903, so waren auch 1907 in Speyer und in Kaiserslau-

Jakob Binder (1866 - 1932).

tern Stichentscheide erforderlich. Diesmal verständigte sich die SPD mit dem Zentrum über ein gemeinsames Vorgehen. Sie erhielt in Kaiserslautern die Hilfe des Zentrums zugesagt und riet dafür ihren eigenen Wählern in Germersheim und Zweibrükken, für den Zentrumsbewerber zu stimmen. Für das Zentrum zahlte sich dies Bündnis aus, aber in Kaiserslautern reichte es für Klement wieder nicht zum Mandatsgewinn, wiewohl die Zentrumsklientel der verabredeten Wahlparole größtenteils folgte. Interessant ist, daß diesmal im 1. Wahlkreis, wo das Zentrum für das Stechen Enthaltung propagierte, viele katholische Arbeiter für Ehrhart stimmten; er gewann das Mandat erneut. Bei der nach seinem Tode nötigen Ersatzwahl verzichtete das Zentrum auf einen eigenen Kandidaten.

So konnte der Bäckermeister Jakob Binder in Ludwigshafen, seit 1905 Erster Adjunkt, also Bürgermeisterstellvertreter, sogleich im 1. Wahlgang mit großer Mehrheit vor seinem nationalliberalen Konkurrenten in den Reichstag gewählt werden. Er dürfte auch etwa 1.000 Wähler gefunden haben, die an sich dem politischen Katholizismus anhingen. Die Mehrheit der Zentrumsklientel kam offenbar gar nicht an die Urnen. Die Wahlbeteiligung war jedenfalls recht niedrig, der Stimmenanteil, mit dem Binder siegte, folglich mit knapp über

60 % ungewöhnlich hoch. Auch die Ersatzwahl in Landau im Juli 1909 war ein Sonderfall. Mit der Problematik der Reichsfinanzreform hatte die SPD eine zugkräftige Wahlparole. Das brachte ihr einen deutlichen Stimmenzuwachs. Da zudem die Wahlbeteiligung recht niedrig war, gelangte ihr Kandidat, der Ludwigshafener Druckereibesitzer Joseph Huber, in die Stichwahl und setzte sich auch durch. Er fand Unterstützung von Zentrumswählern und wohl auch aus dem Bund der Landwirte. Es handelte sich eindeutig um eine Protestwahl, und man konnte schwerlich davon ausgehen, daß sich das Mandat behaupten ließ.[50]

1912 wurde Binder sogleich in der Hauptwahl im Mandatsbesitz bestätigt. In Kaiserslautern kandidierte diesmal der frühere Lehrer und nunmehrige Erste Adjunkt und Landtagsabgeordnete Johannes Hoffmann. Schon in der Hauptwahl hatte er einen beträchtlichen Vorsprung vor dem Kandidaten des Bundes der Landwirte und dem Linksliberalen, mußte aber in den Stichentscheid. SPD, Fortschrittliche Volkspartei und Nationalliberale schlossen nun ein Abkommen. Die FVP stützte Hoffmann, die Nationalliberalen enthielten sich in diesem Wahlkreis. Dafür empfahl die SPD ihrer Gefolgschaft in den Wahlkreisen Landau, Germersheim und Zweibrücken die Stimmabgabe zugunsten des nationalliberalen Bewerbers – daß Huber sein Mandat nicht behaupten konnte, war schon nach der Hauptwahl klar. In Kaiserslautern, Landau und Zweibrücken hatte diese Verständigung den gewünschten Erfolg: Hoffmann konnte in den Reichstag einziehen.[51]

Bündnis mit dem Zentrum

Den Grundstein für die Bündnispolitik hatten SPD und Zentrum im Jahre 1899 gelegt. Das letztmals 1881 novellierte bayerische Wahlgesetz von 1848 schrieb die indirekte Wahl vor: Die Urwähler bestimmten Wahlmänner, diese wiederum wählten den oder die Abgeordneten ihres Wahlkreises. Aktiv wahlberechtigt war jeder volljährige männliche Bayer, der direkte Staatssteuern zahlte. Das war ein beachtlicher Zensus, denn so war ein Drittel aller voll-

Sozialdemokratische Wahlmänner des Wahlkreises Neustadt–Bad Dürkheim von 1905.

jährigen Männer vom Wahlrecht ausgeschlossen. Die Wahlkreise waren so zugeschnitten, daß die Liberalen besonders begünstigt wurden.[52] Unter diesen Umständen hatte ein Sozialdemokrat in der Pfalz lange überhaupt keine Aussicht, in die Kammer der Abgeordneten zu gelangen. Von den 1.283 pfälzischen Wahlmännern waren 1893 nur drei Sozialdemokraten[53], und das Mandat, das Ehrhart seit diesem Jahre besaß, hatte er in Nürnberg erlangt. Es lag auf der Hand, daß eine gründliche Wahlrechtsreform zentrales Ziel sozialdemokratischer Landespolitik sein mußte.

Auch die pfälzische Zentrumspartei wurde durch das geltende Wahlrecht schwer beeinträchtigt. Bisher war es ihr nie gelungen, einen der 20 pfälzischen Landtagssitze zu gewinnen. Eine Verständigung der beiden benachteiligten Parteien bot sich geradezu an. Sie wurde im Frühjahr 1899 von Ehrhart und dem Zentrumspolitiker Eugen Jäger[54] während der Landtagssession in München ausgehandelt und im Juli bei einer Besprechung in Speyer präzisiert. In den Wahlkreisen Speyer-Ludwigshafen-Frankenthal-Göllheim und Zweibrücken-Pirmasens wollten SPD und Zentrum bei der Abgeordnetenwahl gemeinsam stimmen und sich die zusammen 7 Mandate nach ihrem Stärkeverhältnis bei der Urwahl teilen. Die Absprache bewährte sich voll und ganz. Die SPD konnte Ehrhart, Huber und den Pirmasenser Schuhmachermeister Philipp Keidel in die Kammer der Abgeordneten entsenden.[55]

Obwohl Zentrum und Sozialdemokratie in der Kammer mit ihren 83 und 11 Sitzen die Mehrheit hatten, war eine Wahlrechtsreform nicht durchzubringen, weil auch einige Verfassungsvorschriften geändert werden mußten. Dazu aber wollten sich die Liberalen nicht verstehen. So scheiterte die von der Regierung im September 1903 eingebrachte Vorlage im Februar 1904.[56] Damit war die Parole für die im Juli 1905 anstehende Neuwahl der Kammer gegeben. Die SPD wollte „mit allem Nachdruck dahin wirken …, daß eine sichere Zweidrittelmehrheit für eine Wahlreform aus den Wahlen hervorgeht".[57]

Sie verständigte sich deshalb neuerlich mit dem Zentrum. Das gemeinsame Ziel war, „den Wahlrechtsgegnern möglichst viele Sitze abzunehmen".[58] Die Erfolgsaussichten wurden für alle Wahlkreise sorgfältig berechnet, den Vertrauensleuten in den Urwahlbezirken die entsprechenden Instruktionen erteilt. Diesmal war das Vorhaben den Parteimitgliedern nicht überall so leicht nahezubringen wie sechs Jahre zuvor, wie etwa der oben erwähnte Streit in Neustadt zeigte, aber die Absprache wurde doch überall eingehalten. So hatte sie wieder vollen Erfolg.

Es wurden sechs Sozialdemokraten gewählt: Ehrhart, Huber, Keidel, Klement, der Gastwirt Bruno Körner in Ludwigshafen sowie der Arbeitersekretär Martin Segitz in Nürnberg, der in der fränkischen SPD eine maßgebliche Rolle spielte und nun wegen des Neuzuschnittes der dortigen Wahlkreise Probleme mit der Wiederwahl hatte; seine jetzige Wahl in der Pfalz war eine Dankesgabe dafür, daß die Franken Ehrhart 1893 das Mandat ermöglicht hatten.

In Neustadt-Dürkheim erbrachten 24 Wahlgänge kein Resultat. Hier hatten SPD und Zentrum 56, die Liberalen 67 Wahlmänner. Der Bauernbund bildete mit seinen 13 Wahlmännern also das Zünglein an der Waage. Das „schwarz-rote Kartell"[59] umwarb ihn ebenso heftig wie die Liberalen, die Bündler konnten sich jedoch nicht entschließen, auf die eine oder andere Seite zu treten und hielten an ihren eigenen Kandidaten fest.

Hans Fenske

Unter neuem Wahlrecht

In der neuen Abgeordnetenkammer verfügte das Zentrum über 102, die SPD über 12 Sitze. Damit war die Zweidrittelmehrheit gegeben. Das Zentrum brachte nun den im Vorjahr gescheiterten Regierungsentwurf neu ein, setzte dabei allerdings an die Stelle der absoluten die relative Mehrheitswahl. Parallele Anträge von SPD und Liberalen auf Einführung des Proporzes waren von vornherein aussichtslos. So wurde das neue Wahlgesetz am 30. November einstimmig verabschiedet. Unter dem Druck der öffentlichen Meinung gab im Frühjahr 1906 auch die Kammer der Reichsräte ihre Einwilligung.

Am 9. April 1906 wurde das Gesetz verkündet. Fortan waren die Abgeordneten in allgemeiner, gleicher und geheimer Abstimmung direkt von denjenigen männlichen Bayern zu wählen, die das 25. Lebensjahr vollendet und seit mindestens einem Jahr direkte Steuern gezahlt hatten. Der Gewählte mußte mindestens ein Drittel der Stimmen auf sich vereinigt haben.[60] Nach Erledigung einiger weiterer Arbeiten wurde die Abgeordnetenkammer aufgelöst. Die Ende Mai 1907 durchgeführte Neuwahl fand bei deutlich erhöhter Wahlbeteiligung statt. In der Pfalz lag sie nun bei 76 % statt bei 56 % knapp zwei Jahre zuvor. Die SPD erhielt 25.394 Stimmen; das waren 20,4 %. Da diesmal ein Wahlabkommen nicht geschlossen war, brachte sie allerdings nur vier ihrer Kandidaten durch. Im Vergleich zu der wenige Monate zuvor abgehaltenen Reichstagswahl war das Ergebnis enttäuschend: Damals waren 41.486 Stimmen und 24,8 % erreicht worden. Der Unterschied erklärt sich wesentlich daraus, daß das Landtagswahlrecht mit dem Erfordernis der einjährigen direkten Steuerleistung nach wie vor zensusartige Züge hatte. Demzufolge gab es nur 164.247 Wahlberechtigte, während es zum Reichstag 192.650 waren.[61]

Die Landtagsfraktion 1907 - 1912 mit den Pfälzern Josef Huber (oben, 1. v. r.),
Bruno Körner (Mitte, 1. v. r.), Franz Josef Ehrhart (unten, 1. v. l.) und Eduard Klement (unten, 2. v. r.).

Die Kammerwahl im Februar 1912 stand in Bayern ganz im Zeichen einer scharfen Frontstellung der SPD, der Liberalen und einiger bäuerlicher Gruppen gegen das Zentrum, das in den zurückliegenden Jahren seine große Mehrheit konsequent in seinem Sinne genutzt hatte. Die genannten Parteien traten mit der Parole „Nieder mit der Zentrumsmehrheit! Für ein gerechtes Wahlgesetz!" an und fochten damit für den Proporz.[62] Man einigte sich auf eine Besitzstandsgarantie in den 1907 gewonnenen Wahlkreisen. Die damals nicht erfolgreichen Parteien sollten dort also keine eigenen Kandidaten nominieren und ihre Gefolgschaft geschlossen für den Bewerber der befreundeten Partei stimmen lassen. Wo das Zentrum gesiegt hatte, sollte nur die 1907 zweitstärkste Partei kandidieren. Das Abkommen wurde von allen Beteiligten eingehalten. Aus den Stimmenzahlen kann man natürlich keine Schlüsse auf die Stärkeverhältnisse der beteiligten Parteien ziehen.[63] Zwar konnte die Zentrumsmehrheit in der Kammer etwas reduziert werden, aber sie wurde nicht gebrochen. In der Pfalz aber zahlte sich das Bündnis aus. Das Zentrum erhielt nur acht Mandate, der Linksblock dagegen 14, davon die SPD sechs. Da die Front gegen das Zentrum auch die Nationalliberalen einschloß, spräche man statt von „Linksblock" freilich besser von einer „Mitte-Links-Gruppierung".

Die verschiedenen seit 1899 auf Landes- und Reichsebene getroffenen Wahlabsprachen und die Bereitschaft der meisten Wähler, den Vereinbarungen ihrer politischen Führer zu folgen, machten deutlich, daß die pfälzische SPD – und ebenso natürlich die gesamtbayerische – allmählich aus der Abseitsstellung heraustreten konnte, in der sie bis dahin gestanden hatte. Das war ein wichtiger Schritt zum Abbau innenpolitischer Trennschranken. Freilich hatten diese Bündnisse der Kleineren gegen die jeweils Mächtigen vor allem strategischen Charakter. Sie dienten dem Zweck, generell die eigene Position zu verbessern. Bei den Sachfragen blieben die Gegensätze lebhaft genug.

Im Landtag waren die Sozialdemokraten immer besonders fleißig, weil die vergleichsweise kleine Fraktion alle Themenfelder sorgsam abdecken wollte.[64] Die pfälzischen Abgeordneten beteiligten sich an dieser Arbeit stets ohne jede Einschränkung. Sie nahmen sich dabei besonders der Probleme ihres Regierungsbezirks an. So beschäftigte sich Ehrhart im Winter 1903/04 ausführlich mit den vielerlei Problemen, die die Pfalzbahn aus Sicht der SPD stellte. Ferner sprach er über die heimischen Justizverhältnisse, über die Situation der Winzer, über die Kreiskrankenanstalten oder über den Hausierhandel. Huber befaßte sich mit der Lage der Hafenarbeiter in Ludwigshafen, Keidel mit den Gemeindefinanzen und mit dem Forstwesen.[65] Diese wenigen Beispiele müssen hier genügen.

Sozialdemokraten in der Kommunalpolitik

Das stete Wachstum der SPD wirkte sich auch auf die politischen Verhältnisse in den Gemeinden aus. In immer mehr Kommunalvertretungen zogen Sozialdemokraten ein, und die Rathausfraktionen der Partei wurden allmählich größer. In der Wahlperiode 1904/05 gab es schon 106 Gemeinderäte und in der folgenden Phase 1909 bis 1914 sogar 292 in 66 Gemeinden.[66]

Die Kräftigung der SPD in den Räten hatte zur Folge, daß zunehmend auch Sozialdemokraten in gemeindliche Ehrenämter gewählt wurden. Ehe sie ihr Amt antreten konnten, mußte die Wahl von der Kreisregierung bestätigt werden. In dieser Frage

Hans Fenske

war die Staatsregierung der Ansicht, daß „die Fernhaltung zielbewußter Sozialdemokraten" von den Funktionen ehrenamtlicher Bürgermeister, Beigeordneter oder Adjunkten „im Interesse der bestehenden Staatsordnung ... geboten sei". Ausgesprochene Anhänger der sozialdemokratischen Lehre könnten „niemals die volle Gewähr für eine gesetzmäßige, allen Interessen des monarchischen Staates entsprechende Amtsführung bieten".[67] Diese vom Innenminister im Juni 1912 in der Kammer der Abgeordneten vorgetragene Formel meinte offensichtlich ganz außerordentliche Fälle und zielte auf Angehörige des linken Parteiflügels. Die aber spielten in der Sozialdemokratischen Partei Bayerns keine sonderliche Rolle.

In der Pfalz wurden jedenfalls die erforderlichen Bestätigungen mit einer Ausnahme erteilt. In Lambrecht wurden im Mai 1909 der soeben gewählte Bürgermeister Karl Bitsch und der Zweite Adjunkt Karl Schlosser, beide Sozialdemokraten, von der Kreisregierung nicht akzeptiert. Die Begründung verwies zwar auch auf die bisherige politische Tätigkeit der beiden Männer, nannte aber vor allem ihre geschäftlichen Verhältnisse. Die Annahme sei gerechtfertigt, „die Genannten würden das ihnen übertragene gemeindliche Amt nicht mit der Unabhängigkeit und Objektivität versehen, wie dies bei der Leitung und Verwaltung einer größeren Gemeinde wie Lambrecht" unerläßlich sei.[68] Der Rekurs nach München hatte Erfolg. Die Staatsregierung hob den Speyerer Beschluß auf. Einige Monate später wurde dann bei einer Neuwahl ein Sozialdemokrat, Max Neu, Bürgermeister, gegen den sich keinerlei Einwendungen erheben ließen.[69] Im Jahre 1910 amtierten in der Pfalz zwei der SPD angehörende Bür-

Gemeinderäte mit starker SPD-Vertretung in der Wahlperiode 1909/14

Wahlkreis	Ort	Gemeinderäte insgesamt	davon Sozialdemokraten	Anteil in %
1. Wahlkreis	Heßheim	14	8	57,1
	Rheingönheim	23	13	56,5
	Oppau	23	12	52,5
	Ludwigshafen	28	13	46,4
	Edigheim	18	8	44,4
	Lambsheim	23	9	39,1
	Altrip	18	7	38,9
	Frankenthal	27	10	37,0
	Grünstadt	23	8	34,8
	Mutterstadt	23	8	34,8
	Speyer	27	9	33,3
	Hettenleidelheim	18	6	33,3
2. Wahlkreis	Lambrecht	23	12	52,2
4. Wahlkreis	Bubenhausen	23	14	60,9
	Pirmasens	27	11	40,7
6. Wahlkreis	Kaiserslautern	27	13	48,1

Quelle: Protokoll Landesparteitag Landshut 1912 (Anm. 26), S. 69 ff.

Die sozialdemokratische Stadtratsfraktion von Pirmasens im Jahre 1911. Von links nach rechts: Klug, Jean Feldmüller, Schützle, Fuchs, Frank, Philipp Keidel, Walter, Simon Jung, Menzel, Nikolaus, Hoffmann.

germeister – neben dem in Lambrecht noch der in Rheingönheim – elf Erste Adjunkte, unter anderem in Ludwigshafen und Kaiserslautern, sowie acht Zweite Adjunkte.[70] Das entsprach dem Rückhalt der Partei in der Bevölkerung zwar noch keineswegs angemessen, aber es war doch mehr als ein Anfang.

Bei hauptberuflichen Beamten waren die Anforderungen strenger. Hier galt die Maxime, daß ein SPD-Mitglied nicht als Staatsbeamter angestellt werden könne. In der Praxis wurde vermutlich nicht immer sehr genau hingesehen, aber im Jahre 1908 wurde doch ein Exempel statuiert. Als Johannes Hoffmann sich dazu entschied, für das durch Ehrharts Tod freigewordene Landtagsmandat zu kandidieren, schlug die konservative Presse im Reich unter Anführung der „Kreuzzeitung" Alarm. Die Kreisregierung machte deutlich, daß Beamtenstatus und erklärte politische Tätigkeit für die SPD unvereinbar seien. So bat Hoffmann von sich aus um Dienstentlassung, hätte aber gern seine Tätigkeit an der Fortbildungsschule in Kaiserslautern fortgesetzt. Das wurde ihm vom Kultusministerium verweigert, wiewohl der Ministerpräsident für Großzügigkeit eintrat.[71]

Problemlos war das Verhältnis zwischen dem bayerischen Staat und der Sozialdemokratie also noch nicht. Indessen sollte man den Fall Hoffmann nicht zu hoch veranschlagen. Hier spielte offenbar der Druck aus Norddeutschland eine beachtliche Rolle. Auch ist unverkennbar, daß sich die Beziehungen zwischen der Exekutive und der Partei in den folgenden Jahren deutlich besserten. In dem dem Landesparteitag in Neustadt vorgelegten Bericht des Landesvorstands konnte gemeldet werden, daß mit einer Ausnahme (in Bayreuth) über Behördenwillkür im verflossenen Jahr nicht zu klagen gewesen sei.[72] Die Normalisierung des Verhältnisses von Sozialdemokratie und Staat machte sichtbare Fortschritte.

Anmerkungen:

1 Friedrich Engels, Einleitung zu: Karl Marx' „Klassenkämpfe in Frankreich 1848 bis 1850" (1895), in: Karl Marx/Friedrich Engels, Werke, Bd. 23 Berlin 1963, S. 509-527, hier S. 522.
2 Protokoll über die Verhandlungen des Parteitags der Sozialdemokratischen Partei Deutschlands. Abgehalten zu Erfurt vom 14. bis 20. Oktober 1891, Berlin 1891, S. 172 ff.
3 „Vorwärts" v. 17.6.1898, („Das Volk hat gesprochen"); Extra-Nummer v. 17.6.1898, („Der Sieg der Sozialdemokratie").
4 Vgl. für das Reich insgesamt Jürgen Schmädeke, Wählerbewegung im Wilhelminischen Deutschland. Erster Band. Die Reichstagswahlen von 1890 bis 1912: Eine historisch-statistische Untersuchung, Berlin 1995, die Gesamtergebnisse ab 1898 dort S. 889 f.
5 Ernst Otto Bräunche, Parteien und Reichstagswahlen in der Rheinpfalz von der Reichsgründung 1871 bis zum Ausbruch des Ersten Weltkrieges 1914, Speyer 1982, S. 252-268 und S. 336-340.
6 Im ersten Wahlgang hatte Klement nur 4.993 Stimmen, im zweiten dagegen 10.146, vgl. Bräunche (Anm. 5), S. 336.
7 „Vorwärts" v. 21.6.1898, („Die Wahlschlacht des 16. Juni").
8 Sozialdemokratische Partei Bayerns. Protokoll über die Verhandlungen des 2. Parteitags abgehalten am 30. September und 1. Oktober 1894 in München, Nürnberg 1894, S. 31.
9 Vgl. Bräunche (Anm. 5), S. 15-23 und S. 27-40. Von den hauptberuflich Erwerbstätigen waren 1907 38,9 % in der Landwirtschaft, 38,2 % in Industrie und Gewerbe, 9,9 % in Handel und Verkehr und 13,0 % in sonstigen Berufen tätig, ebd., S. 29.
10 Reinhard Jansen, Georg von Vollmar. Eine politische Biographie, Düsseldorf 1958, bes. S. 37-47.
11 Knappe und prägnante Skizze des Revisionismus-Streits bei Francis Ludwig Carsten, Eduard Bernstein 1850-1932. Eine politische Biographie, München 1993, S. 68-108.
12 Protokoll über die Verhandlungen des Parteitags der Sozialdemokratischen Partei Deutschlands. Abgehalten zu Dresden vom 13. bis 20. September 1903, Berlin 1903, S. 418 f.
13 Schmädeke (Anm. 4), S. 183-191 und S. 632-638.
14 Erich Schneider, Die Anfänge der sozialistischen Arbeiterbewegung in der Rheinpfalz, 1864-1899. Ein Beitrag zur süddeutschen Parteiengeschichte, Phil. Diss. Mainz 1956, S. 189. Vgl. die Biographien von Erich Schneider, Franz Joseph Ehrhart (1853-1908), in: Pfälzer Lebensbilder, Bd. 1, Speyer 1964, S. 273-319 und in diesem Bande sowie von Hans Blinn, Franz Joseph Ehrhart (1853-1908). Ein Lebensbild des Begründers der pfälzischen SPD, o.O. (Neustadt) 1980. Auch in bürgerlichen Kreisen genoß Ehrhart hohe Anerkennung, wie sich vielerei Belegen entnehmen läßt. Bei seinem plötzlichen Tode im Juli 1908 z. B. referierte die liberale „Speierer Zeitung", Nr. 171 vom 24.7.1908. S. 2, getreulich die Ansprache eines freireligiösen Predigers bei der Trauerfeier und anerkannte Ehrhart damit als Mann, der „mit hingebender Überzeugung, mit selbstlosester Uneinnützigkeit für der Menschen Recht auf Arbeit, Brot und Obdach" gekämpft und für Wahrheit und Freiheit gestritten habe. Siehe auch den Beitrag von Erich Schneider über Ehrhart im Urteil der Zeitgenossen.
15 Verhandlungen der Kammer der Abgeordneten des bayrischen Landtags im Jahre 1893/94. Stenographischer Bericht, Bd. 3, S. 95, 90. Sitzung, 5.3.1894. Vgl. insgesamt Schneider (Anm. 14), S. 189-207.
16 Protokoll über die Verhandlungen des Parteitages der Sozialdemokratischen Partei Deutschlands. Abgehalten zu Lübeck vom 22. bis 28. September 1901, Berlin 1901, S. 190 und S. 280.
17 So Schneider (Anm. 14), S. 202 f., das Abstimmungsergebnis Protokoll Dresden (Anm. 12), S. 419 f.
18 Protokoll über die Verhandlungen des Parteitags der Sozialdemokratischen Partei Deutschlands. Abgehalten zu Leipzig vom 12. bis 18. September 1909, Berlin 1909, S. 501; vgl. dazu Wilhelm Dittmann, Erinnerungen. Bearbeitet und eingeleitet von Jürgen Rojahn, Frankfurt/Main 1995, Bd. 1, S. 146-149 und Bd. 3, S. 1054 f.
19 Bei den Reichstagswahlen am 16. Juni 1903 war die SPD reichsweit auf über drei Millionen Stimmen (31,7 %) angewachsen und hatte 81 Mandate errungen.
20 „Vorwärts" v. 27.10.1903. Knappe eindringliche Skizze der theoretischen und taktischen Einstellung in der pfälzischen Sozialdemokratie zwischen 1900 und 1914 bei Willi Breunig, Soziale Verhältnisse der Arbeiterschaft und sozialistische Arbeiterbewegung in Ludwigshafen am Rhein 1869-1919, 2. Aufl. Ludwigshafen 1990, S. 348-357.
21 Sozialdemokratische Partei Bayerns, Protokoll über die Verhandlungen des außerordentlichen 12. Parteitags, abgehalten am 4. und 5. Oktober 1913 zu Nürnberg, Nürnberg 1913, S. 96 ff.
22 Schneider (Anm. 14), S. 178. Zum pfälzischen Wahlkreis Speyer gehörten die Städte und Bezirksämter Frankenthal, Ludwigshafen und Speyer; er hatte 1895 160.000 und 1910 229.000 Einwohner, vgl. Bräunche (Anm. 5), S. 10 f.
23 Berechnet nach den Angaben bei Breunig (Anm. 20), S. 743 und S. 789. Die Stadt hatte 1900, nach der im Vorjahr erfolgten Eingemeindung Munden-

heims, 61.914 Einwohner; die drei Ortsgruppen in der Stadt, Ludwigshafen, Friesenheim und Mundenheim, hatten zusammen 733 Mitglieder.

24 Angabe für die Pfalz, in: Sozialdemokratische Partei Bayerns, Protokoll über die Verhandlungen des 13. Parteitags, abgehalten zu Neustadt a.d.H. am 18., 19. und 20. Juli 1914, Nürnberg 1914, S. 63. Für Ludwigshafen und 1912 nennt Breunig (Anm. 20), S. 789, 2.502 Mitglieder.

25 Die in der Literatur gegebenen Zahlen decken sich nicht ganz, stimmen in der Dimension jedoch stets überein. Nur bei Bräunche (Anm. 5), S. 181, findet sich eine Tabelle für alle Jahre von 1900 bis 1914, bei Breunig (Anm. 20), S. 789, eine von 1900 bis 1912 unter Aussparung der Jahre 1907 und 1908. In den obenstehenden Ausführungen werden immer die in den Geschäftsberichten des Gaus an die Landesparteitage enthaltenen Daten verwandt.

26 Sozialdemokratische Partei Bayerns, Protokoll über die Verhandlungen des 11. Parteitags. Abgehalten in Landshut am 3., 4. und 5. August 1912, Nürnberg 1912, S. 50; Protokoll Neustadt (Anm. 24), S. 63.

27 Bräunche (Anm. 5), S. 16.

28 1906 hatten die Freien Gewerkschaften in der Pfalz knapp 17.400 Mitglieder, denen wenig mehr als 7.400 Parteigenossen gegenüberstanden, Bräunche (Anm. 5), S. 186 und S. 181. Die Relation betrug also 2,3 : 1.

29 Breunig (Anm. 20), S. 292 f.

30 Schneider (Anm. 14), S. 178.

31 Vgl. Hans Blinn, Die Sozialdemokratische Partei Deutschlands in der Stadt Landau in der Pfalz von 1918-1933. Ein Beitrag zur süddeutschen Parteiengeschichte, Phil. Diss. Heidelberg 1966, S. 31 und S. 33 f.

32 Zitiert bei Hans Kirsch, ... Für Freiheit, Gleichheit und Recht. Die Anfänge der Sozialdemokratie im Kuseler Land, Kusel 1991, S. 62.

33 Zitiert ebd., S. 63.

34 Protokoll über die Verhandlungen des 9. Parteitags der Sozialdemokratischen Partei Bayerns. Abgehalten in München am 28. und 29. Juni 1908, Nürnberg 1908, S. 77. Der Ort hatte 1905 979 Einwohner. Vgl. Pfalzatlas, Textband, H 5, S. 179.

35 Berechnet nach den Zahlen im Protokoll München 1908 (Anm. 34), S. 75-77.

36 Protokoll München 1894 (Anm. 8), S. 53.

37 Heinrich Hirschfelder, Die bayerische Sozialdemokratie 1864-1914, Erlangen 1979, Bd. 2, S. 471.

38 Das Statut ist gedruckt bei Dieter Fricke, Zur Organisation und Tätigkeit der deutschen Arbeiterbewegung (1890-1914). Dokumente und Materialien, Leipzig 1962, S. 40 ff.

39 Statut der bayerischen Sozialdemokratie in der Fassung von 1907 im Protokoll München 1908 (Anm. 34), S. 150-154.

40 Bräunche (Anm. 5), S. 180. Vgl. Protokoll Neustadt 1914 (Anm. 24), S. 862.

41 Gerhard Wunder, Die Sozialdemokratie in Neustadt an der Weinstraße seit 1832. Zum hundertzehnjährigen Bestehen des Ortsvereins 1875-1985, Neustadt 1985, S. 43 f.

42 Breunig (Anm. 20), S. 357-362.

43 Protokoll Neustadt 1914 (Anm. 24), S. 98.

44 Protokoll München 1908 (Anm. 34), S. 96.

45 Protokoll Nürnberg 1913 (Anm. 21), S. 95.

46 Protokoll über die Verhandlungen des 7. Parteitags der Sozialdemokratischen Partei Bayerns. Abgehalten in Augsburg am 26. und 27. Juni 1904, Nürnberg 1904, S. 32.

47 Protokoll München 1908 (Anm. 34), S. 74.

48 Vgl. insgesamt Bräunche (Anm. 5), S. 273-308.

49 Protokoll Augsburg 1904 (Anm. 46), S. 30.

50 Bräunche (Anm. 5), S. 297-300.

51 Ebd., 306-309; ferner Diethard Hennig, Johannes Hoffmann, Sozialdemokrat und bayerischer Ministerpräsident, München 1990, S. 41-48.

52 Kurzer Überblick über die Entwicklung des Wahlrechts in Bayern bei: Gerhard A. Ritter unter Mitarbeit vor Merith Niehuss, Wahlgeschichtliches Arbeitsbuch. Materialien zur Statistik des Kaiserreichs 1871-1918, München 1980, S. 150-154. Ausführlich zur Wahlrechtsfrage Karl Möckl, Die Prinzregentenzeit. Gesellschaft und Politik während der Ära des Prinzregenten Luitpold in Bayern, München 1972, S. 491-534.

53 Schneider (Anm. 14), S. 153.

54 Ernst Otto Bräunche, Eugen Jäger (1842-1926), in: Pfälzer Lebensbilder, Bd. 4, Speyer 1987, S. 223-248.

55 Schneider (Anm. 14), S. 208-213.

56 Möckl (Anm. 52), S. 530.

57 Resolution des 7. Parteitags, Protokoll Augsburg 1904 (Anm. 46), S. 65.

58 Friedrich Profit, Dr. v. Bettinger und die Sozialdemokratie. Die Wahlkompromisse zwischen Zentrum und Sozialdemokratie in der Pfalz (1899 bis 1909), München 1913, S. 14.

59 Ebd., S. 20. Eine Wahlabsprache zwischen SPD und Zentrum gab es auch für das rechtsrheinische Bayern. Darauf kann hier nicht weiter eingegangen werden.

60 Möckl (Anm. 52), S. 532 f.

61 Statistisches Jahrbuch für das Königreich Bayern, 9 (1907), S. 580 f. – Zum Teil erklärt sich die Differenz in der Zahl der Wahlberechtigten auch daraus, daß zur Abgeordnetenkammer nur Bayern wählen durften.

62 Protokoll Landshut 1912 (Anm. 26), S. 79-81, das Zitat aus dem Wahlaufruf vom 15.11.1911 auf S. 80. Dieser Wahlkompromiß war in der Partei sehr umstritten, weil er eine Schwächung bei den Reichs-

tagswahlen bedeuten konnte. Er wurde von einer eigens einberufenen Parteikonferenz am 7.12.1911 mit nur 28 zu 14 Stimmen gebilligt. Auch auf dem Landshuter Parteitag kam der Ärger darüber hoch. Die Ortsgruppe Lambrecht beantragte, daß Wahlabsprachen künftig nur nach Anhörung der Ortsgruppen und unter Billigung der Wahlkreiskonferenzen abgeschlossen werden sollten. Nach langer Diskussion, bei der Profit seine ganze Redekunst einsetzte, wurde der Antrag zurückgezogen, vgl. ebd., S. 83 und S. 101-110. Vgl. auch Hirschfelder (Anm. 37), S. 513-518, und Breunig (Anm. 20), S. 332-335.

63 In der Pfalz erzielte der gegen das Zentrum gerichtete Block 86.867 Stimmen und damit 58,2 %, Statistisches Jahrbuch für das Königreich Bayern, 12 (1913), S. 459.

64 Vgl. dazu: Die Sozialdemokratie im Bayerischen Landtag 1899/1905. Handbuch für Landtagswähler, Ludwigshafen 1905.

65 Dazu das Protokoll Augsburg 1904 (Anm. 46), S. 3-25.

66 Protokoll Landshut 1912 (Anm. 26), S. 59 ff.

67 Innenminister Soden-Frauenhofen am 27.6.1912, Stenographische Berichte der Kammer der Abgeordneten des bayerischen Landtags. XXXVI. Landtagsversammlung, 1. Session im Jahre 1912, Bd. 3, S. 366.

68 Zitat aus dem Beschluß der Kreisregierung, „Vorwärts" Nr. 123 v. 29.5.1909.

69 Hirschfelder (Anm. 37), S. 503 f.

70 Sozialdemokratische Partei Bayerns, Protokoll über die Verhandlungen des 10. Parteitags, abgehalten in Erlangen am 13., 14. und 15.8.1910, Nürnberg 1910, S. 68.

71 Hennig (Anm. 51), S. 26 f, Hirschfelder (Anm. 37), S. 503.

72 Siehe Protokoll Neustadt 1914 (Anm. 24), S. 80.

Karl Klingel

Begegnung mit Rosa Luxemburg 1906

Eine reiche Quelle parteipolitischer und staatswirtschaftlicher Belehrung war mir immer aus den Berichten der deutschen Parteitage geflossen ... Ich sehnte mich immer darnach, einer oder anderen großen Parteitagung beiwohnen zu können, schon aus dem Wunsche heraus, die großen Träger der sozialistischen Gedankenwelt von Angesicht zu Angesicht zu sehen. Aber für einen kleinen Bauern mußte eine solche Sehnsucht lange nur ein frommer Wunsch bleiben. Denn wie konnte ich mir tagelange Reisen in die Ferne gestatten zu einer Zeit, wo die Berufsarbeit und häufig genug familiäre Sorgen meine ganze Kraft und Geistesgegenwart zu Hause festhielten!

Erst als das benachbarte Mannheim die Parteigenossen zur großen Tagung einlud – es war im Jahre 1906 –, konnte auch ich mir erlauben, dieser Einladung zu folgen. Mit Ehrhart, Profit und vielen anderen Pfälzern fand ich mich in der Stadt ein, die einmal dem gehetzten Dichter der „Räuber" Asyl geboten. Welch eine Schau von seltenen Köpfen bot sich meinen suchenden Augen! Bebel, Zubeil, Karl Liebknecht, Rosa Luxemburg, Klara Zetkin sah ich ... Welch ein Gefühl vor Beginn der Versammlung! Man suchte seinen Platz. Ehrhart und ich standen noch plaudernd beisammen. Da kamen Liebknecht und Rosa Luxemburg auf uns zu in eifriger Unterhaltung. „Die Rosa?" entfuhr mir´s. „Schön ist sie nicht, aber sie hat Feuer." Sie trug ein tiefschwarzes Kleid mit blutrotem Besatz ringsum. Nun standen sie vor uns. Ehrhart begrüßte das Paar und stellte mich vor als den „Renomierbauern" der Partei in der Pfalz. Soweit man im aufgeklärten Norden auch sei, fügte er scherzend hinzu, dahin habe man es doch noch nicht gebracht, daß man Bauern in den Reihen der Parteigenossen sitzen habe wie hier in dem nach nordischer Ansicht versumpften Süden. Liebknecht verneigte sich höflich, dafür mache er den Pfälzern seine Verbeugung. Rosa lächelte freundlich und nach einem Händedruck setzten die beiden ihre Unterhaltung fort und wandelten weiter.

Rosa Luxemburg (1871 - 1919).

Aus: Bei uns daheim 3 (1927) Bl. 9.

Friedrich Profit

„Der rote Schrecken"!

Die letzten Wahlen zum Bayerischen Landtag unter dem indirekten Wahlrecht fanden 1905 statt. Der Wahlausfall bedeutete einen Triumph für die Disziplinertheit der unter einem Kompromiß gemeinsam marschierenden Wähler des Zentrums und der Sozialdemokratie in unserer Pfalz. Für die Beseitigung des indirekten und für die Schaffung des direkten Wahlrechts war die notwendige Dreiviertel-Mehrheit erkämpft.

Die ersten Wahlen unter direktem Wahlrecht fanden 1907 statt. Die Wahlvorbereitungen wurden frühzeitig in Angriff genommen. Bei Aufstellung unserer Kandidaten in Ludwigshafen gab es Schwierigkeiten. Nach dem Grundsatz, daß dem älteren der Vorrang gebührt, kam hier neben Ehrhart der Genosse Josef Huber in Frage.

Die für die Aufstellung zuständige Unterbezirkskonferenz entschied sich, entgegen dem offiziellen Vorschlag, für Genossen Bruno Körner. Huber, der ältere, mußte sich mit der aussichtslosen Neustadter Kandidatur begnügen. Als Parteisekretär erwuchs mir die Aufgabe, den eingetretenen „Betriebsunfall" zu reparieren. Es gelang mir, die Kaiserslauterer Genossen zu bewegen, neben Klement auch noch Ehrhart aufzustellen und diesen wieder, zu der Transaktion seine Einwilligung zu geben. Ehrhart stand somit in Ludwigshafen und Kaiserslautern zur Wahl. Er wurde auch in beiden Wahlkreisen gewählt. Er nahm, wie vorgesehen, die Wahl für Kaiserslautern an. Für das nunmehr freigewordene Ludwigshafener Mandat wurde jetzt Genosse Huber aufgestellt. Dies sei zum besseren Verständnis des Nachfolgenden vorausgeschickt.

Die Agitation für die Nachwahl setzte mit aller Heftigkeit ein. Auf beiden Seiten – hie Sozialdemokratie, hie Nationalliberale – wurde mit Leidenschaft und Zähigkeit gekämpft. In den Tagen der letzten Woche vor dem Wahltag versuchten die Liberalen noch einmal, zu einem Schlag gegen uns auszuholen. Sie schickten die „Gelben" der Anilin gegen uns vor. Rechtsanwalt König und Lehrer Bühler, beide aus Zweibrücken kommend, waren als Redner vorgesehen, um mit uns Abrechnung zu halten. Der Hosp'sche Saal in der Hemshofstaße war zum Bersten voll, die Luft war dick. Kaum hatte ein Obergenosse der „Gelben" am Rednerpult Platz genommen, um die Versammlung zu eröffnen, stand ich auch schon neben ihm, um als Sozi die Nationalliberale Volksversammlung zu eröffnen. Diesen Szenewechsel begründete ich damit, daß es notwendig sei, eine Diskussionsfreiheit von vornherein zu sichern und einen ruhigen Verlauf der Versammlung zu gewährleisten. Darob natürlich bei den Anilinherrn und ihren Anhängern verdutzte Gesichter.

Josef Huber (1860 - 1940).

Aber schon erteilte ich dem als ersten vorgesehenen Redner des Abends, Herrn Lehrer Bühler aus Zweibrücken (meinem ehemaligen Lehrer an der Volksschule), das Wort zu seinem Referat. Er verzichtete, d. h. er war nicht mehr im Saal. Desgleichen der zweite Redner, Rechtsanwalt König aus Zweibrücken. Da auch sonst niemand von den Einberufern das Wort begehrte, erteilte ich Genossen Franz Josef Ehrhart das Wort, der einen letzten Appell an die Wähler vom Hemshof richtete, am Wahltag ihre Schuldigkeit zu tun und ihre Stimmzettel für Josef Huber abzugeben. Mit einem dreifachen Hoch auf die deutsche, auf die internationale Sozialdemokratie, schloß ich die denkwürdige Versammlung vor der Huber-Wahl 1907. Mit dem Gesang der Arbeiter-Marseillaise leerte sich der Saal. Das Echo blieb nicht aus.

„Der rote Schrecken in Ludwigshafen", so lauteten die Schlagzeilen in den nationalliberalen Blättern. Uns hat es nichts geschadet und unseren Wahlgegnern nichts genützt. Der Landtags-Wahlkreis Ludwigshafen-Stadt war uns nicht mehr zu entreißen. Ehe der Wahltag kam – es war Dienstag – fand das Ludwigshafener Parkfest statt, das Samstags begann und am Montagabend mit einem am Mannheimer Rheinufer abgebrannten Brillantfeuerwerk endete. Für diesen letzten Festabend hatte ich eine besondere Programm-Nummer vorgesehen, die für unsere liberalen Gegner einen neuen Schreck bedeutete, für unsere Anhänger aber zum letzten Wahlaufruf wurde, für Ehrhart und unseren Seppl, die sich ebenfalls unter der Menge befanden, eine Überraschung.

Der Montag sah viele fleißige Hände sich regen. Man schnitt große Papptafeln, beklebte sie mit rotem Fliespapier und nagelte starke Leisten zu Rahmen zusammen. Während in der „Pfälzischen Post" diese Arbeiten geleistet wurden, waren andere damit beschäftigt, ein kleines Rheinboot und bei Kieskief einen Kiesnachen zu chartern. Wieder ein anderer besorgte bei seiner Firma (Nähmaschinen-Dreyer), die entsprechende Zahl von Acetylen-Laternen. Die Arbeiten schritten munter fort. Schließlich lagerte man alles bei Bruno Körner.

Als die Dunkelheit anbrach, waren wir auch auf dem Kiesnachen mit unseren letzten Vorbereitungen fertig. Daß einer von uns über Bord ging, konnte unserem Arbeitseifer keinen Abbruch tun. Unser Wahltransparent war festgefügt. Wie ein Gespenst kam unser Dampfboot angefahren. Die Acetylenlampen bestanden ebenfalls ihre Generalprobe. Und nun war auch die Dunkelheit soweit fortgeschritten, daß ich den Befehl zur Abfahrt geben konnte. Von der Rheinstraße aus ging es stromaufwärts zum Festplatz.

Tausende Menschen belagerten die Ludwigshafener Rheinseite und warteten ungeduldig auf die Künste der am gegenüberliegenden Mannheimer Rheinufer beschäftigten Pyrotechniker. Ehe aber noch das erste Zeichen zum Abbrennen des Feuerwerks gegeben werden konnte, hatten wir unseren vorgesehenen Standplatz erreicht. Als Oberbefehlshaber der gespenstischen Armada gab ich meinen Befehl; die Acetylenlampen blitzten auf und den am Ludwigshafener Rheinufer harrenden Menschen, die in diesem Augenblick noch ein anderes zu hören und zu sehen erwarteten, leuchteten in meterhohen roten Buchstaben die zwei Worte entgegen: „Wählt Huber".

Hochrufe und Händeklatschen, aber auch Mißfallenskundgebungen schallten vom Ufer herüber zu unserem Standort. Doch der Zweck war erreicht. Diese Art der Wahlpropaganda war für jene Zeit etwas Neues. Zurück ging es wieder an unseren Landeplatz; die Demontage war bald erledigt. 24 Stunden später war Josef Huber gewählt.

Aus: Armer Konrad aus Rheinland-Pfalz 1(1949), S. 50-52

Mit den im Text erwähnten „Gelben" sind – im Gegensatz zu den freien, sozialdemokratischen, den „roten" Gewerkschaften – meist von den Unternehmern geförderte, wirtschaftsfriedliche, den Streik als Kampfmittel ablehnende Fabrik- und Werkvereine gemeint.

Karl Scherer

Eduard Klement und die „Hottentotten-Wahl" im Jahre 1907

Die Reichstagsauflösung am 13. Dezember 1906

Auch die Pfälzer hatten im Spätherbst 1906 die hitzigen Rededuelle im Reichstag zwischen den Zentrumsabgeordneten Hermann Roeren und Matthias Erzberger sowie dem Sozialdemokraten August Bebel auf der einen und dem neu ernannten Kolonialdirektor Bernhard Dernburg auf der anderen Seite über den Nachtragsetat für das seit 1904 durch den Herero- und Hottentotten-Aufstand ins Blickfeld der breiten Öffentlichkeit gerückte Deutsch-Südwestafrika aufmerksam verfolgt und die daraus resultierende Zuspitzung der innerpolitischen Lage durchaus erkannt. Dennoch rechnete in der Pfalz im Grunde niemand ernsthaft damit, daß das Zentrum von seiner bis dato verfolgten regierungsfreundlichen Linie abweichen und es ausgerechnet über einer Kolonialfrage wie der Reduzierung der Schutztruppe in Deutsch-Südwest zum Bruch mit Bernhard von Bülow und seiner Regierung kommen lassen würde.

Als daher die Partei am 13. September 1906 entgegen allen Erwartungen nicht „umfiel", sondern im Verein mit den Sozialdemokraten und den Polen sowohl einen freisinnigen Kompromißantrag als auch die Regierungsvorlage zum Nachtragsetat für die südwestafrikanische Kolonie ablehnte und damit Bülow – wollte er sein seit der Konferenz von Algeciras ohnehin schwer angeschlagenes politisches Prestige nicht gänzlich ruinieren – zur Auflösung des Reichstages zwang, wurden in der Pfalz wie andernorts alle politisch Interessierten von dieser Entscheidung überrascht.[1]

Da nach Artikel 25 der Verfassung binnen 60 Tagen ein neuer Reichstag zu wählen war, mußten die politischen Parteien in der Pfalz, die gerade mit ersten Vorbereitungen der 1907 anstehenden bayerischen Landtagswahlen beschäftigt waren, ihre Aktivitäten unverzüglich auf eine Reichstagswahl-Kampagne konzentrieren und praktisch aus dem Stand den Kampf um die Wählerstimmen in den sechs pfälzischen Reichstagswahlkreisen beginnen. Dabei beanspruchte der seit 1898 stets heftig umkämpfte sechste Wahlkreis Kaiserslautern-Kirchheimbolanden schon bald besondere Aufmerksamkeit, denn hier zeichneten sich neue brisante parteipolitische Konstellationen ab. Würden die vereinigten Liberalen das Mandat behaupten oder erstmals den Sozialdemokraten überlassen müssen? Das war die Frage, die in der Pfalz um die Jahreswende 1906/07 alle Gemüter bewegte.

Der Wahlkreis Kaiserslautern-Kirchheimbolanden

Der 6. pfälzische Wahlkreis[2] umfaßte die Bezirksämter Kaiserslautern, Kirchheimbolanden und Rockenhausen mit einer Fläche von 1.235,82 qkm und etwa 155.000 Einwohnern. 58 Prozent der Bevölkerung wohnten in Orten unter 2.000 Einwohnern. Kaiserslautern, die einzige größere Stadt im Wahlkreis, zählte 1906 gegen 50.000 Einwohner. Die Sozial- und Wirtschaftsstruktur der drei Bezirksämter wies gravierende Unterschiede auf. Neben dem durch Textil-, Eisen-, Zigarren-, Holz- und Brauereiindustrie sowie durch ein bedeutendes Baugewerbe geprägten Ballungsraum Kaiserslautern standen die beiden ausgesprochen ländlichen nordpfälzischen Regionen um die Städtchen Kirchheimbolanden und Rockenhausen, in denen kleine und mittlere landwirtschaftliche Betriebe, die hauptsächlich Getreideanbau und Viehzucht betrieben, dominierten.

Politisch zählte der Wahlkreis seit den Tagen der Reichsgründung zu den Hochburgen der Nationalliberalen Partei, die hier bei allen früheren Reichstagswahlen – ausgenommen der des Jahres 1884 – auch das Mandat gewonnen hatte.

Aber schon in den 80er Jahren war diese bis dato so sichere „nationalliberale Bastion", bedingt durch die mangelhafte Organisation der Partei, anhaltende innerparteiliche Flügelkämpfe und Querelen sowie durch die Abspaltung der Linksliberalen gefährdet worden und nach 1893 erheblich ins Wanken geraten, als der Bund der Landwirte (BdL) hier Fuß fassen und den Nationalliberalen einen Großteil ihrer bäuerlichen Wähler abspenstig machen konnte. Durch ihre Entscheidung, bei den Reichstagswahlen 1898 erstmals auf die Nominierung eines eigenen Kandidaten zu verzichten und statt dessen die Kandidatur des Vorsitzenden des Bundes der Landwirte, des der äußersten Rechten zuzurechnenden Gutsbesitzers Dr. Gustav Roesicke, zu unterstützen, hatte sich die Nationalliberale Partei dann praktisch selbst aus dem politischen Spiel genommen. Im Jahre 1903 – inzwischen hatten sich die innerparteilichen Kräfte durchgesetzt, die ein weiteres Zusammengehen der Nationalliberalen mit dem Bund der Landwirte ablehnten – war es nach langem Zögern zu einem Zusammengehen mit den Linksliberalen gekommen. Dieser „liberale Block" aus Nationalliberalen, Demokraten (DVP) und Freisinnigen (FVP) hatte den Bund der Landwirte in der Hauptwahl überflügeln und in der Stichwahl gegen die SPD – entscheidend begünstigt durch die Wahlenthaltung des Zentrums – das Mandat für den Linksliberalen Otto Sartorius aus Mußbach gewinnen können.

Bei der im Frühjahr 1906 notwendig gewordenen Reichstags-Ersatzwahl – der in einem Weinfälscher-Prozeß verurteilte Sartorius hatte sein Mandat niederlegen müssen – hatte die gleiche Parteienkonstellation nochmals einen nationalliberalen Erfolg vor der weiter erstarkten SPD ermöglicht. Dabei war deutlich geworden, daß die Nationalliberale Partei das Reichstagsmandat im Wahlkreis 6 aus eigener Kraft nicht mehr und die SPD, nunmehr sogar stärkste Partei, noch nicht zu gewinnen vermochte.

In krassem Gegensatz zum schleichenden Niedergang der Nationalliberalen und der Linksliberalen, sowie zur bald sich abzeichnenden Stagnation des Bundes der Landwirte und in gewissem Maße auch des Zentrums, stand der stetige, seit dem Fall des Sozialistengesetzes (1890) unaufhaltsame Aufstieg der Sozialdemokratischen Partei. Sie hatte bei der Reichstagswahl des Jahres 1878 unter irregulären Bedingungen nur unbedeutende 1,2 Prozent der Stimmen erhalten, aber zwanzig Jahre später mit einem Stimmenanteil von 26,3 Prozent die Deutsche Volkspartei erstmals aus der Stichwahl gedrängt und war bei der Reichstags-Ersatzwahl im Frühjahr 1906 mit 29,6 Prozent in der Hauptwahl dann zur stärksten politischen Kraft im Wahlkreis geworden.

Eduard Klement (1867 - 1941)

Der sozialdemokratische Erfolg im Wahlkreis war vor allem der Persönlichkeit und dem unermüdlichen Einsatz eines Mannes zu danken, der auch in weiten bürgerlichen Kreisen großes Ansehen genoß: Eduard Klement.[3] Am 6. März 1867 in Nekla, Provinz Posen geboren, war er in jungen Jahren mit seinen Eltern nach Berlin verzogen und hatte sich dort zunächst dem Christlichen Verein Junger Männer angeschlossen. Doch die Predigten des Hofpredigers Adolf Stoecker hatten Klement schon bald wieder auf kritische Distanz zur evangelischen Kirche gehen lassen. Auf seiner Wanderschaft war der gelernte Ziseleur 1890 nach Kaiserslautern gelangt, wo er Arbeit gefunden hatte. Hier in der Barbarossastadt war der politisch interessierte Klement in Versammlungen des von dem Buchbinder Christian Glafey 1887 gegründeten „Arbeiter-Wahlvereins" erstmals mit sozialdemokratischem Gedankengut und zweifelsfrei auch mit dem politischen Programm der „Eisenacher" in nähere Berührung gekommen und noch im Winter 1890 dem Verein beigetreten.[4]

Rasch waren dessen Mitglieder auf den schlagfertigen, redegewandten „Berliner" aufmerksam geworden und hatten ihn schon im kommenden Jahr zu ihrem Vorsitzenden gewählt. Es war hauptsächlich Klements Verdienst, daß sich dann 1892 die damals in Kaiserslautern miteinander konkurrierenden Arbeitervereine zugunsten der Zusammenführung aller sozialdemokratischen Kräfte in der Stadt selbst aufgelöst hatten. Der im Anschluß daran aus der Taufe gehobenen neue „Sozialdemokratische Bildungsverein" hatte, wie kaum anders zu erwarten gewesen war, Klement wieder den Vorsitz übertragen. Da er zur gleichen Zeit außerdem zum 2. Vorsitzenden des gleichfalls neugegründeten Ortsvereins gewählt wurde, in dem das am 1. Juni 1892 in Kaiserslautern eröffnete erste ständige sozialdemokratische Parteibüro nun die eingetragenen Mitglieder organisierte, vermochte Klement die politische Arbeit der SPD künftig weitaus besser als bisher zu koordinieren und zu intensivieren. Die Erfolge waren nicht ausgeblieben. Allerdings hatte der engagierte Sozialdemokrat persönlich dafür einen hohen Preis bezahlen müssen. Aufgrund seines öffentlichen Auftretens als sozialdemokratischer Reichstagskandidat und eines von ihm sehr aggressiv und erfolgreich geführten Wahlkampfes – seine Partei erhielt 866 Stimmen mehr als 1890 – hatte er 1893 seinen Arbeitsplatz verloren. Klement übernahm daraufhin als Wirt den „Wilden Jäger" in der Mühlstraße, der in der Folgezeit durchaus seinen Mann ernährte.

Bei den Stadtratswahlen 1894 hatten die Wähler Klements klare, saubere Haltung und sein unerschrockenes Eintreten für die politischen Ziele der SPD honoriert und ihn als ersten Sozialdemokraten in den noch ganz von den „Bürgerlichen" beherrschten Stadtrat Kaiserslauterns gewählt. Im Jahr 1905 hatte er dann außerdem einen Sitz im bayerischen Landtag errungen. Bei der Reichstags-Ersatzwahl im Frühjahr 1906 hätte für ihn und die SPD durchaus auch schon eine reelle Siegeschance bestanden, wenn vom Zentrum bei der Stichwahl nicht Wahlenthaltung empfohlen, beziehungsweise diese Aufforderung von dessen Wählern weniger diszipliniert befolgt worden wäre.

Der Wahlkampf

Die SPD hatte keinen Grund, Eduard Klement, welcher sich bisher als ausgezeichnetes „Zugpferd" erwiesen und bei jeder

Wahl erstaunliche Stimmengewinne verbucht hatte, aus dem Rennen zu nehmen. Auf ihrer Wahlkreiskonferenz am zweiten Weihnachtstag 1906 in Langmeil wurde ihm daher von den dort versammelten Vertrauensmännern einstimmig erneut die Kandidatur übertragen.[5]

Einen Tag nach den Sozialdemokraten kürte auch das Zentrum seinen Kandidaten, den katholischen Pfarrer Kempf von Gerbach, während die liberalen Parteien sich nach hektischen Personaldebatten, die sich über Tage hinzogen, auf keinen gemeinsamen Kandidaten einigen konnten. Die nationalliberale „Pfälzische Presse" fragte besorgt: „Was will da werden?"[6] Wenige Tage später war diese Frage beantwortet: Der zuletzt 1903 und 1906 erfolgreich gewesene „liberale Block" zerbrach, als sich die Nationalliberalen des Wahlkreises nach zähen, ergebnislosen Verhandlungen mit dem Bund der Landwirte (BdL), gedrängt von der eigenen Parteiführung und den Parteifreunden in der Region, wenn auch widerstrebend am 6. Januar 1907 doch unter das „kaudinische Joch der Bauernbündler" beugten und „unter nationalen Gesichtspunkten" eine erneute Kandidatur von Dr. Gustav Roesicke akzeptierten. Der Bund der Landwirte hatte letztere zur Bedingung eines für die ganze Pfalz geltenden Wahlbündnisses mit den Nationalliberalen sowohl für die anstehende Reichstags- als auch die nachfolgende Landtagswahl erhoben. Daraufhin nominierte die demokratische Deutsche Volkspartei (DVP), die jegliches Zusammengehen mit Parteien der Rechten entschieden ablehnte, am gleichen Tag in Dreisen mit Bürgermeister Friedrich Scheu von Standenbühl einen eigenen Kandidaten.[7] Die Freisinnige Volkspartei faßte dahingegen den Beschluß, bei dieser Reichstagswahl mit Rücksicht auf die schlimmen Erfahrungen, die ihre Vertreter bei den Verhandlungen gemacht hatten, überhaupt „keine Wahltätigkeit zu entfalten" und forderte ihre Wähler auf, ihre Stimmen zum Zeichen des Protests gegen das „nationalliberale Kungeln" für den bisherigen Mandatsinhaber, Bürgermeister Schmitt von Odernheim, abzugeben. In einem Brief an Justizrat Neumayer, den Vorsitzenden der Nationalliberalen im Wahlkreis, erklärte Rechtsanwalt Franz Schmidt aus Kaiserslautern als Vertreter der Freisinnigen den „liberalen Block als für alle Zeiten gescheitert".[8]

Diese Entwicklung im liberalen Lager im Wahlkreis verbesserte selbstverständlich Klements Erfolgschancen, weshalb die sozialdemokratische „Pfälzische Post" die Kandidatur Scheu auch zutreffend als „das einzige erfreuliche in dem Wirrwar von Nachrichten" bezeichnete und ironisch bemerkte: „Durch die Absplitterung der Demokraten ... ist der eben geleimte Kaffernblock für die Pfalz bedenklich brüchig geworden ... Die Nationalliberalen namentlich des 6. Wahlkreises befinden sich nun in der erhabenen Rolle des Esels, der zwischen zwei Bündeln mit Heu (= Roesicke/Scheu) zu wählen hat".[9]

Einen intensiven Wahlkampf führten praktisch nur die SPD und der Bund der Landwirte. Dank der 1905 auf dem Parteitag in Jena beschlossenen weiteren Straffung ihrer Organisation – Ortsvereine waren seither Filialen der jeweiligen Wahlkreis-Parteivereine, die ihrerseits ihre wesentlichen Kompetenzen an den zuständigen Gauvorstand abgetreten hatten – war die SPD den anderen Parteien, deren Organisation sich noch nicht allzuweit von der einer Honoratioren-Partei entfernt hatte, organisatorisch weit voraus und konnte daher Klements Kampf um die Wählerstimmen geradezu generalstabsmäßig planen und durchführen. Beim Gauvorstand beziehungsweise im Parteibüro der SPD in der Kaiserslauterer Maxstraße 65, das von dem hauptamtlichen Parteisekretär Friedrich Profit[10] geleitet wurde, liefen alle Fäden aus den elf damals bestehenden Ortsvereinen zusammen. Sammellisten für den Reichstagswahlfonds und die aus dem Wahlkreis eingehenden Spendengelder verwaltete Johann Niebler, während die Vorbereitung von Propagandaaktionen und Wahlversammlungen im Wahlkreis in den Händen von Peter Wolf lag. Bis zum Jahresende 1906 kamen unter seiner Regie bereits rund 35.000 Flugblätter im Wahlkreis zur Verteilung. Dabei erwiesen sich vor allem viele der gewerkschaftlich organisierten, saisonbedingt arbeitslosen Bauarbeiter als treue und zuverlässige Wahlhelfer Klements.[11] Nach Neujahr jagte dann eine Wahlkampfveranstaltung die andere. Klement selbst verausgabte sich dabei bis zur völligen Erschöpfung. Am 4. und 5. Januar 1907 sprach er in überfüllten Räumen in Mölschbach und Trippstadt; gleichzeitig referierte Peter Wolf in Dielkirchen und Rockenhausen. Weitere, ausnahmslos gut besuchte Wahlversammlungen fanden an beiden Tagen in Neukirchen, Falkenstein, Katzweiler und Münchweiler an der Alsenz statt.

Am 7. Januar 1907, als die Nationalliberalen und die Bündler endlich die erneute Roesicke-Kandidatur absegneten, hielt Klement bereits seine erste große Wahlversammlung vor mehr als 2.000 Zuhörern in der Kaiserslauterer Fruchthalle. In seinen programmatischen Ausführungen über die Auflösung des Reichstags und die bevorstehende Wahl stellte er weder die bekannt gewordenen Skandale in der deutschen Kolonialverwaltung noch den Hottentotten-Aufstand, auch nicht die angebliche Gefährdung der „deutschen Waffenehre" und den von den Rechtsparteien für zwingend notwendig erachteten „Kampf um Deutschlands Platz an der Sonne" in den Mittelpunkt, sondern die neuen Steuergesetze und den neuen Zolltarif, sowie die daraus resultierenden finanziellen Belastungen für die Bürger. Insbesondere wies er auf die fortschreitende Lebensmittelverteuerung hin, die in Kaiserslautern im Eisenwerk und bei der Firma Kayser bereits zu Streiks geführt hatte, und stellte der nationalliberalen Phrase „Fahnen heraus" die Aufforderung entgegen: „Arbeiter heraus am 25. Januar gegen die Lebensmittelverteurer".[12]

Drei Tage später beeindruckte der sozialdemokratische Kandidat seine Zuhörerschaft in Niederkirchen; in Niedermoschel und Münsterappel waren bei seinem Erscheinen die Säle wiederum überfüllt. Ludwig Theisinger besuchte zur gleichen Zeit alle Mühlen im Lautertal und agitierte außerdem auf dem Wiesenthalerhof; Peter Wolf – wie Klement ständig im Einsatz – und der alte Handwerker-Sozialist Schmaller wagten sich in die „nordpfälzische Höhle des BdL-Löwen" und hielten in Stahlberg, Schiersfeld und Hallgarten Versammlungen ab. Weitere Veranstaltungen der Sozialdemokraten erlebten Kalkofen, Feilbingert, Hochstätten, Altenbamberg, Sippersfeld und Breunigweiler – bis dato ausnahmslos kleine Hochburgen des Bundes der Landwirte. Zu ihrer Unterstützung skizzierte die „Pfälzische Post" in jenen Tagen ironisch Klements Hauptkonkurrenten: „1898 kam der Prachtmensch Roesicke mit einem Rucksack, Hakenstecken und Gamaschen und pilgerte im Alsenztal und im Kircheimbolander Bezirk von Ort zu Ort. Zur Reichstags-Ersatzwahl 1906 erschien er im Havelock und jetzt tritt er als Gentleman auf, um auch den Städtern zu imponieren".[13] Der Spott verleitete die Sozialdemokraten jedoch nicht dazu, den Großagrarier politisch zu unterschätzen. Gustav Roesicke[14], am 15. Juli 1856 in Berlin als Sohn des Eigentümers der stadtbekannten Schultheiß-Brauerei geboren, war nach dem Jurastudium Gerichtsassessor in Halle geworden, hatte aber bereits 1888 den Staatsdienst quittiert und verwaltete seither sein Rittergut Görsdorf bei Dahme im Kreis Jüterbog. Für den 1898 von ihm mitbegründeten Bund der Landwirte und mit Unterstützung der Nationalliberalen gewann er 1898 das Reichstagsmandat im 6. Wahlkreis, verfehlte dann jedoch 1903 und 1906 jeweils die Stichwahl. Roesicke verfügte im Wahlkreis – hauptsächlich in den Bezirksämtern Kirchheimbolanden und Rockenhausen – über einen festen Stamm von circa 6.000 Wählern, hatte in Alsenz speziell für den Wahlkampf ein Sekretariat errichtet und mehrere geschulte auswärtige Redner als Propagandisten verpflichtet. Er selbst war ständig im Wahlkreis unterwegs und hielt täglich Bezirkskonferenzen mit seinen Vertrauensleuten, von denen jeder einen Ort zu betreuen und die Bauern gegen „die Roten" aufzuhetzen hatte.

Außer auf das 1894 von ihm gegründete Organ des BdL, die „Deutsche Tageszeitung", die auch in den bäuerlichen Kreisen der Pfalz gelesen wurde, stützte sich Roesicke im Wahlkampf noch auf den „Pfälzischen Kurier", hauptsächlich aber auf die von Emil Thieme in Kaiserslautern herausgegebene „Pfälzische Presse". Vor allem das letztere Blatt schoß sich auf die „Reichsfeinde" – Sozialdemokratie und Zentrum – ein, die sich mit der Ablehnung des Nachtragshaushaltes für Deutsch-Südwestafrika „nationalen Forderungen verweigert und die Waffenehren der deutschen Nation preisgegeben" hätten, propagierte „die nationale Wahl gegen 'Rot' und 'Schwarz'" und mobilisierte im Wahlkreis alle Gegner der Sozialdemokraten vom Deutschen Kriegerbund über den Flottenverein und den Kolonialverein, die Veteranen-Vereine von 1870, die Evangelischen Arbeitervereine bis hin zum Vertrauensmänner-Ausschuß des Bundes der Handwerker (Deutsche Mittelstandsvereinigung).

Schon am 3. Januar 1907 hatte Thieme den berühmt-berüchtigten „Sylvesterbrief" Bülows an den Vorsitzenden des Verbandes zur Bekämpfung der Sozialdemokratie, den Generalleutnant von Liebert, mit dem der Reichskanzler massiv in den Wahlkampf eingriff, im Wortlaut zum Abdruck gebracht. In diesem selbst von den Nationalliberalen kritisierten, eindeutig Partei gegen die Sozialdemokraten ergreifenden Schriftsatz, hatte der Reichskanzler unter anderem ausgeführt: „Obgleich es keinen Staat gibt, der mehr für die Gegenwart und Zukunft der Arbeiter, für ihre materiellen und geistigen Bedürfnisse getan hat, und noch tut, als das Deutsche Reich, obgleich die deutschen Arbeiter die bestgebildeten der Welt sind, halten doch Millionen bewußt oder als Mitläufer zu einer Partei, die den Staat und die Gesellschaft von Grund auf umwälzen will. Von diesem Druck muß das deutsche Volk sich frei machen. Der liberale Städter und Landmann ist daran nicht weniger beteiligt als der Konservative. Mögen die Verhältnisse in den einzelnen Wahlkreisen noch so große Verschiedenheiten aufweisen, die Parteien, die am 13. Dezember an der Seite der Regierung standen, werden von vorn herein im Auge zu behalten haben, was sie damals einigte: Der Kampf für Ehre und Gut der Nation gegen Sozialdemokratie, Polen, Welfen und Zentrum. Ich stelle die Sozialdemokratie voran, weil jede Niederlage der Sozialdemokratie eine Warnung für ihren blinden Übermut, eine Stärkung des Vertrauens in den ruhigen Fortschritt unserer inneren Entwicklung und eine Befestigung unserer Stellung nach außen ist und weil da-

Kleines Feuilleton.

Die verfluchten Hottentotten.

Ref'rendare, Assessoren,
Wenn sie möglichst hochgeboren
Und durch die Examen
Noch mit Nöten kamen,
Luden wir zu Schiff,
Daß sie deutschen Schliff
Brächten zu den Hottentotten,
   Solchen rechten flotten!

Leider waren diese Wilden
Sehr beschwerlich auszubilden.
Unsre großen Mühen
Um die Kolonien
Blieben unbelohnt.
Denn dort hinterm Mond
All die Hottentottenrotten
   Sind sehr hart gesotten.

Fingen greulich an zu sticheln,
Nahmen ihre langen Sicheln
Und auch blaue Bohnen,
Um damit zu lohnen
Assessorenschweiß,
Ach, ein jeder weiß,
Daß die bösen Hottentotten
   Aller Bildung spotten.

Aber jetzo bleib ich stecken,
Denn der schrecklichste der Schrecken
Fährt mir in die Kehle.
Ach, bei meiner Seele:
Es ist ein Skandal,
Daß kurz vor der Wahl
Heim die Hottentotten trotten.
   O, du kriegst die Motten!

Gedicht aus der „Pfälzischen Post" vom 17.1.1907.

durch zugleich die Möglichkeit erschwert wird, daß eine bürgerliche Partei mit Hilfe der Sozialdemokratie eine dominierende Stellung gegen die anderen bürgerlichen Parteien einnimmt".[15]

Die Reaktion auf diese ungewöhnliche „aufklärende Kundgebung" Bülows fiel im Wahlkreis selbstverständlich sehr unterschiedlich aus: Roesicke und seinen „Hausblättern" erschien sie zu wenig wahlkampfgeeignet; der BdL-Kandidat liebte gröbere Töne und erklärte: „Mit allerhand noch so gut ausgeklügelten diplomatischen Erwägungen lockt man keinen Wähler an die Urne, vermag man die Wähler draußen nicht zu begeistern. Die wollen etwas Greifbares, etwas Zugkräftiges, etwas Aufrüttelndes haben, und das ist der Kampf für unsere nationale Ehre, der Kampf gegen die revolutionäre Sozialdemokratie und der Kampf für die unser Volk allein rettende Heimatpolitik, die leider Fürst Bülow mit keinem Sterbenswörtchen erwähnt hat".[16]

Die „Pfälzische Post" wiederum unterschätzte die Wirkung des von ihr als „Sylversterulk" und „heitere Kapuzinade gegen die Sozialdemokratie" bagatellisierten Kanzlerschreibens auf die durch nationale Parolen emotional aufgewiegelte breite Masse, als sie sarkastisch kommentierte: Bülow „möchte nicht allein mehr mit dem Zentrum regieren, sondern auch noch eine zweite Mehrheit haben, damit die Regierung die Möglichkeit gewönne, für jede Nuance ihrer Unfähigkeit immer eine sichere Mehrheit zu haben ... Nicht der Schatten eines positiven Programms ist in dem ganzen Gewäsch enthalten".[17]

Es war in der Tat für die Sozialdemokraten nicht leicht, alle diese unablässig vorgetragenen polemischen, oft verleumderischen Angriffe zu parieren. Aber Klement behielt seine Linie bei und setzte weiter auf sachliche Argumente statt auf nationale Phrasen. Als jedoch die Deutsche Mittelstandsvereinigung und der Bayerische Handwerkerbund am 22. Januar in der „Pfälzischen Presse" eine weitere große Wahlanzeige pro Roesicke veröffentlichten, in der erneut behauptet wurde, die SPD wolle „unsere", der Mittelständler und Handwerker, Existenzen „vernichten, uns zu besitzlosen und unzufriedenen Menschen und damit zu Mitläufern der sozialdemokratischen Partei machen",[18] konnte auch der besonnene Mann einen zwar verständlichen, aber törichten und dem Wahlziel der Sozialdemokratie unbedingt abträglichen Eklat nicht verhindern: Eine von Peter Wolf geführte größere Schar vorwiegend jüngerer Arbeiter versuchte am Abend des gleichen Tages die große zentrale Wahlkampfschlußveranstaltung Roesickes in der Fruchthalle zu sprengen. Johlend, pfeifend, provozierende Zwischenrufe mit lautem Beifallsgeheul begleitend, sozialistische Lieder singend, brachten sie den Großagrarier völlig aus seinem Konzept. Als dieser daraufhin seinerseits zu Gegenangriffen auf die Sozialdemokratie überging, „den brutalen Zwang, den Streikende auf Arbeitswillige ausübten" zu geißeln wagte, und wahrheitswidrig behauptete, auf 100 offene Arbeitsstellen beim Arbeitsamt Kaiserslautern kämen lediglich 87 Bewerber, entstanden Unruhen, die im Hintergrund des Saales sogar in ein Handgemenge ausarteten. Nur der Umsicht des Justizrates Neumayer war es zu danken, daß die Versammlung geschlossen werden konnte, bevor ein allgemeiner Tumult ausbrach.[19]

Die Roesicke nahestehenden Tageszeitungen benutzten diese wenig durchdachte und dazu noch ungeschickt inszenierte Störaktion, um die bürgerlichen Wähler unmittelbar vor der Hauptwahl nochmals auf die „sozialdemokratische Gefahr" hinzuweisen.

Als mit allen Wassern gewaschener politischer Taktiker ließ Roesicke in Kenntnis der vielen ihm abgeneigten nationalliberalen Wähler den Vorsitzenden der Nationalliberalen Partei am 13. Januar in Kirchheimbolanden erklären, daß es ihm, Roesicke, gelungen sei, den BdL im Wahlkreis Rothenburg-Hoyerswerda zum Verzicht auf eine eigene Kandidatur und zur Unterstützung des nationalliberalen Parteiführers Bassermann zu bewegen; dies unter der Voraussetzung, daß sich die Nationalliberalen im Wahlkreis 6 energisch für ihn einsetzen würden. Ein Tag vor der Wahl folgte diesem geschickten Schachzug ein weiterer, der Roesicke die noch unentschiedenen Wähler des gesprengten „liberalen Blockes" zuführen sollte: der bisherige Mandatsträger, der Bürgermeister von Odernheim, Schmitt, veröffentlichte in seiner Bürgermeisterei eine Erklärung, daß er zugunsten von Roesicke nicht kandidiere.

In der hitzigen Schlußphase des Wahlkampfs, in der sie gebetsmühlenhaft nationalistische Parolen für Kaiser und Reich, die Kolonien und die deutsche Ehre herunterleierten, übersahen BdL und Nationalliberale geflissentlich, daß eben in den Tagen vor der Wahl der Hottentotten-Aufstand in Deutsch-Südwest faktisch zu Ende ging und damit die wichtigste Voraussetzung für die von ihnen so markig geforderte Beibehaltung einer hohen militärischen Präsenz in der Kolonie überhaupt nicht mehr gegeben war.

Das Ergebnis der Hauptwahl vom 25. Januar 1907

Entgegen der Prognose des „Vorwärts"[20] vom Wahltag und sicher auch entgegen den Erwartungen von Klement und seinen Parteifreunden im Wahlkreis 6 wurde die Wahl nicht zum „Tag des Volksgerichtes". Bei einer Wahlbeteiligung von 82,2 Prozent hatte sie das in der nachstehenden Tabelle aufgeführte Ergebnis.

Seitens der SPD hatte man angesichts der unsäglichen Irrungen und Wirrungen um die Roesicke-Kandidatur, der liberal-demokratischen „Gegenkandidatur Scheu" und des eigenen engagierten Wahlkampfes nicht mit einem so hohen Stimmenanteil des Bündlers, bestimmt aber mit einem weitaus größeren für Klement gerechnet. Doch im Endergebnis blieb die SPD im Wahlkreis mit 27,8 Prozent der Stimmen unter dem

Ergebnis der Hauptwahl vom 25.1.1907

	Stadt		Wahlkreis	
	absolut	relativ	absolut	relativ
Roesicke (BdL/NL)	1.721	20,2	10.979	40,0
Scheu (DVP)	1.900	22,3	4.072	14,9
Klement (SPD)	3.669	43,0	7.629	27,8
Kempf (Zentrum)	1.072	12,6	4.413	16,1
Schmitt (NL, o. Kandidatur)	166	1,9	273	1,0
Splitterstimmen	5	0,0	44	0,2

Reichsdurchschnitt der Partei und büßte in ihrer Hochburg, der Stadt Kaiserslautern, im Vergleich mit der Ersatzwahl vom Frühjahr 1906 sogar 244 Stimmen ein! Die Vermutung, daß Peter Wolfs „Störaktion" vom 22. Januar sich negativ für die Partei ausgewirkt hatte, hat einiges für sich. Der Stimmenverlust wurde durch Stimmengewinne auf dem Land zwar wieder ausgeglichen, doch unter dem Strich blieb der SPD im Wahlkreis lediglich ein magerer Zugewinn von 61 Stimmen! Das Gesamtergebnis der Hauptwahl ließ jedenfalls keinen Zweifel daran, daß der SPD der entscheidende Einbruch in die ländlichen Wählerschichten erneut versagt geblieben war. In neun Dörfern des Wahlkreises – Bennhausen, Dörrmoschel, Erzenhausen, Heiligenmoschel, Ilbesheim, Mannweiler, Schneckenhausen, Sitters und Würzweiler – hatte Klement keine einzige, in 26 weiteren Orten nur bis zu fünf Stimmen erhalten. Allein in den Kaiserslautern nahen Dörfern hatte er die „Arbeiterbauern" für sich gewinnen können. Dagegen hatte Roesicke außerhalb der Stadt 9.259, also fast Fünfsechstel seiner Stimmen geholt!

Dennoch war der Ausgang der erforderlichen Stichwahl zwischen beiden trotz des respektablen Vorsprungs von 3.350 Stimmen für den BdL/NL Kandidaten noch völlig offen, da er weitgehend von der Wahlentscheidung der bisherigen Zentrums-, DVP- und Nichtwähler – allein in der Stadt Kaiserslautern hatten circa 1.500 Wahlberechtigte von ihrem Wahlrecht keinen Gebrauch gemacht – abhängig war.

Die Stichwahl am 4. Februar 1907

Bereits in den letzten Januartagen stellte die demokratische Deutsche Volkspartei, deren Kandidat Scheu in der Hauptwahl überraschend 4.072 Stimmen auf sich vereinigt hatte, ihren Wählern und Sympathisanten die Wahl zwischen dem Sozialdemokraten und dem Bündler frei. Die Mehrheit ihrer Wahlmänner neigte zwar anfänglich zur Unterstützung Klements, votierte dann aber in Anbetracht der Tatsache, daß von den für Scheu abgegebenen Stimmen über 50 Prozent von verprellten Nationalliberalen stammten, die ihrer Partei die Roesicke-Kandidatur verargt und deshalb in der Hauptwahl einen Denkzettel verpaßt hatten, doch für die Stimmenfreigabe.

Dagegen entschied sich die Vertrauensmännerversammlung des Zentrums, das im Wahlkreis seine Position nicht nur behauptet, sondern durch den Zugewinn von 629 Stimmen sogar gestärkt hatte, am 1. Februar 1907 in Neustadt eindeutig dafür, in der Stichwahl den Kandidaten der SPD zu unterstützen. Die „Pfälzische Presse" kommentierte diesen aufsehenerregenden Zentrumsbeschluß deshalb auch lautstark: „Und da lamentiert das Zentrum, wenn man es reichsfeindlich nennt! Arm in Arm mit der Sozialdemokratie, denken wir, trifft man keinen Reichsfreund!"[21]

Die Beschlüsse der beiden Parteien ließen in der pfälzischen SPD insbesondere bei Klement und seinen Mitstreitern im Wahlkreis 6 die Hoffnung auf den Gewinn eines zweiten Reichstagsmandats in der Pfalz wieder erheblich steigen. Noch einmal agitierte die Partei mit unerhörter Anstrengung und unter Inkaufnahme hoher Kosten im gesamten Wahlkreis, um auch noch den letzten Sympathisanten zu mobilisieren. Auf ihrer abschließenden Großkundgebung in der Kaiserslauterer Fruchthalle warb der redegewandte Stuttgarter Abgeordnete Karl Hildenbrand um jede Stimme. Leidenschaftlich prangerte er „die uferlose Flotten- und Kolonialpolitik" der Regierung Bülow, „die maßlose Teuerung der Lebensmittel", die neuen Steuerprojekte und „die Entrechtung der Arbeiterklasse" an und warnte eindringlich vor dem „nationalen Rausch", der am 25. Januar die Wähler getäuscht habe.[22]

Auch die Nationalliberalen und der Bund der Landwirte ließen nichts unversucht, um die Stichwahl zugunsten ihres Kandidaten Roesicke zu entscheiden, bedienten sich dabei jedoch auch unlauterer Mittel: Um dem von ihnen befürchteten Abtriften der Scheu-Klientel zur Sozialdemokratie zu wehren, veröffentlichten sie die frei erfundene Nachricht, daß der auch in der Pfalz bestens bekannte Führer der bayerischen Demokraten, Ludwig Quidde[23], der 1898 im Wahlkreis noch selbst für die DVP kandidiert hatte, seine Parteifreunde zur Wahl Roesickes aufgefordert habe. Die Leitung der DVP nahm dieser Unverschämtheit jedoch jegliche politische Wirkung, indem sie in letzter Stunde ein Telegramm Quiddes als Flugblatt herausgab, in dem dieser die Wahl Klements befürwortete![24]

Der Wahlausgang am 4. Februar 1907 brachte für die Sozialdemokraten vordergründig dann dennoch eine erneute Enttäuschung: Gustav Roesicke gewann das Reichstagsmandat. Eine genaue Analyse des Wahlergebnisses eröffnete der Partei und ihrem Kandidaten Klement gleichwohl im Wahlkreis mutmachende Perspektiven für die Zukunft:

Der große Stimmenvorsprung Roesickes aus der Hauptwahl war in der Stichwahl auf 1.041 Stimmen zusammengeschrumpft. Trotz des unablässigen nationalliberal-bündlerischen Trommelfeuers: „Keine Stimme dem Kandidaten der vaterlandsverräterischen Sozialdemokratie", hatten in der Stichwahl 13.689 Wähler Klement und der SPD ihr Vertrauen geschenkt – 6.060 mehr als in der Hauptwahl! Dagegen hatte Roesicke in der Stichwahl nur noch einen Zugewinn von 3.748 Stimmen verbuchen können. Die Position der Sozialdemokraten im Wahlkreis war gefestigt und weiter entwicklungsfähig.

Zum ersten Mal hatte das Zentrum in der Stichwahl seine bislang im Wahlkreis geradezu ängstlich gehütete Distanz zur SPD aufgegeben, und seine disziplinierten und gut organisierten Wähler waren der parteiamtlichen Aufforderung, für Klement zu stimmen, aller Orten gefolgt. Am auffälligsten stach diesbezüglich das Wahlergebnis des kleinen, überwiegend katholischen Ortes Schneckenhausen ins Auge, wo Klement in der Hauptwahl keine, in der Stichwahl dann aber 69 von 80 abgegebenen Stimmen erhalten hatte. Ebenso eindrucksvoll wie eindeutig war das Wahlverhalten im katholischen Hohenecken. Hier erhielt der Sozialdemokrat, der in der Hauptwahl 17 Stimmen gewonnen hatte, in der Stichwahl zusätzlich exakt die 111 Stimmen, die zuvor für den Zentrumskandidaten Kempf abgegeben worden waren, während Roesicke beide Male leer ausging.

Von den Wählern der DVP hingegen war zwar der größere Teil, wie erwartet, zuletzt doch wieder ins „bürgerliche Lager" übergeschwenkt und hatte damit dem Bauernbündler zum Erfolg verholfen, aber die linksliberale Stammwählerschaft hatte eindeutig Klement ihre Stimme gegeben. Zwar hatten nationalistische Phrasen im Wahlkreis nochmals über sachliche Argumente gesiegt, aber das erklärte Wahlziel des Reichskanzlers und der Rechtsparteien, die SPD und das Zentrum entscheidend zu schwächen, war, wie in der gesamten Pfalz so auch im heiß umkämpften Wahlkreis 6, dennoch nicht erreicht worden. Gerade hier hatte nur die demagogische Wahlkampfführung des Bundes der Landwirte – das gewissenlose Aufputschen nationalistischer Leidenschaften – dem Großagrarier Roesicke noch einmal zu einer Stimmenmehrheit und damit zum Reichstagsmandat verholfen. Am 7. Februar 1907 zog die „Pfälzische Post" ein Gesamtfazit der Reichstagswahl: „Die Hottentottenwahlen haben ihre Schuldigkeit getan. Das große Werk ist vollendet. In frühlingsstürmendem Freiheitsrausch hat das deutsche Bürgertum den reaktionärsten Reichstag gewählt, der jemals gewählt worden ist".[25] Eines der reaktionärsten Mitglieder dieses Reichstags war der Abgeordnete des Wahlkreises Kaiserslautern-Kirchheimbolanden: Dr. Gustav Roesicke.

Anmerkungen:

1 Zur Kolonial- und Sammlungspolitik Bülows statt vieler: Jürgen Petschull, Der Wahn vom Weltreich, Hamburg 1986; Dirk Stegmann, Die Erben Bismarcks. Sammlungspolitik 1897 - 1918, Köln-Berlin 1970.
2 Hierzu: Ernst Otto Bräunche, Parteien und Reichstagswahlen in der Rheinpfalz von der Reichsgründung 1871 bis zum Ausbruch des 1. Weltkrieges, Speyer 1982. Alle Daten und Fakten zur Reichstagswahl 1907 und zum Wahlkreis 6 wurden dieser Arbeit entnommen.
3 Ein Lebensbild Klements bleibt ein Desiderat der orts- und landesgeschichtlichen Forschung; Lebensdaten und Fakten enthält die Familienkartei des Stadtarchivs Kaiserslautern.
4 Hierzu und zum Folgenden siehe: Gerhard Herzog, Die Anfänge der Arbeiterbewegung und die Gründung der SPD in Kaiserslautern (1867-1905), Otterbach-Kaiserslautern 1974, und den Beitrag von Gerd Rauland in diesem Bande.
5 „Pfälzische Post" v. 27.12.1906.
6 „Pfälzische Presse" v. 30.12.1906.
7 Vgl. „Pfälzische Volkszeitung" v. 10.1.1907.
8 „Pfälzische Presse" v. 9.1.1907 (Brief von Rechtsanwalt F. Schmidt an Justizrat Neumayer vom 6.1.1907).
9 „Pfälzische Post" v. 7./9.1.1907.
10 Zu Profit siehe den biographischen Beitrag von Willi Breunig in diesem Buch.
11 Vgl. „Pfälzische Post" v. 18.1.1907.
12 „Pfälzische Volkszeitung" v. 8.1.1907 („Die Reichstagswahlkampagne").
13 „Pfälzische Post" v. 18.1.1907.
14 Vgl. den Artikel: Gustav Roesicke, in: Deutsche Biographische Enzyklopädie. Hrsg. von W. Killy und R. Vierhaus. Bd. 8, Darmstadt 1998, S. 359.
15 „Pfälzische Presse" v. 3.1.1907.
16 Ebd., v. 4.1.1907 (Übernahme aus der Deutschen Tageszeitung).
17 „Pfälzische Post" v. 3./4.1.1907 („Der Sylvesterulk Bülows").
18 „Pfälzische Presse" v. 22.1.1907.
19 Ebd., v. 23.1.1907; „Pfälzische Volkszeitung" vom gleichen Tag und „Pfälzische Post" v. 25.1.1907.
20 „Vorwärts" v. 25.1.1907.
21 „Pfälzische Presse" v. 1.2.1907.
22 „Pfälzische Post" v. 1.2.197 („Die Reichstags-Stichwahl").
23 Zu Ludwig Quidde (1858-1941): Reinhard Rürup, Ludwig Quidde, in: Deutsche Historiker. Hrsg. von Hans-Ulrich Wehler, Bd. 3, Göttingen 1972, S. 124-147.
24 Vgl. „Pfälzische Post" v. 7.2.1907.
25 Ebd., v. 7.2.1907 („Das große Niederreiten").

Friedrich Profit

Eine verunglückte Schloßbeleuchtung

Es war einmal. Was ich erzähle, ist kein Märchen, aber dennoch steht am Anfang „Es war einmal".

Es war einmal eine Zeit, da wußte man noch nichts von einer Deutschen Republik oder von einer republikanischen Verfassung; auch nichts von einem Präsidenten. Da gab es auch noch keine Verfassungsfeiern auf dem Hambacher Schloß mit Schloßbeleuchtung und Festansprachen, an denen alt und jung, Männer und Frauen sich begeistern konnten. Es war die Zeit, da Deutschland noch Monarchie war, und die angestammten Fürstenthrone jedem „braven" Deutschen als das Höchste, Idealste und Erhabenste galten, das anzustaunen für ihn eine Herzenslabe war.

In dieser Zeit – man schrieb 1909 – sollte auch einmal eine Schloßbeleuchtung ins Werk gesetzt werden, die einen neuen Wahlsieg der verdammten Sozis hell und strahlend verkünden sollte. Gerungen wurde um das politische Erbe Schellhorn-Walbillichs, um den 2. pfälzischen Reichstagswahlkreis, der bis dahin, als die Hochburg der pfälzischen Nationalliberalen, stets in deren Besitz geblieben war. Der erste Wahlgang brachte die Entscheidung nicht. Der Tag der Stichwahl, der entscheiden sollte, ob statt Schellhorn-Walbillich der Neustadter Fabrikant Oehlert in den Reichstag einziehen, oder ob der Wahlkreis Neustadt-Landau-Dürkheim diesmal an die Sozialdemokraten fallen sollte, war angebrochen. Diese damals aufsehenerregende Tatsache war so gut wie sicher; denn das Zentrum hatte für die Stichwahl Parole gegen Franz Buhl ausgegeben und damit das Schicksal des Wahlkreises besiegelt.

Unter solchen Aussichten wurde die Vorbereitung für die Schloßbeleuchtung, die noch am Abend des Wahltages erstrahlen und den Sieg verkünden sollte, insgeheim und mit vielem Eifer betrieben. Nur einige Wenige waren eingeweiht. Das Terrain war einige Tage vorher genau sondiert, das Beleuchtungsmaterial beschafft und in Hambach eingelagert; sämtliche Rollen und Funktionen verteilt. Eine der wichtigsten, die der Signalgebung, war einem gewissenhaften, mit den Geheimnissen der Pyrotechnik aber leider zu wenig vertrauten Genossen in Neustadt übertragen. Alles war vortrefflich vorbereitet, daß an dem Gelingen nicht zu zweifeln war.

Die Schloßbeleuchtung war auf 9.00 Uhr angesetzt. Vorher sollte aber der Sieg zweifellos feststehen und diese Tatsache durch Abschießen einer Rakete signalisiert werden. Wilhelm Busch hatte aber wieder einmal Recht behalten als er schrieb: „Erstens kommt es anders, zweitens als man denkt."

In der siebenten Abendstunde marschierte ein einsamer Wanderer von Neustadt den Bergpfad entlang und trat schließlich ungesehen in die Mauerumwallung der

Schloßruine, um vorerst auf einem der Eckpfeiler des äußeren Eingangstores, von Busch- und Laubwerk gut geschützt, Platz zu nehmen, den Abzug des Schloßwächters, das Herannahen der Nacht und damit seiner Helfer zu erwarten. Es wurde eine dunkle Nacht. Über die Kalmit pfiff ein kräftiger Wind, der sich von Viertelstunde zu Viertelstunde verstärkte, als wenn die alten Schloßherren ihre Meute gegen die Eindringlinge losgelassen hätten.

Endlich, nach langem Harren, wurden Stimmen und Tritte vernehmbar. Ha, sie kommen. Wie eine Schmugglerbande, mit Päckchen beladen, zog eine zehnköpfige Gesellschaft den dunklen Pfad heran. Jetzt waren sie am Tor angelangt. Ein kurzes gegenseitiges Anrufen und gemeinsam wurde der Aufstieg auf den Schloßturm unternommen. Man war am Ziel. Der Wind war unterdessen zum Sturm geworden. Bald war auch schon die mitgebrachte rote Fahne mit nicht geringer Lebensgefahr an der morschen Fahnenstange befestigt, und, vom Sturm gepeitscht, flatterte sie in die dunkle, schaurigschöne Nacht hinaus. Das Beleuchtungsmaterial wurde zurechtgelegt. Noch fehlte das verabredete Raketensignal. Zwanzig Augen spähten scharf in die dunkle Nacht. Aber nichts war zu sehen. So ging die zehnte Stunde vorüber. Sollte der Rechnungsfaktor „Zentrum" doch falsch gewesen sein? Schon wurden unter der nächtlichen Turmbesatzung Stimmen laut, das Feuerwerk auch ohne Sieg abzubrennen. „Nein!" gebot der Führer. Schließlich wurde ein Läufer nach Hambach entsandt, um das Wahlresultat zu erkunden.

Unten war das Wahlresultat längst bekannt. Genosse Josef Huber war gewählt. Im Lokal Münzer waren viele Menschen zu einer Siegesfeier zusammengekommen. Frohe Reden und Hochs auf die Sozialdemokratie wechselten. Nun zogen Tausende auf die südlichen Höhen von Neustadt, um den Clou der Siegesfeier, die Schloßbeleuchtung zu schauen. Man wartete lange. Wieder Reden, um die unruhig werdende Menschenmasse beisammen zu halten. Schließlich zog man wieder nach Neustadt zurück, ohne den Genuß der Schloßbeleuchtung erlebt zu haben.

Oben auf dem Turm war unterdessen der Bann gebrochen und die quälende Ungewißheit gewichen. In Schweiß gebadet und schwer keuchend war der Bote zurückgekehrt und meldete: „Sieg!!" Aber das Raketensignal? Sollte man es am Ende doch übersehen haben? „Nun los! Anzünden!" Doch was ist das? Auf der eisernen Turmtreppe werden Tritte vernehmbar. Allgemeines Aufhorchen. „Aufmachen!" scholl eine Befehlsstimme aus dem Turminnern. Die Türe wurde geöffnet. Auf die Turmplatte tritt der Schloßwächter mit seinem Gehilfen. Zwei Gewehrläufe blitzten der friedlichen Turmbesatzung entgegen. Zehn Unbewaffnete gegen zwei Bewaffnete. Im Namen des Gesetzes, aber nein, es ging friedlicher ab.

Aber die Schloßbeleuchtung unterblieb. Die Fahne wurde wieder eingeholt, Fakkeln und sonstiges Beleuchtungsmaterial aufgepackt und den Berg ging es hinab gen Hambach. Zehn in gedrückter, zwei in gehobener Stimmung; denn diese beiden hatten ja „das Vaterland gerettet!" Drei von den Zehn aber wanderten weiter nach Neustadt, um sich recht klein und beschämt im roten Hauptquartier zu melden und um zu erfahren, daß schon ein anderer, der nämlich, welcher die Rakete loszulassen hatte, ebenso klein und verschämt und längst schon da saß. Sein Bericht, so kurz er auch war, brachte Aufklärung. „Ich habe die Rakete verkehrt angebunden, und so ging sie, anstatt in die Luft, nach der Erde und krepierte. Ersatz konnte aber nicht mehr beschafft werden."

Einige Monate später, der Wonnemonat des Jahres 1910 war gekommen, zog sich einer, dem man wegen „Einbruch in kgl. Eigentum" den Prozeß gemacht hatte, auf 8 Tage hinter schwedische Gardinen zurück. Schaden an Leib und Seele hat er dabei nicht genommen.

Einen anderen deckt aber nun schon seit Jahren der kühle Rasen. Er wollte die Rote Fahne, die nur kurze Zeit auf dem Schloßturm im Sturme geflattert hatte, auf einem Mast der elektrischen Kraftstromleitung befestigen, kam dabei mit den Leitungsdrähten in Berührung und wurde vom Tode getroffen. Als die Sonne wieder die Pfälzer Berge und die lieblichen Rebenhügel bestrahlte, fand man den jungen Glaser aus Hambach tot am Fuße des Mastes liegen. Über ihm, lustig am Maste flatternd, kündete die rote Fahne den Sieg der Sozialdemokratie.

Aus: „Pfälzische Post" Nr. 182 vom 7.8.1925.

Sylvia Fräßle

Die Arbeit der pfälzischen SPD-Abgeordneten im bayerischen Landtag 1893 bis 1907

Mit der Wahl Franz Josef Ehrharts in den bayerischen Landtag im Jahre 1893 begann ein neuer Abschnitt in der Geschichte der pfälzischen SPD.

Dem Eintritt der pfälzischen Sozialdemokratie ins „parlamentarische" Leben waren die Ablösung vom Vorort Mannheim, der Aufbau einer eigenständigen Bewegung und die Annäherung an die rechtsrheinische bayerische Organisation zu Beginn der 1890er Jahre vorausgegangen. Eine wichtige Etappe auf dem Wege des festeren Zusammenschlusses bildete der erste gesamtbayerische Landesparteitag vom 26. Juni 1892 in Regensburg-Rheinhausen, auf dem beschlossen wurde, erstmals an den bevorstehenden Landtagswahlen teilzunehmen. Das reformistische Politikverständnis der rechtsrheinischen Sozialdemokraten wirkte sich durch die wachsende Verbindung auch auf die pfälzischen aus, und diese realpolitische Einstellung war hauptsächlich verantwortlich für die Erfolge in den kommenden Wahlen.

Mit der Erringung eines Mandates durch Franz Joseph Ehrhart 1893 setzte dann die Phase der Mitwirkung der pfälzischen Sozialdemokratie in der Kammer der Abgeordneten ein. Das Wahlbündnis mit dem Zentrum im Jahre 1899, das mit der Absicht geschlossen worden war, eine parlamentarische Mehrheit für die Beseitigung des indirekten Wahlrechts zu erreichen und die Vorherrschaft des pfälzischen Nationalliberalismus zu brechen, führte dazu, daß drei pfälzische Sozialdemokraten in die Kammer der Abgeordneten entsandt werden konnten – neben dem wiedergewählten Ehrhart Joseph Huber und Philipp Keidel. Der kontinuierliche Aufstieg setzte sich auch Anfang des 20. Jahrhunderts fort. So gelang es der pfälzischen Parteiorganisation, als der Wahlkompromiß mit dem Zentrum erneuert worden war, 1905 sechs Abgeordnete im Münchener Landtag zu stellen; zu den bereits Genannten und Wiedergewählten kamen Eduard Klement, Bruno Körner und Martin Segitz hinzu.

In den drei Perioden zwischen 1893 und 1907 fanden die pfälzischen Mandatsträger Gelegenheit, sich auf verschiedenen politischen Gebieten zu betätigen. Ihre realpolitische Einstellung und ihr Bestreben, konstruktiv am Parlamentsleben teilzunehmen, erleichterten ihre Arbeit wesentlich.

Mehrere Politikfelder lassen sich ausmachen, in denen sich die Pfälzer besonders stark engagierten. Sie vertraten dabei meist allgemeine sozialdemokratische Positionen. In den Bereichen Verkehrs- und Rechtswesen sprachen die linksrheinischen Abgeordneten häufig die Probleme ihrer Region an.

Im folgenden Beitrag[1] sollen die Themen „Pfälzische Eisenbahnen" und „Rechtswesen" exemplarisch dargestellt und darüber auch die Position der pfälzischen Abgeordneten in der SPD-Fraktion sowie die Sondersituation der Region in der Landespolitik thematisiert werden. Wegen der Fülle des vorhandenen Materials muß sich die Untersuchung auf den Zeitraum vom ersten Auftreten der pfälzischen Sozialdemokratie im 32. bayerischen Landtag (1893 bis 1899) über den 33. (1899 bis 1904) bis zum 34. (1905 bis 1907) beschränken. Die obere zeitliche Begrenzung findet eine Rechtfertigung auch darin, daß die Partei zur Landtagswahl 1905 mit dem Ziele angetreten war, die erforderliche Mehrheit für eine Wahlrechtsänderung zu erzwingen und nach deren Durchsetzung die Kammer der Abgeordneten aufzulösen. Dies wurde erreicht und die Neuwahl von 1907 konnte nach dem reformierten Wahlrecht durchgeführt werden.

Die Pfälzischen Eisenbahnen

Pläne zum Bau einer Eisenbahn durch die Pfalz reichen zurück in die 30er Jahre des 19. Jahrhunderts. Die Initiative ging von pfälzischen Unternehmern aus, die sich davon Möglichkeiten versprachen, neue Absatzmärkte für ihre Produkte zu erschließen und die industrielle Entwicklung der Region zu fördern. Die erste Bahnlinie wurde 1845 daher nicht vom Staate, sondern von einer Aktiengesellschaft, der „Pfälzischen Ludwigsbahn", gebaut. 1852 wurde eine zweite Aktiengesellschaft, die „Pfälzische Maximiliansbahn", gegründet. Weitere Bahngesellschaften, z.B. die „Pfälzischen Nordbahnen" wurden ins Leben gerufen und auch schon fusioniert, so daß Ende der 1860er Jahre in der Pfalz drei Netze mit sehr unterschiedlicher Verkehrsdichte und Ertragsfähigkeit bestanden.

Die Notwendigkeit, auch wirtschaftlich schwächere Gegenden zu erschließen und den Ausbau der Linien voranzutreiben, führte zu Zentralisierungsbestrebungen.[2] 1870 fand der Zusammenschluß der drei oben genannten Gesellschaften statt. Die Beteiligten verpflichteten sich in dem Fusionsgesetz, diejenigen Bahnen zu bauen, deren Herstellung die Regierung bis zum Jahr 1890 für notwendig befand, wenn der Staat eine Zinsgarantie für Bau- und Einrichtungskapital übernahm. Die Staatsregierung war nach 35 Jahren, also 1905, berechtigt, die Bahnen gegen Erstattung der Baukosten in ihr Eigentum zu übernehmen und selbst zu betreiben.[3] Der Regierung wurde durch das Fusionsgesetz großer Einfluß auf die Verwaltung der pfälzischen Eisenbahnen eingeräumt. Sie bestimmte die Hälfte der Mitglieder des Verwaltungsrates, hatte die ständige Überwachung der Verwaltung durchzuführen und mußte zu allen wichtigen Beschlüssen ihre Zustimmung geben.[4]

Im Gegensatz zu den pfälzischen waren die bayerischen Bahnen nicht privat organisiert, sondern Unternehmen im Besitz des Staates. Im Landtag wurden die Verhältnisse der Pfalzbahnen erst seit dem Einzug der SPD in die Kammer der Abgeordneten Verhandlungsgegenstand. Das Zentrum und die Liberalen vertraten anfangs die Ansicht, daß der Landtag sich lediglich um das finanzielle Ergebnis des Privatunternehmens und dessen Wirkung auf das Staatsbudget kümmern dürfte. Verkehrs- und Personalverhältnisse wären Angelegenheiten der Bahnverwaltung und sollten nicht zum Gegenstand der Plenardebatten werden. Die Sozialdemokraten äußerten dagegen, daß die Handlungen der Direktion bestimmend wären für die Art und Weise, wie der Staat einzugreifen hätte. Deshalb stünde der Kammer der Abgeordneten auch das Recht zu, alle die pfälzischen Bahnen betreffenden Angelegenheiten anzusprechen.[5]

Vor allem die pfälzischen Mitglieder der SPD-Fraktion machten es sich zur Aufgabe, Einfluß auf die Eisenbahnpolitik zu nehmen. Ihre Forderungen waren unter anderem der beschleunigte Ausbau des pfälzischen Netzes durch Einrichtung neuer Linien, die Verbesserung der Arbeits- und Pensionsverhältnisse der Bediensteten sowie die Verstaatlichung des privatwirtschaftlichen Unternehmens.

Das Lokalbahnsystem

In der 32. Landtagsperiode brachte Franz Josef Ehrhart bei den Debatten über den Etat der Eisenbahnen immer wieder die Wünsche der SPD vor. Er kritisierte vor allem die Rückständigkeit des Eisenbahnwesens in seiner Heimat. In den Lokalbahngesetzesentwürfen würde oft die Errichtung notwendiger Linien, wie zum Beispiel Kleinbahnen in der Pfalz, nicht berücksichtigt und die Region gegenüber dem rechtsrheinischen Bayern im Bahnbau benachteiligt. Im Hinblick auf die starke Bevölkerungsdichte und den daraus resultierenden größeren Personenverkehr müßten hier mehr Bahnlinien geschaffen werden. Dies wäre bisher aber nicht der Fall.

Erstaunt war Ehrhart über die Tatsache, daß die Lokalbahnbauten in der Pfalz viel höhere Kosten aufwiesen als im übrigen Bayern. Da die Bevölkerung die Ausgaben tragen müßte, sollte die Regierung ihren Einfluß auf die Verwaltung der Pfalzbahnen geltend machen und für eine nach ökonomischen Gesichtspunkten ausgerichtete Eisenbahnpolitik sorgen.[6]

Die erste Landtagsfraktion 1893 - 1899. Carl Grillenberger, Gabriel Löwenstein mit dem Pfälzer Franz Josef Ehrhart in der Mitte, daneben Johann Scherm, Georg v. Vollmar.

Ein anderer Kritikpunkt betraf die Zinspolitik des Staates. Dieser gab zur Finanzierung der pfälzischen Bahnlinien Anleihen aus, die nach dem Lokalbahngesetzentwurf von 1896 mit vier Prozent verzinst werden sollten. Ehrhart stellte den Antrag, die Zinsgarantie auf drei Prozent festzusetzen. Die Ersparnis, die sich daraus ergeben würde, sollte für eine weitere Linie verwendet werden. Er vertrat die Meinung, daß in der Pfalz die Eisenbahnpolitik zu stark von den Aktionären geprägt wäre. Beim Ausbau des Netzes sollten nicht nur die Interessen der Aktionäre an einer hohen Dividende, sondern auch die Wünsche der pfälzischen Bevölkerung zur Geltung kommen.[7] Ehrharts Antrag wurde schließlich abgelehnt und der Zinssatz blieb wie im Gesetzentwurf vorgesehen.[8]

Die Lage der Arbeiter im Eisenbahnbetrieb war ein weiterer Gegenstand der Erörterung im Landtag. Ehrhart beklagte in jeder seiner Wortmeldungen die schlechten Lohnverhältnisse der Beschäftigten. Zwar wurden die Löhne jährlich erhöht, aber dennoch waren die Eisenbahner bis 1898 die schlechtbezahltesten Werktätigen der Pfalz. Weiterhin kritisierte er die unzulängliche Betriebssicherheit, die sich in den jährlichen Statistiken in Form von Todesfällen und zahlreichen Schwerverletzten manifestierte, sowie die hohen Arbeitszeiten und die zunehmende Sonntagsarbeit. Er erhob die Forderung, in jedem dieser Bereiche Verbesserungen der sozialen Lage der Arbeiter vorzunehmen.[9]

Ab 1899 traten neben Franz Joseph Ehrhart auch Philipp Keidel und Josef Huber für die Entwicklung der Bahn in der Pfalz ein. Bis zu diesem Zeitpunkt waren hier 44 Linien mit insgesamt 706 km Bahnstrecke eröffnet worden, davon fünf Linien mit 44 km zwischen 1893 und 1899.[10] Dies war nach Ansicht der sozialdemokratischen Abgeordneten zu wenig, um in der Region ein effektives Verkehrsnetz zu schaffen.

Als im März 1900 der Landtag über den Lokalbahngesetzentwurf diskutierte, wurden von den 16 beantragten Linien nur drei genehmigt. Huber und Keidel, der im Ausschuß zur Beratung von Lokalbahnbauten saß, äußerten in den Plenardebatten ihre Unzufriedenheit über das Ergebnis, denn im Vergleich zu den Kreisen des rechtsrheinischen Bayerns, die im Gesetzentwurf mit durchschnittlich 90,48 km und einem Bauaufwand von 6,6 Millionen Mark berücksichtigt wurden, war die bevölkerungsreiche Pfalz mit 29 km und einem Aufwand von 1,9 Millionen Mark ihrer Meinung nach zu kurz gekommen. Eine weitere Benachteiligung sahen sie darin, daß sämtliche rechtsrheinischen Linien normalspurig gebaut, in der Pfalz aber – mit einer Ausnahme – schmalspurige Bahnen eingerichtet werden sollten, die eher hinderten als förderten.[11]

Als Vertreter des Wahlkreises Pirmasens beklagte Keidel insonderheit die dortigen Verkehrsverhältnisse. Bisher gab es nur eine acht km lange Linie von Pirmasens zur Biebermühle. Im Gesetzentwurf würde nur eine weitere kurze Linie von der Biebermühle bis Waldfischbach genehmigt, obwohl seit 30 Jahren Gesuche von Pirmasens, Kaiserslautern und anderen betroffenen Orten an den Landtag gerichtet worden waren, die den Ausbau der Strecke nach Kaiserslautern forderten. Die Eisenbahndirektion wies, wie schon in der Legislaturperiode davor, eine Verpflichtung bezüglich eines späteren Weiterbaus nach Kaiserslautern zurück. Keidel kritisierte diese Haltung, da damit wirtschaftliche Interessen der Westpfalz unberücksichtigt blieben.[12]

In seinen Erinnerungen beschrieb Keidel die Auswirkungen seiner ersten längeren „Eisenbahnrede" vor der Kammer vom

Philipp Keidel (1857 - 1932).

15. März 1990 folgendermaßen: „Ich schickte der Pirmasenser Zeitung den stenographischen Bericht und siehe da, am anderen Tage war die halbe Zeitung zu meinem Erstaunen mit der Rede ausgefüllt. Doch es war die erste und letzte meiner Reden, die bei dieser Zeitung in die Drukkerschwärze kam. Die liberalen Drahtzieher sorgten dafür, daß es nicht mehr vorkam. Es war auch unerhört. Meine Vorgänger Leineweber und Lützel hatten ihre Mandate stillschweigend ausgeübt und der Keidel, der Sozialdemokrat, fing nun an, Reden zu halten und den Wahlkreis besser und wirkungsvoller zu vertreten".[13]

Im Lokalbahngesetz von 1904 wurden von den 15 beantragten Linien vier bewilligt. Darunter befand sich auch die Teilstrecke der Biebermühlbahn, die die Verbindung zwischen Pirmasens und Kaiserslautern herstellen sollte. Keidel äußerte seine Zufriedenheit darüber, daß diese nach langem Kampf endlich genehmigt wurde. Dennoch, so fügte er hinzu, reichte diese Verbindung nicht aus, um den wirtschaftlichen Verhältnissen in Pirmasens völlig gerecht zu werden. Ein gut ausgebautes Verkehrsnetz wäre sowohl für die Arbeitgeber als auch für die Arbeitnehmer von Nutzen.[14]

In den Etatdebatten zu den pfälzischen Eisenbahnen brachten die drei pfälzischen Sozialdemokraten in der 33. Legislaturperiode immer wieder dieselben Forderungen vor: Sie wünschten einen stärkeren Ausbau des Netzes, höhere Arbeitslöhne, Aufbesserung des pensionsfähigen Gehalts, Einrichtung einer Pensionskasse für Arbeiter, bessere Urlaubsregelungen, vergünstigte Fahrpreise an Sonntagen und Arbeiterwochenkarten. Für Personen, die die Bahn oft benutzten, sollten sogenannte „Kilometerhefte" eingeführt werden, die zu einem niedrigen Preis erworben werden könnten. Sie betonten, daß es sich um die Wünsche der Bevölkerung und des Personals handelte und daß diese mit der jetzigen Eisenbahnpolitik sehr unzufrieden wären. Wie geringschätzig bei Beratungen zum Eisenbahnetat die Forderungen der Sozialdemokraten behandelt wurden, zeigt das Verhalten der Zentrumsabgeordneten. Schon bei der Verlesung der sozialdemokratischen Anträge durch den Präsidenten ertönten Zurufe aus den Reihen des Zentrums: „Wer bietet mehr?"

Trotzdem konnten auf einigen Gebieten Fortschritte erreicht werden. So wurden die Löhne geringfügig angehoben und auf verschiedenen Strecken, beispielsweise Ludwigshafen-Neustadt, verbilligte Sonntagsfahrkarten ausgegeben. Diese vergünstigten Fahrkarten räumten der städtischen Bevölkerung die Möglichkeit ein, in ihrer Freizeit der ungesunden Stadt- und Industrieluft zu entfliehen und Ausflüge in die Natur zu unternehmen. Auch Arbeiterwochenkarten wurden eingeführt. Die „Kilometerhefte" dagegen, die es zu diesem Zeitpunkt etwa schon in Baden gab, wurden von den Verantwortlichen nicht gebilligt.[15]

Die Verstaatlichung

Nach dem Fusionsgesetz konnte der bayerische Staat vom 1. Januar 1905 an das Eigentum der drei pfälzischen Eisenbahngesellschaften gegen Erstattung der Baukosten erwerben. Infolge der politischen Situation und im Hinblick auf die Entwicklung des großräumigen Verkehrs stellte sich der Eigentumsübergang geradezu als zwingende Notwendigkeit dar. Das kleine pfälzische Privatbahnsystem lag isoliert zwischen mächtigen Netzen. Dieser Umstand trat besonders hervor, als 1897 die hessischen und die preußischen Eisenbahnen verstaatlicht wurden.[16]

Ab dem Jahr 1900 wurde in den Landtagsverhandlungen eingehend über den möglichen Erwerb der pfälzischen Eisenbahnen diskutiert.[17] Ministerpräsident von Crailsheim erklärte im Reichsrat, daß die Regierung einer Verstaatlichung positiv gegenüberstünde. Diese wäre notwendig, um das Lokalbahnnetz in der Pfalz zu erhalten und weiter auszudehnen. Ehrhart erklärte, auch die SPD wäre für eine Verstaatlichung der Eisenbahnen. Denn dadurch könnte der Landtag in Zukunft, unabhängig von dem ungünstigen Einfluß der Gesellschaftsaktionäre, eine Eisenbahnpolitik betreiben, die den Interessen der Pfälzer gerecht würde.

Im September 1902 bildete die Staatsregierung eine Kommission, um die Verhandlungen über den möglichen Erwerb der pfälzischen Bahnen effektiv einzuleiten. Sie legte ihre Vorstellungen in einer Denkschrift nieder. Der Staat war zu diesem Zeitpunkt immer noch zu einer Übernahme bereit. Aber im Landtag wurde der Angelegenheit manches Hindernis entgegengestellt. Ein Teil der Abgeordneten, besonders auf liberaler Seite, zog nicht mit.[18] Im Juni 1903 faßte dann auch die Regierung den Entschluß, von ihrem Recht der Verstaatlichung zunächst keinen Gebrauch zu machen. Die Sozialdemokraten waren enttäuscht über die Verzögerung. Ehrhart fand, die Regierung hätte eine zielbewußte, auf die Übernahme hin gerichtete Eisenbahnpolitik betreiben müssen. Sie hätte auch alle dazu notwendigen Mittel, eine Überwachung der Verwaltung durchzuführen und zu allen wichtigen Beschlüssen ihre Bestätigung zu geben. Aber sie hätte nichts getan, um die Verstaatlichung vorzubereiten. Deren Herauszögerung brächte keine Vorteile. Außerdem verlangte er eine definitive Antwort auf die Frage, wann der Eigentumsübergang stattfinden sollte – allerdings ohne Erfolg.[19] Auch Keidel bedauerte, daß die Regierung ihre positive Einstellung zur Verstaatlichung geändert hätte, zumal diese der pfälzischen Bevölkerung zur Verbesserung der Verkehrsverhältnisse versprochen worden wäre.

Um die nach Ansicht der Sozialdemokraten ungünstige Entwicklung in Grenzen zu halten, stellte Ehrhart im Namen der SPD am 3. November 1903 zwei Anträge. Erstens sollte die Staatsregierung ihren Einfluß dahin geltend machen, daß die Aktionäre in Zukunft auf einen weiteren als durch den Fusionsvertrag gewährleisteten Anspruch auf staatlich garantierte Zinsen und Gewinnanteile Verzicht leisteten. Der Staat selbst sollte auf Rückzahlungen, die ihm aus dem Vertragsverhältnis zustünden, verzichten. Die frei werdenden Gelder sollten für die Pensions- und Versorgungsverhältnisse der Beamten, Bediensteten und Arbeiter der Pfalzbahnen verwendet werden, um sie auf dieselbe Stufe mit den bayerischen Staatsbahnangehörigen zu bringen. Zweitens sollte der Kammer der Abgeordneten die von der Kommission ausgearbeitete Denkschrift zur Verstaatlichung der pfälzischen Eisenbahnen vorgelegt werden. Diese sollte die Grundlage für eine spätere Eigentumsübertragung bilden.[20] Sein Gesuch diente dem Zweck, die Angelegenheit weiterhin zur Diskussion zu stellen, um dann möglichst bald zu einem positiven Ergebnis zu kommen.

Ehrharts Forderungen wurden in den Verhandlungen sehr ausführlich erörtert. Während der erste Antrag abgelehnt wurde, billigte das Plenum den Antrag auf Vorlage der Denkschrift. Sie enthielt als Resultat die Feststellung, daß die Pfalzbahnen ein gut verwaltetes privatwirtschaftliches Unternehmen wären und daß im Fall einer Verstaatlichung keine bedeutenden Veränderungen im Betrieb vorgenommen werden müßten. 1904 wurden die Beratungen der Abgeordnetenkammer ohne Ergebnis vertagt.[21]

Am 18. Juli 1904 wurde der „Pfalzbahn" und den Vertretern der Regierung auf einer außerordentlichen Generalversammlung der Eisenbahngesellschaften ein Übernahmevorschlag unterbreitet, der sowohl von den Unternehmern als auch von staatlicher Seite akzeptiert wurde.[22] Der Gesetzentwurf, der auf der Basis des Entschlusses der Generalversammlung beruhte, wurde zu Beginn der 34. Legislaturperiode verhandelt. Verkehrsminister von Frauendorfer gab seiner Zufriedenheit über die Vorlage Ausdruck. Seiner Meinung nach hatte sich die allgemeine wirtschaftliche Lage für eine Verstaatlichung verbessert. Deshalb sollte die Kammer der Abgeordneten der Entscheidung der Regierung zustimmen. Der Kaufpreis wäre seit 1903 um achteinhalb Millionen Mark gesunken, der Aufschub hätte sich also gelohnt. Außerdem, so stellte er fest, würde eine weitere Herauszögerung der Übernahme keine günstigeren Bedingungen schaffen.

Ehrhart dagegen war von der Gesetzesvorlage enttäuscht. Nachdem die Verstaatlichung jahrelang verschleppt worden war, würde diese wichtige Frage jetzt in überstürzter Eile erledigt, was zu keinem zufriedenstellenden Ergebnis führen könnte. In seiner Rede faßte er den Verlauf der Verhandlungen zusammen und hob hervor, daß ohne das ständige Drängen der Sozialdemokraten das Thema der Pfalzbahnen im Landtag nie so ausführlich behandelt worden wäre. Anschließend kritisierte er vor allem die verfehlte Eisenbahnpolitik der Regierung. Auch der jetzige Gesetzentwurf wäre zu sehr auf die Interessen der Aktionäre zugeschnitten. Er betonte, daß die Sozialdemokraten dem Gesetzentwurf nur dann zustimmten, wenn die Belange der Bevölkerung, nämlich ein beschleunigter Ausbau des Eisenbahnnetzes, und die Versorgung des Personals gesetzlich verankert würden. Im vorliegenden Entwurf wäre dies nicht der Fall. In bezug auf das Personal stellte er den Antrag, daß alle Beamte und Bedienstete der Pfalzbahnen bei der Verstaatlichung in den Beamtenstatus übernommen werden sollten. Außerdem müßten die Arbeiter der Pfalzbahnen den Arbeitern der Staatsbahnen in Bezügen und Rechten gleichgestellt werden. Dieser Antrag wurde jedoch abgelehnt.[23]

Körner, der in dieser 34. Periode in die Kammer der Abgeordneten gewählt worden war, unterstützte in seiner ersten Wortmeldung die Ausführungen seines Fraktionskollegen und plädierte ebenfalls für eine Ablehnung der Vorlage. Diese wurde am 4. November 1905 mit 120 zu 16 Stimmen angenommen. Die sozialdemokratische Fraktion und einige Abgeordnete der „Freien Vereinigung" stimmten dagegen, während Zentrum und Liberale einwillig-

Sylvia Fräßle

ten.²⁴ Die Kammer der Reichsräte gab ebenfalls ihre Zustimmung. Damit war die Basis für den Übergang der Pfalzbahn in Staatsbesitz geschaffen, welcher tatsächlich am 1. Januar 1909 gegen Erstattung von rund 300 Millionen Mark erfolgte.

Die Auseinandersetzung um das Rechtswesen

Einen weiteren Schwerpunkt sozialdemokratischer Landespolitik stellte die Förderung des Rechtswesens dar. In Bayern, aber auch in den übrigen deutschen Staaten, hatten die Institutionen der Justiz lange Zeit ein hohes Ansehen. Sie wurden von der Mehrheit der Bevölkerung als Garant für die Einhaltung von Recht und Ordnung gesehen. Bedenken hinsichtlich der Objektivität ihrer Entscheidungen gab es kaum. Auf ihr Handeln bezogene, ablehnende Äußerungen wurden meist empört zurückgewiesen.

Aber Anfang der neunziger Jahre änderte sich diese Einstellung wesentlich. Man erkannte zum Beispiel, daß sich die Richter bei ihren Urteilssprüchen in zunehmendem Maß der sozialen Interessen der oberen Schichten und der herrschenden politischen Auffassungen zugänglich zeigten. Diese Art und Weise der Beeinflussung wurde mit dem Begriff „Klassenjustiz" belegt. Der Widerspruch zwischen geltendem Recht und vorherrschendem Rechtsempfinden wurde weiten Kreisen der Bevölkerung bewußt, angesehene Rechtswissenschaftler, Anwälte und Richter begannen ihre Kritik an der Justiz offen zu äußern, die Fachliteratur nahm sich des Problems an.²⁵ Die Sozialdemokraten nutzten die Bühne des Landtages zur politischen Auseinandersetzung. Ihnen war die praktizierte „Klassenjustiz" ein unhaltbarer Zustand. In diesem Zusammenhang thematisierten sie die Verzögerung in der Urteilsverkündung sowie die Verhältnisse beim Strafvollzug.

Über den Beratungen zum Justizetat im Jahre 1898 beanstandete Ehrhart zum ersten Male, daß sich die Justiz allmählich immer mehr zu einer „Klassenjustiz" entwickelte. Als Beispiel führte er die Handhabung des „groben Unfugparagraphen" an, die schon wiederholt als besonderes Merkmal dieser negativen Auswüchse der Rechtspflege in der Kammer der Abgeordneten diskutiert worden war.²⁶

Der „grobe Unfugparagraph" diente ursprünglich dazu, Handlungen zu verurteilen, die eine Belästigung oder Gefährdung der Allgemeinheit beinhalteten sowie gegen die öffentliche Ordnung verstießen. Dieser Paragraph wurde von den Richtern mit der Zeit zu einem Hilfsmittel gemacht, mit dem sie alle Vorgänge strafen konnten, die ihnen ungehörig erschienen und unter keine sonstige gesetzliche Strafandrohung fielen. Folglich waren die wegen „groben Unfugs" angeklagten Personen von den schwankenden persönlichen Auffassungen, Gefühlen und jeweiligen Stimmungen der Richter abhängig. Als „grober Unfug" wurden von den Richtern vor allem politische Äußerungen in den Presseorganen der Parteien, aber auch kritische Ausführungen über die Politik der Regierung bestraft.²⁷

Ehrhart stellte fest, daß sowohl die sozialdemokratische Presse als auch die Arbeiter besonders unter dem „groben Unfug" zu leiden hätten. Im Zeitungswesen wendeten die Staatsanwälte größte Energie auf, um „verbale Entgleisungen" in sozialdemokratischen Schriften vor Gericht zu bringen. In Hinsicht auf die Arbeiter verwies er auf Urteile, die in einzelnen Fällen das Postenstehen bei einem Streik und andere zur Ausübung des Koalitionsrechts angewandte legale Mittel der Werktätigen als „groben Unfug" klassifiziert und zu Strafen geführt hatten. Damit würden die Urteile im Gegensatz zur Auffassung der Arbeiterklasse stehen und wären nicht einmal legitim. Ehrhart betonte, daß die Sozialdemokraten jede Anregung des Hauses, die vorhandenen Mißstände zu beseitigen, nachhaltig unterstützen würden. Er selbst appellierte an die Regierung, sie sollte auf eine Änderung des Paragraphen hinwirken. Fraktionskollege Segitz griff dies auf und verlangte vom Plenum, sich für die Forderung Ehrharts einzusetzen. Zwar sprachen in der Etatdebatte mehrere Abgeordnete der gegnerischen Parteien ihre Bedenken gegen die bestehende Rechtsauslegung aus, konkrete Verbesserungsvorschläge machten sie jedoch nicht. Der Appell Ehrharts wurde ignoriert.[28]

Die Juristenausbildung

Im November 1901 griffen Ehrhart und Segitz die Problematik erneut auf.[29] Diesmal machten sie auf die Tatsache aufmerksam, daß in Bayern aufgrund der immer weiter steigenden Ausbildungskosten nur Angehörige der besitzenden Schichten die Möglichkeit hätten, den höheren Justizdienst anzustreben. Dazu führten sie eine Anordnung an, die besagte, daß Rechtspraktikanten, die Richter oder Rechtsanwälte werden wollten, sechs oder neun Monate unentgeltlich bei den Gerichten arbeiten mußten. Auch die juristische Prüfung selbst war mit relativ hohen Ausgaben verbunden. Aufgrund dieser Voraussetzungen könnten immer weniger Interessierte aus der Mittelklasse sich dem juristischen Studium zuwenden. Den Kindern von Arbeiter- oder Bauernfamilien würde dadurch jede Möglichkeit genommen, die juristischen Laufbahnen einzuschlagen. Die wirtschaftlichen und sozialen Gegensätze, die zwischen den aus den besitzenden Klassen stammenden Juristen und der Mehrheit des Volkes bestanden, führten nach Ansicht der beiden Sozialdemokraten zu einer Rechtsprechung, die die Interessen der Bevölkerung nicht berücksichtigte bzw. von dieser als ungerecht und unverständlich empfunden wurde. Ehrhart befand: „Das ganze Elend unserer heutigen Justizpflege liegt eben darin, daß dieselbe allmählich mehr in die Hände der besitzenden Klasse gelangt".[30]

Zwar erkannten auch die übrigen Redner, insbesondere die Zentrumsabgeordneten, in der Debatte an, daß die gut Betuchten in immer größerer Anzahl die Stellen der Richter, Rechts- oder Staatsanwälte einnähmen, daß aber daraus resultierende negative Auswirkungen auf die Rechtsprechung nicht feststellbar wären. Deshalb gäbe es für sie keinen Grund, etwas dagegen zu unternehmen.

Im Jahre 1905 kamen die pfälzischen Sozialdemokraten noch einmal auf die „Klassenjustiz" zurück. Die Aussage des Justizministers, der sich über den Gebrauch des Terminus im Zusammenhang mit dem bayerischen Rechtswesen beklagte, gab Klement Anlaß, das Wort zu ergreifen.[31] Er betonte, daß die Sozialdemokraten erst dann diesen Vorwurf nicht mehr erheben würden, wenn in Zukunft die Praxis einen anderen Weg einschlagen würde. Die Tatsache, daß immer noch Urteile gefällt würden, bei denen von Unparteilichkeit nicht gesprochen werden könnte, ließe es nicht zu, die Behauptung von der beeinflußten Rechtsprechung fallenzulassen. Zum Beleg führte Klement mehrere Urteile des Landgerichts Kaiserslautern an, in denen zu ungunsten der aus der Arbeiterschicht stammenden Kläger entschieden worden war. Beispielsweise wurde ein Schreiner wegen seiner Tätigkeit als Vorsitzender des Holzarbeiterverbandes Kaiserslautern und wegen des Ansprechens von Mißständen an-

Sylvia Fräßle

läßlich einer Werkstattversammlung von seinem Arbeitgeber entlassen. Als er die Fabrik betrat, um Lohn und Entlassungspapiere zu holen, wurde er von einem Vorgesetzten tätlich angegriffen und eine Treppe heruntergestoßen. Der Schreiner erstattete Strafanzeige wegen Körperverletzung. Die Staatsanwaltschaft Kaiserslautern wies die Anzeige aus Mangel an Beweisen zurück und weigerte sich, Anklage gegen den Vorgesetzten des Schreiners zu erheben.

Die nächsthöhere Instanz, die Oberstaatsanwaltschaft Zweibrücken, gab der Anzeige ebenfalls nicht statt. Der Kläger mußte die Entscheidung akzeptieren und hatte, neben seinem Arbeitsplatz, auch das Vertrauen in die Justiz verloren.

Keidel monierte in derselben Debatte die Handlungsweise der Staatsanwälte. Diese würden häufig Polizeibeamte oder sonstige Dienstorgane, die ihre Befugnisse überschritten hätten, verteidigen oder ihre Verstöße vertuschen. Als Beispiel erwähnte er einen Vorfall aus Pirmasens, bei dem ein Bürger durch ungerechtfertigte Gewaltanwendung von zwei Polizisten verletzt worden war.

In der Gerichtsverhandlung stellte der anklageführende Staatsanwalt die Sache – Zeugenaussagen entgegen – so dar, als ob der Bürger die Polizeibeamten angegriffen hätte. Aufgrund der Aussagen der beiden beteiligten Beamten, denen mehr Glauben geschenkt wurde als den Zeugen, wurde der Angegriffene zu einer Haftstrafe verurteilt. Die Polizisten wurden nicht angeklagt. Darüber hinaus wurde der Redakteur der „Pfälzischen Post", der über das Ereignis so berichtet hatte, wie es sich tatsächlich zugetragen hatte, wegen Beleidigung der Beamten ebenfalls mit Freiheitsentzug bestraft.[32]

Der Zentrumsabgeordnete Lerno, der den Beruf des Richters ausübte, protestierte energisch gegen die Vorwürfe der Sozialdemokraten. Zur Verteidigung des bayerischen Richterstandes führte er an, daß er von der „Objektivität" der Richter überzeugt wäre und es „Klassenjustiz" niemals gegeben hätte.

Verschleppung der Rechtsprechung

In den Debatten über die Rechtsprechung wurde auch sehr ausführlich die lange Dauer der Gerichtsverfahren behandelt. Viele Verhandlungen zogen sich über Monate oder sogar Jahre hin, bis endlich ein Urteil gefällt wurde. Dies lag unter anderem an der Unterbesetzung und der daraus resultierenden Überbelastung der Gerichte. Die pfälzischen Sozialdemokraten fühlten sich besonders motiviert, diese Problematik anzusprechen, da die Verzögerung der Rechtsprechung in ihrer Heimatregion erschreckende Ausmaße annahm.

Ehrhart zog in diesem Zusammenhang eine Statistik heran, die die durchschnittliche Dauer der Gerichtsverfahren im Deutschen Reich und in der Pfalz in den Jahren 1891 bis 1895 erfaßte und vergleichend gegenüberstellte. Während im Reich 27 Prozent der Prozesse weniger als drei Monate in Anspruch nahmen, waren dies in der Pfalz nur 12 Prozent. Noch deutlicher fiel der Unterschied bei den Verhandlungen aus, die zwei Jahre und länger dauerten. Im Reich betrug der Anteil der über diese Zeiträume gehenden Verhandlungen drei Prozent, im linksrheinischen Bayern aber 24 Prozent. Diese Statistik zeigte, daß die Gerichtsverfahren hier viel länger dauerten als die im übrigen Deutschland.

Ehrhart führte diese Tatsache auf die ungenügende Besetzung der Gerichte in der Pfalz zurück. Als Beispiel nannte er das Landgericht Frankenthal, das als drittgrößtes in Bayern in bezug auf die Zahl der anhängigen Zivil- und Strafsachen mit neun Richtern unzulänglich besetzt wäre. Am nur wenig stärker belasteten Nürnberger Landgericht waren dagegen 21 Richter tätig. In Frankenthal stünden an den Verhandlungstagen oft 20 oder noch mehr Fälle auf der Tagesordnung, so daß die Richter von morgens bis abends ohne große Pausen durcharbeiten müßten. Aufgrund dieser starken Belastung lasse die Ausfertigung der Urteile sehr lange auf sich warten. Ehrhart forderte, in Frankenthal drei neue Richterstellen zu schaffen, denn dies wäre für eine effektive Arbeit des Gerichts absolut notwendig. Schließlich verabschiedete der Landtag 1896 einen Etat, der unter anderem zwei neue Richterstellen für das Landgericht Frankenthal auswies.[33]

In der darauffolgenden Session sprach Ehrhart erneut die Verschleppung der Rechtsprechung an. Er hob hervor, daß infolge des Richtermangels die Straf- und Zivilklagen oftmals monatelang hinausgeschoben würden. Die Folge wäre, daß die Zeugen sich nicht mehr an den Tatbestand erinnern könnten, so daß dadurch eine gerechte Urteilsfindung erschwert würde. Er führte einen Fall aus der Pfalz an, bei dem nach zehn Jahren immer noch kein Urteil gefällt worden war. Die Abgeordneten der anderen Parteien erkannten ebenfalls an, daß es sich dabei um ein Problem handelte, das beseitigt werden müßte. Aus diesem Grund stimmten sie wiederum für einen höheren Etat, der eine Aufstockung des richterlichen Personals vorsah. Ehrhart begrüßte dies zwar, erachtete die vorgesehene Anzahl der neuen Stellen jedoch als zu gering, um dem Mißstand abzuhelfen.[34]

Auch in der 33. Landtagsperiode blieb das Thema Prozeßverschleppungen in der Pfalz auf der Tagesordnung. Ehrhart übte Kritik an der Regierung, die die schlechten Verhältnisse in der Rechtsprechung anerkennte, aber, anstatt im Interesse eines geordneten Justizganges endlich für eine angemessene Erhöhung des Gerichtspersonals zu sorgen, sich negativ über die Arbeit der Richter und Rechtsanwälte in der Pfalz äußerte. In Regierungssicht waren diese beiden Berufsgruppen für die lange Dauer der Verfahren verantwortlich.

Für Franz Josef Ehrhart waren die Vorwürfe des Ministeriums nur teilweise berechtigt. Zwar räumte er ein, daß die Rechtsanwälte mitverantwortlich für die Verschleppungen wären, aber die Richter sprach er von jedem Versäumnis frei. Denn diese würden nachweislich genauso viel arbeiten wie ihre Kollegen im Rechtsrheinischen. Er berief sich bei seiner Behauptung auf statistisches Material, das die starke Arbeitsbelastung der pfälzischen Richter nachwies. Nach Ansicht Ehrharts hatte die Verwaltung der Pfalz Mitschuld an diesen Zuständen. Denn durch deren Sparsamkeit und durch deren Streben, sich dem Justizministerium in München um jeden Preis angenehm zu empfehlen, würde gegen die Interessen der Rechtspflege gehandelt und auf jegliche finanzielle und personelle Forderung verzichtet.[35]

Der Etat für die dritte Session des Landtags sah eine Ausgabenerhöhung für die Rechtspflege in der Pfalz von drei Millionen Mark vor. Für München allein wurde das Zehnfache dieses Betrages angesetzt. Ehrhart sah darin eine Benachteiligung des linksrheinischen Regierungsbezirkes und forderte eine stärkere finanzielle Berücksichtigung der Pfalz, die der Landtag aber ablehnte.[36]

Im Jahre 1904 starteten die pfälzischen Sozialdemokraten einen neuen Versuch, die Aufmerksamkeit der Kammer der Abgeordneten und der Regierung auf das Problem der Prozeßverschleppungen zu lenken. Obwohl in den Jahren davor die Zahl der Rich-

Sylvia Fräßle 249

Die zweite Landtagsfraktion 1899 - 1905, mit den drei Pfälzern Philipp Keidel (1. v. l.), Franz Josef Ehrhart (3. v. l.), Josef Huber (1. v. r.).

ter in ganz Bayern permanent erhöht worden war, mußten Ehrhart und seine Genossen immer noch über Mangel an Richtern an den pfälzischen Gerichten Klage führen. So kam 1904 im rechtsrheinischen Bayern ein Richter auf 13.900 Einwohner, in der Pfalz dagegen auf 17.300.[37]

Huber[38] machte in der Debatte den bis 1903 amtierenden Justizminister von Leonrod für die stiefmütterliche Behandlung der pfälzischen Rechtspflege verantwortlich. Dieser hätte aus Angst vor der Kammermehrheit nicht den Mut gehabt, die notwendigen Maßnahmen zur Verbesserung der Verhältnisse zu fordern. Aus diesem Grund seien in den letzten Jahren zu wenig neue Richterstellen bewilligt worden. Huber führte anhand von Rechtsfällen dem Landtag noch einmal die lange Dauer der Gerichtsverfahren in der Pfalz vor Augen und plädierte für eine angemessene Personalaufstockung. Keidel schloß sich den Forderungen seiner beiden Fraktionskollegen an.[39]

In der Vorlage 1904 wurden schließlich zwei neue Stellen genehmigt. Darüber hinaus richtete der neuberufene Justizminister von Miltner ein Nachtragspostulat an die Abgeordneten, das die Bestellung von vier zusätzlichen Richter vorsah. Letztendlich genehmigte die Kammer insgesamt fünf neue Stellen für die Pfalz.[40]

Bilanz

Der Umstand, daß die pfälzische Sozialdemokratie zwischen 1893 und 1905 immer mehr Abgeordnete nach München entsenden konnte, machte sich auch in der Landtagspolitik bemerkbar. Deren politische Aktivitäten nahmen zu, und sie waren mit der Zeit auch immer stärker in den verschiedenen Ausschüssen, in denen wichtige Entscheidungen getroffen wurden, vertreten. Dabei ist festzustellen, daß Ehrhart im Vergleich zu seinen pfälzischen Fraktionskollegen den größten Anteil an der Landtagspolitik hatte. Einerseits war dies auf seine unermüdliche Einsatzbereitschaft und auf seine große politische Erfahrung zurückzuführen; andererseits auch darauf, daß er innerhalb des Untersuchungszeitraums als einziger allen drei Perioden der Kammer angehörte. Demgegenüber setzten sich die anderen linksrheinischen Abgeordneten häufig für ihre Wahlkreise ein. Besonders Keidel tat sich in diesem Zusammenhang hervor, immer wieder trat er für die Interessen und Forderungen von Pirmasens ein.

Die pfälzischen Sozialdemokraten sahen sich oft veranlaßt, auf die Benachteiligungen der Pfalz aufmerksam zu machen. Sie beklagten, daß die Landespolitik sehr stark die Interessen des rechtsrheinischen Bayerns berücksichtigte, während das linksrheinische häufig vernachlässigt würde. Vor allem beim Ausbau des Eisenbahnnetzes sowie bei der Besetzung der Gerichte beanstandeten sie eine Bevorzugung der anderen Regierungsbezirke. Die Verhältnisse der Pfalzbahnen, eine ausgesprochen regionalpolitische Angelegenheit, wurden erst intensiv besprochen, nachdem sie in den Landtag eingezogen waren und sich engagiert der Probleme angenommen hatten. Zwar konnten die pfälzischen Sozialdemokraten nur einen kleinen Teil ihrer Forderungen durchsetzen, insbesondere wurden bei der Verstaatlichung ihre Wünsche nicht oder nur ungenügend berücksichtigt. Aber schon die Tatsache, daß die Diskussion über diesen Gegenstand einen so breiten Raum in den Landtagsverhandlungen einnahm, muß als Erfolg der pfälzischen SPD-Abgeordneten gesehen werden.

Im Rechtswesen blieb ihre Kritik an der bestehenden „Klassenjustiz" unberücksichtigt. Auch das Problem der Verschleppung von Prozessen in der Pfalz, das sie in den Justizdebatten ständig ansprachen, wurde zwar nicht beseitigt, aber ihr Verlangen nach Aufstockung des Richterpersonals blieb nicht ohne Gehör. Im übrigen war der Einsatz der pfälzischen Sozialdemokraten für eine Reform des Strafvollzugs am Ende erfolgreich.[41]

Die linksrheinischen Abgeordneten waren in der bayerischen SPD-Fraktion als gleichberechtigte Mitglieder anerkannt. Insgesamt gesehen kann man feststellen, daß die Fraktion eine Einheit bildete, die auch in ihren politischen Forderungen übereinstimmte und gemeinsam gegen die Übermacht der bürgerlichen Parteien ankämpfte. Schon damals gab es also „Fraktionsdisziplin". Im Ganzen bleibt festzuhalten, daß die pfälzischen Sozialdemokraten im Landtag eine aktive Rolle spielten. Die gute Zusammenarbeit mit dem rechtsrheinischen Fraktionskollegen sowie die angestrengten Bemühungen, ihre politischen Ziele durchzusetzen, führten zu manchen politischen Erfolgen.

Anmerkungen:
1 Der Beitrag beruht auf meiner Diplomarbeit: Die pfälzische SPD und ihre Abgeordneten im bayerischen Landtag 1893-1907, Mannheim 1993.
2 Hierzu: Albert Mühl, Die Pfalzbahn. Geschichte, Betrieb und Fahrzeuge der pfälzischen Eisenbahnen, Stuttgart 1982.
3 Vgl. Heinz Sturm, Die pfälzischen Eisenbahnen, Speyer 1967, S. 197 ff.
4 Die Sozialdemokratie im Bayerischen Landtag 1899/1905. Handbuch für Landtagswähler. Hrsg. v. Landesvorstand der Sozialdemokratischen Partei Bayerns, Ludwigshafen 1905, S. 178.
5 Ebd.
6 Vgl. Verhandlungen der Kammer der Abgeordneten des Bayerischen Landtages. XXXII. bis XXXIV. Landtagsversammlung. Stenographische Berichte. 35 Bde., München 1893-1907, Bd. VII. 255. Sitzung v. 23.3.1896, S. 661; Bd. VIII. 268. Sitz. v. 20.4.1896, S. 71 f; Bd. XII. 446. Sitz. v. 21.5.1898, S. 810 f.
7 Ebd., Bd. VII. 255. Sitz. v. 23.3.1896, S. 661.
8 Ebd., 256. Sitz. v. 24.3.1896, S. 696.
9 Ebd., Bd. VIII. 268. Sitz. v. 20.4.1896, S. 72 ff; Bd. XII. 446. Sitz. v. 21.5.1898, S. 811 ff.
10 Vgl. Sturm (Anm. 3), S. 281 f.
11 Verhandlungen (Anm. 6), Bd. III. 100. Sitz. v. 15.3.1900, S. 433 ff, S. 443 f.
12 Ebd., S. 433 ff.
13 Philipp Keidel, Erinnerungen eines Parteiveteranen, in: Bei uns daheim. Beilage der „Pfälzischen Post" 3 (1927), Bl. 16-24.

14 Verhandlungen (Anm. 6), Bd. XIV. 525. und 526. Sitz. v. 11. u.13.6.1904, S. 909 f und 931 ff.
15 Zu dem Ganzen: Ebd., Bd. IV. 147. Sitz. v. 26.5.1900, S. 887-893; Bd. VI. 199. Sitz. v. 21.11.1901, S. 793 f; Bd. VIII. 283 und 284. Sitz. v. 9./10.4.1902, S. 583 ff und S. 609 ff; Bd. XI. 391. und 392. Sitz. v. 4./5.11.1903, S. 530 f und S. 556-561; Bd. XV. 18. Sitz. v. 30.10.1904, S. 449 f.
16 Vgl. Sturm (Anm. 3), S. 274.
17 Zum Folgenden: Verhandlungen (Anm. 6), Bd. IV. 147. Sitz. v. 26.5.1900, S. 893 f; Bd. VIII. 283. und 284. Sitz. v. 9./10.4.1902, S. 588, S. 592-596, S. 612 f und S. 619; ferner: Sturm (Anm. 3), S. 274 f.
18 Siehe: Sturm (Anm. 3), S. 275.
19 Vgl. Verhandlungen (Anm. 6), Bd. XI. 371 Sitz. v. 5.10.1903, S. 29 ff, S. 45-50, S. 495-499.
20 Ebd., S. 492-495.
21 Ebd., 392. Sitz. v. 5.11.1903, S. 561 f und: Die Sozialdemokratie (Anm. 4), S. 179.
22 Näheres bei Sturm (Anm. 3), S. 278 f; zum Folgenden: Verhandlungen (Anm. 6), Bd. I. 18. Sitz. v. 30.10.1905, S. 431-437.
23 Verhandlungen (Anm. 6), Bd. I. 17. Sitz. v. 29.10.1905, S. 419-430 und 20. Sitz. v. 4.11.1905, S. 496.
24 Ebd., 18. Sitz. v. 30.10.1905, S. 449 f und 20. Sitz. v. 4.11.1905, S. 497 f.
25 Vgl. Die Sozialdemokratie (Anm. 4), S. 66 f.
26 Verhandlungen (Anm. 6), Bd. XII. 427. Sitz. v. 28.4.1898, S. 291 f.
27 Vgl. Die Sozialdemokratie (Anm. 4), S. 67 f.
28 Verhandlungen (Anm. 6), Bd. XII. 426.-428. Sitz. v. 26.-29.4.1898, S. 253-326; zu Ehrhart, S. 292 f; zu Segitz, S. 317 f.
29 Ebd., Bd. XI. 202.-204. Sitz. v. 26.-28.11.1901, S. 861-928, bes. S. 864.
30 Ebd., S. 890.
31 Siehe dazu: Ebd., Bd. II. 45. Sitz. v. 13.12.1905, S. 96 ff.
32 Ebd., 46. Sitz. v. 14.12.1905, S. 129; zum Folgenden, S. 130.
33 Zum Ganzen: Ebd., Bd. VI. 227. Sitz. vom 11.2.1896, S. 892 f und: Repertorium über die Verhandlungen. II. Sitzungsperiode. 1895/96, S. 290.
34 Ebd., Bd. XII. 427. Sitz. v. 28.4.1898, S. 294 f und: Repertorium über die Verhandlungen. III. Sitzungsperiode. 1897/98, S. 350-354.
35 Siehe ebd., Bd. VI. 203. und 206. Sitz. v. 27. und 30.11.1901, S. 885 f und S. 975.
36 Ebd., 207. Sitz. v. 2.12.1901, S. 991 f.
37 Ebd., Bd. XII. 441. Sitz. v. 30.1.1904, S. 790 f.
38 Ebd., 444. Sitz. v. 5.2.1904, S. 864 f.
39 Ebd., 445. Sitz. v. 6.2.1904, S. 891.
40 Ebd., 441. Sitz. v. 30.1.1904, S. 790 f.
41 Vgl. Die Sozialdemokratie (Anm. 4) S. 69 f.

Stefan Mörz

Die Presse der pfälzischen Sozialdemokratie bis zum Ende des Ersten Weltkrieges

Ohne Zweifel ist die Presse bis heute eines der wichtigsten meinungsbildenden Medien. Im Zeitalter der Früh- und Hochindustrialisierung waren Zeitungen zudem nicht nur ein, sondern neben Flugblättern und Versammlungen der einzige Weg, Informationen und Propaganda in die Bevölkerung zu tragen. Deshalb wurden sie auch durch die Obrigkeit auf das schärfste beobachtet. In der Pfalz, einem ländlichen Gebiet ohne große Städte, hatten sich in der ersten Hälfte des 19. Jahrhunderts nur kleine und meist recht unbedeutende Zeitungen entwickelt. Um die Zeit der Revolutionen von 1830 in Frankreich und von 1848/49 kam es jeweils zu einem Aufschwung im Pressewesen, der aber beide Male nur von kurzer Dauer war. Große und leistungsfähige Blätter entstanden erst in der Phase der Industrialisierung nach 1870 in den beiden heranwachsenden Industriezentren Kaiserslautern und Ludwigshafen.

Erste Versuche

Während jedoch die bürgerlich-liberale Presse die Förderung durch mittelständische Unternehmen, die Großindustrie oder auch Regierungsstellen genoß und die Verleger in die jeweilige örtliche Honoratiorenschicht hineinwuchsen bzw. ihr angehörten, hatte die sozialdemokratische Presse ohne dieses ganze Netzwerk von Hilfe auszukommen, war statt dessen viele Jahre scharfen Sanktionen, Verboten und Hindernissen aller Art ausgesetzt.

Der erste Versuch, im damals noch vereinigten pfälzisch-nordbadischen Agitationsbezirk der Sozialisten ein eigenes Parteiblatt zu gründen, datiert ins Jahr 1876. Nach dem sozialdemokratischen Erfolg bei der Reichstagswahl beschloß ein pfälzisch-badischer Arbeitertag in Mannheim: „Es soll die Herausgabe eines die Interessen des arbeitenden Volkes nach jeder Richtung unabhängig vertretenden Arbeiterorgans bewerkstelligt werden." Ein Gründungskomitee wurde eingesetzt und „es wurden Sammellisten ausgegeben; nach einer etwa eineinhalbjährigen Tätigkeit hatte das Komitee bar 316,51 Mark zusammengebettelt. Auch waren 150 Mark in Anteilscheinen gezeichnet, von denen aber nur ein Bruchteil eingezahlt war. Das Gründungskapital betrug rund 400 Mark." So konnte ab September 1877 die Wochenzeitung „Pfälzisch-Badisches Volksblatt" mit einer Auflage von 3.000 Exemplaren herausgebracht werden. Ihm sollte jedoch nur ein kurzes Leben beschieden sein. Am 21. Oktober 1878 beschloß der Reichstag das Sozialistengesetz, schon fünf Tage später wurde der Mannheimer Zeitung „der Kragen umgedreht", wie Franz Josef Ehrhart 1904 schrieb.

Wenig besser erging es der unter den Bedingungen des Ausnahmegesetzes 1886 in Kaiserslautern gegründeten „Pfälzischen Freien Presse". Das Blatt ging auf die Initiative des 1857 in Unterfranken geborenen Buchbinders Christian Glafey zurück, der während seiner Ausbildung in Kontakt

"Pfälzisch-Badisches Volksblatt". Probenummer, September 1877.

"Pfälzische Freie Presse" Kaiserslautern vom 24.11.1886.

mit sozialistischen Ideen gekommen war und 1886 aus Kirchheimbolanden nach Kaiserslautern zuwanderte. Glafey arbeitete nicht nur an der Rekonstituierung der Sozialdemokratie in der Stadt, sondern holte auch für die zu gründende Zeitung den zuvor in München tätigen Redakteur und Agitator Friedrich Löbenberg nach Kaiserslautern.

Vom 24. November 1886 an erschien die „Pfälzische Freie Presse" als „Organ für Jedermann aus dem Volke". Sie wurde, so Ehrhart, „in einem Verlag brüderlich mit einem nationalliberalen Blatte, der 'Kaiserslauterer Zeitung' hergestellt, ein Teil der letzteren sogar mitverwendet". Entsprechend gemäßigt und vorsichtig war auch ihr Ton. Ein Polizeibericht stellte 1887 fest, daß „die Sprache des Parteiorgans ... zu polizeilichen Einschreitungen keine Handhabe bot". Die Auflage blieb klein, im März 1887 wurden nur 600 Exemplare vertrieben. Die finanzielle Lage war prekär und im Oktober des Jahres war klar, daß Löbenberg das Blatt nicht würde halten können.

Die pfälzische Sozialdemokratie wollte jedoch nicht auf ein Organ verzichten und so beschloß man, Redaktion und Vertrieb nach Ludwigshafen zu verlegen, ohne sich allerdings, wie der neue Redakteur Josef Huber in seinen Erinnerungen schreibt, „über die hierzu notwendigen Finanzen ... Kopfschmerzen" zu machen. Dies überließ man dem gebürtigen Oggersheimer Huber, der um diese Zeit wegen Verstoßes gegen das Sozialistengesetz aus Frankfurt ausgewiesen worden und in seine Heimat zurückgekehrt war. Ein Mannheimer Drucker erklärte sich zur Herstellung des Blattes bereit, jedoch nur in Form einer achtseitigen Wochenzeitung. So erschien die erste Nummer Angang Januar 1888. Der Tenor war durchaus neu, es machte sich bemerkbar, daß Huber auf dem linken Parteiflügel stand. „Vor allem die Nummern eins und drei enthielten eine heftige Kritik an der

„Pfälzische Freie Presse" Ludwigshafen vom 21.1.1888.

Daniel Leßwing

Über die „Pfälzische Freie Presse"

Im Jahre 1887 hatten wir sorgenvolle Wochen. Die Reichstagswahl kostete viel Geld. Außerdem hatten wir in Kaiserslautern eine Arbeiter-Tageszeitung gegründet, die einzige in der Pfalz, es war die „Pfälzische Freie Presse".

Der Genosse Löbenberg aus München war Redakteur. Die Zeitung war von Anfang an geschickt redigiert, aber es fehlten die Inserate, ohne die keine Arbeiterzeitung bestehen konnte. Genosse F. J. Ehrhart, Ludwigshafen, brachte von Zeit zu Zeit ein größeres Inserat über seine Polstermöbel. Hin und wieder kamen kleine Inserate, die aber wenig einbrachten. Die Zahl der Abonnenten war nicht übermäßig groß, die meisten Arbeiter fürchteten sich damals, eine Arbeiterzeitung zu halten, sie mußten mit Entlassung rechnen. Aus diesem Grunde ging es mit unserer neuen Zeitung nicht vorwärts. Nun hatte aber Genosse Löbenberg, den wir als Reichstagskandidat (Zählkandidat) zur Reichstagswahl 1887 aufgestellt hatten, von dem großen Münchener Geheimbund-Prozeß noch 6 Monate Gefängnis abzusitzen. Er konnte das nicht mehr hinausschieben, in Zweibrücken mußte er seine Strafe abbüßen. An seiner Stelle übernahm der Genosse Theobald von hier – später ging er nach Amerika – die Redaktion. Aber es wollte nicht vorwärts gehen, im Gegenteil, es ging immer mehr rückwärts. Zuletzt bekamen die Abonnenten montags keine Zeitung mehr, da die Buchdrucker montags zuviel Durst hatten. Dienstags konnte man regelmäßig lesen, die Maschine sei defekt gewesen, darum habe keine Zeitung erscheinen können. Daß es auf die Dauer nicht gehen konnte, war selbstverständlich. Wir beriefen eine Sitzung ein, um die Übelstände zu besprechen; Genosse Theobald erklärte: Wenn kein Geld hereinkommt, muß die „Pfälzische Freie Presse" ihr Erscheinen einstellen. Etwas anderes blieb uns dann auch nicht übrig. Woher sollten wir das Geld nehmen? Jeder Parteigenosse war schon angespannt genug. Wir beschlossen, die „Pfälzische Freie Presse" in Ehren untergehen zu lassen. Wir setzten einen Artikel zusammen, der am anderen Tage erschien und in dem gesagt war, daß die Zeitung aufgrund des Sozialistengesetzes polizeilich verboten sei. Für uns war das schmerzlich, dagegen war Freude auf der Seite der Gegner.

Aus: Weißt Du noch? ... Ein Buch der Erinnerung, hrsg. vom SPD-Bezirk Pfalz, Ludwigshafen/Rh. 1948, S. 70-81.

„Volksstimme" Mannheim vom 27.8.1894.

Gesellschaftsordnung sowie massive Angriffe gegen die Sozialpolitk der Regierung. Außerdem wurden Anweisungen für das Verhalten der Sozialdemokraten gegeben." Die königliche Regierung der Pfalz antwortete mit Verboten und Beschlagnahmungen jeder einzelnen Nummer, es kam zu Haussuchungen bei Huber. Ein großer Teil der gar nicht so wenigen Abonnenten weigerte sich, den vollen Monatsbezugspreis für das Blatt zu zahlen, da sie aufgrund der amtlichen Eingriffe nur zwei oder drei der Ausgaben erhalten hatten. So war es Huber nicht möglich, den Mannheimer Drukker weiter zu bezahlen. Die Zeitung mußte eingestellt werden.

Auch ein weiterer Versuch im badisch-pfälzischen Raum, der „Pionier" des Schlossers Jakob Willig, der im Verlag des Mannheimer „General-Anzeigers" hergestellt wurde, erlitt dasselbe Schicksal. Über ihn schrieb Franz Josef Ehrhart: „Jeder Nummer folgte das Verbot auf der Ferse, weshalb auch der Abonnentenstand ein ganz minimaler war. Die Genossen waren außerstande, das Organ weiter herauszugeben. Das Blättchen legte sich schließlich keine Schranken mehr auf, es schrieb, um das endgültige Verbot zu provozieren, scharf sozialistisch, aber die Polizei war nicht zu bewegen, ihm den Lebensfaden durch Verbot des Weitererscheinens abzuschneiden. Sie begnügte sich mit dem Abmurksen jeder einzelnen Nummer. So mußten wir schließlich selbst unser Kindlein erwürgen, während Willig dazu noch einige Monate brummen sollte. Aber er bezahlte die Polizei mit ähnlicher Münze und drückte sich nach Amerika."

Die „halbe" Lösung

Nunmehr wurden die Belange der pfälzischen Sozialdemokratie gelegentlich im Offenburger „Südwestdeutschen Volksblatt" berücksichtigt, das in der Vorderpfalz relativ viele Leser hatte. Doch wie Ehrhart feststellte, war auch das „nur von kurzer Dauer, denn auch ihm wurde alsbald ein Riegel vorgeschoben. Unsere geistige Nahrung mußte sich deshalb auf den in der Schweiz erscheinenden und streng verbotenen 'Sozialdemokat' beschränken. Die Umstände gestatteten selbstredend nicht, diesen Paprika einem weiteren Kreise zugänglich zu machen."

Die Herausgabe einer eigenen Zeitung mußte deshalb weiterhin ein elementares

Bedürfnis der Partei und vor allem eines ihrer führenden Köpfe, Franz Josef Ehrharts, sein. Schon bei der Entstehung des „Pfälzisch-Badischen Volksblattes" hatte er eine entscheidende Rolle gespielt.

Aus der Zeit seiner unter dem Sozialistengesetz erlittenen Haft 1880 und 1881 im Mannheimer Landesgefängnis hat sich ein Tagebuch Ehrharts erhalten, das ihn als begabten satirischen Beobachter der Mächtigen zeigt, mag es sich dabei um die Gefängnisleitung, Geistliche, Wachleute oder die politische Prominenz handeln. Der in einer tiefverwurzelten sozialistischen Überzeugung gegründete satirische Beiklang findet sich auch wieder in jener Zeitung, die mit Fug und Recht als Schöpfung Ehrharts gelten kann: der „Pfälzischen Post".

Dieses in Ludwigshafen erscheinende sozialdemokratische Organ für die Pfalz erwuchs aus der Mannheimer „Volksstimme", die fünf Monate vor Ende des Sozialistengesetzes erstmals in der Quadratestadt erschien. Hergestellt wurde das Blatt von der Mannheimer „Aktiendruckerei", die zuvor in Kooperation der pfälzischen und badischen Genossen mit 20.000 Mark Kapital gegründet worden war. Nachdem es zuerst noch recht vorsichtig hatte auftreten müssen, wurde es nach Aufhebung des Ausnahmegesetzes zu einer Parteizeitung, die einen „scharfen, ja manchmal geradezu rüden Ton" pflegte.

Schon bald wurden Klagen über eine zu geringe Berücksichtigung pfälzischer Belange durch das Mannheimer sozialdemokratische Blatt laut. Dementsprechend beschloß eine Parteikonferenz in Kaiserslautern 1892 auf Antrag Ehrharts, der die Presse als das „beste Agitationsmittel" bezeichnete, eine pfälzische Ausgabe der „Volksstimme" ins Leben zu rufen. Deren Gestaltung wurde Sache des Ludwigshafener Agitationskomitees – und damit die Ehrharts. Am 1. Oktober 1892 nahm die Verwaltungsstelle der „Volksstimme" in Ludwigshafen ihre Arbeit auf. Trotz der grundsätzlich ablehnenden Haltung der Sozialdemokratie gegenüber den bestehenden gesellschaftlichen Verhältnissen bemühte man sich zugleich um die Zuteilung von bürgermeisteramtlichen Bekanntmachungen; auch für die Leser einer sozialistischen Zeitung konnten diese ja von Interesse sein. Noch wies das Bürgermeisteramt den Antrag zurück – mit dem Argument, nur in der Stadt gedruckte Zeitungen sollten bei der Vergabe Berücksichtigung finden. Doch konnte den Stadtvätern wohl in der Tat nicht verborgen bleiben, daß sich, wie das Schreiben der „Volksstimme"-Expedition betonte, die Zeitung „in der Pfalz, insbesondere aber in Ludwigshafen und den angrenzenden Ortschaften eines fortwachsenden Abonnementszuwachses zu erfreuen hat, namentlich in Ludwigshafen unter der arbeitenden Bevölkerung, wie auch eines großen Teiles der Bürgerschaft, eines großen Leserkreises sich erfreut".

Im Juli 1893 hatte die sozialdemokratische Zeitung in der Pfalz 2.989 Abonnenten, davon in Ludwigshafen 1.249, in den Umlandgemeinden weitere 480.

Die „Pfälzische Post"

Die Dependence der „Volksstimme" in Ludwigshafen stellte zuerst nur die die Pfalz betreffenden Artikel her, während die übrigen Teile des Blattes weiterhin in der Mannheimer Redaktion entstanden. Auch diese „halbe" Lösung befriedigte auf die Dauer nicht, und so erscholl bald der Ruf nach einer völlig eigenständigen pfälzischen Parteizeitung. Ehrhart unterstützte und betrieb dieses Projekt, riet aber von einer gänzlichen Verselbständigung vorläufig noch ab: Ein eigener Verlag erfordere große Investitionen, da bedürfe es einer soliden finanziellen Basis und eines wesentlich größeren Abonnentenstammes. „Auf dem 5. pfälzischen Arbeitertag in Pirmasens am 27.5.1894 erhielt er die einmütige Zustimmung der Delegierten, als er vorschlug, die pfälzische Ausgabe der 'Volksstimme' in ein Kopfblatt mit dem Titel 'Pfälzische Post' umzuwandeln und allmählich die redaktionelle Selbständigkeit anzustreben, so daß die badischen und pfälzischen Parteiorgane letztlich nur noch die Druckerei gemeinsam hätten."

So trat ab dem 1. Oktober 1895 die „Pfälzische Post" nach Ehrharts Vorschlag auf den Pressemarkt. Die Abonnentenzahl der Zeitung entwickelte sich außerordentlich günstig (Pfalz 1899: 5.100; Ludwigshafen 1899: 2.001, 1903: 3.450) und erreichte in den ersten Jahren des neuen Jahrhunderts 12.000 in der gesamten Pfalz, womit das sozialdemokratische Organ, wie es selbst beanspruchte, „wenn nicht das verbreitetste, sicher aber das meistgelesene Blatt der Pfalz" war.

Dies ermöglichte es 1904 – mit äußerster Anspannung der finanziellen Kräfte und nicht ohne noch Schulden machen zu müssen – eine OHG in Ludwigshafen zu gründen, die eine modern ausgestattete Druckerei und den Verlag der „Pfälzischen Post" umfaßte. Ein Gebäude in der Maxstraße wurde als Domizil erworben, wobei die Baupolizei einige – politisch motivierte(?) – Schwierigkeiten machte. Gesellschafter der OHG waren neben Ehrhart die Ludwigshafener Jakob Binder und Emil Gerisch sowie Alwin Gerisch, Berlin. Ihnen, die in dieser Funktion keinerlei Einkommen bezogen und als Treuhänder der Partei fungierten, stand ein Schiedsgericht aus weiteren führenden SPD-Mitgliedern zur Seite. Emil Gerisch arbeitete als Geschäftsführer. Chefredakteure waren von 1905 bis 1910 der

1904 - 1929. 25 Jahre im Dienst der „Pfälzischen Post". Stehend von links nach rechts: Martin Fries, Friedrich Steffen, Wilhelm Altmann; Sitzend: Johann Lipfert, Emil Gerisch, Friedrich Grüner.

zuvor beim Braunschweiger „Volksfreund" beschäftigte Wilhelm Herzberg und nach dessen Wechsel zur Nürnberger „Fränkischen Tagespost" Paul Kleefoot. De facto aber blieb bis zu seinem Tod 1908 Ehrhart Leiter des Blattes. An der Autorität des Gründers kam niemand vorbei. Dies hatte zu Zeiten des Kopfblattes um 1895 zu heftigen Kontroversen zwischen ihm und der Redaktion geführt, die bis zur Schlichtung eines Streites durch eine von Parteigenossen besetzte Vermittlungskommission gingen. Neben solchen Querelen bildeten die auch nur bescheidenen Gehälter einen weiteren Grund für den häufigen Wechsel in der Redaktion während der ersten Zeit; „es dauerte Jahre, bis die Bezüge der Angestellten den Durchschnittslohn eines Facharbeiters überstiegen", wobei Ehrhart ausdrücklich aus Gründen der Solidarität keine Erhöhung der Redakteursgehälter über dieses Niveau hinaus wünschte.

Profil der „Pfälzischen Post"

Wie alle Arbeiterblätter erstrebte auch die „Pfälzische Post" die Umgestaltung der Gesellschaft nach den Vorstellungen der Sozialdemokratie. Aufgrund dieser Tendenz konnte von einer reinen Benachrichtigung der Leserschaft nicht die Rede sein. Vielmehr stand die Interpretation von Fakten im Vordergrund. Das galt für die Ereignisse der großen Politik ebenso wie für das Geschehen im regionalen und lokalen Bereich. Der Schwerpunkt der Aktivität des Blattes, das sich im Untertitel „Organ für die Interessen des Volkes" nannte, lag verständlicherweise im vorderpfälzischen Raum. Hier wurde die „Pfälzische Post" zur wirksamsten Waffe der sozialdemokratischen Bewegung. Wo immer sich Mißstände sozialer oder politischer Art zeigten, wurden diese in dem Blatt schonungslos publiziert und dadurch in vielen Fällen auch Verbesserungen erreicht. Am meisten leistete das Presseorgan aber für die Agitation, indem es den Aufklärungsfeldzug von Partei und Gewerkschaft unter der Arbeiterschaft tatkräftig unterstützte.

So warb die Zeitung um 1914 mit der Feststellung, daß „viele tausend Arbeiter wenigstens soweit aufgeklärt" seien, „daß sie bei den Wahlen ihre Stimme den Sozialdemokraten geben; sie haben es aber noch nicht vermocht, sich von der bürgerlichen Presse loszumachen. Die bürgerliche Presse aber steht natürlich den gegen Ausbeutung und Bevormundung gerichteten Bestrebungen der Arbeiterklasse fremd und feindselig gegenüber. Denn sie ist ja die Vertreterin der Interessen der besitzenden und herrschenden Klassen. Sie unterschlägt ihren Lesern die Wahrheit, verschweigt oder verspottet die Bemühungen unserer Vertreter und ist ständig bemüht, alles, was wir wollen, schief und unrichtig darzustellen!" Deshalb sollte man für die „Pfälzische Post" werben und zu ihrer Verbreitung beitragen.

Auch die Feier des Sedanstages bot der „Pfälzischen Post" reichlich Gelegenheit zur Polemik gegen die bestehende Ordnung: Dabei wies sie auf das Elend von Kriegsveteranen ebenso hin wie auf ihre Sympathie mit der republikanischen und laizistischen Staatsordnung in Frankreich. 1910 wurde das „Proletariat" ermuntert, den Tag zu feiern, denn schließlich habe damals der letzte Kaiser Frankreichs, der als letzter „Legitimer" des Hasses würdig gewesen sei, Krone und Reich verloren.

Der zweifellos vorhandene Gegensatz zwischen Parteizeitung und bestehender Gesellschaftsordnung sollte allerdings nicht überbetont werden. Seit dem Jahr 1900 druckte das Blatt die Bekanntmachungen des Bürgermeisteramtes ab; vom selben Jahr an war die SPD aufgrund ihrer großen Wahlerfolge bei den Kommunalwahlen in Ludwigshafen an der Macht beteiligt und folgte ebenso wie die gesamtbayerische Sozialdemokratie einem eher pragmatisch-gemäßigten Kurs. Die Tendenz der „Pfälzischen Post" wurde deutlich gemäßigter, wenn auch auf die Klassenkampf-Rhetorik, wie oben gezeigt, keineswegs verzichtet wurde.

Schon von allem Anfang an war etwa eine Seite der täglich erscheinenden, vierseitigen Zeitung mit Anzeigen gefüllt – diese kapitalistische Errungenschaft war sowohl für die wirtschaftliche Existenz des Blattes wie als Informationsquelle für die Leser unverzichtbar.

Die übrigen Seiten der „Pfälzischen Post" füllten Nachrichten aus allen Ebenen der Politik, der Partei und der Arbeiterbewegung, Informationen unter dem Titel „Soziale Rundschau" und ein kleines Feuilleton. Seit der Jahrhundertwende wurde das Blatt bewußt auch für Zwecke der Arbeiterbildung benutzt: Es gab ausführliche Berichte zu Ereignissen des kulturellen Lebens, und in die „Roman"-Spalte wurden ausschließlich Werke der gehobenen Literatur mit sozialkritischem Anspruch aufgenommen, zum Beispiel Bertha von Suttners „Die Waffen nieder" oder Romane und Novellen von Keller, Storm, Gotthelf und Rosegger. Die Arbeiter sollten sich „hinauflesen".

Im Jahre 1912 hatte die nun seit acht Jahren völlig selbständige „Pfälzische Post" 20.000 Abonnenten in der Pfalz errungen, „für eine regionale Parteizeitung der Zeit durchaus beachtlich". Viele führende Sozialdemokraten, die für die Zeitung arbeiteten oder zumindest für sie schrieben, saßen zu diesem Zeitpunkt im Ludwigshafener Stadtrat, in dem die SPD seit 1909 die absolute Mehrheit der Sitze hatte, im bayerischen Landtag oder im Reichstag; in der Chemiestadt nahm die Partei aktiv an der Kommunalpolitik teil. Mit den Sozialdemokraten hatte auch ihre Zeitung in der Stadt und in der Pfalz einen etablierten Platz errungen.

Im Ersten Weltkrieg

Völlig neue Herausforderungen brachte indessen der Ausbruch des Ersten Weltkrieges, der auch die Unterschiede zwischen den bürgerlichen Zeitungen der Pfalz und dem SPD-Parteiorgan wieder deutlich hervortreten ließ.

Während sich etwa die nationalliberale, in Ludwigshafen erscheinende „Pfälzische Rundschau" schon unmittelbar bei Kriegsausbruch in höchsten nationalen Tönen erging, von „Deutschlands größter Stunde" und dem großen Kampfeswillen der Bevölkerung sprach, blieb der Tonfall der „Pfälzischen Post" merklich nüchterner, von tiefer Betroffenheit über das Geschehen gekennzeichnet.

Sehr breit hatte sie von Arbeiterdemonstrationen gegen den Krieg berichtet, und am 3. August 1914 hob die Zeitung hervor, daß sie keine ungeprüften Sensationsmeldungen in Extrablättern verbreiten werde. „Wir werden auch in dieser Hinsicht dem Sensationsbedürfnis gewisser Kreise keine Rechnung tragen und nur das veröffentlichen, was absolut verbürgt ist. Wir erwarten von der Schulung und Überzeugungstreue unserer Genossen, daß sie die Zwangslage, in die unser Blatt gesetzt worden ist, verstehen und ihm in diesen schweren Tagen die Treue bewahren. Sie werden die Zeitereignisse im Lichte der sozialistischen Erkenntnis betrachten und trotz der unheilschwangeren Situation ihre Zuversicht auf den Sieg unserer Sache aufrechterhalten." Solch ernst-sozialistischer Gestus wich freilich nach einiger Zeit wachsender Anpassung an die Kriegsberichterstattung der

Titelblatt der „Pfälzischen Post" vom 27.7.1914.

übrigen Presse. Der Kampfeswille der Arbeiterschaft wurde nunmehr, ganz der offiziellen Parteilinie gemäß, mit dem Hinweis motiviert, es gelte vor allem den reaktionären „Zarismus" niederzuringen. Ein neuer Fortsetzungsroman „In den Klauen des Zarismus" sorgte für die weitere Einstimmung der Leserschaft. Seit Jahresbeginn 1915 wurde auch für „Des Arbeiters Kriegsbücherei" geworben.

Bei der Beurteilung der Berichterstattung der sozialdemokratischen Zeitung darf freilich nicht außer acht bleiben, daß die Presse seit Kriegsbeginn der Zensur unterstand, die, nachdem die erste Begeisterung der Menschen verflogen war und sich der Krieg mit all seinen Schrecken und Entbehrungen auch für die Bevölkerung im Hinterland in die Länge zog, immer weitere Bereiche erfaßte. Vor allem durfte über die Versorgungslage oder die feindlichen Luftangriffe nur sehr verklausuliert gesprochen werden. Im allgemeinen bewahrte die Presse eine solch „rühmliche Haltung und echt vaterländische Gesinnung", daß ein Eingreifen der Behörden überflüssig war. Eine Ausnahme bildete allerdings die „Pfälzische Post" vom 25. Oktober 1917, als aus einem Artikel einige kritische Sätze über Hindenburg gestrichen wurden.

Überhaupt berichtete das SPD-Organ immer wieder mit kritischem Unterton. 1915 äußerte es sich über die Lebensmittelsituation, doch deckte es sich dabei durch Übernahme einschlägiger Kommentare aus bürgerlichen Zeitungen. Anläßlich eines Wechsels im Generalstab deutete das Blatt an, daß der daran angebrachten Kritik „aus äußeren und inneren Gründen enge Grenzen gesetzt" seien; „man begnügt sich daher am besten mit der Zurkenntnisnahme der Tatsache".

Nicht nur der Inhalt, auch der Umfang der Zeitung wurde von den Kriegsereignissen beeinflußt. Der Gesamtumfang der „Pfälzischen Post" sank 1915 im Vergleich zu 1913 von 3.290 auf 2.178 Seiten; das Papier wurde zusehends knapper, holziger – und durch die schleichende Geldentwertung immer teurer.

Nach der Spaltung der Partei blieb die „Pfälzische Post" klar auf der Linie der Mehrheitsfraktion.

Mit großer Genugtuung wurden im November 1918 der Sturz der Monarchie und die Ausrufung der Republik begrüßt. Eine neue Zeit sei angebrochen, die es nun zu gestalten gelte. Die „schönen Tage völliger Preßfreiheit", die mit Kriegsende angebrochen waren, fanden in der Pfalz jedoch schon am 6. Dezember 1918 ein Ende, als französische Truppen das linke Rheinufer besetzten. Die neue Zeit begann mit neuer Zensur, und auch die „Pfälzische Post" wies nun immer wieder weiße, wegzensierte Stellen auf. Eine Periode harter Auseinandersetzungen und tiefer Unsicherheit hatte begonnen.

Die Darstellung basiert im wesentlichen auf meiner Geschichte der Ludwigshafener Presse („Vom Westboten zur Rheinpfalz". Veröffentlichungen des Stadtarchivs Ludwigshafen Bd. 19, Ludwigshafen 1994), wo sich auch die entsprechenden Quellennachweise finden lassen. Für die Geschichte der „Pfälzischen Freien Presse" und des „Pionier" wurden darüber hinaus vor allem die Arbeiten von Gerhard Herzog, Die Anfänge der Arbeiterbewegung und die Gründung der SPD in Kaiserslautern (1867 - 1905), Otterbach 1974 und Eris J. Keim, „Aller Anfang fällt schwer". Erinnerungen, Dokumente, Biographien zum 100jährigen Bestehen der modernen Metallarbeiter- und sozialdemokratischen Bewegung in Kaiserslautern, Mertesheim 1991 sowie der in der „Pfälzischen Post" Nr. 240 v. 13.10.1904 unter dem Titel „Im eigenen Haus" erschienene Abriß der Entwicklung der pfälzischen SPD-Presse von Franz Josef Ehrhart herangezogen.

Claudia Klemm

Lambrecht wählt 1909 den ersten sozialdemokratischen Bürgermeister in Bayern

„Die Sozialdemokratie darf jubeln. Der erste sozialdemokratische Bürgermeister in Bayern ist durch regierungsseitige Genehmigung des neugewählten Bürgermeisters Neu in Lambrecht zur Tatsache geworden. Eine Notwendigkeit, dieses Ereignis allzu tragisch zu nehmen, besteht wohl nicht. Aber doch darf seine politische Bedeutung auch nicht unterschätzt werden." Dieses Zitat aus der „Augsburger Abendzeitung" vom 8. Dezember 1909 hält das Ergebnis eines langen Kampfes fest, den die Lambrechter Sozialdemokraten mit der bayerischen Regierung führten.

Ausgangspunkt für den Streit waren die Ereignisse um die Gemeinde- und Bürgermeisterwahl vom März des gleichen Jahres. Im Vorfeld war es im Stadtrat immer wieder zu Auseinandersetzungen zwischen den sozialdemokratischen Mitgliedern und Bürgermeister Gottfried Bofinger gekommen. Nach 25jähriger Dienstzeit wurde immer stärkere Kritik an ihm laut. Es hieß, er sei nicht mehr in der Lage, das ihm anvertraute Amt auszuüben und die Beschlüsse des Stadtrates umzusetzen. Aufgrund dieser Vorwürfe legte Bofinger sein Amt und sein Stadtratsmandat nieder. Ihm folgten seine beiden Adjunkten sowie zehn weitere Ratsmitglieder.

Übrig blieb ein „Rumpfstadtrat" von zehn Mitgliedern. Neun davon waren Sozialdemokraten, das zehnte Stadtratsmitglied gehörte der Zentrumspartei an. Diese Entwicklung und der Umstand, daß nicht genügend Ersatzmitglieder bereit waren, in den Stadtrat nachzurücken, machten eine außerordentliche Gemeindewahl erforderlich.

Außerordentliche Gemeindewahl vom März 1909

Auch bei den darauf folgenden Gemeindewahlen lief nicht alles in seinen gewohnten Bahnen. Die einzelnen Parteien waren sich unschlüssig, wie sie sich verhalten sollten. So empfahlen die vereinigten liberalen Parteien ihren Anhängern, die Wahl zu boykottieren. Die Zentrumspartei ließ es ihren Wählern frei, ob sie zur Urne gehen sollten oder nicht, betrieb aber keinen aktiven Wahlkampf. Daher war es nicht erstaunlich, daß die Wahlbeteiligung sehr gering war. Nur 247 Wähler – 40,5 Prozent der Wahlberechtigten – gaben letztendlich ihre Stimme ab. Fünfzehn der Wahlzettel waren ungültig. Eindeutige Sieger waren die Sozialdemokraten, deren elf vorgeschlagenen Kandidaten mit überwältigender Mehrheit gewählt wurden. Da nach Beendigung der Wahl sowohl die Ersatzleute als auch drei Zentrumsmitglieder, die zuvor von den Sozialdemokraten für den Stadtrat nominiert worden waren, die Wahl ablehnten, bestand der neue Stadtrat lediglich aus 20 anstelle von 23 vorgeschriebenen Mitgliedern.

Die erste Aufgabe des neuen Stadtrates war es nun, einen Nachfolger für Bürgermeister Bofinger zu bestimmen. Mit siebzehn von neunzehn abgegebenen Stimmen wurde der Sozialdemokrat Karl Bitsch in dieses Amt gewählt. Jeweils achtzehn Stimmen erhielten Jakob Lay (Zentrum) und Karl Schlosser (Sozialdemokrat), die sich um den Posten des Ersten und Zweiten Adjunktes beworben hatten. Damit waren die Probleme in Lambrecht allerdings noch nicht gelöst. Im Gegenteil, sie fingen jetzt erst richtig an.

Nach damaliger Rechtslage mußten sowohl der Bürgermeister als auch seine Adjunkten vom königlichen Staatsministerium des Innern in München bestätigt werden. Vor dieser Bestätigung holte diese Behörde Informationen über die Kandidaten ein. Jakob Lay wird dabei die Zugehörigkeit zu einer „ordentlichen Lambrechter Arbeiterfamilie" und die Mitgliedschaft im Zentrum attestiert. Karl Schlosser wird als „ein ruhiger, braver und stiller Mann mit einfacher Bildung, der der sozialdemokratischen Partei wohl weniger aus Überzeugung als aus geschäftlichem Interesse" angehört, charakterisiert. Auch Karl Bitsch wird als ordentlicher Bürger beschrieben. Einschränkend wird allerdings angemerkt, daß er Wirt sei und sich in seinem Lokal hauptsächlich Sozialdemokraten treffen würden. Ein Umstand, der es für ihn besonders interessant mache, „der Sozialdemokratie zu dienen".[1]

Unruhen in Lambrecht – ein Blick zurück

Aufgrund dieser Angaben entschloß sich das Innenministerium, die Wahl nur teilweise zu sanktionieren. Während die Anerkennung Lays außer Frage stand, stimmte man nach einiger Zeit auch der Wahl Karl Schlossers zum zweiten Adjunkten zu, wie in der Stadtratssitzung vom 19. Juli 1909 bekanntgegeben wurde. Das Ministerium weigerte sich allerdings, einen Sozialdemokraten zum Bürgermeister zu machen, so daß Karl Bitsch nicht bestätigt wurde.[2]

Schon im April hatte die Kammer des Innern der Regierung in Speyer warnend nach München geschrieben, daß es gerade im unruhigen Lambrecht nicht ratsam sei, einem Sozialdemokraten das Amt des Bürgermeisters und somit die Leitung über die Ortspolizei zu übertragen. Man vermochte sich nicht vorzustellen, daß ein Sozialdemokrat „staatliche Hoheitsrechte" ausübte.[3] In einem weiteren Brief vom Juni 1909 heißt es, daß „unter Berücksichtigung der infolge künftiger Lohnkämpfe und dergleichen oft schwierigen industriellen Verhältnisse Lambrechts" Bitsch als Bürgermeister nicht tragbar sei.[4]

Um diese Befürchtung des Ministeriums besser verstehen zu können, muß man in der Lambrechter Geschichte noch fünfzig Jahre zurückgehen. In dem von der Tuchindustrie geprägten Ort war es 1859 zum ersten Streik der Tuchmacher gekommen. Die Auswirkungen der industriellen Revolution hatten auch im Lambrechter Tal zu einer erheblichen Verschlechterung der Arbeitsbedingungen geführt. Die Arbeiter wehrten sich gegen zusätzliche, unbezahlte Arbeiten. Zwar wurden die Anführer des Streiks vor Gericht gestellt und verurteilt, die Arbeiter erhielten aber von nun an Vergütungen für ihre zusätzlichen Tätigkeiten.[5]

Obwohl sich inzwischen ein Konsumverein sowie ein Arbeiterbildungsverein gebildet hatten, verbesserte sich die Lage der Arbeiter in der Tuchindustrie nicht. Ganz im Gegenteil, der Lohn war äußerst gering und ein Arbeitstag von dreizehn bis fünfzehn Stunden war normal. So kam es 1872 erneut zu einem Streik der Weber.[6] Sie verlangten von den Fabrikanten eine zwanzigprozentige Lohnerhöhung. Als diese Forderung nicht erfüllt wurde, standen nach kurzer Zeit 300 Webstühle still. Um größeren Schaden für sich zu verhindern, stellten die Unternehmer arbeitslose Weber aus

Elsaß-Lothringen ein. Daß dies nicht gerade zur Entspannung der Situation beitrug, dürfte klar sein. Sowohl Fabrikanten als auch die Regierung riefen Soldaten um Hilfe, weil sie um die Ruhe in Lambrecht fürchteten. Grund für das Anrücken der Truppen war dann allerdings ein Mißverständnis: ein angeblicher Schußwechsel stellte sich als ein bei einer Hochzeitsfeier üblicher Brauch heraus. Dennoch verdeutlichen die Ereignisse, daß es nicht immer ruhig zuging.

Im Anschluß an den Streik formierte sich im Juni des gleichen Jahres ein Ortsverein des Allgemeinen Deutschen Arbeitervereins. Das war die sechste Gründung in der Pfalz. Nur ganz unscheinbar ist die Meldung darüber in der Presse. In Nummer 72 des „Neuen Socialdemokraten" vom 28. Juni 1872 heißt es: „Samstag den 22. Juni fand hier eine Volksversammlung statt, worin die Herren Referenten Hartmann aus Hamburg und Frohme aus Hannover sprachen. Herr Dreißigacker aus Frankenthal war Vorsitzender. Der Eindruck, den die Redner hervorgerufen, war derart, daß die Mitglieder des hier erst kürzlich entstandenen Arbeiter-Bildungsvereins fest entschlossen wurden, dem Allgemeinen deutschen Arbeiterverein beizutreten".[7]

Auch unter dem Sozialistengesetz ließen sich die Lambrechter Sozialdemokraten einiges einfallen, um die von Kaiser Wilhelm dem Ersten am 21. Oktober 1878 erlassenen Beschränkungen zu umgehen und der Obrigkeit Kummer zu bereiten. Ein ausgeklügeltes System machte es möglich, die verbotenen sozialdemokratischen Schriften ins Tal zu bringen und zu verteilen. Auch die Aufstellung von Nachtwächtern durch das Bezirksamt Neustadt brachte keine Erfolge, da diese oft auf Seiten der Sozialdemokraten standen und deshalb nicht eingriffen.

Vielleicht waren es diese Erfahrungen mit Lambrecht, vielleicht waren es aber auch der allgemeine Vorbehalt gegen die Sozialdemokratie und natürlich die Ablehnung von Sozialdemokraten in wichtigen politischen Ämtern, die zu den folgenden Vorkommnissen führten.

Ministerium des Innern verweigert die Anerkennung

Neben der Tatsache, daß ein Sozialdemokrat aus der Bürgermeisterwahl von 1909 als Sieger hervorgegangen war, kam für das königliche Staatsministerium des Innern erschwerend hinzu, daß der gewählte Karl Bitsch von Beruf „Zäpfler in einer von einer Speyerer Bierbrauerei gepachteten Wirtschaft" war. Diese Tätigkeit erlaube es ihm nicht, die Anforderungen an das Amt des Bürgermeisters zu erfüllen. Zu groß sei für ihn die Notwendigkeit, in seinem Lokal Geld zu verdienen.[8] Außerdem lehnte die Regierung die sozialdemokratische Position

Anzeige einer Volksversammlung in Lambrecht am 19.1.1890 mit Josef Huber.

zur Staats- und Gesellschaftsordnung entschieden ab. Man befürchtete, daß Bitsch sich im Zweifelsfall für die Parteiinteressen und gegen das „Gemeinwohl" entscheiden würde. Das Protokoll der Stadtratssitzung vom 19. Juli 1909 gibt die Begründung des Innenministeriums folgendermaßen wieder: „Da Bitsch Inhaber einer Wirtschaft sei, in der fast ausschließlich nur Anhänger der sozialdem[okratischen] Partei verkehren und er wegen seines Nahrungsstandes und er wegen des Geschäftszwanges seiner Wirtschaft auf die Kundschaft und auf ein besonders gutes Einvernehmen mit den Angehörigen seiner Partei deswegen bedacht sein muß", sei es ihm unmöglich, zum Wohl der Gemeinde zu handeln.[9]

Max Neu, Aufnahme um 1920.

Lambrecht wählt noch einmal

An der Nichtanerkennung Karl Bitschs als Bürgermeister änderte auch ein Protestschreiben des Lambrechter Stadtrates nichts.[10] Es mußte ein neuer Bürgermeister gewählt werden. Doch auch hier bewahrheiteten sich Vermutungen, die von offizieller Seite schon im April geäußert wurden. Man hatte sich zwar dafür ausgesprochen, möglichst wenige Sozialdemokraten in ein höheres politisches Amt kommen zu lassen, war sich aber der Schwierigkeit dessen bewußt. So heißt es: „Ob dann die grundsätzlich wünschenswerte Nichtbestätigung sozialdemokratischer Bürgermeister und Adjunkten sich allgemein durchführen lassen wird, müssen wir in begründeten Zweifel ziehen. Abgesehen von den unausbleiblichen schweren Kämpfen, die unter Umständen zu großen Schädigungen der Gemeinden führen können, werden die Gemeinderäte, denen nach Art. 119 der pfälzischen Gemeindeordnung die Wahl der Bürgermeister und Adjunkten zusteht, entweder auf der früheren Wahl beharren oder, dem Gesetze sich fügend, einen anderen, aber gleichfalls sozialdemokratisch Gesinnten wählen, und das Verfahren wiederholt sich von neuem".[11]

Genau das passierte dann auch. Sieger der erneuten Wahl war Max Neu. Auch er war Sozialdemokrat und von Beruf Wirt. Das Ministerium stimmte nun widerwillig zu, da es eingesehen hatte, daß auch eine dritte Wahl kein anderes Ergebnis gebracht hätte. Da man aber wollte, daß Lambrecht endlich zur Ruhe käme, wurde Neu im Dezember in seinem Amt bestätigt.[12] Glücklich war die bayerische Regierung damit nicht. Allerdings versuchte man durch geschickte Argumentation, diesen Sieg für die Sozialdemokratie abzuschwächen. Es wurde der Versuch unternommen, Max Neu zwar als Kandidaten der Sozialdemokraten darzustellen, ihn aber nicht zum überzeugten Parteimitglied zu erklären. Die Presse übernahm diese Lesart. So heißt es in der „Augsburger Abendzeitung": „Allerdings will uns scheinen, als ob der Jubel der eigenen Sache gegenüber nicht ganz ehrlich gemeint sein kann. Denn als ein rassereiner Klassenbewußter kann der 'Genosse Bürgermeister' nicht wohl angesprochen werden. Er ist Bierbrauereibesitzer, gehört also zur Klasse der verhaßten 'Bourgeois'." Außerdem wurde der neue Bürgermeister zum Wendehals erklärt, der wohl eher aus Opportunismus denn aus Überzeugung für die Sozialdemokraten kandidiert habe: „Auch das Zielbewußtsein scheint noch schwach entwickelt zu sein. Anfänglich hieß es, er sei ein Zentrumsmann, dann katholischer Demokrat. Tatsache ist, daß er sich erst kurz vor der Wahl in die sozialdemokratische Mitgliederliste hat einschreiben lassen. Ob dies einen Gesinnungswechsel bedeuten soll, oder ob Zweckmäßigkeitsgründe diesen Schritt veranlaßt haben, das ist vorläufig ein Geheimnis".[13]

Trotz aller Versuche, den Erfolg der Sozialdemokraten zu schmälern, bleibt als Ergebnis doch, daß es 1909 zum erstenmal in Bayern einen sozialdemokratischen Bürgermeister gab und es von nun an für die bayerische Regierung noch schwieriger sein würde, den Einfluß der Partei und die Übernahme wichtiger Ämter durch ihre Anhänger einzudämmen oder gar zu unterdrücken. Dies konstatiert auch die „Augsburger Abendzeitung", wenn sie am Ende ihres Artikels schreibt: „Das Prinzip der Nichtbestätigung sozialdemokratischer Bürgermeister in Bayern ist durchbrochen und die Staatsregierung wird die weiteren Konsequenzen daraus tragen müssen, sie dürften sich bald genug einstellen, denn es ist in der Pfalz (Rheingönheim) noch ein weiterer sozialdemokratischer Bürgermeister gewählt und außerdem werden noch eine ganze Reihe sozialdemokratischer Adjunkten oder stellvertretende Bürgermeister in die aus den letzten Gemeindewahlen hervorgegangenen Stadt- und Gemeindeverwaltungen einziehen".[14]

Anmerkungen:
1 LA Sp Best. H 1, Nr. 1534 – Schreiben an das Königliche Staatsministerium des Inneren in München vom 17. April 1909.
2 StA Lambrecht. Stadtratsprotokolle 1872 bis 1933 – Sitzung vom 19. Juli 1909.
3 LA Sp Best. H 1, Nr. 1534 – Schreiben an das Königliche Staatsministerium des Inneren in München vom 17. April 1909.
4 Ebd., – Schreiben an das Königliche Staatsministerium des Innern vom Juni 1909.
5 Werner A. Dietrich, Anfänge gewerkschaftlicher Organisierung im Lambrechter Tal. Ursprünge, Entwicklung, Stabilisierung und erste Erfolge, Neustadt 1990, S. 7 f.
6 Ebd., S. 10 ff.
7 „Neuer Social-Demokrat" Berlin, Nr. 72 vom 28.6.1872. Siehe hierzu auch den Beitrag von Dieter Schiffmann über die Anfänge der sozialdemokratischen Arbeiterbewegung in Frankenthal in diesem Bande.
8 LA Sp Best. H 1, Nr. 1534 – Schreiben an das Königliche Staatsministerium des Inneren in München vom 17. April 1909.
9 StA Lambrecht. Stadtratsprotokolle 1872 bis 1933 – Sitzung vom 19. Juli 1909.
10 Ebd.
11 LA Sp Best. H 1, Nr. 1534 – Schreiben an das Königliche Staatsministerium des Inneren in München vom 17. April 1909.
12 StA Lambrecht. Stadtratsprotokolle 1872 bis 1933 – Sitzung vom 10.12.1909.
13 „Augsburger Abendzeitung", Nr. 341 vom 8.12.1909.
14 Ebd.

Elisabeth Alschner

Die Anfänge der Arbeitersportbewegung in der Pfalz und in Speyer

Alles begann, als im Jahre 1878 das „Gesetz gegen die gemeingefährlichen Bestrebungen der Sozialdemokratie" in Kraft trat und auch die Deutsche Turnerschaft, die Dachorganisation der deutschen Turnvereine, beschloß, daß die „revolutionären Tendenzen" der Sozialdemokratie mit den patriotischen Ansichten ihrer Organisationen unvereinbar seien. Anhänger und Mitglieder der SPD sollten deshalb nicht länger in den Turnvereinen geduldet werden. Zwar fanden die sogenannten „gebildeten Stände" der damaligen Zeit keinen besonderen Geschmack an Turn- und Freiübungen, so daß die Turnvereine überwiegend aus Handwerkern und kleinen Gewerbetreibenden bestanden.

In den Vereinsleitungen hingegen dominierten die Repräsentanten des Besitz- und Bildungsbürgertums. Einige wenige, überwiegend Gymnasial- und Turnlehrer, bestimmten, was die Vereine der Deutschen Turnerschaft zu tun und zu lassen hatten. Einst den Freiheitsidealen von 1848/49 verpflichtet, hatten sie sich unter ihrem Einfluß längst zu überspitzt patriotischen, kaisertreuen Vereinen entwickelt.

Als Reaktion auf diese Entwicklung entstanden Mitte der 80er Jahre im Deutschen Reich erste Arbeitersportvereine. Nach dem Fall des Sozialistengesetzes im Oktober 1890 nahm ihre Zahl weiter zu. Die Deutsche Turnerschaft reagierte schnell und scharf. Sie distanzierte sich öffentlich von den „neugebackenen Turnhelden der Vaterlandsverräter und Internationalisten", erklärte die „Pflege vaterländischer Gesinnung" zum offiziellen Ziel ihrer Organisationen und schloß Vereine, die an Turnfesten der „Freien" teilnahmen, aus ihrem Verband aus.

Es gab freilich nicht nur politische Differenzen. Im Gegensatz zu den bürgerlichen Turnvereinen lehnten die Arbeitersportler den Wettkampfsport zunächst kategorisch ab. Anstelle des Konkurrenzdenkens sollte das Prinzip der Solidarität treten und Massenübungen die individuelle Jagd nach Rekorden ersetzen. Diese rigorose Haltung konnte allerdings nicht allzu lange durchgehalten werden. Wegen des Widerstandes zahlreicher Mitglieder, die auch sportlich ambitioniert waren, wurden die Bestimmungen allmählich gelockert und schließlich auch Einzelwettkämpfe zugelassen. Ehrenurkunden, Kränze und Pokale blieben zunächst noch verpönt, wurden später aber ebenfalls erlaubt.

Der Beginn im Südwesten

Im Südwesten des Reiches setzte die „freie" Turnbewegung später ein als im übrigen Deutschland. Im Handbuch des Arbeiterturnerbundes aus dem Jahre 1911 wird dies mit dem angeblich „etwas phlegmatischen Volkscharakter" der Südwestdeutschen erklärt, was aus heutiger Sicht nicht sehr überzeugend klingt. Wichtiger ist der Hinweis auf die freiheitlichen Traditionen, die in den südwestdeutschen Turnvereinen länger als anderswo gepflegt wurden, so daß die sozialdemokratischen Arbeiter lange Zeit keinen Anlaß hatten, eigene Vereine zu gründen. Erst als sich auch in Baden, in der Pfalz und in Württemberg arbeiterfeindliche und antisozialistische Tendenzen mehr und mehr durchsetzten, wurde es für die sozialdemokratischen Arbeiter, die sich als Turner die Freiheit ihrer eigenen Überzeugung bewahren wollten, notwendig, den Vereinen der Deutschen Turnerschaft den Rücken zu kehren und eigene Organisationen zu gründen.

Im Frühjahr 1897 wurde in den sozialdemokratischen Zeitungen zu einer ersten Konferenz der Arbeitersportvereine Südwestdeutschlands eingeladen. Sie fand am 9. Mai 1897 in Pforzheim statt. Vertreten waren Vereine aus Aue, Durlach, Karlsruhe, Mannheim, Pforzheim, Speyer und Stuttgart. Noch im selben Jahr wurden weitere Arbeitersportvereine in Cannstadt, Friedrichsfeld und Hedelfingen gegründet.

Es folgten im Mai 1898 Frankenthal und im August 1898 – neben vier weiteren badischen Vereinen – Ludwigshafen, Oggersheim und Kaiserslautern.

Die nun immer stärker einsetzende Agitation der Arbeiterturner veranlaßte die Führung des Deutschen Turnerbundes, seine Mitglieder noch einmal ausdrücklich vor den „revolutionären Umtrieben" der Sozialdemokraten zu warnen. Der Erfolg dieser Bemühungen war allerdings nur mäßig, denn in den folgenden Jahren wurden in der Pfalz erneut sechs Arbeiterturnvereine ins Leben gerufen: 1899 in Pirmasens, Mundenheim und ein zweiter Verein in Ludwigshafen, 1900 in Kirchheimbolanden, Lambsheim und Roxheim.

„Das letzte Jahrzehnt des vorigen Jahrhunderts", so heißt es in der Chronik des pfälzischen Arbeiterturnerbundes, „hat dem pfälzischen Turnerbund fühlbare Verluste gebracht, als sich eine große Anzahl sehr

Vorturnerschaft der „Turngesellschaft Speyer", um 1903.

rühriger Vereine aus politischen Gründen von der bisherigen Gemeinschaft lossagte und dem neu entstandenen Arbeiterturnerbund anschloß."

Nach der Jahrhundertwende folgte die Gründung weiterer Vereine: 1901 in Edigheim und Flomersheim, von 1902 bis 1906 in Dürkheim, Lambrecht, Altleiningen, Rammelsbach, Neustadt und Zweibrücken, 1907 und 1908 in Altrip, Erlenbrunn, Rohrbach, Weisenheim am Sand, Ruppertsweiler und Bobenheim. In der Öffentlichkeit hatten sie allerdings häufig mit großen Schwierigkeiten zu kämpfen. So berichtet der Verfasser der gerade zitierten Chronik, daß nicht nur die pfälzischen Bezirksämter und Schulbehörden die Entwicklung der Arbeiterturnvereine behindert hätten. Auch die Geistlichen, „sowohl die Gescheitelten als auch die Geschorenen", versuchten es von der Kanzel und im Beichstuhl. Ein besonderer Dorn im Auge sei ihnen das Frauenturnen. Wenn nichts mehr helfe, würden die Frauen in ihren Wohnungen besucht, um sie über die Schändlichkeit ihres Tuns aufzuklären. Auch das Kinderturnen würde von den Geistlichen für völlig überflüssig gehalten, weil die Kinder auf dem Lande schon um vier Uhr in der Frühe aufstehen müßten, um auf dem Feld oder im Stall zu arbeiten, und die Turnübungen für sie nur eine zusätzliche Belastung wären. Auf die Idee, statt des Turnens die Kinderarbeit zu bekämpfen, waren die Geistlichen offensichtlich noch nicht gekommen.

Bereits im März 1902 hatte man auf einer Turnkreiskonferenz die Teilung des südwestdeutschen Kreises beschlossen. Die Pfalz, Baden und das Elsaß wurden zum Kreis 10 des Arbeiterturnerbundes zusammengeschlossen und die württembergischen Vereine bildeten von nun an einen eigenen Kreis. Bei der Konferenz war auch festgelegt worden, daß an einem Ort oder in ei-

Titelblatt der Statuten der „Turngesellschaft Speyer" von 1881.

ner Stadt nur noch ein einziger Arbeitersportverein zugelassen würde. Für Ludwigshafen war dieser Beschluß allerdings nicht mehr von Bedeutung, da die beiden in der Stadt bestehenden Vereine sich bereits im Jahre 1901 zusammengeschlossen hatten.

Die Arbeiterturnbewegung in Speyer

In Speyer hatten im Jahre 1880 39 Mitglieder den Turnverein 1861 verlassen und die Turngesellschaft Speyer gegründet. Vorsitzender des neuen Vereins war Ludwig Grohs, Turnwart Anton Messemer und Säkelwart Gottfried Oppinger. Der Vorstand hatte insgesamt sieben Mitglieder, deren Berufe leider nicht mehr festzustellen sind. Unter den 32 aktiven Mitgliedern waren sieben Drucker und Schriftsetzer – Vorreiter der Arbeiterbewegung in der Pfalz – und neben einem Landwirt 24 Handwerker. Die neunzehn passiven Mitglieder wiesen die gleiche Berufsstruktur auf.

Der Pfälzische Turnerbund weigerte sich, die Turngesellschaft als eigenständigen Verein aufzunehmen. Ein Mitgliedernachweis wurde gefordert, ebenso ein Beleg über die Häufigkeit der Turnstunden. Die Turngesellschaft legte daraufhin eine Aufstellung ihrer Mitglieder und eine Turnstundenstatistik vor, wehrte sich aber dagegen, die Gründung ihres Vereins als „einen Akt der Gehässigkeit gegenüber den Mitgliedern des Turnvereins" hinstellen zu lassen. Sie vertrat vielmehr die Meinung, daß „die Ausgetretenen im Turnverein im hohen Maße ihre Interessen nicht mehr gewahrt sehen, wie sie es von rechts wegen verlangen können". Alle 39 ausgetretenen Turner waren bereit, in einer offenen Sitzung über ihre Beweggründe zu sprechen, nicht aber interne Vorverurteilungen abzugeben oder gar hinzunehmen. Da sich der Pfälzische Turnerbund aber nach wie vor sperrte, die Turngesellschaft aufzunehmen, schloß sich der Verein schließlich dem Rhein-Neckar-Gau an.

Im Jahre 1883 feierte die Turngesellschaft ihre erste Fahnenweihe – ein besonders wichtiges Ereignis in der Geschichte des jungen Vereins. Vereinsfahnen kam von jeher eine besondere Bedeutung zu. Ihre Träger und Begleiter wurden bei jeder Vorstandswahl in einem eigenen Wahlgang bestimmt. Es gab neben der Vereinskasse eine eigene Fahnenkasse, die nicht dem Vereinskassierer unterstand.

Bei den viele Versuchen des Pfälzischen Turnerbundes, die beiden großen Speyerer Turnvereine wieder zu vereinigen, spielten auch die Fahnen eine nicht unwesentliche Rolle. So scheiterten die Vereinigungsverhandlungen 1893 daran, daß das Angebot des Vorstandes des Turnvereins, bei allen Veranstaltungen die Fahnen der beiden Vereine gleichberechtigt nebeneinander zu tragen, von der einberufenen Mitgliederversammlung nicht akzeptiert wurde. Nach deren Willen war die Fahne der Turngesellschaft sofort nach der Vereinigung „außer Betrieb" zu setzen.

Anders als die „Arbeitersängerhalle" Speyer, die sich seit ihrer Gründung im Jahre 1878 eindeutig zur Sozialdemokratie bekannte, was nicht nur in ihrer Satzung festgeschrieben war, sondern auch in ihrer Mitgliederstruktur deutlich zum Ausdruck kam, blieb die Turngesellschaft lange der vaterländischen Grundhaltung des Deutschen Turnerbundes verpflichtet. Die Forderung ihrer Mitglieder nach mehr Freiheit und Eigenständigkeit hatte rein sportliche Gründe und erwuchs dem Wunsch nach mehr Qualität und Weiterentwicklung des Turnsports.

Die Arbeitersängerhalle wurde 1879 wegen ihrer sozialdemokratischen Orientierung verboten. Die Turngesellschaft konnte dagegen auch während des Sozialistengesetzes ohne jede Einschränkung ihre Vereinsarbeit weiterführen und wurde sogar von der Stadt gefördert. So erhielt sie 1885 die Genehmigung, „im Volksschulhause zur Abhaltung von Pyramidenübungen den Turnsaal zu benutzen". Ihr erstes großes Gartenfest hielt sie 1885 „gemeinsam mit den badischen Brudervereinen" auf der Wiese hinter dem Schützenhaus ab. Regen zwang allerdings zur Übersiedlung in die Räume des Schützenhauses, was zu einem hohen Kassendefizit führte. Mitte der 80er Jahre hatte sich die Turngesellschaft in der Stadt schließlich endgültig etabliert. Im Jahresbericht von 1885 hieß es u. a.: „Die Turngesellschaft ist ein Jahr älter geworden. Trotz der vielen Gehäßigkeiten, welchen wir im verflossenen Jahre von unseren Gegnern ausgesetzt waren, hat unsere Gesellschaft denselben gegenüber festen Fuß gefaßt."

Anschluß an die Arbeiterturnbewegung

Zehn Jahre später, im Herbst 1897, zeichnete sich bei der Turngesellschaft ein wichtiger weltanschaulicher Wandel ab. Am 11. September dieses Jahres beschlossen die Mitglieder des Vereins, dem „freien Arbeiterturnerbunde beizutreten". Vorausgegangen waren Kontakte zur „Freien Turnerschaft Mannheim" und die Teilnahme an der bereits erwähnten Arbeiterturnerkonferenz in Pforzheim am 9. Mai 1897. Mit dem in einer Mitgliederversammlung im August gefaßten Beschluß, in Zukunft „die Feste der Speyerer freien Gewerkschaften mit allen turnerischen Möglichkeiten" zu unterstützen, gab sie schließlich ihre bis dahin distanzierte Haltung zur sozialdemokratischen Arbeiterbewegung endgültig auf. Die Zeitung des Arbeiterturnerbundes und die „Pfälzische Post" wurden abonniert und in der Stadt bekannte Sozialdemokraten wie Franz Schellhammer und Josef Schmitt in den Vorstand gewählt. Auch die Kontakte zur „Arbeitersängerhalle" wurden intensiviert und gemeinsame Veranstaltungen organisiert.

Der Gegensatz zu den beiden anderen in Speyer bestehenden Turnvereinen wurde unüberbrückbar. Die Turngesellschaft hatte sich der Arbeiterbewegung angeschlossen, die beiden bürgerlichen Turnvereine dagegen wollten weiterhin auf „der Grundlage der ewig geltenden göttlichen Gesetze in ihren Reihen nur sittenreine, charaktervolle Jünglinge und Männer vereinen" und „die national gesinnte Jugend gemeinsam mit dem Militärverein zum Heil des Vaterlandes und des Deutschen Kaisers, Friedensstifters und innig geliebten Regenten um ihre Fahnen scharen."

Am 1. Januar 1898 fand in Speyer die Gründungsversammlung des 10. Kreises des Arbeiterturnerbundes Deutschlands statt. Im Mai des gleichen Jahres wurde ebenfalls in Speyer der erste Kreisturntag veranstaltet: An ihm beteiligten sich die Mannheimer Arbeiterturner mit Stab-, die Stuttgarter mit Pferd-, die Cannstatter mit Reck-, die Geisburger mit Sprung- und die Speyerer mit Barrenübungen. Er war Speyer zugesprochen worden, „weil die Turngesellschaft am weitesten fortgeschritten war und (zu diesem Zeitpunkt) als einziger Verein der Pfalz dem Arbeiterturnerbund angehörte". Das Bekenntnis der Turngesellschaft zur sozialdemokratischen Arbeiterbewegung war aber auch Ursache, daß sie in den folgenden Jahren, ebenso wie die „Arbeitersängerhalle", nicht mehr an den gemeinsamen Veranstaltungen der anderen Speyerer Vereine teilnehmen durfte.

Die Entwicklung bis zum Ersten Weltkrieg

Im Jahre 1900 wurde August Fehn sen. zum Turnwart gewählt. Mit ihm begann die Dynastie der Fehns ihre Arbeit für den Arbeitersport, die Gewerkschaftsbewegung, die Sozialdemokratie und die Kommunalpolitik in Speyer. Im gleichen Jahr entstand nach anfänglichen Schwierigkeiten auch die erste Frauenriege der Turngesellschaft. Die ersten Speyrerinnen, die den Mut hatten, gegen die traditionelle Rollenverteilung aufzubegehren und Sport auch für Frauen durchzusetzen, waren Philippine Ziener, Ph. Klein, L. Narjes, J. Narjes, Elise Schumacher und Olga Steiger.

Ebenfalls um die Jahrhundertwende gewann das neue, aus England auf den Kontinent herübergekommene Fußballspiel, anfänglich ein Sport der Mittelschichten, bei der Arbeiterjugend der Domstadt mehr und mehr Anhänger, so daß die Turngesellschaft bereits 1903 eine erste Fußballabteilung gründete. Gespielt wurde entweder auf dem Exerzierplatz der Speyerer Pioniere oder auf den Herrenwiesen in den Rheinanlagen. Allerdings waren die Fußballer, die größeren Wert auf Wettbewerb und Wettkampf legten als die Arbeiterturner, nur schwer in die Gemeinschaft der Turngesellschaft zu integrieren. Sie gründeten daher sehr bald schon einen eigenen Arbeiter-Fußballverein, in dessen Festschrift noch Jahre später auf diese Spannungen hingewiesen wurde. Turner und Fußballer, so hieß es da, seien von Anfang an nicht so gut aufeinander zu sprechen gewesen.

Im Juli 1905 feierte die Turngesellschaft ihr 25jähriges Stiftungsfest. Umfangreiche Vorbereitungen mußten getroffen werden. Neue Turnerhüte mit weißen Federn wurden gekauft, eine neue Fahne bestellt und bei dem Fotografen Schröck ein großes Vereinsbild in Auftrag gegeben. Beide Fahnen, sowohl die alte als auch die neue, mußten auf dem Bild zu sehen sein. Die Turner wurden einzeln nach einem bestimmten Plan zum Fototermin bestellt, so daß die Vorbereitungen für das Bild die Vereinsmitglieder einige Wochen beschäftigten.

Über den Verlauf des Festes berichtete die „Speyerer Zeitung" am 10. Juli 1905: „Der zweitälteste der hiesigen Turnvereine, die im Jahre 1880 gegründete Turngesellschaft Speyer, feierte ihr 25jähriges Stiftungsfest. Mit dem Fest wurde gleichzeitig die Weihe der zweiten Fahne verbunden. Der Verein ist ein ausgesprochener Arbeiterturnverein … Die Teilnahme der Brudervereine war denn auch eine große; aus der Nähe und Ferne waren diese zum Feste gekommen … Herr Narjes hielt eine Ansprache, die Arbeitergesangvereine sangen recht präzis eine Reihe von Männerchören … Um 11 Uhr fand in der Schwartzschen Konzerthalle die Wei-

Die „Turngesellschaft Speyer" im Jubiläumsjahr 1905.

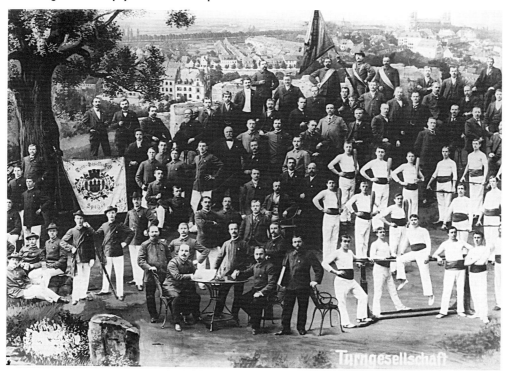

he der zweiten Fahne statt, die in der Bonner Fahnenfabrik kunstvoll angefertigt worden ist ... Um 3 Uhr sammelten sich die Vereine am Jahndenkmal, wo der Festzug sich aufstellte ... Derselbe war geschmackvoll zusammengestellt. Die deutsche Turnerei, die deutsche Kraft und das deutsche Lied wurden in drei Festwagen zur Darstellung gebracht ... Um 10 Uhr begann das Abbrennen eines Feuerwerks. Pyramidenbau und Marmorgruppen wurden bengalisch beleuchtet ... Der Besuch des Festes war ein ganz gewaltiger."

Zwei Jahre später, am 21. Juli 1907 fand in Speyer das Bezirksturnfest statt. Dessen Hauptattraktion waren aber weder die Fahnenträger, Marschgruppen, Spielmannszüge und Turnerriegen, die den Festzug durch die Straßen der Stadt bildeten, noch der große Triumphbogen, der zu Ehren der Festgäste vor dem Bahnhof aufgestellt worden war, sondern das neu angeschaffte Turnerpferd der Turngesellschaft, das auf einem geschmückten Festwagen mitgeführt wurde und auf dem der kleine Sohn des Vereinskassierers in Vereinskleidung sitzen durfte.

1912 schloß sich die Turngemeinschaft mit den anderen Arbeitersportvereinen in Speyer zu einem Arbeitersportkartell zusammen, weil sie hoffte, damit mehr Einfluß auf die Entscheidungen der Verwaltung und des Stadtrates zu erhalten. Dabei ging es vor allem um die Benutzung der Turnhallen, um Zuschüsse zu den Veranstaltungen und um die Zuweisung von Plätzen, auf denen Sport betrieben werden konnte.

In der SPD wurde das schnelle Anwachsen der Arbeitersport- und Arbeiterkulturvereine allerdings nicht nur mit Freude registriert. Dies belegt beispielsweise ein Antrag, der auf dem Gauparteitag der pfälzischen Sozialdemokraten 1900 in Lambrecht gestellt wurde. Die „Neustadter Zeitung" schrieb dazu in ihrer Ausgabe vom 19. August: „Zu sehr lebhaften Erörterungen gab ein Antrag Anlaß, der vom Parteitag verlangte, er solle erklären, daß die in jüngster Zeit in vielen Orten ins Leben gerufenen Arbeitergesang-, Turn- und Radfahrvereine ... nichts mit der SPD zu tun hätten. Zur Begründung wurde angeführt, daß die Vereine, die angeblich den Zweck verfolgten, die SPD zu unterstützen, in Wirklichkeit der politischen Organisation viele Arbeiter entzögen. Das Mißverhältnis zwischen den Mitgliederzahlen der sozialdemokratischen Partei und der genannten Vereine an manchen Orten bringe dies deutlich zum Ausdruck." Da aber die meisten Delegierten überzeugt davon waren, daß die Arbeitersport- und Arbeiterkulturvereine vor allem jungen Menschen, die der SPD noch fern standen, sozialistisches Gedankengut nahe bringen könnten, wurde der Antrag fast einstimmig abgelehnt. Allerdings wurde auch in den folgenden Jahren immer wieder die Klage laut, die Flut der Verpflichtungen gegenüber den Vereinen behindere die eigentliche Arbeit in der Partei vor Ort.

Wiederbeginn nach dem verlorenen Krieg

Nach dem Ausbruch des Ersten Weltkrieges im August 1914 erlahmte das Vereinsleben der Turngesellschaft Speyer fast vollständig. Nur notdürftig konnten die Turnstunden mit Schülern und Jugendlichen im Schützenhaus weitergeführt werden. Über den schwierigen Wiederbeginn nach dem Kriegsende 1918 berichtet August Fehn in seinen erhalten gebliebenen Aufzeichnungen: „Trotz der schlechten wirtschaftlichen Verhältnisse bemühten sich die Vorstandsmitglieder Ulrich, Götz und Fehn mit den

Rückkehrern und den noch lebenden alten Mitgliedern neu zu beginnen. Nicht weniger als 25 Turner der Turngesellschaft hatten ihr Leben auf den Schlachtfeldern lassen müssen. Der Turnbetrieb fand zunächst im alten Storchenkeller, dann im Schützenhaus und danach in der Turnhalle der Realschule statt."

Trotz dieses schwierigen Wiederbeginns erlebte die Turngesellschaft wie viele andere pfälzische Arbeiterturnvereine in den 20er Jahren, in denen die Arbeitersportbewegung zur Massenbewegung aufstieg, eine neue Blüte. Anfang 1920 hatte der Verein seinen traditionsreichen Namen geändert und nannte sich nun bis zu seinem Verbot durch die Nazis 1933 „Freie Turnerschaft Speyer". Damit wurde das Bekenntnis zur sozialdemokratischen Arbeiterbewegung auch im Namen deutlich zum Ausdruck gebracht. Möge sich der Rechtsnachfolger der „Freien Turnerschaft", der heutige „Turn- und Sportverein Speyer" auch dieses Teils seiner Geschichte bewußt bleiben und sich ab und zu öffentlich zu ihr bekennen.

Dieser Beitrag beruht auf der noch vor ihrem Ableben von Elisabeth Alschner verfaßten Arbeit: Turngesellschaft Speyer 1880-1920. Freie Turnerschaft Speyer 1920-1933, hrsg. vom SPD-Bezirk Pfalz, Neustadt a.d.W. 1996.

Heinrich Thalmann

Die pfälzische Sozialdemokratie in der Zeit des Ersten Weltkriegs

„Seit 1870 ist das deutsche Volk vor keiner so ernsten Stunde mehr gestanden".[1] Dieser unmißverständliche Hinweis auf die drohende Kriegsgefahr wurde Ende Juli 1914 auf einer Friedenskundgebung der Sozialdemokraten in Frankenthal kurz vor Ausbruch des Ersten Weltkrieges gegeben. Der Redner war der Sprecher der Frankenthaler SPD-Fraktion, Friedrich Ackermann.[2] Der gebürtige Edenkobener war schon während seines Jura-Studiums in die SPD eingetreten. Seit 1909 saß der Rechtsanwalt für die SPD im Frankenthaler Stadtrat, wo er bald zum Fraktionssprecher aufrückte. In der Zeit des Ersten Weltkrieges trat er immer deutlicher als führende Gestalt der SPD in der Pfalz hervor, wenn auch das sozialdemokratische Zeitungsorgan „Pfälzische Post" die entscheidende Rolle spielen sollte. Am Ende des Krieges fand Ackermanns gewachsenes politisches Gewicht Ausdruck im Amt des Vorsitzenden des Vollzugsausschusses des Arbeiter-und Soldatenrates für die Pfalz.

Kriegspolitik und Alltagsnöte

Schon vor Kriegsausbruch war Ackermann also aktiv gewesen und hatte sowohl die Frankenthaler wie die Ludwigshafener Friedenskundgebung mitorganisiert. Er führte den „in Massen" herbeigeströmten Genossen die Kriegsgefahr vor Augen, „man müßte die Phantasie eines Dante und den Griffel eines Zola haben, die Schrecken eines modernen Krieges zu schildern. 1870/1871 war ein Kinderspiel dagegen." Doch auch dieser Hinweis auf die Erfahrungen des allen bekannten vorangegangenen Krieges bedeutete für Ackermann kein bedingungsloses Abrücken von einem Waffengang. Er machte deutlich, wann für die SPD die Schmerzensgrenze erreicht war: „Wenn Deutschland angegriffen würde, gäbe es auch für einen Sozialdemokraten kein Besinnen".[3]

Auch die SPD-Reichstagsfraktion machte durch die Bewilligung der Kriegskredite deutlich, daß man in der Stunde der Gefahr das Vaterland nicht im Stich lassen könne.[4] Gleichzeitig wurden Parteigenossen und Gewerkschaftskollegen auch in der Pfalz auf den Burgfrieden hingewiesen, der den Streit zwischen den Parteien für die Zeit des Krieges unterbinden sollte.

Das Ziel formulierte dann die „Pfälzische Post" Anfang August: „Es gilt, den Feind fernzuhalten von unseren heimischen Fluren." Die größte Bedrohung sah sie dabei nicht an der Westfront durch die Franzosen, sondern in der Gefahr „aus dem barbarischen Osten, und solange diese Gefahr nicht abgewehrt ist, gibt es nur einen Willen, gibt es nur eine Pflicht. Wir, die wir niemandes Knecht sein wollen, wollen nicht die Knechte des Zaren werden."

Für die pfälzischen Sozialdemokraten war damit der Hauptgrund für die Rechtfertigung von Krieg und Kriegskrediten in den ersten Kriegsmonaten genannt: „Der Feind im Osten". Während die „Pfälzische Post" gerade in diesen Wochen nationaler

Sozialdemokratische Partei Frankenthal.

Heute Montag abend ½7 Uhr (gleich nach Feierabend)
in der neuen Turnhalle

Oeffentl. Versammlung

Tagesordnung:

Krieg oder Frieden!

Referent: Herr Rechtsanwalt Ackermann.

Zu dieser Versammlung ergeht an jedermann Einladung.

Der Vorstand.

Sozialdemokratischer Verein Ludwigshafen

Dienstag den 28. Juli 1914, abends ½9 Uhr
im Saale des Gesellschaftshauses

Oeffentl. Versammlung

Tagesordnung:

Krieg oder Frieden!

Referent: Genosse Ackermann-Frankenthal.

Zu dieser Versammlung, die eine Demonstration des Volkes für den Frieden werden muß, ist jedermann freundlichst eingeladen.

Der Vorstand.

Anzeigen von Versammlungen mit Friedrich Ackermann aus der „Pfälzischen Post" vom 27.7.1914.

Hochstimmung ansonsten relativ nüchtern blieb, steigerte sie sich in den Kampf gegen Rußland hinein: „Das deutsche Volk will darum kämpfen für die Freiheit der Völker und Staaten, Freiheit der Individuen, geistige und religiöse Freiheit, kurz gegen alles, was auf dieser Welt – 'echt russisch' ist!" Sie spürte jedoch, daß sie hier zu weit gegangen war, denn kurz danach konnte man lesen, man hege „keinen Haß gegen das russische Volk, das sich nach seiner Befreiung aus zarischer Knechtschaft dank seiner vielen vortrefflichen Eigenschaften als eine großes Kulturvolk betätigen wird. Aber Haß, unauslöschlicher Haß gegen das zarische System, diesen Feind des russischen Volkes und aller Völker!" Zwar läßt sich nicht belegen, inwieweit mit diesem fast fanatischen Haß gegen den Zarismus auch die deutsche Monarchie angesprochen wurde, doch kann man vermuten, daß die widerwillig aufgenommene Verteidigung des monarchistischen deutschen Vaterlandes sich hier ein Ventil schuf.

Während viele bürgerliche Zeitungen die ersten Kriegserfolge überschwenglich feierten, blickte die sozialdemokratische Zeitung schon auf die Zeit nach dem Krieg, indem sie darauf hinwies, Deutschland müsse schon jetzt „in einem Teil seiner Feinde von heute seine Bundesgenossen von morgen erblicken". England und Frankreich seien nur Feinde, weil sie Bundesgenossen Rußlands waren. Ganz in diesem Sinne hatte die „Pfälzische Post" noch während der Mobilmachungsphase des ersten Todestages von August Bebel als einem „Freund der deutsch-französischen Verständigungspolitik" gedacht und war in der allgemeinen Kriegsbegeisterung des öfteren der Vaterlandslosigkeit geziehen worden.

Um diesen immer wieder auftauchenden Verdacht zu widerlegen, rechnete die „Pfälzische Post" nach den ersten Kriegswochen vor, daß „die pfälzischen Genossen vier kriegsstarke Bataillone zum Kriegsdienst abgestellt" und somit auch wesentlich zur Verteidigung des Vaterlandes beigetragen hatten. Grundlage für diese Aussage waren die Berichte von 95 Ortsgruppen der SPD, die mitgeteilt hatten, daß sie 3.685 Mitglieder, mehr als ein Drittel, zum Militär hatten abstellen müssen.

Dieser Aderlaß an Mitgliedern blieb nicht ohne Folgen, die Parteiarbeit der SPD ging im Jahre 1915 zurück. Die Mitgliederversammlungen fanden seltener statt. Die Arbeit der Ortsvereine beschränkte sich auf die Alltagsnöte der Bevölkerung, die sich mit fortschreitender Kriegsdauer immer stärker bemerkbar machten.

Am wichtigsten waren wohl die sogenannten „Wucherpreise" für Lebensmittel, hinzu kam die bedrohliche Nahrungsnot, nachdem sogar das pfälzische Urprodukt Kartoffel nicht ausreichend zur Verfügung stand. Auch waren viele Familien in ihrer Existenz bedroht, nachdem ihr einziger Ernährer eingezogen worden war. Die Kriegsfürsorge, die für solche Fälle helfen sollte, konnte bei vielen Familien die entstandenen finanziellen Schwierigkeiten nicht immer auffangen. Immer ärgerlicher wurden die Vorschriften der ausufernden Kriegsbürokratie. Und täglich kamen neue Probleme hinzu.

Spaltungstendenzen

Dies galt auch für die Sozialdemokratie, bei der im Laufe des Jahres 1915 ein gravierendes Problem sich immer stärker bemerkbar machte und immer deutlicher hervortrat: Es waren die Spaltungstendenzen, die sich schließlich auch auf regionaler Ebene bemerkbar machten. Die „Pfälzische Post" hatte sich in den ersten Kriegswochen in zahlreichen Artikeln und Kommentaren für einen annexionslosen Frieden ausgesprochen, rückte jedoch mit zunehmender Kriegsdauer davon ab. Gemaßregelt wurden von ihr aber jene, die dieses Ziel beibehielten. So etwa im Sommer 1915, als der SPD-Abgeordnete Liebknecht eine Anfrage im Reichstag vorlegte, bei Bereitschaft der anderen Kriegführenden auf Grundlage eines annexionslosen Friedens doch in sofortige Friedensverhandlungen zu treten. Die „Post" kommentierte dies als „eine Extratour" eines Mannes, der sich nicht in die Parteidisziplin einfügen könne. Und als Karl Kautsky daher gegen Ende des Jahres 1915 von der zu erwartenden Spaltung der Partei sprach, kommentierte die „Pfälzische Post": „Das kann nicht sein! Das darf nicht sein! Die Einheit und Geschlossenheit der Partei über alles!"[5]

Als regelmäßig erscheinende Stimme der pfälzischen Sozialdemokratie wuchs der Zeitung angesichts fehlender anderer Bühnen politischer Öffentlichkeit eine Macht zu, die sie im Sinne der Mehrheit der SPD-Reichstagsfraktion nutzte. Sie setzte sich vehement für die Parteidisziplin und gegen jegliches Abweichen als Weg zur Spaltung der Arbeiterbewegung ein. So mißbilligte sie auch die Haltung von Friedrich Ackermann, der geäußert hatte, er halte die ganz rechts stehenden Parteigenossen für die Partei gefährlicher als die vom äußersten linken Flügel. Und als etwa der Landtagsabgeordnete Klement nach der Teilnahme an der Reichskonferenz der SPD im Herbst 1916 dem sozialdemokratischen Verein Kaiserslautern berichtete, durch Haases Ausführungen sei er zum Anhänger der stärker marxistisch orientierten „Arbeitsgemeinschaftler" geworden, kritisierte dies die „Pfälzische Post" und bemerkte sarkastisch, für Kaiserslautern sei es ein wahres Glück, daß es eine Garnison habe. Sie appellierte nochmals an die Parteidisziplin, im Gegensatz zu Berlin und anderswo wolle man zumindest in der Pfalz, „wenigstens, soweit es in unseren Kräften steht, versuchen, daß die sozialdemokratische Partei davon verschont bleibt".

Nachdem sich betroffene Abgeordnete gegen diese Form der Kritik „als Herabwürdigung bis zur Lächerlichkeit" gewehrt hatten, sah die „Pfälzische Post" das beste Mittel für die Einhaltung der Parteidisziplin in einer freiwillig auferlegten Selbstzensur.

Sie enthielt sich also in der folgenden Zeit weitgehend weiterer Kommentare zu den innerparteilichen Verhältnissen und gab nur Hinweise auf Veranstaltungen. So wurden während des Jahres 1916 zwar einige Versammlungen der sozialdemokratischen Ortsvereine in der Pfalz angekündigt, berichtet wurde jedoch darüber nur in Ausnahmefällen und dann unter Betonung des Einheitsgedankens. Die inhaltliche Auseinandersetzung mit anderen Meinungen und Ideen in der Partei wurde unterdrückt. Durch das Totschweigen ließ sich jedoch nicht die Richtigkeit der eigenen Haltung belegen. Da Information und Agitation unterblieben, wurden viele Mitglieder verunsichert und traten aus der Partei aus. Für manche war wohl auch die Forderung aus Kreisen der Arbeitsgemeinschaft nach einer Beitragssperre maßgebend. Dies waren allerdings nicht die einzigen Gründe für die Existenzkrise der Partei.

Ortsgruppen 1914-1918

Jahr	I. Quartal	II. Quartal	III. Quartal	IV. Quartal
1914			135[1]	95
1915	80	77	66	64
1916	54	60	57	50
1917	44	58	60	63
1918	65	66	69	92[2]

[1] vor Kriegsausbruch, [2] nach der Revolution

Beitragszahlungen 1914-1918

Jahr	I. Quartal	II. Quartal	III. Quartal	IV. Quartal
1914	32.721	32.014	13.354	13.679
1915	11.551	9.558	9.685	8.360
1916	6.852	8.559	7.163	5.664
1917	6.424	8.182	7.095	7.808
1918	9.003	9.258	9.431	17.019

Entwicklung der Organisation

Zu berücksichtigen ist ebenso, daß die heimatliche Kriegswirklichkeit ebenfalls ihren Teil zu dieser Entwicklung beigetragen hatte. Nach zwei Kriegsjahren waren wohl auch die letzten Ersparnisse aufgezehrt, machte die mangelhafte staatliche Versorgung mit Lebensmitteln den Übergang zum Wilden Handel bzw. den Gang zum Schwarzmarkt notwendig. Dort gab es nahezu alles, was man zum Leben brauchte, doch waren dafür horrende Preise zu zahlen. Viele versuchten eben auch, der wachsenden Not durch den Parteiaustritt zu entkommen, um durch den eingesparten Mitgliedsbeitrag sich am illegalen Handel versorgen zu können oder die allgemein sich beschleunigende Teuerung aufzufangen. Politische Verunsicherung und wirtschaftliche Not führten also dazu, daß die pfälzische Sozialdemokratie während des Ersten Weltkrieges in ihren Grundfesten erschüttert wurde.

Der Tiefpunkt wurde im „Rübenwinter" 1916/17 erreicht, als der Staat noch nicht einmal die Versorgung mit Kartoffeln sichern konnte und daher Rüben zur Grundversorgung anbieten mußte. Hunger und Hoffnungslosigkeit griffen immer weiter um sich. Die Tabellen zeigen dieses Tief in der Parteientwicklung bei den Ortsgruppen der SPD im Gau Pfalz im Winter 1916/17:

Die Zahl der Ortsgruppen ging bis Anfang 1917 also auf weniger als ein Drittel der Vorkriegszeit zurück (32,5 %), begann sich dann aber zu stabilisieren. Parallel dazu zeigen auch die Zahlen der verrechneten Beiträge diese Existenzkrise im Winter 1916/17 und die folgende Aufwärtsentwicklung, die dann nochmals bei den Teuerungsschüben stagnierte oder zurückging. Im Vergleich zur letzten Vorkriegsangabe waren die Beitragszahlungen auf knapp 18 Prozent geschrumpft! Wahrlich ein absoluter Tiefpunkt, dem auch die allgemeine Hoffnungslosigkeit in der Bevölkerung entsprach.

Was führte nun zu dem Aufschwung, der sich bei den Mitgliederzahlen schon im ersten Quartal 1917 bemerkbar machte? Sicher war ein wesentlicher Grund das „Gesetz über den Vaterländischen Hilfsdienst" (Hilfsdienstgesetz). Dieses totale Rüstungsprogramm, veranlaßt unter der Obersten Heeresleitung von Hindenburg und Ludendorff, unterwarf jegliche Arbeitskraft und Produktion den Zielen der Kriegsführung. In der Rüstungsindustrie waren damit die Arbeitsplätze gesichert, ja deren Arbeiter konnten sogar mit einer bevorzugten staatlichen Lebensmittelversorgung rechnen. Außerdem sorgte der Arbeitskräftebedarf in der stärker industrialisierten Vorderpfalz für hohe Löhne. Damit war es wieder möglich, Geld auch für andere Dinge als für Lebensmittel auszugeben.

Neben der wirtschaftlichen Absicherung ist auch zu berücksichtigen, daß das Hilfsdienstgesetz den Gewerkschaften indirekt weitere Aktivität zugestand, womit auch deren politische Arbeit staatliche Anerkennung fand. Die Auswirkungen des Hilfsdienstgesetzes sind auch zu erkennen an den Mitgliederzahlen der pfälzischen Gewerkschaftskartelle: So zählte z.B. das Ludwigshafener Kartell jeweils zum Jahresende 1913: 8.742; 1914: 5.931; 1916: 3.355; 1918: 10.526 Mitglieder.[7]

Auch die Mitgliederzahlen kleinerer Gewerkschaften wie etwa der Zahlstelle Kaiserslautern des Deutschen Holzarbeiterverbandes oder die der Ortsverwaltung Ludwigshafen des Verbandes der Fabrikarbeiter Deutschlands belegen diese Aufwärtsentwicklung im Jahr 1917. Dies stärkte also auch die Position der SPD, die wieder Fuß faßte und bei den Januar-Streiks in Ludwigshafen und Frankenthal im Jahre 1918 die Führung der Arbeiterschaft übernahm.[8] Hier finden wir wieder Ackermann als Organisator und Redner. Das neue Selbstbewußtsein der Partei zeigte sich auch in seiner Forderung, daß die Regierung anerkennen müsse, daß kein Weg an der Sozialdemokratie vorbeiführe.

Auftreten der USPD

Doch trotz dieses Erfolgs und des weiteren Aufschwungs der Partei kam es auch in der Pfalz zur Spaltung der Sozialdemokratie und zur Gründung von Ortsvereinen der Unabhängigen Sozialdemokratischen Partei (USPD). Zu finden war sie in den Hochburgen der Mehrheits-SPD (MSPD), so in Frankenthal, in Ludwigshafen, in Oppau, in Pirmasens, in St. Ingbert, in Haßloch sowie in Speyer. Insgesamt waren es im Frühsommer 1918 etwas mehr als 800 eingetragene Mitglieder.[9]

Nur recht selten gab es ein gemeinsames Auftreten wie in der Versammlung in Oggersheim Anfang Oktober 1918, wo neben Ackermann für die MSPD „je ein unabhängiges Kirchenlicht von Mannheim und Ludwigshafen" sprachen, wie die „Pfälzische Post" spöttisch kommentierte. Die sozialdemokratische Zeitung ließ hier von ihrer selbstauferlegten Zensur ab und zitierte Ackermann. Dieser hatte die Empfehlung der USPD, das russische Beispiel nachzuahmen und davon „das Heil des deutschen Volkes" zu erwarten, strikt abgelehnt. Zu einer Aktion wie dem Januar-Generalstreik müsse man auch öffentlich stehen und dürfe ihn nicht nur heimlich propagieren wie es die USPD tue.

Ackermann konnte auch auf die Anerkennung des gehobenen Stellenwerts der Mehrheitssozialdemokratie verweisen, den eine Partei-Delegation unter seiner Führung beim Regierungspräsidenten der Pfalz Anfang September 1918 erfahren hatte.

Dieses neue politische Gewicht konnte die MSPD auch in den Tagen des Kriegsendes und der Revolution in die Waagschale werfen. In nahezu allen Städten und Dörfern stellte sie vollständig oder zu wesentlichen Teilen die Arbeiter-und Soldatenräte.[10] Wo der erste Arbeiter- und Soldatenrat in der Pfalz gebildet wurde, ist nicht ganz sicher, wahrscheinlich am Abend des 9. November 1918 in Kaiserslautern, doch auch Ludwigshafen und Pirmasens kommen dafür in Frage. Vermutlich kam hier die MSPD jeweils Aktionen der Unabhängigen zuvor. Der eigentliche „Revolutions-Tag" in der Pfalz wurde der 10. November 1918, ein Sonntag.

Als Beispiel für die anderen Städte sollen die Vorgänge in Ludwigshafen dargestellt werden. Für Ludwigshafen hatten die Sozialdemokraten in der „Pfälzischen Post" bereits einen Tag zuvor zu Massenkundgebungen aufgerufen und einen entsprechenden Ordnungsdienst organisiert. Die starke Anteilnahme wurde von der „Pfälzischen Post" als „ein wirkliches Volksurteil" interpretiert: „Gegen den völkermordenden Krieg, für den Völkerfrieden, gegen die Herrschsucht bevorrechtigter Cliquen und machtgieriger Potentaten, für volles Selbstbestimmungs-und Verwaltungsrecht des seiner drückenden Fesseln ledigen, freien und mündigen Volkes!" Daß der Krieg indessen noch nicht zu Ende war, zeigte der kurz zuvor erfolgte Fliegeralarm, der die Versammlungen beinahe zum Scheitern gebracht hätte, jedoch bald aufgehoben werden konnte.

Bei den Reden in den Versammlungen kamen MSPD und USPD zu Wort, die „Pfälzische Post" hielt an der Praxis der Selbstzensur fest und gab die Inhalte der einzelnen Reden nicht wieder. Lediglich die Re-

Kundgebung des Arbeiter- und Soldaten-Rates in Kaiserslautern im November 1918 mit Friedrich Ackermann.

solution wurde abgedruckt, in der der Opfer gedacht, die junge Republik begrüßt und der sozialistischen Volksregierung das Vertrauen ausgesprochen wurde, um „raschestens einen erträglichen, die Weiterentwicklung der Menschheit zu dem hohen Ziel des Sozialismus verbürgenden und in dem freien Bunde aller Völker einmündenden Frieden herbeizuführen". Hinter einer roten Fahne zogen dann Militär und zivile Personen, begleitet von Fahnen und Bannern der Arbeitervereine, durch die Stadt zu einer Schlußkundgebung, nach der die Demonstration aufgelöst wurde.

Arbeiter- und Soldatenräte

Äußeres Zeichen der Machtübernahme wurde die Teilnahme der Vertreter der Arbeiter- und Soldatenräte aus Frankenthal und Ludwigshafen am 11.November 1918. Unter der Führung Ackermanns wurde der Landrat, das höchste Vertretungsgremium der Pfalz, in Anwesenheit von Regierungspräsident von Winterstein der „Herrschaft einer neuen Regierung" unterstellt.

Um den Ablauf der Ereignisse besser zu verstehen, muß man sich vor Augen halten, daß die pfälzische Bevölkerung bei Kriegsende von einem doppelten Schock getroffen wurde: Zum einen mußte man lesen, daß in kürzester Zeit, innerhalb von drei Wochen, die Franzosen die Besetzung der Pfalz und der anderen linksrheinischen Gebiete vornehmen wollten. Eine Aussicht, die viele Pfälzer dazu führte, das Land ins Rechtsrheinische zu verlassen. Damit wollte man den vermeindlichen Greueln der Besatzer, die die Kriegspropaganda in den letzten Monaten jedermann anschaulich aus der pfälzischen Geschichte belegt hatte, entkommen. Zum anderen erfuhr man von der Abdankung des bayerischen Königs Ludwig III., man war in der Pfalz auf einmal Teilgebiet des vom Unabhängigen Kurt Eisner ausgerufenen Freistaates Bayern. Friedrich Ackermann wurde der Mann, der in der Zeit der größten Wirrnisse, in den drei Wochen zwischen dem Kriegsende und der Besetzung, als Vorsitzender des Vollzugsausschusses an führender Position in der Pfalz stand.

Wie überall in Deutschland fand sodann die Bildung von Arbeiter-, Bauern- und Soldatenräten in den folgenden Tagen und Wochen in fast allen pfälzischen Gemeinden, auch unter Beteiligung von bürgerlichen Parteien, statt. Hauptaufgabe der Räte in der Pfalz war, wie Ackermann betonte, Ruhe und Ordnung zu erhalten, die Lebensmittelversorgung nicht zu unterbrechen und die Drohung, bei Ausschreitungen oder politischen Gegenmaßnahmen rücksichtslos vorzugehen. In der folgenden Zeit entspannte sich die Lage etwas, und manches Stadtoberhaupt stellte fest, das Zusammen-

Führende Mitglieder des Arbeiter- und Soldaten-Rates Speyer. Friedrich Ober (1877 - 1960) mit Hauptmann Buchenbender, November 1918.

arbeiten mit dem Arbeiter- und Soldatenrat sei „gar nicht so schwierig, wie sich's vielleicht manche Behörden vorstellen".[11]

Wichtig für die weitere Entwicklung der pfälzischen Arbeiter-und Soldatenräte wurde die am 21. November nach Landau einberufene Versammlung sämtlicher Arbeiter- und Soldatenräte der Pfalz, an der auch alle Bürgermeister, der Regierungspräsident sowie der Bevollmächtigte des Ministeriums für militärische Angelegenheiten teilnahmen.[12]

Volksräte und Besatzung

Geleitet wurde die Versammlung wieder von Friedrich Ackermann, nun also Vorsitzender des Vollzugsausschusses für die Pfalz, der über das Wesen und die Zuständigkeit der Räte referierte. Als Hauptaufgabe der Arbeiter-, Soldaten- und Bauernräte sah er den Schutz der neuen Regierung. Nachdem sich die Beamten des vorangegangenen bayerischen Königtums der neuen Volksrepublik unterworfen hätten, seien der Verwaltungsorganismus gesichert und die eigentliche Aufgabe erledigt, doch müßten die Räte nun darüber wachen, daß die Maßnahmen „dem Geist der neuen Zeit und der Volksrepublik gerecht werden". Allerdings müsse dies in einer anderen Form geschehen, der Name müsse verschwinden. Den Grund sah er darin, daß der Begriff „Arbeiter- und Bauernrat" den „Entente-Herren unsympathisch sein" könnte, weil sie nicht wissen, „wie absolut unblutig bei uns die Revolution vor sich gegangen ist".

Um sich sprachlich von den Vorgängen in Rußland abzugrenzen, schlug Ackermann vor, analog der Bürgerwehr, einen „Bürgerrat" zu bilden und mit den bürgerlichen Parteien in Verbindung zu treten, „so schwer ihm als unabhängigem Sozialdemokraten das auch falle". Die Mehrheit der Versammlung schloß sich seinem Vorschlag jedoch nicht an und stimmte statt dessen für die Einführung des Begriffs „Volksrat". Genauso, wie nach Kriegsende in den pfälzischen Gemeinden Arbeiter- und Soldatenräte gebildet worden waren, wurden diese nun in den folgenden Tagen zu Volksräten umgebildet.

Als typisch für die Haltung dieser Volksräte kann eine Resolution des Arbeiter- und Soldatenrates von Bad Dürkheim angesehen werden, in der zwar die politischen Ergebnisse des Krieges und der Revolution gutgeheißen, die Räte gleichzeitig aber lediglich als Übergangslösung bis zur Wahl des neuen Parlaments verstanden wurden:

Politisch bekämpfte man „jede gegenrevolutionäre Strömung von oben", ebenso verwahrte man sich jedoch auch gegen „die terroristischen Methoden der Spartakus-Gruppe, die Deutschland in den Bürgerkrieg zu treiben droht". Absichten, „die Lande des linken Rheinufers von dem Mutterlande zu trennen", wurde Widerstand angekündigt, bei der Regelung der Elsaß-Lothringen-Frage war man gewillt, sich mit den künftigen Bestimmungen des Friedensschlusses abzufinden. Die politische Hoffnung setzte man auf die baldmöglichste Einberufung der gesetzgebenden Nationalversammlung für das ganze Deutschland, doch traute man wohl den Verhältnissen in Berlin nicht. Deshalb wurde klargestellt, wenn die Nationalversammlung nicht für das ganze Reich zustande käme, „so ist sie unverzüglich für Bayern zu berufen und ein Zusammengehen mit den süddeutschen Staaten zu erwirken. Dieser Bund hätte dann die Führung in den chaotischen Zuständen zu übernehmen, um Deutschland vor der Anarchie zu retten."

Letzte politische Aktion vor der französischen Besetzung war eine Delegiertenversammlung der pfälzischen Volksräte in Neustadt am 1. Dezember. Ackermann wies in seiner Rede auf Bestrebungen hin, Deutschland in verschiedene Teile zu zersplittern, aber auch Aktivitäten, die Pfalz von Bayern zu trennen oder auf dem linksrheinischen Gebiet einen neuen Staat zu gründen, wofür er konservative und nationalliberale Kreise verantwortlich machte. Diesen Bestrebungen müsse mit gleicher Entschiedenheit entgegengetreten werden wie dem in radikalem Gewande auftretenden Antisemitismus in den letzten Novembertagen des Jahres 1918. In der sozialpolitischen Passage warnte Ackermann vor einem Teil der pfälzischen Unternehmerschaft, der nun von den feindlichen Besetzungstruppen Rettung vor den sozialen Errungenschaften der Umwälzung erhoffe. Für ein einheitliches Vorgehen und zur Abgrenzung gegenüber den „bolschewistischen" Bestrebungen der Spartakus-Leute sei aber auch die Einigkeit der sozialdemokratischen Gruppen notwendig – ein Appell, dem in diesen Wochen innerhalb der Pfalz nur selten Erfolg beschieden war wie in Speyer.

In einer Entschließung wurden wieder die Einberufung der Nationalversammlung gefordert und alle Bestrebungen, „die Pfalz vom Mutterlande Bayern loszulösen", als Beginn des Zerfalls des Deutschen Reiches verurteilt. Eine Befürchtung, die der bayerische Ministerpräsident Kurt Eisner, Mitglied der USPD, veranlaßt hatte und die von der pfälzischen Bevölkerung mit Schrekken aufgenommen worden war. Trotz Dementi durch die „Post" blieb die Verunsicherung bestehen. Die kommende Wahl zur Nationalversammmlung blieb das Hoffnungszeichen für die künftige Zugehörigkeit der Pfalz zu Deutschland.

Am Tage nach dieser letzten Rätekonferenz hatten die Franzosen schon fast die halbe Pfalz besetzt, die Kontakte mit den rechtsrheinischen Gebieten wurden abge-

Friedrich Ackermann (1876 - 1949).

brochen. Knapp zwei Wochen nach der Besetzung wurden die „Pfälzische Post" und mit ihr die anderen Zeitungen der Region von der Besatzungsmacht zensiert. Die Franzosen lehnten jegliche Verbindung zu den Volksräten ab und verboten sie schließlich. Ihre eigenen Landsleute, die während der Kriegszeit als Gefangene in deutschen Gefangenenlagern untergebracht waren, führten sie beim Rückmarsch wie politisch Infizierte um die Städte herum.

Friedrich Ackermann

Ackermann begab sich als exponiertester Vertreter der Rätezeit ins rechtsrheinische Bayern und setzte dort seine politische Arbeit fort. Angesichts der sehr kritischen Haltung der Franzosen gegenüber der neuen politischen Richtung in Deutschland diente dieser Wechsel wohl dem Schutze seiner Person. Doch im Hinblick auf seine führende Stellung in der Pfalz wäre er der wichtigste Mann für die kommende Zeit gewesen. Gewachsen in der Zeit des Umbruchs, erfahren im Umgang mit innerparteilichen Schwierigkeiten, unterstützt von der wiedererstarkten pfälzischen Sozialdemokratie, verbunden durch persönliche Kontakte mit den Repräsentanten von Kaiserreich und Republik wäre er eben der entscheidende Mann gewesen, als Repräsentant der pfälzischen Bevölkerung deren Ansichten gegenüber den Franzosen Gehör zu verschaffen.

Durch den Abgang Ackermanns aus dem linksrheinischen Bayern blieb die Frage offen, wer denn nun nach der Besetzung für den bayerischen Regierungskreis Pfalz zuständig war – ein Zustand, der es den französischen Besatzungsgeneralen erleichtert haben dürfte, gefügige Leute für ihre Absichten heranzuziehen.

Friedrich Ackermann wurde für einige Monate diplomatischer Gesandter in Wien, dann zweiter Bürgermeister in Augsburg und gleichzeitig Landtagsabgeordneter für die SPD in Bayern. Nach der nationalsozialistischen Machtergreifung im Jahre 1933 mußte er alle seine Ämter abgeben und kehrte in die Pfalz zurück, wo er in Leinsweiler als Imker und Bauer seinen Unterhalt verdiente. Hier erlebte er, nun gezeichnet von schwerer Krankheit, Krieg und Besetzung, die Gründung der zweiten demokratischen Republik. Er starb im Oktober 1949.

Anmerkungen:
1 „Pfälzische Post" v. 28.7.1914. Das Zentralorgan der pfälzischen Sozialdemokratie bildet die Grundlage der Darstellung. Soweit nicht anders angegeben, stammen die Zitate aus dieser Zeitung.
2 Gerhard Nestler, „Für soziale Gerechtigkeit und Demokratie". Der Frankenthaler Sozialdemokrat Friedrich Ackermann – Eine biographische Skizze, in: Frankenthal einst und jetzt, 1990 H. 1, S. 20-24.
3 Vgl. „Rheinisches Volksblatt" v. 30.7.1914 und „Der Rheinpfälzer" v. 31.7.1914.
4 Grundlegend: Susanne Miller, Burgfrieden und Klassenkampf. Die deutsche Sozialdemokratie im Ersten Weltkrieg, Düsseldorf 1974; zur Haltung von Johannes Hoffmann vgl. Diethard Hennig, Johannes Hoffmann, Sozialdemokrat und Bayerischer Ministerpräsident. Biographie, München-London-Paris 1990, S. 55 ff.
5 „Pfälzische Post" v. 14.8. und v. 20.12.1915.
6 „Pfälzische Post" v. 30.4.1919.
7 Siehe „Pfälzische Post" v. 22.7.1919.
8 Vgl. Heinrich Thalmann, Die Pfalz im Ersten Weltkrieg. Der ehemalige bayerische Regierungskreis bis zur Besetzung im Dezember 1918, Kaiserslautern 1990, S.187 ff.
9 Ebd., S. 341; vgl. auch Alfred Herrmann, Die Geschichte der pfälzischen USPD, Neustadt 1989.
10 Ebd., S. 353 ff.
11 „Pfälzischer Kurier" v. 13.11.1918.
12 Vgl. zum Folgenden: „Landauer Anzeiger" v. 22.11.1918, „Pfälzischer Kurier" v. 23.11.1918 und „Pfälzische Post" v. 25.11.1918.

Gerhard Nestler

„Für Republik, Demokratie, Sozialismus"
Zur Geschichte der pfälzischen SPD in der Weimarer Republik von 1918 bis 1929

Am Morgen des 11. November 1918 bestiegen die drei Sozialdemokraten Bruno Körner, Josef Huber und Friedrich Ackermann in Ludwigshafen den Zug nach Speyer. Sie sollten dort im Auftrag ihrer Partei an der Sitzung des Landrates der Pfalz teilnehmen, welchen Regierungspräsident von Winterstein für diesen Tag zusammengerufen hatte.

Auf der Tagesordnung stand der Haushaltsplan für das Jahr 1919. Die Mitglieder des Landrates plagten allerdings ganz andere Sorgen. Seit zwei Tagen war das Deutsche Reich Republik und keiner von ihnen wußte, ob der Landrat überhaupt tagen würde. Angefangen hatte alles, als sich die Matrosen der Hochseeflotte Anfang November weigerten, zu einem letzten und sinnlosen Einsatz gegen britische Kriegsschiffe auszulaufen. Innerhalb weniger Tage erfaßte die Revolution das gesamte Deutsche Reich. Fast überall entstanden Arbeiter- und Soldatenräte, die die exekutive und legislative Macht übernahmen. Am 7. November wurde in München die Wittelsbacher Dynastie gestürzt, zwei Tage später dankte der Kaiser ab, und noch am selben Abend übernahm Friedrich Ebert, der Vorsitzende der SPD, die Regierungsgeschäfte. Der von ihm gebildete „Rat der Volksbeauftragten", der aus drei SPD- und drei USPD-Vertretern bestand, war allerdings von Anfang an nur als Provisorium gedacht. Legalität und demokratische Grundlage sollte die junge Republik durch die Wahl einer Nationalversammlung erhalten.

Auch in der Pfalz hatten in den meisten Städten Arbeiter- und Soldaten-Räte die Macht übernommen. Die Sorgen der in Speyer versammelten Honoratioren waren freilich völlig unbegründet. Die kleine sozialdemokratische Delegation, die am 11. November an der Sitzung des Landrates teilnahm, hatte lediglich den Auftrag, die anstehenden Haushaltsberatungen zu kontrollieren. Eingreifen sollte sie nur, wenn Beschlüsse gefaßt würden, die offen gegen die politischen Ziele der neuen Regierung verstießen. Zwar wies ihr Wortführer, der Frankenthaler Rechtsanwalt Friedrich Ackermann, in einer Ansprache ausdrücklich darauf hin, daß die vollziehende Gewalt in der Pfalz vorerst an den Arbeiter- und Soldatenrat übergegangen sei. Er ließ aber keinen Zweifel daran, daß dieser nur „im Einvernehmen mit der Regierung in München *und* den bestehenden Behörden" handeln werde.[1]

Der 11. November 1918 ist für die pfälzische SPD ein wichtiges Datum. Mit diesem Tag beginnt ein neuer Abschnitt ihrer Geschichte.[2] Aus den „vaterlandslosen Gesellen", von denen Bismarck noch 1890 gesprochen hatte, war eine Partei geworden, die im Zentrum der Macht stand und ohne deren Mitarbeit zunächst einmal auch in der Pfalz kaum eine politische Entscheidung möglich war. Dies wurde den Pfälzern durch die Sitzung des Landrates am 11. November sinnfällig dokumentiert. Die pfälzische SPD, in deren Reihen seit Jahren schon die Reformisten den Ton angaben, hatte zwar längst Abschied von jener starren Oppositionshaltung genommen, die die Politik der Partei in ihrer frühen Phase geprägt hatte. Von gesellschaftlicher Anerkennung und politischer Gleichberechtigung aber konnte bis 1918 nicht die Rede sein. Daran hatten auch die aufsehenerregenden Wahlbündnisse mit der pfälzischen Zentrumspartei, die Mitarbeit pfälzischer Sozialdemokraten im Reichstag, im bayerischen Landtag und in den Kommunalvertretungen und die Burgfriedenspolitik der Partei nach Ausbruch des Ersten Weltkrieges nur wenig geändert. Obwohl ihre reformistische Politik zu einer immer stärkeren Integration in das Wilhelminische Kaiserreich und sein politisches und ökonomisches System führte, blieben die Sozialdemokraten für viele politische Außenseiter und potenzielle Staatsfeinde, deren Ziel trotz aller Kooperation und Burgfriedenspolitik ganz offensichtlich nach wie vor der Sturz der bestehenden Gesellschaftsordnung war. Nun aber stellte der Ausbruch der Revolution und der Kollaps der alten wilhelminischen Ordnung die Sozialdemokraten auch in der Pfalz urplötzlich in die politische Verantwortung.

Auf Reichsebene hatte die SPD diesen Weg bereits ein paar Wochen vorher beschritten, als sie im Oktober 1918 gemeinsam mit dem Zentrum und den Linksliberalen in das Kabinett des Reichskanzlers Prinz Max von Baden eintrat und damit „zum ersten Mal in ihrer Geschichte Regierungs- und Koalitionspartei wurde".[3]

Auch wenn die SPD in den Jahren von 1918 bis 1933 häufiger in der Opposition als in der Regierungsverantwortung stand und viele ihrer Mitglieder den Weimarer Staat lediglich als Übergangsstadium zu der erstrebten sozialistischen Republik betrachteten, so ist sie doch „die konsequenteste der republikanisch-demokratischen Parteien"[4] und die „ausschlaggebende Kraft im neuen Staat"[5] geworden. Ohne sie „wäre die Republik von Weimar ... nicht entstanden". Von der linksliberalen Deutschen Demokratischen Partei (DDP) einmal abgesehen, „hat es keine Partei gegeben, die sich entschiedener für die Republik eingesetzt hätte".[6] Sie war die Partei, auf deren Schultern „die Hauptlast"[7] Weimars lag, die „eigentliche Staatspartei der Republik", wie Friedrich Stampfer, der Chefredakteur des „Vorwärts", im Dezember 1924 schrieb.[8]

Die Rolle der SPD in der Novemberrevolution

Der Ausbruch der Revolution im November 1918 wurde vom Parteivorstand der pfälzischen SPD mit großer Zurückhaltung aufgenommen. Von Euphorie oder gar von überschäumender Begeisterung war kaum etwas zu bemerken. Dementsprechend zurückhaltend und vorsichtig waren auch die Stellungnahmen der „Pfälzischen Post" auf die Nachrichten aus München und Berlin. „Zu lautem Jubel über den Sieg des Volkes", so hieß es in einem ersten Kommentar am 9. November, sei kein Anlaß: „Täuschen wir uns nicht. Zurückgelegt ist erst der kleinere Teil des Weges, der zur Freiheit führt. Das verschlossene Tor ist zertrümmert und leicht läßt sich das Volk von dem hereindringenden hellen Schein der Freiheit blenden. Leicht ist die Zertrümmerung des Alten, des Bestandenen. Unendlich schwer das folgende, der Aufbau des Neuen." Angesichts der großen Probleme, vor denen das deutsche Volk nach dem Ende des Krieges stehe, werde sich die Revolutionsromantik sehr schnell „wie Nebel vor der Sonne" verflüchtigen.[9]

Schon lange waren sich die führenden pfälzischen Sozialdemokraten darin einig, daß der „Aufbau des Neuen", von dem in

Aufruf
an die Bewohner von Bad Dürkheim.

Die große Umwälzung, die sich vor unseren Augen vollzieht, hat nur die äußere Staatsform geändert. **Nicht geändert** haben sich die Strafgesetze, die nach wie vor in Kraft bleiben. Alle Personen sind ihnen unterworfen. Die alten Sicherheitsorgane, Polizei und Gendarmerie, stehen im Dienste der neuen Volksregierung und versehen ihr Amt in deren Auftrag. Ihren Anordnungen ist unweigerlich Folge zu leisten. **Eine Bürgerwehr** wird gebildet; auch diese hat Polizeigewalt; gegen Ausschreitungen wird sie mit aller Strenge vorgehen. Eindringlich wird gewarnt vor Widerstand gegen die Sicherheitsorgane; sie tragen Waffen und machen davon, wenn nötig, nachdrücklich Gebrauch.

Folgende Anordnungen ergehen:

1. Jugendlichen Personen unter 18 Jahren ist das Betreten der Straßen ohne triftigen Grund nach 8 Uhr Abends verboten.
2. Wirtschaften sind um 10½ Uhr Abends zu schließen.
3. Angetrunkenen Personen ist die Abgabe geistiger Getränke zu verweigern; Zuwiderhandelnde machen sich strafbar.

Mitbürger! **bewahrt Ruhe** und fügt Euch der Ordnung; dann wird sich die Ueberleitung in die neue Staatsform ohne größere Erschütterung vollziehen. Zu ängstlicher Sorge besteht keine Veranlassung. **Leben und Eigentum sind nicht bedroht.** Die **persönliche Freiheit** wird **nicht angetastet.** Der Arbeiter-, Bauern- und Soldatenrat verbürgt sich mit der Stadtverwaltung für die Aufrechterhaltung der Ordnung.

Der Lebensmittelfrage wird die größte Sorgfalt zugewandt werden. Hiefür ist ein eigener Kontrolleur — Stadtrat Peter Stepp — aufgestellt, der Verteilung und Bezug nach **strengster Rechtlichkeit** durchführen wird. Begründete Beschwerden werden untersucht und sich ergebende Mißstände beseitigt. In die neugeschaffene Lebensmittelkommission der Verbraucher werden zwei Frauen berufen, um den Wünschen der Hausfrauen Gehör zu verschaffen.

Die größte Not ist vorüber. Das Morden hat sein Ende gefunden. Es ist kein Kriegswinter mehr, der uns bevorsteht. Sind es auch noch harte Wochen, die wir durchkosten müssen, so wissen wir doch, daß es die letzten sind. Bald werden sich die Zufuhrstraßen wieder öffnen und eine merkliche Besserung in unserer Versorgung herbeiführen.

Der Arbeiter-, Bauern- u. Soldatenrat:
Hermann Bernatz.

Das Bürgermeisteramt:
I. V. Lorenz Kiefer, Adjunkt.

Aufruf des Arbeiter-, Bauern- und Soldatenrates Bad Dürkheim vom November 1918.

der „Pfälzischen Post" die Rede ist, nur auf dem Weg friedlicher parlamentarischer Reformen möglich sein würde. Die Revolution erschien ihnen daher keineswegs wie eine Befreiung, sondern wie eine unliebsame Unterbrechung des eingeschlagenen Reformkurses. Und bewies nicht das Chaos, das die russische Oktoberrevolution hervorgerufen hatte, wohin revolutionäre Aufstände zwangsläufig führen müßten? Auch die Rede Friedrich Ackermanns an die Vertreter der bürgerlichen Parteien in der Sitzung des Landrates am 11. November in Speyer belegt, wie ambivalent die Haltung der pfälzischen SPD zur Revolution war und welchen Wert sie auf die Kontinuität der politischen Entwicklung und die Zusammenarbeit mit den anderen politischen Kräften legte. Drei Tage zuvor, am 6. November 1918, hatten 5.000 Arbeiter in einer Versammlung der Frankenthaler SPD den Eintritt der Sozialdemokraten in die Koalitionsregierung von Prinz Max von Baden ausdrücklich gebilligt und gleichzeitig die „Überführung Deutschlands in einen Volksstaat mit vollkommener Selbstbestimmung des Volkes in Reich, Staat und Gemeinde" gefordert.[10] Sie hatten damit allen weitergehenden revolutionären Forderungen eine deutliche Absage erteilt und sich demonstrativ hinter die Politik ihrer Parteiführung gestellt.

Dieses Bestreben prägte von Anfang an auch die Politik der SPD in den pfälzischen Arbeiter- und Soldatenräten. Viele von ihnen waren erst auf Initiative der Sozialdemokraten entstanden und in fast allen verfügten die SPD-Funktionäre über die Mehrheit der Mandate. Lediglich in Pirmasens und Frankenthal konnte die USPD zeitweise größeren Einfluß ausüben, ohne daß es ihr allerdings gelungen wäre, den reformistischen Kurs der Räte zu korrigieren.[11] Für die SPD waren die Arbeiter- und Soldatenräte von Anfang an nicht mehr als „ein Notbehelf für die Übergangszeit", wie die „Pfälzische Post" bereits am 13. November schrieb. Sie sollten Ruhe und Ordnung aufrechterhalten, die Versorgung der Bevölkerung mit Lebensmitteln sicherstellen und die Arbeit der Behörden überwachen. Auf einer ersten Delegiertenkonferenz der pfälzischen Arbeiter- und Soldatenräte, die am 21. November in Landau tagte, wurde daher auch ausdrücklich beschlossen, auf Eingriffe in die Ausführung und Anwendung der bestehenden Gesetze und Verordnungen zu verzichten.

Die SPD-Funktionäre, die in Landau fast unter sich blieben – im Grunde genommen war die Landauer Konferenz nichts anderes als eine SPD-Versammlung –, plädierten von Anfang an für eine enge Zusammenarbeit mit den bürgerlichen und bäuerlichen Parteien in der Region. Ohne deren Hilfe, so glaubten sie, würden die Umstellung der Kriegswirtschaft auf die Friedensbedingungen, der Rückzug des Heeres, die Verwaltung der Gemeinden und Städte und die Versorgung der Bevölkerung mit Lebensmitteln kaum zu bewältigen sein. Aus diesem Grunde beschlossen sie auch, Vertreter dieser Parteien, wo dies noch nicht der Fall war, in die bestehenden Arbeiter- und Soldatenräte aufzunehmen und diese so in Volksräte umzuwandeln.[12]

Die pfälzischen Sozialdemokraten haben die Revolution nicht gewollt und nicht ausgelöst. Sie haben sogar versucht, sie zu vermeiden. Nachdem sie aber ausgebrochen und in ihrer überraschenden Dynamik und Spontaneität nicht mehr aufzuhalten war, haben sie sie „adoptiert"[13] und sich an ihre Spitze gestellt. Das Bild, das Heinrich August Winkler mit Blick auf die Gesamtentwicklung im Reich entworfen hat, gilt ohne Zweifel auch für die Pfalz: Die SPD, so schreibt er, „sprang auf einen fahrenden Zug, dessen Lokomotive nicht besetzt war und brachte ihn unter ihre Kontrolle".[14] Ziel der Partei war es dabei, die Revolution durch die Wahl einer demokratisch legitimierten parlamentarischen Regierung und die Sicherung einer rechtsstaatlichen Ordnung so schnell wie möglich zu überwinden und die politische Entwicklung auf den Weg zurückzuführen, der mit Bildung der Oktoberkoalition beschritten worden war. Auf einer zweiten Delegiertenversammlung der pfälzischen Arbeiter- und Soldatenräte, die am 1. Dezember 1918 in Neustadt an der Haardt stattfand, waren sich daher auch fast alle Anwesenden einig, daß nur die schleunige Wahl der Nationalversammlung „die Errungenschaften der Umwälzung" festigen und „geregelte Verhältnisse" schaffen könne.

Lediglich ein Delegierter der USPD aus Ludwigshafen plädierte dafür, die „Ergebnisse der Umwälzung erst noch einmal rei-

Gerhard Nestler

fen zu lassen" und die Wahl einer Nationalversammlung zu verschieben.[15]

Auch die Überwindung des Kapitalismus und die Errichtung einer sozialistischen Gesellschaftsordnung, die in allen Programmen der SPD gefordert wurden, sollten nur auf gesetzlichem und parlamentarischem Wege durchgesetzt werden. Voraussetzung dafür, so schrieb die „Pfälzische Post" schon am 26. November, wenige Tage nach Ausbruch der Revolution, seien aber „geordnete Verfassungszustände" und „eine Volksmehrheit, die bereit ist, unsere Wege zu unseren Zielen mitzugehen".[16] Sozialistische Experimente vor Einberufung der Nationalversammlung lehnten die pfälzischen SPD-Funktionäre kategorisch ab. Zu groß war bei ihnen die Furcht, daß vorschnelle Entscheidungen in einem wirtschaftlichen Chaos enden könnten, zu tief verwurzelt auch die Überzeugung, daß man eine gewachsene Wirtschaftsordnung nicht einfach „über Nacht" in eine völlig neue umwandeln könne.[17]

Das Ergebnis der Wahl zur Deutschen Nationalversammlung, die am 19. Januar 1919 stattfand und bei der erstmals in Deutschland auch die Frauen wahlberechtigt waren, machte allerdings deutlich, daß es in der Bevölkerung nach wie vor keine Mehrheit für das Programm der SPD gab. Zwar wurde die SPD mit 37,9 Prozent der gültigen Stimmen stärkste Partei im Reich, von der absoluten Mehrheit aber war sie noch weit entfernt. Selbst für eine „sozialistische Koalition" mit der USPD, für die sich 7,6 Prozent der Wählerinnen und Wähler entschieden hatten, reichten die Stimmen nicht aus.

Wie im Reich, so wurde die SPD auch in der Pfalz stärkste Partei. Sie erreichte ebenfalls 37,9 Prozent. Die Bayerische Volkspartei (BVP), der bayerische Flügel des Zentrums, erhielt 27,6 Prozent der Stimmen, die Deutsche Volkspartei (DVP), der Zusammenschluß der alten Nationalliberalen mit dem ehemaligen Bund der Landwirte, 19,7, die linksliberale Deutsche Demokratische Partei (DDP) 13,2 und die USPD 1,6 Prozent.[18]

Vor allem das Abschneiden der USPD machte noch einmal deutlich, daß radikale und revolutionäre Parolen in der Pfalz nach wie vor kaum Resonanz fanden und lediglich von einigen Arbeitern in den industriellen Ballungszentren Ludwigshafen, Frankenthal, Kaiserslautern und Pirmasens unterstützt wurden.

Die SPD war mit ihrem Wahlergebnis sehr zufrieden. „Wir dürfen", so kommentierte die „Pfälzische Post" am 21. Januar 1919, „auf den Erfolg unserer Partei ehrlich stolz sein".[19] Vergleicht man das Ergebnis mit dem der letzten Reichstagswahl vor Ausbruch des Ersten Weltkrieges, die am 12. Januar 1912 stattfand, so wird deutlich, daß diese Selbstzufriedenheit der pfälzischen Sozialdemokraten nicht ganz grundlos war. Damals hatten 32,2 Prozent der Pfälzer sozialdemokratisch gewählt, diesmal waren es 37,9. Der Gewinn der SPD betrug also immerhin 5,7 Prozent. Ganz offensichtlich hielt der Zuwachs an Wählern, der die SPD seit Ende der 80er Jahre zu einer Massenpartei gemacht hatte, ungebrochen an. Es schien daher auch nur noch eine Frage der Zeit, bis die Sozialdemokraten zur bestimmenden politischen Kraft in Deutschland werden würden.

Das Ergebnis der Wahlen zur Nationalversammlung wurde jedoch nicht nur als Indiz für das anscheinend unaufhaltsame Wachstum der sozialdemokratischen Bewegung gewertet, sondern schien auch ein eindrucksvolles Vertrauensvotum der Parteianhänger für den vorsichtigen und streng legalen Kurs, den die Parteiführung seit Oktober 1918 eingeschlagen hatte. Es gab daher auch zunächst keinen Grund, diesen Kurs nach der Wahl zu ändern. Als die sozialdemokratische Parteispitze in Berlin im Februar 1919 der Bildung einer Koalition aus SPD, Zentrum und DDP mit dem Sozialdemokraten Philipp Scheidemann als Reichskanzler zustimmte, wurde dies von der pfälzischen SPD-Führung einhellig begrüßt. Da die Wahlen den beiden sozialdemokratischen Parteien keine Mehrheit gebracht hatten, blieb im Grunde auch nichts anderes übrig, als die im Oktober 1918 begonnene und durch die Revolution vorübergehend unterbrochene Zusammenarbeit mit dem Zentrum und den Linksliberalen wieder aufzunehmen. Hinzu kam, daß es angesichts der großen Probleme und der wichtigen Entscheidungen, vor denen man stand, sinnvoll erschien, auch die kooperationsbereiten bürgerlichen Parteien in die politische Verantwortung einzubinden. „Wir brauchen eine Verteilung der ungeheuren Verantwortung, die heute jede Regierung zu tragen hat, auf eine möglichst breite Grundlage", forderte auch die „Pfälzische Post" einige Wochen später in einem Leitartikel über die „Notwendigkeit der Koalition".[20]

Als das Kabinett Scheidemann in Juni 1919 wegen des Versailler Friedensvertrages zurücktrat und der Sozialdemokrat Gustav Bauer eine Minderheitsregierung aus SPD und Zentrum bildete, drängte die „Pfälzische Post" darauf, die Regierung so schnell wie möglich wieder auf eine „breitere, sichere Grundlage" zu stellen, da nur so „ein ersprießliches Arbeiten an den Riesenaufgaben für die Zukunft des neuen Deutschlands gewährleistet" sei.[21]

Die Ermordung des bayerischen Ministerpräsidenten Kurt Eisner am 21. Februar 1919, die Ausrufung der Räterepublik in München einige Wochen später und die sich zum Chaos steigernden Auseinandersetzungen zwischen USPD, KPD und Anarchisten in München und anderen bayerischen Städten bestätigten den pfälzischen SPD-Anhängern erneut, daß das Deutsche Reich „nur auf dem Wege der Demokratie" – und gemeint war damit ausschließlich deren parlamentarische Form – „zur politischen und wirtschaftlichen Gesundung kommen kann", wie Parteisekretär Friedrich Profit am 10. April 1919 in der „Pfälzischen Post" schrieb.[22]

In einem Aufruf, der einen Tag später veröffentlicht wurde, stellte sich der Gauvorstand der pfälzischen SPD daher auch demonstrativ hinter die Regierung von Ministerpräsident Johannes Hoffmann, den der Landtag am 17. März 1919 einstimmig zum Nachfolger Kurt Eisners gewählt hatte.[23]

Als Reichswehreinheiten und Freikorpsverbände Anfang Mai 1919 die Räterepublik schließlich zerschlugen, schien zunächst auch Bayern wieder zu einem „Bollwerk der Demokratie in Deutschland" geworden zu sein.[24] Daß die meisten Freikorpsverbände kein Hehl aus ihrer Abneigung gegen die Demokratie und die Republik machten und nur auf eine günstige Gelegenheit warteten, um diese ebenso brutal zu zerschlagen wie die Räterepublik, hatten nicht nur Johannes Hoffmann und seine Kabinettskollegen, sondern auch die meisten pfälzischen SPD-Anhänger ganz offensichtlich nicht erkannt.

Lange Zeit glaubte man, daß es für die SPD 1918 und 1919 nur zwei Alternativen gegeben habe: Die „soziale Revolution im Bund mit den auf eine proletarische Diktatur hindrängenden Kräften" oder die „parlamentarische Republik im Bund mit den konservativen Kräften".[25] Dies haben damals wohl auch zahlreiche pfälzische Sozialdemokraten gedacht, wie der Artikel „Demokratie oder Diktatur", den der

Gerhard Nestler 293

Pirmasenser Landtagsabgeordnete Philipp Keidel am 12. März 1919 in der „Pfälzischen Post" veröffentlichte, in aller Deutlichkeit dokumentiert.[26] Und zeigte nicht die Auseinandersetzung um die Münchener Räterepublik, daß es in der Tat nur um diese beiden Alternativen ging?

Fest steht, daß die regierenden Sozialdemokraten an einer „begrenzten Zusammenarbeit"[27] mit den traditionellen Führungsschichten nicht vorbeikamen, weil es ihnen ansonsten kaum gelungen wäre, die Versorgung der Bevölkerung mit Lebensmitteln zu sichern, das Westheer innerhalb von drei Wochen über die Rheingrenze zurückzuführen, acht Millionen Soldaten in das zivile Leben wieder einzugliedern und Ruhe und Ordnung weitgehend aufrechtzuerhalten. Fest steht aber auch, daß das Ausmaß dieser Zusammenarbeit „erheblich größer"[28] war, als es die Situation erforderte. Der Handlungsspielraum der SPD war keineswegs so gering, wie viele Sozialdemokraten glauben mochten. Sie hätte, ohne daß dies eine Gefahr für Ruhe und Ordnung gewesen wäre, durchaus die revolutionäre Übergangszeit nutzen können, um beispielsweise den Steinkohlebergbau zu sozialisieren, die ostelbischen Rittergutsbesitzer zu enteignen, die Verwaltung gründlicher zu demokratisieren und den Militärapparat von antidemokratischen Kräften zu säubern.

Daß sie versäumt hat, dies zu tun, und statt dessen gutgläubig auf die Loyalität der Beamten, Offiziere und Unternehmer vertraute, sollte sich als schwere Hypothek für die junge Republik erweisen.

Die pfälzische Gauleitung konnte all das nur aus der Ferne betrachten. Einfluß auf die in Berlin von der Parteiführung getroffenen Grundsatzentscheidungen hatte sie kaum. Es gibt allerdings auch keine Anzeichen, daß sie sie nicht gebilligt hätte. Die Kommentare der „Pfälzischen Post" und Äußerungen prominenter pfälzischer Parteifunktionäre wie Friedrich Profit und Philipp Keidel deuten vielmehr darauf hin, daß die Pfälzer den Kurs der Berliner Parteiführung voll und ganz unterstützten. Dies zeigte auch der Verlauf des ersten Gautages der pfälzischen SPD nach der Revolution, der am 25. und 26. Oktober in Neustadt tagte und zu einem eindrucksvollen Vertrauensvotum für die Parteiführung wurde. Lediglich zwei der anwesenden Delegierten – Dr. Friedrich aus Frankenthal und Hartmann aus Lambrecht – plädierten für eine Korrektur der offiziellen Parteilinie und die Bildung einer Linkskoalition mit der USPD, blieben mit ihrer Forderung aber weitgehend allein.

Ein Antrag Hartmanns, in dem gefordert wurde, allen sozialdemokratischen Ministern in der Reichsregierung und den Landesregierungen das Mißtrauen auszusprechen, fand daher auch kaum Unterstützung. Nur vier Delegierte stimmten mit ja, alle anderen lehnten den Antrag ab.[29]

Der Gautag in Neustadt war für die pfälzische SPD die erste Möglichkeit nach der Revolution, ihre politischen Ziele neu zu bestimmen. Als die französischen Besatzungstruppen Anfang Dezember 1918 in die Pfalz einmarschiert waren, hatten sie nicht nur die zahlreichen Arbeiter- und Soldatenräte aufgelöst, sondern grundsätzlich auch alle politischen Versammlungen untersagt und dieses Verbot bis in den Herbst 1919 nur zweimal aufgehoben: Das erste Mal im Vorfeld der Wahlen zur Nationalversammlung, das zweite Mal am 30. März, als die sozialdemokratischen Vertrauensleute und Gewerkschaftsvertreter gegen die separatistische „Freie Pfalz"-Bewegung demonstrierten. Erst im Januar 1920 ließen die Franzosen wieder ein reguläres und kontinuierliches Parteileben zu.

Die Reichstags- und Landtagswahlen von 1920 bis 1928

Nach der Auflösung der Arbeiter-, Soldaten- und Volksräte verlor auch die SPD in der Pfalz wieder an Macht; sie blieb jedoch bis 1933 eine der einflußreichsten politischen Parteien der Region. Den Erfolg, den sie bei den Wahlen zur Nationalversammlung erreichte, konnte sie allerdings nie mehr wiederholen. Die noch im Frühjahr 1919 in der Partei sehr weit verbreitete Überzeugung, die Zahl der Wähler werde auch in Zukunft unaufhaltsam weiter wachsen, und es sei folglich nur noch eine Frage der Zeit, bis den Sozialdemokraten die Macht in den Kommunen, Ländern und im Reich ganz von alleine zufalle, erwies sich rasch als Trugschluß.

Enttäuscht über die „steckengebliebene Revolution", das Ausbleiben der versprochenen Sozialisierung wichtiger Industriebetriebe und die unübersehbare Restauration konservativer und monarchistischer Kreise, kehrten viele sozialdemokratische Wähler ihrer Partei den Rücken und suchten nach einer politischen Alternative. Es rächte sich nun, daß die SPD die revolutionäre Übergangsphase lediglich dazu genutzt hatte, die politischen Institutionen zu demokratisieren, die gesellschaftliche Verankerung der jungen und noch labilen Demokratie aber der regulären Gesetzgebung in den Parlamenten überlassen wollte. Die SPD hatte während der Revolution die Massen enttäuscht, „weil sie sich nicht ... bewußt geworden war, was das Volk von einer sozialdemokratischen Regierung erwartete".[30] Nun mußte sie die Konsequenzen tragen. Es gelang ihr bis 1933 auch in der Pfalz nur zum Teil, das verlorene Terrain wiedergutzumachen.

Große Verluste mußte die SPD bereits bei den Reichstagswahlen von 1920 hinnehmen.[31] Sie verlor in der Pfalz fast die Hälfte ihrer 170.216 Wähler von 1919 und fiel mit 24,3 Prozent auf den dritten Rang hinter DVP und BVP, die 29,1 bzw. 26,1 Prozent erreichten, zurück. Besonders groß waren die Verluste der Partei in den Städten Kaiserslautern (-60,7%), Pirmasens (-66,2%), Zweibrücken (-51,5%) und in den Bezirksämtern Kusel (-54,0%), Pirmasens (-59,5%) und Zweibrücken (-61,6%), wo sie jeweils deutlich über dem Durchschnitt des Wahlkreises (-48,7%) lagen. Hoch waren sie auch in Ludwigshafen (-46,5%), in Landau (-49,5%) und Neustadt (-46,3%). Einzig und allein in der alten sozialdemokratischen Hochburg Frankenthal blieb die SPD relativ stabil. Dort konnte sie ihr gutes Ergebnis von 1919 fast wiederholen und verlor nur 358 Stimmen (-7,3%).

Auch die „Pfälzische Post" mußte das Debakel der Partei offen eingestehen. „Unsere Niederlage irgendwie verschleiern zu wollen, wäre ein müßiges Beginnen", so schrieb das Blatt in einem Kommentar am 8. Juni 1920. Am Tag zuvor hatte man noch versucht, das Wahlergebnis schönzureden und in völliger Verkennung der Realitäten davon gesprochen, daß die Partei sich „ehrenvoll geschlagen" und „die Feuerprobe bestanden" habe. Das Ausmaß der Niederlage hatte nun aber auch in den Redaktionsstuben der „Pfälzischen Post" die Erkenntnis reifen lassen, daß die Parteimitglieder mit solchen Phrasen wohl kaum zufriedenzustellen sein würden.

Eine Erklärung für die katastrophalen Verluste der Partei aber blieb das Blatt schuldig. Man verwies lediglich auf die „straffe Organisation", die das „gute Wahlergebnis" in Frankenthal und einigen wenigen anderen Orten ermöglicht habe und das „Geheimnis eines besseren Erfolges für die Zukunft" sei.[32] Organisatorische Mängel und Defizite können die Niederlage der

SPD allerdings nicht ausreichend erklären. Die wirtschaftliche Entwicklung der Region spielte ebenfalls eine wichtige Rolle. Nach dem Ende des Ersten Weltkrieges war die Pfalz erneut Grenzland geworden und dadurch in eine politisch und sozialökonomisch besonders schwierige Lage geraten. Die Präsenz französischer Besatzungstruppen, die fast völlige Isolierung vom Reich, der Verlust der Absatzmärkte im Elsaß und in Lothringen sowie die neue Grenze zum Saargebiet hatten traditionelle Wirtschaftsbeziehungen zerrissen und vor allem die ohnehin schon strukturschwache Region um Pirmasens und Zweibrücken in recht große Bedrängnis gebracht. Es ist bezeichnend, daß die Einbußen der Sozialdemokraten gerade dort besonders hoch waren. Nutznießer der SPD-Verluste war in erster Linie die USPD, die 10,6 Prozent der Stimmen erhielt und fast überall dort überdurchschnittlich gute Ergebnisse erzielte, wo die SPD hohe Einbußen hinnehmen mußte, wie in Kaiserslautern (23,3%), in Pirmasens (22,0%), in Ludwigshafen (19,5%), oder im Bezirksamt Zweibrücken (13,5%). Die KPD dagegen blieb auch in der Pfalz 1920 noch eine unbedeutende Splittergruppe, für die sich lediglich 0,8 Prozent der Wähler entschieden. Ihre Hochburgen hatte sie in den Industriestädten Ludwigshafen (3,2%), Frankenthal (2,3%) und in Speyer (4,3%).

Demonstration der SPD im vorderpfälzischen Heßheim, 1920er Jahre.

Trotzdem war auch in der Pfalz, im Kaiserreich schon früh eine Hochburg des reformistischen SPD-Flügels, eine Radikalisierung der Wähler unübersehbar.

Zählt man die Ergebnisse von SPD und USPD zusammen, so zeigt sich, daß die sozialistische Arbeiterbewegung auch insgesamt in beträchtlichem Maße verloren hatte. Der Vertrauensverlust war mehr als deutlich. Im Jahr 1919 hatten sich noch 177.445 Wähler für SPD und USPD entschieden, 1920 dagegen waren es nur noch 126.176. Lediglich in Frankenthal war der Stimmenanteil der beiden sozialdemokratischen Parteien gegenüber 1919 gestiegen. Der USPD war es also nur zum Teil gelungen, die Verluste der SPD wettzumachen. Nicht wenige Wähler, die 1919 noch für die SPD gestimmt hatten, waren am Wahltag zu Hause geblieben oder hatten sich für eine der drei bürgerlichen Parteien DVP, BVP oder DDP entschieden. Viele von ihnen hatten – so ist zu vermuten – 1919 unter dem Eindruck der Revolution erstmals SPD gewählt und waren nun zu ihren traditionellen Parteien zurückgekehrt. Die „Pfälzische Post" sprach in ironischen Worten von „Novembersozialisten", die „ausgerissen" seien „wie Schafleder".[33]

Bei den folgenden Reichstagswahlen, die am 4. Mai 1924 stattfanden, gehörte die SPD erneut zu den Verlierern. Zwar wurde sie mit 23,3 Prozent vor der DVP (22,7 %) und der BVP (17,6 %) wieder stärkste Partei im Wahlkreis; sie verlor aber gegenüber 1920 sowohl prozentual (-1,0%), als auch absolut (-1.598). Was jedoch auf den ersten Blick nur wie ein verhältnismäßig kleiner Verlust aussieht, kam in Wirklichkeit fast einer Katastrophe nahe. Auch in der Pfalz hatte die zwei Jahre zuvor wiedervereinigte Sozialdemokratie weniger Stimmen erhalten als die SPD 1920 alleine. Für die KPD, 1920 noch eine unbedeutende politische Kraft, entschieden sich dagegen 49.749 Wähler (13,5%). Sie war damit auch in der Pfalz innerhalb weniger Jahre zu einer Massenbewegung geworden. Ganz offensichtlich war es der SPD nicht gelungen, die ehemaligen USPD-Wähler für sich zu gewinnen. Die meisten von ihnen hatten die Wiedervereinigung der beiden sozialdemokratischen Parteien nicht mitvollzogen und sich für die KPD entschieden. Darüber hinaus waren auch Wähler, die 1920 noch für die SPD gestimmt hatten, in nicht unbeträchtlicher Zahl in das Lager der Kommunisten übergewechselt. Diese profitierten dabei vor allem von der dramatischen Zuspitzung der politischen und ökonomischen Situation. Passiver Widerstand, Inflation, Arbeitslosigkeit, die Auseinandersetzung um die SPD-KPD-Regierung in Sachsen, Hitlerputsch und die Separatistenherrschaft im Rheinland hatten das Reich in den Monaten vor der Wahl in eine tiefe und langanhaltende Krise gestürzt und das Vertrauen in die Republik und die sie unterstützenden Parteien tief erschüttert.

Als am 7. Dezember 1924 erneut gewählt wurde, hatte sich die Lage im Reich entspannt. „Wir haben uns gut geschlagen", so kommentierte der Vorstand der pfälzischen SPD in seinem Rechenschaftsbericht den Ausgang der Wahlen. „Aber es hieße sich die Augen verbinden, wollten wir nicht einsehen, daß wir Massen von Arbeiterwählern verloren haben. Es soll hier nicht allen Gründen dafür nachgegangen werden. Aber das steht fest, daß die Not unserer Zeit viele Arbeiter in die Arme des Radikalismus getrieben hat ... Jetzt muß unsere Aufgabe sein, die irregeleiteten Wählermassen zurückzugewinnen".[34]

Hatte die SPD im Mai die Auswirkungen der Krise von 1923/24 mehr als deutlich zu spüren bekommen, so profitierte sie nun von der außenpolitischen Entspannung

Plakatieren im Wahlkampf Mai 1928 in Speyer. Auf der Leiter Franz Bögler, links Heinrich Ober, rechts Otto Weber.

und dem wirtschaftlichen Aufschwung, der im Sommer und Herbst 1924 einsetzte und auch in der Pfalz die kritische Lage auf dem Arbeitsmarkt wenigstens zum Teil entschärfte. Erstmals seit 1919 gelang es der pfälzischen SPD daher auch, ihre Talfahrt zu stoppen. Sie erhielt 26,8 Prozent der Stimmen (+3,5) und wurde damit vor der DVP (23,6 %), der BVP (15,6 %) und dem Zentrum (11,6 %) erneut stärkste Partei. Insgesamt erhielt sie fast 30.000 Stimmen mehr als im Mai (115.447: 85.756), ein Erfolg, der zum einen auf die Verluste der KPD (- 14.798) zurückgeführt werden kann, zum anderen aber wahrscheinlich auch der höheren Wahlbeteiligung zu verdanken war (+ 60.324). Diese hatte im Mai 1924 bei 72,0 Prozent gelegen und war im Dezember auf 80,1 Prozent (+8,1) gestiegen. Ihre höchsten Gewinne erzielte die SPD im Bezirksamt Speyer (+8,0%) und in Ludwigshafen (+7,9%), Wahlbezirke, in denen sie seit 1919 überdurchschnittlich hohe Verluste zu verzeichnen hatte und die KPD im Mai 1924 ebenso überdurchschnittliche Gewinne registrieren konnte.

Im Dezember 1924 begannen die Wähler zu den Sozialdemokraten zurückzukehren – sei es von der KPD oder aus den Reihen jener, die ein halbes Jahr zuvor der Wahl ferngeblieben waren. Relativ gering waren die Zuwachsraten allerdings in Frankenthal (+1,8%), Pirmasens (+1,9%) und im Bezirksamt Kaiserslautern (+0,9%), wo sich die KPD als außerordentlich stabil erwies sowie in den Bezirksämtern Frankenthal (+0,8%) und Kirchheimbolanden (+0,9%), wo die SPD im Gegensatz zum Trend bereits im Mai 1924 gewonnen hatte und das Wählerpotential deshalb nicht mehr so groß war wie in den anderen Regionen.

Bei den Reichstagswahlen von 1928, den letzten, die vor Ausbruch der Weltwirtschaftskrise stattfanden, konnten die Sozialdemokraten in der Pfalz noch einmal 4.096 Stimmen (+2,2%) hinzugewinnen. Mit 29,0 Prozent wurden sie erneut stärkste Partei im Wahlkreis – vor Zentrum und BVP, die erstmals mit einer gemeinsamen Liste antraten und 26,4 Prozent erreichten, und vor der DVP, für die sich nur noch 14,7 Prozent der Wähler entschieden. Von den 37,9 Prozent, die sie 1919 erzielt hatten, waren sie zwar nach wie vor weit entfernt; immerhin aber schien es weiter aufwärts zu gehen. Bei genauerem Hinsehen fällt aber auf, daß die SPD im Gegensatz zum Dezember 1924, als sie in allen Wahlkreisen gewann, diesmal neben beträchtlichen Zunahmen wie zum Beispiel in Frankenthal (+8,3%), Speyer (+7,6%) und im Bezirksamt Ludwigshafen (+7,3%) auch deutliche Verluste hinnehmen mußte. So büßte sie im Bezirksamt Rockenhausen 2,5 Prozent, in Landau 3,0 Prozent und im Bezirksamt Neustadt sogar 7,2 Prozent ein. In allen drei Wahlkreisen blieb auch die KPD relativ schwach. Die NSDAP dagegen schnitt sowohl in den Bezirksämtern Rockenhausen (+3,4%) und Neustadt (+2,9%) als auch in Landau (+8,9%) deutlich über ihrem Durchschnitt im Wahlkreis ab. Es ist also nicht auszuschließen, daß in allen drei Wahlbezirken schon 1928 erste sozialdemokratische Wähler zu den Nationalsozialisten überliefen.

Hochburgen und Diaspora

Wie im Kaiserreich, so hatte die pfälzische SPD auch in der Weimarer Republik ihre Hochburgen in den größeren Industriestädten und den Arbeiterdörfern, die in ihrem Einzugsgebiet lagen. Sowohl in Frankenthal, Kaiserslautern und Ludwigshafen als auch in den gleichnamigen Bezirksämtern war die SPD bei allen Reichstagswahlen von 1919 bis 1928 stärkste Partei – in einigen Dörfern im Umland von Frankenthal und Ludwigshafen zeitweise sogar mit absoluten Mehrheiten. Relativ stark waren die Sozialdemokraten auch im Bezirksamt Kirchheimbolanden, das im weiteren Einzugsgebiet von Kaiserslautern lag und in dessen Dörfern die Zahl der Arbeiter und Pendler seit der Jahrhundertwende ständig zugenommen hatte. Zwar lag der Anteil der sozialdemokratischen Stimmen noch 1919 knapp unter dem Mittel des Wahlkreises; seit 1920 erzielte die SPD hier aber stets überdurchschnittliche Ergebnisse. Ähnlich war es auch im Bezirksamt Zweibrücken, in dem sehr viele Saargänger – Arbeiter, die im Saarland ihr Brot verdienten – lebten. Hier lag die SPD 1919, 1924 und 1928 stets über und nur 1920 einmal unter dem Durchschnitt des Wahlkreises.

Außerordentlich schwach schnitt die SPD dagegen bei fast allen Wahlen von 1919 bis 1928 in den Bezirksämtern Germersheim, Landau, Bergzabern und teilweise im Bezirksamt Pirmasens ab. Die Süd- und Südwestpfalz blieb für die SPD bis zum Ende der Weimarer Republik Diaspora, in der sie hinter Zentrum und DVP meist nur an dritter Stelle rangierte. Zwei Gründe waren hierfür in erster Linie verantwortlich: Zum einen fehlten in der Südpfalz größere industrielle Zentren und damit auch ein klassenbewußtes Industrieproletariat; zum anderen war die Bevölkerung in allen vier Bezirksämtern überwiegend katholisch und fest in ein kirchengeprägtes Sozialmilieu eingebunden, in das die Sozialdemokraten nur schwer eindringen konnten.

Ein Problemfall besonderer Art war für die SPD die südwestpfälzische Schuhmetropole Pirmasens. Die Arbeiterparteien erreichten hier zwar fast durchweg mehr als 40 Prozent der Stimmen; lediglich 1920 waren es mit 37,2 Prozent etwas weniger. Die spezifische Wirtschaftsstruktur der Stadt mit ihren zahlreichen Klein- und Kleinstbetrieben, die Krise im Schuhgewerbe, die durch den Verlust der Absatzmärkte im Elsaß und in Lothringen und die zeitweilige Abtrennung vom nichtbesetzten Teil des Reiches noch verstärkt wurde, führte freilich zu einer Radikalisierung der politischen Stimmung, von der in zunehmendem Maße die extremen Parteien profitierten: 1920 die USPD, die die SPD deutlich überflügelte, und 1924 und 1928 die KPD und wohl auch die NSDAP, die beide in Pirmasens stets deutlich über dem Durchschnitt des Wahlkreises lagen, während die Sozialdemokraten immer mehr oder weniger klar darunter blieben. Dazu hatten neben der allgemeinen politischen und wirtschaftlichen Situation in der Stadt ganz offensichtlich aber auch hausgemachte Probleme geführt. Bereits auf dem ersten Gautag der pfälzischen SPD nach der Revolution am 25. und 26. Oktober 1919 in Neustadt war davon die Rede, daß die „alten Herren" in Pirmasens „so ziemlich" abgewirtschaftet hätten. Es scheint, daß auch die Jüngeren den „verfahrenen Karren" nicht mehr „aus dem Dreck" ziehen konnten.[35]

Bei den Wahlen zum bayerischen Landtag lassen sich in der Pfalz im wesentlichen die gleichen Entwicklungsprozesse feststellen wie bei den Reichstagswahlen. 1919 erreichte die SPD 37,9 Prozent und wurde damit deutlich stärkste Partei im Wahlkreis. Im folgenden Jahr fiel sie auf 23,8 Prozent zurück und mußte sich hinter der DVP (29,3%) und der BVP (26,1%) mit dem dritten Rang begnügen, 1924 verlor sie erneut an Stimmen, konnte wegen der niedrigen Wahlbeteiligung prozentual aber etwas zulegen (24,0%) und erst 1928 gelang es ihr schließlich, nicht nur den Abwärtstrend zu stoppen, sondern auch wieder Stimmen

Hermann Hartmann (1870 - 1926).

in größerem Maße zurückzugewinnen (29,1%). Das Ergebnis von 1919 allerdings konnte sie bis zum Ende der Weimarer Republik nicht mehr erreichen.

Die Abgeordneten

In der Nationalversammlung von 1919 war die pfälzische SPD durch Johannes Hoffmann (Kaiserslautern) und Jakob Binder (Ludwigshafen) vertreten, im Reichstag von 1920 bis 1930 ebenfalls durch Hoffmann und von Dezember 1924 bis 1930 auch noch durch Gerhard Jacobshagen.[36]

Im bayerischen Landtag stellten die Pfälzer 1919 mit Josef Huber, Bruno Körner, Friedrich Profit, Paul Kleefoot (alle Ludwigshafen), Philipp Keidel (Pirmasens), Friedrich Ackermann (Frankenthal), Eduard Klement (Kaiserslautern), Hermann Hartmann (Neustadt) und Heinrich Rebmann (St. Ingbert) neun Abgeordnete. Aufgrund des schlechten Wahlergebnisses schrumpfte die Gruppe 1920 auf vier zusammen. Wiedergewählt wurden Körner, Hartmann und Klement, neu hinzu kam Johannes Hoffmann (Kaiserslautern). Da dieser aber gleichzeitig ein Reichstagsmandat erworben hatte und auf seinen Sitz im Münchener Parlament verzichtete, rückte für ihn Georg Metz (Frankenthal) nach.

1924 verloren die Pfälzer erneut ein Mandat und waren nun nur noch mit Körner, Christian Schwartz (Zweibrücken) und Jakob Leonhardt (Kaiserslautern), einem ehemaligen Unabhängigen, im Landtag vertreten. Nach dem Tod von Bruno Körner rückte 1927 Bernhard Sang (Frankenthal) nach. 1928 gelang es der pfälzischen SPD dann wieder, zwei Mandate hinzuzugewinnen. Neben Leonhardt und Schwartz wurden Karl Fischer (Ludwigshafen) und Josef Weber (Speyer) gewählt, Bernhard Sang rückte als Landesabgeordneter nach.

Da Weber aber bereits im Februar 1929 wegen finanzieller Unregelmäßigkeiten aus der Partei ausgeschlossen wurde, sein Mandat aber nicht zurückgab, verkleinerte sich die Gruppe der pfälzischen Sozialdemokraten im Münchener Parlament erneut auf vier. Entsprechend gering war ihr Einfluß auf die Politik ihrer Fraktion, zumal sich unter ihnen auch keine Führerpersönlichkeiten vom Schlage eines Franz-Josef Ehrhart, Johannes Hoffmann oder Friedrich Profit befanden.

Die Parteiorganisation

Als im November 1918 der Krieg zu Ende ging, war von der vier Jahre zuvor noch so mächtigen Organisation der pfälzischen SPD nicht mehr allzu viel übrig geblieben.[37] Im März 1914, einige Monate vor Ausbruch des Krieges, hatte die Partei in der Pfalz 143 Ortsgruppen mit 12.805 Mitgliedern; im März 1917 waren es noch 64 Ortsgruppen und 2.138 Mitglieder. „Der Krieg", so hieß es in einem Aufruf der pfälzischen Gauleitung am 22.11.1918, „hat, wie nicht anders zu erwarten war, unsere Reihen gelichtet und die Zahl unserer Ortsgruppen dezimiert".[38] Nach Ausbruch der Revolution gelang es der Partei aber sehr schnell, ihre alten Organisationsstrukturen wieder aufzubauen, neue Ortsgruppen zu gründen und zahlreiche neue Mitglieder zu gewinnen. Die dominante Rolle, die sie in der Revolution spielte, trug dazu sicherlich ebenso bei, wie die Auflösung der alten Herrschaftsstrukturen, die in vielen Regionen und vor allem in ländlichen Gebieten lange Zeit stark organisationshemmend gewirkt hatten.

Im Herbst 1919, nur ein Jahr nach dem Ende des Krieges, hatte die pfälzische SPD ihren Organisationsgrad der Vorkriegszeit bereits weit überschritten. Als sich die Par-

Bruno Körner (1862 - 1927), um 1920.

tei im Oktober zu ihrem ersten Nachkriegsgautag traf, hatte sie schon über 15.000 Mitglieder, die in 220 Ortsgruppen organisiert waren. Und während ihr die Wähler bei den folgenden Wahlen zuhauf davonliefen, hielt der Mitgliederzuwachs zunächst unvermindert an. Selbst die Konkurrenz der USPD blieb ohne große Auswirkungen auf den Aufbau der Organisation. 1920 hatten die Sozialdemokraten in der Pfalz 237 Ortsgruppen und 19.351 Mitglieder, im darauffolgenden Jahr stieg die Zahl der Ortsgruppen sogar auf 291 und die der Mitglieder auf 21.945. Auf einer Parteikonferenz in Neustadt, die am 15. Februar 1921 stattfand, sprach Friedrich Profit voller Stolz vom „fortdauernden Aufstieg" der Partei.[39]

Selbst in den ländlichen Gebieten der Pfalz gelang es den Sozialdemokraten nun endlich, Fuß zu fassen und Mitglieder in größerer Zahl zu gewinnen. So wurden 1918 und 1919 allein in der Gegend um Neustadt neue Ortsgruppen in Haardt, Rödersheim, Friedelsheim, Gönnheim, Bobenheim am Berg, Erpolzheim, Venningen, Insheim, Esthal und Weidenthal gegründet.[40] Und in einem Bericht des Bezirksamtes Kusel vom 7. Januar 1919 wird ausdrücklich darauf hingewiesen, daß die SPD „auch aus ländlichen Kreisen" einen „nicht unbeträchtlichen Zuwachs" erhalten habe.[41] Zumindest im organisatorischen Bereich schienen die pfälzischen Sozialdemokraten also der „Sturzflut der USPD-Bewegung"[42] standhalten zu können. Im Jahre 1922 flachte der Aufschwung dann aber deutlich ab und stagnierte schließlich ganz. Wie die Wählerentwicklung, so machen auch die Mitgliederzahlen deutlich, daß die pfälzische SPD nur in bescheidenem Maße von der Vereinigung mit der USPD profitierte.

Die Inflation, die in der Pfalz überdurchschnittlich hohe Arbeitslosigkeit und der passive Widerstand führten dann sogar zu einem deutlichen Mitgliederverlust. Er zeigt, daß es bis dahin nur in relativ bescheidenem Maße gelungen war, die zahlreichen neuen Mitglieder fest in die Partei zu integrieren. Im März 1923 lag der Mitgliederstand bei 20.193, 1924 bei 16.321 und 1925 bei 13.633. Seinen Tiefstand erreichte er 1926 mit 12.286. Er war damit sogar hinter den Stand von 1914 zurückgefallen. Erst 1927 nahmen die Mitgliederzahlen wieder leicht zu und stiegen von da an bis 1929/30 kontinuierlich weiter, ohne allerdings den Höchststand von 1920 auch nur annähernd noch einmal erreichen zu können. Am 31. Dezember 1929 hatte die pfälzische SPD 16.850 Mitglieder und damit über 5.000 weniger als acht Jahre zuvor. Auch die Zahl der Ortsgruppen nahm wieder zu. 1926 waren es noch 211, 1929 wieder 243, freilich immer noch fast 50 weniger als 1921.

Über die Mitgliederstruktur der pfälzischen SPD sind nur wenig konkrete Fakten bekannt. Lediglich im Bericht des Bezirksvorstandes vom März 1927 finden sich statistische Daten, die Aussagen über die soziale Schichtung der Mitgliedschaft zulassen.[43] Sie machen deutlich, wie stark die Partei noch in ihrem traditionellen Milieu verhaftet war und wie wenig erfolgreich ihre halbherzigen Versuche blieben, sich anderen sozialen Schichten zu öffnen. 1927 waren 73,3 Prozent der männlichen Mitglieder gelernte oder ungelernte Arbeiter, 6,7 Prozent Angestellte und Arbeiter im öffentlichen Dienst bei Staat und Kommune, 6,2 Prozent kaufmännische und technische Angestellte, 3,2 Prozent Beamte, 3,7 Prozent selbständige Gewerbetreibende und 0,1 Prozent selbständige Landwirte. Die pfälzische SPD war also nach wie vor fast eine reine Arbeiterpartei, in der alle anderen sozialen Gruppen deutlich unterdurchschnittlich vertreten waren. Zwar veröffentlichte die Partei im Frühjahr 1927 ein eigenes Agrarprogramm, welches Johannes Hoffmann auf dem Bezirksparteitag in Neustadt am 27. März 1927 ausführlich vorstellte[44]; die Hoffnung, es könne dazu beitragen, „die Kleinbauern für den Sozialismus zu gewinnen", wie Peter Stepp ein paar Tage später, am 10. April 1927, auf einer Konferenz des Unterbezirks Bad Dürkheim formulierte, aber erfüllte sich nicht.[45]

An der Spitze der pfälzischen SPD stand seit 1903 der Ludwigshafener Schreiner und Wirt Bruno Körner. Er wurde 1862 in Kayna in Thüringen geboren und hatte seine ersten politischen Erfahrungen noch unter dem Sozialistengesetz gemacht. 1885 ließ er sich in Ludwigshafen nieder und avancierte sehr schnell zu einem der führenden Gewerkschaftsführer und Sozialde-

Richard Hammer, der Vorsitzende der pfälzischen SPD, 7. v. l., mit den anderen Mitgliedern des Bezirksvorstandes; v. l.: Friedrich Wilhelm Wagner, Fritz Müller, Georg Setzer, Eduard Klement, Karl Forthuber, Heinrich Weber, Susanna Jacobshagen, Marie Wolf, Wilhelm Hofmann, Karl Klingenstein, Franz Bögler und Franz Hund, Aufnahme vom April 1931.

mokraten in der Stadt. 1899 wurde er in den Ludwigshafener Stadtrat gewählt, sechs Jahre später auch in den bayerischen Landtag. Beiden Gremien gehörte er bis zu seinem Tode an. Als Körner 1927 starb, wurde der Ludwigshafener Schriftsetzer und Redakteur Richard Hammer zu seinem Nachfolger gewählt. Wie Körner war auch Hammer kein gebürtiger Pfälzer, sondern stammte aus Metzdorf in Sachsen, wo er am 17. Mai 1879 geboren wurde. Er gehörte also zu jener jüngeren Generation von Sozialdemokraten, die das Sozialistengesetz nicht mehr persönlich erlebt hatten. 1902 kam Hammer nach Ludwigshafen, wo er auch in der SPD rasch Karriere machte. Vor seiner Wahl zum Nachfolger Körners war er Vorsitzender des Ludwigshafener Ortsvereines der SPD, Chefredakteur der „Pfälzischen Post", Stadtrat und schließlich Stellvertreter des Bezirksvorsitzenden.[46]

Wie die meisten führenden pfälzischen SPD-Funktionäre gehörten Körner und Hammer zum rechten, reformistischen Flügel ihrer Partei. Beide waren keine starken, dominierenden Parteiführer, die Akzente gesetzt hätten, so wie vor ihnen Franz Josef Ehrhart oder nach dem Zweiten Weltkrieg Franz Bögler, sondern entsprachen eher dem typischen sozialdemokratischen Parteifunktionär der Weimarer Republik: Geprägt von den sozialpolitischen Zielen der Gewerkschaftsbewegung, in der sie groß geworden waren, stets praxisorientiert, organisationsfixiert und pflichtbewußt. Für revolutionäre Illusionen und Parolen blieb da nur noch wenig Raum. Man hat diese SPD-Funktionäre später immer wieder als „kleinbürgerlich" und „spießig" charakterisiert und dabei meist übersehen, welch wichtigen Beitrag sie für den Ausbau der deutschen Gesellschaft geleistet haben. Was Waldemar Besson über Friedrich Ebert geschrieben hat, gilt uneingeschränkt auch für Körner und Hammer. Auf fast symbolhafte Weise verkörperten beide „die Werte und Ideen einer ganzen sozialen Schicht".[47]

Wichtigste Führungsinstanz war neben dem Parteivorsitzenden der Gau- bzw. Bezirksvorstand, wie er – dem Wunsch nach Modernität folgend – seit 1921 hieß.[48] Dieser wurde bis 1921 von den Mitgliederversammlungen des Ludwigshafener Ortsvereins gewählt und setzte sich traditionsgemäß nur aus Mitgliedern des Vorortes Ludwigshafen sowie den Reichstags- und Landtagsabgeordneten und den Parteisekretären zusammen. Diese starke Fixierung auf Ludwigshafen hatte man gewählt, um den Vorstandsmitgliedern lange und zeitraubende Anfahrtswege zu den Sitzungen zu ersparen und ihnen die Möglichkeit zu geben, schneller und flexibler zu arbeiten. Dabei wurde bewußt in Kauf genommen, daß die anderen Städte und Regionen der Pfalz im Vorstand nur sehr schwach vertreten waren.

Nach der Revolution wurden freilich verschiedentlich Stimmen laut, die die einseitige Zusammensetzung des Vorstandes scharf kritisierten. So forderten Vertreter der Ortsvereine Bad Dürkheim und Speyer beim ersten Gautag im Oktober 1919 eine Änderung der Wahlmodalitäten, scheiterten mit ihrem Vorstoß aber am Widerstand der Parteiführung, die für die Beibehaltung der bisherigen Regel eintrat und die Mehrheit der Delegierten für ihre Position gewinnen konnte. Da die Kritik aber nicht verstummte, wurde zwei Jahre später schließlich doch noch beschlossen, die Zusammensetzung des Vorstandes neu zu regeln. Dieser wurde von nun an von den Bezirksparteitagen gewählt und bestand seither aus den Parteisekretären und neun gewählten Mitgliedern, von denen nur noch vier ihren Wohnsitz in Ludwigshafen haben mußten.

„Karl Schröder-Kurs" im Naturfreundehaus Elmstein vom 23. - 30.6.1929. 1. Reihe am Boden: 3. v. l. Adolf Ludwig mit Sohn; 2. Reihe sitzend: 1. v. l. Lina Rauschert, 2. v. l. Wilhelm Hofmann; letzte Reihe: 5. v. r. Fritz Müller.

Zwar wurde in den darauffolgenden Jahren – vor allem von Ludwigshafener Seite – immer wieder bemängelt, die neue Regelung habe sich nicht bewährt, eine Rückkehr zur alten aber stand nie mehr ernsthaft zur Debatte.

Die Bildung eines einheitlichen Reichstagswahlkreises für die gesamte Pfalz durch die Verordnung über die Wahlen zur Deutschen Nationalversammlung vom 30. November 1918, in den die bis dahin existierenden sechs Einzelwahlkreise aufgingen, machte auch eine Reorganisation der parteiinternen Strukturen der pfälzischen SPD notwendig. Die Parteiführung beschloß daher 1921 die Auflösung der sechs Wahlkreisorganisationen, die bis dahin als organisatorische Zwischenstufe zwischen den Ortsvereinen und dem Gauvorstand fungiert hatten. An ihre Stelle traten 16 Unterbezirke, die – von kleinen Abweichungen abgesehen – sowohl den Stimmbezirken für die Wahlen zum bayerischen Landtag als auch den staatlichen Bezirksämtern entsprachen.[49] Darunter befanden sich zunächst auch noch die beiden Unterbezirke Homburg und St. Ingbert, die seit 1920 zum Saargebiet gehörten und erst am 1. Januar 1923 aus der pfälzischen Parteiorganisation ausgegliedert und dem Bezirk Obere Rheinprovinz angeschlossen wurden. Die „innige Verbindung" mit den „Pfälzer Genossen im Saargebiet", wie die „Pfälzische Post" in ihrer Meldung über die Neuorganisation schrieb, aber blieb bis zum Ende der Weimarer Republik und darüber hinaus erhalten.[50]

Wie in anderen Parteibezirken, so führte der stete Aufschwung der SPD vor 1914 auch in der Pfalz zur Anstellung hauptamtlicher Parteisekretäre, die in erster Linie für die Führung der Parteigeschäfte, die Vorbereitung der Wahlen, die Agitation und den Ausbau der Organisation verantwortlich waren.[51] 1919 hatte die pfälzische SPD zwei Parteisekretariate. An der Spitze des Zentralbüros in Ludwigshafen stand zunächst Friedrich Profit und nach seiner Ernennung zum Sozialpolitischen Referenten beim Ministerium für die besetzten Gebiete der Ludwigshafener Georg Setzer. Das Sekretariat in Homburg, das für die Westpfalz zuständig war, wurde von Heinrich Lieser geleitet. Es bestand bis zur Auflösung der beiden Unterbezirke Homburg und St. Ingbert und ihre Angliederung an den Bezirk Obere Rheinprovinz. Nach der Vereinigung mit der USPD wurden Ende 1922 in Kaiserslautern und Landau zwei weitere Unterbezirkssekretariate eingerichtet und mit den beiden ehemaligen Parteisekretären der pfälzischen Unabhängigen Hans Völker (Kaiserslautern) und Franz Wynands (Landau) besetzt.

Im Frühjahr 1924 mußte das Landauer Sekretariat wegen der angespannten finanziellen Situation der Partei vorübergehend geschlossen werden; der Bezirksvorstand entschied aber bereits im Juni 1925, es neu zu besetzen. Nachfolger Wynands, der aus den Diensten der Partei ausgeschieden war, wurde der Buchdrucker Karl Klingenstein, ein Württemberger aus Gundershofen bei Göppingen, der allerdings schon seit 1908 in Bergzabern lebte. Er trat sein Amt am 1. Oktober 1925 an.[52] Zwei Jahre später gab es auch in der Leitung des Sekretariats in Kaiserslautern einen Wechsel. Hans Völker legte Anfang 1927 sein Amt aus gesundheitlichen Gründen nieder und wurde von dem Pirmasenser Fritz Müller, zu diesem Zeitpunkt auch Vorsitzender der Sozialistischen Arbeiterjugend der Pfalz, abgelöst.

Ähnlich wie in anderen Parteibezirken, so entstanden auch in der pfälzischen SPD in den 20er Jahren zahlreiche parteiinterne Ausschüsse, die sich mit bestimmten politischen Fragen beschäftigten oder sich um die Organisation einzelner sozialer Gruppen und Berufsstände bemühten. Bereits im Dezember 1919 wurde in Ludwigshafen eine eigene Frauen-Agitationskommission ins Leben gerufen.[53] Es folgte die Gründung eines Kommunalpolitischen Ausschusses, eines Bildungsausschusses,[54] eines Verbandes der Parteibibliotheken[55] und

Kurs der Arbeitsgemeinschaft sozialistischer Lehrer in Elmstein, um 1930.

einer Arbeitsgemeinschaft der sozialistischen Lehrer.[56] Ihr Einfluß auf die Partei blieb – sieht man vom Kommunalpolitischen Ausschuß ab – aber relativ gering. Dies gilt auch für die Frauen-Agitationskommission, der es bis zum Ende der Weimarer Republik nur in Ansätzen gelang, Zahl und Organisationsgrad der weiblichen Mitglieder in der Partei zu erhöhen.[57]

Arbeiterjugend und Jungsozialisten

Ein Sorgenkind der pfälzischen Sozialdemokraten blieb auch in der Weimarer Republik die Jugendbewegung.[58] Noch im Jahre 1927 klagte der Bezirksvorstand in seinem Rechenschaftsbericht über die mangelnde Ausbreitung der Sozialistischen Arbeiterjugend (SAJ) und die geringe Anzahl ihrer Mitglieder in der Pfalz, die in „keinem Verhältnis zur Größe der Partei" stünden.[59] Während des Ersten Weltkrieges hatten die wenigen Ortsgruppen der SAJ, die bis dahin entstanden waren, ihre Tätigkeit fast völlig eingestellt. Einige von ihnen wurden zwar unmittelbar nach Kriegsende reorganisiert, der weitere Ausbau aber verlief mühsamer als erwartet. Daran änderte auch die Gründung einer Bezirksorganisation und die Wahl des Ludwigshafeners B. Hamm zum Bezirksleiter wenig. Mitte 1923 hatte die Arbeiterjugend in der Pfalz gerade 2.127 Mitglieder, die in 36 Ortsgruppen organisiert waren. Zu den aktivsten Mitgliedern zählten die Frankenthaler Otto Metz, Ludwig Kohl, Karl Riedel und Adam Haas, die Pirmasenser Otto Wetzstein, Eugen Eberhart, Georg Kaindl,

Versammlung der Sozialistischen Arbeiterjugend in Oggersheim, 1920.

Sozialistische Arbeiterjugend Frankenthal vor dem Gewerkschaftshaus in der Pilgerstraße.

Alois Fritz, Fritz Müller, Erwin Stein und Fritz Volkemer, die Ludwigshafener Kurt Heidelberg, Ernst Kern, Fritz Schott und B. Hamm, der Neustadter Eugen Christ, die Kaiserslauterer Eugen Messerschmitt und Karl Schmitt sowie Fritz Krieg und Valentin Ort aus Annweiler.

Ihre Hauptaufgabe sah die SAJ hauptsächlich in der Erziehung der jungen Generation zum Sozialismus, wie es Ernst Kern anläßlich einer Jugendwerbefeier der SAJ Oppau einmal formulierte.[60] In Schulungsabenden und Wochenendkursen wurde immer wieder über die Geschichte des Sozialismus, sozialistische Theorie und aktuelle politische Themen diskutiert. Neben diesen explizit politischen Aktivitäten entstand aber Mitte der 20er Jahre auch eine ganz spezifische Festkultur, die sich mit ihren Jugendtagen, Sonnwendfeiern, Volkstanzgruppen und Theater- und Rezitationsabenden sehr stark an den Ritualen und Vorstellungen der bündischen Jugendorganisationen orientierte und damit trotz radikaler Terminologie im Grunde fast völlig unpolitisch blieb.

Der passive Widerstand, die Separatistenzeit, die hohe Arbeitslosigkeit unter den Jugendlichen, interne Differenzen zwischen den einzelnen Ortsgruppen – Details sind leider nicht bekannt – führten 1923 zu einem dramatischen Rückgang der Mitgliederzahlen und zur Auflösung zahlreicher Ortsgruppen. Erst als die Bezirksleitung Anfang 1924 von Ludwigshafen nach Pirmasens verlegt wurde und Fritz Müller den bisherigen Bezirksleiter Hamm ablöste, konnte der Zerfallsprozeß der SAJ gestoppt werden. Anfang Mai 1925 wurde auf einer Bezirkskonferenz in Pirmasens auch noch einmal das Verhältnis zur SPD diskutiert und eine engere Zusammenarbeit mit den einzelnen Parteigremien beschlossen. Die Resonanz unter den Jugendlichen aber blieb weiterhin äußerst gering. Erst 1928 stieg die Zahl der Mitglieder wieder an. Im Dezember des darauffolgenden Jahres lag sie schließlich bei 909 Mädchen und Jungen. Der Höchststand vom Sommer 1923 aber konnte bis zum Ende der Weimarer Republik nie mehr auch nur annähernd erreicht werden.

Während es der SAJ aber wenigstens in Ansätzen gelang, eine eigene Organisationsstruktur aufzubauen, blieben die Jungsozialisten, in deren Reihen die 18 bis 25jährigen organisiert werden sollten, in der Pfalz eine völlig unbedeutende politische Kraft, die bis 1933 auf der Suche nach einer eigenen Identität und ihrer spezifischen Rolle in der sozialistischen Arbeiterbewegung der Weimarer Republik war.[61] Zum ersten Mal trafen sich pfälzische Jungsozialisten anläßlich des Arbeiter-Jugendtages in Edenkoben im Juni 1922. Im Zentrum ihrer Diskussionen stand dabei immer wieder die Frage, ob sie sich eine eigene Organisation schaffen oder innerhalb der Partei für ihre Interessen arbeiten sollten. Der Parteivorstand, der in Edenkoben durch

Georg Setzer (1884 - 1962), Aufnahme aus den 20er Jahren.

Georg Setzer vertreten war, lehnte eine eigene Organisation für die Jungsozialisten allerdings kategorisch ab, da sich diese, so die Formulierung von Setzer, wohl sehr bald zu einem „unfruchtbaren Diskutierklub"[62] entwickeln würde. In Wirklichkeit steckte hinter dieser Haltung aber die nicht ganz unberechtigte Furcht der Parteiführung, über kurz oder lang ihren Einfluß auf die Jugendlichen zu verlieren.

Auch in den Reihen der Jungsozialisten, die in Edenkoben zusammengekommen waren, trat nur eine Minderheit für die Bildung einer eigenen Organisation ein. Die Entscheidung über diese Frage blieb noch zwei Jahre in der Schwebe und wurde erst entschieden, als die Delegierten der 1. Bezirkskonferenz der pfälzischen Jungsozialisten am 31. August 1924 in Kaiserslautern beschlossen, in die SPD einzutreten und sich in der Partei zu eigenen „Abteilungen" zusammenzuschließen. Damit war eine Kompromißformel gefunden, welche sowohl die Jungsozialisten als auch die Partei „befriedigen" konnte, wie die „Pfälzische Post" in ihrem Bericht über die Kaiserslauterer Konferenz schrieb.[63] Der Einfluß der Jungsozialisten in der pfälzischen SPD scheint allerdings äußerst gering geblieben zu sein. Im Rechenschaftsbericht der Bezirksleitung für die Jahre 1929 und 1930 wurde dies in aller Deutlichkeit zum Ausdruck gebracht. Über eine besondere Tätigkeit der Jungsozialisten, so hieß es da, könne nur wenig berichtet werden.[64] Aktive Gruppen gab es im Grunde nur in Frankenthal und Pirmasens. Nach den Gründen für das geringe Engagement der Jugendlichen in der SAJ und bei den Jungsozialisten gefragt, verwies die Parteiführung immer wieder auf die Konkurrenz der Sportvereine und die Spaltung der Jugendbewegung in einen parteipolitischen und einen gewerkschaftlichen Flügel. Unübersehbar ist aber auch, daß die meisten der älteren Parteifunktionäre der Jugendbewegung und den Bedürfnissen und der Mentalität der Jugend lange Zeit mit großem Desinteresse und Unverständnis gegenüberstanden.

Bei den Jungsozialisten wurde die Entwicklung wohl auch noch durch ideologische Differenzen und Streitigkeiten zwischen Anhängern des rechten, stark nationalistischen „Hofgeismar Kreises" und des eher linkssozialistischen „Hannoveraner Kreises" belastet. Die pfälzische SPD blieb daher bis zum Ende der Weimarer Republik eine relativ „alte" Partei, in der sich nur wenige junge Leute engagierten. 1927 waren lediglich 19,7 Prozent der Mitglieder jünger als 30 Jahre und sogar nur 8,5 Prozent jünger als 25 Jahre; dagegen lag der Anteil der 40- bis 50jährigen bei 30,5 Prozent und jener der 50- bis 60jährigen bei 15,7 Prozent. 3,0 Prozent der Mitglieder waren sogar älter als 60 Jahre.[65]

Arbeiterjugendtag in Edenkoben 1922, Else Müller und Theo Klan beim Liedvortrag.

Versailles, Reparationen und Separatismus

Nach der Revolution kam Versailles. Als die Alliierten Anfang Mai 1919 die Friedensbedingungen bekanntgaben, brach in der deutschen Öffentlichkeit ein Sturm der Entrüstung los. In der Tat hatte kaum jemand erwartet, daß die Niederlage solch gravierende Folgen haben würde. Der Vertragsentwurf, der der deutschen Delegation vorgelegt wurde, enthielt nicht nur die Forderung nach Reparationen, Gebietsabtretungen und Abschaffung der Wehrpflicht, sondern legte auch fest, daß die alliierten Truppen das linke Rheinufer, das sie seit Anfang Dezember 1918 besetzt hielten, erst nach 15 Jahren wieder räumen mußten – eine Bestimmung, die vor allem in der Pfalz Entsetzen und Empörung auslöste. Man wußte hier nur zu gut, daß die französischen Militärs während des Krieges immer wieder die Verlegung der deutschen Westgrenze an den Rhein und die Bildung autonomer Staaten auf dem linken Rheinufer gefordert hatten.

Wie alle anderen Parteien lehnten auch die pfälzischen Sozialdemokraten den Friedensvertrag zunächst kategorisch ab. Als sich im Verlauf des Juni allerdings herausstellte, daß die Alliierten nicht bereit waren, über die Bedingungen des Vertragswerkes zu verhandeln, lenkten die meisten von ihnen ein und plädierten für die Unterzeichnung. „Die Ablehnung", so begründete die „Pfälzische Post" am 21. Juni 1919 diesen Entschluß, „würde dem deutschen Sozialismus die schwersten Wunden schlagen" und „jeglichen staatlichen und wirtschaftlichen Aufbau unterbinden".[66] Außerdem befürchteten viele, die Franzosen könnten die Ablehnung des Friedensvertrages zum Anlaß nehmen, die Pfalz endgültig vom Reich zu trennen. „Die Not unseres Landes und unseres Volkes", so das Fazit der „Pfälzischen Post" zwei Tage später in einem Bericht über die Bildung des Kabinetts Bauer, „drängt zur Unterschrift, damit unserem schwergeprüften Volke endlich Frieden wird".[67]

Diese Einstellung hat das außen- und reparationspolitische Konzept der pfälzischen SPD auch in den folgenden Jahren maßgeblich geprägt. Auf der einen Seite verlangte die Partei in ihren offiziellen Stellungnahmen zwar stets eine Revision des Versailler Friedensvertrages[68], auf der anderen Seite stellte sie der starren Haltung der rechten Parteien aber eine Politik des guten Willens und der Kooperationsbereitschaft gegenüber. Sie plädierte für die Annahme des Londoner Ultimatums, in dem die Alliierten 1921 ihre Reparationsforderungen präzisierten[69], unterstützte die „Erfüllungspolitik" der Regierung Wirth[70], setzte sich 1924 für die Ratifizierung des Dawes-Abkommens ein[71] und befürwortete 1929 auch den Young-Plan.[72] Den konservativen Parteien warf sie vor, mit ihrer Intransigenz die Einheit des Reiches zu gefährden und das „deutsche Volk in wirtschaftliches und kulturelles Elend" zu führen, wie Hans Völker aus Kaiserslautern am 19. Mai 1924 in der „Pfälzischen Post" schrieb.[73] „Wir müssen versuchen zu zahlen", so hatte Johannes Hoffmann die Haltung seiner Partei bereits 1921 auf einen einfachen Nenner gebracht, „selbst wenn wir wissen, daß wir nicht alles erfüllen können. Wir müssen den allerernstlichsten Versuch machen, soviel wie möglich zu zahlen. Ergibt sich dann aus der Praxis heraus die Unmöglichkeit, die Bedingungen zu erfüllen, dann muß eben wieder versucht werden, die Forderungen zu ändern".[74] Hoffmann und andere pfälzische Sozialdemokraten machten aber auch immer wieder deutlich, daß die Belastungen, die die

Erfüllungspolitik mit sich brachte, gerecht verteilt werden müßten. Es dürfe auf keinen Fall sein, so Susanna Jacobshagen in einer Mitgliederversammlung des Ortsvereines Annweiler am 28. September 1929, daß „die unteren Volksschichten die Lasten zu tragen haben und die besitzenden Klassen die Vorteile ... einheimsen".[75] Diese Forderung entsprach nicht nur traditionellen sozialdemokratischen Vorstellungen, sondern war auch notwendig, um bei den Anhängern der SPD die Bereitschaft zur Unterstützung der mit enormen finanziellen Belastungen verbundenen Erfüllungspolitik aufrecht zu erhalten.

Ergänzt wurde diese Erfüllungspolitik durch den konsequenten Kampf der Partei für die territoriale Einheit des Reiches. Sie bildete in ihren Augen die Voraussetzung für den Wiederaufstieg der Nation, die Festigung der Demokratie und die Einführung des Sozialismus. Einen pfälzischen Sonderweg lehnte sie kategorisch ab. Als Separatisten im Frühjahr 1919 und im Herbst 1923 versuchten, die Pfalz vom Reich zu trennen und eine autonome pfälzische Republik zu gründen, gehörten die Sozialdemokraten daher auch zu den ersten, die den Widerstand dagegen organisierten und sich mit pathetischen Worten zum Deutschen Reich und zur Einheit der Nation bekannten.[76] „Die Pfalz", so hieß es beispielsweise in einem Aufruf, den die Partei am 16. Dezember 1922 in allen pfälzischen Zeitungen publizierte, „muß im engsten kulturellen, staatlichen und wirtschaftlichen Zusammenhang mit Deutschland bleiben und darf durch keine politische und keine Zollgrenze vom Mutterlande getrennt werden. Wir bleiben deutsch, weil die Geschichte, die Wirtschaft, die Kultur unserer Pfalz nie anders als deutsch gewesen ist und nie anders sein kann".[77]

Bei ihrem Kampf gegen die französische Besatzungspolitik und die Separatisten arbeitete die pfälzische SPD von Anfang an

Mai-Demonstration in Großniedesheim in den 20er Jahren.

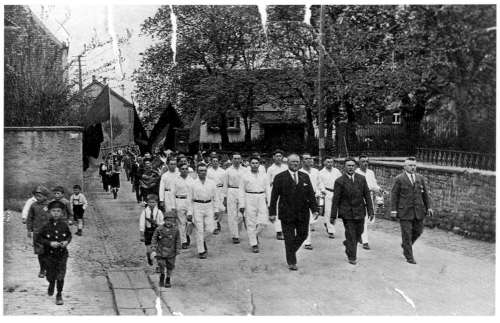

eng mit den bürgerlichen Parteien BVP, DDP und DVP zusammen. Nach dem Kapp-Putsch, dem Sturz der Regierung Hoffmann in München und dem Rechtsschwenk der bayerischen Regierungspolitik, der sowohl von der pfälzischen BVP als auch von der DVP offen begrüßt wurde, führte diese Kooperation aber immer häufiger zu gravierenden Problemen mit der Parteibasis. Vor allem auf dem linken Flügel der SPD wurden Stimmen laut, die die nationale Einheitsfront mit den konservativen Parteien mehr und mehr in Frage stellten. Man sei sich zwar „einig im Protest gegen die Gewaltpolitik Frankreichs", so betonte Johannes Hoffmann am 10. Januar 1923, einen Tag nach dem Einmarsch der Franzosen in das Ruhrgebiet, in einer Mitgliederversammlung des Ortsvereins Ludwigshafen, die „nationalistische Hetze" der rechten Parteien lehne man aber grundsätzlich ab.[78] Als der pfälzische Parteivorstand einige Tage später gemeinsam mit der BVP, der DDP und der DVP eine offizielle Protestresolution gegen die Besetzung des Ruhrgebietes veröffentlichte, wurde die Unruhe in der Partei immer stärker. So forderte beispielsweise der Ortsverein Speyer die Parteiführung auf, den „Trennungsstrich" zu den anderen Parteien in Zukunft schärfer zu ziehen, da sich, wie es in einer Resolution hieß, die Interessen der sozialdemokratischen Arbeiterbewegung von denen „der Bürgerlichen" grundsätzlich unterscheiden würden.[79]

Auch das Verhältnis der pfälzischen SPD zu München hatte sich nach dem Sturz der Regierung Hoffmann grundlegend geändert. Wurde der Kampf gegen den Separatismus 1919 stets mit einem Treuebekenntnis zu dem sozialistisch regierten Freistaat Bayern verbunden, so waren 1923 und 1924 immer mehr pfälzische Sozialdemokraten bereit, die Verbindung ihrer Heimat mit Bayern, das mittlerweile zur rechten „Ordnungszelle" geworden war, aufzugeben. Die „Pfälzische Post" plädierte Anfang Dezember 1923 sogar ganz offen für die Bildung eines „Rhein-Staates" im Rahmen des Reiches. Sie war überzeugt davon, nur so das wirtschaftliche und soziale Chaos und den Sieg der Separatisten in der Pfalz verhindern zu können.[80] Ähnlich hatte in den Wochen zuvor auch Johannes Hoffmann immer wieder argumentiert.[81] Nach dem Ende der Separatistenherrschaft verloren solche Überlegungen aber rasch wieder an Bedeutung.

Koalitionspolitik oder Klassenkampf?

Als im Frühjahr 1920 die ersten Reichstagswahlen stattfanden, verlor die Weimarer Koalition aus SPD, Zentrum und DDP, die sich in der Nationalversammlung zusammengefunden hatte, ihre Mehrheit. Da sich die Sozialdemokraten weigerten, in eine große Koalition mit der rechten DVP einzutreten, blieb ihnen nichts anderes übrig, als in die Opposition zu gehen. In der pfälzischen SPD wurde dieser Schritt von den meisten Parteimitgliedern begrüßt. Die Zusammenarbeit ihrer Partei mit Zentrum und DDP hatten die pfälzischen Sozialdemokraten fast ausnahmslos unterstützt. Da die SPD nicht über die notwendigen Mehrheiten im Parlament verfügte, um eine reine Arbeiterregierung zu bilden, war dies in ihren Augen die einzige Möglichkeit, die parlamentarische Demokratie und die soziale Republik gegen ihre Feinde auf der extremen Rechten und später – nach Erstarken der KPD – auch auf der extremen Linken zu verteidigen. Eine Verbindung mit der DVP, die sich während des Kapp-Putsches äußerst zwiespältig verhalten hatte, aber lehnten sie nach wie vor kategorisch ab. Der Eintritt der SPD in die „gegenwärtige

Regierung", stellte beispielsweise Hermann Bernatz in einer Mitgliederversammlung des Ortsvereines Bad Dürkheim fest, „sei vollständig indiskutabel".[82] Ähnlich äußerten sich in den darauffolgenden Wochen zahlreiche andere SPD-Funktionäre. Die Zusammenarbeit mit der „Stinnes-Partei", so Johannes Hoffmann am 19. September 1920 in einer Wahlkreiskonferenz in Kaiserslautern, wäre eine „gründliche Blamage" für die SPD und komme daher unter keinen Umständen in Frage.[83] Diese Einigkeit zerbrach allerdings rasch. Als die SPD auf ihrem Görlitzer Parteitag im September 1921 die Beteiligung an einer großen Koalition mit Zentrum, DDP und DVP beschloß, schwenkten auch zahlreiche führende pfälzische Sozialdemokraten auf den neuen Kurs der Partei über. Die bekanntesten von ihnen waren Friedrich Ober, Fritz Steffen, Bruno Körner und Friedrich Wilhelm Wagner. Die SPD, so kommentierte die „Pfälzische Post" am 27. September den Görlitzer Beschluß, dürfe nicht freiwillig auf eine Machtposition verzichten, „so lange sie die Hoffnung haben darf, durch ihre Teilnahme an der Regierung für das arbeitende Volk, für Demokratie und Republik nützliche (und) praktische Arbeit zu leisten".[84] Noch prägnanter faßte Fritz Steffen seine Haltung einige Tage später, am 3. Oktober, in einer Mitgliederversammlung der Ludwigshafener SPD zusammen: „Das Mitregieren werde erstrebt, weil es eine wesentliche Verstärkung der Machtposition der Arbeiterklasse bedeute".[85]

An der Parteibasis stießen die Görlitzer Beschlüsse aber nicht nur auf Zustimmung. Immer wieder wurden die Mitglieder des Gauvorstandes, die in zahlreichen Versammlungen für die Entscheidung des Parteitages und den Eintritt in eine große Koalition warben, mit massiver Kritik konfrontiert. So konnte es Fritz Steffen beispielsweise nicht verhindern, daß die Delegierten des Unterbezirks Annweiler-Bergzabern-Dahn in einer Konferenz am 9. Oktober mit großer Mehrheit eine Resolution verabschiedeten, in der eine Zusammenarbeit mit der DVP grundsätzlich abgelehnt wurde. Ähnlich erging es Friedrich Ober in einer Versammlung des Ortsvereins Speyer und in einer Konferenz des Unterbezirks Landau.[86] Auf die Frage, ob die Sozialdemokraten die Interessen des Proletariats besser aus der Opposition heraus oder unter allen Umständen als Regierungspartei wahrnehmen konnten, gab es in der pfälzischen SPD spätestens seit der Niederlage der Arbeiterbewegung nach dem Kapp-Putsch und dem Verlust der parlamentarischen Mehrheit für die Parteien der Weimarer Koalition bei den Reichstagswahlen vom 6. Juni 1920 keine einheitliche Antwort mehr.

Nach der Vereinigung der MSPD mit der USPD zur VSPD im September 1922, die auch in der Pfalz den linken Flügel der Partei wieder stärkte, nahmen die Diskussionen um die Koalitionspolitik der Berliner Parteiführung noch mehr an Schärfe zu. Dies wurde besonders deutlich, als die SPD im August 1923 in die Regierung Stresemann eintrat und schließlich gemeinsam mit Zentrum, DDP und DVP doch noch eine große Koalition bildete. Während die einen in der Zusammenarbeit mit der DVP die einzige Chance sahen, das durch Ruhrbesetzung und passiven Widerstand hervorgerufene politische und wirtschaftliche Chaos zu beseitigen[87], lehnten die anderen eine Koalition mit der Partei Stresemanns nach wie vor strikt ab.[88] Der Ortsverein Speyer beschloß am 17. August 1923 sogar, wegen der Beteiligung der Partei an der großen Koalition keine Mitgliedsbeiträge mehr an die Gauleitung abzuführen, mußte diese Entscheidung jedoch nach einigen Tagen wieder revidieren, weil sie nicht nur in der Parteiführung und in der Presse, sondern auch im eigenen Ortsverein auf scharfe Kritik stieß.[89] Die Diskussion, die dem Beschluß der Speyerer Sozialdemokraten vorausgegangen war, zeigt aber deutlich, wie umstritten die Beteiligung der SPD an der großen Koalition in der Partei war und wie kontrovers die Debatte in den einzelnen Ortsvereinen geführt wurde.

Als die SPD am 2. November 1923 aus der Koalition ausschied – Ursache war die unterschiedliche Behandlung Bayerns und Sachsens durch die Regierung – war das Thema „Große Koalition" zunächst einmal vom Tisch; von der politischen Tagesordnung verschwand es aber nie ganz.[90] Vor allem Friedrich Wilhelm Wagner plädierte immer wieder für den Eintritt der SPD in die Reichsregierung. Er war überzeugt davon, daß die Partei nur dann erfolgreich für die Interessen ihrer Anhänger arbeiten könne, wenn sie auch politische Verantwortung übernehmen würde.[91] Unübersehbar ist aber, daß in den Jahren zwischen 1923 und 1927 auch in der pfälzischen SPD die Zahl derer wuchs, die Koalitionen mit den bürgerlichen Parteien grundsätzlich ablehnten. An ihrer Spitze standen Gerhard Jacobshagen aus Ludwigshafen, seit 1924 Reichstagsabgeordneter, Wilhelm Hofmann aus Kaiserslautern, der Chefredakteur der „Freien Pfälzischen Presse", und Hans Grosius, von 1923 bis 1925 Vorsitzender der SPD in Speyer. Bei ihnen allen hatte der kontinuierliche Machtverlust der Arbeiterbewegung, der spätestens nach den Reichstagswahlen vom 6. Juni 1920 einsetzte und auch durch die Beteiligung an den Regierungen Wirth und Stresemann nicht aufgehalten werden konnte, eine deutliche Distanzierung von der „bürgerlichen Demokratie"[92] und der Koalitionspolitik ausgelöst. Sie forderten die Parteiführung daher immer wieder auf, ihre Politik wieder mehr an sozialistischen Grundsätzen zu orientieren, die „schwarz-rot-goldenen" Kompromisse und Koalitionen aufzugeben[93] und nicht länger die „monarchistisch durchseuchte Klassenrepublik"[94] von Weimar zu unterstützen. „Wir müssen uns wieder dem Marx'schen Standpunkt nähern", so formulierte Wilhelm Hofmann in einer Konferenz der Unterbezirke Speyer, Landau, Germersheim, Bergzabern, Neustadt und Bad Dürkheim am 13. Juli 1925, „die Befreiung des Proletariats aus der Zwingburg des Kapitalismus" könne „nur das Werk der Arbeiterklasse selbst sein".[95]

Im Grunde genommen gab es in den 20er Jahren auch in der pfälzischen SPD nach wie vor zwei unterschiedliche Parteien – eine, die „unbeugsam an der Doktrin vom Klassenkampf festhielt" und die Zusammenarbeit mit den bürgerlichen Parteien

Wilhelm Hofmann (1878 - 1944).

Gerhard Nestler

weitgehend ablehnte, und eine zweite, die den „Klassenkompromiß mit den gemäßigten Bürgerlichen" grundsätzlich bejahte und in der nur umstritten war, wie weit dieser Klassenkompromiß reichen dürfe.[96] Dabei ging es nicht nur um taktische Fragen, sondern um die Identität der SPD als Arbeiterpartei, ihre Stellung zum Weimarer Staat, das Verhältnis von Sozialismus und Demokratie und um die Handlungsspielräume „proletarischer Politik in einer bürgerlichen Demokratie".[97] Das Dilemma der Koalitionsgegner war dabei, daß sie den Befürwortern der Kompromißpolitik keine realistische und erfolgversprechende Alternative entgegensetzen konnten. Ihre Hoffnung, die SPD werde durch eine „zielbewußte, energische Opposition" automatisch zur dominierenden politischen Kraft im Reich – so Gerhard Jacobshagen in einer Unterbezirkskonferenz am 2. Januar 1927 in Speyer[98] –, entsprach zwar alten „marxistischen" Vorstellungen, blieb aber äußerst vage und berücksichtigte nur zum Teil die konkreten Interessen der sozialdemokratischen Wähler. Friedrich Wilhelm Wagner und die anderen Befürworter der Koalitionspolitik wiesen denn auch immer wieder darauf hin, daß die Partei „bei der Blickrichtung auf das große soziale Zukunftsziel" die „Bedürfnisse des Alltags" nicht vergessen dürfe: „Die *heutige* Generation habe auch ein Recht auf Beachtung im politischen Kampfe. Darum sei *jede* Position einzunehmen, von der aus sich für die arbeitenden Klassen etwas erreichen lasse".[99]

Dies mag auch einer der Gründe gewesen sein, warum die vor allem von Friedrich Wilhelm Wagner propagierte Parole „Ran an den Staat"[100], der Wiedereintritt der SPD in die Regierung und die Erneuerung der großen Koalition nach den Reichstagswahlen vom 20. Mai 1928 auch in der pfälzischen SPD kaum auf Widerstand stieß.[101] Sogar Gerhard Jacobshagen und Wilhelm Hofmann verteidigten den neuen Kurs der Partei.[102] Die Regierungsbeteiligung der DNVP in den Jahren 1925 und 1927 sowie der Rechtschwenk der Zentrumspartei nach dem Regensburger Abkommen mit der BVP hatten auch ihnen deutlich gezeigt, daß es längst nicht mehr um die Einführung des Sozialismus, sondern zunächst einmal nur noch um die Verteidigung der Republik und des Weimarer Sozialstaates ging, die von rechts immer häufiger in Frage gestellt wurden. Die Zustimmung der sozialdemokratischen Minister zum Bau des Panzerkreuzers A löste zwar auch in der pfälzischen SPD noch einmal massive Kritik aus, die Koalitionspolitik der Parteiführung aber wurde im Gegensatz zu den vorangegangenen Jahren nicht mehr grundsätzlich in Frage gestellt: „Die Regierungsbeteiligung unserer Partei ist eine Notwendigkeit, die das Interesse der arbeitenden Bevölkerung erheischt ... Die taktische Entgleisung bei der Panzerkreuzerfrage ist belanglos gegenüber dem, was die Ministergenossen schon geleistet haben und sicher noch leisten werden", so äußerte sich Andreas Hub, Mitglied des pfälzischen Bezirksvorstandes, am 15. September 1928 in einer Versammlung des SPD-Ortsvereines Heßheim. Adam Sohn, der Vorsitzende der Heßheimer SPD, pflichtete ihm sofort bei: „Die Parole müsse nun lauten: Über die Kritik hinweg zur praktischen Arbeit".[103]

Demokratie und Sozialismus

Wie überall im Reich, so war die SPD auch in der Pfalz die zuverlässigste und stabilste Stütze der jungen Republik. Sie veranstaltete jedes Jahr eindrucksvolle Verfassungsfeiern[104], führte 1920 den Widerstand gegen den Putsch des rechtsradikalen Generallandschaftsdirektors Wolfgang Kapp an[105], bekämpfte im gleichen Jahr vehement die monarchistischen Bestrebungen in der pfälzischen BVP[106], organisierte 1921 und 1922 zahlreiche Protestversammlungen gegen die Ermordung von Matthias Erzberger und Walter Rathenau durch Mitglieder nationalistischer Freikorpsverbände[107] und gründete 1924 gemeinsam mit Zentrumspartei und DDP das Reichsbanner Schwarz-Rot-Gold, eine republikanische Schutztruppe, deren Aufgabe es sein sollte, die Demokratie gegen ihre Feinde von rechts und links zu verteidigen.[108]

Nicht zu übersehen ist allerdings, daß auch die pfälzische SPD von Anfang an eine äußerst ambivalente Haltung zur bürgerlichen Republik einnahm. Diese war in ihren Augen im Grunde genommen nichts anderes als eine zwar notwendige aber „wenig attraktive Übergangsstufe"[109], die verteidigt werden mußte, weil sonst die Verwirklichung des Sozialismus nicht möglich sein würde. Dies gilt insbesondere für jene Sozialdemokraten, die auf dem linken Flügel der Partei standen. Für Jakob Leonhardt war die Republik nichts anderes als die „Plattform ... auf der sich der Sozialismus aufbauen läßt"[110] und die „Pfälzische Post" nannte sie in einem Artikel zum Verfassungstag, der am 10. August 1928 veröffentlicht wurde, „Hebel", „Wegweiser" und „Zwischenstraße zum Sozialismus". „Nie und nimmer", so heißt es in dem Artikel weiter, „kann und darf uns die Republik Selbstzweck sein. Den Staatsbürger befreite Weimar, noch nicht aber den Menschen an sich, den Sozialmenschen. Der schmachtet nach wie vor unter dem Joche der bürgerlich-kapitalistischen Gesellschafts- und Wirtschaftsordnung. Der erwartet und erhofft von der Sozialdemokratie die zweite große Erlösungstat".[111] Ähnlich argumentierte das Blatt auch im darauffolgenden

Hermann Bernatz (1875 - 1931).

Jahr: „Die politische Demokratie", schrieb es nun, sei für die Arbeiterklasse nicht „Zweck an sich, sondern nur Mittel und Instrument zur Verwirklichung der wirtschaftlichen Demokratie und des Sozialismus". Auch die Reichsverfassung von Weimar sei von Anfang an nur „Übergangsverfassung" gewesen. Sie habe „das Wesen des kapitalistischen Systems" aufrecht erhalten, aufgrund ihres Artikels 156, der die Sozialisierung privater Wirtschaftsunternehmen möglich machte, habe sie aber den „Weg zum Sozialismus" nicht grundsätzlich versperrt.[112] Sei die Arbeiterklasse, die „zahlreichste Berufsklasse" im Reich, erst einmal „im Willen einig", dann könne sie die Verfassung nutzen, all ihre Forderungen durchsetzen und den Sozialismus einführen. Bis dahin sei es Aufgabe der SPD, die Republik gegen alle Angriffe von rechts und links zu verteidigen, für die Sammlung der Arbeiterklasse unter dem sozialdemokratischen Banner zu werben und durch sozialpolitische Reformen die Last, die das kapitalistische System dem Proletariat aufbürdete, zu erleichtern.[113] Dies erwies sich indes als zunehmend schwierig.

Kampf gegen rechts und Vereinigung mit der USPD

Die Gefahr, die der Republik und der parlamentarischen Demokratie von den nationalen und rechtsradikalen Kräften drohte, führte auch in der Pfalz wieder zu einer Annäherung von SPD und USPD, die in den Monaten nach der Revolution fast überall zu einer starken Massenorganisation herangewachsen war. Zwar hatten die politischen Ereignisse und die ideologischen Auseinandersetzungen im Frühjahr 1919 tiefe Gräben zwischen den beiden Parteien aufgerissen und einen erbitterten Bruderkrieg ausgelöst[114], die ständigen Angriffe auf die Republik aber ließen bei vielen Sozialdemokraten – gleich welcher Couleur – den Wunsch nach der Wiedervereinigung von MSPD und USPD immer stärker werden. Einer der ersten, der dies in aller Öffentlichkeit zum Ausdruck brachte, war Hermann Bernatz aus Bad Dürkheim. Er war seit 1918 Vorsitzender der SPD in seiner Heimatstadt und gehörte von 1921 bis 1924 dem Bezirksvorstand der Partei und von 1920 bis 1926 dem pfälzischen Kreistag an. In einer Mitgliederversammlung seiner Partei, die am 13. März 1920, dem Tag des Kapp-Putsches, stattfand, forderte er die Parteiführungen von SPD und USPD mit Nachdruck auf, sich endlich auf ihre Gemeinsamkeiten zu besinnen und die Einheit der Arbeiterbewegung wieder herzustellen.[115] Nur so könne es gelingen, so ergänzte ihn einige Wochen später sein Bad Dürkheimer Parteifreund Peter Stepp, „dem geplanten Schlag der Reaktionäre und Kapitalisten zu begegnen".[116] In der pfälzischen Gauleitung stießen Bernatz, Stepp und die anderen, die sich für die Vereinigung von SPD und USPD stark machten, allerdings auf erbitterten Widerstand. Vor allem Friedrich Profit und Bruno Körner weigerten sich beharrlich, mit der USPD zu verhandeln. Da aber der Ruf nach Einheit nicht mehr verstummte, veröffentlichte der Bezirksvorstand am 19. März 1920 in der „Pfälzischen Post" einen Aufruf, in dem er sich grundsätzlich zum „Zusammenschluß des gesamten werktätigen Volkes" bekannte, gleichzeitig aber auch noch einmal daran erinnerte, daß die USPD nach wie vor die Diktatur des Proletariats fordere und eine Vereinigung der beiden Parteien solange nicht in Frage käme, solange die Unabhängigen ihr Verhältnis zur Demokratie nicht ändern würden. „Wir ersuchen daher unsere Genossen der Pfalz", so hieß es am Ende des Aufrufes, „fest und treu zu unserer Partei zu halten und sich durch lokale Versuche nicht auf eine Bahn drängen zu lassen, die mit Demokratie nichts gemein hat".[117]

Es war daher nicht weiter überraschend, daß es die SPD-Führung einige Wochen später kategorisch ablehnte, für die bevorstehenden Kommunal- und Kreistagswahlen Listenverbindungen mit der USPD abzuschließen. Dies hatten einige Ortsvereine gefordert, um so „eine Zersplitterung der sozialistischen Stimmen und dadurch eine Schädigung des Proletariats" zu verhindern, wie es in einer Resolution des Unterbezirks Germersheim hieß.[118] Am 4. Mai 1920, zwei Wochen nach Abschluß der Wahlen, erläuterte Friedrich Profit in einer Sitzung des Parteiausschusses in Berlin noch einmal die Haltung des Bezirksvorstandes: „Die Listenverbindungen mit den Unabhängigen haben wir von Seiten der Parteileitung auf das strengste abgelehnt", berichtete er, „und es ist auch der ganze Wahlkampf gegen die Unabhängigen geführt worden. Reinlichkeit muß bei uns herrschen. Lieber ehrlich untergehen, als die Grenze verwischen, die unter allen Umständen aufrechterhalten werden muß. Als nach dem Kapp-Putsch die Reaktion im Ruhrgebiet eintrat, als die Welle der Einigungsverhandlungen über Deutschland gegangen ist, haben die Unabhängigen auch bei uns versucht, die Einigung des Proletariats herbeizuführen unter der Parole: 'Einigung auf der Grundlage der Diktatur des Proletariats, Bewaffnung des Proletariats usw.' Das haben wir streng abgelehnt. Wir werden uns auf diese abschüssige Bahn nicht drängen lassen".[119]

Nach der Spaltung der USPD und dem Anschluß ihres linken Flügels an die KPD im Spätherbst 1920 wuchs allerdings selbst in der pfälzischen SPD-Führung die Bereitschaft, eine Vereinigung der beiden sozialdemokratischen Parteien zu überdenken. Als schließlich die Morde an Matthias Erzberger im August 1921 und Außenminister Walter Rathenau im Juni 1922 allen noch einmal auf schreckliche Weise vor Augen führten, wie stark die rechtsradikalen und republikfeindlichen Kräfte mittlerweile geworden waren, gab es in der pfälzischen SPD kaum noch jemanden, der den Zusammenschluß mit der Rest-USPD nicht befürwortet hätte.[120]

Die Vereinigung der beiden Organisationen wurde am 10. Oktober 1922 in der „Pfälzischen Post" offiziell bekanntgegeben: „Nun gilt es, die Reihen zu schließen", schrieb das Blatt, „für die Erhaltung und Befestigung der demokratischen Republik, gegen alle monarchistisch-militaristischen Machenschaften, gegen kapitalistische Ausbeutung, für den Sozialismus".[121]

Heinrich Ober erinnert sich

1917 entstand eine Unabhängige Sozialdemokratische Partei Deutschlands (USPD) durch Abspaltung von der SPD. Im selben Jahr wurde in der Wirtschaft „Zum Jakobsbrunnen" unter Führung von Hans Hess eine Ortsgruppe Speyer dieser Partei gegründet. Mein Vater, Fritz Ober, hat es verstanden, – ich glaube, es war 1919 –, beide Gruppen wieder zu vereinigen. Der Einigungsparteitag dieser beiden großen Parteien fand aber erst im September 1922 in Nürnberg statt.

Ein meinem Vater bekanntes USPD-Mitglied aus Nürnberg besorgte ihm zwei Teilnahmekarten, und so kam es, daß Franz Bögler (19) und ich (17) an diesem denkwürdigen Ereignis teilnehmen konnten. Es war für uns junge Sozialdemokraten ein überwältigendes Erlebnis dabei sein zu dürfen, als sich zum äußeren Zeichen der Vereinigung die Führer der beiden Parteien zur Verbrüderung die Hand reichten. Freudentränen! Nach fünf Jahren erbitterter Gegnerschaft gehörten wir wieder zusammen.

Aus: 125 Jahre Sozialdemokratie für Speyer 1872 - 1997. Beiträge zur Geschichte der SPD in Speyer, Speyer 1997, S. 28.

Die pfälzische SPD und ihre Stellung zu Bayern

Die „monarchistisch-militaristischen" Kreise, von denen im Aufruf der „Pfälzischen Post" die Rede ist, waren besonders im rechtsrheinischen Bayern aktiv geworden. Dort amtierten seit dem Sturz der Regierung Hoffmann und der Landtagswahl vom 6. Juni 1920 bis zum Ende der Weimarer Republik nur noch bürgerliche Kabinette aus BVP, Bauernbund, DDP und Mittelpartei, dem bayerischen Ableger der DNVP. Die SPD dagegen saß in der Opposition und hatte fast allen Einfluß auf das politische Geschehen im Lande verloren.

Diese Entwicklung blieb natürlich nicht ohne Folgen für das Verhältnis der pfälzischen Sozialdemokraten zu Bayern. Nach der Revolution hatten sie jede Gelegenheit genutzt, um sich offen zum neuen bayerischen Volksstaat zu bekennen. „Wir verurteilen grundsätzlich alle Loslösungsbestrebungen", so lautete die Parole, die Friedrich Profit am 30. März bei einer Konferenz der sozialdemokratischen Vertrauensleute und Gewerkschaftsvertreter in Neustadt an der Haardt ausgab und ein paar Tage später in einem vielbeachteten Zeitungsartikel noch einmal bekräftigte.[122] Auch der Kampf gegen die Separatisten wurde stets mit einem lautstarken Bekenntnis zu Bayern verknüpft.

In der Tat gab es für die pfälzische SPD 1918 und 1919 keinerlei Grund, über eine Trennung von München nachzudenken, wie dies beispielsweise beim rechten Flügel der pfälzischen BVP immer wieder geschah. Die Sozialdemokraten waren die bestimmende politische Kraft im Lande und stellten seit der Ermordung Eisners mit Johannes Hoffmann sogar den Ministerpräsidenten. Als nach dem Sturz Hoffmanns und der Bildung der Regierung Kahr aber Gerüchte auftauchten, der neue Ministerpräsident wolle gemeinsam mit Georg Heim, dem Gründer der BVP, Bayern vom Reich trennen und die Monarchie wieder einführen, wurde auch in der pfälzischen SPD immer häufiger über die staatsrechtliche Zukunft der Pfalz nachgedacht. Der erste, der dies in aller Offenheit tat, war Johannes Hoffmann: „Eine Loslösung Bayerns vom Reich wäre zugleich die Loslösung der Pfalz von Bayern", so sagte er in seiner Rede beim Außerordentlichen Bezirkstag der pfälzischen SPD am 11. Mai 1920, nur wenige Wochen nach seinem Sturz, in Neustadt an der Haardt. „Das sollen Heim und seine Gesinnungsgenossen sich gesagt sein lassen und das mag auch die Regierung Kahr sich merken: In dem Augenblick, in dem Bayern aufhört, deutsch zu sein, bleibt die Pfalz deutsch und hört auf, bayerisch zu sein. Und in dem Augenblick, in dem in Bayern gegen Recht und Verfassung die Fürsten wiederkehren, entsteht als Teil des Deutschen Reiches die freie pfälzische Republik".[123] In der konstituierenden Sitzung des neugewählten pfälzischen Kreistages, die neun Tage nach dem Parteitag am 20. Mai in Speyer stattfand, stimmte die SPD zwar noch einmal einer Resolution zu, in der die Zugehörigkeit der Pfalz zu Bayern bekräftigt wurde, in einer Zusatzerklärung wies Friedrich Profit aber in aller Deutlichkeit darauf hin, daß die Resolution für die SPD nur solange Gültigkeit besitze, solange Bayern Teil des Deutschen Reiches sei und die „partikularistischen Kräfte ..., die auf eine Unterwühlung der Reichseinheit mit dem Endziel der Separation Bayerns vom Reich" hinarbeiteten, nicht zum Erfolg kommen würden.[124]

Diese politische Linie bestimmte auch in den folgenden Jahren die Haltung der pfälzischen SPD. In einem Aufruf „an die werktätige Bevölkerung der Pfalz", den der Bezirksvorstand am 14. Februar 1921 nach einem Vertretertag der Partei in Neustadt veröffentlichte, wurde sie auf einen einfachen Nenner gebracht: „Mit Bayern für das Reich: Jawohl! Mit Bayern gegen das Reich: Niemals!"[125] Während der Tagung hatten vor allem Friedrich Wilhelm Wagner und Johannes Hoffmann immer wieder auf eine klare Entscheidung gedrängt. Die SPD müsse „mit allen Mitteln" für die Einheit des Reiches eintreten, so hatte Wagner gefordert: Man dürfe nicht sagen: „Pfalz unter allen Umständen mit Bayern, sondern Pfalz stets mit Deutschland." Ähnlich konsequent war die Stellungnahme von Hoffmann, der deutlich zum Ausdruck brachte, daß die SPD im Kampf zwischen Berlin und München „unbedingt auf Seiten des Reiches" stehen müsse.[126]

Konflikte gab es in der Tat genug. Auf Kritik stieß in der pfälzischen SPD vor allem die Zusammenarbeit der bayerischen Regierung mit militaristischen und rechtsradikalen Organisationen und ihre Weigerung, die 1919 zur Bekämpfung der Räterepublik gegründeten Einwohnerwehren aufzulösen oder den nach der Ermordung Erzbergers verhängten Ausnahmezustand auf Bayern zu übertragen.[127] Die Pfälzer befürchteten, die Franzosen könnten die Politik Kahrs als Vorwand benutzen, um das besetzte Gebiet doch noch vom Reich abzutrennen. Dies belegt auch die Rede von Bruno Körner auf dem Parteitag der SPD in Görlitz. Die bayerische Regierung, so berichtete er, treibe eine Politik, die keinerlei Rücksicht auf die politische Situation des besetzten Gebietes nehme und die gesamte Existenz der Pfalz aufs Spiel setze.[128] Auf ihrem Bezirksparteitag, der einige Wochen vor Görlitz, am 9. und 10. Juli 1921, in Kaiserslautern stattfand, hatten die pfälzischen Sozialdemokraten Kahr ebenfalls heftig attackiert und ihm in einer einstimmig verabschiedeten Entschließung vorgeworfen, mit seiner „reaktionären" Politik die „Interessen der Pfalz vollständig geopfert" zu haben.[129]

Das ohnehin angespannte Verhältnis der pfälzischen SPD zur bayerischen Regierung verschlechterte sich noch mehr, als der neue Ministerpräsident Graf Lerchenfeld, der im September 1921 die Nachfolge von Kahrs angetreten hatte, die nach der Ermordung Rathenaus vom Reichspräsidenten erlassenen Notverordnungen zum Schutz der Republik suspendierte und der Landtag stattdessen eine eigene bayerische Notverordnung verabschiedete. Johannes Hoffmann, Bruno Körner, Richard Hammer und zahlreiche andere Sozialdemokraten warfen Lerchenfeld und der bayerischen Regierung daraufhin vor, die Verfassung gebrochen zu haben und wieder einmal die Einheit des Reiches in Frage zu stellen.[130] Vor allem Hoffmann, der die politische Entwicklung im rechtsrheinischen Bayern seit seiner Demission besonders kritisch verfolgte, fand deutliche Worte. In einer außergewöhnlich stark besuchten Versammlung des SPD-Ortsvereins Ludwigshafen, die am 4. August 1922 im Saal des städtischen Gesellschaftshauses stattfand, ging er auch auf die Konsequenzen ein, die die Politik der bayerischen Regierung auf das Verhältnis der Pfalz zu München haben könnte. Er ließ dabei keinen Zweifel daran, daß die pfälzische SPD im Falle eines ernsthaften Konfliktes immer auf Seiten des Reiches stehen und dies notfalls „durch die Tat"[131] beweisen würde: „Die Frage, ob es eine Pfalzfrage gibt, beantworte ich mit Ja und Nein", so sagte er. „Solange die bayerische Regierung auf dem Boden der Reichsverfassung bleibt und den Reichsgesetzen sich fügt, solange gibt es für uns keine Pfalzfrage. Sollte aber im Verlauf dieses oder des nächsten Konfliktes Bayern ausdrücklich dem Reich den Gehorsam verweigern und zur offenen Rebellion übergehen und deshalb das Reich zu Zwangsmaßnahmen schreiten müssen, dann gibt es eine Pfalzfrage und dann hoffe ich, steht die ganze Pfalz auf der Seite des Reiches. Mit Bayern als einem Rebellen gegen das Reich haben wir keine Gemeinschaft".[132]

Die Situation entspannte sich erst wieder nach der Unterzeichnung des „Berliner Protokolls" am 11. August 1922, in dem sich die Münchener Regierung verpflichtete, die Notverordnungen des Reiches auch in Bayern durchzuführen. Die Diskussionen, die in den Wochen zwischen dem 26. Juni und dem 11. August geführt worden waren, hatten allerdings deutlich gemacht, daß es in der pfälzischen SPD kaum noch jemanden gab, der eine Trennung der Pfalz von Bayern nicht begrüßt hätte.

Dies sollte sich im darauffolgenden Herbst bestätigen. Um die immer mehr zunehmende Radikalisierung im Lande besser in den Griff zu bekommen und die zahlreichen monarchistischen und militaristischen Verbände stärker an den Staat zu binden, hatte der bayerische Ministerrat am 26. September 1923 von Kahr zum Generalstaatskommisar ernannt und ihm – der Artikel 64 der Landesverfassung ermöglichte dies – die gesamte vollziehende Gewalt im Staate übertragen. Kahr nützte diese Machtfülle, um Bayern weiter zur „rechten Ordnungszelle" auszubauen. Er verbot die Sicherheitsabteilungen der bayerischen SPD, hob die Durchführungsbestimmungen des Republikschutzgesetzes auf, untersagte die Einfuhr sozialistischer Zeitungen und ließ am Morgen des 22. Oktober die bayerischen Reichswehrkontingente auf den Staat Bayern verpflichten.

Damit schien eingetroffen, wovor die Sozialdemokraten stets gewarnt hatten: Bayern befand sich in offener Rebellion gegen

Demonstrationszug in der Frankenthaler Wallonenstraße in den 20er Jahren.

das Reich. Am selben Abend noch tagte in Ludwigshafen der erweiterte Bezirksvorstand der pfälzischen SPD, um über die neue Lage zu beraten. Nach einer äußerst lebhaften Diskussion beschlossen die Anwesenden, endlich reinen Tisch zu machen: Die Pfalz sollte von Bayern getrennt werden und den Status eines selbständigen Landes im Verband des Deutschen Reiches annehmen. Sie hofften damit auch, den Vormarsch der rheinischen Separatisten zu stoppen, die am Tag zuvor in Aachen geputscht hatten und nun nach Süden drängten. Johannes Hoffmann, Friedrich Wilhelm Wagner und der Ludwigshafener Bürgermeister Paul Kleefoot, die sich im Verlauf der Diskussion besonders vehement für die Trennung der Pfalz von München ausgesprochen hatten, erhielten vom Bezirksvorstand den Auftrag, am nächsten Morgen General de Metz, den Kreisdelegierten der französischen Besatzungsbehörden, in Speyer aufzusuchen und ihn über den Beschluß des Bezirksvorstandes zu informieren. Als sich freilich in den folgenden Tagen herausstellte, daß weder die anderen pfälzischen Parteien noch die SPD-Führung in Berlin bereit sein würden, die Gründung einer selbständigen Pfalz zu unterstützen, beschloß der Bezirksvorstand am 27. Oktober die Aktion abzubrechen.[133] Selbst in der eigenen Partei hatte der Plan nicht nur Zustimmung gefunden. Adolf Ludwig zum Beispiel sprach sich immer wieder mit Vehemenz gegen eine territoriale Neuordnung, gleich welcher Art, im besetzten Gebiet aus, weil „jede Änderung", wie er notierte, „ein Entgegenkommen an die machtpolitischen Absichten Frankreichs" bedeuten würde.[134]

Nach dem Rücktritt Kahrs im Februar 1924 und der Wahl des bisherigen Vorsitzenden der BVP-Fraktion, Heinrich Held, zum neuen bayerischen Ministerpräsidenten, verlor die Diskussion über die staatsrechtliche Zukunft der Pfalz viel von ihrer Brisanz. Da sich Held offen von der Politik Kahrs distanzierte und den Einfluß der nationalistischen und rechtsradikalen Organisationen konsequent zurückdrängte, bestand im Grunde genommen für die pfälzische SPD kein Anlaß mehr, die Trennung der Pfalz vom rechtsrheinischen Bayern zu fordern. Völlig verschwand die Pfalzfrage indes nie von der politischen Bühne. So wurden immer wieder Gerüchte laut, Johannes Hoffmann und andere führende pfälzische Sozialdemokraten würden sich hinter den Kulissen nach wie vor für eine Neuordnung der Ländergrenzen im deutschen Südwesten einsetzen und nun für einen Anschluß der Pfalz an Baden plädieren, wo im Gegensatz zu Bayern seit 1919 eine Weimarer Koalition aus SPD, Zentrum und DDP regierte und das Land zu einer festen republikanischen Bastion ausgebaut hatte.[135] Konkrete Pläne, die diese Gerüchte bestätigt hätten, wurden allerdings nie bekannt.

Fazit

Am 6. und 7. Juli 1929 fand in der Fruchthalle in Kaiserslautern der 34. Bezirksparteitag der pfälzischen SPD statt. Er stand ganz im Zeichen der bevorstehenden Kommunal- und Kreistagswahlen. Aus allen Reden, die an den beiden Tagen in der Barbarossastadt gehalten wurden, war Zuversicht und Optimismus herauszuhören.[136] Dies schien auf den ersten Blick auch durchaus gerechtfertigt. Aus den letzten Reichstagswahlen, die ein Jahr zuvor, am 20. Mai 1928, stattgefunden hatten, war die pfälzische SPD mit dem besten Ergebnis seit den Wahlen zur Nationalversammlung hervorgegangen, mit Hermann Müller war ein paar Wochen später zum erstenmal wie-

Gerhard Nestler 323

der seit 1920 ein Sozialdemokrat zum Reichskanzler gewählt worden, die Mitgliederzahlen der Partei gingen auch in der Pfalz wieder nach oben, das traditionsreiche sozialdemokratische Milieu mit seinen zahlreichen Vereinen und Organisationen hatte sich nach den Wirren der Parteispaltung und der Inflation wieder gefestigt, die SPD stellte in der Pfalz 34 erste, 48 zweite und 10 dritte Bürgermeister und fast ein Drittel aller Mandate in den Kommunalvertretungen[137], das Reichsbanner war nach einigen Anfangsschwierigkeiten zu einer stattlichen Schutztruppe der Republik herangewachsen und die Weimarer Demokratie schien endlich zu Stabilität und Handlungsfähigkeit gefunden zu haben.

Bei genauerem Hinsehen wird allerdings sehr schnell deutlich, daß die Bilanz der SPD keineswegs so positiv ausfiel, wie viele pfälzische Sozialdemokraten glaubten. Das große Ziel der Partei – der sozialistische Volksstaat – lag nach wie vor in weiter Ferne. Da die SPD außerparlamentarische und revolutionäre Aktionen kategorisch ablehnte, hätte sie zur Verwirklichung des Sozialismus die Mehrheit im Reichstag und in den Landtagen der deutschen Einzelstaaten benötigt. Davon war sie aber noch weit entfernt, auch wenn die Wahlen vom Mai 1928 Stimmgewinne gebracht hatten. Nicht einmal alle Arbeiter stimmten für die SPD; ein ganz erheblicher Teil von ihnen wählte nach wie vor eine bürgerliche Partei – in erster Linie wohl das Zentrum. Dies gilt auch für die Pfalz. Aber selbst wenn sie sich bei den Wahlen alle für die SPD entschieden hätten, wäre wohl keine Mehrheit zustande gekommen, da der soziale Umschichtungsprozeß der deutschen Gesellschaft, der in der Weimarer Republik rasche Fortschritte machte, zu einer Stagnation des Anteils der Arbeiter an der Gesamtzahl der Erwerbstätigen führte und den Dienstleistungssektor gleichzeitig kräftig anwachsen ließ. Um eine parlamentarische Mehrheit zu erreichen, hätte die SPD also auch nicht-proletarische Schichten – Kleinbauern, Handwerker, Kleinhändler und andere Selbständige – für sich gewinnen müssen. Das ist ihr aber bis 1933 nicht gelungen. Die antisozialistischen Ressentiments dieser Gesellschaftsgruppen saßen zu tief. Schuld daran, so glauben nicht wenige Historiker, sei das „rigide marxistische Klassenschema"[138] gewesen, das der täglichen Praxis der Partei im Grunde völlig widersprach und sie dazu verurteilte, politische Minderheit zu bleiben. Andererseits darf aber nicht übersehen werden, daß die SPD bei einem „gemäßigten Kurs" zwar an Attraktivität für „bürgerliche Randgruppen" gewonnen, gleichzeitig aber wohl auch einen nicht unbeträchtlichen Teil ihrer Anhänger an die KPD verloren hätte.[139] Sie wäre also auch auf diesem Wege Minderheit geblieben. Aus diesem Dilemma gab es keinen Ausweg. Im Grunde genommen blieb der SPD also nichts anderes übrig, als „Interessenpolitik"[140] im Rahmen des bürgerlich-kapitalistischen Gesellschaftssystems zu machen und die sozialen Interessen des Proletariats und der kleinbürgerlichen Schichten, die sich von diesem kaum mehr unterschieden, zu vertreten. Dies wurde allerdings immer schwieriger. Zum einen fiel es der SPD von Anfang an schwer, einen „Ausgleich zwischen Grundsatzfragen und politischen Machtfragen"[141] zu schaffen; zum anderen ist unübersehbar, daß sich die „gesellschaftlichen Gewichte" spätestens seit der Inflation immer mehr zugunsten des Unternehmerlagers verschoben. „Klassenkampf von oben, Klassenjustiz, Klassenwirtschaft: Das waren nicht nur polemische Schlagworte, sondern ... soziale Realitäten".[142] Nun rächte sich, daß es die SPD 1918 und 1919 versäumt hatte, der bürgerlichen Demokratie ein „festeres soziales Fundament"[143] zu geben. Die Sozialdemokraten, am Anfang der Weimarer Republik die maßgebliche politische Kraft, waren 1929 längst in die Defensive geraten – auch in der Pfalz.

Anmerkungen:
1 „Pfälzische Post" v. 12.11.1918 („Der Landrat der Pfalz unter der Volksherrschaft").
2 Die Geschichte der pfälzischen SPD in der Weimarer Republik ist noch nicht geschrieben. Nur für Ludwigshafen und Landau liegen größere Einzelstudien vor, vgl. Hans Blinn, Die Sozialdemokratische Partei Deutschlands in der Stadt Landau in der Pfalz von 1918-1933, Diss. Heidelberg 1966, und Dieter Schiffmann, Die Ludwigshafener Sozialdemokratie in der Weimarer Republik, in: Der Freiheit und Demokratie verpflichtet. Beiträge zur Geschichte der Ludwigshafener Sozialdemokratie, Neustadt/W. 1986, S. 53-83. Der folgende Beitrag will einige wichtige Aspekte der Geschichte der pfälzischen SPD in der Weimarer Republik analysieren, eine Gesamtdarstellung dieses Abschnittes der Parteigeschichte will und kann auch er nicht sein. Sein Titel ist der „Pfälzischen Post" vom 25.6.1932 entnommen. Er war das Motto des 37. Bezirksparteitages der pfälzischen SPD, der am 26. Juni 1932 in Neustadt a. H. tagte, kann aber auch auf die hier behandelte Zeit von 1918 bis 1929 übertragen werden. Auf weiterführende Literatur, wie es sich für einen solchen Aufsatz ziemte, wurde aus Platzgründen verzichtet. Belegt wurden lediglich Quellen und wörtliche Zitate aus der Literatur. Grundsätzlich sei an dieser Stelle aber verwiesen auf Klaus Schönhoven, Reformismus und Radikalismus. Gespaltene Arbeiterbewegung im Weimarer Sozialstaat, München 1989, und auf das zweibändige Werk von Heinrich August Winkler, Von der Revolution zur Stabilisierung. Arbeiter und Arbeiterbewegung in der Weimarer Republik 1918 bis 1924 und Der Schein der Normalität. Arbeiter und Arbeiterbewegung in der Weimarer Republik 1924 bis 1930, Berlin/Bonn 1984/1985.
3 Alfred Kastning, Die deutsche Sozialdemokratie zwischen Koalition und Opposition 1919-1923, Paderborn 1970, S. 9.
4 Hagen Schulze, Weimar. Deutschland 1917-1933, Berlin 1982, S. 73.
5 Sigmund Neumann, Die Parteien der Weimarer Republik, Berlin 1932, zitiert nach der Neuauflage, Stuttgart 1965, S. 28.
6 Hagen Schulze, Die SPD und der Staat von Weimar, in: Michael Stürmer (Hrsg.), Die Weimarer Republik. Belagerte Civitas, Königstein/Ts. 1980, S. 272-286, Zitat S. 275.
7 Schulze, Weimar (wie Anm. 4), S. 73.
8 „Vorwärts" v. 19.12.1924, zitiert nach Schulze, SPD (wie Anm. 6), S. 276.
9 „Pfälzische Post" v. 9.11.1918 („Die revolutionäre Bewegung in Deutschland").
10 Ebd., Ausgabe v. 7.11.1918 („Kundgebung der Frankenthaler Arbeiterschaft für Frieden und Freiheit").
11 Vgl. Alfred Hermann, Die Geschichte der pfälzischen USPD, Neustadt/W. 1989, S. 113-116.
12 „Pfälzische Post" v. 25.11.1918 („Die Volksbewegung in der Pfalz").
13 So die Formulierung von Susanne Miller, Die Sozialdemokratie in der Spannung zwischen Oppositionstradition und Regierungsverantwortung in den Anfängen der Weimarer Republik, in: Hans Mommsen (Hrsg.), Sozialdemokratie zwischen Klassenbewegung und Volkspartei, Frankfurt/M. 1974, S. 84-96, Zitat S. 94.
14 Heinrich August Winkler, Klassenkampf oder Koalitionspolitik? Grundentscheidungen sozialdemokratischer Politik 1919-1925, Heidelberg 1992, S. 7.
15 „Pfälzische Post" v. 2.12.1918 („Tagung der pfälzischen Arbeiter- und Volksräte in Neustadt a. H.").
16 Ebd., Ausgabe v. 26.11.1918 („Wie wird Sozialismus?").
17 Ebd., Ausgabe v. 20.3.1919 („Der Aufstieg des Sozialismus").
18 Vgl. Jürgen Falter/Thomas Lindenberger/Siegfried Schumann, Wahlen und Abstimmungen in der Weimarer Republik, München 1986, S. 67.
19 „Pfälzische Post" v. 21.1.1919 („Die Wahlen in der Pfalz").
20 Ebd., Ausgabe v. 30.5.1919 („Die Notwendigkeit der Koalition").
21 Ebd., Ausgabe v. 23.6.1919 („Die Bildung des neuen Kabinetts").
22 Ebd., Ausgabe v. 10.4.1919 („Die 'dritte Revolution' in Bayern").
23 Ebd., Ausgabe v. 11.4.1919 („Die Parteien der Pfalz für die Regierung Hoffmann und gegen die Räte-Republik").
24 Ebd., Ausgabe v. 5.5.1919 („Zur Lage in Bayern").
25 So Karl Dietrich Erdmann, Die Geschichte der Weimarer Republik als Problem der Wissenschaft, in: VfZG 3 (1955), S. 1-19.
26 „Pfälzische Post" v. 12.3.1919 („Demokratie oder Diktatur").
27 Vgl. Heinrich August Winkler, Spielräume der Sozialdemokratie. Zur Rolle der SPD in Staat und Gesellschaft der Weimarer Republik, in: Volker Rittberger (Hrsg.), 1933. Wie die Republik der Diktatur erlag, Stuttgart 1983, S. 61-75, hier S. 62-63.

28 Ebd., S. 63.
29 „Pfälzische Post" v. 28.10.1919 („26. Gautag der Sozialdemokratischen Partei der Pfalz").
30 Miller (wie Anm. 13), S. 97.
31 Die folgenden Wahlziffern stammen aus: Zeitschrift des Bayerischen Statistischen Landesamtes 51 (1919), S. 868, 891-892; 53 (1921), S. 253, 284 f, 293; 56 (1924), S. 255, 322-323; 57 (1925), S. 183-184; 60 (1928), S. 534-535, 472-473; vgl. auch: Die Ergebnisse der Reichstagswahlen vom 20. Mai 1928 und 7. Dezember 1924 in den Gemeinden der Pfalz, bearb. v. Karl Moll, Ludwigshafen/Rh. 1928.
32 „Pfälzische Post" v. 7.6.1920 („Die Wahl am 6. Juni") und 8.6.1920 („Das Wahlergebnis für den Reichstag in der Pfalz").
33 Ebd., Ausgabe v. 8.6.1920 („Das Wahlergebnis für den Reichstag in der Pfalz").
34 SPD Bezirk Pfalz. Bericht für die Zeit vom 1. April 1923 bis 31. März 1924, Ludwigshafen o.J. (1924), S. 31.
35 „Pfälzische Post" v. 28.10.1919 („26. Gautag der Sozialdemokratischen Partei der Pfalz").
36 Hierzu und zum folgenden vgl. die Aufstellung von Eris J. Keim in diesem Buch.
37 Zum folgenden vgl. SPD Bezirk Pfalz. Bericht für die Zeit vom 1. April 1920 bis 31. März 1921, Ludwigshafen o.J. (1921), S. 5-13; Bericht 1923/24 (wie Anm. 34), S. 26-27; SPD Bezirk Pfalz. Bericht für die Zeit vom 1. Januar 1927 bis 31. Dezember 1927, o.O., o.J. (1928), S. 20 und S. 39-42; SPD Bezirksverband Pfalz. Berichte 1929 und 1930, o.O., o.J. (1931), S. 53-62; sowie: „Pfälzische Post" v. 16.10. und 28.10.1919, 1.7.1921, 11.7., 6.7. und 15.7.1922, 26.3. und 18.7.1923, 16.2.1925, 25.3.1927, 23.3. und 26.3.1928 und 8.7.1929.
38 „Pfälzische Post" v. 22.11.1918 („Aufruf an unsere Parteigenossen der Pfalz").
39 Ebd., Ausgabe v. 15.2.1921 („Die Konferenz der Sozialdemokratischen Partei der Pfalz in Neustadt ").
40 Ebd., Ausgabe v. 16.10.1919 („Konferenz des 2. Pfälzischen Wahlkreises").
41 LA Speyer, Best. R 12, Nr. 522 (Schreiben des Bezirksamtes Kusel an die Regierung der Pfalz v. 7.1.1919).
42 „Pfälzische Post" v. 1.7.1921 („Jahresbericht der Sozialdemokratischen Partei Bezirk Pfalz").
43 Ebd., Ausgabe v. 25.3.1927 („Bericht des Bezirksvorstandes der pfälzischen Sozialdemokratie").
44 Ebd., Ausgabe v. 28.3.1927 („Das Agrarprogramm der Partei").
45 Ebd., Ausgabe v. 16.4.1927 („Aus den pfälzischen Parteiorganisationen: Unterbezirkskonferenz in Bad Dürkheim").
46 Vgl. Willi Breunig, Soziale Verhältnisse der Arbeiterschaft und sozialistische Arbeiterbewegung in Ludwigshafen am Rhein 1869-1919, Ludwigshafen a. Rh. 2. Aufl. 1990, S. 693-696 und S. 714-718.
47 Zitiert nach Peter-Christian Witt, Friedrich Ebert. Parteiführer, Reichskanzler, Volksbeauftragter, Reichspräsident, Bonn 3. Aufl. 1992, S. 17-18.
48 Vgl. die Aufstellung von Eris J. Keim in diesem Buch, sowie die „Pfälzische Post" vom 28.10.1919, 11.7.1921 und 10.11.1923.
49 Vgl. Bericht 1920/21 (wie Anm. 37), S. 13.
50 „Pfälzische Post" v. 26.2.1923 („Unsere Parteiarbeit in der Pfalz").
51 Vgl. Bericht 1920/21 (wie Anm. 37), S.4; Bericht 1923/24 (wie Anm. 34), S. 27; sowie die „Pfälzische Post" vom 28.10.1919, 1.7., 22.11.1921, 11.10., 4.11.1922, 29.3.1924, 23.6.1925 und 25.3.1927.
52 Vgl. Blinn, (wie Anm. 2), S. 165.
53 „Pfälzische Post" v. 5.12.1919 („Frauenversammlung des Sozialdemokratischen Vereins Ludwigshafen").
54 Bericht 1920/21 (wie Anm. 37), S. 16, sowie: „Pfälzische Post" v. 18.7.1923 („Ein Jahr Parteiarbeit unter schwierigen Verhältnissen").
55 „Pfälzische Post" v. 25.3.1927 („Bericht des Bezirksvorstandes der pfälzischen Sozialdemokratie").
56 Ebd., Ausgabe v. 16.2.1920 („Arbeitsgemeinschaft sozialistischer Lehrer der Pfalz").
57 Vgl. den Beitrag von Ute Renner in diesem Buch.
58 Vgl. Bericht 1927 (wie Anm. 37), S. 33-35; Berichte 1929 und 1930 (ebenfalls wie Anm. 37), S. 43-45; sowie: „Pfälzische Post" vom 11.7.1921, 6.6.1922, 18.7.1923, 11.1.1924, 23.5.1925, 30.3.1926, 1.2., 3.3. und 25.3.1927, 28.2., 23.3. und 19.10.1928, 31.1., 26.2. und 3.7.1929.
59 „Pfälzische Post" v. 25.3.1927 („Bericht des Bezirksvorstandes der pfälzischen Sozialdemokratie").
60 Ebd., Ausgabe v. 19.10.1928 („Jugendfeier der sozialistischen Arbeiterjugend Oppau").
61 Vgl. Bericht 1927 (wie Anm. 37), S. 34-35; Bericht 1929 und 1930 (ebenfalls wie Anm. 37), S. 45; sowie: „Pfälzische Post" v. 6.6.1922, 4.9. und 9.10.1924, 25.3.1927, 23.3. und 19.9.1928, 3.7. und 25.10.1929.
62 „Pfälzische Post" v. 6.6.1922 („Pfälzischer Arbeiter-Jugendtag in Edenkoben").
63 Ebd., Ausgabe v. 4.9.1924 („Zusammenschluß der Jungsozialisten der Pfalz").
64 Vgl. Bericht 1929 und 1930 (wie Anm. 37), S. 45.
65 „Pfälzische Post" v. 25.3.1927 („Bericht des Bezirksvorstandes der pfälzischen Sozialdemokratie").
66 Ebd., Ausgabe v. 21.6.1919 („Unterzeichnen?").
67 Ebd., Ausgabe v. 23.6.1919 („Die Bildung des neuen Kabinetts").
68 Vgl. beispielsweise ebd., Ausgabe v. 19.7.1920 („Nachklänge zur Konferenz von Spa").
69 Ebd., Ausgabe v. 19.5.1921 („Des Reiches Not

70 Ebd., Ausgabe v. 29.4.1924 („Stürmische Wählerversammlung in Frankenthal").
71 Ebd., Ausgaben v. 22.8.1924 („Die Sozialdemokratische Partei der Pfalz an den Reichstag"), 27.8.1924 („Konferenz des Unterbezirks Dürkheim"), 4.9.1924 („Aus den pfälzischen Partei-Organisationen: Neustadt") und 24.9.1924 („Aus den pfälzischen Partei-Organisationen: Kaiserslautern").
72 Ebd., Ausgabe v. 25.10.1929 („Aus den pfälzischen Partei-Organisationen: Hofstätten").
73 Ebd., Ausgabe v. 19.5.1924 („Der Kampf um den Volksstaat").
74 Ebd., Ausgabe v. 14.2.1921 („Zur politischen Lage im Reich und in Bayern").
75 Ebd., Ausgabe v. 2.10.1929 („Aus den pfälzischen Partei-Organisationen: Annweiler").
76 Vgl. Friedrich Profit, Die Rolle der Arbeiterschaft im Abwehrkampf, in: Volk und Reich 1928, H. 6, S. 320-334; Stefan Schaupp, Das Verhältnis der Sozialdemokraten zum Separatismus in der Pfalz 1919-1923, Examensarbeit, Universität Mannheim 1994; sowie seinen Beitrag in diesem Buch.
77 „Pfälzische Post" v. 16.12.1922 („Kundgebung der pfälzischen Parteien"); ähnlich: ebd., Ausgabe v. 8.9.1923 („Nicht 'Rheinische', sondern Deutsche Republik").
78 Ebd., Ausgabe v. 12.1.1923 („Aus den pfälzischen Partei-Organisationen: Ludwigshafen"); ähnliche Formulierungen ebd., Ausgaben v. 19.1.1923 („Aus den pfälzischen Partei-Organisationen: Dürkheim") und 14.2.1923 („Aus den pfälzischen Partei-Organisationen: Haßloch").
79 Ebd., Ausgabe v. 25.1.1923 („Kundgebung der pfälzischen politischen Parteien") und 13.2.1923 („Aus den pfälzischen Partei-Organisationen: Speyer").
80 Ebd., Ausgabe v. 7.12.1923 („Wo stehen wir in der Rheinlandfrage?").
81 Vgl. ebd., Ausgaben v. 5.11. („Der Rheinfranken") und 10.11.1923 („Was jetzt?"); vgl. hierzu auch den Beitrag von Matthias Spindler in diesem Buch.
82 „Pfälzische Post" v. 18.9.1920 („Aus den pfälzischen Partei-Organisationen: Sozialdemokratischer Verein Bad Dürkheim").
83 Ebd., Ausgabe v. 22.9.1920 („Kaiserslautern").
84 Ebd., Ausgabe v. 27.9.1921 („Die neue Taktik").
85 Ebd., Ausgabe v. 6.10.1921 („Aus den pfälzischen Partei-Organisationen: Ludwigshafen").
86 Ebd., Ausgabe v. 18.10.1921 („Aus den pfälzischen Partei-Organisationen: Unterbezirk Annweiler-Bergzabern-Dahn"), 8.10.1921 („Aus den pfälzischen Partei-Organisationen: Der Sozialdemokratische Verein Speyer") und 2.11.1921 („Aus den pfälzischen Partei-Organisationen: Unterbezirk Landau").
87 Vgl. ebd., Ausgaben v. 30.8.1923 („Aus den pfälzischen Partei-Organisationen: Unterbezirk Frankenthal"), 15.9.1923 („Aus den pfälzischen Partei-Organisationen: Neustadt") und 13.10.1923 („Aus den pfälzischen Partei-Organisationen: Ludwigshafen a. Rh.").
88 Vgl. ebd., Ausgaben v. 13.10.1923 („Aus den pfälzischen Partei-Organisationen: Ludwigshafen a. Rh."), 16.10.1923 („Aus den pfälzischen Partei-Organisationen: Bad Dürkheim") und vom 17.10.1923 („Aus den pfälzischen Partei-Organisationen: Oppau"); zur Haltung Hoffmanns vgl. auch Günter Arns, Die Linke in der SPD-Reichstagsfraktion im Herbst 1923, in: VfZG 22 (1974), S. 191-203.
89 „Pfälzische Post" v. 22.8.1923 („Der Sozialdemokratische Verein Speyer gegen die große Koalition").
90 Ebd., Ausgaben v. 12.1.1926 („Dennoch große Koalition!"), 15.1.1926 („Gegen die große Koalition!") und 17.11.1926 („Lieber nicht!").
91 Ebd., Ausgabe v. 22.12.1926 („Aus den pfälzischen Partei-Organisationen: Frankenthal").
92 Hans Mommsen, Die Sozialdemokratie in der Defensive: Der Immobilismus der SPD und der Aufstieg des Nationalsozialismus, in: ders. (wie Anm. 13), S. 106-133, Zitat S. 110.
93 Vgl. u. a. „Pfälzische Post" v. 6.6.1925 („Aus den pfälzischen Partei-Organisationen: Ludwigshafen a. Rh."), 16.7.1925 („Bad Dürkheim"), 2.9.1926 („Limburgerhof") und 14.9.1926 („Oppau"), 5.1.1927 („Unterbezirksversammlung in Speyer") und 4.2.1927 („Lambrecht", dort auch das Zitat von der „schwarz-rot-goldenen Politik").
94 Die Formulierung fiel in einer Versammlung des Ortsvereins Bellheim, vgl. ebd., Ausgabe v. 15.1.1927 („Aus den pfälzischen Partei-Organisationen: Bellheim").
95 Ebd., Ausgabe v. 15.7.1925 („Aus den pfälzischen Partei-Organisationen: Konferenz der Unterbezirke Speyer, Landau, Germersheim, Bergzabern, Neustadt und Dürkheim").
96 Winkler, Klassenkampf (wie Anm. 14), S. 21.
97 Hans-Ulrich Ludewig, Die „Sozialistische Politik und Wirtschaft". Ein Beitrag zur Linksopposition in der SPD 1923 bis 1928, in: IWK 17 (1981), S. 14-41, Zitat S. 23.
98 „Pfälzische Post" v. 5.1.1927 („Aus den pfälzischen Partei-Organisationen: Unterbezirksversammlung in Speyer").
99 Ebd., Ausgabe v. 6.6.1925 („Aus den pfälzischen Partei-Organisationen: Ludwigshafen a. Rh."), Hervorhebung durch den Verfasser.
100 Ebd., Ausgabe v. 16.12.1927 („Aus den pfälzischen Partei-Organisationen: Bad Dürkheim").
101 Vgl. ebd., Ausgaben v. 8.6.1928 („Aus den pfälzischen Partei-Organisationen: Speyer"), vom

14.6.1928 („Oggersheim") und 25.6.1928 („Oppau").
102 Zu Hofmann ebd., Ausgabe v. 1.8.1928 („Konferenz der Unterbezirke Neustadt und Dürkheim"), zu Jacobshagen Ausgabe v. 13.8.1928 („Aus den pfälzischen Partei-Organisationen: Speyer").
103 Ebd., Ausgabe v. 18.9.1928 („Aus den pfälzischen Partei-Organisationen: Heßheim").
104 Vgl. als Beispiele für viele die Berichte über die Verfassungsfeiern von 1924 in Ludwigshafen, Frankenthal, Speyer, Landau und Bad Dürkheim, ebd., Ausgabe v. 12.8.1924.
105 Ebd., Ausgaben v. 15.3.1920 („Schließt die Reihen!") und 16.3.1920 („Demonstrationskundgebung gegen die Kappregierung in Zweibrücken").
106 Ebd., Ausgabe v. 24.8.1920 („Monarchistische Regungen in der Pfalz").
107 Ebd., Ausgaben v. 1.9.1921 („Die Massendemonstration"), 28.6.1922 („Die Massenkundgebungen gegen den nationalistischen Meuchelmord und für die Republik") und 5.7.1922 („Der Massentritt der Arbeiterbataillone").
108 Ebd., Ausgabe v. 16.10.1924 („Reichsbanner Schwarz-Rot-Gold in der Pfalz").
109 Mommsen (wie Anm. 92), S. 111.
110 „Pfälzische Post" v. 7.4.1924 („Vier Jahre bayerische Politik").
111 Ebd., Ausgabe v. 10.8.1928 („Verfassungstag!").
112 Ebd., Ausgabe v. 10.8.1929 („Wirtschaftsdemokratie, Sozialismus und Republik").
113 Ebd., Ausgabe v. 25.7.1929 („Zehn Jahre Reichsverfassung").
114 Vgl. hierzu den Beitrag von Alfred Hermann in diesem Buch.
115 „Pfälzische Post" v. 16.3.1920 („Sozialdemokratischer Verein Bad Dürkheim").
116 Ebd., Ausgabe v. 17.12.1920 („Sozialdemokratischer Verein Bad Dürkheim").
117 Ebd., Ausgabe v. 19.3.1920 („An die Parteigenossen der Pfalz").
118 Ebd., Ausgabe v. 3.3.1920 („Die sozialdemokratischen Vereine des Bezirks Germersheim").
119 Protokolle der Sitzungen des Parteiausschusses der SPD 1912-1921, ND hrsg. v. Dieter Dowe, Berlin 1980, S. 855.
120 Vgl. „Pfälzische Post" v. 18.10.1921 („Unterbezirk Annweiler-Bergzabern-Dahn"), 8.7.1922 („Unterbezirks-Konferenz zu Frankenthal am 2. Juli"), 15.7.1922 („Unterbezirkskonferenz in Pirmasens") und 2.9.1922 („Aus den pfälzischen Partei-Organisationen: Pirmasens").
121 Ebd., Ausgabe v. 10.10.1922 („An die Sozialdemokraten der Pfalz!").
122 Ebd., Ausgaben v. 3.4.1919 („Die Zukunft der Pfalz") und 10.4.1919 („Die 'dritte Revolution' in Bayern").
123 Ebd., Ausgabe v. 12.5.1920 („Der Auftakt zu den Reichs- und Landtagswahlen in der Pfalz").
124 Ebd., Ausgabe v. 21.5.1920 („Erste Sitzung des Kreisrates der Pfalz").
125 Ebd., Ausgabe v. 14.2.1921 („Die Sozialdemokratische Partei der Pfalz zur politischen Lage").
126 Ebd., Ausgabe v. 15.2.1921 („Die Konferenz der Sozialdemokratischen Partei der Pfalz in Neustadt a. H.").
127 Ebd.
128 Ebd., Ausgabe v. 27.9.1921 („Die Bayernfrage auf dem Parteitag").
129 Ebd., Ausgabe v. 11.7.1921 („Parteitag der Pfälzischen Sozialdemokratie am 9. und 10. Juli 1921").
130 Ebd., Ausgaben v. 7.7.1922 („Aus den pfälzischen Partei-Organisationen: Unterbezirk Ludwigshafen"), 18.7.1922 („Pfalzfrage und Sozialdemokratie"), 28.7.1922 („Der bayerische Konflikt mit dem Reich und die Pfalz") und 10.8.1922 („Der Konflikt mit Bayern und die Pfalzfrage").
131 Ebd., Ausgabe v. 26.7.1922 („Und die Pfalz?").
132 Ebd., Ausgaben v. 8.8.1922 („Bayern und das Reich") und 9.8.1922, gleicher Titel.
133 Vgl. Hans Fenske, Der Konflikt zwischen Bayern und dem Reich im Herbst 1923 und die pfälzische Sozialdemokratie, in: Mitteilungen des Historischen Vereins der Pfalz 71 (1974), S. 203-216; Gerhard Gräber/Matthias Spindler, Revolver-Republik am Rhein. Die Pfalz und ihre Separatisten. Bd. 1: November 1918 - November 1923, Landau 1992, S. 379-571; sowie den Beitrag von Matthias Spindler in diesem Buch.
134 Gräber/Spindler (wie Anm. 133), S. 422.
135 LA Speyer, Best. R 12, Nr. 294 (Schreiben Knochs an Butscher v. 4.6.1925) und Nr. 362 (Aufzeichnung von Dr. Englram über ein Gespräch mit Dr. Krieger, Syndikus der Handelskammer Mannheim v. 19.5.1925).
136 „Pfälzische Post" v. 8.7.1929 („Bezirksparteitag der pfälzischen Sozialdemokratie am 6. und 7. Juli 1929 in Kaiserslautern").
137 Ebd.
138 Heinrich August Winkler, Klassenbewegung oder Volkspartei? Zur Programmdiskussion in der Weimarer Sozialdemokratie 1920-1925, in: Geschichte und Gesellschaft 8 (1982), H. 1, S. 9-54, hier S. 50.
139 Mommsen, Defensive (wie Anm. 92), S. 121.
140 Winkler, Klassenbewegung (wie Anm. 138), S. 32.
141 Michael Stürmer, Koalition und Opposition in der Weimarer Republik 1924-1928, Düsseldorf 1967, S. 198.
142 Winkler, Klassenbewegung (wie Anm. 138), S. 51.
143 Ebd.

Alfred Hermann

Die Geschichte der pfälzischen USPD

In einem Aufruf an die „Parteigenossen" mußte die Berliner Zentrale der SPD zugeben, daß mit der Erklärung des Kriegszustands durch die deutsche Regierung am 31. Juli 1914 die Versuche des internationalen Proletariates, den Krieg zu verhindern, gescheitert waren. Die Volksstimmung zugunsten des Krieges und die Überzeugung, das „Vaterland" verteidigen zu müssen, bewog die sozialdemokratische Reichstagsfraktion dennoch am 4. August 1914, den Kriegskrediten zuzustimmen. In vollem Einvernehmen mit dieser Entscheidung stand der pfälzische Parteivorstand. Angesichts der „Stärke der französischen Armee", der „ungeheuren Soldatenmassen des barbarischen Zarismus" sowie der „seebeherrschenden Macht Englands" sah dieser den Tatbestand eines Verteidigungskrieges als gegeben an. Ein Eroberungskrieg wurde strikt abgelehnt. Die „Pfälzische Post" verhehlte kaum eine gewisse Genugtuung, nun beweisen zu können, daß die Sozialdemokraten keine „vaterlandslosen Gesellen" waren. Kritik an der Haltung der Reichstagsfraktion, wie sie zum Beispiel von Karl Liebknecht geübt wurde, verurteilte das Parteiblatt als „Zerstörerarbeit".

Der Krieg dauerte fort und die Reichstagsfraktion hatte im März 1915 zum dritten Male den Kriegskrediten zugestimmt und damit signalisiert, daß sie den Krieg Kaiser-Deutschlands weiterhin unterstützte. Dabei hatte nicht nur die Bevölkerung erheblich unter dem Krieg zu leiden, sondern auch die eigene Parteiarbeit wurde stark eingeschränkt. Bereits im September 1914 waren von den 12.805 pfälzischen Parteimitgliedern 3.685 zum Militär eingerückt. Darunter waren 276 Vorstandsmitglieder und Funktionäre. Die ersten toten Parteigenossen mußten beklagt werden.

Die Spaltung

Je länger der Krieg dauerte, desto mehr fühlten sich die parteiinternen Gegner der Unterstützungspolitik gestärkt. In Ludwigshafen fanden sie vor allem unter den Metallarbeitern und den Eisenbahnern Resonanz. Sie trafen sich in bestimmten Gastwirtschaften, um Informationen und Argumente auszutauschen. August Baum, von Beruf Schmied in der Eisenbahnerwerkstätte, Gauleiter der sozialdemokratischen Verkehrsbediensteten der Pfalz, Karl Haushalter, Kranführer bei der Firma Sulzer, und Jakob Müller, der bei Benz in Mannheim arbeitete, waren die Führungspersönlichkeiten der Ludwigshafener Opposition. In Speyer gelang es dem Schlosser Jakob Schäfer und in Pirmasens Hermann Dobrinsky, Kritiker der offiziellen Parteilinie um sich zu versammeln. Alle Versuche, den zunehmenden Streit über die Unterstützungspolitik der Mehrheit der Reichstagsfraktion nicht in eine Spaltung der Partei enden zu lassen, scheiterten jedoch. Auf dem Kongreß der Parteiopposition in Gotha vom 6. bis 8. April 1917 wurde die Unabhängige Sozialdemokratische Partei Deutschlands (USPD) gegründet.

Kurz danach entschied sich die Opposition in Ludwigshafen für den Anschluß an die neue Partei. August Baum wurde zum Vorsitzenden gewählt. Ins Vereinsregister ließen die Gründer „Kreiswahlverein der unabhängigen sozialdemokratischen Partei für Ludwigshafen" eintragen mit dem Ziel, die „sozialdemokratische Bewegung" bei den Reichstags-, Landtags- und Gemeindewahlen zu fördern. Neben Baum wählten die Mitglieder Arnold Gruner als Kassierer und Adam Dörrsam als Schriftführer. Als die neue Partei Ende Juni 1917 ihre erste öffentliche Versammlung abhielt, fand sie mit etwa 400 Besuchern erstaunliche Resonanz. Wenig später meldete der Fabrikarbeiter Hermann Dobrinsky in Pirmasens den zweiten pfälzischen Ortsverein der USPD an. Ihm war es gelungen, einen „ansehnlichen Teil" SPD-Mitglieder zu gewinnen. In Haßloch konnte der Bahnarbeiter Philipp Hügly, der die SPD im Gemeinderat vertrat, seine drei SPD-Fraktionskollegen zum Übertritt zur USPD überreden. Haßloch war danach der erste pfälzische Ort, in dem die USPD auch im Gemeinderat vertreten war.

Infolge dieser Entwicklung hielt es der bayerische Innenminister von Brettreich für notwendig, die politische Opposition zu kontrollieren. Er wies am 2. Mai 1918 die Bezirksämter an, den „Stand der Organisation der unabhängigen Sozialdemokraten" zu ermitteln. Vier Monate später lag der Bericht vor. Außer den schon erwähnten Ortsgruppen in Pirmasens, Ludwigshafen und Haßloch waren noch Ortsgruppen in Frankenthal, Oppau und Speyer gegründet worden. Die Mitgliederzahl aller Ortsvereine zusammen betrug 865. Durchaus beachtlich machte sich dieser Stand im Verhältnis zur Mitgliederzahl der pfälzischen Mehrheits-SPD (MSPD) von 3.117 im März 1918 aus. Allerdings verteilte sich diese auf 65 Ortsgruppen, bei der USPD nur auf sechs, wobei der Ludwigshafener Ortsverein fast die Hälfte aller Mitglieder organisierte. Im Vergleich mit der Gesamtentwicklung der USPD im Reich war ihr Potential in der Pfalz jedoch eher bescheiden.

Annäherung in der Revolutionsperiode

Das Ende des Kaiserreichs am 9. November 1918 und die Unterzeichnung des Waffenstillstands zwei Tage später wurde von der pfälzischen Bevölkerung mit Begeisterung aufgenommen. In Ludwigshafen beispielsweise zogen „Tausende von Menschen" gemeinsam mit Soldaten durch die Stadt, schwenkten die Banner der Arbeitervereine, riefen immer wieder ein „Hoch auf die Freiheit und die Republik" und pflanzten die rote Fahne am Rathaus auf. In Resolutionen wurden die Solidarität mit der neuen Regierung bekundet und die Übernahme der öffentlichen Gewalt durch die Arbeiter- und Soldatenräte erklärt. Die bestimmende politische Kraft in der Revolutionsphase in der Pfalz war die MSPD. Lediglich in Pirmasens konnte die USPD maßgeblichen Einfluß ausüben. Dort wurde zum ersten Vorsitzenden des Arbeiter- und Soldatenrates der Schuhmacher Adolf Ludwig gewählt, der zu einer zentralen Figur in der pfälzischen USPD werden sollte. Neben Ludwig waren in dem achtköpfigen Vollzugsausschuß des Arbeiter- und Soldatenrates noch drei USPD-Mitglieder vertreten. Infolge der französischen Besetzung war die Rätebewegung in der Pfalz jedoch bereits Mitte Dezember 1918 beendet.

Da Deutschland nach dem Sturz der Monarchie von einem MSPD/USPD-Bündnis im „Rat der Volksbeauftragten" regiert wurde, und weil nach dem Ende des Krieges die eigentliche Spaltungsursache weggefallen war, mehrten sich in beiden Arbeiterparteien die Stimmen, daß angesichts der bevorstehenden Wahlen zu einer Nationalversammlung die Wiedervereinigung herbeigeführt werden müßte. Schon Ende November 1918 unterbreitete der pfälzische MSPD-Vorstand der USPD ein dahingehendes Angebot. In Ludwigshafen kam es zu einem Treffen der örtlichen Parteileitungen, in der die Vereinigung diskutiert wurde. Die dort ansässige USPD-Ortsgruppe war jedoch nicht dazu bereit. Die Unabhängigen intensivierten ihre Agitation in der Pfalz durch eine Flugblattaktion, worin sie sich erneut als die eigentliche, grundsatztreue Arbeiterpartei bezeichneten. Gegenüber der MSPD war sie von tiefstem Mißtrauen erfüllt: „Die Feinde von gestern können nicht die Freunde von heute sein."

Gestützt wurde der Kurs der Eigenständigkeit durch die Tatsache, daß es der USPD seit November gelungen war, weitere Ortsgruppen zu gründen. Vor den Wahlen zur Nationalversammlung existierten elf Ortsvereine – in Frankenthal, Haßloch, Kirchheimbolanden, Kusel, Ludwigshafen, Mundenheim, Oggersheim, Oppau, Pirmasens, Rheingönheim und Speyer – gegenüber sechs im Mai 1918. Diese einigten sich in einer gemeinsamen Sitzung auf ihre Kandidaten für die Wahlen zur Nationalversammlung und den bayerischen Landtag: Karl Haushalter (Ludwigshafen), Heinrich Wilhelm (St. Ingbert), Martha Delb (Pirmasens), Adolf Ludwig (Pirmasens), Karl Hofstetter (Ludwigshafen), August Baum (Ludwigshafen), Jakob Müller (Ludwigshafen), Heinrich Schwarz (Oppau) sowie Adam Mattern (Haßloch).

Trotz der Konkurrenz der USPD konnte die pfälzische MSPD ihr gutes Wahlergebnis von 1912 noch übertreffen. Mit 37,9 Prozent erreichte sie den gleichen Stimmenanteil wie im Reich und blieb die stärkste pfälzische Partei.

Die USPD dagegen wurde schwächste pfälzische Partei mit einem Anteil von 1,6, womit sie weit hinter dem Reichsergebnis von 7,6 Prozent zurückblieb. Die Wählerschaft der USPD lebte in den Industriestädten, in denen sich schon während des Krieges Ortsgruppen gegründet hatten. Das beste Ergebnis erzielte sie in Pirmasens mit 10,4 % der Stimmen. Danach folgten Ludwigshafen mit 5,6 und Frankenthal mit 3 Prozent. Im pfälzischen Industriezentrum Ludwigshafen-Frankenthal mußte die MSPD im Vergleich zu 1912 zwar Verluste hinnehmen, überschritt aber trotz der USPD-Stimmen die 50 Prozent-Marke.

Adolf Ludwig (1892 - 1962), als Soldat im Ersten Weltkrieg.

Aufstieg der USPD

Je mehr die Enttäuschung unter den Arbeitern über die Regierungsbeteiligung der MSPD sowohl in Berlin als auch in München, wo die MSPD mit Johannes Hoffmann einen Pfälzer als Ministerpräsidenten stellte, wuchs, desto stärkeren Zuspruch fand die USPD. Im August 1919 war die USPD in der Pfalz schon auf 25 Ortsgruppen und eine Gesamtmitgliederzahl von ca. 2.500 angewachsen. Im Vergleich zum Januar 1919 war dies mehr als eine Verdoppelung der Lokalorganisationen. Dieser Zuwachs bewog die Ortsvereine, am 10. August 1919 in Ludwigshafen die USPD-Pfalz als eigenen Bezirk zu gründen. Zum ersten Vorsitzenden wählte man den zweiten Vorsitzenden des Ludwigshafener Ortsvereins, Jakob Müller. Zum zweiten Vorsitzenden Peter Müller, zum Kassierer Karl Erlenwein, zum Schriftführer Albert Graner – alle aus der Chemiestadt. Der positive Trend in der Mitgliederentwicklung setzte sich ungehindert fort. Im November 1919 zählte allein der Ludwigshafener Ortsverein 2.508 Mitglieder. Hinzu kamen noch ungefähr 700 im Umland. Die Frankenthaler Ortsgruppe umfaßte im November 1919 250 Mitglieder, was achtmal mehr war als im Januar.

Dieser sprunghafte Zuwachs, vor allem durch bisher unorganisierte Arbeiter, erforderte eine programmatische Schulung, was sich wirkungsvoll nicht ohne eine eigene Parteizeitung bewerkstelligen ließ. Ab 1. November 1919 konnten die pfälzischen Mitglieder die von der Mannheimer USPD bereits im Februar gegründete Parteizeitung „Tribüne" beziehen. Peter Müller, der zweite Vorsitzende, konnte im Namen des Gauvorstandes mitteilen: „Zum erstenmal kommt heute die 'Tribüne' als Organ der pfälzischen USPD zu uns. Wir heißen Sie als Kämpferin in unseren Reihen herzlich willkommen. Der sehnlichste Wunsch unserer Genossen nach einer eigenen Tageszeitung ist nun erfüllt."

Die Verbesserung der Informationsmöglichkeiten bereitete nun auch den Weg zu einer Verbreiterung der Mitgliederbasis in den ländlichen Regionen der Pfalz wie zum Beispiel im Raum Kusel. Ausgangsort für diese Aktivitäten war der im Spätsommer 1919 unter der Leitung des Gewerkschaftssekretärs des Textilarbeiterverbandes Jakob Leonhardt gegründete Ortsverein in Kaiserslautern. Eine ähnliche Bedeutung wie Kaiserslautern für die Westpfalz kam Pirmasens im südwestpfälzischen Raum zu.

Den Pirmasenser Genossen gelang es, in zahlreichen kleinen Orten Gründungen in die Wege zu leiten. Oft existierte in diesen kleinen Gemeinden nur eine Fabrik, meist eine Schuhfabrik. Die in diesen Fabriken arbeitenden MSPD-Mitglieder verließen ihre Ortsgruppe und gründeten einen USPD-Verein. Als Folge mußte in manchen Gemeinden die mehrheitssozialdemokratische Ortsgruppe aufgelöst werden, so daß nur noch die unabhängige als einzige Arbeiterpartei existierte. In der Vorderpfalz wurden zunehmend Ortsvereine in Gemeinden gegründet, die weit weniger von der Arbeiterschaft geprägt waren als etwa der Ludwigshafener Raum: in Bad Dürkheim, Lambrecht, Neustadt oder Grünstadt. Mit Ausnahme der Südpfalz war die USPD in alle Regionen der Pfalz vorgedrungen. So konnte der Vorsitzende, Jakob Müller, auf dem 2. Gautag im März 1920 in seinem Rechenschaftsbericht feststellen, daß die Mitgliederzahl 6.917 betrug, die sich auf 50 Ortsgruppen verteilte, wovon Ludwigshafen, Kaiserslautern und Pirmasens die stärksten waren.

Angesichts dieser Zuwächse setzte sich die Forderung einzelner Mitglieder, aus bei-

Zweiter Jahrgang

Verlag und Expedition: Mannheim, G 7 Nr. 25; Annahmestelle f. Inserate G 7, Nr. 25. — Geschäftsstunden von 7½ Uhr vormittags bis 6 Uhr nachmittags. — Fernsprecher Nr. 7269. — Postscheckkonto Nr. 28787 Karlsruhe i. B. — Girokonto: Badische Bank Mannheim. Redaktionsfernruf 7269.

Tribüne

Einzelnummer 20 Pfg.

Bezugspreis: Frei in das Haus monatlich M. 5.—, vierteljährlich bei sämtlichen deutsch. Postämtern M. 18.—, unter Streifband M. 8.— monatlich. Anzeigenpreis: Die neungespaltene Kolonel-Zeile oder deren Raum M. 1.50, für auswärtige M. 1.80, im Reklameteil M. 5.—. Offertsendungen M. 1.—.

Tageszeitung der Unabhängigen Sozialdemokratischen Partei für Baden und die Rheinpfalz

Die Tribüne gelangt jeden Werktagmittag zur Ausgabe | Mannheim, Samstag, 27. November 1920 • Nr. 277 | Redaktion: G 7, 25 - Sprechstunde: 4-5 Uhr nachmittags

Die Freiheit

Eine blutige Faust schlug dich nieder
Und meinte, sie schlüge dich tot!
Du aber erhebst dich wieder,
O Freiheit, ins Morgenrot!

Und ob sie dich quälen und schänden,
Verfluchen dein Flammengesicht,
Dich ketten an Füßen und Händen:
Du lachst! Und die Kette zerbricht.

Und sind deine Kinder zerschossen,
Verplittert wie tückisches Vieh:
Es singen neue Genossen
Unsterbliche Sturmmelodie.

Die Völker warten und lauschen
Auf deinen gewaltigen Schritt,
Erheben sich und rauschen
In mächtigen Strömen mit.

Max Barthel.

Es lebe der Kampf!

Das vom Morden angeekelte, ausgehungerte, von Seuchen gegeißelte Proletariat im Waffenrock und daheim schüttelte im November 1918 das Blutjoch des Weltkrieges ab.

Von jähem Entsetzen gepackt, floh schuldbewußt der blutbeschmutzte Troß der Kriegshetzer in heimliche Schlupfwinkel. Feige desertierten die gekrönten Gottesgnadenjämmerlinge, die großmäulig das deutsche Volk „herrlichen Zeiten" entgegenzuführen sich vermessen hatten. Ein jubelnder Aufschrei hallte durch die Lande. Kaum glaubte das Heer der Proletarier an das plötzliche Ende des schaurigen Schlachtens und wie ein ungewohntes Spielzeug bestaunte der größte Teil des Proletariats die — wie aus den Wolken gefallene — junge Freiheit.

Das Staunen sollte der Arbeiterschaft teuer zu stehen kommen! Die wenigen aufrechten Sozialisten und Revolutionäre, die begriffen, daß ohne Säumen reiner Tisch gemacht werden müsse mit der wirtschaftlichen Macht der Bourgeoisie, wurden von den Massen nicht verstanden. Die Rechtssozialisten, die während des Krieges durch ihre Begünstigung des imperialistischen Machtwahns sich Freunde im bürgerlichen Lager erworben hatten, fanden nicht den Weg zu konsequenter Arbeit im Sinne der Marxschen Diktatur des Proletariats, sie gaben statt der Goldmünze: „Alle Macht der Arbeiterklasse" — die dünne Notgeldparole von der „Demokratie" aus. Die durch Kriegspresse-Zensur und Parteiterror an ihrer Aufklärung gehinderten Massen schreckten vor den Forderungen der Unabhängigen Sozialdemokratie auf Bildung eines Arbeiterheeres, sofortige Inangriffnahme der Sozialisierung und Verwaltung des Staates durch sozialistische Volksbeauftragte zurück. Die Forderung auf Wahl einer Nationalversammlung auf demokratischer Grundlage schrieben die Rechtssozialisten auf ihr Banner. Dröhnend fielen die bürgerlichen Parteien in den Ruf nach der Konstituante ein und durch die Städte wälzten sich Massendemonstrationen, in denen Arm in Arm die Stresemänner, Scheidemänner und Zentrumsleute nach der Nationalversammlung schrien. Wo bewußte Revolutionäre in den Arbeiterräten sich unsägliche Mühe gaben, die Sozialisierung einzuleiten, da fanden sie in den Massen keine Stütze. Denn diese Massen wurden von den Rechtssozialisten, die ihren bürgerlichen Freunden nicht weh tun mochten, zurückgepfiffen. Kläglich brachen die Sozialisierungsversuche zusammen, die alten Herren griffen hoffnungsfroh die Zügel wieder auf. Allmählich begann das Erwachen der Arbeiterschaft. Was ihnen zuerst noch nicht einging, das begannen sie jetzt zu begreifen und zu fordern, wo sie früher gleichgültig standen, oder gar abwehrten. Das System Noske nahm seinen Lauf. Dieses unglückseligsten „Sozialisten" Werk wurde diebisch frohlockend von der wieder hervorgekrochenen Reaktion gestützt. Dem „starken Mann" Noske schmeichelten Generale und in kaiserlichem Dienst und Geist ergraute Monarchisten. Des Liedes Ende war der Kapp-Putsch. Wohl wehrte die Arbeiterschaft ihn ab — aber er war eine Niederlage für sie — trotz alledem. Alles, was der November 1918 den Massen vor die Füße gelegt hatte, war wieder von der Reaktion aufgenommen und wurde von ihr fest verwahrt. Zehntausende toter Klassenkämpfer war das Fazit des Revolutionsverlaufs. Da stand die Arbeiterschaft narbenbedeckt und erbittert; — sie hatte nichts in Händen, als die Totenscheine ihrer besten Kämpfer.

Die Juniwahlen brachten der Unabhängigen Sozialdemokratie, der aufrechten Kämpferpartei für Menschenrecht und gegen die ausbeutenden Unheilsmächte, eine glänzende Heerschau. Mählich waren die Massen herausgerissen aus dem Irrwahn, der sie ihre Rechte mit einem Stück Wahlpapier erkämpfen hieß. Aber — zu kurz war die Frist, um in all den revolutionär Fühlenden — auch revolutionäres Denken zu erwecken!

Wo stehen wir heute?

Die beim Kapp-Putsch scheinbar gesprengte konterrevolutionäre militärische Reaktion ist besser organisiert als je zuvor. Escherich beherrscht mit seinen Zivilgarden das Reich. Unter den Augen einer bürgerlich-republikanischen Regierung rüstet die monarchistische Sippe. In Bayern — zu Beginn der Revolution die erste Republik — propagieren adlige Burschen mit französischem Geld die Wiedererrichtung des Königreiches. Nicht ein einziger Arbeitermord ist bisher gesühnt, wohl aber dürfen Pazifisten und jüdische Gelehrte von dem gleichen Gesindel, das sich 1918 scheu verkroch, ermordet, zum Krüppel geschlagen und mißhandelt werden, ohne daß ein republikanischer Richter ein Aktenblatt deswegen wendete. Es wird gerichtet nach römischem Recht und nach altpreußischer Klassenjustiz. Die Verelendung des Volkes ist aufs Höchste getrieben. Der Episode der valutaspekulierenden Fabrikanten ist die Konjunktur für die Produktionssabotage gefolgt. Die Bevölkerung schreit nach Waren, sie ist zerlumpt und halbverhungert; die Unternehmer legen ihre Betriebe still, weil ihr Profit nicht in genügender Höhe sichergestellt ist. Millionen Arbeitslose liegen auf dem Pflaster. Kurzarbeit herrscht überall. Dabei ist ganz Deutschland ein einziger Trümmerhaufen und Millionen Hände wären bitter notwendig, um herzurichten, was der Krieg verdarb. Kein Mensch kann die Arbeitslosen an diese Riesenreparatur schicken, das Profitinteresse erlaubts nicht, es kommt nichts dabei heraus. Und so müssen denn die Arbeitenden ihre arbeitslosen Brüder auf den Weg über ihre Steuerabzüge mit erhalten, — so erhalten, daß bitterste Not der der Arbeitslosen täglich Brot ist. Steuern! Das Reichsnotopfer der Kriegsgewinnler hat noch keine halbe Million erbracht und der ganze Staat wird von den Steuergroschen der Arbeiterschaft erhalten.

Die Stresemänner und Stinnes drohen förmlich der Reichsregierung, weil diese — notgedrungen — der Produktionsabotage ein Ende bereiten möchte; — möchte! Der Arbeiterschaft fehlt es am Nötigsten. Wäsche und Kleider sind aufaufgebraucht und die Löhne reichen nicht dazu, den hungernden Kindern die Mäuler zu stopfen. Die Industrie verteilt indes an ihre Aktionäre 20 bis 700 Prozent Dividende. Der Arbeiterschaft fehlt es an Kartoffeln und erhält sie solche, so muß sie 50 Mark für den Zentner bezahlen. Die Landwirte aber inszenieren bewaffnete Aufstände gegen die Behörden, die sie zur Ablieferung zwingen wollen. Im Reichstag entrüsten sich dann Deutschnationale und Völkische über Zwangsmaßnahmen gegen die „notleidende" Landwirtschaft. Die Behörden sind machtlos.

Aus Lazaretten und Heilanstalten, von den Kriegsbeschädigten und Arbeitsrentnern ertönen durchdringende Hilferufe. — Der Staat kann so wenig helfen, wie die Gemeinden es können. — Dabei steigen die Profite der Unternehmer in gleichem Maße, wie die Produktion matter pulsiert. Mit Wohltätigkeitsfesten und Sammeltrubel will man der entsetzlichen Not der Kinder abhelfen, unter denen Tuberkulose, Rachitis und Seuchen furchtbare Todesernte halten. Der Staat, ein Interessenschützer der kapitalistischen Wirtschaft, kann nicht helfen, weil ihm diese Wirtschaft kein Mittel zur Verfügung stellt. Die Mittel für den Staat muß der gleiche Proletarier liefern, der der Industrie die Dividenden erzeugt. — Seine Kinder mögen hinsiechen, sein Weib mag verkommen, wenn nur er soviel Kräfte im Leibe behält, um seine Arbeit in Dividenden umzuformen. Und hinter all diesem gesellschaftlichen Chaos, hinter dieser wirtschaftlichen Anarchie stehen Reichswehr, und Orgesch, um diese Zustände der „Ruhe und Ordnung" gewaltsam aufrecht zu erhalten und um [illegible] das Proletariat immer wieder in dieses Blut- und Tränenjoch zurückzustoßen, wenn es Miene machen sollte, [illegible] seine Peiniger zu wehren. — So stehen wir heute!

Und die Arbeiterschaft selbst? — Was tut sie, um gegen die heranwogende, [illegible] anbrandende Reaktion zu rüsten?

Sie zerschlägt ihre Waffen!

Was die Rechtssozialisten durch ihr Zagen, ihre Noskepolitik, und ihre Koalitionspolitik an Verbrechen gegen ihre eigene Klasse begangen, schrie zum Himmel. Aber es sammelten sich die Massen in der U. S. P. D., einer Partei die konsequent jede Gemeinschaft mit ihren Klassengegnern ablehnte. Stark und mächtig wurde unsere Partei und sie wurde die Gefahr für die Bourgeoisie! In wahnsinniger Kurzsichtigkeit präsentierten die Diktatoren von Moskau dem revolutionären Proletariat den verhängnisvollen Kontrakt. Fast zwei Monate bekam die Reaktion Zeit, unbeobachtet zu rüsten, denn in unerquickliche innere Kämpfe verwickelte Moskaus Diktat unsere Partei. Die Absplitterung erfolgte, Hunderttausende tauchten in das Dunkel politischer Verdrossenheit und frohlockend sang — allerdings zu früh — — die ganze Presse rechts von uns — der U. S. P. den Grabgesang.

Wie stehen die Meinungen, wo ist der Weg aus diesem Bann politischer Aktionslähmung des Proletariats?

Die Politik der „formalen Demokratie" der Rechtssozialisten hat in der Zeit Noskes dem Proletariat täglich derartige Lektionen erteilt, daß darüber nicht viel zu reden ist. Denn eines ist zu beachten: Weder der Politiker Noske ist von seiner Partei als unmöglich erklärt, noch ist das System Noske tot. Bequeme, schlafmützige, kleinmütige und kleinbürgerliche Elemente mögen immerhin ihr Heil nach wie vor darin suchen, „sozialistischen Klassenkampf" mit Bürgerlichen gemeinschaftlich zu treiben.

Und links von uns? — Dort streiten mißverstandener Marxismus, Bakunismus und alle Spielarten utopischer Halbheiten um den Sieg. Der Wille wird zum obersten Gesetz erklärt, Verhältnisse existieren nur zur Erläuterung der Wirtschaftskrise, aber im politischen Kampf selbst, werden sie unbeachtet gelassen. An die Stelle marxistischen Durchdenkens ist bakunistische Revolutionsmacherei getreten, die nicht davor zurückschreckte, das Proletariat angesichts der drohenden Reaktionskonzentration leichten Herzens zu zersplittern.'

Angesichts dieser Tatsachen jubelt das Bürgertum über den angeblichen „Zusammenbruch der marxistischen Lehre", über das Ende der Revolution und sieht schon im Geiste das Heraufsteigen einer neuen Blütezeit des Kapitalismus, die sich gründen soll auf die Resignation des Proletariats.

— Ein Blick auf die nackten Verhältnisse zeigt, was an dieser Hoffnung ist! — Ein Wunsch der Bourgeoisie! Wir wissen, daß die Revolution ihren Lauf nimmt, in Wellen, die anschwellen und abklingen, um schließlich die kapitalistische Wirtschaft zu verschlingen. Mag das Bürgertum nur auflachen, wie gerade in den Köpfen der Geistesarbeiter der Revolutionsgedanke zur Gewißheit und Klarheit sich entwickelt hat.

Diese Revolutionierung ist keine platonische; sie wirkt sich täglich aus — je, nach dem Boden, den sie findet, nach der Breite hin, oder in die Tiefe gedanklicher Klarheit.

Allüberall ist heute erkannt, daß endlich die Wirtschaftsanarchie zu Fall gebracht werden muß und den ersten Schritt zu diesem Niederbruch des Alten und Aufbau des Neuen hat die U. S. P. D. gewiesen mit ihrem

Projekt für die Sozialisierung des Bergbaues. Dieses Projekt zu stützen, ist heute unabweisbare Pflicht jedes Schaffenden. Wie auf diesem Gebiet, so wird die U. S. P. D. überall bahnbrechend voranschreiten, nicht, um einer Parteidiktatur den Weg zu bereiten, sondern um der Herrschaft der Schaffenden Bahn zu brechen, damit aus der Diktatur des Proletariats die wahre Demokratie — die wirtschaftliche und politische Gleichberechtigung Aller erwachsen kann. Wer hilft mit? — der lerne unsere Ziele kennen, der werde Leser unserer Presse und helfe auch zur Stärkung der U. S. P. D., der Bannerträgerin des Sozialismus im Kampf um die Befreiung der Arbeiterklasse — der helfe damit sich selbst!

Titelseite der „Tribüne" vom 27.11.1920.

den sozialdemokratischen Parteien vor den Kommunalwahlen im April 1920 gemeinsame Listen zu bilden, nicht durch. Im Gegenteil, die Mehrheits-Vertreter wurden als „Rechtssozialisten", „Scheinsozialisten" oder gar als „Nationalsoziale" angegriffen. Andererseits beschimpfte die MSPD die Anhänger der Unabhängigen als „Maulhelden", die noch nichts geleistet hätten.

Wahlen und Wahlergebnisse

Bei den Kommunalwahlen vom April 1920 verloren die Arbeiterparteien im Vergleich zum Januar 1919 zusammen 46.313 Stimmen. Der große Verlierer war die MSPD, die infolge ihrer Verluste in Höhe von 11 Prozent nun mit 26,8 ihre Rolle als stärkste pfälzische Partei an die DVP abgeben mußte. Den größten prozentualen Zuwachs hatte die USPD von 1,6 auf 10 Prozent. Kurz nach dem Kapp-Putsch und dem Ruhrkampf zeichnete sich bei den pfälzischen Wahlen bereits der Vertrauensverlust der Weimarer Koalition ab, der sich dann am 6. Juni 1920 auch reichsweit offenbarte. Die USPD errang ihre besten Ergebnisse in den Industriestädten. In Kaiserslautern stieg sie von fast Null im Januar 1919 auf einen Anteil von 28,3 % bei den Gemeinderatswahlen und war zur stärksten Stadtratsfraktion geworden. Den gleichen Status schaffte sie auch in Pirmasens. In Ludwigshafen gewann die USPD genau so viele Mandate wie die MSPD.

In allen drei Städten konnten die Unabhängigen aufgrund ihrer Fraktionsstärke sogar ehrenamtliche Bürgermeisterposten mit Genossen besetzen – Alex Müller in Kaiserslautern, Adolf Ludwig in Pirmasens und Jakob Müller in Ludwigshafen. Von den 8.604 zu wählenden Gemeinderatsvertretern in der gesamten Pfalz konnte die USPD 130 und die MSPD 1.270 stellen. Wenn

Alex Müller (1885 - 1959), Paßfoto von 1921.

die „Tribüne" dieses Kommunalwahlergebnis als „Sturm auf die Rathäuser" kommentierte, konnte sie allerdings nur die Rathäuser der Industriestädte gemeint haben. Dort hatte sich die USPD zu einer ernsthaften Konkurrenz für die MSPD entwickelt, weil das städtische Proletariat mit der Politik der Mehrheitssozialdemokraten unzufrieden war. Die USPD hatte sich von einer „Antikriegspartei" zu einer „proletarischen Protestpartei" gewandelt. In der gesamten Pfalz jedoch war die MSPD die weitaus stärkere Organisation.

Der Wahlerfolg der USPD muß noch in einer zweiten Hinsicht relativiert werden. Er korrespondierte mit einer Niederlage der pfälzischen Arbeiterbewegung insgesamt. Die bürgerlichen Parteien, die im Unterschied zu MSPD und USPD in zahlreichen Ortschaften Listenverbindungen vereinbart hatten, waren die Gewinner. Die Arbeiterparteien konnten noch im Januar 1919 39,5% der Stimmen gewinnen, im April 1920 waren es nur noch 36,8 Prozent.

Aber selbst die Möglichkeit, in Ludwigshafen den ersten pfälzischen sozialdemokratischen Oberbürgermeister durchzusetzen, wurde wegen der Zerstrittenheit nicht genutzt. Die dortige MSPD hatte schon frühzeitig einen entsprechenden Anspruch angemeldet. Als Kandidaten präsentierte sie den ehemaligen bayerischen Ministerpräsidenten Johannes Hoffmann. Die „Tribüne" appellierte: „Jedem unserer Genossen muß es innerlich widerstreben, dem Manne die Stimme zu geben, der die Reichswehrtruppen im Mai vorigen Jahres nach Bayern gerufen hat und so der Verantwortliche für die tausend in Bayern begangenen Morde ist." Hoffmann war in den Augen der USPD der „bayerische Noske" und als solcher der Hauptschuldige, „wenn heute München zum vorgeschobenen Bollwerk der militärischen Gegenrevolution geworden ist". Dabei rief die „Tribüne" zur Wahlenthaltung auf. Aus den Wahlen am 9. Mai 1920 ging der bürgerliche Kandidat, Dr. Weiß, als Sieger hervor. Nur 50 % der Ludwigshafener Bürger hatten sich an der Wahl beteiligt. Weiß erhielt mit 16.256 Stimmen 1.623 mehr als die erforderliche Mehrheit und 3.265 mehr als Hoffmann, der 12.991 Stimmen auf sich verbuchen konnte. Mit den Stimmen der USPD-Verweigerer wäre Hoffmann gewählt worden.

Wiewelt die Wähler dieses Agieren der USPD honorierten, sollte sich kurze Zeit später bei der Reichstagswahl am 6. Juni 1920 erweisen. Die pfälzische Bevölkerung mußte innerhalb von acht Wochen zum zweiten Mal, in den kreisfreien Städten sogar zum dritten Mal, zur Urne gehen. Am 10. Mai trafen sich die Vorstände der pfälzischen USPD-Ortsgruppen in Neustadt, um die Richtlinien für den Wahlkampf festzulegen und die Kandidaten zu bestimmen. Zu Beginn der Vorständekonferenz konnte Gauvorsitzender Jakob Müller den Vollzug eines Beschlusses des Gautages vom März bekanntgeben: der Mannheimer Franz Schwaninger, Mitglied der Metallarbeitergewerkschaft, war zum hauptamtlichen Sekretär berufen worden. Die Beschäftigung einer hauptamtlichen Kraft war nach dem Kommunalwahlerfolg noch dringlicher geworden. Noch einmal hatte sich die Mitgliederzahl auf circa 10.000 erhöht und die Ortsgruppenzahl von 50 auf 90 fast verdoppelt. In zahlreichen kleinen Ortschaften konnten neue Ortsvereine gegründet werden. Neben dieser organisatorisch zu bewältigenden Mehrarbeit stand der USPD beim Reichstagswahlkampf eine zusätzliche inhaltliche Herausforderung durch die KPD bevor. Bisher hatten sich deren Aktivitäten, von Mannheim initiiert, auf Ludwigshafen beschränkt. Nun waren darüber hinaus Ortsgruppen der Kommunisten in Speyer, Frankenthal und Kaiserslautern gegründet worden. Programmatisch mußte sich daher die USPD sowohl gegen die MSPD als auch gegen die KPD abgrenzen. Sie warf der ersteren das Paktieren mit den „reaktionären Kräften" vor und lehnte den „Putschismus" der letzteren ab.

Das Wahlergebnis vom 6. Juni bestätigte den Negativtrend der MSPD. Noch einmal verlor sie Stimmen und war mit 24,4 % (Reich 21,6) auf den Stand von 1903/1907 zurückgefallen. Von diesen Verlusten profitierte die USPD, die sich seit 1919 um 9,2 auf 10,8 % verbessern konnte. Die KPD erreichte bei ihrem pfälzischen Debüt 0,8 % (1,7 % im Reich). Insgesamt hatten die Arbeiterparteien erheblich an politischem Gewicht eingebüßt. In den Städten verringerte sich ihr Anteil seit den Wahlen zur Nationalversammlung um 4,8 und auf dem Land um 4,0 und betrug nun 46,3 bzw. 30,6 Prozent. Die leichten Gewinne der USPD in der Pfalz verdeckten allerdings, daß sie in ihren Hochburgen Stimmen ver-

> # Unabhängige Sozialdemokr. Partei Pirmasens
> # Aufruf!
>
> Am 6. Juni finden die Wahlen statt. Erwarten wir vom Parlamentarismus auch keine Wunder, so gilt es doch abzurechnen mit der
>
> ## bürgerlich-kapitalistischen Gesellschaftsordnung und deren Helfershelfern.
>
> Dieser Wahlkampf muß benützt werden, um die Ideen des wissenschaftlichen Sozialismus hinauszutragen.
>
> Denkt an das Elend, das der Krieg und die jetzt noch herrschende kapitalistische Produktionsweise über Euch gebracht hat.
>
> ### Dieses System muß beseitigt werden.
>
> Denkt aber auch daran, daß für diesen Kampf Mittel erforderlich sind. Uns stehen keine großen Summen zur Verfügung. 2,2
>
> ### Wir sind die Partei der Armen.
>
> Wir wenden uns an den Idealismus der Unterdrückten. An Eurem Opfermut, an Eurer Arbeit hängt unsere und unserer Kinder Zukunft.
>
> ### Darum stärkt unseren Wahlfond!
> ### Gebe jeder, was er kann!
>
> Das Wahlkomitee:
> J. A.: **Georg Huber.**
>
> **Geldbeträge** jeder Art werden **angenommen**: Büro des Zentral-Verbandes der Schuhmacher, Kreuzgasse 8, Georg Huber, Bitscherstr. 88, Adolf Ludwig, Winzlerstr. 14 u. Ludwig Müller, Wittelsbachstr. 5.

Wahlaufruf der Pirmasenser USPD, Juni 1920.

loren hatte. In Ludwigshafen verlor sie seit den April-Wahlen 9,7, in Kaiserslautern 4,8, in Frankenthal 3,2 und in Pirmasens 6,0 Prozent. In Ludwigshafen profitierten sowohl die KPD (+3,2%) als auch die MSPD (+3,6%) von ihren Verlusten, 2,9% ihrer ehemaligen Anhänger gingen nicht mehr zur Wahl. Dies war die Quittung für das Agieren der Unabhängigen anläßlich der Hoffmann-Wahl. Unverkennbar ist die Tatsache, daß ein Teil ehemaliger USPD-Wähler vom 18. April am 6. Juni 1920 der Partei den Rücken gekehrt hatte. Der Stimmenanteil der USPD in der Pfalz reichte nicht aus, einen Abgeordneten in den Reichstag zu entsenden. Bei den Wahlen zum bayerischen Landtag – die Ergebnisse sind fast identisch mit denen zum Reichstag – war sie erfolgreicher: Philipp Hügly aus Haßloch und Jakob Leonhardt aus Kaiserslautern konnten einen Sitz erringen.

Die Einstellung des hauptamtlichen Sekretärs und die Einrichtung eines Parteibüros in Ludwigshafen hatten die pfälzische

USPD angesichts des dauernden Wahlkampfes und der sprunghaften Mitgliederentwicklung kaum konsolidieren können. Fast täglich mußte in der „Tribüne" an die Ortsvereine appelliert werden, ihre Adressen und die persönlichen Daten des Vorstandes mitzuteilen. Auch die schlechte Zahlungsmoral bei Beiträgen und Abonnementsgebühren spiegelte grundlegende organisatorische Probleme, wie etwa die Anbindung der Ortsvereine an die Zentrale, wider. Deswegen stellte die „Tribüne" die Belieferung der pfälzischen Abonnenten sogar für zwei Tage ein. Bitter beklagte sich die Redaktion über die mangelnde Solidarität und den Mißbrauch der Opferwilligkeit der Mannheimer Genossen durch die pfälzischen Mitglieder und drohte mit der völligen Einstellung der Auslieferung in die Nachbarregion.

Anschluß an die „Dritte Internationale"?

Belastet mit diesen organisatorischen Problemen, wurde die USPD mit der Frage des Anschlusses an die von Lenin ins Leben gerufene „Dritte Internationale" konfrontiert. Während die MSPD diesen mit dem Argument abgelehnt hatte, sich nicht dem Diktat Moskaus unterwerfen zu wollen und sich stattdessen für die Wiederbelebung der alten „Zweiten Internationalen" einsetzte, hatte sich die KPD bedingungslos für die „sozialrevolutionäre Dritte Internationale" entschieden und sich damit der Oberleitung der Moskauer Kommunisten unterstellt. Als diese den „rechten Führern" der USPD vorwarfen, den revolutionären Willen der Arbeiter zu schwächen und die Mitglieder direkt aufforderte, über die Köpfe ihrer Führer hinweg die „proletarische Revolution" voranzutreiben, provozierten sie damit heftige innerparteiliche Auseinandersetzungen über das Für und Wider eines Beitrittes.

Die pfälzischen Genossen diskutierten dieses Problem auf ihrem Gautag am 22. August 1920. Nach einem Appell des ersten Vorsitzenden des Mundenheimer Ortsvereins, Albert Wendel, die Einigkeit zu bewahren, begann Adolf Ludwig mit seinem Hauptreferat. Nachdem dieser die Geschichte und die Notwendigkeit einer Internationalen dargelegt hatte, ging er zur Frage des Anschlusses über. Er distanzierte sich von den Forderungen der Moskauer Kommunisten, weil diesen eine „schlechte Information" über die deutschen Verhältnisse zugrunde läge. Gleich darauf ergriff Peter Müller, der 2. Vorsitzende der pfälzischen USPD, das Wort und warf Ludwig vor, kein Freund der Dritten Internationalen zu sein, sondern die Massen zu täuschen und die opportunistischen Führer zu verteidigen. Er selbst dagegen sei ein „begeisterter Anhänger" der Dritten Internationalen. Nach Schluß der Debatte, in der die Argumente der Gegner und Befürworter aufeinanderprallten, beschlossen die Delegierten mit 58:22 Stimmen, der Zentralleitung den Anschluß an die Dritte Internationale zu empfehlen. Zu berücksichtigen ist aber, daß den Pfälzern bei ihrer Abstimmung noch nicht bekannt war, daß die Moskauer Kommunisten inzwischen die Bedingungen verschärft hatten und darin eine noch stärkere Unterwerfung der nationalen Parteien unter die Moskauer Führung verlangten. Faktisch bedeutete dies, daß die USPD sich auflösen und mit der KPD vereinen mußte. Die Zentralleitung der USPD beschloß daraufhin, auf einem außerordentlichen Parteitag im Oktober in Halle die endgültige Entscheidung fällen zu lassen.

Darauf entbrannte erneut bis in die Ortsvereine hinein die Auseinandersetzung zwischen den Befürwortern und Gegnern. Auf dem zweiten „Anschlußgautag" in Lam-

An die Parteigenossen der Pfalz!

Sonntag, den 26. ds. Mts., vormittags 10 Uhr, bei H. Ohler, Wallonstraße in Lambrecht

außerordentlicher Gautag.

Tagesordnung:

Stellungnahme zur Dritten Internationale und Vorschläge zur Wahl der Delegierten zum **Parteitag**.

In Anbetracht der Wichtigkeit der Tagesordnung, ist es unbedingte Pflicht, daß eine jede Organisation Delegierte entsendet.

Jeder Mandatsinhaber hat sein Mandat von dem Ortsvorstand unterzeichnet vorzulegen nebst Mitgliedsbuch.

Gäste haben Mitgliedsbücher mitzubringen, ohne dasselbe kein Zutritt.

Der Gauvorstand.
J. A.: Schwaninger.

Anzeige aus der „Tribüne" vom 17.9.1920.

brecht am Sonntag, dem 26. September 1920, waren von den 90 pfälzischen Ortsvereinen nur 36 vertreten. Die Delegierten stimmten mit 42:31 für eine Resolution, die den sofortigen Anschluß an die Dritte Internationale verlangte. Die pfälzische USPD bekannte sich darin zur Notwendigkeit einer „straff organisierten und zentralisierten Internationalen". Nur diese könne ihre Aufgaben erfüllen, die Arbeiterklasse zu befreien und das ganze „revolutionäre Proletariat zu einer geschlossenen Masse auf dem Boden einheitlicher Leitsätze zusammenzuschweißen". Die Aufnahmebedingungen waren nach Ansicht der Mehrheit der Delegierten „nicht das Produkt lüsterner Autokratie, sondern das Resultat der Erfahrungen aus der russischen, ungarischen und deutschen Revolution". Mit den Ausrufen „Es lebe die Dritte Kommunistische Internationale" und „Es lebe die Weltrevolution" endete die Resolution. Dieses Ergebnis konnte vom ersten Vorsitzenden der pfälzischen USPD nicht mehr mitgetragen werden. Er trat daher von seinem Posten zurück. Der Parteitag in Halle entschied sich wie die pfälzischen Parteigenossen mit 236:156 für den Anschluß. Damit schien das Ende der USPD besiegelt.

In der Pfalz trafen sich daraufhin am 31. Oktober in Neustadt „Rechte" und „Linke" noch einmal. Peter Müller forderte die Parteigenossen, die der Dritten Internationalen beitreten wollten, auf, den Saal zu verlassen und mit ihm zu gehen. Nach dem Beschluß von Halle seien sie die rechtmäßige USPD und hätten mit den „Sozialpazifisten" nichts mehr zu tun. Ohne größere Resonanz mußte er den Saal verlassen. Entgegen der vorhergehenden Entscheidungen war nur eine Minderheit der Delegierten bereit, die praktische Konsequenz der Anschlußentscheidung, nämlich den Austritt aus der USPD und den Beitritt zur KPD, zu vollziehen. So blieb der Parteiapparat in den Händen der Verlierer, und der zurückgetretene Vorsitzende Jakob Müller wurde wieder in sein altes Amt gewählt. Somit existierten weiterhin drei Arbeiterparteien. Der Anführer der Befürworter und Delegierte der pfälzischen USPD-Linken auf dem Vereinigungsparteitag mit der KPD in Berlin (4. bis 7. Dezember 1920), Peter Müller, verließ 1925 die KPD wegen ihrer „zu großer Abhängigkeit von Moskau" und trat der SPD bei.

Die KPD verfügte zur damaligen Zeit in der Pfalz über acht Ortsgruppen mit 628 Mitgliedern. Von den 10.000 USPD-Mitgliedern wechselten zirka 3.400 zur KPD, 2.500 blieben bei der USPD und 1.000 schlossen sich der MSPD an. Etwa 3.100 organisierten sich nach der Spaltung nicht mehr. Die von Moskau gesteuerte Spaltungsaktion hatte damit der KPD einen erheblichen Mitgliederzuwachs beschert, aber gleichzeitig die Arbeiterbewegung insgesamt geschwächt.

Versuche zur Neustrukturierung

Im Gegensatz zu den politischen Gegnern, die auf Grund dieser Lage das baldige Ende der USPD prophezeiten, interpretierte Gausekretär Schwaninger die Lage der Partei als vorübergehende Erscheinung, welche ihre Ursache in der „Natur der Deutschen" habe, Auseinandersetzungen zu meiden. Statt dessen wies er auf die seiner Meinung nach viel größere Gefahr hin, daß die Arbeiterbewegung in ihrer Zersplitterung „längst zur Zielscheibe des Spotts" der Reaktion geworden sei. Die „gesündeste Grundlage" für die dringend notwendige Einigung des Proletariates sei wegen der Fortsetzung der Zertrümmerungspolitik der Vereinigten KPD (VKPD) und des opportunistischen Verhaltens der MSPD das Pro-

Anzeige des USPD-Gaues Pfalz.

gramm der USPD. Sie als wahre Vertreterin der Arbeiterinteressen sollte die Mittlerfunktion und die Basis für die Einigung des Proletariates bilden.

Damit war das Überlebensprinzip formuliert. Voller Zuversicht appellierte die „Tribüne" an die Mitglieder: „Unsere Partei hat eine schwere Erschütterung überstanden. Die Absicht, sie zu zertrümmern, ist gescheitert. Überall haben die fähigsten und zuverlässigsten Kämpfer der Arbeiterbewegung die Neuorganisation der Partei wieder in die Hand genommen, so daß dieselbe nach wie vor als die revolutionäre Partei des Proletariates gelten muß." Die ursprünglich zum 1. Oktober 1920 geplante und wegen der Spaltung verschobene Herausgabe der „Pfälzischen Volkswacht" als Kopfblatt der „Tribüne" konnte am 1. Dezember nachgeholt werden. Mit Befriedigung konnte daher Sekretär Schwaninger zum Gautag am Sonntag, dem 24. April 1921, in der Wirtschaft „Zum Gutenberg" in Kaiserslautern aufrufen. Im Mittelpunkt stand ein umfassendes Programm zur Neustrukturierung, das die pfälzische Partei nach den Erfahrungen mit dem desolaten organisatorischen Zustand vor der Spaltung stärker zentralisieren sollte.

Wiederum waren es jedoch politische Entwicklungen außerhalb des Einflußbereiches der USPD, die deren organisatorische Konsolidierung erschwerten. Am 9. Juni 1921 wurde der Vorsitzende der bayerischen USPD-Landtagsfraktion, Karl Gareis, vor seinem Haus durch vier Schüsse umgebracht. Der „entschiedene Gegner der Wehrverbände" war das „Opfer der zügellosen Hetze geworden, die in der letzten Zeit von den Behörden Bayerns geduldet wird". Zwei Monate später war die Einheit der Arbeiter wieder gefordert. Am 26. August 1921 ermordeten Angehörige der rechtsradikalen Organisation Consul den Zentrumspolitiker Matthias Erzberger. Hinzu kam, daß seit November 1921 der Geldaufwand einer fünfköpfigen Familie für ihren allgemeinen Unterhalt um zweistellige Prozentsätze gestiegen war. Im Februar 1922 erreichten diese Zuwächse beispielsweise in Ludwigshafen 119 Prozent, ohne daß ein Ende der Teuerungswelle absehbar war. Die Bedingungen für eine weitere Existenz der USPD hatten sich demnach in zweierlei Hinsicht verschlechtert: Die Finanzierung des Parteiapparates wurde immer schwieriger, und die rechtsradikalen Aktionen gegen die Demokratie verlangten eine Konzentrierung der politischen Kräfte. Längst ging es nicht mehr um die Verwirklichung des Sozialismus, sondern um die Verteidigung des Erreichten. Dies offenbarte sich endgültig mit dem Mord an Außenminister Walter Rathenau (DDP) am 24. Juni 1922. Wie im gesamten Reich löste diese Tat auch in der Pfalz eine breite Demonstrationswelle aus. Auf Beschluß des Allgemeinen Deutschen Gewerkschaftsbundes (ADGB), der Arbeitsgemeinschaft freier Angestelltenverbände (AfA) und der drei Arbeiterparteien legten Zehntausende in allen pfälzischen Städten die Arbeit nieder. Sie versammelten sich zu Demonstrationszügen gegen die Reaktion und für die Weimarer Demokratie.

Die Wiedervereinigung mit der MSPD

Die gemeinsame organisatorische Vorbereitung dieser Aktionen, die gemeinsamen Aufrufe und Flugblätter, die gleichen Reden der MSPD- und der USPD-Vertreter gegen die Monarchisten, das gemeinsame Erlebnis und vor allem die Erfahrung, daß die antirepublikanischen Kräfte zunehmend an Einfluß und Macht gewannen, stärkte bei den Mitgliedern die Einsicht, daß kleinkarierte Auseinandersetzungen den Arbeitern nur noch schaden konnten. Daher entsprach es weitgehend der Stimmung der Parteibasis, als die Zentralen der beiden sozialdemokratischen Parteien Parteitage einberiefen, um Beschlüsse über die Vereinigung herbeizuführen.

Auch der Vorstand der pfälzischen USPD berief in „Anbetracht der außergewöhnlichen politischen Lage" für den 20. August 1922 einen außerordentlichen Parteitag nach Lambrecht ein. Im Laufe der Debatte bestand weitgehende Einigkeit unter den Delegierten, daß wegen der „Bedrohung der Republik von rechts" die Vereinigung notwendig sei. Bedenken bestanden lediglich, inwieweit die sozialistischen Grundsätze der USPD in der größeren MSPD untergehen würden. Am Ende verabschiedeten die Delegierten mit einem Ergebnis von 31:14 eine Resolution, in der sie verlangten, daß bei der Einigung Grundlagen geschaffen würden, denen ein „klassenbewußter Arbeiter" zustimmen könnte und daß sie zwei gleichberechtigte Partner dauerhaft „in wahrhaft sozialistischem Geist" zusammenführte. Somit leisteten die pfälzischen Genossen, wie im gesamten Reich, ihren Beitrag, daß die Delegierten der USPD und MSPD auf dem Vereinigungsparteitag am Sonntag, dem 24. September 1922, in Nürnberg die Einheit der sozialdemokratischen Parteien wiederherstellen konnten. Lediglich eine kleine Gruppe um Georg Ledebour und Theodor Liebknecht, die in der Pfalz nur noch in Pirmasens eine gewisse Resonanz fand, versuchte die USPD am Leben zu erhalten. Als bedeutungslose Partei ging sie schließlich in der 1931 gegründeten Sozialistischen Arbeiterpartei Deutschlands (SAPD) auf.

Am Tag nach der Vereinigung druckte die „Pfälzische Volkswacht" unter der Überschrift „Auf Sozialisten, schließt die Reihen" das verabschiedete Manifest der Vereinigten Sozialdemokratischen Partei Deutschlands (VSPD) ab. Mit einem „Glück auf" als Überschrift verkündete die „Pfälzische Post" die Vereinigung. Sie wertete den Nürnberger Parteitag als „hellen Punkt, der uns zeigt, daß es aus dem Labyrinth einen Ausweg gibt".

Die Bezirksvorstände von USPD und MSPD trafen sich Ende September in Ludwigshafen und vereinbarten, daß die „Pfälzische Volkswacht" ab 1. Oktober 1922 ihr Erscheinen einstellte. Ersetzt wurde diese durch die MSPD-Blätter „Pfälzische Post" für den vorder- und südpfälzischen Raum und durch die „Pfälzische Freie Presse" für die West- und Nordpfalz. Mit dem Mut

Gastdelegiertenkarte Franz Böglers zum Einigungsparteitag 1922.

machenden, in großen Lettern gehaltenen Appell „Der Geist lebt fort!" verabschiedeten sich die „Pfälzische Volkswacht" und damit auch die „Tribüne" von ihren Lesern. Eine Woche später, am Sonntag, dem 8. Oktober, trafen sich die Bezirksvorstände erneut zu einer gemeinsamen Sitzung, um die weiteren Modalitäten zu beraten. Man einigte sich, den Bezirksvorstand der MSPD durch vier Genossen der USPD – Karl Haushalter, Gerhard Jabobshagen (beide Ludwigshafen), Jakob Leonhardt (Kaiserslautern) und Georg Huber (Pirmasens) – zu ergänzen. Der erste Vorsitzende der USPD, Jakob Müller, war nicht im VSPD-Vorstand vertreten. Beim Zusammenschluß der Ortsgruppen sollte ähnlich verfahren werden: „Hauptsache ist, daß auch die örtlichen Verhandlungen im Geiste der Kameradschaft geführt werden."

Im Laufe des Oktobers wurden die Vereinigungen der Ortsvereine vollzogen. Zu diesem Zweck wurden Festversammlungen einberufen. Umrahmt mit Auftritten der Arbeitergesangvereine oder der Arbeiterjugend hielten die jeweiligen ersten Vorsitzenden vor vollbesetzten Sälen Reden, in denen auf die Jahre des „Bruderkampfes, während denen das Sehnen nach Wiedervereinigung" nie erloschen sei, zurückgeblickt wurde. Fehler auf beiden Seiten wurden eingestanden und zum Kampf für die Verwirklichung des Sozialismus aufgerufen. Noch während der Festversammlung oder bei der nächsten Mitgliederversammlung wurden die bei Vorbereitungstreffen zusammengestellten Vorstände meist einstimmig bestätigt. Bei der Verteilung der Vorstandspositionen orientierte man sich an der Mitgliederstärke der Parteivereine. Mit Ausnahme von Pirmasens, wo die USPD mehr Mitglieder (560) als die MSPD (406) in die VSPD einbrachte, wurden die ersten Vorsitzenden demnach von den Mehrheitssozialdemokraten und die zweiten von den Unabhängigen gestellt. Sehr pragmatisch wurde auch bei den sonstigen Einigungsformalien verfahren. Kassen und Unterlagen wurden in einen Topf geworfen, die Vertretungen in den Gemeinderäten schlossen sich zu VSPD-Fraktionen zusammen.

Führende USPD-Mitglieder in der SPD

Die pfälzische USPD setzte sich im August 1922 aus 36 Ortsgruppen und 2.414 Mitgliedern zusammen. Die pfälzische MSPD zählte im März 1922 19.250 Mitglieder und 264 Ortsvereine. Ein Jahr später bestand die regionale VSPD aus 265 Ortsgruppen mit 20.391 Mitgliedern. Damit hätten nur 943 (= 40 %) USPD-Zugehörige die Vereinigung mitvollzogen. Qualitativ freilich profitierte die SPD durchaus von der USPD.

Nach der Vereinigung behielt Adolf Ludwig seinen Posten als ehrenamtlicher Bürgermeister von Pirmasens und wurde Vorsitzender des Ortsvereins der SPD. Während der Separatistenzeit 1923/24 wurde er von den Franzosen aus der Pfalz abgeschoben. 1932 konnte er ein Mandat im bayerischen Landtag gewinnen. Ein Jahr später ging Ludwig mit seiner Familie nach Frankreich in die Emigration, um von dort aus für die SPD weiterzuarbeiten. Nach dem Ende der nationalsozialistischen Herrschaft war er maßgeblich am Wiederaufbau der pfälzischen Sozialdemokratie beteiligt. Alex Müller, der 1920 über die USPD in den Stadtrat von Kaiserslautern gewählt worden war und dort den Posten eines ehrenamtlichen Bürgermeisters innehatte, war nach 1945 am Wiederaufbau der SPD in Kaiserslautern beteiligt und avancierte zum Oberbürgermeister. Auch Ignaz Roth, ehemals erster Vorsitzender der USPD-Zweibrücken, half nach 1945 beim Wiederaufbau der SPD in der Stadt und war auch Mitglied des pfälzischen Bezirksvorstandes. Jean Gröning gelangte 1920 über die USPD in den Stadtrat von Neustadt. Bei der Wiedergründung des Ortsvereins, am 19. August 1945, war er genauso beteiligt wie bei der Gründung der pfälzischen SPD als Mitglied des Bezirksvorstandes. Jakob Sommer, seit 1921 erster Vorsitzender der Ludwigshafener USPD, war nach der Vereinigung zweiter, von 1924 bis 1930 erster Vorsitzender der SPD Ludwigshafen. Gerhard Jacobshagen, Mitglied der USPD Ludwigshafen, war von 1924 bis 1930 Reichstagsabgeordneter der SPD. Im Juni 1931 trat er zusammen mit seiner Frau Susanna zur KPD über, die sie aber schon im Frühjahr 1932 wieder verließen.

Der Versuch, mit der USPD eine linke, undogmatische Arbeiterpartei zu etablieren, war gescheitert. Die gezielten Spaltungsabsichten der Moskauer Internationalen und die zunehmende Bedrohung der Weimarer Demokratie durch rechtsradikale Kräfte bedeuteten das Ende. Die Geschichte der USPD zeigt jedoch auch, wie bereits in der Frühphase der Weimarer Republik die Auseinandersetzungen zwischen den Arbeiterparteien Kräfte band, die sinnvoller gegen die Feinde der Demokratie hätten eingesetzt werden müssen.

Die Ausführungen beruhen auf: Alfred Hermann, Die Geschichte der pfälzischen USPD, Neustadt 1989.

Stefan Schaupp

„Wir wollen deutsch sein und deutsch bleiben."
Der Kampf der pfälzischen SPD gegen die „Freie Pfalz"-Bewegung im Jahre 1919

Fällt heute der Begriff „Separatismus", so denkt man zumeist an Korsika, das Baskenland oder etwa Tschetschenien, wo bestimmte Gruppen, meist mit Gewalt, um ihre Unabhängigkeit kämpfen. Das Phänomen Separatismus ist also durchaus aktuell, ohne daß die Bundesrepublik Deutschland davon betroffen wäre. Gehen wir aber nur zwei Generationen zurück, so stellen wir fest, daß auch die Pfalz Schauplatz separatistischer Bestrebungen war. Häufig beschränkt sich das Wissen um diesen Abschnitt der Geschichte auf die Zeit der „Autonomen Pfalz" 1923/24, aber schon im Sommer des Jahres 1919 hatte es Versuche gegeben, die Pfalz von Deutschland zu trennen.[1]

Dieser sogenannte „Haaß-Putsch" war eher eine Episode als eine folgenreiche Angelegenheit. Wenn den ersten separatistischen Aktionen eine gewisse Harmlosigkeit attestiert wird, so geschieht dies aus der Sicht des modernen Betrachters, der den Zeitgenossen voraus hat, auch die Nachgeschichte zu kennen. Die unmittelbar Betroffenen hingegen bewegten sich auf schwankendem Terrain. Das Kriegsende, der revolutionäre Staatsumsturz und die Besetzung des linksrheinischen Gebietes durch französische Truppen schufen mit allen ihren Auswirkungen eine Situation der Ungewißheit, deren weiterer Fortgang schwer einzuschätzen war.

Gemäß den Waffenstillstandsvereinbarungen wurde das gesamte linksrheinische Gebiet seit dem 1. Dezember 1918 sukzessive von französischen Truppen besetzt. Frankreichs Außenpolitik hatte eine Schwächung Deutschlands in wirtschaftlicher und territorialer Hinsicht zum Ziel. Dies bedeutete konkret, das linksrheinische Territorium in ein eigenständiges Gebilde, etwa in Form eines Pufferstaates, umzuwandeln.[2] Auch in der Pfalz selbst wurden bald nach Kriegsende Forderungen nach einer Abtrennung vom Reiche laut. Diesen Absichten trat die pfälzische SPD mit allen ihr zur Verfügung stehenden Mitteln entgegen.

Die Ablehnung von Absonderungsbestrebungen

Bereits wenige Tage nach dem Einmarsch der französischen Soldaten vermeldete die „Pfälzische Post" unter der Überschrift „Was will die Sozialdemokratie?" eine Entschließung, die auf einer öffentlichen Wahlversammlung am 4. Dezember 1918 in Ludwigshafen getroffen worden war. Dem Text entnehmen wir: „Die Versammlung verurteilt alle Bestrebungen, die Pfalz von Bayern oder sonstige Teile vom Reich loszulösen, in welchem Gewande solche Bestrebungen auch immer auftreten mögen".[3] In der Frage der Reichseinheit stand die pfälzische SPD freilich keineswegs alleine da. Auch der vom 16. bis 21. Dezember 1918 in Berlin tagende Reichskongreß der Arbeiter- und Soldatenräte nahm mit großer Mehrheit einen Antrag an, in dem „gegen alle Absonderungsbestrebungen" protestiert wurde. Darin heißt es ferner, daß „nur der großdeutsche, demokratische, sozialistische Einheitsstaat Gewähr dafür bietet, daß das Volk in seiner kulturellen und wirtschaftlichen Entwicklung zur höchsten Stufe emporgehoben werden kann".[4]

Ende Februar, Anfang März 1919 wurde in Landau die separatistische, sogenannte „Freie-Pfalz"-Bewegung gegründet, die in aller Offenheit die Bildung einer autonomen pfälzischen Republik forderte. Die pfälzische SPD bezog am 30. März 1919 anläßlich einer Versammlung in Neustadt erstmals öffentlich Stellung zum Separatismus. Hauptredner war Friedrich Profit, der in der Folge zum Kopf der sozialdemokratischen Separatismusabwehr in der Pfalz wurde. In seiner Ansprache wies Profit darauf hin, daß seine Partei stets „im schärfsten Kampfe gegen das herrschende System in Preußen-Deutschland gestanden" habe, wofür man sie mit dem „Makel der Vaterlandslosigkeit" stigmatisiert habe. Sowohl die Bestrebungen zur Gründung einer rheinischen Republik als auch die „Los von Bayern"-Rufe des Zentrums bzw. der BVP verurteilte der Redner. In Form einer Resolution verkündete Profit den Anwesenden: „Wie früher so steht auch heute in Deutschlands und Bayerns tiefster Not die pfälzische Sozialdemokratie treu zu ihrem Vaterlande. Jetzt erst recht, da die alten von uns stets bekämpften schuldbeladenen Dynastien ... beseitigt sind, will sie zu ihrem Teil mithelfen, ein neues Deutschland aufzurichten, das im Rate der Völker eine Bürgschaft für den von uns erstrebten Völkerfrieden bedeutet." Auf Vermutungen und Befürchtungen, Frankreich könne das Gebiet am linken Rheinufer in irgendeiner Form von Deutschland lösen, entgegnete die Entschließung: „Die pfälzische Sozialdemokratie, weit entfernt, solche Bestrebungen zu unterstützen, wird sich diesen mit allen ihr zu Gebote stehenden Mitteln widersetzen ..." Nach der begeisterten Annahme des Textes bezeichnete Profit die Veranstaltung als „Gelöbnis der Treue ... zu Bayern und zur übrigen deutschen sozialistischen Republik".[5]

Auftreten der „Freie-Pfalz"-Bewegung

Die „Freie-Pfalz"-Bewegung trat erstmals am 17. Mai 1919 ins Rampenlicht der Ereignisse. An ihrer Spitze stand mittlerweile der Landauer Lebensmittelchemiker Dr. Eberhard Haaß. Sogar der „Vorwärts" widmete sich seiner Person und bescheinigte ihm, vor Kriegsende „im imperialistisch-annexionistischen Fahrwasser" geschwommen zu sein, wobei er die Forderung vertreten habe, die Entente müsse „für die von dem deutschen Volk und unseren tapferen Feldgrauen gebrachten Opfer Kompensationen bieten".[6] Von dieser Forderung war er aber nach Kriegsende offensichtlich abgerückt.

Auf Geheiß General Gérards empfing am 17. Mai Regierungspräsident Theodor von Winterstein Haaß und seine Gefolgschaft. Diese erhoben die Forderung, der Regierungspräsident solle die „Freie Pfalz" ausrufen. In einer Ansprache prophezeite Haaß eine weitere Verschlechterung der wirtschaftlichen Lage in der Pfalz, wogegen er vorgehen und sich so für „wirtschaftliches Gedeihen einsetzen" wolle. Unter Verweis auf eine am nächsten Tag stattfindende Versammlung der pfälzischen Parteien lehnte von Winterstein das Ansinnen von Haaß jedoch ab.[7]

Diese am 18. Mai 1919 in Speyer stattgefundene Kundgebung unter dem Motto: „Die Zukunft der Pfalz" wurde zu einer eindrucksvollen Demonstration der Zugehörigkeit der Pfalz zu Deutschland, bei der die SPD eine Hauptrolle spielte. Friedrich Profit betonte die Vaterlandsliebe der Sozialdemokraten gerade in Notzeiten und wies darauf hin, daß seine Partei dies im Jahre 1914 „wahr gemacht" habe. „Wir haben immer erklärt", so Profit weiter, „daß wir nicht prunken wollen mit unserer Vaterlandsliebe, daß aber, wenn die Stunde kommen sollte, in der das Vaterland in Not und Gefahr ist, wir unser Land und unser Volk nicht im Stiche lassen würden."

Neben Rednern anderer Parteien sprachen für die SPD noch die Landtagsabgeordneten Eduard Klement aus Kaiserslautern und Friedrich Ackermann aus Frankenthal sowie der Arbeitersekretär Karl Fischer aus Ludwigshafen. Während Profit die Zugehörigkeit der Pfalz zu Bayern nicht in Frage stellte, forderte Fischer im Hinblick auf die „pfälzische Frage ... Zurückstellung bis nach Friedensschluß und dann Selbstbestimmung über unser eigenes Schicksal." Eine zum Ende der Veranstaltung verabschiedete Resolution, die den weiteren Verbleib bei Deutschland bekräftigte, demonstrierte Einmütigkeit unter den pfälzischen Parteien.[8]

Am 21. Mai wurden Haaß und drei seiner Mitstreiter wegen Hochverrats und Verstoßes gegen das Pressegesetz verhaftet, am darauffolgenden Tag jedoch von den Franzosen wieder befreit, die nun ihrerseits den Landauer Oberbürgermeister Friedrich Mahla und zwei an der Verhaftung von Haaß beteiligte Personen auswiesen. Auch Regierungspräsident von Winterstein entging diesem Schicksal nicht. Er wurde am 31. Mai 1919 ins unbesetzte Gebiet abgeschoben, weil er seinen Beamten befohlen hatte, Flugblätter und Plakate der Besatzungsmacht, die für eine neutrale Pfalz warben, zu entfernen. Kurz vor seiner Ausweisung konnte er aber noch mit führenden Sozialdemokraten weitere Abwehrmaßnahmen gegen die Separatisten planen. Sein (kommissarischer) Nachfolger wurde sein bisheriger Stellvertreter von Chlingensperg, mit dem die Franzosen „leichteres Spiel zu haben" glaubten.[9]

Eingreifen der pfälzischen Sozialdemokratie

Am 1. Juni 1919 trafen im Lokal „Gambrinus" in Speyer die „Freien Pfälzer" zusammen. Ihre Absicht war es, an diesem Tage die Pfalz zu einer neutralen und selbständigen Republik auszurufen. Das Unternehmen war aber derart dilettantisch vorbereitet, daß es einigen Sozialdemokraten gelingen konnte, sich unter die Putschisten zu mischen, um dann bei der Abwehr tatkräftig mitzuwirken.[10] Auch ansonsten war die SPD in Erwartung des Putsches nicht untätig geblieben und hatte Parteimitglieder und Gewerkschafter nach Speyer entsandt, die vor dem Regierungsgebäude warteten und die ankommenden „Freien Pfälzer" am Betreten hinderten und verprügelten.

Erst auf Drängen des Regierungspräsidenten wurde Haaß in Begleitung von fünf Männern vorgelassen und konnte sein Anliegen vortragen. Ebenfalls anwesend waren Mitglieder der SPD und der DDP sowie einige Regierungsbeamte, als nun Haaß die Pfalz zur neutralen selbständigen Republik unter Loslösung von Bayern und vom Reiche erklärte. Er verwies ferner darauf, „keinerlei persönliche wirtschaftliche Interessen" zu verfolgen und kündigte „eine besondere Valuta" an, „die es ermögliche, die Rohstoffe der Industrie und die Lebensmittel zu niedrigen Preisen zu beziehen". Es spricht nicht für eine professionelle Planung des Unternehmens und dessen Durchschlagskraft, daß unmittelbar nach Haaß Karl Fischer und sein Parteifreund Bruno Körner, Landtagsabgeordneter und Vorsitzender der pfälzischen SPD, das Wort ergreifen konnten. Körner bezweifelte die Auffassung von

Fritz Ober (1877 - 1960), Aufnahme aus den 20er Jahren.

Haaß, die Mehrzahl der Pfälzer zu vertreten, und schloß mit den Worten: „Wir wollen deutsch, wir wollen Pfälzer bleiben." Schließlich beendete von Chlingensperg das kuriose Ereignis, indem er der Staatsgründung des Dr. Haaß die Anerkennung verweigerte, nachdem er zuvor – nicht ganz auf der politischen Höhe der Zeit – erklärt hatte, „seinem König und damit seinem Vaterland Treue geschworen" zu haben und diese Treue weiter leisten zu wollen. Schließlich forderte er alle Anwesenden auf, das Gebäude zu verlassen. Damit war der Putsch der „Freien Pfalz" unter maßgeblicher Mithilfe der Sozialdemokratie gescheitert.[11]

Daß es trotz der problemlosen Niederschlagung des Putschversuches am 2. Juni 1919 in vielen pfälzischen Städten zu beeindruckenden antiseparatistischen Kundgebungen kam, zeigt zum einen die Stärke und Entschlossenheit der Separatismusgegner; zum anderen wird hier auch deutlich, welcher Stellenwert den Absichten der „Freien Pfälzer" beigemessen wurde.

Auf der Versammlung in Speyer mit mehreren tausend Teilnehmern sprach unter anderen der SPD-Stadtrat Fritz Ober und gab ein glühendes Bekenntnis seiner Partei zu Deutschland ab. Dabei hob er hervor, daß diejenigen, die am Vortag behaupteten, im Namen der Pfälzer zu sprechen, während des Krieges „nicht genug annektieren konnten" und überhaupt am Ausbruch des Krieges schuld seien. In diesem wiederum hätten sie „Millionen verdient" und wollten nun „ihren Raub in Sicherheit" bringen. Obers Rede gipfelte in der pathetischen Ankündigung: Wenn „Deutschland zugrunde geht, dann wollen auch wir ehrenvoll mit ihm zugrunde gehen!" Im Falle des Untergangs des deutschen Volkes werde der Gegner diesem Schicksal ebenfalls nicht entkommen können, da „ein arbeitsames Volk wie das deutsche andere Völker mit in den Abgrund hinunterreißen wird! ... Wir wollen deutsch sein und deutsch bleiben".[12]

Das unentwegte Eintreten pfälzischer Sozialdemokraten gegen die Loslösungsversuche zog auch persönliche Konsequenzen nach sich. Noch am Tag des Putschversuches wurde Fritz Steffen, Redakteur der „Pfälzischen Post", in Speyer von der französischen Besatzungsbehörde verhaftet und wegen Teilnahme „an einer nicht genehmigten Manifestation" zu einer sechsmonatigen Gefängnisstrafe verurteilt, die nach einer Berufungsverhandlung auf drei Monate reduziert wurde.

Auch Fritz Ober ereilte dieses Schicksal. Am 16. August 1919 wurde er in Speyer mitsamt seiner Familie verhaftet. In einer eidesstattlichen Erklärung schilderte Ober später die Umstände der Verhaftung

Pfälzer und Pfälzerinnen!

Durch das freieste Wahlrecht der Welt habt Ihr uns vor wenigen Wochen als die Männer und Frauen Eures Vertrauens in die deutsche Nationalversammlung und in den bayerischen Landtag gewählt. Wie immer auch unsere Parteistellung ist, in dem Gedanken sind wir einig:

Die über uns gekommene schwere Not wollen wir in Gemeinschaft mit den übrigen deutschen Volksstämmen und im Verbande unseres deutschen Vaterlandes tragen.

Wir sind sicher, daß das auch Eure Ueberzeugung ist.

Trotzdem versuchte am 1. Juni ein Häuflein Unberufener die Pfalz als selbständige neutrale Republik in Speyer auszurufen.

Es ist ihnen nicht gelungen.

Der Zorn des Volkes zerstörte den wohlvorbereiteten Plan. Ihr Vorhaben kann auch in Zukunft nicht zum Ziele führen, weil das Pfälzer Volk in Stadt und Land ohne Unterschied der Parteistellung solchen Männern die Gefolgschaft verweigert und ihnen das Recht abspricht in seinem Namen zu reden.

Landsleute! Durchdrungen von dem Bewußtsein der schweren Verantwortlichkeit, zu der uns Euer Vertrauen verpflichtet, verkünden wir laut und feierlich unseren und Euren Willen:

An dem Zugehörigkeitsverhältnis der Pfalz zum deutschen Reiche darf nichts geändert werden. Heute wie am 18. Mai in Speyer, erklären wir mit allem Nachdruck: Keine Neugründung, gleichgültig, ob pfälzische, pfälzisch-hessische oder rheinische Republik findet in gegenwärtigem Augenblick unsere Unterstützung.

In welcher Weise die Pfalz später ihre Beziehungen zu einem deutschen Einzelstaat regeln will, muß dem von keiner fremden Macht beeinflußten Selbstbestimmungsrecht des pfälzischen Volkes im Einvernehmen mit den berufenen Stellen im Reiche überlassen bleiben.

In dem Augenblick, da in Versailles die Abgeordneten des deutschen Volkes über die schweren Friedensbedingungen verhandeln, **ist es ein Gebot der Selbsterhaltung und der Selbstachtung, daß alle deutschen Stämme geschlossen zusammenstehen.**

Wir — Eure Abgeordneten — protestieren daher auch heute mit aller Entschiedenheit gegen Bestrebungen, welche auf die Selbstverstümmelung unseres deutschen Landes hinauslaufen.

Pfälzer! Von Euch sind wir überzeugt, daß Ihr nach wie vor allen verlockenden Einflüsterungen, die von wirtschaftlichen Vorteilen und finanziellen Erleichterungen reden, kein Gehör schenken werdet.

So müssen an unserem gemeinsamen Willen alle Anschläge scheitern.

Weimar,
Bamberg, den 5. Juni 1919.

Die Abgeordneten der Sozialdemokratischen Partei:

Ackermann Friedrich, Frankenthal.
Binder Jakob, Ludwigshafen a. Rh.
Hartmann Hermann, Neustadt a. H.
Hoffmann Johannes, Bamberg.
Huber Joseph, Ludwigshafen a. Rh.
Keidel Philipp, Pirmasens.
Kleefoot Paul, Ludwigshafen a. Rh.
Körner Bruno, Ludwigshafen a. Rh.
Profit Friedrich, Ludwigshafen a. Rh.
Rebmann Heinrich, St. Ingbert.

Die Abgeordneten der Bayerischen Volkspartei:

Bernzott Karl, Landau.
Bruch August, Ludwigshafen a. Rh.
Hofmann Hermann, Ludwigshafen a. Rh.
Hudlett Friedrich, Waldmohr.
Dr. Jaeger Eugen, Speyer.
Richter Sophian, Landau.
Schmidt Therese, Ludwigshafen a. Rh.
Siben Joseph, Deidesheim.
Stark Ernst, Pirmasens.

Die Abgeordneten der Deutschen Volkspartei der Pfalz:

Becker Friedrich, Zweibrücken.
Gebhart Karl, Lauterecken.
Mattil Ludwig, Hütschenhausen.
Neumeyer Friedrich, Kaiserslautern.
Ohligmacher Georg, Stetten.

Die Abgeordneten der Deutsch-Demokratischen Partei

Büh'er Friedrich, Zweibrücken.
Dr. Hammerschmidt, Neustadt a. H.
Dr. Raschig Friedrich, Ludwigshafen a. Rh.
Scheu Friedrich, Standenbühl.

Flugblatt der pfälzischen Parteien mit einer Resolution gegen den Separatismus vom 5.6.1919.

und des folgenden Verhörs, in dessen Verlauf er mehrmals geschlagen wurde. Einer der ihn verhörenden Männer habe sogar eine Pistole an seinen Kopf gehalten und abgedrückt. Die Waffe war jedoch nicht geladen. Obers Verhaftung führte in Speyer zu einem Generalstreik. Am 24. September wurde er in Landau zu fünf Monaten Haft und 8.000 Mark Geldstrafe verurteilt. In der Berufungsverhandlung wurden die Haft auf zwei Monate und die Geldstrafe auf 1.000 Mark herabgesetzt.[13]

Zu einem neuerlichen Zwischenfall kam es in der Nacht vom 28. auf den 29. August 1919. In dieser Nacht wurden verschiedene öffentliche Gebäude besonders intensiv bewacht, da ein erneuter Putschversuch der „Freien Pfälzer" befürchtet wurde. Als sich französische Militärpolizisten Zutritt zum Ludwigshafener Hauptpostamt verschafften, wurden sie von Postbediensteten für Mitglieder der „Freien Pfälzer" gehalten. In einem Handgemenge schoß ein Polizist auf seine Widersacher. Dabei wurden zwei Postangestellte getötet und ein weiterer schwer verletzt.[14]

Der Vorfall verursachte in der Bevölkerung eine große Erregung, in deren Folge es zu Arbeitsniederlegungen und Protesten kam. Auf einer dieser Protestveranstaltungen am 5. September 1919 in Frankenthal verteidigte Profit die Aufstellung der Wachmannschaften „als Abwehr eines neuen verbrecherischen Anschlages", zu der sich das pfälzische Volk „nicht nur für berechtigt, sondern auch für verpflichtet" hielt. Gegenüber Frankreich wurden nun moderatere Töne angeschlagen. Die Sozialdemokraten seien „nie nationalistisch gesinnt" gewesen und hätten stets „auch die anderen Völker geachtet", so handele „die Pfälzer Bevölkerung nicht aus Haß oder Feindschaft gegen die Besatzung, aber in Abwehr gegen Haaß".[15]

Verdienste der sozialdemokratischen Bewegung

In der Folgezeit trat die „Freie Pfalz"-Bewegung mit spektakulären Aktionen nicht mehr in Erscheinung. Neben der unermüdlichen Abwehrarbeit der SPD trug auch der Entschluß des französischen Obersten und späteren Nachfolgers Gérards, Adalbert de Metz, die Gruppierung fortan nicht mehr zu unterstützen, wesentlich zu deren Bedeutungslosigkeit bei.[16] Das Verdienst der Abwehr der separatistischen Bestrebungen gebührt aber in erster Linie der SPD.[17] Bezeichnenderweise veröffentliche Dr. Haaß gerade in der „Pfälzischen Post" eine Abschiedserklärung, in der er kundtat, seine politische Tätigkeit aufzugeben, weil er nicht die „notwendige und tatkräftige Unterstützung gefunden habe".

Als am 30. Juni 1930 die Besatzungszeit zu Ende ging, widmete auch die „Pfälzische Post" diesem Ereignis eine „Befreiungsausgabe". In einem der Artikel wird betont, daß die SPD in ihrer „wahrhaft nationale(n) Gesinnung" von niemandem übertroffen werde, gleichsam sei ihr nationales Selbstverständnis „durch Taten wie die zur Befreiung des Rheinlandes" gekennzeichnet.[18] Auch Friedrich Profit, der mittlerweile zum Ministerialrat im Reichsministerium für die besetzten Gebiete emporgestiegen war, hob immer wieder die Verdienste der SPD im Abwehrkampf gegen die Separatisten hervor. In einem 1928 erschienenen Artikel lobte er in pathetischen Worten die Leistung der Arbeiterschaft und betonte, daß diese „schlichten Männer und Frauen der Arbeit … sich oft unter Gefährdung ihres Lebens um das Wohl unserer Heimat und unseres gemeinsamen Vaterlandes unsterblich gemacht" hätten.[19]

Resümierend bleibt festzuhalten, daß die Abwehrmaßnahmen gegen die Separatisten im Jahr 1919 zu einem nicht unerheblichen Teil von der SPD getragen wurden, was dem auch noch zu Zeiten der Weimarer Republik existierenden Vorwurf der Vaterlandslosigkeit widerspricht. Die historische Forschung attestiert der SPD in der Weimarer Republik übereinstimmend, die staatstragende Partei gewesen zu sein. Ein Aspekt davon ist die Erhaltung der Reichseinheit, für die auch die pfälzische SPD an vorderster Front gekämpft hatte.[20]

Anmerkungen:

1 In einem jüngst erschienenen, sehr persönlich gehaltenen Aufsatz macht Horst Osterheld, Der Kampf um die Pfalz vor 75 Jahren. Ein fast vergessenes Stück deutscher Geschichte, in: Jahrbuch für westdeutsche Landesgeschichte 21 (1995), S. 455-480 darauf aufmerksam, daß die erste Phase des Separatismus in der Pfalz noch nicht erschöpfend behandelt wurde. Vgl. auch: Stefan Schaupp, Das Verhältnis der Sozialdemokraten zum Separatismus in der Pfalz. Staatsexamensarbeit, Universität Mannheim 1994.
2 Zur französischen Außenpolitik nach 1918 vgl. Henning Köhler, Französische Besatzungspolitik 1918-1923, in: Peter Hüttenberger/Hansgeorg Molitor (Hrsg.), Franzosen und Deutsche am Rhein. 1789-1918-1945, Essen 1989, S. 113-126; Peter Hüttenberger, Methoden und Ziele der französischen Besatzungspolitik nach dem Ersten Weltkrieg in der Pfalz, in: Blätter für deutsche Landesgeschichte 108 (1972), S. 105-121.
3 „Pfälzische Post" v. 5.12.1918 („Was will die Sozialdemokratie?").
4 Allgemeiner Kongreß der Arbeiter- und Soldatenräte Deutschlands. Vom 16. bis 21. Dezember 1918 im Abgeordnetenhause zu Berlin. Hrsg. Zentralrat der sozialistischen Republik Deutschlands, Berlin Herrenhaus o. J., Spalte 283.
5 „Pfälzische Post" v. 3.4.1919 („Die Zukunft der Pfalz"). Die Rede Profits und die Entschließung befinden sich auch im Landesarchiv Speyer (LA Sp), R 12, 562, fol. 28-38. Zur Versammlung vom 30. März vgl. den Artikel „Das Schicksal der Pfalz" in der „Pfälzischen Post" v. 2.4.1919.
6 „Vorwärts" (Abendausgabe) v. 5.6.1919 („Erst Alldeutscher – dann Verräter").
7 Zitate nach Karl Leiling, Aus der Besatzungszeit in Speyer von Ende 1918 bis Mitte 1930, Speyer 1940, S. 27 f. Vgl. auch Gerhard Gräber/Matthias Spindler, Revolverrepublik am Rhein. Die Pfalz und ihre Separatisten. Bd. 1: November 1918 - November 1923, Landau 1992, S. 46.
8 Vgl. Friedrich Profit, Die Rolle der Arbeiterschaft im Abwehrkampf, in: Volk und Reich. Politische Monatshefte, Heft 6, 1928, S. 325; sowie die Niederschrift über den Verlauf der Versammlung im Stadtarchiv Landau, Sammlung Kohl VI, 6.
9 Vgl. Gräber/Spindler (wie Anm. 7), S. 46 f.
10 Siehe dazu den Bericht Friedrich Steffens, „Der Putsch der ‚Haaßisten' in Speyer vom 1. Juni 1919. Mein Anteil am Mißlingen", Bundesarchiv (BAK) Koblenz, ZSG 105/27, fol. 133 ff.
11 Vgl. LA Sp, R 12, 562, fol. 106 ff. Siehe auch Gräber/Spindler (wie Anm. 7), S. 47 f.
12 Leiling (wie Anm. 7), S. 53 f.
13 Zur Verhaftung Steffens vgl. dessen Bericht (wie Anm. 10). Obers Erlebnisse schildert Profit in dem Artikel „Vor dem Endkampf gegen die pfälzischen Haaßisten", in: „Pfälzische Post" v. 1.6.1930.
14 Siehe: Die Pfalz unter französischer Besatzung. Kalendarische Darstellung der Ereignisse vom Einmarsch 1918 bis November 1924. Hrsg. v. Lorenz Wappes, München 1925, S. 34. Von dem bevorstehenden Putsch berichtete Profit in dem Artikel „Vor dem Endkampf gegen die pfälzischen Haaßisten" (wie Anm. 13).
15 „Pfälzische Post" v. 6.9.1919 („Eine Abrechnung mit den Landesverrätern in der Pfalz").
16 Vgl. hierzu LA Sp, R 12, 471, fol. 408.
17 Diese Auffassung findet in der Literatur verbreitet Ausdruck, so etwa bei Gräber/Spindler (wie Anm. 7); Dietrich Schlegel, Der Separatismus in der Pfalz nach dem ersten Weltkrieg, in: Mitteilungen des Historischen Vereins der Pfalz 71 (1974), S. 240; Helmut Gembries, Verwaltung und Politik in der besetzten Pfalz während der Weimarer Republik, Kaiserslautern 1992, S. 103.
18 „Pfälzische Post" v. 1.6.1930 („Frei ist der Rhein").
19 Friedrich Profit (wie Anm. 8), S. 333.
20 Vgl. dazu Peter Brandt, Deutschland – eine soziale Demokratie? (1918-1933), in: Dieter Groh/Peter Brandt, „Vaterlandslose Gesellen". Sozialdemokratie und Nation 1860-1990, München 1992, S. 178.

Diethard Hennig

Johannes Hoffmann (1867 -1930)
Vom Volksschullehrer zum Ministerpräsidenten

„Ich bin kein Bayer, sondern nur ein Pfälzer." Als der bayerische Ministerpräsident Johannes Hoffmann im Jahre 1919 diesen Satz notierte, wollte er nicht betonen, daß er seine Herkunft als Makel empfand. Er wollte lediglich darauf hinweisen, daß es zwischen den Pfälzern und den Bayern, die seit dem Ende des Wiener Kongresses im gemeinsamen Staatsverband lebten, gravierende Unterschiede gab, die in der wechselvollen Geschichte der beiden Gebietsteile häufig zu politischen Irritationen und Konflikten geführt hatten. Den Gegensatz zwischen Bayern und der Pfalz bewertete er primär als einen politischen, der sich aufgrund unterschiedlicher historischer Traditionen und Mentalitäten herausgebildet hatte.

Sehr pointiert formulierte Hoffmann am 13. Dezember 1921 – als er sich nach seinem Sturz in die heimatliche Pfalz zurückgezogen hatte – sein politisches Selbstverständnis in einer großen Reichstagsdebatte, die aus der Interpellation pfälzischer Abgeordneter hervorgegangen war. An die bayerischen Regierungen von Kahr und von Lerchenfeld gewandt, rief er aus: „München muß die Pfalz anders werten wie jede andere bayerische Provinz. Die Pfalz ist ein Grenzland; sie ist alter demokratisch-revolutionärer Boden. Über sie gingen die Wogen der französischen Revolution hinweg, hier steht das Hambacher Schloß und hier ist auch in bürgerlichen Kreisen das Jahr 1848 noch nicht vergessen ... Die pfälzische Arbeiterschaft erträgt solidarisch die Not des deutschen Volkes, auch die 15jährige Besetzung. Aber sie erträgt keine geistige und politische Reaktion und keine Wittelsbacher".[1]

Dieses knappe Statement kann als politisches Credo eines Mannes gelten, dem es im monarchischen Deutschland gelang, zum Stadtrat und stellvertretenden Bürgermeister in Kaiserslautern aufzusteigen und der als Landtags- und Reichstagsabgeordneter die Anliegen der pfälzischen Sozialdemokratie in München und Berlin zu Gehör brachte. Nach dem Ende des kaiserlichen Deutschlands im Revolutionsjahr 1918 wurde er stellvertretender Ministerpräsident und Kultusminister im Kabinett Eisner und avancierte schließlich nach der Ermordung des charismatischen Führers der bayerischen Linken zum ersten freigewählten Ministerpräsidenten des Landes.[2]

Es erscheint wichtig, den Lebensweg dieses Mannes, dessen politische Karriere sich in den Schnittpunkten zwischen Monarchie und Republik und zwischen Bayern und der Pfalz vollzog, nachzuzeichnen. Denn der Politiker Hoffmann ist nicht nur ein prominenter SPD-Politiker, sondern auch der typische Repräsentant eines Umbruchszeitalters. An seiner Person lassen sich daher auch die Probleme dieser epochalen Wende nach 1918 sinnfällig exemplifizieren.

Herkunft und Jugend

Als Sohn eines verschuldeten Kleinbauern kam Johannes Hoffmann am 4. Juli 1867 im pfälzischen Ilbesheim in der Nähe Landaus zur Welt. Seine Eltern, so erinnerte er sich später, seien keine Proletarier gewesen. Aber „sie führten das Leben von Proletariern. Sie waren Kleinbauern und was das schlimmste [war], verschuldete Kleinbauern"[3], die sich jedoch eine revolutionäre Gesinnung bewahrt hatten, denn in ihrer Familie besaß das Revolutionsjahr 1848/49 noch eine persönliche Dimension, an die man sich gerne erinnerte. Hoffmanns Großonkel Philipp Jakob Klundt nämlich, ein Lateinlehrer in Kaiserslautern, war Zivilkommissar des gleichnamigen Kantons während des „wilden Jahres" 1849. Wie viele andere floh auch er nach der gescheiterten Revolution nach Amerika. Die Nachfahren Klundts hielten die Verbindung zu ihren pfälzischen Verwandten aufrecht und unterstützten noch Johannes Hoffmann im Krisenjahr 1923 beim Kauf seines Hauses in Wachenheim.

Trotz der ärmlichen Verhältnisse gelang es den Eltern, den Sohn auf ein humanistisches Gymnasium nach Landau zu schicken, um ihm den vorgezeichneten Weg in ein tristes Sozialmilieu zu ersparen. Johannes scheiterte und verließ die Schule nach der vierten Klasse. Seinen Traum, Jurist zu werden, mußte er begraben, das Interesse an der Juristerei behielt er jedoch ein Leben lang. Jahrzehnte später gelang es ihm sogar, Mitglied im Rechtsausschuß des Reichstages zu werden und sich die Anerkennung des prominenten Juristen Gustav Radbruch zu erwerben.

Das Stigma des gescheiterten Schülers verführte den jungen Hoffmann dazu, mit großer Energie die Wissenslücken zu schießen und – wie viele Autodidakten auch – eine ausgeprägte Bildungsbeflissenheit an den Tag zu legen. Die Eltern schickten den Jungen auf die Präparandenanstalt nach Edenkoben. Er sollte, da ihm die akademische Laufbahn versperrt war, nun Volksschullehrer werden. Als Hoffmann im Jahre 1885 in das Kaiserslauterer Studienseminar eintrat, in dem nach der Vorbereitungsphase die eigentliche Ausbildung zum Lehrer absolviert werden mußte, fand er in dem Verbandspolitiker des Bayerischen Lehrerverbandes (BLV) und liberalen Landtagsabgeordneten, Dr. Carl Andreae, einen Seminardirektor, der ihn, wie er später gestand, nachhaltig beeinflußte.[4]

Nach dem Abschluß der Ausbildung im Dreikaiserjahr 1888 trat der junge, noch unverheiratete Lehrer seinen Dienst in den Dörfern Klingenmünster und Collbach an. Sein Einkommen war gering, nur äußerste Sparsamkeit ermöglichte ihm ein statusgemäßes bürgerliches Leben. Hoffmanns extreme Bedürfnislosigkeit und sein Hang, noch als Reichstagsabgeordneter täglich jeden Pfennig in ein Haushaltsbuch einzutragen, hingen zweifellos mit dieser widrigen Einkommenssituation zu Beginn seiner Berufstätigkeit zusammen. Als „bedürfnislosesten Ministerpräsidenten", den Bayern je hatte, bezeichnete ihn sein späterer Kabinettskollege Müller-Meiningen.[5]

Eintritt in die Politik

Nach zwei Jahren wechselte der Dorfschullehrer in die aufstrebende Industriestadt Kaiserslautern, die um die Jahrhundertwende mit fast 50.000 Einwohnern eine moderne und dynamische regionale Metropole war.[6] In dieser, von den Liberalen beherrschten Stadt mit den spezifischen wirtschaftlichen und sozialen Problemen der Zeit der Hochindustrialisierung gewann Hoffmann durch Anschauung, Reflexion und Beeinflussung eine klare politische Einstellung. An die prägende Kraft dieser Phase erinnerte er sich noch viel später: „Die Elemente der Politik, besonders der Parteipolitik lernte ich erst kennen, als ich im Jahr 1890 als Schulverweser nach Kaiserslautern kam. In dieser Industriestadt herrschte ein reges politisches Leben, das feste Gestalt und Bewegung durch die Parteien und Zeitungen der Nationalliberalen, der Demokraten und des Zentrums erhielt. Auch die Beteiligung am Organisationsleben des bayerischen und pfälzer Lehrervereins trug zu meiner politischen Bildung und Erziehung bei".[7]

Die Schulpolitik der Stadt war Ausfluß des offenen liberalen Klimas, in dem sich der Junglehrer wohl fühlte, denn seit 1869 bekämpfte man hier die Konfesssionsschulen, und 1878 gab es hier die erste, vom Einfluß der Kirche befreite Kommunalschule der Pfalz. Hoffmann engagierte sich zunehmend in der Kommunalpolitik, er wurde Mitglied im liberalen „Demokratischen Verein" und besuchte die Versammlungen der Demokratischen Volkspartei, deren Programmatik von dem linksliberalen Historiker Ludwig Quidde maßgeblich beeinflußt war und die in Kaiserslautern einen ihrer Stützpunkte hatte. Der ausgeprägte Pazifismus Quiddes und dessen Aversion gegen den preußischen Militärstaat Wilhelms II. beeinflußten Hoffmann nachhaltig. 1890 von der Musterungsbehörde als untauglich für den Militärdienst eingestuft, konnte er nicht Reserveoffizier werden und sich nicht dieses Gütesiegel des Kaiserreiches erwerben, um das der BLV für seine Mitglieder mit Vehemenz kämpfte. Der Lehrer-pressuregroup ging es darum, das Sozialprestige des Volksschullehrers in der militaristisch ausgerichteten, industriellen Feudalgesellschaft des kaiserlichen Deutschlands dadurch zu erhöhen, daß sie die Forderung durchsetzte, ihren Mitgliedern nach einjähriger Ausbildung das Prädikat „Reserveoffizier" zu verschaffen.

Zum pointierten Antiklerikalismus, der sich aus den demütigenden Erfahrungen des Lehrers mit der geistlichen Schulaufsichtsbehörde herausgebildet hatte, trat – bedingt durch den Einfluß Quiddes – eine tiefsitzende antimilitaristische Grundhaltung, ein Haß auf alles Militärische, den Hoffmann zeitlebens pflegte und der ihm schließlich zum Verhängnis werden sollte: Es war nachweislich General Arnold von Möhl, der bayerische Oberbefehlshaber

Erinnerungen von Johannes Hoffmann in der Jubiläumsausgabe der „Pfälzischen Post" vom 12.10.1929.

der Reichswehr, gegen den der Ministerpräsident Hoffmann zäh den Primat der Politik vor dem Militär verteidigt hatte, der ihn zur Zeit des Kapp-Putsches im März 1920 zum Rücktritt zwang. Das Militär, vornehmlich die Generalität, so wurde beklagt, sei für den Ministerpräsidenten Bayerns „Luft" gewesen.

Hinwendung zur Sozialdemokratie

In Vereinsmitgliedschaft und parteipolitischer Tätigkeit erschöpften sich die Aktivitäten indessen nicht. Hoffmann kandidierte auf der demokratischen Liste für die Gemeindevertretung in Kaiserslautern, die – im Gegensatz zum rechtsrheinischen Bayern – aus ihrer Mitte heraus den Bürgermeister und seinen Stellvertreter, den Adjunkten, zu wählen hatte. Während seiner kommunalpolitischen Tätigkeit im Stadtrat zwischen 1900 und 1905 vollzog sich bei ihm aufgrund persönlicher Kontakte mit den sozialdemokratischen Politikern Emil Schmaller und Eduard Klement eine politische Wende. Wie Eugen Hertel in seinen Erinnerungen behauptete, wurde die „Hoffmannsche Wende"[8] dadurch beschleunigt, daß ihn das Mitleid mit dem Elend seiner Schüler aus der Kaiserslauterer Industrieregion, das er täglich mitansehen mußte, zum sozialen Engagement trieb. Hoffmann selbst schrieb: „Wenn man sehen muß, daß im Winter unschuldige Kinder, schlecht gekleidet und verfroren, ohne etwas Warmes genossen zu haben, zur Schule kommen, in zerrissenem Schuhzeug, dann muß man von Mitleid gepackt werden, dann drängt sich einem die Frage auf: Muß denn das immer so bleiben?"[9]

Die Ursache für dies soziale Engagement liegt im Mitleidsempfinden begründet, nicht in der theoretisch-kritischen Gesellschaftsanalyse. Die Antwort auf die gestellte Frage konnte für Hoffmann nur so lauten, daß die schlimmen sozialen Verhältnisse, unter denen die Menschen litten, in der bestehenden Gesellschaft beseitigt werden müssen: Die bestehende Gesellschaft muß – in seinem Selbstverständnis – humanisiert, jedoch nicht beseitigt werden. Bereits in dieser Phase seiner politischen Sozialisation erkennt man den antirevolutionären Standpunkt, der zum Ausgang seiner späteren, an der Realität orientierten Reformpolitik werden sollte. Eindeutig liegt der Akzent auf „Reform" nicht auf „Revolution". Jahre später formulierte er einmal gegenüber dem Reichskanzler von Bethmann Hollweg und den gegnerischen Parteivertretern diese Option für die Reform: „Meine Herren, es gibt ein Mittel gegen die gewaltsame soziale Revolution, das ist die große soziale Reform. Sie verhindern heißt die Revolution vorbereiten".[10] Es war nur konsequent, daß sich Hoffmann aus seinem politischen Verständnis heraus am 13. März 1905 an die Stadtverwaltung wandte und darum bat, im kommunalen Arbeitersekretariat, einer Rechtsauskunftsstelle für Arbeiter, „praktisch" arbeiten zu können. Hier lernte er die Nöte und Probleme der Industriearbeiter kennen, und hier konnte er ihnen gezielt helfen. Dieses Engagement des Lehrers für die Sozialdemokratie verwunderte aufgrund der gewonnenen Einsichten nicht mehr. Dennoch mußte sich Hoffmann darüber im klaren sein, daß ein öffentliches Bekenntnis zu dem verfemten roten „Gesindel" seine Existenz als Volksschullehrer gefährden könnte.

Zu dem Zeitpunkt, als sich Hoffmann zur SPD bekannte, fanden in der Gesamtpartei noch die großen ideologischen Auseinandersetzungen statt, die mit dem Wort „Revisionismusstreit" nur unzureichend umschrieben sind.[11] Neben den orthodoxen Marxisten um Karl Kautsky und den Anhängern des Revisionisten Eduard Bernstein gab es die jungen Aktivisten, die, inspiriert von der ersten russischen Revolution des Jahres 1905, auf den revolutionären Massenstreik setzten. Der Praktizismus der Parteiführung, an deren Spitze der charismatische August Bebel[12] stand, war dadurch gekennzeichnet, daß er die Verlagerung von der Theorie zur politischen Praxis propagierte, während die süddeutschen Reformpolitiker um Georg von Vollmar und der mit ihm befreundete Franz Josef Ehrhart einen eigenen Weg gehen wollten, der von der Berliner Zentrale mit Argwohn beobachtet wurde.

Erringung eines Doppelmandates

Der „rote Pfalzgraf" Ehrhart[13] war die dominierende politische Persönlichkeit im linksrheinischen Bayern; wer in der SPD eine Karriere starten wollte, mußte seine

Zweiseitig beschriebene Postkarte Franz Josef Ehrharts aus dem Reichstag an Johannes Hoffmann vom 9.5.1906.

Darin schlägt Ehrhart, der über Eduard Klement von dem Bemühen Hoffmanns um die Stelle eines Parteisekretärs im Gau Nordbayern erfahren hatte, diesem zur Besprechung der Angelegenheit einen Besuch in Ludwigshafen vor.

Diethard Hennig

Unterstützung haben. Eduard Klement stellte für Hoffmann den Kontakt zu Ehrhart her. Dieser empfahl ihm, sich um ein Landtagsmandat im Wahlkreis Kaiserslautern-Kirchheimbolanden zu bemühen, das aufgrund des neuen Wahlgesetzes von 1906 durchaus zu gewinnen war. Wahlbündnisse mit dem Zentrum, die auf der geheimnisumwitterten Besprechung von Vollmars und Ehrharts mit dem Domkapitular Dr. Zimmern und dem Stadtpfarrer Dr. Bettinger am 4. Juli 1899 in der Gruft des Speyerer Doms geschlossen wurden, boten der SPD die Chance, den Wahlkreis für sich zu erobern.[14]

Ehrhart wollte einen Volksschullehrer als Kandidaten, um die königliche Regierung in München zu zwingen, sich öffentlich zum Problem: Staatsbeamter und Sozialdemokrat zu äußern. Hoffmann sollte der Testfall dafür sein, inwieweit die bayerische Regierung der oppositionellen SPD entgegenkäme, wenn sie einen Beamten als Kandidaten präsentierte. Gegen den Seiteneinsteiger, der zum Zeitpunkt seiner Kandidatur noch kein Parteimitglied war, formierten sich allerdings starke innerparteiliche Kräfte, die den Gewerkschafter Wolf favorisierten.

Als Ehrhart ganz plötzlich am 20. Juli 1908 an den Folgen eines Gehirnschlages starb, mußte eine Ersatzwahl durchgeführt werden. Johannes Hoffmann wurde als sein Nachfolger im Wahlkreis Kaiserslautern nominiert. Er war der erste aktive Volksschullehrer, der öffentlich für die SPD eintrat. Deshalb bekam diese Ersatzwahl eine überregionale Bedeutung. Die konservative preußische Kreuzzeitung kommentierte: „Daß ein Sozialdemokrat nicht zum Volksschullehrer geeignet ist, bedarf keiner Frage. Im Interesse der Volkserziehung ist es wünschenswert, daß eine bayerische Regierung die notwendigen Folgerungen …

Aufruf zur Landtagsersatzwahl in Kaiserslautern in der „Pfälzischen Post" vom 24.10.1908.

zieht".[15] Um einer Entlassung aus dem Schuldienst zuvorzukommen, bat Hoffmann unmittelbar nach seiner Nominierung seinerseits die Kammer des Innern der pfälzischen Kreisregierung um die Beendigung des Dienstverhältnisses. Im Wahlkampf mußte er sich vornehmlich mit seinen nationalliberalen Gegnern auseinandersetzen, weil das Zentrum seinen Anhängern strikte Wahlenthaltung empfohlen hatte. Und er gewann souverän das Landtagsmandat, zog als Nachfolger Ehrharts in die bayerische Abgeordnetenkammer nach München.[16]

Der Zweiundvierzigjährige gehörte einer neuen Generation sozialdemokratischer Politiker an, die nicht mehr am eigenen Leib die schikanöse Behandlung erfahren hatten wie ihre älteren Kollegen während des zwölf Jahre andauernden Sozialistengesetzes. Er kam von den Liberalen zur SPD, die parteiinterne „Ochsentour" blieb ihm erspart. Da er von Beruf Lehrer war, präsentierte ihn seine Fraktion im Landtag als Bildungsexperten, der die Schulpolitik seiner Partei artikulieren sollte. Seit dem Erfurter Parteiprogramm von 1891 gehörte die Trennung von Staat und Kirche auch im Schulbereich zu den Forderungen der Sozialdemokratie. Sein Ideal einer konfessionsfreien Erziehung faßte Hoffmann in einer Landtagsdebatte einmal so in Worte: „Der Staat hat keine frommen Katholiken, Protestanten und Juden zu erziehen, sondern sozial handelnde Menschen, denkende Staatsbürger und tüchtige Arbeiter heranzubilden".[17]

Da Eduard Klement verzichtete, beschloß die Wahlkreiskonferenz im Jahre 1911 Johannes Hoffmann auch im sechsten Wahlkreis Kaiserslautern-Kirchheimbolanden als Kandidaten für den Berliner Reichstag aufzustellen. Mit einem Doppelmandat, das damals üblich war, hatte er die Möglichkeit, in der Reichs- und Landespolitik gleichermaßen präsent zu sein. Der Wahlkampf des Jahres 1911 und 1912 führte zu einer starken Polarisierung zwischen dem „schwarz-blauen Block" aus katholischem Zentrum und dem antisemitischen „Bund der Landwirte" (BdL) auf der einen und der SPD, die von den Liberalen unterstützt wurde, auf der anderen Seite.[18] Hoffmanns direkter Gegenkandidat war Gustav Roesikke, der Vorsitzende des BdL. Für die Sozialdemokratie war es schwer, in dem vornehmlich agrarisch strukturierten Wahlkreis, in dem der Klein- und Mittelbetrieb vorherrschte, Stimmen zu gewinnen. In der Partei war noch die Auffassung Karl Kautskys maßgeblich, daß man sich aus ideologischen Gründen nicht um die Bauern kümmern sollte, da sie Privateigentümer an Grund und Boden seien. Hoffmann, der Bauernsohn aus Ilbesheim, hatte diese dogmatische Position nie vertreten, er wollte stattdessen, ähnlich wie Georg von Vollmar, die sogenannte „Landagitation" intensivieren und um die Stimmen selbständiger Winzer, von Weinbauarbeitern und Tagelöhnern kämpfen. Mit Unterstützung linksliberaler Wähler setzte er sich in der Stichwahl durch. Die SPD, das wurde an dieser Reichstagswahl deutlich, verstand sich auch als Wahrerin der liberalen pfälzischen Tradition.

Nach dieser Wahl des Jahres 1912 war die SPD die stärkste Fraktion im Reichstag, für ihren unumstrittenen Führer August Bebel war dies der letzte große Triumph gewesen. In Fragen der parlamentarischen Kreditbewilligung, das wußten auch die herrschenden Eliten des Kaiserreiches, war man auf die Unterstützung dieser Partei angewiesen, die man ansonsten mied, weil sie dem monarchischen Staat ablehnend gegenüberstand und zum Beispiel auch das übliche „Kaiserhoch" verweigerte.[19]

Anzeige einer Volksversammlung mit Johannes Hoffmann in der „Pfälzischen Post" vom 26.8.1910.

Hoffmanns Position im Weltkrieg

„Serbien muß sterbien", so reimt eine Person in Karl Kraus' berühmter Szenenfolge „Die letzten Tage der Menschheit" (1922), die den Ersten Weltkrieg als Tragödie auf der Bühne darstellt. Daß sich aus der lokalen Krise zwischen Österreich und Serbien auf dem Balkan ein internationaler Konflikt entwickeln könnte, daran glaubten die Delegierten der bayerischen SPD nicht, die sich in der zweiten Julihälfte des Jahres 1914 zu ihrem Landesparteitag im pfälzischen Neustadt versammelt hatten. Johannes Hoffmann, der sich in jenen kritischen Julitagen in München aufhielt, war der erste deutsche Sozialdemokrat, der der kaiserlichen Regierung signalisierte, daß im Falle eines allgemeinen Krieges seine Partei nicht durch Massenstreiks die Generalmobilmachung und damit den Kriegseinsatz verhindern werde, wie es seit 1910 die Pazifisten Edouard Vaillant und James Keir Hardie auf einem internationalen Sozialistenkongreß gefordert hatten.[20] Als die königliche Regierung in der bayerischen Abgeordnetenkammer bekanntgab, daß die von Gewerkschaften und SPD unterstützte Jugendbewegung keine staatlichen Zuschüsse erhalten werde, weil sie nicht „vaterländisch" sei, erregte sich Hoffmann: „Vaterländisch sind auch wir Sozialdemokraten ..., denn der Begriff des Vaterlandes ist unabhängig von der jeweils bestehenden Gesellschaft und Regierungsform ... Also, die Sozialdemokraten sind nicht vaterländisch! Und wenn in einigen Tagen das deutsche Volk zu den Waffen gerufen wird? Dann sind die Sozialdemokraten vaterländisch. Sie dürfen dann Haus und Hof der anderen schützen; denn sie selbst haben ja meistens keinen. Sie dürfen Thron und Vaterland verteidigen. Sie dürfen auch sterben fürs Vaterland. Die Rückkehrenden aber sind dann wieder die vaterlandslosen Gesellen, die man mit Ausnahmegesetzen traktieren darf".[21]

Auf der gleichen Ebene wie Hoffmann, der an die nationale Verantwortung appellierte, lag auch die Erklärung der sozialdemokratischen Reichstagsfraktion, die am 4. August 1914 eine zustimmende Erklärung abgab, die in dem Satz gipfelte: „Wir lassen in der Stunde der Gefahr das eigene Vaterland nicht im Stich".[22] An die Stelle des Klassenkampfes trat von nun an die Burgfriedenspolitik der SPD, die die Kriegspolitik des kaiserlichen Deutschlands unterstützte, indem sie die periodisch anfallenden Kriegskredite bewilligte. Sie reihte sich in die vom Kaiser geforderte nationale Gemeinschaft ein und nahm damit aber in Kauf, daß die Einheit der Partei an diesem Engagement zerbrach. Bis ins Jahr 1917 beugte sich Hoffmann den Forderungen des Parteivorstandes um Friedrich Ebert, der den Krieg durch seine Bewilligungspolitik mittrug, da er von seinem defensiven Charakter überzeugt war. An den lautstarken und scharfen Auseinandersetzungen in der Reichstagfraktion zwischen den Vertretern des linken Flügels um Hugo Haase und des rechten um Friedrich Ebert nahm Hoffmann nicht teil: Er appellierte stattdessen an alle, die drohende Spaltung der Partei zu verhindern, um für die Zeit nach dem Ende des großen Krieges stark genug zu sein, die Macht in Deutschland zu übernehmen. Eine gespaltene Sozialdemokratie – so seine Auffassung – war eine geschwächte Sozialdemokratie, die nicht die Energie aufbringen werde, die durch den Krieg verursachte Katastrophe politisch zu meistern. Die am 6. April 1917 vollzogene Spaltung der Partei – im sozialistischen Traditionsort Gotha gründete sich die USPD – erwies sich für die Folgezeit als eine schwere Hypothek für den organisierten Sozialismus in Deutschland. In Zeiten des Umbruchs kämpfte, nach alter sozialdemokratischer Manier, jeder gegen jeden, vereitelte damit den politischen Erfolg und arbeitete unbewußt denen in die Hand, die letztlich für die „Urkatastrophe" (G. F. Kennan) des Weltkrieges verantwortlich waren.

Anläßlich eines Besuches bei Reichskanzler von Bethmann Hollweg am 6. Juli 1917 wurde Hoffmann deutlich vor Augen geführt, daß die deutsche Führung die Chance nicht ergreifen werde, die ihr die erfolgreiche Russische Revolution bot. Man hatte in Petersburg dem deutschen Kriegsgegner einen Verständigungsfrieden „ohne Annexionen und Kontributionen" angeboten, der jedoch von Kanzler und Militärführung abgelehnt wurde, weil sie auf den uneingeschränkten U-Boot-Krieg setzten. Zum ersten Mal war Hoffmann nicht mehr bereit, den geforderten Kriegskrediten zuzustimmen; er lehnte die konzessionsbereite Politik von Ebert und Scheidemann ab, weil er glaubte, daß der Reichskanzler ein Annexionist war. In seinen Worten: „Ich fasse meine persönliche Meinung über die Politik des Reichskanzlers in dem Satz zusammen: Der Reichskanzler annektiert, wenn er kann, und verzichtet auf Annexionen nur wenn er muß".[23]

Im letzten Kriegsjahr, als die Deutschen den Bolschewisten in Brest-Litowsk einen Diktatfrieden aufgezwungen hatten, war Hoffmann in der Reichstagsfraktion ziemlich isoliert: der USPD wollte er sich nicht anschließen, weil er an der Einheit der Partei festhielt, der MSPD Eberts versagte er die Unterstützung, weil sie der Annexionspolitik der Reichskanzler Bethmann Hollweg und Michaelis Vorschub leistete.

Minister im Übergangskabinett

Im Herbst 1918 verlagerte sich Hoffmanns Aktionsfeld von der Reichspolitik auf die bayerische Landespolitik, als er versuchte, der königlichen Regierung des Ministerpräsidenten Otto von Dandl weitgehende Reformen abzuringen, um die drohende Revolution in Bayern zu verhindern. Auf einer Sitzung im Finanzausschuß des Landtages stellte er unmißverständlich fest: „Ich sage nun hier ganz offen und ehrlich: wenn ich die Gewißheit hätte, daß es meiner Partei gelänge, die drohende Revolutionsbewegung zu führen und zu meistern und mit ihr unsere politischen und wirtschaftlichen Ziele zu erreichen, dann würde ich meinerseits keinen Finger rühren, um sie zu verhüten".[24] Schon immer hatte er die Auffassung vertreten, daß nur Reformpolitik die Revolution verhindern könne.

Angesichts der sich abzeichnenden militärischen Niederlage, die durch den Kriegseintritt der USA beschleunigt wurde, und des vehementen Druckes, den Präsident Woodrow Wilson in verschiedenen Noten auf Deutschland ausübte, zeigten sich die Regierungen im Reich und in den Einzelstaaten konzessionsbereit: Man wollte durch Parlamentarisierung der Verfassungen und durch Wahlrechtsänderungen Reformen von oben durchdrücken, um die Revolution von unten zu verhindern. Johannes Hoffmann gehörte zu jenen Sozialdemokraten, die als Minister ohne Geschäftsbereich in die neugebildete bayerische Regierung einer parlamentarischen Monarchie berufen wurden.[25] Viel Aufhebens machte er um diesen Karrieresprung nicht, denn seine Frau Luise notierte in ihren Erinnerungen: „Es kam der November 1918. Mein Mann war schon einige Tage abwesend. Eines Abends fällt mein Blick auf eine gesperrt gedruckte Notiz in der Zeitung: Vorschlagsliste zur Neubildung des bayerischen Kabinetts, darunter der Name Johannes Hoffmann. Ich war sprachlos, denn ich hatte keine Ahnung von den Vorgängen. Ein Ministerportefeuille war nach Ansicht meines Mannes keine wichtige Angelegenheit, es war daher nicht nötig, es der Frau mitzuteilen".[26] Dieser antibürgerliche Habitus Hoffmanns in konventionellen Fragen, der auch später noch häufiger zutage trat, war typisch für diesen Sozialdemokraten; so wollte er beispielsweise zum geplanten Empfang anläßlich seiner Berufung bei König Ludwig III. im Straßenanzug erscheinen. Auf der anderen Seite war die SPD jener Tage bestrebt, wie es Scheidemann 1917 in Würzburg einmal präzis feststellte, die Macht im Staate zu übernehmen, indem sie sich die Werte und Normen der bürgerlichen Gesellschaft aneignete.

Dieses ambivalente Verhalten kennzeichnet die Sozialdemokratie im Umbruch von der Monarchie zur Republik. Während die bayerische Partei in ihrer Zeitung „Münchner Post" Verfassungsreform und Regierungsbeteiligung emphatisch würdigte und einige Tage später zusammen mit ihrer sozialistischen Konkurrenzpartei eine großangelegte Friedenskundgebung auf der Münchener Theresienwiese organisierte, hatten sich die revolutionsbereiten Kräfte um den USPD-Politiker Kurt Eisner darauf vorbereitet, den Umsturz in Bayern zu wagen, ohne die von ihnen verspotteten „Regierungssozialisten" (H. Haase) zu informieren. Nach der gemeinsam veranstalteten Friedenskundgebung am 7. November 1918 stürzten Eisner und seine Anhängerschaft, die sich der Unterstützung zahlreicher Soldaten aus den Münchener Kasernen versicherten, in einem unblutigen Staatsstreich die traditionsreiche Wittelsbacher Monarchie, für deren Erhaltung sich Hoffmann und Genossen am 2. November durch ihren Eintritt ins Kabinett noch verbürgt hatten.[27] Hoffmanns Warnung, daß eine gespaltene SPD sich gegenseitig schwächen werde, hatte sich an diesem Novembertag bewahrheitet.

In München war der Anfang gemacht, in den folgenden Tagen stürzten überall im Reich die monarchischen Regierungen: „So viel Bundesstaaten, so viel Revolutionen, so viel Republiken",[28] notierte sich Jahre später Hoffmann, um deutlich zu machen, daß Zersplitterung zugleich Schwächung bedeutet. In München hatte Eisner den „Freistaat" proklamiert, nachdem der im Mätthäserbräu konstituierte Arbeiter- und Soldatenrat zum Landtagsgebäude gezogen war, um sich an dieser Stelle als Vertreter des bayerischen Volkes besser legitimieren zu können. Tags darauf kam auf Initiative Eisners eine sozialistische Koalitionsregierung aus MSPD und USPD zusammen; beide Parteien verfolgten indes unterschiedliche Ziele. Eisner benötigte eine breitere Basis, während der Vorsitzende der konkurrierenden Schwesterpartei, Erhard Auer, die Revolutionsentwicklung in seinem Sinn beeinflussen und, ähnlich Ebert, den Radikalismus eindämmen wollte. Johannes Hoffmann, nicht Auer, wurde zum Stellvertreter Eisners proklamiert und bekam gleichzeitig das Ministerium für Kirchen- und Schulangelegenheiten, das er kurze Zeit später in Staatsministerium für Unterricht und Kultus umbenannte, um die Trennung von Staat und Kirche deutlich zu machen.[29]

„Schulrevolution" in Bayern

Hoffmann war der einzige Minister der provisorischen Revolutionsregierung, der in den folgenden Monaten die verfassungslose Zeit nutzte, um auf dem Verordnungswege eine „Schulrevolution" in Bayern durchzuführen, die ihm in diesem stark konfessionellen Land den Haß des organisierten Katholizismus, vor allem seines führen-

Proklamation des Münchener Arbeiter- und Soldatenrates.

Proklamation.
Volksgenossen!

Um nach jahrelanger Vernichtung aufzubauen, hat das Volk die Macht der Zivil- und Militärbehörden gestürzt und die Regierung selbst in die Hand genommen. Die Bayerische Republik wird hierdurch proklamiert. Die oberste Behörde ist der von der Bevölkerung gewählte Arbeiter-, Soldaten- und Bauernrat, der provisorisch eingesetzt ist, bis eine endgültige Volksvertretung geschaffen werden wird. Er hat gesetzgeberische Gewalt. Die ganze Garnison hat sich der Republikanischen Regierung zur Verfügung gestellt. Generalkommando und Polizeidirektion stehen unter unserem Befehl. Die Dynastie Wittelsbach ist abgesetzt. Hoch die Republik!

Der Arbeiter- und Soldatenrat: Kurt Eisner.

den Repräsentanten, des späteren Kardinals Michael von Faulhaber, eintrug. Der neue Minister wollte die strikte Trennung von Staat und Kirche im Schulbereich durchsetzen, wie er es bereits vor dem Kriege als Abgeordneter gefordert hatte. Schon die Umbenennung seines Ministeriums besaß Programmcharakter, denn er sagte vor dem Provisorischen Nationalrat: „Ich habe die bisherige Firma kürzer gemacht: Ministerium für Unterricht und Kultus. Ich hätte sie am liebsten noch kürzer gemacht; wenn einmal das Verhältnis zwischen Staat und Kirche geregelt ist, wird die Firma heißen: Ministerium für Volksbildung".[30] Entscheidend war für ihn und die anderen sozialdemokratischen Minister, ob es gelang, sich der Loyalität des traditionellen Beamtenapparates zu versichern, der durch eine neue Eidesformel an den Revolutionsstaat gebunden werden sollte.

Im Gegensatz zu vielen anderen Kollegen, die als Sozialdemokraten im kaiserlichen Deutschland keinerlei Verwaltungserfahrungen sammeln konnten, war Hoffmann für die bürokratische Tätigkeit vorbereitet. Als Erster Adjunkt in Kaiserslautern hatte er die Bürgermeistergeschäfte während des Krieges geleitete, als der Amtsinhaber Dr. Küfner an die Front abkommandiert wurde. Dennoch: Schwierigkeiten zwischen den neuen sozialdemokratischen Ministern und den traditionellen Führungseliten gab es während der Revolutionsphase überall in Deutschland.[31]

Sein Schulprogramm formulierte der neue Kultusminister vor dem Provisorischen Nationalrat knapp und präzise: „Freier Staat, freie Schule, freie Kirche. Die neue Zeit verlangt ein neues Geschlecht, und dieses verlangt eine neue Schule. Bisher hat in der Schule der autokratische Geist der Kirche und der autokratische Geist des Militärstaates geherrscht".[32] Und an anderer Stelle folgt sein pazifistisches Bekenntnis: „Ich möchte, daß unserer Jugend fremd bleibt der Geist des Chauvinismus und der Revanche, daß sie erzogen wird zu dem Gedanken des Völkerfriedens und der Völkerfreundschaft ... Nur einen Haß will ich unserer Jugend durch die Schule einpflanzen lassen ... den Haß gegen den Krieg."

Da Hoffmann eine „freie Schule" vornehmlich als eine vom kirchlichen Einfluß „befreite Schule" verstand, wurde bereits am 16. Dezember 1918 eine Verordnung erlassen, die die geistliche Schulaufsicht im Volksschulbereich mit einem Federstrich beseitigte und stattdessen die weltliche Fachaufsicht ausgebildeter Pädagogen einführte. Später sollten auch die bestehenden Konfessionsschulen in Bayern von Gemeinschaftsschulen abgelöst werden. Der Protest der bayerischen Bischofskonferenz, die gerade in Freising tagte, folgte sofort. Hoffmanns Verordnung über die geistliche Schulaufsicht wurde als Bruch des seit 1817 bestehenden Konkordats mit dem Heiligen Stuhl verworfen. Als dann Ende Januar 1919 noch der obligatorische Religionsunterricht an allen Anstalten durch einen Erlaß des Kultusministers beseitigt wurde, nahm die Auseinandersetzung zwischen Revolutionsregierung und Kirche den Charakter eines zweiten „Kulturkampfes" an.

Der Satz: „Gegen den Willen des Erziehungsberechtigten darf ein Kind nicht zur Teilnahme an einem Religionsunterricht oder Gottesdienst angehalten werden", rief sofort den geharnischten Protest der Amtskirche hervor. In Hirtenbriefen wurde Eltern angedroht, daß sie von Sakramenten und kirchlichen Begräbnissen ausgeschlossen seien, wenn sie ihre Kinder vom Religionsunterricht abmeldeten.[33] Bereits im Wahlkampf für die Nationalversammlung stand auf Flugblättern der Bayerischen Volkspartei (BVP), daß allen, die sozialdemokratisch wählten, das Sakrament entzogen werde. Kardinal Faulhaber bezeichnete Hoffmann öffentlich als „Herodes", den Kindermörder, weil sein Religionserlaß „vor dem Richtstuhl Gottes schwerer wiegt als der Blutbefehl des Herodes".[34]

Verfechter des Parlamentarismus

Die schulpolitischen Aktivitäten Hoffmanns hatten dazu geführt, daß man in ihm den Radikalen sah, der mehr die Positionen Eisners als die seines Parteifreundes Auer vertrat. In Wirklichkeit spielte er im Kabinett eine eher vermittelnde Rolle. Sein Sozialismus, so Hans Fenske, war wie der Eisners „sehr stark ethisch bestimmt".[35] In der praktischen Politik, vor allem in der Frage, welche Rolle die Arbeiter- und Soldatenräte spielen sollten, gab es gravierende Unterschiede zu Kurt Eisner. Während dieser in einem Privatbrief – ohne taktisch bedingte Rücksichtnahmen auf den Koalitionspartner – einmal feststellte, daß das Parlament für alle Zeit erledigt ist und daß die Rätegruppierungen Grundlage der künftigen Nationalversammlung sein sollten, galt Hoffmann als konsequenter Verfechter des parlamentarischen Systems. Für ihn waren die aus der Revolution hervorgegangenen Arbeiter- und Soldatenräte Übergangserscheinungen, die verschwinden würden – wie die Soldatenräte – oder die sich in „Kammern" umwandelten wie die Arbeiterräte.[36] In der „Demokratisierung der Verwaltung", im Ausbau kommunaler Selbstverwaltung und im parlamentarisch-repräsentativen System sah Hoffmann die Alternative zum sozialistischen Rätesystem. In dieser Hinsicht war seine Position eindeutig: Er war ein überzeugter Parlamentarier.

Während Eisner die Agitation und den Terror Linksradikaler auf den Straßen Münchens, wie sie Spartakisten und Anarchisten betrieben, häufig herunterspielte, erwies sich Hoffmann als konsequenter Verfechter einer staatlichen, auf Rechtsgrundsätze fixierten Ordnungspolitik. In einer Sitzung des bayerischen Ministerrates formulierte er unmißverständlich, warum er als Minister in das Kabinett Eisner eingetreten sei: „Ich bin eingetreten, weil ich die Errungenschaften der Revolution erhalten wollte und die Revolution nicht durch die Anarchie umkommen lassen wollte, deshalb bin ich eingetreten. Ich sage jetzt, nicht abdanken, sondern wehren".[37] Hoffmann meinte damit die unheilige Allianz von Landauer und Levien, von Anarchisten und Spartakisten.

Um den uferlosen Radikalismus mit seinen utopischen Forderungen, der sich in der Jahreswende 1918/19 auf den Straßen Münchens breit machte, einzudämmen, hatte sich Eisners Stellvertreter intensiv darum bemüht, in Form einer provisorischen Verfassung, dem sogenannten „Vorläufigen Staatsgrundgesetz", die Politik der Revolutionsregierung auszudrücken. Damit sollte für alle ein Ordnungsfaktor und ein Orientierungspunkt zugleich geschaffen werden. Die erste freie Wahl zum bayerischen Landtag am 12. Januar 1919 sollte die Politik der Revolutionsregierung Eisner, der die Monarchie beseitigt und die Republik begründet hatte, bestätigen. Als die Ergebnisse bekannt wurden, signalisierten sie, daß der „Vater der bayerischen Revolution" als der große Verlierer dastand, dem nur noch der Rücktritt aus dem Amt blieb.

Ermordung Eisners

Am 21. Februar um 10.10 Uhr eröffnete der Alterspräsident Dr. Jäger aus Speyer die erste Sitzung des neuen Landtages und teilte den Anwesenden folgendes mit: „Ehe wir in die Sitzung eintreten, muß ich bekanntgeben, daß nach einem Gerüchte Ministerpräsident Eisner heute erschossen worden sei. Auch der Mörder sei erschossen worden. Die Sache ist für uns menschlich und politisch natürlich in höchstem Maße peinlich".[38]

Was war geschehen? Kurt Eisner befand sich in Begleitung von zwei Sekretären und zwei Leibwächtern auf dem Weg zum Landtag, um seinen Rücktritt bekanntzugeben, als er von dem 24jährigen Grafen Anton von Arco Valley, Leutnant der Reserve und Student an der Münchener Universität, kaltblütig ermordet wurde. Der Landtag wollte sich angesichts der Ereignisse gerade vertagen. Das Protokoll vermerkt: „Nunmehr fallen Schüsse. Alles verläßt den Saal".[39] Alois Lindner, ein Metzger und Mitglied eines linksextremen Arbeiterrates, war auf den Ministertisch zugestürmt und hatte mehrere Schüsse abgefeuert: Erhard Auer wurde schwer verletzt, Johannes Hoffmann konnte sich geistesgegenwärtig in Sicherheit bringen.

Dieser 21. Februar war der Beginn der sogenannten „Zweiten Revolution", denn der Rätekongreß verhängte den Ausnahmezustand über München, ließ Zeitungsredaktionen besetzen und nahm Geiseln aus dem „bürgerlichen Lager" in Schutzhaft. Hoffmann blieb in München, während die anderen Minister die Stadt fluchtartig verlassen hatten. Er wollte die Macht des Rätekongresses dadurch beschneiden, daß er die Einberufung des gewählten Landtages betrieb. Er verfolgte keine Kompromißpolitik, sondern eine Konfrontationspolitik gegenüber dem sich radikalisierenden Rätekongreß, in dem jedoch auch viele desorientierte Sozialdemokraten saßen, die sich dem Hohn und Spott von Anarchisten und Kommunisten ausgesetzt sahen. So sagte der Anarchist Gustav Landauer einmal zum Vorsitzenden Niekisch: „Genosse Niekisch, wollen Sie die Liebenswürdigkeit haben, mich zur Ordnung zu rufen; denn ich muß jetzt, ich kann nicht anders, etwas sagen, das sehr unparlamentarisch ist: In der ganzen Naturgeschichte kenne ich kein ekelhafteres Wesen, als die sozialdemokratische Partei (Rufe: Bravo!) (Unruhe und Zurufe)".[40]

Die Radikalen lehnten Hoffmann im Rätekongreß ab, weil er auf dem Boden der parlamentarischen Republik stehe, weil er sich gegen das Rätesystem ausgesprochen habe. Er seinerseits weigerte sich, den Kongreß als legitimes Gremium anzuerkennen, weil es nicht demokratisch legitimiert sei. Zu schwierigen Verhandlungen außerhalb der unruhigen Landeshauptstadt München traf sich Hoffmann in Nürnberg und Bamberg mit Vertretern der Landtagsparteien. Er konnte sie schließlich dazu überreden, eine sozialdemokratische Koalitionsregierung unter seiner Ministerpräsidentschaft zu tolerieren, die – ausgestattet mit einem Ermächtigungsgesetz – die gravierenden wirtschaftlichen und sozialen Probleme der Demobilisierungsphase beheben sollte. Der Rätekongreß sollte diesem sogenannten „Nürnberger Kompromiß" zustimmen und sich danach auflösen, damit kein zweites Machtzentrum in Bayern entstehe, das die Gefahr eines Bürgerkrieges mit sich bringe.

Erster gewählter Ministerpräsident

Am 17. März 1919 bestellte der bayerische Landtag den 52jährigen Hoffmann zu seinem ersten gewählten Ministerpräsidenten. In seiner Antrittsrede wandte er sich auch an seine Landsleute in der heimatlichen Pfalz und sagte: „Wir senden Grüße auch über den Rhein hinüber zu unseren pfälzischen Brüdern, deren Land vom Feinde besetzt ist ... Kräfte sind am Werke, um die Pfalz von Bayern und vom Reiche ab-

Johannes Hoffmann (1867 - 1930), um 1920.

zusprengen und Beifall leistet jene Sorte von Geschäftspatrioten, die durch Geld und Profit ihr Vaterland verkaufen ... Wir Bayern verlassen die Pfälzer nicht, und die Pfälzer stehen treu zu Bayern und dem Reiche".[41]

Hoffmann verstand sich als Demokrat und Repräsentant der parlamentarischen Mitte, aber auch als ein konsequenter Verfechter der Reichseinheit. Dem Extremismus von links und rechts sagte er bereits bei seinem Debut den Kampf an: „Die neue Regierung wird die Republik Bayern schützen gegen jede Reaktion von rechts, aber auch verteidigen gegen die drohende Anarchie von links".[42] Seine Regierung aus MSPD und USPD stand in der Nachfolge Eisners, der politische Unterschied war, daß sie von den bürgerlichen Landtagsparteien und nicht von Rätegremien toleriert wurde. Zeitgenossen sahen auch im Äußeren gravierende Unterschiede: „Der Gegensatz zu Eisner zeigt sich schon rein äußerlich in der Person des neuen Ministerpäsidenten. War Eisner klein, von bleichem Angesicht, mit einem Kopf, halb Apostel, halb demagogischer Literat ..., so ist Hoffmann schlank, von gesunder Gesichtsfarbe, das Volksschullehrerhaupt umrahmt von grau meliertem Haar und Bart. Ähnlich ist er seinem Vorgänger darin, daß er leicht gebückt in Gang und Haltung und stets einfach gekleidet ist".[43]

Hoffmanns konsequenter Parlamentarismus, der im Landtagsvotum die Legitimation für sein politisches Handeln sah, war sowohl den Rätegremien als auch den anarchistischen und kommunistischen Gruppierungen verhaßt, die ein reines Rätesystem auf der Grundlage revolutionärer Massen bevorzugten. Diese Systemveränderer sahen ihre Chance, als sich Anfang April in Budapest eine sozialistische Räterepublik etablierte. Man wollte die Anschlußtat, zumal man auch von den Verfassungsberatungen in Weimar enttäuscht war, wo man den Räten keine Einflußmöglichkeiten in der Politik einräumen wollte. Während der Ministerpräsident sich seit dem 4. April in Berlin mit Ebert und Noske über die gefährliche Situation in Bayern beriet, kam es zum lange geplanten Staatsstreich von links. Nachdem sie bereits in Augsburg die Räterepublik proklamiert hatten, fuhren deren Vertreter nach München und teilten dem in Abwesenheit Hoffmanns versammelten Ministerrat folgendes mit: „Die Augsburger Arbeiterschaft habe klare Stellung zur Räterepublik genommen. Sie verzichte auf die Lebensmittelunterstützung der Entente sowie jede Unterstützung von kapitalistischer Seite. Das Augsburger Proletariat erkenne, daß die Verwirklichung des Sozialismus nur unter rein sozialistischem System möglich sei ... Wir müßten Rußland und Ungarn die Bruderhand reichen und danach trachten, auch die Brüder in Frankreich zu stützen, die jetzt noch keine Bewegungsfreiheit hätten".[44] Was hier der Kommunist Dr. Rothenfelder propagierte, war gigantisch: Er stellte das gesamte deutsche und europäische Nachkriegssystem in Frage und verlangte eine bayerische Mission zur Befreiung des deutschen und europäischen Proletariats.

Im „Bamberger Exil"

Als Hoffmann am 5. April aus Berlin zurückkehrte, stemmte er sich sofort gegen diese Entwicklung. Er wollte den Landtag einberufen, um den Räterepublikanern zu zeigen, auf welches System er sich stützte, und er verlegte kurzerhand den Sitz seiner Regierung ins fränkische Bamberg, um sich dem Druck der Münchener Massen zu entziehen. Am 7. April proklamierte der Zentralrat die Räterepublik für Gesamtbayern, während Hoffmann in mehreren Aufrufen betonte, daß nur seine Regierung befugt sei, das staatliche Gewaltmonopol auszuüben. Der Kampf zwischen München und Bamberg, das für mehrere Monate die Hauptstadt Bayerns war, eskalierte zunehmend, zumal die Münchener Machthaber durch den Aufbau einer „Roten Armee" dem Konflikt einen militärischen Charakter gaben.

Hoffmanns Regierung schuf sich ein „Ministerium für Volksaufklärung und Propaganda" und versuchte anfangs durch Flugblattaktionen und Zeitungsartikel in dem neugeschaffenen Presseorgan „Freistaat" einen Propagandakrieg gegen die Räterepublik zu entfachen, die ihrerseits in der „Roten Fahne" gegen Hoffmann hetzte. So höhnte der „Volksbeauftragte" Dr. Lipp, der skurrile Telegramme an Lenin und an den Papst sandte, wie: „Proletariat Oberbayerns glücklich vereint", einmal: „Bamberg,

Sitzung des bayerischen Landtages in Bamberg 1919. Sitzend 2. v. r. Johannes Hoffmann.

Sitz des Flüchtlings Hoffmann, der aus meinem Ministerium den Abtrittschlüssel mitgenommen hat".[45] Als plötzlich die Räterepublik des Zentralrats in München gestürzt war, und die Kommunisten mit Eugen Leviné und Max Levien an die Macht gelangten, bekam die Auseinandersetzung eine neue, gefährlichere Dimension. Man setzte auf eine Blockadepolitik und erwog auch eine militärische Lösung des Problems, die bisher von Hoffmann kategorisch abgelehnt wurde, während die Reichsregierung Scheidemann, vor allem aber Reichspräsident Ebert und Wehrminister Noske eine Militärintervention stets befürwortet hatten. In einem Telegramm an Hoffmann teilte Ebert dies unmißverständlich mit: „Dringend. Präsident Ebert für Genossen Ministerpräsidenten Hoffmann. Nach sicheren Nachrichten haben die Vorgänge in Bayern die Entente in lebhafte Besorgnis versetzt. Wie ich streng vertraulich mitteile, hat man uns die Besetzung von Ententetruppen angeboten und uns durch aus Paris neuerdings entsandten Spezialkommissar zu verstehen gegeben, daß die Belieferung Deutschlands mit Lebensmitteln unbedingt von der Aufrechterhaltung der sozialen Ordnung in Deutschland abhängig sei … Wenn wirtschaftliche Maßnahmen, welche Sie in Aussicht genommen haben, nicht in kürzester Zeit zum Ziel führen, erscheint mir als einzige Lösung militärisches Vorgehen".[46]

Nachdem sich Hoffmann dazu bereit erklärt hatte, daß mit Reichswehr- und Freikorpstruppen die Räterepublik liquidiert werden sollte, liefen die Invasionsvorbereitungen durch Noske und seinen Stab. Die Militäraktion gegen die „Bolschewikistadt" München mit nahezu 30.000 Soldaten begann Ende April. Hoffmann versuchte den Oberbefehlshaber General von Oven in Ingolstadt darauf zu verpflichten, keine willkürlichen Erschießungen zuzulassen, damit die Eroberung Münchens nicht in ein Blutbad ausarte. Als jedoch bekannt wurde, daß im Luitpold-Gymnasium von Mitgliedern der „Roten Armee" zehn Geiseln erschossen worden waren, geriet die Besetzung Münchens am 1. Mai 1919 zu einer furchbaren Katastrophe. Dem „roten Terror" der Kommunisten folgte ein „weißer Terror" der Invasionstruppen, der alle Greueltaten seit Revolutionsbeginn in den Schatten stellte.[47] Für diesen Terror mußte Hoffmann als Ministerpräsident die politische Verantwortung übernehmen, obwohl es Noske war, der den Oberbefehl über die Truppen besaß, wie aus seiner Direktive an die Truppe vom 23. April eindeutig hervorgeht: „Den Oberbefehl führe ich als Reichswehrminister".[48]

Obwohl Johannes Hoffmann energisch sich gegen den ausufernden Terror wandte und auch später im Reichstag um eine gerechte Behandlung der Räterepublikaner kämpfte, blieb er zeitlebens in den Kreisen Weimarer Linksintellektueller wie Ernst Toller und Erich Mühsam, deren Einfluß auf das kulturelle Leben der Republik beträchtlich war, mit dem Odium behaftet, eine idealistische Aufbruchsbewegung blutig niedergeschlagen zu haben. Als „bayerischer Noske" und „Bluthund" wurde einer diffamiert, der ein überzeugter Demokrat mit stark pazifistischen Zügen war. Der militärischen folgte die juristische Liquidation der Münchener Räterepublik, die vor neugeschaffenen Volksgerichten stattfand, die, wie der spätere Hitler-Ludendorff-Prozeß zeigte, Organe der Rechtsbeugung waren.[49]

Als die Siegermächte des Weltkrieges im Frühsommer 1919 dem deutschen Volk die Friedensbedingungen präsentierten, war Hoffmann aus innen- und außenpolitischen Gründen gezwungen, seiner Regierung eine breite parlamentarische Plattform zu geben, indem er die bürgerlichen Parteien, BVP und Liberale, an der Verantwortung beteiligte. Dieser Bamberger Koalitionsregierung entsprach auf Reichsebene die Weimarer Koalition aus MSPD, Zentrum und Liberalen. Für den engagierten Bildungsreformer bedeutete die Einbindung der BVP ins Kabinett eine besondere Belastung, da der katholische Klerus sie benutzen wollte, um eine Korrektur der schulpolitischen Entscheidungen aus der Revolutionsphase zu erzwingen.

Aber auch in Fragen der Aburteilung linksradikaler Aktivisten aus der Räterepublik verfolgte diese Partei eine harte Linie, die der Versöhnungspolitik des Ministerpräsidenten zuwiderlief.

Als nämlich Hoffmann einige Tage aus München abwesend war, um seine erkrankte Frau Luise in einem Schweizer Sanatorium zu besuchen, setzte man im Ministerrat die Hinrichtung des Kommunistenführers Eugen Leviné durch, die aufgrund des bestehenden Standrechts innerhalb von 48 Stunden vollstreckt werden mußte. Alle Versuche von seiten der Parteigenossen, Hoffmann zu erreichen, um die Exekution noch zu verhindern, schlugen fehl. Mit dem Satz: „Es lebe die Weltrevolution" starb Leviné im Kugelhagel eines Erschießungskommandos.[50] Was nützte es, daß Hoffmann nach seiner Rückkehr die verantwortlichen Kabinettsmitglieder zwang, ihm zu versichern, daß er über die Bestätigung des Todesurteils durch den Ministerrat nicht informiert worden war.

Den Makel, daß während seiner Amtszeit das erste Todesurteil aus politischen Gründen in Bayern seit 1848 vollstreckt worden war, wurde er bis heute nicht mehr los. Daß sich mit seinem Namen die erste republikanische Verfassung Bayerns verbindet, vergißt man auch heute noch.[51]

Die „Bamberger Verfassung"

Während des Bamberger Exils entstand unter der tatkräftigen Mitarbeit des Regierungschefs im Ausschuß in wenigen Wochen die sogenannte „Bamberger Verfassung". Sie ist mit ihrer bewußten Unterordnung unter die Weimarer Reichsverfassung ein Dokument für die Reichseinheit, die damals durch viele separatistische Strömungen in Frage gestellt wurde. Durch die Anerkennung der Souveränität des Landtages ist diese Verfassung das Dokument einer echten parlamentarischen Republik und zugleich – das war besonders die Absicht Hoffmanns – eine Alternative zur sozialistischen Räteverfassung. Die ausgedehnten Mitwirkungsrechte des Volkes durch Referenden beweisen, daß die Bamberger Verfassung auch als Dokument einer echten Demokratie zu verstehen ist.

Ihr Zustandekommen, das hatten alle Mitglieder des Verfassungsausschusses am Ende der intensiven Beratungen hervorgehoben, war ein besonderes Verdienst des sozialdemokratischen Ministerpräsidenten Johannes Hoffmann. Der liberale Verfassungsexperte Robert von Piloty würdigte denn auch seine Leistungen, als er sagte: „Gerade im Gegensatz zu den Wirren des Tages ... war es ein Mann, dem dafür der Dank des Vaterlandes gebührt, daß er den Staat über den Wogen der Revolution erhalten hat ... Um ihn haben wir uns alle geschart, und wir alle haben dann zusammengearbeitet im Ausschuß".[52]

Parallel zu den Arbeiten an der Landesverfassung versuchte Hoffmann seine Schulpolitik, die er im Kabinett Eisner auf dem Verordnungswege verwirklicht hatte, mit Zustimmung der katholischen BVP durch Gesetze abzusichern. Die eingebrachten Entwürfe eines Volksschullehrer- und Schulbedarfsgesetzes sollten das bayerische Bildungssystem auf eine völlig neue Grundlage stellen, indem sie ein einheitliches staatliches Erziehungsmonopol gesetzlich fixierten, das dem kirchlichen Einluß weitgehend entzogen war. In den Koalitionsverhandlungen mit der BVP hatte Hoffmann außerdem deren Zusage erhalten, daß bestehende Konfessions- in Gemeinschaftsschulen umgewandelt werden könnten, wenn sich die Erziehungsberechtigten dafür aussprächen.

Den Volksschullehrern erkannte das neue Gesetz den lang ersehnten Beamtenstatus zu, beseitigte ihre Abhängigkeit von der Kirche und befreite sie künftig von Hilfsdiensten, zum Beispiel als Mesner. Vergeblich kämpfte Hoffmann, den uns seine Frau Luise als autoritären Menschen im Kreise der Familie vorstellt, für die soziale Gleichstellung der Lehrerinnen mit ihren männlichen Kollegen und für die Anstellung von Lehrern mit jüdischem Bekenntnis an Simultanschulen. Schon immer hatte er sich gegen jede Diskriminierung bestimmter Gruppen gewandt; so war der Antiklerikale bereits im Reichstag der Vorkriegszeit für die Wiederzulassung des Jesuitenordens eingetreten, weil er jegliche Ausnahmegesetzgebung ablehnte.

Entschiedener Gegner des Ministerpräsidenten, ging der Münchener Kardinal Michael von Faulhaber, der die sich bildenden konfessionellen Elternvereinigungen und die BVP mobilisierte, außerhalb und innerhalb des Parlaments gegen die Schulpolitik Hoffmanns vor. Aber auch die Kurie in Rom lehnte den pfälzischen Sozialdemokraten ab. In Faulhabers Aufzeichnungen über ein Gespräch mit Papst Benedikt XV. finden sich die Sätze: „Über die Schule sprach (der Papst) sehr lange. Das sei doch die Grundlage von allem. Der Ministerpräsident Hoffmann sei eben nur Lehrer gewesen ... Sehr schwer, mit dieser Regierung zu verhandeln, weil sie nicht Vernunft und Recht, sondern nur Parteiprogramme kenne".[53] Aufgrund des bestehenden Konkordats durfte der Heilige Stuhl die Kontakte zu Hoffmann aber nicht abreißen lassen. Daher wurde der Münchener Nuntius Pacelli – der spätere Papst Pius XII. – beauftragt, die anstehenden Konkordatsverhandlungen mit Hoffmann zu führen, als die Regierung wieder nach München umgezogen war.

„Prophet Johannes in seinem Vaterlande", so die spöttische Überschrift im „Bayerischen Kurier", der im März 1920 ausführlich über die Pfalzreise des Ministerpräsidenten und seines Kabinetts berichtete. In mehreren Reden und Gesprächen warnte Hoffmann in seiner Heimat vor den virulenten separatistischen Strömungen und vor einer drohenden Reaktion von rechts, deren Aktivisten er vornehmlich im Militär vermutete. Eindringlich hatte er Reichspräsident Ebert auf die Macht des Militärs hingewiesen und damit besonders den bayerischen Oberbefehlshaber General von Möhl gemeint, dem er schon immer mißtraut hatte.

Kapp-Lüttwitz-Putsch

Als der liberale Justizminister Müller-Meiningen am Vormittag des 13. März 1920 ins Dienstzimmer Hoffmanns trat, empfing ihn dieser lachend und sagte: „In Berlin ist alles umgestürzt. Die Reichsregierung ist abgesetzt; wer weiß, was jetzt wird".[54] Der lange geplante militärische Staatsstreich, der sich mit den Namen Kapp und von Lüttwitz verbindet, war angelaufen.

Hoffmann berief sofort eine Krisensitzung des bayerischen Kabinetts ein, zu der die Fraktionsvorsitzenden aller Parteien und General von Möhl zugezogen wurden, und schrieb eigenhändig einen Aufruf „An das bayerische Volk", in dem er den Militärputsch scharf verurteilte. In den nächsten Stunden wurde ihm jedoch klar, daß er sich weder auf den Oberbefehlshaber noch auf die Kabinettsmitglieder aus seiner eigenen Partei verlassen konnte. Möhl forderte die Übertragung der Macht auf das Militär, was Hoffmann aufgrund seiner negativen Erfahrungen mit der Truppe während der Räterepublik brüsk ablehnte.

Auch die SPD erwartete von ihm diese Konzession, wenn auch aus anderen Gründen. Eine Gruppe in der Partei wollte den Ministerpräsidenten opfern, um in der Regierung verbleiben zu können, die andere wollte den Putsch zum Anlaß nehmen, um ihre Minister aus der Regierung zurückzuziehen und aus der Opposition heraus die Politik kritisch zu kommentieren – die sozialdemokratische Lieblingsrolle.

Hoffmann selbst wollte sich gegen die Machtansprüche des Militärs wehren, als Waffe diente ihm der Generalstreik, mit dessen Hilfe schließlich im Reiche der Putsch niedergeschlagen wurde. Als er jedoch erkannte, daß die eigene Partei sich weigerte, ihn zu unterstützen, und der Druck von Seiten des Militärs immer stärker wurde, demissionierte er und zog sich kurze Zeit später ganz aus der Landespolitik zurück.

Die Folge dieses „kalten Staatsstreiches": Die „Ordnungszelle Bayern" bildete sich heraus, in der sein Nachfolger Gustav von Kahr mit Hilfe paramilitärischer Einwohnerwehren und durch seinen autoritären Kurs eine Gefahr für Republik und Reichseinheit wurde und in deren Schlagschatten sich die gewalttätige Hitler-Bewegung ausbreitete.[55]

Der von seiner Partei enttäuschte Hoffmann konzentrierte sich fortan auf sein Reichstagsmandat, nachdem seine Kandidatur für das Amt des Oberbürgermeisters in Ludwigshafen an der ablehnenden Haltung der linken USPD gescheitert war. Die reaktionäre Welle in Bayern unter Kahr verfolgte er von der Pfalz aus mit Mißtrauen, sein Kampf im Berliner Parlament galt vor allem den Einwohnerwehren des Forstrates Escherich, die sich den Forderungen der Entente nach Auflösung strikt widersetzten und offen eine reichsfeindliche Politik propagierten. In der Pfalz beobachtete er die wachsenden separatistischen Strömungen mit Argwohn, aber er behielt auch mißtrauisch im Auge die auf Konfrontation mit Frankreich ausgerichtete Rheinlandpolitik des neuen Reichskanzlers Cuno, der mit der „Erfüllungspolitik" seines Vorgängers Wirth gebrochen hatte.

„Hoffmann-Aktion" und Ende

1923 wurde der an einer Darmerkrankung leidende, von häuslichen Problemen geplagte, von der Politik der Reichsregierung und seiner Partei enttäuschte Hoffmann noch einmal in spektakulärer Weise aktiv.

Der als „Hoffmann-Aktion" bekannte Versuch, die Pfalz in dieser kritischen Zeit des absoluten Währungsverfalls von Bayern zu lösen und diesem Landesteil einen autonomen Status „im Rahmen des Reiches" zu verschaffen, scheiterte und beendete seine politische Karriere.[56] Daß der Akteur an einer Verständigung mit der französischen Besatzungsmacht interessiert war und die Konfrontationspolitik aus Berlin und München ablehnte, weil sie auf Kosten der pfälzischen Grenzlandbevölkerung ging, wird ihm auch heute noch attestiert.[57]

Was half es: mit dem Makel, Landesverrat begangen zu haben, blieb er bis zu seinem Lebensende behaftet. Auch die eigene Partei, die in Fragen nationaler Zuverlässigkeit äußerst empfindlich reagierte, distanzierte sich von dem Manne, der mit seiner Aktion der notleidenden Bevölkerung helfen, der aber auch ein Zeichen gegen die reichszerstörerische Politik Bayerns setzen wollte: Die staatliche Duldung der NS-Bewegung und der Hitler-Putsch waren für ihn ein Beweis für republikgefährdende Aktivitäten des bayerischen Generalstaatskommissars von Kahr.

Als Johannes Hoffmann am 15. Dezember 1930 im Alter von 63 Jahren starb, befand sich die Weimarer Republik bereits in Agonie, denn zu einem gemeinsamen Kampf gegen den Nationalsozialismus hatten sich die demokratischen Parteien in den Zwanziger Jahren nicht zusammenfinden können. Daß er ein überzeugter Demokrat und ein Verfechter der Reichseinheit war, ja ein „deutscher Patriot" (Helmut Kohl) und kein Landesverräter, das bestätigen alle, die sich vorurteilsfrei mit ihm befassen. Wie Konrad Adenauer gehört Hoffmann auch zu jenen, die frühzeitig auf eine Verständigung mit dem Nachbarn Frankreich setzten, weil er – im Gegensatz zu revanchistischen Politikern – für die Rheinlandbevölkerung keine Alternative zu einer Politik des Ausgleichs sah.

Anmerkungen:
1 Pfalzinterpellation, Reichstag 1920/21, Drucksache 1656.
2 Siehe: Diethard Hennig, Johannes Hoffmann. Sozialdemokrat und Bayerischer Ministerpräsident, München/London/New York/Paris 1990.
3 Archiv der Sozialen Demokratie der Friedrich-Ebert-Stiftung (AsD), Nachlaß Hoffmann, Johannes Hoffmann, Wie ich zur Partei kam.
4 Hennig (Anm. 2), S. 11; vgl. Hans Fenske, Johannes Hoffmann (1867-1930), in: Pfälzer Lebensbilder Bd. 3, hrsg. v. Kurt Baumann, Speyer 1977, S. 267 ff.
5 Ernst Müller-Meiningen, Aus Bayerns schwersten Tagen. Erinnerungen und Betrachtungen aus der Revolutionszeit, Berlin/Leipzig 1923, S. 145.
6 Erhard R. Wiehn, Kaiserslautern. Leben in einer Pfälzer Stadt, Kaiserslautern 1982, S. 838 ff.
7 Wie Anm. 3.
8 Eugen Hertel, Ein Leben für Demokratie und Sozialismus, Kaiserslautern 1966, S. 150 ff.
9 Stadtarchiv Kaiserslautern, Akten des Bürgermeisteramtes III/0601-1603, hier: Landtagsersatzwahl; siehe auch Anm. 3.
10 Rede im Finanzausschuß, 18.10.1918, AsD (Anm. 3); Hennig (Anm. 2), S. 90.
11 Peter Friedemann (Hrsg.), Materialien zum politischen Richtungsstreit in der deutschen Sozialdemokratie 1890-1917, 2 Bde., Frankfurt/Berlin 1977.
12 Brigitte Seebacher Brandt, Bebel. Künder und Kärrner im Kaiserreich, Bonn 1988, S. 235 ff.
13 Hans Blinn, Franz Joseph Ehrhart 1853-1908. Ein Lebensbild des Begründers der pfälzischen SPD, Neustadt 1980.
14 Friedrich Profit, Dr. v. Bettinger und die Sozialdemokratie. Die Wahlkompromisse zwischen Zentrum und Sozialdemokratie in der Pfalz 1899-1909, München 1913; über die SPD in der Pfalz: Erich Schneider, Die Anfänge der sozialistischen Arbeiterbewegung in der Rheinpfalz 1864-1899, Diss. Mainz 1956. Über die Parteien: Ernst Otto Bräunche, Parteien und Reichstagswahlen in der Rheinpfalz von der Reichsgründung 1871 bis zum Ausbruch des Ersten Weltkrieges, Speyer 1981.
15 „Pfälzische Post" Nr. 198 v. 27.8.1906.
16 Hennig (Anm. 2), S. 29.
17 Kammer der Abgeordneten, Sten. Ber. 70. Sitzung v. 21.6.1912.
18 Vgl. Bräunche (Anm. 14), S. 284.
19 Zur Politik der Reichstagsfraktion der SPD: Erich Matthias/Eberhard Pickard (Hrsg.), Die Reichstagsfraktion der deutschen Sozialdemokratie 1889-1918, 2 Bde, Düsseldorf 1966.
20 Siehe: Dieter Groh, Negative Integration und revolutionärer Attentismus. Die deutsche Sozialdemokratie am Vorabend des Ersten Weltkrieges, Frankfurt/Berlin/Wien 1973.
21 Kammer der Abgeordneten, Sten. Ber. 316. Sitzung v. 31.7.1914.
22 Susanne Miller, Burgfrieden und Klassenkampf. Die Deutsche Sozialdemokratie im Ersten Weltkrieg, Düsseldorf 1974.
23 Hennig (Anm. 2), S. 78.
24 Wie Anm. 10.
25 Vgl. Peter Kritzer, Die bayerische Sozialdemokratie und die bayerische Politik in den Jahren 1918-1933, München 1969, S. 37.
26 Hennig (Anm. 2), S. 95.
27 Zur Entwicklung in München: Allan Mitchell, Revolution in Bayern 1918/19. Die Eisner-Regierung und die Räterepublik, München 1967; Karl Bosl (Hrsg.), Bayern im Umbruch. Die Revolution von 1918, ihre Voraussetzungen, ihr Verlauf und ihre Folgen, München/Wien 1969.
28 Johannes Hoffmann, Schule und Lehrer in der Reichsverfassung, Berlin 1921, S. 6.

29 Die gesamte Entwicklung ist dargestellt bei: Hennig (Anm. 2), S. 109 ff.
30 Franz-Xaver Eggersdorfer, Die Schulpolitik in Bayern. Von der Revolution bis zum Abgang des Ministeriums Hoffmann, München 1920, S. 14.
31 Vgl. dazu die Biographie von Hagen Schulze, Otto Braun oder Preußens demokratische Sendung, Frankfurt/Berlin/Wien 1977, in der die Schwierigkeiten plastisch geschildert werden.
32 Zum Folgenden: Hennig (Anm. 2), S. 116 f.
33 Ebd., S. 130 ff.
34 Ebd., S. 143.
35 Fenske (Anm. 4), S. 278 f.
36 Die nach wie vor beste Darstellung über die „Räte" in der Revolution von 1918/19 ist Eberhard Kolb, Die Arbeiterräte in der deutschen Innenpolitik 1918/19, Frankfurt 1978; ferner: Heinrich August Winkler, Von der Revolution zur Stabilisierung. Arbeiter und Arbeiterbewegung in der Weimarer Republik 1918 bis 1924, Berlin/Bonn 1984.
37 Franz J. Bauer (Hrsg.), Die Regierung Eisner 1918/19. Ministerratsprotokolle und Dokumente, Düsseldorf 1987, S. 134.
38 Bayerischer Landtag. Sten. Ber. 1. Öffentl. Sitzung v. 21.2.1919, S. 1.
39 Hennig (Anm. 2), S. 185 ff.
40 Rätekongreß, Sten. Ber. v. 1.3.1919, S. 81.
41 Bayerischer Landtag. Sten. Ber. v. 18.3.1919.
42 Ebd.
43 Hennig (Anm. 2), S. 222.
44 Bayerisches Hauptstaatsarchiv München, MA 99513, Ministerratsprotokolle des Kabinetts v. 4.4.1919.
45 Hennig (Anm. 2), S. 279; zur Räterepublik vgl. auch: Michael Seligmann, Aufstand der Räte. Die erste bayerische Räterepublik vom 7. April 1919, Grafenau-Döffingen 1989.
46 Hennig (Anm. 2), S. 287.
47 Heinrich Hillmayr, Roter und weißer Terror in Bayern nach 1918, München 1974, S. 119 ff.
48 Hennig (Anm. 2), S. 303.
49 Hierzu: Franz J. Bauer/Eduard Schmitt, Die bayerischen Volksgerichte 1918-1924, in: ZBLG 48 (1985).
50 Hennig (Anm. 2), S. 346 ff.
51 Selbst die bayerische SPD hatte bei der Verfassungsfeier in Bamberg am 14.8.1994 Hoffmann mit keinem Wort erwähnt. Dies blieb dem CSU-Ministerpräsidenten Stoiber vorbehalten.
52 Robert Piloty, Die bayerische Verfassung vom 14. August 1919, in: Jahrbuch des öffentlichen Rechts der Gegenwart 9 (1920), S. 129 ff; Hennig (Anm. 2), S. 369 ff.
53 Ludwig Volk (Hrsg.), Akten Kardinal Michael von Faulhabers 1917-1945. Bd. 1, Mainz 1975, S. 123.
54 Hennig (Anm. 2), S. 425 ff.
55 Zur Entwicklung in Bayern nach 1920: Hans Fenske, Konservativismus und Rechtsradikalismus in Bayern nach 1918, Bad Homburg 1969.
56 Vgl. Gerhard Gräber/Matthias Spindler, Revolverrepublik am Rhein. Die Pfalz und ihre Separatisten. Bd. 1: November 1918 - November 1923, Landau 1992, S. 379 ff und den Beitrag Spindlers in diesem Bande.
57 Gräber/Spindler (Anm. 56), S. 418.

Matthias Spindler

„Das Volk will heraus aus der Not!"

Hintergründe und Folgen der „Hoffmann-Aktion" vom Oktober 1923

Dieser Herbstmorgen würde nicht nur den Kaiserslauterern in Erinnerung bleiben. Als die Stadt aus dem Schlaf erwachte, hatten einige hundert Freischärler das Kommando auf den Straßen übernommen und setzten zum Sturm auf die öffentlichen Gebäude an. Ihr Anführer war der rechtsradikale Bauernpolitiker Franz Josef Heinz aus Orbis bei Kirchheimbolanden, ihr Ziel die Trennung der Pfalz vom Deutschen Reich. Man schrieb den 5. November 1923, und für Bayerns linksrheinische Provinz begann an dem Tag das, was später die „Separatistenzeit" genannt wurde.

Am 9. November 1923 erschien in der Kaiserslauterer „Pfälzischen Freien Presse" unter der Überschrift „Was jetzt?" ein Leitartikel, in dem die Eindringlinge zwar nicht begrüßt, aber auch nicht in Grund und Boden verdammt wurden. „Den guten und ehrlichen Willen" dürfte man ihnen keinesfalls absprechen. Ihr Wirtschaftsprogramm würden sie trotzdem nicht verwirklichen können. „Ich bedauere das", bekannte der Schreiber.

Die Zeitung war keine Separatistenpostille, sondern das sozialdemokratische Parteiblatt für die Westpfalz. Ebensowenig handelte es sich um einen der Propagandaartikel, deren Veröffentlichung in der Presse Heinz' Leute von den Redaktionen in der Pfalz erzwangen. Den Kommentar aus freien Stücken verfaßt hatte der damals einzige Reichstagsabgeordnete der pfälzischen SPD: Johannes Hoffmann aus Kaiserslautern.

Ganz uneigennützig erfolgte seine Stellungnahme nicht. Sie diente der nachträglichen Rechtfertigung eines Unternehmens, das knapp drei Wochen zuvor gestartet worden und mit Hoffmanns Namen verknüpft war. Ziel dieser Aktion war es gewesen, die Pfalz von Bayern zu trennen, unter Verbleib im Verband des Reiches.

Ein Vorhaben, dessen Hintergründe lange Zeit weitgehend im Dunkeln geblieben sind. Dafür sorgten schon die Handelnden selbst, in dem klaren Bewußtsein, sich auf einem politisch äußerst heiklen Feld zu bewegen. Schließlich lag die – nicht bloß zeitliche – Nähe der „Hoffmann-Aktion" zum Putschunternehmen eines Heinz-Orbis auf der Hand, und mit den Anhängern des letzteren, dem laut landläufiger Meinung vaterlandsverräterischen „Gesindel" im Solde der Franzosen, wollte ja kein anständiger Pfälzer etwas zu tun haben – hinterher zumindest, nachdem Heinz' „Autonome Pfalz" im Februar des Jahres 1924 wieder von der Landkarte verschwunden war.

Ein brisantes Unterfangen

So geriet Hoffmanns Aktion über Jahrzehnte hinweg zu einem heißen Eisen pfälzischer Heimatgeschichte, das allenfalls mit spitzen Fingern angefaßt wurde – auch von den eigenen Parteigenossen. War das Ereignis denn nicht geeignet, die gerne beanspruchte Führungsrolle der Sozialdemokratie im Abwehrkampf gegen den Separatismus in Frage zu stellen?

Johannes Hoffmann nämlich hatte nicht eigenmächtig, vielmehr im Auftrag seiner Partei gehandelt. Den Beschluß, die Abspaltung von Bayern herbeizuführen, traf der pfälzische SPD-Bezirksvorstand am Abend des 22. Oktober 1923. Hoffmann und mit ihm die Vorstandsmitglieder Paul Kleefoot und Friedrich Wilhelm Wagner, beide aus Ludwigshafen, wurden zu Unterhändlern bestimmt, die bei der französischen Besatzung der Pfalz die Genehmigung des Planes erwirken sollten. Seit Ende des Ersten Weltkrieges war das gesamte linke Rheinufer Deutschlands von alliierten Truppen besetzt. Die hier lebenden Menschen bildeten das Faustpfand für die Erfüllung der schweren Friedensbedingungen des Versailler Vertrages.

Daß es ein brisantes Unterfangen war, sich mit dem Feind im Lande ins Benehmen zu setzen, wußten freilich schon die Handelnden selber. Nicht umsonst hatten sich die rheinischen Parteien 1921 darauf verständigt, an den vom Kaiserreich geerbten innerdeutschen Länderstrukturen vorläufig nicht zu rütteln. Vor allem den Franzosen sollte so keine Gelegenheit geboten werden, eine solche Initiative im Sinne ihrer bekannten Separationsbestrebungen umzufälschen. 1919 zumindest hatten französische Besatzungsgeneräle, auch in der Pfalz, reichlich ungeniert Bewegungen unterstützt, die für die Unabhängigkeit vom Deutschen Reich eintraten. Sie waren am Widerstand der reichstreuen politischen Kräfte, Sozialdemokraten dabei in vorderster Abwehr-Front, gescheitert.

Jetzt dagegen war die pfälzische SPD die erste Parteigliederung der Rheinlande, die das selbstverordnete Tabu brach. Zwar nannte sie der Öffentlichkeit gute Gründe für den Schritt. Aber das wichtigste und vermutlich ausschlaggebende Motiv ließ Johannes Hoffmann erst hinterher anklingen: ein wirtschaftliches. Er entwickelte es in einer ganzen Serie von Zeitungsartikeln, und darum – und nur darum, wohlgemerkt! – ging es auch, als er dem Programm der Separatistenregierung von Heinz-Orbis Positives abgewann: „Hunger herrscht in der Pfalz. Das Volk will heraus aus der Not, will Arbeit, Brot und ehrlich Geld. Und das versprechen die Separatisten."

„... vom Reiche im Stich gelassen"

In wenigen Worten umriß Hoffmann damit Lage und Stimmung einer Bevölkerung, die sich im Herbst 1923 mit ökonomischen Krisenerscheinungen ungekannten Ausmaßes konfrontiert sah. Die galoppierende Inflation der Reichsmark, dieser Tage schwindelnden Milliarden- und sogar Billionen-Höhen entgegenstrebend, war noch nicht einmal das gravierendste Problem.

Obwohl die Pfalz als Grenzland davon besonders betroffen war: In Frankreich ebenso wie im Saargebiet – vom Deutschen Reich vorläufig abgetrennt und französisch dominiert – gab es mit dem Franc eine verlockend stabile Währung. Unter der Hand war sie in die Randbezirke der Region eingesickert und hatte dort bereits die deutsche Mark verdrängt.

Auch sonstwo in der Pfalz verweigerten immer mehr Geschäftsleute und Bauern deren Annahme, zum Nachteil der Stadtbewohner, von denen die meisten nach wie vor in dem Berliner Inflationsgeld ausbezahlt wurden. Wer genug davon erhielt, konnte durch schnellen Umtausch in Devisen oder Sachwerte leidlich über die Runden kommen. Weit über 100.000 von insgesamt etwa 900.000 Pfälzern jedoch mußten ihr Leben von äußerst knapp bemessener Erwerbslosenunterstützung fristen. In den Wochen zuvor war die Arbeitslosigkeit überall im Linksrheinischen sprunghaft angestiegen, eine verheerende Spätfolge des sogenannten „Ruhrkampfes".

Im Januar 1923 hatten Frankreich und Belgien ihre Truppen ins bislang unbesetzte Ruhrgebiet einmarschieren lassen, um sich für Deutschlands angeblich mangelhafte Zahlungsmoral in punkto Kriegsentschädigungen an der Industrieproduktion des Reviers schadlos zu halten. Aus Protest hatte die Reichsregierung den „passiven Widerstand" ausgerufen, der gleichermaßen im altbesetzten Gebiet geleistet wurde. Auch in der Pfalz waren mithin Beamte wie Privatbeschäftigte in stetig wachsender Anzahl in den Ausstand getreten, sobald sie hätten für die Franzosen arbeiten müssen. Für die Weiterzahlung ihrer Löhne oder wenigstens beträchtlicher Teile davon sorgte das Reich, aus der Staatskasse.

Ab Ende September 1923, nach dem – im übrigen ergebnislosen – Abbruch des Ruhrkampfes durch die Regierung von Kanzler Gustav Stresemann, war es vorbei mit der Großzügigkeit, der die Reichsmark den Ruin verdankte. Das Heer der rheinischen Arbeitslosen wurde fortan mit dem Allernötigsten abgespeist, die Sonderkredite für die rheinische Industrie fielen ganz flach. Im einst blühenden Westen Deutschlands kam das Wirtschaftsleben fast zum Erliegen.

Damit nicht genug: Wie lange sich das in arge finanzielle Bedrängnis geratene Deutsche Reich die verbliebenen Kosten für die unproduktiv gewordenen Regionen überhaupt noch leisten würde, war ungewiß. In Berlin jedenfalls wurde allmählich ernsthaft die Trennung vom besetzten Gebiet erwogen, um sich auf die Währungsstabilisierung und den Wirtschaftsaufschwung in einem sanierungsfähigeren Rumpf-Deutschland konzentrieren zu können. Kein Sterbenswörtchen über derartige „Versackungs"- Überlegungen gelangte vorerst in die Zeitungen – es sei denn, andeutungsweise, durch Johannes Hoffmann. Mitte Oktober 1923 war der Reichstagsabgeordnete mit zwei weiteren pfälzischen SPD-Politikern nach Berlin gefahren, um eine Erhöhung der Erwerbslosensätze zu erreichen; ohne Erfolg. Seine Empörung brachte er sofort zu Papier, in einem scharfen Artikel für die heimische Parteipresse, der in der Bemerkung gipfelte, er habe das Gefühl, die Pfalz werde „in einem wichtigen, auch politisch wichtigen Augenblick vom Reiche im Stich gelassen".

Welche Konsequenzen daraus in diesem „auch politisch wichtigen" Augenblick zu ziehen seien, ließ der Verfasser offen. Aber es war, wenige Tage vor der Hoffmann-Aktion, der Auftakt zu einer auffälligen Artikelserie aus seiner Feder in den pfälzischen SPD-Zeitungen; auffällig, weil er hier in den Monaten zuvor keinen einzigen namentlich gezeichneten Beitrag veröffentlicht hatte.

Die restlichen vier Aufsätze der Serie erschienen in den Wochen nach der Aktion, und in ihnen führte Hoffmann dann aus, wie er sich die Lösung der pfälzischen Wirtschaftskrise vorstellte: „Soviel ist unbestritten: Unter der deutschen Mark erholt sich unsere Industrie nicht mehr"; werde das Reich doch „in seiner finanziellen Ohnmacht nicht einmal für sich eine wertbeständige Währung" aufbringen. Nein, für das besetzte Gebiet müsse eine eigene Währung geschaffen werden, ein „Rheinfranken" mit Unterstützung ausländischer, vornehmlich französischer Banken. Daneben benötige man auch eine „Überführung fremden Kapitals in die blutleeren Zellen unserer Industrie", in der Hoffnung es wieder abzustoßen, wenn das Deutsche Reich „nach Jahren" seinerseits finanziell gesundet sei. Unerläßliche Voraussetzung für das rheinische Rettungswerk sei die Bildung eines eigenen Rheinstaates unter Einschluß der Pfalz, „der im Verbande des Reiches bleibt, aber entsprechend seiner besonderen wirtschaftlichen und politischen Lage eine größere Autonomie besitzt als die anderen Staaten des Reichs".

„Ernstfall" Bayern

Doch selbst zu diesem Zeitpunkt noch hütete sich Hoffmann, seine Vision in unmittelbaren Bezug zu der Initiative vom 22. Oktober zu setzen. Im Gegenteil: „Das Ziel der Aktion war: Ein selbständiger Staat Pfalz im Verbande des Deutschen Reiches. Die Pfalz wäre dann in demselben staatsrechtlichen Verhältnis zum Reiche gestanden wie Baden oder Württemberg." Damit wiederholte er, was die pfälzische SPD während der Aktion stets als ihre erklärte Absicht präsentiert hatte. Und offiziell begründet worden war das Vorhaben in einem programmatischen Artikel des Ludwigshafener Hauptorgans der Partei, der „Pfälzischen Post", am 24. Oktober 1923 mit rein politischen Notwendigkeiten: Es gelte, sowohl die verfassungsbrüchig gewordene bayerische Landesregierung zu bekämpfen, als auch die Pfalz vor der Herrschaft der erklärten Separatisten zu bewahren; immer unter der Maßgabe, die Region dem Deutschen Reich zu erhalten.

Beide Motive waren und sind nicht von der Hand zu weisen. Bayern befand sich in offener Auflehnung gegen das Reich. Im sogenannten „Lossow-Konflikt" um den Posten des Kommandierenden Generals hatte die Münchener Regierung die bayerischen Reichswehreinheiten soeben der Befehlsgewalt Berlins entzogen und auf sich selber verpflichtet.

Eine Trennung Bayerns vom Reich war in dieser Situation nicht mehr auszuschließen. Möglich schien aber auch ein von München aus organisierter Marsch nach Berlin zum Sturz der Reichsregierung. Darauf drängte insbesondere die in Bayern bereits mächtige NSDAP, und mit einem Hitler gemeinsame Sache zu machen, war dem bayerischen Generalstaatskommissar Gustav von Kahr durchaus zuzutrauen. Ein nicht zu unterschätzendes persönliches Moment spielte hier eine Rolle bei der Entscheidung der pfälzischen SPD. Denn Kahr war es gewesen, der 1920 im Zuge des Kapp-Putsches einen der Ihren vom Sessel des bayerischen Ministerpräsidenten gestoßen hatte – Johannes Hoffmann aus Kaiserslautern!

In der Folgezeit hatte sich Bayern zu einem Tummelplatz für Rechtsextremisten aus ganz Deutschland entwickelt, und die Sozialdemokratie in der Pfalz hielt auf alle Fälle die Parole bereit: „Mit Bayern für das Reich: Ja! Mit Bayern gegen das Reich: Niemals!" Der Ernstfall war nun eingetreten.

Akut geworden war auch die lange schon schwelende separatistische Bedrohung. Unter den Leidtragenden des Ruhrkampfes hatten alte und neue Sonderbündler Anhänger gesammelt, in der Nacht zum 21. Oktober 1923 waren sie in Aachen erstmals zur Tat geschritten. In Windeseile breitete sich der Putsch Richtung Süden aus. Daß die Pfalz verschont werden würde, war nicht anzunehmen.

Zu glauben, den Separatisten allein durch eine politische Trennung von Bayern das Wasser abgraben zu können, wäre freilich weltfremd gewesen. Auch wenn die „Pfälzische Post" genau dies beharrlich suggerierte; die Zeitung war anscheinend angehalten, nur die vom SPD-Bezirksvorstand „autorisierten" Motive der Hoffmann-Aktion zu verbreiten. Dafür fanden sich im Kaiserslauterer Parteiblatt, der „Freien Presse", am 25. und 26. Oktober 1923 Bemerkun-

Artikel Johannes Hoffmanns in der „Pfälzischen Post" vom 22.10.1923.

gen, „daß der von der Sozialdemokratie unternommene Schritt für die Pfalz eine politische und mehr noch eine wirtschaftliche Notwendigkeit ist". Und dem saarländischen SPD-Führer Max Braun wurde in der Umgebung Johannes Hoffmanns erzählt, es gehe darum, der Not in der Pfalz „besser denn bisher steuern zu können".

Die Ansicht, dieses Ziel werde sich ohne Anlehnung an die Besatzung nicht verwirklichen lassen, hatte sich auch in bürgerlichen Kreisen langsam aber sicher durchzusetzen begonnen. Ein angesehener Pirmasenser Schuhfabrikant etwa machte sich Wochen vor Johannes Hoffmanns „Rheinfranken"-Kampagne für die Einführung einer solchen Währung stark. Ludwigshafens SPD-Bürgermeister Kleefoot bezog sich auf seinen und ähnliche Fälle, als er bereits am 19. Oktober bei einer örtlichen Parteienbesprechung äußerte, die Sozialdemokraten dürften hier nicht abseits stehen; „man müsse schauen, daß man auf das Pferd komme". Das Gefühl von Torschlußpanik war Hoffmanns Aktivisten also ebenfalls nicht unbekannt. Zumal nördlich der Pfalz hinter den Kulissen bereits eifrig über Plänen zur Bildung eines umfassenden deutschen Rheinstaates gebrütet wurde. Vorne im Rennen lag hier die „schwarze" politische Konkurrenz von der rheinischen Zentrumspartei, unter Führung des Kölner Oberbürgermeisters Konrad Adenauer.

Das Scheitern der Aktion

Paul Kleefoot war es dann auch, der später zugab, daß die SPD-Aktion in der Pfalz nicht auf den Pfalz-Staat als Endziel fixiert war; die Möglichkeit eines Anschlusses an einen innerhalb des Reiches zu bildenden Rheinstaat sei auf der Vorstandssitzung vom 22. Oktober offengelassen worden. Was die damals Versammelten zum Thema „erweiterte Autonomie" zu sagen wußten, ist leider nicht überliefert.

Wie erstaunlich weit die pfälzische SPD-Führung in der Frage aber zu gehen bereit war, zeigt der Entwurf einer Staatsgründungserklärung, den ihre drei Beauftragten am 23. Oktober 1923 mit dem französischen Provinzdelegierten General de Metz aushandelten.

Danach sollte die Pfalz zwar grundsätzlich „im Rahmen des Reiches" verbleiben, würde jedoch belastet sein mit einer Verpflichtung zur strikten Einhaltung der Bestimmungen des Versailler Vertrages. Diese galt ausdrücklich auch für den Fall – im Herbst 1923 keineswegs unvorstellbar –, daß die Reichsregierung den Vertrag aufkündigte. Und hielt sich das frischgebackene deutsche Bundesland Pfalz dann an die von ihm eingegangene Sonderverpflich-

Titelseite der „Pfälzischen Post" vom 24.10.1923.

tung – stellte es sich damit nicht automatisch außerhalb des Reichsverbandes?

Der französischen Seite ging die Bereitwilligkeit indes noch nicht weit genug, und daran scheiterte die Hoffmann-Aktion. In deren Vorfeld war de Metz ein weiterer gewichtiger Faktor gewesen, wegen seiner beständigen Drohungen, der Region die Separation aufzuzwingen, falls ihre Vertreter nicht selbst die Initiative ergriffen. Nun ließ er sich dazu hinreißen, dem pfälzischen Kreistag am 24. Oktober eine Staatsgründungserklärung aus eigener Feder zur Abstimmung vorzulegen. Von einer Anbindung an das Reich war darin überhaupt keine Rede mehr. Das konnten auch die Sozialdemokraten nicht akzeptieren, mit Zustimmung ihrer Vertreter erklärte sich der Kreistag für nicht zuständig. Die versuchte Fortführung ihres Vorhabens in der ursprünglichen Form wiederum stieß, von Abweichlern in den eigenen Reihen abgesehen, auf den vereinten Widerstand von bürgerlichem Lager, Reichsregierung und Reichsleitung der SPD, der von der Heidelberger Abwehrstelle der bayerischen Regierung koordiniert wurde. Auf einer Sitzung am 26. Oktober 1923 nahm der SPD-Bezirksvorstand daraufhin seinen gerade fünf Tage alten Beschluß wieder zurück.

„Seit Montag sitzen die Separatisten in Kaiserslautern, und mancher Stadtbewohner denkt heute nach erst dreitägiger Separatistenherrschaft schon anders über den 'Hochverräter' Hoffmann. Nach drei Wochen wird man es allgemein bedauern, daß die bürgerlichen Parteien in politischer Kurzsichtigkeit die Aktion der pfälzischen Sozialdemokratie zunichte gemacht haben", trauerte Johannes Hoffmann in der „Pfälzischen Freien Presse" vom 9. November 1923 der vertanen Chance nach. Sein Konzept eines mehr oder weniger autonomen Rheinstaates hatte er darum noch lange nicht aufgegeben: „Die Separatisten können den neuen Staat nicht aufbauen. So müssen's die Parteien tun."

Die zuletzt ausgedrückte Erwartung – die Hoffmann übrigens mit der Mehrheit seiner pfälzischen Landsleute teilte – erfüllte sich nicht. Denn im Verlauf des Jahres 1924 wurde die Rheinlandkrise des Herbstes 1923 bereinigt, ohne daß staatsrechtliche Veränderungen am Rhein erforderlich geworden wären. Die Lösung bestand in der Einigung Deutschlands, Frankreichs und der anderen westlichen Großmächte auf ein neues Zahlungsabkommen hinsichtlich der deutschen Kriegsentschädigungen, Stichwort „Dawes-Plan". Dadurch waren auch die rheinischen Staatsgründungsbemühungen eines Konrad Adenauer zum Scheitern verurteilt. Er allerdings sollte nach 1945 noch eine zweite Chance erhalten.

Bei diesem Beitrag handelt es sich um die vom Autor überarbeitete Fassung eines Artikels, der am 8.12.1990 in der „Rheinpfalz" erschien. In aller Ausführlichkeit behandelt werden die hier nur knapp skizzierten Vorgänge in: Gerhard Gräber/Matthias Spindler, Revolverrepublik am Rhein. Die Pfalz und ihre Separatisten. Bd. 1, Landau 1992. Dort finden sich auch detaillierte Quellenangaben. Siehe auch die Beiträge von Stefan Schaupp und Diethard Hennig in diesem Buch.

Willi Breunig

Friedrich Profit (1874-1951)
Vom Eisenbahner zum Parteiführer

Friedrich Profit wurde am 19. Mai 1874 in Zweibrücken geboren. Nach dem Besuch der Volksschule erlernte er von 1888 bis 1890 das Schlosserhandwerk. Im November 1891 ging er auf die Wanderschaft, die ihn zunächst nach Düsseldorf führte. Dort trat er noch im selben Jahr dem Deutschen Metallarbeiter-Verband bei. Da er 1892 an der Maifeier teilnahm, wurde er von seinem Düsseldorfer Arbeitgeber entlassen, obwohl der Erste Mai in diesem Jahr ein Sonntag war. Profit schnürte sein Bündel und machte sich auf den Weg nach Berlin, wo er wieder einen Arbeitsplatz fand.

In Berlin wurde er 1892 auch Mitglied der sozialdemokratischen Partei. Nach erneuter längerer Arbeitslosigkeit verließ er im Mai 1893 die Reichshauptstadt und ging nach Chemnitz. Bei der großen Sächsischen Maschinenfabrik, die damals 3.000 Arbeiter beschäftigte, erhielt er nun eine feste Anstellung.

In Chemnitz begann seine Tätigkeit im Dienst der Arbeiterbewegung: er trug die „Deutsche Metallarbeiter-Zeitung" aus und kassierte Verbandsbeiträge. Nach der anstrengenden Berufsarbeit in der Fabrik vertiefte er sich abends in literarische Werke sowie in Partei- und Gewerkschaftsschriften. Wenige Monate vor seinem Tod, im Oktober 1950, berichtete er, daß seine ganze Jugendzeit nur mit Lernen ausgefüllt gewesen sei. Im Herbst 1894 wurde Profit für zwei Jahre zum Militär eingezogen. Er habe damals nicht nur exerziert, sondern auch einen permanenten Kampf gegen Soldatenmißhandlungen geführt, schrieb er in einem Brief.

Frühe Organisationsarbeit

Nach Ende der Militärzeit kehrte Profit zunächst in seine Heimatstadt Zweibrücken zurück. Er hatte die Absicht, nach wenigen Wochen seine Arbeit in Chemnitz wieder aufzunehmen. Der Vater und die Geschwister wollten ihn jedoch nicht mehr in die Fremde ziehen lassen, so daß er als Schlossergeselle bei der Maschinenbau-Gesellschaft Zweibrücken eintrat.

Aufgrund der politischen und sozialen Verhältnisse in der Westpfalz – die Sozialdemokratie war dort bisher über bescheidene Anfänge nicht hinausgekommen und eine Gewerkschaftsorganisation fehlte noch völlig – reifte in Profit sehr rasch der Entschluß zur erneuten Abwanderung. Er ging nach Ludwigshafen zu den Pfälzischen Eisenbahnen mit dem Ziel, Lokomotivführer zu werden. Anfang Januar 1897 trat er seinen Dienst in der Personenwagen-Werkstätte an. Schon nach wenigen Gesprächen mit den Kollegen wußte er, wer von diesen mit der Sozialdemokratie sympathisierte. Die Furcht vor Entlassung und eine Reihe von Vergünstigungen hielten die sozialistisch gesinnten Eisenbahner davon ab, sich öffentlich zur Arbeiterbewegung zu bekennen. Profit, der sofort nach seiner Ankunft in der Chemiestadt dem SPD-Ortsverein und der Zahlstelle des Metallarbeiterverbandes beigetreten war, nahm sich vor, eine Änderung dieser Verhältnisse herbeizuführen. Ehrhart, den er schon 1892 auf dem Parteitag in Berlin kennengelernt hatte, warnte ihn allerdings vor Illusionen und riet ihm, behutsam vorzugehen, zumal es damals in ganz Deutschland erst wenige organisierte Eisenbahner gab.

Profit nahm zunächst Kontakt mit Heinrich Bürger, dem Vorsitzenden der freien Eisenbahnergewerkschaft, auf, der ihn mit Verwaltungs- und Werbematerial versorgte. Nach seinem Verbandseintritt kam er als Delegierter in das Ludwigshafener Gewerkschaftskartell, obwohl er vorerst das einzige Mitglied seiner Organisation in der Chemiestadt war. Bereits im ersten Jahr seines Aufenthaltes in Ludwigshafen wurde Profit mit allen führenden Partei- und Gewerkschaftsfunktionären bekannt. Er nahm regen Anteil am politischen und geselligen Leben der klassenbewußten Arbeiterschaft, schrieb Versammlungsberichte für die „Pfälzische Post" und trat bei Veranstaltungen als Rezitator auf. Durch den Vortrag von Gedichten schulte er seine Ausdrucksweise und überwand das Lampenfieber, was sich schon bald bei seiner Betätigung als Versammlungsredner vorteilhaft auswirken sollte. Profits Interessen erstreckten sich aber nicht nur auf die Arbeiterbewegung, er förderte auch seine Allgemeinbildung, soweit sich ihm dazu Gelegenheit bot. Vor allem beschäftigte er sich mit Literatur und Geschichte. Die Stadt Mannheim mit ihren kulturellen Einrichtungen übte auf ihn mächtige Anziehungskraft aus: Er machte Spaziergänge, besichtigte das Schloß und die Museen, besuchte Theater- und Konzertaufführungen. Auch der Schwetzinger Schloßpark war hin und wieder sein Sonntags-Ausflugsziel. Alle diese Eindrücke hielt er für wichtig zur Formung seiner Persönlichkeit.

Bis zum Jahresende 1897 hatte Profit etwa 30 Kollegen für die Eisenbahnergewerkschaft gewonnen. Sie entrichteten pünktlich ihre Beiträge. Alle Voraussetzun-

Eisenbahnwerkstätte Ludwigshafen, um 1900.

gen zur Gründung einer Zahlstelle in Ludwigshafen waren erfüllt. Zu der von Profit einberufenen Gründungsversammlung erschien jedoch nicht einmal ein Drittel der Mitglieder. Die meisten befürchteten nach wie vor, daß ihnen Nachteile erwachsen könnten, wenn der Bahndirektion ihre Gewerkschaftszugehörigkeit zur Kenntnis gelangte. Profit sah sich deshalb gezwungen, einen anderen Weg zu beschreiten. Durch das Gewerkschaftskartell ließ er zwei Flugschriften veröffentlichen und an die Eisenbahner verteilen. Darin wurden zahlreiche Mißstände kritisiert, und es wurde zum Organisationsbeitritt aufgefordert. Die Flugblätter gaben in den Bahnwerkstätten reichlich Gesprächsstoff und veranlaßten weitere Kollegen zum Anschluß an die Gewerkschaft. Auch die Entschlossenheit, aus der Anonymität hervorzutreten, nahm zu.

Nachdem Profit im Februar 1898 auf einer Krankenkassenversammlung der Eisenbahner die Anstellung eines zweiten Arztes verlangt hatte und dadurch bei der Direktion recht unangenehm aufgefallen war, schien es, daß seine Tage bei den Pfälzischen Eisenbahnen gezählt waren, zumal ihm schon dieser Antrag eine Maßregelung eingebracht hatte. Für Profit gab es nichts mehr zu verlieren. Ende April berief er eine öffentliche Eisenbahnerversammlung ein, in der er über die Verhältnisse in der Ludwigshafener Bahnwerkstätte und die Notwendigkeit einer gewerkschaftlichen Organisation referierte. Mehr als 100 Berufsgenossen waren seiner Einladung gefolgt. Auch Direktor Jakob von Lavale und einige seiner engsten Mitarbeiter hatten sich eingefunden, vor allen um einen Überblick über die maßgeblichen Gewerkschaftsmitglieder zu erhalten. Zu ihrer Enttäuschung trat aber nur Profit, der Unterzeichner des Einladungsplakates, als Redner hervor. Er wurde bereits wenige Tage nach der Versammlung fristlos entlassen mit der Begründung, er habe in seinem Referat einen Vorgesetzten beleidigt. Profit hatte zwar sein Berufsziel, die Stelle des Lokomotivführers, nicht erreicht, jedoch die erste freigewerkschaftliche Eisenbahnerorganisation der Pfalz in der Chemiestadt gegründet. Sein mutiges und selbstloses Eintreten für die Interessen der Ludwigshafener Eisenbahner stand am Anfang seiner politischen Karriere.

Aufstieg in der Partei

Nach seiner Entlassung bei den Pfälzischen Eisenbahnen wurde Profit vorübergehend Lokalredakteur der „Pfälzischen Post" in Ludwigshafen, bis er 1899 bei der Mannheimer Maschinenfabrik Lanz einen neuen Arbeitsplatz als Schlosser fand. Ebenfalls 1899 übernahm er die ehrenamtliche Leitung des Ludwigshafener Gewerkschaftskartells. Außerdem war er in diesem Jahr erstmals Delegierter zum Gautag der pfälzischen Sozialdemokratie. Nach der Jahrhundertwende wurde er Angestellter der Ortskrankenkasse und Vorsitzender des sozialdemokratischen Vereins in Ludwigshafen.

Die agitatorische und organisatorische Aktivität, die Profit als Leiter des weitaus größten Parteivereins der Pfalz entfaltete, bestärkten Franz Josef Ehrhart mehr und mehr in seinem Vorhaben, den etwa eine Generation jüngeren Profit systematisch zu seinem Nachfolger aufzubauen. Profit kam als Schriftführer in den Gauvorstand und wurde der engste Mitarbeiter des Parteiführers. Als sich die pfälzische Sozialdemokratie 1906 zur Anstellung eines besoldeten Parteisekretärs entschloß, fiel die Wahl auf Profit. Daß er die in ihn gesetzten Erwartungen erfüllte, bewies die außerordentlich günstige Weiterentwicklung der Bewegung bis zum Kriegsausbruch 1914.

Friedrich Profit (1874 - 1951), um 1914.

Insbesondere gelangen ihm die Erfassung zahlreicher Arbeiter und der Aufbau mehrerer Ortsgruppen in den bislang noch wenig erschlossenen Gebieten der Westpfalz. Profit hatte mit seiner Berufung zum Parteisekretär ein Arbeitsfeld gefunden, auf dem sich seine unermüdliche Tatkraft, seine organisatorischen Fähigkeiten, sein kämpferischer Mut und seine rednerische Begabung auswirken konnten.

Auch nach Ehrharts Tod 1908 blieb Bruno Körner zwar Vorsitzender im Gauvorstand, die eigentliche Leitung der pfälzischen Sozialdemokratie lag jedoch fortan bei Profit. Unter den Mitgliedern der Parteiführung war er der jüngste und der einzige, der erst nach dem Fall des Sozialistengesetzes (1890) der Bewegung beigetreten war.

Es hätte eine Mißachtung der Meriten der altgedienten Genossen bedeutet, wäre Profit neben seinen Aufgaben auch noch das Amt des Parteivorsitzenden zugefallen. Da zwischen Körner und Profit ein freundschaftliches Verhältnis bestand, hatte letzterer stets völlig freie Hand bei seiner Tätigkeit als Parteisekretär.

Profit widmete sich primär dem weiteren organisatorischen Aufbau, lediglich vor Wahlen gab er der Agitation den Vorrang. In Anbetracht der Tatsache, daß die Ludwigshafener Sozialdemokratie nur über wenige Mitglieder verfügte, die zur Übernahme eines Stadtratsmandates geeignet waren – die Genossen mußten wirtschaftlich unabhängig und ausreichend gebildet sein – wurde Profit 1909 in die SPD-Vorschlagsliste aufgenommen. Schon bei dieser erstmaligen Kandidatur erreichte er die für einen Stadtratssitz erforderliche Stimmenzahl. Wegen seiner starken Beanspruchung als Parteisekretär war von vornherein klar, daß er in der Kommunalvertretung nur in begrenztem Umfang mitarbeiten konnte. Doch begnügte er sich nicht mit der Rolle eines Hinterbänklers. Vielmehr übernahm er hin und wieder Sonderaufgaben, wobei er äußerst zielstrebig ans Werk ging. Als Beispiel sei die kommunale Arbeitslosenversicherung angeführt, die er in Ludwigshafen trotz heftigen Widerstandes der Nationalliberalen durchsetzte.

Bei der Landtagswahl 1912 gelang es Profit, den Wahlkreis Speyer zu erobern und damit seiner Partei ein unerwartetes Mandat zu sichern. Nachdem der pfälzische Gauvorstand mittlerweile einen weiteren Parteisekretär angestellt hatte, konnte sich Profit mehr als seither parlamentarischen Aufgaben zuwenden.

Nach Kriegsbeginn 1914 mußte Profit erleben, daß die von ihm in mühevoller Kleinarbeit auf einen vorbildlichen Stand gebrachte pfälzische Parteiorganisation schwere Rückschläge erlitt. Die zahlreichen Einberufungen zum Militär hatten starke Mitgliederverluste zur Folge. Nicht wenige Ortsvereine sahen sich sogar gezwungen, ihre Tätigkeit völlig einzustellen. Hinzu kamen seit 1915 die wachsenden internen Auseinandersetzungen mit oppositionellen Gruppen, die sich gegen die SPD-Kriegspolitik wandten. Profit ließ nichts unversucht, um die Parteieinheit in der Pfalz zu erhalten. Sämtliche Ortsvereine, die von der Spaltung bedroht waren, besuchte er 1917 und forderte die Mitglieder zur Geschlossenheit auf. Während er in vielen Fällen eine Verringerung der Spannungen erreichen konnte, schlugen derartige Bemühungen in Ludwigshafen und in den stadtnahen Gemeinden fehl. Die Trennung einer relativ geringen Anzahl unnachgiebiger Genossen von der SPD und die Gründung von USPD-Ortsgruppen waren die Folgen.

Nach Kriegsende gelang es Profit, die Unabhängigen vom Revolutionsgeschehen weitgehend auszuschalten und der Mehrheitspartei die Initiative bei der politischen Neuordnung zu sichern. Vor allem konnte er unmittelbar nach dem Waffenstillstand durch sein mutiges Eingreifen die USPD-Anhänger daran hindern, von Ludwigshafen aus die Pfälzischen Eisenbahnen lahm zu legen. Die gleichsam als erster revolutionärer Akt geplante Stillegung des Bahnbetriebes hätte nicht nur die Versorgung der Bevölkerung gefährdet, sondern auch die Rückkehr der Truppen in die Heimat erschwert.

Kampf gegen den Separatismus

Trotz der von der französischen Besatzung verhängten Reisebeschränkungen und Versammlungsverbote erreichte Profit im ersten Halbjahr 1919 den völligen Wiederaufbau der vom Krieg stark in Mitleidenschaft gezogenen pfälzischen Parteiorganisation. Die Anzahl der Ortsvereine und Mitglieder erhöhte sich beträchtlich gegenüber dem Vorkriegs-Höchststand. Außerdem spielte Profit in dieser Zeit eine maßgebliche Rolle beim Abwehrkampf gegen die von der Besatzungsmacht gesteuerten separatistischen Bestrebungen der „Freien Pfalz"-Bewegung.

So kamen am 1. Juni zahlreiche Arbeiter aus der Vorderpfalz unter seiner Leitung in Speyer zusammen, um sich dem für diesen Tag geplanten Staatsstreich der Separatisten zu widersetzen.

Wenn auch der Putsch unter diesen Umständen scheiterte, so setzten die Separatisten doch in den folgenden Monaten ihre Anstrengungen fort. Während den Parteien nach wie vor Versammlungsverbot auferlegt war, und die Presse scharf zensiert wurde, konnten Dr. Haas und seine Anhänger uneingeschränkt in Wort und Schrift ihre Vorstellungen propagieren. Mehrmals versuchte Profit durch Eingaben, die Aufhebung des Versammlungsverbots zu erwirken. Erst nachdem Ende August bei einem Überfall französischer Soldaten auf das Hauptpostamt Ludwigshafen ein Postbeamter getötet und zwei weitere schwer verletzt worden waren, mußte die Besatzungsmacht zur Beruhigung der empörten Bevölkerung das Versammlungsverbot aufheben. In den folgenden Wochen wurde dem Bund „Freie Pfalz" in zahlreichen Kundgebungen eine klare Absage erteilt. Für die Sozialdemokratie bekräftigte jeweils Profit die Entschlossenheit seiner Partei, dem separatistischen Spuk ein Ende zu bereiten. Da er außerdem die unnachgiebige Haltung Frankreichs bei den Friedensvertragsverhandlungen in Versailles scharf kritisierte, wurde ihm am 15. September bis auf weiteres untersagt, in Versammlungen als Redner aufzutreten. Erst nach Eintritt des Friedens am 20. Januar 1920 hob die Besatzungsmacht das Redeverbot auf.

Durch seinen mutigen Widerstand gegen die separatistischen Bestrebungen wuchs Profit in staatspolitische Aufgaben hinein. Nachdem er schon der deutschen Friedensdelegation in Versailles als Sachverständiger für Pfalzfragen angehört hatte, wurde er im November 1921 als sozialpolitischer Referent in das Staatssekretariat für die besetzten Gebiete nach Berlin berufen.

Profit schied damit zwar aus der pfälzischen Arbeiterbewegung aus, doch er war nach wie vor für seine engere Heimat politisch tätig. So wurde er 1923 nach einer Unterredung mit Friedrich Ebert, Otto Wels und Hermann Müller in die Pfalz entsandt, um dem pfälzischen SPD-Vorstand die Bedenken der deutschen Parteileitung gegen eine Trennung der Pfalz von Bayern vorzutragen. Die Absicht der Staatsregierung in München, Bayern vom Reich zu lösen, hatte die führenden pfälzischen Genossen dazu veranlaßt, ihrerseits Vorbereitungen für einen Bruch mit Bayern zu treffen, um den Verbleib der Pfalz im Reichsverband sicherzustellen. Da jedoch die Gefahr einer französischen Einmischung bestand, war es die Aufgabe Profits, die SPD-Bezirksleitung in Ludwigshafen von ihrem Vorhaben abzubringen. Daß die Besorgnisse, die man in Berlin hegte, nicht unbegründet waren, zeigte das Wiederaufleben des Separatismus im Herbst 1923. Weitaus stärker als 1919 drohte der Pfalz die Trennung vom Reich.

Damals hielt sich Profit monatelang im Auftrag der Reichsregierung in Heidelberg auf, um Kontakt mit den Behörden und Parteien links des Rheins zu halten und Anweisungen für den Abwehrkampf weiterzuleiten. Für seine Verdienste wurde er 1927 zum Ministerialrat im Reichsministerium für die besetzten Gebiete ernannt.

Titelblatt der Schrift Profits von 1913.

Bedeutung Profits

Nach der Machtübernahme durch die Nationalsozialisten 1933 mußte Profit aus dem Staatsdienst ausscheiden. Um eine illegale Betätigung für die Sozialdemokratie zu verhindern, wurde ihm die Rückkehr nach Ludwigshafen verboten. Nach Aufenthalten in Deidesheim, Mannheim und Kassel lebte er in seiner Vaterstadt Zweibrücken, bis er dort Ende des Krieges seine Wohnung durch einen Fliegerangriff verlor. In Mutterstadt nahe Ludwigshafen fand er eine neue Unterkunft.

Nach Kriegsende kehrte Profit in die Chemiestadt zurück. Obwohl er im 71. Lebensjahr stand, war seine Tatkraft ungebrochen. Zusammen mit weiteren Genossen, die ebenfalls unter dem Nationalsozialismus schwer gelitten hatten, begann er mit dem Wiederaufbau der Partei in der Pfalz. Am 5. und 6. Oktober 1945 nahm er an der Konferenz von Wennigsen teil. In der pfälzischen SPD spielte er in den folgenden Jahren freilich keine Rolle mehr. Er verstarb am 18. August 1951.

Nach Ehrhart war Profit zweifellos die bedeutendste Persönlichkeit in der Geschichte der Ludwigshafener und der pfälzischen Sozialdemokratie. Profit mehrte das Erbe seines Lehrmeisters beträchtlich. Er war für alle Genossen ein Vorbild an Einsatzfreude und Zielstrebigkeit. Sein Lebensbild wäre unvollständig, würde man seine Verdienste um die Sozialgeschichte übergehen. Er stand nicht nur im politischen Leben seinen Mann, sondern sorgte auch dafür, daß wesentliche Etappen der Entwicklung von Partei und Gewerkschaften in der Pfalz nicht in Vergessenheit geraten. Infolge der Vernichtung zahlreicher Quellen während der NS-Zeit kommt seinen Darstellungen erhöhte Bedeutung zu, umso mehr als sie mit äußerster Sorgfalt verfaßt worden sind. Wenn man auch spürt, daß die Arbeiten aus der Feder eines überzeugten Sozialdemokraten stammen, so kann man doch davon ausgehen, daß die Fakten exakt wiedergegeben sind.

Soweit heute noch Quellen zur Verfügung stehen, stimmen sie jedenfalls mit den Angaben Profits überein. Seine 1913 erschienene Broschüre „Dr. von Bettinger und die Sozialdemokratie" enthält wichtige Informationen über die Wahlbündnisse zwischen Sozialdemokratie und Zentrum vor und nach der Jahrhundertwende. In der Publikation von 1947 über „Meine Eisenbahnerzeit" finden sich viele interessante Einzelheiten über Partei und Gewerkschaften in den 1890er Jahren. „Schicksal der Pfalz", ein umfangreiches Manuskript in seinem Nachlaß, ist dem Kampf der Arbeiterschaft gegen die separatistischen Bestrebungen des Jahres 1919 gewidmet. Während der letzten Jahre seines Lebens beschäftigte sich Profit vor allem mit dem politischen Werdegang Franz Josef Ehrharts. Zwei Beiträge zur Biographie des ersten pfälzischen Parteiführers veröffentlichte er 1948 in der Broschüre „Weißt Du noch ..." Ein Buch der Erinnerung.

Diesem Beitrag liegt zugrunde: Willi Breunig, Soziale Verhältnisse der Arbeiterschaft und sozialistische Arbeiterbewegung in Ludwigshafen am Rhein 1869-1919, 2. Auflage, Ludwigshafen a. Rh. 1990, S. 697-706. Die Erinnerungsskizzen Profits sind in der Bibliographie von Gerhard Nestler in diesem Buch nachgewiesen.

Hans Blinn

Die Landauer SPD in der Weimarer Republik

Der Umsturz in Deutschland vom November 1918 stellte auch die Landauer Sozialdemokratie vor neue Aufgaben. Bereits am Abend des 9. November traten – so wie in den anderen pfälzischen Städten auch – Vorstandsmitglieder und Vertrauensleute der politischen Parteien zu einer Lagebesprechung zusammen. Einen Tag später, dem „ersten roten Sonntag", kam es dann in Landau zur Bildung eines „Arbeiter- und Soldatenrates".

Der Arbeiter- und Soldatenrat

Seiner Gründung ging eine Versammlung auf dem „Paradeplatz" voraus, zu der sich gegen drei Uhr nachmittags eine große Anzahl Soldaten aller Waffengattungen eingefunden hatte. Ein Redner proklamierte die Herrschaft des „Soldatenrates". Dann bewegte sich ein Demonstrationszug, den ein „feldgrauer Soldat ohne Achselklappen und ohne Säbelkoppel" mit einer rote Fahne anführte, durch die Straßen zur „Alten Brauerei Stoepel", wo die Vorsitzenden der örtlichen politischen Parteien tagten, um einen „Arbeiterrat" zu konstituieren. Das Ergebnis war ein gemeinsamer „Arbeiter- und Soldatenrat". Von seinen 27 Mitgliedern unter Leitung Dr. jur. Saly Feibelmanns – „Fortschrittliche Volkspartei", später „Deutsche Demokratische Partei" – gehörten nur sechs der SPD an: der Kaufmann Adam Gütermann, der Schneidermeister Georg Liar, der Weinhändler Richard Joseph, der Ingenieur Jakob Eichhorn, der AOK-Kassenbeamte Hermann Fleischhauer und der Lokomotivführer Eugen Sonnick. Sie hatten damit zahlenmäßig kein allzu großes Gewicht.

Noch am selben Abend erließ der Arbeiter- und Soldatenrat eine Reihe von Anordnungen, die der Bevölkerung über ein Flugblatt mitgeteilt wurden. Es trug den Titel „Was will der Landauer Arbeiter- und Soldatenrat?" Am 21. November beschloß das revolutionäre Gremium, sich durch Hinzuziehung von Vertretern aller wirtschaftlichen und beruflichen Organisationen in einen „Volksrat" umzubilden. Dieser erhielt damit einen ausgesprochen ständischen Charakter. Als einige Tage später die Franzosen in Landau einmarschierten, wurde der „Volksrat" auf Geheiß General Fochs, dem Oberkommandierenden der französischen Besatzungstruppen, allerdings wieder aufgelöst.

Der Ortsverein

Die erste öffentliche Versammlung der SPD nach der Revolution fand am 24. November 1918 im großen Saal des Hotels „Zum Schwanen" statt, das seit dem Assisen-Prozeß von 1833 gegen die Hauptredner des Hambacher Festes historische Bedeutung hatte. Die Versammlung verzeichnete einen Massenbesuch, der „jenen der hiesigen liberalen Parteien kaum nachstand". Redner der „Öffentlichen Kundgebung für den neuen Volksstaat" war der Rechtsanwalt Friedrich Ackermann aus Frankenthal. Der

> **Sozialdemokrat. Verein Landau.**
>
> Samstag den 13 März, abends halb 8 Uhr, findet im Saale der „Alten Brauerei Süd el-" 10001
>
> ## General-Versammlung
>
> statt. Tages-Ordnung:
> 1. Unsere Aufgaben in der Gemeinde.
> 2. Aufstellung der Kandidaten zur Stadtratswahl.
>
> Ohne Mitgliedsbuch ist der Zutritt nicht gestattet
>
> Der Vorstand.

Anzeige des Ortsvereins Landau in der „Pfälzischen Post" vom 10.3.1920.

greifbare Erfolg des Abends bestand in 22 Neuaufnahmen für den Ortsverein, zu dessen Vorsitzenden in einer anschließenden Sitzung der Schneider Jakob Renner gewählt wurde. Der Mitgliederstand dürfte somit wieder den von 1914 erreicht haben – etwa 150 – und stieg bis 1921 auf 212 an. Mit der Versammlungsfreiheit war es freilich zu Ende, als der französische General Gérard am 4. Dezember 1918 in der „Villa Ufer" in Landau sein Hauptquartier aufschlug, eine strenge Pressezensur einführte und gleichzeitig von diesem Tage an auch mit der Propaganda für die Annexion Landaus und der Umgebung einsetzte. Später durften Versammlungen nur unter Aufsicht der Besatzer und mit deren Genehmigung abgehalten werden.

1920 gründete die USPD in Landau einen eigenen Ortsverein. Den Vorsitz übernahm der Schneider Georg Liar jr. Die Unabhängigen fanden allerdings in der Stadt nur geringen Anklang und spielten keine wichtige Rolle im kommunalen Leben. Im ganzen Bereich des MSPD-Unterbezirks Landau gab es nur noch in Niederhochstadt einen USPD-Ortsverein. Als sich die Partei 1922 mit den Mehrheitssozialisten wieder vereinigte, erledigte sich das Problem auch in Landau von selbst.

Bei der Wahl zur Deutschen Nationalversammlung am 19. Januar 1919 erreichte die SPD in der Stadt mit 1.859 Stimmen ihr bestes Resultat, das sie bis 1933 je bekommen sollte. Sie hatte gegenüber dem Ergebnis vom Jahre 1912 den Stimmenanteil verdreifacht. Die USPD dagegen kam lediglich auf 384 Stimmen. Bei der ersten Wahl zum Deutschen Reichstag am 27. April 1920 kam die SPD in der Stadt hinter DVP, BVP, DDP mit 934 Stimmen auf den vierten Rang, die KPD dagegen wurde nur von einem einzigen Bürger gewählt. Bei den folgenden sechs Reichstagswahlen bis zum 6. November 1932 pendelte die SPD immer zwischen der dritten und vierten Stelle, was ihren Anteil betraf. Am 4. Mai 1924 erhielt sie 787 Stimmen und wurde viertstärkste Partei, am 7. Dezember 1924 drittstärkste mit 1.294 und am 20. Mai 1928 erneut drittstärkste mit 947 Stimmen vor der NSDAP mit 834 Stimmen; am 15. September 1930 wieder einmal viertstärkste mit 957 und am 31. Juli 1932 drittstärkste mit 1.071 Stimmen.

Die Wahlen zum bayerischen Landtag zeigen ein ähnliches Ergebnis: zweitstärkste Partei mit 1.742 Stimmen am 12. Januar 1919, am 6. Juni 1920 viertstärkste mit 934 Stimmen, ebenso am 4. Mai 1924 mit

715 Wählern, am 20. Mai 1928 drittstärkste mit 953 Stimmen und am 24. April 1932 mit 827 Stimmen wiederum die Nummer drei. Die Sozialdemokraten hatten in der Stadt immer einen schweren Stand. Selbstverständlich waren die Ergebnisse bei den Reichstags- und Landtagswahlen auch stets von der politischen „Großwetterlage" abhängig.

Separatistenabwehr

Das Jahr 1919 sah die Landauer Sozialdemokraten beim Kampf gegen die Separatisten in den vordersten Reihen. Gemeinsam mit den anderen demokratischen Parteien focht die SPD gegen die aufstrebende „Freie Pfalz"-Bewegung des Landauer Lebensmittelchemikers Eberhard Haas. Zwar sympathisierten einige Sozialdemokraten mit den Separatisten, sie blieben aber eine verschwindende Minderheit und kamen dem drohenden Ausschluß aus der Partei durch ihren freiwilligen Austritt zuvor.

Wilhelm Bauer

Die pfälzische SPD hatte in Landau eine illegale Abwehrorganisation geschaffen und mit ihrer Führung die Landauer Genossen Wilhelm Bauer, Philipp Dell, Richard Joseph, Jakob Renner und August Darstein betraut. Diese trafen sich an bestimmten Tagen im Nebenzimmer der Gaststätte „Roter Hahn", um ihr Vorgehen gegen die Separatisten zu koordinieren. Wenn man auch die Sozialdemokraten immer wieder als „vaterlandslose Gesellen" beschimpfte, so zeigte eigentlich niemand größere Vaterlandsliebe als sie. Sie setzten sich in schwerster Stunde für den Verbleib der Pfalz bei Deutschland ein, und auch die Männer und Frauen der Landauer SPD hatten großen Anteil am Erfolg des Abwehrkampfes.

In dieser Zeit begann auch der politische Aufstieg Wilhelm Bauers. Geboren am 30. Juni 1875 in Ludwigshafen als Sohn eines Schneidermeisters, kam er bereits 1885 nach Landau, weil der Vater hier die Gaststätte „Zur Sonne" übernommen hatte. Nach dem Schulbesuch erlernte er das Schreinerhandwerk und ging dann, einem altem Brauch folgend, für einige Jahre auf Wanderschaft, die ihn unter anderem auch ins Rheinland führte. Nach seiner Rückkehr trat er im Jahre 1895 der Tischlergewerkschaft bei, die etwa 30 Mitglieder zählte und in der Gaststätte „Zum Schiff" ihren Stammtisch hatte – streng von der Polizei überwacht. Über deren Vorsitzenden Jakob Sahm war der junge Geselle, der in einer ortsansässigen Möbelfabrik arbeitete, mit der SPD in Berührung gekommen. 1896 wurde er in Neustadt Mitglied der Partei.

Wilhelm Bauer (1875 - 1972).

Seine zweijährige Militärzeit verbrachte Bauer ab 1897 als Marine-Infanterist in der Kolonie Tsingtau, wo er den Boxeraufstand miterlebte. Nach der Rückkehr heiratete er und übernahm den Vorsitz der Landauer Tischlergewerkschaft. Wegen seiner Kandidatur für den Stadtrat wurde er von seinem Arbeitgeber freilich wenig später entlassen. Zunächst verdiente er sich als Reisender und Versicherungsagent sein Brot. Es folgten Jahre der Arbeitslosigkeit, bis er sich 1910 eine Kohlenhandlung aufbaute, um endlich finanziell unabhängig zu sein. Ein Jahr zuvor war er zum ersten Mal in den Landauer Stadtrat gewählt worden, dem er dann 15 Jahre angehörte.

Bei Ausbruch des Kriegs im August 1914 wurde Wilhelm Bauer zum 2. Marine-Infanterieregiment eingezogen, in Flandern eingesetzt und wegen Tapferkeit zum Unteroffizier befördert. Von Januar 1915 bis Kriegsende diente er dann als Polizei-Unteroffizier in Brügge.

Im September 1919 wurde er zum 1. Vorsitzenden der Landauer SPD gewählt. Von 1920 bis 1924 bekleidete Wilhelm Bauer das Amt des ehrenamtlichen vierten Bürgermeisters. Als die Separatisten 1923 ein zweites Mal den Versuch unternahmen, die Pfalz vom Reich zu trennen und ihm in Landau die zentrale Leitung der Abwehr übertragen wurde, geriet er erneut mit der Besatzungsmacht in Konflikt. Am 1. Juni 1923 wurde er mit seiner Familie aus der Pfalz ausgewiesen. Bedingung für seine Rückkehr aus Karlsruhe im April 1924 war „jeglicher Verzicht auf ein öffentliches Amt". Bald fiel diese Beschränkung und er konnte ab 1. September 1924 seine Amtsgeschäfte wieder aufnehmen.

Von 1925 bis 1933 war er Mitglied im Bezirks- und Kreistag. Nach 1945 wurde er erneut in den Kreistag gewählt. Am 30. Juni 1948, seinem 73. Geburtstag, wurde Bauer Ehrenbürger der Stadt Landau und Ehrenvorsitzender des SPD-Ortsvereins. Am 21. Dezember 1972 verstarb er, ein hochangesehene Mitbürger, der ein Stück Landau verkörperte.

Erfolge und Mißerfolge

Nach den ersten Kommunalwahlen am 18. April 1920 konnte die Landauer SPD sechs Mitglieder in den Stadtrat schicken. Neben Wilhelm Bauer den Gymnasialprofessor Heinrich Henz, den Gastwirt Philipp Dell, den Schriftsetzer Wilhelm Sieber, den Weinhändler Richard Joseph und die Hausfrau Katharina Peters; sie war das erste weibliche Parteimitglied im Landauer Ratskollegium und gehörte ihm bis zu ihrem Tode am 13. November 1924 an. Bei der Wahl der Bürgermeister am 24. April 1920 brachte die SPD-Fraktion ihren Kandidaten Wilhelm Bauer als vierten Bürgermeister durch. Dieser Erfolg wurde für den Ortsverein von besonderer Bedeutung. Nachdem die Partei nun im Senat und in allen Ausschüssen des Stadtrates vertreten war, konnte sie endlich auch größeren Einfluß auf die Kommunalpolitik in der Stadt ausüben. Bauer übernahm die Zuständigkeit für das Wohnungsamt, die Stadtwerke, den Waldbesitz, die Verpachtungsangelegenheiten und die Brennstoffversorgung.

Die große Zersplitterung in viele Parteien und Gruppen führte allerdings dazu, daß die SPD bei den nächsten Stadtratswahlen am 7. Dezember 1924 nurmehr vier Sitze (849 Stimmen) erhielt. Mehr erreichte sie auch nicht bei den Wahlen am 8. Dezember 1929 (859 Stimmen), bei der erstmals die NSDAP (971 Stimmen) mit vier Sitzen in den Rat einzog. Es scheint allerdings, daß der Ortsverein mittlerweile einen zuverlässigen Stamm an Wählern be-

Reichsbanner-Kapelle in der Festhalle Landau in den späten 20er Jahren.

saß und der Stimmengewinn der Nationalsozialisten vor allem auf Kosten des Bürgerblocks und nicht zu Lasten der Arbeiterschaft ging.

Das Reichsbanner

Im Januar 1923 gründete Karl Weinrich, der spätere Gauleiter von Kurhessen, im Hotel „Monopol" eine Ortsgruppe der NSDAP; 42 Landauer erklärten ihren Beitritt. Bis zu ihrem Verbot am 12. Juli 1923 war sie eine der wenigen Ortsgruppen im besetzten Gebiet. Nach Aufhebung des Verbots am 25. März 1925 nahm sie ihre Arbeit wieder auf, verlegte aber den Schwerpunkt der Tätigkeit nach Queichheim. Im selben Jahr, am 17. Juli, trafen sich in der Stadt je drei Vertreter der Weimarer Parteien, um einen Gesamtvorstand des „Reichsbanners Schwarz-Rot-Gold" zu bilden, eine 1924 in Magdeburg ins Leben gerufene Selbstschutzorganisation der republikanischen Parteien. Sie diente der Abwehr von Angriffen der Radikalen von rechts und links.

Am 21. Januar 1926 kam es zur Gründungsversammlung im Hotel „Zum Schwanen"; bis man aber praktisch in Erscheinung trat, dauerte es noch eine geraume Zeit. Es mangelte an geeigneten Persönlichkeiten, die bereit waren, Führungsaufgaben zu übernehmen. Sogar in den Reihen der SPD fand sich zunächst niemand. Man bemängelte besonders das schwache Interesse der Arbeiterschaft, was wohl darauf zurückzuführen war, daß – im Unterschied zu den Großstädten – in Landau der politische Kampf noch nicht so ausgeprägt war. Erst in den Jahren 1931 und 1932 wurde das „Reichsbanner", das sich dann mit anderen sozialdemokratischen Organisationen zur „Eisernen Front" zusammenschloß, bei Versammlungen vielfach als Saalschutz eingesetzt. Doch da lag die Weimarer Republik bereits in Agonie.

Das Ende

In der Rückschau erscheinen die letzten Maßnahmen des Ortsvereins geradezu gespenstisch. Am 14. Januar 1933 wählte man auf einer Generalversammlung nochmals eine neue Vorstandschaft: Michael Sprengler, August Schönfeld, Luitpold Müller, Willy Frankenstein, Karl Klingenstein, Johann Freund und Berta Wind. Man war krampfhaft bemüht, mit verschiedenen Sonderorganisationen in enger Fühlung zu bleiben und setzte eigens eine Kommission zur Werbung neuer Mitglieder ein. Am 7. März gab der Bezirksvorstand der SPD Pfalz eine Mitgliedersperre bekannt, um zu verhindern, daß sich „Spitzel" und „Provokateure" in die Partei einschlichen. Die letzte Mitgliederversammlung des Ortsvereins fand am 3. März 1933 statt. August Schönfeld beendete sie mit dem Rufe „Freiheit". Am 7. April löste sich der Ortsverein der SPD in Landau auf.

Zur letzten Sitzung des Landauer Stadtrates kam man am 25. Januar 1933 zusammen. Nach der Wahl zum Reichstag am 5. März 1933, die gerade noch einen Schimmer von freien demokratischen Wahlen hatte, wurde das Ratsgremium – obwohl es keine Stadtratswahl gegeben hatte – nach dem Reichstagswahlergebnis umbesetzt und der SPD wurden mit ihren 938 Stimmen noch zwei Sitze zugebilligt. Im Mai 1933 legten die beiden letzten Vertreter des Ortsvereins, der schon verhaftete Valentin Moll und Paul Rothe, ihr Amt nieder. Damit war der Landauer Stadtrat „marxistenfrei" und „gleichgeschaltet". Schon am 10. März hatte man die SPD-Mitglieder Richard Joseph, August Schönfeld, Heinrich Stützel und Heinrich Glaser in „Schutzhaft" genommen.

Am 22. Juni 1933 sprach der Reichsminister des Innern, der in Alsenz geborene Wilhelm Frick, das längst erwartete Verbot der Partei aus. Für Landau ohne Bedeutung – den SPD-Ortsverein gab es bereits nicht mehr.

Dieser Beitrag beruht auf meiner Dissertation, Die Sozialdemokratische Partei Deutschlands in der Stadt Landau in der Pfalz von 1918-1933, Heidelberg 1966.

Ute Renner

Die sozialdemokratische Frauenbewegung der Pfalz 1918 - 1933

Bis in die neunziger Jahre des vorigen Jahrhunderts existierte in Deutschland noch keine, einem einheitlichen Organisationsmuster folgende sozialdemokratische Frauenbewegung. Die restriktive Gesetzgebung des Kaiserreichs erschwerte die legale Organisation der sozialistisch gesinnten Arbeiterschaft und schloß Frauen von vornherein aus dem politischen Leben aus. Erst nachdem das preußische Vereins- und Versammlungsgesetz, das in Form des „Bayerischen Vereinsgesetzes" ab 1850 auch für die Pfalz Gültigkeit besessen hatte, im Jahr 1908 aufgehoben worden war, durften sie sich politisch betätigen.[1]

Gleichwohl hatte sich bis 1908 eine unter der Obhut von Partei und Gewerkschaften weitgehend selbständige Frauenbewegung gebildet, die sich trotz der Restriktionen fortentwickelte. Programmatisch blieb sie, wie noch zu zeigen ist, bis 1908 auf spezifische Problembereiche konzentriert. Mit der Aufhebung des Vereinsverbotes betrieb die SPD jedoch die organisatorische Integration: Die Arbeiterinnenbildungsvereine und das System der Vertrauenspersonen wurden aufgehoben. Im Zuge von Zentralisierungsmaßnahmen erfolgte auch die Angliederung des obersten Organs, der Berliner Frauenagitationskommission, an den Parteivorstand. Dort sollten nun die Genossinnen proportional zu ihrer Mitgliederstärke repräsentiert sein. Als Forum der erstarkenden Bewegung fungierten die seit 1900 in zweijährigem Abstand von der Zentralvertrauensperson einberufenen sogenannten „Reichsfrauenkonferenzen", die – bis 1919 vor den nationalen Parteitagen veranstaltet –, der Klärung von organisatorischen und programmatischen Fragen dienten.[2]

Die Um- und Neustrukturierung der Bewegung geschah in weitgehender Übereinstimmung mit ihrer Führungsspitze, die steigende Zahl der Mitglieder von 29.458 im Jahre 1908 auf 174.754 im Jahre 1914, also 5,02 beziehungsweise 16,09 Prozent der in der Sozialdemokratie Organisierten[3], schien deren Kurs zu bestätigen. Doch erst viel später sollte sich zeigen, daß die Frauen damit auch einen erheblichen Teil ihrer Selbständigkeit eingebüßt hatten, denn sie bewegten sich fortan unter der Ägide einer männerdominierten Partei.

Leitbilder und Inhalte nach 1918

Die sozialdemokratische Frauenbewegung war vom Ausbruch des Ersten Weltkrieges und der sogenannten „Politik des 4. August" auch insofern betroffen, als sie die Burgfriedenspolitik der Partei seit Kriegsbeginn praktisch unterstützte. Mochten die Genossinnen in ihrer Mehrheit gegen den Krieg gewesen sein, standen sie doch der SPD loyal zur Seite, indem sie deren gemeinsam mit den Freien Gewerkschaften erlassenen Aufruf folgten, in der kommunalen Kriegsfürsorge mitzuwirken. Auf Empfehlung der Parteileitung sollten sie sich an dem Programm des von der bürgerlichen Frauenbewegung initiierten „Nationalen Hilfsdienstes" beteiligen.[4] Das Prinzip einer strikten Trennung zwischen der bürgerlichen und sozialdemokratischen Strömung wurde somit aufgehoben und die sozialistische Frauenpolitik ganz in den Dienst der praktischen sozialen Arbeit gestellt. Je länger indes der Krieg dauerte, und je mehr sich die wirtschaftliche und soziale Lage verschlechterte, desto stärker wuchs der Widerstand besonders unter den führenden SPD-Frauen gegen die politische Linie der Reichsregierung. Der Parteivorstand reagierte auf den wachsenden innerparteilichen Widerstand mit Ausgrenzung und Isolation.

Durch die damit verbundene de-facto-Auflösung des Frauenbüros ging die zentrale Führungsspitze verloren, denn bis auf wenige Ausnahmen schlossen sich infolge der im Mai 1917 vollzogenen Spaltung der Partei die Protagonistinnen der Frauenorganisation der USPD an. Die gegenüber dem Vorjahr um etwa 46.000 auf rund 67.000 Mitglieder geschrumpfte mehrheitssozialdemokratische Frauenbewegung wurde von einer neuen Generation von Funktionärinnen – wie Marie Juchacz und Wally Zeppler – geleitet, die loyal zur Parteilinie stand.[5]

Verbunden mit dem Generationswechsel war auch der Wandel in der sozialistischen Theorie der Frauenemanzipation. Die Konferenz vom Juli 1917 in Berlin legte mittels einer Resolution „Zur politischen Situation und zur Friedenslage" die künftige Marschrichtung fest, die mit der Politik der Parteiführung in vollem Einklang stand. Neben der grundsätzlichen Billigung des Engagements im „Nationalen Hilfsdienst" wurde die Zusammenarbeit mit der bürgerlichen Frauenbewegung und den Behörden befürwortet. In ihrer ersten Rede vor der

**Frauen bei der Herstellung von Granaten in der „Schnellpressenfabrik Frankenthal Albert & Co",
Aufnahme um 1915.**

Nationalversammlung bewerkstelligte Marie Juchacz auch die programmatische Wende, indem sie die Sozialpolitik und die Wohlfahrtspflege als politische Arbeitsgebiete definierte, „für die das weibliche Geschlecht ganz besonders geeignet" sei.[6] Diese Ausrichtung fand ihre endgültige Bestätigung in einem vor der Görlitzer Reichsfrauenkonferenz von 1921 gehaltenen Referat Sophie Schöfers. Sie führte darin aus, daß sich die politische Hauptaufgabe der Frau aus ihrer Funktion als „Hüterin des Menschenlebens" herleite. Denn „hat der Mann mehr Verständnis für die Güterwirtschaft und Güterproduktion, so eignet sich die Frau mehr für die Vertiefung in Menschenschicksale ... darum muß der Frau im Rahmen der Allgemeinheit die Aufgabe zufallen, Hüterin und Schützerin des Menschenlebens zu sein".[7]

Mit der in der Reichsverfassung von Weimar verankerten staatsbürgerlichen Gleichstellung schien die gesellschaftliche, politische und ökonomische Emanzipation der Frau erreicht zu sein. Aufgabe sei es jetzt, der „Nurmännerpolitik des Verstandes eine Politik gegenüberzustellen, die von verstehendem Gefühl durchströmt sei".[8] Konsequenz der neuen Strategie war eine reformistische Politik, die – anknüpfend an die Arbeit im „Nationalen Hilfsdienst" – Sozialpolitik und Wohlfahrtspflege als ihre Hauptaufgabengebiete ansah. Die theoretischen Auseinandersetzungen konzentrierten sich daher nicht mehr auf den Produktions- sondern auf den Reproduktionsbereich der Frau, auf die Orientierung an ihrem unmittelbaren Lebenszusammenhang als Ehegattin und Mutter und die daraus erwachsenden Probleme.

Die Wandlung der sozialistischen Emanzipationstheorie zu einer „geschlechtsspezifischen Emanzipationsstrategie"[9] und eine damit einhergehende Politik, die die weiblichen Lebensverhältnisse in den Vordergrund rückte, hoben einerseits die Dichotomie zwischen radikaler Theorie und reformistischer Praxis auf; andererseits zementierte sie durch die Zuweisung spezifisch femininer Tätigkeitsfelder in Politik, Wirtschaft und Gesellschaft das herkömmliche Geschlechterverhältnis. Dies trug dazu bei, daß Handlungsspielräume in der Weimarer Republik auf diese Bereiche beschränkt blieben. Im Zuge der in der Nachkriegszeit einsetzenden Reorganisation der Partei und des durch die Spaltung der Sozialdemokratie hervorgerufenen Wandels in Ideologie und Programmatik erarbeitete das Berliner Frauensekretariat neue Organisations- und Agitationsrichtlinien, die bis 1933 für alle Parteibezirke Gültigkeit besaßen.

Frauenfrage und Frauenagitation

Seit dem Fall des preußischen Vereins- und Versammlungsgesetzes verzeichnete die pfälzische SPD immer mehr Mitstreiterinnen. Obwohl sie während der Weimarer Zeit durchschnittlich nur maximal ein Prozent der reichsweit organisierten Frauen ausmachten, ihr quantitatives Gewicht also verschwindend gering war, stellten die Genossinnen zumindest innerhalb des Parteibezirks in den gut organisierten Orten doch einen beachtlichen Bestandteil der Mitgliedschaft dar.

Dieser Zugewinn stand jedoch in einem auffälligen Kontrast zum Verhalten des Bezirksvorstandes, der es unterließ, ein geschlossenes frauenpolitisches Konzept zu entwerfen, das der Bewegung einen programmatischen Ort gegeben und den Auf- und Ausbau abgesichert hätte. Die Suche nach einer klar formulierten Position, die die pfälzische SPD hinsichtlich der Werbung und der organisatorischen Festigung ihres wachsenden weiblichen Publikums für die kommenden Jahre einzuschlagen gedacht hätte, bleibt für die Weimarer Jahre erfolglos. Geschäftsberichte, Protokolle und die Parteipresse enthalten jedoch Aussagen, die darauf schließen lassen, daß sie – repräsentiert durch den Bezirksvorstand, in dem auch Genossinnen saßen – sich in Agitation und Organisation strikt an das Muster hielt, das Parteiführung und Frauensekretariat in Berlin vorgaben.

Ein Stimmungsbild vermittelt bereits der erste Bezirksparteitag nach Kriegsende vom 25. und 26. Oktober 1919 in Neustadt. Die Kritik Rosine Speichers, eine „Frau der ersten Stunde", verdeutlicht den Widerspruch, in welchem sich die SPD seit ihrer Wandlung von der Partei der „vaterlandslosen Gesellen" zur staatstragenden nach 1918 allenthalben befand: Dem theoretisch-radikalen Anspruch von der Gleichberechtigung der Geschlechter und ihrem gemeinsamen Kampf für eine sozialistische Gesellschaft stand die mangelnde Bereitschaft gegenüber, daraus auch innerparteiliche Konsequenzen zu ziehen. „Entsprechend der erhöhten Bedeutung der Frau im öffentlichen Leben ist den weiblichen Parteimitgliedern ein größerer Einfluß auf das Parteileben zu sichern durch erweiterte Aufnahme in den Gauvorstand und die Vorstandschaft der einzelnen Ortsvereine", konstatierte Speicher und führte weiter aus: „Es macht manchmal den Eindruck, als ob in der Pfalz schwer zu überwindende Vorurteile gegen die politische Mitarbeit der Frauen beständen. Diese Vorurteile sind aber nur zum Teil berechtigt. In unserer Partei dürfen sie aber gar keinen Boden finden und die stattliche Anzahl von Frauen, die von unserer Partei [die reichsweite SPD, U. R.] in die Parlamente entsandt werden, beweist, daß man sich sehr wohl den politischen Verhältnissen anpassen muß.

Trotzdem besteht aber alle Ursache, uns mehr als bisher der Frauen anzunehmen und uns ihre Mitarbeit zu sichern. Auf Dauer dürfen wir die Organisationsarbeit bei den Frauen nicht vernachlässigen".[10]

Ihrem daraufhin gestellten Antrag zur Gründung einer Frauenagitationskommission, die die Organisation von Werbe- und Schulungsarbeit übernehmen sollte, wurde insofern Rechnung getragen, als Friedrich Profit die Mängel auf das von den Franzosen verhängte Versammlungsverbot zurückführte und eine Besserung „für die nächste Zukunft" versprach, wovon „auch die Frauenagitation profitieren werde".[11] Zweifellos war die Bemühung um Neuerung in der Pfalz nach Kriegsende durch die besonderen politischen Umstände erschwert. Andererseits ist festzuhalten, daß der Diskussionsrahmen, der der Integration und Organisation der Frauen auf diesem und den folgenden Bezirksparteitagen abgesteckt wurde, eng begrenzt blieb. Die Frauenfrage stand, wenn überhaupt, nur in Verbindung mit der Ausarbeitung wahlagitatorischer Anweisungen zur Debatte und bekam kein eigenes Forum.

Trotz der stiefmütterlichen Behandlung auf den Bezirksparteitagen wurde seit 1918 die Eingliederung der Frauen auch in der pfälzischen SPD thematisiert und forciert. Sie sollten durch ihre Zugehörigkeit nicht nur die Organisation an sich stärken. Als „die Partei der Gleichberechtigung"[12] suchte jene hauptsächlich Wählerinnen zu gewinnen. Denn „die Sozialdemokratie hat allen Frauen das Wahlrecht ... und damit die Möglichkeit gegeben, an der Gestaltung unseres staatlichen und wirtschaftlichen Lebens mitzuarbeiten".[13] Dies war bis zum Ende der Republik Schwerpunkt der Überzeugungsarbeit. Tatkräftige Unterstützung erhielt die SPD aus den Reihen der sich entwickelnden Frauenbewegung. Sie fand erstmals im Geschäftsbericht des Bezirks von 1921 Berücksichtigung durch einen eigens dafür eingerichteten Abschnitt.

Grundsätzlich stand der Bezirksvorstand der Sache positiv gegenüber, wenn er – wie aus seinen Berichten hervorgeht – auch bemängelte, daß „sie nicht ganz die Aufmerksamkeit (fand), die diesem wichtigen Zweig unserer Partei gebührt", oder wenn er die Erwartung aussprach: „Die Frauenbewegung hatte unter den gleichen Unbillen zu leiden ... Hoffentlich können wir im nächsten Jahre über (sie) günstigeres berichten"; oder wenn er feststellte: Sie hatte „in der Pfalz immer noch mit großen Schwierigkeiten zu kämpfen".[14] Daher wurde es zur zentralen Aufgabe, Wählerinnen zu mobilisieren, Sympathisantinnen zu umwerben und den eigenen Apparat zu stärken. Die Agitation bestand im wesentlichen aus Mundpropaganda, Vorträgen und sogenannten, meistens im Oktober überall abgehaltenen „Roten Wochen". Die Kostspieligkeit derartiger Aktionen jedoch veranlaßte den Bezirk gerade hier immer wieder zu Einsparungen, weshalb diese in Krisen- bzw. Wahlkampfzeiten entfielen.

Eine Modifizierung der Versammlungstätigkeit und der Propaganda, die sich in erster Linie auf die sogenannten „Frauenwelt"-Abende konzentrierte, wurde indessen Ende der zwanziger Jahre von Berlin aus vorgenommen. Der wachsende Einfluß der NSDAP, der seit der Reichstagswahl im September 1930 unübersehbar geworden war, zwang dazu, das bisherige Konzept zu überdenken und verstärkt zu öffentlichen Frauenkundgebungen und -versammlungen überzugehen. Solche Aktivitäten, die der Aufklärung über die frauenfeindliche Politik der NSDAP zu dienen hatten, wurden auch in der Pfalz mit Unterstützung der Kin-

Anzeige aus der „Pfälzischen Post" vom 22.9.1924.

derfreunde, der SAJ und des Reichsbanners durchgeführt. 1929 fanden in der Pfalz fünfzehn, 1930 siebzehn, 1931 zehn und 1932 wiederum siebzehn derartige Veranstaltungen statt.[15]

Frauenbewegung im Spiegel der „Pfälzischen Post"

Ein probates Mittel zur kontinuierlichen Überredung, Information und Schulung der Frauen – wie der Anhänger im allgemeinen – war von jeher die Parteipresse.[16] Eine entsprechende Rubrik sucht man in der „Pfälzischen Post" jedoch vergeblich. Die Information über die Versammlungstätigkeit der Sozialdemokratinnen erschöpfte sich in Kleinanzeigen. Darüber hinaus wurde bloß unter „Parteinachrichten" in unregelmäßigen Abständen über Zusammenkünfte von Frauenabteilungen der Ortsgruppen – meist sehr oberflächlich – berichtet. Der Gehalt dieser Berichte kann als mangelhaft qualifiziert werden, da sie keine Aussagen über die personelle Zusammensetzung und die Inhalte treffen. Lediglich das, was über die Bezirksfrauenkonferenzen zu lesen ist, fällt nach Umfang und Substanz befriedigend aus. Immerhin wurde diesen Höhepunkten der Bewegung in der Pfalz durchschnittlich eine halbe, gar eine ganze Zeitungsseite gewidmet – was sich überaus großzügig ausnimmt.

Verantwortlich dafür mag in erster Linie die Tatsache sein, daß dieser Gegenstand nie die Beachtung fand, die er eigentlich verdient hätte.[17] Es stand im Ermessen des Redakteurs, welchen Raum er den verschiedenen Organisationen der Arbeiterbewegung gab.[18] Daher könnte es so gewesen sein, daß potentielle Kritik der aktiven Sozialdemokratinnen an Form und Umfang der Berichterstattung bei der „Pfälzischen Post" kein Gehör gefunden hatte. Möglicherweise lag es aber auch am unzureichenden Verständnis von der Wirkungskraft der Presse, daß jene das Parteiblatt zur Verbreitung ihrer Ziele und als Instrument zur verstärkten Selbstdarstellung nicht nutzten. Immer wieder ist in dem Blatt – und in den Bezirksberichten – Klage über die unzulängliche Pressearbeit der Ortsvereine geführt worden. Ohne den für die Frauen- und Jugendbewegung verantwortlich zeichnenden Redakteur, Richard Hammer[19], ganz aus seiner Verantwortung nehmen zu wollen, muß zu seiner Entlastung angemerkt werden, daß seine Artikel großenteils auf den an den Verlag eingesandten Korrespondenzen der einzelnen Ortsgruppen basierten.

Eine Beachtung ganz anderer Art bedeutete die seit dem 27. Februar 1924 in der „Pfälzischen Post" eigens abgedruckte Beilage „Für unsere Frauen", die ab 1925 in „Pfälzische Frauen-Post" umbenannt wurde. Meist mittwochs erscheinend, hatte sie einen Umfang von einer Zeitungsseite, inklusive der Werbung für die „Frauenwelt" von etwa einer Viertelseite. Welcher Intention diese Beigabe folgte, geht zumindest aus der Kopfzeile nicht hervor, wobei jedoch die Bezeichnung an sich schon Programm genug sein mochte. Inhaltlich orientierte sie sich stark an der seit Frühjahr 1924 von SPD-Funktionärinnen in Berlin redigierten „Frauenwelt". Deren Tendenz war die Erreichung der politisch noch „indifferenten" Frau, welcher weniger durch Polemik als vielmehr durch unterhaltende Plauderei die Inhalte und Ziele sozialdemokratischer Frauenpolitik schmackhaft gemacht werden sollten.

Die Verwandtschaft der „Pfälzischen Frauen-Post" mit der „Frauenwelt" liegt auch in dem Umstand begründet, daß dort erschienene Artikel auch in der „Post" abgedruckt wurden.[20]

Neben diesen eher seltenen Beiträgen dominierte in der „Pfälzischen Frauen-Post" die Behandlung frauenspezifischer Themen. Schwerpunkt waren Fragen der Kindererziehung, zum Beispiel: „Schutz des Kleinkinds", „Warum sind Kinder ungezogen?", „Achtet auf saubere Hände"; der Haushaltsführung: „Die Frau von heute und der 'gute Ton'", „Mensch und Haushalt" und Fragen der Hygiene, Gesundheit und Geburtenregelung: „Vom Mutterschutz und Menschenrecht", „Ehe und die gesunde Nachkommenschaft", „Geburt während der Hypnose", „Die Trinkerfrage". Der optischen Abrundung diente eine regelmäßige halbseitige Werbung für die „Frauenwelt": „Selbst ist die Frau – aus der Modenschau der 'Frauenwelt'". Den Rest füllten entweder ein zeitgenössischer Fortsetzungsroman, Gedichte oder amüsante Kurzgeschichten.

In Wahlkampfzeiten erhielt die Beigabe allerdings einen stark politischen Anstrich. Eine Analyse der Ausgaben, die vor den Reichstagswahlen erschienen, ergibt eine eindeutige Zurückdrängung des Unterhaltungsteils beziehungsweise der Behandlung allgemeiner hausfraulicher Themen zugunsten von Artikeln führender Genossinnen zur Wahlpflicht der Frauen.[21] Weiterhin ist auffallend, daß eine Kommentierung des Wahlausgangs in sämtlichen danach ausgegebenen Nummern fehlt. Hatte die Partei sich noch Wochen vor den Wahlen über die Beilage in gebetsmühlenhaften Appellen an das politische Bewußtsein der Frauen gewandt, so stand hinterher wieder die Hausfrau und Mutter im Mittelpunkt des Interesses. Dies drückte sich in einer erneuten Überfüttung der Leserinnen mit Hausfrauensorgen und profaner Unterhaltungslektüre aus.

Im Ganzen unterschied sich die Frauenbeilage der „Pfälzischen Post" in nichts von den allenthalben verbreiteten frauenspezifischen Agitationsmaterialien der SPD respektive ihrer Funktionärinnen.[22] Gerade mittels des Frauenteils der regionalen Parteipresse fanden die Grundgedanken der „geschlechtsspezifischen Emanzipationstheorie", wie sie die Führungsspitze der Frauenbewegung in der Weimarer Republik vertrat, große Verbreitung. Die Haltung ihrer in der Pfalz führenden Vertreterinnen zur Parteipresse kann als überwiegend positiv respektive linientreu beurteilt werden. So lobte beispielsweise Susanna Jacobshagen, Mitglied der Frauenagitationskommission und des Bezirksvorstandes: „Wir haben gute Bildungsmittel für die Frauen zur Verfügung ..., die 'Frauenwelt' und die Frauenbeilagen unserer Parteizeitungen [bieten] anerkannt Gutes ... Wir müssen sie nur richtig benützen".[23]

Zentrale Aufgabe war es hernach, Wählerinnen und Mitstreiterinnen zu gewinnen. Anlage und Inhalt der Frauenagitation waren durch die Richtlinien der Berliner Führung vorgegeben. Diese stießen zwar immer wieder auf die Kritik prominenter Sozialdemokratinnen, die sich anläßlich der Reichsfrauenkonferenzen Gehör verschuf. Es kann jedoch davon ausgegangen werden, daß diese Flügelkämpfe, wie sie auch in der gesamten Partei bis zum Ende der Weimarer Republik ausgetragen wurden, die vor Ort Agierenden nur am Rand beschäftigten. Ihre Sicht der Dinge und ihr Handeln orientierten sich an der wirtschaftlichen und politischen Lage in der Region.

Entstehung und Entwicklung von Frauengruppen

Die massiven Werbekampagnen der SPD in der Nachkriegszeit waren insofern auf fruchtbaren Boden gefallen, als sich in den zwanziger Jahren in den größten Ortsvereinen Frauengruppen konstituiert hatten. So

Tabelle 1: Weibliche Mitglieder der SPD in der Pfalz und im Reich 1910-1931

Jahr	1910	1914	1917	1920	1923
Pfalz gesamt	9.638	12.805	2.138	19.351	20.193
weibl.	444	903	199	857	1.000
in %	4,6	7,1	9,3	4,4	5,0
Reich gesamt	720.038	1.085.905	243.061	1.180.208	1.261.072
weibl.	82.642	174.754	66.608	207.000	130.000
in %	11,5	16,1	27,4	17,5	10,3
Jahr	1924	1926	1928	1930	1931
Pfalz gesamt	16.321	12.286	14.137	16.850	16.148
weibl.	950	1.298	1.900	2.336	2.452
in %	5,8	10,6	13,4	13,9	15,2
Reich gesamt	940.078	806.269	867.671	1.021.777	1.037.384
weibl.	148.125	151.811	181.541	218.335	228.278
in %	15,8	18,8	20,9	21,4	22,0

Quellen: Fricke (Anm 3), S. 308, 312, 377, 439 f und 448 f; Berichte (Anm. 12), 1920/21-1931/32; Jahrbuch (Anm. 24), 1926-1930.

unterhielten 1928 neun von insgesamt 237 eigene Frauenorganisationen, die sich auf die größten Städte beziehungsweise auf Gemeinden in der Nähe größerer Kommunen konzentrierten: Ludwigshafen, Oggersheim, Edigheim, Oppau, Frankenthal, Speyer, Kaiserslautern, Pirmasens und Neustadt.[24]

Ungeachtet der seit dem Fall des Versammlungsverbotes wachsenden Mitgliedschaft (siehe Tabelle 1) blieb die pfälzisch-sozialdemokratische Frauenbewegung auch in den Jahren nach 1918 auf die industriellen Ballungszentren beschränkt. Die Zahl der Organisierten hatte sich zwischen 1910 und 1914 von 444 auf 903 mehr als verdoppelt, war dann infolge des Krieges bis 1917 dramatisch auf 199 abgesunken und erholte sich erst wieder nach 1919. In den zwanziger Jahren bewegte sie sich bei durchschnittlich 1.600, wobei die Jahre 1924 mit 950 und 1931 mit 2.452 einen Tief- bzw. Höchststand der Entwicklung markierten.

Die Unterbezirke (siehe Tabelle 2), in welchen die SPD die Hauptmasse ihrer Mitglieder rekrutierte, waren auch die mit dem höchsten Frauenanteil. Dabei lagen Ludwigshafen mit knapp 18, Frankenthal mit 12, Kaiserslautern mit 13, und Pirmasens mit 10 Prozent im Jahr 1925 an der Spitze. 1924 waren bei insgesamt 1.191 Sozialdemokratinnen 38 (454 absolut) in Ludwigshafen, 17 in Frankenthal (207), 17 in Kaiserslautern (200) und knapp 8 Prozent (91) in Pirmasens organisiert.

Zwischen 1924 und 1928 hatte sich die weibliche Gefolgschaft nochmals verdoppelt. Nach wie vor blieb sie jedoch auf die lokalen SPD-Hochburgen konzentriert. Allein auf Ludwigshafen entfielen 479, auf Frankenthal 129, auf Kaiserslautern 45 und auf Pirmasens 55 der zwischen 1924 und 1928 registrierten 885 Neuzugänge. Neustadt konnte in diesen Jahren ebenfalls einen beachtlichen Zulauf von 59 (1924: 13, 1928: 72) neuen Mitgliedern verzeichnen. Dieser Zuspruch mag der Auslöser für die Gründung einer Frauengruppe im Juni und eines Ortsausschusses der „Arbeiterwohlfahrt" im November 1928 gewesen sein.[25]

Hauptschwierigkeit der sozialdemokratischen Frauenbewegung in der Pfalz blieb die Organisierung der weiblichen Landbevölkerung. Trotz intensiver Werbekampagnen gelang es nicht, eine in allen Untergliederungen repräsentative Organisation zu etablieren. Mit Außnahme von Pirmasens und Kaiserslautern zeichneten sich gerade die Nord- und die Westpfalz durch einen besonders niedrigen Bestand an Genossinnen aus: in den Unterbezirken Bergzabern, Rockenhausen, Zweibrücken und Landstuhl gab es zwischen 1924 und 1931 nie mehr als durchschnittlich etwa 15 weibliche Mitglieder, eigene Frauengruppen

Tabelle 2: Weibliche Mitglieder der pfälzischen SPD-Unterbezirke zwischen 1922 und 1931

Unterbezirk	1922 w	1922 m	1926 w	1926 m	1931 w	1931 m
Speyer	51	1.251	139	930	142	867
Ludwigshafen	479	4.324	770	3.357	1.107	4.456
Frankenthal	151	2.310	306	1.898	331	2.077
Grünstadt	-	-	23	486	11	328
Dürkheim	34	1.603	10	343	16	320
Neustadt	24	115	17	670	75	705
Landau	48	960	21	423	44	641
Germersheim	26	670	25	401	48	520
Bergzabern	6	495	15	430	10	447
Kirchheimbolanden	19	653	35	442	27	328
Rockenhausen	1	537	15	473	9	299
Kaiserslautern	53	600	248	1.409	301	1.618
Pirmasens	41	762	120	946	199	1.216
Zweibrücken	21	765	11	352	19	414
Landstuhl	11	698	20	428	5	343
Kusel	9	1.075	22	341	61	492
Summe	974	17.818	1.797	13.329	2.405	15.071

Quellen: Berichte (Anm. 12), 1920/21-1930/31
Hinweis: Abweichungen von Tabelle 1 ergeben sich aus verschiedenen Zeitpunkten der Mitgliedererfassung.

existierten nicht. Aber auch Grünstadt und Bad Dürkheim in der Vorderpfalz wiesen einen sehr geringen weiblichen Mitgliederanteil auf, er bewegte sich konstant zwischen etwa zwei und vier Prozent. In diesen Teilregionen war jedoch auch die Partei nicht besonders einflußreich.[26] Merkmale wie Industriestandort und Vorhandensein einer gut organisierten örtlichen sozialdemokratischen Arbeiterbewegung schufen offenbar erst die Voraussetzungen zur Konstituierung und Entwicklung von Frauengruppen.

Die ersten Ortsgruppen, die „besondere Einrichtungen zur Belehrung der Genossinnen" unterhielten, waren Frankenthal, Ludwigshafen und Landau.[27] Über den Ortsverein Ludwigshafen ist bekannt, daß bereits 1911 und 1912 hochkarätige Angehörige der Berliner Agitationskommission, Luise Zietz, Helene Simon und Luise Kähler, für Frauenveranstaltungen verpflichtet werden konnten. Dank weiterer Anstrengung war er der erste Ortsverein, der bereits 1911 eine eigene Frauenabteilung einrichten konnte. Seitdem blieb er Zentrum der pfälzisch-sozialdemokratischen Frauenbewegung: Die sechsköpfige Frauenagitationskommission, das per Direktwahl auf den Bezirksparteitagen gewählte Führungsgremium, hatte ihren Sitz in der Chemiestadt und war mit drei Ludwigshafenerinnen besetzt, mit: Johanna Setzer, Susanna Jacobshagen, Luise Ruderer, ferner mit Helene Ludwig (Pirmasens), Charlotte Müller (Kaiserslautern) und Marie Wolf (Speyer). 1931 wurde diese noch um zwei Vertreterinnen der Arbeitersportler und der Arbeitssänger ergänzt, um die Verbindung der Organisationen untereinander aufrechtzuerhalten und zu intensivieren.

Die Ludwigshafener Agitationskommission war in allen Belangen die zentrale Instanz. Sie organisierte die Werbe- und Agitationsarbeit zur Förderung des Aufbaus weiterer örtlicher Gruppen, veranstaltete Frauen- und öffentliche Versammlungen und Feierstunden und war Hauptinitiatorin der Bezirksfrauenkonferenzen und der Internationalen Frauentage. Während des Jahres bereisten ihre Mitglieder den ganzen Bezirk und waren in vielen SPD-Ortsgruppen als Rednerinnen zugegen. Besonders in Wahlkampfzeiten steigerte sich ihre Betriebsamkeit. Darüber hinaus war die Kommission Bindeglied zu anderen Parteibezirken – namentlich zur sozialdemokratischen Frauenbewegung Badens, die ihren Sitz in Mannheim hatte und unter der Führung von Therese Blase stand – und zu Funktionärinnen in Berlin, die mehrmals zu Besuch in der Pfalz waren.[28]

Neben Ludwigshafen waren die Unterbezirke Frankenthal, Speyer, Kaiserslautern und Pirmasens nicht nur die mit den höchsten Frauenraten, es hatten sich dort darüberhinaus bis 1927 eigene Frauengruppen gebildet, die von Oggersheim, Edigheim und Oppau noch ergänzt wurden. 1928 kam Neustadt mit einer Neugründung hinzu. Aus den Bezirksberichten der Jahre 1929 bis 1932 geht nicht hervor, ob sich dieser Bestand veränderte. Sehr wahrscheinlich blieb es jedoch bei den neun genannten. Diese Zahl scheint sehr gering, andererseits vermehrten sich im Zeitraum von 1924 bis 1930 die Ortsausschüsse der „Arbeiterwohlfahrt" von elf auf 35.[29] Der direkte Zusammenhang zwischen der Entwicklung der pfälzisch-sozialdemokratischen Frauenbewegung und der der AW-Ortsausschußgründungen ist augenscheinlich. Es ist daher davon auszugehen, daß sich die politische Betätigung der Genossinnen von Anbeginn auf die Wohlfahrtspflege konzentrierte, so daß AW-Ortsgruppen mit Frauengruppen weitgehend identisch waren.[30]

Katharina Peters (1883 - 1924) mit Familie, Aufnahme vor 1918.

Eine Analyse der soziostrukturellen Zusammensetzung der weiblichen Mitglieder im Bezirk, beziehungsweise der Frauenbewegung und der Motivation jener, in der SPD aktiv zu werden, ist anhand des vorliegenden Datenmaterials nicht zu leisten. Es ist jedoch anzunehmen, daß sich – wie sonst – überwiegend die nicht außerhäuslich erwerbstätigen Ehefrauen und die weiblichen Angehörigen der Genossen in der Bewegung beziehungsweise in der Partei engagierten. Sie waren zu Beginn der Weimarer Republik Adressatinnen der ersten Anwerbungsversuche durch die Partei. Denn sie konnten – ohne größeren finanziellen Aufwand – durch ihre Ehemänner für die politische Arbeit interessiert werden.[31] Allein von Landau liegen genauere Daten vor: 1908 traten dort vier Frauen in den 1905 gegründeten Ortsverein ein: Marie Oeffler, Katharina Peters, Katharina Rapp und Marie Schäffler.[32] Es waren hauptsächlich die Ehefrauen Aktiver, die für deren politische Betätigung aufgeschlossen waren und Versammlungen besuchten, die „ein wenig Abwechslung in das Alltagsleben brachten". Aber, so stellte Marie Schäffler mit Blick auf die wachsende Zahl der weiblichen Anhänger weiter fest, zeigte „sich erst nach 1918 ein deutlicher Umschwung". Dies war dem Einsatz von Katharina Peters zu verdanken. Bis zu ihrem Tod 1924 vertrat sie die Anliegen der Landauer Sozialdemokratinnen im Vorstand des Ortsvereins und war 1920 bis 1924 erstes weibliches Mitglied der SPD-Fraktion im Stadtrat. Allerdings kam es in diesem Ortsverein nie zur Gründung einer eigenen Frauenabteilung. Im Frühjahr 1926 wurde jedoch ein Ortsausschuß der „Arbeiterwohlfahrt" ins Leben gerufen, in dem die Genossinnen ihr Haupttätigkeitsfeld fanden.

Ute Renner

Das eben zitierte Gedächtnisprotokoll von Marie Schäffler ist zwar nicht repräsentativ. Es liefert aber Innenansichten über die Beweggründe der Frauen, sich politisch zu beteiligen, die wohl auch anderenorts zutreffen mögen. Es enthält ferner einen interessanten Hinweis auf Hürden: „Es war für uns nicht ganz einfach gewesen, sich zur Sozialdemokratie zu bekennen, weil wir in einem Ort wohnten, der rein katholisch war. Wiederholt bekamen wir das sogar von den Geistlichen des Dorfes zu spüren."

Die konfessionelle Bindung der katholischen Landfrauen zählt gewiß zu den Ursachen geringer Resonanz der sozialdemokratischen Frauenbewegung in den ländlichen Gegenden der Pfalz.

Die Initiative zur Gründung einer Gruppe ging meist auf Ehefrauen von Parteigenossen zurück, die mit dem Gedankengut der Sozialdemokratie vertraut waren. Obwohl die Angehörigen der einzelnen Frauenorganisationen nicht mehr greifbar sind, zeichnete sich die personelle Zusammensetzung ihrer Führungsspitzen und die der AW-Gruppen durch eine hohe Kontinuität aus. Es hing in hohem Maß vom Geschick dieser Aktivistinnen ab, ob und wie sich die einzelnen Gruppen entwickelten und welchen Stellenwert sie im Parteibezirk erlangen konnten. Ludwigshafen, Speyer und Frankenthal mögen als Beispiel dafür gelten, daß „Frauen der ersten Stunde" vornehmlich auch „Frauen der letzten Stunde" 1933 waren.

Die Bedeutung der regionalen Frauenbewegung im Rahmen der nationalen war während der Weimarer Republik aufgrund ihres quantitativen Zuschnitts gering. Trotz der Zunahme an weiblichen Parteimitgliedern und der Gründung lokaler Frauengruppen sowie einer flächendeckenden Ausbreitung von AW-Ortsausschüssen, entsprach der Frauenanteil in der pfälzischen SPD keinesfalls dem nationalen Durchschnitt (Tabelle 1). Zwischen 1910 und 1914 war er von 4,6 auf 7,1 Prozent gestiegen, reichsweit belief er sich auf 11,5 bzw. 16,1 Prozent. In der Periode von 1918 bis 1932 stieg er in der Pfalz von 8,3 auf 16,2 Prozent. Es handelt sich hierbei jedoch nicht um einen kontinuierlichen Aufschwung. Die Jahre 1921 bis 1924 waren durch einen Rückgang (von 1.160 auf 950) gekennzeichnet. Im Reichsmaßstab gilt dies dagegen nur für das Inflationsjahr 1923, als der Frauenanteil von 15,7 im Vorjahr auf 10,3 Prozent sank; danach bewegte er sich wieder nach oben – von 15,8 im Jahre 1924 bis zu 22 Prozent im Jahre 1931. Im Schnitt lag die Frauenrate im Bezirk um etwa neun Prozentpunkte hinter der der Gesamtpartei zurück.

Unter den 33 Bezirken, die im Reich bestanden, nahm der pfälzische den 27. Rang ein: von 100 SPD-Mitgliedern waren nur fünfzehn Frauen. Lediglich Hessen-Nassau, Oberpfalz, Württemberg, Franken, Baden und Hessen-Offenbach schnitten mit einem Verhältnis von 100 zu 13 noch schlechter ab.[33]

Die angespannte politische und wirtschaftliche Situation in der Region, die das Organisationsleben der SPD nachhaltig beeinflußte, sowie die schwierige Mobilisierung der Landbevölkerung können als Ursachen für den bescheidenen Stellenwert der Frauenbewegung angesehen werden. Darüber hinaus sind die Gründe aber auch im Parteibezirk, genauer im Vorstand selbst zu suchen, der über die Verteilung finanzieller Mittel zur Durchführung von Veranstaltungen und Versammlungen entschied. Dennoch gebührt der Entwicklung der Bewegung größter Respekt, insbesondere ihrem regen Treiben, das dem Fleiß und der Improvisationsgabe ihrer Protagonistinnen zu verdanken war.

Bezirksfrauenkonferenzen und Internationale Frauentage

Höhepunkte der pfälzisch-sozialdemokratischen Frauenbewegung waren die Bezirksfrauenkonferenzen. Neben dem allgemeinen Erfahrungsaustausch dienten sie hauptsächlich der Erörterung femininer Angelegenheiten. Den Richtlinien des zentralen Parteivorstandes von 1920 zufolge lagen Organisation und inhaltliche Ausgestaltung in der Verantwortung des jeweiligen Bezirksvorstandes, der auch über die Einberufung entschied und darüber zu wachen hatte, daß sie „keine Sonderveranstaltungen politischer Natur" sein würden.[34] In der Weimarer Zeit fanden in unregelmäßigen Abständen solche Tagungen am 5. Oktober 1924 in Lambrecht, am 25. Oktober 1925 in Kaiserslautern, am 29. April 1928 in Pirmasens, am 12. und 13. Oktober 1929 in Neustadt, 1930 (Datum und Ort leider unbekannt) und am 3. Mai 1931 in Kaiserslautern statt.[35]

Der vorgegebene Rahmen wurde stets eingehalten. Ablauf und Inhalte orientierten sich an dem Muster der Reichsfrauenkonferenzen, das heißt, neben einem Hauptreferat, zu dem unter anderen führende Funktionärinnen aus Berlin auftraten, standen Informationen über Stand und Entwicklung der lokalen Gruppen und der Arbeiterwohlfahrt im Vordergrund. Die anschließende Diskussionsrunde bot Gelegenheit zur Erörterung allgemeiner politischer Themen, im Mittelpunkt standen jedoch meist Organisationsfragen. Ein abschließendes Kurzreferat der Gastrednerin enthielt die Zusammenfassung, die in Appellen mündete, Agitation und politische Schulung der noch Fernstehenden zu forcieren. Die ersten beiden Tagungen waren be-

Anzeige zum Internationalen Frauentag aus der „Pfälzischen Post" vom 11.4.1931.

Schulungsseminar sozialdemokratischer Frauen, 1932. Sitzend: Bezirkssekretär Georg Setzer (5. v. l.), Lina Rauschert (6. v. l.).

herrscht von Debatten über die unbefriedigende Entwicklung der Mitgliedschaft und die Wahlerfolge der bürgerlich-konservativen Parteien, die dem Wahlverhalten der Frauen zugeschrieben wurden. Aus diesem Grunde verlangte Susanna Jacobshagen wiederholt eine intensivierte, auf diese Ziegruppe abgestimmte Agitation.[36] Denn – insofern bestand auf allen Bezirksfrauenkonferenzen Einigkeit – nur durch Vermittlung politischen Wissens und Vertrautmachen mit sozialdemokratischem Gedankengut könnten Frauen für die „Partei der Gleichberechtigung" gewonnen werden. Die auf den Konferenzen beschlossenen Maßnahmen, die durch vertiefte Bildungsveranstaltungen jeweils im Winter des Jahres zum Tragen kommen sollten, gelangten jedoch nur selten in dem gewünschten Maße zur Ausführung. Die vom Bezirksvorstand dafür bereits gebilligten finanziellen Mittel wurden zum Großteil für Wahlagitation verwendet.[37]

Über die Jahre hinweg boten die Bezirksfrauenkonferenzen ein ähnliches Bild. Thematischer Schwerpunkt blieb das „Dreiecks"-Verhältnis von Frauen, Wahlen und Sozialdemokratie beziehungsweise sozialdemokratischer Frauenbewegung. Nur am Rande wurden Fragen der „Frauenerwerbstätigkeit" und der „gewerkschaftlichen Organisation der Frauen" angeschnitten. Zu beiden Komplexen fehlten nach wie vor präzise Aussagen und Handlungsmaximen der Partei, so daß es nicht verwundert, wenn dazu auch von der lokalen Ebene keine Impulse ausgingen. Vielmehr erschöpfte sich ihre Erörterung in feurigen Appellen, „die im Betriebe stehende Frau für die Partei zu gewinnen", ohne daß jedoch geklärt worden wäre, mit welchen Mitteln dies zu geschehen hätte.[38] Eine organisatorische Änderung erbrachte die dritte Konferenz vom 12. und 13. Oktober 1929 dahingehend, daß die Arbeiterjugend und die Kinderfreunde miteingeladen waren, und daß eine Kundgebung auf dem Marktplatz den Abschluß bildete, die zugleich als Auftakt zur kommenden, im Zeichen der Gemeinderatswahlen stehenden Werbewoche („Rote Woche") gedacht war.[39]

Die Bezirksfrauenkonferenzen waren nur „Fachtagungen ohne politische Entscheidungskompetenz".[40] Es wäre jedoch eine verkürzte Sicht, diese Zusammenkünfte allein danach zu beurteilen, ob sie auf Entscheidungsprozesse in der pfälzischen SPD einwirkten. Sie hatten vielmehr einen entscheidenden Einfluß auf die sozialdemokratische Frauenorganisation an sich. Mit diesen Tagungen hatten sich die Genossinnen ein eigenes Podium geschaffen, auf dem sie sich als geschlossene und erfolgreiche Gemeinschaft innerhalb der Bezirkspartei präsentieren konnten.

Daneben entwickelte sich der „Internationale Frauentag" – seine Anfänge gehen auf eine Idee Clara Zetkins zurück – zu einer charakteristischen Einrichtung der sozialdemokratischen Frauenbewegung in den einzelnen Bezirken. Anläßlich der Internationalen sozialistischen Frauenkonferenz von 1910 in Kopenhagen hatte Zetkin die Durchführung eines solchen Tages vorgeschlagen, um der zentralen Forderung der sozialdemokratischen Frauenbewegung – die Einführung des allgemeinen Wahlrechts – in der Öffentlichkeit mehr Nachdruck zu verleihen. Erstmals demonstrierten am 19. März 1911 im Reich wie auch in anderen Ländern Sozialdemokratinnen öffentlich für die Einführung des Frauenstimmrechtes.[41]

Der Ausbruch des Krieges und die Spaltung der Sozialdemokratie führten dazu, daß der Internationale Frauentag kurzzeitig in die Hände der USPD-Frauenbewegung geriet, während die mehrheitssozialdemokratische von einer Beteiligung absah. Nach der Vereinigung führte ein Beschluß des Heidelberger Parteitages vom September 1925 diesen besonderen Tag wieder ein: Fortan lag es am Parteivorstand, wann und unter welchem Leitwort er begangen werden sollte.[42]

In den Geschäftsberichten des Bezirks fand der Internationale Frauentag erstmals 1927 Berücksichtigung. In fünf Städten gab es eine Frauenversammlung, zu der zwei Sozialdemokratinnen aus Frankfurt/M., Alma Röhle und Johanna Tesch, als Referentinnen gekommen waren.[43] Während 1928 der Internationale Frauentag mit „Frauenwelt"-Abenden „in den größten Orten der Pfalz" begangen wurde, scheint er erst 1929 wieder zu seiner eigentlichen Bestimmung gefunden zu haben: Feiern unter der Losung: „Mehr Schutz und mehr Rechte für Mutter und Kind" fanden in elf großen Gemeinden, darunter Ludwigshafen, Neustadt, Frankenthal, Speyer, Grünstadt, Neuhofen und Lambsheim statt.[44] Aus diesem Anlaß erschien auch in der „Pfälzischen Frauen-Post" ein halbseitiger Artikel von Marie Juchacz über die Geschichte und Bedeutung dieses Tages.

Im Unterschied zum Motto der 1930 in der Zeit vom 18. Mai bis zum 1. Juni durchgeführten Veranstaltungen: „Die Frau und der Sozialismus", stand die Parole der nächsten vom April 1931: „Gegen Krieg und Naziterror! Für Sozialismus und Frieden!" ganz im Zeichen des wachsenden Einflusses der Nationalsozialisten. Es kam jedoch nur zu vier Zusammenkünften, nämlich in Oppau-Edigheim, in Oggersheim, Neustadt und Ludwigshafen, da in derselben Woche der 36. Bezirksparteitag in Speyer konferierte.[45] Wieder einmal fehlten finanzielle Mittel für Aktivitäten der Frauenbewegung, die sich in dieser Hinsicht den Interessen der Partei gebeugt hatte.

Vertretung in den Parteigremien

Zentrale programmatische Forderung des Görlitzer (1921) und des Heidelberger Parteitages (1925) der SPD war die „vollständige Verwirklichung der verfassungsmäßigen Gleichstellung aller Staatsbürger ohne Unterschied des Geschlechts, der Herkunft, der Religion und des Besitzes".

Auch in ihren eigenen Reihen wollte sie der Gleichstellung von Frauen und Männern Geltung verschaffen: „In allen Leitungen der Organisationen und zu allen Delegationen ist den weiblichen Mitgliedern im Verhältnis zu ihrer Zahl eine Vertretung zu gewähren".[46] Entgegen ihren Ansprüchen war und blieb sie indessen eine von den Männern dominierte Partei[47], und ihre

Plakat für eine Versammlung am 6.6.1931 in Speyer mit Marie Wolf.

politischen Zielsetzungen orientierten sich an deren Interessen. Zwar trieb sie die Integration und die Organisation der Frauen voran, aber das Engagement erschöpfte sich in Agitationsmaßnahmen, wobei Postulate im Laufe der Jahre mehr und mehr zu reinen Lippenbekenntnissen verkamen. Die eher seltene inhaltliche Auseinandersetzung mit frauenpolitischen Themen beschränkte sich auf die Belange der Parteipresse, die dem an sich wenig Raum beimaß.

Die Vertretung in der Gesamtpartei blieb also erschwert. Die im zweijährigen Abstand abgehaltenen Reichsfrauenkonferenzen fanden seit 1925 aufgrund eines Beschlusses des Vorstandes immer im Anschluß an die Parteitage statt. Dazu wurde die humorvoll gemeinte Begründung gegeben, daß der Parteitag keine Lust habe, „die Eier auszubrüten, die die Frauenkonferenz" gelegt habe.[48] Damit war erreicht worden, daß die Resolutionen, Anträge und Stellungnahmen der Frauentagung nicht mehr in die Verhandlungen des gleichen Jahres eingebracht werden konnten. Nachdem – gegen den Willen führender Sozialdemokratinnen aus den einzelnen Bezirken – auf die Veranstaltung von Reichsfrauenkonferenzen verzichtet und statt dessen eine massive feminine Präsenz auf den Parteitagen ab 1929 angestrebt worden war, erfüllten sich die gehegten Erwartungen nur bedingt. Die Zahl der weiblichen Delegierten zum Leipziger Parteitag 1931 war zwar merklich gestiegen[49], langfristig konnte den Frauen dadurch jedoch keine größere Resonanz verliehen werden. Vielmehr fehlte nun auf nationaler Ebene eine Plattform, die es ermöglicht hätte, ihre Stellungnahmen und Forderungen zu profilieren.

Die weitgehende Vernachlässigung der theoretischen Auseinandersetzung mit der Frauenfrage ging in der Praxis einher mit der ungenügenden Repräsentanz in Organen der SPD. Nach dem Zusammenschluß mit der USPD 1922 gehörten dem Parteivorstand drei Frauen an, die ihr Amt bis 1933 innehatten: Marie Juchacz, Anna Nemitz und Elfriede Ryneck. Der Trend setzte sich nach unten fort: Nur durchschnittlich 13 Prozent der Delegierten zu den deutschen Parteitagen waren Genossinnen, das heißt, ihre Vertretung in den einzelnen Bezirksvorständen, in deren Verantwortung die Delegation lag, reichte nicht aus.[50]

Im 13köpfigen Bezirksvorstand blieben die Sozialdemokratinnen ebenfalls vorerst unterrepräsentiert. Zwischen 1919 und 1927 war er bloß mit einer Frau, nämlich mit Rosine Speicher von 1919-1921, dann 1921-1925 mit Lina Rauschert und 1925-1931 mit Susanna Jacobshagen besetzt; das entspricht einem Frauenanteil von circa 8 Prozent, während im gleichen Zeitraum der der Mitglieder von 4,9 auf 13,5 zugenommen hatte.

Erst ab dem Jahr 1927 gehörte mit Marie Wolf eine zweite Frau dem Führungszirkel an, womit der Prozentsatz auf ca. 15 gestiegen und dem der gesamten Mitgliedschaft angenähert war.[51] In den Ortsvereinen sah es so aus: 1926 saßen Genossinnen nur in 34 der 220 Ortsvorstände; 1928 waren es 21 in 237 und 1930 lediglich noch 19 in 245.[52] Während die Vertretung auf regionaler Ebene daher noch annehmbar ausfiel, war sie auf lokaler bei negativem Trend um so dürftiger.

Die wenigen Frauen in den örtlichen Parteileitungen bekleideten nur untergeordnete Positionen: die meisten fungierten als Beisitzerin, viele als Schriftführerin bzw. Kassiererin. Eine erste oder zweite Vorsitzende konnte anhand einer Analyse der im Zusammenhang der jährlichen Generalversammlungen durchgeführten Wahlen nicht ermittelt werden.[53] Diese Ämter hatten ältere und der Partei seit langem treue Genossen inne, deren Bestätigung per Akklamation die Regel war.

Diese erstarrten Verhältnisse standen nicht nur einem Generationenwechsel im Wege, sie verhinderten auch eine wirksame Integration der Sozialdemokratinnen in die Parteigremien. Darüber hinaus war es die Regel, daß die ersten bzw. zweiten Vorsitzenden eines Ortsvereins auch stimm- und wahlberechtigte Delegierte der Unterbezirks- oder Bezirksparteitage waren; Frauen wurde diese Funktion eher ausnahmsweise übertragen. Lediglich die größten Ortsgruppen wie Ludwigshafen, Frankenthal, Speyer, Pirmasens und Kaiserslautern waren auf den Unterbezirks- und Bezirkskonferenzen durch mindestens eine Genossin präsent, was jedoch gemessen an der Gesamtzahl der Delegierten minimale Anteile zwischen 2 und 6 Prozent bedeutete.[54]

Die Behinderung weiblicher Delegation führte schließlich dazu, daß sich die politische Arbeit in den angeführten Veranstaltungen erschöpfte und daß sie unverrückbar mit der praktischen Sozialarbeit der Arbeiterwohlfahrt verbunden blieb. Auch wenn diese Betätigung nicht hoch genug veranschlagt werden kann, so ist doch zu konstatieren, daß die Frauen dadurch nicht mehr politisches Gewicht in den Gremien des Parteibezirks einbringen konnten. Dennoch scheint ihre unzureichende innerparteiliche Partizipation nie in Frage gestellt, ernsthaft thematisiert worden zu sein. Vielmehr entsteht der Eindruck, daß sie sich der „Übermacht" der Männer beugten und keinen Anspruch auf eine gerechtere Verteilung der Parteiämter erhoben. Konflikte existierten vermutlich, kamen aber nicht zum öffentlichen Austrag.[55] Darüber hinaus hatten vermutlich die meisten aktiven Sozialdemokratinnen die Sichtweise ihrer Genossen so verinnerlicht, daß sie Politik als „Sache der Männer" ansahen und aufgrund ihrer Sozialisation sich diesen nicht gleichwertig empfanden. Sie nahmen zwar Benachteiligung im politischen Alltag wahr, die Gründe dafür suchten sie jedoch in eigenen „Defiziten" und nicht in der patriarchalischen Haltung ihrer Parteifreunde.

Partizipation in den Vertretungsorganen

Immerhin forderte der Bezirksvorstand nachhaltig die politische Beteiligung von Frauen in den Kommunen.[56] Doch auch diese blieb während der Weimarer Republik äußerst bescheiden. Bei den Gemeindewahlen vom 7. Dezember 1924 wurden insgesamt 945 Parteimitglieder in die Räte gewählt, darunter in den Städten sechs Frauen, nämlich in Ludwigshafen Lina Rauschert, Frau Conrad, Susanna Jacobshagen, in Speyer Marie Wolf, in Frankenthal Elise Merz und in Kaiserslautern Charlotte Müller.[57] Das entspricht einem Frauenanteil von 0,6 Prozent. Namentlich die Ludwigshafener Stadtratswahl[58] verdient Interesse. Die 40köpfige Liste der SPD enthielt die Namen von nur drei Frauen (7,5%); das Zentrum stellte jedoch bei ebenfalls 40 Plätzen sechs Kandidatinnen auf (15%), die DVP bei 26 deren vier (15%) und die BVP bei 18 deren drei (17%), wobei für die ersteren jeweils eine in den Stadtrat gelangte. Obschon diese Aufstellung nicht repräsentativ ist, illustriert sie doch, daß die SPD keineswegs als einzige Partei die politische Förderung von Frauen betrieb, wie sie hauptsächlich in Wahlkampfzeiten agitatorisch verkündete.

Die nächste Kommunalwahl vom 8. Dezember 1929 brachte keine Besserung. Von insgesamt 907 für die SPD Gewählten waren zehn Frauen: acht Stadt- und zwei Gemeinderätinnen, was einem Frauenanteil von etwa 0,9 % gleichkommt.⁵⁹ Damit lag die Partei nur wenig unter dem reichsweiten Trend. 1930 war sie in den Gemeinden mit 38.892, darunter 493 weiblichen Personen vertreten und in den Städten mit 8.924 zu 516; dies entspricht 1,26 bzw. 5,8 Prozent.⁶⁰

Ähnliche Ergebnisse lieferten die pfälzischen Kreis- und Bezirkswahlen. 1920 gab es in dem auf acht Jahre gewählten Kreistag und in den 17 Bezirkstagen bei zehn sozialdemokratischen Kreistags- und 87 Bezirkstagsmitgliedern keine Frau.⁶¹ Von den Kreistagswahlen vom 20. Mai 1928 blieben die Genossinnen ebenfalls ausgeschlossen. Auf der SPD-Liste standen vierzehn männliche Bewerber, von welchen zwölf erfolgreich waren.⁶² Bloß in die Be-

Marie Wolf (1886 - 1944), um 1914.

zirkstage gelangten vereinzelt Vertreterinnen der Sozialdemokratie. Unter den 160 Bezirkstagsmitgliedern, die sie stellte, waren sieben Frauen: in Frankenthal Katharina Schäffer, in Kaiserslautern Katharina Weißenstein und Karola Gehm, in Ludwigshafen Luise Ruderer und Johanna Setzer, in Pirmasens Helene Ludwig und in Speyer Marie Wolf.⁶³

Einmal mehr läßt sich damit belegen, daß die Repräsentanz der Genossinnen lediglich in den wenigen größeren Städten der Pfalz gewährleistet war, die über eine gut organisierte Arbeiter- respektive Frauenbewegung verfügten. Die politische Teilhabe beschränkte sich dabei auf diejenigen, die darin und in der Arbeiterwohlfahrt zu den führenden Persönlichkeiten zählten.

Waren die Sozialdemokratinnen schon in den Ratsgremien, in den Bezirkstagen und im Kreistag völlig unterrepräsentiert, so gilt dies gleichermaßen im Blick auf die Parlamente. 1920 wurde erstmals eine der Ihren, Rosine Speicher aus Ludwigshafen, vom außerordentlichen Bezirksparteitag des 11. Mai in Neustadt für die Reichtagswahlen am 6. Juni nominiert.⁶⁴ Sie rangierte an fünfter Stelle der Liste und kandidierte ebenso im Stimmkreis Pirmasens zu den gleichzeitig durchgeführten bayerischen Landtagswahlen. In den Reichstag wurde jedoch Johannes Hoffmann gewählt, im Landtag war die Pfalz durch Hoffmann, Bruno Körner, Hermann Hartmann und Eduard Klement vertreten.

Zu den Reichstags- und Landtagswahlen vom 24. Mai 1924 stellte der Bezirk zwei Frauen auf. Für die Reichstag kandidierte Luise Ruderer (Ludwigshafen) an dritter Stelle, für den Landtag Marie Wolf (Speyer) in den Stimmkreisen 4 (Germersheim) und 6 (Speyer-Haßloch). Ruderer verfehlte nur knapp ein Mandat. Marie Wolf war neben Hermann Hartmann, Bernhard Sang (Frankenthal) und Eduard Klement Ersatzperson. Für die Reichstagswahlen vom 7. Dezember 1924 blieb die Kandidatenliste gleich, bestätigt wurde Hoffmann, erstmals gewählt Gerhard Jacobshagen.[65] Für die folgenden nationalen Wahlgänge wurde ebenfalls eine Genossin, Marie Wolf, nominiert. Am 20. Mai 1928 und am 14. September 1930 trat sie als Vierte, am 31. Juli 1932 als Dritte an. Ihre Plazierungen waren jedoch, bis auf die für die Juliwahlen, völlig aussichtslos, so daß sie nie ein Mandat erwerben konnte.[66] Die Landtagswahlen vom 20. Mai 1928 und vom 24. April 1932 gingen in der Pfalz ohne Kandidatinnen der SPD vonstatten.

Resümee

Was war aus den Postulaten der Partei geworden, sich für eine gleichberechtigte Stellung des weiblichen Geschlechts in Politik und Gesellschaft ebenso wie in der eigenen Organisation einzusetzen? Diesem Anspruch genügte sie nicht, weder im Reiche noch in der Region.[67] Die Gründe hierfür sind vielfältig, grob lassen sie sich mit einem „proletarischen Antifeminismus"[68] der Sozialdemokraten gegenüber ihren Parteigenossinnen erklären. Das Geschlecht war gewiß ein Kriterium bei der Erstellung von Kandidatenlisten. Die pfälzischen SPD-Frauen fanden sich vorzugsweise auf aussichtslosen Plätzen, so daß sie mehr eine Alibi- als eine ernstzunehmende Kandidatinnenfunktion wahrnahmen. In ihren Reihen wurde dies mit Mißfallen aufgenommen.

Anläßlich der Landtagswahlen vom Frühjahr 1928 erklärte auf den Vorschlag von Bezirkssekretär Georg Setzer, eine Frau auf einen aussichtsreichen Platz zu setzen, Marie Wolf, sie werde erst kandidieren, wenn ein Mann zu ihren Gunsten freiwillig auf seinen Wahlkreis verzichte.[69] Dies geschah jedoch nicht, so daß zu diesem Urnengang keine Sozialdemokratin nominiert wurde.

Wegen der spärlichen Quellen muß dieses Beispiel genügen, um zu illustrieren, daß es keinesfalls – wie Parteigenossen immer wieder behaupteten – „Schuld" der Frauen war, wenn sie bei der Vergabe von Parteiämtern benachteiligt blieben. Von Anbeginn war die Position der Pfälzinnen geschwächt, weil sie in den Gremien, die über die Aufstellung von Bewerberlisten entschieden, ständig unterrepräsentiert waren. Dieser Teufelskreis wurde in der Weimarer Zeit nicht durchbrochen. Innerparteilich in der Minderheit, gestaltete sich die parlamentarische Präsenz der sozialdemokratischen Frauen ebenso ungünstig. Trotz zunehmender Kritik, die auf Reichsfrauenkonferenzen laut wurde, änderte sich in der Praxis so gut wie nichts.[70]

Die wenigen Genossinnen, die Parteiposten, kommunale oder parlamentarische Mandate bekleideten, sahen sich zudem in der schwierigen Lage, Politik und Familie in Einklang bringen zu müssen. Überwiegend nicht außer Haus erwerbstätig, war namentlich die Wahrnehmung gemeindlicher Aufgaben dadurch erschwert, daß ihnen als ehrenamtlichen Stadträtinnen eine – den Ratskollegen für entgangenen Lohn zugebilligte – Aufwandsentschädigung wegen ihres Status der Hausfrau nicht zustand.

Eine Eingabe von Rosine Speicher aus dem Frühjahr 1920, diese Angelegenheit mit Hinblick auf Hausfrauen neu zu regeln, führte ein Jahr später zu einem Eklat. Zu dessen Höhepunkt gehörten ihr Austritt sowohl aus der Fraktion als auch aus der Partei und die damit verbundene Niederlegung ihrer Mitgliedschaft in Bezirksvorstand und Frauenagitationskommission. Die Hintergründe blieben in der Parteipresse ausgeblendet. Anderenorts hieß es immerhin, daß die Betroffene „in der letzten Zeit mit ihren Ansichten, die zwar nicht immer dem Parteiprinzip entsprachen ... öfters auf Widerspruch in ihrer eigenen Partei" gestoßen war.[71] Allein einer Veröffentlichung Speichers im Ludwigshafener „General-Anzeiger" ist es zu verdanken, daß die Umstände ihres Ausscheidens heute in etwa bekannt sind.

Die Hoffnung von Marie Juchacz, deren Gedanken sozialdemokratische, aber auch unorganisierte Frauen zu Beginn der Weimarer Republik geteilt haben mögen, daß mit der verfassungsmäßigen Verankerung der Gleichstellung beider Geschlechter die gesellschaftspolitische Gleichberechtigung der Frau erreicht sei, hatte sich nicht erfüllt.

Selbst wenn davon auszugehen ist, daß ein Großteil der aktiven Frauen wegen des zeitlichen Aufwandes oder wegen mangelnden Vertrauens in die eigenen Fähigkeiten sich über ihre Gruppen hinaus in keine weitergehende politische Pflicht nehmen lassen wollte, hätten gerade Sozialdemokraten den Zugang zumindest in die innerparteilichen Verantwortungsbereiche fördern müssen. Daß dies nur in bescheidenen Ansätzen geschah, ist charakteristisch auch für die Pfalz.

Anmerkungen:
1 Nachweise in meiner unveröffentlichten Diplomarbeit: Die sozialdemokratische Frauenbewegung der Pfalz in der Weimarer Republik (1918-1933), Mannheim 1993, S. 33 und 39; ihr liegt dieser Beitrag zugrunde.
2 Zum Ganzen: Ottilie Baader, Ein steiniger Weg. Lebenserinnerungen einer Sozialistin, Berlin-Bonn 1979, S. 52-56; Heinz Niggemann, Emanzipation zwischen Sozialismus und Feminismus. Die sozialdemokratische Frauenbewegung im Kaiserreich, Wuppertal 1981, S. 71; Werner Thönnessen, Die Frauenemanzipation in Politik und Literatur der Deutschen Sozialdemokratie (1863-1933) Diss. Saarbrücken 1958, S. 61 f, 75.
3 Vgl. Dieter Fricke, Handbuch zur Geschichte der deutschen Arbeiterbewegung, 1869 bis 1917. 2 Bde., Berlin-Ost 1987, Bd. 1, S. 439.
4 Siehe: Karen Hagemann, Frauenalltag und Männerpolitik. Alltagsleben und gesellschaftliches Handeln von Arbeiterfrauen in der Weimarer Republik, Bonn 1990, S. 523; Renate Wurms, „Krieg dem Kriege" – „Dienst am Vaterland": Frauenbewegung im Ersten Weltkrieg, in: Florence Herve (Hrsg.), Geschichte der deutschen Frauenbewegung, Köln 1983, S. 84-118, ferner meinen Beitrag über die Arbeiterwohlfahrt in diesem Bande.
5 Vgl. Detlef Lehnert, Sozialdemokratie zwischen Protestbewegung und Regierungspartei 1848 bis 1983, Frankfurt 1983, S. 116 ff; Hagemann (Anm. 4), S. 793; Christl Wickert, Unsere Erwählten. Sozialdemokratische Frauen im Deutschen Reichstag und im Preußischen Landtag 1919 bis 1933. 2 Bde., Göttingen 1986, Bd. 1, S. 72 ff.
6 Hagemann (Anm. 4), S. 528 f und zu Juchacz, S. 530.
7 Protokoll über die Verhandlungen des Parteitages der Sozialdemokratischen Partei Deutschlands, abgehalten in Görlitz vom 18. bis 24. September (mit dem Bericht des Reichsfrauentags der Sozialdemokratischen Partei Deutschlands am 17. und 18. September 1921 in Görlitz), Berlin 1921(Nachdruck Berlin 1973), S. 11 ff.
8 Clara Bohm-Schuch anläßlich des MSPD-Parteitages von 1920, abgedr. bei Hagemann (Anm. 4), S. 531; hier auch zum folgenden.
9 Ebd.
10 Bericht über den 26. Gautag vom 25./26.10.1919 zu Neustadt in der „Pfälzischen Post" Nr. 247 v. 28.10.1919.
11 Ebd.; das Weitere ergibt sich aus der Berichterstattung über die Bezirksparteitage in der „Pfälzischen Post".
12 Sozialdemokratische Partei Deutschlands/ Bezirk Pfalz. Bericht 1920/21, Ludwigshafen o.J. (1921), S. 17.
13 „Pfälzische Post" Nr. 3 v. 4.1.1919.
14 Zum Ganzen: Berichte (Anm. 12), 1920/21, S. 17; 1923/24, S. 28; 1924/25, S. 41.
15 Vgl. ebd., 1929/30, S. 30 und 1931/32, S. 26.
16 Siehe ebd., 1924/25, S. 30; die Beiträge von Stefan Mörz und Stephan Pieroth in diesem Buch.
17 Dieser Sachverhalt spiegelt sich in der Jubiläumsausgabe der „Pfälzischen Post" Nr. 239 v. 12.10.1929 wider.
18 Aufschlußreich: Die Protokollbücher über sämtliche Sitzungen und Versammlungen des Ortsvereins Speyer der SPD in den Jahren 1907-1933. Sammlung SPD Speyer, Stadtverband und Unterbezirk, jetzt im Landesarchiv, Sitzung v. 9.5.1920.
19 Siehe die mit dem 36. Jg. 1930 der „Pfälzischen

20 Zum Ganzen: „Pfälzische Post" v. 27.2.1914; Elisabeth Vormschlag, Inhalte, Leitbilder und Funktionen politischer Frauenzeitschriften der SPD, der USPD, der KPD in den Jahren 1890-1933 und der NSDAP in den Jahren 1932-1945, Diss. Göttingen 1970, S. 155; das Folgende ergibt die Durchsicht der „Pfälzischen Post".
21 Etwa: „Pfälzische Post", Nr. 43 v. 12.3.1924 (Toni Pülff); Nr. 49 v. 19.3.1924 (Frauenwahlrecht); Nr. 57 v. 28.3. und Nr. 61 v. 2.4.1924 (Marie Juachacz); Nr. 77 v. 24.4.1924 (Lotte Möller).
22 Insgesamt Vormschlag (Anm. 20).
23 „Pfälzische Post", Nr. 250 v. 27.10.1925.
24 Vgl. Bericht (Anm. 12), 1927, S. 28 und Gerhard Wunder, Die Sozialdemokatie in Neustadt an der Weinstraße seit 1832, Neustadt 1985, S. 71; die nachstehenden Angaben nach: Fricke, (Anm. 3), S. 308, 312, 377, 439 f und S. 448 f; Jahrbuch der Deutschen Sozialdemokratie für das Jahr 1926-1930, Berlin 1926-1930; Bericht (Anm. 12), 1920/21-1931/32.
25 Wunder (Anm. 24), S. 71.
26 Dazu: Berichte (Anm. 12), 1923/24, S. 8 f und S. 28; 1924/25, S. 33; 1927, S. 24; 1928 S. 34; 1929/30, S. 36 und 1931/32, S. 29 und S. 37.
27 Vgl. Ebd., 1920/21, S. 16; zum Folgenden: ebd., 1924/25, S. 41, 1931/32, S. 27 und Willi Breunig, Soziale Verhältnisse der Arbeiterschaft und sozialistische Arbeiterbewegung in Ludwigshafen am Rhein, Ludwigshafen 1976, S. 298.
28 Siehe etwa: „Pfälzische Post" Nr. 266 vom 5.12.1924.
29 Vgl. Bericht (Anm. 12), 1924/25, S. 41; 1927, S. 28; 1931/32, S. 39.
30 Dazu auch meinen Beitrag über die Arbeiterwohlfahrt in diesem Band.
31 Hierzu die Statistik im Jahrbuch (Anm. 24), 1930, S. 194 f; ferner: Bericht (Anm. 12), 1929/30, S. 36; „Pfälzische Post" Nr. 20 v. 14.2.1925; Nr. 16 v. 20.1.1926; Hagemann (Anm. 4), S. 561.
32 Dies und das Weitere nach: Hans Blinn, Die Sozialdemokratische Partei Deutschlands in der Stadt Landau in der Pfalz von 1918-1933, Diss. Heidelberg 1966, S. 175. Die folgenden Zitate sind dem hier wiedergegebenen Gespräch mit Schäffler entnommen.
33 Vgl. Jahrbuch (Anm. 24), 1930, S. 225 und die in Anm. 26 genannten weiteren Quellen.
34 Marie Juchacz, Praktische Winke für die Sozialdemokratische Frauenbewegung, hrsg. v. Vorstand der SPD, Berlin 1920, zit. nach Hagemann (Anm. 4), S. 586.
35 Protokolle der pfälzischen Frauenkonferenzen sind nicht überliefert, daher sind die Berichte der „Pfälzischen Post" heranzuziehen, insbes. Nr. 217 v. 28.10.1924; Nr. 250 v. 27.10.1925; Nr. 102 v. 2.5.1928; Nr. 102 v. 4.5.1931.
36 Vgl. „Pfälzische Post" Nr. 217 v. 8.10.1924 und Nr. 250 v. 27.10.1925.
37 Etwa: Bericht (Anm. 12), 1924/25, S. 39.
38 Etwa: Konferenzen von Pirmasens – mit dem zu kritisierenden Referat Clara Bohm-Schuchs, vgl. „Pfälzische Post" Nr. 102 v. 2.5.1928 und Neustadt, „Pfälzische Post" Nr. 241 v. 15.10.1929. Ähnliches gilt über Hedwig Wachenheims Rede drei Jahre später, vgl. „Pfälzische Post" Nr. 102 v. 4.5.1931.
39 „Pfälzische Post" Nr. 218 v. 18.09.1929.
40 Heinrich August Winkler, Der Schein der Normalität. Arbeiter und Arbeiterbewegung in der Weimarer Republik 1924 bis 1930, Berlin-Bonn 1985, S. 352.
41 Vgl. Richard J. Evans, Sozialdemokratie und Frauenemanzipation im Deutschen Kaiserreich, Berlin-Bonn 1979, S. 228; Hagemann (Anm. 4), S. 517 und Thönnessen (Anm. 2), S. 63.
42 Protokoll (Anm. 7), 1925, S. 169 und: Zum 75. Mal Internationaler Frauentag am 8. März 1986. Festschrift der AsF im SPD-Bezirk Pfalz, Neustadt 1986, S. 15.
43 Vgl. Bericht (Anm. 12), 1927, S. 29. Allerdings ist ein Geschäftsbericht für 1926 nicht überliefert.
44 Dazu: Jahrbuch (Anm. 24), 1928, S. 145 und 1929, S. 190; Berichte (Anm. 12), 1928, S. 35 und 1929/30, S. 36; „Pfälzische Post" Nr. 87 v. 15.4. und Nr. 89 v. 17.4.1929.
45 Siehe u. Jahrbuch (Anm. 24), 1930, S. 221; „Pfälzische Post" v. 10.4.1931 und Protokollbücher (Anm. 18).
46 Abdruck der Programme: Protokolle (Anm. 7), 1921, S. IV ff und 1925, S. 7 ff, das Organisationsstatut von 1925, ebd., S. 11 ff, hier S. 11.
47 Nur durchschnittlich 20% der Mitglieder waren weiblich, vgl. die Statistiken in: Jahrbücher (Anm. 24), 1926, S. 25; 1927, S. 181; 1928, S. 139; 1929, S. 182 und 1930, S. 204.
48 So Martha Schilling, Leipzig, siehe: Protokolle (Anm. 7), 1925, S. 324; zum folgenden: ebd., 1925, S. 185 und S. 351.
49 1929 in Magdeburg waren von 388 Delegierten nur 50 Frauen (12,6%), 1931 in Leipzig von 395 immerhin 60 (15,2%); vgl. Wickert (Anm. 5), Bd. 2, S. 33 und S. 35.
50 Ebd., S. 11 und die Aufstellung der Delegierten der Parteitage 1918 bis 1933 S. 12-36; ferner Winkler (Anm. 40), S. 352.
51 Dazu: Berichte (Anm. 12), 1920/21, S. 2; 1921/22, S. 3; 1924/25, S. 27; 1927, S. 19; 1928, S. 11 und 1929/30, S. 26.
52 Vgl. Jahrbücher (Anm. 24), 1926, S. 33; 1928, S. 149; 1930, S. 223.

53 Dies aufgrund der Berichte der „Pfälzische Post" zwischen 1925 und 1933. Die Funktionen betreffenden Beispiele: Oppau, Nr. 28 v. 3.2.1927, Nr. 23 v. 28.1.1932 Nr. 21 v. 25.1.1933; Landau: Nr. 12 v. 15.1.1926, Nr. 18.1.1927, 9.1.1929, 20.2.1931, 30.1.1932, 8.2.1933; weiteres Material zu Oggersheim, Frankenthal, Edigheim, Dürkheim, Mutterstadt, Germersheim und Neustadt liegt vor.
54 Leider gibt es Aufschlüsselungen der Delegierten nach Geschlecht nur für den 33. und 36. Bezirkstag von 1928 bzw. 1931, siehe: „Pfälzische Post" Nr. 73 v. 26.3.1928 und Nr. 84 v. 11.4.1931.
55 Hagemann (Anm. 4), S. 561 ff.
56 Vgl. „Pfälzische Post" Nr. 245 v. 10.11.1924 und Bericht (Anm. 12), 1924/25, S. 6
57 Siehe: „Pfälzische Post" Nr. 270 v. 9.12. und 1.12.1924; Bericht (Anm. 12), 1924/25, S. 20.
58 Dazu: „Pfälzische Post" Nr. 262 v. 29.11. und Nr. 270 v. 9.12.1924.
59 Nach: Bericht (Anm. 12), 1929/30, S. 19.
60 Jahrbuch (Anm. 24), 1930, S. 206.
61 Vgl. Bericht (Anm. 12), 1924/25, S. 18.
62 Vgl. ebd., 1927, S. 21 und 1928, S. 12 f.
63 Ebd., 1928, S. 15-18.
64 Hierzu und zum Folgenden: ebd., 1920/21, S. 20 f und den Abgeordneten-Beitrag von Eris J. Keim in diesem Buch.
65 Ebd., 1924/25, S. 4 ff.
66 Dazu ebd., 1928, S. 3 ff; 1929/30, S. 20 und 1931/32, S. 11.
67 Lediglich in Großwahlkreisen wie Berlin, Potsdam und Köln-Aachen waren Frauen aussichtsreich plaziert und auch durchaus erfolgreich, vgl. Wickert (Anm. 5), Bd. 2, S. 82-109.
68 So Thönnessen (Anm. 2), S. 36-69 und Evans (Anm. 41), S. 314.
69 Dazu Protokollbücher (Anm. 18).
70 Zum Ganzen: Protokolle (Anm. 7), 1924, S. 342; 1925, S. 341 f, 344 ff, und S. 351; 1927, S. 322 ff und Hagemann, (Anm. 4), S. 630 ff.
71 Vgl. dazu: Bericht (Anm. 12), 1920/21, S. 2 und „General-Anzeiger" Ludwigshafen Nr. 11 vom 14.1.1921.

Stephan Pieroth

Sozialdemokratische Presse 1918 -1933

„Die Untertanen des Obrigkeitsstaates ... sind zum Bewußtsein ihres Wertes und zur besseren Einschätzung ihrer Würde als Bürger und Hauptteil des Staates erwacht." 9. November 1918: Die „Pfälzische Post" feierte auf der Titelseite „Die revolutionäre Bewegung in Deutschland". Drei Dinge vor allem erhoffe das Volk, schrieb das Ludwigshafener Blatt: „Frieden – Freiheit – Brot".

Als die neben dem Zentrum wichtigste demokratische Kraft der Weimarer Republik, als zeitweilige Regierungspartei im Reich wie in Bayern übernahm die SPD nunmehr politische Verantwortung. Auch ihre Presse, in der Kaiserzeit noch von oppositioneller Grundhaltung bestimmt und nicht selten dem Typus des mausgrauen Funktionärsorgans zuzuordnen, hatte sich neu zu orientieren. Sie mußte künftig offener werden, sich besser verkaufen und versuchen, ihre Rolle als Sprachrohr der Partei wirkungsvoller wahrzunehmen. Zeitungen waren das wichtigste Massenmedium, und nie hatten Parteiblätter mehr Anteil am Pressemarkt als in den kommenden Jahren.

Die „Pfälzische Post"

Im pfälzischen Medienkonzert mischten die Sozialdemokraten mit zwei Zeitungen mit. In den ersten Nachkriegsjahren stand das 1895 gegründete Traditionsorgan „Pfälzische Post" noch allein. Der Verlag Gerisch & Cie OHG arbeitete in Ludwigshafen, Maxstraße 63/65. Nach offiziellen Angaben erreichte die „Pfälzische Post" eine Spitzenauflage von 19.000 Exemplaren. Da es in der Weimarer Zeit branchenüblich war, mit geschönten Zahlen zu werben, dürfte die tatsächliche Auflage niedriger gelegen haben. Neben dem Haupthaus in Ludwigshafen unterhielt der Verlag (Stand: November 1918) Zweigstellen in Frankenthal, Speyer, Kaiserslautern und Pirmasens. Gesellschafter des Unternehmens waren zu Beginn der zwanziger Jahre im Parteiauftrag der pfälzische Vorsitzende Bruno Körner, Alwin und Emil Gerisch sowie Jakob Binder.

Die „Pfälzische Freie Presse"

In der West- und Nordpfalz trat ab Januar 1921 die neugegründete „Pfälzische Freie Presse" an die Stelle der „Pfälzischen Post". Die zweite SPD-Zeitung wurde in Kaiserslautern, Lutrinastraße 19, verlegt. Bestrebungen der Partei, sich in der Westpfalz publizistisch selbständig zu machen, hatte es bereits vor der Jahrhundertwende gegeben. Am Kriegsausbruch war 1914 das Vorhaben gescheitert, ein Kaiserslauterer SPD-Organ herauszubringen. Die im selben Jahr für diesen Zweck gegründete Westpfälzische Verlagsanstalt und Buchdruckerei GmbH fungierte dann ab 1921 als Rechtsträgerin der „Freien Presse". Zu den vierzehn Gründergesellschaftern gehörten unter anderen Johannes Hoffmann, der spätere bayerische Ministerpräsident, die Kaiserslauterer Eduard Klement und Carl Wertheimer, der Münchener Parteise-

Erste Ausgabe der „Pfälzischen Freien Presse" Kaiserslautern vom 3.1.1921.

kretär Erhard Auer, Bruno Körner, Emil Gerisch, dessen Ludwigshafener Verlag bei der Zeitungsgründung Hilfestellung leistete, sowie eine ganze Reihe westpfälzischer Gewerkschaftssekretäre. Die „Pfälzische Freie Presse" erreichte in ihrem Gebiet – ebenfalls nach offiziellen Angaben – eine Auflage von maximal 7.000.

Den ursprünglich für Kaiserslautern vorgesehenen Zeitungstitel „Pfälzische Volkswacht" hatte die USPD der Pfalz im Dezember 1920 für ihre Zeitung usurpiert. Das Organ der Linkssozialisten, das 1919 unter dem Namen „Tribüne" gestartet war, erreichte zu seinen besten Zeiten wohl 6.000 Abonnenten. Ende September 1922, nach der Wiedervereinigung von Rest-USPD und Mehrheitssozialdemokratie, stellte es das Erscheinen ein.

Pressestrukturen in der Weimarer Zeit

Zum besseren Verständnis der genannten Auflagedaten müssen wir uns die Pressestruktur der Weimarer Republik genauer ansehen. Sie unterschied sich fundamental von dem, was wir heute kennen. Das Modell der großen Regionalzeitung mit Bezirksausgaben war noch unbekannt. Kleine und mittelständische Presseunternehmen bestimmten das Bild, eine Vielzahl von Zeitungen wurde in entsprechend niedrigen Auflagen verbreitet, in jeder Stadt standen mehrere Titel im Wettbewerb miteinander. „Überparteilichkeit" war ein seltenes Phänomen, und kaum jemand im Pressewesen bemühte sich, Information und Meinung klar zu trennen. Mehr oder weniger ausgeprägter Tendenzjournalismus herrschte vor: Die meisten Blätter, auch die, die sich „überparteilich" nannten, standen einem bestimmten politischen Lager nahe.

Für die Pfalz ergibt sich gegen Ende der Weimarer Republik, untersucht wurde die Struktur im Oktober 1932, folgendes Bild: Legt man die von den Verlagen genannten Daten zugrunde, erreichte die SPD mit ihren beiden Organen einen Marktanteil von 7,4 Prozent. Die größte Gruppe stellten die nach eigenen Angaben „parteilosen", tatsächlich überwiegend konservativ-national ausgerichteten Blätter mit 32,7 Prozent. Dicht dahinter folgte die explizit „nationale" Presse mit 31,6 Prozent Marktanteil. Dazu zählten so namhafte Blätter wie die „Pfälzische Rundschau" in Ludwigshafen, die „Pfälzische Presse" in Kaiserslautern oder der „Landauer Anzeiger", die sich zunächst an der DVP orientiert hatten, ab 1930 aber zunehmend auch Sympathien für die erstarkende Hitler-Bewegung zeigten. Zentrum und BVP kamen 1932 mit ihren Zeitungen auf 13,9 Prozent Marktanteil. Bereits knapp vor der SPD rangierte die NSDAP (8,9 Prozent). Ferner gab es unter insgesamt 78 in der Pfalz verbreiteten Ausgaben noch ein „demokratisches", der DDP/Staatspartei nahestehendes und ein „bürgerliches" Blatt mit zusammen 3,8 Prozent Marktanteil.

Konkurrenz um die Leserschaft

„Pfälzische Post" und „Pfälzische Freie Presse" erreichten mehr Leser, als die SPD Mitglieder hatte. Selbst wenn man unterstellt, daß die Zeitungen in den Familien mehrfach gelesen und anschließend von Haushalt zu Haushalt weitergereicht wurden, so dürften sie jedoch nicht einmal alle SPD-Wähler und -Sympathisanten erreicht haben. Andererseits erzielte die geschmähte bürgerliche „Generalanzeiger-Presse" in Arbeiterhaushalten beträchtliche Absatzerfolge.

Beredtes Zeugnis dafür sind die nie abreißenden Appelle der Parteiorgane an die Leserschaft, klare Trennlinien zu ziehen. So erinnerte die „Pfälzische Freie Presse" etwa zur Jahreswende 1924/25 an die Bedeutung der Abonnentenwerbung. Damit einhergehen müsse „die Bekämpfung der kapitalistischen Sudelpresse. Wo in einem Arbeiterhaushalt in Zukunft noch solch ein Blatt gefunden wird, muß alles daran gesetzt werden, den Arbeiter dahin aufzuklären, daß er sich selbst ohrfeigt, wenn er sein gutes Geld den Kapitalistenorganen in den Rachen schmeißt. Die bürgerliche Presse, in sklavischer Abhängigkeit von ihren Auftrags- und damit Geldgebern, ist weder willens noch in der Lage, Arbeiterinteressen zu vertreten." Ein Aufruf schloß sich an: „Verkehrt nur in solchen Lokalen,

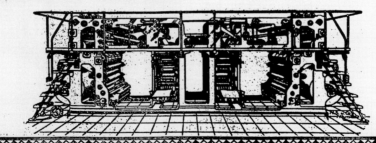

Titelseite der „Pfälzischen Post" vom 18.10.1924.

wo die 'Pfälzische Freie Presse' ausliegt und kauft bei solchen Firmen, die in der 'Pfälzischen Freien Presse' inserieren."

Verzahnung von Presse und Partei

Daß in beiden Blättern die Interessen der SPD vertreten wurden, daran konnte es bis 1933 keinen Zweifel geben. Dabei galt das Kaiserslauterer als ein eher auf dem linken Flügel stehendes Blatt, während die „Pfälzische Post" als Organ des Bezirksvorstandes fungierte. Denkbar eng war die personelle Verzahnung zwischen Partei und Parteizeitung vor Ort. Ob jemand in der Redaktion arbeiten durfte, bestimmte in der Regel die örtliche Pressekommission, in die zuverlässige Genossen delegiert wurden.

Häufig übernahmen SPD-Redakteure auch politische Ämter. So war Richard Hammer, der führende Kopf der „Pfälzischen Post" im hier behandelten Zeitabschnitt, langjähriges Stadtratsmitglied in Ludwigshafen und führte den pfälzischen Parteibezirk von 1927 bis 1933. Sein Kollege Fritz Steffen gehörte dem Kreistag an. Hubert Merck, Redakteur der „Pfälzischen Freien Presse", leitete die Ortsgruppe Kaiserslautern der SPD in der Weimarer Zeit bis 1929. Redaktionsleiter Wilhelm Hofmann amtierte anschließend zwei Jahre bis 1931, war Mitglied des Stadtrats und gehörte dem Bezirksvorstand seiner Partei an.

Die Auseinandersetzung mit anderen Parteien und gegnerischen Zeitungen führten die kleinen Parteiredaktionen – drei Mann in Ludwigshafen, zwei in Kaiserslautern – in einem Stil, der an Deutlichkeit nichts zu wünschen übrig ließ. Das gilt insbesondere für die entscheidenden Krisenjahre ab 1930, als der Kampf gegen Nationalsozialisten und ihre Steigbügelhalter in den Vordergrund rückte und mitunter gröbstes Geschütz aufgefahren wurde. Die national schillernde „Pfälzische Rundschau" wurde – so die „Pfälzische Post" vom 11. September 1930 – als „Blatt für die politischen Idioten" tituliert; das nur ein Beispiel für solche Art der Auseinandersetzung.

Redaktionelle Fortschritte und Konzentration

Dennoch machte die Parteipresse in den zwanziger und beginnenden dreißiger Jahren große Fortschritte. Die Zeitungen wurden vielseitiger – buchstäblich und im inhaltlichen Sinne. Hatte man früher fast nur die Innenpolitik im Blick gehabt, waren jetzt zunehmend auch Auslandsnachrichten in den SPD-Organen zu finden. Feuilleton, Arbeitersport, Gewerkschaftsbewegung und Sozialpolitik, Frauenfragen, Jugendbewegung, Kommunalpolitik kamen unter

Werbeplakat aus den 20er Jahren.

Jahrgang 1929   Monatsbeilage der „Pfälzischen Post"   Nummer 6

Volk von morgen.

Rote Falken, Arbeiterjugend, Jungsozialisten.

Maxim Gorki hat den Tod eines kühnen Falken besungen:

„Im Kampfe gefallen bist du, o kühner Falke — doch jeder Tropfe deines heißen Blutes wird wirken wie ein Funke, wird im Dunkel des Lebens in mutigen Herzen die Sehnsucht wecken: die wahnsinnige Sehnsucht nach Licht und Freiheit."

Der Funke hat in vielen Kinderherzen gezündet. In ihnen ist die Sehnsucht nach einem mutigen Falkenleben wach geworden, die Sehnsucht nach Licht und Freiheit. Aber die roten Falken haben nicht nur eine himmelstürmende Sehnsucht, sondern sie wissen auch, was sie wollen:

„Wir roten Falken bekennen uns zur Arbeiterklasse und treten für sie ein. Wir sind Arbeiterkinder. Arbeiterjungen und Arbeitermädel gehören zusammen. Wir sind gute Genossen. Wir halten Disziplin und sind zuverlässig. Wir sind hilfsbereit. Wir wollen rote Falken der sozialistischen Jugendbewegung werden.

Aus dem sich unterdrückt und minderwertig fühlenden Arbeiterkinde wird ein selbstbewußtes, das stolz darauf ist, Arbeiterkind zu sein. Aus dem egoistischen Einzelkind wird ein hilfsbereites Gruppenkind. Vieles, was der furchtbare Krieg in der Arbeiterbewegung zerstört und verschüttet hat, wird in den roten Falken wieder lebendig: die Freude und der Stolz über die Aufgaben der Arbeiterklasse, der sieghafte Glaube an das trotzige Vertrauen, das Gefühl der Solidarität.

Ja, wir sind die roten Falken,
Tragen ein blau Gewand.
Wir wollen rote Fahnen tragen
Durch das weite Land.
Wir stehen fest zusammen,
Keiner weicht zurück!
So wollen wir erbauen
Unsre Kinderrepublik!

Nicht weniger als sieben Kinderrepubliken sind von ihnen 1928 erbaut und selbstverwaltet worden. Hierbei konnten sie Zusammenarbeit, Disziplin und Organisation kennen lernen. Das Kinderparlament war keine Spielerei, sondern man mußte darin über die für das Zeltlager notwendigen Maßnahmen beraten, über Dinge des täglichen Lebens, die von jedem Kinde verstanden und entschieden werden konnten. Die roten Falken hatten in ihrer Republik ebenso wirkliche Aufgaben zu erfüllen und konnten hierbei Verantwortungsgefühl für die Gemeinschaft und solidarische Einordnung beweisen. Für das so entstehende Solidaritätsgefühl nur ein Beispiel. Genosse Löwenstein erzählt, daß ein Kind aus der Seekamp-Republik nach dem tragischen Tode Sacco und Vanzettis zu seinen Eltern gesagt habe: „Wenn wir Zweitausend erst mal groß sind, passiert so etwas nicht mehr." In mehr als 10 000 Kindergruppen (etwa 400 Ortsgruppen), von denen jetzt über 100 000 Kinder erfaßt werden, wird sozialistische Erziehung verwirklicht.

Der rote Falkengedanke hat auch auf die Arbeiterjugend übergegriffen. Auf dem Dortmunder Jugendtag haben wir eine stattliche Anzahl Blaukittel mit dem roten Falkenzeichen gesehen. Auch die

roten Falken in der SAJ. haben in diesem Jahre das erste große Zeltlager errichtet. Die letzte Reichskonferenz der SAJ. hat die enge Zusammenarbeit der Rote-Falken-Gruppen beider Organisationen beschlossen. Es ist anzunehmen, daß die SAJ. durch den Zustrom der roten Falken bald ein anderes Aussehen bekommen wird. Sie wird wieder mehr eine Bewegung der Jüngeren werden. Die roten Falken, die in ihren Kinderfreunde-Gruppen und Zeltrepubliken von früh auf Selbsterziehung und Selbstdisziplin geübt haben, werden ganz anders mitarbeiten und mitbestimmen.

Dadurch, daß sich zu den bisherigen Gruppen die Rote-Falken-Gruppen bilden, tritt ganz von selbst die Differenzierung der Arbeit nach Altersstufen ein. Die 14—16 jährigen sammeln sich in den Falken-Gruppen und die 17—20 jährigen in den bestehenden Gruppen, unter denen sich an größeren Orten für besondere Aufgaben verschiedene Arbeitskreise bilden können: Sprechchor, Jugendbühne, Arbeitsgemeinschaften für bestimmte Interessengebiete usw. Ueber die Zugehörigkeit zur Aelteren-Gruppe wird natürlich nicht streng nach dem Geburtsschein entschieden werden können.

Aber ebenso wie die SAJ. mit den Kinderfreunden vereinbart hat, daß die Roten Falken nach der Schulentlassung in die Falken-Gruppen der SAJ. übertreten, wird man erwarten müssen, daß die Altersgrenze von 20 Jahren einigermaßen beachtet wird. Man kann beobachten, daß Aeltere solange in der SAJ. bleiben, bis sie sich irgendwie im Konflikt mit den Jüngeren berätgert gehen. Es gibt in der SAJ. einen Typus Organisationsmensch, der seine ganze Freizeit mit Organisationsarbeiten ausfüllt und geistig stehen bleibt. Dieser ältere Organisationsmensch hindert die Jüngeren natürlich daran, in der Organisation demokratische Funktionen auszuüben. Er traut den Jüngeren zu wenig zu und vergißt, daß sie in ihrer demokratischen Organisation auch Gelegenheit haben müssen, Fehler zu machen und an ihren Fehlern zu lernen. Ein zu langes Verbleiben in der SAJ. ist im allgemeinen ein Zeichen dafür, daß dieser ewige Jugendbündler unpolitisch ist, denn sonst würde er sich in der Partei politisch auswirken wollen. Unpolitische Führer sind aber eine Gefahr für die SAJ., denn sie können die Jüngeren niemals zu politischer Aktivität erziehen.

Eine ebenso große Gefahr wie der unpolitische Organisationsmensch ist der noch unpolitischere SAJ.-Vereinsmeier, der nur zum Tanzen kommt und daran schuld ist, daß die SAJ. von manchen Erwachsenen den Namen „Poussierklub" erhalten hat.

Sein Gegenpol ist der „Rote Husar", der zwar auch poussiert, aber öffentlich nur revolutionäre Lieder singt. Er glaubt sich für die politische Erziehung der Jüngeren besonders geeignet. Während der Erste in Rudeln erscheint, neigt der Zweite zur Cliquenbildung und sprengt durch provozierendes Auftreten die Organisationsgemeinschaft. Die häufigsten persönlichen Kräche entstehen meistens durch den Machtkampf der Aelteren in der SAJ.

Obwohl 1926 in Hildesheim die Altersgrenze für die Arbeiterjugendmitgliedschaft mit der Begründung heraufgesetzt worden ist,

Titelblatt der Zeitschrift „Jugendwille", Ausgabe vom Juni 1929.

eigenen Rubriken besser zur Geltung, die Aufmachung insgesamt wurde übersichtlicher und moderner. Dazu gab es regelmäßige illustrierte Beilagen, die gleichermaßen unterhalten wie auch Gelegenheit zur Fortbildung bieten sollten.

Wesentlichen Anteil daran, daß diese Weiterentwicklung gelang, hatte der Berliner Parteivorstand. Die Ortsvereine und Bezirke, die die Zeitungen zusammen mit den freien Gewerkschaften aufgebaut hatten, mußten ein Stück Macht an die Zentrale abgeben. Ab dem Kriegsende bemühte sich die SPD-Führung, ihre Parteipresse durch zentral organisierte Leistungsangebote und Zusammenfassung von Ressourcen wettbewerbsfähiger zu machen.

Finanzierung und wirtschaftliche Krise

So hatten die Parteigeschäfte ab 1918 Abgaben an die Zentrale zu leisten; ein Großteil dieser Gelder floß in Form von Darlehen und Zuschüssen an bedürftige Betriebe zurück. 1920 gründete die SPD eine Einkaufszentrale, 1921 einen eigenen Pressedienst. Zum entscheidenden Steuerungsinstrument wurde schließlich die im Frühjahr 1925 gegründete Konzentration AG, eine Dachgesellschaft der SPD-Verlage und -Druckereien mit Sitz in Berlin. Die Konzentration fungierte als Beteiligungsgesellschaft – sie stieg auch in Ludwigshafen und Kaiserslautern ein –, unterstützte die Betriebe finanziell, diente als Revisions-, Steuer- und Rechtsberatungszentrale, organisierte den Wareneinkauf, half bei Anzeigenverkauf und Abonnentenwerbung und bot dem Personal Versicherungsschutz und eine Zusatzrente.

Zum Netzwerk der Arbeiterbewegung, das die Presseunternehmen absicherte, gehörte auch die Arbeiterbank (korrekt: Bank der Arbeiter, Angestellten und Beamten

Leserwerbung aus der „Pfälzischen Freien Presse" vom 3.1.1933.

AG), das Finanzinstitut der freien Gewerkschaften. Die Konzentration AG war Aktionärin der Arbeiterbank, diese wiederum fungierte als Hausbank von SPD-Firmen. Hypothekendarlehen an SPD-Pressebetriebe vergab die von freien Gewerkschaften und Konsumgenossenschaften gegründete Versicherungsgesellschaft Volksfürsorge AG; bei Gerisch & Cie in Ludwigshafen war sie (Stand 1933) mit 140.000 Reichsmark engagiert.

All dies konnte jedoch nicht verhindern, daß die wirtschaftliche Lage der Parteigeschäfte zu Beginn der dreißiger Jahre außerordentlich prekär wurde. Die Pfalz hatte schon vor Beginn der Weltwirtschaftskrise als Notstandsgebiet gegolten, um so härter traf sie der Einbruch ab 1929. Die Gerisch & Cie OHG schloß letztmals 1928 mit einem Gewinn ab. Im letzten Bericht der SPD Pfalz, der die Jahre 1931 und 1932 behandelt und der im Februar 1933 vorgelegt wurde, wird der Ludwigshafener Geschäftsführer Schultz mit der Aussage zitiert, das Krisenjahr 1931 habe „unsere schlimmsten Befürchtungen noch übertroffen", und 1932 sei der Umsatz noch einmal drastisch zurückgegangen. Arbeitslosigkeit und der Zusammenbruch des Anzeigenmarktes machten sich bemerkbar. 6.000 Leser bezogen die „Pfälzische Post" mittlerweile zum ermäßigten Sozialtarif. Der Versuch, durch die Herausgabe einer Wochenzeitung („Pfalz-Echo") eine Alternative zu bieten, fand kaum Resonanz. Hans Mann, Geschäftsführer in Kaiserslautern, berichtete ebenfalls, die Lage sei außerordentlich schlecht. Mann schloß seinen Bericht mit der Parole der „Eisernen Front": „Freiheit!"

Machtübernahme durch die Nazis

Das von den Nationalsozialisten erzwungene Ende kam in Ludwigshafen am 10. März 1933. Letztmals konnte an diesem Tag die „Pfälzische Post" erscheinen; Eingriffe der Zensur waren für den Leser erkennbar. Polizei hatte das Gebäude durchsucht, vor dem Haus zogen SA-Posten auf. Noch am selben Tag besetzte der SS-Führer Theodor Eicke mit einer Horde von Anhängern, die gegen die NSDAP-Kreisleitung revoltierten, das SPD-Haus, demolierte und plünderte die Einrichtung und mißhandelte tagelang dort gefangengesetzte Gegner. Gauleiter Bürckel ließ das Haus schließlich durch bewaffnete Schutzpolizei gewaltsam räumen.

In Kaiserslautern kam die letzte Ausgabe am 11. März heraus. Die „Pfälzische Freie Presse" konnte noch die örtliche „Machtübernahme" schildern und berichten, daß auch sie Opfer einer „ergebnislosen Durchsuchung" geworden war. Was dann in der Nacht zum 13. März folgte, ist einem erhalten gebliebenen Bericht des Geschäftsführers Hans Mann zu entnehmen, der im Verlagshaus über der Druckerei wohnte.

Mann meldete dem Parteivorstand: „Heute morgen gegen 4 Uhr erschien ein großes Aufgebot Nationalsozialisten und

Besetzung der „Pfälzischen Freien Presse" am 13.3.1933 in der Lutrinastraße 22 in Kaiserslautern.

schlug Fenster und Türen ein. Als ich das Fenster öffnete, wurde ich sofort beschossen. Inzwischen ging unten die brutale Vernichtung weiter. Ich floh mit meiner Frau in das Wohnzimmer und wurde auch hier sofort unter außerordentlich heftiges Feuer genommen. Inzwischen hatte man in den Kontorräumen Feuer gelegt, und heller Feuerschein war in beiden Straßen. Ich mußte mit meiner Frau nunmehr in die Küche flüchten, wo das Feuer auf die Fenster in starkem Maße wieder einsetzte. Die Zerstörungsarbeit in den Betriebsräumen ging mit unerhörter Wucht vor sich." (Die SS setzte dabei auch Sprengstoff ein.) „Ich mußte dann meine Wohnung öffnen und wurde beschuldigt, aus dem Hause geschossen zu haben ... Vom Druckereilokal bis zur Polizeidirektion war ich schweren Mißhandlungen ausgesetzt. Kurz nach meiner Einlieferung wurde auch meine Frau auf der Polizeidirektion vorgeführt. Es war dies gegen 5 Uhr früh. Bei einer Zwischenvernehmung, in der ich gezwungen werden sollte zu gestehen, ich hätte geschossen, schlug man mich dreimal mit dem Gummiknüppel auf den Kopf, daß ich fast bewußtlos wurde."

Gegen elf Uhr wurde das Ehepaar Mann entlassen. Polizeihauptmann von Hausen hatte dem Geschäftsführer zuvor versichert, es habe zu dem Geschehen offenbar nur kommen können, weil er selbst in der Nacht nicht im Dienst gewesen sei und ein Nationalsozialist das Kommando geführt habe. Er wolle den Fall „eingehend untersuchen" lassen. Nach seiner Rückkehr in die Wohnung wurde Hans Mann ein zweites Mal festgenommen, erneut verhört und endlich gegen 17 Uhr wieder freigelassen.

„Nunmehr bitte ich Sie höflichst", schließt der Brief an den SPD-Vorstand, „mir Mitteilung zu machen, welche Wege von mir eingeschlagen werden sollen, um zum Rechte und zur Gerechtigkeit zu kommen. In einer Aufruhrversicherung sind wir nicht. Gegen Feuer sind wir in der staatlichen Brandversicherung und auch in der Deutschen Buchdruckerfeuerversicherung. Soll ich mit einem hiesigen Rechtsanwalt ..." An dieser Stelle verstummt die überlieferte Abschrift.

Das Ende

„Schutzhaft", Gerichtsverfahren, Arbeitslosigkeit erwarteten die Mitarbeiter der SPD-Zeitungen. Ihre demolierten Betriebe wurden vom NS-Staat beschlagnahmt. Im Jahre 1934 zog das Land Bayern das Parteivermögen in Ludwigshafen und Kaiserslautern ein. Was an Einrichtungsgegenständen und Maschinen noch brauchbar schien, wurde über die Polizeiverwaltungen zu Schleuderpreisen verkauft. Das SPD-Haus in der Ludwigshafener Maxstraße ging 1935 aus bayerischem Besitz in die Hände der Volksfürsorge über, die mittlerweile unter dem Dach der „Deutschen Arbeitsfront" tätig war. In das Kaiserslauterer Quartier in der Lutrinastraße zogen Dienststellen der Polizeidirektion ein; es blieb in bayerischem Besitz. In den Bombennächten des Zweiten Weltkrieges fielen die beiden früheren Parteihäuser in Schutt und Asche.

Nachweise in meiner Dissertation, die einleitend auch die Weimarer Zeit behandelt: Stephan Pieroth, Parteien und Presse in Rheinland-Pfalz 1945-1971. Ein Beitrag zur Mediengeschichte unter besonderer Berücksichtigung der Mainzer SPD-Zeitung „Die Freiheit", Mainz 1994. Ferner: Alfred Hermann, Die Geschichte der pfälzischen USPD, Neustadt 1989; Stefan Mörz, Vom Westboten zur Rheinpfalz. Die Geschichte der Presse im Raum Ludwigshafen von den Anfängen bis zur Gegenwart, Ludwigshafen 1994.

Armin Dürr

Die SPD-Fraktion im Kreistag der Pfalz von 1920 bis 1933

Während der Weimarer Republik war die pfälzische Sozialdemokratie auf den verschiedenen Ebenen des politisch-administrativen Systems vertreten. Sie stellte nicht nur mit Johannes Hoffmann kurzzeitig den ersten frei gewählten Ministerpräsidenten des Freistaates Bayern, sondern entsandte auch Abgeordnete in den Landtag und in den Reichstag, aus ihren Reihen kamen zahlreiche Bürgermeister, Stadt- und Gemeinderäte sowie Bezirksräte.[1] Darüber hinaus war sie in einem Gremium präsent, das gesamtpfälzische Interessen vertrat und für die Pfalz gerade in den schwierigen Jahren der französischen Besatzung große Bedeutung erlangte: dem Kreistag der Pfalz, der 1919 aus dem Landrat der monarchischen Zeit hervorging. Die SPD verfügte im pfälzischen Kreistag zwischen 1920 und 1933 über eine starke Fraktion.

Am 11. November 1918, wenige Tage nachdem Kurt Eisner in München und Philipp Scheidemann in Berlin die Republik ausgerufen hatten, trat der Landrat der Pfalz morgens um 10.15 Uhr im Sitzungssaal des Regierungsgebäudes in Speyer zu einer Sitzung zusammen. Es sollte die letzte unter dem alten Namen sein. Dazu erschienen auch drei nicht geladene Gäste. Es waren dies zwei Mitglieder des Arbeiter- und Soldatenrates von Ludwigshafen, Bruno Körner und Josef Huber, sowie Friedrich Ackermann vom Arbeiter- und Soldatenrat Frankenthal. Sie baten freundlich, an der Sitzung teilnehmen und auch das Wort ergreifen zu dürfen. Der Landrat stimmte diesem Ansinnen einstimmig zu. Ackermann wies die anwesenden Landräte darauf hin, daß die vollziehende Gewalt in der Pfalz nun in den Händen der Arbeiter- und Soldatenräte läge, die sie einvernehmlich mit der pfälzischen Kreisregierung und den anderen Behörden ausüben würden. In Bezug auf die Arbeit des Landrats wartete der Arbeiter- und Soldatenrat noch auf Weisungen der neuen Staatsregierung in München, die noch im Laufe desselben Tages eintreffen sollten. Deshalb sollten die Beschlüsse des Landrats zunächst unter Vorbehalt gefaßt werden. Ackermann zeigte sich jedoch davon überzeugt, daß diese zweifellos genehmigt werden würden, da sie „ganz bedeutende sozialpolitische Forderungen" enthielten. Damit meinte er vor allem die „Errichtung eines Säuglings- und Wöchnerinnenheims", die erörtert werden sollte. Der Landrat stellte dann in seiner eintägigen Sitzung einen Notetat auf und erteilte dem ständigen Landratsausschuß Vertretungsvollmachten. Aufgrund dessen vermochte es dieser Ausschuß, der in der Folgezeit in unregelmäßigen Abständen zusammenkam, die Wirksamkeit des Notetats bis zum 1. Juli 1920 auszudehnen.[2]

Die Räterepublik blieb indessen Episode, wohingegen die Institution des Landrats den Sturz der Monarchie und die Revolution unbeschadet überstand und in der Weimarer Republik eine Ausweitung ihrer Befugnisse erfuhr. Zwar brachte das Gesetz vom 15. April 1919 die Aufhebung der Landräte, doch als Nachfolgeorgane wurden in Bayern die Kreistage eingeführt. Neu war nicht nur der Name: Verbunden mit der neuen Terminologie war eine Reihe grundlegender Änderungen. Der Kreistag war nach Artikel 12 des bayerischen Selbstverwaltungsgesetzes vom 22. Mai 1919 ein Selbstverwaltungsorgan, eine „Körperschaft des öffentlichen Rechts mit dem Rechte der Selbstverwaltung nach Maßgabe der Gesetze",[3] und die Mitglieder des Kreistags, die Kreisvertreter, wurden nach demokratischen Grundsätzen in gleicher, geheimer und freier Wahl gewählt.[4] Das war ein gewaltiger Fortschritt.

Der Erste Kreistag

Im Freistaat Bayern fanden die Kommunalwahlen am 15. Juni 1919 statt. In der französisch besetzten linksrheinischen Pfalz konnten die Einwohner erst ein knappes Jahr danach zu den Wahlurnen gerufen werden, weil die Besatzungsmacht die Verbindlichkeit des den Wahlen zugrunde liegenden Gesetzes für die Pfalz erst im Dezember 1919 anerkannte. Innenminister Fritz Endres (MSPD) und die pfälzischen Abgeordneten des Landtages vereinbarten daraufhin den 18. April 1920 als Wahltermin. An diesem Tag wurden in der Pfalz sowohl die Kreistags- als auch die Bezirkstags- und die Gemeinderatswahlen durchgeführt.

Die SPD trat bei den Kreistagswahlen mit einem Wahlvorschlag an, der 25 Kandidaten umfaßte.[5] Auf den aussichtsreichsten Listenplätzen rangierten der 45jährige Parteisekretär Friedrich Profit und die beiden Wirte Emil Schmaller aus Kaiserslautern und Fritz Ober aus Speyer. Erstmals kandidierte auch eine Frau, die berufslose 36jährige Rosine Speicher aus Ludwigshafen – auf Platz vierzehn der Liste.[6] Bei diesen Kreistagswahlen bekam die SPD Konkurrenz auch von den Unabhängigen Sozialdemokraten. Die USPD trat mit 16 Kandidaten an; ihr Wahlvorschlag wurde von Karl Haushalter (Ludwigshafen), Alex Müller (Kaiserslautern) und Ludwig Steigleider (Speyer) angeführt.

Bedingt durch die Loslösung der Saarpfalz lag die Zahl der Wahlberechtigten um rund sechs Prozent niedriger als bei der Wahl zur Nationalversammlung.[7] Aber auch die Wahlbeteiligung sank deutlich: Von den 489.458 Wahlberechtigten machten lediglich 73,1 Prozent von ihrem Stimmrecht Gebrauch, das waren 13 Prozent weniger als noch bei den Wahlen zur Nationalversammlung im Jahr zuvor. Vor allem in den Städten machte sich ein deutlicher Rückgang des Wählerinteresses bemerkbar. Die MSPD brach bei den Kreistagswahlen ein und erhielt nur noch 26,8 Prozent der Stimmen. Die USPD konnte dagegen mit stattlichen 10 Prozent einen großen Erfolg erringen, der jedoch eindeutig auf Kosten der MSPD ging. Verglichen mit den Wahlen zur Nationalversammlung im Januar 1919 und den Wahlen zum bayerischen Landtag im Februar 1919, bei denen die SPD jeweils rund 38 Prozent der Stimmen erhalten hatte – die USPD war bei den Wahlen zur Nationalversammlung in der Pfalz lediglich auf äußerst bescheidene 1,6 Prozent der Stimmen gekommen –, hatte die Partei 11 Prozent ihrer Wähler verloren.[8] Der Abwärtstrend, der sich hier mit aller Deutlichkeit manifestierte, setzte sich für die SPD auch bei den Reichstagswahlen vom Juni desselben Jahres fort, bei denen die Partei nur noch 24,3 Prozent der Stimmen erhielt, während die USPD mit 10,8 Prozent der Stimmen wiederum einen, wenn auch leichten, Anstieg verbuchen konnte.[9]

Als stärkste Gruppierung ging die Deutsche Volkspartei (DVP) aus den Kreistags-

Titelblatt des Kreis-Amtsblattes für die Pfalz, Nr. 19 vom 12.5.1920.

wahlen hervor. Von den 355.862 abgegebenen gültigen Stimmen konnte sie 98.204 auf ihr Konto verbuchen. Die Sozialdemokratische Partei wurde mit 95.479 Stimmen nur zweitstärkste Partei, vor dem Wahlvorschlag Zentrum, der 92.527 erzielte.[10] Die USPD erhielt 35.616, die Deutsche Demokratische Partei 33.763 und die Mittelstandspartei, die mit nur zwei Kandidaten angetreten war, gerade noch 273 Voten. Aus diesem Wahlergebnis resultierte folgende Sitzverteilung: Die DVP, die SPD und der Wahlvorschlag Zentrum erhielten jeweils acht Sitze im Kreistag, die Deutsche Demokratische Partei und die Unabhängigen Sozialdemokraten je drei. Die sozialdemokratische „Pfälzische Post" kommentierte dazu: „Während der alte Landrat seligen Angedenkens einer Bauernbürgermeisterversammlung verzweifelt ähnlich sah, erhielt der neue Kreistag durch die allgemeine Volkswahl ein etwas anderes Gesicht. Der Ruck nach links ward auch im Kreistag verspürt".[11] Neben der Richtigkeit ihrer Beobachtung, daß im Kreistag nun linke Parteien vertreten waren und mehr als ein Drittel der Kreisvertreter stellten, gab sie jedoch ein verzerrtes Bild des alten Landrates wieder. Denn neben „Bauernbürgermeistern", die es dort auch gegeben hatte, waren auch Fabrikanten und Kaufleute, Rechtsanwälte und Ärzte Mitglieder im Landrat gewesen und hatten dort eine wichtige Rolle gespielt.

Für die SPD zogen Friedrich Profit (Ludwigshafen), der Bahnverwalter Hermann Bernatz (Bad Dürkheim), der Stadtschulrat Dr. Hans Friedrich (Frankenthal), der Landwirt Karl Klingel aus Großbockenheim, der Bergmann Hermann Müller (Miesenbach), der Fabrikschuhmacher Heinrich Weber (Erlenbrunn), Fritz Ober (Speyer) und Emil Schmaller (Kaiserslautern) in den Kreistag ein.

Bei der konstituierenden Sitzung des neugewählten Gremiums amtierte Karl Klingel[12] als Alterspräsident. In seiner Ansprache führte er aus: „Ich betrachte es als eine besondere Ehre, den vom Volk gewählten Kreistag als Altersvorsitzender begrüßen zu dürfen und wünsche, daß alle Arbeiten des Kreistages im Interesse unseres pfälzischen Volkes und im Interesse unseres pfälzischen Heimatlandes von Segen begleitet sein möge. Auch hoffe ich, daß die Verhandlungen leidenschaftslos und dem Ernst der Stunde entsprechend mit Würde geführt werden".[13]

Aus der sich anschließenden Wahl gingen der Pirmasenser Oberbürgermeister Otto Strobel (DVP) als Vorsitzender und der Neustadter Arzt Dr. Michael Bayersdörfer (BVP) als stellvertretender Vorsitzender hervor. Der Sozialdemokrat Friedrich gelangte als Schriftführer in den Vorstand. Im Ältestenrat und in den vier Fachausschüssen war die SPD mit jeweils zwei Personen vertreten.

Unter den Sozialdemokraten hatte Friedrich die meisten Funktionen inne. Er war nicht nur Vorstandsmitglied und Schriftführer im Kreisausschuß, sondern auch Mitglied im Ältestenrat und im Ausschuß für das Schulwesen. Fritz Ober saß gemeinsam mit Friedrich im Kreisausschuß und war Schriftführer im Fürsorgeausschuß, in dem neben ihm auch Heinrich Weber für die Interessen der Partei eintrat. Profit war im Ältestenrat und im Schulausschuß. Im Ausschuß für Industrie, Handel und Gewerbe wurde die SPD durch Schmaller und Bernatz vertreten, im Ausschuß für Landwirtschaft durch Karl Klingel und Hermann Müller.

Im Verlauf der Sitzungsperiode wurden innerhalb der SPD-Kreistagsfraktion mehrere personelle Veränderungen nötig. Für Profit, der als Oberregierungsrat nach Berlin ging, kam im Dezember 1921 der Zweibrücker Zigarrenhändler und Stadtrat Christian Schwartz in den Kreistag und übernahm dort Profits Platz im 1. und im 4. Ausschuß, während dessen Sitz im Ältestenrat von Bernatz übernommen wurde. Schwartz seinerseits sollte 1925 durch den Ludwigshafener Redakteur Fritz Steffen abgelöst werden. Nach dem überraschenden Tod Dr. Friedrichs rückte für diesen im Oktober 1923 der Schneidermeister Lorenz Hauck aus Rohrbach bei Landau nach. Friedrichs Funktion als Schriftführer in Kreisvorstand und Kreisausschuß übernahm Emil Schmaller, zusätzlich zu seinen Aufgaben im Ausschuß für Industrie, Handel und Gewerbe. Als 1926 auch Bernatz nicht mehr zur Verfügung stand und durch den Landauer Kohlenhändler Wilhelm Bauer ersetzt wurde, übernahm Schmaller im Ausschuß für Industrie, Handel und Gewerbe die Funktion des Schriftführers, die bis dahin Bernatz wahrgenommen hatte, während Fritz Ober für Bernatz in dieses Gremium nachrückte.

Die USPD[14], die mit dem Kranführer Karl Haushalter aus Ludwigshafen, dem Oberamtsgehilfen Alex Müller aus Kaiserslautern und dem Lederzuschneider Ludwig Steigleider aus Speyer drei Kreisvertreter stellte, war ebenfalls in allen Ausschüssen vertreten. Steigleider saß im Kreisausschuß – dieser Sitz war der USPD durch Losentscheid zugefallen –, im Ausschuß für Fürsorge und als Schriftführer im Ausschuß für

Landwirtschaft. Müller vertrat die Partei im Ältestenrat und im Ausschuß für Schulwesen, Haushalter im Ausschuß für Industrie, Handel und Gewerbe. Steigleider und Müller schlossen sich später der sozialdemokratischen Fraktion an.

Die einflußreichsten Mitglieder der SPD-Fraktion waren zunächst Friedrich Profit und Hans Friedrich. Ihr Ausscheiden – Profit wurde 1921 nach Berlin berufen, Friedrich starb zwei Jahre später – hinterließ eine Lücke, welche von ihren Nachfolgern nur schwer geschlossen werden konnte.

Konstruktive Zusammenarbeit

Mit großen Erwartungen war die SPD in den Kreistag eingezogen. Vor allem die Kontrolle der Kreisregierung hatte sie auf ihre Fahnen geschrieben. In einem Artikel, den die „Pfälzische Post" vor den Wahlen abgedruckt hatte, heißt es dahingehend: „Und schon heute muß bezüglich des Kreises gesagt werden, daß eine demokratische Kontrolle, besonders ausgeübt durch die organisierte Arbeiterschaft, bei der Regierung in Speyer sehr notwendig erscheint. Denn es hat nicht nur den Anschein, daß man in der Kreishauptstadt den reaktionären Wünschen der gegenwärtigen Münchener Machthaber allzu willfährig Rechnung trägt, ohne Rücksicht auf die Wünsche der anders gearteten pfälzischen Bevölkerung, sondern daß man – wir wenigstens haben Grund zu dieser Annahme – in Speyer anfängt, päpstlicher zu sein wie die Päpste in München. Das 'frische Blut', das den Bezirks- und Kreistagen durch das allgemeine Wahlrecht mit dem Verhältniswahlsystem zugeführt wird, ist also sehr notwendig".[17] Die Regierung der Pfalz übernahm die administrativen Aufgaben. Sie bereitete die Sitzungen vor, sorgte für die Beantwortung von Anfragen der Kreisvertreter und setzte die Entscheidungen des Kreistages um. An dessen Sitzungen nahmen daher stets mehrere Vertreter der Regierung teil. Schon bald nachdem der Kreistag seine Tätigkeit aufgenommen hatte, zeigte sich jedoch, daß die Regierung ihre Arbeit durchaus im Sinne der Kreistagsmitglieder verrichtete und auch der SPD kaum Anlaß zu Klagen gab.

Das Verhältnis zu den anderen im Kreistag vertretenen Parteien hatte sich gleichfalls anders entwickelt, als dies zunächst angenommen worden war. Die Verhandlungen waren zumeist von konstruktiver Zusammenarbeit geprägt. So konnte die „Pfälzische Post" nach der ersten Sitzungsperiode zurecht berichten: „Alles in allem ist die Tagung recht harmonisch verlaufen und auch die Parteien sind sich nicht besonders in die Haare gefahren. Hierzu lag wenig Veranlassung vor. Der Kreistag ist keine gesetzgebende, sondern eine vermögensverwaltende Körperschaft, die die vorhandenen Mittel nach Maßgabe der Bedürfnisse verwendet. Das sind im voraus schon ziemlich eng gezogene Grenzen. Andere Beschlüsse, die nur Anregungen sein können, werden im allgemeinen ziemlich lokaler Natur sein. Zum Austragen der Parteigegensätze sind Bezirks- und Kreistag nicht die geeigneten Stellen. Das schloß natürlich nicht aus, daß mancher Hieb gewechselt wurde, hauptsächlich zwischen den Vertretern der Bauernschaft und den Sozialdemokraten bei Besprechung von Lohnverträgen und der Lebensmittel- und Milchversorgung. Unsere Genossen Bernatz, Dr. Friedrich und Ober haben den Bauern recht derbe Wahrheiten gesagt, und der Führer der 'Freien Bauernschaft', Herr Heinz-Orbis, schnitt hierbei nicht zum besten ab".[18]

Bei aller konstruktiven Zusammenarbeit im Kreistag gilt es festzustellen, daß die Parteien selbstverständlich von unterschiedlichen Vorstellungen geleitet wurden und verschiedene politische Ziele verfolgten. Die bürgerlichen Parteien hatten eine deutliche Mehrheit, und sie warfen diese auch in die Waagschale, wenn es darum ging, Anträge der SPD zu Fall zu bringen, die nicht ihren Vorstellungen entsprachen. So scheiterte beispielsweise ein von Hans Friedrich vorgebrachter Antrag, das Eheverbot für das weibliche Pflegepersonal der Kreisanstalten aufzuheben, an der ablehnenden Haltung der bürgerlichen Parteien. Auch seinen Bedenken gegen Zuwendungen für einen konfessionellen Verein – es ging konkret um einen Zuschuß für den Verein der katholischen Lehrerinnen – vermochte er angesichts der bürgerlichen Mehrheit kein Gehör zu verschaffen.

Die in politischer, wirtschaftlicher und sozialer Hinsicht schwierigen Zeiten diktierten dem Kreistag die Rahmenbedingungen für seine Arbeit. Dennoch gelang es immer wieder, wichtige Akzente zu setzen. So wurde etwa 1922 das Gut „Neumühle" gepachtet, um ein Mustergut anzulegen, das den Landwirten durch konkrete Beispiele Verbesserungsmöglichkeiten in der landwirtschaftlichen Produktion zeigen sollte. Die Bedeutung der „Neumühle", die 1927 durch Kauf ganz in den Besitz des Kreises überging, betonte auch Dr. Niklas vom bayerischen Innenministerium; er hob hervor, daß diese eine vorbildliche Einrichtung sei, „der im ganzen Lande Bayern kein gleich vollkommenes Beispiel an die Seite gesetzt werden" könne.[19]

Trotz der schwierigen Rahmenbedingungen entschloß sich der Kreistag 1922 zur Gründung einer Landesbibliothek in Speyer, die namentlich der „Historische Verein der Pfalz" und der „Literarische Verein der Pfalz" schon vor dem Krieg immer wieder gefordert hatten. Tatsächlich fehlte der Pfalz, in der es weder eine Universität noch eine zentrale, gut ausgestattete Bibliothek gab, ein geistiger Mittelpunkt. In einem Appell an die Öffentlichkeit hieß es noch 1919: „Unsere Hoffnungen setzen wir auf den Kreis".[20] Nun schufen Staat und Kreis Abhilfe: Der bayerische Staat stellte Mittel aus dem Hilfsfond für die Pfalz zur Verfügung, und der Kreis wurde finanzieller Träger der Bibliothek. Er übernahm die Kosten für Personal und Sachmittel. Auch die Übernahme des Gewerbemuseums in Kaiserslautern durch den Kreis fällt in diese Zeit. Die neue Kreisordnung des Jahres 1927 brachte auf der anderen Seite mit dem Übergang vieler finanzieller Lasten in die Trägerschaft des Staates, so des Unterhaltes für die höheren Schulen und der Besoldung der Lehrer, eine deutlich spürbare Entlastung für den Kreishaushalt.[21]

Der Bericht der „Pfälzischen Post" über die Beweggründe der SPD-Vertreter, dem 1927 verabschiedeten Kreishaushalt zuzustimmen, könnte letztlich kommentierend über jedem Geschäftsjahr stehen: „Die Vertreter der Sozialdemokratischen Partei haben für den Voranschlag gestimmt, weil sie der Überzeugung sind, daß die Kreisgemeinde in sozialer Beziehung Beachtliches leistet. Bei den Ausschußberatungen hatten sie an der Aufstellung des Voranschlages lebhaften Anteil genommen und wo immer es nur möglich war, sich bemüht, die Interessen der Arbeiterklasse in bester Weise wahrzunehmen. Ihre Hauptsorge galt dabei dem Ausbau der Kreisunternehmungen und Kreisanstalten, der Förderung der Wohlfahrtseinrichtungen, der Erziehung und Bildung und nicht zuletzt auch der Förderung der Bodenkultur, der Landwirtschaft und der Industrie. Freilich bleibt noch viel zu wünschen übrig und wir Sozialisten können uns mit dem Erreichten am allerwenigsten zufriedengeben. Allein die derzeitigen wirtschaftlichen Verhältnisse zwingen auch den Kreis zu sparen, wo es nur irgendwie geht und so müssen auch wir uns leider in das Unvermeidliche fügen. Bei der Beurteilung der Leistungen des Kreises darf aber nicht übersehen werden, daß die Sozialdemokraten im Kreistag eine Minderheit sind und die bürgerlichen Parteien nahezu zwei Drittel der Kreisvertreter stellen".[22]

Kampf gegen den Separatismus

Besonders engagiert kämpfte der Kreistag gegen die separatistischen Bestrebungen und deren Förderung durch die Franzosen, am deutlichsten vielleicht in seiner außerordentlichen Sitzung vom 27. Januar 1923. In dieser erklärte Präsident Strobel im Namen aller Mitglieder des Kreistages: „Wir wollen Frieden, den Frieden am Rhein, wo das wirtschaftliche Leben mehr als sonst im deutschen Vaterlande mächtig sich regt, wo Unfriede auf das geistige, sittliche und wirtschaftliche Wohl mehr als sonstwo drückt ... Und so, glaube ich, fühlen wir uns alle im pfälzischen Land eins in dem heißen Verlangen nach endlichem Frieden, wir alle, die wir das Herz haben für dieses Land, für diesen so oft und viel von Streit und von Krieg heimgesuchten Teil deutscher Erde am Rhein, der nie aufgehört hat und nie aufhören wird, des deutschen Reiches deutsche Pfalz zu sein."

Die französischen Behörden ihrerseits reagierten auf diesen beharrlichen Widerstand mit einer rigorosen Ausweisungspolitik. Nicht nur Strobel wurde wegen seines mutigen Auftretens von der Besatzungsmacht verhaftet und ausgewiesen, auch andere Kreistagsmitglieder, darunter Hermann Bernatz, mußten die Pfalz verlassen. Christian Schwartz wurde von einem französischen Militärgericht zu zwei Jahren Gefängnis verurteilt, weil er gegen die Pfänderwirtschaft der Besatzungsmacht aufgetreten war. Doch letztlich war der Widerstand gegen die separatistischen Bestrebungen von Erfolg gekrönt. Frankreich mußte sich 1924 das Scheitern seiner bisherigen Besatzungspolitik eingestehen. Es war der Kreisausschuß, der 1924 für eine Übergangszeit die schwierige Aufgabe übernahm „unter seiner Leitung und seiner Verantwortung der Besatzungsbehörde gegenüber, alle erforderlichen Maßnahmen für die Aufrechterhaltung der Ordnung und des Betriebes des öffentlichen Dienstes zu ergreifen".[23]

Insbesondere die Standfestigkeit, die die Kreisvertreter in den vergangenen schwierigen Jahren im Zusammenhang mit dem Separatismus bewiesen hatten, war es, die der Regierungspräsident am 30. April 1928 in der letzten Sitzung des ersten Kreistages würdigte. Durch seine unerschütterliche Haltung hätte der Kreistag in den letzten acht Jahren, „ein ruhmvolles Blatt pfälzischer Geschichte ... geschrieben".[24] Gleichzeitig verlieh er seiner Überzeugung Ausdruck, daß die Pfälzer nie vergessen würden, „was in jener Zeit der Wirrsale, Verlockungen, Drohungen, Demütigungen und Bedrückungen die feste Haltung der Kreisvertreter für die Pfalz bedeutet hatte." Aus dem zeitlichen Abstand von mehr als einem Vierteljahrhundert heraus kam der Historiker Wolfgang Schlegel zu einem ähnlich positiven Urteil. Er betonte, die Amtszeit des ersten Kreistages habe „bedeutende politische Höhepunkte gehabt, die ihn würdig neben den liberal-aktiven Landrat von 1832 und 1841 stellen".[25] Die Kreisvertreter, besonders die Mitglieder des Kreisausschusses, seien „in der Stunde der Bewährung" ihrer „geschichtlich-politischen Verantwortung" gerecht geworden. Schlegel bescheinigte den im Kreistag vertretenen Parteien, daß sie „sich in der Not mu-

Links: Friedrich Profit (1874 - 1951) und Fritz Ober (1877 - 1960) vor der Wohnung Profits in Berlin-Zehlendorf in den 20er Jahren.

tig und einmütig" den Problemen ihrer Zeit gestellt hätten. „Sie boten damit das Bild einer Volksvertretung, deren Bedeutung weit über die eines heimatgebundenen Regional-Parlaments hinausging."

Der Zweite Kreistag

Doch nicht immer sollten die Parteien so einmütig sein wie in der Separatismusfrage. Dies zeigte sich auch bei den Kreistagswahlen des Jahres 1928 deutlich. Die reguläre Amtszeit des ersten Kreistages war mehrmals verlängert worden, weshalb neuerliche Wahlen erst am 20. Mai 1928 stattfanden. Daraus ging die SPD mit 116.683 Stimmen als stärkste Partei hervor und erhielt zwölf Sitze im neugebildeten Kreistag. Auf Platz zwei folgte die gemeinsame Liste der Bayerischen Volkspartei und des 1924 in der Pfalz wiedergegründeten Zentrums[26], für die 105.617 Stimmen abgegeben wurden, was elf Sitzen entsprach. Die Deutsche Volkspartei mußte deutliche Einbußen hinnehmen und bekam nur noch 59.831 Stimmen und sechs Sitze.²⁷ Noch größere Verluste als die DVP erlitt die DDP, auf die ein Sitz entfiel. Bei diesen Wahlen hatte sich auch die zunehmende Zersplitterung des Parteienspektrums deutlich bemerkbar gemacht. Waren im ersten Kreistag noch fünf Parteien vertreten gewesen, so waren es nun bereits acht. Neben SPD, BVP/Zentrum, DVP und DDP konnten die Wirtschaftspartei und die Bauernpartei erstmals einen Vertreter entsenden. Auch die beiden am äußersten linken und rechten Rand des Parteienspektrums stehenden Gruppierungen, die Kommunisten und die Nationalsozialisten, schafften den Einzug in den Kreistag. Die KPD errang zwei Mandate, die NSDAP erhielt ein Mandat. Die „Pfälzische Presse" zeigte sich nach der Wahl keineswegs erstaunt über das Ergebnis und kommentierte treffend: „Der alte Kreistag war ... überaltert und entsprach seiner Zusammensetzung nach nicht mehr der parteipolitischen Konstellation, wie sie sich seit den vorletzten Kreistagswahlen in der Pfalz nicht zum Vorteil des Zusammengehörigkeitsgefühls im allgemeinen und des Bürgertums im besonderen entwickelt hat. Mit anderen Worten, er entsprach nicht mehr der Zersplitterung der Parteien".²⁸ Doch trotz dieser Entwicklung des Parteiensystems, die auch auf Reichsebene ein Kennzeichen der Weimarer Republik war, hätten die Parteien der „Weimarer Koalition" – SPD, DDP und Zentrum/BVP – im pfälzischen Kreistag rein rechnerisch noch immer eine deutliche Mehrheit gehabt.

Von den 12 SPD-Vertretern brachten nur Emil Schmaller, Heinrich Weber, letzterer inzwischen als Verwalter in Pirmasens tätig, Karl Klingel und Friedrich Steffen Kreistagserfahrung mit. Neu hinzu kamen der Parteisekretär Georg Setzer (Ludwigshafen), der Berufsbürgermeister Jakob Weber (Mutterstadt), der Geschäftsführer Hermann Zinser (Speyer), der Kaufmann Gustav Weil (Neustadt), der Lehrer Heinrich Fischer (Hochspeyer), der Bergmann Karl Guth (Altenkirchen), der Steinhauer Theodor Kroll (Alsenz) und der Maurer Josef Reisch (Pfortz).

In der ersten Sitzung des neugewählten Kreistages hatte, wie schon 1920, der 68jährige Karl Klingel als Alterspräsident den Vorsitz inne. Da der SPD als stärkster Fraktion das Vorschlagsrecht für das Präsidentenamt zustand, schlug Fritz Steffen seinen Parteifreund Jakob Weber vor. Gegen diesen Vorschlag wandten sich die Kreisvertreter von BVP/Zentrum und einer „Arbeitsgemeinschaft", zu der sich die DVP, die DDP, die Wirtschaftspartei, die Bauernpartei und die NSDAP zusammengeschlossen hatten. Mit 20 gegen 13 Stimmen wurde Webers Gegenkandidat, der DVP-Mann Strobel, der bereits in der vorangegangenen Periode Vorsitzender gewesen war, erneut an die Spitze des Kreistages gewählt. Bei dem anschließenden Wahlgang zum stellvertretenden Vorsitzenden setzte sich Dr. Michael Bayersdörfer (BVP) mit dem gleichen Stimmenverhältnis gegen Jakob Weber durch. Die bürgerlichen Parteien wußten es auch zu verhindern, daß die SPD erneut das Amt des Schriftführers erhielt. Zum ersten Schriftführer wurde Kreisvertreter Schreiner (BVP), zu dessen Stellvertreter Dr. Frisch (DVP) gewählt, beide jeweils gegen den SPD-Kandidaten Emil Schmaller.

Bitter kommentierte die „Pfälzische Post" nach der Konstituierung: In „der ersten Sitzung des am 20. Mai neugewählten Kreistages, ist es den Rufern nach der bürgerlichen Einheitsfront gelungen, alle bürgerlichen Parteien, von den Demokraten bis zu den Nationalsozialisten, unter einen Hut zu bringen. Nur die konfessionellen Gegensätze verhinderten ein völliges Zusammengehen und so gibt es immerhin noch zwei bürgerliche Fraktionen im Kreistag. Ihre politischen 'Grundsätze' hinderten die Herrschaften nicht am Zusammenschluß." Als Konsequenz aus diesen Ereignissen, zog das Blatt den Schluß: „Das gesamte Bürgertum, ohne Unterschied der Parteischattierung, ist unser Gegner. Das müssen wir uns merken für kommende Wahlkämpfe".[29]

Lediglich das Wahlrecht bewahrte die SPD vor einer Ausgrenzung aus dem Kreisausschuß. „Wäre für die Bildung des Kreisausschusses nicht die Verhältniswahl vorgeschrieben, dann hätten die Herrschaften sicherlich unsere Partei auch aus dem Kreisausschuß ausgeschlossen", vermutete die „Pfälzische Post".[30] So aber wurden Emil Schmaller, Jakob Weber und Georg Setzer in dieses Gremium gewählt. Doch die Fraktionen von „Arbeitsgemeinschaft" und BVP/Zentrum verfügten mit insgesamt sechs Sitzen über eine deutliche Mehrheit. Auch den vier Fachausschüssen gehörten Sozialdemokraten an. Im Ausschuß für Industrie, Handel und Gewerbe saßen Theodor Kroll, Hermann Zinser und Gustav Weil sechs Vertretern von „Arbeitsgemeinschaft" sowie BVP und Zentrum gegenüber, darunter das NSDAP-Mitglied Wilhelm Theiss. In den drei anderen Ausschüssen, die sich aus jeweils acht Mitgliedern zusammensetzten, hatte die SPD jeweils zwei Vertreter: Im Ausschuß für Schulwesen und Museumsangelegenheiten waren es Friedrich Steffen und Gustav Weil, im Ausschuß für Landwirtschaft Karl Klingel und Josef Reisch und im Ausschuß für Soziales Heinrich Weber und Karl Guth, die für die Wahrnehmung der Fraktionsinteressen sorgten. Nachdem Guth aus dem Kreistag ausgeschieden war, übernahm Karl Schnitter am 12. Mai 1931 Guths Kreistagsmandat und dessen Platz im Ausschuß für Soziales.

Der „ernannte" Kreistag von 1933

Der Umbruch des Jahres 1933 blieb auch für den Kreistag der Pfalz nicht ohne Folgen. Nach der sogenannten „Machtergreifung" durch die NSDAP kam es auch in der Pfalz zu Repressalien gegen namhafte Sozialdemokraten. So wurde etwa der Kreisvertreter Fritz Steffen, leitender Redakteur der „Pfälzischen Post", am 9. März 1933 in „Schutzhaft" genommen. Steffen, der sich in mutigen Artikeln gegen die Nationalsozialisten gewandt hatte, wurde wegen „übler Nachrede" zu einer Gefängnisstrafe verurteilt.[31]

Obwohl nach dem Januar 1933 keine Kreistagswahlen mehr stattfanden, wurde die Zusammensetzung des Kreistags schon bald grundlegend geändert. Die Basis hierfür schuf das „Vorläufige Gesetz zur Gleichschaltung der Länder mit dem Reich" vom 31. März 1933.[32] Es bildete die Grundlage für die Auflösung des Kreistages und dessen Neubildung in Anlehnung an das Ergebnis der Reichstagswahlen vom 5. März 1933. Eine Veränderung hinsichtlich der Größe des Kreistages brachte dagegen das bayerische „Gesetz zur Gleichschaltung der Gemeindeverbände mit Land und Reich" vom 7. April 1933. In Artikel 3 wurde die Zahl der Kreisvertreter auf 13 reduziert.[33] Das bedeutete eine Verkleinerung des Kreistages um nahezu zwei Drittel.

Die Umbildung des Kreistages erfolgte am 23. April 1933. Die NSDAP hatte bei den Reichstagswahlen vom 5. März 1933 in der Pfalz 46,5 Prozent der Stimmen erzielt. Auf die BVP und das Zentrum entfielen 22,7, auf die SPD 16,8 Prozent der Stimmen.[34] Analog zu dem Ergebnis der Reichstagswahlen usurpierte die NSDAP, die bisher lediglich einen Kreisvertreter gestellt hatte, nun acht Sitze. Dem Zusammenschluß von BVP und Zentrum, der 1928 als zweitstärkste Fraktion aus den Wahlen hervorgegangen war, verblieben von vormals elf Sitzen nur noch drei. Die SPD verlor zehn ihrer bislang zwölf Mandate im Kreistag. Lediglich Georg Setzer und Fritz Ober gehörten ihm noch an, wenn auch nur für kurze Zeit. Alle anderen Parteien fanden im „ernannten" Kreistag keine Berücksichtigung mehr. Neuer Präsident wurde der Nationalsozialist Richard Imbt, sein Stellvertreter Jakob Schoner, der ebenfalls der NSDAP angehörte. Auch die übrigen Ämter im Kreistag wurden nun von Nazis übernommen. Obwohl die NSDAP nun eine deutliche Mehrheit hatte, sollte dieser Kreistag nur ein Intermezzo bleiben.

Die Repressionen gegen die SPD gingen weiter. So war es nicht verwunderlich, daß die beiden sozialdemokratischen Kreistagsmitglieder Ober und Setzer für die Kreistagssitzung am 21. Juni 1933 keine Einladung mehr erhielten.[35] Auch die Abgeordneten von BVP und Zentrum nahmen nicht teil. Am 22. Juni 1933 wurde die SPD durch Erlaß des Reichsinnenministers zur „volks- und staatsfeindlichen Partei" erklärt und alle ihre Mandate wurden aufgehoben. Es kam zu neuen Verhaftungen. Bald darauf folgte auch die Auflösung der Parteien des politischen Katholizismus. Nun waren die Mitglieder der NSDAP im Kreistag der Pfalz unter sich. In der Sitzung vom 6. Juli konnte Präsident Imbt seinen Parteigenossen verkünden, daß die Vertreter von SPD und BVP/Zentrum ihre Mandate „niedergelegt" hätten.[36] Der Kreistag war jetzt ganz in den Händen der braunen Machthaber.

Erst nach dem Zusammenbruch der nationalsozialistischen Herrschaft und dem Ende des Zweiten Weltkrieges sollte der ehemalige Kreistag, der seit 1938 die Bezeichnung „Bezirkstag" führte – die bisherigen „Bezirke" waren gleichzeitig in „Landkreise" umbenannt worden –, wieder zu einer demokratisch legitimierten und demokratisch entscheidenden Einrichtung werden. Nun allerdings nicht mehr als Teil des Freistaats Bayern, sondern im neugeschaffenen Bundesland Rheinland-Pfalz. Im Jahre 1951 trat der Bezirkstag erstmals nach dem Krieg wieder zusammen. Er wurde zunächst auf indirekte Weise aus den pfälzischen Abgeordneten des Landtags von Rheinland-Pfalz gebildet. Erst im darauffolgenden Jahr konnte der Bezirkstag in direktem Verfahren gewählt werden. Die SPD spielte dann im pfälzischen Bezirkstag erneut eine wichtige Rolle: Mit Ausnahme einer Wahlperiode hat sie seit 1951 stets die stärkste Fraktion und den Vorsitzenden gestellt.

Anmerkungen:
1 Siehe hierzu auch die Beiträge von Gerhard Nestler über die Weimarer Republik, Diethard Hennig über Johannes Hoffmann und Dieter Schiffmann über die Kommunalpolitik in Ludwigshafen.
2 Kreis-Amtsblatt für die Pfalz 1920, Nr. 23, S. 221.
3 Gesetz- und Verordnungsblatt 1919, S. 242.
4 Ebd., S. 171.
5 Kreis-Amtsblatt für die Pfalz 1920, Nr. 14, S. 170.
6 Ebd.
7 Zahlen nach Alfred Hermann, Die Geschichte der pfälzischen USPD, Neustadt a. d. W. 1989, S. 179.
8 Ebd., S. 180.
9 Vgl. Wolfgang Hartwich, Die Ergebnisse der Reichstags- und Bundestagswahlen von 1890 bis 1969, in: Pfalzatlas, Textband II, S. 661-688, hier: S. 669 und den Beitrag von Eris J. Keim über Wahlen und Abgeordnete in diesem Buche.
10 Die Bezeichnung des Wahlvorschlages ist etwas irreführend, da sich die pfälzische Zentrumspartei 1918 der neugegründeten Bayerischen Volkspartei angeschlossen hatte. Große Teile der Partei aber verstanden sich nach wie vor als pfälzisch-bayerischer Teil einer großen, reichsweiten Zentrumspartei. Dies mag auch den Namen des Wahlvorschlages erklären.
11 „Pfälzische Post" v. 21.5.1920 („Erste Sitzung des Kreisrates der Pfalz").
12 Siehe den biographischen Beitrag von Roland Paul in diesem Bande.
13 Kreis-Amtsblatt für die Pfalz 1920, Nr. 23, S. 222.

14 Zur USPD: Hermann (wie Anm. 7) und seinen Aufsatz in diesem Buch.
15 Zu Profit siehe den biographischen Beitrag von Willi Breunig in diesem Bande.
16 Niederschrift über die Sitzung des Kreistages der Pfalz am 10.12.1921, abgedruckt in: Kreis-Amtsblatt für die Pfalz 1922, Nr. 9, S. 2.
17 „Pfälzische Post" v. 14.4.1920.
18 „Pfälzische Post" v. 7.9.1920 („Ein Nachwort zum Kreistag").
19 Zitiert nach Wolfgang Schlegel, 150 Jahre Bezirksverband Pfalz, in: Pfälzer Heimat, 18 (1967), S. 21-27, hier: S. 26.
20 Ebd.
21 Ebd., S. 25.
22 „Pfälzische Post" v. 23.9.1927.
23 Das entsprechende vom stellvertretenden Vorsitzenden des Kreistages Dr. Bayersdörfer unterzeichnete Dokument ist abgedruckt in: Die Pfalz unter französischer Besatzung. Kalendarische Darstellung der Ereignisse vom Einmarsch 1918 bis November 1924, hrsg. vom Staatskommissar für die Pfalz, München 1925, S. 203 f.
24 Hier zitiert nach Schlegel (wie Anm. 19), S. 26; hier auch zum Folgenden.
25 Ebd., S. 25.
26 BVP und Zentrum traten mit einem gemeinsamen Wahlvorschlag an, nachdem die beiden Parteien am 20. November 1927 in Regensburg politische Zusammenarbeit beschlossen hatten.
27 Vgl. „Pfälzische Presse" v. 31.5 und 1.6.1928.
28 „Pfälzische Presse" v. 1.6.1928 („Der alte und der neue Kreistag der Pfalz").
29 „Pfälzische Post" v. 18.6.1928 („Bürgerblock im Kreistag").
30 Ebd.
31 Stefan Mörz, Vom Westboten zur Rheinpfalz. Die Geschichte der Presse im Raum Ludwigshafen von den Anfängen bis zur Gegenwart, Ludwigshafen 1994, S. 115.
32 Reichsgesetzblatt I 1933, S. 153 f.
33 Gesetz- und Verordnungsblatt 1933, S. 105.
34 Statistisches Jahrbuch für Bayern 1934, S. 522 ff.
35 Waldemar Gollan, Handbuch des Bezirksverbands Pfalz, o. O. o .J., S. 43.
36 Ebd.

Roland Paul

Karl Klingel (1859 - 1936)
Der „Renommierbauer" der pfälzischen SPD

Von Anfang an hatte es die Sozialdemokratie in der Pfalz schwer, die Bauern für ihre Politik zu gewinnen. Gerade im ausgehenden 19. und zu Beginn des 20. Jahrhunderts, als der konservative „Bund der Landwirte" in der Pfalz großen Einfluß ausübte, waren Landwirte in den Reihen der Sozialdemokraten eine große Ausnahme. Dies gilt aber auch für spätere Jahrzehnte, wie das Beispiel Julius Rübs (1886 - 1968) aus Hütschenhausen zeigt.[1] Als „rote Bauern" mußten sie in ihren Heimatgemeinden so manchen Spott ihrer Berufskollegen über sich ergehen lassen.

Ein angesehener Vertreter des bäuerlichen Standes, Karl Klingel aus Bockenheim, der als einer der ersten in jungen Jahren zur Sozialdemokratie fand, sei hier porträtiert.

Karl Klingel wurde am 2. September 1859 in Großbockenheim geboren.[2] Seine Mutter Katharina Kleber (1825 bis 1881) stammte aus Kindenheim. Sein Vater Karl (1825 bis 1904) nahm 24jährig an der Reichsverfassungskampagne von 1849 teil, mußte dafür zwei Jahre im Kaiserslauterer Gefängnis einsitzen, blieb aber seiner liberalen Gesinnung zeitlebens treu.[3] Er war „ein Demokrat von der Fußsohle bis zum Scheitel", wie sein Sohn gelegentlich schrieb. Der angesehene Landwirt war zwei Jahrzehnte Bürgermeister Bockenheims. Er wurde hier der „rote Karl" genannt, was allerdings offenbar mehr eine Anspielung auf die Haarfarbe seines Bartes war als auf seine politische Einstellung.

Da in der protestantischen Volksschule ein Lehrer über siebzig Kinder zu unterrichten hatte, in der kleinen katholischen Schule dagegen wesentlich mehr gelernt wurde, schickte Karl Klingel seine sechs Kinder, obwohl protestantisch, in die katholische Schule. Wenige Jahre später wurde in Großbockenheim – auf sein Betreiben hin – eine Simultanschule geschaffen. Nach Beendigung der Volksschulzeit besuchte der junge Karl von 1873 bis 1875 die landwirtschaftliche Winterschule in Grünstadt. „Es war dies für mich eine gesegnete Zeit, denn sie brachte reiche Befriedigung meinem geistigen Hunger ... Meine Teilnahme für alles, was in der Welt vorging, wuchs mit den geistigen Weiten, die sich vor meiner Seele auftaten."

Neben dem Interesse für wissenschaftliche Erkenntnisse und wirtschaftlichen Fortschritt bewegten ihn in den siebziger Jahren aber auch religiöse und politische Fragen. Klingel setzte sich – unter Anleitung seines Vaters – mit den Ideen Johannes Ronges, des Begründers des Deutschkatholizismus, und des freireligiösen Predigers Heribert Rauh auseinander. „Tief hatte sich allmählich in meiner Seele die Neigung für den Fortschritt und die Freiheit in der Welt eingewurzelt. Rückwärtserei und Unterdrückungsgelüste riefen in mir Ekel und Widerwillen wach, wo sie sich fanden. Als Ziel aller politischen und wirtschaftlichen Entwicklung stand klar vor meinen Augen: Der freie Mann im freien Staat." Der „Kulturkampf" Bismarcks ließ ihn für die Seite der

Verfolgten Partei ergreifen. Er hatte zwar „nichts gemein mit den Ultramontanen", doch: „Der gerechte Unwillen über ein offenbares Unrecht, das Regierung und Parteien einem deutschen Volksteil zufügten, hatte mich in Opposition getrieben gegen die herrschende Kaste."

Hinwendung zur Sozialdemokratie

Wenn auch die Sozialdemokratie auf ihn zunächst „den Eindruck der Zerfahrenheit und Zerrissenheit" gemacht hatte und ihm vieles in den Reden Bebels und Liebknechts „etwas zu rauh und wild" erschienen war, so schloß er sich nach dem Gothaer Kongreß von 1875 immer mehr der Sozialdemokratie an. „Mit wahrer Begier" las er die Schriften von Marx und Engels. Heimlich wurde ihm die Parteizeitung „Der Sozialdemokrat" zugestellt. In der Zeit des Sozialistengesetzes war auch Klingel von „Denunzianten und Spitzeln auf Schritt und Tritt" umlauert.

Zu Beginn der achtziger Jahre machte er die Bekanntschaft mit Franz Josef Ehrhart und August Dreesbach, der im Jahre 1884 bei einer Wahlversammlung in Grünstadt sprach. Für große Aufregung unter der bäuerlichen Bevölkerung sorgte damals das Wahlergebnis in Großbockenheim: Die Sozialdemokraten erhielten zur Freude Klingels 23 Stimmen. „Am liebsten hätte man die 23 'Sozzen' an den Straßenlaternen aufgehängt. Man suchte nach ihnen und schnüffelte alle Wirtshauswinkel durch", erinnerte er sich.

Klingel nahm in der Folgezeit an ungezählten Parteiversammlungen im vorderpfälzischen Raum teil, nicht nur der eigenen Partei. Vor allem besuchte er Veranstaltungen des Bundes der Landwirte. „Unseren Veranstaltungen dagegen blieben die Bauern und zumeist auch ihre Führer fern."

Vergebens warben die Sozialdemokraten damals unter den Bauern um Gefolgsleute. Auch eine in Grünstadt abgehaltene Veranstaltung mit dem seinerzeit führenden Repräsentanten der bayerischen Sozialdemokratie, Georg von Vollmar, der selbst über einen bäuerlichen Hintergrund verfügte, vermochte es nicht, der Partei Bauern zuzuführen. Mutig trat Klingel in seiner Heimat für seine politische Überzeugung ein. Als Franz Josef Ehrhart und er am Ende einer Wahlversammlung des Bauernbundes in Kleinbockenheim beim „Kaiserhoch" als einzige auf ihren Plätzen sitzen blieben, wurden sie mit Pfuirufen bedacht.

Obwohl der Bockenheimer Pfarrer Johann Martin Mechtersheimer als einer der führenden Männer des Bauernbundes politisch sein schärfster Kontrahent war, schätzte ihn Klingel als „denkenden Weinbauern". Mechtersheimer hatte, wie Klingel bemerkte, „zum Segen der hiesigen Gegend" einen neuen Rebschnitt eingeführt, der von ihm dann „zu weiterer, naturgemäßer Vervollkommnung" geführt wurde und noch heute in Bockenheim als „Klingelschnitt" bekannt ist.

Einer der Höhepunkte der politischen Laufbahn Klingels war ohne Zweifel die Teilnahme am Parteitag der Sozialdemokraten in Mannheim im Jahre 1906 und seine Begegnung mit Karl Liebknecht und Rosa Luxemburg. Ehrhart stellte beiden den Bokkenheimer als den „Renommierbauern" der pfälzischen SPD vor. Von Luxemburg sagte Klingel damals: „Schön ist sie nicht, aber sie hat Feuer!"

Bei der Mobilmachung im August 1914 war Klingel bereit, „ohne Murren das letzte und höchste Gut hinzugeben, um Heimat und Herd vor feindlicher Gewalt zu schützen", wie er sich ausdrückte. Sein einziger, 24jähriger Sohn Friedrich wurde Soldat, und dem Vater oblag die alleinige

Verantwortung für den Landwirtschafts- und Weinbaubetrieb. Friedrich kehrte erst Ende Januar 1920 aus Krieg und französischer Gefangenschaft zurück.

Der 9. November 1918 nimmt in Klingels Erinnerungen einen besonderen Stellenwert ein: „Ein Jubelruf quoll in meiner Seele empor: Ist es denn wahr? Was einst mein Vater ersehnt, wofür er ein Stück Jugend geopfert, das ist nun Wirklichkeit geworden? Ich grüße dich, Traum auch meiner Tage, junge deutsche Republik!"

Bürgermeister und Kreistagsmitglied

Bei den Gemeinderatswahlen 1920 errangen die Bockenheimer Sozialdemokraten fünf Mandate. Eines davon bekleidete – wie nicht anders zu erwarten war – Karl Klingel. Mit großem Engagement setzte er sich in der schweren Nachkriegszeit für Verbesserungen in der Gemeinde, unter anderem für die Schule, den Straßen- und Wegebau ein. Besonders die drückenden sozialen Verhältnisse, wie vor allem die Behebung der Wohnungsnot, lagen ihm am Herzen: „Tag und Nacht spürten wir neuen Hilfsquellen nach und wo ich irgendwelche Verbindung anknüpfen, irgendwelchen Einfluß ausüben konnte, klopfte ich an und nach und nach nahm das Gesicht unseres Dorfes neue Züge an."

1924 wurde Klingel schließlich zum Bürgermeister von Bockenheim gewählt: „Ein dorniges Amt! Fremden Behörden gegenüber galt es den vaterländischen Standpunkt zu wahren ... Einheimische Nöte klopften mit harten Fingern an die Amtstüre." Unterstützt von seinen Parteigenossen, weniger von den einheimischen Bauern, führte Klingel in Bockenheim eine kleine Flurbereinigung zur Schaffung von Baugelände durch, so daß dort Ende der zwanziger Jahre zwei neue Straßenzüge entstehen konnten.

Bei der Kreistagswahl am 18. April 1920 wurde der Bockenheimer mit sieben weiteren Parteigenossen, an ihrer Spitze Partei-

Karl Klingel (1859 - 1936), rechts mit einem Gast.

sekretär Friedrich Profit, in den Kreistag, den heutigen Bezirkstag, gewählt. Die SPD stellte damals wie das „Zentrum" (Verbindung zwischen dem Zentrum und der Bayerischen Volkspartei) acht Vertreter, die Deutsche Volkspartei sieben, die USPD und die Deutsche Demokratische Partei je drei im pfälzischen Vertretungsorgan.[4] Klingel fiel die Ehre zu, die konstituierende Sitzung des Kreistages zu leiten. Er wurde Mitglied des II. Ausschusses, der auch für die landwirtschaftlichen Schulen und Anstalten, die landwirtschaftliche Kreisversuchsstation und die Untersuchungsanstalt für Nahrungs- und Genußmittel zuständig war.

Gerade die Konfrontation mit den Problemen einzelner Einrichtungen des Kreises, beispielsweise der Kreis-Irrenanstalt in Klingenmünster und der Kreistaubstummen-Anstalt in Frankenthal, nahm er sehr ernst: „Ich erhielt Einblick in Verhältnisse, die mir seither fern lagen, lernte menschliches Elend kennen und noch mehr, wie man es lindern und erträglich machen kann, wenn nicht für die Betroffenen, so doch für die Umwelt. Hier habe ich als gereifter Mann noch gelernt."

Die separatistischen Bestrebungen lehnte Klingel entschieden ab. Als der Versuch des Landauer Chemikers Dr. Eberhard Haas, die „Freie Pfalz" auszurufen, am 1. Juni 1919 mißlungen war („Haasisten-Putsch"), prostete Klingel den Überbringern dieser Botschaft mit einem seiner besten Weine zu.

Die Akteure des Separatismus von 1923 und 24 bezeichnete er als „Verräter des Deutschtums": „Und hatte ich Heinz, den

Erinnerungen Karl Klingels in der Beilage der „Pfälzischen Post" 1927.

Unglückseligen, nicht oft genug gewarnt die abschüssigen Wege zu betreten, auf die sein Ehrgeiz ihn locken mochte? Als Berufsgenosse und Kreistagskollege war er mir längst bekannt und seines heiteren, lebensfrohen Sinnes und umgänglichen Wesens halber auch sympathisch gewesen".[5]

Im letzten Jahrzehnt seines Lebens beschäftigte sich Karl Klingel intensiv mit religiösen Fragen. Nachdem für ihn feststand, daß er „nicht antireligiös" war, interessierte er sich für die Bestrebungen des Bundes religiöser Sozialisten und diskutierte auf Tagungen in Frankenstein-Diemerstein und Hochspeyer mit den Pfarrern Georg Oswald Damian, Georg Valentin Wambsganß und anderen. Er schloß sich dem Bund an, kandidierte für die Landessynode, errang aber kein Mandat.

Bei der Kreistagswahl 1928 wurde Karl Klingel wiedergewählt. Bis zum Ende der Weimarer Republik gehörte er dem Gremium an und saß wie bisher im zweiten Ausschuß.[6]

Schon 1927, als Klingel – fast siebzigjährig – seine Erinnerungen niederschrieb, bemerkte er: „Es geht nun dem Abend entgegen, der großen grauen Zeit der Ruhe, des dämmerstillen Träumens. Aber noch steht die Sonne über blauen Bergen und heißt mich wirken, solange es Tag ist." Doch wenige Jahre später war ihm das Wirken nicht mehr vergönnt.

Die Nationalsozialisten stuften ihn 1933 als „gemeingefährlich" ein und sperrten ihn daher zwei Wochen lang in Frankenthal ein. Seine damals sechsjährige Enkelin Gertrude erinnert sich noch heute, wie der Großvater abgeführt wurde.[7] In den folgenden drei Jahren kümmerte er sich viel um seine drei Enkelkinder, die Kinder seines Sohnes Friedrich, der den väterlichen Hof am Ortseingang Großbockenheims nach seiner Heirat 1923 übernommen hatte.

Am 5. April 1936 starb der „Sozze-Klingel", wie ihn die Bockenheimer nannten. Seine Urne wurde in aller Stille auf dem Großbockenheimer Friedhof beigesetzt.

Anmerkungen:
1 Zu Rüb vgl.: Roland Paul, Julius Rüb – der „rote Bauer", in: Heimatjahrbuch 1998 für Stadt- und Landkreis Kaiserslautern, Otterbach, S. 129 - 132.
2 Die biographischen Daten zu Karl Klingel und die Zitate, soweit nicht anders angemerkt, sind seiner Autobiographie entnommen: Aus meinem Werden. Erinnerungen von Karl Klingel, Großbockenheim (Pfalz), in: Bei uns daheim. Aus Vergangenheit und Gegenwart der Pfalz. Heimatbeilage der „Pfälzischen Post" 3 (1927), S. 2-60. Vgl. auch Frank Huy, Ein streitbarer Bauer und Demokrat. Der „Sozze-Klingel" – langjähriger Bürgermeister von Großbockenheim starb vor 50 Jahren, in: „Die Rheinpfalz", Unterhaardter Rundschau v. 30.10.1986.
3 Vgl. auch Jakob Böshenz, Die beiden „Bockenheim". Wahrheit und Dichtung aus der Gegenwart und Vergangenheit von Groß- und Kleinbokkenheim, Grünstadt 1922, S. 23. Böshenz schreibt, der „alte Klingel" sei „der am schwersten Betroffene" aller Bockenheimer Freischärler gewesen; er sei „später auf Jahrzehnte hinaus einer der tüchtigsten pfälzischen Bürgermeister und ein bis in die höchsten Regierungskreise angesehener und geschätzter Mann" gewesen.
4 Vgl. Kreis-Amtsblatt für die Pfalz Nr. 23 vom 2.6.1920.
5 Vgl. dazu auch: Gerhard Gräber/Matthias Spindler, Revolverrepublik am Rhein. Die Pfalz und ihre Separatisten, Bd. 1, Landau 1992, S. 619.
6 Vgl. Günter Schwarz, Der pfälzische Kreistag zur Zeit der Weimarer Republik. Ein Beitrag zur Geschichte der kommunalen Selbstverwaltung, Schriftliche Hausarbeit zur Ersten Prüfung für das Lehramt an Volksschulen, PH Kaiserslautern 1966, S. 74 ff.
7 Freundliche Mitteilung seiner Enkelin Gertrud Kling, geb. Klingel, Bockenheim, vom 16.8.1995.

Dieter Schiffmann

Sozialdemokratische Kommunalpolitik in der Weimarer Republik
Das Beispiel Ludwigshafen

Die Anfänge sozialdemokratischer Kommunalpolitik reichen in der Pfalz bis in die letzte Dekade des 19. Jahrhunderts zurück. Franz Josef Ehrhart wurde bereits 1889 in den Stadtrat von Ludwigshafen gewählt. Weitere Sozialdemokraten folgten. Allzu viel konnten sie allerdings nicht bewegen, da die SPD trotz ihres enormen Aufschwungs nach der Jahrhundertwende überall in der Minderheit blieb. Eine Ausnahme machte nur Ludwigshafen, wo die SPD bei den Kommunalwahlen von 1909 13 von 26 Sitzen erringen konnte und damit zur weitaus stärksten Fraktion im Stadtrat wurde.

Nach der Revolution von 1918 und dem mit ihr verbundenen Machtzuwachs schien die SPD endlich in der Lage zu sein, auch ihre in der Vorkriegszeit entwickelten kommunalpolitischen Vorstellungen stärker als bisher in die Tat umzusetzen. Dies gelang ihr freilich nur in Ansätzen. Der Zusammenbruch des Wilhelminischen Systems, die Auswirkungen der Revolution und die Besetzung des linken Rheinufers durch französische Truppen stellten die Sozialdemokraten zu einem denkbar ungünstigen Zeitpunkt in die politische Verantwortung. Die Inflation von 1923, der passive Widerstand, der Ansturm der Separatisten, die schwierige wirtschaftliche Situation der Pfalz und schließlich die Weltwirtschaftskrise schränkten die Handlungsspielräume von Staat und Gemeinden noch weiter ein und machten eine Kommunalpolitik, so wie sie die SPD anstrebte, nahezu unmöglich. Dies soll nun am Beispiel Ludwigshafen gezeigt werden.

Rückschritte: Die kommunalen Wahlen und ihre Folgen

Während in Bayern rechts des Rheines Kommunalwahlen schon 1919 auf der Basis des allgemeinen und gleichen Wahlrechts durchgeführt wurden, kam es in der Pfalz erst im April 1920 zu einer demokratischen Erneuerung der Kommunalparlamente. Der heftige Wahlkampf war auch in Ludwigshafen vor allem vom Bruderzwist der beiden sozialdemokratischen Parteien geprägt. Die Unabhängigen, die bei der Nationalversammlungswahl und der Landtagswahl von 1919 noch keine nennenswerte Rolle gespielt hatten, forderten die Arbeiterwähler zur „flammenden Absage" an die Mehrheitssozialdemokraten auf, die sie als „Verräter der Arbeiterklasse" bezeichneten. Die Mehrheitssozialdemokratie dagegen verwies auf die Erfolge ihrer Mitarbeit in der kommunalen Selbstverwaltung, warnte vor revolutionären Illusionen unter den Bedingungen von Besatzung und Kriegsfolgen und beschwor die Gefahren, die eine Zersplitterung der Arbeiterbewegung für die politische Interessenvertretung der Arbeiterschaft mit sich bringen würde. Sie verwiesen auch auf die zwiespältige Haltung der Unabhängigen zur gemeindlichen Selbstverwaltung. Hatte doch die USPD, um ganz links außen Stimmen gewinnen zu können, ihre Kandidatur für das Gemeindeparlament damit begründet, daß sie zwar auch auf dieser Bühne „Anschläge der bürgerlichen Gesellschaft gegen die

Arbeiterklasse" abwehren wolle, daß es ihr aber in erster Linie darum gehe, „die Schäden des parlamentarischen Systems aufzuzeigen". Das Ergebnis der ersten demokratischen Wahl zum Stadtrat war ein Patt zwischen den beiden sozialdemokratischen Parteien. Die Mehrheitssozialdemokratie behielt zwar mit 9.326 Stimmen knapp (um 74 Stimmen mehr) die Oberhand über die USPD, beide Parteien erhielten aber jeweils zwölf Sitze im Stadtrat. Die noch längere Zeit ganz und gar unversöhnliche Haltung zwischen beiden Flügeln verhinderte, daß die rechnerisch vorhandene Mehrheit der sozialdemokratischen Parteien von vierundzwanzig gegenüber sechzehn Sitzen der „bürgerlichen" Parteien in eine entschieden sozialdemokratische Politik des Ludwigshafener Stadtrates umgesetzt werden konnte. Erst der Anschluß des linken Flügels der Unabhängigen an die kommunistische Dritte Internationale und ihre Vereinigung mit der jungen Kommunistischen Partei und zwei Jahre später die Wiedervereinigung von SPD und USPD auf Reichsebene schufen dazu die Voraussetzung. Da war aber die Mehrheit schon zusammengeschrumpft, weil im Herbst 1920 drei der USPD-Stadträte unter Führung von Peter Müller ihre Mandate zur KPD mitgenommen hatten.

Wie sehr sich im Frühjahr 1920 beide sozialdemokratischen Richtungen noch gegenüberstanden, zeigte sich auf verhängnisvolle Weise bei der Bürgermeisterwahl im Mai 1920. Zunächst führte innerhalb der Mehrheitssozialdemokratie die Entscheidung für den im März als bayerischer Ministerpräsident zurückgetretenen Johannes Hoffmann zu erheblichen Konflikten und Verstimmungen. Wegen der Rolle Hoffmanns bei der blutigen Niederschlagung der Münchener Räterepublik im Frühjahr 1919 empfand die USPD diese Nominierung als Brüskierung und als Absage an ein gemeinsames Vorgehen. Unter wütenden Angriffen gegen Hoffmann und die MSPD forderten sie ihre Anhänger zur Wahlenthaltung auf. Diese Parole fand zwar kein ungeteiltes Echo, aber sie bescherte dem bürgerlichen Kandidaten Dr. Christian Weiß mit 16.256 Stimmen den Sieg über Hoffmann, für den lediglich 12.991 Wähler stimmten.

Vielen Arbeiterwählern öffnete das verheerende Ergebnis der Oberbürgermeisterwahl die Augen für die Folgen der politischen Spaltung. Bei der Reichstagswahl einen Monat später konnte die Mehrheitssozialdemokratie fast so viele Stimmen wie bei der Oberbürgermeisterwahl erobern. Die Hoffnungen, nach der Wiedervereinigung der Sozialdemokratie im Jahre 1922 bei der Stadtratswahl vom 7. Dezember 1924, die zeitgleich mit der Reichstagswahl durchgeführt wurde, auch die restlichen Stimmen ehemaliger USPD-Wähler zu gewinnen, gingen nicht in Erfüllung. In diesen Mitteljahren der Republik konnten die Kommunisten auf kommunaler Ebene immer zwischen 4.500 (1929) und 5.000 Wähler (1924) mobilisieren.

Die Massenarbeitslosigkeit, die Massenverarmung und die Hungersnot der Periode des Beinahezusammenbruchs von Inflation, passivem Widerstand und Separatistenherrschaft hatten dauerhaft einen Teil der Arbeiterschaft so sehr radikalisiert, daß er für die demokratischen Institutionen und eine sozialstaatliche Reformpolitik nicht mehr zu gewinnen war.

Das Ergebnis war, daß die SPD am 7. Dezember 1924 mit 13.220 Stimmen nur noch vierzehn Sitze im Stadtrat errang. Da die KPD lediglich deren fünf erobern konnte, war die rechnerische Mehrheit der Parteien der Arbeiterbewegung erstmals seit 1909 verloren gegangen, denn Zentrum, Bayerische Volkspartei und Deutsche Demokratische Partei verfügten zusammen über einundzwanzig Ratsmandate. Bei den Stadtratswahlen am 8. Dezember 1929 konnte die SPD zwar mehr als 1.000 Stimmen hinzugewinnen, die 14.295 Wähler verschafften ihr aber wegen der Zunahme der Zahl der Wahlberechtigten wie fünf Jahre zuvor nur 14 Stadtratssitze. Die Jahre der wirtschaftlichen Aufwärtsbewegung hatten der Partei nur bei den Reichstagswahlen von 1928 mit über 19.000 Stimmen einen Erfolg wegen ihres entschiedenen Eintretens für die soziale Demokratie beschert. Das Umkippen der Konjunktur im Winter 1928/29, die Zunahme der ohnehin über dem pfälzischem und dem Reichsdurchschnitt liegenden Arbeitslosigkeit und die Dauerkrise der sozialdemokratisch geführten Koalitionsregierung im Reich unter Reichskanzler Hermann Müller wirkten sich entscheidend auch auf dem Feld der Kommunalpolitik aus. Zu diesem Zeitpunkt konnten allerdings weder die Kommunisten, die nur drei Sitze errangen, noch die Nazis profitieren, die bei ihrem erstmaligen kommunalpolitischem Auftreten ebenfalls nur drei der insgesamt 40 Stadtratsmandate verbuchten. Der kleine Anfangserfolg der Nationalsozialisten und deren totale Obstruktionspolitik im Stadtrat mit Polemik, Demagogie und wiederholten Auflösungsanträgen zwang aber die bürgerlichen Parteien, die Zusammenarbeit mit der SPD bei der Lösung der schwierigen Probleme in der Weltwirtschaftskrise zu suchen.

Ausdruck der Zwangslage: Die Bürgermeisterwahl 1930

Die Zwangslage der SPD als Ergebnis der Stadtratswahlen von 1929 zeigte sich auch offen bei der Entscheidung über die Nachfolge des im September 1930 verstorbenen Oberbürgermeisters Dr. Weiß.

Gegen erheblichen Widerstand in der Partei entschied die Stadtratsfraktion, den bürgerlichen Kandidaten Dr. Ecarius mitzuwählen. Obwohl auch der sozialdemokratische Bürgermeister der kleinen Nachbarstadt Oppau, Dr. Rudolf Zorn, „alle Anforderungen" erfüllte und auch bei der Vorstellung im Stadtrat einen guten Eindruck hinterließ, hielt man seine Kandidatur nach Gesprächen mit den anderen Fraktionen für aussichtslos: „Sämtliche bürgerlichen Parteien, von den Demokraten bis nach Rechts", erklärte die Fraktion in der Parteizeitung, „waren sich einig darin, daß ein Bürgerlicher 1. Bürgermeister werden müsse". Die „Pfälzische Post" brachte die Überlegungen der SPD-Fraktion in dieser schwierigen Lage auf folgenden Nenner: „Soll sie angesichts eines sicheren Unterliegens die Kandidatur ihres Genossen Dr. Zorn aufrecht erhalten, oder soll sie versuchen, Einfluß darauf zu gewinnen, wer Bürgermeister wird?"

Sie entschied sich gegen Dr. Zorn, um die Wahl des parteipolitisch ungebundenen Regierungsrates Schattenfroh, des Kandidaten des Zentrums, zu verhindern. Dabei mußte sie in Kauf nehmen, daß unter den 27 Stimmen für Ecarius sich auch die der drei nationalsozialistischen Stadträte befanden.

Die Auseinandersetzungen zwischen SPD und Zentrum bei dieser wichtigen Personalentscheidung zeigten aber auch, wie wacklig die über Jahre in zahllosen Entscheidungen praktizierte Gemeinsamkeit der beiden großen Parteien der Weimarer Koalition geworden war. Das Zentrum unternahm seit Ende der 1920er Jahre große Anstrengungen, sich von der Sozialdemokratie abzusetzen. Um dem Druck von rechts auszuweichen, wollte sie „das Odium von sich abschütteln, daß Schwarz und Rot die Politik auf dem Stadthaus machen".

Paul Kleefoot (1870 - 1938), Aufnahme aus den 20er Jahren.

Kontinuität sozialdemokratischer Kommunalpolitik: Bürgermeister Kleefoot

Wenn als Ergebnis der verschiedenen Kommunalwahlen der Sozialdemokratie das wichtige Amt des ersten Bürgermeisters verschlossen blieb, so war sie doch bis zur nationalsozialistischen Machtübernahme 1933 auch nach dem Ausscheiden von Jakob Binder als Adjunkt durch Paul Kleefoot als hauptamtlichem Zweiten Bürgermeister kontinuierlich in die Führung der Stadtverwaltung einbezogen. Er war im Juli 1920 erstmals in dieses Amt berufen und im Oktober 1929 für weitere zehn Jahre wiedergewählt worden. Während ihm 1920 mit Jakob Müller von der USPD als ehrenamtlichem Beigeordneten noch ein weiterer Sozialdemokrat zur Seite gestellt worden war, verkörperte er in den Jahren danach allein das sozialdemokratische Element in der Verwaltungsspitze.

Als Wohlfahrtsdezernent war er in den ganzen Jahren für den Bereich verantwortlich, der der Sozialdemokratie auch in der Kommunalpolitk ganz besonders am Herzen lag. Er war damit aber zugleich auch für die Lösung der gewaltigen sozialen Probleme zuständig, die im Gefolge von Krieg, Inflation, Arbeitslosigkeit und weiterem Bevölkerungswachstum auftraten. Für diese schwierige Aufgabe brachte er vor allem aus seiner Tätigkeit als Direktor des Ludwigshafener Konsumvereins Erfahrungen mit, die er seit 1916 unter den denkbar schwierigsten Verhältnissen erfolgreich ausgeübt hatte. Bei seiner Arbeit als Bürgermeister konnte er sich auf ein breites Vertrauen in der Partei stützen, die er selbst seit 1906 jahrelang als Vorsitzender des Ludwigshafener Ortsvereins und als stellvertretender pfälzischer Gauvorsitzender sowie als Chefredakteur der „Pfälzischen Post" geleitet hatte.

Grundlage seines politischen Handelns war das Bemühen, „dem harten Ringen einer fürsorgebedürftigen Bevölkerung im Kampf um das nackte Dasein soziales Verständnis und liebevolles Mitgefühl" entgegenzubringen und Fürsorge aus humanitärer Gesinnung zu betreiben.

Das hieß für Kleefoot in den Anfangs- und den Endjahren der Republik vor allem, „die Bevölkerung, die durch die politischen Ereignisse brotlos geworden war, vor Hunger und Elend" zu schützen. Während seiner dreizehnjährigen Amtszeit lautete jedoch seine politische Hauptparole angesichts der großen Wohnungsnot in Ludwigshafen: „Bauen und wieder Bauen!" Kleefoot war sich dabei immer des engen Handlungsrahmens der Kommunalpolitik auch nach der Demokratisierung der Institutionen, der Stärkung der kommunalen Selbstverwaltung durch die Reformen der Regierung Hoffmann und der 1920 gewonnenen Kreisunmittelbarkeit der größeren Städte bewußt. Des öfteren machte er auch auf den Bezirksparteitagen deutlich, daß die Gemeindevertretungen „keine gesetzgebenden, sondern nur Verwaltungs- und Vollzugsorgane sind, die ihre Tätigkeit im Rahmen der Gesetze auszuüben haben."

Vor allem die eingeschränkte Finanzhoheit der Kommunen war Kleefoot ein Dorn im Auge: „Die Finanzrechte der Gemeinden sind ebenfalls durch gesetzliche Bestimmungen auf das Äußerste eingeschränkt, das Umlagesystem hat nur Bezug auf die Grund-, Haus- und Gewerbesteuern, während aus der Einkommenssteuer den Gemeinden nur prozentuale Anteile vom Reich durch die Länder überwiesen werden", erklärte er z. B. auf dem Parteitag 1924 in Kaiserslautern. Trotz aller Schwierigkeiten hielt er erfolgreiche sozialdemokratische Gemeindepolitik für möglich: „Der verlorene Krieg in Verbindung mit dem Friedensvertrag und die politische Umwälzung hat die Partei gezwungen, in ihren programmatischen Forderungen auf manches zu verzichten, was vordem in normalen Zeiten ohne weiteres durchführbar gewesen wäre. Was trotz dieser durch die Zeitverhältnisse erzwungenen programmatischen Einschränkungen erzielt und erreicht worden ist, kann sich sehen lassen", betonte er mit Blickrichtung auf die Angriffe von Seiten der Kommunisten.

„Bauen und wieder Bauen!"

Zwischen 1910 und 1925 nahm die Bevölkerung der Stadt Ludwigshafen um über 18.000 Menschen auf 101.000 zu. Wurden vor dem Krieg jährlich durchschnittlich rund 500 neue Wohnungen gebaut, so waren es während der gesamten Jahre 1914 bis 1918 lediglich rund 600. Obwohl z. B. der bayerische Wohlfahrtsminister bei seinem Pfalzbesuch im Herbst 1920 die Leistungen der Stadt Ludwigshafen im Bereich des Wohnungsbaues besonders positiv hervorhob, konnte der gewaltige Fehlbestand an Wohnungen durch die Anstrengungen während der Inflationsjahre nur unwesentlich abgebaut werden.

Die Wohnungszählung von 1925 ergab, daß über 10 % der Familien in Ludwigshafen, nämlich genau 2.972, ohne eigene Wohnung waren. Von den 22.798 Wohnungen hatten 13.360 nur ein oder zwei Zimmer mit Küche. Die Zahl der Wohnungssuchenden betrug Anfang 1927 immer noch über 7.500. Ein Teil dieses Fehlbestandes ging auf die Requirierung von Wohnungen durch die französischen Besatzungsbehörden zurück.

Die Wohnungsbaupolitik der Stadt, die von den Sozialdemokraten im Stadtrat tatkräftig vorangetrieben wurde, war teilweise ein Wettrennen gegen den wachsenden Druck, der von der ständig steigenden Zahl junger Wohnungssuchender ausging. Dabei beschritten die Sozialdemokraten auch außergewöhnliche Wege, so den Umbau von leerstehenden Gewerberäumen und die Beschlagnahme von leerstehenden Wohnungen sowie von sogenannten „Luxuswohnungen". Das Schwergewicht lag allerdings eindeutig auf dem Bau neuer Wohnungen.

Die Stadt schuf dazu die Voraussetzungen durch eine vorausschauende Grundstückspolitik, die erst großflächige Bauvorhaben ermöglichte. In vielen Fällen war sie allerdings auch zu Enteignungsmaßnahmen gezwungen. In den Notzeiten, als die Materialbeschaffung fast unüberwindliche Hindernisse bereitete, zahlte sich die Unterhaltung einer eigenen städtischen Ziegelei und eines eigenen Sägewerks vorteilhaft aus. Unterstützt von Staatskrediten konnte der Wohnungsbau nach 1918 allmählich, wenn auch nicht ganz im Umfang der Vorkriegszeit, wieder angekurbelt werden. Auf dem Höhepunkt der Inflation wurde darüber hinaus im Rahmen der produktiven Erwerbslosenfürsorge ein Programm zur Produktion von Bausteinen durchgeführt.

Zu einem wichtigen Instrument wurde die Gründung der „Gemeinnützigen Aktiengesellschaft für Wohnungsbau" (GAG) im Jahre 1920, an der neben der Stadt Ludwigshafen auch die industriellen Großunternehmen und einige Bankinstitute beteiligt wurden. Auf der Grundlage der städtischen Siedlungsplanung und begünstigt dadurch, daß ihr meist über die Hälfte der zur Verfügung stehenden öffentlichen Förderungsmittel zugewiesen wurden, verwirklichte sie eine Reihe großer vorbildlicher Siedlungen und Bauvorhaben, welche das Gesicht der Stadt in vielen Teilen bis heute prägen.

Die zentralen Kriterien des städtischen Wohnungsbaues: Zweckmäßigkeit, Hygiene und Wirtschaftlichkeit, wurden um wichtige Gesichtspunkte erweitert. Die Auflockerung der Baumassen, die Besonnung der Wohnungen, die Schaffung von Freiflächen und die Durchlüftung der Siedlungsflächen schufen Akzente, die sich vorteilhaft von der Bauweise der Vorkriegszeit unterschieden. Die Siedlung auf dem Hochfeld, die Gartenstadt Hochfeld, die in ersten Ansätzen in die Vorkriegszeit zurückreicht, wurde bei ihrer Realisierung in der Nachkriegszeit diesem Anspruch in besonderer Weise gerecht. Mit dem Ebert-Park – ein Ergebnis von sogenannten Notstandsarbeiten und damit freiwilliger städtischer Arbeitsmarkt- und Sozialpolitik – wurde Mitte der 1920er Jahre die auch heute noch bestimmende innerstädtische Grün- und Freizeitanlage geschaffen, die in relativer Nähe zur Innenstadt große Teile der Bevölkerung im Einzugsbereich hatte. Städtebaulich wurde dieser Grünbereich eingefaßt durch die sogenannte Ebert-Siedlung mit 600 Wohnein-

Wohnungsbau in Ludwigshafen: Einweihung der Christian-Weiß-Siedlung am 13.9.1931 mit Bürgermeister Paul Kleefoot (1. v. r.).

Anlage des Ebertparks, Aufnahme vom 26.5.1925.

heiten, die mit großen, weiträumigen Innenhöfen und Spielflächen der verdichteten Blockbebauung die notwendige Offenheit zur Seite stellte. Das techniche Konzept dieser Bebauung beinhaltete die Beheizung durch ein Fernheizwerk und war somit auch für heutige Zeiten richtungsweisend. In seinem Rückblick auf die 30 Jahre sozialdemokratischer Mitarbeit im Ludwigshafener Stadtrat (1929) sprach Bürgermeister Kleefoot von einem Erfolg der städtischen Wohnungsbaupolitik, wie ihn wohl nur wenige Städte Deutschlands aufweisen können. Die Finanznot von Stadt, Land und Reich nach 1929 bereitete dieser großflächigen Baupolitik ein Ende.

Städtische Sozialpolitik

Die auf Initiative der Sozialdemokraten im Jahr 1917 nach jahrelangen Auseinandersetzungen mit den bürgerlichen Fraktionen geschaffene kommunale Erwerbslosenversicherungsanstalt mußte schon Ende 1918 wegen der Einrichtung der reichsgesetzlichen Erwerbslosenfürsorge ihre Arbeit einstellen.

Die SPD-Fraktion im Stadtrat konzentrierte sich deshalb in den nächsten Jahren darauf, durch Bereitstellung von Mitteln für die „produktive Erwerbslosenfürsorge" in Krisensituationen wenigstens einem Teil der Arbeitslosen und insbesondere denjenigen, die keinen Anspruch auf Hauptunterstützung hatten, aus der allergrößten Not zu helfen. Das konnte vor allem in der Zeit der Massenarbeitslosigkeit allerdings nur ein Tropfen auf den heißen Stein sein. 1931 beispielsweise erwarben etwas mehr als 300 und im Jahr darauf rund 400 Arbeitslose durch solche städtischen Notstandsarbeiten wieder einen Anspruch auf Leistungen aus der 1927 geschaffenen Arbeitslosenversicherung.

Wichtiges Instrument der kommunalen Arbeitsmarktpolitik in Ludwigshafen blieb bis zu seiner Entkommunalisierung im Jahre 1922 das 1903 geschaffene Arbeitsamt, nachdem der von den Arbeitgebern als bewußte Konkurrenz geschaffene Arbeitsnachweis mit der Revolution 1918 seine Tätigkeit einstellte. Mit Unterstützung der Sozialdemokraten im Stadtrat und der Gewerkschaften konnte das Arbeitsamt personell noch ausgebaut werden, um neben Aufgaben der reinen Arbeitsvermittlung auch die Berufsberatung und die Lehrstellenvermittlung zu übernehmen.

Wie groß die Not in der „Stadt der Arbeit" in der Weimarer Republik war und wie viele Menschen auf die Unterstützung der Gemeinschaft angewiesen waren, zeigt ein Blick auf eine Statistik aus dem Jahre 1926. Unterstützt wurden in der Armenfürsorge 3.576 Personen, in der Jugendfürsorge 572 Kinder und Jugendliche, in der Kleinrentnerfürsorge 253 Personen, in der Sozialrentenfürsorge 700 Personen, in der Kriegsbeschädigten- und Kriegshinterbliebenenfürsorge 1.798 Personen. 561 Erwerbslose mit 2.172 Familienangehörigen erhielten Unterstützung vom städtischen Wohlfahrtsamt. Zusammen mit den 3.464 aus der Erwerbslosenfürsorge Unterstützten bedeutete das, daß 13 % der Ludwigshafener Bevölkerung aus öffentlichen Mitteln unterstützt wurden. Die finanzielle Krise der Stadt, die in der Wirtschaftskrise bei ihren Hauptsteuereinnahmen einen Rückgang um mehr als die Hälfte hinnehmen mußte, führte dazu, daß die soziale Fürsorge der Stadt nicht auf dem zuvor erreichten hohen Stand gehalten werden konnte, zumal die kommunale Selbstverwaltung durch die Notverordnungen und durch die Finanzaufsicht der Kreisregierung immer mehr ausgehöhlt wurde.

Zur allgemeinen Fürsorge, der Vorläuferin unserer heutigen Sozialhilfe, traten in Ludwigshafen, initiiert und gefördert von Paul Kleefoot als „Wohlfahrtsdezernent", noch eine Reihe weiterer Einrichtungen. Dazu gehörten die Gewährung von Wochengeld, Stillgeld und Zuschüsse zu den Entbindungskosten, aber auch die Unterhaltung der Bekleidungsstelle mit der ihr angegliederten Schuhwerkstatt sowie die Volksküche, die für Kinderspeisungen und die Abgabe von Essen an bedürftige Erwachsene zuständig war.

Um ein Fundament für die Verbesserung der sozialen Lage benachteiligter Kinder und Jugendlicher zu schaffen, unterstützten die sozialdemokratischen Stadträte die Bemühungen Kleefoots um den Aufbau der Säuglings- und Kleinkinderfürsorge, die Unterbringung von Schulkindern in Ferienheimen und Erholungsstätten und die schulärztliche Betreuung. Aus sozialpädagogischen Erwägungen schuf die Stadt schon früh acht „Knaben- und Mädchenhorte". Das städtische Krankenhaus erfuhr endlich die notwendige Neubauerweiterung, so daß Bürgermeister Kleefoot nach Abschluß dieser Maßnahmen voller Stolz davon sprach, daß man jetzt über eine vorbildhafte Musteranstalt verfügte.

Im Massenelend der Jahre der Weltwirtschaftskrise zählten die Leistungen sozialdemokratischer Kommunalpolitik allerdings nicht mehr viel. Eingezwängt durch gesetzliche Vorschriften mußten die Sozialdemokraten teilweise einen Abbau der von ihnen geschaffenen Einrichtungen notgedrungen mitverantworten. Kommunalpolitik ging im Strudel der allgemeinen politischen Krise unter.

Dieser Beitrag beruht auf meinem Aufsatz: „Die Zeit der Weimarer Republik" in: 100 Jahre Sozialdemokratische Kommunalpolitik für Ludwigshafen, hrsg. von der SPD-Stadtratsfraktion Ludwigshafen am Rhein, Ludwigshafen 1989.

Elisabeth Alschner

„Wir haben gewußt, daß wir um eine neue Welt ringen wollten ..."
Juden in der pfälzischen SPD

In den 40er Jahren des vergangenen Jahrhunderts veränderte sich die soziale Struktur der pfälzischen Juden. Viele von ihnen, vor allem die wohlhabenderen, verließen die Dörfer, in denen sie bis dahin gelebt hatten, und zogen in die größeren pfälzischen Städte.[1]

Obwohl die meisten Juden in der Pfalz, entsprechend ihrer ökonomischen Situation, eher bürgerlich konservativ eingestellt waren, gab es doch auch solche, die Mitglieder der Sozialdemokratischen Partei wurden. Welche Bedeutung die jüdischen Bürger für die aufstrebende Arbeiterbewegung hatten, bedarf noch einer genaueren Untersuchung. Einige wenige Familiengeschichten und Einzelschicksale, die bekannt sind, liefern nur bruchstückhaft den Hinweis darauf, was jüdische Genossinnen und Genossen in der Pfalz für die Partei, für ihre nationale Anerkennung, für soziale Gleichberechtigung und Gleichbehandlung, oft unter Einsatz ihres Lebens, geleistet haben.

Jeanette Wolff sagte dazu auf dem Nürnberger Parteitag der SPD im Jahre 1947: „Das deutsche Volk ist nicht antisemitisch ... Kommunisten und andere sind in das KZ hineingegangen, ebenso wie ich und andere sozialdemokratische Kämpfer hineingegangen sind, die das Pech hatten, von einer jüdischen Mutter geboren zu sein ... Aber es ist doch ein Unterschied zwischen uns und den anderen Juden. Wir haben gewußt, daß wir um eine neue Welt ringen wollten, in deren Mittelpunkt der Mensch stehen sollte ... Aber jene Zahl von unzählbaren Juden, die im Ofen verbrannten und im Lager gemordet wurden, ... sie wußten nicht, warum sie in dieses Verderben gingen ..."

Es ist wie ein Hohn, daß es gerade Jeanette Wolff war, die 1947 von aufgebrachten SED-Demonstranten im Berliner Abgeordnetenhaus zu Boden geworfen wurde, weil man sie für Luise Schröder hielt. Als man den Irrtum erkannte, wurde sie mit antisemitischen Hetzparolen beschimpft.[2]

Die nachfolgenden wenigen Lebensläufe und Einzelschicksale sind als Anregung gedacht, mehr über unsere jüdischen Genossinnen und Genossen zu erfahren, um sie unserer pfälzischen Parteigeschichte anzufügen.

Der Speyerer Ludwig Metzger

Einer der Juden, die sehr früh den Weg in die SPD fanden, war Ludwig Metzger. Sein Großvater Abraham Moses war um 1800 aus Altleiningen nach Speyer gezogen. Er hatte neun Töchter und zwei Söhne. Ludwig, 1851 geboren, war zunächst Tapezierer und Möbelhersteller. Im November 1907 eröffnete er in der Maximilianstraße das erste Kino in Speyer. Er betrieb es mit der ganzen Familie. Sein Sohn Friedrich, Mitglied der Turngesellschaft Speyer, der Vorläuferin der Freien Turnerschaft, drehte Lokalberichte; Tochter Rosa war als Berufsfotografin für die Bearbeitung des Materials zuständig; Sohn Adolf, später Kameramann bei der UFA, war der Vorführer.[3]

Ludwig Metzger war Mitglied der SPD und wurde auf der Generalversammlung vom 6. Oktober 1907 als erster Schriftführer in den Vorstand der Speyerer Ortsgruppe gewählt. Er befand sich als Handwerker in guter Gesellschaft. Der Vorstand setzte sich aus drei Schuhmachern, einem Maurermeister, einem Geschäftsführer, einem Zimmermann und einem Fabrikarbeiter zu-sammen.[4]

Ludwig Metzger war ein gewissenhafter Schriftführer. Er vergaß auch nicht, eigene Redebeiträge und Anträge zu vermerken. So protestierte er dagegen, daß die Reichsregierung alle Lasten, die sich aus den Notstandsarbeiten ergaben, auf die Kommunen abwälzte. Er kritisierte die Speyerer Marktordnung und setzte sich besonders für die „Kehrfrauen" der Schulen ein. Sie wurden von den Hausmeistern nicht nur schlecht behandelt, sondern auch ungenügend bezahlt. Metzger machte auch auf die Auswirkungen der Zigarrenbanderolensteuer aufmerksam und unterstütze nachdrücklich eine Fragebogenaktion, die die Arbeiter auf den Erwerb des Heimatrechtes hinweisen sollte, weil davon nicht nur das Wahlrecht, sondern auch die Sicherheit der Familie im Todesfalle des Ernährers abhängig war.

Gemeinsam mit seinem Sohn Isidor, dem Schneider Leist sowie Wilhelm Hauck und Michael Büchner gründete Ludwig Metzger 1906 in Speyer eine Ortsgruppe des Verbandes junger Arbeiter und Arbeiterinnen.[5] Da es die Vereinsgesetze in den süddeutschen Staaten Schülern und Lehrlingen erlaubten, sich politisch zu betätigen, hatten sich ab dem Herbst 1904 Arbeiterjugendverbände herausgebildet, die sich am 11. Februar 1906 auf einer Konferenz in Karlsruhe zum Verband junger Arbeiter und Arbeiterinnen zusammenschlossen. Dessen erste Generalversammlung vom Oktober 1906 in Mannheim beschloß ein Statut, das von einer straffen Zentralisation absah, um es auch jungen Arbeiterinnen möglich zu machen, in die Organisation einzutreten. In den Jahren 1906 und 1907 entstanden in folgenden pfälzischen Städten und Gemeinden Ortsgruppen, in: Altrip, Bobenheim, Eisenberg, Frankenthal, Friesenheim, Kaiserslautern, Kerzenheim, Ludwigshafen, Maudach, Neustadt, Oggersheim, Oppau, Pirmasens und Speyer.

Die Verbandszeitung, „Die junge Garde", distanzierte sich nachdrücklich von dem „Radaupatriotismus der Kriegsvereinler", war aber bereit, falls Deutschland angegriffen werden sollte, das Vaterland zu verteidigen. Das Hauptanliegen des Jugendverbandes aber war, die Mitglieder mit der Gedankenwelt des Sozialismus vertraut zu machen.[6] 1909 kandidierte Metzger auf der Liste seiner Partei für den Speyerer

Ludwig Metzger (1851 - 1914).

Stadtrat. Er erhielt 796 Stimmen und wurde damit dritter Ersatzmann.[7] Ludwig Metzger starb 1914.[8]

Der Speyerer Adolf Salzberg

Ein anderes Beispiel einer herausragenden jüdischen Persönlichkeit in der pfälzischen SPD war Adolf Salzberg. 1888 in Pabianitze im russischen Teil von Polen geboren, kam er 1916 nach Speyer. Er war mit Gitte Mühlstein verheiratet, eine Tochter wurde 1918 in Speyer geboren. Die Familie wohnte in der Karmeliterstraße, später in der Ludwigstraße 36a.[9]

Anfang der 20er Jahre gehörte Salzberg zu den bedeutenden Sozialdemokraten in Speyer. Er bekleidete aber nicht nur in der Stadt selbst wichtige Parteiämter, sondern vertrat Speyer häufig auch als Delegierter zum Bezirk und wurde zum Revisor der Bezirkskasse bestimmt. Daneben war er eine Zeit lang auch Vorsitzender des Speyerer Gewerkschaftskartells. Wegen seiner reformistischen Haltung kam es dort allerdings häufig zu harten Auseinandersetzungen mit den Vertretern der Speyerer KPD.[10]

Am 16. Januar 1924 meldete die Gendarmeriestation der Pfalz, daß Adolf Salzberg sich als „After-Bezirksamtmann" der separatistischen Bewegung „Freie Pfalz" in Speyer niedergelassen habe.[11] Ob er weiterhin Mitglied der SPD geblieben war, was zu seiner Hinwendung zum Separatismus geführt hatte und wie die Speyerer Partei zu seiner Haltung stand, ist nicht zu ergründen.

Die Protokollbücher, die sonst jeden Vorstandszank vermerken, schweigen sich darüber aus. In der Einwohnerkartei der Stadt Speyer ist lediglich vermerkt, daß er 1924 vermutlich in Frankreich war und am 1. Januar 1925 mit der Familie nach Leipzig verzog.[12]

Der Ludwigshafener Heinrich Derringer

Eine weitere bedeutende Persönlichkeit war der Gewerkschafter Heinrich Derringer. 1882 in Niederpetschendorf in Schlesien, Kreis Goldberg-Haynau nahe Liegnitz geboren, tauchte er erstmals 1913 als „Maschinist" unter verschiedenen Adressen in Friesenheim auf. 1925 wurde er als Gewerkschaftssekretär wohnhaft in Friesenheim, Spatenstraße 16 erwähnt. Ab 1928 wohnte er in der Wachenheimer Straße 32, in einem Haus der Baugenossenschaft Ludwigshafen/Gartenstadt. Das spricht dafür, daß Derringer Familie hatte.[13]

In einer Jubiläumsausgabe der „Pfälzischen Post" vom 12. Oktober 1929 schilderte er in einem großen Artikel die Entwicklung der Fabrikarbeitergewerkschaft in Ludwigshafen von einem kleinen Verein ungelernter Arbeiter zu einer machtvollen Organisation. Er beschrieb außerdem aus eigener Erfahrung die politische Umwälzung nach dem Ersten Weltkrieg. Sie führte dazu, daß fast die ganze Arbeiterschaft der zuständigen Berufszweige in Ludwigshafen der Gewerkschaft der Fabrikarbeiter beitrat. Leider sei bei dem größten Teil der Mitglieder, so Derringer weiter, der gewerkschaftliche Gedanke nicht tief genug verwurzelt gewesen, um die wirtschaftlichen Schwierigkeiten der Stabilisierungsphase zu überstehen. „Größeres hätte erreicht werden können, wenn nicht durch die Macht der wirtschaftlichen Entwicklung ... [und] durch die maßlose Hetze gegen die Gewerkschaften deren Aktionskraft entscheidend geschwächt worden wäre ..." Derringer schloß seinen Artikel mit einem optimistischen Vergleich der Vergangenheit mit der Gegenwart. Er beschrieb die Fabrikarbeitergewerkschaft als Wall gegen den Ausbeutungswillen des Unternehmertums, der es ermöglicht habe, die wirtschaftlichen, sozialen und politischen Voraussetzungen für die Arbeitnehmer entscheidend zu verbessern.

1920 wurde Derringer auf der gemeinsamen Liste der Freien und der Christlichen Gewerkschaften in den Betriebs- und Arbeiterrat der BASF gewählt und übernahm den Vorsitz. Er war der einzige Vertreter der Fabrikarbeitergewerkschaft, der dieses wichtige Amt während der Weimarer Republik bekleidete. Sonst wurde es von den Vertretern der Metall-, Holz- oder der Gewerkschaft der Heizer und Maschinisten besetzt. Das belastete das Verhältnis des Betriebsrates der BASF zu der Fabrikarbeitergewerkschaft nicht unerheblich.[14]

1921 wurde Derringer Bevollmächtigter der Fabrikarbeitergewerkschaft, Zahlstelle Ludwigshafen, deren Geschicke er bis 1933 als hauptamtlicher Geschäftsführer mitgestaltete.

Dies war eine sehr schwierige Zeit. Binnen Jahresfrist war 1919 die Mitgliederzahl der Zahlstelle Ludwigshafen von knapp 3.500 auf 10.000 angewachsen. Es war schwer, die in gewerkschaftlichen Traditionen kaum verwurzelten, unaufgeklärten Mitglieder mit Form und Inhalt der Verbandspolitik vertraut zu machen und ihnen zu erklären, daß Organisation auch Ordnung bedeute und Einordnung des Einzelnen unter das Ganze.

Die Verbandsfunktionäre, unter ihnen auch Derringer, vertraten eher die Linie des sozialpartnerschaftlichen Ausgleichs mit den Arbeitgebern. Ihr defensives, auf Kompromiß ausgelegtes Verhalten führte zu einem erheblichen Prestigeverlust der Gewerkschaft bei den Chemiearbeitern.[15]

Welche Rolle Derringer in der Ludwigshafener SPD spielte, ist nur schwer zu ermitteln. Er kandidierte erstmals bei der Kommunalwahl 1924 auf Platz 33 der sozialdemokratischen Liste für ein Stadtratsmandat. Wegen des schlechten Listenplatzes erreichte er jedoch sein Ziel nicht und wurde erst 1929 in den Stadtrat gewählt.[16]

Während der NS-Zeit wurde Derringer die deutsche Staatsbürgerschaft aberkannt, weil es das „Gesetz über den Widerruf der Einbürgerungen und die Aberkennung der deutschen Staatsbürgerschaft" vom Juli 1933 ermöglichte, Personen, die zwischen dem 9. November 1918 und dem 30. Januar 1933 in Deutschland eingebürgert worden waren, die deutsche Staatsbürgerschaft, sofern sie aus völkisch-nationalen Gründen unerwünscht waren, wieder abzuerkennen. Die „NSZ Rheinfront" meldete am 28. Mai 1935, daß 16 Ludwigshafener Bürgern daraufhin die Staatsbürgerschaft aberkannt worden war, darunter auch dem ehemaligen SPD-Stadtrat Heinrich Derringer.[17] In den Adreßbüchern der Stadt Ludwigshafen taucht sein Name letztmals 1933 auf. Danach ist er „verschwunden".[18]

Die Landauer August Schönfeld, Richard Joseph und Fritz Siegel

In der Weimarer Zeit engagierte sich auch eine große Zahl von jüdischen Geschäftsleuten in der Partei. Der Geschäftsführer des SPD-Unterbezirks Landau, Klingenstein, der sein Amt 1925 antrat, berichtete später einmal: „Da auch einige Juden bei uns Mitglied waren, verschrie man uns schon damals als Judenpartei. Sehr aktiv arbeiteten die jüdischen Genossen August Schönfeld und Richard Joseph mit. Beide waren Weinhändler ... Weil Joseph bei der Bevölkerung im hohen Ansehen stand, galt sein Wort auch bei den Mitgliedern sehr viel. Er war ein sehr spendabler Mann, der für die Partei große Opfer brachte. Oft übernahm er für arme Leute, die bei der Kasse um ein Darlehen ansuchten, die Bürgschaft. Er war Mittelsmann zwischen der jüdischen Gemeinde Landau und der Partei ... Um junge Leute für das Reichsbanner zu gewinnen, wurde ein Musikzug gegründet. Die Instrumente, die wir kauften, viele auf Teilzahlung, wurden fast alle von unseren jüdischen Mitgliedern bezahlt ... Neben Schönfeld und Joseph waren auch die jüdischen Mitglieder Fritz Siegel und die Brüder August und Emil Sender in der Partei sehr aktiv."

Schönfeld, so läßt sich aus den vorhandenen Unterlagen schließen, gehörte zu den einflußreichsten Landauer Sozialdemokraten. Seine Wahl in wichtige Vorstandsämter beweist das hohe Ansehen, welches er bei den Mitgliedern hatte. Als er 1927 wegen der zunehmenden antisemitischen Hetze auf eine Wiederwahl zum Vorsitzenden der Landauer SPD verzichten wollte, war kein anderer bereit, das Amt zu übernehmen, so daß er es „notgedrungen" weiterführte. Er leitete auch die letzte Mitgliederversammlung am 3. März 1933 und beendete sie mit dem Ruf: „Freiheit!" Der Ortsverein löste sich danach, dem drohenden Verbot zuvorkommend, am 7. April 1933 auf.[19] Im Jahre 1938 wanderte Schönfeld nach Amerika aus.[20]

Richard Joseph vertrat die Landauer SPD von 1920 bis 1929 im Stadtrat. Nach der Ausweisung des Bürgermeisters durch die französische Besatzungsmacht in alle Ausschüsse des Rates für ihn nachgerückt, wurde er Vierter stellvertretender Bürgermeister. Er machte als Sozialdemokrat kein Geheimnis aus seinem Engagement für den Mittelstand und verleugnete niemals seine jüdische Identität. So lehnte er z.B. alle städtischen Hilfsmaßnahmen für notleidende Studierende ab, weil sie auf allen Hochschulen, bei allen studentischen Korporationen, ja selbst bei den „kleinen Bübchen im Gymnasium" als Unterstützungsgelder für die deutschvölkische Propaganda und die antisemitische Hetze genutzt würden.

Joseph wurde am 11. März 1933 verhaftet und in das Lager Rheinpfalz des freiwilligen Arbeitsdienstes verbracht, weil die Gefängnisse nach der ersten Verhaftungswelle sozialdemokratischer und kommunistischer Mandatsträger überfüllt waren. 1940 wurde er von Mannheim nach Gurs überführt, wo sich seine Spur verliert.[21]

Fritz Siegel, 1908 in Ingenheim geboren, ließ sich, nach dem Besuch der Real- und Handelsschule in Landau und der Ingenieursausbildung in Berlin, 1931 wieder in der südpfälzischen Stadt nieder. Als Mitglied der SPD und des Reichsbanners wurde er 1933 in „Schutzhaft" genommen. 1939 emigrierte er nach Frankreich, wurde jedoch 1944 in Marseille von der Gestapo verhaftet und nach Auschwitz deportiert. Als einer der ganz wenigen Juden überhaupt, die den Holocaust überlebt hatten, kehrte er 1945 aus dem Konzentrationslager Mauthausen – seine Frau und seine zwei Kinder waren in Auschwitz ermordet worden – in seine Heimatstadt zurück. Obwohl er unter dem Faschismus gelitten und seine Familie verloren hatte, wurde Siegel sofort wieder politisch aktiv, gehörte zu den Wiedergründern des SPD-Ortsvereins und vertrat die Partei von 1948 bis 1952 im Stadtrat. Seinen Leidensgenossen verpflichtet, gründete er daneben die jüdische Gemeinde Landau aufs Neue und leitete dann viele Jahre als Geschäftsführer die israelitische Kultusgemeinde der Rheinpfalz. Er starb 1978 in Landau.[22]

Die Kaiserslauterer Carl und Franz Wertheimer

Auch in Kaiserslautern gab es in der SPD aktive jüdische Mitglieder. Carl Wertheimer, am 30. Januar 1873 in Kaiserslautern als

Sohn eines Zigarrenfabrikanten geboren, trat bereits 1898 der Organisation bei.[23] Mit den Kaiserslauterer Verhältnissen gut vertraut, leistete er ab 1909 im Rat für die Stadt und die Partei wertvolle Arbeit. Seine Kenntnisse des privaten Grundstückbesitzes und dessen Bewertung waren für den Ankauf der städtischen Bodenvorratswirtschaft als Voraussetzung für die Bereitstellung von Baugelände in Erbpacht sehr geschätzt. Bei den Industriearbeitern dagegen hatte der lebensfrohe und volkstümliche Mitstreiter manches Vorurteil zu überwinden. Im Jahre 1900 war er Teilhaber in der Zigarrenfabrik seines Vaters geworden. Er mußte daher auch seine Interessen als Arbeitgeber wahrnehmen, was die Arbeiter in der SPD nicht immer verstanden. Zu Beginn des Ersten Weltkrieges meldete sich Carl Wertheimer freiwillig zum Heer. Er machte den Krieg als Offiziersanwärter mit, erlitt eine schwere Gasvergiftung und erhielt neben dem Verwundetenabzeichen auch andere Tapferkeitsorden.

Im Unterschied zu Carl vertraten seine Brüder Gustav und Julius Wertheimer eher bürgerlich-konservative Positionen. Ganz anders sein Sohn Franz. Er trat während der Weimarer Republik in die SPD ein und engagierte sich auch im Reichsbanner. Carl und Franz Wertheimer gehörten zu den ersten, die 1933 verhaftet wurden und als Schutzhäftlinge zunächst in das Gefängnis Kaiserslautern und später nach Neustadt verbracht wurden. Nach ihrer Entlassung erhielt Franz Wertheimer Stadtverbot: Das Betreten von Kaiserslautern war ihm untersagt. Carl Wertheimer hingegen durfte in seine zerstörte Wohnung in der Ottostraße zurückkehren. Er hatte gegenüber seinen Brüdern Julius, Emil und Gustav den „Vorteil", mit einer Christin verheiratet zu sein. Es gelang ihm, wegen seines Bekanntheitsgrades, in der Barbarossastadt zu überleben. Am 7. Juli 1945 berief ihn die amerikanische Militärregierung in den Bürgerrat. 1946 war er einer der dreizehn Sozialdemokraten, die in den neugewählten Stadtrat einzogen.

Wertheimer engagierte sich auch im Zeitungswesen seiner Heimatstadt. Er war 1945, der damaligen Lizenzierungspraxis der Besatzungsbehörden entsprechend, als einer der SPD-Vertreter an der Wiedergründung der „Pfälzischen Volkszeitung" Kaiserslautern beteiligt.[24] Bereits 1914 hatte er sich für die Gründung einer westpfälzischen SPD-Zeitung eingesetzt, und seit 1921 war er Rechtsträger der „Pfälzischen Freien Presse".

Wertheimer starb 1958 in seiner Heimatstadt. Aus der Vielzahl der Nachrufe sei ein Satz aus der „Pfälzischen Volkszeitung" zitiert: „Er ließ sich in seinen Entscheidungen nie von Haß, sondern von Sachlichkeit, gepaart mit warmer Menschlichkeit, leiten".[25]

Die Neustadter Gustav Weil und Selma Mayer

In Neustadt gibt es weitere Beispiele jüdischen Engagements für die Sozialdemokratie. Hier wurden 1909 sechs Parteimitglieder in den 26köpfigen Stadtrat gewählt. Einer von ihnen war der Jude Sigismund Rosenthal, 1866 in Kroftdorf bei Wetzlar geboren und Häutehändler von Beruf. 1914 zog er erneut neben vier weiteren Sozialdemokraten in den Neustadter Stadtrat ein. Er starb 1923.[26]

Eine bedeutendere Rolle spielte Gustav Weil. Er wurde 1871 in Landau geboren, war zunächst Weinhändler und vertrat später die Berliner Metallfabrik Hirsch.

Weil war viele Jahre Vorstandsmitglied der israelitischen Kultusgemeinde Neustadt. 1925 wurde er zum stellvertretenden Vorsitzenden der SPD-Ortsgruppe gewählt. Ab 1928 war er ihr Vorsitzender. Er vertrat die Genossinnen und Genossen auch als Delegierter im Unterbezirk und im Bezirk. 1930 rückte er in den Stadtrat nach und übernahm die Fraktionsführung, in der schwierigen Zeit der Wirtschaftskrise keine leichte Aufgabe.[27]

Nach dem Verbot der Partei wurde Weil am 24. Juni 1933 gemeinsam mit dem Zentrumsvorsitzenden Matt und den BVP-Reichstagabgeordneten Dr. Bayersdörfer und Dr. Pfeiffer verhaftet. Sie mußten an der Spitze eines Zuges durch die Stadt gehen, hinter ihnen marschierten die SA, die SS und die Beamtenschaft. Pfeiffer sollte ein Schild tragen, das ihm aber Weil hilfreich abnahm. Auf ihm stand geschrieben: „So vier wie wir, gibts keine mehr hier." Anschließend wurden alle vier in „Schutzhaft" genommen, Weil zusammen mit Pfeiffer in eine Zelle gesperrt. 1938 konnte Weil, der als Jude besonders gefährdet war, nach Buffalo/USA auswandern, wohin ihm seine Tochter aus dem Elsaß nachfolgte.

Eine der wenigen bekannten jüdischen Frauen, die sich in der pfälzischen SPD engagierten, war Selma Mayer. 1881 in Minfeld geboren, heiratete sie den selbständigen Metzger Theodor Mayer. Selma, Theodor und die einzige Tochter Else waren Mitglieder der SPD in Neustadt. Selma bekleidete von 1929 bis 1932 das Amt der zweiten Schriftführerin im Vorstand der örtlichen Partei. Der Familie Mayer gelang es, 1934 nach Palästina auszuwandern. Sie kam 1950 in die alte Heimat zurück, verließ sie aber nach einigen Wochen entfremdet und enttäuscht für immer.

Aber nicht nur in den pfälzischen Städten gab es jüdische SPD-Mitglieder und Funktionäre. Auch in den kleinen Gemeinden waren sie vertreten. So war Gottlieb Adler, 1881 geboren, bis zum Verbot der

Gustav Weil (1871 - 1941) und Johanna Weil, Aufnahme um 1938 in den USA.

Partei 1933 Mitglied der SPD Ortsgruppe Lingenfeld. Er starb in Gurs am 15. September 1941 und ist auf dem dortigen Deportiertenfriedhof begraben. Die Ehefrau Mathilde und die Kinder Ernst und Nelly Adler wurden von Gurs in das Lager Drancy, von dort ins Konzentrationslager Auschwitz deportiert, wo sie vermutlich umgebracht wurden.[28]

Die Speyererin Rosa Metzger

Der Kreis schließt sich mit der Speyerer Familie Metzger, die bereits am Anfang des Aufsatzes stand. Rosa Metzger wurde 1920 als erste Frau in den Vorstand der Speyerer SPD gewählt. Sie wohnte damals in der Herdstraße. Die vor ihr dem Gremium angehörenden Marie Wolf, Dora Zinser und

Anna Harz waren als Vertreterinnen der Frauen oder der Arbeiterwohlfahrt kooptiert worden. Gleich zu Beginn der NS-Herrschaft warnten Freunde die Metzgers in Speyer vor dem Rassenwahn der Nationalsozialisten. Sie zogen daraufhin 1934 nach Straßburg, wo sie unter ärmlichen Bedingungen lebten.

Die verschärften französischen Einwanderungsgesetze, die alle nach 1933 Eingewanderten dazu zwangen, Frankreich wieder zu verlassen, führten dazu, daß die Familie Friedrich Metzger im Mai 1935 nach Deutschland zurückkehrte.[29] Sie zog nach Ludwigshafen, wo sich fast die ganze Großfamilie Metzger wiederfand. Durch die Bemühungen der Liga für Menschenrechte konnten die Metzgers nach dem Fall der Laval-Regierung 1938 nach Frankreich zurückkehren. Der Überlebenskampf der nächsten Jahre, besonders nach der Besetzung Frankreichs durch deutsche Truppen, war schwer, so der Sohn Jean Metzger in einem Schreiben an die Verfasserin. Um den Massenverhaftungen zu entgehen, floh die Familie 1942 in die Schweiz. Von dort wanderte sie 1946 nach Amerika aus.

Rosa Metzger mußte in Ludwigshafen bleiben und betrieb dort mit ihrem Lebensgefährten ein Fotoatelier.[30] Wie fast alle in der Pfalz verbliebenen Juden wurde sie am 22. Oktober 1940 nach Gurs deportiert und vermutlich später in Auschwitz ermordet.

Sie hinterließ eine Reihe von Briefen, die, noch nie veröffentlicht, das langsame Sterben der pfälzischen Juden in Gurs, Camp de Noe und de Vernet veranschaulichen. Hunger, Kälte, die Unsicherheit der eigenen Lebenssituation, aber vor allem die Sorge um den Sohn Helmut, der Bühnenbildner war, ebenso das für sie entwürdigende Betteln um Lebensmittel sprechen aus fast jeder Zeile. Einige Ausschnitte daraus sollen diesen Aufsatz beenden.[31]

Camp de Noé, 8.3.1942
„In der Baracke ist es zu kalt … meine Nerven halten bald die Sorgen nicht mehr aus, die ich mir um Helle [Sohn Helmut], Ottele und Jeny mache … Wer weiß, wo mein Helle ist … Meine Hände habe ich fast immer in einer Art Muffgebilde gewärmt und einen Mantel trage ich den ganzen Tag … Zwar sind wir schon oft um eine Hoffnung betrogen worden, aber einmal muß es sich doch erfüllen. Einmal wieder mit Euch sprechen zu können, wie schön wäre das. Von Gurs sind auch wieder viele gekommen. Dabei war Frau Reichenberger von Speyer, die aber schon mit einem Herzleiden hier ankam und auch daran verstarb … Von Speyer ist noch hier Frau Siegel, geb. Mayer von der Hauptstraße … sie ist in meiner jetzigen Baracke. Frau Ranzenberger von Speyer und Ludwigshafen, Frau Mendelsohn [Bella], geb. Müller von der Schuhfabrik und einer von den Klings, der auch jahrelang in Ludwigshafen wohnte … Viele sind mit ihren Auswanderungspapieren schon fertig gewesen, um nach Marseille zu kommen und nun hören sie nichts mehr davon, wie es mit dem Auswandern steht. Sie haben durch ihr Schicksal noch nichts gelernt, sind immer noch die alten Egoisten. Von einer Schicksalsgemeinschaft sind wir noch weit entfernt."

An den Verband der Schweizer Israelitischen Armenpfleger in Zürich, 28.3.1943
„Sehr geehrte Herren! Ich bin leider erst in der letzten Woche in den Besitz Ihrer Karte vom 21.12.1942 gekommen. Sie war also ein viertel Jahr unterwegs. Ich bitte Sie nun, so gütig zu sein und meinem Bruder Fritz Metzger nachfolgende Zeilen zu übermitteln …

Meine Lieben: Wie Ihr aus obigen Zeilen seht, bin ich zu einem Lebenszeichen von Euch gekommen … Mir geht es soweit

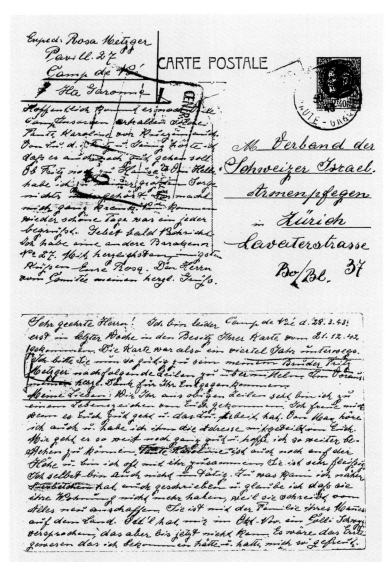

Postkarte Rosa Metzgers aus Camp de Noé in Südfrankreich an den Verband der Schweizer Israelitischen Armenpflege Zürich vom 28.3.1943.

noch ganz gut und hoffe ich so weiter bestehen zu können. Tante Karoline ist auch noch auf der Höhe und bin ich oft mit ihr zusammen. Sie ist sehr fleißig. Ich bin auch nicht untätig … Ob Fritz noch zu Hause ist? Von Helle habe ich zu meiner größten Sorge nichts mehr gehört. Das macht mich ganz krank."

Camp de Vernet, 28.4.1944

„Am 1. April hieß es in aller Frühe packen … Mit der Hoffnung, bis zum Kriegsende in Noe bleiben zu können, war es also nichts. Ob wir hier bleiben, wer weiß es? Das Wandern ist für uns alte Menschen immer mit Strapazen verbunden und man wünscht sich auch mal ein Ruheplätzchen auf unserer Wanderung ... Für die Beschaffung dieser Paten (die Lebensmittelpäckchen finanzieren) meinen innigsten Dank ... Von Max bekomme ich oft Briefe und auch Päckchen obwohl letztere ihnen sicher nicht leicht fallen ... Hoffentlich kann ich die beiden mit Päckchen bald entlasten und es kommt der Friede ... Was treibt Ihr, wie lebt Ihr? Viel, viel muß ich an Jenne und Fritz, an meinen Helle denken ... Was und wo mag er sein? Daß gerade er so hereingerissen sein mußte. Hoffentlich übersteht er es gut ... Das alles zerrt an den Nerven. Drei Jahre schon und wie lange noch? Ach, so viele erreichen das Ziel, mit ihren Lieben sich wiederzufinden, nicht mehr und ruhn in fremder Erde."

Anmerkungen:

1 Vgl. Hans Heß, Die Landauer Judengemeinde, Landau 1969, S. 17 ff.
2 Protokoll des SPD-Parteitages 1947, Bonn/Bad Godesberg 1947, S. 82-83.
3 Katrin Hopstock, Bis zum Ende. Die letzten 50 Jahre der jüdischen Gemeinde in Speyer, in: Speyer. Vierteljahresheft des Verkehrsvereins, 1988 Heft 4, S. 6-7.
4 Hierzu zum Folgenden: Stadtarchiv Speyer, Protokollbücher der SPD Speyer 1907-1933, noch unverzeichnet.
5 Landesarchiv Speyer (LA Sp), Best. H 45, Nr. 3161.
6 Dieter Fricke, Handbuch zur Geschichte der deutschen Arbeiterbewegung 1869-1917, Bd.1, Berlin-DDR 1987, S. 460 ff.
7 „Speyerer Zeitung" v. 16.11.1909.
8 Hopstock (Anm. 3), S. 6-7.
9 StA Speyer, Unterlagen des Einwohnermeldeamtes, sowie Best. I2 Adreßbücher der entsprechenden Jahre.
10 Wie Anm. 5; vgl. auch Gerhard Gräber/Matthias Spindler, Revolver Republik am Rhein. Die Pfalz und ihre Separatisten, Bd.1 November 1918 - November 1923, Landau 1992, S. 64.
11 LA Sp, Best. R 12, Nr. 586.
12 Wie Anm. 9.
13 Sammlung SPD Speyer Stadtverband und Unterbezirk, jetzt im Landesarchiv Speyer, Schreiben des Stadtarchivs Ludwigshafen v. 21.5.1996; vgl. auch StA Ludwigshafen, Best. LVA ZR 1440/199.
14 Dieter Schiffmann, Von der Revolution zum Neunstundentag. Arbeit und Konflikt bei der BASF 1918-1924, Frankfurt/New York 1983, S. 156 ff.
15 Günter Braun, Schichtwechsel. Arbeit und Gewerkschaft in der Chemiestadt Ludwigshafen, Ludwigshafen/Rh. 1994, S. 73 ff.
16 Willi Breunig, Chronik der Ludwigshafener Sozialdemokratie 1869-1933, in: Der Freiheit und Demokratie verpflichtet. Beiträge zur Geschichte der Ludwigshafener Sozialdemokratie, Ludwigshafen/Rh. 1986, S. 17-52, hier S. 30 ff.
17 Ulrike Minor und Peter Ruf, Juden in Ludwigshafen, Ludwigshafen/Rh. 1992, S. 100-101.
18 Wie Anm. 13.
19 Hans Blinn, Die Sozialdemokratische Partei Deutschlands in der Stadt Landau in der Pfalz von 1918 - 1933, Heidelberg 1966, S. 166-196.
20 Sammlung (Anm. 13), Schreiben des Stadtarchivs Landau v. 20.3.1996,.
21 Helga Karch, Die politische Partizipation der Juden in der Pfalz, in: Juden in der Provinz, hrsg. v. Alfred Hans Kuby, Neustadt/W. 1988, S. 49-64, hier S. 60.
22 Wie Anm. 20.
23 Zum Folgenden: Eugen Hertel, Ein Leben für Demokratie und Sozialismus, Kaiserslautern 1966, S. 96 ff.; „Die Rheinpfalz", Ausgabe Kaiserslautern v. 30.1.1950; sowie: 10. Klasse der Hauptschule Bännjerrück, Die Judenverfolgung in Kaiserslautern, dargestellt am Beispiel der Familie Wertheimer, Exemplar in Sammlung (Anm. 13).
24 Vgl. Stephan Pieroth, Parteien und Presse in Rheinland-Pfalz 1945-1971, Mainz 1994, S. 168.
25 „Pfälzische Volkszeitung" v. 7.12.1959.
26 Gerhard Wunder, Die Sozialdemokratie in Neustadt seit 1832, Neustadt/W. 1985, S. 39. Persönliche Briefe der Familien Weil und Mayer befinden sich im Besitz von Gerhard Wunder.
27 Siehe: Gerhard Wunder, Hundert Jahre Neustadter SPD, Neustadt/W. 1978, S. 60 ff., sowie: ders., Sozialdemokratie (Anm. 26), S. 39.
28 SPD-Ortsverein Lingenfeld, Dokumentation über die Familie Adler. Übergeben an das Gemeindearchiv, damit das Leben und Sterben der Familie Adler in der Dorfchronik seinen Niederschlag finde, o. O., 1985; vgl. auch „Die Rheinpfalz" Ausgabe Speyer v. 31.12.1985.
29 „Die Rheinpfalz" Ausgabe Speyer v. 30.8.1995 und 1.9.1995, sowie Sammlung (Anm. 13), Aufzeichnungen der Verfasserin über Gespräche mit Jean Metzger.
30 Stadtarchiv Ludwigshafen, Verzeichnis der in Ludwigshafen wohnenden Juden und Mischlinge, aufgestellt vom Statistischen Amt Ludwigshafen, Stand 1938 und 1939.
31 Sammlung (Anm. 13), Briefe von Rosa Metzger.

Ute Renner

Die Arbeiterwohlfahrt in der Pfalz – Eine Domäne der Sozialdemokratinnen

„Die Arbeiterwohlfahrt ist die soziale Selbsthilfe der Arbeiter." Mit diesen Worten kommentierte wohlwollend Reichspräsident Friedrich Ebert die auf Antrag von Marie Juchacz am 13. Dezember 1919 erfolgte Gründung der sozialdemokratischen Arbeiterwohlfahrt (AW).[1] Dem organisatorischen Aufbau der Gesamtpartei folgend, war als zentrale Instanz der „Hauptausschuß für Arbeiterwohlfahrt" mit Sitz in Berlin gebildet worden, dem auf den unteren Ebenen Landes- und Bezirksverbände und auf der örtlichen Ebene lokale AW-Ausschüsse folgen sollten.

Der Parteiausschuß der Mehrheitssozialdemokratie (MSPD) bestimmte Juchacz zur Vorsitzenden und Elfriede Ryneck zu deren Stellvertreterin. Beide übten ihr Amt bis zur zwangsweisen Auflösung des Verbandes im Frühjahr 1933 aus.

Am 30. Dezember 1919 forderte der Parteivorstand in einem Rundschreiben an die Parteibezirke die Gründung von AW-Ausschüssen, dem die größeren Städte des Reiches schnell Folge leisteten.[2] Die Ortsausschußgründungen in der Pfalz erfolgten etwa ein Jahr später.[3]

Deren Entwicklung und Tätigkeit wie die des regionalen Verbandes zu skizzieren, ist Zweck dieses Beitrages. Darüber hinaus gilt es den Stellenwert zu beleuchten, den die Arbeiterwohlfahrt innerhalb der pfälzischen Sozialdemokratie in den Weimarer Jahren eingenommen hatte.[4]

Die Gründung einer sozialdemokratischen Wohlfahrtsorganisation nach Kriegsende kann als Zeichen des Wandels der SPD zu einer staatstragenden Reformpartei interpretiert werden. Seit dem Ende des 19. Jahrhunderts waren Sozialpolitik und Wohlfahrtspflege zentrale Gebiete sozialdemokratischer Reformbestrebungen.

Sozialdemokratische Wohlfahrtspolitik

Die MSPD, nach Kriegsende Regierungspartei in Reich, Ländern und Gemeinden, trug mit ihren sozialpolitischen Positionen entscheidend zur Entstehung des „Wohlfahrtsstaates" Weimarer Republik bei.[5] Schon vor der Festschreibung von sozialen Grundrechten in der Weimarer Reichsverfassung war im November 1918 mit der Verordnung zur Erwerbslosenfürsorge der Grundstein für die ab 1927 eingeführte staatliche Arbeitslosenversicherung gelegt worden. Die Einführung der Erwerbslosenfürsorge stand am Anfang einer umfassenden staatlichen Reform des öffentlichen Wohlfahrtswesens, in die der Staat schon in der Nachkriegszeit verstärkt investiert hatte. Die katastrophalen Auswirkungen des Krieges hatten zu einer qualitativen und quantitativen Erweiterung des Zuständigkeitsbereichs der Fürsorge geführt.

Um dem Chaos an unterschiedlichen Fürsorgeleistungen, differenten Adressatengruppen und unterschiedlichen Trägern zu begegnen, wurde eine Vereinheitlichung der öffentlichen Fürsorge durch Zentralisierung von Leistung und Organisation in kommunalen „Wohlfahrtsämtern" geschaffen, wie es die 1924 verabschiedete „Reichsverordnung über die Fürsorgepflicht" (RFV) regelte. Ferner wurde die in der Zwischenkriegszeit verstärkte Kooperation zwischen öffentlichen und privaten Trägern der Wohlfahrtspflege auf eine rechtliche Grundlage gestellt. Das Reichsjugendwohlfahrtsgesetz und die RFV erfüllten diesen Zweck. Sie räumten der öffentlichen Fürsorge die Möglichkeit ein, Aufgaben ihres Kompetenzbereiches an die Verbände und Einrichtungen der freien Fürsorge delegieren zu können. Dabei wurde der freien Wohlfahrtspflege ein Mitspracherecht in den Verwaltungsausschüssen zugebilligt. Darüber hinaus sollte die öffentliche Fürsorge erst dann weitere Einrichtungen schaffen, wenn die freie über keine geeigneten verfügte.[6] Damit war die freie Fürsorge in das Gesamtsystem der sozialen Dienstleistungen eingebunden und ihren Verbänden eine Monopolstellung in der Sozialpolitik und Wohlfahrtspflege eingeräumt worden.

Auf diesem Hintergrund erscheint die Gründung der Arbeiterwohlfahrt als staatlich anerkannter sozialdemokratischer Verband in der freien Wohlfahrtspflege ein taktisch und politisch notwendiges Mittel zur Sicherung der Einflußnahme der Partei auf diesen Sektor der Politik. Dabei war es zeit ihres Bestehens für die AW charakteristisch, daß sie mit der personellen und finanziellen Übermacht der bereits seit Mitte des 19. Jahrhunderts etablierten konfessionellen und bürgerlichen Wohlfahrtsorganisationen konfrontiert war.[7]

Neben der dünnen Finanzdecke hatte die AW auch hinsichtlich ihres programmatischen Fundamentes, das sie als spezifisch sozialdemokratische Wohlfahrtspflege charakterisieren und von den bereits bestehenden Organisationen hätte abheben können, konzeptionelle Schwächen aufzuweisen. Die im März 1920 herausgegebenen Richtlinien für die Parteibezirke und Ortsgruppen umrissen die Aufgaben der Arbeiterwohlfahrt nur vage. Grundsätzlich sollte sie der Durchsetzung sozialdemokratischer Ideen in der Wohlfahrtspflege und deren Demokratisierung dienen.[8] Ihr Hauptzweck, so Marie Juchacz, sei die „helfende, stützende und zuführende Arbeit für die öffentliche Wohlfahrtspflege" und sie mache „sich selbst überflüssig", wenn die Gemeinden in der Lage wären, die Aufgaben der öffentlichen Wohlfahrtspflege selbst zu übernehmen.[9] Die wirtschaftlichen und politischen Krisen der Weimarer Republik sollten jedoch dazu führen, daß die Arbeiterwohlfahrt auf die unmittelbare Verbesserung der Lebensumstände der Arbeiterschaft durch praktische Sozialarbeit vor Ort konzentriert blieb und innerhalb der Partei nie den Stellenwert eines eigenständigen Politikbereichs erhielt.

Dazu beigetragen hatte sicherlich auch die zentrale Aussage Helene Simons anläßlich der ersten Reichstagung des „Hauptausschusses für Arbeiterwohlfahrt" im September 1921, die die Wohlfahrtspflege ihrem Wesen nach als generell „unpolitisch" einstufte.[10] Diese Grundaussage blieb im Verband beziehungsweise in der Gesamtpartei unangefochten, so daß das politische Ansehen der Arbeiterwohlfahrt seit ihrer Gründung am untersten Ende der Werteskala sozialdemokratischer Politik rangierte. Demgegenüber schuf sich die AW mit Hinsicht auf die konkrete Ausgestaltung ihrer Arbeit mit dem von Hedwig Wachenheim redigierten eigenen Presseorgan, der „Arbeiterwohlfahrt"[11], ein Forum zur Erörterung praktischer und organisatorischer Fragen wie der Auseinandersetzung mit der staatlichen Sozialpolitik. Viel Raum nahm auch das Verhältnis der kommunalen zur freien Fürsorge ein, da Qualität und Quantität der AW-Tätigkeit von der Zuteilung öffentlicher Mittel abhängig waren. Daher wurde immer wieder auf die Notwendigkeit der Vertretung der Verbandsinteressen durch die sozialdemokratischen Gemeindevertreter hingewiesen.[12]

Arbeiterwohlfahrt und Partei

Auch hinsichtlich der personellen Zusammensetzung war die Arbeiterwohlfahrt von Anbeginn an eng mit der Gesamtpartei und innerhalb dieser mit der sozialdemokratischen Frauenbewegung verflochten – mehr noch: Mit der Gründung der AW war den Sozialdemokratinnen ein Hauptbetätigungsfeld eröffnet worden, das als „naturgemäß weibliches" galt. So begrüßte die Führungsspitze der SPD-Frauenbewegung die Konstituierung der AW, weil sie den organisatorischen Handlungsrahmen für das sozialpolitische Engagement der Parteigenossinnen bilden konnte, die durch die Auflösung des im Weltkrieg von der bürgerlichen Frauenbewegung initiierten, auf Anraten des Parteivorstandes von der sozialdemokratischen Frauenbewegung mitgetragenen, fürsorgerisch tätigen „Nationalen Hilfsdienstes" und durch die Einstellung der Arbeit der Kriegsfürsorge „heimatlos" geworden waren.

In diese Überlegungen floß ebenso die Hoffnung ein, daß über den Wohlfahrtsverband noch nicht organisierte Frauen für die Mitarbeit in der Partei angeworben und geschult werden könnten. Die der „geschlechtsspezifischen Emanzipationsstrategie" folgende Argumentationslinie der sozialdemokratischen Frauenbewegung stützte sich dabei auf ihr Konzept der „organisierten Mütterlichkeit", das die soziale Arbeit als typisch weibliches Politikfeld definierte und dabei andere Agenda als spezifisch männliche, den Sozialdemokraten vorbehaltene auswies.[13]

Anzeige des AW-Ortsausschusses Kaiserslautern aus der „Pfälzischen Freien Presse" vom 14.3.1931.

Die Praxis bestätigte diese Sichtweise. Innerhalb kürzester Zeit wurde die Organisation aufgebaut. Im September 1921 war sie mit insgesamt 24.000 Mitarbeiterinnen und Mitarbeitern in 28 Bezirks- und 300 Ortsausschüssen im deutschen Reiche vertreten. Bis Ende 1931 waren von den reichsweit organisierten Sozialdemokratinnen 60 % in der Arbeiterwohlfahrt tätig.[14] Ihre Arbeit konzentrierte sich auf die ehrenamtliche Mitarbeit einerseits in den Ämtern der öffentlichen Wohlfahrt, andererseits in den kommunalen Wohlfahrtseinrichtungen wie Notstandsküchen, Mütterberatungs- und Säuglingsfürsorgestellen. Da die AW auf dem Gebiet der geschlossenen Einrichtungen – zum Beispiel Kindererholungsheime, Altenheime, Waisenhäuser – nicht mit den konfessionellen und bürgerlichen Verbänden konkurrieren konnte, versuchte sie sich mit eigenen offenen Einrichtungen wie Beratungsstellen, der Kindererholungsfürsorge, den AW-Nähstuben und der Gemeinschaftshilfe Profil zu geben.

Struktur der pfälzischen AW

Wann die ersten Ortsausschüsse in der Pfalz gegründet wurden, ist nicht genau zu rekonstruieren. 1921 existierten die beiden ersten in Ludwigshafen und Frankenthal. Sie hatten anläßlich der Explosionskatastrophe in Oppau vom 21. September 1921 ihre erste große Aufgabe zu erfüllen.[15] Neben den äußeren wirtschaftlichen und politischen Sonderbedingungen wie sie in der Pfalz durch die französische Besatzung gegeben waren, verzögerte sich die Formierung vermutlich auch durch die innerparteilich noch ungeklärte Finanzierung, da die reichsweite Arbeiterwohlfahrt als Unterorganisation der Partei direkt unterstellt war, und die Tätigkeit der Ortsausschüsse finanziell von den SPD-Ortsgruppen zu bestreiten waren.[16] Daneben wurde der Wohlfahrtsverband durch Spenden befreundeter Organisationen und von Privatpersonen unterstützt. Seit 1926 verhalfen zudem der im ganzen Reich in Gang gebrachte Verkauf sogenannter „Wohlfahrtsmarken" und die Veranstaltung von „Weihnachtslotterien", die im Rahmen großer Parteiweihnachtsfeiern stattfanden, der pfälzischen Gliederung zu zusätzlichen Einnahmequellen, mit welchen finanzielle Engpässe kurzfristig überwunden werden konnten.[17]

Erst Mitte der Zwanziger Jahre verfügte der SPD-Parteibezirk über elf AW-Ortsausschüsse, die sich in den größten pfälzischen Städten: Ludwigshafen, Kaiserslautern, Frankenthal, Pirmasens und Speyer und daneben auch in Oppau, Dürkheim, Grün-

AW-Bezirksausschuß 1931 im AW-Heim Hochspeyer. Oben v. l.: Franz Bögler, Luise Merck, Johanna Setzer, Elise Merz, Anna Schwed, Luise Ruderer, Hermann Flügel; sitzend v. l.: Georg Setzer, Lina Rauschert, Uebelhoerf-München, Marie Wolf und Johanna Stein.

stadt, Albsheim-Mühlheim und Bellheim etabliert hatten. Diese Zahl erhöhte sich jedoch 1927 auf 20 und stieg bis 1932 auf 30 an, wobei in weiteren 190 Orten verbandliche Vertrauensleute ihre Arbeit aufgenommen hatten.[18]

Die zentrale Leitung befand sich in Ludwigshafen. Hier hatte sich bereits 1920 der Bezirksausschuß, das oberste Gremium des regionalen Verbandes, unter Vorsitz Lina Rauscherts konstituiert. Sie bekleidete dieses Amt bis zum Frühjahr 1933. Als Bindeglied zwischen dem „Hauptausschuß für Arbeiterwohlfahrt" und den örtlichen Ausschüssen hatte der Bezirksausschuß in erster Linie die Zuweisung der von der Reichszentrale erhaltenen Gelder zu regeln und die praktische Arbeit im Bezirk zu koordinieren. Des weiteren hielt er den Kontakt zu den lokalen Organisationen durch die Einberufung sogenannter „Wohlfahrtstagungen" aufrecht, die auf Bezirksebene als Plattform zur Erörterung administrativer wie auch theoretischer Fragen der Wohlfahrtspflege und der Arbeit vor Ort dienten.

Die erste derartige Veranstaltung fand am 21. Februar 1926 in Neustadt statt.[19] Sie war mit insgesamt 49 Delegierten aus 16 Ortsausschüssen gut besucht. Lina Rauschert gab einen Überblick über die Tätigkeit der lokalen Gliederungen, die sich in erster Linie auf die Kinderfürsorge konzentrierte. Neben der weiteren praktischen Arbeit, die sich auf Nähstuben, Beratungsstellen, Gemeinschaftshilfen, weihnachtliche Kleider- und Lebensmittelspenden erstreckte, wurde auch die Mitarbeit in den kommunalen Wohlfahrtsämtern thematisiert. Ludwigshafens Erster Bürgermeister Paul Kleefoot erläuterte in einem Referat die Aufgaben, die sich aus den gesetzlichen Bestimmungen des Reichsjugendwohlfahrtsgesetzes ergaben und rief zum Schluß zu Geldsammlungen auf, die die Einrichtung geschlossener Anstalten ermöglichen sollten. Das dritte Referat: „Was ist und was will die Arbeiterwohlfahrt" hielt Käthe Buchrucker, hauptamtliche Sekretärin beim „Hauptausschuß für Arbeiterwohlfahrt" in Berlin. Ihre Rede war zugespitzt auf die Aufgabe der AW, ihren Einfluß gegenüber den mächtigen konfessionellen Verbänden durch Schulung der ehrenamtlichen Mitarbeiterinnen und Mitarbeiter zu stärken. Die in ein- bis zweijährigem Abstand folgenden Bezirks-Wohlfahrtstagungen[20] verliefen nach ähnlichem Muster, wobei zunehmend die politische Vertretung der Arbeiterwohlfahrt in den Kommunalparlamenten zur Sicherung der finanziellen Ressourcen gefordert wurde.

Es kann davon ausgegangen werden, daß der pfälzische Bezirksausschuß, dessen Neuwahl anläßlich der ersten Wohlfahrtstagung 1926 vorgenommen wurde, über die Jahre konstant blieb. Für Ludwigshafen wurden Lina Rauschert zur Ersten, Johanna Setzer zur Zweiten Vorsitzenden, Luise Ruderer zur Verwalterin gewählt, ferner Anna Schwed und Hermann Flügel; sodann für Frankenthal Elise Merz, für Speyer Marie Wolf, für Kaiserslautern Luise Merck und für Pirmasens Johanna Stein. Dazu wurden zwei Vertreter aus dem Bezirksvorstand der Partei delegiert: Susanna Jacobshagen und Georg Setzer. Änderungen in der Besetzung fanden erst 1931 infolge des Parteiaustritts von Susanna Jacobshagen und 1932 wegen des Todes von Luise Ruderer statt.[21]

Betätigungsfelder der Arbeiterwohlfahrt

Im Vordergrund der Verbandstätigkeit in der Pfalz standen, wie reichsweit, die Kinderfürsorge beziehungsweise die Kindererholungsfürsorge.[22] Die Kinder trafen sich in verschiedenen Altersgruppen in parteieigenen Räumlichkeiten oder in den Privatwohnungen der Sozialdemokratinnen zum Basteln, Singen und Spielen, oder unternahmen Spaziergänge und Wanderungen in der näheren Umgebung. Im Rahmen der Kindererholungsfürsorge, die hauptsächlich aus Ferienwanderungen und Weihnachtsfeiern bestand, konnten 1928 immerhin 558 Kinder in Erholungsheimen untergebracht werden; 1929 und 1930 hatte sich die Zahl der Mädchen und Jungen, denen mit Mitteln der pfälzischen AW ein mehrtägiger Urlaub ermöglicht wurde, auf 765 und 957 erhöht.

Ende 1927 erwarb die pfälzische Sozialdemokratie aus Spenden und Parteigeldern ein Wohnhaus in Hochspeyer, das als Kindererholungsheim ausgebaut und eingerichtet werden sollte. Fehlende Mittel verzögerten jedoch die Fertigstellung; erst am 28. Juli 1930 konnte es eingeweiht werden. Neben der qualitativen Verbesserung der Erholungsfürsorge sollte damit nicht zuletzt auch eine wichtige Einnahmequelle für staatliche Zuschüsse erschlossen werden, was durch die Notverordnungspraxis Brünings jedoch zunichte gemacht wurde.

1932 hatte sich die Lage derart zugespitzt, daß die Kindererholungsfürsorge gänzlich eingestellt werden mußte. Überdies wurde sie in der Pfalz Anfang der 30er Jahre durch die konfessionellen Organisationen besonders behindert.[23]

Neben der Kindererholungsfürsorge nahmen die Nähstuben und Beratungsstellen auch in der Tätigkeit der pfälzischen AW breiten Raum ein.[24] 1932 standen in insgesamt 17 Nähstuben 43 Nähmaschinen bereit, an welchen Frauen unter fachlicher Anleitung Kleider und Wäsche nähten. Dabei ist davon auszugehen, daß Nähstuben und Beratungsstellen organisatorisch und räumlich zusammengefaßt waren, das heißt, die im Geschäftsbericht des SPD-Bezirks von 1932 erwähnten 16 Beratungsstellen waren vermutlich deckungsgleich mit den Nähstuben.[25] Hauptsächlich im Winter fanden mindestens einmal wöchentlich abends gemütliche Zusammenkünfte statt, die neben der praktischen Näharbeit genügend Platz für Diskussion und Beratung bieten konnten. Eine zunehmende Einschränkung fand jedoch Ende der 20er Jahre statt. Da es an Geld fehlte, die Räum-

Kinderheim des AW-Bezirksausschusses Pfalz in Hochspeyer, um 1931.

lichkeiten zu beheizen, mußte diese Arbeit immer wieder für längere Zeit unterbrochen werden.

Die sogenannte „Nothilfe" und die „Solidaritätshilfe" waren seit Oktober 1931 Oberbegriffe der sozialdemokratischen Gemeinhilfe, die die Arbeiterwohlfahrt unter Mithilfe der Gewerkschaften und der befreundeten Kulturorganisationen, der Arbeitersportler, der Arbeitersänger, der Kinderfreunde und der SAJ initiierte. Diese breit angelegten Sammlungen von Naturalien und finanziellen Mitteln waren gerade Ende der Weimarer Republik zum festen Bestandteil der AW-Tätigkeit in den einzelnen Parteibezirken geworden.[26]

Die Gemeinhilfe, die in der Pfalz die Bezeichnung „Winterhilfe" trug, wurde angesichts der Verelendung breiter Bevölkerungsschichten zu einer immer unentbehrlicheren Einrichtung. Im Blickfeld standen auch hier besonders Kinder und Jugendliche. Für sie wurden Weihnachtsfeiern veranstaltet, bei denen es nicht nur genug zu essen gab, sondern auch in Nähstuben hergestellte Kleidung. Zielgruppen waren in erster Linie die Kinder bedürftiger Parteigenossen, das heißt, von Erwerbslosen, Kurzarbeitern und Kinder aus vielköpfigen Familien.

Die Schulung der ehrenamtlichen Mitarbeiterinnen und Mitarbeiter stellte einen weiteren Schwerpunkt der Arbeit des pfälzischen Bezirksausschusses dar. Ende der Zwanziger Jahre kam es zu verstärkten Aktivitäten, die einerseits mit Einzelvorträgen der Erörterung rechtlicher Fragen zum Fürsorgewesen dienten, die andererseits aber auch in zweitägigen Wochenendkursen sozialpolitische und wohlfahrtspflegerische Themen aufgriffen. Im Jahr 1932 steigerte sich die Öffentlichkeitsarbeit enorm. Neben Mitgliederversammlungen – insgesamt 113 mit 2.229 Teilnehmern – und öffentlichen Versammlungen – 23 mit 4.922 Teilnehmern – fanden Filmvorführungen und Lichtbildervorträge statt, zudem vier Wochenendkurse und 16 Abendkurse. Höhepunkt bildete eine einwöchige Schulung im Frühjahr, an der 37 Parteigenossinnen und -genossen teilnahmen.[27]

Die Inhalte dieser Schulungsmaßnahmen orientierten sich an den Aufgaben der Ehrenamtlichen. Rechtliche Grundlagen der öffentlichen Fürsorge und deren Auslegung in der Praxis bestimmten die Referate der geladenen Redner, meist hauptamtliche Fachkräfte der Wohlfahrtsämter. Über Teilnahme und Kostenübernahme entschieden die SPD-Ortsvorstände. Schulungsmaßnahmen dürften daher in der Hauptsache den Sozialdemokratinnen zuteil geworden sein, die nicht nur die Zeit dafür erübrigen konnten, sondern auch über Ansehen in den lokalen Parteileitungen verfügten.

Die meisten in der Arbeiterwohlfahrt engagierten Frauen waren beim Erwerb einer „theoretischen" Orientierung auf die Lektüre der „Pfälzischen Post" und – ab 1925 – ihrer Beilage, der „Pfälzischen Frauen-Post" und der spezifisch sozialdemokratischen Frauenpresse – der „Gleichheit" und ihrer Nachfolgerin, der ab 1924 erschienenen „Frauenwelt"[28], angewiesen.

Arbeiterwohlfahrt als Frauendomäne

Mit der Konstituierung der Arbeiterwohlfahrt in den 20er Jahren war eine sozialdemokratische Institution geschaffen worden, deren Schlüsselpositionen überwiegend Frauen besetzt hielten. Auch wenn sich ihre Entwicklung im Vergleich zur reichsweiten erst relativ spät, aber zeitgleich mit der bayerischen vollzogen[29] hatte, war es gelungen, eine Organisation zu etablieren, die zum festen Bestandteil der sozialdemokratischen Arbeiter- und Frauenbewegung zählte. Zudem verfügte die SPD-Pfalz seit 1930 über eine – gemessen an der Zahl der Ortsausschüsse – größere AW-Organisation (insgesamt 30 Ortsausschüsse mit 10 Beratungsstellen) als beispielsweise Oberbayern und Niederbayern (jeweils 20 und 10).

Während es genaue Zahlenangaben zu den in der öffentlichen Wohlfahrtspflege tätigen ehrenamtlichen Mitarbeitern gibt, 1932: 256 weibliche und 110 männliche, liegen keine präzisen Daten über die pfälzische AW vor. Es ist jedoch davon auszugehen, daß sich der Großteil der organisierten Sozialdemokratinnen in den Ortsausschüssen engagierte.[30]

Über den Bezirk hinaus dürfte der politische Einfluß der pfälzischen und bayerischen AW auf die bayerische Sozialpolitik jedoch als ein sehr geringer eingestuft werden. Wie auch auf nationaler Ebene stießen die Bezirke auf finanzielle und rechtliche Grenzen. Nachdem die Regierung Hoffmann 1920 zurückgetreten war, war die SPD bis zum Ende der Republik in Bayern auf die parlamentarische Oppositionsrolle verwiesen. Das Ziel der Sozialdemokratie, eine Vereinheitlichung der öffentlichen und privaten Fürsorge, wurde in der Weimarer Zeit nicht erreicht. Das im April 1930 verabschiedete „Bayerische Fürsorgegesetz", das die Abwälzung der Fürsorgeaufgaben auf die Verwaltungsbezirke festschrieb und eine Verminderung der staatlichen Fürsorgeaufwandsentschädigung enthielt, kann als Indiz für die zunehmende Machtlosigkeit der SPD gewertet werden. Sie mußte sich diesen Bestimmungen in ihrer Wohlfahrtspolitik beugen.[31]

Im inneren Gefüge der pfälzischen Sozialdemokratie wurde der Arbeiterwohlfahrt insofern Einfluß eingeräumt, als die Vorsitzenden der Ortsausschüsse zugleich Mitglieder der lokalen Parteivorstände wa-

Lina Rauschert (1873 - 1963).

ren. Einige Beispiele sollen dies verdeutlichen: In Speyer waren Marie Wolf und Frau Brech – Leiterinnen der Frauen- und der AW-Ortsgruppe – Mitglied im Speyerer SPD-Vorstand.[32] In Oppau waren dies Frau Messerschmidt und Frau Behringer[33], in Frankenthal Frau Merz und Frau Fesser[34], in Oggersheim Frau Dahlhäuser und Frau Böhm[35], in Mutterstadt Frau Heene und Frau Frosch[36] und in Altrip Frau Schäfer und Frau Engelberger.[37] Ein besonderes Gewicht erhielt die in vier Sektionen – Innenstadt, Gartenstadt, Mundenheim und Friesenheim – unterteilte SPD-Ortsgruppe Ludwigshafen.[38] Hier war Lina Rauschert AW-Bezirksleiterin und Mitglied im Bezirksvorstand der Partei. Die vier Sektionen hatten ihre eigenen AW-Vorsitzenden, die gleichzeitig dem Gesamtvorstand der Ludwigshafener SPD angehörten: Johanna Setzer (Innenstadt), Elise Weber (Gartenstadt), Julia Hermann (Mundenheim) und Helene Becker (Friesenheim).

Stellenwert der pfälzischen Arbeiterwohlfahrt

Die Betätigung der sozialdemokratischen Wohlfahrtsorganisationen wurde in der Pfalz von einem breiten Konsens der Partei und der ihr nahestehenden Vereinigungen getragen. Gemäß den Vorstellungen des Bezirksvorstandes und der Frauenagitationskommission entwickelte sich die Arbeiterwohlfahrt zu dem Hauptbetätigungsfeld der pfälzischen Sozialdemokratinnen. Die Ausrichtung auf praktische Sozialarbeit mag den Interessen der in ihr aktiven Frauen entgegengekommen sein: als Hausfrauen und Mütter konnten sie besonders gut die Notlage der Arbeiterschaft beurteilen. Ihr Einsatz bot die Möglichkeit, konkrete Maßnahmen zur Verbesserung ihrer und anderer Lebensverhältnisse zu ergreifen.

Darüber hinaus war die AW der einzige Aktionsraum unter dem Dach der Partei, in dem die sozialdemokratischen Frauen die Konkurrenz respektive die Bevormundung ihrer männlichen Parteigenossen nicht zu fürchten hatten. Dennoch war es auch über den Wohlfahrtsverband nicht gelungen, ihren Einfluß in der Parteiarbeit des Bezirks maßgeblich zu stärken – obwohl sich seine Gründung als Instrument zur Rekrutierung neuer weiblicher Mitglieder bewährt hatte. Dies lag großenteils darin begründet, daß die Arbeiterwohlfahrt nie als Politikfeld definiert war, das seine Akteurinnen mit der Möglichkeit einer innerparteilichen Einflußnahme auf die programmatische Ausgestaltung der Parteilinie ausgestattet hätte. So hatte sich die sozialdemokratische Wohlfahrtspflege nur einseitig für die Partei erfolgreich erwiesen: die weibliche Mitgliederzahl war gestiegen. Auf der anderen Seite führte die Konzentration der Sozialdemokratinnen auf die praktische Sozialarbeit langfristig dazu, daß parteiintern das traditionelle Rollenverständnis der Geschlechter konserviert und die politische Diskriminierung der Frauen fortgeschrieben wurden.

Anmerkungen:
1 Christine Eifert, Frauenpolitik und Wohlfahrtspflege. Zur Geschichte der sozialdemokratischen „Arbeiterwohlfahrt", Frankfurt/New York 1993, S. 13. Über die Motive der Namengebung kann heute keine Aussage mehr gemacht werden, da die Archivbestände der AW nach 1933 verlorengingen, vgl. Anneliese Monat, Sozialdemokratie und Wohlfahrtspflege. Ein Beitrag zur Entstehungsgeschichte der Arbeiterwohlfahrt, Stuttgart 1961, S. 56.
2 Vgl. Eifert (Anm. 1), S. 34 und S. 250. Aus organisatorischen Gründen wurde eine Einteilung des Reichsgebietes in 34 Bezirke vorgenommen, die in den Freistaaten zu Landesausschüssen verbunden waren, vgl. Jahrbuch der Deutschen Sozialdemokratie für das Jahr 1926, hrsg. vom Vorstand der Sozialdemokratischen Partei Deutschlands, Berlin 1926, S. 36.
3 Siehe: Sozialdemokratische Partei Deutschlands/ Bezirk Pfalz. Bericht 1921/22, Ludwigshafen 1922, S. 2 und S. 17.
4 Die folgenden Ausführungen beruhen auf Kap. IV. 2.2 meiner unveröffentlichten Diplom-Arbeit: Die sozialdemokratische Frauenbewegung der Pfalz in der Weimarer Republik (1918-1933), Universität Mannheim 1993.
5 Hierzu und zum Folgenden: Monat (Anm. 1), S. 9 ff; Eberhard Kolb, Die Weimarer Republik, 2. Aufl. München 1988, S. 16 f; Klaus Schönhoven, Reformismus und Radikalismus. Gespaltene Arbeiterbewegung im Weimarer Sozialstaat, München 1989, S. 45 ff; Christoph Sachse, Mütterlichkeit als Beruf. Sozialarbeit, Sozialreform und Frauenbewegung 1871-1929, Frankfurt/M. 1986, S. 151-173, 194 ff.
6 Siehe: Sachse (Anm. 5), S. 213-233; zum organisatorischen Aufbau: Eifert (Anm. 1), S. 54.
7 Vgl.: „Arbeiterwohlfahrt", hrsg. vom Hauptausschuß für Arbeiterwohlfahrt v. 1.5.1928 und: Sachse (Anm. 5), S. 223 ff; Monat (Anm. 1), S. 70.
8 Vgl. Marie Juchacz/Johann Heymann, Die Arbeiterwohlfahrt. Voraussetzungen und Entwicklung, Berlin 1924, S. 22 zit. nach Eifert (Anm. 1), S. 38. Konkrete Zielvorgaben, die die Existenz der AW ideologisch fundamentiert hätten, enthalten die Richtlinien nicht.
9 Zit. nach Monat (Anm. 1), S. 59.

10 Vgl. Eifert (Anm. 1), S. 40 ff; Karen Hagemann, Frauenalltag und Männerpolitik. Alltagsleben und gesellschaftliches Handeln von Arbeiterfrauen in der Weimarer Republik, Bonn 1990, S. 608.
11 Jahrbuch (Anm. 2), 1926, S. 37.
12 Dies ergibt eine Durchsicht der verschiedenen Jahrgänge der „Arbeiterwohlfahrt".
13 Hierzu: Hagemann (Anm. 10), S. 528 ff, 530 ff.
14 Siehe: Protokoll über die Verhandlungen des Parteitages der Sozialdemokratischen Partei Deutschlands 1921, Berlin 1921, S. 18; Peter Lösche/ Franz Walter, Zwischen Expansion und Krise. Das sozialdemokratische Arbeitermilieu, in: Detlev Lehnert/Klaus Megerle (Hrsg.), Politische Teilkulturen zwischen Integration und Polarisierung. Zur politischen Kultur in der Weimarer Republik, Opladen 1991, S. 161-187, hier S. 175.
15 Vgl. Bericht zur Bezirkskonferenz der Arbeiterwohlfahrt in Neustadt am 21.2.1926, „Pfälzische Post" Nr. 44 v. 22.2.1926. Die Gründung des AW-Ortsausschusses Ludwigshafen vom 22.4.1921 war die erste, weitere folgten in Frankenthal, Speyer und Kaiserslautern, zu denen genauere Daten nicht ermittelt sind.
16 Vgl. „Pfälzische Post" Nr. 13 v. 16.1.1929.
17 Vgl. Jahrbuch (Anm. 2), 1927, S. 195 und den Bericht Georg Setzers, „Pfälzische Post" Nr. 238 v. 11.10.1932.
18 Zahlen nach: Berichte (Anm. 3), 1924/25, S. 41; 1927, S. 35; 1931/32, S. 37.
19 Aus nicht ersichtlichen Gründen kam die für Sommer 1924 geplante Tagung nicht zustande. Wahrscheinlich sind aber die Wahlkampfvorbereitungen für die Wahlen vom Dezember 1924 verantwortlich. Vgl. Bericht 1924/25 (Anm. 3), S. 41. Zum Folgenden: „Pfälzische Post" Nr. 44 v. 22.2.1926.
20 Im Frühjahr 1927 in Hochspeyer, im April 1929 in Kaiserslautern und im Oktober 1932. Vgl. „Pfälzische Post" Nr. 88 v. 16.4.1929, Nr. 238 v. 11.10.1932. Für die vorgenannten Tagungen konnten keine genaueren Angaben ermittelt werden.
21 Da entsprechend der Konzentration der pfälzischen SPD auf die Vorderpfalz dort auch die AW am stärksten war, forderte Setzer 1926, daß Ludwigshafen insgesamt fünf Mitglieder in den Bezirksausschuß entsenden sollte und die größeren Städte jeweils eines. Diesem Vorschlag wurde zugestimmt, vgl. „Pfälzische Post" Nr. 44 v. 22.2.1926. Die Namen der Ersatzleute der Ausgeschiedenen sind nicht eruierbar. Die Todesanzeige für Ruderer: „Pfälzische Post" Nr. 61 v. 12.3.1932.
22 Hierzu: „Arbeiterwohlfahrt" 15.10.1928, Eifert (Anm. 1), S. 68 f. Seit 1927 berichtete die pfälzische SPD regelmäßig über die Kinderfürsorge, vgl. Berichte (Anm. 3), 1927, S. 35; 1928, S. 41; 1929/30, S. 46. und die Jubiläumsausgabe der „Pfälzische Post" Nr. 238 v. 12.10.1929 („Die Arbeiterwohlfahrt in der Pfalz"). Hier auch die Zahlenangaben und die weiteren Daten.
23 Vgl. Ruth Wieland, Örtliche Erholungsfürsorge der Arbeiterwohlfahrt 1932, in: „Arbeiterwohlfahrt" vom 1.5.1933 und Kurt Löwenstein, Die Kinderrepubliken des letzten Jahres, in: ebd., vom 1.12.1930.
24 Ebd., v. 1.7.1928; Eifert (Anm. 1), S. 91 und Jahrbuch (Anm. 2), 1927, S. 193.
25 Vgl. Bericht 1931/32 (Anm. 3), S. 37 und Fritz Schreiber, Arbeiterwohlfahrt und Nähstubenarbeit, in: „Arbeiterwohlfahrt" v. 1.2.1931, wo Nähstuben gleichzeitig als Beratungsstellen ausgewiesen sind. Zum Folgenden: „Pfälzische Post" Nr. 252 v. 28.10.1930, Nr. 279 v. 28.11.1930.
26 Vgl. Eifert (Anm. 1), S. 74 ff; Hagemann (Anm. 10), S. 624 ff. Zum Nachstehenden exemplarisch: „Pfälzische Post" Nr. 289 v. 10.12.1930.
27 Vgl. Berichte (Anm. 3), 1928, S. 41 und 1931/32 S. 37.
28 Die „Pfälzische Post" druckte unregelmäßig in der Beilage „Pfälzische Frauen-Post" Artikel von Marie Juchacz über Zielsetzung, Aufgaben und Aufbau der AW ab, z.B.: Nr. 23 v. 28.1.1925, Nr. 29 v. 4.2.1925; zur Frauenpresse: Elisabeth Vormschlag, Inhalte, Leitbilder und Funktionen politischer Frauenzeitschriften der SPD, der USPD, der KPD in den Jahren 1890-1933 und der NSDAP in den Jahren 1932-1945, Göttingen 1970.
29 Vgl. Clara Weich, Zehn Jahre Arbeiterwohlfahrt in Bayern, in: „Arbeiterwohlfahrt" v. 15.7.1930. Eine genaue Aufstellung der Mitglieder existiert für die pfälzische AW nicht. Wie für andere Bezirke ist jedoch davon auszugehen, daß sich die führenden Mitglieder aus der sozialdemokratischen Frauenbewegung rekrutierten. Vgl. Eifert (Anm. 1), S. 34; Hagemann (Anm. 10), S. 618.
30 Zur Datenlage allgemein: Hagemann (Anm. 10), S. 613 und Eifert (Anm. 1), S.34; zur Pfalz: Bericht (Anm. 3), 1931/32, S. 37.
31 Vgl. Jahrbuch (Anm. 2), 1930, S. 341 f; Weich (Anm. 29).
32 „Pfälzische Post" Nr. 13 v. 16.1.1929.
33 Ebd., Nr. 41 v. 17.2.1928.
34 Ebd., Nr. 39 v. 16.2.1926 und Nr. 19 vom 23.1.1929.
35 Ebd., Nr. 23 v. 28.1.1926 und Nr. 20 vom 24.1.1929.
36 Ebd., Nr. 31 v. 9.2.1926. Diese Angaben sind gültig bis zum Frühjahr 1933.
37 Ebd., Nr. 24 v. 29.1.1927. Diese Angaben sind gültig bis zum Frühjahr 1933.
38 Stadtarchiv Ludwigshafen, Akte LU 79 und LU 80, Berichte über die Organisationstätigkeit des Ortsvereins Ludwigshafen/Rhein von Februar 1929 bis Januar 1933.

Karlheinz Lipp

Der Pfälzische Volkskirchenbund der evangelischen Sozialisten

Mit der zunehmenden Industrialisierung begann in Europa der Aufstieg des Sozialismus. Kirchenführer bekämpften in ihrer engen Gebundenheit an die konservativen Monarchien diese Ideen und standen dem Problem der sozialen Frage oft hilflos gegenüber. Im Jahre 1899 wurden die Theologen Paul Göhre und Christoph Blumhardt Mitglieder der SPD. Sie hatten den Bann gebrochen und sich auf die Seite des Proletariats gestellt. Während Göhre bald mit der Kirche brach, wurde Blumhardt (1842 bis 1919) zum Begründer des religiösen Sozialismus. Für Blumhardt, der von 1900 bis 1906 als SPD-Abgeordneter im Württembergischen Landtag wirkte, führte die sozialistische Bewegung, in der Nachfolge Jesu, einen entschiedenen Kampf gegen Egoismus und Kapitalismus. Eine Beschränkung des Christentums auf das Jenseits lehnte er ab und kritisierte ebenso die Doktrin der Partei.

Aufgegriffen wurden Blumhardts Ideen von dem Schweizer religiös-sozialen Pfarrer Leonhard Ragaz (1868 - 1945). Im Zentrum seiner Überzeugung stand die Botschaft vom Reich Gottes für die Erde. Der religiöse Individualismus sollte überwunden werden durch die Solidarität von Menschen, die in einer Gesellschaft leben, in der Machtstreben, Krieg und Kapital nicht mehr vorherrschen. Als Münsterpfarrer in Basel unterstützte er den Maurerstreik von 1903 und begründete 1906 die Zeitschrift „Neue Wege", die noch heute erscheint. Im Jahre 1913 wurde Ragaz Mitglied der Sozialdemokratischen Partei der Schweiz, die er 1936 wegen ihres militaristischen Kurses wieder verließ. Seine Züricher Professur gab er 1921 ohne Pensionsansprüche auf und siedelte um ins Arbeiterviertel Außersihl, wo er eine Arbeitervolkshochschule gründete und als Publizist tätig war. Im Sommersemester 1912 studierte auch der Pfälzer Oswald Damian bei Ragaz in Zürich.

Abschied vom Kirchenregiment

Große Teile der Gesellschaft und die Parteien begrüßten die Entfesselung des Ersten Weltkrieges durch das kaiserliche Deutschland; selbst die Sozialdemokratie rechtfertigte den Waffengang als „Verteidigungskrieg". Um so größer war der Schock der Niederlage. Kriegsmüdigkeit und ökonomische Not prägten die Erwartungen vieler Menschen auf eine neue demokratisch-soziale Ordnung. Der Kaiser befand sich zwar im Exil, aber viele Industrielle, führende Politiker und Beamte des Kaiserreiches behielten ihre Funktionen bei. Personen also, die immer monarchistisch dachten, nie eine Beziehung zur Demokratie bekamen und sie alsbald bekämpften. Die alten Eliten blieben etabliert, die Revolution 1918/19 war steckengeblieben.

Die meisten Geistlichen, von den sehr wenigen Friedenspfarrern abgesehen, unterstützten den Weg in den Ersten Weltkrieg. Die enge Verbindung von Thron und Altar wurde durch das Kriegsende beseitigt. Dieser Abschied vom landesherrlichen Kirchenregiment wirkte wie ein Schock. Mit größtem Mißtrauen begegneten die evangelischen Landeskirchen der Novemberrevolution und der Weimarer Republik. Die offizielle kirchliche Haltung gegenüber den Parteien sollte durch Neutralität bestimmt sein. Tatsächlich blieb das stark konservative Profil aber unverändert. Dies zeigt auch eine Analyse der politischen Mentalität der Pfarrer: religiös-sozialistische bzw. demokratisch-liberale Theologen stellten eine Minderheit dar, während deutsch-nationale Geistliche eindeutig (mehr als 80 %) dominierten.

Bis 1918 war der bayerische König der summus episcopus der Pfälzischen Landeskirche. Er ernannte die Pfarrer und billigte die Synodalbeschlüsse. Nach dem Kriege ging das Ernennungsrecht auf die Kirchenregierung über. Die verfassunggebende Landessynode wählte 1920 Karl Fleischmann zum ersten Kirchenpräsidenten. Die Kirchenpolitik lag in den Händen der beiden großen Kirchenparteien, der „Positiven Vereinigung" und der „Liberalen", die sich die Besetzung der 18 Dekanate je zur Hälfte teilten.

Das Ende der Monarchie wurde nur von sehr wenigen Theologen als eine Chance zur Umstrukturierung der Kirche angesehen. Hier setzte die religiös-sozialistische Bewegung an. Um Paul Tillich, Carl Mennicke und Eduard Heimann konstituierte sich ein eher akademisch-intellektueller Zirkel, der sogenannte „Neuwerkkreis" entstand in Schlüchtern. Hinzu kamen jene Gruppen, die sich 1926 zum Bund der religiösen Sozialisten Deutschlands zusammenschlossen. Die Schwerpunkte lagen in Baden, Thüringen, Berlin und Köln.[1]

Religiöse Sozialisten in der Pfalz

Die Anfänge in der Pfalz gestalteten sich äußerst schwierig und wurden vor allem durch die religiös-sozialistische Bewegung Badens vorangetrieben.[2] Die erste Meersburger Tagung vom 1. bis 4. August 1924, bei der fünf Pfälzer anwesend waren, motivierte den bekannten religiösen Sozialisten Erwin Eckert aus Meersburg, später Mannheim, zu einer breiten Werbetätigkeit in der Pfalz. In einer Weihnachtsfeier am 28. Dezember 1924 im großen Saal des protestantischen Vereinshauses in Speyer predigte Pfarrer Oswald Damian aus Dahn als erster pfälzischer religiöser Sozialist. Im Mittelpunkt der Aktivitäten des Jahres 1925 stand eine Tagung in Hochspeyer am 1. August. In einem Aufruf wurden die Bevölkerung und die Pfarrer aufgefordert, die wahre Volkskirche als Kirche des Volkes zu verwirklichen. Die Trennung von christlicher

Georg Oswald Damian (1889 - 1978), mit Frau Emilie Charlotte und Sohn in Dahn, um 1920.

und öffentlicher Moral müsse aufgehoben werden. Die Nächstenliebe solle auch im gesellschaftlichen und wirtschaftlichen Leben verwirklicht werden, weil nur dadurch das Elend der Massen beseitigt werden könne.

In Hochspeyer referierten Adolf Trumm (Kaiserslautern), Heinrich Dietrich (Karlsruhe) und Eckert über Organisationsfragen; Georg Wünsch (Marburg) über: „Der Sinn des religiösen Sozialismus". Den Sonntagsgottesdienst hielt Heinz Kappes (Karlsruhe). Die Kirche war gut gefüllt, überwiegend von Arbeiterinnen und Arbeitern. Anschließend sprach Eckert über „Evangelium und Sozialismus" und am Nachmittag fand eine Sonntagsfeier unter Beteiligung des Arbeitergesangvereins Hochspeyer im Wald statt. Bei einer internen Zusammenkunft wurde der Vorstand des Volkskirchenbundes gewählt: Vorsitzender: Trumm; akademischer Berater: August Kopp (Rehborn); Kassenführer: Georg Hofmann (Speyer); Leiter der Propaganda: Theodor Gauweiler (Speyer).

Auseinandersetzung um die Fürstenenteignung

Das herausragende innenpolitische Thema im ersten Halbjahr 1926 stellte die Auseinandersetzung um die entschädigungslose Fürstenenteignung dar. Die Vermögen der Fürstenhäuser wurden 1918/19 lediglich beschlagnahmt. Nach der relativen Stabilisierung der Weimarer Republik beanspruchten die Fürsten eine Entschädigung in Höhe von 2,5 Milliarden Reichsmark. SPD und KPD brachten im Reichstag einen Gesetzentwurf ein, der die entschädigungslose Enteignung vorsah. Dieser Antrag wurde abgelehnt, so daß nur noch ein Volksentscheid die Enteignung durchsetzen konnte. Hierzu waren 50 Prozent (= 20 Millionen) der stimmberechtigten Wählerinnen und Wähler erforderlich. Am 20. Juni 1926 votierten 15.551.218 Wahlberechtigte für die entschädigungslose Enteignung, 5 Millionen mehr als SPD und KPD bei der letzten Wahl erhalten hatten – dennoch war der Volksentscheid damit negativ verlaufen.

Die religiös-sozialistische Bewegung unterstützte den Volksentscheid vehement. Auch der Pfälzische Volkskirchenbund erklärte in einem Aufruf, daß keineswegs das Privateigentum aller gefährdet sei. Vielmehr drohe das Eigentum des Volkes als Beute für die Fürsten benutzt zu werden. In dem Aufruf wird darauf hingewiesen, daß die Fürsten bejammert werden, aber niemand sich um Kleinrentner, unterernährte Kinder, Alte, Kriegsinvaliden, Obdachlose und Arbeitslose kümmere. Jesus habe stets Partei für die Armen ergriffen, die Kirchen aber votieren für die Adligen.[3] Der Deutsche Evangelische Kirchenausschuß verabschiedete eine Resolution, wonach die Enteignung der Fürsten unchristlich sei. Daraufhin forderte der Volkskirchenbund den Landeskirchenrat in Speyer auf, sich von dieser Erklärung zu distanzieren. Die Landeskirche antwortete lapidar, daß sie derzeit nicht in diesem Ausschuß vertreten sei.

Der Evangelisch-sozialistische Volkstag in Kaiserslautern am 14. November 1926 sollte die bedeutendste regionale Aktivität werden. Der Volkskirchenbund erließ einen Aufruf „An die pfälzischen Arbeiter!" Die Arbeitenden wurden darin aufgefordert, es nicht länger hinzunehmen, daß Teile der kapitalistischen Gesellschaft das Evangelium umdeuten. Da die Kirche eine wichtige Basis des Kapitalismus darstelle, müsse sie sozialistisch werden, denn dadurch würde der bestehenden Gesellschaftsordnung ein Pfeiler genommen. Millionen arbeitender Menschen litten Not, während einige Kapitalisten ein angenehmes Dasein führten. Solche Zustände könnten nur durch eine

Vergesellschaftung der Wirtschaft sowie eine veränderte Einstellung der Menschen erreicht werden.[4] Eine Verbindung von Sozialismus und Christentum erregte doppelten Argwohn. Die evangelischen Landeskirchen hatten panische Angst vor einem Linksruck und die eher freidenkerische Sozialdemokratie mißtraute der christlichen Religion.

Synodalwahlen von 1927

1927 fanden Synodalwahlen statt. Mit dem Volkstag wurde der Wahlkampf eröffnet. Die Vertrauensleute in den Ortsgruppen wurden gebeten, sich an folgende Redner zu halten: Süd- und Westpfalz: Pfarrer Damian und Pfarrer Julius Lehmann (Hinterweidenthal); Mittel- und Nordpfalz: Pfarrer Kopp und Lehrer Trumm; Vorderpfalz: Pfarrer Georg Wambsganß (Neuhofen)

kenthal (16,7%) und Homburg (16,3%). Analog zu Baden, läßt sich auch für die Pfalz feststellen: Die Wählerinnen und Wähler des religiös-sozialistischen Volkskirchenbundes stammten aus Industriedörfern der Einzugsbereiche Ludwigshafen, Frankenthal, Speyer und Kaiserslautern, waren parteipolitisch der SPD zuzuordnen und hatten noch nicht völlig mit kirchlichen Traditionen gebrochen.

Der Eintritt der religiös-sozialistischen Fraktion in die Landessynode veränderte die bestehenden Machtverhältnisse allerdings nicht. Liberale und Positive hatten sich längst bestens arrangiert. Die fünf religiösen Sozialisten bekamen keinen Sitz in der Kirchenregierung.

In den Synoden von 1928 und 1930 stellten die religiösen Sozialisten unter anderem Anträge zu den Themen: Völlige Trennung von Staat und Kirche, Bekenntnis

Ergebnisse der Landessynodalwahl von 1927

Wahlbeteiligung	38,5 Prozent	
Liberaler Protestantenverein	44,3 Prozent	(21 Sitze)
Positive Vereinigung	38,4 Prozent	(18 Sitze)
Evangelische Sozialisten	11,7 Prozent	(5 Sitze)
Friedensvereinigung	4,2 Prozent	(1 Sitz)

und Lehrer Hans Loschky (Mundenheim). In der heißen Phase des Wahlkampfes führte der Volkskirchenbund eine Reihe von Wahlveranstaltungen durch, bei denen badische Freunde sprachen. Auf der religiös-sozialistischen Liste kandidierten vier Geistliche und 24 Weltliche. Im Gegensatz zu den anderen Kirchenparteien kandidierten auf dieser Liste auch Arbeiterinnen und Arbeiter.

Sehr hohe Ergebnisse erreichte die religiös-sozialistische Bewegung in folgenden Dekanaten: Obermoschel (18,3%), Ludwigshafen (18%), Speyer (17,5%), Fran-

zur überkonfessionellen Gemeinschaftsschule, spezielle Gottesdienste am 1. Mai und am Verfassungstag, dem 11. August, sowie Einführung eines Friedenssonntages.

Für die Synodalarbeit läßt sich – auch jenseits der Pfalz – folgendes Fazit ziehen: Religiös-sozialistische Anträge wurden entweder generell abgelehnt oder durch andere Fraktionen beziehungsweise Ausschüsse derart verwässert, daß die ursprünglichen Absichten kaum wiederzuerkennen waren. Es zeigte sich, daß die traditionellen theologisch-kirchlichen Unterschiede zwischen Liberalen und Positiven

Georg Valentin Wambsganß (1879 - 1942), Aufnahme um 1920.

an Bedeutung verloren, wenn es galt, religiös-sozialistische Voten zu kippen. Hier wurde die soziale Gemeinsamkeit konservativer Herkunft deutlich wirksam.

Gegen den Kapitalismus

Untrennbar verknüpft mit dem Plädoyer für den Sozialismus war der Kampf gegen den Kapitalismus. Oswald Damians Jesusbild gleicht dem seines Lehrers Leonhard Ragaz. Wichtig waren dem Pfälzer die sehr kritischen Texte der Evangelien über den Mammon. Demnach sei das Kapital ein Dämon, der Menschen abhängig mache und ihre eigenständige Entwicklung verhindere. Dadurch bedrohe das Geld die Seele der Reichen. Erst wenn die Reichen vom Mammon und seinen Folgen befreit seien, würden ihre Seelen frei. Damian kritisierte in diesem Zusammenhang nicht einzelne Reiche, sondern das System des Kapitalismus, und stellte eine Analogie zum antiken Palästina her. Auch zur Zeit Jesu hatten Klassengegensätze existiert, aber die Jesusbewegung wollte diesen Zustand abschaffen und zwar durch die Solidarität mit den Armen. Er bemängelte, daß diese Botschaft von den Kirchen vergessen wurde.

Friedens- und sozialpolitisches Engagement

Ein weiteres religiös-sozialistisches Praxisfeld stellte das Engagement für Frieden und Abrüstung dar.[5] Dabei wurde stets betont, daß sich die Kirchen im Laufe ihrer Geschichte sehr oft positiv zum Krieg geäußert hatten, jedoch wäre der Friedensgedanke die eigentliche Aufgabe des Christentums. Besonders im Ersten Weltkrieg hätten die Geistlichen das Gebot „Du sollst nicht töten" verdrängt und den Massenmord gepredigt. Besonders Kopp und Damian kritisierten die christlichen Kriegsapologeten und wandten sich gegen Völkerhaß und Militarismus.

Im Jahr 1928 entschied sich die SPD für den Bau des Panzerkreuzers A. Gegen dieses Votum wurde von religiös-sozialistischer Seite aus scharf protestiert. Die hohen Ausgaben für die Rüstung müßten deutlich reduziert und für soziale Ziele ausgegeben werden, zum Beispiel für Kinderspeisung und den Wohnungsbau. Für einige religiöse Sozialistinnen und Sozialisten begann mit dieser Kritik der langsame Abschied von der Sozialdemokratie.

Ebenfalls im Jahre 1928 wurde erstmals von der pfälzischen Landeskirche ein Sozialpfarramt geschaffen. Diese Stelle wurde dem religiösen Sozialisten August Kopp im Nebenamt übertragen. Kopp bereitete sich sehr gewissenhaft auf seine neue Aufgabe vor. Hierfür studierte er im Wintersemester

1928/29 an der Universität Berlin und im Sommersemester 1929 an der Universität Köln Wirtschaftswissenschaften. Im Rheinland konnte er intensiv an der Arbeit des rheinischen Sozialpfarrers Menn teilnehmen.

Im Zeitraum 1929/30 behandelte Kopp in allen Dekanaten das sehr aktuelle Problem der Arbeitslosigkeit und in zwei Frauenbünden das Thema: Die verheiratete Industriearbeiterin und unsere Verantwortung. In sieben Doppelstunden referierte er am Predigerseminar über: Die Entstehung des Proletariats, Babeuf, Versuche zur Lösung der sozialen Frage durch den utopischen und wissenschaftlichen Sozialismus, Karl Marx und über die Gefährdung der Dorfgemeinschaft durch die Agrarkrise. Kopp, der als Lebensreformer Nichtraucher und Abstinenzler war, organisierte auch Arbeiterfreizeiten. Er verstand das Sozialpfarramt als ein Dialogangebot angesichts zunehmender wirtschaftlicher und sozialer Krisen. Er betonte, daß nicht nur die einzelnen Menschen, sondern ebenso gesellschaftliche Verhältnisse der Veränderung bedürften. So forderte er Maßnahmen zum Abbau des Alkoholismus, gerechte Lohnstrukturen und die Verbesserung der Lage von Landwirten. Von der Kirche verlangte Kopp eine Kritik der herrschenden Politik und Wirtschaft.

Der Rehborner Pfarrer bemühte sich, seine Reden anschaulich zu halten und sein Publikum mit einzubeziehen. Ausgangspunkt war ihm die alltägliche Lebenspraxis der Menschen: Arbeitslosigkeit, Wohnungsnot, niedrige Löhne, teure Lebenshaltungskosten und die daraus resultierenden seelischen Probleme wie Angst, Verzweiflung und Entfremdung. Diese Alltagserfahrungen wurden dann mit dem Evangelium konfrontiert. So verknüpfte Kopp Situation und Botschaft.

Antifaschistischer Kampf

Seit 1930 stand der Kampf gegen den deutschen Faschismus im Mittelpunkt der religiössozialistischen Aktivitäten. Bei den Reichstagswahlen des Jahres 1924 hatte die NSDAP, die als „Völkischer Block" kandidierte, in der Pfalz 5,7% erreicht, in Zweibrücken waren es sogar 26,1, in Pirmasens 23, und in Landau 13,9 Prozent. Der spätere NS-Landesbischof Ludwig Diehl wählte bereits in diesem Jahr die Partei Hitlers. Die Kommunalwahlen von 1929 erbrachten NSDAP-Bürgermeister in Kusel und Pirmasens. Bei den Reichstagswahlen vom September 1930 erreichte die NSDAP in der Pfalz 22,8 Prozent (Reich: 18,2). Im Juli 1932 waren es 43,7 (Reich: 37,9), im November 1932 42,6 (Reich: 33,1) und im März 1933 schließlich 46,5 Prozent (Reich: 43,9).

Die Pfalz zählte in Deutschland zu den NSDAP-Hochburgen. Besonders evangelische Bauern in der West- und Nordpfalz sowie das evangelische Bürgertum, beide Gruppen traditionell nationalistisch und politisch rechts eingestellt, erhofften sich vom deutschen Faschismus eine wirtschaftliche Verbesserung und einen nationalen Staat, der die Demokratie beseitigt. Große Teile der evangelischen Pfarrer waren auch in der Pfalz sehr anfällig für die NSDAP. Dies erschwerte den religiös-sozialistischen Antifaschismus. Ab 1926 häuften sich Stahlhelm- und NS-Gottesdienste. In Ludwigshafen fand 1930 sogar eine NS-Hochzeit statt.

Oswald Damian bezweifelte stark, daß die NSDAP eine „sozialistische Arbeiterpartei" sei, da Teile des Bürgertums, Offiziere, Landwirte und Industrielle dieser Partei angehörten und sie finanziell unterstützten. Die Kirche, die sich stets vom Sozialismus distanzierte, scheine sich nun völlig dem Faschismus zu öffnen. Hitlers Werben um kirchliche Unterstützung sah er als eine machtpolitische Taktik an. Die aggressive, kriegstreibende Politik der NSDAP und die NS-Rassenlehre standen für den Pirmasenser Pfarrer in einem unüberwindbaren Gegensatz zum Sozialismus und zum Christentum.

Durch die Anführung von Zitaten führender Nationalsozialisten versuchte Damian das sogenannte „positive Christentum" der NSDAP zu entlarven. Als Beispiele seien erwähnt: Abschaffung des Alten Testaments und Ersetzung durch nordische Sagen, Beschränkung der Gewissensfreiheit, Rasse und Volk als oberste Autorität, Ablehnung von Sünde und Sündenbewußtsein, Ablehnung von Kreuz und der Auferstehung Jesu. Damian mahnte die Kirchen eindringlich, ein solches „positives Christentum" energisch zu bekämpfen.

Am 8. März 1931 fand in Limburgerhof eine religiös-sozialistische Tagung statt, die sich mit dem Anstieg des Faschismus in den Landeskirchen sowie den Repressalien, wie kirchliche Dienstverfahren, Nichtberücksichtigung bei Stellenbesetzungen, Verleumdungen und Hetzkampagnen gegen religiös-sozialistische Pfarrer beschäftigte.

Gründung und Ende des Landesverbandes

Anläßlich einer Landesversammlung am 1. und 2. August 1931 in Kaiserslautern wurde ein religiös-sozialistischer Landesverband der Pfalz gegründet. Gäste aus Baden, Württemberg, Hessen, dem Rheinland und dem Saarland waren anwesend. Im Jahre 1932 wurde Damian zum neuen Vorsitzenden gewählt.

Nach dem Machtantritt der NSDAP 1933 begann der staatliche Terror gegen sozialistische, kommunistische, liberale und jüdische Menschen, kräftig unterstützt vom Denunziantentum. Am 20. März wurde Oswald Damian verhaftet und im provisorischen Konzentrationslager Rheinpfalz in Lachen-Speyerdorf interniert. Am 16. Juli wurde er in den vorläufigen Ruhestand ver-

Titelkopf des Sonntagsblattes „Der Religiöse Sozialist" vom 16.8.1931, mit Abdruck einer Predigt Pfarrer Damians.

setzt und mußte sich ein Jahr lang täglich bei der Gestapo melden. Am 16. April 1934 wurde ihm die kleine Pfarrstelle Dörrenbach verliehen. Adolf Trumm, Leiter der Stadtbücherei Kaiserslautern, weigerte sich im Rahmen der Bücherverbrennung am 10. Mai 1933 die entsprechenden Bücher auszuliefern. Daraufhin wurde er gezwungen, im Hof mitanzusehen, wie die Bücher verbrannt wurden. Trumm wurde mehrmals in unregelmäßigen Abständen von der Gestapo kurzzeitig verhaftet. August Kopp verlor das Sozialpfarramt. Nach dem Zweiten Weltkrieg wurde er Oberkirchenrat. Ende März 1933 wurde der religiös-sozialistische Landesverband zur Selbstaufgabe gezwungen.

Mit Vehemenz hatte er „von Anfang an der Kampf gegen den Nationalsozialismus sowohl als politische Partei wie mit seiner Überfremdung der Kirche geführt. Daß mit dem Jahre 1933 dieser Kampf eingestellt werden mußte, war schmerzlich. Von den führenden Gliedern der Bewegung der Religiösen Sozialisten in der Pfalz aber darf gesagt werden, daß sie für ihre Person auch in den Jahren nach 1933 bei dem 'Nein' verharrten".[7]

Anmerkungen:

1 Vgl.: Friedrich Martin Balzer, Klassengegensätze in der Kirche. Erwin Eckert und der Bund der religiösen Sozialisten Deutschlands, Köln 2. Aufl. 1975; Reinhard Creutzburg, „In der Kirche – Gegen die Kirche – Für die Kirche". Die religiös-sozialistische Bewegung in Thüringen 1918-1926, Theol. Diss., Halle/Saale 1989; Ulrich Peter, Der „Bund der religiösen Sozialisten" in Berlin von 1919-1933, Frankfurt/M. u.a. 1995; Hans Prolingheuer, Der rote Pfarrer. Leben und Kampf des Georg Fritze (1874-1939), Köln 2. Aufl. 1989.
2 Hierzu: Karlheinz Lipp, Der religiöse Sozialismus in der Pfalz 1922-1933, Examensarbeit Universität Mainz 1982. Eine Überarbeitung und Veröffentlichung dieser Arbeit ist in Vorbereitung; vgl. auch Siegfried Heimann/Franz Walter, Religiöse Sozialisten und Freidenker in der Weimarer Republik, Bonn 1993, S. 141-147.
3 Vgl. „Pfälzisches Pfarrerblatt" Nr. 9/10, 1926.
4 Vgl. „Sonntagsblatt des arbeitenden Volkes" Nr. 45, 1926.
5 Zu diesem Komplex siehe: Karlheinz Lipp, Religiöser Sozialismus und Pazifismus. Der Friedenskampf des Bundes der religiösen Sozialisten Deutschlands in der Weimarer Republik, Pfaffenweiler 1995.
6 Vgl. Oswald Damian, Die Religion ist in Gefahr!, Mannheim 1932.
7 August Kopp, Religiöser Sozialismus, in: Blätter für Pfälzische Kirchengeschichte und Religiöse Volkskunde 42 (1975), S. 139. Vgl. ferner ders., Die Dorfjuden der Nordpfalz. Dargestellt an der Geschichte der jüdischen Gemeinde Alsenz ab 1650, Meisenheim 1968, 2. Aufl. Otterbach 1988.

Vera Stürmer

Die pfälzische SPD in der Endphase der Weimarer Republik

Der Aufstieg des Nationalsozialismus und die Ursachen für das Scheitern der Weimarer Republik sind Gegenstand zahlreicher wissenschaftlicher Studien. Häufig wird die Frage gestellt, ob die Entwicklung, die zur Ernennung Hitlers zum Reichskanzler am 30. Januar 1933 führte, hätte verhindert werden können, und wenn ja, durch wen. Wer trägt die politische Verantwortung für den Untergang der Republik von Weimar?

In diesem Zusammenhang ist auch die Geschichte der Sozialdemokratie ein viel diskutiertes Thema. Wie, so wird gefragt, verhielt sich die SPD in den Jahren der Krise und des Zerfalls des Weimarer Staates? Hätte eine andere Taktik der Partei den Aufstieg der nationalsozialistischen Bewegung verhindern können? Warum gab es im entscheidenden Moment keine, mit den anderen Parteien der Arbeiterbewegung gemeinsam getragene Abwehr?[1]

Die Pfalz in der Weltwirtschaftskrise

Der Zusammenbruch der New Yorker Börse im Dezember 1929 stürzte die USA und die europäischen Staaten in die größte ökonomische Krise seit Entstehung des kapitalistischen Wirtschaftssystems. In der Pfalz, deren Wirtschaft infolge der Präsenz französischer Truppen, fast völliger Isolierung vom Reich, des Verlustes der Absatzmärkte im Elsaß und in Lothringen sowie der neuen Grenze zum Saargebiet ohnehin geschwächt war, wirkte sich die Krise besonders stark aus. Die Nachwirkungen der Inflation und des „passiven Widerstandes" und die Kapitalschwäche der Klein- und Mittelbetriebe taten das Ihre. Seit 1928 stieg die Zahl der Erwerbslosen in der Pfalz stetig an und betrug 1930 erstmals mehr als 80.000. Ihren Höchststand erreichte sie im Januar 1932 mit 88.945 Personen.[2]

Die Unterstützung für Erwerbslose unterteilte sich in die drei Kategorien Arbeitslosen-, Krisen- und Wohlfahrtsunterstützung. Entsprechend der Unterstützungsart, die den Arbeitslosen zustand, erhielten sie über eine begrenzte Zeit einen festgelegten Satz, der bei der Krisenunterstützung niedriger als bei der Arbeitslosenunterstützung und bei der Wohlfahrtsunterstützung wiederum niedriger als bei der Krisenunterstützung lag. Problematisch wirkte sich in der Pfalz vor allem die Begrenzung der letzteren auf bestimmte Berufsgruppen aus. So waren beispielsweise die Chemiearbeiter und die in der Landwirtschaft beschäftigten Arbeiter von dieser Hilfe ausgeschlossen. Daher fielen viele der öffentlichen Wohlfahrtspflege zur Last. Eine Neuregelung der Kategorien im Oktober 1930 weitete die Krisenunterstützung in Gemeinden mit mehr als 10.000 Einwohnern auf alle Berufe aus, in den übrigen Gemeinden konnte entsprechend der örtlichen Bedürfnisse entschieden werden. Einschränkungen existierten dennoch weiterhin, so etwa bei Landarbeitern und Jugendlichen unter 21 Jahren.

Bezeichnend ist, daß der prozentuale Anteil der Hauptunterstützungsempfänger an der Gesamtzahl der Arbeitslosen auch in der Pfalz immer weiter zurückging: von 92,2 % im Januar 1930 über 70,2 % ein Jahr später auf schließlich 39,1 % im Dezember 1932. Damit wurde die Zahl derer, die langfristig der öffentlichen Wohlfahrtspflege zur Last fielen, immer größer. Für die Betroffenen bedeutete dies in der Regel unbeschreibliche Not, Elend und sozialen Abstieg. So ist es auch verständlich, daß viele resignierten und dem Staat nur noch wenig Vertrauen schenkten. Die Folge war eine immer stärker zunehmende Radikalisierung der Massen nach links und nach rechts.[3]

Die Reichstagswahlen vom September 1930

Nach dem Bruch der Großen Koalition und dem Rücktritt des letzten sozialdemokratischen Reichskanzlers Hermann Müller wurde der Fraktionsvorsitzende der Zentrumspartei, Heinrich Brüning, im März 1930 vom Reichspräsidenten Hindenburg zu dessen Nachfolger ernannt. Die SPD reagierte mit einem Mißtrauensvotum. Vor allem verurteilte sie die Ankündigung Brünings, notfalls auch mit dem Notstandsartikel 48 der Reichsverfassung gegen den Reichstag zu regieren.[4]

Auch die pfälzische SPD versprach der neuen Regierung einen harten parlamentarischen Kampf. „Im Interesse der Arbeiterschaft und ihrer sozialen Errungenschaften", so hieß es, müsse der neuen Regierung „das Leben so schwer wie nur möglich gemacht werden": „Wir fürchten weder Reichstagsauflösung und Neuwahlen noch die Drohung des Herrn Brüning, mit dem Ausnahmezustand zu regieren".[5]

Am 18. Juli 1930 folgte die Auflösung des Reichstages und die Ankündigung von Neuwahlen für den 14. September des gleichen Jahres. Kurz darauf kündigte der pfälzische Bezirksvorstand einen außerordentlichen Bezirksparteitag an, auf dem die Position der Partei, die entsprechenden Agitationsmaßnahmen und Kandidatenlisten für die Septemberwahlen festgelegt werden sollten. Er fand am 17. August 1930 in Kaiserslautern statt. In seinem Grundsatzreferat betonte der Vorsitzende Hammer, daß es nun um die Frage „Diktatur oder Demokratie" gehe. Deshalb gelte es, im Wahlkampf einig und geschlossen dem Gegner entgegenzutreten und für die Ziele der Partei zu streiten.[6]

Geführt wurde der Wahlkampf mit der Parole „Der 14. September. Ein Schicksalstag des deutschen Volkes". Am Wahltag müsse mit allen abgerechnet werden, die den Frieden und die Demokratie bedrohten. Wenn das Volk sich mit dem Stimmzettel verteidige, dann erspare es sich vielleicht für später einen viel schwereren und gefährlicheren Kampf.[7]

Trotz eines intensiven Wahlkampfes war das Ergebnis für die SPD mehr als deprimierend. Eindeutiger Sieger der Wahlen war die NSDAP, die mit 107 Sitzen (vorher 12) als zweitstärkste Partei hinter den Sozialdemokraten (143 Mandate, vorher 152) in den Reichstag einzog. Konnte die SPD ihren Platz vor der NSDAP im Reich behaupten, so nahm sie in der Pfalz nur noch die dritte Position hinter dem Zentrum und der BVP sowie der NSDAP ein. Die KPD verbesserte hier ihre Stimmenzahl um 19.789 auf 48.994 und wurde zur viertstärksten Partei. Weit zurück fiel die DVP, deren Wählerschaft sich fast halbierte. Sie rutschte von der dritten auf die fünfte Position ab. Die restlichen Parteien holten nur unbedeutende Ergebnisse ein. Die SPD, 1928 mit einem Stimmenanteil von 29 % noch stärkste Partei in der Region, verlor fast ein Viertel ihrer Wähler.[8]

An den Wahlresultaten zeigt sich, daß die SPD auf dem flachen Land nicht die erhoffte Resonanz finden konnte. Dort mußte sie zum Teil sogar hohe Niederlagen hinnehmen. In der Vorderpfalz konnte sie in den kreisunmittelbaren Städten ihre Position als stärkste politische Kraft zwar verteidigen – so in Ludwigshafen, Neustadt und Frankenthal, wo sie mit 35 % ihr bestes Ergebnis in der Pfalz überhaupt zustande brachte –, doch darf dies nicht darüber hinweg täuschen, daß auch hier Verluste zwischen 15 und 26 % zu registrieren waren. Insgesamt konnte das Abschneiden der Partei „keine Freude auslösen", wie es im Geschäftsbericht des Bezirks für 1929/30 hieß.[9] Im Reichstag verlor die pfälzische Sozialdemokratie ein Mandat. Johannes Hoffmann vertrat nun als einziger Pfälzer die SPD in Berlin.

Der Wahlerfolg der Nationalsozialisten war nach Ansicht der pfälzischen Parteiführung zum einen auf den Kampf der bürgerlichen und extremen Parteien gegen die Sozialdemokratie und zum anderen auf die fürchterliche wirtschaftliche Not zurück zu führen, die sich vor allem auch im linksrheinischen Bayern deutlich bemerkbar machte. Das herrschende Elend sei der Boden, auf dem rechtsradikale Bewegungen gedeihen könnten. In ihrer Wahlanalyse wiesen die Sozialdemokraten darauf hin, daß von jenen die Republik für alles verantwortlich gemacht und daß dies von den engstirnigen und unpolitischen Wählermassen auch noch geglaubt würde. Das Wachstum der Nationalsozialisten sei schließlich auch durch die nationalistische Welle mitverschuldet, die seit dem Abzug der französischen Besatzungssoldaten eingesetzt habe. Dabei wurde bedauert, daß die von der SPD durchgesetzte, vorgezogene Räumung des Rheinlandes auf die Wähler keinen Eindruck gemacht habe.

Nicht die SPD, sondern die extremen Parteien, vor allem die Nationalsozialisten, hätten nun davon profitiert. Das Wahlresultat, so das Fazit der „Pfälzischen Post", zeige, wie notwendig der weitere Ausbau der sozialdemokratischen Organisation und die verstärkte Aufklärungsarbeit besonders in den ländlichen Regionen seien.[10]

Die Organisation

Im Zeitraum von 1926 bis 1929 nahm die Zahl der SPD-Mitglieder in der Pfalz um 3.522 von 13.329 auf 16.851 zu. Ebenso wuchs die Zahl der Ortsgruppen von 216 auf 244 an. Im Reich dagegen war eine eher stagnierende oder nur leicht ansteigende Tendenz festzustellen. Dieser Phase der Restabilisierung folgte aber auch im linksrheinischen Bayern ein Abwärtstrend. 1930 hatte die Partei noch 16.148, 1931 15.071 und 1932 schließlich nur noch 13.940 eingeschriebene Mitglieder.

Als mögliche Auslöser für die Entwicklung sind neben der politischen und wirtschaftlichen auch die innerparteilichen Schwierigkeiten zu nennen, von denen noch die Rede sein wird. Ebenso muß die zunehmende Anzahl der Arbeitslosen und Ausgesteuerten berücksichtigt werden. Das wenige Geld, das diesen zur Verfügung stand, reichte kaum zum Leben. Der Parteibeitrag konnte oft nicht mehr bezahlt werden, auch wenn er für Erwerbslose ermäßigt worden war.

Betrachtet man die Mitgliederbewegung einzelner Unterbezirke, so sind folgende Entwicklungen Anfang der 30er Jahre besonders auffällig: Im Zeitraum vom Dezember 1930 bis zum Dezember 1931 und noch einmal bis zum Dezember 1932 sind nur jeweils in vier der 16 Unterbezirke steigende Mitgliederzahlen zu erkennen. 1930/31 sind dies Bad Dürkheim, Landau, Kaiserslautern und Pirmasens, 1931/32 Speyer, Kirchheimbolanden, erneut Kaiserslautern und Zweibrücken. Dem standen zum Teil hohe Einbußen in den anderen Unterbezirken gegenüber. So mußte beispielsweise der Unterbezirk Ludwigshafen, der Ende 1930 einen Höchststand von 4.838 aufweisen konnte, in den zwei Jahren von 1930 bis 1932 eine Minderung um 623 Mitglieder hinnehmen. Besonders hohe Verluste hatten 1931 auch Frankenthal (-108), Neustadt (-156), Rockenhausen (-102) und Kusel (-139) und 1932 Landau (-154) und Pirmasens (-274). Unter ihnen befinden sich sowohl landwirtschaftlich geprägte Unterbezirke wie Rockenhausen, Kusel und Landau, als auch typische Industriegebiete wie Frankenthal und Pirmasens.

Vergleicht man die Entwicklung der Mitgliedschaften mit den Wahlergebnissen, die in den jeweiligen Unterbezirken zustande kamen, so ergeben sich interessante Zusammenhänge. In Pirmasens, der Stadt mit dem höchsten Arbeiteranteil in der Pfalz, konnten sowohl die KPD als auch die NSDAP bei den Wahlen in den Jahren 1930 und 1932 hohe Gewinne erzielen, wogegen die SPD deutlich Wähler einbüßte. Gleichzeitig verlor sie in Pirmasens 1932 274 Mitglieder. Ähnlich war es im Bezirk Rockenhausen, wo die SPD-Stimmen im Zeitraum vom September 1930 bis November 1932 von 22,4 auf nur noch 13,4 Prozent zurückgingen und der Partei gleichzeitig 217 Mitglieder den Rücken kehrten.

Die Abnahme der Mitgliederzahlen führte zu großen finanziellen Schwierigkeiten in den einzelnen Ortsgruppen und belastete auch die Arbeit des Bezirksvorstandes nicht unerheblich.[11]

Das „kleinere Übel": Die Tolerierung der Regierung Brüning

Nach der „Katastrophenwahl" vom September 1930 entschied sich die deutsche Sozialdemokratie, das Präsidialkabinett Brüning zu tolerieren. Diese Entscheidung der Parteispitze fiel nach vergeblichen Koalitionsangeboten an Brüning. Zwei Gründe waren für diesen Entschluß maßgeblich: Einerseits sollte eine Regierungsbeteiligung der NSDAP unter allen Umständen verhindert werden, da darin eine Vorstufe nationalsozialistischer Alleinherrschaft gesehen wurde. Dabei diente Italien als abschreckendes Beispiel. Andererseits sollte aber auch eine erneute Reichstagsauflösung vermieden werden. Zu groß war die Sorge, daß eine Neuwahl zu einer weiteren Stärkung des antidemokratischen Lagers und zu einer Schwächung der republikanischen Kräfte im Parlament hätte führen können. Auch das eigene Selbstverständnis darf in

Titelblatt des Geschäftsberichtes von 1931/32.

diesem Zusammenhang nicht unberücksichtigt bleiben. Die Sozialdemokraten verstanden sich als Stützen des demokratischen Rechtsstaates und als Vertreter der republikanischen Verfassungsordnung. Kennzeichnend für ihre Politik war eine defensive Haltung in der Gewaltfrage. Erst wenn ein offener Verfassungsbruch erfolgt wäre, hätte man die Anwendung von Gewalt befürwortet.[12]

Die Politik der Sozialdemokratie nach dem Herbst 1930 war gleichwohl „alles in allem zwingend: Solange noch eine Chance bestand, im Bunde mit der bürgerlichen Mitte den Vormarsch der Nationalsozialisten aufzuhalten, mußte die SPD den Weg der Legalität gehen. Sie konnte als demokratische Partei nicht die Grundsätze der Demokratie über Bord werfen, ohne sich selbst preiszugeben".[13]

Auch die pfälzische Parteileitung unterstützte den Tolerierungskurs der Reichstagsfraktion. „Wir müssen Brüning dulden, um den Willen der Nazis, an die Regierung zu kommen, zu vereiteln", so formulierte Friedrich Wilhelm Wagner auf dem Bezirksparteitag im April 1931. Die SPD konnte sich seiner Ansicht nach unmöglich von dieser Politik entfernen, denn immer wieder mußte für das große Ziel – die Verhinderung des Faschismus – gekämpft werden. Dabei müßten, so Wagner weiter, große Opfer gebracht werden: „Wenn Parteidisziplin je notwendig gewesen sei, dann heute." Die Mehrheit des Parteitages folgte dann auch seinem Appell und sprach der Reichstagsfraktion und ihrer Politik das Vertrauen aus.[14]

Es wurden aber auch Stimmen laut, die die Haltung der Reichstagsfraktion scharf kritisierten. Im Anschluß an den Bezirksparteitag fanden in fast allen pfälzischen SPD-Ortsgruppen Versammlungen statt, bei denen das Thema „Tolerierungspolitik" auf

Handzettel für den Begrüßungsabend zum 36. Bezirksparteitag in Speyer vom 11.4.1931.

der Tagesordnung stand. Meist sprachen dabei Vertreter der Bezirksleitung und besonders oft Wagner, der nach dem Tode von Johannes Hoffmann für diesen in den Reichstag nachgerückt war und nun massiv für die offizielle Politik der Fraktion warb. So wie er bezeichneten fast alle Referenten die Tolerierung der Regierung Brüning als einzig richtige und mögliche Politik der Sozialdemokratie. Bei der Parteibasis stieß diese Haltung allerdings häufig auf Widerspruch, insbesondere dann, wenn gerade wieder einmal eine Notverordnung mit den Stimmen oder bei Enthaltung der eigenen Fraktion verabschiedet worden war.[15]

Mitte Juli 1931 fanden in allen pfälzischen Unterbezirken Parteikonferenzen statt, die sich nochmals eingehend mit den politischen und wirtschaftlichen Verhältnissen und der Haltung der Parteiführung beschäftigten. Dabei dienten die Beschlüsse des deutschen Parteitages der SPD vom 31. Mai bis 5. Juni 1931 in Leipzig als Grundlage. In diesen Unterbezirkskonferenzen wurden die Notverordnungen zwar erneut scharf verurteilt und ihre Abänderung verlangt. Die Politik der Reichstagsfraktion wurde jedoch nicht grundsätzlich in Frage gestellt. Resolutionen riefen vielmehr zur Einheit, Geschlossenheit und zu verstärkter Aktivität der Ortsgruppen und der Mitglieder auf. Die schwierige Situation, so hieß es stets, erfordere die besondere Disziplin aller.[16]

Auch in den Ortsvereinen versuchten Referenten des Bezirksvorstandes immer wieder, die Haltung der Parteiführung zu erläutern und zu rechtfertigen. Häufig gelang dies jedoch nicht. Immer öfter stellten die Mitglieder die Frage: „Ist die Taktik, die die Partei heute vertritt, die richtige?" und nicht selten wurde „eine grundlegende Änderung unserer Taktik, eine sichtbare Änderung unserer Politik" gefordert.[17]

Vor allem bei den Jüngeren stieß der reformistische Kurs der Parteileitung auf zunehmende Ablehung. 1931 führten die Meinungsverschiedenheiten schließlich zur Abspaltung einiger kleiner Gruppen und zur Gründung der Sozialistischen Arbeiterpartei (SAP). In der Pfalz blieb ihr Einfluß allerdings gering. Trotz der Unruhe, die an der Parteibasis allenthalben herrschte, scheinen die Parolen des Bezirksvorstandes nicht ungehört verhallt zu sein.[18]

Die weitere Zuspitzung der politischen Situation und die Reichspräsidenten- und Landtagswahlen vom Frühjahr 1932 ließen die innerparteilichen Differenzen dann etwas in den Hintergrund treten. Als im Juni

Der Bezirksvorstand von 1931. Hinten v. l.: Karl Klingenstein, Fritz Müller, Franz Bögler; Mitte: Lina Rauschert, Richard Hammer, Marie Wolf, Eduard Klement; vorn v. l.: Wilhelm Hofmann, Friedrich Wilhelm Wagner, Georg Setzer.

Aufmarsch des Reichsbanners im Ebertpark in Ludwigshafen, 1930.

1932 Franz von Papen zum Reichskanzler und Nachfolger Heinrich Brünings ernannt wurde, sah die Führung der pfälzischen SPD die Richtigkeit ihres bisherigen Kurses bestätigt: „Daß die Politik der SPD in den Nachkriegsjahren, insbesondere die Tolerierung der Brüning-Regierung, richtig war, sehen wir an dem, was jetzt nach Brüning gekommen ist, die Papen-Schleicher-Regierung".[19]

Gleichzeitig bedeutete Brünings Sturz für die Sozialdemokratie das Ende der Tolerierungspolitik. Sie kündigte nun die schärfste Opposition gegen das neuernannte „Kabinett der nationalen Konzentration" an, das der Berliner Parteivorstand in einer Meldung vom 1. Juni 1932 als „Kabinett der reaktionären Konfrontation" bezeichnete. Nach seiner Ansicht kam es jetzt vor allem darauf an, den Zeitraum, der voraussichtlich bis zu den Reichstagswahlen bleiben würde, auszunutzen, um „die Front der Sozialdemokratie gegen die Reaktion" zu stärken.[20] Tatsächlich löste Hindenburg am 4. Juni 1932 den Reichstag auf und kündigte Neuwahlen an. Damit trat die Wahlvorbereitung erneut in den Vordergrund der Parteiarbeit.

Der Abwehrkampf gegen den Faschismus

Die Wahlen vom 14. September 1930 hatten auf die SPD wie ein Schock gewirkt. „Das Wahlergebnis hat auch dem Verschlafensten die Augen geöffnet über die Größe der faschistischen Gefahr in Deutschland", so hieß es im Geschäftsbericht des Bezirks für 1929/30.[21] „Kampf dem Faschismus" lauteten von nun an die Parole und die Hauptaufgabe der Sozialdemokratie. Diesem Abwehrkampf sollten sich alle Arbeiterorganisationen anschließen. Faschismus sei Reaktion in schärfster Form und bedeute die Zerstörung der Arbeiterbewegung. Die Voraussetzungen, um diesen Kampf erfolgreich führen zu können, seien Aktivität, Geschlossenheit und Einigkeit der Arbeiterschaft, so hieß es. Daher riefen die pfälzische SPD, die Gewerkschaften und die Arbeitersportorganisationen ihre Mitglieder zu noch stärkerer Mitarbeit im Reichsbanner Schwarz-Rot-Gold auf. Im Januar und Februar 1931 fanden in zahlreichen Städten und Gemeinden eindruckvolle Großkundgebungen des Reichsbanners statt.[22] Das am 18. Februar 1931 von der Regierung der Pfalz erlassene Versammlungsverbot, das grundsätzlich alle Zusammenkünfte unter freiem Himmel untersagte, schränkte diese Agitationsmöglichkeit allerdings wieder ein.[23]

Mit dem Aufstieg des Nationalsozialismus nahm auch die Zahl der faschistischen Gewalttaten und der Zusammenstöße zwischen Sozialdemokraten und Nazis zu. SA und SS störten häufig SPD-Versammlungen, Schlägereien und Saalschlachten waren an der Tagesordnung. Deshalb übernahm nun auch die Schutzformation (Schufo) des Reichsbanners den Schutz sozialdemokratischer Veranstaltungen.[24] Das von Brüning im April 1932 verhängte Verbot von SA und SS milderte den Terror nur kurzfristig, da sein Nachfolger Papen diese Verordnungen wieder aufhob. Kurz darauf mußte die „Pfälzische Post" wieder ständig von Störungen sozialdemokratischer Treffen, Schlägereien und Überfällen berichten.[25]

Die „Eiserne Front"

Im Dezember 1931 wurde im Deutschen Reich die „Eiserne Front" gegründet. Sie sollte ein Kampfbund des republikanischen Lagers sein und der „Harzburger Front" von DNVP, Stahlhelm und NSDAP eine einheitliche Organisation sämtlicher republikanischer Parteien, Bünde, Gewerkschaften und Vereine entgegensetzen. Ihr Ziel war die Rettung der sozialen und politischen Errungenschaften der Republik und die Abwehr des Nationalsozialismus.[26] In ihrer Nach-

Demonstrationszug des Reichsbanners in Frankenthal am 8.3.1931.

richt über die Gründung der Eisernen Front erwähnte die „Pfälzische Post" ausdrücklich fünf „Staffeln", die die neue Organisation tragen sollten: das Reichsbanner, die Freien, Christlichen und Hirsch-Dunckerschen Gewerkschaften, die Arbeitersportler, der Reichsbund der Kriegsbeschädigten und das Kartell republikanischer Verbände.[27] Diesen selbstgestellten Anspruch konnte die Eiserne Front jedoch nie erfüllen. Sie blieb von Anfang an eine rein „rote" Bewegung, da ihr fast alle nichtsozialdemokratischen Gruppen eine Absage erteilten, und sie lediglich von der SPD, dem Reichsbanner, den Freien Gewerkschaften und den Arbeitersportvereinen unterstützt wurde.

Die Konstituierung in der Pfalz erfolgte im Januar 1932. Die Geschäftsführung der Gaukampfleitung übernahm das Bezirkssekretariat der SPD in Ludwigshafen. Die technische Leitung oblag dem Reichsbanner, Gauführer wurde Friedrich Wilhelm Wagner.[28] Die führende Rolle in der Eisernen Front nahm folglich die SPD und nicht, wie ursprünglich vorgesehen, das Reichsbanner ein. Dies hatte zur Folge, daß das, was nach außen hin als festes Gefüge in Erscheinung trat, nicht mehr als ein lockeres Bündnis selbständiger Verbände war, die hin und wieder zu Sondierungsgesprächen zusammenkamen. Die Organisationsstruktur blieb bis zur Auflösung im Jahre 1933 eine Schwachstelle der Eisernen Front.

Die folgenden Wochen nutzte sie indessen, um Mitglieder zu werben und ihre Organisation auszubauen. Die pfälzische Gaukampfleitung forderte die Arbeiter dazu auf, sich in die sogenannten „Eisernen Bücher" einzutragen, die in zahlreichen pfälzischen Städten und Gemeinden auslagen und damit ihre Solidarität mit der Eisernen Front und der Republik kundzutun. Auch zu Geldspenden wurde aufgerufen, da die von der SPD und dem Reichsbanner zur Verfügung gestellten Mittel nicht ausreichten.

Die ersten Kundgebungen in der Pfalz standen unter dem Motto „Die Eiserne Front marschiert" oder „Eisern steht die Front".[29] Sie waren meist eindrucksvolle Bekenntnisse zur Republik und zur Demokratie, wie der folgende Bericht der „Pfälzischen Post" über Oppau dokumentiert: „Es war eine Kundgebung", so hieß es da, „wie sie die Oppauer Sozialdemokratie kaum jemals zu verzeichnen hatte. Ein Zeugnis dafür, daß die Oppauer Arbeiterschaft den Ernst der Situation erkannt hat und weiß, daß heute keine Zeit mehr ist, über Meinungsverschiedenheiten zu streiten, sondern höchste Zeit, in Geschlossenheit und Einheit die Kampfkraft der Arbeiterschaft zu stärken ... Kein Terror und keine Verleumdung der Hitler kann und wird (die Eiserne Front – V. St.) aufhalten können".[30]

Am 21. Februar 1932 war der erste Großkampftag des Verbandes. In fast allen deutschen und pfälzischen Städten marschierten seine Kolonnen. Im Geschäftsbericht der pfälzischen SPD ist nachzulesen, welch imposanten Verlauf die Demonstrationen überall nahmen.[31] Den Anhängern der Republik sollte mit ihnen ein neues Selbstwertgefühl vermittelt werden. Ganz bewußt ahmte die Eiserne Front das äußere Erscheinungsbild der rechten Kampfverbände nach. Als Symbol wurden drei Pfeile eingeführt, die das Hakenkreuz durchbohrten, dem Geschrei der Nazis wurde ein trotziges „Freiheit" entgegen geschleudert und als Parole „Aktivität, Disziplin und Einigkeit" ausgegeben.

In ihrem Kampf gegen den Faschismus appellierte die Eisernen Front stärker als zuvor das Reichsbanner und die Partei an Klassenbewußtsein und Solidarität der Ar-

Plakat zur Kundgebung der „Eisernen Front" in Mühlbach am Glan am 12.3.1932, mit August Barthel.

beiter. Zugleich stellte sie den Klassenkampfcharakter der Auseinandersetzung schärfer heraus. Das stärkte ohne Zweifel bei vielen den Glauben an die Unüberwindbarkeit der Arbeiterklasse und hatte damit durchaus positive psychologische Auswirkungen. Gleichzeitig beschränkte sich die Eiserne Front damit aber auf eine einzige Klasse und deren Interessen, obwohl ihr Hauptziel, die Rettung der Republik, eine breitere gesellschaftliche Basis vorausgesetzt und benötigt hätte.

Die Wahlen des Jahres 1932 standen gänzlich im Zeichen der drei Pfeile: „Die Eiserne Front", so heißt es im Geschäftsbericht des Bezirksvorstandes euphorisch, „gab dem Kampfe neuen Elan, den Kämpfern neue Begeisterung. Die Masse wirkte einem natürlichen Gesetz folgend anziehend auf viele Laue und Verzweifelte, die sich mitreißen ließen und einreihten".[32] Kaum ein Tag verging, an dem die pfälzischen SPD-Zeitungen nicht über die Massenkundgebungen und Demonstrationen berichteten und stolz auf die meist große Anzahl der Teilnehmer hinwiesen.

Fest steht, daß durch die Eiserne Front auch viele pfälzische Arbeiter zum Kampf gegen den Faschismus mobilisiert werden konnten und daß damit der Widerstandswille der sozialdemokratischen Anhänger offen bekundet wurde. Stärkend für das Selbstwertgefühl der Arbeiter dürften sich auch die Parolen nach Einheit und Geschlossenheit sowie die eindrucksvollen Manifestationen ausgewirkt haben. Doch recht bald traten auch die Schwächen in Erscheinung. Die Massendemonstrationen täuschten eine größere Schlagkraft vor, als tatsächlich vorhanden war. Dies sollte sich sowohl bei der Absetzung der preußischen Regierung am 20. Juli 1932 als auch nach der Machtübergabe an Hitler am 30. Januar 1933 in aller Deutlichkeit erweisen.

Einheitsfront mit der KPD?

Der Feind stand freilich nicht nur rechts. Die KPD verfolgte in der Endphase der Weimarer Republik einen ultralinken Kurs. Sie bekämpfte alle anderen politischen Kräfte ausnahmslos als „faschistische Feinde". In ihrer politischen Konzeption und Taktik gab es zwischen Weimarer Republik und Faschismus, zwischen SPD und NSDAP keinen prinzipiellen Unterschied. Sozialdemokraten wurden als „Sozialfaschisten" beschimpft und Stalin bezeichnete die Sozialdemokratie und den Faschismus sogar als „Zwillingsbrüder".[33]

Die solchermaßen attackierte SPD reagierte auf diese Herausforderung mit einer „ebenso undifferenzierten" Gleichsetzung von NSDAP und KPD („Nazis und Kozis") und verbaute sich mit dieser Formel den Zugang zu den kommunistischen Wählern.[34] Auch in der „Pfälzischen Post" der Jahre 1930 bis 1933 finden sich zahllose Artikel mit ähnlichem Grundtenor.

Diese Gegensätze machten ein Bündnis zwischen der SPD und der KPD praktisch unmöglich, zumal die letztere eine „Einheitsfront von unten" mit den sozialdemokratischen Anhängern, aber keine „Einheitsfront von oben" mit der Parteiführung, anstrebte. In einem Rundschreiben der KPD, das in der „Pfälzischen Post" und im Bezirks-Geschäftsbericht abgedruckt wurde, heißt es wörtlich: „Hauptstoß gegen die Sozialdemokratie bedeutet nicht unausgesetztes 'Geschrei' gegen die SPD, sondern vor allem selbständige Organisierung des Klassenkampfes, wodurch wir die SPD-Arbeiter zu uns herüber ziehen und die SPD isolieren." Deshalb warnte die pfälzische SPD-Führung ihre Mitglieder und Anhänger auch ständig vor dem „Einheitsfrontschwindel" der Kommunisten, die in der Tat versuchten, Sozialdemokraten gegen die eigene Partei zu mißbrauchen. Die von der KPD propagierte sogenannte „antifaschistische Aktion" war nichts anderes, als eine antisozialdemokratische Aktion. Parteimitgliedern, die dem „kommunistischen Schwindel" Glauben schenken würden, wurden drastische Folgen angedroht. Kein Ortsverein und kein einzelner Genosse habe, so hieß es, das Recht, „auf eigene Faust in 'Einheitsfront' zu machen".[35] Immer wieder betonte die Bezirksleitung, daß die wahre und einzige „Einheitsfront" nur die „Eiserne Front" sein könne.[36]

Die Reichstagswahlen vom Juli und November 1932

Am 2. Juni 1932 stellte die Regierung Papen beim Reichspräsidenten den Antrag auf Auflösung des Reichstages. Hindenburg genehmigte diesen zwei Tage später. Die Neuwahlen wurden für den 31. Juli festgelegt. Nach Auseinandersetzungen über die von der Regierung Papen erlassenen Notverordnungen vom 4. und 5. September 1932 kam es am 12. September zur erneuten Auflösung des Reichstages. Die notwendig gewordenen Wahlen fanden am 6. November statt.

Diese beiden Wahlgänge beherrschen die Arbeit der pfälzischen SPD von Juni bis November 1932. Anfang Juni 1932 begannen die Ortsvereine die Vorbereitungen für die Reichstagswahlen mit Versammlungen und Kundgebungen der Eisernen Front. Jeder Sozialdemokrat, so Friedrich Wilhelm Wagner in einer Versammlung, „muß sich als mobilgemachter Soldat betrachten, muß aber auch unermüdlicher Agitator sein. Wir führen den Wahlkampf unter dem Freiheitszeichen der drei Pfeile, wir führen ihn mit Begeisterung, aber auch mit klarem Blick ... Wir haben nichts mehr zu verlieren. Jetzt geht es ums Ganze".[37] Diese Aussage sollte deutlich machen, welche Bedeutung den Wahlen zukam und welche Härte für den Ablauf des Wahlkampfes zu erwarten war. Daher forderte die Partei ihre Mitglieder immer wieder zu Aktivität, Disziplin, Geschlossenheit und Kampfbereitschaft auf.

Um die Modalitäten des Juliwahlkampfes festzulegen, berief der Bezirksvorstand für den 26. Juni 1932 einen außerordentlichen Bezirksparteitag nach Neustadt ein. Neben der Aufstellung der pfälzischen Kandidaten für die Reichstagswahlen beschloß er auch konkrete Agitationsmaßnahmen. So sollten die Ortsgruppen zahlreiche Kundgebungen gemeinsam mit der örtlichen Eisernen Front veranstalten. Wahlaufrufe an die verschiedensten Zielgruppen wurden formuliert, beispielsweise an das „schaffende Landvolk", die Arbeitersportler, die Erwerbslosen, die Frauen und Mütter, die „Arbeiter und Frauen in Forst und Land", die Weinbauarbeiter und die Jungwähler. Dabei sprach man bewußt auch solche Bevölkerungsgruppen an, die bei den letzten Reichs- und Landtagswahlen nicht unbedingt zum sozialdemokratischen Wählerpotential gehört hatten. Gewarnt wurde erneut vor den Verlockungen der KPD, die nach wie vor eine große Einheitsorganisation propagierte. Der Bezirksvorstand äußerte zwar Verständnis für das Bedürfnis nach Einheit, das durch die politischen Verhältnisse und den Aufstieg des Nationalsozialismus noch verstärkt wurde. Er wies aber auch darauf hin, daß die KPD dieses „stürmische Verlangen des Proletariats nach Einheit" allein zu parteiegoistischen Zwecken ausnütze. Es gebe deshalb für die Sozialdemokratie nach wie vor nur eine Einheitsfront, und das sei die Eiserne Front: „Wir erwarten von den Sozialdemokraten der Pfalz, daß sie das Gebot der Stunde erkennen und in Einigkeit und Geschlossenheit am 31. Juli den Schlag

Kundgebung des Reichsbanners in Zweibrücken mit dem preußischen Innenminister Carl Severing am 11.9.1932.

gegen den Faschismus führen. Hinein in die Eiserne Front!", so lautete die Forderung der Parteiführung, die wie ein Allheilmittel immer wieder propagiert wurde.[38]

Der Wahlkampf wurde ganz im Zeichen der drei Pfeile bestritten. Die „Pfälzische Post" und die „Pfälzische Freie Presse" gaben ständig Termine und Orte von öffentlichen Aktionen der Eisernen Front bekannt. Anschließend folgten ausführliche Berichte zu Verlauf und Erfolg der „imposanten", „prächtigen" und „gewaltigen" Wahlveranstaltungen. Auch dem Bezirksparteitag in Neustadt war eine solche „wuchtige" Kundgebung vorangegangen.[39]

Mit diesen und ähnlichen Formulierungen sollten die Stärke und die Kampfentschlossenheit der pfälzischen Sozialdemokratie herausgehoben werden. Die Wahlergebnisse zeigten jedoch ein ganz anderes Bild.[40] Bei den Reichstagswahlen vom Juli 1932 wurde die NSDAP in der Pfalz, in Bayern und im Reich zur jeweils stärksten Partei. Diese Stellung konnten die Nationalsozialisten – mit Ausnahme von Bayern – auch im November verteidigen. Die SPD nahm den zweiten Platz im Reich und den dritten in Bayern und in der Pfalz ein. Ihr Stimmenanteil betrug im linksrheinischen Bayern im Juli 17,6 und im November 16,1 Prozent. Damit lag sie deutlich unter den im gesamten Reich erzielten Resultaten, wo sie im Sommer auf 21,6 und im Herbst auf 20,4 Prozent kam.

In der Pfalz bezifferten sich die Stimmenverluste der SPD am 31. Juli auf 7,4 Prozent. Zwischen den Juli- und Novemberwahlen mußte ein weiterer Rückgang um 10,8 % hingenommen werden. Betrachtet man nun die SPD-Ergebnisse getrennt nach kreisunmittelbaren Städten und Bezirksämtern, so fällt auf, daß der Verlust überwiegend durch die hohen Stimmenabnahmen in den Bezirksämtern zustande kam. Hier sank der SPD-Anteil von 20,7 1930 über 14,8 im Juli 1932 auf 13,9 Prozent im November 1932. In den Stadtkreisen wurden auch weiterhin mehr als 20% der Stimmen für die Sozialdemokratie abgegeben. Dabei erreichte sie in Frankenthal, wie bereits 1930, das prozentual beste Ergebnis in der ganzen Pfalz. Doch auch hier ergab sich eine deutliche Minderung: von 34 Prozent im Juli auf 28,1 im November 1932.

Insgesamt konnte die pfälzische SPD bei den Novemberwahlen nur noch in den stadtnahen Bezirksämtern Frankenthal und Ludwigshafen sowie im Bezirksamt Kirchheimbolanden überdurchschnittliche Resultate erzielen. Die Ausweitung ihres Einflusses auf die ländlichen Gebiete blieb bis 1933 ein unerfüllter Wunschtraum. Selbst in der Arbeiterstadt Pirmasens sank der SPD-Stimmenanteil weiter ab und erreichte im November 1932 den Tiefstand von nur 12,3 Prozent. Demgegenüber waren die KPD und vor allem die NSDAP hier erfolgreich. Die letztere verfehlte in der Stadt Pirmasens bei beiden Reichstagswahlen nur knapp die absolute Mehrheit.

Die „Pfälzische Post" glaubte, daß der Verlust bei den Novemberwahlen fast restlos den Kommunisten zugute gekommen sei. „Wer die Not und die Arbeitslosigkeit des pfälzischen Proletariats kennt, wofür fälschlich die Sozialdemokratie verantwort-

Plakat der Eisernen Front, 1932.

lich gemacht wird, für den ist diese Abwanderung nach links nicht verwunderlich. Die Kommunisten haben diesen vorübergehenden Zuwachs weder ihren besseren Argumenten, noch etwa gar ihrer eigenen Agitationsarbeit zu verdanken. Er ist ihnen unverdient in den Schoß gefallen und wird ihnen wieder abgenommen werden ..." Auch müsse berücksichtigt werden, daß die Sozialdemokratie gegen drei Fronten zu kämpfen hatte: gegen „die reaktionäre Regierung, die Faschisten und die Kostgänger Moskaus". Dieser Kampffront habe die Sozialdemokratie standgehalten. Sie habe sich prächtig geschlagen und ihrem Hauptgegner, dem „drohenden Faschismus", eine Schlappe beigebracht. „Die Nationalsozialisten, die auszogen, den Drachen 'Marxismus' diesmal gewiß zu erlegen, kehren als die Geschlagenen aus dem Kampf zurück." Nach Ansicht von Friedrich Wilhelm Wagner, der sich immer mehr zum eigentlichen Wortführer der Partei in der Pfalz entwickelte, war das wichtigste Ergebnis der Wahl vom 6. November die Widerlegung der Behauptung, daß die Hitlerbewegung unbesiegbar sei. „Der Hitler-Traum von der alleinigen Macht und von einem Dritten Reich (ist) für immer ausgeträumt".[41]

Ihre eigenen Einbußen entschuldigte die pfälzische Parteiführung mit dem Hinweis, daß der letzte Wahlkampf im Vergleich zu den vorangegangenen nicht so intensiv geführt werden konnte, da finanzielle Schwierigkeiten die Agitationsmöglichkeiten eingeschränkt hätten.[42] So mußte vor allem bei der schriftlichen Agitation vor den Reichstagswahlen im November gespart werden. Orte, in denen die SPD keine Aussichten hatte, nennenswerte Stimmenanteile zu erringen, blieben beispielsweise bei der Verteilung von Propagandamaterial fast völlig unberücksichtigt. Zu ihnen zählten vermutlich viele kleinere Orte auf dem Lande, die

von den Nazis nicht nur politisch, sondern auch auf der Straße beherrscht wurden. Dennoch stellte die SPD ihr Abschneiden positiv dar, denn es habe sich gezeigt, daß der Aufschwung des Faschismus gestoppt worden sei. Auffällig war in diesem Zusammenhang die Berichterstattung der „Pfälzischen Post": Wahlergebnisse aus Orten, in denen die Partei noch relativ gut davon gekommen war, wurden seitenweise kommentiert. Dabei schrieben die meisten Berichte den „Erfolg" der Sozialdemokratie in erster Linie der Eisernen Font zu. Man wies außerdem immer wieder darauf hin, daß der Kampf gegen die Reaktion und die Faschisten weiter gehen müsse.

Am 17. November 1932 trat das Kabinett Papen zurück. Am 3. Dezember ernannte der Reichspräsident General Kurt von Schleicher zum neuen Reichskanzler. Für die SPD bedeutete dieser Regierungswechsel allerdings keine Kursänderung. Weiterhin sei schärfste Opposition am Platze und der Kampf um die Erhaltung der Republik und der Demokratie müsse fortgesetzt werden, verlautbarten unisono die Reichsführung in Berlin und der Bezirksvorstand. Dennoch blickte die pfälzische SPD Ende 1932 optimistisch in die Zukunft: „Wir haben den Kampf gegen den Faschismus aufgenommen. Zusammengeschlossen in der Eisernen Front haben wir die unüberwindlich scheinende Welle des Faschismus zum Stehen gebracht. Der Nationalsozialismus hat seinen Höhepunkt überschritten. Hitler hat die besten Gelegenheiten zur Machtergreifung verpaßt, seine Anhänger werden ungeduldig und mißtrauisch. Der Marsch ins Dritte Reich mußte immer wieder gestoppt werden. Das Jahr 1932 wurde nicht zum Siegesjahr für den Faschismus, es wurde im Gegenteil der Beginn seines Niedergangs. Die geschickte Taktik der Sozialdemokraten hat die Machtergreifung durch Hitler verhindert ... Zu Beginn des Jahres 1933 können wir sagen, daß die kämpfende Sozialdemokratie, die entschlossene Eiserne Front, die letzten politischen Freiheiten verteidigt und gerettet haben".[43]

Wie falsch diese Lagebeurteilung des pfälzischen Bezirksvorsitzenden Richard Hammer war, zeigte sich wenige Wochen später, als Hindenburg den „böhmischen Gefreiten" doch noch zum Reichskanzler ernannte. Der Attentismus, das Festhalten an ihren Traditionen, der Legalitätsglaube und die Unterschätzung der NSDAP hatten den Handlungsspielraum der Sozialdemokratie entscheidend eingeengt. Enttäuschung in der sozialdemokratischen Arbeiterschaft und ein Prozeß schneller Selbstauflösung waren im Jahre 1933 die Folgen dieser Politik. „Die SPD war eine entschieden antifaschistische Kraft, sie konnte aber aufgrund ihrer politischen Tradition, ihrer Mentalität und ihres politischen Temperaments die Nazi-Bewegung nicht aufhalten, sondern wurde deren Opfer".[44]

Anmerkungen:

1 Vgl. Heinrich August Winkler, Der Weg in die Katastrophe. Arbeiter und Arbeiterbewegung in der Weimarer Republik 1930-1933, Berlin/Bonn 1987; immer noch lesenswert: Erich Matthias, Die Sozialdemokratische Partei Deutschlands, in: Das Ende der Parteien 1933, hrsg. v. dems./Rudolf Morsey, Düsseldorf 1960, S. 101-278; für die Pfalz vgl. meine Studie Die pfälzische SPD in der Endphase der Weimarer Republik, in: Vera Stürmer/ Ralf Hundinger, „Wir kommen wieder!" Ende und Wiederaufbau der pfälzischen SPD 1929-1933 und 1945-1947, Mannheim 1995, S. 3-154, dort auch detaillierte Quellenangaben und Literaturhinweise.
2 LA Sp, Best. H 31, Nr. Z 2290/95.
3 Vgl. Stürmer (Anm. 1), S. 16 ff.
4 Winkler (Anm. 1), S. 125.
5 „Pfälzische Post" v. 22.4.1930.
6 Ebd., Ausgabe v. 18.8.1930.
7 Ebd., Ausgabe v. 12.9.1930.
8 Zs. d. Bay. Stat. Landesamtes 64 (1931), S. 57 ff.
9 SPD Bezirk Pfalz, Geschäftsbericht 1929/30, o.O. (Ludwigshafen), o. J., S. 22.
10 „Pfälzische Post" v. 15.9.1930.
11 Vgl. Stürmer (Anm. 1), S. 25 ff.
12 Vgl. hierzu Matthias (Anm. 1), S. 103 ff.
13 Winkler (Anm. 1), S. 12 f.
14 „Pfälzische Post" v. 13.4.1931.
15 Ebd., Ausgaben v. 4.9.1931 (Frankenthal) u. 30.9.1931 (Oppau).
16 Ebd., Ausgaben v. 8.7., 14.7. u. 5.8.1931.
17 Ebd., Ausgabe v. 4.9.1931.
18 Vgl. Gerhard Nestler, Gegen Hitler-Diktatur und Krieg. Die SAP in der Pfalz von 1931-1938, in: „Pfälzische Post" 4 (1984), H. 4, S. 15-16.
19 „Pfälzische Post" v. 9.7.1932.
20 Ebd., Ausgabe v. 2.6.1932.
21 Geschäftsbericht (Anm. 9), S. 24.
22 „Pfälzische Post" v. 8.1., 10.1., 12.1., 21.1., 22.1. u. 28.1.1931.
23 SPD Bezirk Pfalz, Geschäftsberichte 1931 und 1932, o. O. (Ludwigshafen), o. J., S. 23 f.
24 Vgl. Stürmer (Anm. 1), S. 56.
25 Vgl. beispielsweise „Pfälzische Post" v. 5.7. u. 6.7.1932.
26 Vgl. Karl Rohe, Das Reichsbanner Schwarz Rot Gold, Düsseldorf 1966, S. 392 ff.
27 „Pfälzische Post" v. 29.12.1931.
28 Geschäftsberichte (Anm. 23), S. 16.
29 „Pfälzische Post" v. 13.1., 15.1., 17.1., 11.2. u. 12.2.1932.
30 Ebd., Ausgabe v. 15.2.1932.
31 Geschäftsberichte (Anm. 23), S. 17.
32 Ebd.
33 Vgl. Hermann Weber, Kommunismus in Deutschland 1918-1933, Darmstadt 1983, S. 114.
34 So Klaus Schönhoven, Tolerierung versus Einheitsfront. Das Dilemma der SPD und die Politik der KPD, Strategie des Nichtstuns?, in: Die deutsche Staatskrise 1930-1933, hrsg. v. Heinrich August Winkler, München 1992, S. 59-75.
35 Geschäftsberichte (Anm. 23), S. 19 f.
36 „Pfälzische Post" v. 4.7.1932.
37 Stürmer (Anm. 1), S. 71.
38 „Pfälzische Post" v. 25.6., 30.6., 9.7., 22.7., 23.7., 24.7., 27.7. u. 29.7.1932.
39 Ebd., Ausgabe v. 27.6.1932.
40 Zs. d. Bay. Stat. Landesamtes 66 (1933), S. 100.
41 „Pfälzische Post" v. 7.11.1932.
42 Geschäftsberichte (Anm. 23), S. 40 f.
43 „Pfälzische Post" v. 2.1.1933.
44 So Günter Braun, Ludwigshafener Sozialdemokraten in Verfolgung und Widerstand 1933-1945, in: Der Freiheit und Demokratie verpflichtet. Beiträge zur Geschichte der Ludwigshafener Sozialdemokratie, Ludwigshafen/Rh. 1986, S. 111-142, hier S. 112.

Gerhard Nestler

„Gegen die Fascistische Gefahr"
Die Speyerer SPD in der Endphase der Weimarer Republik

Der Schreck saß immer noch tief, als Theodor Gauweiler, der Vorsitzende der Speyerer SPD, seine Genossen am 27. September 1930 zu einer Parteiversammlung in die „Stadt Nürnberg" einlud. Fast zwei Wochen waren mittlerweile seit jenem 14. September vergangen, an dem die Deutschen wieder einmal einen neuen Reichstag gewählt hatten. Es waren die fünften Reichstagswahlen seit 1920 und – zählt man die Wahl zur Nationalversammlung von 1919 hinzu – die sechsten seit Kriegsende.

Der Ausgang der Wahlen wirkte allerdings nicht nur auf die Speyerer Genossen wie ein Schock. Die NSDAP Adolf Hitlers, bei den Wahlen zwei Jahre zuvor im Mai 1928 noch eine kleine und unbedeutende Splittergruppe, für die sich gerade einmal 2,6 % der Deutschen entschieden hatten, erhielt 18,2 % der Stimmen und wurde hinter der SPD, für die 24,5 % der Wähler votierten, urplötzlich zur zweitstärksten Partei im Reich. In der Pfalz schnitt die NSDAP sogar noch besser ab als im Reichsdurchschnitt. Hier waren es 22,8 %, die für sie gestimmt hatten. Die Nazis waren damit auch in der Region zwischen Rhein und Westrich zur zweitstärksten Partei geworden, nur knapp von Zentrum und Bayerischer Volkspartei (BVP) gemeinsam geschlagen, aber bereits vor der so mächtigen SPD.[1] In Speyer, dem alten Bischofsitz mit seinem starken katholischen und ebenso starken sozialdemokratischen Milieu, wo seit Jahren schon politischer Katholizismus und SPD um die Vorherrschaft stritten, mußten sich die Nazis freilich mit 12,3 Prozent zufrieden geben. Die beiden katholischen Parteien Zentrum und BVP hatten 27,6, die SPD 27,5 Prozent erhalten.[2]

Eine Parteiversammlung im September 1930

Der Ausgang der Wahlen stand natürlich auch am 27. September in der „Stadt Nürnberg" auf der Tagesordnung. Sogar der Parteivorsitzende der pfälzischen SPD, Richard Hammer aus Ludwigshafen, war gekommen, um die Speyerer Genossen zu beruhigen. Schuld am Wahlerfolg der NSDAP, so argumentierte er in seinem Referat, sei zum einen die schlechte wirtschaftliche Lage und zum anderen die nationale Euphorie, die nach dem Abmarsch der französischen Besatzungstruppen im Juni 1930 auch die Pfalz erfaßt und viele Kleinbürger anfällig für die nationalistischen Phrasen der NSDAP gemacht hatte. Trotz des erbitterten Kampfes, den die Nazis geführt hätten, sei es ihnen aber nicht gelungen, die Sozialdemokraten in die Knie zu zwingen. Im Gegenteil: die SPD stehe wie ein Fels in der Brandung und könne „mit frohem Mut in die Zukunft sehen". Pessimismus, so Hammers Fazit, sei fehl am Platze. Alle Kraft müsse nun mobilisiert werden, um das große Ziel – die Überwindung des Kapitalismus und die Einführung des Sozialismus – zu erreichen.[3] Der „lebhafte" und dankbare Applaus, den Hammer von den Speyerer Genossen erntete, zeigte, daß er mit seinem Hinweis auf die organisatorische Stärke der Partei genau den richtigen Ton getroffen hatte. Der Glaube an die Macht der Organisation gehörte zu den wichtigsten Bestandteilen der sozialdemokratischen Gedankenwelt. Und an einer starken und mächtigen Sozialdemokratie, so die allgemeine Überzeugung, würden sich auch Hitlers braune Bataillone über kurz oder lang die Zähne ausbeißen.

Das schien plausibel. Die SPD hatte sich auch in Speyer seit der Revolution zu einer mächtigen und einflußreichen Partei entwickelt. Aus den „vaterlandslosen Gesellen", die während des Sozialistengesetzes und auch noch danach streng überwacht, bespitzelt und verfolgt wurden, waren respektierte Bürger geworden, die im Stadtrat saßen und in der Kommunalpolitik ein gewichtiges Wort mitzureden hatten. Auch wenn sie in den bürgerlichen Vereinen und Gesellschaften nach wie vor nicht gern gesehen wurden und daher in ihren Arbeiterturn- und Gesangvereinen, ihren Gewerkschaften, ihren Bierkneipen und Weinwirtschaften und bei ihren Festen meist unter sich blieben[4], so gehörten die Sozialdemokraten doch auch in Speyer längst zum festen Bestandteil des kommunalen Lebens.

Wahlergebnisse

Wie stark das sozialdemokratische Milieu in der Stadt war, zeigt ein Blick auf die Wahlergebnisse.[5] 1919, bei der Wahl zur Verfassunggebenden Nationalversammlung, erhielt die SPD 41,8 % der gültigen Stimmen und wurde damit weit vor der BVP (29,9 %), der linksliberalen DDP (20,1 %), der nationalliberalen DVP (7,0 %) und der

Der Speyerer Arbeiter-Radfahrerbund „Solidarität" vor dem Parteilokal, 1920er Jahre.
Ganz rechts Franz Bögler, am Fenster Friedrich Ober.

USPD (1,2%) stärkste Partei in der Stadt. Dieses hohe Niveau konnte sie allerdings nicht lange halten. Schon bei der ersten Reichstagswahl, die ein Jahr später, am 20. Juni 1920, stattfand, verlor sie einen beträchtlichen Teil ihrer Wählerinnen und Wähler wieder und mußte sich mit 24,5% begnügen. Stärkste Partei wurde diesmal die BVP mit 27,5%. Für die DDP stimmten 13,1%, die DVP 15,1%, die USPD 15,5% und die erstmals kandidierende KPD 4,3 Prozent. Addiert man allerdings die Stimmen, die für Mehrheitssozialdemokraten und Unabhängige abgegeben wurden, so erhält man bis auf einen kleinen Rest wieder den Stimmanteil von 1919. Vom Verlust der SPD profitierte also in erster Linie ihre linke Konkurrentin USPD, die zum Sammelbecken all derer geworden war, die sich von der Revolution mehr als nur den Achtstundentag versprochen hatten.

Der Erfolg der KPD, die bei ihrem ersten Auftreten zwar nur 4,3% erreichte, damit aber deutlich über dem pfälzischen und reichsweiten Durchschnitt lag, machte aber auch deutlich, daß den beiden sozialdemokratischen Parteien ganz links ein weiterer Konkurrent ins Haus stand. Wie stark er sein würde, sollte sich schnell erweisen. Bei den Reichstagswahlen im Mai 1924 mußte die SPD in Speyer erneut Einbußen hinnehmen (-4,2%). Obwohl der rechte Flügel der USPD nach der Spaltung der Partei 1922 zur SPD zurückgekehrt war, sank der sozialdemokratische Anteil an den gültigen Stimmen auf 20,3% herab. Eindeutige Gewinnerin war die KPD, auf die 22,9% aller Stimmen entfielen und die mit diesem unerwartet guten Ergebnis nicht nur die Sozialdemokraten, sondern auch den in Speyer traditionell so starken politischen Katholizismus überflügelte. Ganz offensichtlich waren nur wenige ehemalige USPD-Wähler zur SPD zurückgekehrt. Die meisten von ihnen hatten sich wohl für die KPD entschieden, deren radikale Parolen scheinbar attraktiver waren, als die reformistische Politik der Sozialdemokraten.

Als im Dezember 1924 erneut gewählt werden mußte, ging es mit der SPD allerdings wieder bergauf. Sie profitierte nun von der Stabilisierung der politischen Verhältnisse im Reich ebenso wie vom wirtschaftlichen Aufschwung, der nach dem Ende der Inflation langsam einsetzte und auch der Pfalz ein kleines Konjunkturhoch bescherte. In Speyer erhielt die SPD 24,5% (+ 4,2%) und wurde damit erstmals seit 1919 wieder stärkste Partei in der Stadt, vor der BVP (22,6%), der DVP (19,5%) und der KPD (15,9%). Vier Jahre später, im Mai 1928, gelang es ihr sogar, diese Position noch auszubauen. 32,1% der Speyerer Wählerinnen und Wähler entschieden sich nun für die Sozialdemokraten – ein Plus von 7,6 Prozent. Die KPD, vier Jahre zuvor noch

Friedrich Graf (1856-1935), Aufnahme von 1897.

stärkste Partei in der Stadt, fiel auf 6,3 % zurück, BVP und Zentrum, die erstmals mit einer gemeinsamen Liste angetreten waren, erhielten 27,3 %, auf die DVP entfielen 14,2 Prozent.

Auch bei den drei Kommunalwahlen, die in den Jahren zwischen Revolution und nationalsozialistischer Machtergreifung stattfanden, zeigte sich, daß die SPD zu einem einflußreichen politischen Faktor in der Domstadt geworden war.[6] 1920 wurde sie mit 27,8 % und acht Mandaten stärkste Partei im Stadtrat, 1924 erreichte sie mit 23,2 % und sieben Mandaten die zweite Position hinter der BVP und 1929 gelang es ihr schließlich mit 29,2 % und neun Mandaten erneut zur stärksten Kraft im Rat zu werden.

Mit Friedrich Graf (1920-1924), Hermann Langlotz (1924) und Karl Spindler (1924-1933) stellte die SPD auch jahrelang ehrenamtliche Bürgermeister. Akzente setzte sie bei ihrer kommunalpolitischen Arbeit vor allem im sozialen Bereich. Nicht zu unrecht konnten die Redner der SPD immer wieder auf die „ansehnlichen Erfolge" verweisen, die ihre Partei im Kampf gegen die „soziale Not der Arbeiterklasse" errungen hatte, so die Formulierung von Karl Spindler in einer Mitgliederversammlung am 14. April 1928. Zuschüsse für Notstandsarbeiten und den Bau von Wohnungen gingen ebenso auf Anträge und Initiativen der sozialdemokratischen Fraktion zurück, wie die Unterstützung der ausgesteuerten Erwerbslosen, die Herabsetzung der städtischen Gebühren, die Gehaltserhöhungen für die unteren Ränge der städtischen Beamten, der Ausbau der Berufsfortbildungsschule oder das Darlehen an die Firma Brinkmann zur Errichtung einer Tabakfabrik.[7]

Trotz ihrer beachtlichen Wahlerfolge aber blieb die SPD im 30köpfigen Stadtrat natürlich immer in der Minderheit. Sie war daher auch stets auf die Zusammenarbeit mit den anderen Parteien angewiesen. Gemeinsamkeiten gab es dabei vor allem mit den Vertretern der katholischen Arbeitervereine und der Christlichen Gewerkschaften, die in den Fraktionen der BVP und des Zentrums saßen und in vielen Fragen die gleichen Interessen vertraten wie ihre sozialdemokratischen Kolleginnen und Kollegen.

Die Organisation

Ebenso beeindruckend wie die Wahlerfolge war die Organisation der SPD in Speyer. Im Januar 1930 hatte die Partei 766 Mitglieder. Der Ortsverein Speyer war damit der drittgrößte in der gesamten Pfalz. Nur in Ludwigshafen und Kaiserslautern hatte die SPD mehr Mitglieder.

Setzt man allerdings die Mitgliederstärke der SPD in Relation zur Einwohnerzahl, so marschierte Speyer weit an der Spitze aller pfälzischen Städte. Unübersehbar ist aber auch, daß die Fluktuation der Mitglieder relativ hoch war und ihre Zahl ständig auf und ab schwankte. Ihren Höchststand hatte sie im Januar 1923, kurz nach der Vereinigung von SPD und USPD, mit 933 erreicht, ihren Tiefststand im April 1925 mit 552. Danach stieg die Zahl wieder kontinuierlich bis auf 790 im Januar 1929 an, um dann anschließend bis 1930 wieder leicht zu fallen.[8] Groß waren die ständigen Veränderungen auch in der Führungsspitze der Partei. Von 1919 bis 1930 lassen sich mit Jakob Schmitt (1919-1920), Georg Zimmermann (1921), Friedrich Ober (1922), Hans Grosius (1923-1924), Schmidbauer (1925), Philipp Wolf (1926-1927), Franz Bögler (1928-1930) und Theodor Gauweiler (seit 1930) nicht weniger als acht verschiedene Parteivorsitzende nachweisen.[9]

Kampf gegen den Faschismus

Mit der Reichstagswahl vom 14. September 1930 begann nun allerdings ein völlig neuer Abschnitt in der Geschichte der Speyerer SPD. Daß an seinem Ende der Untergang der Demokratie und das Verbot der Partei stehen würde, konnte am Abend des 27. September in der „Stadt Nürnberg" freilich niemand ahnen. Im Gegenteil, die Rede von Rudolf Hammer hatte in allen die Zuversicht gestärkt, daß der Sozialismus über kurz oder lang siegen werde.

Mit der NS-Bewegung hatten sich die Speyerer Genossen bis dahin kaum beschäftigt. Und warum auch? Die NSDAP Hitlers war in der Domstadt bis 1930 eine absolut unbedeutende Splittergruppe, eine quantité négligeable, geblieben. Zwar hatten sich im Mai 1924 immerhin 6,8 % der Speyerer für die Nazis entschieden, ein halbes Jahr später aber war die Partei wieder auf 1,3 % zurückgefallen und auch im Mai 1928 hatte sie mit 3,1 % nur unwesentlich mehr Stimmen erhalten.[10] Ein einziges Mal nur, am 14. Oktober 1929, kurz vor Ende einer Mitgliederversammlung in der „Stadt Nürnberg", war es zu einer „kurzen Aussprache über die Fascistische Bewegung" gekommen. Dies sollte sich nun aber ändern.

Nach der Reichstagswahl vom 14. September begann die SPD die Auseinandersetzung mit den Nazis zu intensivieren. „Eine selten dagewesene Kampfbereitschaft beseelte die Genossen", stellte Theodor Gauweiler bereits am 14. Januar 1931 fest. Zwei Monate zuvor, am 8. November 1930, hatte der Berliner Reichstagsabgeordnete Wilhelm Dittmann in einer „sehr stark besuchten" Parteiversammlung im „Goldenen Lamm" über das Thema „Wir und der Faschismus" referiert. Es war die erste einer ganzen Reihe von Veranstaltungen, in denen sich die Speyerer Genossen mit dem Wesen und der Ideologie der NS-Bewegung beschäftigten.

Der später immer wieder erhobene Vorwurf, die SPD sei sich der Gefahr, die der Demokratie von den Nationalsozialisten drohte, nicht bewußt gewesen, ist also nicht ganz richtig. Dies belegt auch die Rede Dittmanns. „Faschismus", so sein Fazit, „bedeutet Untergang der Demokratie und der Arbeiterbewegung". Es müsse deshalb alles daran gesetzt werden, damit er in Deutschland nicht an die Macht komme. Ähnlich formulierte es auch der Redakteur der Mannheimer „Volksstimme", Alexander Schifrin, als er am 31. Oktober 1931 in einer Parteiversammlung in der „Stadt Nürnberg" über die politische Lage im Reich sprach. Würden die Nazis und ihre deutsch-nationalen Freunde von der DNVP und dem Stahlhelm an die Macht kommen, mahnte er, so würde dies nicht nur die „Vernichtung der Sozial- und Arbeitslosenversicherung", sondern auch das Ende des Betriebsrätegesetzes und die Aufhebung aller Tarifverträge bedeuten.

Die Politik der Berliner Parteiführung, die seit der Septemberwahl die Regierung Brüning offen tolerierte, um Neuwahlen und einen weiteren Machtzuwachs der NSDAP zu verhindern, stieß in der Speyerer SPD freilich nicht nur auf Zustimmung. Selbst der Appell von Schifrin, der offen für den Tolerierungskurs der Berliner Reichstagsfraktion warb, half da nur wenig.

Wie stark der Unmut der Speyerer Genossen war, zeigte sich, als ihr Parteifreund Schreiber, stellvertretender Vorsitzender der Sozialdemokraten im benachbarten Neustadt, am 20. Juli 1931 in einer Versammlung über den Reichsparteitag der SPD in Leipzig berichtete. Nur mit großer Mühe gelang es Theodor Gauweiler eine Resolution zu verhindern, in der der Reichstagsfraktion und der Parteiführung offen das Mißtrauen ausgesprochen werden sollte. Erst nach dem Sturz Brünings im Mai 1932 und der Ernennung Papens zum Reichskanzler, die von der SPD einhellig verurteilt wurde, kehrte wieder die alte Einigkeit zurück.

Von nun an wurde auch die Auseinandersetzung mit dem politischen Gegner noch offensiver und selbstbewußter geführt als in den vergangenen Monaten. In einer Ausschußsitzung der Partei, die am 22. Juni 1932 stattfand, erläuterte Franz Bögler, seit zwei Jahren Bezirkssekretär der pfälzischen SPD, die neue Taktik. „Genosse Bögler", so heißt es im Protokoll der Sitzung, „führte aus, daß die Kampfweise für die nächsten Wahlen eine andere sei, vor allen Dingen müsse der Kampf in der Straße geführt werden, auch müssen die gegnerischen Versammlungen besucht werden."

Die Eiserne Front

Ein paar Wochen zuvor, am 2. April, hatte die SPD gemeinsam mit den Freien Gewerkschaften, dem Reichsbanner Schwarz-Rot-Gold und dem Kartell der Arbeitersportvereine auch in Speyer die Eiserne Front gegründet. Ihre Aufgabe sollte es sein, den Kampf gegen den Nationalsozialismus noch intensiver zu führen und ihm eine noch breitere Basis zu geben.[11]

Am 13., 20. und 27. Juli 1932 veranstaltete die Eiserne Front in Speyer drei große Massenkundgebungen, die unter dem Motto „Nieder mit dem Faschismus" standen und noch einmal die ganze Stärke der sozialdemokratischen Arbeiterbewegung in der Domstadt dokumentierten. Es seien, so notierte der Schriftführer der Speyerer SPD, Georg Schuhmacher, ins Protokollbuch der Partei, die größten Demonstrationen gewesen, die Speyer je gesehen habe. Die ganze Stadt stand im Zeichen der drei Pfeile und selbst der kommunistische Leninbund, eine kleine Gruppe, die sich von der KPD getrennt hatte, reihte sich in die langen Kolonnen der Demonstranten ein.

Den weiteren Aufstieg der Nationalsozialisten konnten allerdings weder die SPD noch die Eiserne Front verhindern. Im Grunde waren sie dazu auch gar nicht in der Lage. Die SPD blieb bis 1933 eine proletarische Klassenpartei, der es auch in Speyer nie gelang, eine größere Zahl von Bauern, Handwerkern, Kleinhändlern und anderen Selbständigen für sich zu gewinnen – jene Schichten also, von denen wir heute wissen, daß sie es in erster Linie waren, die die Nationalsozialisten zur Massenbewegung gemacht hatten. Daß ein Wandel der SPD von der proletarischen Klassenbewegung zur linken Volkspartei den Aufstieg der NSDAP erschwert hätte, wie manche Historiker glauben, ist durchaus möglich.

Fest steht aber auch, daß dieser Wandel wohl – von wenigen Ausnahmen abgesehen – weder von der Parteiführung, noch von den Mitgliedern gewünscht wurde. Hätte die Partei ihn vollzogen, so hätte sie zahlreiche traditionelle Vorstellungen von Bord werfen müssen, die ihren Aufstieg erst möglich gemacht hatten und wichtiger Bestandteil ihrer Identität waren. Ohne diese Vorstellungen – die Idee vom Klassenkampf gehörte ebenso dazu wie der Glaube an den zwangsläufigen Sieg des demokratischen Sozialismus – aber wäre die SPD zu einer Partei wie jede andere geworden und hätte viel von ihrer Faszination eingebüßt – einer Faszination, die vor allem bei den Jüngeren ohnehin schon recht brüchig geworden war. Wahrscheinlich ist, daß eine linke Volkspartei SPD Anfang der 30er Jahre noch viel mehr Wähler und Mitglieder an die KPD verloren hätte, als dies ohnehin schon der Fall war. Und ob dies für das

Gerhard Nestler 499

Plakatwand in Speyer zu Beginn der 30er Jahre.

Überleben der Weimarer Republik von Vorteil gewesen wäre, mag mit Fug und Recht bezweifelt werden. Hinzu kommt, daß es auch einer SPD, die die Interessen der kleinen Händler, Handwerker und Bauern stärker berücksichtigt hätte, wohl kaum gelungen wäre, ihre Wählerbasis entscheidend zu verbreitern. Gerade im unteren Mittelstand, dem diese Gruppen angehörten, saßen die republikfeindlichen und nationalistischen Ressentiments besonders tief.[12]

Aber hatten die Großkundgebungen der Eisernen Front in Speyer nicht gezeigt, daß die sozialdemokratische Arbeiterbewegung immer noch stark genug war, die Nationalsozialisten im Zaum zu halten? Skepsis scheint angebracht! Natürlich waren das Reichsbanner, die Eiserne Front und die Partei mächtige Organisationen – auch in Speyer. Aber wären sie auch bereit gewesen, den bewaffneten Kampf gegen die Nationalsozialisten zur Rettung der Republik zu wagen? Tatsache ist, daß das legalistische Demokratieverständnis, das ihr eigen war, die sozialdemokratische Führung vor dem außerparlamentarischen Kampf auch dann noch zurückschrecken ließ, als die Aushöhlung der Weimarer Verfassung immer konkretere Formen annahm. Aber wäre ein solcher Kampf überhaupt möglich gewesen? Täuschten nicht die Massenkundgebungen der Eisernen Front mehr Schlagkraft vor, als tatsächlich vorhanden war?

November 1932

Im November 1932 schienen alle diese Fragen allerdings an Bedeutung verloren zu haben. Vier Monate zuvor, im Juli, war die NSDAP bei den Reichstagswahlen sowohl im Reich als auch in der Pfalz stärkste Partei geworden. In Speyer hatte sie ebenfalls deutlich zugelegt (+ 14,9 %) und rangierte nun mit 27,1 % hinter der SPD, die 27,8 % erreichte, knapp an zweiter Stelle.[13] In den Wochen vor den Wahlen hatte die Wirtschaftskrise auch in Speyer ihren traurigen Höhepunkt erreicht. Im Juli zählte man in der Stadt 2.446 Arbeitslose. Hans Fenske hat errechnet, daß zu diesem Zeitpunkt „fast jeder dritte Bewohner der Stadt auf Arbeitslosengeld oder Wohlfahrtspflege angewiesen war".[14] Als nun im November erneut

Reichstagswahlen stattfanden, mußte die NSDAP nahezu überall Verluste hinnehmen: im Reich 4,3, in der Pfalz 1,1 und in Speyer 2,0 Prozent. Ihr Aufstieg, der unaufhaltsam schien, war damit ganz offensichtlich erst einmal gebremst. Obwohl die Speyerer Sozialdemokraten noch mehr verloren hatten als die Nazis (-4,6%) und hinter Zentrum und BVP (25,4%) und NSDAP (25,1%) mit 23,2% auf den dritten Rang zurückfielen – Nutznießer war wohl vor allem die KPD, die 4,9% zulegte[15] –, kehrte Optimismus in die Reihen der Genossen zurück. „Der Faschismus", so erläuterte Alexander Schifrin vier Wochen nach der Wahl, am 3. Dezember 1932, im „Goldenen Lamm", gehe seiner „Auflösung" entgegen: „Um das Schicksal der Nationalsozialisten brauchen wir uns keine Sorge zu machen. Wir haben nur noch das eine Interesse, dafür zu sorgen, daß der Niedergang der Hitlerei in Deutschland möglichst beschleunigt wird."

Zwei Monate später war Hitler Reichskanzler!

Anmerkungen:
1. Vgl. Jürgen Falter/Thomas Lindenberger/Siegfried Schumann, Wahlen und Abstimmungen in der Weimarer Republik, München 1986, S. 41-44 und S. 72
2. Vgl. Wolfgang Hartwich, Die Ergebnisse der Reichstags- und Bundestagswahlen von 1890 bis 1969, in: Pfalzatlas, Textband I, hrsg. v. Willi Alter, Speyer 1971, S. 661-688, hier S. 681.
3. Vgl. Protokollbuch der SPD Speyer 1920-1932, Stadtarchiv Speyer, ohne Signatur. Die folgende Darstellung basiert im wesentlichen auf dieser äußerst interessanten Quelle. Ihr sind, wenn nicht anders angemerkt, auch alle wörtlichen Zitate entnommen.
4. Zum sozialdemokratischen Vereinswesen in Speyer vgl. Sigrid Schneider/Elisabeth Alschner, Die Arbeitersport- und Kulturbewegung in Speyer, in: Arbeiten und Leben in Speyer. 140 Jahre Arbeiterbewegung. Begleitheft zur Ausstellung des Deutschen Gewerkschaftsbundes ..., o. O. (Speyer), o. J. (1990), nicht paginiert.
5. Vgl. Hartwich (wie Anm. 2), S. 679-681.
6. Vgl. die Zusammenstellung bei Hans Fenske, Speyer in der Weimarer Republik (1918-1933), in: Geschichte der Stadt Speyer, Bd. II, hrsg. v. der Stadt Speyer, Redaktion Wolfgang Eger, Stuttgart 2. Aufl. 1983, S. 293-354, hier S. 331.
7. Vgl. Protokollbuch (wie Anm. 3), 12.1.1929, 27.12.1930, 16.1.1932.
8. Zusammengestellt nach den vom SPD Bezirk Pfalz herausgegebenen Geschäftsberichten für die Jahre 1921/22, 1923/24, 1925, 1927, 1928 und 1931/32, jeweils o. O. (Ludwigshafen) und o. J., sowie den Rechenschaftsberichten des jeweiligen Parteivorsitzenden der SPD Speyer im Protokollbuch (wie Anm. 3).
9. Vgl. Protokollbuch (wie Anm. 3), 9.5.1920, 11.4.1921, 11.4.1922, 23.4.1923, 13.3.1925, 8.1.1926, 21.1.1928 und 17.5.1930.
10. Vgl. Hartwich (wie Anm. 2), S. 679-681.
11. Vgl. Verena Stürmer, Die pfälzische SPD in der Endphase der Weimarer Republik, in: dies./Ralf Hundinger, „Wir kommen wieder!" Ende und Wiederaufbau der pfälzischen SPD 1929-1933 und 1945-1947, Mannheim 1995, S. 3-154, hier S. 58-61.
12. Vgl. hierzu u. a. Klaus Schönhoven, Reformismus und Radikalismus. Gespaltene Arbeiterbewegung im Weimarer Sozialstaat, München 1989, S. 127-186; und Heinrich August Winkler, Klassenbewegung oder Volkspartei? Zur Programmdiskussion in der Weimarer Sozialdemokratie 1920-1925, in: Geschichte und Gesellschaft 8 (1982), H. 1, S. 9-54.
13. Vgl. Hartwich (wie Anm. 2), S. 682.
14. Vgl. Fenske (wie Anm. 6), S. 340-341.
15. Vgl. Hartwich (wie Anm. 2), S. 682.

Egon Busch

Die Schiersfelder SPD im Kampf gegen die Nazis

„So sieht die Nazi-Legalität aus" überschreibt die „Pfälzische Freie Presse" einen Artikel vom 20. Februar 1932, der sich auf die Vorgänge während einer Versammlung der „Eisernen Front" in Schiersfeld zwei Tage zuvor bezieht. „In Schiersfeld werden schwerbewaffneten Nazihorden Revolver, Totschläger, Gummiknüppeln und Schlagringe abgenommen", heißt es dann in einer weiteren Überschrift. „Am Donnerstag, 18. Februar 1932, fand in Schiersfeld in der Nordpfalz eine öffentliche Versammlung der 'Eisernen Front' statt. Redner des Abends war Genosse Fritz Müller, Kaiserslautern. Aus allen Gegenden waren die Massen zusammengeströmt. Unsere Parteigenossen hatten teilweise einen Weg von über zwei Stunden zurückgelegt. Aber auch die Nationalsozialisten hatten alle nur verfügbaren Kräfte mobilisiert. So waren bei Beginn der Versammlung gut 500 bis 600 Menschen im Saale versammelt. Weit über 100 Personen konnten keinen Einlaß mehr finden ...", lesen wir dann weiter in unserem Zeitungsartikel.

Daß bei dieser Konstellation Zusammenstöße nicht ausbleiben würden, war zu erwarten. Schon als der Redner den Saal betrat, machten die Nationalsozialisten sich gegenseitig auf ihn aufmerksam – „der mit dem grauen Hut, das ist er" – und versuchten, ihn mit Gewalt am Betreten des Saales zu hindern. Das gelang jedoch nicht, da sich die in großer Zahl anwesenden Sozialdemokraten natürlich sofort einmischten. Sechs Polizeibeamte führten am Saaleingang eine scharfe Waffenkontrolle durch und wurden natürlich auch fündig: achtzehn scharf geladene Revolver fielen den Polizisten in die Hände, einige mehr noch bei späteren Kontrollen im Saal, daneben Hunderte von Totschlägern, Schlagringen, Gummiknüppeln und ein großes Schlachtermesser, das ein Nazi mit sich führte, der besonders heftig bei der Polizei gegen die Kontrollen protestierte. Nicht ein einziger Nazi war unbewaffnet gekommen! Bei den anderen Besuchern wurde dagegen keine einzige Waffe entdeckt!

Natürlich blieben die so entwaffneten Nazis auch weiterhin im Saal und versuchten, durch laute Zwischenrufe, die Redner der SPD zu stören. Doch das gelang ihnen kaum, da die übrigen Anwesenden die Redner immer wieder durch lauten Beifall ermutigten und unterstützten.

Ja man ging sogar so weit, daß dem nationalsozialistischen Sturmtruppenführer Braun, einem Lehrer aus Stahlberg, das Wort erteilt wurde. Dieser erklärte dann, daß ihn seine Gauleitung hierher beordert habe, und der Berichterstatter äußerte in dem Zusammenhang die Vermutung, daß ihm von dort wohl auch die teils noch ganz neuen Revolver mitgegeben wurden. In seiner Rede erklärte Lehrer Braun öffentlich, daß im Falle einer Machtergreifung der Nationalsozialisten als erste die Juden Hirschfeld, Rosenfeld und Landsberg gehängt würden. Dann verstieg er sich noch zu der Behauptung, der dümmste SA-Mann sei ihm lieber als der Genosse Müller. Kommentar der „Pfälzischen Freien Presse": „Das glauben wir gern, denn die SA kann ihren Führern gar nicht dumm genug sein!"

Als dann die anwesenden Nationalsozialisten das Horst-Wessel-Lied anstimmten, „da fuhren die Arbeitergenossen wie ein Mann von ihren Sitzen hoch und schrien Ruhe. Und den Nazis blieb ihr gerade begonnenes Lied im Halse stecken." Bei der anschließenden Durchsuchung der in unmittelbarer Nähe des Versammlungslokals liegenden Gärten und Mauern wurden noch massenhaft versteckte Waffen aller Art gefunden. Offensichtlich hatte man sie schnell dort abgelegt, als man erkannte, daß die Polizei am Saaleingang Kontrollen durchführte.

„Zu einem weiteren schweren Zwischenfall, in den auch Mitglieder des SPD-Ortsvereins Schiersfeld verwickelt waren, kam es am Sonntag, den 19. Februar 1933, auf dem Marktplatz in Obermoschel", schreibt Friedel Lamb in seiner Dokumentation über den SPD-Ortsverein Schiersfeld.[1] Dort fand eine Kundgebung der NSDAP statt. Gleichzeitig war von Seiten der SPD zu einem Propagandamarsch des Reichsbanners durch das Moscheltal, also auch durch Obermoschel, aufgerufen worden.

Als sich am Nachmittag der Zug, die Internationale singend und in Obermoschel durch die Wilhelmstraße kommend, am Marktplatz vorbei in die Untergasse bewegte, entstand eine Prügelei mit der SA, wobei das Ende des Zuges abgeschnitten wurde, und die uniformierten Reichsbannerleute, die das Zugende sichern sollten, brutal zusammengeschlagen wurden. Genosse Jakob Spieß, aus Alsenz stammend, in Kaiserslautern wohnhaft, mußte mit einer Menge von Messerstichen, auch in die Lunge, in das Krankenhaus eingeliefert werden.

Man muß bedenken, daß Adolf Hitler seit dem 30. Januar 1933 Reichskanzler war und daß sich die Nationalsozialisten jetzt überhaupt keine Zurückhaltung mehr auferlegten. Die Kreispressestelle Alsenz der NSDAP lancierte deshalb auch zu diesem Vorfall einen Artikel unter der Überschrift „Wie sie lügen" in die Zeitung, in dem zu lesen war: „Provoziert haben nicht die SA-Männer sondern die Eisernen Frontler, indem diese an der nationalsozialistischen Kundgebung unter den Klängen der Internationalen vorbeimarschierten, mit Fäusten und Stöcken wie besoffen in der Luft herumfuchtelten und gegen die Nationalsozialisten drohende Gebärden und Rufe machten. Die Schlägerei entstand dadurch, daß ein Reichsbannermann aus dem Zug herauslief und einem SA-Mann einen Schlag auf den Bauch versetzte ..." Der Artikel enthielt auch folgende Warnung: „Im übrigen warnen wir die 'Eiserne Front' vor weiteren solchen friedfertigen Besuchen der Nordpfalz. Die Nordpfalz ist nationalsozialistisch und betrachtet jede marxistische Demonstration als eine ungeheure Beleidigung und Herausforderung".[2]

In der Nacht vom 10. auf den 11. März 1933 durchsuchten SA-Leute die Wohnung des Schiersfelder SPD-Ortsvereinsvorsitzenden Karl Baumbacher, beschlagnahmten Parteiunterlagen und die Parteifahne, die sie dann anschließend verbrannten. Auch die Wohnung des Gemeindedieners Hermann Ritzmann, der keiner Partei angehörte, wurde durchsucht. Bei dieser Hausdurchsuchung entdeckte die SA drei Gewehre, eine Pistole und ein Seitengewehr. Es waren Waffen, die die Polizei einige Tage zuvor bei dem Polizeidiener deponiert hatte. Warum sie die Polizisten ausgerechnet beim Nachbarn des SPD-Ortsvereinsvorsitzenden abgestellt hatten, wo sie dann auch prompt von der SA entdeckt und mitgenommen wurden, bleibt unklar. SA-Sturmführer Enkler, damals Sturmführer des Sturms

Egon Busch

13/4 von Bisterschied, machte bei der Polizei zu diesen Vorgängen folgende Angaben: „Nach der Durchsuchung [der Wohnung Steller] in Dörnbach fuhren wir im Auftrag von Baum mit unserem Lastkraftwagen, der Fritz Paul von Dörrmoschel gehört und von dessen Sohn Hugo geführt wurde, nach Schiersfeld. Dort übernahm die Führung Lehrer Ortner, der auch Sturmführer ist und Baum untergeben ist. In Schiersfeld wurde bei einem gewissen Beimbauer und dem Polizeidiener dort ebenfalls Hausdurchsuchung gemacht. Beim Beimbauer wurden nur Schriften, beim Polizeidiener drei Gewehre, eine Armeepistole und ein Seitengewehr gefunden. Die gleichen, die in Dörnbach die Durchsuchung gemacht haben, haben auch in Schiersfeld durchsucht. In Schiersfeld war ich in der Wohnung von Baumbacher, habe mich aber an der Durchsuchung nicht beteiligt. Von dort fuhren wir um Mitternacht nach Hause. Die beschlagnahmten Sachen sind bei mir in Bisterschied aufbewahrt und erwarte ich von Lehrer Baum einen Auftrag, was mit den Waffen geschehen soll".[3]

Wie sich die Zeiten geändert hatten, ist aus diesen paar Zeilen zu ersehen: Ein SA-Sturmführer maßte sich an, Hausdurchsuchungen bei politischen Gegnern durchzuführen. Willige Helfer fand er in den ihm unterstellten SA-Männern, denen allerdings bei dem ganzen Vorgang offensichtlich doch nicht so ganz wohl war, wie die Aussagen des Bisterschieder SA-Sturmführers Enkler beweisen, der bei seiner Vernehmung durch die Polizei doch sehr darauf bedacht war, sich als bloßer Mitläufer und Befehlsempfänger auszugeben und die Lehrer Braun bzw. Ortner als die Führer des Unternehmens herauszustellen. Auch die gefundenen Waffen wurden nicht etwa bei der Polizei abgegeben, sondern in Enklers Haus in Bisterschied deponiert. Sturmführer Baum, Stahlberg, sollte darüber entscheiden, was damit zu geschehen hätte. Die Staatsmacht hatte abgedankt – die Nazis hatten den Staat übernommen.

Am 23. März 1933 beschloß der Reichstag gegen die Stimmen der Sozialdemokraten das Ermächtigungsgesetz. Bereits am 22. und 23. März wurde die Amtsenthebung sämtlicher SPD- und KPD-Mandatsträger bekanntgegeben. Auch in Schiersfeld trat der SPD-Bürgermeister Philipp Eckhardt von seinem Amt zurück. Nachdem die Nazis jedoch Schwierigkeiten hatten, einen geeigneten Bewerber für dieses Amt zu finden, wurde Eckhardt wiedergewählt – allerdings mußte er vorher in die NSDAP eintreten. Auch das war Realität in jenem Frühjahr 1933.

Anmerkungen:
1 Friedel Lamb, 65 Jahre SPD-Ortsverein Schiersfeld 1920 - 1985, Schiersfeld 1985, S. 45 f.
2 Ebd., S. 46.
3 Ebd., S. 50.

Günter Braun

Verfolgung – Emigration – Widerstand
Pfälzische Sozialdemokraten unter der Naziherrschaft

„Die einzige Kraft, die imstande wäre, Hitlers Machtergreifung zu verhindern, ist der verbundene Wille der vom Nationalsozialismus nicht verwirrten deutschen Arbeiterschaft." Wie Erich Mühsam in seiner Zeitschrift „Fanal" beschwörten Ende der zwanziger und Anfang der dreißiger Jahre immer wieder mahnende Stimmen die Einheit der Linkskräfte als Bollwerk gegen Hitler. „Wenn der Tanz des Dritten Reiches losgeht", so warnte er schon 1929 die verfeindeten Sozialdemokraten und Kommunisten, „wenn die Auflösung aller Arbeiterkoalitionen von irgendeinem Hitler, Frick oder anderem verhängt wird, wenn die standrechtlichen Erschießungen, die Pogrome, Plünderungen, Massenverhaftungen das Recht in Deutschland darstellen", werde eine schreckliche Zeit für sie beginnen.[1]

Gescheiterte Abwehr

Der Ruf zur antifaschistischen Einheit hatte indes keine Durchschlagskraft. Gewiß: Keine andere politische Formation im Deutschen Reich hatte den aufkommenden Nationalsozialismus so grundsätzlich abgelehnt und zu bekämpfen versucht wie die Organisationen der Arbeiterbewegung. Ihre tiefgreifende politisch-ideologische Spaltung und ihre mangelnde Beweglichkeit angesichts der oft auch unterschätzten faschistischen Gefahr, machten sie jedoch unfähig, dem Hitlerfaschismus vor oder in der Phase der Machtübernahme einen wirksamen Widerstand entgegenzusetzen.

Sowohl die KPD als auch die SPD konnten sich „in der Bestimmung des politischen Hauptgegners, in ihren strategischen Vorstellungen und ihren praktischen Handlungsmustern ... nicht von den Erfahrungen der ersten Jahre der Weimarer Republik lösen". Die von der sowjetischen Parteispitze abhängige und über die Komintern angeleitete KPD „verdeckte in Fortführung der Alternative 'Räte-Deutschland oder bürgerlich-parlamentarische Demokratie' die besonders bedrohliche diktatorische Qualität des Nationalsozialismus unter einer allgemeinen Etikettierung des ... parlamentarischen Systems und aller – nichtkommunistischen – Parteien als 'faschistisch' und 'sozialfaschistisch'. Die SPD glaubte ... durch Zugeständnisse an die bürgerliche Rechte die nationalsozialistischen Republikfeinde isolieren zu können, bis mit dem Ausklingen der wirtschaftlichen Krise Normalität und Stabilität wiederhergestellt sein würden".[2]

Die Frontstellung zwischen sozialdemokratischem und kommunistischem Lager manifestierte sich in ihrem rivalisierenden Verbandswesen, seit die KPD konkurrierende Gewerkschafts-, Sport-, Kultur- und Jugendorganisationen aufgebaut hatte, und Kommunisten aus den traditionellen, von der SPD geführten Arbeitervereinen ausgeschlossen wurden. Hinzu kam eine soziale Spaltung der Arbeiterschaft in Erwerbstätige und Erwerbslose, die kaum gemeinsam zu mobilisieren waren. Wirkungslos blieben letztlich auch die speziell gegen die Nazis errichteten Abwehrverbände: auf sozialdemokratischer Seite die Ende 1931 gegründete Eiserne Front mit ihrer paramilitärischen Kerntruppe vom Reichsbanner „Schwarz-Rot-Gold", auf kommunistischer Seite der seit 1929 verbotene, jedoch illegal tätige Rote Frontkämpferbund und die im Mai 1932 ins Leben gerufene Antifaschistische Aktion.

An Signalen der Kampfbereitschaft fehlte es nicht, auch nicht an beeindruckenden Aufmärschen. Doch über das demonstrative Bekunden des jeweiligen Massenanhangs hinaus kam es aus den angedeuteten Gründen zu keiner Aktion, die die Machtergreifung der Nazis hätte verhindern können. Die KPD-Spitze hielt an ihrer „Generallinie" fest, bekämpfte die Sozial-

„Grenzlandkundgebung" der Eisernen Front mit Friedrich Wilhelm Wagner in Zweibrücken am 11.9.1932.

Besetzung der „Pfälzischen Post" in der Maxstraße in Ludwigshafen durch die SA am 10.3.1933.

demokratie weiterhin als ihren „Hauptfeind"[3] um die „Führung der Arbeiterklasse" und sah in der Kanzlerschaft Hitlers „kaum mehr denn ein kurzfristiges Zwischenspiel vor der unabweislich bevorstehenden Revolution".[4] Die SPD-Vorderen glaubten an die unüberwindbar scheinende Kraft ihrer Organisation, verharrten in ihrer legalistischen Tradition und vertrauten einmal mehr auf die Macht des Stimmzettels.

Zu zerklüftet war mithin das linke Lager, als daß ein Zusammengehen in der Stunde der Gefahr möglich gewesen wäre, zu eingefahren die Sichtweisen und Handlungsmuster, um die Reichskanzlerschaft Hitlers wesentlich anders zu bewerten als die Notverordnungskabinette zuvor – als autoritäres Regime, das ebenso rasch abwirtschaften werde wie seine Vorgänger. Doch Erich Mühsams prophezeites Bedrohungsszenario wurde 1933 barbarische Wirklichkeit.

Politische Überlebensversuche

Die erste Welle des Terrors gegen die politische Linke richtete sich vornehmlich gegen die KPD und ihr organisatorisches Umfeld. Mit den am 1. März 1933 erlassenen Ausführungsbestimmungen des bayerischen Innenministeriums[5] zur „Verordnung zum Schutz von Volk und Staat" (der sogenannten Reichstagsbrand-Verordnung) wurde der Kommunistischen Partei jede legale Betätigung in der Pfalz unmöglich gemacht. Sie beinhalteten ein vierwöchiges Verbot aller „kommunistischen periodischen Druckschriften", untersagten der Partei alle Versammlungen und verlangten pauschal die Inhaftierung „kommunistischer Aufwiegler".[6]

War die KPD damit faktisch in die Illegalität gedrängt, konnte die Sozialdemokratie in der Pfalz zunächst noch vergleichsweise frei agieren. Doch auch für ihre An-

Günter Braun

hängerschaft zeichnete sich drohendes Unheil ab: Am 4. März 1933 erschossen Nationalsozialisten den Pirmasenser Sozialdemokraten Heinrich Reul, der mit dem Reichsbanner zu einer Wahlkundgebung in Thaleischweiler marschiert war.[7] Wenige Tage nach diesem Menetekel setzte die systematische Verfolgung von Funktionären aus der Arbeiterbewegung ein, Zug um Zug wurden ihre Organisationen zerschlagen.

Nachdem die Gleichschaltung Bayerns am 9. März 1933 den Nazis den Zugriff auf den Staatsapparat und damit auch auf die Polizeigewalt verschafft hatte, griffen Willkürakte verstärkt auf die Pfalz über. Die Machteroberung der NSDAP wurde auch hier einerseits mit Gewalt, zum andern mit pseudolegalen Mitteln erzwungen. SA-Kommandos drangen in die Gewerkschaftshäuser und Parteiräume ein, besetzen die Verlagsgebäude der sozialdemokratischen Presse, demolierten ihre Einrichtungen und zogen Hakenkreuzfahnen auf. Während der Ludwigshafener „Generalanzeiger" am 11. März den „glatten Vollzug" der SA-Aktionen in der Chemiestadt bekanntgab, registrierte er gleichzeitig, allerdings sehr verharmlosend, einen „Zwischenfall" im benachbarten Oppau. Beim Versuch, das auf dem Rathaus gehißte Nazi-Banner zu entfernen, war dort der Sozialdemokrat Georg Hüter erschossen worden.[8]

In der Nacht vom 10. auf den 11. März verbot der neue bayerische Innenminister Adolf Wagner per Polizeifunk das Reichsbanner, die Eiserne Front und die Sozialistische Arbeiterjugend (SAJ), verbunden mit dem Befehl, sämtliche kommunistischen Funktionäre und Reichsbannerführer „in Schutzhaft" zu nehmen.[9] Die inzwischen zu „Hilfspolizisten" ernannten Schergen der SA und der SS setzten diese Verhaftungsordern rigide in Taten um, zumal „deren vordringliches Interesse häufig darin bestand, sich ortsbekannter Vertreter der Arbeiterbewegung insgesamt ... zu bemächtigen, um alte Rechnungen aus der 'Kampfzeit' zu begleichen".[10] Sie verschleppten ihre Opfer in SA-Stützpunkte und Gefängnisse, darunter in das provisorisch eingerichtete Konzentrationslager in Neustadt.[11] Hier waren, wie Aufzeichnungen des ebenfalls verhafteten SPD-Bezirksvorstandsmitglieds Fritz Müller besagen, im März 1933 insgesamt 335 Schutzhäftlinge überwiegend aus der Südwest- und Nordpfalz interniert. 57 von ihnen stammten aus Kaiserslautern.[12] Ende März 1933 wurden zahlreiche Insassen des Neustadter Lagers ins KZ Dachau verschleppt.

Zu den prominenteren Opfern dieser Inhaftierungswelle gehörten aus den Reihen der Sozialdemokratie der pfälzische Bezirksvorsitzende Richard Hammer, der Bezirkssekretär Franz Bögler und der Ludwigshafener Bürgermeister Paul Kleefoot. Zahlreiche andere Funktions- und Mandatsträger der Partei, des Reichsbanners und der Freien Gewerkschaften mußten ihnen folgen. Nur wenigen gelang es, sich vor der drohenden Verhaftung zu retten, etwa dem Vorsitzenden des SPD-Ortsvereins Oppau, Georg Baumgärtner, der rechtzeitig flüchten konnte und danach dreißig Jahre in Argentinien im Exil lebte. Auch dem in nationalsozialistischen Kreisen besonders verhaßten Sozialdemokraten Friedrich Wilhelm Wagner – Reichstagsabgeordneter, Reichsbannervorsitzender, vielbeschäftigter Anwalt in politischen Strafsachen – gelang es mit Hilfe von Freunden, sich in Sicherheit zu bringen.

Um dem Eindringen von „Spitzeln und Provokateuren" einen Riegel vorzuschieben, hatte der Bezirksvorstand schon am 7. März eine allgemeine Mitgliedersperre verhängt.[13] Versuche sozialdemokratischer

Pfälzische Freie Presse

ORGAN DER SOZIALDEMOKRATISCHEN PARTEI FÜR WEST- UND NORDPFALZ

15. Jahrgang — Kaiserslautern, Samstag den 11. März 1933 — Nummer 60

Die gestrigen Vorgänge in Bayern
Kommissare in den bayerischen Ministerien

Ein Aufruf des Reichskanzlers an die NSDAP.

München, 10. März. Der Reichskommissar in Bayern, von Epp, gibt bekannt, daß er zu Beauftragten für das Innenministerium den Landtagsabgeordneten Wagner, für das Justizministerium den Reichstagsabgeordneten Dr. Frank, für das Finanzministerium den Oberbürgermeister Siebert, außerdem zu Kommissaren zu besonderer Verwendung den Stabschef Roehm und Abgeordneten Esser ernannt habe.

Der Stadtrates Esser eine Pressekonferenz stattfinden. Kommissar Esser erklärte u. a.: Die Einsetzung eines Reichskommissars zur Aufrechterhaltung der Ordnung in Bayern sei notwendig gewesen, um ein selbsthändiges Handeln der Massen zu vermeiden und Ordnung und Sicherheit aufrechtzuerhalten ...

ministerium der Justiz, Dr. Frank, hat im Rahmen der Aufgaben des bayerischen Staatskommissariats verfügt, daß die in der Nacht vom 9. auf 10. März befreiten Häftlinge der ...

Berlin, 10. März. Der „Völkische Beobachter" veröffentlicht folgenden Aufruf des Führers der NSDAP, Reichskanzler Adolf Hitler, in dem es u. a. heißt:
Eine angebrannte Sturmwarnung Deutschland vollzogen schwerster Kämpfe und höher ...

Sozialdemokratische Zeitungen und Gewerkschaftshäuser besetzt

Ludwigshafen, 10. März. Im Laufe des Freitags wurden auf dem Gebäude der „Pfälzischen Post" und auf dem Gewerkschaftshaus die Hakenkreuzfahne gehißt. Den Angestellten und Redakteuren der „Pfälzischen Post" wurde das Betreten des Hauses untersagt.

Nürnberg, 10. März. In der Nacht vom Donnerstag auf Freitag wurde das Verlagsgebäude der „Fränkischen Tagespost", das im Besitz der Sozialdemokratischen Partei ist, von SS, SA und Landespolizei besetzt. Die Straßenzüge um das Haus sind in weitem Umfang abgesperrt. In der ganzen Umgegend wird eine starke Personenkontrolle vorgenommen. SS und SA mit Karabinern halten die Eingänge zum Verlagshaus gesperrt, aus dem in den frühen Morgenstunden bereits zahlreiches Material abtransportiert wurde. Die Wohnhäuser um das Gebäude der „Fränkischen Tagespost" sind ständig unter Scheinwerferlicht gesetzt, da man Feuerüberfälle befürchtet. Ueber die Beschlagnahme etwaigen belastenden Materials konnte noch nichts in Erfahrung gebracht werden, da jede Auskunft verweigert wird. — Auch das Gewerkschaftshaus in der Karthäusergasse ist von SS., SA. und Landespolizei besetzt. Sämtliche Zugangsstraßen zu dem Gebäude waren abgeriegelt.

Würzburg, 10. März. In den frühen Morgenstunden wurden die Gebäude des „Fränkischen Volksblattes" und des „Fränkischen Volksfreund" von SA. besetzt. Um 6 Uhr morgens wurde vom Stahlhelm auf dem Rathaus und wenig später auf der Marienburg schwarz-weiß-rote Fahnen gehißt.

Dr. Hamann-Kaiserslautern neuer Bürgermeister in Neustadt a.H.

Neustadt a. d. Hdt., 10. März. Mit der Führung der Geschäfte des ersten Bürgermeisters wurde Rechtsanwalt Dr. Hammann-Kaiserslautern betraut, der heute nachmittag sein Amt bereits angetreten hat. Nachdem auch der zweite und dritte Bürgermeister ihrer Aemter enthoben worden sind, wurde Stadtbaurat Glückert mit der Führung der Geschäfte des zweiten Bürgermeisters betraut, während der Posten des dritten Bürgermeisters unbesetzt blieb.

Wie wir erfahren, hat der Stadtrat im Laufe des Nachmittags eine Loyalitätserklärung gegenüber der neuen Geschäftsführung auf dem Rathaus abgegeben.

32 Festnahmen im Bezirk Zweibrücken

Zweibrücken, 10. März. Im Laufe der vergangenen Nacht wurde auch hier auf Bezirksamt und Bürgermeisterei die Hakenkreuzflagge gehißt. In der Stadt und im Bezirk Zweibrücken wurden je 12 kommunistische Führer und je vier Reichsbannerfunktionäre,

Titelseite der „Pfälzischen Freien Presse" vom 11.3.1933.

Mitglieder, unter dem Dach des deutschnationalen „Stahlhelm" eine getarnte politische Basis zu finden, wurden von NS-Gauleiter Bürckel massiv bekämpft.[14] Oft erfolgreicher waren hingegen Bestrebungen, das Barvermögen der Ortsverbände vor dem SA-Zugriff zu sichern und die Mitgliederkarteien verschwinden zu lassen. In Kaiserslautern hatte es der Ortsgruppenkassierer August Barthel verstanden, die Parteigelder an die Arbeiterwohlfahrt zu transferieren, die sie zur Unterstützung an Familien inhaftierter Genossen weitergab. Mehr als die schlichte Summe von RM 2,88 vermochten die Nazis dort nicht zu erbeuten.[15]

Nach diesen ersten Schlägen des NS-Terrors war die pfälzische Bezirksorganisation der SPD binnen weniger Tage sowohl der meisten ihrer führenden Funktionäre als auch ihres Presseorgans und vieler Parteilokale beraubt. Seit Mitte März 1933 befand sich die Partei in einem eigentümlichen Schwebezustand der „Halblegalität": Vielfach verfolgt und juristisch sozusagen vogelfrei, aber noch nicht formell verboten; weiterhin in den Parlamenten vertreten, politisch jedoch ohnmächtig, wollte die SPD-Führung jetzt wenigstens das organisatorische Überleben sichern. Man zog Parallelen zu den Unterdrückungsmaßnahmen des Bismarckschen Sozialistengesetzes, spekulierte auf ein schnelles Abwirtschaften der NS-Herrschaft und versuchte deshalb mit taktischer Zurückhaltung und elastischer Organisationspolitik, „die bedrohte Partei durch alle Klippen zu steuern".

So formulierte es Georg Setzer, Sekretär des SPD-Bezirksverbandes, in einem am 20. März 1933 in Ludwigshafen aufgegebenen Rundschreiben an die Parteiunter-

Einweisung von SPD-Funktionären in das Lager Lachen-Speyerdorf am 5. März 1933. Dritter von links Carl Wertheimer, fünfter von links Fritz Müller.

```
Polizei-Direktion
Kaiserslautern.


                    S c h u t z h a f t b e f e h l .
                    ─────────────────────────────────

Gegen den ..ehemal..Parteisekretär
         ....Friedrich..M.ü.l.l.e.r..,..
geboren ..1.8..1900..............., wohnhaft zu Kaiserslautern
..........Malz.r.....strasse Nr. 20..,
wird die polizeiliche Schutzhaft verhängt.
Gründe: .Verordnung.des.Reichspräsidenten.zum.Schutz.von.Volk.und
.Staat.vom.28.2.33..§.1....Nichtbeachtung.der.der.behördlich.auf-
.erl.ten.Zurückhaltung.in.politischen.Dingen.und.Verfolgung.von
marxistischen,die.öffentliche.Ruhe,Ordnung.und.Sicherheit.gefähr-
denden Absichten .
    Anordnung des Beauftragten des Sonderkommissars für Kaisersl.u.
Staat.
         Kaiserslautern, den ...17...3...33.........
                    Polizei - Direktion:
```

„Schutzhaft"-Befehl gegen Fritz Müller vom 17.3.1933.

gliederungen in der Pfalz. „Wie immer", heißt es dort, „so wird auch in Zukunft unsere Partei auf dem Boden der Demokratie den Kampf weiterführen und nach wie vor sich als die alleinige Vertreterin des schaffenden Volkes in Stadt und Land betrachten. Unser Ziel steht uns klar vor Augen! Das wird auch in den Parlamenten so zum Ausdruck kommen ... Darum ist es auch notwendig, daß wir in allen Ortsvereinen unsere Vereinstätigkeit in gewohnter Weise fortführen, und so alles erfüllen, was zur Stärkung und Festigung der Partei erforderlich und möglich ist." Zwar sei „die Abhaltung von Versammlungen und Zusammenkünften ... in der Pfalz zur Zeit nicht gut möglich ... Um so mehr ist es notwendig", fuhr Setzer fort, „daß die Genossen sich familiär und gesellschaftlich treffen und dadurch dauernd untereinander in Verbindung bleiben. Der jetzige Zustand kann ja nicht lange andauern. Im übrigen ersuchen wir Euch ganz dringend noch einmal, keine Unbesonnenheiten zu begehen. Ihr schadet nur Euch und der Organisation. Seid auch vorsichtig in Euren Äußerungen und in Euren Schreiben, denn das Denunziantentum steht in hoher Blüte".[16]

Die hier formulierten Zukunftserwartungen und empfohlenen Verhaltensmaßnahmen deckten sich weitgehend mit den Auffassungen, die der SPD-Vorsitzende Otto Wels in der Parteiausschuß-Sitzung am 14. März 1933 in Berlin vorgetragen hatte, auf der die pfälzischen Sozialdemokraten von Adolf Ludwig und Georg Setzer vertreten wurden.[17] Sie offenbaren, daß die Tragweite der Reichskanzlerschaft Hitlers noch immer unterschätzt wurde und der sozialdemokratische Parteiapparat außerstande war, sich im politischen Verhalten von seinem Traditions- und Erfahrungshorizont zu lösen. Ein der Dynamik des nationalsozialistischen Gegners angemessenes Umdenken in der politischen Strategie und der Einsatz entsprechender neuer Kampfformen erfolgten nicht konsequent genug. Das Festhalten an den parlamentarischen Spielregeln, der beharrlich befolgte Grundsatz strikter Legalität und das Vertrauen auf die traditionellen Kampfformen der sozialdemokratischen Arbeiterbewegung erwiesen sich als unterlegene Mittel bei den radikalisierten Auseinandersetzungen in der Endphase der Weimarer Republik, deren Zerstörung von den antidemokratischen Kräften mit großer Energie betrieben worden war.

Gleich einem politischen Testament klangen in Otto Wels' mutiger Rede, mit der er am 23. März 1933 das „Nein" seiner Fraktion zum „Ermächtigungsgesetz" begründet hatte, noch einmal die charakteristischen Einstellungen an, die den Kurs der SPD bis zum Ende der Weimarer Republik bestimmten. Das Plädoyer für die Grundsätze des Rechtsstaats, der Appell an das „Rechtsbewußtsein des Volkes", das Bekenntnis „zu den Grundsätzen der Menschlichkeit und der Gerechtigkeit, der Freiheit und des Sozialismus" als den Grundwerten der Sozialdemokratie sowie ein ungebrochener Zukunftsglaube umrissen den Rahmen, in dem sich die Politik der Partei bewegte. „Kein Ermächtigungsgesetz", so Otto Wels an die Adresse der Nazis und ihrer deutschnationalen Steigbügelhalter, „gibt Ihnen die Macht, Ideen, die ewig und unzerstörbar sind, zu vernichten ... Das Sozialistengesetz hat die Sozialdemokratie nicht vernichtet. Auch aus neuen Verfolgungen kann die deutsche Sozialdemokratie neue Kraft schöpfen".[18]

Daß sich die SPD-Fraktion im bayerischen Landtag noch fünf Wochen später, am 29. April 1933, genauso geschlossen wie die des Reichstages, ebenfalls gegen den Mißbrauch staatlicher Gewaltherrschaft auflehnte, ist weniger bekannt. Zur parlamentarischen Schein-Beratung stand an diesem Tag der Entwurf eines „Gesetzes zur Behebung der Not des bayerischen Volkes und Staates" an.[19] Wie zuvor im Reich sollten die neuen Machthaber Bayerns zu einem von der gültigen Landesverfassung abweichenden Gesetzgebungsverfahren ermächtigt werden. „In einer stürmisch verlaufenen Sitzung", so Georg Setzer später, besaß der SPD-Sprecher Albert Roßhaupter den Mut, sich im Namen der 16 sozialdemokratischen Mitglieder des Landtages, darunter Franz Bögler und Adolf Ludwig für die Pfalz, dem von allen anderen Parteivertretern anerkannten Machtanspruch der Nazis zu verweigern.

„Wir halten die Wiederherstellung der staatsbürgerlichen Freiheiten für eine absolute Notwendigkeit", forderte Roßhaupter ein sofortiges Ende der „Unterdrückung" ein. „Insbesondere", fuhr er fort, „befinden sich Hunderte unserer Anhänger immer noch in Schutzhaft. Darunter sind viele Männer, die sich als Kriegsteilnehmer, Kriegsbeschädigte und Vorkämpfer gegen Bolschewismus und Separatismus ... die höchsten Verdienste um Volk und Vaterland erworben haben". Seine Partei habe „70 Jahre lang für die wirtschaftliche und kulturelle Hebung des Arbeiterstandes" gekämpft. „Eine Partei mit dieser Vergangenheit", so Roßhaupter trotzig, „kann man mit Zwangsgewalt vorübergehend unterdrücken, man darf aber von ihren überzeugten Anhängern nicht erwarten, daß sie feige ... ihre Fahne verraten".

Von hundert anwesenden Abgeordneten – die Kommunisten waren bereits ausgeschlossen – stimmten 84 dem Gesetzentwurf zu. Das „Nein" der 16 SPD-Abgeordneten konnte die erforderliche Zweidrittelmehrheit zur Annahme des bayerischen „Ermächtigungsgesetzes" nicht verhindern. Somit war auch hier die Grenze des parlamentarischen Widerstands der Sozialdemokraten gegen das NS-Unrechtsregime erreicht, andere „legale" Wirkungsmöglichkeiten hatten sie erzwungenermaßen schon vorher eingebüßt.

Per Erlaß des bayerischen Innenministers Wagner, ausgegeben am 29. März, waren alle „marxistischen" Arbeitersport- und Arbeiterkulturvereine verboten, durch örtliche Polizeidirektionen aufgelöst und ihr Vermögen beschlagnahmt worden. Da die sozialistischen Vereine seit dem 19. Jahrhundert das Rückgrat der Arbeiterbewegung gebildet hatten und für die meisten Sozialdemokraten ein großes Stück Lebensinhalt bedeuteten, zerstörte diese Maßnahme das Organisationsgefüge der SPD gleichsam an der Wurzel.

Bereits am 20. März 1933 hatte ein Erlaß Wagners die Entfernung der berufsmäßigen Gemeinderäte von KPD und SPD aus dem Amt angeordnet. Den ehrenamtlichen Gemeinderatsmitgliedern dieser Parteien wurde die Ausübung des Amtes verboten. Zur Neubildung der Stadt- und Gemeinderäte sowie des bayerischen Landtags entsprechend den Reichstagswahlergebnissen vom 5. März 1933, allerdings unter Ausschluß der KPD und der Umverteilung ihrer Sitze, kam es nach dem Erlaß des Ersten Gleichschaltungsgesetzes vom 31. März. Vielerorts wurde den Nazis nunmehr das kommunalpolitische Feld allein überlassen. Auch die Sozialdemokraten brachten – „aus Furcht vor Terrorakten" – nicht immer die Zivilcourage auf, nochmals eine Liste mit Gemeinderäten einzureichen, wie Georg Setzer rückblickend beklagte.

Trotz erheblicher Schwierigkeiten und Behinderungen war es dem Sekretär des SPD-Bezirkes Pfalz Anfang April 1933 gelungen, eine Konferenz der Unterbezirksvertreter in Ludwigshafen zu arrangieren, um die sozialdemokratischen Mandatsträger für die verbliebenen Restfelder politischer Betätigung zu bestimmen. Unter polizeilicher Überwachung tagend kamen die Genossen überein, daß Fritz Ober aus Speyer und Setzer selbst die sozialdemokratische Wählerschaft im pfälzischen Kreistag vertreten sollten. Bögler und Ludwig wurden, wie erwähnt, als Landtagsabgeordnete nominiert, schließlich die sozialdemokratischen Mitglieder des Ludwigshafener Stadtrates benannt. Mehr als die Teilnahme an der Eröffnungssitzung war diesen Hoffnungsträgern für ein wenigstens parlamentarisches Überleben der Sozialdemokratie jedoch nicht vergönnt. In den Gemeinde- und Stadträten wurden sie „schon bei der ersten Sitzung mit mehr oder weniger Krach hinausbefördert. Besonders toll ging es in Ludwigshafen zu, wo die Verdrängten froh sein mußten, wenn sie nicht noch verprügelt wurden."

Günter Braun

> Quittung.
>
> Bei der polizeilichen Beschlagnahme am 24. Juni 1933 bei Theodor Gauweiler, Speyer, Blaulstrasse 9, wurdenbeschlagnahmt und mitgenommen:
> Eine Schreibmaschine, Modell „Adler" Nr. 7, komplett mit Schreibtisch und Papierschrank und Werkzeug, zwei Pack Briefbogen („S.P.D.")Briefumschläge (S.P.D.), zwei Pack Akten, darunter die sämtlichen Abrechnungen mit der „Pfälzischen Post" vom September 1926 bis Juni 1933 einschliesslich, sowie sämtliche in diesen Akten befindlichen privaten Korrespondenzen und Abschriften derselben, insbesondere ist darin auch eine Quittung vom 7. Juni 1933 über RM 544.78 enthalten, die unter diesem Tage an die „Pfälzische Post" in Ludwigshafen am Rhein abgeführt wurden, sowie eine ganze Anzahl Broschüren, Rechnungsbelege der Stadtratsfraktion, Beitrittserklärungen zur S.P.D., Nachrichtenblätter für Gemeindevertreter, Mitgliedsbuch vom Reichsbanner „Schwarz-Rot-Gold" und Mitgliedsbuch vom Arbeitersängerbund.
> Speyer, den 24. Juni 1933.

Beleg über die Beschlagnahme von Materialien bei Theodor Gauweiler, Speyer vom 24.6.1933.

Mit dem Entzug des kommunalpolitischen Wirkungsfeldes und durch das erzwungene Ende des Arbeitervereinswesens zusätzlich getroffen, durch SA-Terror, Behördenwillkür und Rechtsunsicherheit zunehmend unter Druck gesetzt, begann schließlich auch die Parteibasis wegzubrechen.

Schon Wochen vor dem Verbot der Partei am 22. Juni 1933 beschleunigte sich ein Prozeß organisatorischen Zerfalls. Das Gefühl politischer Ohnmacht und lähmender Hilflosigkeit führte zur Selbstauflösung ganzer Ortsvereine. Daran konnte auch das beherzte Gegensteuern des pfälzischen Bezirkssekretärs Georg Setzer nichts mehr ändern, der die Genossen ermahnte, „die Flinte nicht freiwillig ins Korn zu werfen". So hatte sich beispielsweise der SPD-Ortsverein Landau am 7. April aus dem politischen Leben verabschiedet, was Setzer aus der Presse erfahren mußte. In einem Brief an den Landauer Sozialdemokraten Karl Rapp vom 19. April beklagte er sich über diesen freiwilligen Rückzug und ersuchte den Genossen, „die Sache zusammenhalten, bis die führenden Genossen wieder da sind".[20]

Doch weder kamen die „führenden Genossen" bald wieder in die Lage, die Parteiarbeit in gewohnten Bahnen fortzuführen, noch besaß „die Sache" unter diesen Bedingungen weitere Bindekraft. Im Gegenteil: Mit dem offiziellen Verbot der SPD durch eine Verfügung des Reichsinnenministers Frick am 22. Juni 1933 untersagten die nationalsozialistischen Machthaber der Sozialdemokratie jede weitere Betätigung in Deutschland, kassierten ihre Parlamentsmandate, beschlagnahmten das restliche Parteivermögen und ordneten erneut eine umfangreiche Verhaftungsaktion an.

Widerstand konnte sich nur noch im illegalen Aktionsraum entfalten, in dessen konspirative Eigengesetzlichkeit die in jahrzehntelanger Legalität sozialisierten Funktionäre und Anhänger der SPD sich erst eindenken und einleben mußten.

Wie Funktionäre, Mitglieder und Anhänger der organisierten Arbeiterbewegung auf Verbot und Verfolgung reagierten – ob sie den Rückzug ins Private antraten, den nationalsozialistischen Herrschaftsansprüchen unterlagen oder ihre Identität behaupten konnten, ob sie sich Untergrundorganisationen anschlossen, die auf den raschen Umsturz zielten oder in weniger riskanten Gruppenkontakten danach strebten, tradierte Einstellungen zu bewahren, – all dies hing neben persönlichen Motiven und Lebensverhältnissen erheblich von politischen Traditionen, sozialen Verhältnissen und örtlichen Besonderheiten ab.

Zwischen Anpassungsdruck und Selbstbehauptung

Die folgende Situationsanalyse aus dem „Halbmonatsbericht zur politischen Lage", am 21. September 1933 von der Gendameriehauptstation Frankenthal angefertigt, mag dies beispielhaft belegen. Wenige Monate nachdem die Nazis auf ihrem terroristischen Machtergreifungskurs die Parteien und Verbände der Arbeiterbewegung zerschlagen hatten, richtete sich das Hauptaugenmerk polizeilicher Beobachtung überall im Reich auf das Verhalten der nichtinhaftierten „Marxisten". Informationen über „Innenpolitisches", namentlich über „verbotene Organisationen", standen auch im Bericht der Frankenthaler Gendarmerie an das Bezirksamt ganz oben. Was ihre Beamten in den Umlandgemeinden der vorderpfälzischen Kleinstadt hierzu erkundschaftet hatten, klang indes wohl recht beruhigend:

„In den Orten Heßheim und Beindersheim wurde trotz fortgesetzter Überwachung nicht wahrgenommen, daß die verbotenen Organisationen sich in irgendeiner Form bemerkbar machen", wußte der zuständige „Kommissär" zu berichten. „Auf dem Lande", so seine Erklärung für diesen Sachverhalt, „erlaubt die örtliche Dichte der Bevölkerung eine solche Tätigkeit nicht oder doch nur schwer. Im Orte Heßheim, wo die SPD führend war, sitzt immer noch eine Gruppe Anhänger dieser Richtung, die noch nicht umgestimmt ist und aus innerer Verbissenheit auch schwerlich umzustimmen sein wird. Gemeint sind damit die alten Träger der SPD. Die jüngeren Leute dieser Richtung, bei denen die parteimäßige Vergiftung noch keine so tiefe Wurzeln geschlagen hatte, finden allmählich über die noch bestehenden Sportvereine den Anschluß zum Umlernen. Die Gruppe der sogenannten 'Alten' fügt sich insofern, als sie sich zur Bemäntelung ihres Verhaltens zum Schlagwort bekennt: 'Wir beurteilen die heutige Regierung nach ihren Leistungen.' Offene Ungesetzlichkeiten sind daher aus dieser Richtung nicht zu erwarten. Zu unterirdischen Ungesetzlichkeiten fehlt ihnen auf dem Lande der Schneid, denn sie fühlen sich eingezwängt und überwacht".[21]

Am deutlichsten kommt in der zitierten Situationsanalyse fraglos zum Ausdruck, wie sehr das soziale Umfeld die Möglichkeiten antinazistischer Bestrebungen bestimmte. Was der Frankenthaler Gendamerie-Kommissär als „örtliche Dichte der Bevölkerung" kennzeichnete – die Überschaubarkeit dörflicher Strukturen mit ihrer ständigen sozialen Kontrolle –, ließ kaum einen Raum für Widerstandsaktivitäten nach konspirativer Absprache.

Die orts- und polizeibekannten, überdies fortlaufend überwachten Gegner des Nationalsozialismus fühlten sich in ihrer Lage „eingezwängt". Daß ihnen der „Schneid" zu „offenen" oder „unterirdischen Ungesetzlichkeiten" fehlte, ist deshalb allzu verständlich. Jeglicher Ansatz hierzu hätte unter diesen Bedingungen eine überflüssige Gefährdung bedeutet.

Sofern es den Parteien der Linken überhaupt gelungen war, in den zahlreichen, primär agrarisch bestimmten Landgemeinden der Pfalz Fuß zu fassen, boten sich dort nach dem Organisationsverbot durch den nationalsozialistischen Staat mithin geringe Chancen, die bisherige Mitgliedschaft in festgefügten Untergrundgruppen zusammenzuhalten und dem Unrechtsregime aktiv entgegenzutreten.

Das gilt im großen und ganzen auch für ländlich-kleinstädtische Strukturen oder für die an der Peripherie der wenigen pfälzischen Industriezentren gelegenen Ortschaften, etwa der erwähnten sozialdemokratischen Domäne Heßheim, in der im Jahre 1928 fast jeder zehnte Wahlberechtigte der SPD angehörte, und die Sozialdemokratie bei der Reichstagswahl dieses Jahres nahezu 59 Prozent der gültigen Stimmen erhalten hatte.

Werden unter „Widerstand" aus den Reihen der Arbeiterbewegung zunächst ganz allgemein die organisierten konspirativen Aktivitäten von Kommunisten, Sozialdemokraten und Sozialisten zum Sturz der NS-Diktatur verstanden, waren mithin nur in den pfälzischen Industriezentren ein günstiges Umfeld und hinreichende Bedingungen dafür vorhanden. Hier boten größere Betriebe und dichtere Arbeitermilieus die erforderliche politische Resonanz und den nötigen sozialen Rückhalt für antinazistische Arbeit im Untergrund. Hier verfügte man über personelle Reserven, die es erlaubten, auch ohne die verhafteten, emigrierten oder in der Öffentlichkeit zu bekannten Funktionäre, die im Frühjahr 1933 verbotenen Organisationen wenigstens sporadisch aufrechtzuerhalten oder ansatzweise wiederaufzubauen.

Über die örtlichen und gesellschaftlichen Bedingungen hinaus sind mit Blick auf die Entwicklungs- und Aktionsmöglichkeiten antinazistischer Bestrebungen drei weitere Einflußfaktoren anzusprechen: das politische „Klima" in der Pfalz, der staatliche Repressionsapparat und die Grenzlage der Region.

Für rechtsradikale Lösungen hatten weite Teile der Pfalz einen fruchtbaren Nährboden abgegeben, der zudem in hohem Maße politisch vergiftet war. Die französische Besatzung und die ihr folgenden deutschnationalen Wogen, bürgerkriegsähnliche Zustände in der Separatistenzeit, Versorgungsnöte und hohe Arbeitslosigkeit hatten Verhältnisse entstehen lassen, die vor, während und nach der NS-Machtübernahme zu besonders drastischen Formen der politischen Abrechnung führten. Entsprechend unnachgiebig fiel in der NS-Zeit die „Gegnerbekämpfung" aus, wobei sich das unselige Wirken der Repressionsorgane auf eine große Denunziationsbereitschaft stützen konnte. Die hochgradige gesellschaftliche Verankerung der NSDAP, die Popularität ihres Gauleiters Bürckel, sein pfälzischer Weg zum Pseudo-Sozialismus und sein absolutistisches Herrschaftsstreben entwickelten eine Dynamik, die den Aktionsraum für antifaschistischen Widerstand aus den Reihen der Arbeiterbewegung sehr verengte. Dies zumal sich die notleidende städtische Arbeiterschaft gegenüber der Verführbarkeit durch „die antikapitalistischen und diffussozialistischen Ideen Bürckels" keineswegs immun zeigte. Bereits während ihrer Expansionsphase waren der NS-Bewegung in der Pfalz deutliche Einbrüche „in die proletarische Klientel" gelungen.

Die letztlich entscheidende Rahmenbedingung für die NS-Gegnerschaft setzten der Polizeiapparat und seine Verfolgungs-

Kinder, kauft Kämme!

Es ist eine lausige Zeit.

Ihr habt alle die grosse Mairede von Adolf HITLER gehört oder gelesen. Strengt nun Eure Erinnerung an und überlegt Euch: was hat der Führer vom grossen Geschenk gesagt, das am 1. Mai von ihm der deutschen Arbeiterschaft überreicht wurde?

Das letzte stimmt: HITLER hat am 1. Mai kein Wort vom

Gesetz zur Ordnung der nationalen Arbeit

gesprochen, das an dem Tage in Kraft getreten ist und das eigentlich am 1. Mai gefeiert werden sollte: als neues Recht der deutschen Arbeit. So war die Absicht. Am 1. Mai hat aber HITLER das grosse Ereignis stillschweigend übergangen.

HITLER wagte nicht mehr das neue Gesetz zu rühmen, weil inzwischen schon viele — leider nicht alle! — eingesehen haben, dass dieses Gesetz der deutschen Arbeiterschaft kein neues Recht bringt, sondern sie aller in Jahrzehnten der Kämpfe errungenen Rechte beraubt. HITLER wagte nicht die neue Ordnung der Arbeit zu rühmen, weil inzwischen schon die neuen Vertrauensmänner bestellt und nicht gewählt wurden, wobei es den meisten Arbeitern klar werden musste, dass dies keine Vertrauensmänner der Arbeiterschaft sind. Wer wird jetzt die Rechte der Arbeiterschaft schützen? Das braucht man garnicht mehr, weil keine Rechte mehr da sind. Keine Rechte, dafür vielleicht aber

Arbeit und Brot?

Es soll schon in einem Jahre mehr als die Hälfte aller Erwerbslosen Arbeit erhalten haben. Das hat auch HITLER in seiner Rede erklärt. Ihr braucht nur in Eurem Bekanntenkreis umzusehen, um Euch zu vergewissern, ob schon mehr als die Hälfte der früheren Erwerbslosen in Arbeit steht. Was heisst es, dass die Arbeitslosigkeit verschwindet, wenn die Erwerbslosen in der Woche 40 Stunden schaffen müssen und dafür nur Wohlfahrtsunterstützung erhalten, die dann noch stark abgebaut ist? In manchen Gemeinden kriegen die Erwerbslosen nur noch eine Unterstützung von 3 Mark in der Woche und müssen dafür noch 40 Stunden schaffen. Oder sie kriegen 14-täglich 4 Mark, also für 2 Wochen und müssen Pflichtarbeit leisten für 2½ Pfennig pro Stunde! Und wieviele kriegen gar keine Unterstützung, trotzdem sie immer noch keine Arbeit haben?

Allerdings muss zugegeben werden, dass es vielen Leuten auch viel besser geht. Schaut nur alle

die schönen neuen Autos

an, in denen jetzt tausende verschiedene Führer und Amtswalter herumfahren. Bekanntlich gibt es keine Bonzen mehr. Dafür aber eine strenge Arbeitsteilung: die einen haben Arbeit ohne Brot und die anderen Brot ohne Arbeit.

Deutschland scheint ein sehr reiches Land geworden zu sein. Hunderte Millionen werden für

die Unterhaltung der braunen Armee

und aller möglichen Amtswalter ausgeworfen, andere hunderte Millionen für die Rüstungen; schöne Autostrassen werden gebaut und dergleichen mehr. Kommt aber in das Saargebiet und versucht einmal die Markscheine zu wechseln, wenn ihr welche habt. Mehr als 30 Mark wird Euch ohne besondere Genehmigung des Devisenkommissars keine Bank wechseln. Noch ein bisschen weiter werdet ihr erleben, dass überhaupt niemand Lust hat deutsche Reichsmark anzunehmen. — Also stimmt etwas nicht mit den wirtschaftlichen Siegen im 3. Reiche.

Das Gold fliesst weg aus der Reichsbank. Es fehlen schon die Mittel um die wichtigsten Rohstoffe zu zahlen. Man fängt schon an alles so zu regeln, wie es im Kriege war. Je weniger aber vom Auslande gekauft, umso weniger auch nach aussen verkauft wird. Der deutsche Aussenhandel liegt darnieder, und Millionen Arbeitskräfte, die früher mit der Arbeit für die Ausfuhr beschäftigt wurden, müssen jetzt daran glauben.

Ist es nicht die höchste Zeit, dass Deutschland wirklich erwacht? Sollen nicht vor allem die Arbeiter einsehen, was es bedeutet, dass ihnen ihre freien Organisationen, alle Rechte und jede Freiheit überhaupt geraubt worden sind?

Volk erwache!

Illegale Flugschrift, Sommer 1933.

methoden. Auf der scheinbar rechtmäßigen Grundlage besonderer Gesetze, die alle anderen politischen Ideen und Organisationen als illegal verurteilten und oppositionelles Verhalten oder Nonkonformität mit teilweise drakonischen Strafen belegten, versuchte die NS-Führung ihren Anspruch einer totalen Durchdringung der Gesellschaft durchzusetzen.

Zum Hauptinstrument der Gesinnungskontrolle und Einschüchterung hatte das NS-Regime die Geheime Staatspolizei (Gestapo) geschaffen, ein Sicherheitsapparat, der laut Gesetz die Aufgabe hatte, „alle staatsgefährlichen Bestrebungen zu erforschen und zu bekämpfen". Mit Hilfe eines engmaschigen Netzes von V-Leuten und in hohem Maße auf Denunziationen gestützt, entwickelte die Gestapo ein Ermittlungs- und Untersuchungssystem, das durch die Verknüpfung von traditioneller Kriminalistik, Spitzelwesen und brutalen Verhörmethoden schrittweise perfektioniert wurde. Wer auf diese Weise von der Politischen Polizei als tatsächlicher oder vermeintlicher Staatsfeind aufgespürt worden war, geriet dann in die Mühlen einer gleichgeschalteten Justiz, die nach dem Motto: „Des Führers Wille ist des Volkes Gesetz" skrupellose Urteile fällte.

Begünstigt wurden die Ausgangs- und Entwicklungsbedingungen illegaler Organisationsformen und antifaschistischer Bemühungen in der Region durch die unmittelbare Grenzlage zu Frankreich und zum Saargebiet, das bis März 1935 unter Völkerbund-Verwaltung stand. Die Nähe zum Ausland eröffnete einerseits rasche Fluchtwege, sobald Verhaftungsgefahr bestand. Andererseits ermöglichte sie enge Verbindungen zwischen Widerstand und Exil, was der Anleitung von außen wie dem Einschleusen von Schriften und dem Nachrichtenschmuggel zugute kam.

SOPADE: Exil und Widerstand

Da sie stets auf legalen Mitteln im politischen Kampf bestanden, waren den Sozialdemokraten im allgemeinen konspirative Methoden ebenso fremd wie die Vorstellung, im Untergrund agieren zu müssen. An zentralistische Leitungsmodelle oder gar an Versuche, die Parteiorganisation in den Untergrund zu „überführen", hatte man in SPD-Kreisen nicht gedacht. Die illegale Praxis der sozialdemokratischen Opposition gegen Hitler kennzeichneten stattdessen locker miteinander vernetzte Gruppen aus Vertrauensleuten, die die Illegalität erst „lernen" mußten. Hauptträger des sozialdemokratischen Widerstands waren – jedenfalls in den frühen Jahren der Diktatur – jüngere, zwischen 20 und 30 Jahre alte Mitglieder aus der Sozialistischen Arbeiterjugend (SAJ), aus dem Arbeitervereinswesen oder aus dem Reichsbanner. Meist hatten sie den sogenannten Schutzformationen, den paramilitärischen Kerntruppen dieses Wehrverbandes, angehört und waren auf eine besondere Weise motiviert, dem Unrechtsregime aktiv entgegenzutreten.

Prominente Funktionäre der SPD oder der Freien Gewerkschaften schieden als Aktivisten für den Untergrund weitgehend aus. Sofern sie wieder aus der „Schutzhaft" frei kamen, wurden sie weiter beobachtet und mußten sich allein aus Geboten der Vorsicht zurückhalten.

Die überwiegende Mehrheit der Sozialdemokraten hatte sich freilich resignierend aus der aktiven Politik zurückgezogen, wobei viele Mitglieder „politische Gesinnung und Weltanschauung mehr oder minder verborgen zu wahren suchten und vielfach ... im Rahmen des Nachbarschafts-, Arbeits- und Vereinslebens lockere Verbindungen zu ehemaligen Genossen aufrechterhielten".[22] Da andere erfahrene Parteifunktionäre inzwischen mehr schlecht als recht im unfreiwilligen Exil lebten, ging die Initiative zum Aufbau einer im Verborgenen operierenden Widerstandsorganisation auch in der Pfalz meist von Genossen aus, die bis dahin im politischen Leben noch nicht besonders hervorgetreten waren. Das Beziehungsgeflecht auf der mittleren und unteren Ebene der Funktionärshierarchie und die frühe Verbindung zum Exil ermöglichte den Aufbau der illegalen Organisation und bestimmte zugleich ihre zukünftige Form: Sie breitete sich da weiter aus, wo eine ausreichende Vertrauensbasis zwischen einzelnen Mitgliedern als Gewähr für die Arbeit mit konspirativen Methoden vorhanden war.

Von wem in der Pfalz der eigentliche Anstoß zur Aufnahme der illegalen Aktivitäten ausging, ist nicht bekannt. Wahrscheinlich gab es verschiedene Impulse, trotz der Unterdrückung und Überwachung waren persönliche Kontakte nicht abgerissen. Soweit mittels Justizakten oder Erinnerungen zu rekonstruieren, zählten in Ludwigshafen der Installateur Friedrich Kirn, der gelernte Dreher und spätere Versandleiter bei der „Pfälzischen Post", Friedrich Schott sowie der Oppauer Kraftwagenführer Adam Frankenberger zu den maßgeblichen Initiatoren.

In Landau war es vor allem der Schneider Heinrich Stützel, der die organisatorische Neubildung vorantrieb, in Speyer reaktivierte der von den Nazis entlassene Verwaltungssekretär Heinrich Ober einige Mitglieder, in Pirmasens war der Fabrikarbeiter Eugen Eberhardt die treibende Kraft und in Frankenthal versuchte Adam Haas, gelernter Schlosser und Anfang der dreißiger Jahre Mitarbeiter der „Pfälzischen Post", gemeinsam mit dem Former Karl Hüther den Kampf gegen die Nazis fortzusetzen.

Sie begannen im Spätsommer 1933 Kontakte mit zuverlässigen Gesinnungsgenossen aufzunehmen, geheime Treffen zu arrangieren und illegale Schriften zu verteilen. Dabei gab es von vornherein einen aktiven und einen passiven Personenkreis. Ersterer umfaßte die Vertrauensleute, die die Druckschriftenverbreitung organisierten, Kontakte aufrechterhielten und die Aktivitäten aus dem Untergrund anleiteten. Nur dieser ist, weil von der Gestapo aufgedeckt, „aktenkundig" geworden und somit teilweise zu personifizieren. Der zweite, umfangreichere, aber nicht zu beziffernde Personenkreis bestand aus den Adressaten und Lesern der illegalen Schriften. Wie das Verteilernetz ausgebaut und Mitglieder neugewonnen wurden, ist aus einer Anklageschrift gegen pfälzische Sozialdemokraten zu entnehmen[23]:

„Für den Stadtteil Ludwigshafen-Friesenheim wurde der Laborant Wilhelm Heidelberg in Aussicht genommen ... Schott und Kirn kannten ihn von der SAJ ... Ende Mai oder Anfang Juni 1934 traten Schott und Kirn mit Heidelberg in Verbindung. Schott stellte ihm vor, daß in Prag eine Gruppe früherer deutscher Sozialdemokraten besteht, die nach neuen Gesichtspunkten arbeitet. Er versprach dem Heidelberg, ihm hierüber Literatur zu verschaffen, händigte ihm bald darauf, im Juni 1934, 1 Stück der Sozialistischen Aktion und im Juli und August 1934 ein weiteres Stück dieser Zeitung aus. Kirn ersuchte ihn, die Zeitung weiterzugeben, fragte ihn nach weiteren Abnehmern für die Zeitung und forderte ihn auf, Mitglieder für die neue Organisation zu werben."

Dies macht deutlich, wie sehr die pfälzischen Oppositionellen aus den Reihen der Sozialdemokratie von vornherein auf ihre Genossen im Ausland angewiesen waren. Der emigrierte Parteivorstand der SPD, der

Titelköpfe von illegalen Zeitungen.

sich in Prag als Exilorganisation mit dem Kürzel SOPADE konstituiert hatte, arbeitete „mit dem Gesicht nach Deutschland".[24] Alle Aktivitäten wurden dem Ziel untergeordnet, das Regime in Deutschland zu zermürben und zu stürzen. Deshalb sah er seine Aufgaben vornehmlich darin, die illegale Arbeit im Reich von außen zu fördern, den Informationsfluß von und nach Hitler-Deutschland zu organisieren und der Welt ein wahres Bild der Nazi-Diktatur zu zeigen. Hinzu kam die Betreuung der Emigranten.

Als Anlauf- und Verbindungsstellen für die Sozialdemokraten im Reich wurden rings um Deutschland Grenzsekretariate eingerichtet, die jeweils ein bestimmtes, der Grenzstelle gegenüberliegendes Gebiet zu betreuen hatten. Sie organisierten das Einschmuggeln von Schriften und Propagandamaterial, leiteten die illegalen Gruppen an und versorgten sie mit Informationen und Geldmitteln. Umgekehrt waren die Grenzstützpunkte aber auch Sammelstellen für Nachrichten aus dem Reich: Vertrauensleute in Betrieben, Verwaltungen, nationalsozialistischen Verbänden und aufmerksame Genossen, die die Stimmungslage und wirtschaftliche Situation in Nazi-Deutschland beobachteten und auswerteten, gaben ihre Meldungen – oft geschickt getarnt – auf verschiedenen Wegen an die Grenzsekretäre. Sie fertigten daraus monatliche Berichte an, die dann in die „Deutschland-Berichte der SOPADE" einflossen. Noch heute bilden sie – auch für die Pfalz – eine wichtige Quelle des politischen und sozialen Alltags im „Dritten Reich".

Schriftliches Material gelangte in zwei Arten an die Illegalen: Zum einen als Zeitungen und – meist durch den Umschlag getarnt – Broschüren auf Dünndruckpapier, die vor allem der politisch-ideologischen Schulung und Information der Gruppen dienten und nur im kleineren Kreis zirkulierten. Die bekannteste dieser Schriften war die „Sozialistische Aktion", in Karlsbad auf extrem dünnen Papier mit winzigen Typen bedruckt. Zum andern – bei bestimmten Anlässen und in wesentlich höherer Auflage – als Flugblätter, Klebe- und Streuzettel, die zur Gegenpropaganda gedacht waren und an möglichst viele Bürger gelangen sollten. Dem lag die Anschauung zugrunde, daß die wichtigste Voraussetzung für einen dauerhaften Machtwechsel in Deutschland eine Diskriminierung des Regimes und die geistige Umorientierung der Bevölkerung sei.

Als Bindeglied zwischen dem Prager Exilvorstand und den illegal tätigen Sozialdemokraten in Baden und der Pfalz diente das Grenzsekretariat „Südwest", das der frühere Vorsitzende des SPD-Landesverbandes Baden, Georg Reinbold, leitete. Zunächst von Straßburg, dann aus dem Saargebiet und, nach dessen Anschluß an Hitler-Deutschland, aus Luxemburg organisierte Reinbold den sozialdemokratischen Widerstand im deutschen Südwesten. Bereits am 2. Juli 1933 hatte er in Prag um personelle Unterstützung für den pfälzischen Operationsraum angefragt:

„Wäre es nicht möglich, mir für die Bearbeitung nach der Pfalz hin den Genossen Bögler-Ludwigshafen zur Verfügung zu stellen? Wer nicht in die Kleinarbeit eingeweiht ist, macht sich keinen Begriff, welch Unsumme von Arbeit entsteht, bis eine Verbindung hergestellt ist. Durch einen unglücklichen Vorgang wird dann einem in einer Minute die Arbeit von einer ganzen Woche zerschlagen. Auf die Dauer geht es deshalb nicht, ohne daß ich noch nach der Pfälzer Grenze hin eine Übergangsstelle schaffe. Ich bitte um entsprechende Mitteilung an mich und an Bögler".[25] Die Antwort fiel negativ aus: Franz Bögler wurde selbst als Grenzsekretär gebraucht und war von Trautenau aus für Mittel- und Oberschlesien zuständig. Statt seiner erhielt Georg Reinbold tatkräftige Unterstützung von drei anderen Parteifunktionären aus der Pfalz: von Adolf Ludwig, Friedrich Wilhelm Wagner und dem Pirmasenser SAJ-Funktionär Fritz Volkemer, der im elsässischen Weißenburg als Grenzposten zum Einsatz kam. Mit ihrer Hilfe konnten bald wieder feste Verbindungen mit den pfälzischen Sozialdemokraten hergestellt werden.

Wie eng sich die Beziehungen zwischen Exil- und Inlandsorganisation anfangs gestalteten, und wie sehr die Illegalen in der Pfalz auf die Koordinierungs- und Kommunikationsfunktionen der SOPADE angewiesen waren, belegt eine Konferenz in Neunkirchen/Saar, die vom 2. bis 4. Juni 1934 Funktionäre aus Südwestdeutschland mit SOPADE-Mitarbeitern bzw. -Vorstandsmitgliedern zusammenführte.[26] Pfälzische Teilnehmer vertraten die Orte Landau, Ludwigshafen, Pirmasens und Kaiserslautern. Anwesend waren auch Mannheimer Genossen und die Leiter der „Rechberg-Gruppe", mit denen die pfälzische SPD-Opposition eng kooperierte.

Initiator dieser linkssozialistisch orientierten Widerstandsorganisation war der Heidelberger Schriftsteller Emil Henk, der sich das Pseudonym „Rechberg" zugelegt hatte.[27] Wichtigster Kopf der Organisation war neben Henk Otto Calvi, ein Mann mit großem theoretischen Wissen, der die Schulungen der Mitglieder leitete. Beide waren auch in konspirativen Techniken geschult. In Mannheim gehörten unter anderen die ehemaligen Reichsbanner-Funktionäre Erhard Alterthum, Karl Neunreither und Karl Jattiot zur „Rechberg-Gruppe". Über ihre Bekanntschaft mit Oskar Tremmel und Friedrich Kirn aus gemeinsamen SAJ- und Reichsbannerzeiten kam die Verbindung mit dem sozialdemokratischen Widerstand in der Pfalz zustande. Henk und Calvi vermittelten den pfälzischen Genossen vor allem ihre Kenntnisse in konspirativer Arbeit, wie Tarnung, Geheimschriften und Codes. Man operierte jetzt mit Decknamen: Schott nannte sich „Glaser", Kirn hieß in der Illegalität „Schwan" und Stützel tarnte sich mit „Lauf".

Georg Reinbold hatte „die Konferenz seit langem herbeigesehnt", es galt „viele Fragen zu klären, Kritik zu üben" sowie „unsere Weiterarbeit, ihre Basis und Programmatik durchzusprechen". Während einzelne Mitglieder des emigrierten Parteivorstandes über die wirtschaftlichen Verhältnisse im „Dritten Reich", außerdem über Politik und Aktivitäten der Prager Zentrale referierten, gab Reinbold eine „eingehende Darstellung der Verhältnisse im Grenzgebiet", behandelte „Fragen illegaler Grenztechnik", wobei er insbesondere vor dem „französischen Spionagedienst" warnte.

Erinnerungstreffen der „Asselsteiner" 1959. Von links: Heinrich Hauptreif, Pirmasens; Fritz Kirn, Ludwigshafen; Jakob Ober, Speyer; Karl Würz, Pirmasens; Heinrich Ober, Speyer; Fritz Ober, Speyer; Unbekannt; Fritz Schott, Oskar Tremmel, Ludwigshafen.

Friedrich Schott

Das Treffen am Asselstein

Wir alle, die am 6. Mai 1934 der Tagung auf dem Asselstein beiwohnten, waren davon überzeugt, daß sich wie jener Fels, der sich in Jahrtausenden allen Witterungen und Stürmen der Zeit behauptet hat, auch die Sozialdemokratische Partei als ein Fels erweisen wird, der nicht zerbröckelt und untergeht. Nach einer zwölfjährigen Nacht, die Deutschland beschattete, stand dieser Fels härter und mächtiger denn je, der schönste Lohn für die aufopfernde illegale Arbeit mutiger Genossen und ein Symbol für das Dichterwort: Ihr könnt das Wort verbieten, Ihr tötet nicht den Geist, der über Euren Hügeln als kühner Adler kreist.

Aus: Der arme Konrad aus Rheinland-Pfalz 2 (1950), S. 90-91.

Über eine „ausgesprochen optimistische Stimmung" berichtete der Diskussionsredner aus Ludwigshafen, ein 28 Jahre alter Handarbeiter. Seit zwei Monaten sei die illegale „Arbeit sehr viel leichter als früher. Im Dezember [1933] wurde die illegale Zeitung noch abgelehnt. Jetzt wird sie mit Heißhunger verlangt. Flugblätter werden sehr gern genommen und nicht zerrissen, wie das früher ... geschah." Auch Grenzsekretär Adolf Ludwig wußte Positives zu vermelden: „Wir haben in der Pfalz zweimal eine Flugblattverbreitung mit gutem Erfolg durchgeführt. Das erste richtete sich an die 3.000 Wohlfahrtsarbeiter, die unter erschwerten Bedingungen gegen geringe Entschädigung arbeiten mußten ... Es wurde dankbar entgegengenommen und sehr interessiert und beifällig gelesen. Obwohl doch die Auflage ziemlich groß war, ist keiner unserer Verteiler gefaßt worden ... Auch die Störungspropaganda ist von uns wiederholt mit gutem Erfolg angewandt worden. Wir haben die Nazis mit Material beliefert und sie dann verpfiffen."

Organisierter Widerstand von Sozialdemokraten in der Pfalz

Schon einige Wochen vor der Neunkirchener Tagung hatte Emil Henk eine gemeinsame Besprechung aller Vertrauensleute der pfälzischen SPD-Gruppen angeregt, um Erfahrungen auszutauschen, Organisationsfragen zu diskutieren und den Widerstand gegen das Nazi-Regime besser zu koordinieren. „Diese Gelegenheit bot sich am 6. Mai 1934", wie Fritz Schott, einer der Teilnehmer, später berichtete[28]: „An diesem Tage sprach der Reichspropagandaleiter Josef Goebbels auf einer Grenzlandkundgebung in Zweibrücken. Alle führenden Nationalsozialisten und staatlichen Behörden, vor allem aber auch die Gestapo waren nach Zweibrücken beordert, so daß wenig Gefahr bestand, wenn einzelne Wanderer sich an einem bestimmten Punkt in der Pfalz zufällig ein Stelldichein gaben. Mit der Organisierung wurde der Genosse Stützel in Landau beauftragt; er bereitete alles gut vor und wählte als Ort den Asselstein im Pfälzer Wasgau, jenen Felsen der Pfalz, der seit Jahrtausenden kühn und trotzig gen Himmel ragt. Dort trafen wir uns, dort berieten wir, dort legten wir unsere Arbeit fest."

Zuerst sprach „Rechberg" über die Fehler „der alten SPD", anschließend referierte Otto Calvi, Deckname „Sassa", über konspirative Methoden im Widerstandskampf und zur Schulungsarbeit. Die nachfolgende Aussprache der insgesamt 14 Teilnehmer widmete sich insbesondere organisatorischen Fragen: „Alle Anwesenden versprachen in ihren Bezirken zu arbeiten, Propaganda zu machen und zu werben ... Stützel hielt die Verbreitung der aus Prag stammenden Sozialistischen Aktion für ein geeignetes Werbungsmittel. Breyer hatte ein Flugblatt bei sich mit der Überschrift 'Kinder kauft Kämme'. Er ließ das Flugblatt unter den Teilnehmern umhergehen, man einigte sich darüber, daß diese Flugblätter an Christi-Himmelfahrt in der ganzen Pfalz verteilt werden sollen".[29]

Je stärker die sozialdemokratischen Untergrundgruppen mit diesen offensiven Aktionsformen auftraten, desto mehr begaben sie sich in Gefahr, Opfer der Gestapo-Überwachung zu werden. In dem Maße, in dem die illegale Propaganda gegen das Regime gesteigert und gleichzeitig der Verteilerapparat ausgebaut wurde, nahmen die Schwachstellen zu.

Im Grenzland Pfalz, an der Schnittstelle zwischen Inlands- und Auslandsorganisation, waren die SOPADE-Verbindungen ohnehin latent gefährdet. Vor allem in der frühen Phase des Widerstands, als die konspirativen Techniken noch verbessert werden mußten, genügten dem Sicherheitsdienst vergleichsweise harmlose, aber wirkungsvolle Instrumente wie die Postkontrolle, verstärkte Verkehrsüberwachung oder die Observation der Grenzen, um eine Kurierstrecke ausfindig zu machen und in den Verteilerkreis einzubrechen.

„Als die Verordnung des Reichspräsidenten zum Schutze von Volk und Staat am 28.2.1933 der Polizei die Möglichkeit gab, sich von der Fessel des Postgeheimnisses zu befreien", so der Ludwigshafener Polizeidirektor Antz, habe man davon „sofort Gebrauch gemacht".[30] Auf diese Weise wurde im Herbst 1933 auch der frühere Zeitungsberichterstatter der „Pfälzischen Post", Adam Haas aus Frankenthal, observiert. Der Kripo war „vertraulich mitgeteilt" worden, daß Haas „mit dem früheren Parteisekretär der SPD, Bögler ... und mit dem früheren Bezirksjugendführer der sozialistischen Arbeiterjugend, Eugen Eberhard in Pirmasens, in fortgesetztem Briefwechsel stehen und mit diesen Personen versuchen [soll], auf illegalem Wege die SPD, insbesondere ältere Parteimitglieder durchzuorganisieren. Zur Überwachung des Haas erscheint es angezeigt, daß vorerst alle ein- und ausgehende Post gesperrt und durch das Polizeiamt einer Kontrolle unterzogen wird".[31] Am 7. Dezember 1933 wurde diese Polizeiaktion auf 24 Frankenthaler „Marxisten" ausgedehnt, nachdem Karl Hüther Ende November „wegen Verbreitung verbotener Druckschriften" verhaftet worden war, und Adam Haas, rechtzeitig gewarnt, ins Elsaß hatte flüchten können.[32]

Ebenfalls um diese Zeit gelang es den pfälzischen Behörden, erstmals einen Kurierweg und ein Schriftendepot in der Südpfalz aufzudecken. Im Sommer hatte Georg Reinbold einen Schriftentransport organisiert, der von Straßburg über den Stützpunkt Lauterburg zu Sozialdemokraten in den Gemeinden Berg, Hagenbach und Pfortz und von dort zum ehemaligen Karlsruher SPD-Stadtrat Friedrich Weick führte, der das erhaltene Material schließlich in den Raum Mannheim weiterleitete.³³ Ausgangspunkt der Ermittlungen war eine Denunziation, nach der die Frau des Pfortzer SPD-Funktionärs Otto Reisch verdächtigt wurde, einen für das Ausland bestimmten Brief bei den Sozialdemokraten Wilhelm und Karoline Offenbacher abgegeben zu haben. Die Gendarmerie verhaftete beide Ehepaare und einige Personen aus ihrem Bekanntenkreis und erhielt durch Verhöre relativ schnell einen Überblick über den Schriftenschmuggel. Das Sondergericht Frankenthal verurteilte die sechs ermittelten Kuriere am 9. Januar 1934 zu vergleichsweise hohen Zuchthaus- und Gefängnisstrafen, weil „das Vergehen" – so die Urteilsbegründung – „nahe an Hochverrat grenze".

Am 27. Dezember 1933 wurden die Edenkobener Ernst Reinfrank und Otto Eckert „bei Ausübung der Paßnachschau" von Beamten der Gendarmerie-Station Bruchmühlbach verhaftet. Sie waren im Zug aus dem saarpfälzischen Homburg gekommen, auf Kurierfahrt „mit Druckschriften hochverräterischen Inhalts". „Bei der vorgenommenen körperlichen Durchsuchung fanden sich bei Reinfrank 32 Exemplare der im Reichsgebiet verbotenen Zeitschrift 'Sozialistische Aktion' auf dem Rücken, zwischen Hemd und Haut versteckt, vor." Eckert wollte auf gleiche Weise 45 Exemplare der SOPADE-Schrift einschleusen.³⁴

Zum Verhängnis wurden den pfälzischen SPD-Gruppen letztlich diejenigen Gefahrenmomente, die mit der Schriftenverbreitung verbunden waren. Ein folgenreicher Einbruch in den sozialdemokratischen Verteilerkreis gelang der Politischen Polizei im Sommer 1934 auch in Ludwigshafen. Dort wurde am Morgen des 25. Juli der Küfer Karl Prestele aus der Gartenstadt und kurz darauf mit Oskar Tremmel einer der Organisatoren des SPD-Widerstands in der Chemiestadt verhaftet. Ein vermeintlich vertrauenswürdiger Arbeitskollege, von Prestele im Betrieb mit der „Sozialistischen Aktion" versorgt, hatte ihn denunziert.

Die nachfolgenden Vernehmungen deckten nach anfänglichem Leugnen der Festgenommenen peu à peu einen Teil des Apparates auf. Bis Mitte August hatte die Polizei mit ihren Praktiken Prestele und Tremmel soweit bearbeitet und mit Verhörtricks gegeneinander ausgespielt, daß sie auch ihre Beteiligung an der Christi-Himmelfahrt-Flugblattaktion zugaben, die beim Asselstein-Treff vereinbart worden war. Durch die erpreßten Aussagen der beiden Inhaftierten und – so jedenfalls laut Erinnerungsbericht von Emil Henk – nach einem tragischen Motorradunfall von Friedrich Kirn bei einer Kurierfahrt im Spätsommer 1934 gelang es der Gestapo schließlich, zum großen Schlag gegen den sozialdemokratischen Widerstand in der Pfalz auszuholen. Am 25. September 1934, früh um 6.30 Uhr, wurden zunächst dreizehn Ludwigshafener Sozialdemokraten verhaftet.³⁵ Wenige Tage darauf fiel auch die „Rechberg-Gruppe" in Heidelberg und Mannheim einer Verhaftungswelle zum Opfer.

Der Generalstaatsanwalt am Obersten Landesgericht München warf im nachfolgenden Prozeß den Angeklagten Tremmel, Kirn, Stützel, Ober, Hauptreif, Christ, Prestele, Würz, Vollmer, Arthur Schott, Kaeb, Eberhardt und Frankenberger vor, „ein auf gewaltsame Änderung der Verfassung des Reiches gerichtetes Unternehmen vorbereitet zu haben, wobei die Tat darauf gerichtet war, zur Vorbereitung des Hochverrats einen organisatorischen Zusammenhang herzustellen und durch Verbreitung von Schriften die Massen zu beeinflussen".

Am 17. Mai 1935 verkündete das Gericht sein Urteil³⁶: Insgesamt 15 Jahre Gefängnis- und Zuchthausstrafen wurden ge-

Verz.IV 79/1934, 96/1934.
Reg E g/15

Abschrift.

Haft!

München, den 5.Februar 1935.

I. Die Strafsachen IV 79/1934 und IV 96/1934 werden miteinander verbunden.

II. An den II.Strafsenat des Obersten Landesgerichts.

1. Anklageschrift

des Generalstaatsanwalts bei dem Obersten Landesgericht.

1.) T r e m m e l Oskar, geb.16.XI.1905 in Ludwigshafen a.Rh.,
verh., Mechaniker in Ludwigshafen,
seit 31.Juli 1934 im Amtsgerichtsgefängnis Ludwigshafen
in Untersuchungshaft,

2.) K i r n Friedrich, geb. 6.III.1904 in Ludwigshafen a.Rh.,
verh., Installateur in Ludwigshafen,
seit 10.Oktober 1934 dort in Untersuchungshaft,

3.) V o l l m e r Wilhelm Heinrich, geb.1.V.1903 in Ludwigshafen
verh., Kaufmann, dort,
seit 12 Oktober 1934 im Amtsgerichtsgefängnis Ludwigshafen
in Untersuchungshaft,

4.) S c h o t t Arthur Konrad geb. 28.I.1901 in Ludwigshafen,
verh., Spengler in Ludwigshafen,
seit 12.Oktober 1934 dort in Untersuchungshaft,

5.) K ä b Wilhelm Lorenz, geb. 6.I.1905 in Ludwigshafen, verh.,
Möbelpolierer von Ludwigshafen, seit 12.Oktober dort in
Untersuchungshaft,

6.) E b e r h a r d t Eugen, geb.8.XII.1902 in Pirmasens, led.,
Fabrikarbeiter in Pirmasens,
seit 22.Januar 1935 im Amtsgerichtsgefängnis Ludwigshafen in
Untersuchungshaft,

7.) S t ü t z e l Heinrich, geb. 29.X.1899 in Landau /Pf. verh.,
Schneider in Ludwigshafen,
seit 10.Oktober 1934, dort in Untersuchungshaft,

8.) O b e r Heinrich, geb.23.IV.1905 in Speyer, verh.,ehem.Verwaltungssekretär in Speyer,
seit 10.Oktober 1934 im Amtsgerichtsgefängnis Ludwigshafen in
Untersuchungshaft,

9.) H a u p t r e i f Heinrich, geb. 17.XII.1904 in Udenhausen,
Reg.Bez.Kassel, verh., Schreiner in Pirmasens,
seit 11.Oktober 1934 im Amtsgerichtsgefängnis Ludwigshafen in
Untersuchungshaft,

Auszug aus der Anklageschrift gegen die „Asselsteiner" vom 5.2.1935.

gen die standhaften Sozialdemokraten verhängt, darunter 2 Jahre und 3 Monate Zuchthaus für Heinrich Stützel und jeweils 1 Jahr und 8 Monate Gefängnis für Friedrich Kirn und Oskar Tremmel. Auch Fritz Schott, der sich kurz vor seiner geplanten Verhaftung ins Saargebiet hatte retten können, entkam den Nazis letztendlich nicht. Seit Januar 1935 im Exil in Frankreich lebend, wurde er mehrmals interniert, im Juli 1942 an die Gestapo ausgeliefert und am 18. September gleichen Jahres dem Ermittlungsrichter beim Amtsgericht Ludwigshafen vorgeführt. Wegen „Vorbereitung zum Hochverrat" verurteilte ihn die NS-Justiz am 13. Januar 1943 vor dem Oberlandesgericht Stuttgart zu einer Gefängnisstrafe von 2 Jahren.[37]

Viel länger als die SOPADE-Gruppen oder der kommunistische „Massenwiderstand", deren Blütezeit im Jahre 1934 lag, konnten sich die zwischen den linken Fronten von KPD und SPD angesiedelten „Splittergruppen" halten: die Sozialistische Arbeiterpartei Deutschlands (SAP), der Internationale Sozialistische Kampfbund (ISK) und „Neu Beginnen".

Diese sozialistischen Zwischengruppen brachten die günstigsten strukturellen Voraussetzungen für ein Überleben in der Illegalität mit. Sie verfügten über einen kleinen, aber politisch wie organisatorisch hochqualifizierten Kaderstamm, der meist auf der Basis eines Fünfer- oder Dreiergruppen-Systems für eine konspirativ abgeschottete Arbeit im Untergrund gut vorbereitet

Aufforderung zur Beweiserhebung im Hochverratsverfahren Karl Nords vom 19.4.1939.

```
I.Strafsenat des Oberlandesgerichts.                    Stuttgart, den 19.4.1939.
     - Geschäftsstelle -
              ---

Herrn
     Franz Karl N o r d
     Kraftwagenführer von Ludwigshafen a.Rh.,           Haft! Politisch!
     z.Zt. in U'Haft in den Gefängnissen
                Mannheim


Aktenzeichen: OJs Nr.110/38.
Beilage: 1 Anklageschrift.


              Jn der Strafsache gegen S i e
         wegen Vorbereitung zum Hochverrat
         behändige ich Jhnen die Anklageschrift.

              Jch fordere Sie auf, binnen 3 Tagen zu erklären, ob Sie
         die Vornahme einzelner Beweiserhebungen vor der Hauptverhand=
         lung beantragen oder Einwendungen gegen die Eröffnung des
         Hauptverfahrens vorbringen wollen.
              Zu Jhrem Verteidiger ist bestellt
              Herr Rechtsanwalt Dr. P a n t l e  in Stuttgart.
                                       Justizinspektor
```

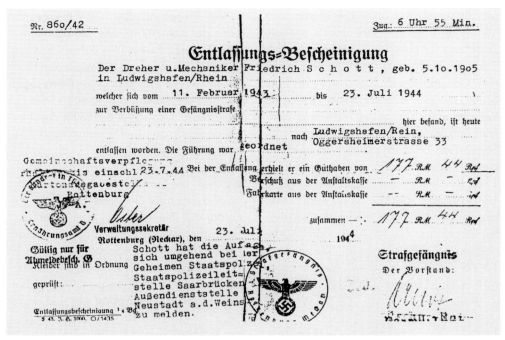

Bescheinigung über die Haftentlassung Friedrich Schotts vom 23.7.1944.

war. Im Mittelpunkt ihrer Bestrebungen standen weniger die illegale Propaganda nach außen als vielmehr die Bewahrung des organisatorischen Zusammenhalts und die interne Schulung der eigenen Kräfte, die nach dem Zusammenbruch der Hitler-Diktatur politische Führungsaufgaben wahrnehmen sollten.

Eine zehn bis fünfzehn Mitglieder zählende Gruppe der SAP existierte in Ludwigshafen, die – bis zu seiner Emigration im Jahr 1936 – von Otto Mayer geleitet wurde. Über ihre Vertrauensleute Karl Nord[38] und Heiner May war sie an die südwestdeutsche Bezirksleitung der SAP in Mannheim angeschlossen.[39] Verbindungen wurden zugleich mit Gruppen in Pirmasens, Speyer und Kaiserslautern aufrechterhalten. Erst nach rund fünfjähriger organisierter Untergrundarbeit wurden im Sommer 1938 die Widerstandsgruppen der SAP im Südwesten des Reiches zerschlagen.

Tradition und Zusammenhalt bewahren

Die Vernichtung der formellen, konspirativ tätigen Untergrundorganisationen bedeutete jedoch keineswegs das Ende jeglicher Opposition. Von individuellen, meist spontan geäußerten Protesten, wie sie beispielsweise mit der SPD-Parole „Freiheit" oder dem Kommunistengruß „Rot Front" bekundet wurden, über das Abhören von „Feindsendern" bis zur vereinzelten Verbreitung verbotener Schriften war nach wie vor die ganze Palette antifaschistischer Artikulations- und Handlungsweisen in der Pfalz zu registrieren. Immer mehr Hitler-Gegner paßten sich jedoch mit vorsichtigerem Verhalten den Bedingungen der gefestigten Diktatur an.

In den Mittelpunkt rückte nunmehr das Bestreben, möglichst unauffällig Kontakt mit Gleichgesinnten zu halten, Tradition und Bewußtsein zu erhalten. Politische Überlebenskonzepte, wie sie für die Existenz der „verbissenen alten Parteigänger" in der Provinz aus den erwähnten Gründen von Anfang an typisch waren, prägten nach dem Scheitern des organisierten Widerstands die Haltung der meisten nichtinhaftierten Hitler-Gegner aus der Arbeiterbewegung. Sie trafen sich zu geselligem Beisammensein, etwa an Stammtischen oder in Skatrunden und Wandergruppen, hielten Kontakt mittels privater Gesprächsrunden und Diskussionszirkel im Freundeskreis, um auf diese Weise das „Dritte Reich" zu überdauern bzw. für den Fall einer Regimekrise eingreifbereit zu sein.

Nach wie vor bestanden auch Verbindungen zu den Exilorganisationen, und ihre Schriften fanden ebenfalls noch den Weg in die Region, wenn auch bei weitem nicht im bisherigen Umfang. Die SOPADE bemühte sich fortan um die Unterstützung der Angehörigen inhaftierter Genossen, andererseits versorgten die Vertrauensleute aus der Pfalz den SPD-Exilvorstand weiter mit authentischen Informationen, Nachrichten und mit Stimmungsbildern, welche für die „Deutschland-Berichte" verarbeitet wurden. Zwei Beispiele seien zitiert.

„Am Pfingstsonntag", so wurde im Juli 1935 unter der Rubrik „Der Terror gegen Andersdenkende" gemeldet[40], „wollten etwa 60 Ludwigshafener in zwei Omnibussen die Kriegsgräber bei Verdun besuchen. Alles war geregelt und in bester Ordnung, als früh bei der Abfahrt die Gestapo erschien. Die Reiseteilnehmer mußten wieder aussteigen und nach dem nächsten Polizeirevier marschieren. Es wurde dann dort festgestellt, daß es lauter ehemalige Mitglieder des Touristen-Vereins 'Die Naturfreunde' waren. Auf der Polizeiwache wurde ihnen erklärt, daß von höherer Seite verfügt wäre, die Fahrt könne nicht stattfinden. Es wurden ihnen die Pässe abgenommen und Schweigepflicht anbefohlen. Dann durften sie im Abstand von 5 Minuten nach Hause gehen, damit ja kein Aufsehen erregt werde."

In einem unveröffentlichten, aber mit der Korrespondenz des Grenzsekretärs Georg Reinhold überlieferten Situationsbericht aus dem Jahre 1936 wird, bezogen auf die Pfalz, die allgemeine Stimmung unter den Sozialdemokraten folgendermaßen charakterisiert[41]:

„Es ist allgemein bekannt, daß sich die früher als gute Sozialdemokraten und Gewerkschafter bekannten Arbeiter noch nicht zum neuen System bekehrt haben, und es glaubt jetzt erst recht niemand daran, daß dies noch geschehen wird. Nur einzelne haben sich den in letzter Zeit gegründeten Betriebs-Gesangvereinen, Sportabteilungen usw. angeschlossen, und auch da nur, wenn ein Druck wegen der Werkswohnung oder ähnlichen Gründen ausgeübt werden konnte. Unsere Leute treffen sich in bestimmten Lokalen und bei Spaziergängen, wobei sie sich gegenseitig unterrichten über das, was sie in verbotenen Zeitungen gelesen oder im Radio gehört haben. Jedenfalls wird diesen Genossen vom Ausland her immer wieder bestätigt, daß sie über die Ereignisse gut im laufenden sind. Bei den Diskussionen gehen natürlich die Meinungen auseinander, aber in wesentlichen Punkten herrscht Übereinstimmung. Meinungsverschiedenheiten herrschen über die voraussichtliche Dauer des Regimes."

Ein zusammenfassender, auf das Reichsgebiet bezogener Bericht der Gestapo aus dem Jahre 1939 bestätigte sowohl das dissidente Verhalten ehemaliger Parteimitglieder als auch die Schwierigkeit der Politischen Polizei, diese losen Zusammenhänge zu bekämpfen. Es bestehe immer noch „eine nach Zehntausenden zählende Menge von ehemaligen Funktionären, roten

Betriebsräten usw., welche auch heute noch als fanatische Gegner des Dritten Reiches gelten". Und: „Mangels jeglichen organisatorischen Zusammenschlusses" sei es „außerordentlich schwer, in diese Arbeit des Gegners einzudringen, und sie im großen Umfange lahmzulegen".[42]

Was vordergründig als Zeichen des Fehlschlags gedeutet werden mag, nämlich der Rückzug aus dem konspirativ betriebenen Widerstandskampf, erwies sich letztlich eher als Positivum. „Bei aller Würdigung von Heroismus und Wagemut, die die Aktivisten des sozialdemokratischen und kommunistischen Widerstands an den Tag legten, und der Opfer an Leben, Freiheit und Gesundheit, die sie während der Herrschaft des Nationalsozialismus brachten", kann mit Hartmut Mehringer resümiert werden, daß die Überlebensstrategien der „Gesinnungsgemeinschaften und ihre 'kleinen' Formen gesellschaftlicher Resistenz tiefergreifende historische Wirkung zeitigten als die 'großen' Widerstandsaktionen illegaler Gruppen".[43]

Gewiß: Gemessen an seinen ursprünglichen Zielen war der Widerstand aus der Arbeiterbewegung gleich welcher Form erfolglos geblieben, wie alle anderen Versuche, das Nazi-Regime „von innen" zu stürzen. Doch gerade aus dem Aktionspotential, das sich in den Gesinnungsgemeinschaften sammelte und bereit hielt, speiste sich nach Kriegsende der demokratische Neubeginn.

Anmerkungen:

1 Zit. nach Wolfgang Benz, Widerstand gegen den Nationalsozialismus vor 1933, in: Lexikon des deutschen Widerstandes. Hrsg. von Wolfgang Benz und Walter H. Pehle, Frankfurt/Main 1994, S. 24.
2 Detlev J. K. Peukert, Der deutsche Arbeiterwiderstand 1933-1945, in: Klaus-Jürgen Müller (Hrsg.), Der deutsche Widerstand 1933-1945, Paderborn 1986, S. 161 f.
3 Vgl. Die Generallinie. Rundschreiben des Zentralkomitees der KPD an die Bezirke 1929-1933. Eingel. und bearb. von Hermann Weber unter Mitwirkung von Johann Wachtler, Düsseldorf 1981.
4 Hartmut Mehringer, Die KPD in Bayern 1919-1945. Vorgeschichte, Verfolgung und Widerstand, in: Bayern in der NS-Zeit, Bd. V: Die Parteien KPD, SPD, BVP in Verfolgung und Widerstand, hrsg. von Martin Broszat und Hartmut Mehringer, München-Wien 1983, S. 68.
5 Landesarchiv Speyer, H 33/967, als Dokument Nr. 33 abgedruckt in: Nationalsozialismus im Alltag. Quellen zur Geschichte der NS-Herrschaft im Gebiet des Landes Rheinland-Pfalz. Zusammengestellt von Anton Doll, Speyer 1983 (Texte zur Landesgeschichte, hrsg. vom Landesarchiv Speyer), Mappe 1, S. 79 f.
6 „Pirmasenser Zeitung" vom 2.3.1933, wiedergegeben in: Adolf Mirkes: Pirmasens. 100 Jahre Schuhmachergewerkschaften, Neugründung der Gewerkschaften 1945. Festschrift der Gewerkschaft Leder (Dokumentation), Pirmasens o. J. (1985), S. 55.
7 Siehe ebd., S. 56.
8 Günter Janson, Oppauer Sozialdemokraten im Kampf gegen den Nationalsozialismus, Ludwigshafen 1985, S. 12 ff und seinen Beitrag in diesem Band.
9 Mit dem Begriff „Schutzhaft" bezeichneten die Nazis die tausendfachen unrechtmäßigen Verhaftungen, indem sie die schon vor dem Ersten Weltkrieg bestehende Möglichkeit, eine Person zu ihrem eigenen Schutz kurzfristig in polizeilichen Gewahrsam zu nehmen, zynisch umfunktionierten, um sich ihrer Gegner zu entledigen.
10 Hartmut Mehringer, Die bayerische Sozialdemokratie bis zum Ende des NS-Regimes. Vorgeschichte, Verfolgung und Widerstand, in: Bayern in der NS-Zeit, Bd. V (Anm. 4), S. 287-432, Zitat, S. 340.
11 Vgl. Gerhard Wunder, Die Sozialdemokratie in Neustadt an der Weinstraße seit 1832. Zum hundertzehnjährigen Bestehen des Ortsvereins 1875 bis 1985, Neustadt 1985, S. 81.
12 Archiv der sozialen Demokratie der Friedrich-Ebert-Stiftung Bonn (AsD), Bestand Fritz Müller, Mappe 1, zit. nach Ottfried Lind, Die Situation der Kaiserslauterer Sozialdemokratie in der Endzeit der Weimarer Republik und in der Anfangsphase des nationalsozialistischen Regimes, Staatsexamensarbeit Universität Mannheim 1981, S. 72.
13 Vgl. „Pfälzische Freie Presse" vom 7.3.1933.
14 Vgl. Dieter Schiffmann, Der Untergang der pfälzi-

schen Sozialdemokratie im Jahr 1933, in: „Pfälzische Post" 4 (1984), Nr. 13, S. 11-14, S. 13.
15 Vgl. Lind (Anm. 12), S. 76.
16 Stadtarchiv Mannheim, Bestand Dokumentation des Widerstands (BDdW) 831, Bl. 8 f.
17 Vgl. das Protokoll in Hagen Schulze (Hrsg.), Anpassung oder Widerstand? Aus den Akten des Parteivorstands der deutschen Sozialdemokratie 1932/33, Bonn-Bad Godesberg 1975, S. 167 ff, hier insbesondere S. 169 u. S. 174. Die Teilnahme von Ludwig und Setzer berichtet letzterer, in: Wir kamen wieder! Erinnerungen an die ersten Tage des Naziregimes, auch in diesem Bande.
18 Zit. nach Susanne Miller und Heinrich Potthoff, Kleine Geschichte der SPD, 4. Aufl., Bonn 1981, S. 321 f.
19 Siehe zum Folgenden: Stenographischer Bericht über die Verhandlungen des Bayerischen Landtags, Wahlperiode 1933 ff, I. Band, Nr. 2, Zweite öffentliche Sitzung, 29. April 1933, S. 1 ff. Die folgenden Zitate S. 19, das Abstimmungsergebnis S. 25.
20 Zit. nach Schiffmann (Anm. 14), S. 14.
21 Überliefert im LA Sp, Bestand H 33, Nr. 1268 II.
22 Hartmut Mehringer, Sozialistischer Widerstand, in: Lexikon (Anm. 1), S. 45.
23 StA Mannheim, BDdW 14 (IV 79/1934, IV 96/1934), Anklageschrift des Generalstaatsanwalts beim Obersten Landesgericht München gegen Oskar Tremmel und Genossen v. 5.2.1935, S. 15.
24 „Mit dem Gesicht nach Deutschland". Eine Dokumentation über die sozialdemokratische Emigration aus dem Nachlaß von Friedrich Stampfer, ergänzt durch andere Überlieferungen, hrsg. von Erich Matthias, bearb. von Werner Link, Düsseldorf 1968. Vgl. auch Manfred Geis, Politik aus dem Exil – Widerstand gegen das nationalsozialistische Deutschland, in: Widerstand und Exil der deutschen Arbeiterbewegung 1933-1945. Grundlagen und Materialien, Bonn 1982, S. 525-647.
25 AsD, Bestand Emigration Sopade, Mappe 90.
26 „Bericht über die Neunkirchener Konferenz vom 2. bis 4.Juni 1934", in: Marlis Buchholz und Bernd Rother, Der Parteivorstand der SPD im Exil. Protokolle der Sopade 1933-1940, Bonn 1995, S. 439-454. Dort auch die folgenden Zitate.
27 Ausführlich hierzu Günter Braun, Die Sozialdemokraten, in: Widerstand gegen den Nationalsozialismus in Mannheim. Im Auftr. der Stadt Mannheim hrsg. von Erich Matthias und Hermann Weber unter Mitwirk. von Günter Braun und Manfred Koch, Mannheim 1984, S. 91-205, hier S. 170 ff; Emil Henk, Sozialdemokratischer Widerstand im Raum Mannheim, in: 100 Jahre SPD in Mannheim. Eine Dokumentation, Mannheim 1967, S. 68-73; Günter Braun, Rechberg-Gruppe, in: Lexikon (Anm. 1), S. 274 f.

28 Fritz Schott, Der Asselstein. Symbol des illegalen Kampfes der SPD, in: Der arme Konrad aus Rheinland-Pfalz, 2 (1950), S. 90 f.
29 StA Mannheim, BDdW 33 (O Js 96/34), Anklageschrift gegen Emil Henk und Genossen v. 4.2.1935, Bl. 16 f.
30 LA Sp, R 12/665.
31 LA Sp, H 33/13183, Polizeiamt Frankenthal. Kriminal-Abteilung, An den Herrn Stadtkommissär, 26.10.1933 und die Erinnerungen von Haas in diesem Buch.
32 Siehe Gerhard Nestler, Karl Hüther. Ein Frankenthaler Widerstandskämpfer und seine Geschichte, in diesem Buche.
33 LA Sp, R 12/665, Akten zu Wilhelm Offenbacher und anderen wegen Vorbereitung zum Hochverrat; Lagebericht des Geheimen Staatspolizeiamts Karlsruhe für die Zeit vom 3. bis 17.3.1934, in: Verfolgung und Widerstand unter dem Nationalsozialismus in Baden. Die Lageberichte der Gestapo und des Generalstaatsanwalts Karlsruhe 1933-1940, bearb. von Jörg Schadt, Stuttgart u.a. 1976, S. 81.
34 LA Sp, R 12/665, Gendarmerie-Station Bruchmühlbach, Paßdienststelle, an Bezirksamtsaußenstelle Landstuhl, 28.12.1933.
35 StA Mannheim, BDdW 831, Tagesbericht der Polizeidirektion Ludwigshafen an die Bayerische Politische Polizei München, 25.9.1934.
36 Siehe dazu ebd., BDdW 14, O Js 79/34 v. 17.5.1935.
37 Ebd., BDdW 873, die Fritz Schott betreffende Karteikarte der Gestapoleitstelle Neustadt von politisch Verfolgten im Großraum Ludwigshafen.
38 Vgl. Karl Nord, Im Kampf gegen das Unrecht und für die Freiheit. Erlebnisse und Erfahrungen eines politischen Gefangenen unter der NS-Diktatur. Eingel. und bearb. von Günter Braun. Hrsg. vom SPD-Stadtverband Ludwigshafen am Rhein, Neustadt/Weinstr. 1986.
39 Zum Widerstand der SAP, siehe: Volker R. Berghahn und Reinhard Schiffers, Die Sozialistische Arbeiterpartei Deutschlands (SAP) in Mannheim und Südwestdeutschland, in: Widerstand (Anm. 27), S. 207-231 sowie Gerhard Nestler, Gegen Hitler-Diktatur und Krieg. Die SAP in der Pfalz von 1931-1938, in: „Pfälzische Post" Nr. 13 vom Dezember 1984, S. 15-16.
40 Deutschland-Berichte der SOPADE, Nachdruck in 7 Bänden, hrsg. und mit Register versehen von Klaus Behnken, Frankfurt am Main 1980, Jg. 1935, S. 831.
41 AsD, Bestand Emigration Sopade, Mappe 93, Nr. 107.
42 StA Mannheim, BDdW 316, II A 2 Berlin, 10. Mai 1939, Die illegale Arbeit im Inland, Bl. 120.
43 Mehringer, Sozialdemokratie (Anm. 10), S. 432.

Günter Braun

Günther Janson

Der 10. März 1933 in Oppau
Erlebt und nachgezeichnet

Als dreizehnjähriger Junge habe ich, dem Geschehen nahe, den Kampf der Oppauer SPD, einer der aktivsten Ortsgruppen in der Pfalz, gegen die Nationalsozialisten und deren Machtergreifung in Oppau am 10. März 1933 miterlebt, miterlitten.

Oppauer Reichsbanner

An der Verteidigung der ersten deutschen Republik waren sehr viele Mitglieder der Ortsgruppe Oppau, viele im Reichsbanner „Schwarz-Rot-Gold" und in der späteren „Eisernen Front" organisiert, beteiligt. Auch in der letzten Phase der politischen Auseinandersetzungen waren die Sozialdemokraten in der „roten Hochburg" Oppau die dominierende politische Kraft geblieben, um die sich die Mehrheit der Bürgerschaft scharte. Das zeigte sich in den gut besuchten öffentlichen Versammlungen, nicht selten in Parallelveranstaltungen in drei Sälen an einem Abend, bei großen Kundgebungen unter freiem Himmel, bei Aufmärschen, Demonstrationszügen in den Straßen der Stadt.

Die SPD in Oppau hatte viele junge Sozialdemokratinnen und Sozialdemokraten in ihren Reihen, die zugleich Mitglieder der SAJ, der Sozialistischen Arbeiter-Jugend, waren und die mit selbstgestalteten politischen Revuen, mit spritzigem Stegreiftheater nicht nur in den Partei- sondern auch in eigenen Veranstaltungen vor jungen Menschen agierten und vor den Gefahren des Nationalsozialismus warnten – denen einer drohenden Diktatur, in der es keine Freiheit, keine Selbstbestimmung mehr geben würde.

Die etwa 150 Mann starke Schutztruppe des Oppauer Reichsbanners „Schwarz-Rot-Gold", die unter der Führung des Lehrers Fridolin Braun stand, war nicht nur in der eigenen Stadt sondern in der ganzen Vorderpfalz im Einsatz und wegen ihrer Verläßlichkeit geschätzt.

Besonders auch bei dem Gauvorsitzenden des pfälzischen Reichsbanners, dem Ludwigshafener Rechtsanwalt und Reichstagsabgeordneten Friedrich Wilhelm Wagner, eine der großen Gestalten der pfälzischen Sozialdemokratie, der sich auf die ihn oft begleitenden und ihn schützenden Oppauer Genossen, bei seinen vielen Wahlkampf- und sonstigen Auftritten, immer verlassen konnte.

Vierzehn Jahre später: Friedrich Wilhelm Wagner, aus der Emigration zurückgekehrt, kam im Jahr 1947 zum Wiedersehn nach Oppau. Stehend, mit langanhaltendem Klatschen begrüßten ihn seine Oppauer Freunde in der bis auf den letzten Platz besetzten Turnhalle der Goetheschule.

In einer alle bewegenden Rede dankte der „Friedrich Wilhelm", wie sie ihn nannten, den Treuen, den Treugebliebenen, den Mitstreitern in dem gemeinsamen Kampf um den Bestand der ersten deutschen Republik. Mit Tränen in den Augen, Tränen des Wiedersehens, Tränen der Freude um die wiedergewonnene Freiheit, lauschten sie ihm und seiner Botschaft, die ein Aufruf war, mitzuwirken am Aufbau einer neuen freiheitlichen, friedlichen Demokratie. Und sie schämten sich ihrer Tränen nicht.

Äußerst dramatisch war die Lage der damals noch selbstständigen Stadt Oppau-Edigheim in den Krisenjahren von 1929 bis 1933. „Von allen Städten Bayerns", so beschrieb sie Bürgermeister Dr. Rudolf Zorn, „steht unsere Stadt an der Spitze des Arbeitslosenelends. Tausende von Menschen hungern und darben, gepeinigt von der Geisel Armut und Not. Hab und Gut mußten vielfach veräußert, Häuser versteigert, Geschäfte geschlossen werden. In langen Schlangen stehen Hunderte von Fürsorgeempfängern vor dem Rathaus, um die kärgliche Fürsorgeunterstützung in Empfang zu nehmen." Was nicht vergessen werden sollte und häufig nicht genügend gewertet wird: Die ärmsten Söhne der Republik von Weimar waren ihre getreuesten.

Wie sehr die Bürgerschaft der Stadt Oppau trotz Armut, Not, Elend und Leid in ihrer großen Mehrheit zur Demokratie stand, zeigte das Ergebnis der letzten halbwegs freien Wahlen der ersten deutschen Republik, der Reichstagswahlen vom 5. März 1933.

Die SPD verbesserte ihren Stimmenanteil von 36,6 auf 38,5 Prozent. Dagegen kam die NSDAP, die Partei des Reichskanzlers Adolf Hitler, nur auf 30,3 Prozent der Stimmen (vorher 29,6 Prozent). Das katholische Zentrum blieb mit 12,6 Prozent Stimmenanteil konstant, wogegen die Kommunisten von 18,5 auf 15,9 Prozent der Stimmen zurückgingen.

Georg Hüter (1870 - 1933).

Die Nationalsozialisten hatten sich von dieser Reichstagswahl in Oppau und im ganzen deutschen Reich mehr versprochen. Sie verfehlten die erwartete absolute Mehrheit, weshalb wohl der vom Wahlergebnis enttäuschte, sicher auch wütende „Führer" die Machtergreifung seiner Partei anordnete.

Besetzung des Rathauses

Der von Reichskanzler Adolf Hitler zum Reichskommissar in Bayern ernannte General Ritter von Epp, mit Regierungsgewalt ausgestattet, befahl in der Nacht zum 10. März 1933 den Kampftruppen der Nazipartei, der SA und der SS, die Rathäuser und alle öffentlichen Gebäude zu besetzen und auf diesen zum Zeichen der Machtergreifung die Hakenkreuzfahnen zu hissen. Das Bezirksamt Frankenthal, das von der geplanten Aktion wußte, unterrichtete in der gleichen Nacht durch einen ihrer Beamten telefonisch den Oppauer Bürgermeister Dr. Rudolf Zorn von dem Vorhaben. Unmißverständlich potestierte dieser, sagte dem Beamten: „Die Hissung der Hakenkreuzfahne auf dem Rathaus ist ungesetzlich. Auf keinen Fall werde ich dies dulden."

In der Frühe des 10. März 1933, zwischen sieben und acht Uhr, drangen dann bewaffnete SA- und SS-Männer, Recht und Gesetz mißachtend, in das Oppauer Rathaus ein und hißten aus dem Fenster der Polizeistation im Erdgeschoß die Hakenkreuzfahne. Wie ein Lauffeuer breitete sich die Kunde von der Rathausbesetzung und der Flaggenhissung in ganz Oppau aus. Viele Menschen – immer mehr – eilten zum Rathaus, verstört, fassungslos, kaum sprechend. Unter ihnen waren mein Vater, Peter Janson, viele Jahre SPD-Vorsitzender in Oppau, und ich an seiner Seite. Die Menschen vor dem Rathaus warteten alle auf den Bürgermeister, der auch sehr bald von seiner Wohnung am Stadtrand schnellen Schrittes herbeieilte, ohne zu zögern geradezu auf das Rathaus stürmte. Ihm folgten mein Vater und sein sozialdemokratischer Freund Peter Beringer. Um dem Geschehen näher zu sein, in Angst um meinen Vater, ging ich bis an den Fuß der Rathaustreppe, an eine Stelle unterhalb des Fensters der Polizeistation, aus dem die Fahne hing. Ich hörte, wie der Bürgermeister die SA- und SS-Leute mit lauter Stimme auf die Ungesetzlichkeit ihres Handelns hinwies und sie aufforderte, sofort die Fahne einzuholen. Als diese seiner Aufforderung nicht folgten, sich dicht um die Fahne scharten, versuchte Dr. Rudolf Zorn, von den bewaffneten Nazis bedroht, in großer Erregung die Fahne aus dem Fenster zu stoßen.

Georg Hüter

Ich sah, die Umstehenden auch, wie sich für Augenblicke die Fahne aus dem Fenster senkte, sah, wie der mir gut bekannte Sozialdemokrat und Reichsbannermann Georg Hüter, 63 Jahre alt, als einziger aus der erstarrten Menschenmenge trat, ruhig, entschlossen die ersten Stufen der Rathaustreppe hinauf ging, sah, wie er sich nach der Fahne reckte, sie aber nicht erreichte. Als er dies ein weiteres Mal, wieder vergebens, versuchte, peitschten vom Rathauseingang her drei Schüsse. Noch nicht begreifend, aber dann voller Entsetzen, sah ich Georg Hüter getroffen zusammensinken, sah ihn lautlos sterben. Weinend ging ich nachhause zu meiner Mutter, und erzählte ihr, was geschehen war.

Wer aber war dieser Georg Hüter, der seinem Bürgermeister helfen wollte, der den Mut zum Handeln in einer kritischen Situation aufbrachte? Ein Sohn des Volkes war er, der sich schon in jungen Jahren der SPD, der Arbeiterbewegung und deren Sportbewegung angeschlossen hatte. Am 31. März 1871 in Groß-Bocken-

Heinrich Haber (1906 - 1944).

heim in Hessen geboren, erlernte Georg Hüter nach dem Besuch der Volksschule das Spenglerhandwerk, ging nach gutem alten Brauch auf die Walz und kam als wandernder Geselle im Jahr 1888 nach Oppau, fand hier Arbeit und seine Frau fürs Leben, die ihm sieben Kinder gebar. So wurde ihm Oppau zur neuen Heimat, die politische Heimat war ihm die SPD, der er 1902 beitrat und der er bis zu seinem Tod diente. Nach den tödlichen Schüssen auf Georg Hüter wurde der mutige Bürgermeister, der nach meinem Wissen einziges Stadtoberhaupt in Bayern war, das gegen Rathausbesetzung und Flaggenhissung Widerstand geleistet hatte, mit seinen Begleitern Peter Beringer und meinem Vater Peter Janson verhaftet, alle drei in einer Zelle des Landgerichtsgefängnisses in Frankenthal eingesperrt.

Dort durfte ich nach Tagen meinen Vater besuchen, ihm nunmehr täglich von der Mutter gekochtes Essen mit dem Fahrrad bringen. In meiner Erinnerung geblieben ist mir die bedrückende Enge der Zelle, der drei inhaftierten Freunde banges Warten ob ihres weiteren Schicksals, über das sie leise sprachen.

Am Morgen des 10. März 1933 und am nächsten Tag wurden weitere Sozialdemokraten aus Oppau verhaftet und in „Schutzhaft" genommen, wie die Nazis das „Einsperren" deklarierten: Der Lehrer Fridolin Braun, der Zweite Bürgermeister von Oppau, Peter Trupp, später Ehrenbürger von Ludwigshafen, Johann Bittermann, Franz Deml, Jakob Drechsler, Peter Eberspach, Adam Frankenberger, Alfred Gschwind, Werner Hardt, Friedrich Kuchenmeister, Dominikus Krautschneider, Emil Leonhardt, Karl Müller, Johann Christian Reuther, Anton Schneider.

Heinrich Haber

Die Machtergreifung der Nationalsozialisten am 10. März 1933, die Todesschüsse auf den angesehenen, geachteten Bürger Georg Hüter lösten bei den meisten Einwohnern der Stadt Oppau Entsetzen, große Empörung und Trauer aus. Von solchen Gefühlen übermannt, verlor der Reichsbannermann Heinrich Haber, ein guter Kamerad von Georg Hüter, nach dessen Tod die Beherrschung, als er mit Freunden vor dem früheren Gewerkschaftshaus stand und seinen Schwager sah, der mit dem Fahrrad an der Gruppe vorbeifahren wollte.

In großer Erregung, so berichteten Augenzeugen, versperrte Heinrich Haber seinem Schwager – dieser Mitglied der Nazipartei – den Weg, schrie: „Das ist einer von denen, der Schuft", zog ihn vom Rad und schlug mit Fäusten auf ihn ein. Dies taten auch zwei aus der Gruppe. Der Schwager mußte sich in Krankenhausbehandlung geben, wurde nach vier Tagen entlassen, trug keine Gesundheitsschäden davon. Der zunächst untergetauchte Heinrich Haber kehrte zurück, besuchte seinen Schwager, entschuldigte sich bei ihm, stellte sich der Polizei. Das Sondergericht beim Landgericht Frankenthal verurteilte den Reichsbannermann wegen eines Verbrechens des schweren Landfriedensbruchs in rechtlichem Zusammenhang mit einem Vergehen der gefährlichen Körperverletzung zu eineinhalb Jahren Zuchthaus, die Mitangeklagten Kurt Engelhardt und Ludwig Schmitt zu je einem Jahr Zuchthaus.

Im Kriege, am 7. Juni 1943, wurde Heinrich Haber zum Bewährungs-Bataillon 999 auf den Heuberg einberufen. Die 999er waren politisch Vorbestrafte, die unter oft unmenschlichen Bedingungen Wehrdienst leisten mußten. Nach einem schweren Leidensweg verunglückte Heinrich Haber am 7. Juli 1944 in Rußland tödlich.

Der 10. März 1933 ist und bleibt ein geschichtliches Datum für das einst selbständige Oppau und die dortige Sozialdemokratische Partei, die im Kampf gegen den Nationalsozialismus ihrer geschichtlichen Verantwortung gerecht geworden ist. Das Vermächtnis der Toten, das von Georg Hüter, von Heinrich Haber, das des Sozialdemokraten Emil Fick, der beim Einmarsch der Amerikaner am 21. März 1945 erschossen wurde, weil er die weiße Fahne gehißt hatte, bleibt: Die politische Freiheit ist unteilbar. Nur mit ihr kann die Demokratie leben und sich weiter entwickeln.

Georg Setzer

Wir kamen wieder!
Erinnerungen an die ersten Tage des Naziregimes

Am Tage nach der (Reichstags-)Wahl (vom 5. März 1933) kamen die Vertrauensleute unserer Partei im Gewerkschaftshaus zu einer Aussprache zusammen. Der Redakteur Dr. Schifrin von der Mannheimer „Volksstimme" sprach über das Wahlergebnis und seine voraussichtlichen Auswirkungen. Er war ein russischer Emigrant und konnte aus eigener übler Erfahrung sprechen. Die von ihm gestellten Prognosen für die Zukunft waren keine guten, die folgenden Ereignisse gaben ihm leider nur zu sehr recht. In der gleichen Nacht emigrierte Schifrin ins Saargebiet.

Es ist unmöglich, das Geschehen der ersten Tage des Naziregimes auch nur in kurzen Strichen lückenlos zu zeichnen, zumal ich in Ermangelung von schriftlichen Unterlagen alles aus dem Gedächtnis niederschreiben muß. Die Nazis gingen unter Ausnützung der ihnen ausgelieferten Macht daran, ihre Position so zu festigen, daß jeder Wiederstand unmöglich war. Eine Anzahl Genossen, unter anderem sämtliche sozialdemokratischen Stadträte, kamen in „Schutzhaft". Nach bewährtem Muster steckten zwei Hitlerjünger in Iggelheim eine Scheune an und verstanden es, einige Sozialdemokraten zu verdächtigen, die auch prompt eingesperrt wurden, bis die wahren Täter entlarvt wurden. Geschehen ist diesen Helden allerdings nicht viel ... Wie die Dinge lagen, war überhaupt an Widerstand nicht zu denken. Die Polizei, die dazu berufen ist, den Weisungen jeder rechtmäßigen Regierung zu folgen, kam den Weisungen gerade dieser Regierung mit besonders großem Eifer nach, einem Eifer, den sie gegenüber der Weimarer Republik oft vermissen ließ. Die Beamtenschaft war in einigen Teilen schon von dem Nazigift verseucht; viele Beamte wagten aus berechtigter Furcht vor dem Verlust der Existenz nicht, wider den Stachel zu löcken.

Die Masse Mensch war verrückt geworden. In den Straßen war ein Leben und Treiben, ein Gewoge hin und her bis in die Nacht, daß man meinen konnte, der Menschheit sei größtes Heil widerfahren. Von Zeit zu Zeit wurde unter dem Gejohle des Pöbels ein Verhafteter auf die Polizei oder ins Gefängnis geführt. Das war ein besonderes Vergnügen für die Halbstarken. In kleinen Abteilungen zog SA zu den öffentlichen Gebäuden, um die Hakenkreuzflagge zu hissen. Auch der Stahlhelm durfte anfänglich noch mitmarschieren. Auswärtige Naziformationen waren nach Ludwigshafen kommandiert worden, die die öffentlichen Gebäude, das Gewerkschaftshaus und die „Pfälzische Post" besetzten. Vor den Kaufhäusern und jüdischen Geschäften standen Posten, um die Käufer an dem Betreten zu hindern. Das schloß allerdings nicht aus, daß auch diese Posten nicht abgeneigt waren, darin billig zu kaufen. So forderte der SA-Posten vor dem Geschäft Woolworth in Ludwigshafen eine Frau, die den Laden betrat, auf, ihm ein Taschenmesser mitzubringen, das im Schaufenster mit dem Preise von 50 Pfg. ausgezeichnet lag. Er selbst dürfe den Laden nicht betreten, meinte er. Charakterlosigkeit und Gesinnungslumperei feierten Triumphe. Das Denunziantentum schoß so ins Kraut, daß es selbst Leuten von der Polizei auf die Nerven ging. Es gab noch Getreue, aber klein war ihre Zahl geworden. Über Nacht hatten sich seither radikal gebärdende Schreier zu ebenso radikalen Nazis gewandelt. Die Radaumacher waren schließlich immer die gleichen, nur die Uniform wurde gewechselt. Es war kein erhebendes Bild.

Zerschlagung der Organisationen

Während so mit großem Geschrei das „Dritte Reich" seinen Einzug hielt, wurde von den Vollziehern des Willens des „Führers" am „Umbruch" tüchtig gearbeitet. Eines Tages saßen die Vorstände der Arbeitervereine und ich als Vertreter der Arbeiterwohlfahrt und des Reichsbanners bei der Polizei, wo uns eröffnet wurde, daß die Vereine verboten und deren Vermögen beschlagnahmt sei. Man nannte diesen Raub „Einziehung von volks- und staatsfeindlichem Vermögen". Bedeutende Werte, von Arbeitergroschen geschaffen, wurden auf diese Weise gestohlen und zum großen Teil unter Günstlinge verschleudert. Ehe es an die Partei ging, sollten die Hilfsorganisationen vernichtet werden. Da nutzte auch nicht der Nachweis des unpolitischen Charakters der verschiedenen Vereine, die Nazis gingen aufs Ganze.

Das erste Opfer war die Arbeiterwohlfahrt, die wohl ein Kind der Sozialdemokratie war, aber völlig unpolitisch in ihrer Organisation und ihrem Wirken für die Arbeiterschaft ohne Ansehen der politischen oder religiösen Einstellung nur Gutes geleistet hatte. Nach dem Verbot wurde der Versuch gemacht, eine ähnliche Wohlfahrtsorganisation auf die Beine zu bringen, und die seitherigen Funktionäre wurden mit Schreiben aufgefordert, sich als Mitarbeiter zur Verfügung zu stellen. Glück haben die Versucher damit allerdings nicht gehabt, ich weiß keinen Fall, daß sich jemand dazu bereit gefunden hätte.

Unser Posteingang stand unter Zensur, das Telephon wurde dauernd überwacht. Von Angehörigen der Polizei wurden wir darauf aufmerksam gemacht. Auch ein freundlicher Postbeamter machte uns davon Mitteilung. Ich hätte das aber auch so gemerkt. Unser Postfach war in der Regel morgens leer, später lag die Post säuberlich aufgeschichtet darinnen, nachdem sie die Zensur passiert hatte. Die Neugierigen fanden aber bald nichts mehr, was für sie wichtig war. Um die unerwünschten Mitleser los zu werden, suchte ich nach einer Deckadresse. Allerdings klopfte ich an vielen Türen vergeblich an, bis ich endlich jemanden fand, der seinen Namen hergab. Es war der Weinwirt Paul B., der den Mut dazu aufbrachte. Von nun an saß ich jeden Morgen bei einem Frühschoppen, um im passenden Augenblick meine Postsachen in Empfang zu nehmen. Das geschah in der Regel an dem Ort, den man gewöhnlich allein aufsucht. Der brave Genosse durfte das Ende der Naziherrschaft wie so viele auch nicht mehr erleben, ihn deckt schon lange der grüne Rasen.

Der Parteivorstand hatte inzwischen eine Reichskonferenz nach Berlin einberufen. Diese sollte zunächst geheim stattfinden, die Vorbereitungen dazu waren getroffen. Schließlich wurde aber von der Illegalität der Tagung Abstand genommen und als Tagungslokal das Fraktionszimmer der Partei in dem durch den Brand schwer beschädigten Reichstagsgebäude genommen. Die Nazis waren damals noch nicht auf vollen Touren, sonst hätten sie mit einem Schlag einen großen Teil der Funktionäre der Partei, soweit sie noch nicht eingesperrt oder emigriert waren, gefangen. Aber es ging alles gut. Aus der Pfalz nahmen Adolf Ludwig und ich teil. Der Parteivorstand wurde mit Otto Wels an der Spitze neu gewählt … In einer Kundgebung an das deutsche Volk wurde die Haltung der Partei zu dem neuen Regime dargelegt und zum Ausdruck gebracht, daß der demokratische Sozialismus, wie er von uns erstrebt wurde, die Hoffnung der Unterdrückten ist. Leider wurde diese letzte legale Kundgebung der Sozialdemokratie wenig bekannt, da die Presse davon kaum Notiz nahm. Die Rede des Genossen Wels in der Eröffnungssitzung des Reichstages war ja auch schon ziemlich totgeschwiegen worden, während Hitlers Entgegnung wörtlich in allen Zeitungen gebracht wurde. Die Furcht saß einem großen Teil der Zeitungsleute schon in den Gebeinen, daß sie nicht mehr den Mut zu einer objektiven Berichterstattung aufbrachten.

Gleichschaltung der Institutionen

Am 31. März kam das Gesetz zur Gleichschaltung … In der Pfalz wurde selbstverständlich mit Nachdruck geschaltet, und wo es im Sinne der Nazis mit der Stimmenzahl nicht so klappte, wie es wünschenswert gewesen wäre, wurde etwas nachgeholfen. In vielen Orten wurden überhaupt keine anderen Listen mehr aufgestellt; aus Furcht vor Terrorakten überließ man dem Gegner das Feld. In anderen Orten blieb außer den Nazis nur die Sozialdemokratie als Minderheit übrig. Leider brachten auch unsere Genossen an verschiedenen Orten nicht die Zivilcourage auf, eine Liste einzureichen. Im pfälzischen Kreistage bekamen wir noch zwei Sitze, ebensoviele für die pfälzische Partei im bayerischen Landtag.

Mitglied des am 5. März gewählten Reichstages war Genosse Friedrich Wilhelm Wagner, dem aber schon so schwer zugesetzt worden war, daß er, um dem sicheren Verderben zu entgehen, dem nicht mehr schönen Vaterland den Rücken gekehrt hatte. Als Gauführer des Reichsbanners und Verteidiger in vielen Prozessen gegen die Nazis war er bei diesen ganz besonders gehaßt. In den ersten Tagen der Naziherrschaft trat er nochmals vor der Frankenthaler Strafkammer in einer Verhandlung auf; nach deren Beendigung versuchte ein fanatisierter Haufen, sich seiner zu bemächtigen. Die Meute belagerte das Gerichtsgebäude; um Wagner nicht in ihre Hände fallen zu lassen, wurde er ins Gefängnis abgeführt und in diesem Falle in wirkliche „Schutzhaft" genommen. Nachts öffnete sich wieder das Gefängnistor, vor dem Freunde mit einem Auto warteten und ihn über die Grenze in Sicherheit brachten.

Zur Zeit der Gleichschaltung war unsere Partei noch nicht verboten und wir mußten zur Besetzung der verschiedenen Körperschaften Stellung nehmen. Der Vorsitzende des Bezirks der SPD, Richard Hammer, war in Schutzhaft und so berief ich nach Ludwigshafen eine Konferenz der Unterbezirksvertreter ein, die diese Aufgabe zu lösen hatte. Das war alles nicht so einfach. Zunächst hatte ich allerhand Laufereien und es dauerte ziemlich lange, bis die Konferenz genehmigt war. Als das endlich geschah, und die Einladungen verschickt waren, wurde sie verboten. Es bedurfte aller Anstrengungen, dieses Verbot wieder rückgängig zu machen.

Eine andere Schwierigkeit bereitete es, ein Tagungslokal zu finden. Auf einmal wollte niemand mehr etwas mit uns zu tun haben, man legte keinen Wert mehr auf unseren Besuch. Endlich fand ich ein Lokal auf dem Hemshof in der Hartmannstraße. Als ich am Sitzungstage, einem Sonntagvormittag, auf dem Weg zu dem Lokale war, begegnete mir ein Trupp Genossen aus der Westpfalz. Auf meine Frage „woher und wohin?" erklärten sie mir, der Wirt des Tagungslokales habe den Verschlag, der das Nebenzimmer von der Wirtschaft trennt, entfernt und gesagt, die Konferenz sei nicht genehmigt und finde in seinem Lokale nicht statt. Ich mußte dann feststellen, daß die Genossen richtig berichtet hatten; erst als ich dem Wirt die schriftliche Genehmigung vorlegte, brachte er den Verschlag wieder an.

Aber es konnte nicht losgehen. Inzwischen waren zwei Kriminalbeamte zur Überwachung der Tagung erschienen, und jeder Teilnehmer mußte sich ausweisen. Vor allem wurde Wert darauf gelegt, daß jeder sein Parteimitgliedsbuch vorlegen konnte. Einige Genossen aus dem Westrich hatten es nicht dabei. Es hätte nicht viel gefehlt, und sie wären ausgewiesen worden. Aber schließlich waren die Beamten doch so vernünftig, von dieser Maßnahme abzusehen, nachdem ich die Leute aus persönlicher Kenntnis legitimieren konnte ... Als Vertreter für den pfälzischen Kreistag wurden Fritz Ober von Speyer und und ich bestimmt, für den Landtag Adolf Ludwig von Pirmasens und Franz Bögler von Speyer. Der letztere war aus gleichen Gründen wie Hammer an der Teilnahme verhindert. Nachmittags tagten im gleichen Lokale unter der gleichen Überwachung und deren Begleiterscheinungen die Vertreter der Ortsgruppe Ludwigshafen, um die sozialdemokratischen Mitglieder des gleichgeschalteten Stadtrates zu benennen.

Die Tätigkeit aller nach der Gleichschaltung Gewählten war nur von kurzer Dauer. Die meisten sozialdemokratischen Stadträte wurden schon bei der ersten Sitzung mit mehr oder weniger Krach hinausbefördert. Besonders toll ging es in Ludwigshafen zu, wo die Verdrängten froh sein mußten, wenn sie nicht noch verprügelt wurden. Im Kreistag machten wir die erste Sitzung und die übliche Rundfahrt durch die Kreisanstalten mit. Das war auch kein Vergnügen. Zum Speien schlecht konnte einem werden, wenn man miterleben mußte, wie manche Anstaltsleiter würdelos alles aufboten, um den jetzt maßgebenden Herren zu gefallen. Zu einer weiteren Sitzung erging Einladung, die aber widerrufen wurde. Die Genossen des Landtags hatten nur Gelegenheit, in einer stürmisch verlaufenen Sitzung den Nazis das Ermächtigungsgesetz zu verweigern, das auch für Bayern von sämtlichen anderen Parteien angenommen wurde. Hier sagte Genosse Roßhaupter den Nazis im Namen der Fraktion recht unangenehme Wahrheiten. Ich wohnte der Sitzung als Zuhörer auf der Tribüne bei. Ich muß schon sagen, es gehörte Mut dazu, so zu reden und zu stimmen. Das Publikum auf der Tribüne war in seiner Mehrheit genauso wütend über die Haltung der Sozialdemokraten wie die Naziabgeordneten unten im Sitzungssaal.

Durch eine Verordnung „zur Sicherung der Staatsführung" vom 7. Juli 1933 wurde die im Zuge der Gleichschaltung erfolgte Zuteilung der Sitze an die Sozialdemokratische Partei als unwirksam erklärt. Damit war es mit der öffentlichen Tätigkeit, die unter den gegebenen Umständen ohnehin sinnlos geworden war, aus …

Besetzung der „Pfälzischen Post"

Die „Pfälzische Post" war gleich nach der Wahl verboten worden, das Gebäude war besetzt, der Zutritt uns untersagt. Nach einiger Zeit, als die „Besatzung" abgezogen war, bekamen einige früher im Hause Beschäftigte von der Polizei die Erlaubnis, das Haus zu betreten. In der Expedition war aber ständig ein Schutzmann postiert, der darüber zu wachen hatte, daß von uns nichts hinaus geschleppt wurde. Als wir die Räume unseres Parteisekretariats zum ersten Male wieder betraten, fanden wir sie in einem schauderhaften Zustand. Da war kein Schrank, keine Schublade, die nicht erbrochen war. Was nicht niet- und nagelfest war, war gestohlen. Halbvolle Eimer mit verschimmelter Suppe standen herum. Die Bilder waren zertrümmert, zerbrochene Schallplatten, zerschnittene Filmstreifen gaben Zeugnis von dem Wüten der Mannen, die als Besatzung hier gehaust hatten. Einer hatte geglaubt, dem Marxismus den Todesstoß dadurch zu versetzen, daß er mit einem Messer ein Bild von Karl Marx zusammenstach. Wir ließen den Stall zunächst einmal ausmisten, und dann mußte ein Schreiner die Schranktüren, Schubladen und sonstigen beschädigten Möbel wieder herrichten.

Als alles schön in Ordnung war, wurden wir von der Polizei wieder hinausgeworfen, diesmal für immer. Das war für uns kein leichter Abschied. Im Hofe trat das kleine Häuflein Getreuer zusammen und Franz Bögler hielt eine kurze Ansprache. „Wir kommen wieder!" war trotz alledem die Zukunftshoffnung, und zum letzten Male schallte unser Gruß: „Freiheit!" Die Polizisten machten ob dieser Demonstration etwas verlegene Gesichter, sie ließen uns aber ungeschoren.

Das Verhängnis nahm seinen Lauf. Vieles mußten die erdulden, die ihrer Gesinnung treu blieben, ob in der Emigration oder hinter Zuchthausmauern, ob hinter dem Stacheldraht des KZ oder nur in dem damaligen großen Zuchthaus, genannt „Deutschland". Aber: Wir kamen wieder!

Aus: Der arme Konrad aus Rheinland-Pfalz 1(1949), S. 72-77.

Adam Haas

Das Frühjahr 1933 in Frankenthal
Erinnerungen

Anfangs 1931 gab mir die Parteiorganisation der Pfalz in ihrem Sekretariat in Ludwigshafen eine Halbtagsbeschäftigung. Die andere Hälfte des Tages füllte ich mit Abonnentenwerbung für die „Pfälzische Post" und mit Berichterstattungsarbeiten aus. Abends hatte ich oft Vorträge oder Referate in Versammlungen zu halten. Ich schrieb auch Artikel für die „Pfälzische Post" und die „Freie Presse" in Kaiserslautern. Die Mitarbeit in der Frankenthaler Parteiortsgruppe lag mir selbstverständlich am Herzen.

Doch an den Sonntagen wanderte ich jetzt mit Lena durch unseren gottgesegneten Pfälzerwald. Sie war meine Kindergespielin von der Schillerlinde in Bad Dürkheim, wo sie, wie mein Bruder und ich, während der Schulferien bei der Großmutter in der „Hohl" zu Besuch war. Das war lange her. Wir hatten wohl nicht mehr aneinander gedacht. Erst allmählich wurden wir uns unserer gemeinsamen Kindheitserlebnisse wieder bewußt. Wir fanden uns in der gemeinsamen Arbeit im Bezirksvorstand der Arbeiterjugend. Lena war lange Zeit Vorsitzende einer Arbeiterjugendgruppe. In der Organisationsarbeit wurden wir Freunde; aus der Freundschaft wuchs die Liebe, die zwei Menschen für das Leben vereint.

Dann kam das Jahr 1933 ...

Ich sehe jenen Tag noch vor mir. Am Vormittag war die Leitung der pfälzischen Partei versammelt in der Maxstraße in Ludwigshafen. Dort berieten wir alle Eventualitäten, im Hinblick auf das Geschehen in jenen Landesteilen, in denen Hitler seine Statthalter schon eingesetzt hatte. Zur gleichen Stunde wurde Epp Statthalter in Bayern. Schon kam die Polizei. Sie beschlagnahmte Haus und Lokal mit Inhalt und zwang uns hinaus aus den Räumen auf den Hof. Dort protestierte in klargehämmerten Sätzen und mit fester Stimme unser Freund Franz Bögler gegen den Mißbrauch polizeilicher Gewalt im Dienste der politischen Reaktion. „Wir kommen wieder!" schwor er und in seinen Freiheitsruf stimmten wir ein zum Schwur, der aus dem Vierkant des Hofes der „Pfälzischen Post" laut zum Frühjahrshimmel stieg. Franz Bögler behielt recht. Die Partei kam wieder. Er wurde einer ihrer Baumeister.

Bei anbrechender Dunkelheit war ich nach Frankenthal in die Wohnung meiner Eltern gekommen. Niemand war zuhause. Ich zündete kein Licht an. Während ich mich umkleidete, klingelte es an der Tür. Ein- und zweimal. Nochmal. Es klopfte. Durch den nach unten gerichteten Spalt des Fensterladens in meinem Zimmer sah ich im Schein der Straßenlaterne Braunhemden. Ich hielt den Atem an und rührte mich nicht. Wartete. – Gemurmel und Schritte tönten fort. Als alles still geworden, schlich ich zum Bahnhof. Auf dem Wege begegnete ich meiner Mutter. „Ach Gott Bub ...", rief sie erschrocken ... Ich fuhr zurück nach Ludwigshafen und nach Mannheim, wo wir uns spät abends zu unserer ersten illegalen Beratung trafen. Am nächsten Morgen waren wir schon dezimiert. Die gewohnte Sicherheit im deutschen Hotel existierte nicht mehr. So wenig wie das Daheim, an das die meisten von uns noch glauben wollten. Ich blieb einige Wochen in der Neckarstadt bei Verwandten. Unsere Treffpunkte wechselten täglich; auch die Zeit.

Allmählich wurde die Situation ruhiger. Der erste Rausch hatte sich gelegt, bei den neuen Herren und bei ihren Trabanten. Das Problem des Sich-zurecht-findens wurde brennend. Die Emigration im Innern begann. Mit wachen Augen beobachtete man die Ein- und Umstellung, das „Gleichschalten" der Menschen in der Umgebung. Stark selbstkritisch, suchte ich selbst nach einer anderen Tätigkeit ohne Konzessionen, ohne Selbstaufgabe. Die Möglichkeit einer neuen Existenz schien hoffnungslos. Verantwortungsbewußtsein machte es nicht weniger schwer, Wege zu finden zum Zusammenhalt mit Treuen und Gleichgesinnten und Verbindungen offen zu halten zu denen, die draußen neu begannen.

Zunächst fanden sich Gelegenheitsarbeiten. In Mannheim: Zeitungswerber; später in Frankenthal: Milchausfahrer. Was ich oben schon von Mannheim sagte, das erfuhr ich in gleichem Maße in Frankenthal: unsere Leute waren noch da! Aber hier in der Stadt galt es ein überzeugend neutrales Gesicht zu wahren. Aus drei Gründen: um selbst sicher zu gehen, andere Menschen nicht zu gefährden, Verschworene zu finden. Just Verschworene.

Der frühere rege Umgang mit Freunden und Kameraden begrenzte sich nunmehr auf ein Minimum. Persönliche Freundschaften litten unter der gebotenen Rücksicht im Umgang. Früher nicht ausgesprochen politische Menschen, doch treue Kameraden aus dem Arbeitersport, wurden Verschworene. Mit eisernem Willen, unter Beachtung größter Vorsicht, entwickelten sie ungeahnte Gaben konspirativer Tätigkeit. Ihr Mut war groß. Ich denke dabei an meinen engsten Mitarbeiter, der nie in seiner Treue wankte, in keinem späteren Verhör schwach wurde. Es war Karl Hüther, dieser ranke und stattliche Freie Turner. Er starb allzu früh. Ich salutiere ihm.

Daß ich von jeher viel gewandert und gereist war, erleichterte es jetzt, ein paar Tage zu verschwinden, um Verbindungen zu knüpfen im In- und Ausland. Hingegen war der Transport auch der kleinsten Mengen dieser Drucksachen im Miniaturformat aus dem Ausland, die die ersten vervielfältigten ablösten, immer das schwierigste Unterfangen, weil er das größte Gefahrenmoment in sich trug. Die Verteilung war nicht minder gefährlich.

Karl Hüther wurde dabei verhaftet. Sofort entwickelte die Polizei eine ameisenhafte Tätigkeit. Noch zur gleichen Stunde erfuhr ich von der Verhaftung. Ich stellte den Milchwagen ein, nahm den kürzesten Weg bei Mutter vorbei und sagte ihr, daß ich auf ein paar Tage wegginge. Sie weinte nur – und sah mich an, als wäre es das letzte Mal.

Nach kurzer Beratung mit Freunden anderen Ortes wurde mir nahegelegt, sofort außer Landes zu gehen, um die Entwicklung der Dinge abzuwarten. In Ludwigshafen suchte ich Lena auf. Sie war bei der befreundeten Näherin zum Anproben. Nächsten Samstag sollte Hochzeit sein. Unsere Wohnung war fertig. Im neuen Haus des alten Freundes. Am Rande des grünen, nachtigallreichen Frankenthaler Friedhofs.

Spät abends war ich im Grenzgebiet. Ein vertrauter Steig führte mich zum Freund jenseits der Grenze. Ich sah das Licht leuchten im Fenster seiner Wohnung. Hunde jagten mich das letzte Stück auf deutschem Gebiet.

Lena radelte zu meiner Mutter nach Frankenthal. In den frühen Morgenstunden des nächsten Tages, Vater war gerade weggegangen zum Zug, kamen die Häscher. Sie fanden mich nicht. Sie nahmen Lena mit zur Polizei. Jene blonde Moustache mit ihrem Schäferhund hatte eine sadistische Freude daran, Lena bei eben einsetzendem Markt durch die Bahnhofstraße zu führen und ins Gefängnis einzuliefern. „Hier kommst Du nicht mehr raus" ... Er hatte fast recht behalten. Dann holten sie einen großen Teil meiner Bibliothek. Bücher – sauer erspart und hochgeschätzt von einem Arbeiterjungen.

Aus: Frankenthal einst und jetzt, Jg. 1964/H. 3, S. 20-24.

Eugen Hartmeyer

Die ersten Jahre der NS-Diktatur
Erinnerungen

Nach der Ernennung Hitlers zum Reichskanzler begann auch in Speyer der offene Terror der SS und der SA. In der Nacht vom 9. auf den 10. März 1933 machte ich zum ersten Mal mit Hitlers Hilfspolizei Bekanntschaft. In der besagten Nacht wurden meine Familie und ich gegen drei Uhr morgens aus dem Schlaf gerissen. Zwei Hilfspolizisten kamen in Begleitung eines Polizeibeamten. Sie durchsuchten zunächst die ganze Wohnung, dabei gingen sie nicht zimperlich vor, alle Kleiderschränke und Schubläden wurden durchwühlt. Meine Frau, mein Bruder, der bei mir wohnte, und ich, mit meinem Sohn auf dem Arm, standen in Schlafanzügen frierend dabei. Vermutlich suchten sie Waffen, fanden aber keine. Meine in einem Schrank aufbewahrte Reichsbanneruniform wurde beschlagnahmt. Als die Durchsuchung beendet war, mußte ich mich anziehen und wurde als verhaftet erklärt. Ein Haftbefehl lag nicht vor, und ein Grund zur Festnahme wurde mir auch nicht mitgeteilt.

Erste Haft

Zunächst wurde ich in die Arrestzelle bei der Polizeiwache gesperrt. Die Zelle hatte kein Fenster, das einzige Mobiliar bestand aus einer Holzpritsche. Nach sechs Stunden, so gegen Mittag, nachdem ich mich durch lautes Schreien und gegen die Tür tretend bemerkbar gemacht hatte, wurde ich ins Amtsgerichtsgefängnis in Speyer gebracht, wo sich schon eine große Anzahl von führenden SPD-Leuten, Kommunisten und Kameraden vom Reichsbanner befanden. Später kamen noch die Redakteure der beiden Speyerer Tageszeitungen hinzu. Oswald Dobbeck von der „Speyerer Zeitung" wurde vor seiner Verhaftung von einem SA-Mann auf einem Esel reitend durch die Stadt geführt. Der Esel hatte ein Schild mit der Aufschrift: „Ich Esel kaufe bei Juden!" am Hals hängen. Nach einigen Tagen wurden wir wegen Platzmangels nach Landau in das Gefängnis überführt.

Zwischen der Haft in Speyer und Landau war ein gewaltiger Unterschied. In Speyer waren wir in einem Trakt ohne kriminelle Gefangene und konnten uns tagsüber bei offenen Zellentüren bewegen, in Landau waren wir zu je sechs Mann in Gemeinschaftszellen untergebracht, die immer verschlossen waren. Das „Wohnen" in einem mit sechs Menschen belegten 20 qm großen Raum war eine Zumutung, es waren weder Spülklosett noch Waschbecken vorhanden. In einer Ecke stand der „Topf", in der Knastsprache „Daniel" genannt, den wir nach Bedarf für kleine und große Geschäfte nacheinander benutzen mußten. Obwohl der Rand des

Topfes, in den der Deckel eingelegt wurde, mit Wasser gefüllt war, stank es in der Zelle fürchterlich. Morgens wurde die Tür ungefähr zehn Minuten geöffnet. In dieser Zeit mußten der Topf entleert und gereinigt, die Zelle aufgewaschen und der Trinkwasserkrug gefüllt werden. Bis zur Hofstunde gingen wir dann auf die Jagd nach Wanzen, die uns nachts zusätzlich peinigten. Die erste Zeit der sogenannten „Schutzhaft" war nur durch die Hofstunde unterbrochen, später wurden wir in Landau auf den Horst gebracht, wo wir arbeiten mußten. Der Hin- und Rückmarsch erfolgte im Gleichschritt unter Bewachung der SS, die mit Karabinern ausgerüstet war.

Nach einigen Tagen der Landauer Haft wurde ich zur Vernehmung aus der Zelle gerufen. Im Büro des Gefängnisverwalters erwartete mich der Polizeioberleutnant Strößner vom Staatspolizeiamt Speyer. Strößner verlangte von mir im Laufe des Verhörs Angaben über die Mitgliedschaft einzelner Polizeibeamter in der SPD und Angaben darüber, wer in Speyer für die „Eiserne Front", deren Kassier ich war, Spenden gegeben hätte. Als ich keine Angaben machte und sein Ansinnen mit den Worten zurückwies: „Ich bin kein Verräter und werde auch kein Verräter", wurde ich kurzerhand in Einzelhaft genommen ... Nach ungefähr zehn Tagen kam Strößner wieder und eröffnete mir, wenn ich die gewünschten Angaben mache, würde ich sofort entlassen. Trotz aller Versprechungen blieb ich standhaft. Nach einigen Tagen Einzelhaft ließ man mich in Ruhe. Ich kam wieder zu den anderen Schutzhäftlingen, zu denen inzwischen weitere bekannte Sozialdemokraten aus Landau gekommen waren. Auf dem Horst in Landau konnten wir sonntags Besuch empfangen, unsere Frauen kamen mit dem Fahrrad und brachten uns frische Wäsche.

Zweite Haft

Am 1. Mai 1933 wurden wir alle entlassen, weil die Nazis für eine Aktion gegen den Gewerkschaftsbund freie Zellen für die während der sogenannten „Gleichschaltung" der Gewerkschaften festgenommenen Funktionäre brauchten. Meiner Freiheit durfte ich mich jedoch nicht lange erfreuen, bereits am 15. Mai 1933 wurde ich wieder verhaftet. Im Schutzhaftbefehl, der mir erst am 10. Juni im Gefängnis zugestellt wurde, heißt es unter anderem: „Hartmeyer hat, wie erst jetzt festgestellt werden konnte, am 10. Mai 1933 anläßlich der Flaggenhissung am Regierungsgebäude dem in einem offenen Auto vorbeifahrenden Kommissar der Obersten SA-Führung bei der Regierung der Pfalz, Schwitzgebel, in ostentativer Form 'Freiheit' zugerufen und dabei die Faust erhoben. Hiernach flüchtete er."

Hierzu muß ich sagen, daß ich, nachdem Schwitzgebel die Pistole gezogen hatte, in der Menge der Schaulustigen untertauchte und durch die Kleine Himmelsgasse nach Hause ging. Heute kann man gut sagen: „Ja, warum seid ihr denn nicht weggeblieben?" Heinrich Ober, der neben mir stand, und ich wollten keine Helden sein. Die Situation war damals in Speyer ebenso wie im ganzen Reich: die älteren Funktionäre hatten sich abgesetzt. Der erste Vorsitzende Theo Gauweiler schrieb

<u>Schutzhaftbefehl.</u>

Über Eugen Hartmeyer, geb. am 8.II.1904 in Speyer wird auf Grund der VO. des Reichspräsidenten zum Schutze von Volk und Staat vom 28.2.1933 die Schutzhaft verhängt.

Hartmeyer.hat, wie erst jetzt festgestellt werden konnte, am 10.Mai 1933 anlässlich der Flaggenhissung am Regierungs= gebäude dem in einem offenen Auto vorüberfahrenden Kommissar der Obersten SA'Führung bei der Regierung der Pfalz, Schwitz= gebel, in ostentativer Form"Freiheit" zugerufen und dabei die Faust erhoben. Hiernach flüchtete er. Hartmeyer hat durch sein Verhalten die öffentliche Ruhe und Ordnung empfindlich gestört. Da von ihm weitere derartige Störungen zu befürchten sind, war er in Schutzhaft zu nehmen.

Speyer, 10.Juni 1933.
Bezirksamt'
Staatspolizeiamt f.d.Stadtbezirk S p e y e r :
J.A.

An Herrn Eugen Hartmeyer
<u>S p e y e r</u>
Amtsgerichtsgefängnis

Schutzhaftbefehl gegen Eugen Hartmeyer vom 10.6.1933.

am 24.2.1933 an die Gauleitung der NSDAP einen Brief, daß er als einfacher Soldat bei der Erneuerung mitmachen will, Karl Spindler trat aus familiären Gründen als Bürgermeister zurück und die Fraktionssprecherin im Stadtrat, Marie Wolf, ging nach Heidelberg. Vom Vorstand der Speyerer SPD waren nur noch Heinrich Ober, Georg Schuhmacher und ich funktionsfähig. Wir trugen die Verantwortung gegenüber den Mitgliedern und den 4.077 Wählern, die der SPD am 3. März ihre Stimme gegeben hatten. Wir durften nicht resignieren und mutlos werden oder wie viele mit wehenden Fahnen überlaufen. Wir mußten unseren Wählern den inneren Halt geben und zeigen, daß es Widerstand gab.

Einige Tage nach Erhalt des Schutzhaftbefehls wurde mir abends eröffnet, daß ich am nächsten Tag verlegt werde. Obwohl mir nicht genau gesagt wurde, wohin die „Reise" ginge, war mir klar, daß ich nach Dachau komme. Am nächsten Morgen gegen 7 Uhr wurde ich von einem Polizeibeamten und einem SS-Hilfspolizisten im Gefängnis abgeholt. Vor dem Marsch zum Bahnhof wurden mir die Hosenträger abgenommen, der Hosenbund geöffnet, und ich mußte mit den Händen in den Hosentaschen die Hose halten, damit ich nicht flüchten konnte. Als ich, flankiert von den beiden Polizisten, wie ein Verbrecher das Gefängnis verlassen hatte und durch die Straßen der mir liebgewordenen Heimatstadt geführt wurde, begegnete uns mit dem Fahrrad der städtische Vorarbeiter Franz Schmitt. Er verständigte eiligst meine Frau, die im Nachthemd mit einem schnell übergezogenen Mantel an den Bahnhof kam, um von mir Abschied zu nehmen. Nach einem kurzen Händedruck wurden wir mit schmerzvollem Blick und mit Tränen in den Augen getrennt. Wir sahen uns lange Zeit zum letzten Mal. Ich wurde durch die Sperre geführt und den im Schubwagen wartenden Gendarmeriebeamten übergeben. Darin waren schon einige Leidensgenossen, in Ludwigshafen kamen weitere hinzu. Es waren Sozialisten, Kommunisten, Bibelforscher und Separatisten aus der ganzen Pfalz. Die Beamten waren uns gegenüber sehr loyal.

Ankunft in Dachau

Bei der Ankunft auf dem Güterbahnhof in Dachau wehte ein anderer Wind. Die in Reih und Glied angetretenen SS-Leute schwärmten aus und umstellten den Wagen. Eine andere Gruppe bildete Spalier, das wir beim Antreten durchlaufen mußten, dabei hagelte es Fußtritte und Kolbenstöße. Danach wurde uns eröffnet, daß von jetzt ab alle Bewegungen im Laufschritt auszuführen seien. Auf Lastkraftwagen wurden wir zum Lager gefahren, einer ehemaligen Munitionsfabrik des Ersten Weltkrieges. Die Baracken hatten damals für die Unterbringung russischer Kriegsgefangener gedient und wurden schon im März 1933 als KZ eingerichtet. Dort angekommen, mußten wir in einer Werkhalle Aufstellung nehmen. Beim Anblick der vor uns stehenden Schlagböcke ahnten wir nichts Gutes. Nach Durchsicht der Begleitpapiere wurden die Namen einzelner Häftlinge aufgerufen. Sie mußten sich der Reihe nach auf die Blöcke legen, und zwei SS-Männer, einer auf der rechten und der andere auf der linken Seite stehend, schlugen mit Ochsenziemer und Haselruten auf das entblößte Hinterteil. Einige Gefangene wurden ohnmächtig, anderer verrichteten aus Angst und Schmerz ihre Notdurft. Den Ohnmächtigen wurde mit einem Wasserstrahl geholfen, der sich über ihre gequälten Leiber ergoß. Ich wurde von dieser Tortur verschont. Wie ich beobachten konnte, wies nämlich ein Gendarm, den ich von der Separatistenzeit in Speyer her kannte, einen SS-Führer auf meine Mitwirkung bei der Separatistenabwehr hin.

Nach Beendigung dieses Empfanges ging es im Laufschritt in das Barackenlager. Wir kamen zunächst in die Strafkompanie, Baracke Nr. 7. Der Stubenälteste, ein ehemaliger Feldwebel der Reichswehr, ebenfalls Schutzhäftling, wirkte mit beruhigenden Worten wohltuend auf uns ein und half so, den ersten Schock zu überwinden. In der Baracke standen aus rohen Brettern gezimmerte dreistöckige Schlafpritschen. In der ersten Nacht lagen wir auf blanken Brettern, an Schlafen war nicht zu denken. Nicht nur das Stöhnen der geprügelten Leidensgenossen hielt uns wach, sondern auch der Gedanke an das bis jetzt Erlebte und an das noch Bevorstehende. Am nächsten Morgen konnten sich die Geschlagenen kaum bewegen, die Spuren der Behandlung zeichneten sich grün und blau ab, manche Striemen waren aufgeplatzt und blutunterlaufen.

Ich versuche, meine Erlebnisse ohne Emotionen darzustellen; es ist jedoch fast unmöglich, alle Widerwärtigkeiten und Schikanen so zu schildern, wie sie sich tatsächlich zugetragen hatten. Als erstes wurden wir kahlgeschoren. Die Zivilkleidung mußten wir abgeben und erhielten Drillichanzüge, die auf dem Rücken und an den Hosennähten mit roten Farbstreifen gezeichnet waren. Das Lager hatte anfangs zehn Baracken, die in je fünf Korporalschaften unterteilt waren. Innerhalb des Lagers wohnten keine SS-Männer. Der aus den Häftlingen bestimmte Lagerälteste war für pünktliches Antreten zum Arbeitsdienst verantwortlich, für Ordnung und Sauberkeit innerhalb der Baracken sorgte der Blockälteste. Die ersten Wochen in Dachau waren sehr hart. Die Strafkompanie arbeitete meistens bei den gefährlichsten Kommandos außerhalb des Lagers, das waren Kiesgrube, Kiestransport, Schießplatz und Straßenbau. In der Kiesgrube mußte der Kies mit der Spitzhacke vom Boden losgeschlagen werden – eine harte Arbeit; eine andere Gruppe schaufelte ihn auf die bereitstehenden Loren. Dies war für viele eine ungewohnte Anstrengung. Wenn man bei der Einteilung der Arbeitsgruppen Pech hatte und zu einer Gruppe kam, die für diese harte Arbeit keine Kraft und Fertigkeiten hatte, mußte man, um nicht aufzufallen, für zwei schuften. Obwohl die Blasen an den Händen schmerzten, hieß die Parole arbeiten, arbeiten und nochmals arbeiten.

Nach einiger Zeit hatten sich im Lager je nach Parteizugehörigkeit Gruppen gebildet. Mit in der Kiesgrube waren Mitglider der bayerischen Regierung, der Sohn des Ministerpräsidenten Held, katholische Pfarrer, Rechtsanwälte und der Arbeiterdichter Karl Bröger aus Nürnberg. Die Nürnberger Gruppe war stark vertreten ... Aufgrund meines solidarischen Verhaltens bei der Arbeit in der Kiesgrube gewann ich das Vertrauen der Nürnberger Gruppe und ich konnte mich ihr anschließen. Das Zusammenfinden der politischen Gruppen im Lager war sehr wichtig, galt es doch, die Kriminellen, die die Lagerleitung besetzt hatten, von den Funktionen zu verdrängen und durch zuverlässige Politiker zu ersetzen. Auch sonst war ich wachsam, es gelang mir relativ schnell, aus der Strafkompanie in die Handwerkerkompanie zu kommen und als Schmied zu arbeiten.

Daß die Angaben im Schutzhaftbefehl falsch waren, beweist die Tatsache, daß ich eines Tages beim Frühappell aufgerufen und anschließend zum Verhör geholt wurde, um Angaben über die Polizeibeamten in Speyer zu machen. Zu meinem Glück war eigens ein Beamter aus München in das Lager gekommen, wodurch das Verhör für mich glimpflich verlief; denn Verhöre durch die SS wurden durch eine Tracht Prügel eingeleitet und endeten auf der Tragbahre, man war reif fürs Revier.

Lagerterror

Der Terror im Lager wurde immer schlimmer. Im Juni 1933 wurde der mir aus Ludwigshafen bekannte Theodor Eicke, der „Bomben-Eicke", Lagerkommandant. Er war bei der Werkspolizei in der BASF und seit 1931 SS-Standartenführer, er hatte Bomben angefertigt und Bombenlager angelegt. Mit Hilfe nazistischer Terrorgruppen führte er Bombenanschläge auf Reichsbannerzusammenkünfte und Arbeitersportheime durch. Die Wachmannschaft in Dachau bestand zum größten Teil aus Männern des SS-Sturmes „Oberbayern". Mit diesen SS-Schlägern zog Eicke sein Terrorsystem auf. Er erließ eine Lagerordnung, die am schwarzen Brett angeschlagen wurde. Paragraph 19 lautete: „Wer gegen die Lagerordnung verstößt, wird kraft revolutionären Rechts gehängt, Meuterer werden erschossen." Postsperre und Dunkelarrest wurden eingeführt.

Bei der Prügelstrafe wurde eine Decke über den Kopf der Delinquenten geworfen, dann schlugen die berüchtigsten Schläger auf sie ein. Es waren unter anderen der ehemalige Fremdenlegionär Kannschuster, Dambach aus Haßloch, Trenkle, Tremmel und Lutz. Eicke selbst war meist anwesend, auch die übrigen SS-Männer mußten zusehen. Er wollte harte Männer, die vor nichts zurückschrecken. Zwei Fälle, die ich als Augenzeuge miterlebt habe, möchte ich noch anführen.

Die Handwerkerkompanie war vor dem Wachhaus zum Zählen angetreten, als Iwan der Schreckliche, so nannten wir ihn, mit zwei Häftlingen singend und im Gleichschritt marschierend neben uns ankam. Er gab das Kommando „Halt!" und ging in das Wachhaus, um Eimer und Besen zu holen. Dann trat er von hinten an die beiden heran und wollte ihnen Eimer und Besen übergeben. Als sie nicht sofort zugriffen, schlug er mit dem Besenstiel auf sie ein. Das war noch nicht alles. Wie wir später von der Werkshalle aus beobachten konnten, mußten die beiden die Abortanlagen reinigen. Das ging folgendermaßen zu: mit Sand in der Hand mußten sie die Abortschüssel ausreiben, abwechselnd holte einer Wasser, das er seinem Leidensgenossen überschütten mußte. Zwischendurch gab es Fußtritte und Schläge mit dem Besenstiel. Nach drei Stunden konnten sich die so Traktierten nicht mehr bewegen. Iwan rief Sanitäter, die mit der Tragbahre die geschundenen armen Tröpfe in das Revier brachten.

Die Baracke 6 war nicht belegt. Da sie in der Nähe des Wachhauses lag, wurde sie für nachts ankommende Schutzhäftlinge benützt. Eines Tages hörte man Stöhnen, ich ging an ein Fenster und sah auf Pritschen einige „Neue" liegen, die am ganzen Körper Brandblasen hatten. Bei der Einlieferung hatte man ihnen mit brennenden Zigaretten die Körperhaare abgesengt. Diese Quälereien waren erst der Anfang, Dachau entwickelte sich mit der Zeit zu einem Muster- und Stamm-KZ. Mit 25 Stockhieben wurde bestraft, wer vor den SS-Männern nicht „Front" machte, d.h. mit dem Gesicht dem zu grüßenden SS-Mann gegenüber stillstehen und die Mütze abnehmen. Eickes bekanntester Ausspruch war: „Es gibt genug deutsche Eichen, um jeden daran aufzuhängen, der sich uns entgegenstellt." Vor der Entlassung fand eine Belehrung statt, dabei sagte er: „Was ihr hier gesehen und erlebt habt, geht draußen niemand etwas an. Wer Greuelmärchen verbreitet und wiederkommt, wird dahinten an den Eichen aufgehängt."

Trotz aller Schikanen gaben wir nicht auf. Der erste Grundsatz war, nicht aufzufallen. Die sogenannte „Schutzhaft" war reine Willkürherrschaft, wir waren weder verurteilt, noch wußten wir, wie lange wir im KZ bleiben mußten, es gab überhaupt keine Informationen. Die einzige Kontaktmöglichkeit nach außen bestand darin, monatlich einen Brief oder eine Postkarte zu schreiben. Eines Tages kamen Freunde aus Speyer ins Lager. Es waren Hans Drechsler, Julius Köhler, ein Schulkamerad, und Heinrich Hammer, ein Theologiestudent aus Heiligenstein, später Domvikar. Oft saßen wir abends beisammen und beklagten unser Schicksal. Bei den Außenkommandos ging es mit der Zeit immer schlimmer zu, es hagelte täglich Kolbenstöße und Stockhiebe. Auch Köhler hatte stark zu leiden. Es gelang mir mit der Zeit, ihn mit in die Werkstatt zu nehmen, damit er von den Außenkommandos wegkam.

Nach der Entlassung

Am 10. Februar 1934 wurde ich entlassen. In Speyer angekommen, mußte ich mich sofort auf dem Staatspolizeiamt melden. Mir wurde zur Auflage gemacht, mich wöchentlich dreimal dort zu melden, und Paßsperre wurde angeordnet. Kontakte mit früheren Genossen aufzunehmen, war sehr schwierig. Es gab auch Überläufer. Von vielen wurde ich gemieden, weil sie Angst hatten, mit mir gesehen zu werden. Mit der Zeit trennte sich die Spreu vom Weizen, d.h. langsam bildeten sich Widerstandsgruppen, die heimlich zusammenkamen. Die Einstellung zur illegalen Arbeit war nicht leicht, denn uns fehlte die Erfahrung.

In Speyer war es Heinrich Ober, der mit den Genossen Fritz Schott und Fritz Kirn aus Ludwigshafen Verbindung aufnahm und anregte, daß man für sozialdemokratische Widerstandskämpfer eine Zusammenkunft arrangieren sollte. Die drei Genossen vereinbarten, den Schneidermeister Heinrich Stützel zu beauftragen, im Pfälzer Wald einen Platz auszusuchen. Stützel hielt den Asselstein für geeignet. Der Vorschlag fand Zustimmung. Und so kam es am 6. Mai 1934 zum ersten organisierten Treffen der verbotenen Partei. Als Spaziergänger getarnt trafen sich dann pfälzische und badische Sozialdemokraten auf dem Asselstein, um ihre bis jetzt gewonnenen Erfahrungen und Erkenntnisse bei der illegalen Arbeit auszutauschen. Der 6. Mai wurde gewählt, weil an diesem Tag die Nazis eine Grenzland-Kundgebung in Zweibrücken hatten, und deshalb die Polizei dort zusammengezogen war.

Inzwischen hatten auch die in der Emigration befindlichen Genossen mit der illegalen Arbeit begonnen. Schon am 10. Juni 1933 begann die Tätigkeit der sozialdemokratischen Grenzsekretäre. Für unseren Bereich Straßburg-Luxemburg war Georg Reinbold eingeteilt. Soweit ich mich noch erinnern kann, hatte für den Grenzabschnitt Weißenburg Friedrich Wilhelm Wagner mit den Genossen aus Maximiliansau-Pfortz Verbindung aufgenommen. Auf deutscher Seite wurden die Übernahme und die Weiterleitung der illegalen Schriften „Sozialistische Aktion" und „Neuer Vorwärts" von dem Gastwirt Schneider aus Maximiliansau organisiert.

Für Speyer und Umgebung war als Motorradkurier mein Bruder Jakob Hartmeyer bis zu seiner Verhaftung durch die Gestapo tätig. In einem Auszug des bei der Polizei geführten Führungszeugnisses heißt es: „Hartmeyer Jakob, geb. 8.2.06,

12.3.1936: im 'Falken' Ärgernis gegeben, weil beim Deutschland-Lied sitzen geblieben und deutschen Gruß verweigert. 30.3.1936: in Wörth bei einem SPD-Mann, um Verbindung mit Wagner in Straßburg herzustellen. 21.3.38: im Auftrag der Gestapo – Staniszewski – wegen politischer Umtriebe festgenommen und in der Zelle der Hauptwache verwahrt. Am gleichen Tag abgeholt und nach Neustadt verbracht. Kurier der SPD – fällt seit einiger Zeit durch sein Verhalten auf. 17.3.1938: für Vertrauensstellung nicht geeignet. Verfahren wegen Hoch- und Landesverrat eingestellt – weitere Überwachung angeordnet." Auch ich wurde während der Haftzeit meines Bruders von der Gestapo überwacht. Wiederholt erhielt ich Besuch von Leuten, die sich als Verbindungsmänner vorstellten und in Wirklichkeit Polizeispitzel waren; sie wollten mich vermutlich prüfen, ob ich bereit sei, illegales Material weiterzugeben.

Obwohl viele Jahre vergangen sind, denke ich heute noch mit Schrecken an diese Zeit zurück. Ich habe auch Verständnis dafür, daß vielen das Gewissen schlägt, wenn sie durch die Medien an die Greueltaten aus der Hitlerzeit erinnert werden.

Ich kann nicht verstehen, wenn man darüber streitet, wie der 8. Mai zu begehen sei. Für mich brachte der 8. Mai 1945 die Befreiung von Faschismus und Diktatur.

Die vermutlich aus Anlaß des 40. Jahrestages des 8. Mai 1945 verfaßten, hier redaktionell bearbeiteten Erinnerungen Hartmeyers befinden sich in der Sammlung historischer Materialien des SPD-Bezirks Pfalz.

Plakat der SPD zur öffentlichen Parteiversammlung mit dem jüdischen Rechtsanwalt Dr. Ernst Treidel (1904 - ?), Kaiserslautern, am Samstag, dem 17.1.1931, in Münchweiler an der Alsenz im Lokal Jakob Schläfer.

Plakat des Reichsbanners zu einer Versammlung mit Friedrich Wilhelm Wagner am 14.6.1931 in Rockenhausen.

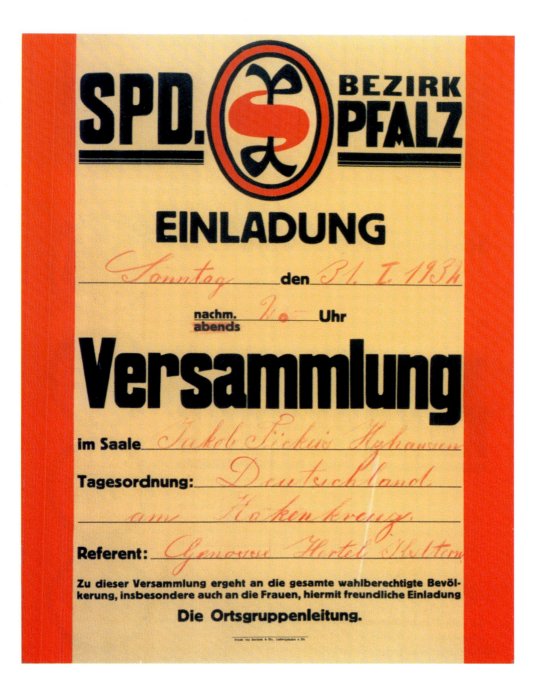

**Plakat des SPD-Bezirks Pfalz zu einer Versammlung über das Thema: „Deutschland am Hakenkreuz"
mit Eugen Hertel am 31.1.1932 in Heinzenhausen.

Plakat der pfälzischen Gaukampfleitung zur Kundgebung der Eisernen Front mit Eugen Weidmann am 3.4.1932 in Heinzenhausen.

Plakat der SPD zu den Wahlen in der französischen Zone 1946/47, gestaltet von Carl Maria Kiesel, gedruckt bei Carl Ph. Schmidt in Kaiserslautern.

Plakat des Falken-Ortsverbandes Speyer zur Maikundgebung am 2.5.1948.

Wahlplakat der SPD zu den Kommunalwahlen in Rheinland-Pfalz vom 14.11.1948.

Wahlplakat der SPD zur Ersten Bundestagswahl am 14.8.1949.

Gerhard Nestler

Karl Hüther – ein Frankenthaler Widerstandskämpfer und seine Geschichte

Am 23. Januar 1934 fand im Gebäude des Landgerichts Frankenthal in der damaligen Adolf-Hitler-Straße eine Sitzung des neuen Sondergerichtes Frankenthal statt, das die Nazis im März 1933 eingerichtet hatten, um rascher und frei von den üblichen juristischen Verfahrensregeln gegen mutmaßliche Gegner ihres Regimes vorgehen zu können.

Unter den Angeklagten, die dem Vorsitzenden Richter, Landgerichtsdirektor Hillenbrand, gegenüberstanden, befand sich auch der Frankenthaler Former und Sozialdemokrat Karl Hüther. Die nationalsozialistischen Richter warfen ihm vor, im November 1933 illegale sozialistische Flugblätter in der Stadt verteilt zu haben.[1]

Karl Hüther, geboren am 26. März 1898, seit 1930 Mitglied der SPD und seit 1932 auch Ausbilder im Technischen Ausschuß des Reichsbanners Schwarz-Rot-Gold, gehörte zu jenen jüngeren Sozialdemokraten in Frankenthal, die auch nach dem Verbot der SPD durch die nationalsozialistischen Machthaber im Juni 1933 an ihren alten Idealen festhielten und trotz aller Gefahren unerschrocken für sie weiterkämpften.

Während die älteren und bekannten Frankenthaler SPD-Funktionäre wie Bernhard Sang, Christian Thumm oder Jakob Zaun im Gefängnis saßen oder von der Kripo überwacht wurden, konnten die jüngeren, die vor der nationalsozialistischen Machtergreifung nicht so sehr im Rampenlicht gestanden hatten und daher auch nicht so streng überwacht wurden, fast ungehindert weiterarbeiten.

Gemeinsam mit dem Schlosser Adam Haas, einem Freund aus der gemeinsamen Zeit in der Sozialistischen Arbeiterjugend, verteilte Hüther schon im Herbst 1933 in Frankenthal illegale Flugblätter und Zeitschriften, die vom Vorstand der SPD in Prag über Grenzsekretäre ins Reich geschmuggelt wurden.

Karl Hüther (1898 - 1943), mit Frau.

In den letzten Jahren vor der nationalsozialistischen Machtergreifung hatte Adam Haas als Korrespondent und Werber für die „Pfälzische Post" in Ludwigshafen gearbeitet. Er kannte daher sehr viele der führenden pfälzischen Sozialdemokraten. Von Franz Bögler, dem letzten Sekretär der Partei, hatte er bereits im Sommer 1933 den Auftrag erhalten, die Kontakte zu den alten Genossen aufrechtzuerhalten und in Frankenthal eine illegale Organisation aufzubauen. Bögler, der seit September im Exil in Frankreich lebte, war es auch, von dem Haas die illegalen Flugblätter erhielt. Ausflüge in den Pfälzer Wald wurden dazu benutzt, um Verbindung mit den emigrierten Freunden aufzunehmen und das illegale Propagandamaterial ins Reich zu schmuggeln.

Allzu lange blieben die illegalen Aktivitäten der beiden Frankenthaler der Polizei allerdings nicht verborgen. Bereits Ende November gelang es der Kripo, Karl Hüther zu verhaften. Zum Verhängnis wurde ihm der Kontakt zu dem Frankenthaler Kraftfahrer Philipp K., dem er am späten Nachmittag des 21. November in der Wormser Straße ein Exemplar der „Sozialistischen Aktion" gegeben hatte. K. sagte später bei der Polizei aus, Hüther habe die klein zusammengefaltete Zeitschrift heimlich aus seiner Manteltasche herausgeholt, habe sie ihm in die Hand gedrückt und fünf Pfennig dafür verlangt. Als er, K., erklärte, er habe kein Geld bei sich, habe Hüther erwidert: „Dann gibst du's mir das nächste Mal." Zuhause habe er die Zeitschrift dann gelesen und sich sofort entschlossen, sie bei der Polizei abzugeben.

Zwei Tage später, am 20. November, wurde Hüther von der Kriminalpolizei in seiner Wohnung verhaftet. Er bestritt zunächst „ganz energisch", illegales Propagandamaterial besessen oder gar verteilt zu haben. Als dann aber bei der Durchsuchung der Wohnung im Küchenschrank unter einer mit Reißbrettstiften befestigten Papierauflage noch drei weitere Exemplare der „Sozialistischen Aktion" und im Schlafzimmer, „unter der Wäsche", eine zwölfseitige mit der Schreibmaschine geschriebene Denkschrift mit dem Titel „Wer ist der Reichstagsbrandstifter?" gefunden wurden, konnte Hüther nicht länger leugnen. Um Haas und seine anderen Freunde zu schützen, behauptete er allerdings, er habe die Zeitschriften am 14. November per Post in einem Kuvert ohne Absender erhalten. Der Briefumschlag sei in Karlsruhe abgeschickt worden. Er habe die Zeitschriften gelesen und anschließend verbrannt. Eine Woche später habe er dann noch einmal acht oder zehn Exemplare der „Sozialistischen Aktion" erhalten. Soweit er sich erinnern könne, sei der zweite Brief in Mannheim versandt worden. Diesmal habe er die Zeitschriften nicht verbrannt, sondern an Bekannte und Freunde verkauft. Das Manuskript über den Reichstagsbrand dagegen habe er gestern abend in einem offenen Umschlag ohne Adresse und ebenfalls ohne Absender vor seiner Wohnungstür gefunden.

Die Namen seiner Bekannten, an die er die „Sozialistische Aktion" weitergegeben hatte, gab Hüther trotz „energischer Fragen" der Polizisten allerdings nicht preis. Auf diese Weise ermöglichte er seinem Freund Adam Haas, der noch am 20. November von Hüthers Verhaftung erfahren hatte, die Flucht ins Elsaß.

Am darauffolgenden Tag wurde Karl Hüther erneut verhört. „Nach anfänglichem hartnäckigem Leugnen", so heißt es im Vernehmungsprotokoll, gab er schließlich zu, auch in der Woche vor der Reichstagswahl vom 12. November illegale Flugblätter in Frankenthal verteilt zu haben. Sie enthielten die Aufforderung, bei der Wahl mit „Nein" zu stimmen und stammten aus der ersten Sendung, die er erhalten hatte.

Da Karl Hüther von der Flucht seines Freundes Adam Haas erfahren hatte, und er ihn in Sicherheit wußte, entschloß er sich auch, seinen Namen preiszugeben. Es gehörte zu den Grundregeln illegaler Arbeit, emigrierte Genossen zu belasten, um auf diese Weise den Verdacht von anderen, die noch konspirativ arbeiteten, abzulenken. Haas, so gestand er, habe ihn beauftragt, die Flugblätter und Zeitschriften zu verteilen. Er habe ihm auch gesagt, die Flugblätter würden in Prag gedruckt und kämen über das Saargebiet in die Pfalz. Weitere Details wisse er nicht. Das Manuskript über den Reichstagsbrand sei ihm am 22. November in der Bahnhofstraße von einem Unbekannten übergeben worden.

Für die NS-Justiz war der Fall damit klar. Wegen „Verbreitung verbotener Druckschriften" verurteilten die Richter des Sondergerichtes Frankenthal Hüther am 23. Januar 1934 zu einer Gefängnisstrafe von vier Monaten und zu den Kosten des Verfahrens. Da Hüther seit April 1933 ohne Arbeit war – die Nazis hatten seinen Arbeitsplatz für einen der Ihren gebraucht – und gemeinsam mit seiner Frau und seinem siebenjährigen Sohn Helmut von 17 Mark und 10 Pfennigen Erwerbslosenunterstützung leben mußte, war dies ein besonders hartes Urteil, das die Familie in noch größere wirtschaftliche Not stürzte.

Heute ist Karl Hüther in Frankenthal nahezu vergessen. Keine Straße, kein Platz, kein öffentliches Gebäude trägt seinen Namen – und doch zählte er zu jenen Menschen, die in einer Zeit schrecklicher Barbarei für Freiheit, Demokratie und Menschenrechte gekämpft und mitgeholfen haben, „die moralischen und kulturellen Traditionen zu bewahren, die ein menschenwürdiges Deutschland braucht".[2] „Ohne das von den Widerstandskämpfern in Deutschland und im Exil abgelegte Zeugnis für die Werte von Humanität und Solidarität", so schreibt der Historiker Klaus Schönhoven, „hätte der Nationalsozialismus moralisch über die Deutschen gesiegt. Die Opfer des Widerstandes waren daher nicht sinnlos".[3]

Anmerkungen:
1 Landesarchiv Speyer, Best. J 72, Nr. 271.
2 Richard Löwenthal, Widerstand im totalen Staat, in: Widerstand und Verweigerung in Deutschland 1933 bis 1945, hrsg. v. dems. und Patrik von zur Mühlen, Berlin/Bonn 1982, S. 11-24, hier S. 24.
3 Klaus Schönhoven, Arbeiterbewegung und Nationalsozialismus, in: Machtverfall und Machtergreifung. Aufstieg und Herrschaft des Nationalsozialismus, hrsg. v. Rudolf Lill und Heinrich Oberreuter, München 1983, S. 223-250, hier S. 246.

Werner Ludwig

Erinnerungen an Verfolgung und Exil in Frankreich

Für meine Familie hatte die Machtübernahme der Nationalsozialisten schwerwiegende Folgen. Mein Vater, Adolf Ludwig, der 1932 in den bayerischen Landtag gewählt worden war, entkam einer Verhaftung im Plenarsaal. Als er merkte, daß er festgenommen werden sollte, gelang gerade noch die Flucht durch die Hintertür. Dort stand zwar eine SA-Wache. Geistesgegenwärtig herrschte er jedoch den dort stehenden Mann an: „Stillstehen!" Der Mann stand sofort stramm. Geübt ist geübt.

Verhaftung der Eltern

Doch dann begann eine längere Verfolgungsjagd. Mein Vater versuchte, dem Zugriff der Nazis zu entgehen, indem er mit seiner Freifahrkarte als Landtagsabgeordneter durch Deutschland fuhr – auch in der Hoffnung, mit Freunden den Widerstand gegen Hitler organisieren zu können. Zu Hause lauerten jedoch die Schergen der neuen Machthaber auf ihn. So wurde er bei Zwischenetappen in Pirmasens fünfmal aufgespürt und verhaftet, dann wieder freigelassen. Dies hatte er dem Ortsgruppenführer der NSDAP, Richard Mann, zu verdanken. Mein Vater hatte ihn 1923 nach der Ausweisung aus der Pfalz durch die Separatisten in Heidelberg kennengelernt, wo er ebenfalls im Exil lebte. Dieses Zusammensein hatte offensichtlich zu einer gegenseitigen Wertschätzung geführt, die Richard Mann veranlaßte, meinem Vater 1933 zu helfen.

Nach seiner letzten Entlassung aus dem Gefängnis versuchte die SA, ihn auf ihre Weise unschädlich zu machen. Ein Dutzend Männer in Uniform umstellten unser Haus, um eine Festnahme vorzutäuschen. Einer davon war hinter einer Hecke versteckt und hatte den Auftrag, ihn beim Weggang „auf der Flucht" zu erschießen. Zum Glück gelang es ihnen nicht, die Tür einzutreten. Sie zogen unverrichteter Dinge wieder ab. Jetzt wurde klar, daß mein Vater Deutschland verlassen mußte. Richard Mann hatte ihm signalisiert, daß er damit rechnen müsse, nach der nächsten Festnahme ins Konzentrationslager Dachau eingeliefert zu werden.

Nur durch Emigration konnte er sein Leben retten. Er setzte sich ins Saargebiet ab, wohin ihm mein älterer Bruder Ludwig, der befürchten mußte, im Rahmen einer Beuge- oder Sippenhaft festgenommen zu werden, kurze Zeit darauf folgte. Als Mitglied der Sozialistischen Arbeiter-Jugend und des Reichsbanners mußte auch er mit einer Verhaftung rechnen. Als die Nazis feststellten, daß sich mein Vater ihnen entzogen hatte, nahmen sie meine Mutter fest. Sie wurde gezwungen, ihm einen Brief zu schreiben und ihn aufzufordern, zurückzukommen, da sie sonst in Haft bleiben würde. Sie gab jedoch dem Boten noch einen kleinen Spiegel mit, in dem ein Zettel eingelegt war mit dem Hinweis, er solle der Aufforderung auf keinen Fall folgen. Als nach fünf Wochen schwere Lähmungserscheinungen bei ihr auftraten, wurde sie entlassen mit der Auflage, sich sofort nach Gehfähigkeit bei der Polizei zu melden. Ihr Zustand besserte sich gegen Ende des Monats August, so daß eine Flucht über die Grüne Grenze geplant werden konnte.

Flucht nach Sarreguemines

An meinem siebten Geburtstag am 27. August 1933 feierte ich zusammen mit meiner Mutter und meinen Kusinen Erika, Wilma und Liesel. Auch meine geliebte Tante Frieda war mit dabei. Der Nachmittag brachte dann wohl die bedeutungsvollste Wende in meinem Leben. Ich mußte das Elternhaus verlassen – wie es schien: für lange Zeit – vielleicht sogar für immer? Tante Elfriede, eine Schwägerin meiner Mutter, brachte mich ins Saargebiet, das damals noch vom deutschen Reich getrennt war, nach St. Ingbert zu Vater und Bruder. Sie hatten bei Bekannten eine vorübergehende Bleibe gefunden. Drei Tage später traf auch meine Mutter ein. Sie war „illegal" über die Grenze gekommen. Wenigstens waren wir nun alle wieder beieinander. Darüber waren wir glücklich. Das gemeinsame Exil begann.

Mein Schicksal wurde sehr früh von der unheilvollen politischen Entwicklung in Deutschland geprägt, die schließlich das gesamte deutsche Volk ins Unglück stürzte und den mörderischsten Vernichtungskrieg der Menschheit verursachte. Mein späteres politisches Engagement ist sicherlich durch erste Kindheitserlebnisse, die sogar noch auf die Zeit vor der Flucht zurückgehen, mitbedingt und geprägt.

Wenige Wochen später siedelten wir nach Sarreguemines um. Mein Vater hatte befürchtet, daß es Hitler gelingen würde, das Saargebiet „ins Reich" zurückzuführen. Damit hätten wir erneut flüchten müssen. In Sarreguemines wohnte die Schwester meines Vaters, die uns einen Unterschlupf besorgt hatte. In Lothringen lebten auch einige Kusinen meines Vaters. Meine Großmutter war französischer Abstammung. Besonders wertvoll erwies sich der Umstand, daß der Mann einer Kusine Abgeordneter der französischen Nationalversammlung war. Er hatte sich mit Erfolg dafür eingesetzt, daß wir in Sarreguemines bleiben durften. Die Intervention des Abgeordneten führte auch dazu, daß wir – obwohl damals staatenlos – bei Kriegsbeginn nicht interniert wurden.

Illegal in der Heimat

In den Ferien fuhr ich illegal nach Pirmasens, indem ich mich einem erwachsenen Grenzgänger anschloß, so daß der Eindruck entstand, ich gehöre zur kontrollierten Person. Beim Besuch Ostern 1934 tauchte ich noch bei Bekannten in Hinterweidental unter. Wir hatten befürchtet, daß mich die Nazis als Geisel in einem Kinderheim festhalten könnten. Vor meinem nächsten Besuch in den Sommerferien 1934 setzte sich mein Onkel mit dem Ortsgruppenleiter Mann in Verbindung und vergewisserte sich, daß ich unbehelligt bleiben würde. So verbrachte ich einen Teil meiner Schulferien in Pirmasens, zuletzt über Ostern 1939.

Im ersten Jahr schmuggelte ich noch Aufklärungsmaterial gegen Hitler nach Deutschland, das unter dem Mantelfutter eingenäht war. Meine Eltern hatten mich eingebunden in diese illegale Aktion. Ich war überzeugt, daß dies notwendig war und hatte mich deshalb – trotz der Gefahr, die mir bewußt war – dazu bereit erklärt. Der Wohnungsnachbar meiner Tante, Robert Beyer, übernahm die Flugblätter und verteilte sie zusammen mit einer Widerstandsgruppe, der er angehörte – dem „Asselsteiner Kreis". Dieser wurde von der Gestapo 1935 aufgedeckt und einige Teilnehmer wurden verhaftet. Robert Beyer konnte noch rechtzeitig durch Flucht der Verhaftung entgehen. Nach einem längeren Aufenthalt bei uns in Sarreguemines siedelte er sich in Ingwiller, am Rande der Nordvogesen, an. Ein weiterer Widerstandskämpfer, Valentin Ort, konnte ebenfalls entkommen und in Reichshofen Unterkunft und Arbeit finden. In den Sommerferien war ich bei den beiden Freunden, die ohne ihre Familien leben mußten, immer herzlich willkommen.

Auf der Rückfahrt von Primasens nahm ich meistens Lebensmittel mit, die mir Tante Frieda einpackte. Sie züchtete Schweine und versorgte uns mit Fleisch und Wurst. Die Unterstützung unserer Verwandten konnten wir gut brauchen. Mein Vater bekam keine Arbeitserlaubnis und konnte, abgesehen von einigen Gelegenheitsarbeiten, kein Geld verdienen. Mein Bruder arbeitete ohne Arbeitserlaubnis als Architekt – er hatte 1933 noch eine Prüfung in Kaiserslautern abgelegt –, allerdings bei schlechter Bezahlung und mit dem ständigen Risiko, ertappt und ausgewiesen zu werden. Meine Mutter mußte als Putzfrau den Unterhalt der Familie bestreiten. Vater betreute seinerseits den Haushalt und mich, den schulpflichtigen Sohn.

In Sarreguemines, Metz und Chasseneuil

Unser Haus war Anlaufstelle für Flüchtlinge, die sich aus Deutschland absetzen konnten. Dadurch erfuhr ich auch von den Grausamkeiten des Hitler-Regimes gegenüber Andersdenkenden und konnte selbst Spuren der Mißhandlungen in Konzentrationslagern feststellen. Aufgrund seiner Funktionen innerhalb der Exil-SPD nahm mein Vater an einer Tagung während der Weltausstellung 1936 in Paris teil. Ich durfte ihn begleiten.

Die Gespräche zu Hause – zwischen meinen Eltern oder mit Freunden – drehten sich immer wieder um aktuelle politische Themen. Ich war stets ein interessierter Zuhörer. Auch nach 60 Jahren sind mir noch manche Themen in Erinnerung. So wurde der Einmarsch der Wehrmacht in die entmilitarisierte linksrheinische Zone ohne Gegenwehr der Alliierten als ein entscheidender Fehler angesehen. Mein Vater war überzeugt, daß dies Hitler ermutigen würde, seine Ziele, die er in „Mein

Kampf" dargelegt hatte, durchzusetzen, ohne daß er in der ersten Phase mit Gegenwehr rechnen mußte. Dadurch hatte er genügend Zeit aufzurüsten, um einen Eroberungskrieg zu wagen und dann daraus als Sieger hervorzugehen.

Nach dem Einmarsch in Österreich und im Sudentenland und dem Münchener Abkommen rechneten meine Eltern fest damit, daß es zu einem erneuten Weltkrieg kommen würde. Sie wollten sich aus Sarreguemines und der unmittelbaren Grenznähe absetzen, da sie für den Ernstfall mit einer sofortigen Besetzung rechneten. Mit Hilfe zweier Kusinen konnten wir in Metz ein Obdach finden, zunächst in Montigny les Metz und später in Ban-Saint-Martin, wo wir im Haus einer jüdischen Familie unentgeltlich wohnen konnten. Vater übernahm dafür Hausmeisterfunktionen. In den Sommerferien 1939 fuhr ich nicht mehr nach Pirmasens, da meine Eltern davon ausgingen, daß der zweite Weltkrieg jederzeit würde ausbrechen können.

Mit der Unterzeichnung des Nichtangriffspaktes mit der Sowjetunion war für Hitler der Einmarsch in Polen kein militärisches Risiko mehr. Für den Fall, daß die Alliierten zu ihrem Beistandspakt stünden, verfügte Hitler über eine militärische Übermacht gegenüber Frankreich und Großbritannien. Nach der Kriegserklärung durch die Alliierten rechnete mein Vater mit Luftangriffen, von denen auch die Garnisons-Stadt Metz betroffen sein könnte. Deshalb veranlaßte er uns, eine kleine Wohnung in Ligny en Barrois (bei Bar le Duc) zu beziehen. Angesichts der militärischen Überlegenheit der Deutschen war er von einer schnellen Eroberung Frankreichs überzeugt. Nachdem der Blitzkrieg ausblieb, kehrten wir Mitte November nach Metz zurück. Erst im Mai 1940 geschah das, was mein Vater schon früher befürchtet hatte.

Werner Ludwig vor der Farm in Termes d'Armagnac.

Als die Benzinvorratslager nördlich von Metz brannten, versuchten wir erneut, unser Leben durch Flucht zu retten. Ziel war Chasseneuil in der Charante. Dort befand sich Georgette, die Frau meines Bruders, der 1937 die französische Staatsbürgerschaft angenommen hatte und der 1939 zum Militär eingezogen worden war, und deren Tochter. Sie waren 1939 aus Sarreguemines evakuiert worden. Das Zimmer, in dem wir wohnten, hatte zwar kein

Fenster, aber eine Tür, die man für Belichtung und Belüftung offenstehen lassen konnte. Wir hatten nur wenige Kleidungsstücke mitnehmen können. Zum zweitenmal hatten wir alles stehen und liegen lassen müssen. Zeitweise wohnte noch ein Freund aus Pirmasens, der spätere Gewerkschaftssekretär und Landtagsabgeordnete Fritz Volkemer bei uns, dem wir helfen konnten, aus der Fremdenlegion entlassen zu werden. Den Unterhalt verdienten sich meine Eltern durch Hilfsarbeiten in der Landwirtschaft. Trotz der unsicheren Verhältnisse konnte ich weiter die Schule besuchen, und zwar im Collège von Confolens, wo ich im Internat unterkam. Mit dem Rad konnte ich öfter an Wochenenden zu meinen Eltern fahren und auch meine Ferien bei ihnen verbringen.

„Gutsherrlichkeit" in Termes d'Armagnac

1941 wurde meinem Vater von einer Schweizer Hilfsorganisation angeboten, in Termes d'Armagnac im Département Gers eine Farm als Pächter zu übernehmen. Dies war eine Chance, unsere Lebensverhältnisse zu verbessern. Wichtigster Grund war jedoch, daß er als Pächter Arbeitsbescheinigungen ausstellen konnte. Dadurch war es für deutsche Flüchtlinge möglich, aus einem Internierungslager oder aus der Fremdenlegion entlassen zu werden. Viele Männer konnten sich nämlich der Internierung nur entziehen, indem sie sich „freiwillig" zur Fremdenlegion meldeten. Sie entgingen damit der Gefahr, von der Gestapo aus den Internierungslagern nach Deutschland verschleppt und dort in Konzentrationslagern umgebracht zu werden. Da meine Eltern diese Chance erkannten, übernahmen sie Ende 1941 die Farm. Kurze Zeit danach kamen Ernst und Paula Kern aus Ludwigshafen hinzu und ein von ihnen betreutes Mädchen, Elsa Lörsch, sowie Fritz Hoffäcker mit Frau und Sohn und Valentin Ort – alle aus Annweiler. Ich selbst wechselte von Confolens in das Internat des Lycée von Tarbes, nahe Lourdes.

Im Sommer 1943 hatte die „Gutsherrlichkeit" ein jähes Ende. Die Gestapo entdeckte uns und wir flohen mit Hilfe der französischen Widerstandsbewegung in die Dordogne. Mit zwei Wagen wurden wir in einem Abstand von mehreren Tagen dorthin gebracht. So hatten mein Vater, Fritz Hoffäcker und Sohn schon einige Tage in Bourrou verbracht – wo sie in einem Kloster versteckt wurden –, als Valentin Ort und ich nachkamen. Bald konnten mein Vater und Valentin Ort sich als Waldarbeiter ihren Lebensunterhalt verdienen. Ort hatte in seiner Jugend gelernt, Körbe zu flechten, die er vor allem gegen Hammelfleisch eintauschen konnte. Kastanien gab es in rauhen Mengen, so daß sie sich bis zum Abzug der deutschen Truppen ernähren konnten.

Kurze Zeit danach zogen die deutschen Truppen aus Südfrankreich ab. Die „Mannschaft" kehrte aus ihren Verstecken nach Termes d'Armagnac zurück. Wir genossen großes Vertrauen bei der Bevölkerung. So wurde mein Vater beauftragt, mit einem Karabiner den Geldumtausch zu überwachen.

Inzwischen hatten sich deutsche Emigranten, die untergetaucht waren und überlebt hatten, nach und nach in Toulouse eingefunden und sich dem Komitee Freies Deutschland angeschlossen. Die Initiative ging von den Kommunisten aus. Vorsitzender war Herbert Müller, vor 1933 bayerischer Landtagsabgeordneter der KPD und Stadtrat in Ludwigshafen. Sein Stellvertreter war mein Vater. Seine Mitwirkung stieß bei Teilen der Exil-SPD auf scharfe Kritik. Dennoch war es meiner Meinung nach richtig, in der Anfangsphase gemeinsam zu handeln. Das Komitee Freies Deutschland hatte ein Abkommen mit der Widerstandsbewegung zum Schutze der Kriegsgefangenen geschlossen. So war es möglich, Initiativen zu ihren Gunsten zu ergreifen. Das frühere Internierungslager Gurs in den Pyrenäen, in das auch viele pfälzische Juden verschleppt worden waren, um von dort in die Vernichtungslager gebracht zu werden, war inzwischen zum Kriegsgefangenenlager umfunktioniert worden. Die Unterkünfte waren miserabel, die Verpflegung katastrophal. Herbert Müller und mein Vater konnten sich anläßlich einer Lagerbegehung persönlich von den grauenhaften Zuständen überzeugen. Durch Vorsprachen bei den zuständigen Militärbehörden gelang es ihnen, bessere Lebensbedingungen für die Gefangenen zu erwirken.

Rückkehr nach Pirmasens

Als es dann um gemeinsame Aktivitäten zur Vorbereitung des Wiederaufbaues eines demokratischen Deutschlands ging, stellte sich bald heraus, daß die Kommunisten das Komitee für ihre Zwecke mißbrauchen würden. Mein Vater gab sein Amt zurück und beendete damit die Zusammenarbeit. Herbert Müller, nach dem Kriege für die Kommunisten im Stadtrat von Ludwigshafen und im Landtag von Rheinland-Pfalz, trat 1949 der SPD bei und wurde 1950 Geschäftsführer im Unterbezirk Ludwigshafen. 1983 wurde er Ehrenbürger der Stadt.

Meinem Vater war es erst im Oktober 1945 vergönnt, nach Deutschland zurückzukehren. Die französischen Besatzungsbehörden wollten seine Heimkehr verhindern. Auch nach 1945 gab es unter ihnen Tendenzen, die Pfalz zu annektieren. Da mein Vater bekanntlich schon 1923 gegen die Separatisten gekämpft hatte, befürchteten sie – zu Recht – daß er sich auch diesmal solchen Bestrebungen widersetzen würde. Deshalb bekam er keine Ausreisepapiere, die ihm eine legale Rückkehr in die Pfalz ermöglicht hätten. Dank der Hilfe des Chefs des Deuxième Bureau in Sarreguemines, den er aus früherer Zeit kannte, gelang ihm dann der Grenzübertritt. Er erhielt eine Ausweisungsverfügung der Polizei und wurde als unliebsamer Ausländer in Anwesenheit von zwei Gendarmen über die Grenze abgeschoben. Damit konnte er nach Pirmasens zurückkehren.

Aus: Werner Ludwig, Unterwegs – Lebenserinnerungen, Landau 1997, S. 15 - 44.

Ralf Hundinger

Die Wiedergründung der pfälzischen SPD und ihre Entwicklung bis 1948

Das Jahr 1945 brachte nicht nur das Ende des Krieges und der nationalsozialistischen Herrschaft, sondern auch den politischen Neubeginn für das besetzte Deutschland. Die Parteien der französischen Besatzungszone mußten allerdings am längsten auf die Ausführung der Bestimmungen des Potsdamer Abkommens warten. Dort war am 2. August 1945 die Zulassung der politischen Parteien in Deutschland festgelegt worden.

Die Franzosen, die an dieser Konferenz nicht teilgenommen hatten, entschlossen sich erst mit der Verordnung Nr. 23 vom 29. November 1945, die „Gründung politischer Parteien demokratischen und antinationalsozialistischen Charakters" zu genehmigen. Mit der verzögerten Erlaubnis distanzierten sie sich von den Regelungen der anderen Besatzungsmächte und unterstrichen so ihre eigenen besatzungspolitischen Pläne, die im wesentlichen auf eine Föderalisierung Deutschlands abzielten.[1] Die Zulassungsmodalitäten erlaubten es nicht, eine Partei für die gesamte französische Besatzungszone zu gründen, sondern verlangten dies auf Landes- oder Bezirksebene.

Im Gegensatz zu den anderen Besatzungszonen bedeutete das einen Parteiaufbau von oben nach unten. Orts- oder Kreisverbände mußten sich als Untergliederungen einer Landespartei gründen, die gegenüber den Besatzungsbehörden für die Einhaltung der Bestimmungen verantwortlich und mitteilungspflichtig war. Die herausragende Rolle der Landes- genauer: der Provinzialebene bei der Parteienzulassung bedeutete für die Militärregierung eine bessere, zentrale Kontrollmöglichkeit, ohne die Föderalisierungspolitik in der Besatzungszone aufgeben zu müssen.

Die Verordnung war ein erster Schritt zu einer insgesamt späten Liberalisierung des politischen Lebens in der französischen Besatzungszone. In ihren einzelnen Teilen mußten weiterhin die Ausführungsbestimmungen der jeweils Zuständigen abgewartet werden, die am 12. Januar 1946 ergingen. Diese Bestimmungen wurden von den Landräten innerhalb der folgenden zwei Wochen an die Parteiverantwortlichen weitergeleitet. Erst jetzt konnte endgültig die Zulassung beantragt und genehmigt werden. Die Parteien erhielten mit der Lizenzierung das Recht zur Werbung und zu Versammlungen, wobei eine Woche vor den Veranstaltungen ein detaillierter Antrag gestellt und genehmigt werden mußte.

Die pfälzische SPD von der Illegalität bis zur Zulassung

Die Arbeit der pfälzischen SPD begann allerdings schon vor ihrer Genehmigung im Februar 1946 und auch vor der Verordnung über die Zulassung vom 21. Dezember 1945. Ein erstes Treffen pfälzischer Sozialdemokraten fand kurz nach dem Einmarsch amerikanischer Truppen am 18. April 1945 in Ludwigshafen statt.[2] Bis zum Ende der Weimarer Republik war Ludwigshafen der größte Unterbezirk gewesen, hatte mit Ludwigshafen-Stadt den größten Ortsverein beheimatet und mit dem Bezirkssekretariat den Mittelpunkt der pfälzischen Parteiorganisation abgegeben. So war es nicht verwunderlich, daß von hier die ersten Organisationsimpulse für den Aufbau der pfälzischen SPD nach dem Krieg ausgingen. Im Bewußtsein, mit der Aufbauarbeit nicht erst nach der Zulassung der Partei beginnen zu können, wurden in Ludwigshafen nach einer Sitzung am 5. August 1945 auch bereits Beitrittserklärungen für den Fall einer Genehmigung der Partei entgegengenommen.[3]

Den September 1945 kann man als den Monat des organisatorischen Aufbruchs bezeichnen. Vom Londoner Exilvorstand der SPD lag ein Rundbrief mit Richtlinien zur Parteigründung vor, der den schnellstmöglichen Aufbau mit zuverlässigen Mitarbeitern und möglichst frühe innerparteiliche Wahlen forderte.[4] In der Pfalz fiel diese Aufforderung auf fruchtbaren Boden. Am 16. September 1945 trafen sich die Ludwigshafener Sozialdemokraten erneut, um Friedrich Schott mit der Schaffung einer Bezirksorganisation zu beauftragen.[5] Ein weiteres Resultat der Sitzung war ein Aufruf, der an frühere Mitglieder in der Pfalz verschickt wurde. Darin wurde der Neuanfang verkündet und gleichzeitig die Parteienerlaubnis gefordert. Das Fernziel der pfälzischen Sozialdemokraten war klar: Sie wollten unter der Führung verdienter Gegner des Nationalsozialismus zum entscheidenden Machtfaktor in der politischen Landschaft der Nachkriegszeit werden. Der Aufruf enthielt ein Aktionsprogramm, das in zehn knappen Punkten die wichtigsten politischen Ziele formulierte.

Inzwischen wurden die alten Verbindungen der Weimarer Zeit genutzt, um den Kontakt zwischen dem „Büro Schumacher" – später: „Büro der Westzonen" – und der provisorischen pfälzischen Parteileitung aufzunehmen. Die Einladung zur ersten Reichskonferenz der SPD in Wennigsen gelangte über Friedrich Profit zur Kenntnis der pfälzischen Genossen.[6] Als Delegierte wurden am 25. September 1945 Friedrich Schott aus Ludwigshafen, Friedrich Profit aus Mutterstadt und als Gastdelegierter Ernst Lorenz aus Ludwigshafen-Oggersheim gewählt. Den dritten stimmberechtigten Platz überließ man den Sozialdemokraten in Kaiserslautern, die Richard Lenz abordneten. Bei ihrer besatzungspolitischen Randlage bedeutete die Einladung für die Pfälzer die Gewißheit, bei der reichsweiten Zusammenfassung der SPD keine Außenseiterrolle zu spielen.

Der Aufbruch der Westzonen-SPD in Wennigsen löste auch in der Pfalz eine In-

Friedrich Profit (1875 - 1951), um 1945.

tensivierung der organisatorischen Bemühungen aus. Kurz nach der Rückkehr der pfälzischen Delegierten erging die Einladung zu einer Bezirkskonferenz an die der Bezirksleitung bekannten SPD-Ortsvereine in acht pfälzischen Städten.[7]

Dieses erste überregionale Treffen der pfälzischen Sozialdemokraten fand am 26. und 27. Oktober 1945 illegal in Elmstein im Pfälzer Wald statt. Obwohl die Franzosen von der Konferenz erfuhren, duldeten sie das Treffen. So konnte auf der Elmsteiner Konferenz ein provisorischer Bezirksvorstand – bestehend aus Adolf Ludwig als Vorsitzendem, Friedrich Schott, Fritz Volkemer, Ernst Lorenz, Eugen Hertel und Johann Gröning – gewählt und damit ein wichtiger Grundstein für die kontinuierliche Entwicklung des Bezirksverbands gelegt werden.

Am 9. November 1945 ließen die Franzosen antifaschistische Versammlungen zu, die die Möglichkeit boten, politische Fragen vor einem größeren Publikum zu behandeln. Im Mittelpunkt mußte die Aufarbeitung der nationalsozialistischen Vergangenheit stehen. Propaganda für die noch verbotenen politischen Parteien war ausdrücklich untersagt.

Gleich bei der ersten öffentlichen Versammlung in der Pfalz nach dem Krieg, am 16. November 1945 in Speyer, stellte die SPD mit Franz Bögler den Hauptredner. Dieser verstand es, grundlegende sozialdemokratische Forderungen für die Wirtschafts-, Sozial- und Kulturpolitik – wie sie schon im Heidelberger Programm von 1925 erhoben worden waren – als Grundlagen des deutschen Wiederaufbaus darzustellen und so im Rahmen des Erlaubten für seine Partei zu werben. Die Forderung nach der Wiederherstellung Deutschlands selbst, so Bögler geschickt taktierend, wäre kein politischer Selbstzweck, sondern eine Notwendigkeit zur dauerhaften Sicherung deutscher Wiedergutmachungsleistungen.[8]

Die Mitwirkung an den genehmigten Versammlungen war leichter zu organisieren als die Teilnahme an überzonalen Parteitreffen. Trotzdem beteiligten sich pfälzische Vertreter am 23. November 1945 auch an einer Besprechung in Frankfurt, bei der SPD-Politiker der französischen und der amerikanischen Zone Fragen der Errichtung deutscher Zentralverwaltungen wie auch des zukünftigen Grenzverlaufes erörterten.[9] Im Dezember folgte dann die Mitarbeit im überparteilichen Ausschuß des Oberregierungspräsidiums Hessen-Pfalz. Entgegen der dezidierten Auffassung des Oberregierungspräsidenten, diese Einrichtung nicht mit der Parteiengenehmigung gleichzusetzen, wurden die Mitglieder dennoch entsprechend ihrer politischen Orientierung bestimmt.[10] Nach dieser Aufwertung parteipolitischer Arbeit ließ die Militärregierung am 13. Dezember 1945 auf der Sitzung des überparteilichen Ausschusses die Genehmigung der Parteien auf Antrag zum 1. Januar 1946 in Aussicht stellen. In den Augen des Zeitgenossen Friedrich Schott markierte dieser Tag den Beginn der vollen Entfaltung der pfälzischen SPD, auch wenn die Zulassung noch zwei weitere Monate auf sich warten ließ. Die Duldungspraxis der Franzosen gegenüber den Parteiaktivitäten ermöglichte aber den weiteren Ausbau der Organisation.

Auf einer Sitzung des Bezirksvorstandes am 3. Januar 1946 in Ludwigshafen wurde die Errichtung eines Bezirkssekretariats beschlossen. Wie notwendig die Koordination der Parteiarbeit war, machte die Tatsache deutlich, daß der Unterbezirk Grünstadt, in dem die SPD sich nach eigenen Angaben schon im September 1945 wieder konstituiert hatte, bis in den Januar 1946 keinen Kontakt zur provisorischen

SOZIALDEMOKRATISCHE PARTEI DEUTSCHLANDS

BEZIRK PFALZ

Ludwigshafen a.Rh., den 1o.1o.1945

An die Streng vertraulich!
Vorsitzenden der SPD
der Ortsvereine, Frankenthal, Kaiserslautern, Ludwigshafen,
Landau, Neustadt, Pirmasens, Speyer, Zweibrücken.

Wie Euch durch die letzte Kurier-Post mitgeteilt wurde, fand auf
Einladung des Büros Dr. Kurt Schumacher in Hannover, am 5. und 6.
Oktober die Reichskonferenz der Partei in Wenningsen bei Hannover
statt. Von unserem Bezirk haben die Genossen Profit, Schott, Lenz
und Lorenz teilgenommen.
Die Konferenz hat einmütig Dr. Kurt Schumacher mit der Leitung der
Partei innerhalb der drei westlichen Besatzungszonen betraut. Leider
konnte auf Grund besonderer Verhältnisse die Ostzone nicht mit eingeschlossen werden. Die Partei hat sich damit die erste organisatorische
Grundlage gegeben. Nachdem damit zu rechnen ist, daß in Bälde die
politischen Parteien von den Besatzungsmächten zugelassen werden
- in der russischen Zone ist dies bereits geschehen - wird es als
notwendig erachtet, daß wir auch in der Pfalz die organisatorischen
Vorbereitungen treffen.
Wir laden Euch daher zu der am 27. und 28.1o. im Naturfreundehaus
Elmstein - Harzofen - stattfindende Konferenz ein und bitten Euch
wenn möglich noch einige Genossen mitzubringen.
Neben einem Bericht von der Reichskonferenz ist auch die Wahl eines
provisorischen Bezirksvorstandes vorgesehen.
Beginn der Konferenz, Samstag, den 27.1o. um 18,oo Uhr.

Mit Parteigruß!

Einladungsschreiben Fritz Schotts zur Elmsteiner Konferenz am 27./28.10.1945.

Parteiführung hatte.[11] Zum provisorischen Bezirkssekretär bestimmte die Versammlung den aus der Emigration zurückgekehrten Franz Bögler. Er sollte neben der Regelung technischer Fragen, wie beispielsweise der Beschaffung von Räumlichkeiten, sofort mit dem möglichst geschäftsmäßigen Wiederaufbau des Parteiapparates beginnen. Der Sitz des Sekretariats wurde vorläufig nach Speyer, dem Wohnort Böglers, verlegt, wobei jetzt schon die Diskussion um den endgültigen Standort entbrannte. Adolf Ludwig plädierte – wie sich dann zeigte erfolgreich – für Neustadt, den Sitz der deutschen Verwaltung, der Militärregierung und der anderen Parteien. Hier war nach Ansicht Ludwigs auch die Abhängigkeit vom schlecht funktionierenden Telefon- und Postnetz am geringsten.

Noch vor der offiziellen Genehmigung der Partei erlaubte die Militärregierung die erste größere Kundgebung der SPD am 16. Januar 1946 in Neustadt. Adolf Ludwig forderte in seiner Rede einen fairen Umgang der Parteien miteinander und die Zusammenarbeit beim Aufbau des Landes. Ludwig hatte bereits am 15. November, noch bevor die Verordnung zur Parteiengenehmigung veröffentlicht wurde, bei der Militärregierung die Erlaubnis zur Gründung der SPD beantragt. In seinem Schreiben betonte er, daß diese Bitte vielfach aus dem antifaschistischen Milieu an ihn herangetragen worden wäre. Die Partei würde, so Ludwig, nach ihrer Lizenzierung einen wichtigen Beitrag zur Umerziehung der deutschen Bevölkerung leisten. Nach der Veröffentlichung der Parteien-Verordnung nahm Ludwig den zweiten Anlauf. Der Genehmigungsantrag vom 27. Dezember 1945 enthielt dann auch die von den Militärbehörden verlangte Nennung der Gründungsmitglieder, ein Organisationsstatut und ein Programm.[12]

Adolf Ludwig (1892 - 1962), **Aufnahme nach 1945.**

Der von Ludwig angegebene Vorstand bestand aus Heinrich Harasin, Hermann Langlotz, Eugen Hertel, Fritz Volkemer, Ernst Lorenz und ihm selbst. Entsprechend dem Verwaltungsweg wurde die Zulassung zuerst am 6. Februar 1946 [13] dem Oberregierungspräsidium Hessen-Pfalz mitgeteilt, bevor sie am 12. Februar bei Adolf Ludwig einging. Die Besatzungsbehörden hatten allerdings entgegen der Anmeldung Fritz Volkemer und Ernst Lorenz gegen Ignaz Roth und Johann Gröning ausgetauscht und zwei Bedingungen mit der Erlaubnis verknüpft. In den eingereichten Unterlagen mußte zum einen der Name „Sozialdemokratische Partei Deutschlands" durch „Sozialdemokratische Partei Hessen-Pfalz" ersetzt werden. Zum anderen sollte das Parteistatut dahingehend geändert werden, daß die Gründung von Ortsvereinen als Teil der Provinzialpartei und nicht selb-

Militär-Regierung

Neustadt/Hdt., Februar 1946

Herrn
    Adolf Ludwig

N e u s t a d t/Hdt.

Betreff: Genehmigung der Sozialdemokratischen Partei Hessen – Pfalz

    Ich habe die Ehre Ihnen beiliegend die Bestimmung über die Genehmigung der Bildung der Sozialdemokratischen Partei zu überreichen, deren vorläufiger Sitz sin in Neustadt, Friedrichstraße 38 befindet.
    Diese Genehmigung erfolgt aber nur unter den folgenden Vorbehalten:
1. Die Gemäß der erwähnten Bestimmung erlaubte Partei muß sich nennen: "Sozialdemokratische Partei Hessen – Pfalz" und nicht "Sozialdemokratische Partei Deutschlands" wie dies aus den überreichten Statuten hervorgeht.
2. Daß die vorgelegten Statuten abgeändert werden, um sie in Einklang zu bringen mit der Bekanntmachung Nr. 26.

    Diese nennen tatsächlich als Grundlage lokale Organisationen, während die Bekanntmachung als Grundlage regionale Organisationen vorsieht, die sich in lokale Sektionen unterteilen können.
    Ich bitte sie mir sobald als möglich neue Statuten und ein neues Programm zu unterbreiten, um vorstehenden Einwendungen Rechnung zu tragen.
    Sobald ich im Besitz dieser Dokumente bin, werde ich sie prüfen und wieder zugehen lassen, wenn sich keine neuen Einwendungen erheben lassen. In diesem Falle wird dann die Genehmigung definitiv sein. Es ist selbstverständlich, daß die nun gegründete Partei begrenzt ist auf die Gesamtheit der beiden Provinzen Hessen – Pfalz.
    Die Sozialdemokratische Partei Hessen – Pfalz kann künftighin ihre Aktivität ausüben im Sinne der Bekanntmachung Nr. 23 vom 13.12.45. und derjenigen vom 13.12.45. Nr. 26, herausgegeben vom General der Militär – Regierung der französischen Besatzungszone.
    Es wird noch besonders darauf hingewiesen, daß der General für Hessen – Pfalz jeweils zu informieren ist von der Schaffung lokaler Sektionen durch Anführung der Listen der Ausschüsse denen die Fragebogen dieser Mitglieder beizufügen sind.

Bekanntmachung Nr. 21

    Der General der Militär – Regierung von Hessen – Pfalz gibt gemäß dem Ersuchen des Herrn Adolf Ludwig vom 27. Dezember 1945 folgendes bekannt:
1. Genehmigung wird erteilt, zur Bildung der Sozialdemokratischen Partei Hessen – Pfalz.
2. Die Tätigkeit dieser Partei erstreckt sich auf die gesamten Provinzen Rheinhessen und Pfalz. Der Sitz ist Neustadt/Haardt, Friedrichstraße 38.

Schreiben der Militärregierung an Adolf Ludwig vom Februar 1946, in dem die sozialdemokratische Partei Hessen-Pfalz genehmigt wurde.

ständig zu erfolgen hätte. Die Bezirksorganisation sollte gegenüber der Militärregierung alleinverantwortlicher Ansprechpartner sein. Am 13. Februar gab Ludwig die Lizenzierung den Parteigliederungen schriftlich bekannt und forderte sie auf, die nötigen Gründungsunterlagen bei ihm einzureichen.[14]

Der vorläufige Bezirksvorstand befand sich in der Sitzung am 15. Februar 1946 schon mitten in den Vorbereitungen des ersten Bezirksparteitages, als ihm Ludwig die endgültige Genehmigung mitteilte.

Für die pfälzische SPD bedeutete die offizielle Erlaubnis die Legalisierung ihrer schon längst im Aufbau begriffenen Organisation. Die Phase der Wiedergründung spiegelt deutlich die zwiespältige Besatzungspolitik der Franzosen wieder. Die Föderalisierung ihrer Besatzungszone wurde mit der Gründung der SP-Hessen-Pfalz demonstrativ gehandhabt, während sich die lokalen Behörden gegenüber den illegalen Aktivitäten durch einen liberaleren Kurs auszeichneten. Dies kann jedoch nicht darüber hinwegtäuschen, daß die Parteienentwicklung in der französischen Zone später und unter wesentlich schwierigeren Umständen stattfand als in den anderen westlichen Zonen.

Das Verhältnis der SPD zur KPD

Die späte Zulassung von politischen Parteien beeinflußte auch die Perspektiven einer vereinigten Arbeiterpartei in der Pfalz. Die Zusammenarbeit zwischen SPD und KPD begann, wie fast überall in Deutschland, in antifaschistischen Komitees und auf antifaschistischen Kundgebungen. Diese Unternehmungen, die die ersten Versuche darstellten, das lokale Leben zu organisieren, begannen in der Pfalz noch unter amerikanischer Besatzung, also lange vor der offiziellen Parteienzulassung.[15] Der frühen, zwar illegalen, aber doch schnellen Errichtung der SPD ist es wohl zuzuschreiben, daß sich aus diesen Komitees zumeist SPD-Ortsgruppen entwickelten und daß die Einheitsbestrebungen der KPD in der Pfalz kaum fruchteten.

Dabei waren bei den pfälzischen Sozialdemokraten bis in die Führungsebene hinein kontroverse Einstellungen zu diesem Thema vorhanden. Adolf Ludwig beispielsweise gehörte während seiner französischen Emigrationszeit selbst einem Einigungskomitee von Sozialdemokraten und Kommunisten an, das versuchte, die ideologischen Grundlagen der beiden Parteien anzugleichen. Aus Frankreich brachte er ein Papier der Sozialdemokraten mit, in dem die Auseinandersetzung um die Einheit der Arbeiterbewegung gefordert wurde. Man war überzeugt, daß dies möglich sei, ohne die Frage der Schuld am Konflikt zwischen beiden Strömungen in der Weimarer Republik zu klären. Die „Atmosphäre in der Arbeiterbewegung" sollte „im Interesse der kommenden Einheit entgiftet werden", um aus der in der Illegalität entstandenen „Notgemeinschaft" von Kommunisten und Sozialdemokraten eine „Kampf- und Arbeitsgemeinschaft" zu machen.[16]

Die Erfahrungen aus der Zeit der gemeinsamen Verfolgung durch die Nationalsozialisten sorgten auch in der Pfalz für Freundschaften zwischen Sozialdemokraten und Kommunisten. Nicht zuletzt damit sind die gemeinsamen Aktionen zu erklären, die es – trotz klarer Distanz der Parteileitung zur KPD – auch in der Pfalz gab. Sozialdemokraten nahmen an Versammlungen der KPD teil[17] – und umgekehrt – und sprachen sich, wie Wilhelm Bökenkrüger anläßlich einer Parteiversammlung in Eisenberg am 17. Januar 1946, für eine „Einheitspartei der sozialistischen Massen" aus.

Plakat für die Gründungsversammlung des SPD-Ortsvereins Speyer am 16.2.1946.

Die weitestgehenden Anstrengungen von SPD-Seite in Richtung einer Einheitspartei in der Pfalz fanden im Unterbezirk Zweibrücken statt. Am 5. Mai 1946 gründete dort der Sozialdemokrat Birnbaum zusammen mit drei Kommunisten und einem politisch „Nichtorganisierten" einen Einheitsausschuß.[18] Zusammen mit 31 weiteren Sozialdemokraten nahm er am Bezirksparteitag der KPD am 19. Mai 1946 in Ludwigshafen teil und kritisierte dort lautstark die „einheitsfeindliche" Politik der SPD-Spitze in Hannover. Auch die pfälzische Parteiführung, die versucht hatte, seinen Auftritt in Ludwigshafen zu verhindern, schloß er in diese Kritik ein. Seine Rede gipfelte in dem Appell, überall in der Pfalz und in Hessen Einheitsausschüsse zu gründen, in denen Sozialdemokraten, Kommunisten, Gewerkschafter und Parteilose den Aufbau der „Sozialistischen Einheitspartei Deutschlands" (SED) vorbereiten sollten.[19] Birnbaum wurde daraufhin aus der SPD ausgeschlossen. Die Parteileitung sah sich nach Birnbaums Rede gezwungen, die SPD-Ortsvereine öffentlich aufzufordern, Einladungen zur Bildung von Einheitsfrontausschüssen abzulehnen.

Überhaupt übte die Parteileitung früh Zurückhaltung gegenüber den vielfältigen Versuchen der KPD, die SPD zu einer „Aktionseinheit" zu bewegen. Schon im September 1945 lag der Ludwigshafener SPD ein komplett ausgearbeitetes Aktionsprogramm vor, dem gerade noch die Unterschriften der Parteiführungen fehlten. Die Parteien sollten demzufolge jeweils in den Ortsgruppen Verständigungsausschüsse bilden, ihre Selbständigkeit würde, ganz nach dem Willen der SPD, durch die Ausschüsse nicht beeinträchtigt. Dennoch würden diese Gremien die Voraussetzungen dafür schaffen können, „die organisatorische Verschmelzung der beiden Arbeiterparteien in eine einheitliche marxistische Arbeiterpartei herbeizuführen".[20] In einem Treffen mit KPD-Führern im Dezember 1945 erklärten die Sozialdemokraten, über eine Aktionseinheit erst nach der Parteienzulassung entscheiden zu wollen. Bei öffentlichen Äußerungen allerdings sollte alles „Trennende vermieden und nur das Einende hervorgehoben werden".[21]

Mit Beginn des Jahres 1946 rückte die Einheitsentwicklung in der sowjetischen Besatzungszone zunehmend stärker in den Blickpunkt der pfälzischen Sozialdemokraten.[22] Gleichzeitig wurde auch immer mehr die Sichtweise der Parteileitung in Hannover, mit der die pfälzische SPD ohnehin auf derselben „politischen Wellenlänge" lag, zum Maß der Dinge. Neben den Richtlinien der „Schumacher-SPD" waren es aber auch eigene Erfahrungen und die eigene Einschätzung der nationalen und internationalen Lage, die die Bezirksführung auf Distanz zum Einheitskurs der Kommunisten brachten.

Eine einheitliche politische Linie begann die pfälzische SPD in ihrem ersten Rundschreiben für Funktionäre zu entwickeln, nachdem Parteifreunde der amerikanischen und der französischen Zone im Februar 1946 die sogenannte „Offenbacher Resolution" beschlossen und veröffentlicht hatten. Darin wurde der Einigungsprozeß in der sowjetischen Zone als undemokratisch bezeichnet und die Einheitspartei für die Westzonen abgelehnt. Die Sozialdemokraten sahen in ihr nichts anderes als eine KP unter anderem Namen. Man entschied sich nun endgültig, an einer unabhängigen und selbständigen Sozialdemokratie festzuhalten. Auf dem Bezirksparteitag 1946 wurde die „Offenbacher Resolution" als politische Richtlinie, offensichtlich ohne jegliche Diskussion, endgültig angenommen.[23] Die Resolution des Parteitags wurde in der Pres-

Pfälzische Delegierte beim ersten Nachkriegsparteitag in Hannover vom 9. - 11.5.1946. Von links: Jakob Luthringshausen, Frankenthal; Adolf Ludwig, Pirmasens; Ferdinand Schardt, Kirchheimbolanden; Maxim Kuraner, Neustadt; Franz Bögler, Luise Herklotz, Speyer; Fritz Volkemer, Pirmasens; Rudolf Hoffmann, Ludwigshafen; Philipp Mees, Kaiserslautern.

se verbreitet und von nun an auf den Versammlungen bis in die kleinsten Ortsvereine hinein inhaltlich vertreten. Für die Gemeinde- und Kreisversammlungswahlen im Herbst legte der Bezirksvorstand zusätzlich ein Verbot von Listenverbindungen mit der KPD fest. Nach den Gemeindewahlen mußte es allerdings nochmals verschärft werden, da sich offensichtlich einige Ortsvereine darüber hinweggesetzt hatten.

Ansätze zur Zusammenarbeit mit der KPD hatte es also durchaus gegeben. Allerdings waren die Aussichten zur Wiederherstellung einer einheitlichen Arbeiterbewegung auch in der Pfalz sehr gering, da sie von der Führung der SPD von vornherein zurückhaltend bewertet wurden. Günther Markscheffel hatte die Lage, zumindest für die Region, wohl schon frühzeitig richtig eingeschätzt, als er im Dezember 1945 in einem Infoschreiben der SPD-Gruppe Frankreich berichtete, die „organische Verschmelzung" mit der KPD würde in den westlichen Besatzungszonen allgemein abgelehnt.[24]

Neubeginn oder Wiederaufbau: Die Entwicklung der Organisation

Die traditionelle Gliederung der SPD in Bezirksverband, Unterbezirk oder Kreisverband und Ortsverein war im Organisationsstatut nicht ausdrücklich festgeschrieben. Das Fehlen des Unterbezirks – welcher in der Verwaltungsstruktur des Landes der Kreisebene entsprach – im Nachkriegsstatut der pfälzischen SPD hatte jedoch rein formalen Charakter und war auf die Vorgaben der Besatzungsmacht zurückzuführen. In der Praxis wurden die Unterbezirke als Bindeglied zwischen Ortsverein und Bezirksvorstand schon vor der Zulassung der Partei wiederaufgebaut. Ihre Existenz bewies die Zusammensetzung des Parteiausschusses, der ausdrücklich die Mitgliedschaft der Unterbezirksleiter vorsah. Die Gliederung des Bezirksverbands entsprach also faktisch der Struktur der Weimarer Zeit. Dasselbe galt für die Vertretungsgremien der Partei, den Parteitag, den Parteiausschuß und den Vorstand. Letzterer stellte nach Vorschrift der Besatzungsbehörden die Grundlage der Bezirksorganisation dar. Der erste regulär gewählte Bezirksvorstand setzte sich zusammen aus: Hans Vogtländer, Herbert Buhl, Eugen Hertel, Ferdinand Schardt, Fritz Volkemer, Hermann Langlotz, Fritz Theobald, Hans Hoffmann, Ignaz Roth, Julius Rüb, Friedrich Schmidt, Ernst Lorenz und Fritz Schott. Zu gleichberechtigten Vorsitzenden wählte der Bezirksparteitag 1946 Adolf Ludwig und Franz Bögler. Als Bezirkssekretäre wurden Franz Bögler und Maxim Kuraner bestimmt. Auch organisationspolitisch folgten die Pfälzer damit der Aufforderung des Westzonenbüros der SPD, die Nachkriegspartei im wesentlichen auf den alten Prinzipien zu errichten.[25]

Die wichtigste Änderung betraf, neben der Verlegung des Sitzes, die Struktur des Bezirksvorstands. Die Leitung der Partei war bis 1933 stark auf Ludwigshafen zugeschnitten. Hier gab es den mitgliederstärksten Ortsverein mit langer sozialdemokratischer Tradition und hier befand sich der Sitz des Bezirksvorstands. Gemäß § 13 des

Maxim Kuraner (1901 - 1978).

Eugen Hertel (1893 - 1973).

Statuts von 1931 bestand der damalige Vorstand aus neun Mitgliedern zuzüglich der Bezirkssekretäre. Von den Vorstandsmitgliedern mußten mindesten vier ihren Wohnsitz in der Chemiestadt haben. Diese vier bildeten bei Bedarf den engeren Bezirksvorstand. Im Nachkriegsapparat verlor der Ludwigshafener Ortsverein sämtliche statutarisch festgelegten Privilegien. Im ersten Nachkriegsvorstand der SPD 1946 war er zwar auch mit drei von fünfzehn Mitgliedern vertreten. Diese wurden jedoch jenseits jeder Mindestvorschrift gewählt.

Die Bewertung des Aufbaus der frühen pfälzischen SPD nach dem Kriege fällt leicht, wenn man das erste umfassendere Statut vom Mai 1948 als Ergebnis der organisatorischen Entwicklung zugrunde legt.[26] Die Umstrukturierung des Bezirksvorstands blieb, neben der Einführung von Betriebsgruppen (§ 5) auf Ortsvereinsebene, die bedeutendste Änderung. Die verhältnismäßige Vertretung der Frauen in den Leitungsgremien und Delegationen wurde entsprechend dem Westzonenstatut um zwei „Pflichtfrauen" – Luise Herklotz und Ella Weiß – im Bezirksvorstand ergänzt. Das ergab jedoch gegenüber 1931 insofern keine Veränderung, als die Zahl der Vorstandsmitglieder bis 1948 – nämlich 17 plus die Parteisekretäre – ebenfalls verdoppelt wurde. Ansonsten entsprach das Organisationsstatut von 1948 fast wörtlich den Vorschriften von 1931.

Die Mitgliederentwicklung

Nach der wechselhaften Mitgliederentwicklung in der Weimarer Republik begannen die ersten beiden Jahre nach der Wiedergründung mit einem stetigen Verlauf, weit über den Höchststand vor 1933 hinaus. Schon 1946, das Jahr der Wiederzulassung der Partei, war von einem steilen Anstieg der Mitgliederzahlen geprägt (siehe Tabelle 1). Zur Zeit des ersten Nachkriegs-Bezirksparteitags vom April 1946 in Kaiserslautern wurden 10.458 Mitglieder gezählt.[27] Zum Jahresende 1946 waren schon 20.363 Personen registriert. Der Bezirk hatte also innerhalb eines knappen Jahres seine Mitgliedschaft verdoppelt und seinen organisatorischen Höchststand der Weimarer Republik von 19.208 (1922) übertroffen. Mit dieser Entwicklung lag er über dem durchschnittlichen Trend der Gesamtorganisation der Westzonen. Diese Tatsache bewog Alfred Nau, Mitglied des Parteivorstandes, die Pfalz in seinem Organisationsbericht auf dem Parteitag in Nürnberg 1947 ausdrücklich hervorzuheben.[28]

Eine Erklärung für diesen Aufschwung fällt schwer. Die Verantwortlichen führten die Zunahme in der gesamten Westzonen-SPD zum Teil auf die Bevölkerungsentwicklung zurück.[29] Die Westzonen verzeichneten 1946 trotz des Krieges gegenüber 1931 einen Bevölkerungszuwachs von 14,1 Prozent. Die Mitgliederentwicklung der SPD lag also rein statistisch gesehen nur 4 Prozent über der „natürlichen" Bevölkerungsentwicklung. Ursachen für den Anstieg der Einwohnerzahl waren zum einen die Zuwanderung von Flüchtlingen aus den ehemals deutschen Gebieten östlich von Oder und Neiße und zum anderen der Zuzug aus dem Ausland. Seit 1939 ergab sich alleine durch die beiden Bevölkerungsgruppen ein Zuwachs von 6,2 Millionen Menschen. Die Flüchtlinge, die mehr als die Hälfte der Zuwanderer ausmachten, waren auch bei der Formierung der SPD engagiert.[30] In der Pfalz bestand hingegen kein Zusammenhang zwischen Mitglieder- und Bevölkerungsentwicklung. Hier war nämlich gegenüber 1931 sogar eine Abnahme der Einwohnerschaft um 20.000 Personen zu verzeichnen. Die Zahl der Zuwanderer war

Protokoll der ersten Mitgliederversammlung des SPD-Ortsvereins Freinsheim vom 10.3.1946.

ebenfalls wesentlich geringer als im Durchschnitt der Westzonen. Deren Engagement kann also nur einen Bruchteil des Mitgliederzuwachses erklären. Es muß wohl auch die weite Verbreitung von SPD-Ortsvereinen herangezogen werden, die den persönlichen Kontakt zur Bevölkerung herstellten und durch Versammlungen einen Großteil der Parteiwerbung leisteten. Gerade in der von der zerstörten Infrastruktur geprägten Nachkriegszeit waren sie das wichtigste Sprachrohr der Partei.

Ende 1946 hatte die pfälzische SPD 330 Ortsvereine, 1931 waren es 235 gewesen. Das bedeutet, daß sie in über der Hälfte (52,8%) der 625 pfälzischen Gemeinden vertreten war und damit die viertgrößte Ortsvereinsdichte in den Westzonen besaß. Auf dieser organisatorischen Basis meldeten die Pfälzer dem Parteivorstand für 1946 1.000 abgehaltene Versammlungen mit insgesamt 90.000 Teilnehmern.[31] Die Ortsgruppen konnten die Aktivitäten bis in die kleinsten Gemeinden tragen. Vor den Gemeinde- und Kreisversammlungswahlen 1946 wurden beispielsweise in Kirchheimbolanden, einem kleinen Unterbezirk mit 724 Mitgliedern, von August bis Oktober 16 Versammlungen organisiert. Jedes Wochenende waren Redner in Dörfern unterwegs, die zum Teil weniger als 100 Haushalte zählten, um für die Wahl und die Mitarbeit in der Partei zu werben.

Neben der Basisarbeit der Ortsvereine trugen auch gezielte Werbeaktionen zum Mitgliederzuwachs bei. 1947 wurde dadurch nach eigenen Angaben über ein Drittel der Neueintritte erreicht und die Mitgliederzahl bis auf 25.932 gesteigert. Die Anzahl der Lokalvereine stieg im selben Zeitraum auf 352. Die Entwicklung der Mitglieder und der Ortsvereinsdichte lag damit weiterhin über den Zahlen der Westzonen-SPD.[32]

Die Quellen geben natürlich keinen Aufschluß über die Zahl der Neumitglieder, die sich der Partei möglicherweise nur anschlossen, weil sie sich Vorteile bei der Entnazifizierung oder die Vermittlung eines Arbeitsplatzes erhofften. Auf dem Bezirksparteitag 1948 wurde allerdings beklagt, daß das Potential Aktiver nicht viel größer sei als 1933. Die Parteisekretariate seien zu „Rechtsanwaltsbüros und Wohlfahrtsämtern" geworden, viele Mitglieder hätten die Auffassung, „daß sie erst etwas von der Partei erhalten müßten, bevor sie selbst in der Partei mitarbeiten".[33]

Die Mitgliederstruktur

Die Folgen des Krieges auf die Struktur der Bevölkerung von Rheinland-Pfalz waren gravierend und wirkten sich in allen Landesteilen gleichermaßen stark aus. Für die Pfalz ermittelte die Nachkriegsstatistik keine auffällig abweichenden Daten. Die Altersgruppe der zwischen 20 und 30 Jahre Alten, die durch den Geburtenausfall des ersten Weltkrieges schon geschwächt war, wurde weiter dezimiert und stellte 1946 12,5 Prozent der Nachkriegsbevölkerung. Dasselbe Schicksal traf auch die zwischen 30 und 40 Jahre Alten, die 1946 gerade noch 14 Prozent ausmachten. Der Anteil der Jugendlichen zwischen 6 und 14 Jahren betrug 24,9% der rheinland-pfälzischen Bevölkerung. Die Zahl der Männer nahm kriegsbedingt um 16,9% gegenüber 1939 ab. Dadurch ergab sich für die Nachkriegszeit ein großer Überschuß an Frauen. Diese stellten 55,6% der gesamten Einwohnerschaft. Noch deutlicher wird der Frauenüberhang, wenn man sich die 20 bis 40jährigen betrachtet. Dort stieg der weibliche Anteil auf 63,7% an, trafen auf 100 Männer dieses Alters durchschnittlich 175 Frauen. Der für das politische Leben relevante

Teil der wahlberechtigten Frauen über 20 Jahren betrug 1946 58,5 Prozent der Bevölkerung von Rheinland-Pfalz.[34]

Über die Alters- und Berufstruktur der pfälzischen SPD der ersten Nachkriegsjahre liegen keine umfassenden Daten vor. Aber immerhin existieren entsprechende Angaben über den Bezirksvorstand und die Leitungen der Unterbezirke für 1947, die, kombiniert mit den Informationen über die SPD-Vertreter in der Beratenden Landesversammlung von 1946/47 und im ersten rheinland-pfälzischen Landtag, zumindest ein Bild über die mittlere und höhere Leitungsebene in der Region geben.[35]

Der Altersdurchschnitt des Bezirksvorstandes betrug 1947 45 Jahre, der der Unterbezirksvorstände 48,5. Bei den Unterbezirksvorsitzenden verschiebt sich der Mittelwert auf 52,5 Jahre. Die sozialdemokratischen Vertreter waren in der Landesversammlung durchschnittlich 50,6 und im Landtag 50,9 Jahre alt. Danach scheint die in der Literatur[36] festgestellte Überalterung des Mitglieder- und Funktionärskaders nicht so ohne weiters greifbar. Bei einer differenzierteren Betrachtung der altersmäßigen Zusammensetzung der verschiedenen Gremien bzw. Funktionsträger ergibt sich folgendes: Von den 19 Delegierten der Landesversammlung waren zwölf älter als 50 Jahre (63,2%), von den 14 Landtagsabgeordneten war dies bei acht Personen der Fall (57,1%). In den Unterbezirksleitungen stellten die über 40jährigen 80 Prozent, die über 50jährigen noch fast die Hälfte (48,8%) aller Funktionsträger. Im 17köpfigen Bezirksvorstand waren elf älter als 40

Tabelle 1: Mitgliederbewegung 1931/32 und 1946/47

Unterbezirk	12/1931	12/1932	06/1946	12/1946	06/1947	12/1947
Bergzabern	447	407	561	732	880	1.025
Frankenthal	2.077	1.994	1.005	1.279	1.411	1.643
Germersheim	520	494	130	273	-	-
Grünstadt	328	274	368	575	676	722
Kaiserslautern	1.618	1.632	1.777	2.707	3.278	3.673
Kandel	-	-	227	375	405	529
Kirchheimbolanden	328	332	374	724	815	872
Kusel	492	417	247	667	765	800
Landau	641	487	782	1.225	1.402	1.587
Landstuhl	343	297	112	169	275	189
Ludwigshafen	4.456	4.215	2.457	3.844	4.404	4.435
Neustadt	1.025	902	1.181	1.867	2.209	2.523
Pirmasens	1.216	942	1.858	2.453	2.894	3.228
Rockenhausen	299	227	388	525	653	692
Speyer	867	883	1.155	1.725	2.136	2.424
Waldmohr	-	-	203	314	335	432
Zweibrücken	414	437	602	909	1.057	1.158
Gesamt	**15.071**	**13.940**	**13.427**	**20.363**	**23.595**	**25.932**

Quellen: SPD-Pfalz, Geschäftsberichte 1931/32; Abrechnungsbücher der SPD-Pfalz, in: AsD, Bestand Bez. Pfalz, Nr. 0778 (1946) und Nr. 0779 (1947).

Jahre (64,7 %) und sechs Genossen überschritten das Alter von 50 Jahren (35,2 %). Im Vergleich dazu hatten in der pfälzischen Nachkriegsbevölkerung die über 50jährigen einen Anteil von lediglich 25 Prozent.

Wenn auch zu veranschlagen ist, daß das Alter der führenden Politiker einer Mitglieder- und Traditionspartei wie der SPD schon alleine aufgrund des langewährenden innerparteilichen Aufstieges höher lag als das Durchschnittsalter der gesamten Mitgliedschaft, so sind die wenigen Zahlenangaben doch ein Indiz für die tendenzielle Überalterung der Partei. Die Angaben zur Altersstruktur der Unterbezirksleitungen unterscheiden sich bei den bis zu 35jährigen nur geringfügig von denen, die im Organisationsbericht des Bezirksparteitages 1948 über die Gesamtmitgliedschaft gemacht wurden, so daß Rückschlüsse auf diese durchaus möglich sind. Bemerkenswert ist in diesem Zusammenhang, daß nur 44 Prozent aller Delegierten der pfälzischen Frauenkonferenz vom 8. Juni 1947 älter als 40 Jahre waren.[37]

Die vorliegenden Informationen über die Berufsstruktur können nicht als repräsentativ für die pfälzische SPD gelten. Sie beruhen weitgehend auf Selbstauskünften und treffen keine Unterscheidung zwischen erlerntem und ausgeübtem Beruf. Gerade eine sozialdemokratische Parteilaufbahn führte häufig über die Facharbeitertätigkeit oder eine handwerkliche Ausbildung in ein Angestelltenverhältnis in Gewerkschaften oder in der Partei selbst. So gliederten sich die 84 Mitglieder der Unterbezirksleitungen in 22 Arbeiter und Handwerker, 39 Angestellte, vier Beamte, 17 Selbständige, einen Invaliden und eine Hausfrau. In Bezirksvorstand, Fraktionen von Landesversammlung und Landtag ergaben sich ähnliche Verhältnisse. Das Führungskorps der pfälzischen Sozialdemokratie läßt somit eine gemischte Berufstruktur erkennen, in der die Arbeiterschaft zwar repräsentiert wurde, in der jedoch Handwerker und Angestellte stark, Landwirte kaum vertreten waren.[38]

Die Organisation der Frauen

Während die Mitgliederentwicklung der pfälzischen SPD nach dem Krieg im allgemeinen über dem Durchschnitt der der Gesamtpartei lag, ist dies für den Frauenanteil nicht festzustellen. Ende 1946 machten 2.445 Frauen lediglich 12 Prozent der Gesamtmitgliedschaft aus. Die Rate lag damit drei Prozent unter dem Durchschnitt der Westzonenpartei und vier hinter der Relation am Ende der Weimarer Republik.[39] Die Dinge bewegten sich 1946 nicht über diesen Rahmen hinaus, so daß anzunehmen ist, daß die Partei in dieser Frühphase nur wenige Frauen außerhalb der traditionellen Klientel erreichen konnte.

Der – gemessen an den Verhältnissen in der Gesamtbevölkerung – niedrige Anteil der Frauen blieb den Funktionären nicht verborgen. Auf dem Bezirksparteitag 1947 wurde das Problem deutlich angesprochen und es wurden die ersten Schritte vorgestellt, die im zurückliegenden Jahr zur Heranführung der Frauen an die Partei unternommen worden waren. Den Delegierten war klar, daß die folgenden Wahlen nur mit den Stimmen der weiblichen Bevölkerung zu gewinnen waren. Die Pfälzer blieben jedoch auch 1947 hinter dem Stand der Gesamtorganisation in den Westzonen[40] und auch hinter den Vorkriegszahlen zurück. Die schwierigere Werbung von Frauen in ländlichen Parteibezirken, die auf dem Bezirksparteitag 1948 später bedauert wurde, schien bei differenzierter Betrachtung der Mitgliederzahlen bestätigt zu werden. Die weibliche Mitgliedschaft konzentrierte sich zahlenmäßig und auch relativ auf die größten Unterbezirke. Ludwigshafen, Kaiserslautern, Pirmasens und Speyer, städtisch geprägte Unterbezirke, deren Ortsvereine auch vor 1933 das größte Kontingent gestellt hatten, verzeichneten 1946 fast drei Viertel (73,1 %) und 1947 immer noch über zwei Drittel (69,8 %) aller pfälzischen SPD-Frauen. Das starke Stadt-Land-Gefälle verdeutlichen die eher ländlich geprägten Unterbezirke Bergzabern, Grünstadt, Kandel, Kirchheimbolanden und Rockenhausen, die sich zwischen einem und sechs Prozent bewegten. Im Unterbezirk Landstuhl gab es 1946 keine einzige Frau.

Der geringe Zuwachs war sicherlich nicht zuletzt auf die etwas verspätete Bildung einer Frauenorganisation in der pfälzischen SPD zurückzuführen. Den Frauen war zwar im Statut von 1946 eine ihrer Anzahl adäquate Vertretung in den Leitungen der Parteiorganisation zugesichert worden, die ersten weiblichen Mitglieder wurden jedoch mit Luise Herklotz und Ella Weiß erst 1947 in den Bezirksvorstand gewählt. 1946 war, der Erklärung des Vorsitzenden Franz Bögler zufolge, noch nicht klar, welche Frauen in der Partei entsprechende politische Qualitäten besäßen.[41]

Der erste Versuch, sozialistisch gesinnte Frauen zu erfassen, ging in der Pfalz allerdings nicht von der SPD aus. Am 23. Januar 1946 reichte Marta Bökenkrüger in Neustadt den Antrag zur Genehmigung einer sozialistischen Frauenbewegung ein, in der jede Frau mitarbeiten konnte, die sich in „sozialistischem und demokratischem Sinne"[42] engagieren wollte. Die Organisation wollte sich für eine demokratische Erziehung, Völkerverständigung und die Interessen der Frauen im öffentlichen Leben einsetzen. Diese Forderungen wurden später auch in der sozialdemokratischen Frauenbewegung vertreten. Die zu diesem Zeitpunkt provisorische Leitung der pfälzischen SPD war jedoch nicht bereit, eine überparteiliche Formation zu akzeptieren. Eine Frauenbewegung im sozialistischen Sinne könnte nur aus der Partei entstehen und sollte sofort nach deren Lizenzierung gebildet werden.[43] Bis zur Verwirklichung dieser Ankündigung dauerte es allerdings noch bis Mitte des Jahres 1946. Auf dem Bezirksparteitag im April 1946 stand das Thema Frauenorganisation noch nicht auf der Tagesordnung, wenngleich einzelne Delegierte betonten, daß die Gewinnung der Frauen für die Zukunft der Partei entscheidend sein würde. Erste organisatorische Konsequenzen dieser Auffassung ergaben sich auf einer Sitzung des Parteiausschusses im Mai 1946. Dort wurde der Vollzug des neuen Bezirksstatuts angekündigt, demzufolge zwei Frauen in den Vorstand delegiert werden sollten. Die Kandidatinnen waren auf einer einzuberufenden Frauenkonferenz zu bestimmen.[44]

Diese Landesfrauenkonferenz, die den Beginn der Frauenorganisation in der pfälzischen SPD markiert, fand dann am 7. Juli 1946 statt.[45] Die Delegierten wählten einen Landesfrauenausschuß sowie die beiden Vertreterinnen für den Bezirksvorstand. In Zusammenarbeit mit der ebenfalls beginnenden Formierung der Frauen auf der Ebene der Westzonen-SPD legten die Pfälzerinnen ihre Leitlinien fest. Auf der ersten westzonalen Frauenarbeitstagung am 5. und 6. November 1946 in Frankfurt, zu der Luise Herklotz delegiert war, beschlossen die Sozialdemokratinnen, daß sie in der SPD keine Einzelkörperschaft bilden, sondern die Partei vor Ort ergänzen sollten. Darüber hinaus wurde keine überparteiliche Frauenorganisation akzeptiert. Es herrschte die Überzeugung, daß eine Vertretung der Frauenrechte durch die SPD ausreichend gewährleistet wäre.[46] Nachdem die pfälzische SPD schon Anfang 1946 die überparteiliche sozialistische Frauenbewegung abgelehnt hatte, übernahmen die Sozialdemokratinnen diese traditionelle Sichtweise in einer Entschließung der regionalen Frauenkonferenz im Juni 1947. Die Frauenorganisation sollte keine Sonderstellung einnehmen, da es keine „Frauen- und Männerinteressen (gäbe), die nicht gleichzeitig allgemeine Interessen"[47] wären. Diese Überzeugung war jedoch nicht ohne weiteres in verantwortliche Mitarbeit umsetzbar. Die regionale Parteiführung verstand die politische Beteiligung der Frauen an wichtigen Funktionen als Schaffung „politischer Lehrlingsstellen".[48] So war es nicht verwunderlich, daß auch bei den Wahlen zu den Gemeinderäten und Kreisversammlungen 1946 nur 14 Frauen in ein solches Amt gewählt werden konnten. Die Verteilung von zwölf Stadt- und zwei Kreisrätinnen unterstreicht überdies das Stadt-Land-Gefälle in der weiblichen Mitgliedschaft. Dasselbe Ergebnis zeigten auch die Wahlen zum ersten rheinland-pfälzischen Landtag, in den mit Ella Weiß lediglich eine Sozialdemokratin für die Pfalz einziehen konnte. Auf einer Bezirksvorstandssitzung im März 1947 wurden zwar drei Listenplätze vorgesehen, doch war nach eigener Einschätzung der Parteileitung nur ein Platz aussichtsreich.[49] Vor der Landtagswahl hatte die Delegation von zwölf Frauen zum Bezirksparteitag 1947 ebenfalls keine erwähnenswerte Verbesserung der Vertretung in wichtigen Parteigremien gebracht.

Im Ausblick zeigt sich, daß auch die Organisierung der Frauen in den Unterbezirken der Pfalz schwer voranzutreiben war. Im Vorfeld einer speziellen Werbewoche sollte auf Beschluß des Parteivorstands Ende 1947 in jede Unterbezirksleitung eine Frau zur Koordination der Frauenarbeit aufgenommen werden. Nachdem dieser Beschluß in einem Rundschreiben im Oktober den Unterbezirken mitgeteilt und ausdrücklich betont wurde, daß die Unterbezirksleiterin nicht dem Amt eines Unterbezirksleiters entsprach, konnten bis zum Bezirksparteitag 1948 lediglich drei Unterbezirke die Besetzung der Stellen melden. Es gab allerdings auch von Seiten der Frauen Hindernisse. Für die Besetzung eines Frauensekretariats beim Bezirksvorstand, das die Arbeit mit den Unterbezirken und Ortsvereinen, aber auch mit dem Frauenbüro beim Parteivorstand in Hannover koordinieren sollte, konnte bis zum Bezirksparteitag 1948 keine geeignete Genossin gefunden werden.[50] Das Sekretariat war zuvor schon im Februar 1947 vom Bezirksvorstand gebilligt worden und sollte im Juni auf der pfälzischen Frauenkonferenz besetzt werden.

Die Sozialdemokratinnen selbst waren mit der Quotierung in wichtigen Parteiämtern nicht zufrieden. Solange sie notwendig war[51], konnte von einer gleichberechtigten Mitwirkung nicht die Rede sein. Zu dieser Unzufriedenheit trugen sicherlich auch Äußerungen der Parteiführung bei, die schwer mit dem Ziel einer gleichberechtigten Beteiligung zu vereinbaren waren.[52] Die offensichtlich verbreitete traditionelle Rollenverteilung in der Parteiarbeit wurde allerdings auch von Genossinnen gestützt. Aenne Rumetsch, späteres Mitglied des Bezirksfrauenausschusses, bezeichnete im Juni 1946 die Arbeiterwohlfahrt als ureigenes Betätigungsfeld der Frauen.

Aus heutiger Sicht ist jedoch das damals adäquate Maß an traditioneller Frauenpolitik, das notwendig war, um die Frauen erfolgreich anzusprechen, schwer zu bestimmen. Im Vordergrund sollte ja nicht alleine die innerparteiliche Frauenfrage stehen, sondern die Werbung um den größten Bevölkerungsteil der Nachkriegszeit. Die

Wahlplakat der SPD von 1946.

Frauen in der SPD hatten genaue Vorstellungen über die Themen und die Art der Veranstaltungen, mit denen sie ihre Geschlechtsgenossinnen zur politischen Mitarbeit animieren wollten, der ein ausgesprochen traditionelles Frauenbild zugrunde lag.[53] Grundsätzlich sollten in allen Wahlversammlungen Frauen sprechen, wobei fünf bis zehn Minuten genug wären. Spezielle Frauenversammlungen hätten nicht den Charakter von Wahlversammlungen zu tragen. Als Alternativen wurden „Frauenfeierstunden", „Bunte Abende" oder „Bunte Nachmittage" vorgeschlagen. Für diese empfahl die Konferenz ein „künstlerisches oder auch lustiges Programm", in dem ein etwaiges politisches Referat maximal 15 bis 20 Minuten dauern sollte. Generell müßte ein wirksamer Redner – eine Rednerin war nicht selbstverständlich – in der Lage sein, auf die „üblichen 2-Stunden-Referate" zu verzichten, da die Anwesenden „neben ihrer Berufsarbeit auch noch ihre Haushaltsarbeit" zu verrichten hätten, so daß sie „auf keinen Fall in der Lage" wären, „einem stundenlangen Referat aufmerksam zu folgen". Auch der äußere Rahmen sollte stimmen. Durch geschmückte Säle und freundlichen Umgang wäre ebenso zu beeindrucken wie durch den Inhalt der Veranstaltung. Zudem wurden Schulungen eigens für „Straßen- und Hausagitation" empfohlen, um den Frauen in den täglichen Warteschlangen vor Geschäften und öffentlichen Verkehrsmitteln die Ursache der Mißstände erklären und für die Lösungsvorschläge der SPD werben zu können.

Die politischen Themen, mit denen der weibliche Nachwuchs oder Wählerinnen geworben werden sollten, entsprachen ebenfalls nicht der postulierten Interessengleichheit der Geschlechter. Sie stammten größtenteils aus dem traditionellen Aufgabengebiet der Hausfrau und Mutter.[54] Im Vordergrund standen Fragen der Ernährung, der Wohnraumsicherung und der Erziehung. Der Appell an die Erziehungsfunktion der Frau spielte ebenfalls eine wichtige Rolle, denn in der Pfalz war die brennende Frage: „Für oder gegen die Bekenntnisschule" zu entscheiden. Weitere spezifische Forderungen waren die der Freilassung der Kriegsgefangenen, aber auch die Aufnahme von Flüchtlingen und ihre Anerkennung als deutsche Staatsbürger. Generell glaubte man, daß Friedenspolitik und Völkerverständigung das höchste Ziel der Frauen sei, die als Hinterbliebene von Vermißten und Gefallenen am stärksten unter Krieg und Kriegsfolgen zu leiden gehabt hatten.[55] Neben den Hausfrauen vergaß man keineswegs die Gruppe der berufstätigen Frauen. Deren Zahl war durch den Tod oder die Gefangenschaft der Männer, infolge des Zwanges, selbst für den Lebensunterhalt zu sorgen, stark gestiegen. Und für sie wurde nach der politischen jetzt auch die wirtschaftliche Gleichberechtigung gegenüber den Männern gefordert. Den Frauen sollten alle Berufe vom Arbeiter bis zum Akademiker sowie alle daran anschließenden Fortbildungsmöglichkeiten geöffnet und gleicher Lohn für gleiche Arbeit garantiert werden. Gerade die organisatorische Erfassung der berufstätigen Frauen war vor 1933 ein Problem der pfälzischen SPD gewesen, dem man durch diese Politik zu begegnen hoffte. Noch bevor die erste Reichsfrauenkonferenz 1947 das Thema behandelte, stellte Luise Herklotz die Änderung des § 218 zur Diskussion. Anlaß zur Legalisierung einer medizinischen und sozialen Indikation[56] bot die Not der Nachkriegszeit in ihren Augen in ausreichender Weise.

Die frühe sozialdemokratische Frauenarbeit in der Pfalz bewegte sich in einem Spannungsfeld zwischen Ausweitung der politischen Gleichberechtigung in der Partei und der wahltaktischen Umwerbung der Frauen. Zum Ergebnis der letztgenannten Aufgabe existieren nur wenige, beschränkt aussagefähige Daten für das Stadtgebiet Ludwigshafen. Dort erhielt die SPD bei den Gemeinderats- und Kreisversammlungswahlen 1946 42 beziehungsweise 42,8 Prozent der abgegebenen gültigen Frauenstimmen. 36 beziehungsweise 37,3 Prozent der Wählerinnen votierten für die CDU und 14 in beiden Abstimmungen für die KPD.[57] Die politische Mitwirkung in der Partei konnte hingegen nicht entsprechend den statutarischen Bestimmungen verwirklicht werden. An den Verzicht auf Quotierung repräsentativer Parteiämter, der als letzter Schritt zur Gleichberechtigung gefordert wurde, konnte ebenfalls nicht gedacht werden. Zwar waren die Frauen bemüht, in allen politischen Bereichen mitzuarbeiten, jedoch stand gerade bei der männlichen Mehrheit der Partei der Gewinn der Frauen als Wählerinnen im Vordergrund.[58]

Die Jugendarbeit

Neben der Frauenarbeit genoß auch die Jugendarbeit[59] eine Vorrangstellung in der Rekonstruktionsphase der SPD. Dabei war sicherlich nicht die Wiedererrichtung der traditionellen Strukturen die bedeutende Triebkraft. Die Jugendarbeit war zwar auch schon vor 1933 durch die Kinderfreundebewegung (6- bis 14jährige), die Sozialistische Arbeiterjugend (SAJ, 14- bis 21jährige) und die Jungsozialisten (21- bis 35jährige) in der Sozialdemokratie verankert, hatte jedoch im Bereich der Jungsozialisten mit Strukturproblemen zu kämpfen. Nachdem 1930 deren Reorganisation angekündigt worden war, beschloß der Reichsparteitag 1931 in Leipzig die Auflösung der jungsozialistischen Arbeitsgemeinschaften. Sie hatten nach Auffassung des Parteitags den Kontakt zur SPD verloren.[60]

Die sozialdemokratische Jugendpolitik rückte nach 1945 vor allem wegen der großen Nachwuchsprobleme in den Vordergrund. Die ohnehin schwache Altersgruppe der zwischen 20- und 30jährigen mußte für die Partei gewonnen und als künftige Funktionäre herangezogen werden. Anfänglich versuchte die SPD, die Jugendarbeit in allen Altersgruppen gemeinsam zu bewerkstelligen. Erst als sich herausstellte, daß sich die „Falken" entsprechend den Weisungen der Militärregierung unabhängig von der SPD gründen mußten, griff die Partei während ihrer ersten Jugendkonferenz im Juli 1946 auf alte Strukturen zurück. Die Konferenz beschloß, zur „Zusammenfassung und Schulung der jungen Menschen zwischen 20 und 35 Jahren" wieder Jungsozialistengruppen zu bilden. Es wurde festgelegt, daß die „Jungsozialisten in der SPD", so die parteioffizielle Bezeichnung, keine selbständige Organisation, sondern Bestandteil der Partei waren. Im Vordergrund ihrer Betätigung sollten traditionell die Schulung des sozialdemokratischen Nachwuchses und die „Erziehung der jungen Menschen im sozialistischen Geist" stehen.[61]

Die Falken

In der Pfalz ließ der Aufbau der jungsozialistischen Arbeitsgemeinschaften bis Anfang 1947 auf sich warten. Wenn zu einem früheren Zeitpunkt von „Jungsozialisten" geredet oder geschrieben wurde, war die Klientel der ehemaligen SAJ und Kinderfreundebewegung gemeint. Diese Organisationen waren in der Region verankert, und von ihnen gingen die sozialdemokratischen Bemühungen um den Nachwuchs aus. Erste Forderungen, die Jugendarbeit zu koordinieren, wurden aus Kaiserslautern angemeldet. Die dortigen Sozialdemokraten sahen sich auf diesem Gebiet der Konkurrenz durch die CDU ausgesetzt und wollten hier mit einer Konzentration der sozialdemokratischen Jugendpolitik antworten.[62] Am 24. März 1946 fand dann die erste Bezirkstagung der „Jungsozialisten" des Bezirks Pfalz statt. Der Name war lediglich bis zur Genehmigung der Organisation als einheitliche Bezeichnung vorgesehen.[63] Mit der Zulassung sollte die Gruppe in „Falkenbewegung" umgetauft werden. Deren Satzungsentwurf sah eine Zusammenfassung der früheren Kinderfreundebewegung und der SAJ vor. Dies bedeutete aber lediglich eine formale Änderung der traditionellen Organisation, die Bindung an die SPD wurde anfangs dadurch nicht beeinträchtigt. Die Leitung der Ortsgruppen wurde weitgehend von ehemaligen SAJ-Mitgliedern übernommen.

In einer Resolution an Bezirksvorstand und -parteitag wurde die SPD gebeten, sich mit allen Mitteln für die Genehmigung der Organisation bei den Militärbehörden einzusetzen. Für den Bezirksparteitag selbst schlug man einen separaten Tagesordnungspunkt „Partei und Jugend" vor. In der SPD trafen die Forderungen und Ziele auf offene Ohren. Schon im März 1946 hatte Franz Bögler auf einer öffentlichen Versammlung in Kaiserslautern die Wichtigkeit der Jugendpolitik für die SPD betont. Auf dem Bezirksparteitag 1946 wurden die Wünsche der „Jungsozialisten" berücksichtigt. Eines der längsten Referate war dem Thema „Sozialistische Jugendprobleme" vorbehalten.[64] Die zukünftige Entwicklung der SPD wurde darin unter anderem von der Heranführung der Jugend abhängig gemacht. Die Notwendigkeit einer sozialistischen Jugendorganisation selbst stand damit außer Frage. Der zu lösenden Probleme war sich die SPD zu diesem Zeitpunkt durchaus bewußt. Aufgrund der Erfahrungen der jungen Menschen in den Jugendverbänden der Nationalsozialisten wurde keine große Motivation zu einem erneuten Engagement in politischen Jugendbewegungen erwartet. Die Grundlage sollten deshalb zunächst die Kinder der bisherigen Parteimitglieder bilden. Nachdem sie den Apparat stabilisiert hätten, könnte die Jugend auf breiter Basis angesprochen werden. Erwin Stein plädierte später auch auf dem SPD-Parteitag 1947 für diesen Weg, um so das größte Defizit an jugendlichen Mitgliedern auszugleichen.[65]

Eine weitere wichtige Voraussetzung der politischen Jugendarbeit sollte vom Parteitag der Westzonen-SPD abgesegnet werden. An ihn richtete der Bezirksparteiausschuß die Forderung, eine differenzierte Entnazifizierung der Jugendlichen zu beschließen, um das Engagement der jungen Menschen nicht auch noch rechtlich zu erschweren. In die Entnazifizierung sollten nur die gelangen, die aktiv in der Leitung nationalsozialistischer Organisationen mitgearbeitet oder die sich eines Verbrechens schuldig gemacht hatten. Der Rest sollte als unschuldig gelten und damit zu jeder politischen Aktivität zugelassen werden.[66]

Über die Aufgaben und Ziele der Jugendarbeit waren sich Bezirksparteitag und Vorstand der „Jungsozialisten" weitgehend einig. Als Aufgabe nach außen hin wurden die Verbreitung demokratischer Regeln und die Abkehr der Jugendlichen von nationalsozialistischem und militaristischem Gedankengut hervorgehoben. Intern stand die Erziehung nach sozialistischem Gedankengut im Vordergrund.[67] Zu diesem Zweck sollte vorrangig über die Einrichtung von Spiel- und Sportplätzen, Kinder- und Ju-

Plakat zur öffentlichen Veranstaltung des SPD-Bezirks in Rockenhausen am 25.10.1947 mit Liesel Winkelsträter und Adolf Ludwig.

Wanderung der Pirmasenser Falken, um 1947.

gendheimen, Jugendherbergen und Ferienlagern die Freizeit der Kinder mitgestaltet werden, um erst einmal in Konkurrenz zu den konfessionellen Gruppen und den Sportvereinen zu treten. Bildung und Schulung folgten erst an zweiter Stelle und sollten sich behutsam über die fünf verschiedenen Altersgruppen steigern.

Je älter die Organisierten wurden, desto stärker rückte die aktive politische Teilnahme in der SPD nach vorn und desto mehr trat die reine Freizeitgestaltung zurück. Auf der 2. Bezirkstagung im Mai 1946 wurde erstmals auf die ausstehende Heranziehung der eigentlichen Jungsozialisten im Alter zwischen 21 und 35 Jahren hingewiesen, aus deren Reihen nicht nur der Funktionärsnachwuchs für die SPD, sondern auch für die Falkenbewegung rekrutiert werden sollte. Auf der zweiten Konferenz zeichnete sich ebenfalls in Berichten aus den verschiedenen Bezirken der Pfalz die Zulassung einer sozialistischen Jugendbewegung ab. In Pirmasens war sie bereits gebilligt worden. Direkt im Anschluß an die Tagung, am 8. Mai 1946, wurde die Genehmigung beantragt. In einem Schreiben teilte man der Militärregierung die Namensänderung von „Jungsozialisten" in „Falkenbewegung" mit und reichte den Satzungsentwurf ein.[68]

Die Zulassung der Falken erfolgte in der Pfalz als parteiunabhängige Jugendbewegung. Damit war die enge Zusammenarbeit, die auf der 2. Bezirkstagung durch die Mitwirkung und Ansprache des Bezirkssekretärs Kuraner dokumentiert worden war, vorerst beendet. Im August 1946 fand ein Führungswechsel statt, der das Verhältnis zur SPD zusätzlich belastete.[69] Der Bezirksvorstand bemängelte die unklare Stellung Ernst Kerns zur Partei und machte vom Verlauf der zukünftigen Zusammenarbeit einen finanziellen Zuschuß abhängig. Er sollte dem Bezirksvorstand regelmäßig Bericht erstatten und die Organisation der Falken nicht als Konkurrenz zu den jungsozialistischen Arbeitsgruppen ausbauen.

Der Konflikt mit der Parteiführung lag sicherlich auch in dem neuen Satzungsentwurf begründet, den Ernst Kern im Januar 1947 dem Bezirksvorstand übermittelte. Darin fand sich keine Passage über die Kooperation mit der SPD mehr. Die Falken waren danach mit einem eigenem Beitragswesen auch finanziell losgelöst und somit gerade bei älteren, zahlungsfähigen Mitgliedergruppen – wenige konnten sich direkt nach dem Krieg die Zugehörigkeit zu zwei Organisationen leisten – eine Konkurrenz zur Partei. Im Herbst 1947 wurden den Falken, nachdem sie ihrer Informationsverpflichtung nicht nachgekommen waren und dazu eine Landesorganisation für Rheinland-Pfalz gegründet hatten, die der SPD-Politik völlig entgegen stand, die Zuschüsse vom Bezirksvorstand kurzerhand wieder gestrichen.[70]

Erst im April 1948 konnten die Beziehungen normalisiert werden. Seine Distanz erklärte Kern im nachhinein mit dem Unwillen, die jungen Mitglieder der Falken von vornherein zur Parteiarbeit zu drängen. Die Verbindung zur SPD selbst und damit die politische Linie der Falken war seiner Meinung nach zu jedem Zeitpunkt dadurch gegeben, daß er und alle anderen Funktionäre deren Mitglieder waren.[71] In Zukunft wollten Jungsozialisten und Falken ihre Zusammenarbeit durch die gegenseitige Entsendung von Vertretern in Sitzungen und Veranstaltungen koordinieren.

Die Jungsozialisten

Der Aufbau jungsozialistischer Arbeitsgemeinschaften in der Pfalz war historisch unbelastet, begann dennoch auf Bezirksebene erst im Januar 1947. Die pfälzischen Sozialdemokraten hatten 1930 die Diskussionen auf Reichsebene wohl verfolgt und Umstrukturierungen vorgenommen. Es gab nach eigenen Aussagen keine Differenzen zwischen Parteileitung und SPD-Nachwuchs. Die beiden einzigen aktiven Gruppen in Pirmasens und Frankenthal wurden 1930 aus dem Gau Südwestdeutschland herausgelöst und ihre Leitung in den Bezirksbildungsausschuß integriert. Ihre Aktivitäten bezogen sich ohnehin ausschließlich auf den Bereich der Weiterbildung.[72] Im Geschäftsbericht des Bezirks für 1931 und 1932 fanden die Jungsozialisten dann keine ausdrückliche Erwähnung mehr.

Am 31. Mai 1946 bildete sich im Rahmen der Ortsgruppe Ludwigshafen die erste pfälzische jungsozialistische Arbeitsgemeinschaft.[73] Sie wollte eine Funktionärsausbildung in enger Zusammenarbeit mit den Kulturverantwortlichen der SPD aufziehen, orientierte sich also offensichtlich an den Strukturen, die vor 1933 bestanden hatten. Die Ludwigshafener baten den Bezirksvorstand, das relevante Material an sie weiterzuleiten und wollten auch den Kontakt zu anderen Orten aufnehmen. Doch mit diesem Engagement konnten sie noch keinen systematischen Aufbau in der Pfalz auslösen und koordinieren. Der begann erst am 17. Januar 1947 von Neustadt aus. In einem Rundschreiben wurden alle Ortsvereine und Unterbezirke aufgefordert, ihre 18- bis 35jährigen Mitglieder in Jungsozialistengruppen zusammenzufassen. Schon zu diesem Zeitpunkt stand eine eigene Organisation außer Frage, die konzeptionellen Vorstellungen orientierten sich an den Vorgaben des Parteitags in Hannover.[74] Die Gruppen sollten ausdrücklich Teil der SPD sein und waren dazu bestimmt, das Nachwuchsproblem durch „den Einbruch in die Kriegsgeneration" zu lösen.

Bis Ende Februar hatte die Tätigkeit in 50 Orten begonnen, so daß die Koordination der Arbeit der verschiedenen Gruppensprecher notwendig wurde. Deren Konferenz im März 1947 bestimmte zur Leitung der Arbeitsgemeinschaften einen Bezirksarbeitsausschuß und gleichzeitig die jungsozialistischen Delegierten zum 40. Bezirksparteitag und zur 1. Reichskonferenz der Jungsozialisten.[75] Hauptthemen waren neben organisatorischen Fragen die bevorstehende Verpflichtung der Jugend zu einem Aufbaudienst. In einer Resolution an den Bezirksvorstand forderte man zur Vertretung und zur politischen Ausbildung der Jungsozialisten die Aufnahme der Gruppensprecher in die entsprechenden Ortsvereine. Ein solches Volontärsystem zur schnellstmöglichen Heranbildung junger fähiger Funktionäre war schon auf der ersten westzonalen „Zentralen Arbeitstagung der Jungsozialisten" verlangt worden. Sozialdemokratische Funktionäre in Partei, Politik und Verwaltung sollten es sich zur Aufgabe machen, einen Jungsozialisten in einer Art Patenschaft bei ihrer täglichen Arbeit auszubilden.[76] Wolfgang Günther, der zur Tagung delegiert worden war, brachte diesen Vorschlag gleich auf der folgenden Sitzung des Bezirksvorstands ein.

Damit hatte die Partei jedoch Schwierigkeiten, und so wurde das Thema auf den Bezirksparteitagen 1947 und 1948 wieder neu diskutiert. Einen Fürsprecher seiner Vorschläge hatte Günther vor allem im Bezirksvorsitzenden Bögler, der, wie bei den Frauen, auch bei den Jungsozialisten für die Einrichtung politischer Lehrlingsstellen warb. Er verteidigte diesen Vorschlag ausdrücklich mit dem kriegsbedingten Funktionärsmangel. Die SPD könne nicht fünf Jahre warten, bis die Jungen den traditionellen Weg durch die Partei genommen hätten. Er wollte junge Leute in Spitzenpositionen der SPD holen und dabei auch mögliche Ausfälle riskieren.[77] Anfänglich schien das Vorhaben mit der Unterstützung Böglers erfolgreich zu sein. 1947 wurden mit Kurt Ameis, Oskar Böhm und Luise Herklotz drei Jungsozialisten in den Bezirksvorstand gewählt. Auch in neun von sechzehn Unterbezirksleitungen waren sie vertreten. Damit hatte sich das Konzept jedoch noch nicht durchgesetzt. Skepsis gegenüber solchem Vorgehen war nicht nur unter alten Genossen verbreitet, deren Parteikarriere traditionell durch die Hierarchie der Umfeldorganisationen wie Arbeitersport, Arbeiterwohlfahrt oder über die örtliche Parteijugend in den Ortsvorstand und erst dann auf höhere Ebene geführt hatte. Auch Erwin Stein, der jugendpolitische Beauftragte des Bezirksparteitags 1946, selbst erst 37 Jahre alt, warnte vor steigenden Ansprüchen gegenüber der Partei. Die jungen Funktionärsanwärter sollten sich „Vertrauen und ehrenvolle Funktionen durch vorherige opferreiche Kleinarbeit erkämpfen".[78]

Infolge des etwas späteren Beginns jungsozialistischer Bestrebungen in der Pfalz war es möglich, Fehler, die in anderen Besatzungszonen anfänglich gemacht wurden, zu vermeiden. 1946 bestand die vorrangige Aufgabe in der Schulung der Mitglieder.[79] Im Laufe des ersten Jahres bemerkte man jedoch, daß mit diesem Programm außer Parteikarrieristen kaum junge Leute, vor allem keine Nichtmitglieder, zu interessieren waren. Im Laufe des Jahres 1947 wurden deshalb die Aktivitäten auch auf die unpolitischen Bereiche gemeinsamer Freizeitaktivitäten und einfacher Abendunterhaltung ausgedehnt. Mit diesem Schritt hatten viele ältere Sozialdemokraten Schwierigkeiten. Wenn sie ihren „politkampferprobten" Referenten Parteiwerbung vor einer „schwitzenden, tanzlustigen Jugend"[80] überhaupt zumuten wollten, dann sollten diese Tanzabende doch nicht zu stark angewandt werden, denn „diese Dinge [waren] die Mittel und Methodik des Kapitals". Trotz der Berührungsängste konnten die pfälzischen Jungsozialisten von Anfang an auch unterhaltende Aktivitäten in ihr Programm aufnehmen. Die wichtigsten politischen Themen waren die Frage des Wiederaufbaudienstes und der Schulpolitik. Intern verlangten die Jungsozialisten von der Partei, in der bald erscheinenden Parteizeitung „Die Freiheit" eine Beilage speziell für die jüngeren Leser zu gestalten[81] und sie generell bei Schulungen vorzuziehen. Ferner bemängelten sie die schlagwortartige Sprache der Referenten und forderten für Nachwuchsveranstaltungen eine verständlichere Ausdrucksweise, die Rücksicht auf die fehlende politische Bildung der jungen Menschen und ihre Scheu gegenüber den vielen „-ismen"[82] der Vergangenheit und Gegenwart nahm. Auch den unterrepräsentierten Frauen galt die Aufmerksamkeit interner Auseinandersetzungen. Sie sollten bei der Themenauswahl jungsozialistischer Diskussionsabende stärker berücksichtigt werden, um über die bloße Sammlung von vorwiegend älteren Frauen, die schon vor 1933 aktiv waren, hinauszukommen.

Die Themen und Ziele der Jungsozialisten schienen anfänglich die jungen Leute zu mobilisieren. Innerhalb von zwei Jahren wuchs die Zahl der Ortsgruppen von 22 (1946) auf 48 (1947).[83] Im Vergleich zu den zwei aktiven Gruppen, die es vor 1933 in der Pfalz gegeben hatte, war dies gewiß ein Erfolg. Es herrschte jedoch Unzufriedenheit mit der Aktivierung des Mitgliederpotentials. Obwohl Ende 1947 nahezu 4.000 Mitglieder der pfälzischen SPD zwischen 21 und 35 Jahre alt waren, konnte die Zahl von 1.000 organisierten Jung-

sozialisten zwischen den Bezirksparteitagen 1947 und 1948 nicht erhöht werden. Außerdem arbeiteten von diesen nur wenige aktiv mit. Der Ortsverein Ludwigshafen ermittelte – neben fehlenden politischen Fähigkeiten – als Ursache vor allem mangelnde Bereitschaft der Verantwortlichen, einfache Arbeiten zu delegieren. Zudem wurden die Jüngeren mit dem Hinweis auf ausstehende persönliche Reife bewußt von wichtigen Tätigkeiten ferngehalten, was eindeutig im Widerspruch zu den Vorgaben der Bezirkspolitik stand.

Die Delegation von Verantwortung und die Einbeziehung Außenstehender durch unterhaltende unpolitische Freizeitaktivitäten blieben umstrittene und kaum realisierte Konzepte. Die Bewegung stagnierte. Ende 1950 existierten lediglich noch zwölf aktive Gruppen in der Pfalz.[84]

Die SPD in den Wahlen 1946 und 1947

Nach der späten Zulassung politischer Betätigung wurde die Bevölkerung von Rheinland-Pfalz innerhalb von acht Monaten zu fünf Abstimmungen aufgerufen: am 15. September 1946 fanden die Wahlen zu den Gemeinderäten, am 13. Oktober die zu den sogenannten „Kreisversammlungen" und am 18. Mai 1947 die zum rheinland-pfälzischen Landtag statt (siehe Tabelle 2). An diesem Tage wurden zugleich Voten über die Verfassung und speziell zu ihrem dritten Abschnitt über „Schule, Bildung und Kulturpflege" durchgeführt.[85]

Nach der politischen Entmündigung in der Zeit der nationalsozialistischen Herrschaft war die Wahlbeteiligung bei den Gemeindewahlen mit 87,9 Prozent im Land und mit 90,3 in der Pfalz sehr hoch. Sie verringerte sich bei den folgenden Kreis- und Landtagswahlen auf etwa 78 Prozent. Der Vergleich zwischen den Stadt- und

Landkreisen ergibt hinsichtlich Wahlbeteiligung und Abgabe ungültiger Stimmen keinen Unterschied. Hervorzuheben ist, daß beim Wahlverhalten der konfessionsgebundenen Bevölkerungsgruppen die Traditionen der Weimarer Republik erhalten geblieben waren. Je höher der katholische Bevölkerungsanteil in einem Regierungsbezirk war, desto größer war der Wahlerfolg der religiös gebundenen Parteien, in der Nachkriegszeit also der der neugegründeten CDU.[86] Wie stellt sich nun unter diesen Voraussetzungen das Abschneiden der SPD dar, hatte sie ein Mandat zur Umsetzung ihres politischen Führungsanspruches[87] er-

immerhin um vier Prozent gestiegen, der Abstand zur CDU verringert. Ansonsten fanden die Ergebnisse der beiden ersten Wahlen in den Vorstandssitzungen wenig Resonanz. Dies ist ein Zeichen dafür, daß organisatorische Probleme, politische Fragen wie Landesgründung und zukünftige Regierungsbeteiligung und vor allem die anstehenden Landtagswahlen im Vordergrund standen. Für diese rechnete der Bezirksparteitag 1947 mit der Chance, zur stärksten Partei in der Pfalz zu werden.[90] Dafür sollte der Wahlkampf generalstabsmäßig geplant werden. Im April trafen sich die Bezirksvorstände der französischen Be-

Tabelle 2: Wahlergebnisse in der Pfalz 1946/1947 (Angaben in %)

	Gemeindewahlen 15.09.1946	Kreisversammlungswahlen 13.10.1946	Landtagswahlen 18.05.1947
SPD	32,5	36,5	41,1
CDU	39,1	42,4	36,1
KPD	9,3	9,9	12,4
Sonstige	19,1	11,2	10,4

Quelle: Statistisches Landesamt Rheinland-Pfalz, 1948, S. 30 ff.

halten und trug ihre rasche Rekonstruktion Früchte?

Bei den Wahlen von 1946 konnte die pfälzische Sozialdemokratie ihren fortgeschrittenen Apparat nicht nutzen, zumindest verfehlte sie ihr angestrebtes Ziel, in der Region stärkste Partei zu werden. Im Gegenteil: Von den Gemeinderatswahlen zu den Kreisversammlungswahlen sank die absolute Zahl der auf sie entfallenen Stimmen infolge der gesunkenen Wahlbeteiligung.[88] Dennoch zeigte sie sich mit dem Wahlausgang zufrieden. Man verstand sich als „Partei der materiell Benachteiligten", die trotz technischer Probleme im Wahlkampf einen guten Erfolg erzielt hatte.[89] Der prozentuale Stimmenanteil der SPD war

satzungszone mit Kurt Schumacher und Alfred Nau in Neustadt zur Regelung der nötigen Unterstützung aus Hannover.

1947 kehrten sich die Mehrheitsverhältnisse in der Pfalz um. Die SPD ging als Siegerin aus den Landtagswahlen hervor und wurde mit 41,1 Prozent der Stimmen stärkste Partei. Dies war zweifellos ihrem flächendeckenden Wahlkampf zu verdanken. Ferner votierte das pfälzische Wahlvolk bemerkenswert klar gegen die Verfassung – mit 59 % Neinstimmen – und mit 63,2 Prozent der Stimmen gegen die von der CDU vorgelegten Schularartikel.

Der Anteil der Bevölkerung, der die Zustimmung versagte, überstieg die SPD-Wählerschaft also um mehr als 18, in der

Ralf Hundinger

Tabelle 3: Wahlergebnisse der SPD 1932, 1946/47 und Volksabstimmungen 1947
(Angaben in %)

	Reichstags-wahlen 31.7.32	Gemeinde-wahlen 15.9.46	Kreis-wahlen 13.10.46	Landtags-wahlen 18.5.47	Volksabstimmungen gültige Nein-Stimmen	
					Verfassung	Schule
Kreisfreie Städte						
Frankenthal	34,0	37,9	44,3	48,4	73,1	76,6
Kaiserslautern	23,3	34,8	36,0	44,2	64,0	77,4
Ludwigshafen	28,0	43,1	44,7	46,6	71,4	74,2
Neustadt	15,5	30,7	33,9	39,1	69,7	76,8
Pirmasens	12,9	32,3	30,7	39,7	61,5	66,7
Speyer	27,8	39,9	41,5	44,3	61,0	63,3
Zweibrücken	16,9	37,4	36,9	42,2	65,3	73,3
Landkreise						
Bergzabern	9,7	22,0	32,3	33,2	50,6	51,9
Frankenthal	28,7	41,7	44,4	47,1	68,8	72,2
Germersheim	11,4	16,8	27,1	32,0	43,1	42,5
Kaiserslautern	11,4	28,8	33,5	40,0	55,5	58,8
Kirchheimbolanden	19,7	38,8	45,3	52,2	70,9	76,2
Kusel*	14,3	32,5	39,8	45,0	68,6	74,6
Landau	8,4	25,2	29,6	34,3	49,2	51,7
Ludwigshafen	23,3	43,3	45,2	48,8	72,2	73,5
Neustadt	15,5	31,4	37,0	42,9	64,5	66,6
Pirmasens	10,3	27,8	31,0	33,3	39,8	37,3
Rockenhausen	14,9	26,8	35,2	43,7	55,5	65,0
Speyer	13,6	26,3	28,2	31,5	41,9	39,4
Zweibrücken	12,7	27,4	33,4	34,8	49,7	50,8
Reg.bez. Pfalz	17,6	32,5	36,5	41,1	59,7	63,2
Reg.Bez. Rheinhessen	23,0	30,4	31,9	38,8	53,2	67,0
Reg.Bez. Montabaur	11,8	16,6	33,6	39,5	47,6	44,5
Reg.Bez. Trier	5,1	10,4	14,5	15,6	23,5	17,2
Reg.Bez. Koblenz	10,3	20,2	28,3	31,5	38,7	35,0
Rheinland-Pfalz	14,2	24,5	30,2	34,4	47,0	47,6

* mit Waldmohr

Quelle: Statistisches Landesamt Rheinland-Pfalz, 1948, S. 24 ff.

Schulfrage sogar um mehr als 22 Prozent. Es handelte sich demnach um eine durchaus parteiübergreifende Ablehnung.[91]

Mit dem Wahlausgang waren die pfälzischen Sozialdemokraten hoch zufrieden.[92] In allen kreisfreien Städten und in sieben von dreizehn Landkreisen herrschten SPD-Mehrheiten. Geringe Stimmenanteile führte die Parteileitung auf Mängel in der Werbearbeit der Unterbezirke zurück – ein etwas pauschaler Vorwurf, wie der Vergleich der Wahlergebnisse von 1947 mit denen vor 1933 zeigt. Zum einen war überall, auch in den schwächeren Kreisen, ein gleichmäßiger Stimmenanstieg zu verzeichnen. Zum anderen blieben die Hochburgen der SPD ebenso wie die schwachen Kreise 1946/47 weitgehend unverändert. Überdurchschnittlich hohe SPD-Anteile verzeichneten die Wahlkreise Frankenthal und Ludwigshafen (jeweils Stadt und Landkreis), Kaiserslautern-Stadt, Kirchheimbolanden und 1947 auch Rockenhausen. Neu in die Spitzengruppe rückten Zweibrücken-Stadt und der Landkreis Kusel auf, wo vor 1933 die SPD-Anhängerschaft großen Schwankungen unterlag. „Sorgenkinder" blieben wie in der Weimarer Republik trotz enormer Stimmenzuwächse die Kreise Bergzabern, Germersheim, Landau, Pirmasens, Speyer und Zweibrücken. Auffällig ist, daß die Kreise mit überwiegendem Katholikenanteil dazugehörten.

Die guten Ergebnisse für die pfälzische – und rheinhessische – Sozialdemokratie reichten jedoch nicht aus, um die geringen Stimmenanteile im konservativen Norden auszugleichen, so daß die Partei in Rheinland-Pfalz zweitstärkste Kraft blieb. Immerhin forderten die pfälzischen Sozialdemokraten angesichts ihres Abschneidens im Regierungsbezirk politische Konsequenzen. Bevor sie in eine Allparteienregierung in Koblenz eintreten würden, sollte einer der Ihren den Neustadter Verwaltungschef Eichenlaub ablösen.[93] Am 20. Juli 1947 trat der Bezirksvorsitzende Franz Bögler dieses Amt an.

Schlußbetrachtung

Am Ende des Jahres 1947 präsentierte sich in der Pfalz eine auf den ersten Blick veränderte SPD. Die Sozialdemokraten waren nach dem zweiten Weltkrieg überall in Deutschland angetreten, die politische Führungsrolle zu übernehmen. In der Region war ihnen dies 1947 zumindest zahlenmäßig gelungen. Ihre Mitgliederzahl hatte sich gegenüber 1932 nahezu verdoppelt. Doch war dies nun eine neue, eine veränderte SPD, die sich schon in Richtung Volkspartei entwickelte, oder die traditionelle pfälzische Arbeiterpartei?

Entscheidenden Einfluß auf die Entwicklung der SPD übte von Anfang an die restriktive französische Besatzungspolitik aus. Die späte Zulassung zwang die Sozialdemokraten, ihre Vorbereitungen illegal, zwischen Verbot und Duldung durch die Besatzungsbehörden, zu treffen. Nur der Rückgriff auf traditionelle Strukturen und die Nutzung persönlicher Verbindungen alter Mitglieder ermöglichte unter diesen Umständen den Kontakt zwischen denjenigen, die in ihren Wohnorten teilweise schon begonnen hatten, die Partei zu rekonstruieren. Die ohnehin wichtige organisatorische Erfahrung der alten Genossen wurde so unverzichtbar.

Der Einfluß derer, die schon in der Weimarer Republik aktiv waren, wurde also allein durch die besatzungspolitischen Rahmenbedingungen wiederbelebt und somit wurde das traditionelle Element im Parteiaufbau begünstigt. So fanden sich während der Aufbauphase 1945 bis 1947 auf der Leitungsebene fast ausschließlich Funktio-

Mitarbeiter des SPD-Bezirks, der „Freiheit" und der Arbeiterwohlfahrt vor dem Parteihaus in Neustadt, Hohenzollernstraße 16, Aufnahme von 1948. V. l.: Giesela Gerdes, freie Mitarbeiterin der „Freiheit"; Rudi Seise, Bezirkssekretär der Jusos; Egon Mathes, Angestellter der SPD; Hedi Reinert (spätere Unger); Else Jung (spätere Emig), erste Bezirkskassiererin; Hedwig Golombek, Redaktionssekretärin der „Freiheit"; Otto Speck, Geschäftsführer der SPD; Linchen Erlenbach, Mitarbeiterin der AWO; Günther Bohley, Mitarbeiter der „Freiheit"; Füllenbach; Luise Herklotz, Redakteurin der „Freiheit".

näre, die schon vor 1933 in der Partei aktiv gewesen waren. Die frühen programmatischen Äußerungen der Partei zeigen ebenfalls starke traditionelle Bezüge. Einen hohen Stellenwert nahmen zwar auch Forderungen ein, die auf die Bewältigung der für die Nachkriegssituation typischen Probleme zielten. Es galt den Nahrungsmangel und die Wohnungsnot ebenso zu beheben wie Wege zur Entnazifizierung der nationalsozialistischen Parteianhänger zu finden und die Frage der Aufnahme ehemaliger NSDAP-Angehöriger in die Partei zu klären. Doch die politischen Ziele und die methodischen Konzepte zur Lösung der Nachkriegsprobleme – beispielsweise in der Wirtschafts- und Sozialpolitik –, die in die programmatischen Äußerungen eingingen, entstammten der Weimarer Republik. Im Einklang mit der Führung der Westzonen-SPD orientierte man sich am Heidelberger Programm von 1925.

In struktureller Hinsicht gab es durchaus Unterschiede zur Weimarer Zeit. Auf Anordnung der Militärregierung fehlten in den Statuten die Unterbezirke als mittlere Parteiebene. Faktisch wurden diese Vorschriften umgangen. Der Bezirk Pfalz stellte sich 1946 letztlich in der altbekannten Gliederung – Bezirk, Unterbezirk, Ortsverein – vor. Die wichtigste Strukturreform, die von Dauer war, betraf die Rolle des größten Ortsvereins Ludwigshafen.

Der Wandel der Bevölkerungsstruktur stellte auch die pfälzische SPD vor wichtige Entscheidungen. Dabei nahm sich die Partei vor allem der Frauen und der Jugendlichen an. Erstere bildeten nach 1945 die größte Bevölkerungsgruppe. Gerade bei ihrer Organisierung galt es mit der Weimarer Tradition zu brechen. Wollte die SPD wirklich zur stärksten Partei avancieren, mußte sie Wähler und Mitglieder unter den Frauen gewinnen. Doch auch hier wurde nach 1945 eine unrühmliche Tradition fortgesetzt: Bis 1947 konnte zwar die absolute Zahl der Frauen in der SPD gesteigert werden, ihr Anteil blieb jedoch noch hinter dem der Weimarer Jahre zurück. Verbesserungen gelangen zudem nur in Unterbezirken, in denen Frauen schon vor 1933 stark organisiert gewesen waren. Das mag nicht zuletzt daran gelegen haben, daß die Frauen in der Leitung der Partei und in den parlamentarischen Gremien auch nach 1945 unterrepräsentiert blieben und so von ihnen nur eine geringe Werbefunktion ausgehen konnte.

Die „jugendliche" Bevölkerungsgruppe war für die Nachkriegs-SPD von herausragender Bedeutung. Kriegsbedingt war die männliche Bevölkerung im allgemeinen und die Gruppe der zwischen 20 und 40 Jahre alten im besonderen stark geschwächt. Die Frauen standen weitgehend unter der Doppelbelastung, neben der Versorgung der Kinder und des Haushalts noch zusätzlich den Lebensunterhalt verdienen zu müssen. Kurz, die SPD hatte 1945 große Nachwuchsprobleme und versuchte diesen mit Förderungsmaßnahmen zu begegnen. Die Organisierung der Jüngeren bereitete, abgesehen von Auseinandersetzungen zwischen Parteileitung und „Falkenführung", die wenigsten Schwierigkeiten. Hier setzte sich die starke Tradition der „Kinderfreundebewegung" und der „SAJ" direkt in der Gründung der „Falken" fort.

Die Entwicklung der jungsozialistischen Arbeitsgemeinschaften nahm anfänglich ebenfalls einen positiven Verlauf und übertraf schnell deren periphere Bedeutung am Ende der Weimarer Republik. Dies war ein verheißungsvoller Neubeginn, der oft im Traditionsbewußtsein der älteren Genossen seine Grenzen fand, wenn es darum ging, die Jüngeren in Führungspositionen zu bringen, ohne daß sie die übliche Parteikarriere durchlaufen hatten. Dann gab es rückläufige Organisationszahlen. Viele Ortsgruppen mußten wieder aufgelöst werden.

Die pfälzische SPD präsentierte sich also nach 1945 in ihren politischen und organisatorischen Grundstrukturen nicht neu-, sondern wiedergegründet. Das bedeutete allerdings nicht, daß sie nicht bemüht war, Änderungen herbeizuführen.

Die Notwendigkeit, sich neuen politischen Inhalten und Bevölkerungsgruppen zuzuwenden, wollte sie eine dauerhafte „politische Führungsrolle" spielen, wurde durchaus erkannt. Hier sei nur auf die Auffassung Hans Hoffmanns verwiesen, der auf dem Bezirksparteitag 1947 für die Revision der Haltung gegenüber der Kirche plädierte, indem er deren Anerkennung als legitimen gesellschaftlichen Macht- und Interessenfaktor forderte; oder auf die Bereitschaft zur Übernahme von Regierungsverantwortung, in die sich die Pfälzer nach der Landtagswahl 1947 begaben. Die Weimarer Erfahrung führte sie zu der Überzeugung, noch stärker nach Regierungsverantwortung streben zu müssen, um das Vertrauen der Bürger in den Parteienstaat zurückzugewinnen.

Das Ergebnis der vorliegenden Untersuchung zeigt, daß sich die pfälzische SPD in vielen Bereichen öffnen wollte, dies aber programmatisch und organisatorisch zunächst noch nicht erreichte. Sie wollte in einigen Bereichen Traditionen beibehalten, was die Militärregierung wiederum nicht gestattete. Sie mußte eine Strukturänderung durchführen, die aufgrund der Besatzungspolitik wieder rückgängig zu machen war. Die pfälzische SPD war jedoch in den überwiegenden Fällen aus parteiinternen, aber durchaus auch aus parteiexternen Gründen, noch nicht in der Lage, ihren eigenen hohen Ansprüchen gerecht zu werden.

Anmerkungen:

1 Art. 1 der Verordnung Nr. 23 des Commandant en Chef Français en Allemagne, General Koenig. Die Parteiengenehmigung bestand aus der Verordnung Nr. 23 General Koenigs vom 29.11.1945 und der Verfügung Nr. 26 vom 13.12.1945 von Generalverwalter Laffon, beide abgedr., in: Kurt Weitzel, Vom Chaos zur Demokratie. Die Entstehung der Parteien in Rheinland-Pfalz 1945-1947, Ingelheim 1989, S. 16 f. Allgemein: Wilfried Loth, Die Franzosen und die deutsche Frage, in: Claus Scharf/Hans-Jürgen Schröder (Hrsg.), Die Deutschlandpolitik Frankreichs und die französische Besatzungszone 1945-1949, Wiesbaden 1983, S. 27-49.
2 Vgl. Horst Scheuermann, 50. Bezirkstag Pfalz. 1832-1957. Die pfälzische Sozialdemokratie, Werdegang und Aufbau, hrsg. v. SPD Bezirkssekretariat Neustadt, Mainz o. J., S. 32.
3 Siehe: Stadtarchiv Ludwigshafen, Best. M 82: Fritz Schott, Die Wiedergründung der Partei 1945, o. O. 1947, S. 1. Schott erklärte diese Maßnahme als Abgrenzung zum Bund der Antifaschisten in Ludwigshafen, von dem man befürchtete, daß er kommunistisch kontrolliert war. Hier zeigte sich schon früh die Zurückhaltung gegenüber kommunistischen Aktivitäten.
4 Vgl. Rundbrief des Parteivorstands der SPD in London v. September 1945, in: LA Sp, Best. V 52, Nr. 645. Der Rundbrief forderte eine einheitliche SPD, die auch andere sozialistische Gruppen an der Parteiführung beteiligen sollte (gemeint waren Sozialistische Arbeiterpartei „SAP" und Internationaler Sozialistischer Kampfbund „ISK"). Im Mittelpunkt standen Richtlinien für kommunale Politik, der Appell zur Zusammenarbeit mit anderen Parteien, ohne jedoch auf Einheitsparteibestrebungen der Kommunisten einzugehen, da diese Frage nicht auf örtlicher Ebene entschieden werden sollte.
5 Hierzu und zum Folgenden: Schott (Anm. 3), S. 2; Aufruf der sozialdemokratischen Partei, Bezirk Pfalz v. September 1945, in: AsD, Best. Bez. Pfalz, Nr. 01056.
6 Vgl. Schott (Anm. 3), S. 2. In einem Schreiben teilte Schumacher das Kontingent von pauschal drei Mandaten für jeden Bezirk mit, da noch keine genauen Mitgliederinformationen vorlagen. Vgl. Brief Schumachers v. 5.9.1945, in: LA Sp, Best. V 52, Nr. 645; Brief der Bezirksleitung der SPD Pfalz an Kurt Schumacher v. 29.9.1945, in: AsD, Best. Parteivorstand-Parteitage, Wennigsen 1945. Schott, als Vorsitzender der SPD-Pfalz zeichnend, sagte in diesem Brief die Teilnahme der pfälzischen Sozialdemokraten zu und bezeichnete die bisherige Organisation in der Pfalz als illegal, aber auf festem Boden stehend.
7 Vgl. Einladung der SPD-Pfalz zur Bezirkskonferenz vom 10.10.1945, abgedr. in „Pfälzische Post" 6 (1986) H. 1, S. 4. Sie war vorerst an die Ortsvereine der ehemaligen Unterbezirke Frankenthal, Kaiserslautern, Ludwigshafen, Landau, Neustadt, Pirmasens, Speyer und Zweibrücken gerichtet, enthielt jedoch die Aufforderung, weitere Sozialdemokraten mitzubringen, vgl. Schott (Anm. 3), S. 2.
8 Zum Verlauf der Versammlung vgl. „Die Rheinpfalz" v. 21.11.1945. Bögler benannte beispielsweise mit der Enteignung des Großgrundbesitzes und der Großbanken, der Koalitionsfreiheit, dem Aufbau von Gewerkschaften, Betriebsräten und einer Sozialversicherung sowie der Trennung von Staat und Kirche zentrale Forderungen seiner Partei, die schon im Heidelberger Programm von 1925 standen.
9 Vgl. Friedrich Profit, Ein politischer Lagebericht aus der Pfalz (1946), abgedr. bei: Hans-Jürgen Wünschel, Drei Dokumente zur Geschichte der pfälzischen Sozialdemokratie nach dem zweiten Weltkrieg, in: MHVP 72 (1974), S. 97-119, hier S. 114 und Hans Blinn, Die Wiedergründung der SPD in der Pfalz vor 20 Jahren, in: Pfälzische Heimatblätter 14 (1966), S. 2.
10 Vgl. Protokolle der ersten beiden Sitzungen v. 3.12. und v. 13.12.1945: AsD, Best. Bez. Pfalz, Nr. 01173.
11 Vgl. Brief des Vorsitzenden des Unterbezirks Grünstadt Georg Born an Hans Braun in Mußbach bei Neustadt v. 22.1.1945. Am 11.2.1945 teilte er dann Adolf Ludwig persönlich die weitgehende Wiedergründung des Unterbezirks mit. Beide Briefe, in: AsD, Best. Bez. Pfalz, Nr. 0581; ferner: Protokoll der Bezirksvorstandssitzung v. 3.1.1946 in: AsD, Best. Bez. Pfalz, Nr. 01173.
12 Brief Ludwigs an Militärregierung v. 15.11.1946; Genehmigungsantrag der SPD-Pfalz vom 27.12.1945, in: AsD, Best. Bez. Pfalz, Nr. 0972.
13 Mitteilung der Militärregierung an das Oberregierungspräsidium, abgedr. in: Peter Brommer (Bearb.), Quellen zur Geschichte von Rheinland-Pfalz während der französischen Besatzung (März 1945 bis August 1949), Mainz 1985, S. 150.
14 Genehmigungsantrag der SPD-Pfalz vom 27.12.1945 und Genehmigung der Partei vom 6.2.1946, in: AsD, Best. Bez. Pfalz, Nr. 0972; Brief Ludwigs an die Parteigliederungen v. 13.2.1946 ebd., Nr. 01173.
15 Die Informationen sind spärlich. Vermutlich exi-

stierte in jedem größeren Ort ein solches Komitee, beispielsweise in Bad Dürkheim, in Ludwigshafen, vgl. Schott (Anm. 3), S. 1; in Grünstadt, vgl. Brief Born an Braun v. 22.1.1946, in: AsD, Best. Bez. Pfalz, Nr. 0581 und in Answeiler bei Landau, vgl. LA Sp, Best. H31 Z 2290, Nr. 55. Allgemein: Albrecht Kaden, Einheit oder Freiheit. Die Wiedergründung der SPD 1945/46, Hannover 1964; vgl. auch: Helga Grebing, Neubeginn oder Wiederaufbau? Die Anfänge der politischen Willensbildung in Westdeutschland 1945-1949, in: Neue Gesellschaft 5 (1985), S. 416-428, hier S. 418.

16 Brief Ludwigs v. 23.1.1946, in: DGB-Archiv, Düsseldorf; Interner Entwurf: Betrifft Verhandlungen zur Einheitsfront, v. März 1945, in: DGB-Archiv im Hans-Böckler Archiv, Düsseldorf: Handakte Adolf Ludwig, Mainz, unverzeichnet (Material zur SPD 1945-1949). In diesem Entwurf wurde ausdrücklich betont, daß für diese Initiative kein repräsentatives Mandat der deutschen Arbeiterbewegung oder der SPD bestand. Das Phänomen, daß die Sozialdemokraten die Auseinandersetzungen zwischen SPD und KPD in der Weimarer Republik während Verfolgung und Emigration zugunsten einer gemeinsamen „sozialistischen Vision" verdrängten, beschreibt Kaden (Anm. 15), S. 31 ff ausführlich. Siehe auch den Beitrag von Klaus J. Becker in diesem Buch.

17 Protokoll der Parteiversammlung, Bestand SPD-Bezirk Neustadt; ferner: Brief Philipp Kesslers an Bögler v. 1.7.1947, in: AsD, Best. Bez. Pfalz, Nr. 01056; „Pfälzische Volkszeitung" v. 8.3.1946 und v. 19.2.1946; Protokoll im Besitz der Bezirksgeschäftsführung der SPD-Pfalz.

18 So der Tätigkeitsbericht der Leitung des Unterbezirks Zweibrücken v. Mai 1946, in: AsD, Best. Bez. Pfalz, Nr. 0593, der diese Vorgänge sichtlich unangenehm waren und der bemüht war, die sozialdemokratische Beteiligung herunterzuspielen.

19 Ebd., Rede Birnbaums abgedr. in: „Die Rheinpfalz" v. 8.6.1946. Die Gründung einer Einheitspartei war schon einmal in Niederhochstadt bei Landau vorbereitet worden. Gründungsantrag in: AsD, Best. Akten des Unterbezirks Landau, Nr. 4. Dasselbe Schicksal wie Birnbaum ereilte auch Wilhelm Sauter, Mitglied der SPD in Hochspeyer, als er für die KPD zum Gemeinderat kandidierte, vgl. Antrag des Ortsvereins Hochspeyer auf Ausschluß Sauters an die Bezirksleitung v. 10.9.1946, in: AsD, Best. Bez. Pfalz, Nr. 0965. Auch später mußten Ortsvereine immer wieder darauf hingewiesen werden, daß per Parteibeschluß keine Listenverbindungen mit der KPD erlaubt waren, siehe: Schriftwechsel des Bezirksvorstands auf Anfrage des Ortsvereins Schornsheim v. 19. u. 23.8.1946, in: AsD, Best. Bez. Pfalz, Nr. 0814.

20 Gemeinsame Forderung einer Aktionseinheit zwischen SPD und KPD v. 24.9.1945, in: Handakte Ludwig (Anm. 16).

21 Protokolle der Besprechung führender KPD-Vertreter mit den Vorsitzenden der SPD v. 28.11.1945 und der Sitzung des Verständigungsausschusses v. 25.2.1946, in: AsD, Best. Bez. Pfalz, Nr. 01173.

22 Auf der Bezirksvorstandssitzung kursierten erste Gerüchte über die Einigung in Berlin. Für Bögler wurde das Verhältnis zur KPD zur entscheidenden politischen Frage, über die sich auch die Pfälzer grundsätzlich klar werden mußten, vgl. Protokoll der (illegalen) Bezirksvorstandssitzung v. 3.1.1946.

23 Protokoll des 39. Bezirksparteitags der SPD-Pfalz 1946, o. O., o. J., S. 10. Interessanterweise nahmen zur Frage der Einheitspartei keine pfälzischen Redner Stellung. Lediglich Günther Markscheffel als rheinhessischer Gastdelegierter sowie der Vertreter des Parteivorstands Hannover, Herbert Kriedemann, hielten hierzu programmatische Reden. Siehe auch Versammlungsberichte, meist von Gendarmeriestellen, die diese Aussage belegen, LA Sp, Best. H 37, Nr. 2741 u. H 31 Z 2290, Nr. 55; Protokolle der Bezirksparteiausschußsitzungen v.14.7.1946 und v. 18.9.1946.

24 Grebing (Anm. 15), S. 418. Und: Informationen der SPD-Gruppe in Frankreich, Sonderausgabe Weihnachten 1945, S. 2, in: AsD, Best. Bez. Pfalz, Nr. 01106.

25 Vgl. Brief Ollenhauers an Adolf Ludwig vom 11.3.1946, in: AsD, Best. Nachlaß Schumacher, Mappe 153.

26 Statut des Bezirksverbands Pfalz der SPD von 1948, Akten SPD-Bezirk Neustadt.

27 Vgl. Protokoll des 40. Bezirksparteitags der SPD-Pfalz 1947, o. O., o. J., S. 6.

28 Zur Mitgliederentwicklung der SPD der Westzonen siehe: Klaus Schütz, Die Sozialdemokratie im Nachkriegsdeutschland, in: Parteien in der Bundesrepublik, Stuttgart-Düsseldorf 1955, S. 197 ff. Vgl. Protokoll der Verhandlungen des Parteitags der SPD 1947, o. O., o. J., S. 96. Zur Pfalz: Mitgliederzahlen nach 1945 nach den Abrechnungsbüchern des Bezirks, in: AsD, Best. Bez. Pfalz, Nr. 0778 u. Nr. 0779. Ferner: Protokoll des 40. Bezirksparteitags der SPD-Pfalz 1947, o. O., o. J., S. 5, für 1947 in den Delegiertenunterlagen zum 41. Bezirksparteitag der SPD-Pfalz 1948 und im Überblick für 1932-1948 in: Protokoll des 42. Bezirksparteitags der SPD-Pfalz 1949, o.O., o.J., S. 12.

29 Vgl. Geschäftsbericht Alfred Nau, in: Protokoll der Verhandlungen des Parteitags der SPD 1947, o. O., o. J., S. 96.

30 Hierzu und zum Folgenden: Jahrbuch der SPD 1946, o.O. 1947, S. 18-19, und S. 22; Statistisches Landesamt Rheinland-Pfalz, 1949, Bd. 1, S. 27 und S. 32 f; Protokoll der Verhandlungen des Parteitags der SPD 1947, o. O., o. J., S. 96-97.

31 Vgl. Geschäftsbericht 1931/1932, o. O., o. J., S. 43. Der durchschnittliche Anteil der SPD-Ortsvereine an den Gemeinden der Westzonen betrug Ende 1946 34,6 % und: Jahrbuch der SPD 1947, o. O. 1948, S. 38; Brief des Bezirksvorstands der SPD-Pfalz an den Parteivorstand v. 3.6.1947, in: AsD, Best. Bez. Pfalz, Nr. 0970.

32 Versammlungsberichte der Gendarmerie für den Unterbezirk Kirchheimbolanden: LA Sp, Best. H 37, Nr. 2741. Gemeindegrößen 1946: Statistisches Landesamt Rheinland-Pfalz, 1949, Bd. 3, S. 68-69. 1947 wurden 2.040 von 5.569 Neumitgliedern durch die Werbeaktion gewonnen. Vgl. Protokoll des 41. Bezirksparteitags der SPD-Pfalz 1948, o. O., o. J., S. 8. Gegenüber 1931 war die Organisation der Pfalz 1947 um 72 % gewachsen, während die Mitgliederzunahme in den Westzonen zusammen 40 % betrug. SPD-Ortsvereine existierten 1947 in 56,3 % aller pfälzischen Gemeinden gegenüber einem Durchschnitt von 39,1 % in allen Gemeinden der Westzonen. Vgl. Jahrbuch der SPD 1947, o. O. 1948, S. 38-39. Die Prozentzahlen sind aus den dortigen Angaben errechnet.

33 Erwin Stein, Pirmasens, auf dem Bezirksparteitag 1948, Anhang zum Protokoll des 41. Bezirksparteitages der SPD-Pfalz 1948, o. O., o. J. Ferner: Everhard Holtmann, Die neuen Lassalleaner. SPD und HJ-Generation nach 1945, in: Martin Broszat u. a. (Hrsg.), Von Stalingrad zur Währungsreform, München 1989, S. 27-46.

34 Vgl. Statistisches Landesamt Rheinland-Pfalz, 1949, Bd. 1, S. 18-19 und S. 54.

35 Siehe: AsD, Best. Bez. Pfalz, Nr. 0972 zu Unterbezirken und Bezirk; zu den Mitgliedern der Landesversammlung: Helmut Klaas, Die Entstehung der Verfassung für Rheinland-Pfalz. Eine Dokumentation, Boppard 1978, S. 209 ff; zu den Landtagsmitgliedern: Statistisches Landesamt Rheinland-Pfalz, 1948, S. 59. Altersverteilung und Durchschnittswerte sind aus den Quellen selbst errechnet. Ausgewertet wurden die Daten von 84 Sozialdemokraten in den Bezirksleitungen, wobei der UB Landstuhl fehlt, 17 im Bezirksvorstand, 19 in der Landesversammlung und 14 im Landtag.

36 Etwa: Kaden (Anm. 15), S. 125; Schütz (Anm. 28), S. 205, Peter Lösche/Franz Walter, Die SPD: Klassenpartei – Volkspartei – Quotenpartei. Zur Entwicklung der Sozialdemokratie von Weimar bis zur deutschen Vereinigung, Darmstadt 1992, S. 136 f.

37 Vgl. Protokoll des 41. Bezirksparteitages der SPD-Pfalz 1948, o. O., o. J., S. 10 und AsD, Best. Bez. Pfalz, Nr. 0840, Protokoll der pfälzischen Frauenkonferenz am 8.6.1917, S. 12.

38 Vgl. Katrin Kusch, Die Wiedergründung der SPD in Rheinland-Pfalz nach dem Zweiten Weltkrieg (1945-1951), Mainz 1989, S. 60 f.

39 Der Frauenanteil der pfälzischen SPD steigerte sich von 13,9 % 1929, 15,2 % 1930, auf 16 % in den Jahren 1931 und 1932. Vgl. Berichte (Anm. 31) 1929/1930, S. 34 und 1930/1931, S. 43. Die Prozentwerte sind aus den Angaben errechnet. Der Anteil der Frauen an der Gesamtmitgliedschaft der SPD der Westzonen betrug Ende 1946 15,3 %, vgl. Jahrbuch der SPD 1946, o. O. 1947, S. 23.

40 Siehe: Protokoll des 40. Bezirksparteitags der SPD-Pfalz 1947, o. O., o. J., S. 6, 8 und S. 12. Der Anteil der Frauen an der SPD in den Westzonen betrug 1947 18,4 %. Vgl. Jahrbuch der SPD 1947, o. O. 1948, S. 39.

41 Inoffizielles Protokoll des 40. Bezirkstags der Sozialdemokratischen Partei, Bezirk Pfalz, in AsD, Best. Bez. Pfalz, Nr. 786.

42 § 2 der Satzung der sozialistischen Frauenbewegung, in: AsD, Best. Bez. Pfalz, Nr. 01173. Marta Bökenkrüger war eine Schwägerin des späteren Arbeitsministers Wilhelm Bökenkrüger. Sie wurde am 8.6.1947 in die Frauenbezirksleitung der SPD gewählt. Vgl. Protokoll der pfälzischen Frauenkonferenz am 8.6.1947 in Speyer, in: AsD, Best. Bez. Pfalz, Nr. 0840.

43 So die SPD-Leitung zur Polizeidirektion. Die Polizei hatte aufgrund des Antrags die provisorische SPD-Leitung zu den Gründungsmitgliedern befragt. Der Antrag wurde, nachdem die SPD-Leitung behauptet hatte, keines der Gründungsmitglieder zu kennen, und die Vermutung äußerte, daß es sich um eine kommunistische Initiative handelte, zur Entscheidung an das Gouvernement Militaire weiterempfohlen. Ein weiteres Beispiel für den Handlungsspielraum der unteren Behörden: Polizeibericht der Polizeidirektion Neustadt/Haardt v. 25.1.1946, in: AsD, Best. Bez. Pfalz, Nr. 01173.

44 Vgl. Protokoll des 39. Bezirksparteitags der SPD-Pfalz 1946, o. O., o. J., S. 6 f. Unter 367 Delegierten waren 8 Frauen. Und: Protokoll der Sitzung des Bezirksparteiausschusses v. 4.5.1946.

45 Landesfrauenkonferenz deshalb, weil zu diesem Zeitpunkt die Bezirke Hessen und Pfalz vorübergehend gemeinsam arbeiteten. Die Konferenz wurde interessanterweise nicht von den SPD-Frauen, sondern vom Bezirksvorstand einberufen. Vgl. Protokoll der Konferenz des Bezirksvorstands vom 21.6.1946. Else Müller, die künftige Vorsitzende des Bezirksfrauenausschusses, erklärte dies später selbst damit, daß die Frauen „durch die Nazidiktatur so sehr ans 'Gehorchen' und sich 'führen lassen' gewöhnt (waren), daß es erst einer Aufrüttelung durch die Männer der Parteileitung bedurfte, um sich einmal zusammenzufinden und die damals bevorstehenden Gemeinderats- und Kreisversammlungswahlen zu besprechen", siehe: Protokoll des 40. Bezirksparteitags der SPD-Pfalz 1947, o. O., o. J., S. 12. Der Landesfrauenausschuß

wurde nach der Trennung der Bezirke Hessen und Pfalz ohne die rheinhessischen Mitglieder zum Bezirksfrauenausschuß der pfälzischen SPD. Die pfälzischen Mitglieder waren Aenne Rumetsch (Ludwigshafen), Ella Weiß (Frankenthal), Luise Herklotz (Speyer), Liesel Kaul (Pirmasens), Auguste Schumacher (Ramsen) und Else Müller (Kaiserslautern). Zu den Westzonen: Jahrbuch der SPD 1946, o. O. 1947, S. 30; das Frauenbüro unter der Leitung von Herta Gotthelf wurde am 17.7.1946 in Hannover gegründet.

46 Luise Herklotz in der „Rheinpfalz" v. 16.11.1946.

47 Entschließung der pfälzischen Frauenkonferenz am 8.6.1947, in: AsD, Best. Bez. Pfalz, Nr. 0840. Dazu auch: Kusch (Anm. 38), S. 80.

48 So Franz Bögler auf dem Bezirksparteitag 1947. Vgl. Protokoll des 40. Bezirksparteitags der SPD-Pfalz, o. O., o. J., S. 21. Die folgende Aufschlüsselung in: Protokoll des 41. Bezirksparteitages der SPD-Pfalz o. O., o. J., S. 23. Eine Namensliste der Frauen existiert in: AsD, Best. Bez. Pfalz, Nr. 0965. Die zwölf Frauen in den Stadträten entsprachen 5,3 % aller 285 sozialdemokratischen Mitglieder in den kommunalen Räten.

49 Es handelte sich um die Plätze Nr. 7, 16 und 21. Vgl. Protokoll der Bezirksvorstandssitzung vom 28.3.1947. Bögler rechnete mit 14 sicheren Mandaten. Vgl. Protokoll der Bezirksparteiausschußsitzung v. 12.4.1947. Zum Folgenden: Protokoll des 40. Bezirksparteitages der SPD-Pfalz 1947, o. O., o. J., S. 6.

50 Vgl. ebd., S. 25 und: Protokoll der Sitzung des Bezirksvorstands v. 8.2.1947.

51 So Luise Herklotz, Protokoll des 41. Bezirksparteitags 1948 der SPD-Pfalz, o. O., o. J., S. 20.

52 In diese Richtung Bögler, Protokoll der pfälzischen Frauenkonferenz, (Anm. 47) S. 2-3. Ferner: Bericht über eine Frauenversammlung in Frankenthal, in: „Die Rheinpfalz" v. 15.6.1946.

53 Zu den folgenden Ausführungen und Zitaten siehe: Protokoll der pfälzischen Frauenkonferenz 1947 (Anm. 47).

54 Die Themen waren repräsentativ für die gesamte Westzonen-SPD. Vgl. Protokoll der Verhandlungen des Parteitags der SPD 1947, o. O., o. J., S. 103.

55 Vgl. Protokoll der pfälzischen Frauenkonferenz 1947 (Anm., 47) und: „Die Rheinpfalz" vom 29.6.1946.

56 So die Empfehlung einer Sachverständigen-Konferenz im Oktober an den Parteivorstand, Jahrbuch der SPD o. O. 1947, 1948, S. 53.

57 Vgl. Statistisches Amt der Stadt Ludwigshafen am Rhein (Hrsg.): Wort und Zahl, 1946, Sonderausgaben Nr. 1 u. Nr. 2, S. 3 u. S. 7, in: AsD, Best. Bez. Pfalz, Nr. 0977.

58 Vgl. Kusch (Anm. 38), S. 80-81.

59 Der Begriff „Jugend" kann in den Ausführungen sozialdemokratischer Politiker in der Nachkriegszeit zu einigen Verwirrungen führen, da er anfangs für den gesamten Nachwuchs zwischen 6 und 35 Jahren gebraucht wurde. Die Falken betreuten nach 1945 Jugendliche zwischen 6 und 21 Jahren.

60 Vgl. Schütz (Anm. 28), S. 187 ff.

61 Vgl. Jahrbuch der SPD 1946, o. O. 1947, S. 32.

62 Vgl. Brief des Unterbezirks Kaiserslautern an das Bezirkssekretariat v. 18.3.1946, in: AsD, Best. Bez. Pfalz, Nr. 0965.

63 Bericht über die erste Bezirkstagung der Jungsozialisten Bezirk Pfalz am 24.3.1946, in: AsD, Best. Bez. Pfalz, Nr. 0514.

64 Vgl. Brief des Vorsitzenden der Jungsozialisten Fritz Kern an den provisorischen Bezirksvorstand v. 6.4.1946, in: AsD, Best. Bez. Pfalz, Nr. 0626 und: Protokoll des 39. Bezirksparteitags der SPD-Pfalz 1946, o. O., o. J., S. 5.

65 Protokoll der Verhandlungen des Parteitags der SPD 1947, o. O., o. J., S. 114. Fritz Fickeisen erhob die Forderung auf dem Bezirksparteitag 1947, vgl. Protokoll des 40. Bezirksparteitags der SPD-Pfalz 1947, o. O., o. J., S. 19.

66 Protokoll der Bezirksausschußsitzung v. 4.5.1946. Vgl. Luise Herklotz über die sozialdemokratischen Forderungen zur Entnazifizierung, in: „Pfälzische Volkszeitung" v. 26.7.1946.

67 Dazu: Berichte über die ersten beiden Bezirkstagungen der Jungsozialisten v. 24.3.1946, in: AsD, Best. Bez. Pfalz, Nr. 0514 und v. 5.5.1946, in: AsD, Best. Bez. Pfalz, Nr. 0626.

68 Ebd., Brief des Vorstands der Falkenbewegung an die Militärregierung v. 8.5.1946.

69 Fritz Kern, der bisherige Vorsitzende des Bezirksvorstands der Falken, trat zugunsten seines aus der französischen Emigration zurückgekehrten Bruders Ernst Kern von seinem Amt zurück. Die folgenden Unstimmigkeiten sind dokumentiert, in: AsD, Best. Bez. Pfalz, Nr. 0626 und Nr. 01056. Weiterhin: Protokoll der Bezirksvorstandssitzung v. 8.2.1947; Brief Kerns an den Bezirksvorstand v. 14.1.1947, in: AsD, Best. Bez. Pfalz, Nr. 0626.

70 Vgl. Protokoll der Sitzung des Bezirksvorstands v. 27.9.1947. Zu diesem Zeitpunkt eskalierte der Konflikt über die Pfalz hinaus. Erich Lindstaedt, Leiter der Falken auf Westzonenebene, verteidigte die Gründung des Landesverbands aus organisatorischen Gründen, kritisierte die Juso-Arbeit in der Pfalz, warf der Bezirksleitung Desinteresse an der Jugendarbeit vor. Vgl. Brief Lindstaedts v. 8.10.1947, der den pfälzischen Bezirksvorstand über den Parteivorstand Hannover erreichte, in: AsD, Best. Bez. Pfalz, Nr. 0626. Die Pfälzer blieben jedoch bei ihrer Forderung nach der Auflösung des Landesverbands und einer „ordentlichen Zusammenarbeit mit der Partei", bevor die Zu-

schüsse erneut gewährt werden sollten. Vgl. den Brief des Bezirkssekretariats an Lindstaedt vom 17.10.1947, ebd.
71 Ebd., Protokoll einer Besprechung über die Zusammenarbeit zwischen Falken und Jungsozialisten am 26.4.1948.
72 Vgl. Bericht 1929/1930, (Anm.31), S. 45.
73 Mitteilung des späteren Juso-Bezirksauschußmitglieds Otto Metz an den Bezirksvorstand vom 2.6.1946, in: AsD, Best. Bez. Pfalz, Nr. 0626.
74 Ebd., Rundschreiben des Bezirkssekretariats, Abt. Jungsozialisten v. 17.1.1947.
75 Vgl. Protokoll der 1. Konferenz der Gruppensprecher der jungsozialistischen Arbeitsgemeinschaften v. 23.3.1947, in: AsD, Best. Bez. Pfalz, Nr. 810. Der erste jungsozialistische Arbeitsausschuß setzte sich zusammen aus Wolfgang Günther (Neustadt), Otto Metz (Ludwigshafen), Otto Gallenstein (Speyer), Manfred Vogt (Neustadt) und August Barthel (Kaiserslautern); hier auch die Resolution.
76 Vgl. Protokoll der 1. Zentralen Arbeitstagung der Jungsozialisten am 7./8.3.1947, S. 7-8 u. S. 13, in: AsD, Best. Bez. Pfalz, Nr. 810.
77 Vgl. Protokoll des 40. Bezirksparteitags der SPD-Pfalz 1947, o. O., o. J., S. 21-22.
78 So Stein auf dem Bezirksparteitag 1948. Anhang des Protokolls, S. 3, in: AsD, Best Bez. Pfalz, Nr. 01071.
79 Vgl. Jahrbuch der SPD 1946, o. O. 1947, S. 32.
80 Ein pfälzischer Delegierter wandte sich ausdrücklich gegen eine solche „Zumutung" für den Referenten. Vgl. Protokoll der 1. Bezirkskonferenz der Jungsozialisten am 7./8.7.1947, S. 11, in: AsD, Best. Bez. Pfalz, Nr. 0626.
81 Die Herausgabe eines Mitteilungsblatts der Jungsozialisten, wie es im März 1947 bereits probeweise erschien, war im Juni vom Bezirksvorstand abgesegnet worden. Vgl. Protokoll der Bezirksvorstandssitzung v. 21.6.1947. Bis zum Bezirksparteitag war jedoch keine weitere Ausgabe mehr erschienen.
82 Protokoll der 1. Bezirkskonferenz der Jungsozialisten v. 5./6.6.1947, S. 14, in: AsD, Best. Bez. Pfalz, Nr. 0626.
83 Nach: Jahrbuch der SPD 1947, o.O. 1948, S. 55, zum Folgenden: Tätigkeitsbericht der jungsozialistischen Arbeitsgemeinschaft des Stadtverbandes des Groß-Ludwigshafen für 1947, S. 2-3, in: AsD, Best. Bez. Pfalz, Nr. 742. In Ludwigshafen waren zu dieser Zeit von 400 „Jungsozialisten" 120 aktive Parteimitarbeiter.
84 Vgl. Protokoll (Bericht) des 42. Parteitags der SPD-Pfalz 1949, o. O., o. J., S. 15-16 und: Protokoll der Bezirkskonferenz der Jungsozialisten am 11./12.11.1950, in: AsD, Best. Bez. Pfalz, Nr. 0626.
85 Siehe: Statistisches Landesamt Rheinland-Pfalz. Die Wahlen und Volksabstimmungen in Rheinland-Pfalz in den Jahren 1946/47, Bad Ems 1948, bes. S. 14, 17, 24 ff.
86 Ebd., S. 27.
87 Vgl. Protokoll des 39. Bezirksparteitages der SPD-Pfalz 1946, o. O., o. J., S. 5.
88 Vgl. Protokoll des 40. Bezirksparteitages der SPD-Pfalz 1947, o. O., o. J., S. 4.
89 So Eugen Hertel in der „Pfälzischen Volkszeitung" v. 18.10.1946.
90 Hierzu und zum Folgenden: Protokoll des 40. Bezirksparteitages der SPD-Pfalz 1947, o. O., o. J., S. 4. und Protokoll der Besprechung des Parteivorstandes und der Bezirksvorstände der französischen Zone v. 4.4.1947.
91 Wie Anm. 81, S. 24 ff.
92 Zum Ganzen: Protokoll des 41. Bezirksparteitages der SPD-Pfalz 1948, o. O., o. J., S. 16 und Protokoll der Bezirksvorstandssitzung v. 24.5.1947.
93 Protokoll der Bezirksvorstandssitzung v. 24.5.1947.

Friedrich Schott

Der Neuanfang 1945
Aufzeichnung aus dem Jahre 1947

Die Hoffnung, die viele Genossen hatten, daß nach dem Zusammenbruch des Hitler-Regimes die 1933 verbotenen demokratischen Parteien durch die Militärregierung wieder zugelassen würden, hat sich nach dem 8. Mai 1945 zunächst als eine große Illusion erwiesen. Nach der Besetzung Deutschlands haben die Militärregierungen damals vorerst – und das nur unter allerlei Schikanen – den Gewerkschaften erlaubt, ihre Tätigkeit aufzunehmen.

Trotzdem regte sich allenthalben in Genossenkreisen in allen größeren Orten unserer engeren Heimat das Bestreben, die Partei zu formieren. Zunächst in den Städten, späterhin auf dem flachen Lande. Die erste Verbindung mit den Genossen der Pfalz kam damals über die Gewerkschaften zustande. In Kaiserslautern waren es die Genossen Eugen Hertel und Richard Lenz, in Speyer Langlotz und Dupré, in Frankenthal Merz, Luthringshausen und Vogtländer, in Neustadt an der Haardt Gröning, in Pirmasens Jakob Schunck und Eberhardt, in Zweibrücken Ignaz Roth, die den Aufbau in die Wege leiteten.

Anfänge in Ludwigshafen

In Ludwigshafen am Rhein wurde auf Einladung der Genossen Krug und Will am 5. August 1945 im Gebäude der Rhenania-Ossag eine Besprechung abgehalten. Zu dieser waren 22 Genossen erschienen, die sich alle darüber einig waren, daß wir nicht erst beginnen können, wenn die endgültige Zulassung der politischen Parteien von der Militärregierung angeordnet sein würde. Große Verwirrung herrschte damals bei den Genossen wegen des sogenannten „Antifa-Bundes", der vorgab, die politische Interessenvertretung der Schaffenden zu sein. Recht bald sah man jedoch, daß dies eine von den Kommunisten beherrschte Organisation war. Der Antifa-Bund gab Ausweise aus, zog Beiträge ein und ließ Sammellisten kursieren, worauf er ganz ansehnliche Beträge erzielte. Ein großer Teil unserer Genossen ist damals auf diesen Leim gegangen, was wohl seine Ursache darin haben dürfte, daß sie nach all dem Schweren, das wir erdulden mußten, eine einheitliche Arbeiterpartei wünschten. Recht bald ließen jedoch die Kommunisten ihre Maske fallen und der Verlauf der Zeit, insbesondere die Verhältnisse in der russischen Zone, zeigte allen, wohin des Weges gegangen werden sollte – von einer Diktatur zur anderen. Es war deshalb notwendig, unsere Genossen enger zusammenzufassen.

In allen Stadtbezirken wurden Genossen beauftragt, die Arbeit in die Wege zu leiten. Um nicht mit der Militärregierung in Konflikt zu kommen, wurden Aufnahmescheine herausgegeben, die den Vermerk hatten: „Ich erkläre hiermit, daß ich bereit bin, der Sozialdemokratischen Partei im Falle der Genehmigung derselben durch die Besatzungsbehörde beizutreten." Gleichzeitig wurde ein Ausweis ausgehändigt, der dem Inhaber bestätigte, daß er bis 1933 Mitglied der SPD war. Zum Vorsitzenden von Ludwigshafen wurde der Genosse Rudolf Hoffmann seinerzeit bestimmt.

Überörtliche Bestrebungen

Der Wunsch aller Genossen war es aber auch, gleichzeitig zu versuchen, die Partei auf Bezirksgrundlage wieder zu erstellen. In einer späteren Sitzung am 16. September 1945 in den Büroräumen der Gewerkschaften unter Anwesenheit von 37 Genossen wurde der Aufbau der Organisation eingehend besprochen, unter anderem auch der des Bezirks. Dabei wurde mir der Auftrag erteilt, die Bezirksorganisation in die Wege zu leiten. Nach allen größeren Orten der Pfalz wurde Verbindung aufgenommen und überall wurden frühere Genossen beauftragt, soweit dies noch nicht geschehen war, die Organisation aufzurichten. Ein entsprechender Aufruf wurde an alle früheren Genossen versandt und recht bald war, wenn auch die Partei noch nicht endgültig zugelassen, reges Leben zu verzeichnen.

Friedrich Schott (1905 - 1969).

Über den alten Genossen Profit erhielten wir von Mannheim eine Mitteilung des Genossen Dr. Kurt Schumacher, daß am 5. und 6. Oktober 1945 in Hannover die erste Reichskonferenz stattfinden sollte, zu der die Pfalz drei Delegierte zu bestimmen hatte. In einer Sitzung am 29. September 1945 wurde zu dieser Reichskonferenz Stellung genommen, zu der als Delegierte die Genossen Profit und Schott aus Ludwigshafen gewählt wurden; einen weiteren Delegierten zu wählen wurde dem Ortsverein Kaiserslautern überlassen. Der Kaiserslauterer Delegierte war der Genosse Richard Lenz. Als Gastdelegierter wurde der Genosse Lorenz, Oggersheim bestimmt. Diese Reichskonferenz gab die Veranlassung, eine Konferenz für die Pfalz vorzubereiten und einzuberufen, um dortselbst, so weit die Ortsvereine schon vorhanden waren, den Genossen Bericht zu erstatten. Als Tag wurde der 26. und 27. Oktober 1945 gewählt. Als Tagungsort das Naturfreundehaus des Touristenvereins „Die Naturfreunde" Ludwigshafen bei Elmstein. Diese Konferenz war für die Fortentwicklung der pfälzischen Partei nach 1945 von großer Bedeutung.

Illegale Konferenz in Elmstein

Auf dieser Konferenz wurde nach der Entgegennahme der Berichte aus Hannover, die von den drei delegierten Genossen gegeben wurden, eine eingehende Stellungnahme zu den politischen Ereignissen genommen. Ebenfalls wurde ein vorläufiger Bezirksvorstand der Partei bestimmt. Als Vorsitzender wurde der Genosse Ludwig, Pirmasens, der gerade in jenen Tagen aus der Emigration zurückgekehrt war, gewählt. Als weitere Mitarbeiter im Bezirksvorstand waren Schott, Volkemer, Lorenz, Hertel und Gröning bestimmt worden. Wie schon erwähnt, war die Partei bis zu diesen Tagen noch nicht zugelassen (die Wiederzulassung der politischen Parteien erfolgte erst am 1. Januar 1946), so mußte auch diese Konferenz illegal durchgeführt werden.

Dennoch hatte die französische Militärregierung damals von dieser Konferenz Wind erhalten und hatte Leute, die früher unserer Partei nahe standen, beauftragt, an dieser Konferenz teilzunehmen. Kurz vor Beginn jener Konferenz erschien auf dem Naturfreundehaus in Elmstein ein französischer Offizier, der sich erkundigte, was hier vorginge. Wir waren deshalb gezwungen, unser Tagungslokal zu verlegen, und so fand diese Sitzung im Gasthaus Dertnig unweit des Naturfreundehauses statt. Bis zur endgültigen Zulassung der Partei tagten wir im Bezirksvorstand meistens im Gewerkschaftsbüro des Genossen Ludwig, der damals zum Beauftragten der Gewerkschaften für die französische Zone bestimmt worden war.

Angebot Eichenlaubs

Eine politisch interessante Sache fällt in diese Zeit. Bekanntlich wurde der Genosse Hoffmann, der gegenwärtige Finanzminister des Landes Rheinland-Pfalz, damals seines Amtes als Oberregierungspräsident enthoben und Herr Dr. Otto Eichenlaub mit der Führung des Oberregierungspräsidiums Hessen-Pfalz beauftragt. Als Vizepräsident wurde der weit über die Grenzen der Pfalz hinaus bekannte Separatist Dr. Koch, Edenkoben, ihm beigegeben. Allenthalben hat man gemerkt, daß die Formierung der SPD vonstatten geht und daß die Partei eine ungeahnte Kraft entwickelte. Das blieb auch diesen Regierungskreisen nicht verborgen, und es war kein Wunder, daß von dieser Seite aus der Versuch gemacht wurde, die Sozialdemokratische Partei der Pfalz für bestimmte Zwecke zu gewinnen; und Herr Eichenlaub ließ es sich angelegen sein, die Funktionäre der pfälzischen Partei zu einer Besprechung einzuladen, die an einem Abend anfangs November um 9 Uhr im Oberregierungspräsidium in Neustadt angesetzt war.

Herr Eichenlaub versuchte damals von unserer Partei zu erreichen, daß sie seine Regierung unterstütze und ihr keine Schwierigkeiten in den Wege stelle. An dieser Sitzung nahm auch der aus der Schweiz auf Besuch weilende Genosse Franz Bögler teil und wir kamen dahingehend überein, daß das Ansinnen des Herrn Eichenlaub keinesfalls von uns akzeptiert werden könnte.

Inzwischen nahm das Jahr 1945 seinen Ablauf, und am Ende des Jahres wurde durch Verordnung Nr. 23 der Militärregierung vom 13. Dezember 1945 und Erlaß Nr. 26 vom gleichen Tage die Neugründung politischer Parteien genehmigt. Damit war endlich das Eis gebrochen, und die Partei konnte sich nun voll entfalten.

Am 6. Januar war in der Eisenbahnerkantine in Ludwigshafen eine Sitzung des Bezirksvorstandes, an der unter anderen die Genossen Oskar Vongerichten, Profit, Fischer, Hoffmann Rudolf und Franz Bögler, der nun endgültig in die Heimat zurückgekehrt war, teilnahmen. In dieser Sitzung wurde Franz Bögler als Sekretär gewählt und gleichzeitig beschlossen, den Genossen Kuraner aus der Emigration nach der Pfalz zu holen. In den Februartagen 1946 starteten die ersten offiziellen Gründungsversammlungen in den einzelnen Orten der Pfalz. Die Zahl wuchs von Tag zu Tag.

Erster Nachkriegsparteitag

Am 14. April 1946 fand nach dem Zusammenbruch der 1. pfälzische Bezirksparteitag in Kaiserslautern satt. Der Bezirksvorstand beschloß in Fortführung der Tradition der Partei, ihn nicht als den ersten, sondern als den 39. Bezirksparteitag zu

39. Bezirksparteitag in Kaiserslautern am 13./14.4.1946, rechts der Parteiveteran Peter Stepp aus Bad Dürkheim.

betrachten. Der Saal der Fruchthalle war zum Brechen voll. Aus allen Teilen der Pfalz waren neben den Delegierten Genossen als Gäste erschienen, die Zeuge der Wiedergründung der Partei sein wollten. Alte ergraute und jüngere Genossen umarmten sich, freuten sich des Wiedersehens, doch auch viele Lücken zeigten sich in der Kämpferschar. Viele Genossen, die auf den früheren Parteitagen vertreten waren, hatte der Schnitter Tod in den zwölf Jahren aus unseren Reihen gerissen. Auf diesem Parteitag wurde Franz Bögler zum 1. Vorsitzenden der pfälzischen Partei gewählt. 500 Delegierte aus bereits 240 Ortsvereinen waren auf dem Parteitag vertreten.

Seit dieser Zeit hat die Partei gezeigt, daß in ihr Lebensimpulse vorhanden sind, die nicht versiegen und die, die glaubten, die Partei sei als überholt zu betrachten, hatten sich getäuscht. Die Partei kam aus dem Zusammenbruch stärker denn je hervor. Die Worte, die Franz Bögler anläßlich der Besetzung der Pfälzischen Post durch die Nazis am 10. März 1933 im Hofe unseres Druckereigebäudes in Ludwigshafen ausgesprochen hatte: „Wir kommen wieder", haben sich erfüllt. Wir sind wieder da.

Die hier behutsam bearbeitete und mit Zwischenüberschriften versehene Aufzeichnung Schotts ist überliefert im Stadtarchiv Ludwigshafen, Bestand M 82. Ein Teilabdruck findet sich in der „Pfälzischen Post" 5 (1985) H. 3, Nr. 16, S. 19.

Wehrmann Seel

„Den Schaffenden zur Seite stehen."
Erinnerungen an die Jahre 1945 und 1946

1945, der schreckliche, verbrecherische Krieg war zu Ende, das Hitlerreich zerschlagen. Auch bei uns im Landkreis Kirchheimbolanden begann sich, wie überall in Stadt und Land, schon gleich das politische Leben zu regen. Ihrer Gesinnung treu gebliebene Genossen fanden sich zu Fühlungnahme und Gesprächen zusammen, um den kommenden Aufgaben gewachsen zu sein.

Ich wurde im Juni 1945 aus amerikanischer Kriegsgefangenschaft entlassen und wurde ab 1. Juli beim Landratsamt Kirchheimbolanden als Kreisgeschäftsführer und Leiter der Finanzabteilung eingestellt. Ich war nicht Mitglied der NSDAP und, von meinem Vater her aus sozialdemokratischer Tradition, unbelastet. Bei den alten Genossen Schardt, Fittler, Kreuter, Zapp und anderen fand ich sofort herzliche Aufnahme. Ferdinand Schardt war zunächst Stadtbürgermeister, später, das heißt, noch im September 1945, Landrat, Karl Fittler zunächst Leiter der Arbeitsamtsnebenstelle, dann nach Schardt Bürgermeister, und Philipp Kreuter Arbeitsamtnebenstellenleiter. Wir hatten also die wichtigsten Stellen in unserer Hand. Allenthalben spürte man den in den langen Zeiten des Hitlerregimes und der damit verbundenen Zwangsherrschaft aufgespeicherten Drang nach Freiheit und demokratisch-politischen Aktivitäten.

Es war deshalb wie eine Art Erlösung, als uns Landrat Schardt Anfang Oktober 1945 vertraulich unterrichtete, daß bald auf Pfalzebene sich Sozialdemokraten zusammenfinden würden, um die SPD auf Bezirksebene zu gründen. Dies sollte am 26. und 27. Oktober 1945 im Elmsteiner Naturfreundehaus Harzofen sein.

Ich war sehr stolz darauf, daß mich Ferdinand Schardt mit Philipp Kreuter zusammen für dieses Treffen auswählte. Es mußte noch illegal stattfinden, weil die französische Besatzungsmacht die Zulassung von Parteien noch nicht erlaubt hatte. Ein großes Problem war für uns, wie nach Elmstein kommen, wo die Verkehrsverbindungen doch mehr als miserabel waren. Die Lösung hatten wir aber bald gefunden: der damalige Fahrbereitschaftsleiter, Heinrich Klag, ebenfalls Gesinnungsfreund, fuhr uns mit einem alten Vehikel – ich glaube einem Ford-Taunus – hin. Wir waren also mit vier Mann vertreten.

Es war bewegend, wie sich nach langer Zeit wieder alte Bekannte die Hand reichen konnten. Ich freute mich, die Genossen Eugen Hertel, Richard Lenz, Fritz Schott, Adolf Ludwig, die alle in meinem Heimatort vor 1933 schon gesprochen und zum Teil bei meinem Vater übernachtet hatten, wieder zu sehen. Auch der Genosse Erwin Stein, den ich mit blauem Hemd und rotem Schlips aus dieser Zeit noch kannte, und einige andere liebe Freunde bekam ich zu sehen. Ich war damals

Ferdinand Schardt (1898 - 1953).

1933 noch jung gewesen und hatte einen heillosen Respekt vor diesen Männern.

Es herrschte eine etwas gedämpfte gute Stimmung und es war für mich ein Erlebnis, den hoffnungsvollen, von Ernst getragenen Reden zuzuhören. Es sprachen unter anderen Schott, Lenz, Hertel und vor allem der aus der Emigration zurückgekehrte Adolf Ludwig. Plötzlich wurde es still im Saal, die Franzosen waren erschienen und rügten die nicht angemeldete Versammlung. Ich kann mich nicht mehr ganz genau erinnern, wie es war, aber jedenfalls wurde nicht sofort abgebrochen. Ich meine sogar, mit dem Lied „Brüder zur Sonne, zur Freiheit" wurde die Zusammenkunft beendet. Wir waren hoffnungsfroh und beseelt von dem Willen, bald die Partei wieder ins Leben zu rufen, um überall verantwortungsvoll am Wiederaufbau eines demokratischen Vaterlandes mitzuwirken, den Schaffenden zur Seite zu stehen, und wo es gilt, Not und Elend zu beseitigen.

Die Arbeit draußen konnte nun beginnen. Schon bald fand in Kirchheimbolanden die erste öffentliche Versammlung in der Turnhalle mit Eugen Hertel statt, die sehr gut besucht war und Anklang fand. Am 3. Februar 1946 wurde in Kirchheimbolanden der Ortsverein gegründet. Einberufer waren Karl Fittler, Philipp Kreuter und Wehrmann Seel, Referent war Eugen Hertel. Am 23. Februar 1946 folgte der Ortsverein Bolanden, einberufen von Wilhelm Tremel, Georg Giro, Josef Kraut und Wehrmann Seel, Referent war Richard Lenz. Bei der ersten Kommunalwahl am 15. September 1946 erhielt die SPD bei uns in Bolanden 51,8 Prozent der Stimmen und am 14. November 1948 sogar 53,8 Prozent. Im Kreisgebiet insgesamt waren die Ergebnisse knapp über 50 Prozent für unsere Partei – ein Erfolg, der deutlich zeigte, wie stark unsere Idee war.

Aus: „Pfälzische Post" 5 (1985), H. 4, Nr. 17, S. 11 f.

Werner von Blon

Die Zweibrücker Sozialdemokratie in den ersten Nachkriegsjahren

Nur fünfzehn Minuten Bedenkzeit gewährte der amerikanische Captain R. L. Montaque am 21. März 1945 Schreinermeister Ignaz Roth auf die Frage, ob er bereit sei, das Amt des Bürgermeisters der Stadt Zweibrücken zu übernehmen. Zwei Tage zuvor waren die amerikanischen Truppen in das nahezu total zerstörte Zweibrücken eingezogen. Das Ganze spielte sich am Eingang des Himmelsbergkellers ab, in dem zahlreiche Bürger vor Bomben und Granaten Zuflucht gesucht hatten.

Erster sozialdemokratischer Oberbürgermeister

Die langsam aus dem Schutzkeller kommenden Menschen bedrängten Ignaz Roth, doch anzunehmen, „damit wir endlich aus dem Keller kommen". Er sagte ja – und mit diesem Ja vom 22. März 1945 vor drei amerikanischen Offizieren, die hinter einem eilig herbeigeschafften Tisch Platz genommen hatten, wurde zum ersten Mal ein Sozialdemokrat Oberbürgermeister in der westpfälzischen Stadt, die früher immer als konservativ und nationalliberal gegolten hatte.

Bis 1959 leitete Ignaz Roth mit großer Tatkraft und viel Umsicht die Geschicke der Stadt – als einem „Vater des Wiederaufbaues" zollt man ihm heute noch großen Dank und hohe Anerkennung. Mit Oskar Munzinger (1959 bis 1969), Dr. Helmut Fichtner (1969 bis 1979), Werner von Blon (1980 bis 1992) und Hans Otto Streuber (1993 - 1999) folgten ihm Sozialdemokraten an der Spitze der Zweibrücker Stadtverwaltung nach. Ignaz Roth war schon vor 1933 als engagierter Sozialdemokrat und Gewerkschafter in Zweibrücken bekannt. Es wird vermutet, daß die Amerikaner seinen Namen in einem Adressbuch des „Internationalen Gewerkschaftsbundes" aus der Zeit vor 1933 gefunden hatten. Trotzdem mußte er sich einem Verhör durch einen Geheimdienstmann vom CIA stellen, bevor das endgültige OK zu seiner Berufung zum Oberbürgermeister der Stadt Zweibrücken gegeben wurde.

Ignaz Roth (1894 - 1972).

Zeichnung eines 13jährigen Mädchens aus der Broschüre zur Ausstellung „Kinder zeichnen unsere Zeit" vom 16. April bis 24. Mai 1948 in der Pfälzischen Landesgewerbeanstalt Kaiserslautern, enthalten in der Delegiertenmappe zum 41. Bezirksparteitag 1948 in Kaiserslautern.

Politische Betätigung war von den Besatzungsmächten – bis 9. Juli 1945 Amerikaner, ab 10. Juli 1945 Franzosen – zunächst streng verboten. Trotzdem begannen sich diejenigen, die vor 1933 politischen Parteien angehört hatten, Gedanken um den Aufbau einer demokratischen Ordnung auch innerhalb der Stadt Zweibrücken zu machen. An führender Stelle standen dabei Sozialdemokraten und ehemalige Angehörige der Sozialistischen Arbeiter-Jugend (SAJ). Als Ignaz Roth im Mai 1945 einen „Beirat" berief, der ihn bei seiner schweren Aufgabe beratend unterstützen sollte, gehörten diesem zwölfköpfigen Gremium nicht weniger als sechs Sozialdemokraten an.

Die heute kaum vorstellbare Not jener Zeit und der Hunger, unter denen die Menschen litten, führten auch in Zweibrücken die Vertreter unterschiedlicher politischer Auffassungen zusammen. In einem „Auf-

Werner von Blon

ruf" wandten sich die vier Unterzeichner, die vor 1933 unterschiedlichen politischen Parteien angehört hatten, an das „schaffende Volk in Stadt und Land, Männer und Frauen, Jungen und Mädel des schaffenden Volkes" und riefen zur Bildung einer „antinationalsozialistischen Vereinigung für Stadt und Landkreis Zweibrücken" auf. Darin heißt es: „Eine unvorstellbare Katastrophe allergrößten Ausmaßes ist über uns hereingebrochen. Aus den Ruinen schaut das Gespenst der Obdachlosigkeit, der Seuchen und des Hungers." Und weiter: „Wir rufen auf zum Kampf gegen Hunger, Kälte und Obdachlosigkeit. Hier kann nur warme Menschenliebe und tätige Mitarbeit helfen. Wir wenden uns an Dich Bauer, erfülle Du auch weiterhin Deine Pflicht gegenüber dem Verbraucher, der auf Dich angewiesen ist. Hilf Du mit, das Gespenst der Hungersnot zu bannen. Und Du Arbeiter, Gewerbetreibender, Intellektueller, zeige durch äußerste Selbstdisziplin in allen Fragen des täglichen Lebens, daß auch Du gewillt bist, Deinen Teil beizutragen." Zuletzt wurde gefordert: „Arbeiter, Bürger und Bauern, bildet auch in Euren Orten antinationalsozialistische Vereinigungen und helft mit, ein neues demokratisches Deutschland aufbauen!"

Erste politische Versammlung

Am 9. November 1945 erließ die französische Militärregierung eine Verordnung, die „antifaschistische Versammlungen" erlaubte. Selbstverständlich mußten solche Zusammenkünfte vorher angemeldet werden und bedurften einer ausdrücklichen Genehmigung der Besatzungsmacht. Die erste politische Versammlung nach dem Krieg in Zweibrücken fand bereits am 11. November 1945 statt, also nur zwei Tage nach Erlaß der Verordnung der Militärregierung. Einlader war die Gewerkschaft, die kurz zuvor von der Militärregierung wieder zugelassen worden war. Die Versammlung fand im Saal Schmideder im Stadtteil Niederauerbach statt. Obwohl der Raum ungeheizt war, heißt es in einem Zeitungsbericht: „Der Saal war dicht besetzt."

Redner bei dieser ersten öffentlichen Gewerkschaftsversammlung waren Oberbürgermeister Ignaz Roth und der ebenfalls aus Zweibrücken stammende Ernst Roth, Generalsekretär der Sozialistischen Partei des Saargebietes. Dieser war 1933 jüngster Reichstagsabgeordneter (Wahlkreis Mannheim) und verstarb 1951 während der Ausübung seiner politischen Tätigkeit in Straßburg.

Die sozialdemokratische Wahlparole zur Reichstagswahl vom März 1933: „Wer Hitler wählt, wählt den Krieg" habe sich bitter bewahrheitet, stellte Ignaz Roth fest und sagte weiter: „Wir Überlebenden müssen nun Schuld und Sühne übernehmen." Ernst Roth erinnerte an das Goethe-Wort: „Die beste Regierung ist die, die das deutsche Volk lehrt, sich selbst zu regieren" und forderte alle, insbesondere auch die intellektuellen Schichten auf, am Aufbau eines demokratischen Staates mitzuwirken. Schon im November 1945 trat Ernst Roth, der später dem Europarat in Straßburg als Abgeordneter angehörte, für die Schaffung der „Vereinigten Staaten von Europa" ein.

Wiedergründung der SPD

Nur zwei Tage nach dieser Versammlung fanden sich im Gewerkschaftsbüro acht ehemalige Sozialdemokraten zusammen und stellten Überlegungen zur Wiedergründung der SPD in Zweibrücken an. Man wollte an die frühere Organisation anschließen und legte fest, daß der Ortsverein Zweibrücken der SPD in acht Sektionen gegliedert werden sollte – eine Einteilung, die sich bis heute erhalten hat.

Am 13. Dezember 1945 erließ der französische General Laffon eine Verordnung, in der die Zulassung und Gründung politischer Parteien für Januar 1946 angekündigt wurde. Daß die Wiederzulassung politischer Parteien unmittelbar bevorstand, war offenbar auch in Zweibrücken schon vor dem 13. Dezember bekannt geworden, denn am 9. Dezember trafen sich die ehemaligen Mitglieder der SPD im Gasthaus „Vier Jahreszeiten" und beschlossen endgültig die Wiedergründung ihrer Organisation. Am 4. Februar 1946 wurde dann der dazu notwendige Antrag bei der Militärregierung eingereicht und schon am 13. Februar erhielten die Antragsteller die Genehmigung.

Die erste öffentliche Versammlung der Sozialdemokratischen Partei fand am 3. März 1946 wiederum im Saale Schmideder im Stadtteil Niederaubach statt. Es war ein ergreifender Augenblick, als Jakob Kuhn, der 1. Vorsitzende der Zweibrücker Sozialdemokraten nach dem Kriege, zu Beginn daran erinnerte, daß vor fast genau 13 Jahren die letzte öffentliche Versammlung der SPD in Zweibrücken stattgefunden hatte. Hauptredner war wiederum Ernst Roth, den der Zeitungsberichterstatter „als tiefschürfenden, gewandten Redner von reichem politischem Wissen" charakterisierte. Er stellte in seinen Ausführungen das Programm der wiedergegründeten SPD vor und sagte unter anderem: „Wir müssen vor allem ein neues moralisches Gebäude errichten. Der Mensch muß wieder in den

Aufstellung über die Mitglieder des SPD-Unterbezirks Zweibrücken.

```
Mitgliederstand der SPD. Unterbezirk Zweibrücken
              am 20. Juli 1947
-----------------------------------------------------

Contwig            58    Vorstz.    Gab         Otto
Kirrberg           24      "   "    Lambert     August
Wattweiler         21      "   "    Marschall   Max
Mittelbach         26      "   "    Mussong     Bernhardt
Dellfeld           20      "   "    Buchmann    Kilian
Rieschweiler       16      "   "    Weidler     Anton
Oberauerbach       32      "   "    Ambos       Luitpold
Lambsborn          32      "   "    Mannschatz  Johann
Bechhofen          40      "   "    Müller      Reinhold
Mörsbach           12      "   "    Russhardt   Reinnard
Contwig            30      "   "    Bender      Alfred
Rimschweiler       22      "   "    Börger      Willi
Kl. Steinhaus.     26      "   "    Glöckner    Johann
Bottenbach         12      "   "    Schweitzer  Karl
Zweibrücken       740      "   "    Kuhn        Jacob
                   -----------------
Gesammtzahl       1111   Mitglieder
```

Mittelpunkt gerückt werden, die Achtung vor der Freiheit der Persönlichkeit, der Respekt vor den Mitmenschen, gleich welchen Glaubens und welcher Rasse."

Diese gut besuchte Versammlung war Auftakt zu vielen Aktivitäten in den einzelnen Zweibrücker Sektionen. Man traf sich um die Sektionsleitungen zu wählen, man warb Mitglieder und behandelte in Referaten und Diskussionen politische Themen, bei denen es letztendlich immer auch darum ging, möglichst zügig einen demokratischen Staat aufzubauen.

Im Juni 1946 berichtete in einer stark besuchten Mitgliederversammlung in der Fasanerie Fritz Volkemer aus Pirmasens über den Parteitag der SPD, der kurz zuvor in Hannover stattgefunden hatte. Dabei informierte er unter anderem auch über die auf dem Parteitag beschlossene Ablehnung einer „Einheitspartei", wie sie von den Kommunisten angestrebt wurde. „Eine Demokratie mit einer Einheitsliste ist keine Demokratie", sagte der Redner unter großem Beifall.

Natürlich gab es auch einzelne, die einer Einheitsliste nicht ablehnend gegenüberstanden. Die Partei erwartete aber von ihren Mitgliedern eine klare Haltung und so wurde, wie einer Mitteilung des „Bezirkssekretariats der Sozialdemokratischen Partei Hessen-Pfalz" zu entnehmen ist, Ernst Birnbaum aus Zweibrücken „wegen Teilnahme an der Bezirkskonferenz der Kommunistischen Partei aus der Sozialdemokratischen Partei ausgeschlossen".

Den spärlichen Aufzeichnungen aus dem ersten Jahr politischer Arbeit der SPD nach der Wiedergründung in Zweibrücken ist zu entnehmen, daß ziemlich regelmäßig Sektions- und Ortsvereinsversammlungen stattfanden. Und obwohl die Menschen in der Stadt im Jahre 1946 immer noch schwer unter den Folgen des Krieges zu leiden hat-

Kämpft mit uns für soziale Gerechtigkeit!

Wählt Sozialdemokraten

Kleinplakat der Zweibrücker SPD zu den ersten Nachkriegswahlen.

ten, erfreuten sich diese Veranstaltungen eines regen und guten Besuches. 160 Mitglieder kamen im Mai in die Fasanerie, 242 waren es im Juli, als das Thema: „Wo stehen die Sozialversicherungen" behandelt wurde; und im Juli hatten sich gar 304 eingefunden, als der damalige Bezirkssekretär Franz Bögler über „die neuen Aufgaben und Ziele der Sozialdemokratie" referierte. Dort, wo die Besucher nach Männern und Frauen getrennt gezählt wurden, fällt auf, daß kaum Frauen an diesen Zusammenkünften teilnahmen. Bei den 160 Besuchern waren es gerade sechs und bei den 242 nur acht Frauen, die bei den Veranstaltungen zugegen waren.

Erste Kommunalwahlen

Am 15. September 1946 hatten die Bürger der Stadt Zweibrücken zum erstenmal nach dem Krieg die Möglichkeit, ihren Stadtrat selbst zu wählen. Die erste Kommunalwahl war sicher ein wichtiger und großer Schritt auf dem Wege zur demokratischen Selbstverwaltung, sie war aber bei weitem noch keine „freie" Wahl, denn es gab sehr weitreichende Reglementierungen durch die Besatzungsmacht.

Bei den Zweibrücker Sozialdemokraten standen die Wahlvorbereitungen im Vordergrund der politischen Arbeit. Am 1. September fand im Saal Schmieder eine „öf-

Für Frieden und Völkerverständigung kämpfen in vorderster Front **Sozialdemokraten**

Auskunft: Zweibrücken, Bismarckstraße 17

Kleinplakat der Zweibrücker SPD zu den ersten Nachkriegswahlen.

fentliche Wahlversammlung" statt, zu der „an alle wahlberechtigten Männer und Frauen herzliche Einladung" erging, wie es hieß. Rund 420 Besucher hatten sich eingefunden, darunter etwa 50 Frauen.

Der Ortsvereinsvorsitzende Jakob Kuhn erinnerte in seinem Eröffnungswort daran, daß auf den Tag genau vor sieben Jahren der grausamste aller Kriege durch Hitler entfesselt wurde. In warmherzigen Worten wurde der Toten aller Nationen gedacht. Das Hauptreferat hielt Parteisekretär Fritz Müller aus Ludwigshafen, der darauf verwies, daß die bevorstehenden Wahlen hochpolitischer Natur seien, weil „die ganze Welt auf den Ausgang schaut, ob in diesem Deutschland noch ein Kern Demokratie steckt".

Die SPD hatte eine Liste erstellt, die 26 Bewerber enthielt, eine Frau war nicht vertreten. Angeführt wurde die Liste von Oberbürgermeister Ignaz Roth. Rund 90 Prozent der Wahlberechtigten machten von ihrem Wahlrecht Gebrauch, ein Anteil, der bei keiner späteren Wahl wieder erreicht wurde. Von den 30 Sitzen des Zweibrücker Stadtrates fielen bei dieser ersten Kommunalwahl nach dem Kriege 14 Sitze an die CDU, 11 an die SPD und 5 an die KPD. Nur bei dieser ersten Wahl war die CDU stärkste Fraktion. Schon bei der nächsten im November 1948 wurde sie von der SPD überholt, und seitdem waren die Sozialdemokraten bis 1999 mit Abstand die stärkste und führende Fraktion im Stadtrat.

Bilanz des ersten Jahres

Im Februar 1946 war die SPD in Zweibrücken wieder gegründet worden, und am Ende des Jahres 1946 konnte man schon eine hervorragende Bilanz vorweisen. Trotz widrigster äußerer Umstände hatte sich die Partei formiert, und am Ende des Jahres gehörten ihr 589 Personen an, darunter 54 Frauen. „Die Zahl der Mitglieder beträgt heute das dreifache wie vor 1933", konnte der Vorsitzende Jakob Kuhn am Ende des Jahres 1946 registrieren.

In dem vor 1933 eher konservativ geprägten Zweibrücken hatten die Sozialdemokraten nach dem Kriege einen Wandel in der politischen Haltung der Bürger erzielt. Es war deshalb auch ein stolzer Bericht, den der Vorsitzende in der Hauptversammlung am 26. Januar 1947 im Central-Filmtheater erstatten konnte. Rund 300 Mitglieder waren gekommen und hörten in der ersten Hauptversammlung nach 16 Jahren einen Rückblick auf „das Welterschütternde", das sich in diesen 16 Jahren ereignet und so viel Elend über die Welt gebracht hatte. Und obwohl die Folgen dieser Epoche auch in der Stadt noch allent-

Kleinplakat der Zweibrücker SPD zu den ersten Nachkriegswahlen.

Die Sozialdemokraten stehen ein für RECHT und SCHUTZ der FRAUEN

Auskunft: Zweibrücken - Bismarckstraße 17

halben spürbar und sichtbar waren, gingen die Zweibrücker Sozialdemokraten in diesem ersten Jahr mit großer Tatkraft ans Werk. In einem Zeitungsbericht über diese Hauptversammlung heißt es: „Die Arbeit riß nicht mehr ab. 51 Sektions-, drei Delegiertenversammlungen und eine Frauenversammlung, je acht Funktionärs- und Schulungskurse, dazu zehn öffentliche Versammlungen wurden abgehalten. Wertvolle Unterstützung erhielt der Ortsverein durch die Einrichtung eines Sekretariats."

„Ein Jahr Gemeindepolitik" stand als letzter Punkt auf der Tagesordnung der Hauptversammlung vom Januar 1947. Wie sehr damals äußere Umstände auch solch eine Versammlung beeinträchtigen konnten, ist dem Zeitungsbericht zu entnehmen. Dort heißt es: „Infolge der nun immer fühlbarer werdenden Kälte (der Saal war nicht geheizt) gab Ignaz Roth nur einen gedrängten Bericht über die Tätigkeit der Fraktion im Stadtparlament." Im Schlußwort dankte der wiedergewählte Vorsitzende Jakob Kuhn allen für ihre Mitarbeit und bat sie, mitzuwirken am Aufbau einer besseren Welt – eine Aufgabe, der sich die Zweibrücker Sozialdemokraten auch heute noch verpflichtet fühlen.

Dieser Beitrag beruht auf: Demokratischer Neubeginn. Die Wiedergründung des Ortsvereins Zweibrücken der Sozialdemokratischen Partei nach dem Kriege. Zusammengestellt von Werner von Blon, o. O. (Zweibrücken), o. J. (1996).

Johannes Theisohn

Die Wiedergründung der SPD in Haßloch

Der 2. Weltkrieg war für die Haßlocher Bevölkerung am 23. März 1945 vorüber. Die amerikanischen Truppen besetzten den Ort, die Panzersperren blieben geöffnet, Kämpfe fanden nicht statt. Was dann kam, war Besatzungszeit. Die Militärbehörden teilten ein- oder zweisprachig mit, wie man sich zu verhalten habe, was erlaubt oder verboten sei. Die bekannte Palette der Maßnahmen gab es auch in Haßloch: Ausgangsbeschränkungen, Versammlungsverbot – auch der Gottesdienst war untersagt –, Verkehrsbeschränkungen, Registrierung der Bevölkerung und anderes; Waffen, Fotoapparate, Ferngläser, Radioempfänger, auch die Brieftauben mußten bis zu einem genau terminierten Zeitpunkt auf dem Rathaus abgeliefert werden. Der weitere Besitz der Hakenkreuzfahne war mit der Todesstrafe bedroht. In einer Mitteilung vom 4. April 1945 wird darauf hingewiesen, daß eine amerikanische Flagge in der Bahnhofstraße 51 gehißt und durch Hutabnehmen zu grüßen sei.

Die Amerikaner setzten Georg Brauch, bis 1938 Bürgermeister in Haßloch, dann von den Nazis aus dem Amt entfernt, vorläufig als Bürgermeister ein; die Franzosen, die am 10. Juli Haßloch von den Amerikanern übernahmen, setzten ihn wieder ab und ernannten Georg Mischon zu seinem Nachfolger. Viele Anweisungen wiederholten sich, als die Franzosen die Ortspolitik bestimmten, nur waren die zweisprachigen Anweisungen jetzt deutsch-französisch.

Wie der einzelne diese Situation empfunden und bewertet hatte, mochte recht verschieden gewesen sein. Ob man das Kriegsende als „Niederlage" oder als „Befreiung" verstand, hing wohl stark von der persönlichen Lebenslage und der politischen Einstellung ab. Wer das Leben im SS-Staat nicht als Sieg verstehen konnte, weil ihm die elementarsten Grundrechte genommen waren, der wird auch das Ende des Hitler-Regimes nicht als Niederlage verstanden haben. Eine normale Situation war es nicht und konnte es nicht sein. Aber es war ein Schlußstrich für alle Verfolgten, auch für die SPD ein Schlußstrich unter die Illegalität, eine Chance zu legaler Arbeit für einen Frieden durch Völkerverständigung, für Freiheit nicht nur der Starken, für die Chancengleichheit aller Bürger und eine Zukunft in Solidarität.

Voraussetzungen für die Wiedergründung

Es ist verständlich, daß die Haßlocher SPD möglichst schnell Politik machen und den Wiederaufbau im Ort politisch mitgestalten wollte. Dazu gehörte zweifellos die Wiedergründung eines Ortsvereins. Aber in der französischen Zone ging der Schritt zur politischen Normalität nicht so schnell wie in anderen Zonen.

Die Voraussetzungen für die Gründung oder Wiederzulassung von Parteien wurden erst zehn Monate nach Kriegsende geschaffen. Entscheidend für die Zulassung politischer Parteien in der französischen

Zone waren die Verordnung Nr. 23, vom 29.11.1945, von General Koenig unterzeichnet, und deren Ausführungsbestimmungen, die den Bezirksregierungen zugestellt wurden. Mit den darin enthaltenen Bestimmungen wird die Gründung „demokratischer und antinationalsozialistischer" Parteien grundsätzlich gestattet; sie bedürfen der Genehmigung durch die Militärregierung. Nach vorheriger Zustimmung der Militärregierung haben die Parteien Versammlungsrecht und das Recht der Propaganda. Dies war im Bereich der französischen Zone der Startschuß für die Gründung der Parteien und die Legalisierung der bisher illegal betriebenen Parteiarbeit.

Das Rundschreiben Nr. 334 D über die Wiederherstellung politischer Parteien in der französischen Besatzungszone ist am 24. Januar 1946 beim Bürgermeisteramt Haßloch eingegangen. Wichtig für die Haßlocher SPD war, daß laut Rundschreiben der einzelne Ortsverein keinen gesonderten Genehmigungsantrag mehr stellen mußte, wenn die Partei „im großen" genehmigt war. Er mußte lediglich dem Bürgermeisteramt unter Nennung der Mitglieder gemeldet werden. Die Vorstandschaft (im Text: der leitende Ausschuß) mußte allerdings die persönlichen Daten (Name, Vorname, Geburtsdatum und -ort, Beruf, Adresse, Funktion in der Partei) an die Militärbehörde weiterleiten. Ein gesonderter Genehmigungsantrag wurde von der Haßlocher SPD also nicht gestellt.

Mitarbeit im Bürgerrat 1945/46

Schon vor der Wiedergründung des SPD-Ortsvereins gab es SPD-Mitglieder in politischer Verantwortung und dies sogar offiziell, nämlich in den Jahren 1945/46 im Bürgerrats-Komitee. Im Rundschreiben Nr. 3271C vom 16. Oktober 1945 regte die französische Militärregierung die Neuschaffung von Beiräten für die von den Militärbehörden eingesetzten Bürgermeister an, die beratenden Bürgerrats-Komitees, sozusagen einen Gemeinderatsersatz. Die Bürgerräte hatten zwar ein Ressort, aber keine Kompetenz; sie hatten nur beratende Funktion. Die Entscheidungsbefugnis blieb allein beim Bürgermeister, der wiederum den Militärbehörden Rechenschaft schuldig war. Die Militärregierung schrieb die Anzahl der Bürgerräte vor (Dorf 6, Marktflecken 8, Stadt 12) und wählte diese aus Vorschlagslisten aus, die die doppelte Anzahl an Kandidaten enthalten mußten. Bei der Aufstellung dieser Listen war darauf zu achten, daß die verschiedenen Richtungen, die verschiedenen Konfessionen, die Gewerkschaften und die Unternehmerseite angemessen vertreten waren. „Selbstredend keine Nazis und nur Persönlichkeiten, die als Beiräte verantwortlich herangezogen werden können."

In Haßloch war schon vier Monate vorher, im Juni 1945, also noch unter amerikanischer Besatzung, ein Bürgerrat tätig, der auch offiziell genehmigt worden war. Als die Franzosen die Besatzung übernahmen, mußte Georg Mischon, der von den Franzosen eingesetzte Bürgermeister, die Mitglieder des Bürgerrats-Komitees neu genehmigen lassen.

Die Sozialdemokraten, die als Bürgerräte 1945/46 tätig waren, findet man ausnahmslos später wieder im Gemeinderat: August Schneider, Rektor der katholischen Schule und ab 1947 Fraktionsvorsitzender, als Bürgerrat zuständig für das Schulwesen; Philipp Postel, Gastwirt und Landwirt, später Beigeordneter und Bürgermeister, als Bürgerrat zuständig für Feld- und Waldaufsicht; Otto Kaiser, Maurermeister, später Vorsitzender des Werksausschusses, als Bürgerrat zuständig für die Dorfaufsicht.

Gründungsversammlung

Im Lokale Rodach waren am 24. Februar 1946 laut Protokoll 52 stimmberechtigte Mitglieder anwesend. Die Gründung war durch eine Kundgebung am 10. Februar 1946 und durch Plakatierung vorbereitet worden. Es ist anzunehmen, daß auch die SPD-Bürgerräte Vorarbeit geleistet hatten.

Ein Mitgliederverzeichnis von 1953 hat wenigstens 35 der 65 Gründungsmitglieder mit ihren persönlichen Daten namhaft gemacht. Ganz junge Mitglieder fehlen. Viele werden an der Front geblieben sein oder sich noch in Kriegsgefangenschaft befunden haben. So überwiegen die Älteren, die meisten vor 1900 geboren, viele Pensionisten und Rentner, alles Männer, von der Berufsstruktur her wenig Arbeiter, mehr Handwerker (Schlosser, Gipser, Tüncher), einige Landwirte, dazu einige Angestellte und ein Wachtmeister.

Diese Sozialstruktur ist für die Haßlocher SPD durchaus nicht untypisch. Unter den Anwesenden ist alte Haßlocher SPD-Tradition präsent. Ehemalige Gemeinderäte waren Karl Oster (1920, 1924; 1929 Fraktionsvorsitzender der SPD) und Johann Höring (1920). Für den Gemeinderat hatten kandidiert: Karl Braun 1920, Johannes Heck 1924, Theodor Rothaug 1924 und 1929, Philipp Ohler 1929. So ist verständlich, daß die Versammlung sich in der Kontinuität sieht, was das Protokoll auch entprechend formuliert: Nach 12jährigem Naziterror war es nun wieder möglich, die Sozialdemokratische Partei auch in Haßloch ins Leben zu rufen.

Als Tagesordnung ist angegeben: 1. Wahl des Ausschusses, 2. Verschiedenes. Mag der Wille zur Wiedergründung des Ortsvereins einmütig gewesen sein, bei der Wahl der Vorstandschaft zeigten sich durchaus Alternativen. Bei der Wahl zum 1. Vorsitzenden setzte sich Fritz Ohler mit 32 zu 20 Stimmen gegen Emil Merkel durch. Emil Merkel wurde dann mit 28 Stimmen gegen Karl Braun mit 24 Stimmen zum Stellvertreter gewählt.

Die übrigen Posten wurden einstimmig oder einvernehmlich besetzt, so daß die erste Vorstandschaft des SPD-Ortsvereins Haßloch, wie folgt, aussah: 1. Vorsitzender: Fritz Ohler, 2. Vorsitzender: Emil Merkel, 1. Kassier: Philipp Schumann, 2. Kassier: Fritz Reichel, 1. Schriftführer: Wilhelm Manier, 2. Schriftführer: Johannes Höring, Beisitzer: Karl Oster, Karl Braun und Johann Heck, Unterkassier: Karl Keller. Das Protokoll der Gründungsversammlung fängt die Aufbruchsstimmung in einem Gedicht ein. Der neugewählte Vorsitzende Fritz Ohler hatte es am Ende der Gründungsversammlung rezitiert. Es klingt für unsere Ohren etwas pathetisch – Gedichte sind in Sitzungsprotokollen überhaupt etwas ungewöhnlich –, mochte der Stimmung der Versammlung aber durchaus entsprochen haben: „Zum Licht empor mit klarem Blick, ein Vorwärts stets, nie ein Zurück. Ein frohes Hoffen, kühnes Streben und schnelles Handeln auch daneben. Dann hat das Dasein Zweck und Ziel. Wer Großes will, erreicht auch viel."

Parteientwicklung im ersten Jahr

Der Ortsverein nahm schnell seine Arbeit auf und hatte Erfolg. Trotz einiger Turbulenzen – Fritz Ohler trat bereits nach zwei Monaten von seinem Amt als 1. Vorsitzender zurück und Emil Merkel mußte den Ortsverein bis zur nächsten Generalversammlung führen – wuchs die Mitgliederzahl schnell: Von 65 Gründungsmitgliedern (24.2.46) auf 85 Mitglieder, wie Emil Merkel auf der Mitgliederversammlung am 13. Juli 1946 bekannt gab und – nach einer

Mitgliederwerbeaktion – auf 107 Mitglieder am 25. Januar 1947. Man hatte die Mitgliederzahl innerhalb eines Jahres fast verdoppeln können.

Auch sonst war man erfolgreich: Bei der Gemeinderatswahl vom 15. September 1946 errang die SPD 35 Prozent der abgegebenen Stimmen (Landesdurchschnitt: 20,7 %); bei der Kreisversammlungswahl am 13. Oktober 1946 sogar 38 Prozent (Landesdurchschnitt: 25,7 %). Die SPD stellte auch den ersten vom Gemeinderat gewählten Bürgermeister nach dem Kriege. Philipp Postel wurde am 12. Januar 1947 zum ehrenamtlichen Bürgermeister gewählt.

Aus alten Sitzungsprotokollen

Politik wird nicht im luftleeren Raum gemacht. Die Bedingungen der Nachkriegszeit waren auch die Bedingungen, unter denen der Ortsverein aufgebaut werden mußte. Die Leute, die sich damals politisch engagierten, hatten die gleichen Sorgen und Probleme wie alle anderen auch. Die Ernährungslage war schwierig; man mußte „stoppeln" gehen, um sich und seine Familie durchzubringen.

Was bekam man schon auf Lebensmittelkarten. Wer bei Bauern mithelfen konnte und durfte und vielleicht etwas von der Schlachterei (auch Schwarzschlachterei) abbekam, konnte sich beglückwünschen. Den selbst geernteten Tabak und die selbstgefertigten Zigarren irgendwo im Badischen gegen Eßbares einzutauschen, vielleicht auch gegen Kleidung und Stoff, war oft ein notwendiges Abenteuer. Wann fuhr schon ein Zug und wer hatte das nötige Kleingeld für die Zugfahrt? Wer besaß noch oder schon ein Fahrrad? Oft waren die Frauen für das Durchkommen der ganzen Familie verantwortlich. Es mangelte an Vätern. Die Nachkriegsszene läßt sich leicht durch weitere Stichworte verdeutlichen: Das Geld kaum etwas wert, Einquartierung, Kartoffelkäfersammelaktionen, Kaffee-Ersatz, improvisierte Schule und beliebig mehr.

Angesichts solcher Schwierigkeiten, des allgemeinen Zwanges zur Improvisation, der Unsicherheiten, nehmen sich der organisatorische Aufbau, die innerparteiliche Entwicklung des SPD-Ortsvereins geradezu normal aus.

Alle zwei bis drei Wochen fanden Vorstandssitzungen statt, reihum in verschiedenen Lokalen (Rodach, Scholl, Löwer, Otterstätter, Krebs, Emil Postel), vom offiziell bestellten Protokollführer – 1946 war es Wilhelm Manier – protokolliert und getippt. Dann gab es vieles mehr zu tun: Mitgliederwerbeaktion (beschlossen in der Mitgliederversammlung vom 13. Juli 1946), Gründung einer Jugendgruppe (29.5.1946), die später, nachdem die Militärregierung sie genehmigt hatte, Falkenbewegung bzw. Jungsozialisten genannt wurde; Einteilung des Ortes in Bezirke mit Bezirksobmännern, Durchführung einer öffentlichen Versammlung, Abonnement der Parteizeitung, Erstellung eines Mitgliederverzeichnisses, die Wahl der Delegierten für Unterbezirk und Bezirk, Kandidatenaufstellung für Gemeinderat und Kreistag, die Bestellung von Wahlbeisitzern, ja selbst eine Frauenkundgebung ist Gegenstand der Ausschußberatungen.

All dies sozusagen das tägliche Geschäft politischer Parteien bzw. ihrer Ortsvereine. Nur gelegentlich brach die alltägliche Notlage auch in den Protokollen durch, wenn es zum Beispiel um den Ernährungsausschuß ging oder wenn eine Protestresolution gegen die Abgabe von vier Eiern für den Monat Februar verfaßt wurde. Alles andere war angesichts der Nachkriegssituation schon fast zu normal.

Entnazifizierung

Es gibt aber auch einige Besonderheiten. Eine solche war die Gutachtertätigkeit des Ortsvereins für die Entnazifierungsausschüsse.

Der Ortsverein Haßloch wurde als politisch unbedenkliche Organisation um Unbedenklichkeitsbescheinigungen (politische Führungszeugnisse) gebeten, die zu dem begehrten „Persilschein" führen sollten, eine Bestätigung also, daß man kein aktiver Nazi, sondern nur ein Mitläufer, ein harmloser Mitläufer gewesen sei. Davon hing in der Regel das Verbleiben im öffentlichen Dienst ab.

Die Vorstandsprotokolle lesen sich zu diesem Punkt dann so: „W. wird ein entsprechendes Zeugnis erhalten, daß er in der Nazi-Partei war, sich aber nicht besonders hervorgetan hat." Oder: „Gen. Kaiser proklamierte in einem kurzen Referat die gegebenen Umstände, daß S. durch schwere und schmutzige Arbeit genug bestraft wäre und schilderte ihn als einen anständigen und erträglichen Menschen, der sich politisch nie hervorgetan hätte. Die Beurteilung fand allgemeine Zustimmung."
Oder: „K. hat sich politisch nie hervorgetan und war während seiner Zugehörigkeit zur NSDAP weder aktivistisch noch propagandistisch tätig. Der Beschluß lautete: Politisch tragbar."

Oder: „Gen. Schneider nannte G. B. zwar eine militaristische Natur, war aber nie aktivistisch oder propagandistisch hervorgetreten. Einstimmiger Beschluß: Politisch tragbar." Oder als letztes Beispiel: „Gen. Kaiser hielt längeres Referat, in dem er L. als Aktivist in der SA bezeichnete, der fähig war, einen Antifaschisten zu bedrohen. Nach längerer Zeit wurde der Beschluß gefaßt, L. vor einen engeren Ausschuß zu laden."

Aufnahme von Mitgliedern

Das größte Problem war die Neuaufnahme von Mitgliedern. Wer darf in die SPD? So begrüßenswert einerseits die Mitgliederwerbung war – immerhin schaffte man es, die Mitgliederzahl in einem Jahr zu verdoppeln – so brachte sie andererseits doch erhebliche Probleme, viel Diskussion und Streiterei in den Ortsverein, Stichwort: Vergangenheitsbewältigung.

Das Problem waren ehemalige NSDAP-Mitglieder oder zumindest Mitläufer, Sympathisanten. Wer mit Entnazifizierungsmaßnahmen rechnen mußte, konnte leicht auf den Gedanken verfallen, daß man als SPD-Mitglied am unverdächtigsten war. Schließlich gehörte die SPD zu den Verfolgten der NS-Zeit. So war nicht auszuschließen, daß eine SPD-Mitgliedschaft weniger aus politischer Überzeugung als vielmehr aus ganz handfesten praktischen Gründen angestrebt wurde: als Schutzmaßnahme und Tarnung gegen den Behördenzugriff. Konnte der Ortsverein dies verhindern? Die Informationsmöglichkeiten waren äußerst begrenzt. Wer konnte schon verbindlich Auskunft geben über die NS-Vergangenheit eines Bewerbers und noch schwieriger: Wie ließ sich das juristisch belegen? Trotzdem mußte der Ortsverein versuchen, keinem echten Nazi Unterschlupf zu bieten, denn eine spätere Entlarvung hätte den ganzen Ortsverein in Verruf gebracht.

Der Ortsverein wählte zunächst den Weg, die Aufnahme-Anträge auf der Mitgliederversammlung vorzutragen und nach einer Debatte die Mitgliederversammlung entscheiden zu lassen. Diese Praxis hatte man dann schnell geändert. Die Personaldiskussion in der öffentlichen Mitgliederversammlung am 23. März 1946 im Lokal Scholl – daß bei der Vergangenheitsbewältigung genug schmutzige Wäsche gewaschen wird, kann man sich vorstellen –, muß so unerfreulich gewesen sein, daß der Vorstand beschloß, die Neuaufnahmen vom Parteiausschuß bestätigen und nur in Zweifelsfällen die Mitgliederversammlung entscheiden zu lassen.

So kann man in den Ausschußprotokollen zum Beispiel lesen: „Über die Aufnahme von M. J. lehnt der Ausschuß die Verantwortung ab, die Mitgliederversammlung soll entscheiden, ob M. J. aufgenommen wird oder nicht" (19.8.1946). Die Mitgliederversammlung entschied in besagtem Fall in schriftlicher Abstimmung – so aus der Versammlung heraus beantragt –, daß M. J. „mit 22 Ja, 13 Nein und zwei Enthaltungen aufgenommen" war. Man sieht, die Entscheidung über die Neuaufnahme führte im Ortsverein zu erheblicher Polarisierung und sorgte ständig für Zündstoff. Man kann sich gut vorstellen, welche Abrechnungen und Aufrechnungen in den Sitzungen Platz griffen. Besagter M. J. wurde zwar aufgenommen, aber mit der Auflage, „daß M. J. in der SPD kein Amt bekleiden dürfe".

Natürlich kann man fragen, warum man nicht einfach die Mitgliedschaft in NS-Organisationen und die NSDAP-Mitgliedschaft als Ablehnungsgrund genommen hatte. Die Mitgliederversammlung vom 23. März 1946 hätte durchaus diese Entscheidung fällen können; sie hatte aber dieses Kriterium nicht als hinreichenden Ablehnungsgrund angesehen. Warum? Vielleicht aus der Kenntnis der Zeitsituation heraus. Man wußte, daß es auch so etwas wie Zwangsmitgliedschaft in NS-Organisationen gab. Vielleicht, weil auch ein NSDAP-Mitglied eine Chance zur Gesinnungsänderung verdiene. Im Protokoll der Mitgliederversammlung vom 23. März 1946 findet sich der Hinweis, daß dies auch in anderen Parteien Praxis gewesen wäre. Wie dem auch sei. Der Ortsverein kam nun in die schwierige Situation, zwischen dem bloßen Mitläufer, dem einfachen Mitglied einer NS-Organisation, den man als politisch tragbar ansah, und dem aktiven Nazi, dem man die Mitgliedschaft verwehren mußte, zu unterscheiden. Oft keine leichte Aufgabe für die Ausschußmitglieder.

Aber nicht jeder Antragsteller wurde aufgenommen, und es blieb auch nicht jeder, der aufgenommen worden war, im Ortsverein. Die Vergangenheit holte den einen oder anderen auch noch als SPD-Mitglied ein, so daß der Ortsverein ein Parteiausschlußverfahren beantragen mußte, wie am 6. Januar 1947 im Falle von G. K. G., „weil er ein eifriger und guter Nazi war". Daß die Frage der Neuaufnahmen eine Quelle ständigen Zwistes blieb, belegt unter anderem die Tatsache, daß die Mitgliederversammlung am 18. März 1947 die Entscheidung über die Neuaufnahmen dem Ausschuß aus der Hand nahm und wieder an sich zog.

Der Beitrag stützt sich vor allem auf die beiden Broschüren: 110 Jahre Sozialdemokratie in Haßloch. 1874-1984, Haßloch 1984, und: Vor 40 Jahren. Die Befreiung von der Hitlerdiktatur und die Erneuerung des politischen Lebens. Zum 40. Jahrestag der Wiedergründung des SPD-Ortsvereins Haßloch am 24. Februar 1946, Haßloch 1986. Herangezogen wurden auch die folgenden Publikationen: Erwin Thiel, Haßlocher Chronik. Eine Gemeinde zwischen Rhein und Haardt, abschließend bearbeitet von Erna und Werner Neubauer, Haßloch 1977; Die ältesten Schulen in Haßloch. Geschichten, Bilder, Photos, Texte von dazumal bis heutzutage, bearb. v. Marianne Wittmann, Haßloch 1986; Haßloch anno dazumal, bearb. v. ders. u. Günter Ohler; Haßloch, o. J.; Haßloch im Wandel, Haßloch 1976 und Johannes Theison, Russengrab und Volksgenossen. Kriegszeit in Haßloch, in: Wir in Haßloch Nr. 49 v. November 1989, S. 6-8. An unveröffentlichten Archivalien wurden benutzt die Bestände des Gemeindearchivs Haßloch über die Besatzungszeit und die SPD und die Sitzungsprotokolle aus dem Archiv des SPD-Ortsvereins Haßloch.

Liesel Schäfer

„Dann begann eine aufregende Zeit."
Zum Neuanfang der SPD in Pirmasens

In der französischen Besatzungszone erlaubte die Militärregierung erst Ende 1945 die Bildung von Parteien. Die Pirmasenser Sozialdemokraten hinderte dies nicht, politische Arbeit zu betreiben, allerdings ohne organisatorischen Aufbau. Im Herbst 1945 bildete sich auch schon im Bezirk Pfalz eine illegale SPD. Dabei waren unter anderen die Pirmasenser Adolf Ludwig und Jakob Schunk beteiligt.

Auch nach 1933 bestanden Kontakte unter den Genossen. Anläßlich von Familienausflügen ins Pfeifertälchen oder an die Rotenfelsen wurden die politischen Ereignisse diskutiert und kommentiert. Dabei achteten die Mütter darauf, daß die Kinder nicht zu nahe bei den „Politikern" waren und etwas hätten hören können. Während der Rastzeiten spielten die ehemaligen Funktionäre der Kinderfreunde und der SAJ mit uns, sie setzten sozusagen die politische Kinderarbeit mit uns fort. Während der Wanderungen im Pfälzer Wald wurde viel gesungen, und wir lernten ganz selbstverständlich die Arbeiter- und Kampflieder.

Selbst während des Zweiten Weltkrieges wurden die „Familienausflüge" fortgesetzt. Da kamen die Soldaten in Heimaturlaub und im Pfälzer Wald konnte niemand dem „anderen Frontbericht" zuhören. Was gab es alles zu kommentieren! Wir hörten regelmäßig den „Engländer", die Nachrichten der BBC für Deutschland, und die Nachrichten und Kommentare vom deutschen Rundfunk. Dazu kamen die Augenzeugenberichte der Soldaten von den verschiedenen Fronten. Außerdem fanden wir im Wald immer wieder Flugblätter, die wichtige Informationen enthielten. Wir waren sicher, daß wir den Krieg verlieren würden, und wir warteten darauf, daß er endlich zu Ende gehen würde. Einige der ehemaligen Jungsozialisten setzten sich Ende des Krieges von der Truppe oder ihren Organisationen ab und waren eben da, als uns die Amerikaner besiegt und von dem diktatorischen Regime befreit hatten.

Sozialdemokraten im Wiederaufbau

Dann begann eine aufregende Zeit. Sozialdemokraten waren es, welche die Ärmel aufkrempelten und aus dem Chaos wieder die Lebensgrundlagen für die Bürger schafften. Die Amerikaner achteten darauf, daß keine NSDAP-Leute in Funktionen kamen. Der Baufirma Hardt, im Besitz des alten Sozialdemokraten Ludwig Hardt, oblag es, die Trümmer zu beseitigen. Die Amerikaner verlangten, daß ehemalige Nazis die Leichen ausgraben mußten. (Obwohl das „Braune Haus" zerstört war, wurden die Karteien der Nazis gefunden).

Ohne die Militärkommandantur ging gar nichts. Sie verfügte Ausgangssperren und regelte alles. Ein Glück war es für die Sozialdemokraten, daß Erwin Stein, der schon kurz nach dem Kriegsende in Pirmasens war, dank seiner Sprachkenntnisse als Dolmetscher bei den Besatzungsmächten angestellt war. So waren die Kontakte leichter zu knüpfen.

Das Arbeitsamt war unbeschädigt, und auch da waren Genossen, welche die nötigsten organisatorischen Vorbereitungen trafen. Das Gewerkschaftshaus, das die NS-Arbeitsfront beschlagnahmt hatte, war von den Bomben verschont geblieben und wurde sehr schnell zum Treffpunkt der Gewerkschafter, die ja meistens Genossen waren.

Die Stadt Pirmasens war zu 85 Prozent zerstört, und es gab so gut wie keine Hotels. Im erhaltenen früheren Hotel Matheis waren Franzosen untergebracht. Die Pirmasenser Bürger kamen wieder in ihre Heimatstadt zurück und standen meistens vor einem Trümmerhaufen. Mit Wirtschaften und Massenunterkünften mußten die Leute vorlieb nehmen.

In dieser Zeit kamen Emigranten aus dem Exil zurück. In Paris hatte sich die SPD-Gruppe France gebildet, die Überlegungen anstellte, wie es mit der SPD weitergehen sollte. Mein Onkel, Adolf Ludwig, vermittelte unsere Adresse und so kam es, daß viele Emigranten bei uns erste Station in der Heimat machten. Es gab kaum zu essen, und ich weiß nicht, wie unsere Mutter es fertig brachte, uns und auch noch die Fremden zu verköstigen. Einer der ersten Emigranten war Günther Markscheffel, der dann in Mainz die erste sozialdemokratische Zeitung, „Die Freiheit", gründete und ihr Chefredakteur wurde. Max Lippmann kam, Journalist aus Breslau, der vor 1933 beim schlesischen Rundfunk war.

Fritz Volkemer (1907 - 1974).

Unter den Emigranten waren auch Walter Lübbring, der spätere Polizeipräsident von Pirmasens und Mainz, Kurt Schwarz aus Berlin und Dr. Kurt Zacharias, ebenfalls aus Berlin, der später Leiter des Gesundheitsamtes in Pirmasens wurde. Es kam ein Genosse Niederberger, Zahnarzt, Genosse Edelblut, später Polizeipräsident in Saarbrücken, Walter (?) Kirstein, ebenfalls Polizeipräsident in einer hessischen Stadt und viele andere, an deren Namen ich mich nicht mehr erinnern kann. Ja, und dann kamen auch die Pirmasenser zurück, unter ihnen Adolf Ludwig und Fritz Volkemer. Natürlich gab es damals in unserer Familie interessante Gespräche und Berichte: Wie die Emigration erlebt wurde, wie in anderen Ländern, auf der anderen Seite, die Kriegszeit überstanden wurde und vor allem, wie man es in Zukunft in Deutschland besser machen müßte.

Zum Neuanfang gehörte es auch, „Kultur" zu machen. Mit geringsten Mitteln gelang es, ein kulturelles Angebot zu bieten. Ein einziger Kinosaal, das „Walhalla", war von den Bomben verschont geblieben. In diesem Saal fanden schon sehr früh Veranstaltungen statt. So spielte Wolfgang Semler Klavier und rezitierte Gedichte. Oder Erwin Stein legte Schallplatten von Beethoven auf, und Wolfgang Semler sagte wiederum Gedichte auf. Das gefiel den Menschen so gut, daß sie fast den Saal stürmten. Sehr schnell fanden sich auch „Ehemalige" vom Arbeitergesangverein zusammen, und Hans Michel setzte die Tradition seines in Pirmasens berühmten Dirigentenvaters fort. Mit einigen Frauen übten wir Lieder ein und umrahmten so kleinere Veranstaltungen.

Aufbau der Partei

Am 13. Dezember 1945 wurden in der französischen Besatzungszone wieder politische Parteien zugelassen. Die Franzosen waren sehr zögerlich mit der Genehmigung zur Ausübung politischer Tätigkeiten. Offenbar hatten sie Angst vor politischen Gruppierungen in Deutschland, weil sie befürchteten, daß Nazis wieder emporkommen könnten.

Nach der Zulassung der SPD wurde die Parteiorganisation zügig vorangetrieben. Der erste Geschäftsführer des Unterbezirks Pirmasens war Georg Pfeif, der aus dem Exil zurückgekommen war. Das erste Parteibüro befand sich in der Hohenzollernstraße 16. In der Stadt und in den umliegenden Dörfern wurden Ortsvereine gebildet und Vorstände gewählt. Nach den 12 Jahren der Hitlerherrschaft gab es doch eine Anzahl von Genossen, die nicht in der NSDAP waren oder den Nazis Widerstand geleistet hatten. Unter ihnen waren auch Eugen Eberhard und Heinrich Hauptreif, die als „Asselsteiner" Jahre im Zuchthaus Stadelheim einsitzen mußten.

Der Zulauf zu den Versammlungen war groß. Sie wurden im Volksgarten oder in der Turnhalle abgehalten. So kamen am 1. April 1946 über 2.000 Personen zu einer Kundgebung, und zu einer öffentlichen Frauenversammlung kamen über 1.000. Ich kann mich auch noch sehr gut an den 1. Mai 1946 erinnern. Der alliierte Kontrollrat hatte den 1. Mai in Deutschland zum gesetzlichen Feiertag erklärt. In Pirmasens formierten sich sehr viele Menschen zu einem Zug, um zur Maikundgebung zu marschieren. Vorneweg natürlich unsere Genossen. Es war ein herrlich sonniger Tag, und die Menschen sahen sehr glücklich und zuversichtlich aus. Ich sah zum ersten Male, daß sich viele Menschen bewegten, ohne im Gleichschritt marschieren zu müssen. Damals mußte nicht lange überlegt werden, welche Themen auf der Tagesordnung stehen sollten. Die Not war groß. Die Menschen ström-

Pirmasenser Falken, um 1947.

ten wieder in ihre Heimatstadt, und da zunächst nicht wieder aufgebaut werden konnte oder durfte, mußten die Bürger in ihren Wohnungen ganz dicht zusammenrücken. Die Entnazifizierung beschäftigte die Partei ebenfalls. Keiner wollte Nazi gewesen sein und versuchte, einen sogenannten „Persilschein" zu ergattern.

Bei der Partei gab es jede Woche eine Referentenbesprechung, und regelmäßig trafen sich „Vertrauensmänner" und Funktionäre. Georg Pfeif organisierte viele Jahre die „Diskussionsabende", die meistens im Gewerkschaftshaus stattfanden. Der Auftakt der Parteiarbeit war schwierig, denn es fehlte an Räumlichkeiten, an Einrichtungen, selbst an Papier und an Möglichkeiten zum Kopieren. Auch die Verkehrsverhältnisse waren heikel, es gab kaum Autos, und die Benzinrationen waren sehr knapp bemessen.

Die Falkenbewegung

In der großen Gründungseuphorie der Nachkriegszeit nun wollte die Partei auch wieder an die Kinder- und Jugendarbeit der 30er Jahre anknüpfen. Am 22. April 1946 teilte der Militärgouverneur Antoni in Neustadt mit, daß Jugendbewegungen, die unter dem Einfluß politischer Parteien stünden, nicht genehmigt werden könnten. Sie konnten aber nicht umhin, die Genehmigung doch zu geben, denn in den anderen Besatzungszonen wurden die „Falken" zugelassen. Am 26./27. April 1946 fand die erste zentrale Jugendtagung in Nürnberg statt, die Signalwirkung hatte. Danach fand in Pirmasens die erste Besprechung im Büro der Schuhfabrik Eberhard statt. Die Kantine dieser Fabrik in der Bitscher Straße wurde zum Versammlungsraum der Falken ausersehen. Unser erster Vorsitzender war Karl Dinges (jun.). Anfangs kamen hauptsächlich Kinder von Genossen, aber auch Jugendliche aus der ganzen Stadt. Eines der ersten Lieder, das wir gemeinsam gelernt haben, war „Nie wolln wir Waffen tragen, nie wolln wir wieder Krieg". Das sangen wir mit großer Begeisterung und Überzeugung, denn wir hatten den schlimmen Krieg hinter uns und meinten, mit diesem Lied könnten wir alle Kriege fortsingen.

Wir wußten, es galt eine neue Ordnung zu schaffen, eine Demokratie, die an Weimar anschließen und den Menschen Freiheit garantieren sollte. In unseren Gruppenstunden war das Singen und Spielen angesagt, aber auch Politik. So hörten wir aufmerksam dem ersten Referat über die Russische Revolution zu. Um selbst agieren zu können, übten wir uns schon 1946 in einer Rednerschulung, die von Philipp Grüny geleitet wurde.

Die Stadt wies den Falken ein neues Heim zu. Es war eine Baracke auf dem Gelände der Wittelsbachschule. Wohl zur Einweihung kam der Bezirksvorsitzende der Falken, Ernst Kern, mit einem Jeep angefahren. Das war etwas ganz Außergewöhnliches und machte großen Eindruck auf uns. Unterdessen hatten wir uns auch richtig organisiert. Den Vorgaben des Verbandes zufolge gab es nach der Altersgliederung die „Nestfalken", sechs bis zehn Jahre, die „Jungfalken", zehn bis zwölf Jahre, die „Wanderfalken", zwölf bis vierzehn Jahre, die „Sturmfalken", vierzehn bis siebzehn Jahre und die „Roten Falken", siebzehn bis zwanzig Jahre. Unterdessen waren die Falken die größte Jugendorganisation in Pirmasens. Die Stadt lag immer noch in Trümmern, die Ernährung war gerade in der französischen Zone sehr schlecht, aber darüber wurde nicht gejammert. Schließlich hatten wir das Ziel, die

Wanderung der Pirmasenser Falken, um 1947. Vorn rechts die Autorin Liesel Schäfer, damals Schunk.

Idee des demokratischen Sozialismus zu verwirklichen, eine pazifistische Gesellschaft zu schaffen und den Jugendlichen den Auftrag zu vermitteln, in der neuen Gesellschaft Verantwortung zu tragen.

Dann kam die schöne Zeit, als wir auf Fahrt gingen. Manche Wälder waren zwar noch vermint, und es war streng untersagt, die Wege zu verlassen. Aber allmählich wurden die Wälder wieder sicher. Wir hatten uns schon zu einer Massenbewegung entwickelt, als wir die große Wanderung auf den Kufenberg bei Merzalben machten. Es müssen schon mehr als 100 Jugendliche gewesen sein, als wir von der Stadt loszogen, über den Sommerwald und Münchweiler zum Kufenberg. Zum Glück hatten wir wunderschönes Wetter. Da nur ein Rundzelt ohne Boden zur Verfügung stand, durften die Kleineren im Zelt schlafen und wir anderen mußten, durften im Freien übernachten.

Jakob Schunk (1902 - 1976), um 1945.

Es war wirklich sehr romantisch. Da wir alle Ausflüge zu Fuß zurückzulegen hatten, ergab es sich, daß wir übernachten mußten. Wie primitiv das oft war, kann sich heute kaum jemand vorstellen.

An Pfingsten 1947 wanderten wir zum Melkerplätzchen. Bei der Planung war der Proviant ein wichtiger Faktor. Das Jahr 1947 war bekanntlich das schlimmste Hungerjahr. Jeder brachte etwas mit, und es kam so viel zusammen, daß es für eine Suppe reichte. Aus der Kinderfreundebewegung war noch ein Suppenkessel vorhanden, der wurde mit einigem Gepäck auf einen Leiterwagen geladen; so ging es los. Jeder mußte mal ziehen. Wir zogen ihn über die Ruhbank, Lemberger Weiher, Lemberg in Richtung Salzwoog. Schließlich kamen wir ans Melkerplätzchen, wo wir ein ganz leeres Forsthaus als Quartier fanden. Um nicht auf dem blanken Boden schlafen zu müssen, sammelten wir an den Wegrändern Farn und legten den Boden aus. Aber, o Schreck, wir Mädchen mußten unser Farnlager verlassen und in den Oberstock umziehen, damit die Mütter besser über unsere Tugend wachen konnten.

„Für Freiheit, Frieden und Sozialismus" war das Motto des ersten großen Nachkriegstreffen der Falken in Stuttgart. Die Pfälzer sammelten sich in der Ludwigshafener Wittelsbachschule und gemeinsam gingen wir, wohl nicht ganz legal, über die Notbrücke zum Bahnhof Mannheim und fuhren dann mit einem Sonderzug nach Stuttgart. Das Zeltlager „Jean Jaurès" auf der Solitude war unsere Falkenrepublik.

Die Amerikaner hatten uns Zelte aufgebaut, und wir machten uns daran, unsere Vertreter zu wählen, die schließlich den Sprecher für das ganze Lager wählten. Unser Parlament arbeitete eine Verfassung unter unserem Lagervorsitzenden Schulz aus Berlin aus, die das Gemeinschaftsleben im Lager regelte. Es war gelebte Demokratie.

Unvergeßlich war die Abschlußkundgebung im Cannstadter Stadion. Bei herrlichem Wetter lagen wir auf dem Rasen, hörten die „Eroica", die vom Philharmonischen Orchester gespielt wurde, und die Rede von Erich Lindstaedt. Dann führten etwa 2.000 Jugendliche aus beiden Zeltlagern einen Bewegungschor auf nach dem Kampflied „Brüder in Zechen und Gruben". Mit dem Ruf „Freundschaft" gingen die Jugendtage zu Ende. Es war ein großartiges Erlebnis, das uns mit Sicherheit alle prägte.

Die ersten Kommunalwahlen

Am 15. September 1946 hatten denn auch in Pirmasens die ersten freien und demokratischen Wahlen stattgefunden. Auf der SPD-Liste fanden sich die Namen der Kandidaten Jakob Schunk, Fritz Volkemer, Erwin Stein, Eugen Eberhard, Karl Dinges, Georg Pfeif, Wolfgang Semler, Karl Kornberger, Gottfried Jeckel, August Ranft, Otto Knerr. Die SPD hatte dabei gut abgeschnitten, und der Stadtrat hatte meinen Vater, Jakob Schunk, am 22. September zum Oberbürgermeister gewählt. Am 23. Juni 1945 war er von den Amerikanern als kommissarischer Oberbürgermeister eingesetzt worden, und nun wurde er demokratisch gewählt.

Mit dieser Wahl hatten die Bürger wieder Einfluß auf ihre Stadt genommen. Es begann ein neuer Abschnitt in der Stadtgeschichte. Die SPD war von nun an für Jahrzehnte die bestimmende politische Kraft in Pirmasens.

Klaus J. Becker

Sozialdemokratie oder Sozialistische Einheitspartei in der Pfalz?
SPD und KPD in der Nachkriegszeit

In der Pfalz waren die Auseinandersetzungen zwischen SPD und KPD in den Jahren vor der nationalsozialistischen Machtergreifung besonders intensiv. Innerhalb der SPD blieben die Parteilinken von Anfang an schwach, während gleichzeitig die pfälzische KPD bis 1928 eine Bastion der Ultralinken in der Partei war. Diese widersetzten sich einer Kooperation mit der Sozialdemokratie auch in den Jahren 1922/23 und 1926/27, als die Berliner Parteiführung eine Kooperation mit der SPD suchte. Als die KPD-Führung nach 1928 selbst auf einen ultralinken Kurs schwenkte und diesen bis 1933 beibehielt, waren die Konfliktlinien in der Pfalz und im Reich identisch. So blieben gemeinsame „Einheitskomitees gegen den Faschismus", wie etwa in Grünstadt und Oggersheim, nur Episoden. Entsprechend unfähig zu gemeinsamen Abwehraktionen standen die pfälzischen Arbeiterparteien der Machtergreifung der Nationalsozialisten gegenüber.

Obwohl größere gemeinsame Widerstandsaktionen nicht bekannt sind, kam es aber während der NS-Zeit auch in der Pfalz wieder zu einer Annäherung von Sozialdemokraten und Kommunisten, sei es durch gelegentliche Zimmergespräche oder durch die gemeinsamen Erfahrungen in den Schutzhaftkellern und Konzentrationslagern. Im Exil ergaben sich ebenfalls Berührungspunkte, so beispielsweise seit 1943 im „Nationalkomitee Freies Deutschland für den Westen" in Südfrankreich, in dem der ehemalige Organisationsleiter der pfälzischen KPD und Landtagsabgeordnete Herbert Müller aus Ludwigshafen und der ehemalige sozialdemokratische Bürgermeister von Pirmasens Adolf Ludwig, der seit 1932 ebenfalls dem bayerischen Landtag angehört hatte, vertrauensvoll zusammenarbeiteten.[1]

Vorsprung der KPD

Unmittelbar nach der Befreiung im März 1945 hatte die pfälzische KPD gegenüber der SPD einen unübersehbaren organisatorischen Vorsprung. Ihr gelang es wesentlich schneller als der SPD, wieder ehemalige Mitglieder in vorerst illegalen Gruppen zu organisieren. Auch tendierten die meisten Mitglieder der in der Weimarer Republik entstandenen linken Splittergruppen, wie etwa die Sozialistische Arbeiterpartei (SAP), die Kommunistische Partei-Opposition (KPO), die Linken Kommunisten, die Roten Kämpfer usw. in der Pfalz nach 1945 zunächst eher zu den Kommunisten. Daher hatte die pfälzische KPD zunächst auch eine führende Rolle in den Antifa-Komitees, die unmittelbar nach der Befreiung gebildet wurden. Später wurden diese spontanen Zusammenschlüsse zugunsten des Wiederaufbaus der eigenen Organisationen wieder verlassen. Trotzdem hatte am 29. August 1945 in Ludwigshafen eine Konferenz aus jeweils vier Vertretern der beiden Arbeiterparteien sogar über die Bildung von „Verständigungsausschüssen" auf bezirklicher Ebene beraten![2]

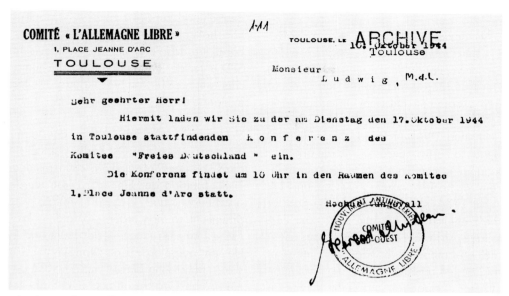

Schreiben Herbert Müllers an Adolf Ludwig vom 17.10.1944.

Am 9. November 1945 ließ die französische Militärregierung „Antifaschistische Versammlungen" zu. Daraufhin führten KPD und SPD am 16. und 26. November in Speyer zwei gemeinsame Veranstaltungen durch, bei denen sie wechselseitig den Hauptredner bzw. Versammlungsleiter stellten. Auf der ersten Versammlung referierte Franz Bögler, auf der zweiten sprach Herbert Müller zum Thema: „Durch Einheit zur Demokratie". Letzterer warb dabei vehement für eine Beibehaltung des antifaschistischen Konsenses beider Arbeiterparteien.[3] Mit der Zulassung von Parteien in der Französischen Besatzungszone durch die Verordnung Nummer 23 vom 29. November 1945 verloren die Antifaschistischen Ausschüsse dann aber ihre Bedeutung. Auch hier bestätigte sich wieder der organisatorische Vorsprung der pfälzischen Kommunisten, deren Partei bereits am 5. Februar 1946 zugelassen wurde, während die SPD ihre Lizenz erst am 23. Februar erhielt.

Keine SED in der Pfalz

Unmittelbar nach der Legalisierung der Kommunistischen Partei Hessen-Pfalz veröffentlichte deren Leitung einen Aufruf, der sich formal zwar an den Aufruf des ZK vom 11. Juni 1945 anlehnte, sich inhaltlich aber bereits für die Schaffung einer sozialistischen Einheitspartei aussprach.[4] Dieses Ziel verfolgte auch eine Versammlungskampagne in Rheinhessen und in der Pfalz. Die häufig auch von vielen Mitgliedern der SPD besuchten Veranstaltungen standen unter dem Motto: „Zusammenarbeit aller demokratischen Kräfte mit dem Ziel, ein freies, demokratisches, glückliches und dauerhaftes Deutschland des Friedens und der Arbeit zu schaffen".[5] Es ist unzweifelhaft, daß damit die in der sowjetischen Besatzungszone von der KPD mit Billigung der Sowjetischen Militäradministration (SMAD) forcierte Vereinigung mit der SPD unterstützt werden sollte. Daher versuchte Herbert Müller, nach dem Abbruch inoffizieller Einheitsfrontverhandlungen durch die pfälzischen Sozialdemokraten im Februar 1946,[6] in einem Schreiben vom 1. April 1946 den Bezirksvorstand der SPD wenigstens für die Durchführung gemeinsamer Kundgebungen zusammen mit den Einheitsgewerkschaften anläßlich des Ersten Mai 1946 zu gewinnen. Dies wurde jedoch von der SPD genauso zurückgewiesen wie die angebotene Teilnahme einer KP-Delegation an ihrem 39. Bezirksparteitag vom 13. und 14. April 1946 in Kaiserslautern, die dort für die Einheitspartei werben sollte. Der Parteitag sprach sich am 13. April „aus allgemeinen politischen Erwägungen" einstimmig gegen einen Empfang der kommunistischen Delegation aus. Bezirkssekretär Franz Bögler begründete diese Entscheidung gegenüber dem Delegationsleiter Arno Freiberg unter anderem damit, „daß Stalin in Rußland bei den Wahlen auch 99 Prozent der Stimmen erhalten habe, das sei doch auch nichts anderes als eine faschistische Diktatur".

In der Folge nahm die Auseinandersetzung zwischen SPD und KPD zum Teil sehr persönliche Formen an. So mußte sich der SPD-Bezirkssekretär Maxim Kuraner, der bis 1939 Mitglied der KPD gewesen war, gegen ehrenrührige und böswillige Verleumdungen zur Wehr setzen. Gegenüber Freiberg erklärte Kuraner, wenn die SPD nicht nur politische Gründe hätte, um eine Zusammenarbeit mit der KPD abzulehnen, „so würden wir das sicherlich tun, weil wir mit Leuten wie Ihnen und manchen anderen in Ihrer Partei nicht in einer Partei zusammen organisiert sein möchten!"[7] Zuvor hatten sich bereits die Sozialdemokraten West-Berlins am 31. März 1946 in einer Urabstimmung der Vereinnahmung durch die KPD verweigert. Trotzdem wurde am 21. April im Ostsektor und in der SBZ die SED konstituiert, wodurch die SPD in Ostdeutschland zunächst zu bestehen aufgehört hatte. In Ablehnung dieser Zwangshandlung definierte sich die westdeutsche SPD unter der Führung von Kurt Schumacher auf ihrem ersten Nachkriegsparteitag in Hannover als „Einheitspartei" der nichtkommunistischen Sozialisten.[8]

Unmittelbar im Anschluß an den Vereinigungsparteitag in Ost-Berlin publizierte die KP Hessen-Pfalz eine Broschüre mit dem Titel „Triumph der Einheit". Diese wurde anschließend auch in der „Rheinpfalz" veröffentlicht. In ihr wurden „sozialdemokratische Einheitsfreunde in der Pfalz und in Hessen" aufgefordert, als „Vorkämpfer" für die sozialistische Einheit mit der KPD gemeinsame Organisations- und Einheitsfront-Ausschüsse zu schaffen.[9] Auch der 1. Landesparteitag der KP Hessen-Pfalz am 18. und 19. Mai 1946 in Ludwigshafen tagte unter der Losung „Im Zeichen der sozialistischen Einheit". 553 Delegierte repräsentierten 234 Ortsgruppen und 67 Betriebsgruppen. Weiterhin waren 164 Gastdelegierte anwesend, darunter 37 Sozialdemokraten, von denen einige einen „Einheitsausschuß" in Zweibrücken organisiert hatten. Nach der Eröffnung durch Herbert Müller sprach der Sozialdemokrat Ernst Birnbaum als Vertreter des Zweibrücker Einheitsausschusses. Es folgten drei Referate zum Motto des Parteitages. Herbert Müller referierte über „Sozialistische Einheit und unsere Aufgaben", Willy Feller über die „Vereinigung von SPD und KPD" und der Instrukteur des Zentralsekretariats der SED in der Französischen Besatzungszone, Otto Niebergall, zum Thema „Über Demokratie zum Sozialismus". Der Parteitagssamstag wurde beendet mit einer künstlerisch gestalteten Abendfeier, in deren Mittelpunkt ein weiteres Referat von Herbert Müller über „Sozialistische Einheit zur Rettung des Volkes" stand. Am Sonntag, dem 19. Mai

1946, wurde der Parteitag mit einer Aussprache der Referate vom Samstag eingeleitet. In einer Resolution forderte die KPD für Rheinhessen-Pfalz unbürokratische Maßnahmen zum Wiederaufbau, eine demokratische Schulreform, eine Bodenreform sowie die volle Gleichberechtigung der Frau. Durchsetzbar erschien dies der KPD nur über die Vereinigung der beiden Arbeiterparteien und die Schaffung eines demokratischen Blocks aller antifaschistischen Parteien.[10] Da sich die 37 Mitglieder der SPD am Parteitag der KP Hessen-Pfalz entgegen den ausdrücklichen Anweisungen der pfälzischen SPD-Führung beteiligt hatten, wurde ihr Sprecher Ernst Birnbaum zwei Tage später wegen parteischädigenden Verhaltens aus der SPD ausgeschlossen.[11]

Auch die auf den Landesparteitag der KPD folgenden Unterbezirkskonferenzen der pfälzischen SPD lehnten eine Verschmelzung mit der KPD ab.[12] Trotzdem beteiligte sich die SPD am 25. Mai 1946 gemeinsam mit KPD, CDU und Sozialem Volksbund an einer Erklärung gegen den Separatismus in der Pfalz. Am 27. Mai traten die vier Parteien erneut zu einer gemeinsamen Konferenz zusammen und bekräftigten die zwei Tage zuvor abgegebene Erklärung.[13]

Von der Kooperation zur Konfrontation

In ihrem Kommunalwahlprogramm von 1946 schlug die KP Hessen-Pfalz erneut die Einheit von SPD und KPD und eine Blockbildung mit der CDU und den Liberalen analog zur SBZ vor. Sie bot daher der SPD auch die Aufstellung gemeinsamer Listen bei der Wahl der Gemeinde- und Kreisparlamente an, worauf die SPD allerdings nicht reagierte. Dies wurde jedoch nicht von allen sozialdemokratischen Gliederungen begrüßt: So wurde am 4. September auf einer gemeinsamen Sitzung der Ortsgruppen von SPD und KPD in Heßheim von Sozialdemokraten bedauert, daß „eben die Richtlinien von unserer Parteileitung eine Zusammenarbeit eigentlich verbieten, daß wir aber trotzdem gewillt seien, in Zukunft in unserer Gemeinde in wichtigen Fragen uns gemeinsam zu beraten".[14]

Faktisch kam es auf Grund der großen Probleme der Nachkriegszeit und nicht zuletzt auch auf Wunsch der französischen Besatzungsmacht nach den Kommunalwahlen in der Pfalz aber dann doch zu der von der KPD gewünschten „Blockbildung" zwischen den Parteien, die zu einer paritätischen Besetzung der Verwaltungsspitzen führte und bis November 1948 Bestand hatte.

Auch zu Beginn des Wahlkampfes zum ersten Landtag in Rheinland-Pfalz bot die Landesleitung der KPD in einem Schreiben dem Parteivorstand der SPD Pfalz-Hessen eine Listenverbindung an, um „die Reststimmen für die sozialistischen Parteien zum Wohle des schaffenden Volkes verwerten zu können". Als Ziele dieser Verbindung schlug die KPD die Fortführung der Entnazifizierung, die Enteignung des Großgrundbesitzes und der Schwerindustrie, das Mitbestimmungsrecht der Gewerkschaften und eine gemeinsame Bildungspolitik vor.[15] Nach der Ablehnung der Listenverbindung durch den 40. pfälzischen Bezirksparteitag der SPD vom 26. und 27. April 1947 in Speyer wandte sich die KPD dann aber im Wahlkampf ausdrücklich gegen deren Politik.[16]

Die SPD wiederum warf den Kommunisten vor, „trotz der gegenteiligen Erklärung ihrer Bereitschaft zur Demokratie, gegenüber dem neuen Staate eine grundsätzliche Oppositionsstellung zu beziehen".[17] Ungeachtet dieses gegenseitigen Mißtrauens waren aber nach der Landtagswahl im

Rahmen einer Allparteienregierung beide Parteien im ersten Kabinett von Rheinland-Pfalz vertreten.

Vom Frühjahr 1947 an verschärften die wachsenden sozialen Spannungen auch die politischen Rivalitäten innerhalb des Allgemeinen Gewerkschaftsbundes (AGB). Auf einer Geheimkonferenz der wichtigsten kommunistischen Gewerkschaftsführer der französischen Besatzungszone am 23. Mai 1947 in Mainz wurde die Marschroute festgelegt. Einer verschärften Agitation innerhalb der Gewerkschaften wurde besondere Bedeutung beigemessen. Hierdurch hofften die Kommunisten, die Unruhe in der Arbeiterschaft nutzen zu können, um gegenüber der SPD wieder an Terrain zu gewinnen. Allerdings ging bei den ersten allgemeinen Betriebsratswahlen in Rheinland-Pfalz im Oktober 1947 in der Pfalz der Anteil der Kommunisten gegenüber den im Sommer 1945 ernannten Betriebsvertretungen von 20 auf 14 Prozent zurück, während sich der SPD-Anteil nur von 35 auf 32,5 Prozent reduzierte.[18]

Mit dem Ausbruch des Kalten Krieges verschärften sich die Konflikte zwischen SPD und KPD weiter. So wurde am 9. April 1948 der Vertreter der KPD in der Landesregierung mit den Stimmen der SPD abgewählt, und auf dem zweiten Bundeskongreß des AGB am 28. und 29. Mai 1948 in Mainz stellte die KPD erstmals Gegenkandidaten gegen die sozialdemokratische Gewerkschaftsführung auf. Der Ludwigshafener Fritz Baumgärtner unterlag mit 42 gegen 101 Stimmen dem wiedergewählten Landesvorsitzenden Adolf Ludwig jedoch deutlich. Auch der stellvertretende Vorsitzende Hennen (SPD) wurde in seinem Amt mit 105 gegen 38 Stimmen für seinen Gegenkandidaten Fasel (KPD) bestätigt.[19]

Parteitag der KPD in Rheinland-Pfalz am 3./4.5.1947 in Ludwigshafen.

Auf der kommunalpolitischen Ebene vollzog sich der Bruch nach der Gemeindewahl im November 1948, als auch in den pfälzischen Städten mit linken Mehrheiten, wie Ludwigshafen und Kaiserslautern, die kommunistischen Beigeordneten durch die Koalitionspartner SPD und CDU nicht bestätigt wurden. Diese Isolierung hatte die KPD jedoch selbst mit der ideologischen Aufgabe eines eigenen deutschen Weges zum Sozialismus nach dem Bruch zwischen Tito und Stalin und ihrer nachfolgenden Umwandlung in eine „Partei neuen Typus" wesentlich gefördert. Herbert Müller war als Landesvorsitzender bereits im April 1948 abgelöst worden. Am 30. September 1949 vollzog er, als Titoist diffamiert, seinen Übertritt zur SPD und leitete damit den Niedergang der pfälzischen Kommunisten ein.[20]

Auf dem 43. Bezirksparteitag der SPD plädierte Franz Bögler gar für eine „demokratische Unschädlichmachung der Kommunisten". Er sagte wörtlich: „Genossinnen und Genossen, ich kann mir nicht vorstellen, daß von jetzt ab einer von Ihnen, der Charakter und Ehre hat, auf irgend einer persönlichen oder politischen Ebene mit einem Kommunisten, wenn auch privat, Verbindung oder Beziehungen aufrechterhalten kann. Unsere grundsätzliche Haltung muß so sein, daß die Kommunisten in unserem Volke wie Aussätzige behandelt werden. Die politische Konsequenz einer solchen Haltung muß die demokratische Unschädlichmachung dieser Partei im politischen Leben Deutschlands sein".[21]

Trotzdem bemühte sich die KPD in der Folge immer wieder um ein Übereinkommen mit der SPD – gerade im gemeinsamen Kampf gegen die Remilitarisierung der Bundesrepublik. Dies wurde jedoch von der SPD mit dem Hinweis auf die Entwicklung in der DDR – noch verstärkt nach dem 17. Juni 1953 – stets konsequent zurückgewiesen. Zudem wurde das tatsächliche Vorhandensein einer linken Mehrheit auf kommunaler Ebene und im pfälzischen Bezirkstag auf Grund der deutschnationalen Politik der KPD bestritten. Die Führung der SPD stufte die KPD vielmehr als rechte Partei ein. Trotz ihrer prinzipiellen Gegnerschaft hielt die SPD aber das von der Bundesregierung ab 1951 betriebene KPD-Verbot für unzweckmäßig.[22] Von der pfälzischen CDU wurde das am 17. August 1956 schließlich vollzogene Verbot der KPD dagegen mit gemischten Gefühlen registriert, da man nicht ganz zu unrecht befürchtete, die nun politisch heimatlos gewordenen kommunistischen Wähler würden zum größten Teil zur SPD wechseln.[23]

Immerhin hatte die KPD bei der Landtagswahl 1955 in der Vorderpfalz noch 5,1 Prozent der Wählerstimmen erhalten. Diese dürften dann bei den Kommunalwahlen im November 1956 tatsächlich fast alle der SPD zugute gekommen sein, nachdem mehrere kommunistische Nachfolgelisten, wie zum Beispiel in Frankenthal, Kaiserslautern, Lambrecht, Ludwigshafen und Speyer ebenfalls verboten worden waren. So trug vermutlich auch der Wahlaufruf des Zentralkomitees der KPD vom 14. Juli 1957 an die verbliebene kommunistische Restwählerschaft zu Gunsten einer Stimmabgabe für die SPD bei den anstehenden Bundestagswahlen nicht unwesentlich zu dem sozialdemokratischen Zugewinn von insgesamt 3 Prozent bei. Dies konnte aber eine absolute Mehrheit der CDU und die damit verbundene Bestätigung des konsequenten Antikommunismus in der Bundesrepublik der 50er Jahre nicht verhindern.[24]

Anmerkungen

1. Vgl. Ralf Hundinger, Die Wiedergründung der pfälzischen SPD 1945-1947, in: Vera Stürmer und ders., „Wir kommen wieder". Ende und Wiederaufbau der pfälzischen SPD 1929-1933 und 1945-1947, Mannheim 1995, S. 182 f.
2. Vgl. Ulrich Hauth, Die Politik von KPD und SED gegenüber der westdeutschen Sozialdemokratie, Frankfurt/Bern/Las Vegas 1978, S. 45 f.
3. Vgl. die Ausgaben der „Rheinpfalz" v. 21.11. und 1.12.1945, sowie: Gustav Wolff, „KPD-Hessen-Pfalz" als erste Partei zugelassen, in: Pfälzische Heimatblätter 14 (1966), S. 8.
4. Vgl. den Aufruf der Kommunistischen Partei Landesleitung Hessen-Pfalz, Antifa-Archiv Ludwigshafen, Ordner KPD 1945-1948. Zur Einheitskampagne der KPD nach 1945: Werner Müller, Die KPD und die „Einheit der Arbeiterklasse", Frankfurt am Main/New York 1979, zur Haltung der SPD: Frank Moraw, Die Parole der „Einheit" und die Sozialdemokratie, 2. Auflage, Bonn 1990, zu den Vereinigungsbestrebungen von SPD und KPD in den Westzonen: Gerhard Fisch/Fritz Krause, SPD und KPD 1945/46, Frankfurt am Main 1978.
5. Vgl. die Ausgaben der „Rheinpfalz" ab dem 23.1.1946, sowie die der „Pfälzischen Volkszeitung" ab dem 16.10.1945.
6. Vgl. Herbert Müller auf der Konferenz der Süddeutschen Bezirke der KPD in Stuttgart 12. und 13. Februar 1946, in: Dokumente zur Geschichte der kommunistischen Bewegung in Deutschland. Reihe 1945/46, Band 3. Bearbeitet von Günter Benser/Hans-Joachim Krusch, München/New Providence/London/Paris 1995, S. 304.
7. Vgl. den Bericht von Arno Freiberg über den Bezirksparteitag der SPD im Nachlaß Herbert Müller im Stadtarchiv Ludwigshafen sowie: Kurt Weitzel, Vom Chaos zur Demokratie. Die Entstehung der Parteien in Rheinland-Pfalz 1945-1947, Mainz 1989, S. 191 ff.
8. Zur Zwangsvereinigung von SPD und KPD: Sozialdemokraten im Kampf um die Freiheit. Die Auseinandersetzungen zwischen SPD und KPD in Berlin 1945/46, hrsg. von Gert Gruner/Manfred Wilke, München 1986.
9. Vgl. Willy Feller, Triumph der Einheit, Ludwigshafen 1946.
10. Zum 1. Landesparteitag der KP Hessen-Pfalz vgl. KPD-Rundbrief Nr. 1, 1946 im Nachlaß Herbert Müller, sowie die Ausgaben der „Rheinpfalz" ab dem 20.5.1946 und die „Pfälzische Volkszeitung" v. 24.5.1946.
11. Vgl. „Die Rheinpfalz" v. 22.5.1946 und „Pfälzische Volkszeitung" v. 24.5.1946.
12. Vgl. beispielhaft die Entschließung der Konferenz des Unterbezirkes Frankenthal, in: Stadtarchiv Frankenthal, Abt. VIII/14/D1.
13. Vgl. Gustav Wolff, Die Pfalz in den Schicksalsjahren 1945/46, in: Pfälzische Heimatblätter, 2 (1954), S.57-61.
14. Zitiert nach dem Protokollbuch der SPD-Heßheim bei Gerhard Nestler, Parteien, Wahlen, Koalitionen: Die politische Entwicklung Heßheims von 1945 bis 1990, in: Heßheim. Geschichte eines pfälzischen Dorfes, Bd. II, hrsg. von Erwin Schnell und dems., Heßheim 1993, S. 787.
15. Das Schreiben ist abgedruckt bei Weitzel (Anm. 7), S .192 f.
16. Vgl. Protokoll des 40. Bezirksparteitags der SPD-Pfalz 1947, o. O., o. J., S. 37 und S. 40.
17. Vgl. „Die Stellung der SPD zur Verfassung". Flugblatt der SPD im Landtagswahlkampf 1947 im Nachlaß Herbert Müller.
18. Vgl. Alain Lattard, Gewerkschaften und Arbeitgeber in Rheinland-Pfalz unter französischer Besatzung, Mainz 1988, S. 264 f.
19. Vgl. ebd., S. 266 f.
20. Vgl. die Austrittserklärung von Herbert Müller, veröffentlicht in der „Freiheit" v. 30.9.1949.
21. Vgl. „Die Freiheit" v. 17.5.1950.
22. Vgl. Die SPD und der Kommunistenprozeß, in: Weißbuch der Kommunistischen Partei Deutschlands über den Verbotsprozeß vor dem Bundesverfassungsgericht in Karlsruhe, Düsseldorf 1955, S. 240 ff.
23. Vgl. das Protokoll des CDU-Bundesvorstandes vom 23.11.1956, veröffentlicht in: Forschung und Quellen zur Zeitgeschichte. Im Auftrag der Konrad-Adenauer-Stiftung hrsg. v. Klaus Gotto/Hans Günther Hocherts/Rudolf Morsey/Hans Peter Schwarz, Band 16, Düsseldorf 1990, S. 1052 ff.
24. Vgl. Hans Kluth, Die KPD in der Bundesrepublik Deutschland, Köln/Opladen 1959, S. 57.

Jürgen Keddigkeit

Schwierige Wachablösung in Kaiserslautern

Der Einmarsch der amerikanischen Streitkräfte hatte am 20. März 1945 de facto nicht nur den mörderischen Zweiten Weltkrieg in Kaiserslautern beendet, sondern er war auch gleichbedeutend mit dem demokratischen Neubeginn in der Westpfalz. Dieser Neuanfang gestaltete sich den Umständen entsprechend recht schwierig: Da war einerseits die unmittelbare und unübersehbare Not der Bevölkerung, die mit den Worten Hunger und Zerstörung nur unzureichend beschrieben werden kann; und da war andererseits das tiefe Mißtrauen der Sieger gegenüber den Besiegten.

Demokratischer Neubeginn

Gleichwohl waren die amerikanischen Bestrebungen darauf ausgerichtet, die reine Militärverwaltung möglichst rasch auf kommunaler Ebene durch eine deutsche Administration abzulösen.[1] So suchten und fanden die amerikanischen Besatzungsoffiziere bereits unmittelbar nach der Besetzung der Pfalz im März 1945 Persönlichkeiten, denen sie – wenn auch auf anfangs noch niedrigem Niveau – erste politisch-administrative Tätigkeiten übertrugen.[2]

Schließlich hatten die Amerikaner doch recht klare Vorstellungen und Pläne. „In ihrem Marschgepäck", schreibt Anton Maria Keim, „lagen sorgfältig ausgearbeitete Listen für den Aufbau einer provisorischen und kommissarischen Verwaltung der besetzten deutschen Gebiete. Die Offiziere ... wußten haargenau Bescheid über das politische Kolorit der Dörfer und Städte, über die Wahlergebnisse vor 1933. Sie gingen zielsicher auf Persönlichkeiten zu, die antinationalsozialistisch eingestellt und zur Übernahme der undankbaren Verantwortung fähig und bereit waren".[3]

Zwar fehlte jenen, die sich für diese Arbeit zur Verfügung stellten, anfangs die konkrete politisch-demokratische Legitimation, doch folgten schon nach wenigen Monaten, am 7. Juli 1945, erste Maßnahmen, um dieses Defizit wettzumachen.

So wurde in Kaiserslautern dem mittlerweile von der Militärregierung direkt ernannten und kommissarisch eingesetzten Bürgermeister Alex Müller von den Besatzungsbehörden ein Bürgerrat zur Seite gestellt, der die Tätigkeit des alten Sozialdemokraten, der dieses Amt bereits Ende der Zwanziger Jahre ausgeübt hatte, unterstützte. Diesem Gremium gehörten mit Eugen Hertel, Richard Lenz, Philipp Schmitt und Carl Wertheimer selbstverständlich auch Sozialdemokraten an. Ihnen allen – auch den Vertretern anderer Richtungen – war gemein, daß sie bereits zur Zeit der Weimarer Republik oder in der Emigration politische Erfahrungen gesammelt hatten, Mitglied einer demokratischen Partei gewesen und dort teilweise in herausragender Position tätig waren.

Der Rückgriff auf vergangene Tätigkeiten, Erfahrungen und Überzeugungen war jedoch nicht allen vergönnt. Vor allem die Angehörigen der jüngeren Generation waren davon betroffen. Ihre Jugendzeit war im Regelfall vom „Geist", vielmehr von der Indoktrination, des Nationalsozialismus mehr oder minder stark geprägt. Ihre ersten Lebenserfahrungen hatten sie in den Wehrertüchtigungslagern der Hitlerjugend, beim Reichsarbeitsdienst, auf den Schlachtfeldern Europas oder in den Kellern der zerbombten deutschen Städte gewonnen. Demokratische Erfahrungen fehlten.

Diese mißbrauchte Generation, vor allem Männer und Frauen der Jahrgänge zwischen 1915 und 1930, hatte die Hauptlast des Krieges getragen: Die jungen Frauen mußten in der Heimat während und nach dem Krieg die Männer ersetzen; viele der jungen Männer waren gefallen, befanden sich noch in Kriegsgefangenschaft oder standen meist vor dem beruflichen Nichts. So verwundert es nicht, daß sich das Gros dieser Personengruppe weniger um den Neuaufbau eines demokratischen Staatswesens kümmerte, sich im Regelfall mit der Organisation des Überlebens begnügte und Berufs- oder Studienabschlüsse nachzuholen trachtete.

Dementsprechend war die Mitwirkung Jüngerer, ihr Hineinwachsen in die politische Verantwortung bei der Wiedergründung[4] der SPD 1945/1946 und den nachfolgenden Jahren, im Regelfall eher bescheiden.

Benachteiligung der „Jungen"

So blieb, trotz der Tatsache, daß es den Sozialdemokraten gelungen war „die einflußreichste politische Gruppe"[5] im pfälzischen Raum zu werden, der Prozentsatz jüngerer Personen bei den Mandatsträgern der SPD in den ersten Jahren nach der Wiederzulassung von Parteien 1946 sehr gering. Katrin Kusch errechnet den ungemein kargen Anteil von 6,5 % der Gemeinderäte, die der Gruppe der Jungsozialisten zuzurechnen waren.[6] Dies macht deutlich, daß trotz der raschen Konsolidierung nach Kriegsende innerhalb der SPD ein unübersehbares Überalterungsproblem bestand. Obgleich im engeren Führungskreis das Durchschnittsalter bei lediglich 47 Jahren lag, war dieses Problem auf Unterbezirks- und Ortsvereinsebene offensichtlich. Funktionäre unter 40 Jahren fehlten fast völlig.

Verschärft wurde diese mißliche Situation bis 1948 durch zwei Bestimmungen in den Parteistatuten. Ihnen zufolge wurde nicht nur eine nachweislich antifaschistische Gesinnung verlangt, sondern auch gefordert, daß lediglich Personen in ein führendes Amt gewählt werden durften, die darüber hinaus mindestens ein Jahr vor der Naziherrschaft Mitglied in einem Ortsverein des Reiches waren.[7]

Zum Mitglied des Bezirksvorstandes, der Kontrollkommission oder als Kandidat eines Beirates oder einer Gemeindevertretung konnte gar nur derjenige vorgeschlagen werden, der „mindestens drei Jahre vor der Naziherrschaft der Partei angehörte und sich einwandfrei als Antifaschist gezeigt"[8] hatte. Damit wollte man sicherlich unerwünschte ehemalige Nazis von der SPD fernhalten, doch diente dieser Teil der Satzung den Mandatsträgern der ersten Stunde oftmals zur „Absicherung ihrer führenden Position".[9]

Das recht ausgeprägte Beharrungsvermögen der neu gewählten älteren Mandatsträger – vor allem der mittleren und unteren Führungsebenen (Unterbezirk und Ortsvereine) – und ihre starke Stellung innerhalb der Parteiorganisation erwiesen sich jedoch recht bald als großes Manko.

Das offensichtliche Fehlen jüngerer Parteifunktionäre, mangelnde „Aufstiegsmöglichkeiten" gepaart mit dem ausgeprägten „Desinteresse Jugendlicher an politischer Arbeit in der Nachkriegszeit"[10] machten es ungeheuer schwer, aus dieser Bevölkerungsgruppe engagierte neue Parteigänger zu rekrutieren. Obgleich man das Problem parteiintern erkannt hatte, gelang es nur bedingt, eine Änderung herbeizuführen. Daran änderten auch die 1946/47 neugegründeten jungsozialistischen Arbeitsgemeinschaften nur wenig. So verwundert es nicht, daß die „Attraktivität der Partei für jüngere Kräfte", wie Katrin Kusch urteilt, „und ihre Aufnahmefähigkeit für neue politische Konzeptionen ... schon auf Grund des Personalbestandes begrenzt"[11] schienen.

Vor allem die bereits genannten Kriterien zum Parteieintritt, die bis Ende 1948 in ihrer rigorosen Form gültig blieben, ließen viele der Jüngeren scheitern. Nur wenige konnten die restriktiven Bedingungen voll und ganz erfüllen, und daher war es kaum jemandem vergönnt, Mandatsträger in der Partei oder in einem demokratischen Gremium (Stadtrat, Kreistag usw.) zu werden. Eine schnelle Parteikarriere erwies sich als unmöglich. Dies scheint eine gewisse Enttäuschung bei den jüngeren Neumitgliedern hervorgerufen zu haben, die aus diesem Grunde, wie Theo Pirker[12] annimmt, nach 1948 in größerer Zahl die SPD wieder verließen.

Die Überalterung der Parteifunktionäre sollte denn auch in den nachfolgenden Jahren eines der grundsätzlichen Probleme der SPD bleiben.[13] So verwundert es auch nicht, daß im Gegensatz zu den vielfältigen literarischen Zeugnissen der Männer und Frauen der „ersten Stunde" – seien es Lebenserinnerungen[14] oder Quellen, die sich im weitesten Sinne mit dem demokratischen Neubeginn und den frühen Nachkriegsjahren befassen – entsprechende Selbstzeugnisse der nächsten Politikergeneration im pfälzischen Raum noch recht spärlich vertreten sind.

Kaiserslauterer „Traditionskompanie"

Der Kaiserslauterer Raum unterschied sich von den anderen pfälzischen Unterbezirken nur wenig. Die Wiedergründung der Partei betrieben bereits unmittelbar nach dem Einmarsch der Amerikaner jene Parteigenossen, die bereits zur Zeit der Weimarer Republik tätig waren.[15] Dementsprechend fand man auch die Vertreter dieser Altersgruppe von Anfang an in führender Position. Neben Alex Müller, der bis 1956 als Oberbürgermeister der Stadt amtierte, waren es vor allem Richard Lenz (Jg. 1892) und Eugen Hertel (Jg. 1893), die die SPD jener Jahre in Kaiserslautern prägten.

Richard Lenz, der ebenso wie Eugen Hertel bereits im Juli 1945 dem von der Militärregierung eingesetzten Bürgerrat angehört hatte, bekleidete ununterbrochen von 1946 bis 1959 das Amt des Unterbezirksvorsitzenden. Ebenso lange befand sich auch Eugen Hertel in seinen zahlreichen Ämtern. Der spätere Ehrenbürger Kaiserslauterns hatte sich während der NS-Zeit ins Privatleben zurückgezogen und nahm 1945 seine politische Arbeit quasi nahtlos wieder auf. „Man wählte durch Zuruf einen Ausschuß", berichtete Hertel[16] in seinen Memoiren später, „an dessen Spitze ich gestellt wurde". Damit begann er, den Katrin Kusch nicht zu Unrecht einen „typischen Altfunktionär"[17] nennt, eine Nachkriegskarriere als Stadtverbandsvorsitzender der SPD, Mitglied des Stadtrates von Kaiserslautern (Fraktionsvorsitzender) und als Landtagsabgeordneter (Fraktionsvorsitzender) in Mainz, dessen „strenger Führungsstil" und „ausgeprägt autoritäre Denkmuster"[18] bis zu Beginn der sechziger Jahre die SPD in Kaiserslautern und Mainz prägen sollten.

Bemerkenswert dabei ist, daß im Unterschied zur Westpfalzmetropole Kaiserslautern in anderen Regionen von Rheinland-Pfalz die „Wachablösung" reibungsloser und schneller vor sich ging. Dort blieb den mehr oder minder ungeduldig nachdrängenden jüngeren Parteigenossen der Aufstieg in die Spitzenämter nicht ganz so lange verwehrt. Während in Frankenthal[19] bereits vor 1950 oder in Rheinhessen[20], wo Jockel Fuchs 1957 zum Bezirksvorsitzenden gewählt worden war, die Vertreter der Weimarer Zeit in den verdienten politischen Ruhestand gegangen waren, blieb in Kaiserslautern weiterhin alles beim alten. Erstmals „wurde 1956 mit Otto Eberle ein Vertreter der jüngeren Generation in den Stadtrat"[21] gewählt. Doch sollte noch eine weitere Periode vergehen, ehe es zu weitergehenden personellen Veränderungen, letztlich zum längst überfälligen Generationswechsel kam.

Die Gründe hierfür waren mannigfaltig. Kaiserslautern galt seit den Zwanziger Jahren als Hochburg der Sozialdemokratie, und so verwundert es nur wenig, daß bereits Mitte 1948 der Unterbezirk Kaiserslautern nicht weniger als 3.873 Mitglieder zählte.[22] Er konnte sich damit, trotz der allgemein beklagten politischen Lethargie[23], wie andere Untergliederungen auch, seit 1946 eines stetigen Zuwachses erfreuen.[24] Der Zustrom scheint jedoch teilweise recht problematischer Natur gewesen zu sein, denn nicht wenige Parteigenossen bekamen den Eindruck, daß in zunehmenden Maße mehr oder minder politisch belastete Personen versuchten, Mitglied der SPD zu werden.[25]

Bald darauf kam es jedoch zu einer drastischen Kehrtwende. Statt einer weiteren Steigerung der Mitglieder verzeichnete nun der Unterbezirk Kaiserslautern seit Oktober 1948 rückläufige Mitgliederzahlen. Nicht weniger als 651 (= 16,4 Prozent) Personen kehrten binnen weniger Monate ihrer Partei den Rücken.[26]

Repräsentanten der „Jungen"

Zu jenen, die als Vertreter der jüngeren Generation (Jahrgänge 1915 bis 1930) in dieser schwierigen Zeit der SPD im Unterbezirk Kaiserslautern beitraten, in ihrer Partei blieben und später gewichtige Funktionen übernehmen sollten, gehören Baltfried Barthel, Hans Herrmann, Herbert Röper und Lothar Schwartz. Ihr politischer Lebensweg, ihre Hoffnungen und Ziele, ihre Erfolge, Mißerfolge und Enttäuschungen stehen sicherlich stellvertretend für viele der damals jüngeren Parteimitglieder.

Vor allem aber gehören sie zu jenen Zeitzeugen, die nicht nur die Wiedergründung der SPD nach dem Zweiten Weltkrieg unmittelbar miterlebt, sondern vor allem die nachfolgenden Phasen aktiv mitgestaltet haben.

Baltfried Barthel (geb. 1915), um 1950.

Lothar Schwartz (geb. 1928), als Mitarbeiter der „Rheinpfalz" in der Instandsetzungsabteilung des Rhine Engineer Depot Kaiserslautern, um 1955.

Der älteste von ihnen ist Baltfried Barthel (Jg. 1915), der durch glückliche Umstände (Flucht) der Kriegsgefangenschaft entgangen war und daher bereits Mitte 1945 in seine Heimatstadt zurückkehren konnte. Dort trat er kurz nach der Wiederzulassung politischer Parteien 1946 der SPD bei. Für den ehemaligen Oberleutnant der Artillerie war dies ein folgerichtiger Schritt, denn schließlich war schon der Vater, Rektor August Barthel, bis zum Untergang der Weimarer Republik an herausragender Stelle der Kaiserslauterer SPD tätig gewesen und war aus diesem Grunde während der NS-Zeit argen Bedrückungen – kurzfristige Gestapo-Haft und Berufsverbot – ausgesetzt. Neben den familiären Bindungen hatten darüber hinaus erste, wenn auch lose Beziehungen zu den Falken die Jugendzeit Barthels geprägt. So verwundert es nicht, daß der politisch unbelastete ehemalige Offizier, unterstützt vom untadeligen Ruf des Vaters, keinerlei Schwierigkeiten beim Parteieintritt hatte.

Ebenfalls Kriegsteilnehmer war der ehemalige Oberfähnrich Hans Herrmann (Jg. 1924), der nach recht kurzer Kriegsgefangenschaft bereits 1945 glücklich nach Kaiserslautern zurückkehren konnte. Von dem schlimmen Erlebnis des Krieges, von Hunger, Tod und Erschießungen geprägt, trat er, ähnlich wie Barthel, als politisch unbelasteter ehemaliger Lehrer und Offizier unmittelbar nach der Wiederzulassung von politischen Parteien der SPD bei. Dies war jedoch nicht die alleinige Ursache seiner Hinwendung zur Sozialdemokratie. Da waren die von demokratischen Prinzipien geprägte Erziehung im Elternhaus und nicht zuletzt das persönliche Miterleben der Härte

Jürgen Keddigkeit

des deutschen Besatzungsregimes in Lothringen. Dort erlebte Herrmann als Student und Lehrer 1941/1942 das inhumane Vorgehen der nationalsozialistischen Zivilverwaltung.

Dem Sembacher Lothar Schwartz (Jg. 1928) war das Schicksal gnädig und ersparte ihm den Kriegsdienst als Soldat, der ihm gleichwohl als Schüler und Flakhelfer im Raum Mannheim/Ludwigshafen nicht vollkommen fremd blieb. Daß er trotz der intensiven Indoktrination der NS-Jugendorganisationen letztlich vom braunen Gedankengut verschont blieb, verdankte der junge Schwartz einerseits der Nähe des Elternhauses zur Sozialdemokratie – der Vater war Mitglied der SPD – und anderseits der mehr oder minder engen persönlichen Bekanntschaft mit (lokal-)politischen Persönlichkeiten. Vor allem das politisch-menschliche Beispiel des verdienstvollen DGB-Geschäftsführers Philipp Mees oder das Erleben von Kurt Schumacher in Wahlkampfveranstaltungen hinterließen „einen nachhaltigen Eindruck". Folgerichtig trat Lothar Schwartz 1947 als achtzehnjähriger Schüler der SPD bei.

Zur selben Zeit stieß Herbert Röper (Jg. 1929) zur SPD. Dem jungen Herbert waren Partei und Parteiarbeit bereits seit frühester Kindheit nicht unbekannt. Da man den Vater, einen aktiven Antifaschisten, mehrfach aus politischen Gründen inhaftiert hatte, erlebte er hautnah politische Diskriminierung und Verfolgung. Einen bleibenden Eindruck hinterließen in jenen Jahren vor allem die illegalen Treffen der Genossen im Kaiserslauterer Stadtteil „Kotten", an denen er teilnehmen konnte. Für den knapp achtzehnjährigen Lehrling, der unmittelbar vor Kriegsende mit viel Glück der Einberufung zum Kriegsdienst entgangen war, kam daher nur die Mitgliedschaft in der SPD in Frage.

Perspektiven der „Jungen"

Die vier neuen Parteimitglieder hatten teilweise recht unterschiedliche Hoffnungen und Erwartungen. Lothar Schwartz' und Herbert Röpers Zielsetzung war ähnlicher Natur. Während der eine, getragen vom „Bewußtsein des Neuanfangs", die „Verwirklichung der sozialen Gerechtigkeit" und die „Arbeit für die Menschen" nennt, war es das vordringliche Ziel des anderen am „Neuaufbau eines demokratischen sozialen Gemeinwesens" beteiligt zu sein. „Alles sollte anders, besser werden; da war es geradezu eine Verpflichtung als junger Mensch sich zu engagieren." Mit diesen Worten beschreibt Hans Herrmann sein großes Anliegen, die konkrete Not und das Elend der Menschen am Ende der vierziger Jahre zu überwinden. Ein ähnliches Verantwortungsbewußtsein beseelte auch Baltfried Barthel, der mit einer sozialdemokratischen Kulturpolitik seinen Beitrag zur Verbesserung der Lebensverhältnisse leisten wollte. Dies gedachte der Gründer (1946) und langjährige Leiter der Volkshochschule Kaiserslautern (bis 1984) durch eine moderne, offene Schulpolitik und insbesondere mit Hilfe eines umfangreichen Weiterbildungsangebotes zu erreichen.

Mandatsträger der SPD zu werden, erwies sich für die vier Neumitglieder jedoch in den ersten Jahren als unmöglich. Dies verhinderten das bereits erwähnte Erfordernis der Parteistatuten, vor 1933 in einer Parteigliederung aktiv gewesen zu sein, und nicht zuletzt die Tatsache, daß praktisch „alle Mandate bereits in festen Händen" (Herrmann) waren und auch für lange Zeit bleiben sollten.

Herbert Röper verweist denn auch mit Recht auf die Tatsache, daß damals „ausschließlich ältere und alte Parteimitglieder im Stadtrat von Kaiserslautern oder in den

Parteigremien" vertreten waren. „Als politischer Neuling konnte man natürlich nicht erwarten, sofort verantwortungsvolle Tätigkeiten zu übernehmen" (Röper). Und so beschränkte sich die Arbeit der beiden Neumitglieder Schwartz und Röper anfangs auf Besuche von Parteiveranstaltungen. Es war wohl mehr „passive Mitgliedschaft" (Lothar Schwartz).

Röper, der bereits in jungen Jahren „in der Politik etwas bewegen wollte", suchte daher, wie viele seiner Altersgenossen, nach Auswegen. Vor allem die Jugendarbeit schien ein breites Feld zu bieten. Denn schließlich war die Erkenntnis, daß sich die westdeutsche Jugend „auf geradezu aggressive Weise unpolitisch"[27] verhielt, nicht verborgen geblieben. Den Weg der aktiven Mitarbeit bei einer Jugendorganisation beschritt er folgerichtig von Anfang an. Bereits vor dem formellen Eintritt in die Partei 1947 kam es zu einer recht engen Anbindung an parteinahe Jugendverbände. Nach einem kurzen Zwischenspiel im September 1945 in der „Antifaschistischen Jugend", deren kommunistische Unterwanderung jedoch zu rascher Abkehr zwang, kam es im folgenden Oktober mit seinem Zutun zur Gründung der SAJ in der Kaiserslauterer Gaststätte „Gut-Heim". Aus ihr ging später die Kaiserslauterer Gruppe der Jugendorganisation „Die Falken" hervor, die Ende 1946 von den Franzosen wieder zugelassen worden war. In diesem Verband widmete sich Herbert Röper in den folgenden Jahren vorwiegend der Jugendarbeit. „Diskutieren und wandern" nennt er noch heute als die bedeutsamsten Aktivitäten jener Tage.

Hier kreuzten sich auch die Wege mit denen des wenige Jahre älteren Hans Herrmann, der sich unmittelbar nach seinem Parteibeitritt Ende 1946 ebenfalls bei der Falkenbewegung engagierte. Dort avancierte der gelernte Pädagoge rasch zum ersten Unterbezirksvorsitzenden. Noch heute sind die beiden Parteiveteranen zu Recht stolz auf ihre Tätigkeit. Sie betonen, daß neben der politischen Arbeit im Jugendverband – der Vorbereitung auf das Engagement in der Sozialdemokratie – vor allem „caritative Aktivitäten und praktische Arbeit gegen die drohende Verwahrlosung der Kinder" (Röper/Herrmann) im Vordergrund standen. Es galt, so Herrmann, „Lebensmittel für die hungernden Stadtkinder zu beschaffen und ihnen im Rahmen der Möglichkeiten – Ferienlager, Wanderfahrten usw. – zu helfen; vielleicht auch nur eine kleine Freude zu bereiten". So wurden beispielsweise im Sommer 1947 nicht weniger als 80 Kaiserslauterer Kinder auf der vorderpfälzischen Hellerhütte von den Falken versorgt.

Diese konkrete Lebenshilfe nahmen die Jugendlichen gern an, erinnert sich Herbert Röper, der jedoch betont, daß ihr Zuspruch, besonders in den vierziger Jahren, „ganz im Gegensatz zu der mehr oder weniger deutlich ablehnenden Haltung zur politischen Arbeit der Parteien" stand.

Innerparteiliche Opposition

Dahingegen suchten und fanden Baltfried Barthel und später auch Hans Herrmann ihr kommunalpolitisches Betätigungsfeld bei einer kleinen, „politisch eher gemäßigten", gleichwohl „recht aktiven Gruppe" von Jungsozialisten in Kaiserslautern. Die 20 bis 30 Mitglieder der Arbeitsgemeinschaft trafen sich regelmäßig zu intensiven kommunalpolitischen Gesprächsrunden in der Gaststätte „Zur Burg". Es blieb allerdings beim Versuch, aktiv in die Kommunalpolitik einzugreifen, denn ihre sachlichen und personellen Überlegungen und Forderungen fanden nur wenig Anklang bei Eugen

Hans Herrmann (geb. 1924).

Hertel, Gustav Hochwärter sowie den anderen etablierten Mandatsträgern. Sie trachteten, wie Barthel noch heute klagt, mit „teilweise recht autoritären Mitteln, jegliche unserer Initiativen im Keim zu ersticken" und machten mit ihrem „rigorosen Führungsstil die politische Arbeit äußerst schwierig" (Herrmann).

Die innerparteiliche Opposition zeigte denn auch bis 1956 keinerlei Wirkung. Die „meist recht moderat vorgetragene Kritik der Jungsozialisten in Kaiserslautern" (Herrmann) richtete sich im Regelfall „nicht gegen die Gesamtpartei" (Barthel), sondern vielmehr gegen die „allzu festgefügten Strukturen in der Kaiserslauterer SPD". Herbert Röper, der 1952 zu den Jungsozialisten stieß und dort aktiv mitarbeitete, beklagt in diesem Zusammenhang vor allem die „Selbstherrlichkeit, mit der die alten Genossen Hertel und Hochwärter jegliche inhaltliche oder personelle Veränderung verhinderten".

Die damaligen Jungsozialisten befanden sich hier in einem Zwiespalt, denn schließlich war man sich „der unbestrittenen Verdienste um den Wiederaufbau der Partei" (Herrmann) und auch „der Vorbildfunktion dieser alten Sozialdemokraten, von deren demokratischen Erfahrungen man durchaus profitierte" (Barthel), bewußt. „Eigentlich", relativiert Hans Herrmann, „war es wohl weniger ein politisches als ein Generationenproblem".

Auf das „gespannte Verhältnis zur eigenen Jugendbewegung",[28] das nicht nur in Kaiserslautern, sondern allgemein in der SPD der Nachkriegszeit zu verspüren war, verweist denn auch Herbert Röper, der insbesondere das „fehlende Verständnis der genannten alten Mandatsträger gegenüber Jugendproblemen bemängelt". Gleichwohl geht seine Kritik weiter, denn die Erfahrungen der „Falken" mit den Altfunktionären waren außerordentlich schlecht. Vor allem der „undemokratische, geradezu diktatorische Führungsstil, insbesondere das Unterdrücken von Diskussionsbeiträgen und der Modus Vivendi bei Wahlen" des damaligen Parteivorstandes, riefen „große Verbitterung" (Röper) hervor.

Obwohl nach 1951 eine „spürbare Besserung der Verhältnisse" (Röper) zu verzeichnen war, blieb dennoch der Einfluß der Falken ebenso gering wie der der Jungsozialisten. Dazu mag auch die „mangelnde Zusammenarbeit zwischen beiden Organisationen" (Röper) beigetragen haben. Während die Jungsozialisten eher gewillt waren, mit der Mutterpartei zu „kooperieren" (Barthel), gestaltete sich die Opposition der Falken „fundamentaler" (Röper). Dementsprechend waren für „viele der älteren Genossen die Falken nicht existent, und Hilfestellung wurde weitgehend verweigert" (Röper). Dies war allerdings weniger ein Kaiserslauterer Phänomen, denn noch zu Beginn der fünfziger Jahre fehlte es allgemein „an politischer und finanzieller Unterstützung von der Seite der Parteiorganisation"[29] für die Jugendverbände.

Neben den Jungsozialisten und der organisierten Parteijugend sahen Baltfried Barthel und Hans Herrmann in der damals äußerst rührigen „Arbeitsgemeinschaft Sozialdemokratischer Lehrer" (ASL) ein weites Betätigungsfeld.

Die beiden Pädagogen arbeiteten seit der Neugründung intensiv in diesem Verband mit, von dem „zahlreiche schul- und kulturpolitische Initiativen, insbesondere zur Reform des Schulwesens" (Barthel) ausgingen. Obgleich beide lange Zeit Führungspositionen in der Lehrervereinigung innehatten, blieben dennoch die Einflußmöglichkeiten auf die SPD in Kaiserslautern bis Ende der fünfziger Jahre recht bescheiden. Die „konkreten Entscheidungen fielen selbstverständlich in den Parteigremien" (Herrmann) und „eben nicht bei der ASL, genau so wenig wie bei den Jungsozialisten" (Barthel).

Im Gegensatz zu Barthel, Herrmann und Röper entging Lothar Schwartz den Auseinandersetzungen zwischen „Jung und Alt" innerhalb der Kaiserslauterer SPD. Der Grund hierfür lag wohl in der räumlichen Distanz. Der junge Sembacher besaß anfangs nur wenig Berührungspunkte zu den Kaiserslauterer Verhältnissen. Darüber hinaus verließ er noch in den vierziger Jahren seinen Heimatort, um in Mainz sein Studium aufnehmen zu können. Erst ab 1952 konnte er sich der Kaiserslauterer Kommunalpolitik widmen; nun allerdings in seiner beruflichen Eigenschaft als Lokalredakteur der „Pfälzischen Volkszeitung". Hier wurde er Zeuge und einige Jahre später „Mitgestalter im Hintergrund" (Schwartz) eines sich nun doch noch anbahnenden Generationswechsels.

Herbert Röper (geb. 1929), Aufnahme von 1952.

Revirement der fünfziger Jahre

Mitte der fünfziger Jahre zeichnete sich allmählich ein personelles und inhaltliches Revirement ab. Einerseits schieden nun altersbedingt immer mehr Genossen aus, andererseits änderten sich vor allem „die innerparteilichen Mehrheiten" (Schwartz). Jene Persönlichkeiten, die die Kaiserslauterer SPD seit Kriegsende geprägt hatten, schieden aus. So verzichtete der langjährige Unterbezirksvorsitzende Richard Lenz 1959 auf seine Wiederwahl und wurde bald darauf (1960) durch den späteren Bundestagsabgeordneten Dr. Adolf Müller-Emmert, ebenfalls ein Vertreter der jüngeren Generation, ersetzt. Auch Eugen Hertel, dem es trotz gegenteiliger Beteuerungen[30] wohl doch „recht schwergefallen" (Röper) war, Platz für Jüngere zu machen, begann Ende der fünfziger Jahre mit „dem langsamen Rückzug aus der aktiven politischen Arbeit" (Herrmann). Er verzichtete

1958/59 auf sein Landtagsmandat und den Vorsitz im SPD-Stadtverband Kaiserslautern. Nicht aufgeben mochte er gleichwohl sein Stadtratsmandat, das er weitere zehn Jahre, bis 1969, beibehielt.

Nun erst war der Weg endgültig frei für die politischen Erben. Mit Baltfried Barthel setzte sich „gegen den Widerstand Hertels" (Barthel) erstmals in der Kaiserslauterer Nachkriegs-SPD ein Vertreter der jüngeren Generation durch. Er wurde, als dessen Nachfolger, von 1959 bis 1967 Mitglied des rheinland-pfälzischen Landtags. Der Pädagoge blieb auch in der Landespolitik seinen bisherigen Zielen treu, das heißt, er widmete sich in Mainz „vorwiegend der Reform des Schulwesens und der Kulturpolitik" (Barthel).

Den Mitstreitern aus den späten vierziger und fünfziger Jahren gelang nun ebenfalls der allmähliche Durchbruch. Nur ein Jahr später wählte man den 29jährigen Herbert Röper, der von 1959 bis 1963 dem Bezirksausschuß der Jungsozialisten angehört hatte, als „jüngstes Mitglied in den Rat der Stadt Kaiserslautern" (Röper). In der nachfolgenden Periode ab 1964 gelangte auch Hans Herrmann in den Kaiserslauterer Stadtrat, dem er als stellvetender SPD-Fraktionsvorsitzender bis 1979 angehören sollte. Hier galt sein Interesse vor allem „der Verbesserung und Ausweitung des kulturellen Angebots" (Herrmann). Nicht alle seine Forderungen und Wünsche gingen dabei in Erfüllung. Eine späte Genugtuung war jedoch sicherlich die Verwirklichung seines größten Wunsches: Der bereits in den siebziger Jahren dringend gebotene Neubau des Pfalztheaters in Kaiserslautern konnte endlich 1995 verwirklicht werden. Jedoch blieb Herrmanns politische Arbeit nicht nur auf die Kommunalpolitik beschränkt, denn 1967 errang er, als Nachfolger Barthels, erstmals ein Landtagsmandat. Während Hans Herrmann als Vorsitzender des „Kulturpolitischen Ausschusses" und später als Parlamentarischer Geschäftsführer die Arbeit der SPD-Fraktion in Mainz aktiv mitgestaltete, kehrte sein Vorgänger nun in die kommunalpolitische Arena Kaiserslauterns zurück. Hier ging sein großer Wunsch, „kulturpolitisch in der Stadt etwas zu bewegen" (Barthel), in Erfüllung. Als ehrenamtlicher und später (1967) hauptamtlicher Bürgermeister war er nicht nur federführend beim Ausbau der Volkshochschule und der Installierung der ersten integrierten Gesamtschule in Rheinland-Pfalz tätig, sondern auch maßgeblich am Aufschwung der Barbarossastadt in den siebziger Jahren beteiligt.

Die wohl bemerkenswerteste Karriere der vier ist jedoch bei Lothar Schwartz zu verzeichnen. Der politische Redakteur und Korrespondent diverser Tageszeitungen und Nachrichtenagenturen stellte 1963 sein profundes medienpolitisches Wissen dem Bundesvorstand der SPD in Bonn zur Verfügung. Dort leitete er zunächst das Referat für Funk, Fernsehen und Film, um dann von 1969 bis 1981 als Sprecher der Partei und als „Weggefährte Willy Brandts" (Schwartz) zu wirken. Im Jahre 1981 wechselte er als Pressechef nach Köln zur „Deutschen Welle", wo er bis 1991 blieb.

Die vier SPD-Veteranen leben heute alle in Kaiserslautern.

Anmerkungen:
1 Hans-Dieter Kraikamp (Hrsg.), Quellen zur staatlichen Neuordnung Deutschlands 1945 - 1949, Darmstadt 1994, S. 3.
Der Verfasser dankt Baltfried Barthel, Hans Herrmann, Herbert Röper und Lothar Schwartz, die bereitwillig Auskunft erteilt und damit letztlich diesen Beitrag ermöglicht haben.
2 Siehe dazu den Beitrag von Gerd Rauland in diesem Band.

3 Anton M. Keim, Der Weg aus den Trümmern, in: Lebendiges Rheinland-Pfalz 7 (1970), S. 38-48.
4 Zur Wiedergründung der SPD nach dem Zweiten Weltkrieg siehe vor allem: Katrin Kusch, Die Wiedergründung der SPD in Rheinland-Pfalz nach dem Zweiten Weltkrieg (1945-1951), Mainz 1989.
5 Helmut Kohl, Die politische Entwicklung in der Pfalz und das Wiederentstehen der Parteien nach 1945, Diss. (MS) Heidelberg 1958, S. 128.
6 Kusch (Anm. 4), S. 58; siehe auch: Kohl (Anm. 5), S. 130 Anm. 2.
7 Kohl (Anm. 5), S. 129.
8 Ebd., S. 8, Anm. 1 (Rundschreiben Nr. 2).
9 Kusch (Anm. 4), S. 59.
10 Ebd., S. 71 mit weiterem Verweis.
11 Ebd., S. 63.
12 Theo Pirker, Die SPD nach Hitler. Die Geschichte der Sozialdemokratischen Partei Deutschlands 1945 - 1964, Bad Godesberg/Liechtenstein 1965, S. 127.
13 Kusch (Anm. 4), S. 300.
14 Hierzu: Eugen Hertel, Ein Leben für Demokratie und Sozialismus. Erinnerungen eines Pfälzers und Bürgers der Barbarossastadt, Kaiserslautern 1966.
15 Siehe hierzu: Gerhard Herzog, 100 Jahre Sozialdemokratische Partei Kaiserslautern. Der Versuch eines historischen Rückblicks, in: 100 Jahre Sozialdemokratische Partei Kaiserslautern. Hrsg. vom SPD-Unterbezirk und SPD-Stadtverband Kaiserslautern, Kaiserslautern 1992, S. 29.
16 Hertel (Anm. 14), S. 140.
17 Kusch (Anm. 4), S. 62.
18 Ebd.
19 Mitteilung von Gerhard Nestler, Frankenthal.
20 Kusch (Anm. 4), S. 74.
21 Freundliche Mitteilung von Herbert Röper.
22 Archiv der Sozialen Demokratie Bonn-Bad Godesberg (ASD), Bestand Pfalz, Nr. 0671.
23 Fritz René Allemann, Bonn ist nicht Weimar, Bonn 1956, S. 104.
24 Dazu Kusch (Anm. 4), S. 65.
25 Mitteilungen von Hans Herrmann und Herbert Röper.
26 Wie Anm. 22.
27 Allemann (Anm. 23), S. 104.
28 Kusch (Anm. 4), S. 71 Anm. 66.
29 Ebd., S. 74.
30 Hertel (Anm. 14), S. 206.

Hans Bardens

Beginn meiner politischen Arbeit in der Nachkriegszeit

Nach Kriegsende kam die Zeit der Neugründung demokratischer Parteien, der Gewerkschaften und ehemaliger Arbeitervereine. Früh trat ich der SPD bei, war bei den Jungsozialisten engagiert, war Jugendleiter bei den Naturfreunden. Alles in allem war es eine Zeit des Aufbruchs, der Hoffnung auf eine menschliche, demokratische Gesellschaft, die erst viele Jahre später teilweise enttäuscht wurde. Persönlichkeiten wie Kurt Schumacher, Carlo Schmid, Waldemar von Knoeringen oder Arno Hennig haben uns stark geprägt.

Nach dem Abitur hatte ich einige Monate lang als Aushilfslehrer an unserem Gymnasium wirken dürfen. Auch das war eine schöne Zeit, die manche neue Erfahrung brachte. Die Schüler hatten mich offenbar angenommen, sonst wären nicht etliche abends oder am Wochenende in meine Jugendgruppe gekommen; sie wurden später fast alle solide Sozialdemokraten.

Bei den Jungsozialisten diskutierten wir engagiert über Geschichte und Literatur und, im wahrsten Sinne des Wortes, über Gott und die Welt. Es bildeten sich Freundschaften, die bis heute halten, ich erwähne nur Günther Janson. Abends und sonntags trafen wir uns oft in den Räumen der „Brücke". Dieses internationale Kulturinstitut wurde auf Anregung des französischen Kommandanten, Colonel Mariaux, in Zusammenarbeit mit der Stadt Ludwigshafen eingerichtet. Allein die Bücherei umfaßte 1.000 Bände moderner Weltliteratur, davon die Hälfte in deutscher Sprache. „Die Brücke" war der Begegnungsort für die interessierten und engagierten Angehörigen meiner Altersgruppe, unabhängig von der konfessionellen oder politischen Orientierung.

Es war objektiv schwer damals, einen Studienplatz zu finden, vier bis fünf Soldatenjahrgänge standen Schlange; und es war ebenfalls schwer – auch vor der Währungsreform – etwas Geld zu beschaffen für die notwendigen Grundbedürfnisse im Studium und im Alltagsleben. Aber wir empfanden das nicht so, wir waren fröhlich bis zu einer Art Leichtsinns, der aber nicht geschadet hatte. Den Studienplatz in Mainz besorgte mir 1947 der immer freundliche französische Stadtkommandant.

1948 traf ich hier dann Werner Ludwig. Bis wir uns begegneten, hatten wir sehr unterschiedliche Lebenswege hinter uns. Werner Ludwig mußte wegen der politischen Verfolgung seiner Eltern 1933 nach Frankreich flüchten. Nach Beginn des „Frankreich-Feldzuges" mußte er weiterfliehen nach Südfrankreich, wo seine Familie zusammen mit Freunden ein dauernd bedrohtes Asyl in teilweiser Illegalität fand. Seine entscheidenden Lern- und Lehrjahre erlebte er in einem zunächst fremden kulturellen Umfeld, in einer anderen Zivilisation: als „Asylant". Dabei hatte er ganz offensichtlich Zivilisation und Kultur seiner neuen Umwelt in hohem Maße assimiliert, ohne seine ursprüngliche Identität zu verlieren.

Ich selbst erlebte diese Jahre zu Hause, im „Reich". Zunächst gab es noch ordentliche Schulbildung, die erst allmählich von ideologischer Indoktrination durch die Nazi-Autoritäten ersetzt wurde. Als Kind und Heranwachsender spürte ich am Rande wenigstens, wie groß die innere Spannung war, der meine Eltern in dieser Zeit ausgesetzt waren – vorsichtige Treffen mit Freunden, geflüsterte Diskussionen; daneben exzessive Machtdemonstrationen der neuen „Führer".

Schnell zeigte sich: bei allen Unterschieden in unseren Jugendbiographien hatten wir doch eine ganze Menge gemeinsam. Wir hatten rudimentäre Erinnerungen an das Ende der Weimarer Republik. Wir kamen beide aus sozialdemokratischen Familien, für die es nie politische Versuchungen gab links und rechts der Demokratie, der sozialen Demokratie. Und wir waren und sind schließlich Pfälzer, was auch unter Berücksichtigung der spezifischen Geschichte unserer Heimat und der Art, wie wir sie verstehen, für unsere gemeinsame Arbeit prägend war.

Auf dieser Grundlage begannen wir zu handeln. Schnell spürten wir, daß unsere Erfahrungen uns nicht abgrenzten, sondern sich ergänzten. Zusammengenommen waren sie die Last und die Chance der wachen Mitglieder einer Generation. In stundenlangen Diskussionen, oft nächtens unterwegs von der Universität zu unserer Wohnung und manchmal, wenn es sich ergab, auch wieder zurück, hatten wir dieses Amalgam als Grundlage unserer weiteren politischen Arbeit gemischt. Auf Werners Initiative ging die Gründung der „Arbeitsgemeinschaft sozialdemokratischer Studenten in der SPD" zurück. Wir wählten diesen Namen, weil zu dieser Zeit noch politische Betätigung von Studenten an der Universität untersagt war.

Werner Ludwig vermittelte mir und unseren Freunden die ersten internationalen Begegnungen. Er bereitete das erste Treffen der Mainzer Gruppe des Sozialistischen Deutschen Studentenbundes (SDS) mit der féderation nationale des étudiants socialistes vor. Es fand – wie so viele wichtige politische Begegnungen in dieser Zeit – 1948 in unserem 1921 fertiggestellten, 1933 von den Nazis beschlagnahmten, dann von der französischen Besatzungsmacht wieder zurückgegebenen Ludwigshafener Naturfreundehaus Elmstein-Harzofen statt. Gründliche, lebhafte, zum Teil streitige Diskussionen brachten uns zusammen und begründeten Freundschaften, die zum Teil bis heute, 50 Jahre danach, noch bestehen.

Und: außer der aktuellen Politik in unseren Ländern diskutierten wir unter anderem auch mit Willibald Gänger über seine Wanderjahre in der frühen Sowjetunion, über die Emigration und über die Lebenssituation der Menschen in der Welt. Geholfen hatte uns die Jugendabteilung der französischen Militärverwaltung in Neustadt, die uns auch täglich einen Wagen mit „Material zum Kennenlernen der französischen Küche" schickte. Daneben waren die äußeren Umstände noch sehr einfach; wir schliefen auf selbstgestopften Strohsäcken, was uns wirklich nicht störte.

Im Jahr darauf sah sich ein Teil der Genossen noch einmal bei einem von den Gewerkschaften organisierten internationalen Treffen in Hertlingshausen.

Im Juli 1948 fuhren Werner Ludwig und ich auf Einladung von Helmut Schmidt und des SDS-Vorstandes zu einer internationalen Begegnung im Jugendhof Barsbüttel nach Hamburg. Es war für uns, gerade weil wir aus der französischen Zone kamen, überwältigend, mit sozialdemokratischen Studenten aus England, Skandinavien und Amerika zu diskutieren und zu feiern. Wir beide, die aus der lange Zeit völlig isolierten französischen Zone kamen, wurden schon bei der Rezeption mehrfach gefragt, zu welcher Nation wir gehörten.

Nachträglich, Jahrzehnte später, kann ich feststellen, daß solche Art Begegnungen junger aktiver Menschen für sich entwickelnde Verantwortungsstrukturen in der politischen Führung außerordentlich wichtig sind. Es entsteht national und international ein menschliches Netz, in dem sichere Einschätzung des Anderen, Respekt und Vertrauen eine große Rolle spielen.

Die gemeinsame Heimfahrt unterbrachen wir nachts in Hannover, um uns in der Odeonstraße – damals Sitz des Parteivorstandes der SPD – Fahrkarten für einen Dienst-D-Zug zu holen, der ohne Halt an der Zonengrenze nach Koblenz fuhr.

Am nächsten Morgen wurde ich von der Sûreté ins Büro – heute Amtsgericht – geholt. Mir wurde vorgehalten, daß ich ohne Erlaubnis in der britischen Zone gewesen und daß dies strafbar sei. Schließlich sagte man mir, ich könne wieder nach Hause gehen, wenn ich einen schriftlichen Bericht über die Tagung in Hamburg, an der zeitweise auch der britische Hochkommissar teilgenommen hatte, anfertigen würde. Ich tat das, ich konnte ja schreiben, was ich wollte. Am nächsten Morgen kam M. Mancier, ein freundlicher, sehr gebildeter Zivilfranzose, über dessen Auftrag niemand von uns Bescheid wußte, gab mir meinen Bericht zurück mit der Bemerkung: „Sie können der Sûreté ruhig einen Bericht liefern, aber nie unterschreiben!" So war das.

Eineinhalb Jahre später leitete ich eine Jungsozialistengruppe, die von der französischen Militäradministration eingeladen war nach Paris, Versailles und Tours. Wir kamen am 14. Juli in Paris an und waren beim Tanz auf den Straßen gern gesehene Gäste. Und wir hatten gute Begegnungen mit den sozialistischen Ortsvereinen in Suresnes und Versailles.

Stephan Pieroth

Sozialdemokratische Presse in der Pfalz nach dem Zweiten Weltkrieg

„Die sozialdemokratische Presse war einst und wird auch ferner das vornehmste und einflußreichste Kampfinstrument für die politische Willensbildung sein. In erster Linie ist sie berufen, die Ideologie unserer Weltanschauung in das Volk zu tragen." Wieder anzuknüpfen an die 1933 unterbrochene Tradition, das war für Ludwig Bohley, den Beauftragten der pfälzischen Sozialdemokratischen Partei für Presse und Information, im Dezember 1945 ebenso selbstverständlich wie für die meisten seiner Parteifreunde. Man rechnete fest damit, daß es wieder eine Parteipresse geben würde. Angesichts der zurückliegenden zwölf Jahre werde die neue pfälzische Parteizeitung die Aufgabe haben, „konsequente Wortführerin und kompromißlose Vorkämpferin gegen jegliche faschistische Ideologie, gegen den Nazismus, seine Steigbügelhalter und Schrittmacher zu sein", unterstrich Bohley in seiner Denkschrift „Die sozialdemokratische Partei und ihre Presse". „Unsere einstige Parteipresse kann und soll in dieser Hinsicht der neuen Parteipresse nachahmenswertes Vorbild sein." So empfahl Bohley, den Traditionsnamen „Pfälzische Post" wieder aufzugreifen.

Die Sozialdemokraten standen mit ihrer Rückbesinnung auf die Tradition nicht allein. Funktionäre aller vier 1946 in Hessen-Pfalz zugelassenen Parteien hatten die Erfahrungen der Weimarer Zeit noch vor Augen und hofften nun, beim Neuaufbau des Pressewesens maßgeblich mitwirken und sich Einfluß auf Dauer sichern zu können. Die Macht, ihre Vorstellungen durchzusetzen, hatten sie jedoch nicht.

Französische Lizenzgeber

Vielmehr war es die französische Besatzungsmacht, die die Presseentwicklung im wesentlichen bestimmte. Anders als 1918 wurde 1945 die gesamte bis dahin noch bestehende Presse verboten. Wer eine Zeitung herausgeben wollte, konnte dies nur mit Genehmigung der Besatzungsmacht (Lizenz) tun und hatte sich an deren Richtlinien zu halten. Bis zum Herbst 1949 galt der Lizenzzwang. Die Vorstellungen der Verantwortlichen in Baden-Baden, wo die Zonenzentrale der Besatzungsverwaltung arbeitete, und in Neustadt, wo der Oberste Delegierte für die Pfalz Quartier bezogen hatte, sahen anders aus als die deutscher Politiker.

Zwar hielten es die Franzosen für selbstverständlich, daß die Parteien eine Schlüsselrolle beim angestrebten Neuaufbau des demokratischen Gemeinwesens übernehmen würden. Ebenso selbstverständlich erschien es ihnen aber, daß den Akteuren in Politik, Verwaltung und Justiz eine von Partei- und Staatseinflüssen weitgehend unabhängige Presse gegenüberstehen sollte: als kritisches Gegengewicht. Eine solche überparteiliche Presse aufzubauen und zu stärken betrachtete die Besatzungsmacht als vorrangiges Ziel ihrer Medienpolitik. Man war nicht grundsätzlich gegen Parteizeitungen, stellte die Frage ihrer Zulassung aber zurück. Materialknappheit und Mangel an geeigneten Fachleuten zwangen zur Konzentration der Kräfte.

Wer in dieser ersten Phase die Lizenzierung eines Parteiorgans forderte, wie es die pfälzische SPD auf ihrem Parteitag Mitte April 1946 in Kaiserslautern tat, mußte sich auf einen späteren Zeitpunkt vertrösten lassen. Vorrang hatte der Aufbau der beiden in ihren Verbreitungsgebieten jeweils mit Monopolstellung bedachten überparteilichen Regionalzeitungen: „Die Rheinpfalz" erschien ab dem 29. September 1945 am Verlagsort Neustadt und wurde in der gesamten Vorderpfalz verbreitet; Mitte 1946 erreichte sie eine Auflage von 170.000. Am 16. Oktober 1945 bekam auch die Westpfalz mit der „Pfälzischen Volkszeitung" eine eigene Stimme; das Kaiserslauterer Blatt wurde in Auflagen von 100.000 Exemplaren gedruckt.

Diese überparteilichen Zeitungen standen bis zum Sommer 1948 unter Vorzensur, anschließend bis zum Ende der Lizenzzeit unter Nachzensur. In die Redaktionen delegierte Presseoffiziere hatten sicherzustellen, daß die neuen Blätter drei wesentliche Aufgaben erfüllten: Sie sollten mit dem Nationalsozialismus abrechnen, beim demokratischen Neuaufbau mithelfen und nicht zuletzt die französische Besatzungs- und Deutschlandpolitik möglichst verständnisvoll darstellen.

Die Besatzungsmacht gestattete den pfälzischen Parteien, jeweils einen Vertrauensmann in die Redaktionen zu entsenden. Gemeinsam mit ihren in der Mehrzahl nicht parteigebundenen Kollegen und innerhalb der Grenzen, die der französische Zensor bestimmte, sollten diese Parteivertreter für inhaltliche Vielfalt sorgen und den so lange verbotenen politischen Meinungsstreit wieder einüben. So wurde Eugen Hertel in Kaiserslautern ehrenamtlicher freier Mitarbeiter der „Pfälzischen Volkszeitung". „Die Rheinpfalz" beschäftigte Parteivertreter sogar als festangestellte Redakteure: Die Interessen der SPD vertraten in Neustadt anfangs Paul Selbach, vom Mai 1946 bis zum Ende des Experiments im Mai 1947 Maxim Kuraner. Diese, als Parteijournalisten, schrieben vor allem Kommentare und kümmerten sich um die Gestaltung der im Vorfeld der Wahlen 1946 eingerichteten, regelmäßig erscheinenden Parteienseiten. Ihr Einfluß blieb allerdings gering, und der Wunsch der Sozialdemokraten, SPD-Programmatik und -Meinung ungefiltert in einem eigenen Organ verbreiten zu können, ungebrochen.

Die Anfänge der „Freiheit"

Im August 1946 bekam die Sozialdemokratische Partei Hessen-Pfalz die erste Chance, sich publizistisch selbständig zu machen. In Worms hätte sie mit französischem Einverständnis eine Zeitung herausgeben können. Wenige Tage vor dem geplanten Start entschied sich der Bezirksvorstand in Neustadt jedoch, die Arbeit am Projekt „Volkswille" – so wollte man das Blatt nennen – abzubrechen. Die Rahmenbedingungen schienen zu ungünstig. Vor allem befürchtete man, bei der von der Besatzungsmacht für die nächsten Monate angekündigten Pressereform zu kurz zu kommen: Es gab Gerüchte, daß die „Rheinpfalz" und die „Pfälzische Volkszeitung" dann Parteien zugeteilt werden könnten – soweit diese noch keine Zeitungen besaßen.

Die Pressereform verzögerte sich, unter anderem wegen der Probleme bei der Papierproduktion, bis zum Frühjahr 1947. Von einer Übergabe bestehender Blätter an Parteien war im neu gebildeten Land Rheinland-Pfalz nun keine Rede mehr. Vielmehr

> **MAINZ, 11. Juli 1947**
>
> # Wir grüßen „Die Freiheit"
>
> Nach langem Schweigen, inmitten eines materiellen und geistigen Chaos, in einer Zeit der latenden sozialen Revolution, in der unser Kontinent von den Geburtswehen einer neuen sozialen Ordnung durchschüttelt wird, begrüßen wir das Sprachrohr und den Wegweiser für den Sozialismus: „Die Freiheit".
>
> Von unseren Mitgliedern als geistige Waffe im politischen Kampf sehnsüchtig erwartet, von unseren Anhängern als politische Lektüre und Orientierung begrüßt, soll sie sich im Chor der deutschen Presse den Platz erobern, den die Sozialdemokratische Partei seit dem Zusammenbruch der Hitlerdiktatur bereits erstritten hat.
>
> Dabei wird ihr Name eine besondere Verpflichtung bedeuten. Nach Jahren der geistigen Knechtschaft, der Maßlosigkeit und Intoleranz, wird sie die Kleinodien der menschlichen Gesellschaft: die Menschenwürde, das Recht der freien Meinungsäußerung und die Achtung anderer Ueberzeugungen besonders pflegen und für sie kämpfen.
>
> Darüber hinaus fällt ihr die Aufgabe zu, die Mauern des Mißtrauens und des Hasses, die uns noch umgeben, zu durchbrechen. Sie kann dabei auf das unerschöpfliche Gedankengut des völkerverbindenden Sozialismus, sowie auf eine 80jährige Tradition der sozialistischen Bewegung zurückgreifen.
>
> Den Begriff „Freiheit" aber, für den unsere Besten auf das Schafott gestiegen sind, wieder zum Unterpfand der politischen und nationalen Gesittung zu machen, möge ihr als Richtschnur der journalistischen Arbeit dienen.
>
> In diesem Sinne ein herzliches „Glück auf" in „Die Freiheit".
>
> **Die Gesellschafter des**   **Die SPD-Bezirke in**
> **SPD-Verlages „Die Freiheit".**   **Rheinland-Pfalz.**
> Franz Boegler   E. Hertel, Pfalz
> Jacob Steffan   W. Hitter, Rheinhessen.
> Emil Bettgenhäuser.   E. Schmitt, Rheinland-Hessen-Nassau.

Geleitwort an die Leserschaft der „Freiheit" vom 11.7.1947.

mußte die „Pfälzische Volkszeitung" im Mai zugunsten der überparteilichen „Rheinpfalz" das Feld räumen. Gegen die bestehenden Regionalzeitungen sollten die rheinland-pfälzischen Parteien nun – so die Vorgabe der Besatzungsmacht – mit je einem landesweit verbreiteten Organ antreten.

Die Rahmenbedingungen für diese Parteiblätter waren wesentlich ungünstiger als die ihrer großen Konkurrenten; so wurden allen vier Parteiorganen zusammen nur zwischen 10 und 15 Prozent der verfügbaren Papiermenge zugeteilt. Nur in einem Punkt hatten es Parteiredaktionen besser als die der überparteilichen Blätter: Ihre Arbeit unterlag nicht der französischen Vorzensur, sondern von Beginn an lediglich der Nachzensur.

„Die Freiheit", das Sprachrohr der drei rheinland-pfälzischen SPD-Bezirke, erschien erstmals am 11. Juli 1947. Das zunächst einmal wöchentlich ausgegebene Blatt wurde redaktionell bearbeitet in Mainz, gesetzt und gedruckt in Ingelheim. Etwas mehr als die Hälfte der Startauflage von 25.000 Exemplaren ging an die Leser des mitgliederstärksten Parteibezirks, in die Pfalz. Günter Markscheffel, Zonenverbindungssekretär der SPD und Vertrauensmann Kurt Schumachers, übernahm die Leitung der kleinen, ein halbes Dutzend Mitarbeiter zählenden Redaktion. Luise

Herklotz zeichnete für das Feuilleton und die Berichterstattung aus der Pfalz verantwortlich. Rechtsträgerin der Zeitung war die SPD-Verlag Rheinland-Pfalz GmbH. Das Grundkapital hatten für die Bezirke die treuhänderischen Gesellschafter Franz Bögler (Pfalz), Jakob Steffan (Rheinhessen) und Emil Bettgenhäuser (Rheinland/Hessen-Nassau) eingezahlt.

„Die Mauern des Mißtrauens und des Hasses, die uns noch umgeben", wollte die „Freiheit" durchbrechen. „Sie kann dabei", hieß es im Geleitwort der ersten Ausgabe, „auf das unerschöpfliche Gedankengut des völkerverbindenden Sozialismus sowie auf eine 80jährige Tradition der sozialistischen Bewegung zurückgreifen". Der Name der Zeitung, den Günter Markscheffel vorgeschlagen hatte, sollte erinnern an die „Deutsche Freiheit", das letzte sozialdemokratische Blatt, das auf deutschem Boden, an der Saar, bis 1935 gegen Hitler gekämpft hatte. Er sollte, wie Markscheffel später sagte, auch ein Signal sein gegen die Lebensumstände in der Zone und die Härten einer Besatzungspolitik, die die Presse bisher kaum hatte kritisieren können.

Ihren Lesern präsentierte sich die mit bescheidensten technischen Mitteln hergestellte „Freiheit" als eindeutig sozialdemokratisch geprägtes Tendenzblatt, in dem Politik und Parteipolitik vergleichsweise viel Platz eingeräumt wurde. Von der allzu ausgiebigen Beschäftigung mit der eigenen Organisation, vom selbstzufriedenen Funktionärston Weimarer Prägung wollte Markscheffel allerdings wegkommen. Es gehe darum, „sozialdemokratische Politik als Faktor des öffentlichen Lebens zu präsentieren", unterstrich er 1948 in einem Rundbrief an die Redaktionsmitglieder.

Der respektlose Umgang mit der Besatzungsmacht wurde schnell zu einem Markenzeichen der „Freiheit" und sicherte ihr Beachtung über Parteigrenzen hinweg. Schon im ersten Jahr erreichte sie den Gip-

Mitarbeiterinnen und Mitarbeiter des SPD-Bezirks, der „Freiheit" und der Arbeiterwohlfahrt vor dem Parteihaus in Neustadt, Hohenzollernstraße 16. Nähere Angaben zu den Personen siehe Foto Seite 592.

felpunkt ihrer publizistischen Bedeutung. Bis zum Sommer 1948 kletterte die Auflage landesweit auf 62.000 Exemplare. „Mehr zu drucken war wegen der begrenzten Papierzuteilung nicht möglich. Ein Mehrfaches aber hätte verkauft werden können. Die Leute rissen den Zeitungsverkäufern die „Freiheit" buchstäblich aus den Händen; dem Verlag wurden sogar „Überpreise" für den Fall geboten, daß er mehr würde liefern können.

Das rheinland-pfälzische SPD-Organ machte – Schumacher folgend – die Frage der deutschen Einheit zu einem zentralen Thema. Das in den ersten Nachkriegsjahren vieldeutig schillernde Wort „Föderalismus" – ein Zentralbegriff der Politik der Besatzungsmacht – war für die sozialdemokratischen Kommentatoren eher ein Reizwort. Entschieden wandte sich die SPD-Redaktion gegen Demontagen. Wiederholt legte sie Eingriffe von Stellen der Besatzungsverwaltung in die Arbeit von Landesregierung und deutschen Verwaltungen offen. Daß Ministerpräsident Altmeier zum Beispiel verboten worden war, sich öffentlich zu Demontagen zu äußern, war exklusiv in der „Freiheit" nachzulesen.

Günter Markscheffel, während der NS-Zeit Emigrant in Frankreich mit Resistance-Verbindungen, verfügte über gute Kontakte zu den französischen Sozialisten. Selbstbewußter als manch anderer konnte sich der Chefredakteur des SPD-Blattes deshalb gegen Disziplinierungsversuche der Besatzungsverwaltung zur Wehr setzen. Gab es doch einmal Sanktionen, machten sie die Zeitung eher noch populärer. So handelte sich die „Freiheit" Ende 1947 ein vierzehntägiges Verbot ein, weil sie die französischen Offiziellen mit unerwünschten Informationen und Kritik verärgert hatte. Unter anderem war in dem Blatt nachzulesen, daß die pfälzische Molkerei Landstuhl bei einer Tagesproduktion von 8.000 Litern Milch 6.000 Liter ins Saargebiet liefern mußte – auf Weisung der Besatzungsmacht. Der unbedachte Vergleich zwischen den Lebensmittelzuteilungen in der Zone und den (auf dem Papier) höheren Sätzen in deutschen Konzentrationslagern, den die „Freiheit" im April 1948 anstellte, führte zum schwersten Konflikt mit der Besatzungsmacht. Markscheffel erhielt ein zunächst unbefristetes, dann auf sechs Wochen begrenztes Berufsverbot. Die Partei solidarisierte sich mit dem angegriffenen Chefredakteur und wählte ihn auf dem Höhepunkt der Affäre demonstrativ zum Bezirksvorsitzenden in Rheinhessen.

Währungsreform und Krisen

Die Währungsreform im Juni 1948 wurde für die Parteipresse zur Stunde der Wahrheit. Das Geld in den Haushalten war nun knapp; viele Leute, die bis dahin mehrere Zeitungen nebeneinander abonniert hatten, hielten sich künftig bestenfalls noch eine. Jetzt zeigte sich, daß die kleinen Parteiblätter im Wettbewerb mit den großen überparteilichen Regionalzeitungen nicht mithalten konnten, die ihr Leistungsangebot ständig ausweiteten. Mit der allgemeinen Lockerung der Zensur war der einzige Wettbewerbsvorteil dahin, den Parteiredaktionen gehabt hatten. Als Ende September 1949 auch die Lizenzschranken fielen, drängten zudem weitere Konkurrenten auf den Markt: kleinere Lokalblätter wie etwa das „Vorderpfälzer Tageblatt" in Landau, die „Pirmasenser Zeitung" oder der „Pfälzische Merkur" in Zweibrücken.

Die Leser wanderten in Scharen ab. Ende 1949 hatte sich die Auflage der nun dreimal wöchentlich erscheinenden „Freiheit" bereits halbiert, auf 31.400, und sank scheinbar unaufhaltsam weiter. Der SPD-

Verlag taumelte von einer Finanzkrise in die nächste, wurde mit Zuschüssen der Bezirke und des SPD-Parteivorstandes mühsam über Wasser gehalten. Schatzmeister Alfred Nau vermittelte dann im November 1951 die Lösung, die das Unternehmen wieder auf sichere Füße stellte. Die Frankfurter Union Druckerei und Verlagsanstalt GmbH übernahm den Mainzer Parteibetrieb als Tochterunternehmen. Die Union, eine florierende Druckerei, die je zur Hälfte Gewerkschaften und SPD gehörte, verpflichtete sich, künftig die Mainzer Fehlbeträge abzudecken. Damit waren die finanziellen Probleme der „Freiheit", die fünfstellige Defizite erwirtschaftete, auf absehbare Zeit gelöst.

Dauerdiskussion ums Konzept

Die Frage nach der Konzeption der Parteizeitung beschäftigte die Verantwortlichen jedoch weiterhin. Das Problem von Verlag und Redaktion war ein dreifaches. Ihren großen Konkurrenten hoffnungslos unterlegen, verlor die „Freiheit" ständig Marktanteile. Es fehlten jedoch die Gelder, die man gebraucht hätte, um die Qualität der Zeitung spürbar zu verbessern – soweit ging die Bereitschaft der Union-Druckerei, sich zu engagieren, dann doch nicht. Zweitens hatte man sich mit ganz unterschiedlichen, letztlich unvereinbaren Erwartungen von seiten der Leser auseinanderzusetzen. Und zum dritten hatten die drei rheinland-pfälzischen SPD-Bezirke immer wieder Schwierigkeiten, sich in Sachen Presse auf eine gemeinsame Linie zu verständigten, agierten mitunter mehr gegen- als miteinander. Insbesondere in der Pfalz blieb der Wunsch virulent, sich doch noch von den anderen Bezirken abzukoppeln und ein eigenes Blatt herauszugeben. Seit der zweiten Jahreshälfte 1948 erschien die „Freiheit" mit drei

Luise Herklotz Foto Ende der 40er Jahre.

pfälzischen Bezirksausgaben. Um die Vorderpfalz-Redaktion im Bereich Neustadt-Speyer kümmerte sich weiterhin Luise Herklotz; in den fünfziger Jahren wurde sie von Hans Hahn abgelöst. Die Ausgabe Ludwigshafen-Frankenthal betreute Peter Hummrich, zeitweise unterstützt von Günther Paschner. Von Kaiserslautern aus richteten Günther Hahn (bis 1955) und sein Nachfolger Manfred Bohr den Blick auf das westpfälzische Geschehen.

Wie hoffnungslos unterlegen die kleine „Freiheit" der Marktführerin „Rheinpfalz" war, zeigen einige Schlüsselzahlen. Im selben Gebiet, in dem das SPD-Blatt drei Bezirksausgaben hatte, verbreitete die „Rheinpfalz" Mitte der fünfziger Jahre deren zwanzig. Die „Freiheit" beschäftigte zu diesem Zeitpunkt vier Redakteure im Lokalen, die „Rheinpfalz" sechsunddreißig. Die Pfalzredaktion der „Freiheit" hatte 1958 einen monatlichen Honoraretat für freie Mitarbeiter von etwa 1.200 Mark; die „Rheinpfalz" gab im gleichen Zeitraum rund 45.000 Mark aus. Gemessen an der Auflagenentwicklung hatte das SPD-Organ in der Pfalz 1951 einen Marktanteil von 7,5 Prozent, also etwa wieder soviel wie zu Weimarer Zeiten. 1960 war er auf 4,6 Prozent gesunken.

Die – in den Kontrollgremien des Verlages einflußreichen – Funktionäre betrachteten die „Freiheit" in erster Linie als Waffe im politischen Kampf. So registrierte Chefredakteur Markscheffel des öfteren, „daß es eine Reihe von Genossen gibt, die eine sozialdemokratische Zeitung nur dann für gut halten, wenn diese ihre Landtagsreden und sonstigen 'Verkündigungen' möglichst wörtlich abdruckt. Tut die Zeitung das nicht, dann genieren sich diese Genossen gar nicht, in Mitgliederversammlungen oder bei ähnlichen Anlässen öffentlich zu erklären, 'die Zeitung taugt nichts'." Langatmige Parteipolemik war jedoch etwas, was die meisten Leser abschreckte. Sie wollten, wie aus vielen Zuschriften hervorgeht, auch in der „Freiheit" vor allem lokale Themen behandelt sehen. Für die Chefredaktion war diese Diskussion ein ständiges Konfliktthema.

Die Sonderrolle der Pfalz

Der SPD-Bezirk Pfalz unternahm wiederholt Anstrengungen, sich mit einer eigenen Zeitung selbständig zu machen. Der Vorstand um Franz Bögler konnte sich auf entsprechende Anträge aus der Mitgliedschaft berufen. Nicht zuletzt war es aber der machtbewußte Bezirksvorsitzende selbst, der lieber ein eigenes Organ dirigiert hätte. Wiederholt führte Bögler Kooperationsverhandlungen mit dem Mannheimer Parteiverlag der SPD, welcher die „Badisch-Pfälzische Abendzeitung" („AZ") herausgab. Pfälzer und Badener konnten sich vorstellen, eine linksrheinische Ausgabe dieser Zeitung herauszubringen. Das aber hätte das Ende der Mainzer „Freiheit" bedeutet, und die Proteste der anderen rheinland-pfälzischen Bezirke und der Parteizentrale stoppten Bögler jedesmal. 1956/57 scheiterte der in dieser Hinsicht bedeutendste Versuch, eine Zusammenarbeit zwischen der „Frankfurter Rundschau" und mehreren südwestdeutschen SPD-Blättern zu erreichen.

Nur noch ein Verzweiflungsschritt war der Versuch im Jahr 1961, die „Freiheit" durch eine Tageszeitung abzulösen. Im Hintergrund stand die schwere Krise, in die die SPD nach der Wiederwahl ihres Bezirkstagsvorsitzenden Bögler mit den Stimmen der rechtsextremen Deutschen Reichspartei geraten war. Bögler, der den anderen Parteibezirken mangelnde Solidarität vorwarf, kündigte die Gründung eines eigenen Organs an. Mainz setzte das Projekt „Tagesschau" dagegen. Nur zwei Probeausgaben erschienen; mangels Resonanz mußte das Vorhaben schon im Sommer 1961 aufgegeben werden. Auch die angeschlagene „Freiheit" war nun nicht mehr zu retten. Am 30. März 1966, bei einer Auflage von 11.600, kam das Aus für die letzte rheinland-pfälzische Parteizeitung.

In der Pfalz gab es noch ein Nachspiel. Ab dem 1. April 1966 erschien die sozialdemokratische Mannheimer „Südwestdeutsche Allgemeine Zeitung" (später: „AZ") mit einer Ausgabe für den Raum Ludwigshafen-Frankenthal, bearbeitet von Peter Hummrich. Das ab Mitte 1967 in Kooperation mit dem Verlag des „Mannheimer Morgen" herausgegebene Blatt konnte sich nur wenige Jahre behaupten. Am 29. Mai 1971 mußte die letzte Parteizeitung Südwestdeutschlands ihr Erscheinen einstellen.

Zu den Nachweisen siehe meinen Beitrag über die sozialdemokratische Presse 1918-1933 in diesem Band.

Günter Braun

Friedrich Wilhelm Wagner (1894 - 1971)
Vom Hemshofjungen zum Verfassungsrichter

Überblicken wir die Lebensdaten und politischen Werdegänge der führenden pfälzischen Sozialdemokraten zur Zeit der Weimarer Republik, will einer der Spitzengenossen nicht so recht ins Bild passen. Gleich, welchem der regionalen SPD-Vorderen in der Zwischenkriegszeit unser Interesse gilt: ob Bruno Körner, dem Vorsitzenden des Bezirkes von 1903 bis 1927, ob Richard Hammer, seinem Nachfolger als Parteichef, Paul Kleefoot, dem kommunalpolitischen Sprecher des Bezirksvorstandes, Josef Huber, dem langjährigen Bezirkshauptkassierer, ob Friedrich Profit, bis 1921 Parteisekretär, oder Karl Fischer, Fraktionsvorsitzenden der Genossen im Stadtrat Ludwigshafen und Anfang der zwanziger Jahre Mitglied der pfälzischen Parteileitung – ihnen allen ist ein Geburtsjahr in den sechziger oder siebziger Jahren des vorigen Jahrhunderts gemeinsam, und ohne Ausnahme hatten sie einen handwerklichen Beruf erlernt, bekanntlich ein Charakteristikum der sozialdemokratischen Parteielite in Wilhelminischen und Weimarer Zeiten insgesamt.

Körner war Schreiner, bevor er, der ständigen Maßregelungen als Sozialdemokrat überdrüssig, eine Gastwirtschaft übernahm. Kleefoot begann seine berufliche Laufbahn als Zigarrenmacher. Profit ging zunächst durch eine Schlosserlehre, Fischer war Dreher, bis ihn der Metallarbeiterverband als Sekretär beschäftigte. Hammer und Huber hatten Schriftsetzer gelernt, machten sich selbständig und damit zugunsten ihrer politischen Aktivitäten unabhängig, bevor sie sich ganz der Parteiarbeit verschrieben – der eine als Redakteur, der andere als hauptamtlicher Sekretär.

Im Kreise dieser teils großväterlich anmutenden Vorstandsriege des SPD-Bezirks Pfalz finden wir ab 1921 einen Genossen, der diesen sozialdemokratischen Muster-Biographien und Karriere-Mustern ganz und gar nicht entspricht: Friedrich Wilhelm Wagner, gerade mal 28 Jahre alt geworden und kurz davor, das Staatsexamen für den höheren Justiz- und Verwaltungsdienst abzulegen. Als einer der wenigen führenden Funktionäre entstammte er nicht der älteren Arbeiteraristokratie des Kaiserreichs, die noch in Weimar das Gros des sozialdemokratischen Funktionärskorps bildete. Erst 1917, dem Jahr der Spaltung in MSPD und USPD, Parteimitglied geworden, stand der Student der Rechts- und Staatswissenschaften sowie der Philosophie schon 1919 an der Spitze des mehrheitssozialdemokratischen Ortsvereins Ludwigshafen, um zwei Jahre später als Nachfolger von Jakob Binder in die Bezirksleitung der MSPD Pfalz einzurücken.

Wie fand ein junger Akademiker, seit 1922 mit dem Titel „Justizrat" ausgestattet, zur Sozialdemokratie? Warum orientierte er sich in der suchenden Aufbruchstimmung revolutionärer Zeiten, wo doch viele seines Alters zur radikalisierten Linken drängten, am „klassischen" Reformismus? Und was erklärt seinen raschen Aufstieg in der pfälzischen Parteiorganisation? Die Beantwortung dieser Fragen führt unweigerlich in sein Elternhaus, und damit in ein soziales und politisches Milieu, das Friedrich Wilhelm nachhaltig prägen sollte.

Herkunft aus sozialdemokratischer Familie

„Geboren am 28. Februar 1894 in Ludwigshafen a. Rh., und zwar in dem Hause Ecke Kanalstraße-Gräfenaustraße ...", beginnt eine biographische Skizze, die Wagner 1964 diktiert hat.[1] Ecke Kanal-/Gräfenaustraße: Mitten im Hemshof stand folglich sein Geburtshaus – dort, wo in unmittelbarer Nachbarschaft zur „Anilinfabrik" binnen drei Jahrzehnten Mietskasernen für die Masse der Ludwigshafener Fabrikarbeiterschaft aus dem Boden gestampft worden waren; dort, wo sich das „rohkalte, phantastische Gesicht des Spätkapitalismus" – so Ernst Bloch 1928 zur Physiognomie seiner Heimatstadt – in der jungen Industriekommune drastisch zeigte.

Um die Jahrhundertwende, als Wagner in jenem Arbeiterquartier seine Kindheit verlebte, hatte dieser Problemfall der Ludwigshafener Industrialisierungsgeschichte seine schlimmsten Jahre indessen schon hinter sich. Die Zeit, in der es, so die Obrigkeit anno 1873, „auf den Hemshöfen" unter einer ständig wechselnden Bevölkerung, die „sich aus aller Herren Länder und gewiß nicht aus den ruhigsten und ordnungsliebensten Theilen derselben rekrutirte", öfter zu Exzessen und Krawallen kam, war vorbei. Ohne daß der Stadtteil mit den zahllosen Schankstuben und Wirtschaften seinen lumpenproletarischen Charakter ganz verloren hätte, war es – neben sozialpolitischen Maßnahmen – nicht zuletzt der aufstrebenden Sozialdemokratie zu verdanken, hier einen positiven Wandel der Verhältnisse mit herbeigeführt zu haben. Ganz in der Nähe der elterlichen Wohnung, in der Hartmannstraße, wurde 1894, also im Geburtsjahr Wagners, nach mehreren vergeblichen Anläufen eine Zahlstelle des „Verbandes der Fabrik-, Land-, Hülfsarbeiter und Arbeiterinnen Deutschlands" gegründet.[2] Diese sozialdemokratisch orientierte Gewerkschaft – eine Vorläuferin der IG Chemie-Papier-Keramik – hatte die schwierige Aufgabe übernommen, die Un- und Angelernten zu organisieren, diejenigen industriellen Lohnarbeiter ohne handwerkliche Ausbildung, die den weitaus größten Teil der Belegschaften in der „Chemie-Stadt" Ludwigshafen stellten.

Zu ihnen zählte zunächst auch Wagners Vater. Als Fabrikarbeiter in der BASF mußte der gebürtige Friesenheimer die damals elenden Arbeits- und Lebensbedingungen der „Aniliner" am eigenen Leibe verspüren. Entschlossen, die Lage der Arbeiterschaft zu verbessern, gehörte Friedrich Wagner zu den seinerzeit noch wenigen sozialdemokratischen Agitatoren, die – aller Drohungen seitens der Werksleitung zum Trotz – solidarisches Handeln unter der Chemie-Belegschaft predigten. Solch „revolutionäre Umtriebe" wurden von Engelhorn & Co grundsätzlich mit dem Rausschmiß geahndet, so auch im Falle Wagner Senior. Der Entlassene reagierte wie manch anderer der gemaßregelten Sozialdemokraten und Gewerkschafter im Kaiserreich: Er machte sich selbständig, eröffnete im Hemshof, Ecke Prinzregenten- und Kanalstraße, ein Einzelhandelsgeschäft für Schreib-, Galanterie- und Lederwaren. Und „die Arbeiter", so Günther Janson in einem Rückblick, „ließen Friedrich Wagner nicht im Stich. Aus Solidarität 'pilgerten' sie, ihre Frauen oder Kinder, aus der ganzen Stadt zu seinem Geschäft im Hemshof, um bei ihm so alles, was sie brauchten, vor allem für die Schule, einzukaufen. Das Geschäft ging dank dieser Unterstützung mit der Zeit ganz gut. Jedenfalls so gut, daß er seinem begabten Sohn Friedrich Wilhelm ein Studium, seiner Neigung entsprechend das der Rechts- und Staatswissenschaften, ermöglichen konnte".[3] 1904, als Friedrich Wagner in den Ludwigshafener Stadtrat einzog, war sein Sohn von der Volks- in die Oberrealschule gewechselt, wo er ein Jahr vor Ausbruch des Ersten Weltkriegs das Abitur ablegte.

Seine sozialdemokratische Prägung erhielt der junge Friedrich Wilhelm indes nicht nur väterlicherseits. Auch die in Oggersheim gebürtige Mutter Elisabeth brachte dieses politische Erbgut in das Elternhaus ein. „Lisette" Wagner war eine Schwester von Josef Huber, jenem miterwähnten SPD-Funktionär, der lange Jahre dem Ludwigshafener Stadtrat angehörte, darüber hinaus im bayerischen Landtag agierte und für eine Wahlperiode den Wahlkreis Neustadt-Landau im Deutschen Reichstag vertreten hatte. Mehrere Jahre saßen Onkel Huber und Neffe Wagner also zusammen im Vorstand des SPD-Gaues Pfalz.

Wir haben folglich guten Grund anzunehmen, daß diese durch und durch sozialdemokratisch eingefärbten Familienbande allein schon ausreichten, um die politischen Neigungen des Sohnes entsprechend zu entwickeln. Über jene ursozialdemokratischen Wurzeln hinaus dürften allerdings zwei weitere Momente bewußtseinsprägend gewesen sein. Zum einen der alltägliche Anschauungsunterricht im proletarischen Mietskasernen-Viertel der Chemiestadt, verbunden mit der Erfahrung, daß das soziale und politische Emanzipationsstreben der Arbeiterbewegung hier vieles zum Besseren kehrte. Zum andern die Situation, daß sich der Vater, als – notgedrungen – selbständiger Kleinhändler weiter in den politischen Dienst der Arbeiterbewegung gestellt hatte. Wenn Friedrich Wilhelm Wagner als akademisch Gebildeter, der seit 1922 an vornehmster Ludwigshafener Adresse eine große Rechtsanwaltspraxis unterhielt, der SPD nicht nur verbunden blieb, sondern als einer ihrer größten Aktivposten „pfalzweit zu einer politischen Symbolfigur"[4] der Sozialdemokraten in der Weimarer Republik wurde, dann hatte diese besondere Konstellation hierzu wohl nicht unmaßgeblich beigetragen.

Friedrich Wilhelm Wagners Werdegang als SPD-Funktionär begann im Geburtsjahr der ersten deutschen Demokratie, als in Weimar unter entscheidender Beteiligung von Sozialdemokraten das Fundament für die Republik gelegt wurde. Und so, als ob ihm gerade dies eine besondere Verpflichtung auferlegt hätte, sollte sich Wagner in der Pfalz als einer derjenigen Politiker erweisen, die die Weimarer Demokratie gegen Angriffe von „rechts" wie von „links" engagiert und couragiert verteidigten. Das hat er in zahlreichen politischen Prozessen bewiesen, dafür hat er sich aber ebenso an der Spitze des Reichsbanners Schwarz-Rot-Gold bei vielen Kundgebungen und Aufmärschen eingesetzt. So gesehen, verkörperte der jugendliche „Ausnahme-Sozialdemokrat" in der Riege der mehr oder minder ergrauten Vorstandschaft des SPD-Bezirks Pfalz gleichsam die neue, staatstragende Weimarer Sozialdemokratie.

Daß einer, der in Tübingen, München, Berlin und Heidelberg Rechts- und Staatswissenschaften studiert hatte, und dies schloß seinerzeit das Studium der Nationalökonomie und Soziologie ein, in der Partei mit offenen Armen empfangen worden war, erscheint aus diesem Blickwinkel als selbstverständlich. Dies zumal, als rasch deutlich wurde, daß Wagner über eine Fähigkeit verfügte, die in den Reihen der SPD sehr geschätzt wurde: das Talent, ein begnadeter Redner zu sein.

Gleich, wo der Sozialdemokrat Ende der zwanziger, Anfang der dreißiger Jahre bei Veranstaltungen das Wort ergriff, immer wurden ihm rhetorisch brillante Reden bescheinigt. So beispielsweise nach der SPD-Mitgliederversammlung der Ortsgruppe Ludwigshafen am 26. September 1930, auf der er über „die Reichstagswahl und ihre politischen Konsequenzen" referiert hatte. „Rechtsanwalt Genosse Friedr. Wilh. Wagner", berichtete die „Pfälzische Post", behandelte das Thema „in der ihm eigenen Weise, das heißt in tiefgründigster und trotzdem begeisterndster Art. Noch selten", lobte der Redakteur, „dürfte ein Redner mehr gegeben, noch selten die Mitglieder zufriedener eine Mitgliederversammlung verlassen haben".[5]

Früh übt sich, wer ein Meister werden will. Eine der zahlreichen heiteren Episoden und Schmunzelgeschichten, die Wagner später zum besten gab, bestätigt dies:

Friedrich Wilhelm Wagner als Reichsbannerführer, Aufnahme der 30er Jahre.

„Es war im Jahre 1912. Damals wohnte er mit seinen Eltern in der Friesenheimer Friedrichstraße. Der achtzehnjährige Friedrich Wilhelm hatte gerade seine Freude an der Redekunst entdeckt und übte sich bei offenem Fenster 'nach hintenhinaus' ins freie Feld hinein. Ein Nachttisch ersetzte das Rednerpult. Übungsstoff waren Johann Gottlieb Fichtes 'Reden an die deutsche Nation'. Friedrich Wilhelm Wagner erinnert sich deutlich, wie eines Tages sein Redefluß ängstlich von der nebenan wohnenden Bauersfrau unterbrochen wurde, die aufgeregt nach ihrem Mann rief: 'Schorsch, hör emol, des Wagners ihrn Friedrich, ich glaab der spinnt' ..."[6]

Aufstieg zur Symbolfigur der pfälzischen Sozialdemokratie

Wagners politischer Karrierestart fiel in eine Zeit radikalen Umbruchs: Novemberrevolution, Versailler Vertrag, bürgerkriegsähnliche Nachkriegswirren, die zeitweilige Besetzung des linksrheinischen Reichsgebiets, der Dualismus von sozialdemokratischer und kommunistischer Arbeiterbewegung, wirtschaftliche Krisen und soziale Not mögen als Stichworte genügen, um in Erinnerung zu rufen, wie schwer das politische Tagesgeschäft in jener Zeit war. Lehrgeld mußte der junge Politiker vor allem im Zusammenhang der sogenannten „Oktober-Aktion" des pfälzischen SPD-Bezirksvorstands zur Lösung der Pfalz von Bayern im Herbst 1923[7] zahlen. Johannes Hoffmann aus Kaiserslautern (MdR), Paul Kleefoot, berufsmäßiger Zweiter Bürgermeister der Stadt Ludwigshafen, und eben Wagner waren – einem Parteibeschluß folgend – am 23. Oktober 1923 bei General de Metz, dem für die Pfalz zuständigen Kreisdelegierten der Internationalen Rheinlandkommission, vorstellig geworden, um ihm mitzuteilen, „daß sie angesichts der gegenwärtigen Verhältnisse in Bayern gewillt seien, aus der Pfalz einen selbständigen Staat im Rahmen des Reiches zu bilden". Sie versicherten, dieser am 24. Oktober ins Leben zu rufende neue deutsche Gliedstaat werde sämtliche Ordern des Friedensvertrages strikt beachten, selbst wenn das Reich sich anders verhalten sollte. „Am Vormittag des folgenden Tages wurde ihr Schritt in der Presse und durch Flugblätter bekanntgegeben. Als sie jedoch noch am 24. Oktober sahen, daß ihr Projekt in der von ihnen gewünschten Form keinerlei Aussicht auf Realisierung hatte, sondern nur dazu benutzt werden würde, das Verhältnis zwischen der Pfalz und dem Reich zu lockern, traten sie von ihrem Vorhaben zurück".[8]

Zwar kommt man nicht umhin, den Akteuren im Nachhinein einen beträchtlichen „Mangel an politischem Augenmaß" vorzuhalten. Doch ihr eigentliches „Bestreben, die Pfalz nicht in die bayerischen Planungen gegen Berlin hineinziehen zu lassen", in direkten Bezug zu den pfälzischen Separatisten um Franz Joseph Heinz zu stellen, geht absolut fehl.[9] Obwohl sie mit der separatistischen Bewegung und deren „Autonomen Republik der Pfalz" nichts zu tun hatten, blieb den Pfälzer Sozialdemokraten dieser Vorwurf freilich nicht erspart. Ob in Artikeln der „Neuen Pfälzischen Landeszeitung", dem Organ der katholischen Zentrumspartei, oder in einem Flugblatt, das in der Nacht zum 29. Oktober 1923 in Ludwigshafen gestreut wurde, – die Verbalattacken gegen Friedrich Wilhelm Wagner fielen jeweils besonders gehässig aus, und der Tenor war überall gleich: „Während Ihr im Kriege im Schützengraben lagt, hat sich der Winkeladvokat Wagner auf dem Brennstoffamt die Taschen gefüllt und auf Eure Kosten studiert! Jetzt will dieses, von Ehrgeiz schwindsüchtig gewordene, größenwahnsinnige Bürschlein seine städtischen Bezüge und seine Praxis auch noch durch Frankeneinnahmen vermehren!"[10]

Offenbar in Sorge, daß solch üble Verleumdungen und Haßtiraden ihre Wirkung nicht verfehlt haben könnten, war Wagner und mit ihm die Presse der pfälzischen SPD noch Jahre später bemüht, diesen Lebensabschnitt ins rechte Licht zu rücken. Als er im Spätsommer 1930 als zweitplazierter hinter Johannes Hoffmann auf der regionalen SPD-Liste für den Reichstag kandidierte, stellte die „Pfälzische Post" seinen Werdegang folgendermaßen dar: „Während des Krieges war er zum 2. Bayerischen Fußartillerie-Regiment eingezogen. Die Nöten des Lebens hat er am eigenen Leibe schon erfahren. Schon verheiratet und gezwungen, den Unterhalt seiner Familie zu verdienen, beendete er seine Studien und machte seinen Staatskonkurs … Heute ist er als allgemein geschätzter tüchtiger Rechtsanwalt tätig".[11]

Sehr geschätzt war Friedrich Wilhelm Wagner inzwischen längst auch als SPD- und Reichsbanner-Funktionär. 1927 hatten ihn die pfälzischen Genossen zum stellvertretenden Bezirksvorsitzenden gewählt, im gleichen Jahr wurde er als Nachfolger des linksliberalen Justizrats Müller (DDP) „Gauführer" des Reichsbanners Schwarz-Rot-Gold für die Pfalz. Unter den pfälzischen SPD-Spitzenfunktionären in der Spätphase der Weimarer Republik war er „die eigentliche treibende Kraft", und es gelang ihm in diesen schwierigen Zeiten, „den rechten und linken Parteiflügel zusammenzuhalten".[12]

Auf der Liste seiner politischen Ämter wird der „Justizrat" darüber hinaus als Geschäftsführer der „Republikanischen Beschwerdestelle für die Pfalz" geführt, im November 1931 kam das Stadtratsmandat in Ludwigshafen hinzu. Parlamentarische Erfahrungen hatte Wagner zu dieser Zeit allerdings schon höheren Orts sammeln können: als Mitglied des Deutschen Reichstags in Berlin. Johannes Hoffmann, der langjährige Mandatsträger der pfälzischen Sozialdemokratie im nationalen Parlament, war zwar am 14. September 1930 erneut gewählt worden, starb jedoch am 15. Dezember 1930. Für ihn rückte am 23. Dezember Wagner nach. Er wurde Mitglied des Strafrechtsausschusses.

Der nunmehr führende pfälzische Sozialdemokrat betrat die nationale politische Bühne in einer denkwürdigen Zeit. Bei der „Erdrutschwahl" im September 1930 hatte die NSDAP reichsweit 18,3 Prozent, im pfälzischen Wahlkreis 27 sogar 22,8 Prozent der gültigen Stimmen erhalten. 107 Abgeordnete der Nazi-Partei waren in den Reichstag eingezogen und bildeten jetzt die zweitstärkste Fraktion, nur noch übertroffen von der SPD, die 143 Mandate auf sich vereinte.

„Die Niederringung des Faschismus", so Wagner in seinem Schlußwort auf dem Kaiserslauterer Bezirksparteitag im Frühjahr 1931, war fortan das vordringliche politische Ziel. Erstmals nach seinem Mandatsantritt in Berlin sah er sich auf dieser Delegiertentagung herausgefordert, nicht allein als Vorstandsmitglied des Bezirks, sondern als Vertreter der Reichstagsfraktion für die „politische Lage und die Taktik der Sozialdemokratie" geradezustehen – keine leichte Aufgabe angesichts des auch in der Pfalz innerparteilich teils heftig kritisierten SPD-Tolerierungskurses gegenüber der Regierung Brüning in Berlin. Wagner hatte diesen Kurs verteidigt, denn mit aller Macht, so sein Argument, galt es zu verhindern, daß die Nationalsozialisten auf Reichsebene in die politische Verantwortung kämen. „Die nationale Reaktion in Deutschland", führte er aus, „hat seit dem Kapp-

Plakat für öffentliche Versammlungen mit Friedrich Wilhelm Wagner, 30er Jahre.

Putsch am 13. März 1920 bis zum 14. September 1930 eine gründliche Wandlung in ihren Mitteln vollzogen. Sie hat den damals beschrittenen illegalen Weg der Gewalt verlassen und sucht heute auf legalem Wege ein illegales Ziel zu erreichen ... Eine Regierung mit Nationalsozialisten würde das Ende der Freiheit bedeuten".[13]

Nicht ganz zwei Jahre später, am 30. Januar 1933, war diese Bedrohung jedoch Realität geworden, war „tatsächlich ein Wendepunkt in der Nachkriegsgeschichte" erreicht, wie Wagner den Machtantritt Hitlers auf der Generalversammlung des Reichsbanners am 12. Februar 1933 kommentierte. Eindringlicher noch als schon wochen- und monatelang zuvor appellierte der pfälzische Gauvorsitzende der sozial-liberalen Schutzformation für den Erhalt der Republik an seine „Kameraden", sich dessen bewußt zu sein: „Wir müssen jetzt zum äußersten entschlossen sein. Für uns gibt es nur noch Sieg oder Tod ... Kameraden, es ist jetzt wie in einer Schlacht: Vorwärts und ran an den Feind!"[14] Mehr, als die Kampfentschlossenheit vieler Sozialdemokraten gegen den „Herrenklub-Kanzler" in die gewohnten Bahnen des Wahlkampfes zu führen, bedeutete dies im Rahmen der SPD-Strategie des verfassungskonformen Widerstands indessen nicht. Zwar vermochten die pfälzischen Sozialdemokraten in der als „Entscheidungsschlacht gegen Hitler" apostrophierten Reichstagswahl vom 5. März 1933 nochmals alle Reserven zu mobilisieren – Wagner wurde erneut gewählt –, doch der Kampf um die Freiheit ging verloren.

Als exponierter Anwalt der Weimarer Demokratie und offensiv auftretender Verteidiger der Republik war Friedrich Wilhelm Wagner den Nazis besonders verhaßt. Obwohl er deshalb auch persönlich mit dem Schlimmsten rechnen mußte, ging der Rechtsanwalt weiter seinen beruflichen Pflichten nach, als der Druck des nationalsozialistischen Terrors verstärkt worden war und die staatsstreichartigen Exzesse der Machtergreifung auch in Bayern und damit in der Pfalz wirksam wurden. „Ersuche sofort sämtliche kommunistische Funktionäre und Reichsbannerführer im Interesse der öffentlichen Sicherheit in Schutzhaft zu nehmen", lautete am frühen Morgen des 10. März 1933 eine der ersten Ordern, die nach der Einsetzung von Ritter von Epp als Reichskommissar in Bayern an die Polizeidirektionen und Staatspolizeiämter ergangen waren. SA- und SS-Leute, gemäß dieser Anweisung „von der Polizei mit Pistole zu bewaffnen", setzten diesen Befehl sofort und rigide in Taten um.[15]

Wagner war an jenem Tag als Strafverteidiger am Landgericht Frankenthal tätig, was die Nazi-Schergen in dem Bestreben, ihrer politischen Gegner habhaft zu werden, keineswegs zögern ließ. Die Immunität der Abgeordneten war seit der Reichstagsbrandverordnung ohnehin nicht mehr garantiert. Wagner erinnerte sich später, daß er am Abend noch im Schwurgerichtssaal verhaftet und ins Gerichtsgefängnis gesperrt worden war[16], seinen Peinigern jedoch noch in derselben Nacht wieder entkommen konnte. Wie ihm dies gelang und mit wessen Hilfe, ist nicht mehr exakt zu rekonstruieren. Folgen wir einem überlieferten Schriftwechsel der Polizeibehörden[17], verdankte er seine Freiheit einem Mißgeschick ihrer Beamten: Demnach sollte Wagner in der Nacht vom 10. auf den 11. März zur Polizeidirektion Ludwigshafen überführt werden. Beamte brachten ihn zum Frankenthaler Bahnhof, ließen Wagner, weil der betreffende Eilzug unterwegs nicht hielt, ohne Begleitung einsteigen und nach Ludwigshafen abfahren, wo er wieder von Polizisten in „Empfang" genommen werden sollte. Aufgrund einer Desinformation war dies jedoch unterblieben. Denkbar ist allerdings, daß diese „amtliche" Fluchtversion Justiz- oder Polizeibeamte decken sollte, die ihm geholfen hatten, wieder in Freiheit zu gelangen.

Gleich Tausenden anderer Politiker, die sich als NS-Gegner exponiert und die Rache der Nationalsozialisten zu fürchten hatten, blieb Wagner jetzt nur ein Weg, sich vor deren Zugriff zu retten: die Flucht ins benachbarte Ausland. Unterschlupf fand er zunächst bei einem Freund in Neustadt im Schwarzwald, bevor ihm dessen Sohn bei Schaffhausen über die Schweizer Grenze verhalf. Im April 1933 emigrierte er nach Frankreich und lebte mehr schlecht als recht in Robertsau, einem Vorort von Strasbourg, Adresse: „Rue Kampf, No. 16". Was zunächst als Wartestand für die erhoffte oder vermutete kurze Dauer der NS-Herrschaft gesehen wurde, sollte sich zu einem 14jährigen Zwangsaufenthalt im Exil entwickeln.

Vierzehn Jahre im Exil

Diejenigen Nazigegner, die sich mehrheitlich bereits 1933, seltener in den folgenden Jahren der Verfolgung durch Flucht ins Ausland entziehen konnten, verzichteten im Exil nicht auf weitere politische Aktivitäten. Im Gegenteil: Mehr oder weniger fest eingebunden in die parteipolitischen Exilorganisationen nutzten sie ihre Asylländer als Operationsräume zur Unterstützung und Anleitung oppositioneller Bestrebungen im Deutschen Reich. Stets mit Blick auf das nationalsozialistische Deutschland und mit dem Ziel, das diktatorische Regime zu schwächen und zu stürzen, wurden Flugschriften gedruckt, Meldungen gesammelt, Informationen an die Weltöffentlichkeit geleitet, Widerstandsaktionen vorbereitet und bedrohte Personen unterstützt.

Wenngleich das benachbarte Frankreich ein verhältnismäßig liberales Asylrecht praktizierte, war das Emigrantenschicksal auch dort mit vielerlei Schwierigkeiten verbunden und zahlreichen Risiken behaftet. Aufenthaltsgenehmigungen blieben befristet, eine Arbeitserlaubnis war nur schwer zu bekommen[18], ein Eintrag ins Handelsregister an Mindestaufenthaltsdauern geknüpft und grenzüberschreitende politische Aktivitäten standen unter Spionage- oder Schmuggelverdacht. Hinzu kamen gleichsam hausgemachte Probleme, denn die politisch-ideologischen Auseinandersetzungen aus der Weimarer Zeit wurden im Exil fortgeführt, verbunden mit weiteren Fraktionierungen und Eifersüchteleien, begleitet von persönlichen und gruppenegoistischen Kämpfen um Vormachtstellungen. Von politisch und organisatorisch einheitlichem Handeln waren die Emigranten aus der Arbeiterbewegung in den frühen Jahren des Exils weiter entfernt denn je.

Wo ist nun auf diesem Hintergrund unsere Hauptperson einzuordnen, wie fristete Friedrich Wilhelm Wagner sein Emigrantendasein, welche Rolle spielte er in den sozialdemokratisch geprägten Exilorganisationen?

Soweit dies aus den spärlichen Überlieferungen zuverlässig überhaupt zu rekonstruieren ist, galten seine eigentlichen Aktivitäten weniger dem unmittelbaren, von der Exil-SPD (Sopade) angeleiteten Widerstand im Reich, eine Aufgabe, die vor allem von den besoldeten Grenzsekretären und ihren Vertrauenspersonen geleistet wurde. Vielmehr widmete sich Wagner vornehmlich den Problemen der Emigranten selbst. Sein Engagement galt ihrer materiellen Unterstützung und der Hilfe in juristischen Belangen, außerdem war er an vielen Initiativen beteiligt, die das politisch-ideologisch zersplitterte Exil organisatorisch zusammenführen wollten.

Wie viele andere Emigranten hatte das nationalsozialistische Regime auch Friedrich Wilhelm Wagner mit der Ausbürgerung bestraft. Am 27. Oktober 1937 standen er und die Namen seiner Familienmitglieder – der Ehefrau Katharina, geb. Sterzel, sowie der Kinder Marta Maria und Lieselotte – auf der Ausbürgerungsliste im Reichsanzeiger. Ihr gesamtes Vermögen war „wegen angeblicher Fluchtsteuerforderung" noch im März 1933 in Ludwigshafen beschlagnahmt worden.[19] Soweit nachzuvollziehen, lebte Familie Wagner – Frau und Kinder waren 1933 ebenfalls nach Frankreich emigriert – in Strasbourg vorwiegend von Einkünften aus einem Strickereigeschäft, das zugleich andere Emigranten „mit zum Verkauf bestimmten Strickkleidern" belieferte.[20]

Seinen beruflichen Fähigkeiten entsprechend, unterstützte Wagner seine Leidensgenossen vor allem in asylrechtlichen Angelegenheiten. 1933 hatte er einen „Service juridique et social pour les réfugiés allemands" gegründet, der eng mit der französischen „Liga für Menschenrechte" zusammenarbeitete und sich hauptsächlich mit der Legalisierung des Aufenthalts von Flüchtlingen befaßte. Auch der Sopade-Vorstand leitete entsprechende Anfragen an Wagners „Rechtsstelle" weiter und zahlte dafür einen monatlichen Zuschuß von 500 Francs.[21]

Das interessenpolitische Engagement zugunsten der geflüchteten deutschen Hitlergegner wird ebenso dokumentiert durch die Tätigkeit Wagners in der „Zentralvereinigung der deutschen Emigration" mit Sitz in Paris. Im Juni 1936 von deutschen antifaschistischen Emigranten gegründet, arbeiteten in dieser vom Völkerbund anerkannten Vereinigung Sozialdemokraten, Kommunisten und andere Exilierte zusammen. Von Juli 1936 bis Februar 1941 war Wagner ihr geschäftsführender Vorsitzender.

Signalisiert bereits dieses Amt sein Bestreben, über alle parteipolitischen und weltanschaulichen Trennungslinien hinweg zu einer Gesamtrepräsentation des „anderen Deutschland" zu gelangen, so wird dieses Ansinnen vollends deutlich durch seine Beteiligung an dem bekanntesten Projekt zur Sammlung der Hitlergegner im französischen Exil: dem „Ausschuß zur Vorbereitung einer Volksfront". „Inspiriert durch den Kurswechsel der Komintern in der Volksfrontfrage, durch die Bildung der französischen Volksfront und durch den Internationalen Schriftstellerkongreß zur Verteidigung der Kultur kam es im Sommer 1935 in Paris zu ersten Bemühungen um eine Sammlung der in zahlreichen Gruppen zersplitterten deutschen Opposition. Erstmals seit 1933 fanden sich Kommunisten, Sozialdemokraten, Revolutionäre Sozialisten, Vertreter der Sozialistischen Arbeiterpartei (SAP), emigrierte Schriftsteller und Exponenten der bürgerlichen Opposition zu einem gemeinsamen Kampf gegen Hitler bereit. Während sich KPD und SAP mit offiziellen Vertretern an den Vorbereitungen … beteiligten, blieb angesichts fortbestehender Bedenken des Prager SPD-Exilvorstandes gegenüber einer Zusammenarbeit mit den Kommunisten die Mitarbeit von Sozialdemokraten auf Einzelpersonen beschränkt".[22]

Der „Lutetia-Kreis", benannt nach einem Pariser Hotel, das als Tagungsort diente, setzte einen Arbeitsausschuß ein und veranstaltete am 2. Februar 1936 eine von mehr als 100 Personen besuchte Konferenz. Unter den etwa 20 der SPD zuzuordnenden Teilnehmern war die pfälzische Gruppe der emigrierten Sozialdemokraten in Frankreich relativ stark vertreten: Neben Friedrich Wilhelm Wagner waren Adolf Ludwig (Pirmasens), Wilhelm Hofmann (Kaiserslautern) und Ernst Roth (Mannheim-Zweibrücken) der Einladung des saarländischen Sozialdemokraten Max Braun, einem der Hauptinitiatoren, gefolgt.[23]

Wie schwierig sich die überparteiliche Kooperation gestaltete, verdeutlicht das langwierige Verhandeln um die Texte einer gemeinsamen politischen Plattform und eines Programms für die Gestaltung des künftigen Deutschland. Erst im Dezember 1936 kam der „Aufruf an das deutsche Volk" zustande – ein sehr allgemein gehaltener Kompromiß, der die Ziele der Volksfront nur knapp umriß. Das Projekt scheiterte letztlich an den taktischen Manövern der KPD-Führung, für die „Volksfront" nie mehr bedeutete als die Unterordnung der politischen Emigration unter ihren Führungsanspruch.

Wagners Aktivitäten im „Lutetia-Kreis" gingen indessen über die Konferenzteilnahme hinaus. Er war zudem an der Formulierung von Protesterklärungen und von Denkschriften gegen den Justizterror und die Kriegsvorbereitungen in Deutschland beteiligt. So jedenfalls berichtete es Sopade-Grenzsekretär Reinbold (siehe unten) am 2. Mai 1937 einem „lieben Freund": „Ich bin nun dahingehend informiert worden, daß Gen. Wagner, früher Ludwigsh[afen], nunmehr eine direkte Funktion beim Einheitskomité in Paris erhalten hat. Er hat den Auftrag erhalten, bestimmte Terrorfälle in D. juristisch zu bearbeiten, wahrscheinlich zur Vorbereitung einer Veröffentlichung. Diese Arbeit leistet er in Paris, wo er sich jede Woche auf drei Tage hinbegibt, während er die andern Tage in Strasbourg bei der Familie und seinem Strickereigeschäft ist. Er hat also seinen Wohnsitz noch nicht aufgegeben".[24]

Nachdem das Volksfront-Experiment aus ihrer Sicht gescheitert war, wollten Max Braun und Wagner wenigstens die Einigung der in verschiedenste Kleingruppen gespaltenen sozialdemokratischen Emigration erreichen. Als organisatorische Grundlage für dieses Projekt der „sozialistischen Konzentration"[25] gründeten sie am 24. November 1937 die „Landesgruppe deutscher Sozialdemokraten in Frankreich", eine etwa 300 Personen umfassende neue Vertretung der etwa 3.000 nach Frankreich emigrierten deutschen Sozialdemokraten. Auf einer Delegierten-Konferenz am 9. Januar 1938 wurden Braun, Wagner sowie der aus Zittau stammende jüdische Arzt Dr. Kurt Glaser, Vorsitzender der Pariser Gruppe der Revolutionären Sozialisten, als gleichberechtigte Präsidenten in den Landesgruppen-Vorstand gewählt.

„Die erneuerte und gereinigte Sozialdemokratie", so die auf dem Kongreß verabschiedete Entschließung, „muß alle sozialistischen Kräfte in sich aufnehmen, die auf der Grundlage der Selbstbestimmung der deutschen Arbeiterklasse und der geistigen Freiheit stehen". Mit diesem Einigungsappell einer ging eine deutliche Kritik am Verhalten und der Zusammensetzung des Sopade-Vorstandes, dem vorgeworfen wurde, die Partei in einen Zustand „ohne Führung und Programm" manövriert zu haben. Die Landesgruppe forderte u. a. die Erweiterung des Parteivorstandes auf den Stand von 1933 und verlangte, mit ihren Vertretern in das Spitzengremium der Partei aufgenommen zu werden. „Unverbindliche Gespräche", die Braun und Wagner nach der Einrichtung des Pariser Sopade-Büros mit dem 2. Vorsitzenden Hans Vogel führten – der Parteivorstand war Anfang des Jahres 1938 von Prag in die französische Hauptstadt umgezogen –, blieben jedoch ergebnislos.

Bei aller Kritik an der Leitung der SPD im Exil ging es den Initiatoren der Landesgruppe nicht um eine „Sonder- oder Spaltungsaktion", sondern um die Sammlung der deutschen Sozialdemokratie im Exil. Daß Friedrich Wilhelm Wagner in der Emigration an seiner Zugehörigkeit zur SPD keine Zweifel aufkommen ließ, wird in einem Brief von Adolf Ludwig an Grenzsekretär Georg Reinbold bestätigt, aufgegeben am 2. November 1936 in Sarreguemines.[26] Ludwig berichtete über eine von Reinbold angeregte „Zusammenkunft der sich zur Sozialdemokratie zählenden Emigranten im Elsaß". Nach Reinbolds Kriterien zählte im Exil „nur derjenige zur Sozialdemokratie …, der eine Mitgliedskarte besitze, nach seinem besten Können Beiträge bezahle und den 'Neuen Vorwärts' abonniert habe … Mitglied der Sozialdemokratie ist er aber erst, wenn er die Prager Organisation anerkennt."

„Heute kann ich Dir die erfreuliche Mitteilung machen", so Ludwig an Reinbold, „daß Dein Standpunkt die allgemeine Billigung gefunden hat". Wortführer auf der Zusammenkunft – von 24 geladenen waren 17 Personen erschienen – war Wagner. Dieser habe, so Ludwig, die „Sache sehr geschickt gemacht und dadurch eine erfreuliche Entwicklung eingeleitet. Alle haben sich bereit erklärt, die Mitgliedskarte zu erwerben und Marken zu kleben. Ich konnte sofort 30 verkaufen und Schott [gemeint ist Fritz Schott aus Ludwigshafen] hat sich verpflichtet, die anderen von Straßburg und Umgebung abzukassieren ... Wir haben ein Komitee gebildet, dem Wagner, Roth, Henreicke, Schott und ich [Ludwig] angehören. Die Kasse wurde mir übertragen, ebenso der Bericht über diese Zusammenkunft."

Sofern die spärlichen Informationen nicht trügen, verlagerte Wagner seine Aktivitäten nach den weithin fruchtlosen Einigungsdebatten wieder mehr in den Bereich der humanitären Hilfe, die – je länger das Exil andauerte und die finanziellen Mittel etwa der Sopade schwanden – um so dringlicher wurde. Im Spätherbst 1938 begann er die „Deutsche Opferhilfe" aufzubauen, die „ein einheitliches sozialdemokratisches Hilfswerk für die Opfer des Faschismus in Deutschland und in der Emigration" werden sollte.[27] Was genau daraus geworden ist, läßt sich nicht nachvollziehen. Daß Wagner allerdings in diversen Schriftstücken dieser Zeit (1938 - 40) als Leiter einer „zentralen Fürsorgeorganisation" auftauchte und sein Name mit der geplanten „Wiederaufnahme der fürsorgerischen Tätigkeit der Arbeiterwohlfahrt" in Verbindung gebracht wurde[28], deutet zumindest Teilerfolge dieser sozialen Initiative an.

Frankreich – vor allem Paris – war 1938 vorübergehend zum alleinigen Zentrum der deutschsprachigen politischen Emigration geworden, bevor sich dieser Schwerpunkt nach dem Überfall Hitler-Deutschlands Mitte 1940 gezwungenermaßen nach Großbritannien, Schweden und in die USA verlagerte. Das NS-Regime verlangte nach der Besetzung von der französischen Regierung die Auslieferung der geflüchteten deutschen Oppositionellen zwecks weiterer Verfolgung. Wagners Name etwa stand mit der Straßburger Exil-Adresse in einem Gestapo-Verzeichnis vom 21. August 1941, das „deutsche marxistische Emigranten" erfaßte, „die sich zuletzt in Frankreich aufhielten und die nach hier zu überführen sind".[29]

Allen konnte die erneute Flucht vor Hitlers Schergen nicht gelingen. Selbst wenn sie sich zunächst in das unbesetzte Frankreich hatten retten können, drohten jetzt die Verhaftung und Internierung durch die französische Polizei und die nachfolgende Auslieferung an die Gestapo. Während beispielsweise Friedrich Schott dieses Schicksal nicht erspart blieb, gelang es Adolf Ludwig, zunächst in der Dordogne als Landwirt unterzukommen und sich nach der Besetzung des südlichen Frankreich in der Illegalität durchzuschlagen.

Auch Wagner flüchtete in den Süden Frankreichs, konnte jedoch dank seiner Kontakte zur Parteispitze später über Spanien und Portugal nach den Vereinigten Staaten emigrieren. Nicht, daß der Sopade-Vorstand selbst über die Möglichkeiten verfügt hätte, die erforderlichen Pässe, Visa, Ausreisegenehmigungen und die Gewährung von Transit zu besorgen und zu bezahlen, geschweige denn zu organisieren. Seine Mitglieder waren ebenfalls auf Hilfe angewiesen, die das American Joint Labor Committee gewährte. Im Auftrag der amerikanischen Gewerkschaftsbewegung war der Journalist Frank Bohn mit Unterstützung des Sopade-Beauftragten Fritz Heine in

Marseille eifrig damit beschäftigt, europäische Sozialisten und Gewerkschaftsfunktionäre vor den Nazis in Sicherheit zu bringen.

Unter welch' dramatischen Umständen die letzte Etappe dieser abenteuerlichen Fluchtroute von Marseille durch das Spanien Francos nach Lissabon für die Fliehenden verlief, hat Marianne Loring, die Tochter des ehemaligen Chefredakteurs des „Vorwärts", Friedrich Stampfers, eindrucksvoll geschildert.[30] Während das Passagierschiff „Nea Hellas" die nach den Vereinigten Staaten emigrierenden Vorstandsmitglieder bereits im Oktober 1940 über das große Wasser brachte, ankerte Wagners „Rettungsschiff" am 20. April 1941 im Hafen New Yorks. Ebenfalls im Frühjahr 1941 war Georg Reinbold in der amerikanischen Metropole eingetroffen.

Zur Heimstätte der New Yorker sozialdemokratischen Emigration wurde die Rand School of Social Science, wo die politisch relativ unbedeutende Social Democratic Federation residierte.

Der Eintritt in die deutsche Gruppe dieser 1936 von der Socialist Party abgespaltenen Partei war „für die meisten sozialdemokratischen Emigranten … eine Selbstverständlichkeit". „Bald", so Friedrich Stampfer in seiner Geschichte der Dritten Emigration, „gehörten der frühere Stadtverordneten-Vorsteher von Altona Dr. Rudolf Katz, die früheren Reichstagsabgeordneten Gerhart Seger, Friedrich Wilhelm Wagner, Wilhelm Sollmann, Siegfried Aufhäuser, der preußische Innenminister Albert Grzesinski und die preußische Abgeordnete Hedwig Wachenheim dem Vorstand an. Katz führte den Vorsitz. Man kam zweimal im Monat in der Rand School zusammen; es gab Referate und Debatten, bei denen die Neuen den größten Teil des geistigen Aufwands bestritten".[31]

Dort, in der Rand School, bekam Wagner nach zweijähriger Arbeitslosigkeit einen Job als Bibliothekar, womit er sich kümmerlich durchbringen konnte, der ihm aber auch „historische und juristische Studien" erlaubte. Wie er später wissen ließ[32], verdankte er diesen neuen Berufsanfang zum einen Rudolf Katz, der sein Amtsvorgänger als Vizepräsident des Bundesverfassungsgerichts werden sollte, zum andern Max Brauer, in den fünfziger Jahren Erster Bürgermeister der Hansestadt Hamburg, im amerikanischen Exil längere Zeit Vorsitzender der German Labor Delegation (GLD). Auch dieser Gruppe, quasi „die akkreditierte Botschaft der deutschen Arbeiterbewegung bei der größten amerikanischen Gewerkschaftsorganisation" AFL[33], hatte sich Wagner angeschlossen. Seinen Namen finden wir sowohl unter der GLD-Declaration „What Is To Be Done With Germany" von Ostern 1945 als auch unter den programmatischen Richtlinien der „Association of Free Germans" mit dem Titel „Für das Freie Deutschland von Morgen".[34]

Führende Rolle in der Pfalz nach 1945

Je mehr das „Deutschland von Morgen" mit dem Vormarsch der alliierten Truppen Perspektive gewann, desto intensiver wurde auch über die personelle Seite des demokratischen Neubeginns beraten; nicht allein in den Planungsstäben der Alliierten Siegermächte, sondern ebenso in Emigrantenkreisen, zumal die alliierten Behörden auf deren personalpolitische Kenntnisse angewiesen waren.

In diesen Kontext ist ein Brief zu stellen, den Georg Reinbold am 13. Oktober 1944 vom New Yorker Krankenlager an Erich Ollenhauer in London richtete: Er nannte „eine Reihe von Adressen von Leuten, die nach einer erfolgten Besetzung [Deutschlands] brauchbar für jede Art von Verwaltung sein werden", Personen, die als „absolut zuverlässig" anzusehen seien. „Ist nach der Saar die Pfalz frei geworden", so Reinbolds Empfehlung, „dann haben wir Friedrich Wilhelm Wagner, Ludwigshafen. Er wird sowieso in der Pfalz eine führende Rolle spielen. Also gleich von vornherein einsetzen. Er hat sein Statut [! seinen Status] als Visitor beibehalten und kehrt bestimmt zurück. Warum nicht früher holen. Er ist Jurist, für alle Posten geeignet. Dann müßt ihr Ludwig-Pirmasens finden in Frankreich".[35]

Während Adolf Ludwig im Oktober 1945 remigrierte, und Franz Bögler nach Fürsprache von Allen W. Dulles, dem damaligen Chef des amerikanischen Nachrichtendienstes in Europa mit Sitz in Bern, Ende diesen Jahres die Rückkehr aus der Schweiz ermöglicht wurde, mußte Wagner noch bis November 1946 auf einen positiven Ausreisebescheid der US-Behörden warten.

Die langersehnte Heimkehr führte ihn zunächst nach Frankreich, wo er bei seinem Schwiegersohn Unterkunft fand, dann über Weißenburg über die Grenze nach Dahn zu seiner Schwester – „Ankunft in der alten Heimat" im Februar 1947 –, schließlich nach Ludwigshafen, wo er am ersten März 1947 wieder eine Anwaltspraxis eröffnete.

Wahlplakat der SPD zur Bundestagswahl 1949 in Ludwigshafen.

Unterdessen war Wagner über die Probleme des Nachkriegsalltags und den politischen Neubeginn in seiner Heimat u. a. durch die Korrespondenz mit Adolf Ludwig offenbar gut informiert und auf seinen „Einsatz" vorbereitet worden. Er werde „sofort große Aufgaben vorfinden", schrieb Ludwig beispielsweise in einem Brief vom 7. Januar 1946. Zwar sei die für Wagner „freigehaltene Stelle des Justizministers am Oberpräsidium" inzwischen besetzt worden – gemeint war das Oberregierungspräsidium Hessen-Pfalz, eine letztlich provisorische Verwaltungsebene in der frühen französischen Besatzungszeit. Doch versicherte Ludwig, daß „juristische Fachkräfte" gleichwohl dringend benötigt würden.[36]

Georg Reinbolds Prognose, Wagner werde nach der Befreiung vom Nazi-Joch in der Pfalz eine führende Rolle spielen, stellte sich unmittelbar nach dessen Rückkehr als richtig heraus. Kaum als Rechtsanwalt wieder zugelassen, war er auch in der Politik reetabliert. Sieht man dabei von Funktionen in zeittypischen Verbänden wie dem „Reichsbanner" ab, entsprachen seine politischen Ämter in der entstehenden Bundesrepublik zunächst weithin den 1933 zwangsweise aufgegebenen. Noch 1947 rückte er in den Bezirksvorstand der pfälzischen Sozialdemokratie ein, ebenso in die Leitung des SPD-Unterbezirks Ludwigshafen. Am 18. Mai 1947, drei Monate nachdem der ehemalige Reichstagsabgeordnete aus dem amerikanischen Exil heimgekehrt war, standen erstmals Wahlen zum rheinland-pfälzischen Landtag an. In ihn wurde Wagner ebenso gewählt wie ein Jahr darauf in das Kommunalparlament seiner Heimatstadt.

Dieser – angesichts früherer Ämter – fast schon als Selbstverständlichkeit zu wertenden Übernahme von Funktionen und Mandaten schlossen sich 1947/1949 zwei Aufgaben an, mit denen Wagner als Jurist und als Politiker weit über den regionalen, öffentlichkeitswirksamen Raum bekannt werden sollte – Aufgaben, die zugleich unterschiedliche, aber zusammengehörende Seiten nachkriegsspezifischer Politik abbilden: die Bewältigung des Nationalsozialismus auf der einen und den demokratischen Neubeginn auf der anderen. Für das erste steht die Verteidigung von Dr. Carl Wurster im I. G. Farben-Prozeß vor dem Viermächte-Tribunal des Internationalen Militärgerichtshofs in Nürnberg zwischen Dezember 1947 und August 1948; für das zweite die Mitarbeit im Parlamentarischen Rat, der in mehreren Lesungen 1948/1949 den Grundgesetz-Entwurf für die Weststaatsbildung debattierte und beschloß.

Wir wissen zwar nicht, wer oder was Wagner dazu bewogen hatte, die Verteidigung des BASF-Direktors im Tribunal VI der sogenannten NS-Nachfolgeprozesse zu übernehmen. Eine Teilantwort auf diese Frage erhalten wir jedoch durch eine Charakterskizze, die der britische Verbindungsoffizier Chaput de Saintonge in jener Zeit über den Abgeordneten Wagner im Parlamentarischen Rat angefertigt hatte: „Als Ergebnis seines vorübergehenden Auslandsaufenthaltes ist Wagners Englisch flüssig und seine Auffassungen sind toleranter als die einer Vielzahl seiner Kollegen. Er ist ein lebhafter, eindrucksvoller und unterhaltsamer Gesprächspartner, er teilt bereitwillig politische Informationen mit und bringt seine Ansichten zum Ausdruck".[37] Im übrigen war es dem Rechtsanwalt nicht entgangen, daß der überwiegende Teil der Ludwigshafener „Anilin"-Belegschaft am 20. August 1947 mit einem einstündigen Streik gegen die Anklageerhebung „ihres" Direktors protestiert hatte. Schon die Nachricht von seiner Auslieferung an die amerikanischen Militärbehörden im Mai 1947 hatte unter den BASF-Angehörigen Unruhe hervorgerufen. „Innerhalb der Belegschaft", so begründete ein Informationsbericht der damaligen Industriegewerkschaft Chemie ihr Verhalten, „ist Herr Dr. Wurster als sozial und gerecht denkender Mensch außerordentlich beliebt".[38]

Wie die meisten der I. G. Farben-Manager ist Wurster in Nürnberg freigesprochen worden. In seinem Schlußplädoyer hatte Wagner vor allem das historisch positive Beispiel der Rechtsgarantien in den Vereinigten Staaten von Amerika herausgestellt. „Von der Tatsache des Bestehens solcher Garantien in einem Staate und von ihrer Art hängt es geradezu ab, ob man diesen Staat als einen freien und fortschrittlichen charakterisieren darf".[39]

Leitgedanken wie dieser prägen unter anderem die Verfassungsberatungen der 65 stimmberechtigten, indirekt von den Landtagen gewählten Mitglieder des Parlamentarischen Rates. Friedrich Wilhelm Wagner – als erfahrener „Weimarer" Parlamentarier und kenntnisreicher Jurist für diese Aufgabe besonders qualifiziert – hatte sich dort insofern einen Namen als „Vater des Grundgesetzes" gemacht, als sein Ende 1948 gehaltenes Plädoyer im Hauptausschuß des Parlamentarischen Rates zur Abschaffung der Todesstrafe führte. Gustav Heinemann, der spätere Bundespräsident, würdigte dieses Verdienst in einem Glückwunschschreiben, mit dem er als Bundesjustizminister Wagner zum 75. Geburtstag gratulierte: „Vor allem als Mitglied und Ausschußvorsitzender im Parlamentarischen Rat haben Sie zur Schaffung einer neuen, an der Menschenwürde orientierten Grundordnung mit beigetragen. Ihr damaliges Plädoyer gegen die Todesstrafe, das zur Aufnahme des Art. 102 im Grundgesetz führte, hat in besonderer Weise ein Zeichen gesetzt, das unmittelbar

Friedrich Wilhelm Wagner, Aufnahme von 1962.

unsere ganze Verfassungsordnung prägt. Nur derjenige weiß es deuten, der die Gefahr erkennt, wenn der Staat sich auch nur einen Schritt von der Humanität und dem Recht entfernt".[40]

Darüber zu wachen, war Wagner seit 19. Dezember 1961 berufen. Fast genau dreizehn Jahre nach seinem „berühmten" Plädoyer war er zum Vizepräsidenten des Bundesverfassungsgerichts und damit zum Präsidenten des 2. Senats gewählt worden, in eines der höchsten Ämter, das die Bundesrepublik zu vergeben hat. Er gehörte somit zu den vergleichsweise wenigen Hitler-Flüchtlingen, die im öffentlichen Dienst der frühen Bundesrepublik überhaupt Karriere machten. Wie bei seinem Vorgänger Rudolf Katz ist seine Vizepräsidentschaft am Bundesverfassungsgericht als Ausnahme unter einer Richter- und Beamtenschaft zu werten, die in der Adenauer-Ära größtenteils aus dem Dritten Reich übernommen und integriert worden war.

Die Freude und der Stolz ob dieser ehrenvollen Berufung wurde bei seinen Parteifreunden in der Pfalz jedoch gedämpft

„durch ein Gefühl der Verlassenheit". Denn einem ungeschriebenen Gesetz folgend, verzichtete der ins neue Amt Berufene auf eine „militante politische Tätigkeit", zumal es, so Wagner bei der Verabschiedung vom SPD-Bezirk im Neustadter Saalbau, „in der Bundesrepublik immer noch einen gewissen Mangel an demokratischer Tradition gebe".[41]

Mit dem Amtsantritt schied Wagner aus dem Bundestag aus, dem er seit 1949 angehört hatte; er legte Anfang 1962 das Stadtratsmandat und den SPD-Fraktionsvorsitz in Ludwigshafen nieder und trat vom Vorsitz des Parteibezirks zurück, den er nach dem Ausscheiden Franz Böglers kurzzeitig innehatte.

Die Stadt Ludwigshafen dankte ihrem großen Sohn mit der Verleihung der Ehrenbürgerwürde. Am 28. Februar 1964, Wagners 70. Geburtstag, mit allen Stimmen im Stadtrat beschlossen, wurde diese Auszeichnung in einer Sondersitzung des Stadtrates am 2. April 1964 überreicht. Mit 73 Jahren schied Friedrich Wilhelm Wagner im Oktober 1967 als Vizepräsident des Bundesverfassungsgerichts aus dem Amt. Ein langer Lebensabend war ihm nicht mehr vergönnt. Er starb am 17. März 1971 an den Folgen eines Schlaganfalls, den er beim Spaziergang im Ludwigshafener Ebertpark erlitt.

Abschließend seien Würdigungen zweier Weggefährten beziehungsweise Mitstreiter auf der Bonner Bühne zitiert, die den Menschen wie den Politiker und Juristen wohl treffend porträtieren. Carlo Schmid erinnerte sich in seinen Memoiren an „Justizrat F. W. Wagner" als den „feurigste(n) Sprecher der SPD-Fraktion, immer auf dem Plan, wenn es galt, für demokratische Rechtsgarantien zu kämpfen und vermeintliche Angriffe von klerikaler Seite abzuwenden. Das gab seiner Eloquenz gelegentlich etwas von der Beredsamkeit, die Don Quichotte in der verzauberten Schenke entfaltete, aber man liebte diesen aufrechten Demokraten – der in den bösen Jahren als Emigrant für seine demokratische Gesinnung zu leiden hatte –, zumal er ein standhafter Zecher war, der sich in den Weinstuben der engeren und weiteren Umgebung Bonns vortrefflich auskannte".[42]

Und Gustav Heinemann stellte heraus, daß sich Wagners Lebensweg dadurch auszeichnete, „daß es für [ihn] niemals eine künstliche Trennung gegeben hat zwischen der Politik, die uns alle bewegt, und dem Recht, dem wir alle verpflichtet sind".[43]

Anmerkungen:

1 Stadtarchiv Ludwigshafen (StA Lu), Ehrenbürgerdokumentation, „Friedrich Wilhelm Wagner/Justizrat/Vizepräsident des Bundesverfassungsgerichts in Karlsruhe", 4 Seiten.
2 Hierzu Günter Braun, Schichtwechsel. Arbeit und Gewerkschaft in der Chemie-Stadt Ludwigshafen, Mannheim 1994, S. 21ff.
3 Günther Janson, Ein wachsamer Vater des Grundgesetzes, in: „Die Rheinpfalz, Ludwigshafener Rundschau", vom 24.2.1994.
4 Dieter Schiffmann, Die Ludwigshafener Sozialdemokratie in der Weimarer Republik, in: Der Freiheit und Demokratie verpflichtet. Beiträge zur Geschichte der Ludwigshafener Sozialdemokratie. Hrsg. aus Anlaß des 40. Jahrestages der Wiederzulassung, Neustadt/Weinstraße 1986, S. 74.
5 „Pfälzische Post" vom 29.9.1930.
6 „Herr Kollege, das macht nur Ihr Prälatenhaupt". Schmunzelgeschichten am Rande eines reichen politischen Lebens – Gesammelt von Heinz Tüffers, in: „Die Rheinpfalz, Ludwigshafener Rundschau" vom 28.2.1969.
7 Siehe dazu den Beitrag von Matthias Spindler in diesem Band.
8 Hans Fenske, Der Konflikt zwischen Bayern und dem Reich im Herbst 1923 und die pfälzische Sozialdemokratie, in: Mitteilungen des Historischen Vereins der Pfalz (MHVP), 71 (1974), S. 203.
9 Ebenda, S. 215.
10 Zit. Nach: Gerhard Gräber/Matthias Spindler, Revolverrepublik am Rhein: Die Pfalz und ihre Separatisten, Landau 1992, S. 557, vgl. auch S. 508.
11 „Pfälzische Post" vom 12.9.1930.

12 Schiffmann (wie Anm. 4), S. 78.
13 „Pfälzische Post" vom 13.4.1931.
14 „Gaugeneralversammlung des Reichsbanners", „Pfälzische Post" vom 14.2.1933.
15 Vgl. hierzu u. a. Lothar Meinzer, Die Pfalz wird braun. Machtergreifung und Gleichschaltung in der bayerischen Provinz, in: Gerhard Nestler/Hannes Ziegler (Hrsg.), Die Pfalz unterm Hakenkreuz. Eine deutsche Provinz während der nationalsozialistischen Terrorherrschaft, Landau, 2., durchg. Aufl., 1997, S. 37-62.
16 StA Lu, Ehrenbürgerdokumentation, Autobiographische Skizze, S. 2; vgl. auch „Wir interviewten Bundestagsabgeordneten und Stadtratsfraktionsvorsitzenden Justizrat F. W. Wagner", in: Junge Menschen, H. 4/1960, S. 16. Anderen Quellen zufolge soll er vor den außerhalb postierten SA-Leuten gewarnt worden und mit Hilfe eines ihm wohlgesonnenen Justizbeamten rechtzeitig geflüchtet sein; so Janson (wie Anm. 3).
17 LA Speyer, H 33/1318/73, Schriftwechsel „Betreff: Entweichen des Rechtsanwalts Friedrich Wilhelm Wagner M.d.R".
18 Vgl. z. B. die Schilderung von Werner Ludwig, Unterwegs – Lebenserinnerungen, Landau 1997, S. 22 f.
19 StA Lu (wie Anm. 16), S. 2.
20 Ernst Roth, Ernst Roth (1901 - 1951). Ein Streiter für Freiheit und Demokratie, 1991 (Manuskript), zit. nach Martin Schumacher, M.d.R. Die Reichstagsabgeordneten der Weimarer Republik in der Zeit des Nationalsozialismus. Politische Verfolgung, Emigration und Ausbürgerung 1933 - 1945. Eine biographische Dokumentation, 3., erw. u. überarb. Aufl., Düsseldorf 1994, S. 1678 u. S. 1269.
21 Siehe Marlis Buchholz/Bernd Rother, Der Parteivorstand der SPD im Exil. Protokolle der Sopade 1933 - 1940, Bonn 1995, S. 247 u. 390.
22 Gerhard Paul, Ausschuß zur Vorbereitung einer deutschen Volksfront, in: Lexikon des deutschen Widerstandes, hrsg. von Wolfgang Benz/Walter H. Pehle, Frankfurt am Main 1994, S. 172.
23 Vgl. Gerhard Paul/Klaus-Michael Mallmann, Milieus und Widerstand. Eine Verhaltensgeschichte der Gesellschaft im Nationalsozialismus, Bonn 1995, S. 277.
24 Archiv der sozialen Demokratie bei der Friedrich-Ebert-Stiftung, Bonn (AsD), Bestand Emigration Sopade, 94.
25 Siehe hierzu Paul/Mallmann (wie Anm. 23), S. 287 ff.
26 AsD, Sopade 93, Brief von Adolf Ludwig (Sarreguemines, 2. Nov. 1936) an Grenzsekretär Reinbold („Mein Lieber"), als Anlage eines Briefes von Reinbold an ein Sopade-Vorstandsmitglied vom 6.11.1936.
27 Buchholz/Rother (wie Anm. 21), S. 316 f.
28 In einem Brief von Erich Ollenhauer (Paris) an Friedrich Stampfer (New York) vom 30.3.1940. Siehe: Mit dem Gesicht nach Deutschland. Eine Dokumentation über die sozialdemokratische Emigration. Aus dem Nachlaß von Friedrich Stampfer, ergänzt durch andere Überlieferungen, hrsg. von Erich Matthias, bearb. von Werner Link, Düsseldorf 1968, S. 457.
29 Vgl. Schumacher (wie Anm. 20), S. 1678.
30 Marianne Loring, Flucht aus Frankreich 1940. Die Vertreibung deutscher Sozialdemokraten aus dem Exil, hrsg. von Wolfgang Benz, Frankfurt am Main 1996.
31 Die dritte Emigration. Ein Beitrag zu ihrer Geschichte von Friedrich Stampfer, in: Matthias (wie Anm. 28), S. 147 f.
32 Vgl. „Eine ehrenvolle und seltene Berufung", in: „Der Sozialdemokrat, Informationsblatt des Bezirksvorstandes der SPD Pfalz", Nr. 2, Februar 1962.
33 Die dritte Emigration, in Matthias (wie Anm. 28), S. 150.
34 Vgl. Matthias (wie Anm. 28), S. 567-569 u. S. 690-695.
35 AsD, Sopade 95. Das Schreiben war eine Antwort auf einen Brief Ollenhauers vom 14.9.1944.
36 Gerhard Nestler, Adolf Ludwig und der Wiederaufbau der pfälzischen Arbeiterbewegung nach dem 2. Weltkrieg. Eine Dokumentation, in: MHVP 92 (1994), S. 419-449, Zitate S. 434 u. S. 436.
37 Zit. nach Reiner Pommerin, Die Mitglieder des Parlamentarischen Rates. Porträtskizzen des britischen Verbindungsoffiziers Chaput de Saintonge, in: Vierteljahreshefte für Zeitgeschichte 36 (1988), S. 557-588, hier S. 585 (Übersetzung aus dem Engl. G. B.).
38 Vgl. Braun (wie Anm. 2), S. 118.
39 Zit. nach der Abschrift (S.1) im StA Lu, Ehrenbürgerdokumentation.
40 Ebd. Vgl. Jahrbuch des öffentlichen Rechts der Gegenwart, NF/Bd. 1, hrsg. von G. Leibholz/H. von Mangoldt, Tübingen 1951.
41 „Eine ehrenvolle und seltene Berufung", in: „Der Sozialdemokrat" Nr. 2/1962.
42 Carlo Schmid, Erinnerungen, Bern/München/Wien 1979, S. 410.
43 Zit. nach Ehrenbürgerdokumentation im StA Lu.

Josef Kaiser

„Ich kenne nichts als meine Arbeit"

Der Sozialdemokrat Adolf Ludwig und der Aufbau der Gewerkschaften in der Pfalz 1945 - 1949

„Der furchtbarste aller Kriege hat nunmehr vor fünf Monaten sein Ende gefunden. Das Dritte Reich ist restlos zusammengebrochen. Mit ihm aber auch die deutsche Wirtschaft, der deutsche Wohlstand. Zerstört ist das Verkehrswesen. Blühende Städte und Industrieanlagen sind in Trümmerhaufen verwandelt, alle Lebensmittelreserven aufgebraucht oder vernichtet. Millionen haben all ihre Habe verloren. Not und Elend grinst uns überall entgegen. Jede Grundlage, welche den Ausgangspunkt für einen baldigen Wiederaufstieg bilden könnte, ist verschüttet. Überall greift man ins Leere. Lethargie und Mutlosigkeit hat weite Kreise der Bevölkerung ergriffen." So schilderte der Ludwigshafener Gewerkschafter Karl Fischer Ende September 1945 die trostlose Situation, in die sich die Menschen nach zwölf Jahren NS-Herrschaft und sechs Jahren Krieg gestellt sahen.[1] Und Edwin Will, wie Fischer ebenfalls schon vor 1933 Gewerkschaftsfunktionär in der Chemiestadt, schrieb zwei Wochen später: „Deutschland blutet aus ungezählten Wunden. Die einst so blühenden Städte und Dörfer liegen in Schutt und Asche. Fast alle Industrieanlagen sowie die Produktionsstätten sind zertrümmert. Die Arbeit vieler Generationen ist zerschlagen. Die Wirtschaft ist gelähmt und fast völlig vernichtet".[2] Angesichts dieser Zustandsbeschreibungen konnte sich damals niemand vorstellen, daß Geschwindigkeit und Ausmaß des Wiederaufbaues in Deutschland schon wenige Jahre später als „Wunder" bezeichnet würden. Und das bezog sich keineswegs nur auf den wirtschaftlichen Aufschwung. „Aus dem Nichts heraus – und das erscheint uns heute als ein gewaltiges Wunder – kamen die Kräfte, die sich an die Neuordnung und den Wiederaufbau machten", heißt es im Geschäftsbericht des Allgemeinen Gewerkschaftsbundes Rheinland-Pfalz im September 1949.[3]

Wiederaufbau war kein Wunder

Aber mit einem Wunder hatte auch die rasche Reorganisation der Gewerkschaften nichts zu tun. Sie war vielmehr das stolze Ergebnis der Zuversicht und des Fleißes, mit dem gleich nach Kriegsende allerorten frühere Gewerkschafter an die Arbeit gingen, um ihre 1933 von den Nazis zerschlagenen Organisationen wieder aufzubauen. Es waren aber nicht die alten Vorsitzenden, die nach dem Ende der NS-Diktatur wieder die Führung der Gewerkschaften übernahmen. 1945 schlug die Stunde jener Generation von Funktionären, deren Laufbahn in der Weimarer Republik begonnen hatte und durch die nationalsozialistische Gewaltherrschaft jäh beendet worden war. Zu den herausragenden Persönlichkeiten unter ihnen gehörte in der Pfalz Adolf Ludwig.[4] Der 1892 in Pirmasens geborene Schuhmachersohn erlernte denselben Beruf wie sein Vater. Seine Heimatstadt war ein Zentrum der Schuhindustrie und eine Hochburg der Schuhmachergewerkschaft, der sich Adolf Ludwig 1910 anschloß. Und der Beitritt zur SPD verstand sich in diesem Milieu fast von selbst. Wie so viele seiner Generation war der junge Sozialdemokrat aber enttäuscht von der Haltung seiner Partei zur Kriegspolitik der Reichs- und Armeeführung im kaiserlichen Deutschland. 1917 schloß er sich deshalb den Unabhängigen Sozialdemokraten an. Schließlich wurde er Vorsitzender des Arbeiter- und Soldatenrates in Pirmasens. Obwohl erst 26 Jahre alt, war Adolf Ludwig bald politisch kein unbeschriebenes Blatt mehr. Ab September 1919 begann seine Karriere als hauptamtlicher Sekretär an der Spitze des Schuhmacherverbandes in seiner Heimatstadt. In den ideologischen Grabenkämpfen der Frühphase der Weimarer Republik blieb Ludwig seiner Grundüberzeugung treu. 1922 kehrte er zur SPD zurück, für die er 1932 als Abgeordneter in den bayerischen Landtag einzog. Doch wenige Monate später zerschlugen die Nazis SPD und Gewerkschaften. Adolf Ludwig wurde mehrfach verhaftet und durch den Verlust seines Arbeitsplatzes auch seiner Existenzgrundlage beraubt. Im Juli 1933 emigrierte er ins Saargebiet und leistete dem Grenzsekretär der Exil-SPD wichtige Hilfestellung. Nach dem Anschluß des Saargebietes an Hitlerdeutschland 1935 führte die Emigration den Pirmasenser weiter nach Frankreich, wo er bis zum Kriegsende bleiben sollte. Nach seiner Rückkehr nach Deutschland 1945 fiel ihm deshalb eine besondere Rolle zu.

Als „franzosenhörig" denunziert

Adolf Ludwig hatte mit seiner Familie dankbar in Frankreich Zuflucht vor der Verfolgung durch die Nazis genommen. Aber er wurde nicht zum Handlanger der französi-

Adolf Ludwig (links) und Friedrich Wilhelm Wagner im Gespräch bei einer Veranstaltung in Annweiler, Juli 1932.

schen Besatzungsmacht. Vielmehr stärkten seine Erfahrungen und Verbindungen aus der Zeit des Exils seine Stellung. Kenntnisse von Sprache und Mentalität empfahlen ihn wie keinen anderen zum Verbindungsmann der Gewerkschaften zur Militärregierung. Als Verfolgter des Naziregimes genoß der Sozialdemokrat zudem deren politisches Vertrauen.

In einem Vermerk des „Freien Deutschen Gewerkschaftsbundes" (FDGB) der DDR vom August 1951 wurde Adolf Ludwig bezeichnet als: „Franzosenhörig, war in der Emigration in Frankreich. Ist 1. Frankophil, 2. Rechter Gewerkschaftsvertreter ... Kommunistenfresser sondergleichen".[5]

Während die Staatsgewerkschaft in der SBZ/DDR die Gewerkschaftsführer in der Bundesrepublik beschimpfte, versuchte sie gleichzeitig, unterstützt von der KPD, die Mitglieder für ihre Ziele zu instrumentalisieren. Die Etikettierung Adolf Ludwigs als „Kommunistenfresser" unterstrich, daß er keinen Zweifel darüber aufkommen ließ, das beim Wiederaufbau der Gewerkschaften 1945 verankerte Einheitsgewerkschaftsprinzip rückhaltlos zu verteidigen. Er ging damit den Weg der großen Mehrheit der Gewerkschafter. Die Ohnmacht vor dem aufsteigenden Nationalsozialismus mahnend vor Augen, überwanden sie beim Neuaufbau 1945 die frühere parteipolitische Zersplitterung der deutschen Gewerkschaften.

Anhänger der christlichen, liberalen und sozialdemokratischen Verbände sollten gemeinsam für Ihre Interessen als Arbeitnehmerinnen und Arbeitnehmer kämpfen und an der Schaffung einer demokratischen Gesellschaft mitwirken. Das war auch für den Sozialdemokraten Adolf Ludwig kein Widerspruch. Jede Partei sollte ihre Nähe zu den Gewerkschaften durch ihre Politik selbst bestimmen.

Der Aufbau der Gewerkschaften erfolgte unmittelbar nach Kriegsende zunächst auf der lokalen Ebene. Aber schon bald folgten Anstrengungen zum regionalen Zusammenschluß. Am 18. November 1945 bestimmte eine Funktionärskonferenz in Neustadt Adolf Ludwig zum Beauftragten der Gewerkschaften für Hessen-Pfalz. Kurz zuvor, Ende Oktober 1945, war er zum kommissarischen Vorsitzenden der SPD Pfalz gewählt worden. Im April 1946 wurde er neben dem inzwischen ebenfalls aus der Emigration zurückgekehrten früheren pfälzischen Parteisekretär Franz Bögler von den Delegierten des ersten Nachkriegsparteitages als gleichberechtigter Bezirksvorsitzender bestätigt. Seit Juli 1946 stand der pfälzische SPD-Vorsitzende auch der neugegründeten Landesgewerkschaft Schuh und Leder vor. Dieses Amt gab er aber knapp ein Jahr später auf. Als die französische Militärregierung per Dekret im August 1946 den „rhein-pfälzischen Staat ins Leben" rief, zögerten die Gewerkschaften nicht, eine Dachorganisation zu errichten, „um in dem neu geschaffenen Lande nun in einer größeren festgefügten Organisation ihre Interessen wirksamer zu gestalten".

Vorsitzender des ADGB in Rheinland-Pfalz

Beim Gründungskongreß des Allgemeinen Gewerkschaftsbundes Rheinland-Pfalz in Mainz am 2. und 3. Mai 1947 wurde Adolf Ludwig mit überwältigender Mehrheit zum Vorsitzenden des neuen Dachverbandes gewählt. Sein Parteiamt hatte er schon eine Woche zuvor beim 40. Bezirksparteitag zur Verfügung gestellt. Die Belastung durch beide Ämter wäre zu groß gewesen. Adolf Ludwig mutete sich schon genug zu. In seinem Rechenschaftsbericht beim 2. Bundestag des AGB Rheinland-Pfalz gab er davon ein anschauliches Bild: „Wir haben vor 13 Monaten den Bund gegründet und hatten zunächst nichts. Ich selbst habe gelebt wie ein Zigeuner, unter den primitivsten Verhältnissen und Tag und Nacht gearbeitet. Es gab für mich kein Familienleben, keine Freizeit und keinen Urlaub schon seit dem Tag, an dem ich aus der Emigration zurückkehrte. Ich kenne nichts als meine Arbeit und um diese zu bewältigen gibt es für mich keine geregelte Arbeitszeit." Bescheidenheit ließ ihn später diese Passage aus dem Protokoll streichen und durch die folgende ersetzen: „In leeren Räumen wurde begonnen und jede Kleinigkeit mußte mühsam beschafft werden. Die persönliche Inanspruchnahme überstieg jede normale Arbeitsleistung und Arbeitszeit".[6]

Als der SPD-Parteivorstand Ludwig im Oktober 1947 in den neu gegründeten „Ausschuß für Gewerkschafts- und Betriebsarbeit" berief, war es für den stark beanspruchten Vorsitzendes des Allgemeinen Gewerkschaftsbundes Rheinland-Pfalz nicht einfach, noch ein weiteres Amt zu übernehmen. „Es fällt mir infolge Überlastung sehr schwer, die vorgeschlagene Funktion anzunehmen, aber ich will es einmal versuchen", teilte er Erich Ollenhauer mit.[7]

Die organisatorischen Voraussetzungen für die Arbeit des gewerkschaftlichen Dachverbandes in Rheinland-Pfalz waren zunächst unzureichend. Da es nicht gleich gelang, geeignete Büroräume zu finden, führte Ludwig die Geschäfte erst noch von Neustadt aus, wo sich auch das Büro des Parteibezirks etabliert hatte. Zwar wurde im Juli 1947 das Gewerkschaftshaus in Mainz feierlich eingeweiht, aber beziehen konnte es der AGB-Vorstand nicht. „Die Gewerkschaften von Mainz und die Volkshochschule haben aber sofort sämtliche Räume

Beiratskonferenz der westdeutschen Gewerkschaften am 19./20.2.1949 in Königswinter. Stehend Adolf Ludwig; daneben von links: Fritz Tarnow, bis 1933 Vorsitzender des Holzarbeiterverbandes; Otto Scheller, Mitarbeiter des Gewerkschaftsrates; Georg Reuter, später stellvertretender DGB-Vorsitzender; Markus Schleicher, Vorsitzender der Gewerkschaft Holz; Albin Karl, später Mitglied des DGB-Bundesvorstandes.

belegt, so daß für den Bund nicht ein einziges Zimmer übrig blieb", hieß es in einem Rundschreiben im August 1947. Erst im Frühjahr 1948 erfolgte der allmähliche Umzug in die Landeshauptstadt.

Neben diesen Schwierigkeiten machte den Gewerkschaften vor allem die miserable Versorgungslage zu schaffen. Nach der konstituierenden Sitzung des Bundesvorstandes am 27. Mai 1947 schrieb Ludwig an die Militärregierung: „Alle Vorstandsmitglieder waren stark beeindruckt von der äußerst schwierigen Ernährungslage, in der wir uns gegenwärtig befinden. Sie berichteten von der großen Niedergeschlagenheit und Angst der Bevölkerung. Leider kommen alle Schwierigkeiten zur gleichen Zeit zusammen. In der Zeit der Kartoffelnot macht sich nun auch noch eine Brotkrise bemerkbar. Auch die Fleischversorgung ist so, daß nur ein Teil der Bevölkerung beliefert werden kann." In Verhandlungen versuchte er deshalb immer wieder, Verbesserungen zu erreichen und so die Not seiner Landsleute zu lindern.

Adolf Ludwigs Engagement beschränkte sich aber nicht auf seine Heimatregion und Rheinland-Pfalz. Seit Juli 1946 nahm er als Vertreter der französischen Zone an den Interzonenkonferenzen teil, die den Weg zu einer gesamtdeutschen Gewerkschaftsbewegung ebnen sollten. Sie scheiterten endgültig im August 1948. Ein Anlaß war die Haltung zum Marshall-Plan. Während die Vertreter des FDGB in der sowjetischen Zone das amerikanische Hilfsangebot ablehnten, begrüßte die Mehrheit der Gewerkschafter in den Westzonen das Aufbauprogramm. Adolf Ludwig war im März 1948 zur internationalen Gewerkschaftskonferenz nach London gereist, um über den Marshall-Plan zu beraten. Zusammen mit Hans Böckler, der an der Spitze des Gewerkschaftsbundes der britischen Besatzungszone und später auch des DGB in der Bundesrepublik stand, und Willi Richter, dem Vorsitzenden des Freien Gewerkschaftsbundes in Hessen, vertrat Ludwig dort die deutschen Gewerkschaften. Er teilte die Meinung des damaligen rheinland-pfälzischen SPD-Finanzministers Hans Hoffmann. Beim AGB-Kongreß 1948 sagte er: „Wir werden vernünftig genug sein, jede Hand zu ergreifen, die uns wieder auf die Beine hilft. Wir werden nicht verhungern wollen, nur um die anderen zu ärgern. Wir werden annehmen, was man uns bietet, wenn es auch von den Plutokraten kommt. Der Marshall-Plan braucht nicht als Gefahr für die deutsche Demokratie gewertet zu werden, sondern er kann ihr eine gute Stütze sein. Allein eine Loslösung vom Hunger bedeutet Sicherung einer Demokratie".[8]

DGB-„Landesfürst"

Der Prozeß des gewerkschaftlichen Wiederaufbaus machte auf der Landesebene nicht halt. Als sich die Gründung eines westdeutschen Teilstaates abzeichnete, begannen auch die Gewerkschaften, die Gründung einer Zentralorganisation für die Westzonen vorzubereiten. Die französische Militärregierung versuchte, diese Bestrebungen in ihrer Zone zu blockieren. Schon das Genehmigungsschreiben für den AGB vom Juli 1947 enthielt die Auflage, den Paragraphen 3 der Bundessatzung zu streichen. Darin war als Aufgabe auch die „Mithilfe am Aufbau von reichszentralen Industrieverbänden und eines Reichsgewerkschaftsbundes" definiert. Und als im Frühjahr 1949 die Vorbereitungen für die Bildung eines gewerkschaftlichen Dachverbandes für die Bundesrepublik schon auf Hochtouren liefen, machte der Direktor der französischen Arbeitsverwaltung, Daniel Thibault, im Gespräch mit Ludwig immer noch Vorbehalte gegen die Mitwirkung der Gewerkschaften der französischen Zone geltend. „Vertraulich" erklärte er seinem inzwischen gut bekannten deutschen Gesprächspartner aber, „es sei wünschenswert, bei der neuen Organisation den Landesleitungen und Landesverbänden eine gewisse Autonomie zuzusichern." Er hatte sich damit abgefunden, daß die Entwicklung nicht mehr aufzuhalten war.

Der Allgemeine Gewerkschaftsbund Rheinland-Pfalz beschloß im September 1949 ohne Bedauern und einmütig seine Auflösung. Es war „an und für sich nur eine formale Angelegenheit", wie Adolf Ludwig sagte; denn faktisch existierte der Bund ab Januar 1950 als Landesbezirk des im Oktober 1949 gegründeten Deutschen Gewerkschaftsbundes fort. Vorsitzender wurde Adolf Ludwig, der bis zur Erreichung der Altersgrenze 1958 an der Spitze der DGB-Landesorganisation stand. Er gehörte damit zu jener Riege, über die der DGB-Vorsitzende Walter Freitag im Juli 1954 klagte, „die Mitglieder des geschäftsführenden Vorstandes wagten gar nicht mehr recht, in einer Vorstandssitzung ihre Meinung zu sagen, weil sie von den Landesbezirksfürsten zerrissen würden".[9] Thibault hätte sich gefreut.

Ludwigs Ausscheiden als Landesbezirksvorsitzender kommentierte die Zeitung seiner Heimatstadt mit den Sätzen: „Die Gewerkschaftsbewegung wird es schwer haben, einen gleichwertigen Nachfolger zu finden; denn Adolf Ludwigs Arbeitsfelder, seine vom Schicksal gereifte, ausgleichende Persönlichkeit und seine saubere menschliche Haltung haben ihm bei politischen Freunden und Gegnern gleichermaßen Sympathien eingetragen".[10] Doch damit begann für Adolf Ludwig keineswegs der Ruhestand. Schon 1947 war er als Abgeordneter in den rheinland-pfälzischen Landtag eingezogen. Als er 1949 Bundestagsabgeordneter wurde, legte er das Landtagsmandat nieder. Dem Bonner Parlament gehörte er bis zu seinem Tod an. Adolf Ludwig hatte sein Leben in den Dienst der Arbeiterbewegung gestellt und sich nicht geschont. Er starb am 18. Februar 1962 an einem Herzinfarkt. „Pfälzische SPD betrauert ihren Besten – Die ganze Pfalz nahm Anteil", überschrieb „Die Rheinpfalz" den Bericht über die Trauerfeier und sprach damit nicht nur SPD-Mitgliedern aus dem Herzen.

Anmerkungen

1 Karl Fischer, Der Freie Deutsche Gewerkschaftsbund, in: „Die Rheinpfalz" v. 29.9.1945, S. 3.
2 Edwin Will, Für Verständigung und Frieden. Die deutsche Gewerkschaft im Wiederaufbau, in: „Die Rheinpfalz" v. 13.10.1945.
3 Geschäftsbericht des Allgemeinen Gewerkschaftsbundes Rheinland-Pfalz 1948/1949, Landau 1949, S. 1.
4 Vgl. zu Ludwigs Biographie, auch mit weiteren Verweisen, Gerhard Nestler, Adolf Ludwig und der Wiederaufbau der pfälzischen Arbeiterbewegung nach dem 2. Weltkrieg. Eine Dokumentation, in: Mitteilungen des Historischen Vereins der Pfalz, 92 (1994), S. 419-449.
5 Stiftung Archiv der Parteien und Massenorganisationen der DDR im Bundesarchiv, Berlin: Best. DY 34 FDGB-Buvo, vorl. Nr. 25/-/808.
6 Vgl. das maschinenschriftl. Protokoll: „2. Bundestag des Allgemeinen Gewerkschaftsbundes Rheinland-Pfalz im Kurhaussaal in Bad Ems am 28. und 29. Mai 1948", Bl. 38 f.; Bibliothek der Friedrich-Ebert-Stiftung, Bonn, Sign. A/K P 1507.
7 Ollenhauers Schreiben an Ludwig vom 10. und Ludwigs Antwort vom 26. Oktober 1947 sind überliefert, in: DGB-Archiv im AsD, NL Adolf Ludwig, Sign. 1/ALAA000018.
8 Protokoll 2. Bundestag (wie Anm. 6), Auszüge aus dem Referat des Finanzministers Dr. Hans Hoffmann, Bl. 4.
9 Vgl. Josef Kaiser (Bearb.), Der Deutsche Gewerkschaftsbund 1949-1956 (Quellen zur Geschichte der deutschen Gewerkschaftsbewegung im 20. Jahrhundert, Bd. 11), Köln 1996, S. 589.
10 „Pirmasenser Zeitung" v. 27.6.1957.

Josef Kaiser

Franz Bögler (1902-1976)
Der "rote Kurfürst" von der Pfalz

"Bögler kann als dominierende Figur der Sozialdemokratie in den Nachkriegsjahren bezeichnet werden. Er war SPD-Bezirksvorsitzender, Landesvorsitzender, Mitglied des Bundesvorstandes seiner Partei und genoß das besondere Vertrauen Kurt Schumachers".[1] Sucht man in der Literatur zur pfälzischen Nachkriegsgeschichte nach Hinweisen zu Franz Bögler, findet man nur wenig. Eine knappe biographische Skizze erschien zwar schon 1957 in der Festschrift zum 50. Bezirksparteitag der SPD Pfalz. Aber spätere Beiträge, meist in Nachschlagewerken[2], enthalten nur wenig mehr Informationen über den Mann, der immerhin fünfzehn Jahre an der Spitze der pfälzischen Parteiorganisation stand und lange Zeit wichtige öffentliche Ämter bekleidete. Die Ursache dieses Mißverhältnisses zwischen Bedeutung zu Lebzeiten und posthumer Würdigung ist auch in den Ereignissen und Umständen zu suchen, die Franz Böglers Karriere nach vier Jahrzehnten beendeten.

Karrierestart in der Weimarer Republik

Franz Bögler wurde am 4. Dezember 1902 in Speyer geboren. Seine Kindheit und Jugend verbrachte der Sohn eines Schreinermeisters in Metz, wo er ab 1917 eine Ausbildung als Verwaltungsgehilfe absolvierte. 1919 wurde Lothringen wieder Teil Frankreichs. Als deutscher Staatsangehöriger ausgewiesen, kehrte Bögler in seine Heimatstadt zurück. Dort fand er eine Anstellung bei der Stadtverwaltung, die er zehn Jahre lang behielt.

1921 trat Bögler der SPD bei. Und schon im April 1922 wurde er als Jugendvertreter in den Vorstand der Speyerer SPD gewählt.[3] Der junge Funktionär machte schnell auf sich aufmerksam. Mit 25 Jahren rückte er im Januar 1926 als Zweiter Vorsitzender in die Parteispitze auf. Ab diesem Jahr, bis 1932, war er auch Mitglied des Stadtrates Speyer. Im Januar 1928 wurde er Vorsitzender der SPD-Ortsgruppe. Aber nicht nur vor Ort konnte sich Franz Bögler als Spitzenfunktionär profilieren. 1929 trat er als Bezirkskassierer der pfälzischen SPD hauptamtlich in den Dienst der Partei. Deswegen bat er in der Generalversammlung im Januar 1930 "von einer Wiederwahl seiner Person Abstand zu nehmen, indem es nicht möglich ist, nachdem er nicht mehr in Speyer arbeitet, die Parteiarbeit so zu leiten, wie es unbedingt erforderlich ist". Er ließ sich aber umstimmen, wie das Protokollbuch weiter vermerkt: "Nach eingehender Aussprache erklärte sich Gen. Bögler bereit, bis zu seinem Wegzug die Wahl nochmals anzunehmen."

Im März 1933 fanden zum letzten Mal Reichstagswahlen statt. Frei und demokratisch waren sie angesichts des Terrors gegen Sozialdemokraten und Kommunisten allerdings nicht mehr. Trotzdem herrschte bei manchen Zuversicht ob des Wahlausgangs, auch bei Franz Bögler. "Eher soll der letzte Mann verderben, als die Freiheit wieder sterben", sagte er Mitte Februar bei einer Kundgebung in Oggersheim.⁴ Sein Bekenntnis war mutig, aber unrealistisch angesichts der Erfolgsaussichten und Handlungsmöglichkeiten der SPD. Schon wenige Tage nach der Wahl am 5. März 1933 war es mit der Freiheit endgültig zu Ende.

Am 12. März 1933 wurden auch in der Pfalz die sozialdemokratischen Funktions- und Mandatsträger verhaftet und, wie es die Nazis zynisch nannten, in „Schutzhaft" genommen. Unter ihnen war auch Franz Bögler. Noch im Gefängnis bekam er eine neue Aufgabe. Durch Gesetz wurden Ende März 1933 die Länderparlamente entsprechend des Reichstagswahlergebnisses neu zusammengesetzt. Im bayerischen Landtag verloren die Sozialdemokraten drei ihrer 1932 errungenen 20 Mandate. Dem pfälzischen Parteibezirk standen nur noch zwei Sitze zu. Karl Fischer aus Ludwigshafen und Jakob Leonhardt aus Kaiserslautern schieden aus. Neben Adolf Ludwig wurde Franz Bögler als Mitglied des Landtages nach München delegiert. In der „Schutzhaft" nahm er die „Kandidatur" an, die ihm seine Partei „einstimmig" angetragen hatte.⁵ Böglers Landtagsmitgliedschaft war nur eine Episode, allerdings eine bemerkenswerte. Zusammen mit den anderen Abgeordneten der SPD-Fraktion stimmte er am 29. April gegen das bayerische Ermächtigungsgesetz.

Am 22. Juni 1933 wurde die SPD verboten. Franz Bögler flüchtete ins Saargebiet, das noch unter Verwaltung des Völkerbundes stand. Er heiratete dort am 22. Juli 1933 Magdalena Rost. Sie stammte aus einer klassenbewußten Arbeiterfamilie und arbeitete im SPD-Bezirkssekretariat in Ludwigshafen⁶, wo sich Franz und Lene kennengelernt hatten. Flitterwochen waren dem jungen Paar angesichts der Umstände sowieso nicht möglich. Und auf Franz Bögler wartete außerdem schon wieder die Partei.

Widerstand im Exil

Schon vor dem Verbot der SPD hatte der Parteivorstand beschlossen, einen Teil seiner Mitglieder ins Ausland zu schicken. In Abgrenzung zu dem in Berlin verbliebenen Rumpfvorstand nannte sich der Vorstand im Exil in Prag „Sopade". Zur Unterstützung der illegalen Arbeit in Deutschland errichtete er im Ausland, entlang der Grenzen, Sekretariate.⁷ Bögler wurde Grenzsekretär im tschechischen Trutna (Trautenau), am Fuße des Riesengebirges, und war für Mittel- und Oberschlesien zuständig.⁸ Mitte August hatte er seine neue Arbeit aufgenommen, schon am 14. August 1933 nahm er an der Konferenz der Grenzsekretäre in der Tschechoslowakei teil.⁹

Das Verhältnis zwischen Bögler und der Parteiführung war nicht konfliktfrei. Er schloß sich 1934 der linken Oppositionsgruppe „Neu Beginnen"¹⁰ an, die von der Sopade-Führung zunächst unterstützt wurde. Später ging der Vorstand auf Distanz. Auseinandersetzungen mit den Sympathisanten von Neu Beginnen und ihrer Kritik am Exilvorstand blieben nicht aus. Als Bögler ins Kreuzfeuer der Kritik geriet, verteidigte er sich mit dem Hinweis, nicht die Spaltung, sondern die Zusammenfassung der verschiedenen Exilgruppen verfolgt zu haben. Eine entsprechende Forderung hatte er schon im Januar 1934 bei der Sitzung der Grenzsekretäre in der Tschechoslowakei vorgetragen. Bevor die Auseinandersetzung beigelegt werden konnte, waren wichtige organisatorische Probleme zu bewältigen. Die Situation für die Sopade verschlechterte sich 1938, weil die tschechoslowakischen Behörden, dem Druck Hitler-Deutschlands folgend, die Arbeitsmöglichkeiten der deutschen Exilorganisationen einschränkten. Der Vorstand beriet deshalb über eine Übersiedlung nach Frankreich.

Die Grenzsekretariate in der CSR sollten auf drei reduziert werden. Trotz der vorangegangenen Auseinandersetzung über Böglers Engagement bei Neu Beginnen schlug ihm der Vorstand vor, sein Sekretariat weiterzuführen. Bögler akzeptierte zunächst, entschloß sich dann aber doch, die Zelte abzubrechen. An den Parteivorstand, der bis Anfang Juni selbst nach Paris übergesiedelt war, schrieb er von Prag aus: „Die Entwicklung hier im Osten und die Verhältnisse im Grenzgebiet beiderseits der Grenze (Absperrmaßnahmen) machen es notwendig zu überprüfen, ob und wie man hier noch arbeiten kann. Nach reiflicher Überlegung komme ich zu dem Resultat, daß ich hier nur in sehr beschränktem Maße weiter tätig sein könnte. ... Ich selbst will nach Frankreich übersiedeln. In meinem Heimatbezirk gibt es heute noch eine Reihe ungenützter Möglichkeiten für die Aufnahme neuer Verbindungen".[11]

Der Parteivorstand billigte Böglers Übersiedlung nach Paris. Allerdings folgte man nicht seinem Vorschlag, „im Elsaß ein neues Grenzsekretariat für die Bearbeitung der Pfalz zu errichten". Zur Begründung wurde die finanzielle Situation der Exilorganisation angeführt und die Tatsache, daß „der Bezirk Pfalz ... in einem anderen Zusammenhang seit langem bearbeitet wird".[12] Trotzdem begann Bögler von Frankreich aus, Kontakte in seine Heimat aufzubauen. Zwar weigerte sich der Vorstand, ihn weiter finanziell zu unterstützen. Bewilligt wurden aber 1.000 Francs Beihilfe für die Reise seiner Frau und seines kleinen Sohnes nach Frankreich. Als bekannt wurde, daß Bögler als Kassierer der Oppositionsgruppe Neu Beginnen arbeitete, wurde die Bewilligung der Reisebeihilfe zurückgenommen. Bis November 1938 stritt Bögler noch um die Unterstützungszahlung. Dann bricht der Briefwechsel ab.[13]

Kaum etwas bekannt ist über Böglers Zeit nach seiner Ankunft in Frankreich im Sommer 1938 bis Frühjahr 1940. Die dann folgenden Ereignisse schilderte Lene Bögler später in einem autobiographischen Beitrag: „Am 10. Mai, abends um 11 Uhr, ertönte unsere Flurklingel, laut und eindringlich, genau wie bei den Haussuchungen und Verhaftungen, die wir in Deutschland schon längst hinter uns hatten. Sechs Mann erschienen, stellten die Wohnung auf den Kopf, durchsuchten alle Schränke und alle Zimmer. Als sie in unserem Schlafzimmer Licht machten, wurde unser Junge wach und frug mich, was die Männer alle wollten. Ich sagte ihm, er solle sehr lieb sein, die Männer würden unseren Vati mitnehmen. Darauf sagte er in seinem verschlafenen Kinderstimmchen: 'Warum holen Sie denn meinen lieben Vati, holen Sie doch den bösen Hitler.' Darauf kehrten alle sechs um, ohne das Schlafzimmer durchsucht zu haben. Unser Vater mußte mit, man sagte mir nicht warum und nicht wohin es ging."

Lene Bögler fand ihren Mann am nächsten Tag in einer Präfektur. „Nach eingehenden Verhören wurden alle in das Sportstadion Rolland Carros in der Nähe von Paris gebracht, wo man jeden Tag einige Eßwaren für sie abgeben konnte, bis eines Tages die Annahme verweigert wurde, und auf mein verzweifeltes Fragen mir ein Wärter sagte: die ganzen Leute wurden in Lager verschickt, mein Mann nach Vernet, in ein Straflager in Südfrankreich".[14]

Vier Monate nach seiner Festnahme war Franz Bögler immer noch in Haft. Seine Frau hatte inzwischen die nötigen Visa zur Ausreise in die USA erhalten. Ohne ihren Mann wollte sie aber nicht fahren. Der drängte jedoch zur Abreise.[15] Am 13. Oktober 1940 kam Lene Bögler mit ihrem Sohn in den USA an. Fast sieben Jahre sollte es dauern, bis sie im Juli 1947 nach Deutschland zurückkehrte.

Franz Bögler blieb über zwei Jahre in Frankreich interniert. 1941 versuchte er in einem abenteuerlichen Fluchtversuch, „ein auf hoher See fahrendes Schiff mit einem kleinen Boot" zu erreichen, das ihm der Leiter einer Hilfsorganisation beschafft hatte.[16] Der Versuch der illegalen Emigration brachte ihm einen Monat Gefängnis ein. Erst im Herbst 1942 konnte Bögler schließlich in die Schweiz entkommen.[17] Aber auch dort erwartete ihn nicht die Freiheit. Erst nach einem Jahr konnte er das Internierungslager Egetswil verlassen. Dann schloß er sich einem lockeren Kreis deutscher Emigranten an, zu dem sich Anhänger des früheren Zentrumspolitikers und Reichskanzlers Joseph Wirth sowie die Sozialdemokraten Otto Braun, 1925 bis 1932 preußischer Ministerpräsident, und Wilhelm Hoegner, 1930 bis 1933 Reichstagsabgeordneter, zusammengefunden hatten. Ziel des Zusammenschlusses war die Diskussion der politischen Gestaltung Nachkriegsdeutschlands. Aus diesem Kreis ging im April 1945 die „Arbeitsgemeinschaft 'Das Demokratische Deutschland'" hervor. Bögler wurde Mitglied des Sekretariats, das sich einen Monat später in Zürich konstituierte. Die Gemeinsamkeit zwischen Christ- und Sozialdemokraten währte jedoch nicht lange. Im September trat Otto Braun als Mitpräsident, neben Wirth, zurück. Franz Bögler folgte seinem Parteifreund und legte seine Funktion im Sekretariat zum 30. September ebenfalls nieder.[18] Kurze Zeit später kehrte er nach Deutschland zurück.

Rückkehr in die Pfalz 1945

Am 14. November 1945 fand in Speyer „die erste öffentliche Versammlung der Pfalz" statt. Veranstalter waren die „demokratischen Aktivisten (Sozialisten, Kommunisten und Demokraten)", wie es in einem Zeitungsartikel heißt. Weiter wird darin berichtet: „Als Redner hatte man Franz Bögler, einen energischen und politisch erfahrenen Kämpfer gewonnen. Er führte seit 1933 in der Emigration den aktiven Kampf gegen den Nationalsozialismus ... und er war nun gekommen, seinen Landsleuten die Ursachen des deutschen Zusammenbruchs zu erklären und den Weg zum demokratischen Aufbau zu weisen." 90 Minuten nahm sich Franz Bögler für diese Lektion Zeit. Am Ende „spendete die Versammlung dem Redner sehr starken, verdienten Beifall". Der Bericht endete schließlich mit der Bemerkung, „die von dem Redner logisch und überzeugend entwickelten Gedanken ... stellen somit einen guten Beginn der demokratischen Erneuerung in der Pfalz dar".[19]

Mit diesem Auftritt war Franz Bögler, kurz nach seiner Rückkehr aus dem Exil, wieder ins politische Leben in der Pfalz eingetreten. Selbstverständlich engagierte er sich auch sofort für die SPD. Noch vor der formalen Lizenzierung durch die Besatzungsmacht übernahm er im Januar 1946 das provisorische Bezirkssekretariat. Einen Tag nachdem die französische Militärregierung am 23. Februar 1946 endlich die Genehmigung zur Gründung demokratischer Parteien erteilt hatte, sprach Franz Bögler bei der ersten öffentlichen Kundgebung der pfälzischen SPD, die von der Ortsgruppe in Speyer veranstaltet wurde. Am Schluß seiner Rede rief er den Versammelten zu: „Entrollt die rote Fahne! Mit uns das Volk, mit uns der Sieg!"[20]

Die Führung der Bezirksparteiorganisation hatte der früher als Bögler aus dem Exil zurückgekehrte Adolf Ludwig übernommen. Aber schon der erste Parteitag nach dem Ende der Nazidiktatur im April 1946 wählte Bögler und Ludwig zu gleichberechtigten Vorsitzenden. Bögler wurde zugleich

Bezirkssekretär. Ein Jahr später übernahm er alleine den Vorsitz der SPD Pfalz. Adolf Ludwig hatte seine ganze Kraft in den Dienst des Wiederaufbaus der Gewerkschaften gestellt und wurde Vorsitzender der rheinlandpfälzischen Landesorganisation.[21]

Durch seine Arbeit vor 1933 und später als Sopade-Grenzsekretär sowie seine vielfältigen Kontakte in der Emigration war Franz Bögler auch mit den Funktionären, die ab 1945 die SPD auf zentraler Ebene wieder aufbauten, gut bekannt. Kurt Schumacher, durch die lange KZ-Haft schwer krank, bedankte sich im Januar 1949 für Böglers Hilfe: „Man schämt sich ja ordentlich, nicht selbst Eier legen zu können, wenn man diesen Aufmarsch Deiner Zuwendungen auf diesem und anderem Gebiet sieht. Jedenfalls hat von allen, die mir geholfen haben und auch heute noch zu helfen sich bemühen, niemand so viel Praktisches und Notwendiges herangeschleift wie Du".[22]

Beim Parteitag 1946 wurde Franz Bögler Mitglied des SPD-Parteivorstandes. Bis

Plakat zur ersten öffentlichen Kundgebung in Speyer mit Franz Bögler, die offenbar vom Mittwoch, 14.11. auf Freitag, 16.11.1945, verlegt worden war.

1958 vertrat er den Bezirk Pfalz im Führungsorgan der SPD. Die französischen Besatzungsbehörden, die zonenübergreifende Zusammenarbeit und vor allem Zusammenschlüsse der Parteien in der Nachkriegszeit zunächst verhindern wollten, versuchten Bögler an der Teilnahme an den Parteivorstandssitzungen zu hindern. Der fügte sich trotz Drohung mit Repressalien aber nicht dem Verbot. Und „Böglers selbstsicheres Auftreten war keine Ausnahme".[23] Auch bei anderer Gelegenheit nahm der pfälzische SPD-Chef gegenüber der Militärregierung kein Blatt vor den Mund.

Nach den ersten Landtagswahlen in Rheinland-Pfalz erhoben die Sozialdemokraten, entsprechend ihrer Stärke in der Region, den Anspruch auf das Amt des Oberregierungspräsidenten der Pfalz. Ihr Kandidat war Franz Bögler, der am 12. Juli 1947 die Amtsgeschäfte in Neustadt übernahm. Sowohl als Bezirksvorsitzender seiner Partei als auch als Verwaltungschef des Oberregierungspräsidiums verfocht Bögler vor allem zwei Ziele. Vehement bekämpfte er den Neoseperatismus, der die Pfalz aus dem deutschen Staatsverband lösen wollte. Andererseits pochte er auf Beibehaltung der Sonderstellung der Pfalz, um deren Bestand Bögler nach der Eingliederung des früher zu Bayern gehörenden Gebietes in Rheinland-Pfalz fürchtete. Er hielt sich auch deshalb bei seiner Kritik an der Landesregierung nicht zurück. So wuchsen die Spannungen. Das Faß zum Überlaufen brachte Böglers demonstrativer Beitritt zum „Verein Kurpfalz" im Herbst 1949.[24] Damit hatte er formal gegen einen Erlaß verstoßen, der den Beamten des Landes die Unterstützung solcher Vereinigungen verbot, die sich gegen den Bestand des Landes Rheinland-Pfalz richteten. Zusammen mit Böglers Ankündigung, die durch die Annahme der Verfassung gebotene Umwandlung der Gemeinschafts- in Konfessionsschulen in seinem Regierungsbezirk nicht durchzuführen, sah Ministerpräsident Altmeier nun ausreichende Gründe, den widerspenstigen und eigensinnigen Spitzenbeamten am 13. Oktober 1949 in den einstweiligen Ruhestand zu versetzen.

Franz Bögler hatte das Amt des Oberregierungspräsidenten „vorrangig nicht als administrative, sondern als politische Aufgabe" aufgefaßt. „Dahinter stand freilich nicht nur Willkür oder Eitelkeit, sondern auch der aufrechte Wille, das Selbtbestimmungspotential einer Region im Zuge eines unvermeidlichen Integrationsprozesses zu verteidigen. In der Pfalz hatte das höchste Verwaltungsamt traditionell schon immer einen stärker politischen Charakter gehabt als im Rheinland oder in Rheinhessen".[25]

Über die Gründung von Rheinland-Pfalz war Bögler nie glücklich. Noch in der Schweiz hatte er im April 1945 zusammen mit fünf bayerischen Exilanten eine „Vorläufige Vereinbarung" unterzeichnet, in der die „Einheit des Landes Bayerns samt Rheinpfalz im Umfang vor 1933" festgeschrieben werden sollte.[26] Nach seiner Rückkehr in die Pfalz erteilte Bögler dem Neoseparatismus deshalb ebenso deutlich eine Absage wie er die treibende Kraft bei der Kampagne 1950 war, die Pfalz dem zu bildenden Südweststaat anzugliedern. Den Titel „Landessprengmeister" empfand er deshalb nicht als Beleidigung.[27] Erst Mitte der 50er Jahre fand sich die pfälzische SPD unter Böglers Führung mit der von der französischen Besatzungsmacht verfügten Staatsgründung, aus der 1946 Rheinland-Pfalz hervorging, ab.

Neben Konflikten mit der Militär- und der Landesregierung führte Böglers Amtsverständnis als Oberregierungspräsident auch zu dem Vorwurf, als Verwaltungsmann versagt zu haben. Heinrich Küppers, der die Geschichte von Rheinland-Pfalz in der Nachkriegszeit untersuchte, führt ein Zeugnis Joseph Wirths an, um Böglers Versagen als Oberregierungspräsident zu unterstreichen. Wirth warf ihm 1946 vor, im Sekretariat der „Arbeitsgemeinschaft 'Das Demokratische Deutschland'" ein „wirres Durcheinander" hinterlassen und „wenig angenehme Eigenschaften gezeigt" zu haben.[28] Allerdings hat der gleiche Autor erst vor kurzem selbst gezeigt, daß Wirth „einer der Hauptverantwortlichen" für den Streit innerhalb der Arbeitsgemeinschaft war. „Er wurde insbesondere durch Wirth derart auf die Spitze getrieben, daß er durchaus im Bild eines Rosenkrieges festgehalten werden darf".[29] Wirths abschätziges Urteil über Bögler muß in diesem Zusammenhang gesehen werden.

Franz Bögler (1902 - 1976), um 1957.

Vorsitzender des Bezirkstages der Pfalz

Seit dem 19. Jahrhundert hatte die Pfalz ein Selbstverwaltungsorgan, mit dem eine Reihe wichtiger Einrichtungen in regionaler Verantwortung geführt wurden. Gegen viele Widerstände wurde die Selbstverwaltung der Pfalz im Rahmen eines Kommunalverbandes auch nach 1945 beibehalten. Aufgaben und Organisation wurden 1949 in der Bezirksordnung festgelegt. Für die Zeit bis zur ersten Wahl des Bezirkstages mit der Kommunalwahl 1951 setzte sich das „Regionalparlament" aus den pfälzischen Abgeordneten des Landtages zusammen. So verfügte die SPD über 15, die CDU über 13, die FDP über 4 und die KPD über drei Sitze. In der konstituierenden Sitzung am 16. Januar 1950 wurde Franz Bögler zum Vorsitzenden des Bezirkstages gewählt.

Bögler übernahm keine leichte Aufgabe. Kriegsschäden und -folgen bestimmten das Bild der Institutionen des Bezirksverbandes. „In der Aufzählung der unterhaltenen Anstalten und Einrichtungen tauchten immer wieder die Kommentare auf 'Durch Kriegseinwirkung völlig zerstört', 'Durch Kriegseinwirkung stark beschädigt', 'Zur Zeit von Besatzungstruppen belegt'. Mit einem Wort gesagt: Staat war mit dem Bezirksverband keiner mehr zu machen!"[30] Das schreckte Franz Bögler nicht. Entschlossen und umsichtig verfolgte er das Ziel, Zerstörtes wieder aufzubauen, Erhaltenes zu modernisieren und Neues auf den Weg zu bringen.

Als stärkster Partei wurde der SPD das Recht zugebilligt, den Bezirkstagsvorsitzenden zu nominieren. Bis Ende der 50er Jahre war das unangefochten Franz Bögler, der viermal wiedergewählt wurde. Er war in dieser Zeit außerdem Vorsitzender des SPD-Bezirks Pfalz, Vorsitzender des Landesausschusses – dem Vorläufer des Landesvorstandes – und Mitglied des Bundesvorstandes seiner Partei sowie Mitglied und Vizepräsident des Landtages. Wer so viel Macht und Einfluß auf sich vereinigt, weckt Neid und Mißtrauen. Vorwürfen des Machtmißbrauchs und der Ämterpatronage war Franz Bögler oft ausgesetzt.[31] Wegen einzelner Vorwürfe wurden sogar Prozesse geführt. Auch ungeschicktes Taktieren brachte den Bezirkstagschef in die Schlagzeilen.[32]

Es verwundert also nicht, daß die Opposition sowieso, aber auch so mancher in der eigenen Partei, den Altfunktionär argwöhnisch beobachtete. Und nicht wenige wünschten einen personellen Wechsel. Sie sahen nach der Kommunalwahl am 23. Oktober 1960 ihre Stunde gekommen. Der Wahlabend bescherte den Sozialdemokraten für den Bezirkstag einen Pyrrhussieg. Mit dreizehn Sitzen wurden sie stärkste Fraktion. Die CDU errang elf und die FDP drei Mandate.

Zum Schrecken aller Parteien hatte aber auch die rechtsextreme Deutsche Reichspartei (DRP) mit zwei Abgeordneten den Einzug in den Bezirkstag geschafft. Christ- und Freidemokraten erklärten, daß sie einen Kandidaten der SPD, nicht aber Bögler wählen würden. Es gab Grund zu der Annahme, daß der mit der DRP über seine Wahl verhandelte. Böglers Versicherung, es sei dabei um die Klärung früherer Auseinandersetzungen gegangen, fand wenig Glauben. Eugen Hertel, Landtagsabgeordneter der SPD aus Kaiserslautern, trat deshalb als stellvertretender Vorsitzender des Parteibezirks zurück. Am 8. Dezember 1960 wurde Franz Bögler mit 15 Stimmen zum Bezirkstagsvorsitzenden gewählt. Die zwei DRP-Vertreter gaben bekannt, daß sie entgegen ihrer früheren Ankündigung für Bögler gestimmt hatten.[33]

Ein „politisch toter Mann"

Wenige Tage nach der Wahl entzogen CDU und FDP Bögler das Vertrauen als Vizepräsident des Landtages. Der verweigerte die Demission und beteuerte immer wieder, daß die DRP ohne sein Zutun für ihn gestimmt habe. Eine eindeutige und machtvolle Solidaritätserklärung konnte Bögler von seiner Partei allerdings nicht erwarten angesichts der Tatsache, daß er die Wahl mit den Stimmen der Rechtsextremen angenommen hatte. Allerdings sprachen sich die Gremien auch nicht gegen ihn aus, sondern lavierten um eine eindeutige Stellungnahme herum. Der Druck verstärkte sich. Im Januar 1961 trat Bögler als Landtagsvizepräsident, im November 1961 als Bezirksvorsitzender seiner Partei zurück. Nach und nach verlor er alle Ämter. Geblieben waren ihm nur die Mandate im Landtag und Bezirkstag und dort der nun wirkungslose Vorsitz. Zwar hatten die Landesregierung und die Regierungsparteien durch eine Änderung der Bezirksordnung versucht, Bögler aus dem Amt zu drängen, indem der Vorsitz des Bezirkstages dem Regierungspräsidenten übertragen werden sollte. Die SPD hatte mit einer Klage gegen die „Lex Bögler" aber Erfolg. Dabei ging es ihr aber weniger um Bögler als um das Amt an sich, das die SPD nicht verlieren wollte.

Im Frühjahr 1962 wollte Bögler durch Auftritte in Versammlungen sein Comeback vorbereiten. Als er versuchte, eine eigene Partei zu gründen, schloß ihn der Bezirksvorstand am 10. März 1962 aus der SPD aus. In der entscheidenden Vorstandssitzung hatte er kaum noch Fürsprecher. Friedrich Wilhelm Wagner, politischer Weggefährte schon vor 1933, 1961 vorübergehend Böglers Nachfolger im Parteivorsitz und inzwischen Vizepräsident des Bundesverfassungsgerichts, der als Gast teilnahm, formulierte prägnant, was die eigentliche Ursache von Böglers Sturz war: „Bögler habe die pfälzische Parteiorganisation um sich, als zentralen Punkt, herum gebaut. Bei ihm habe immer die Meinung im Vordergrund gestanden, 'die Partei bin ich'. Das Parteiinteresse sei gleich gewesen mit seinen eigenen Interessen. Dadurch sei seine Tätigkeit in eine Art Diktatur ausgeartet".[34] Widersprechen wollte dem niemand. Zwar traten nach Bekanntwerden der Ausschlußentscheidung einige Mitglieder aus Solidarität aus der SPD aus. Aber die Zahl seiner Anhänger war klein geworden. Der „rote Kurfürst von der Pfalz" wurde „endgültig zu einem politisch toten Mann".[35] Bögler starb am 4. Juli 1976 in Römerberg bei Speyer. In einem Nachruf hieß es: „Er stand in der Zeit seines aktiven politischen Engagements stets im Blickpunkt der Öffentlichkeit, fand Zustimmung und Kritik und blieb von Enttäuschungen nicht verschont".[36]

Franz Bögler war vier Jahrzehnte Mitglied der SPD, viele Jahre nahm er hohe Ämter wahr. Sein Sturz und sein Ausschluß aus der Partei ließen die Erinnerung an ihn schon zu Lebzeiten verblassen. Sie aufzufrischen muß einer ausführlichen Darstellung von Böglers Leben und politischer Arbeit vorbehalten bleiben. Erst auf dieser Grundlage wird eine angemessene Würdigung jenes Mannes möglich sein, der als „Motor der pfälzischen SPD"[37] Nachkriegsgeschichte schrieb.

Anmerkungen

1 Werner Schineller, Die Regierungspräsidenten der Pfalz. Festgabe zum 60. Geburtstag des Regierungspräsidenten Hans Keller am 6. Mai 1980, Speyer 1980, S. 83.
2 1832-1957. Die pfälzische Sozialdemokratie. Werdegang und Aufbau, Neustadt 1957, S. 36 ff.; Schineller, Regierungspräsidenten (Anm. 1), S. 83 f.; Biographisches Handbuch der deutschsprachigen Emigration nach 1933, Band I, München u. a. 1980, S. 76; Inventar zu den Nachlässen der deutschen Arbeiterbewegung. Für die zehn westdeutschen Länder und West-Berlin. Im Auftrag des Archivs der sozialen Demokratie der Friedrich-Ebert-Stiftung bearbeitet von Hans-Holger Paul, München u. a. 1993, S. 70-73; Wilhelm Heinz Schröder, Sozialdemokratische Parlamentarier in den deutschen Reichs- und Landtagen 1867-1933. Ein Handbuch, Düsseldorf 1995, S. 377.
3 Die folgenden Angaben und Zitate sind dem Protokollbuch des SPD-Ortsvereins Speyer, Stadtarchiv Speyer, entnommen.
4 Zitiert nach Vera Stürmer, Die pfälzische SPD in der Endphase der Weimarer Republik, in: dies./ Ralf Hundinger: „Wir kommen wieder." Ende und Wiederaufbau der pfälzischen SPD 1929-1933 und 1945-1947, Mannheim 1995, S. 1-154, hier S. 83.
5 Vgl. Georg Setzer, Wir kamen wieder. Erinnerungen an die ersten Tage des Naziregimes, in: Der arme Konrad aus Rheinland-Pfalz 1950, Ludwigshafen am Rhein o. J. (1949), S. 72-77, hier S. 76 f., wieder abgedr. in diesem Band; 1832-1957 (Anm. 2), S. 36.
6 Vgl. „Lene Bögler, mehr als die Frau an seiner Seite", in: „Pfälzische Post", 16 (1996), Nr. 58, S. 16 f.
7 Vgl. hierzu den Widerstands-Beitrag von Günter Braun in diesem Band. Für diesen Abschnitt stellte mir Manfred Geis Kopien und Exzerpte aus dem Bestand SOPADE (Exilparteivorstand) im AdsD zur Verfügung. Vgl. auch Manfred Geis, Politik aus dem Exil – Widerstand gegen das nationalsozialistische Deutschland, in: Widerstand und Exil der deutschen Arbeiterbewegung 1933-1945. Grundlagen und Materialien. Hrsg. v. der Friedrich-Ebert-Stiftung, Bonn 1982, S. 525 - 647.
8 Vgl. dazu und, soweit nicht anders vermerkt, zum folgenden Marlis Buchholz/Bernd Rother, Der Parteivorstand der SPD im Exil. Protokolle der Sopade 1933-1940, Bonn 1995.
9 Ebd., S. 421.
10 Vgl. Jan Foitzik, Zwischen den Fronten. Zur Politik, Organisation und Funktion linker politischer Kleinorganisationen im Widerstand 1933 - 1939/ 40 unter besonderer Berücksichtigung des Exils, Bonn 1986.

11 Bögler an den Parteivorstand, 16.6.1938, Kopie Sammlung Manfred Geis.
12 Parteivorstand an Bögler, 24.8.1938, ebd.
13 Vgl. die Exzerpte der Schreiben des Parteivorstandes an Bögler, 3.11.1938, und dessen Antwort vom 6.11., ebd.
14 Lene Bögler, Auf der Flucht, in: Der arme Konrad aus Rheinland-Pfalz 1949, Ludwigshafen am Rhein o. J. (1948), S. 74-79, hier S. 74 f.
15 Ebd., S. 78.
16 André Fontaine, Internierung in Les Milles (September 1939 – März 1943), in: Jacques Grandjonc/Theresia Grundtner (Hrsg.), Zone der Ungewißheit. Exil und Internierung in Südfrankreich 1933 - 1944, Reinbek bei Hamburg 1993, S. 249-291, hier S. 288.
17 Die Umstände seiner Flucht sind nicht bekannt, was bis in die jüngste Zeit zu denunziatorischen Spekulationen Anlaß gibt. Vgl. Hermann W. Morweiser, Besatzungsmacht und Intrigen in Rheinland-Pfalz, in: Einheitsbestrebungen der Arbeiterbewegung nach 1945 im Südwesten Deutschlands. Gesprächsrunde '93 des Mannheimer Gesprächskreises Geschichte und Politik e. V. am 16.10.1993, Großsachsen o. J., S. 24-32, hier bes. S. 27.
18 Vgl. Ulrike Hörster-Philipps, Joseph Wirth 1879-1956. Eine politische Biographie, Paderborn u. a. 1998, S. 619-638.
19 „Schritt in die Demokratie", in: „Die Rheinpfalz" vom 21.11.1945.
20 „Die Parteien gehen ans Werk", in: „Die Rheinpfalz" vom 27.2.1946.
21 Vgl. meinen Beitrag über Adolf Ludwig in diesem Band.
22 Schumacher an Bögler, 12.1.1949, AdsD, Best. Kurt Schumacher, Mappe 69.
23 Karin Kusch, Die Wiedergründung der SPD in Rheinland-Pfalz nach dem Zweiten Weltkrieg (1945-1951), Mainz 1989, S. 111.
24 Offiziell wurde der Verein am 4.11.1949 gegründet. Die Organe waren paritätisch mit Vertretern des links- und rechtsrheinischen Teils der ehemaligen Kurpfalz besetzt. Bögler wurde Mitglied des „Verwaltungsrates"; vgl. Die Kurpfalz. Mitteilungsblatt des Vereins „Kurpfalz" in Ludwigshafen am Rhein 1 (1950), Nr. 1, S. 2.
25 Heinrich Küppers, Staatsaufbau zwischen Bruch und Tradition. Geschichte des Landes Rheinland-Pfalz 1946-1955, Mainz 1990, S. 161.
26 Mitunterzeichner der „privaten Übereinkunft" war u. a. auch Wilhelm Hoegner; vgl. Peter Kritzer, Wilhelm Hoegner und seine Verfassungspolitik, in: Von der Klassenbewegung zur Volkspartei. Wegmarken der bayerischen Sozialdemokratie 1892-1992, hrsg. im Auftrag der Georg-von-Vollmar-Akademie von Hartmut Mehringer in Zusammenarbeit von Marita Krauss u. a., München u. a. 1992, S. 228-253, hier S. 230.
27 Vgl. Kusch, Wiedergündung (Anm. 23), S. 138 f.; auch Gerhard Nestler, „Die Pfalz gehört zu Bayern." Der Bund Bayern und Pfalz 1948-1956, in: Hans Fenske (Hrsg.), Die Pfalz und Bayern 1816-1956, Speyer 1998, S. 265-296, hier S. 267 ff. und S. 280 f.
28 Küppers, Staatsaufbau (Anm. 25), S. 162.
29 Heinrich Küppers, Joseph Wirth. Parlamentarier, Minister und Kanzler der Weimarer Republik, Stuttgart 1997, S. 314.
30 150 Jahre Bezirksverband Pfalz 1817-1966. Eine Dokumentation von Karl Heinz, Neustadt an der Weinstraße 1966, S. 36. Vgl. dazu auch die Darstellung von Waldemar Gollan, in: Handbuch des Bezirksverbands Pfalz. Hrsg. vom Bezirksverband Pfalz, o. O. (Kaiserslautern) u. J. (1988), v. a. S. 49-54.
31 Sie wirken bis heute fort, so in dem Beitrag von Theo Schneider, Kain im Irrenhaus oder wie der ehemalige Direktor der Pfalzklinik Landeck die Ermordung seines Bruders betrieb, in: Chaussée. Zeitschrift für Literatur und Kultur der Pfalz, Heft 2/1998, S. 84-88. Ohne Belege zu nennen, wird darin unterstellt, Bögler habe Nazis protegiert: „Wer das braune Parteibuch gegen das rote tauschte, kam wieder rasch an einen lukrativen Posten" (S. 87).
32 So zum Beispiel 1958 bei dem Versuch, Generaldirektor des Energieversorgungsunternehmens „Pfalzwerke" zu werden; vgl. „Bleiben Sie im Saal?", in: DER SPIEGEL, 11.2.1959, S. 19 f.
33 Die Darstellung beruht auf den zahlreichen Zeitungsartikeln zu Franz Bögler in der Personengeschichtlichen Sammlung im AdsD, Bonn. Ein kurze, sachliche Darstellung der Wahl gibt Manfred Jenke, Verschwörung von rechts. Ein Bericht über den Rechtsradikalismus in Deutschland nach 1945, Berlin 1961, S. 255 f. Vgl. auch Peter Gleber, Zwischen Tradition und Moderne. Geschichte der pfälzischen Sozialdemokratie von der „Stunde Null" bis in die sechziger Jahre, in: Jahrbuch für westdeutsche Landesgeschichte 23 (1997), S. 595-617, hier S. 603 ff.
34 Protokoll über die Bezirksvorstandssitzung am 10.3.1962, S. 5; Archiv der SPD Pfalz.
35 So die „Deutsche Zeitung und Wirtschaftszeitung", 5.2.1962 (Kopie in der in Anm. 33 genannten Sammlung).
36 „Franz Bögler gestorben", in: „Die Rheinpfalz" Ausgabe „Speyerer Rundschau" vom 7.7.1976.
37 Ebd.

Eris J. Keim

Parteitage und Vorstände der pfälzischen Sozialdemokratie von 1889 bis 1949

Die Entwicklung der pfälzischen Sozialdemokratie als regionaler Verband und die seiner Organe ist in die der Gesamtpartei eingebettet. Das spiegelt sich auch in den verschiedenen Organisationsstatuten wider, mit denen mitunter gängige Praxis, in Paragraphen geronnen, „legalisiert" wurde. Indessen weisen die frühen Etappen einige Eigenarten insbesondere hinsichtlich der Rekrutierung und der Wahl des Führungspersonals auf. Dies hängt damit zusammen, daß nach dem Vorspiel in der revolutionären Periode von 1848/49, als Neustadt vorübergehend erster Mittelpunkt der sich ankündigenden sozialdemokratischen Arbeiterbewegung und Josef Valentin Weber ihr pfälzischer Vormann waren, in den späten 80er Jahren Ludwigshafen dank der Nachbarschaft Mannheims zum Zentrum der Bewegung in der Pfalz aufstieg – nachdem es kurzzeitig so scheinen mochte, als würde Kaiserslautern diese Rolle zufallen.[1] Aus seinem seinerzeit erworbenen Status als Vorort vermochte es der Ludwigshafener Parteiverein dann seit Franz Josef Ehrharts Tagen bis in die Weimarer Republik – wenn auch nicht unangefochten – Privilegien bei der Bestellung der pfälzischen Parteileitung geltend zu machen, derer er erst nach 1945 endgültig verlustig ging.

Von den Ursprüngen des SPD-Bezirks als beständiger Organisation[2], die auf den ersten pfälzischen Arbeitertag vom 15. September 1889 in Neustadt und die erstmalige Wahl einer regionalen Führung am 11. Juni 1891 in Ludwigshafen zurückgehen, bis in die unmittelbare zweite Nachkriegszeit kann daher ihre Entfaltung als ein Prozeß der räumlichen Verbreitung der Positionselite[3], des Parteivorstandes, und der Demokratisierung interpretiert werden. Er war von einer Aufwertung des Parteitages begleitet, innerhalb dessen der 27. „Bezirksparteitag" vom Juli 1921 in Kaiserslautern Züge einer Zäsur trägt. Das Ganze ließe sich auch als steiniger Weg vom örtlich beschränkten, exklusiven Ludwigshafener Vorstand der pfälzischen Partei zum gesamtpfälzischen Bezirksvorstand beschreiben.

Ein bislang weniger beachtetes Stück regionaler Parteigeschichte sind hierbei die Auseinandersetzungen um Bildung und Zusammensetzung der Vorstände, in die nach der Jahrhundertwende die – nicht so ohne weiteres dem Links-Rechts-Schema zuordenbaren – organisationspolitischen Streitigkeiten zwischen „Zentralisten" und „Föderalisten" auf der Ebene der Gesamtpartei hereinspielten. Ferner ist es im pfälzischen Kontext nicht unwesentlich, die Position des Parteivorsitzenden von der des Vorsitzenden des Parteitages zu unterscheiden. Bis zu Anfang der Weimarer Republik und durchaus abhängig von Personen, war die erstere ein eher im Stillen, die letztere ein eher in der Öffentlichkeit ausgeübtes und über die Parteigrenzen hinweg beachtetes, vor allem durch die Parteitage demokratisch legitimiertes Parteiamt. Über dem lassen sich gängige Ansichten von den erstamtierenden Vorsitzenden der pfälzischen Partei korrigieren, wozu nicht zuletzt ein kaum beachteter Nachruf auf den längst vergessenen Gauvorsitzenden Franz Wilhelm Wenzel (1856 - 1903)[4] Anlaß gibt.

Dies zu veranschaulichen und zu dokumentieren ist Zweck des folgenden Beitrages, der damit auch ein etwas differenzierteres Bild von der regionalen Organisationsgeschichte zeichnen möchte. Dazu ist es angebracht, in einer Einführung (I) zunächst den Gang der Organisations- und Statutenentwicklung, insbesondere Abfolge, Zusammensetzung, Aufgaben und Leitung der regionalen Parteiorgane in Längsschnitten zu skizzieren.[5] Aus historischstrukturellen Gründen hat dies für die Parteitage und Vorstände gesondert zu geschehen. Im Mittelpunkt stehen die ersten Jahrzehnte, weil sie durchaus die interessantesten sind, und weil die in der Weimarer Zeit ausgebildeten Strukturen nach dem Zweiten Weltkrieg beim Wiederaufbau der Partei weitgehend übernommen wurden. Ferner sind kurz Daten- und Quellenprobleme sowie die Anlage der Dokumentation zu erläutern. Dem folgen Zusammenstellungen der Parteitage (II), der Vorstände (III) und der Vorstandsmitglieder (IV).

I. Einführung

Die Herausbildung der sozialdemokratischen Partei war im Allgemeinen wie im Regionalen langwierig und kompliziert. Nach vielversprechenden Ansätzen der 1860er und 70er Jahre, die sich in der Pfalz ebenfalls bemerkbar machten, erschwerten staatliche, im – von 1878 bis 1890 geltenden – Sozialistengesetz gipfelnde Repressionsmaßnahmen ihre Verfestigung und Ausbreitung. In dieser Periode waren charakteristisch die erzwungene dezentrale Struktur und das Fehlen regionaler Gliederungen.[6] Die Organisation bestand im wesentlichen aus der nationalen Vorstandschaft, die wegen der Immunität der Abgeordneten bei der Reichstagsfraktion, faktisch in Händen des Fraktionsvorstandes lag, und den in vielfältigen Formen auftretenden lokalen Gebilden. Selbst das nach dem Auslaufen des Gesetzes „gegen die gemeingefährlichen Bestrebungen der Sozialdemokratie" vom deutschen Parteitag in Halle 1890 beschlossene und bis 1900 gültige Statut[7] ließ aufgrund des immer noch geltenden Verbotes überlokaler, zentralisierter politischer Organisationen die regionale Ebene unberücksichtigt. Es legte im wesentlichen nur fest, daß die Parteileitung vom Parteitag als der „obersten Vertretung" zu wählen und daß die Verbindung zu den Mitgliedern über ein System der öffentlichen Vertrauensleute herzustellen war. Da es ferner die Gestaltung der Ortsebene bewußt offen gehalten hatte, bestanden neben und formell unabhängig von den Vertrauensleuten Lokalvereine – namentlich Arbeitervereine und Wahlvereine.

Entstehung regionaler Organisationen

Erst das Mitte September 1905 vom Jenaer Parteitag beschlossene Statut[8], das die für jeden Reichstagswahlkreis zu bildenden Wahlkreisvereine zur Grundlage der Partei machte und das System der Vertrauensleute durch das der Lokalorganisationen ersetzte, sah die Bildung von regionalen Gliederungen – Bezirks- und Landesorganisationen – vor. Dem war ein mehrjähriger Streit zwischen „Zentralisten" und „Föderalisten", zu denen vor allem die süddeutschen und darunter überwiegend die pfälzischen Sozialdemokraten gehörten, vorausgegangen. Vor allem Ehrhart[9], der Mitglied der zentralen Statuten-Kommission war, übte im Vorfeld heftige Kritik am Entwurf des nationalen Reglements, insbesondere an der vorgesehenen schwachen Stellung der Gaue und an der beabsichtigten Beibehaltung des Vertrauensleutesystems. Der pfälzische Parteitag vom 9. und 10. September in Annweiler, der diese Vorlage diskutierte, folgte weitgehend der Linie des reformistischen Parteiführers.[10] Die Beschlüsse von Jena zur Parteiorganisation können daher zumindest als Teilerfolg der „Föderalisten", mithin auch der Pfälzer, betrachtet werden.

In der Pfalz sah es hernach so aus, daß oberhalb der Ortsvereine, den Reichstagswahlkreisen entsprechend, sechs Wahlkreisvereine[11] angesiedelt waren, die die Kandidaten nominierten und die Delegierten zu den nationalen Parteitagen wählten; darüber befand sich als regionaler Verband der „Gau". Diese Struktur blieb im wesentlichen bis zur nationalen Parteireform zu Beginn der Weimarer Republik erhalten. Allerdings erhielt die mittlere Ebene mit der Einführung eines neuen Führungsgremiums föderativen Charakters durch den Chemnitzer Parteitag von 1912, des „Parteiausschusses", größeres Gewicht. Er setzte sich zusammen aus je einem Vertreter der 41 regionalen Gliederungen, die von deren Vorständen zu wählen waren; die Pfälzer entsandten den Gauvorsitzenden Bruno Körner. Seine größte Bedeutung erlangte der Ausschuß im Weltkrieg, als die Durchführung von Parteitagen erschwert war.[12]

Aber lange vor dieser Formalisierung kam es schon zur Herausbildung regionaler Organisationsformen, die 90er Jahre waren geradezu davon geprägt. Von Bedeutung für die Schaffung eigener Parteigliederungen im Rahmen der Bundesstaaten und Provinzen beziehungsweise der Regierungsbezirke waren dabei die Landes- und Provinzialparteitage, die seit dem Fall des Sozialistengesetzes vermehrt durchgeführt wurden, und die darauf zu achten hatten, daß den jeweiligen Gegebenheiten gemäß die Parteigeschäfte geführt, die Wahl- und Landagitation betrieben, die Bewegung ausgebreitet und stabilisiert würden. Von solchen Meetings gingen die Anstöße zur Etablierung bezirklicher Parteileitungen und von Landesorganisationen aus.[13] Den Anfang machten sogenannte „Agitationskommissionen" und „Agitationskomitees".

In Bayern wurde erstmals im Juni 1892 ein Landesparteitag veranstaltet, von da an im Zweijahresrhythmus. Der Würzburger von 1898 verabschiedete dann eine Satzung für die bayerische Sozialdemokratie.[14] Diese konstituierte unter statutarischer Sanktionierung bereits bestehender Zustände einen in „Gaue" gegliederten Landesverband, regelte unter anderem mit spärlichen Bestimmungen die Abhaltung der Gauparteitage und die Bestellung der Gauvorstände. Diese für ausreichend gehaltene, durch den Schweinfurter Parteitag vom März 1906 modifizierte und bis zur allgemeinen Parteirefom von 1919 im wesentlichen geltende Landesordnung war verbindlich auch für die Gaue, die auf den Erlaß eigener Direktiven anscheinend verzichteten.[15] Der für die weitere Entwicklung in der Pfalz und insbesondere für das Verhältnis von Parteitag und Vorstand ausschlaggebende Paragraph lautete: „Der Gauvorstand besteht aus 9 Mitgliedern. Deren Wahl erfolgt auf dem Gautag, soweit dieser sein Recht nicht ganz oder teilweise dem Vorort des Gaues übertragen will."

Vom Agitationsverein zum Bezirk

In der Pfalz kam es zu Ansätzen regionaler Organisation sogar noch während der Geltung des Sozialistengesetzes, nämlich mit dem ersten Arbeitertag in Neustadt vom 15. September 1889, der die lange Folge pfälzischer Parteitage einleitete, und – als teilräumlicher, kurzlebiger Vorstufe – mit den zu Jahresbeginn 1891 gegründeten „Agitationsvereinen" für die Vorder- und Westpfalz.[16] Unmittelbar im Anschluß an den am 7. Juni 1891 in Speyer abgehaltenen zweiten Arbeitertag, der beschlossen hatte, die beiden Agitationsvereine „zu verschmelzen",[17] trat am 11. Juni mit der Gründung des „Sozialdemokratischen Agitationsvereins für die Pfalz" mit Sitz in Ludwigshafen eine gesamtpfälzische Formation in Erscheinung.[18] Die Mitgliedschaft war – anscheinend eine Nachwirkung sowohl staatlicher Unterdrückung als auch Ausdruck innerparteilicher Machtverhältnisse – in der Hauptsache auf die Ludwigshafener Sozialdemokratie beschränkt. Die Aufnahme „auswärtiger Mitglieder" war zwar möglich, aber allenfalls von einer Person aus jedem „auswärtigen Ort"; diese Auswärtigen durften keine „Filialen und Zweigvereine" gründen und nur einzeln mit der Vereinsführung verkehren, in die sie nicht berufen werden konnten. Die gleichzeitige Wahl einer neunköpfigen „Vorstandschaft" brachte auch die erste pfälzische Parteileitung des Ludwigshafener Vereins hervor, der Ehrhart als erster, Josef Huber als zweiter Vorsitzender und Bruno Körner als Kassierer angehörten.

Von ihrer Entstehung an war somit die regional zuständige Organisation auf die Mitgliedschaft der aufstrebenden Industriestadt konzentriert – welche eine örtliche und eine Führungsmannschaft der mittleren Parteiebene hervorzubringen hatte –, blieb den Genossen aus der übrigen Pfalz die Beteiligung im Leitungsorgan versagt, welches seinerseits beanspruchte, für die pfälzische Sozialdemokratie zu sprechen und zu handeln, ohne daß es von deren Gesamtmitgliedschaft durch einen Wahlakt unmittelbar dazu legitimiert worden wäre.

Im Jahre darauf taufte der dritte Arbeitertag von Kaiserslautern den Agitationsverein in „Agitationskomitee für die Pfalz" um[19], dessen weiterer Weg weitgehend im dunkeln liegt. Nachdem das bayerische Statut von 1898 die Untergliederung des Landesverbandes in Gauverbände festgelegt hatte, bewerkstelligte die seitherige Organisation die Überführung in den pfälzischen Parteigau und benannte das Agitationskomitee in „Gauvorstand" um, womit die pfälzische Partei ihr äußeres Gepräge annahm. Die für das Binnenverhältnis zentrale Frage allerdings, ob und wann entschieden wurde, die Wahl des regionalen Vorstandes dem Vorortverein zu übertragen und nicht, wie statutarisch möglich, durch den Parteitag vornehmen zu lassen, kann aufgrund der Quellenlage derzeit nicht beantwortet werden. In späteren Auseinandersetzung jedenfalls beriefen sich nicht einmal die Ludwigshafener auf einen formellen Beschluß. Dies deutet darauf hin, daß es sich bei der von den Ursprüngen des pfälzischen Verbandes an gegebenen Privilegierung der Ludwigshafener Sozialdemokratie und der Zentralisierung der Parteileitung beim Vorort eher um ein auf Mitgliederstärke und auf innerpfälzisch profiliertem Führungspersonal beruhendes, sozialistengesetzlicher Erfahrung verhaftetes „Gewohnheitsrecht" handelte.

Ein anderes Aussehen erhielt die Organisation im Zuge der vom Weimarer Parteitag im Juni 1919 beschlossenen Reform[20], die infolge des neuen Reichstagswahlrechtes[21] und des neuen Zuschnitts der Wahlkreise notwendig geworden war. Sie bestimmte anstelle der Wahlkreisvereine nun die Bezirksverbände zur Grundlage und wichtigsten Gliederung, verlieh ihnen Satzungsrecht, schaffte die Landesverbände ab und führte als neue Ebene die Unterbezirke ein. Mit der Reorganisation tat sich die pfälzische Sozialdemokratie jedoch schwer. Verantwortlich waren nicht nur die französischen Behörden, die die Geltung des Weimarer Statutes bis zum Januar 1920 außer Kraft setzten, worauf Friedrich Profit im Disput um die Reform hingewiesen hatte.[22] Es mußte auch parteiinterne Gründe gegeben haben.

Im Oktober beim Gautag in Neustadt waren der „Bericht über den Stand unserer pfälzischen Organisation und das neue Parteistatut" zu verhandeln.[23] Abgesehen von der stärkeren Berücksichtigung der Frauen in der Parteiorganisation, eine namentlich von Rosine Speicher erhobene Forderung, ließ sich weder dem Referat Richard Hammers noch der Debatte entnehmen, wie insbesondere die erforderliche Neuregelung des Verhältnisses von Parteitag und Führungsgremium aussehen sollte. Der Gauvorstand, der Anfang November – ein letztes Mal – nach überkommener Modalität gewählt wurde, bekam lediglich den Auftrag, ein an das nationale Statut angepaßtes pfälzisches zu erarbeiten und dem nächsten Parteitag vorzulegen.

Aus nicht genannten Gründen fanden Beratung und Verabschiedung eines Bezirksstatutes, die der außerordentliche Parteitag in Neustadt am 11. Mai 1920 vornehmen sollte, jedoch nicht statt.[24] Erst der nächste, ordentliche vom Juli 1921 in Kaiserslautern brachte nach heftigen Auseinandersetzungen und unter gravierenden Abänderungen des vom Vorstand vorgelegten Entwurfes das Regelwerk zustande.[25] Die nächsten Jahre zeigten aber, daß die den Bezirksvorstand betreffenden Normierungen bestritten blieben. Im Ganzen immerhin hatte die Ordnung von 1921 bis zum Ende der Weimarer Republik Bestand.[26] Nicht von ungefähr stellte sich auch die pfälzische SPD in der Phase ihrer Rekonstruktuion nach 1945 in diese Tradition, wie sich an den Statuten von 1946 und 1948 ablesen läßt.[27]

Abfolge, Zusammensetzung und Aufgaben der Parteitage

Die pfälzischen Parteitage – zuerst „Arbeitertag", dann „Parteitag", „Gautag", vorübergehend „Bezirkstag" und schließlich „Bezirksparteitag" genannt – wurden, durch das Agitationskomitee beziehungsweise den Gau- und Bezirksvorstand einberufen, jährlich veranstaltet, obwohl die bayerische Landessatzung von 1898 wie das Bezirksstatut von 1921 einen weiteren, nämlich zweijährigen Spielraum ließen; die in der Zeit nach dem Zweiten Weltkrieg beschlossenen Statuten und deren Handhabung behielten die Annuität fürs erste bei. Abweichungen von dieser Praxis traten allerdings im Ersten Weltkrieg auf. So war es wegen des Belagerungszustandes und der damit verbundenen Einschränkung parteipolitischer Betätigung nicht möglich, den für den 22. und 23. August 1914 vorgesehenen 25. Parteitag, mit dem das fünfundzwanzigjährige Bestehen der pfälzischen Organisation gefeiert werden sollte, durchzuführen[28]; erst drei Jahre später konnte wieder ein Parteitag stattfinden. Zu einer zweiten Unterbrechung kam es zu Beginn der 20er Jahre, als Separatistenherrschaft und Passiver Widerstand die Abhaltung des spätestens 1923 erforderlichen Treffens verhinderten.[29]

Regelmäßigkeit der Durchführung und Kontinuität sollten nun auch in der Zählung der Parteitage zum Ausdruck kommen, die gängige Übung wurde. Allerdings geriet dies nach 1919 verschiedentlich durcheinander.[30] Mitverantwortlich dafür war, daß nun außerordentliche Parteitage stattfanden, obwohl das zuvor schon statutarisch machbar gewesen wäre und daß bei der Durchnumerierung die ordentlichen und außerordentlichen Parteitage vermengt wurden, beziehungsweise parteioffiziell keine oder eine „falsche" Zahl erhielten: Während der ordentliche vom Juli 1921 noch korrekt beziffert wurde, unterblieb eine Zählung bei dem nächsten vom Februar 1925, der der 28. war; und der folgende, eigentlich der 29. vom März 1927 bekam unter Einrechnung der außerordentlichen vom April und November 1924 die Zahl 31. Ähnliches wiederholte sich bis 1933 mehrmals, so daß systematisch falsch die außerordentlichen Parteitage in die Zählung der ordentlichen eingingen. Der letzte vor der Zerschlagung der SPD vom Februar 1933 wäre eigentlich der 33. ordentliche und der 39. überhaupt gewesen, der erste nach dem Zweiten Weltkrieg vom April 1946, bei dessen parteioffizieller Bezifferung bewußt an die Weimarer Zeit angeknüpft wurde, nicht der 39., sondern der 34. ordentliche pfälzische Parteitag.

Was die Zusammensetzung der Parteitage betrifft, haben sich für das erste Jahrzehnt nur einige Zahlen ermitteln lassen; sie variieren zwischen den 150 Teilnehmern des Jahres 1889 und den 52 von 1897. Nach welchen Modalitäten im einzelnen die Teilnahme festgesetzt wurde, muß offen bleiben. Möglicherweise führte erst das bayerische Statut von 1898 Richtlinien ein. Danach waren auf dem Gautag stimmberechtigt die gewählten Vertreter der Vereine, die regelmäßige Mitgliedsbeiträge entrichtet hatten, die Landtags- und Reichstagsabgeordneten sowie der Gauvorstand. Die Wahl der Vertreter erfolgte in den Ortsgruppen, wobei auf je 50 zahlende Mitglieder ein Delegierter kam; allerdings durfte keine örtliche Organisation mehr als zehn Delegierte entsenden.[31] Dieser Modus galt in der Pfalz womöglich bis nach der Revolution, noch bis zum 26. Gautag im Oktober 1919 und wieder beim 27. Parteitag 1921. Dagegen wurde der außerordentliche Parteitag 1920 aufgrund des neuen nationalen Statuts beschickt: Auf Ortsgruppen bis 50 Mitglieder kam ein Vertreter, auf solche bis 100 Mitglieder zwei und auf jede weiteren angefangenen 50 ein weiterer Delegierter bis zur Höchstzahl von zehn.[32] Das Bezirksstatut von 1921 normierte das Delegationsrecht so, daß auf Ortsvereine bis 200 Mitglieder ein Delegierter entfiel, auf jede weiteren angefangenen 200 Mitglieder ein Delegierter mehr. Der Vorstand und die Abgeordneten blieben wie bislang stimmberechtigt. Daran änderte sich bis zum Ende der Republik nichts mehr.[33] Nach 1945 wurde diese Regelung wieder aufgenommen, mit dem Unterschied, daß nun auch die Unterbezirksleiter Stimmrecht bekamen.[34]

Die Befugnisse der regionalen Tagungen waren nur vage umrissen. Sie dienten allgemein der „Regelung der Angelegenheiten" des Parteiverbandes. Den Tagesordnungen ist zu entnehmen, daß es nach dem Vorbild der nationalen Gepflogenheiten regelmäßig um die Entgegennahme von Berichten über den Stand der Organisation und Agitation, über die Presse, über Reichstags-, Landtags- und Kommunalwahlen und sonstige aktuelle Themen, um die Vorbereitung von Landes- und nationalen Parteitagen, um Statutenfragen und um Anträge ging.

Das 1921 in Kaiserslautern verabschiedete Bezirksstatut wertete den Parteitag dann allerdings grundlegend auf, indem es ihn zur „obersten Vertretung" erklärte, ihm nun endlich auch die Wahl des Bezirksvorstandes und die Aufstellung der Kandidaten für den Reichs- und Landtag übertrug – Maßregeln, die bis 1933 gültig blieben und nach 1945 wiederauflebten.

Ringen um die Wahl und Erweiterung des Vorstandes

Wenn die Parteitage als demokratisch legitimierte Vertretung der pfälzischen Sozialdemokratie bis 1921 das regionale Führungsgremium nicht wählen konnten, so heißt das nicht, daß nicht der Versuch unternommen worden wäre, ihnen diese satzungsmäßig mögliche Kompetenz zu verschaffen und das Privileg des Ludwigshafener Vereins zu brechen. Soweit erkennbar, unternahm den ersten profilierten Vorstoß in diese Richtung der Delegierte Martin Vogtländer aus Frankenthal anläßlich des Parteitages in Speyer vom September 1903.[35] Er stellte folgenden Antrag: „1. Der Gauvorstand ist in Zukunft vom Gautag zu wählen. 2. Die Wahl der Vorstandsmitglieder hat so zu erfolgen, daß Vorsitzender, Kassier und Schriftführer an dem Sitze des Verlags unseres Parteiorgans wohnhaft sind. 3. Der jeweilige Geschäftsführer des Verlags sowie der Redakteur können nicht Mitglieder des Gauvorstandes sein, doch können dieselben im Bedarfsfalle vom Gauvorsitzenden zu den Sitzungen zugezogen werden".[36]

Vogtländer, der auf eine demokratische und gesamtpfälzische Legitimation des Vorstandes abzielte, wollte zwar die wichtigsten Ämter den Ludwigshafenern vorbehalten, aber Genossen aus der übrigen Pfalz zur Wählbarkeit verhelfen. Darüber hinaus hatte er die starke Stellung des Unternehmens „Pfälzischen Post", die es im Parteigefüge einnahm, kritisch im Blick, ohne die Vorteile, die dessen hauptamtliches Personal und Apparat boten, außer Acht zu lassen. Sein Antrag wurde jedoch abgelehnt.

Im Jahr darauf fand das Verlangen des Ortsvereins Heßheim, den Vorstand vom Gautag in der Weise wählen zu lassen, daß sieben Mitglieder vom Vorort und zwei von außerhalb kommen sollten, nicht die nötige Unterstützung und wurde gar nicht verhandelt.[37]

Demgegenüber vermochte der Ortsverein Mundenheim, der zum 17. Gautag in Neustadt im Juni 1906 einen weitaus bescheideneren, vom begrenzten Lokalinteresse motivierten Antrag zum Vorstandsbericht vorlegte, wonach die Organisationen von Mundenheim und Friesenheim bei der Zusammensetzung des Gauvorstandes „zu berücksichtigen" wären, eine Grundsatzdebatte über das Verhältnis von Ludwigshafener Gauvorstand und Parteitag und damit über die innerorganisatorische Machtverteilung zu entfachen.[38]

Friedrich Profit, der den Vorstandsbericht erstattete, wies das Mundenheimer Begehren mit der Bemerkung ab: Es wäre „an die falsche Adresse gerichtet. Ebensogut könnten Altrip oder Rheingönheim dieselbe Forderung stellen … Es muß überhaupt dafür gesorgt werden, daß der Gauvorstand aus Leuten zusammengesetzt ist, die für die Agitation zu brauchen sind." Als Georg Käb dafür und Vorstandsmitglied Sebastian Prüll dagegen gesprochen hatten, fand dieser Antrag die Zustimmung einiger anderer Delegierter. Hartmann-Assenheim empfahl Annahme und bemängelte grundsätzlich: „Ludwigshafen scheint die Wahl des Gauvorstandes als Reservatrecht betrachten zu wollen. Aber die anderen Orte haben ebenso qualifizierte Genossen wie Ludwigshafen und sollten wirklich die Städte mehr Intelligenz erzeugen, so kann man die Ländler für einige Zeit nach der Stadt schicken." Borowsky-Rheingönheim fügte dem pointiert hinzu: „In Ludwigshafen herrscht ein autokratisches Regiment wie in Rußland. Man will dort den Parteigenossen keinen Einblick geben." Nachdem Profit in seinem Schlußwort vor der Abstimmung unter recht eigenwilliger Interpretation des

Schweinfurter Statutes den Mundenheimer Antrag als jenem widersprechend bezeichnet hatte, folgte die Parteitagsmehrheit der Vorstandslinie und lehnte die Sache ab.

Mit dieser Entscheidung hatte die Ludwigshafener Parteielite und mit ihr die Majorität der pfälzischen Sozialdemokratie, die im nationalen Organisationsstreit als eher „rechts" einzuschätzende „Föderalisten" aufgetreten waren, sich im regionalen erneut als entschiedene, eher als „links" zu betrachtende „Zentralisten" zu erkennen gegeben.

Vor allem gelang es ihnen, einen Parteitagsbeschluß zu vermeiden, der die innerpfälzische Zentralisation und die Ludwigshafener Vormachtstellung weithin sichtbar hätte in Frage stellen können. Allerdings mußten sie Zugeständnisse machen. Ehrhart selbst deutete dies schon in Neustadt nach der Abstimmung an, als er den Kontrahenten aus der Chemiestadt und aus den ehemals selbständigen Nachbargemeinden empfahl, sich außerhalb des pfälzischen Parteiforums zu verständigen.[39] Dies scheint rasch gelungen zu sein, denn die außerordentliche Generalversammlung des Ludwigshafener Ortsvereins vom 28. Juni beschloß im Zusammenhang der Wahl des Gauvorstandes, diesen um je einen Vertreter der Organisationen von Mundenheim und Friesenheim zu erweitern. So gelangten bei der Konstituierung am 3. Juli mit dem beim Parteiblatt beschäftigten Metteur Franz Fries (Mundenheim) und dem Gewerkschaftssekretär Gustav Regener (Friesenheim) als Vertreter ihrer Ortsvereine die ersten „Nicht-Ludwigshafener" in das pfälzische Führungsorgan.[40]

Im August 1909 mußte sich der Zweibrücker Gautag abermals mit der Angelegenheit befassen. Jetzt beantragte der Ortsverein Schifferstadt die Wahl des Gauvorstandes durch den Parteitag, weil dies „dem wahrhaft demokratischen Standpunkt" entspräche. In der Debatte, in der einige Teilnehmer wiederum die starke Präsenz von Angestellten der „Pfälzischen Post" im Ludwigshafener Gauvorstand monierten, stellte der Frankenthaler Friedrich Ackermann einen Gegenantrag. Er beinhaltete die Ergänzung des Vorstandes durch die „Zuwahl" je eines Genossen aus den Reichstagswahlkreisen.

Das erstere verfiel zum wiederholten Male dem Verdikt der Delegierten, das letztere hingegen nicht. Damit war einerseits die Dominanz des Ludwigshafener Vereins weiterhin gesichert. Andererseits trug der Parteitag endlich dem Umstand Rechnung, daß die Wahlkreisvereine die Grundlage der Parteiorganisation darstellten, deren Einbeziehung und Einbindung in die Führung nicht mehr zu umgehen war; und gleichzeitig verlieh er jener ein über den Vorort hinaus reichendes breiteres regionales Fundament.[41] Dabei blieb es im nächsten Jahrzehnt.

Nach der Revolution rückte die Vorstands- und damit die Demokratisierungsfrage beim Gautag vom Oktober 1919 und vor dem Hintergrund des vom nationalen Parteitag in Weimar zuvor beschlossenen Organisationsstatutes wieder ins Gesichtsfeld der pfälzischen Sozialdemokraten.[42] Der Bad Dürkheimer Hermann Bernatz und ähnlich der Ortsverein Speyer wünschten, daß der Gauvorstand aus fünf Vertretern des Vorortes Ludwigshafen und je einem Vertreter der „drei Nachbarbezirke" zusammengesetzt würde. Dagegen verwahrten sich der „Linke" Eduard Klement und der Kuseler Menge, die eine Benachteiligung der Westpfalz befürchteten und, sozusagen als kleineres Übel, für die „Beibehaltung des bisherigen Systems" eintraten. Auch der „Parteirechte" Profit bekämpfte die Anträge – noch mit Erfolg.

Das Kaiserslauterer Bezirksstatut von 1921

Etwa eineinhalb Jahre danach, auf dem ordentlichen Bezirksparteitag in Kaiserslautern, der einen organisationsgeschichtlichen Einschnitt mit sich brachte, stand endlich das neue Bezirksstatut auf der Tagesordnung. Der alte Gauvorstand hatte in mehreren Beratungen einen Satzungsentwurf erarbeitet, im Mai 1921 in der Parteizeitung veröffentlicht und zur Diskussion gestellt.[43] Die umstrittensten Bestimmungen waren die über die Wahl und die Zusammensetzung des Bezirksvorstandes. Die Ludwigshafener Organisationselite hatte nämlich ungeachtet der politischen Veränderungen, unter Mißachtung des Geistes des Weimarer Parteigesetzes, in doktrinärem Beharren auf dem Hergebrachten und nicht zuletzt in Verkennung der Stimmung an der Parteibasis, alles andere als eine Demokratisierung und Regionalisierung im Sinne. So schrieb sie in den Entwurf: „Der Bezirksvorstand besteht aus 9 Mitgliedern und den Sekretären. Unter den Mitgliedern soll mindestens eine Genossin sein ... Der Bezirksvorstand hat seinen Sitz in Ludwigshafen; seine Wahl erfolgt von dem Ortsverein Ludwigshafen." Unter anderem Namen sollte im wesentlichen die alte Struktur fortbestehen, lediglich den Ludwigshafener Frauen sollte, nun statutarisch, ein bescheidener Anteil an den pfälzischen Führungspositionen eingeräumt werden.

Jetzt im Juli kam Friedrich Profit, der dem Parteitag das Statut zu erläutern hatte, nicht mehr umhin zuzugestehen, daß der Bezirksvorstand vom Parteitag gewählt werden sollte – „aber aus Genossen, die in Ludwigshafen wohnen".[44] Die beschlossenen Regelungen nehmen sich anders aus, retteten immerhin etwas von der gewohnten Vorzugsstellung der Chemiestadt, die Sitz des Vorstandes blieb: „Der Bezirksvorstand besteht aus 9 Mitgliedern und den Sekretären. Unter den Mitgliedern muß mindestens eine Genossin sein ... Die Wahl des Bezirksvorstandes erfolgt auf dem ordentlichen Bezirksparteitag in der Weise, daß mindestens 4 Vorstandsmitglieder ihren Wohnsitz in Ludwigshafen a. Rh. haben müssen." Diese vier sollten bei Dringlichkeit den „engeren" Vorstand bilden.

Die „Pfälzische Post" kommentierte den Ausgang der Satzungsdebatte und der Machtprobe, die Niederlage der alten Führungsriege, das Ende des Ludwigshafener Gauvorstandes und den Beginn der Ära des gesamtpfälzischen, demokratisierten Bezirksvorstandes mit einem bitteren Unterton: „Der Vorort Ludwigshafen wurde dabei der Ehrenpflicht enthoben, die Mitglieder der Bezirksleitung aus seinen Reihen zu stellen ... Ludwigshafen, das Vorort bleibt, [wird] den Verlust der Ehrenpflicht verschmerzen. Die Demokratie ist gegen jedes Vorrecht." Daß sich indes namentlich die Ludwigshafener damit nicht abfinden wollten, erhellt aus dem im Namen seines Ortsvereins unternommenen, jedoch vergeblichen Versuch Paul Kleefoots, bei der Überarbeitung des Statutes im Februar 1925 in Neustadt die alten Verhältnisse wiederherzustellen.[45] Die Konstruktion von 1921 hatte also Bestand, bis zum Ende der Partei. Nach 1945 gab es anscheinend keine Auseinandersetzungen mehr um eine formelle Vorzugsstellung der Ludwigshafener. Das von Franz Bögler inspirierte Statut von 1946 jedenfalls beseitigte diese endgültig und egalisierte den Bezirksvorstand, nun mit Sitz in Neustadt.[46]

Die Leitungen der Parteitage

Blieb es den Parteitagen bis 1921 versagt, die Vorstände zu wählen, so ließen sie es sich zunächst jenseits statutarischer Regelung und eher einem überkommenen demokratischen, gleichzeitig der besseren Überwachung wegen gesetzlich vorgezeichneten Versammlungsstil folgend, nicht nehmen, das „Bureau" zu wählen – die Parteitagsleitungen, die aus den Vorsitzenden und den Schriftführern bestanden. Bei der Wahl der Parteitagsvorsitzenden, die von der Wahl des Agitationskomitees beziehungsweise des Gauvorstandes und der Vorsitzenden streng zu unterscheiden ist, und die anscheinenden nach 1921 außer, nach 1945 wieder in Übung kam, läßt sich Folgendes beobachten: Gewählt wurden in der Regel zwei Vorsitzende, seien es ein erster und ein zweiter oder zwei gleichberechtigte, wie es gelegentlich hieß. In Frage kamen die prominenten pfälzischen Sozialdemokraten, in erster Linie der Vorsitzende des Agitationskomitees respektive des Gauvorstandes. Bemerkenswerterweise lagen in der Ära Ehrhart die Funktionen des Parteivorsitzenden und des Parteitagsvorsitzenden meist in verschiedenen Händen. Obschon er das erstere Amt bald nach seiner Wahl in den bayerischen Landtag im Jahre 1893 abgegeben haben mußte, blieb ihm wohl auch dank seines Abgeordnetenstatus die öffentlichkeitswirksame Rolle, die Parteitage zu dirigieren, vorbehalten. Erst nach seinem Ableben vereinte Bruno Körner, lediglich unterbrochen durch seine Ausweisung 1924, beide Funktionen. Sein Nachfolger im Amt des Bezirksvorsitzenden, Richard Hammer, leitete ebenfalls die Parteitage. Ähnliches gilt für die Nachkriegsvorsitzenden Adolf Ludwig und Franz Bögler.

Auf den Posten des anderen oder des zweiten Vorsitzenden wählten die Delegierten meist Nicht-Ludwigshafener, um so wohl nach außen die Dominanz des Vorortes abzumildern und einem gewissen regionalen Proporz gerecht zu werden. Der erste, der dazu gewählt wurde, war 1889 Johann Stein, seinerzeit Vorsitzender des Neustadter Vereins.[47] Am häufigsten fiel die Wahl auf Eduard Klement aus Kaiserslautern, nämlich zwischen 1902 und 1928 neunmal, gefolgt von dem Pirmasenser Philipp Keidel – fünfmal zwischen 1900 und 1913 – und dem Neustadter Heinrich Hartmann – viermal zwischen 1912 und 1925. Dreimal wurden gewählt: der Ludwigshafener Friedrich Wilhelm Wagner (1927, 1929, 1931) und der Pirmasenser Rampendahl (1901, 1902, 1906). Zweimal amtierten der Pirmasenser Carl Höltermann (1892, 1899), der Kaiserslauterer Jakob Leonhardt (1924, 1930), der zweite Bezirksvorsitzende Hammer (1924, 1927) und der kurzzeitige Bezirksvorsitzende Adolf Ludwig (1946, 1947). Je einmal saßen außer Stein dem Parteitag noch vor: die Frankenthaler Georg Metz (1901), Ernst Roth (1949), Friedrich Schmidt (1924) und Schöb (1898); ferner Eugen Hertel (1946), der seinerzeitige Vertrauensmann Alex Kapp (1891)[48] und Schmidt (1924) aus Kaiserslautern; der Pirmasenser Heinrich Weber (1933) sowie die Speyerer Franz Bögler (1949) und Hermann Langlotz (1947). Auffallend ist, daß Johannes Hoffmann, nach seinem Tode als „Führer der pfälzischen Sozialdemokratie" apostrophiert[49], keine herausgehobenen Parteipositionen innehatte.

Abfolge und Zusammensetzung der Vorstände

Die pfälzischen Parteileitungen, die zunächst „Vorstand" des pfälzischen Agitationsvereins, dann „Agitationskomitee" und „Gauvorstand", schließlich „Bezirksvorstand" hießen, wurden, wie dargelegt, bis 1921 von der Ludwigshafener Organisation in deren Generalversammlungen jährlich – gesondert von der Bestellung des Ortsvereinsvorstandes – gewählt. In der Regel wurde so verfahren: Nach dem Parteitag fanden innerhalb der nächsten Wochen Mitgliederversammlungen des Ludwigshafener Vereins, dann auch der Friesenheimer und Mundenheimer Organisationen statt, in denen die Mitglieder des Gauvorstandes gewählt wurden. Dessen Konstituierung mit der Wahl des ersten und zweiten Vorsitzenden, von Kassierer und Schriftführer aus der Mitte des Gauvorstandes und ab 1906 mit der Kooptation der Vertreter von Mundenheim und Friesenheim sowie ab 1911 der der Wahlkreisvertreter folgte meist kurz darauf.

Dies geschah vor dem Ersten Weltkrieg letztmalig im September 1913. Während der ersten Kriegsjahre gab es offenbar keine Wahlen, sodaß wohl vom Weiteramtieren der zuletzt Berufenen auszugehen ist, sofern sie nicht kriegsbedingt oder wegen anderer Umstände ausschieden.[50] Ein ordnungsgemäßes Votum konnte erst wieder im Januar 1918 stattfinden und dann nach der Revolution im November 1919. Diese Wahlen wie die Konstituierung der Gauvorstände, die länger als üblich fungierten, erfolgte noch nach der tradierten Art und Weise. Indes, auch nachdem das Bezirksstatut von 1921 eine Grundlage geschaffen hatte, wurde die Wahl des Bezirksvorstandes durch den Bezirksparteitag nicht immer durchgeführt: Einmal im November 1922, als im Zuge der Verhandlungen zur Vereinigung von Mehrheitssozialdemokratie und Unabhängiger Sozialdemokratie die Parteiführungen sich darauf verständigten, den bisherigen MSPD-Vorstand um vier ehemalige USPD-Mitglieder zu erweitern.[51] Die zweite Unregelmäßigkeit trat 1923/24 auf, als es nicht möglich war, einen ordentlichen Bezirksparteitag abzuhalten, und als mehrere Vorstandsmitglieder verhaftet oder aus der Pfalz ausgewiesen waren. In dieser Ausnahmesituation machte der Restvorstand von der satzungsgemäßen Möglichkeit Gebrauch, eine Bezirkskonferenz einzuberufen – für den 10. Februar 1924 ins benachbarte Mannheim.[52] Diese Tagung nahm auch eine Wahl zur Ergänzung des Vorstandes vor. Unter anderen Bedingungen zustande gekommen, aber als zur Abfolge der Parteileitungen gehörig zu betrachten, ist schließlich die Bildung eines provisorischen, sechsköpfigen Bezirksvorstandes durch die „illegale" Konferenz in Elmstein vom Oktober 1945.[53]

Während die Aufgaben des Vorstandes, die durchweg in der Leitung der pfälzischen Parteigeschäfte lagen und die im Laufe der Jahrzehnte an Umfang zunahmen, hier nicht eigens behandelt werden müssen, aus Materialgründen auch nicht behandelt werden können, ist seine zahlenmäßige Zusammensetzung noch näher zu beleuchten. Von 1891 bis 1905 bestand er konstant aus neun gewählten Mitgliedern.[54] Die Mitgliederversammlung des sozialdemokratischen Vereins Ludwigshafen beschloß dann am 14. September auf Antrag Ehrharts, den Gauvorstand um drei weitere Sitze zu vergrößern. Er begründete dies damit, daß drei der bisherigen Vorstandsmitglieder nun als Abgeordnete häufig abwesend wären, die laufenden Geschäfte gleichwohl aufrecht erhalten werden müßten.[55] Bereits im folgenden Jahr traten erneut Änderungen ein. Zum einen sprach sich der Gautag von Neustadt vor dem Hintergrund reichsweiter Tendenzen zur Professionalisierung der Führungsarbeit dahin aus, einen besoldeten Parteisekretär mit Sitz und Stimme im Gauvorstand einzustellen, was kurz darauf mit der Berufung Friedrich Profits geschah. Zum anderen konnten sich, wie gezeigt, die Ortsvereine Mundenheim und Friesenheim mit ihrem Bestreben durchsetzen, einen von ihnen Gewählten in den Gauvorstand zu entsenden.

Diese Regelung war nicht von langer Dauer. Die Mitgliederversammlung des Ludwigshafener Vereins beschloß im August 1908 auf Vorschlag des zweiten Gauvorsitzenden Wilhelm Herzberg hin, daß 1. neun Gauvorstandsmitglieder aus der Versammlung gewählt werden; 2. der Parteisekretär und die Landtags- und Reichstagsabgeordneten „am Orte", die seither dem neunköpfigen Vorstand eingeschlossen waren, „selbstverständlich im Gauvorstand Sitz und Stimme haben"; 3. die Organisationen Friesenheim und Mundenheim je ein Mitglied in den Gauvorstand delegieren sollen. Der Gauvorstand zählte demnach insgesamt 14 Mitglieder[56]; die dritte Bestimmung galt übrigens bis 1921. Als Friedrich Ackermann dann beim Zweibrücker Gautag von 1909 angeregt hatte, den Vorstand um Vertreter der sechs Wahlkreisvereine zu erweitern, kam es bei der Konstituierung des kurz zuvor gewählten Vorstandes Ende September 1911 zur Bildung eines um die Wahlkreisverteter vermehrten „weiteren Gauvorstandes". Ihm gehörten für den 1. Wahlkreis Friedrich Ackermann, den 2. Hermann Hartmann (Neustadt), den 3. Lorenz Hauck (Rohrbach), den 4. Philipp Keidel (Pirmasens), den 5. Koch (Edesheim), den 6. Hubert Merck, Johannes Hoffmann und Eduard Klement (alle Kaiserslautern) an.[57] Unklar ist, ob sie vollberechtigte oder nur beratende Mitglieder waren. Im übrigen beschlossen die Delegierten in Zweibrücken einem Antrag Josef Hubers folgend, eine zweite besoldete Sekretärsstelle zu schaffen, auf die Heinrich Lieser berufen wurde.

Damit kam die Entwicklung des Ludwigshafener Gauvorstandes zum Abschluß.[58] Bei wechselnder Gesamtzahl hatten sich drei Kategorien von Vorstandsmitgliedern herausgebildet: Erstens, die vom Ludwigshafener Verein Gewählten; zweitens, die „Geborenen", wie besoldete Parteisekretäre und Abgeordnete aus Ludwigshafen; drittens, die Kooptierten, wie die Delegierten aus Mundenheim und Friesenheim und die Vertreter der Reichstagswahlkreise.[59] Dabei ist die keineswegs unumstrittene Funktion von Verlag und Redaktion der „Pfälzischen Post" als Rekrutierungsfeld für den Parteivorstand hervorzuheben.[60] Die Anstellung beim Parteiunternehmen bedeutete Befreiung von der üblichen lohnabhängigen Existenz und verlieh Unabhängigkeit in Klassenkampf und Agitation.[61] Namentlich die Redakteure und Verleger beziehungsweise Geschäftsführer wie Heinrich G. Dikreiter, Emil Gerisch, Richard Hammer, Wilhelm Herzberg, Josef Huber, Paul Kleefoot und Franz Wilhelm Wenzel gehörten zur regionalen Parteielite, stellten erste und zweite Vorsitzende; allerdings nahm ihre Präsenz im Vorstand nach 1921 ab, was auch mit der Konkurrenz der „Pfälzischen Freien Presse" in Kaiserslautern zu tun hatte. Festzuhalten ist ferner, daß in dieser Ära zum einen die Parteileitung eine über den Vorort hinausreichende gesamtpfälzische Grundierung erfuhr; zum anderen, daß es, noch außerstatutarisch, den Frauen gelang, im Vorstand Fuß zu fassen: Als erstes weibliches Mitglied wurde 1913 Babette Maffenbeier gewählt.

Das gesamtpfälzische, seit 1921 durch das höchste regionale Parteiorgan demokratisch legitimierte Leitungsgremium setzte sich dann mit Ausnahme der Jahre 1922 bis 1924 in der Regel aus 13 Mitgliedern zusammen, den neun vom Bezirksparteitag Gewählten und den geborenen Parteisekretären – meist zwei Bezirks- und zwei Unterbezirkssekretäre. Nachdem in der unter französischer Besatzungsherrschaft stattgefundenen Wiedergründung der pfälzischen Sozialdemokratie deren Führungsorgan zunächst aus wenigen Personen, ausschließlich Männern, bestanden hatte, verabschiedete der erste Nachkriegsparteitag von Kaiserslautern 1946 ein Bezirksstatut, welches eine nicht näher bestimmte Zahl von Vorstandsmitgliedern vorsah; gegenüber den Statuten von 1921 und 1931 erhielten die Frauen nun zwei Sitze. Gewählt wurde ein 15köpfiger Bezirksvorstand, im Jahr darauf ein um zwei Personen erweiterter. Die 1948 vom 41. Bezirksparteitag verabschiedete Satzung schrieb diese Zusammensetzung fest.

Auf einen mißlichen Sachverhalt ist an dieser Stelle noch hinzuweisen. Wegen des Verlustes des einschlägigen Quellenmaterials gibt es über interne Vorgänge, Debatten, Entscheidungsprozesse und dergleichen bis 1933 so gut wie keine Kenntnis. Die auf das Erscheinungsbild von Geschlossenheit bedachte, Zwistigkeiten überdeckende „Pfälzische Post" äußerte sich nicht über Vorstandsinterna. Ähnliches gilt für die erhaltenen Geschäftsberichte des Bezirksvorstandes. Daß die Tätigkeit des Führungsgremiums keineswegs reibungslos ausgeübt wurde, daß die Vorstandsmitglieder nicht immer harmonierten, bekundete kein Geringerer als Georg Setzer, Nachfolger Friedrich Profits im Amt des Parteisekretärs, wenn er in einem Rückblick bemerkte: „Oft ging es recht heftig zu".[62] Überliefert sind Turbulenzen im Gauvorstand und Streitigkeiten zwischen Ehrhart und Dikreiter in den Jahren 1904 und 1905.[63]

Zu den ersten pfälzischen Parteivorsitzenden

In der kollektiven Erinnerung der pfälzischen Sozialdemokratie wie im wissenschaftlichen Schrifttum lebt Franz Josef Ehrhart, schon während des Sozialistengesetzes neben August Dreesbach zum Vormann der Bewegung aufgestiegen, als der Parteivorsitzende fort, der seit Entstehung der regionalen Organisation bis zu seinem Tode im Jahre 1908 amtiert haben soll. Diese Sicht hat ihren Ursprung in Aussagen von Zeitgenossen. So schrieb über den zum unmittelbaren Nachfolger im Amt des Vorsitzenden stilisierten, 1927 verstorbenen Bruno Körner Richard Hammer, dieser hätte „seit dem Tode des Genossen Franz Josef Ehrhart – also 19 Jahre – ununterbrochen an der Spitze der Sozialdemokratischen Partei der Pfalz" gestanden.[64] Aufgrund gezielter Durchsicht des Parteiblattes kann dies zurecht gerückt werden.

Hiernach sieht es zum einen so aus, daß Ehrhart 1908 längst nicht mehr Gauvorsitzender war, daß Körner bereits seit 1903 als solcher fungiert hatte; zum anderen, daß dieser mitnichten als direkter Nachfolger Ehrharts gelten kann. Vor ihm hatte Franz Wilhelm Wenzel den Gauvorsitz inne, erwiesenermaßen von 1899 bis zu seinem frühen Ableben im Jahre 1903; erst danach gelangte der bisherige zweite Vorsitzende Körner in die Spitzenposition. Somit ergibt sich diese Abfolge: Als Vorsitzender des Agitationsvereins respektive des Agitationskomitees für die Pfalz war Ehrhart der erste formelle Parteichef. Wenzel als Gauvorsitzender war dies seinem Nachruf zufolge von 1899 bis 1903, dann als Gau- beziehungsweise Bezirksvorsitzender Körner von 1903 bis 1927.

Bleiben die Jahre von 1893 bis 1899, für die unmittelbare Quellenbelege über die Wahl und Zusammensetzung des regionalen Vorstandes nicht gefunden worden sind. Einem späteren Bericht ist immerhin zu entnehmen, daß zur Zeit des 7. Parteitages vom Mai 1896 in Ludwigshafen Josef Huber, der von Beginn an zum Führungskreis gehört und schon als zweiter Vorsitzender fungiert hatte, Vorsitzender des Agitationskomitees gewesen war.[65] Danach wäre er wahrscheinlich der direkte Nachfolger Ehrharts. Für eine kurze Amtsdauer beider spricht übrigens der Umstand, daß sie – der eine 1893, der andere 1899 – zu Landtagsabgeordneten gewählt worden waren, häufig in der fernen Landeshauptstadt weilen mußten und den pfälzischen Parteigeschäften nicht mehr im bisherigen Umfang nachkommen konnten. Geeigneter mochten da zunächst Huber, dann Wenzel erschienen sein, die beruflich unabhängig und abkömmlich beziehungsweise mit der Parteizeitung verbunden waren. Gastwirt Körner gewann zwar ebenfalls (1905) ein Mandat, wurde jedoch alsbald in seinem Vorsitz durch den hauptamtlichen Parteisekretär Friedrich Profit entlastet.

Im Ganzen nimmt sich die Reihenfolge der ersten Vorsitzenden nun so aus: Ehrhart von 1891 allenfalls bis 1895 oder 96, Huber von 1895/96 bis längstens 1899, dann Wenzel und Körner. Letzterer war mit einer Amtszeit, nicht von 19, sondern von 24 Jahren der Dauervorsitzende überhaupt und erreichte mit einer, allerdings nicht durchweg gesicherten Zugehörigkeit zum Vorstand von 36 Jahren einen Spitzenwert, der lediglich von dem Hubers übertroffen wird, der anscheinend 40 Jahre ununterbrochen dem Führungszirkel zugehörte. Mit diesen Ergebnissen wird die Rolle Ehrharts als formeller Parteivorsitzender relativiert, rücken andere wieder mehr in den Vordergrund, was organisationsgeschichtlich und biographisch nicht ganz unerheblich erscheint. Seine Bedeutung als womöglich herausragendster pfälzischer Sozialdemokrat bleibt davon jedoch unberührt. Sein Renommee beruhte doch mehr darauf, daß er immer wieder zum öffentlichkeitswirksam, souverän agierenden Leiter der Parteitage und zum weithin geachteten Abgeordneten gewählt worden war und sich nicht zuletzt auch im nationalen Parteigeschehen einen Namen gemacht hatte.[66] Seinen Nachfolgern gelang dies nicht mehr in dem Maße, am ehesten noch Franz Bögler in den 1950er Jahren.

Quellenprobleme und Anlage der Dokumentation.

Wie verschiedentlich angedeutet, gibt es erhebliche Quellen- und Datenprobleme, die sich niederschlagen in Umfang und Vollständigkeit der Darstellung und Dokumentation der Parteitage und Vorstände. Lücken in der Überlieferung bestehen vor allem für die 90er Jahre, für das Jahr 1904 und für die Zeit des Ersten Weltkrieges. Nachdem Parteiakten, namentlich Vorstandsprotokolle, die Georg Setzer zufolge seit 1892 geführt worden waren[67], 1933 vernichtet wurden oder sonstwie verloren gingen, stellen die von 1898 bis 1933 fast komplett erhaltene „Pfälzische Post" und einige gedruckte Geschäftsberichte und Protokolle[68] die Hauptquellen dar; hinzu kommen einige Ausgaben bürgerlicher Zeitungen. Die von 1890 bis 1933 erschienene Mannheimer „Volksstimme" kann leider kaum weiterhelfen, da sie nur mit wenigen Nummern überkommen ist. Herangezogen worden sind ferner einschlägige Archivalien des Landesarchivs Speyer. Für die Zeit nach dem Zweiten Weltkrieg liegen Protokolle und gedruckte Materialien vor.

Durchgesehen worden sind die Jahrgänge der „Pfälzischen Post" für einen Zeitraum von etwa vier Wochen vor und nach den Parteitagen, um so Ausschreibungen der Parteitage, Geschäftsberichte des Vorstandes, Vorberichte zu den Parteitagen, Parteitagsberichte, die häufig den Charakter von Wortprotokollen haben, Berichte über

Versammlungen des Ludwigshafener, Mundenheimer und Friesenheimer Parteivereins, Vorstands- und sonstige Anzeigen, Statuten und Statutenentwürfe zu eruieren. Falls nicht berichtet wurde[69] oder die Suche erfolglos gewesen ist, erfolgt in der Dokumentation der Vermerk „nicht ermittel". Nur gesicherte Daten haben Berücksichtigung gefunden, Lücken führen in Teil III und IV daher zur Unterbrechung der Zugehörigkeit zum Vorstand, selbst wenn die betreffende Person tatsächlich weiteramtiert haben sollte. Wer zum Beispiel im September 1913 gewählt wurde und wieder im Januar 1918, erhält durchgehende Mitgliedschaft in der Annahme, daß innerhalb dieses Zeitraumes keine Vorstandswahlen stattfanden. Wer andererseits im Januar 1918 nicht mehr gewählt wurde, bei dem wird 1914 als Jahr des Ausscheidens angesetzt, da Tod, Kriegseinsatz, Übertritt zur USPD oder sonstige Gründe zur Beendigung der Vorstandstätigkeit geführt haben könnten.

Die Chronologie der Parteitage (Teil II) bringt folgende Informationen: Datum, parteioffizielle Zählung, Bezeichnung, Ort, Zusammensetzung, Parteitagsleitung und Tagesordnung, wobei Veränderungen zwischen Ausschreibung und tatsächlichem Verlauf annotiert sind. Bei Personen werden, wie in der zeitgenössischen Berichterstattung üblich, nur die Nachnamen genannt, bei den Parteitagsleitungen zusätzlich die Herkunftsorte, bei Namensgleichheit nach Möglichkeit die abgekürzten Vornamen. Sofern bekannt, werden Frauen mit den Vornamen aufgeführt, sonst mit „Frau" kenntlich gemacht. In den Tagesordnungen erwähnte Berichterstatter oder Referenten sind in Klammern gesetzt, nichtpfälzische bekommen zusätzlich eine Ortsangabe.

In die chronologische Zusammenstellung der Vorstände (Teil III) sind diese Daten aufgenommen worden: Wahlperiode; bis 1921 möglichst genaues Datum der Mitgliederversammlungen des Ludwigshafener Ortsvereins und der Konstituierung des Gauvorstandes, nach 1921 Datum des Bezirksparteitages; Zahl der Mitglieder; Vor- und Nachname der Mitglieder alphabetisch oder nach Vorlage beziehungsweise nach Wahlergebnis, bei „Geborenen" und „Delegierten" die Funktion respektive der Ort; erster, zweiter Vorsitzender, Kassierer und Schriftführer mit Nachnamen und schließlich Veränderungen in der Zusammensetzung – soweit sie festgestellt worden sind.

Die alphabetisch angelegte, tabellarische Auflistung der Vorstandsmitglieder (Teil IV) enthält die Merkmale: Name, Vorname, Geburts- und Todesjahr, erlernter und ausgeübter Beruf sowie Herkunftsort jeweils zum Zeitpunkt der Wahl, eine Rubrik „Funktion/Bemerkungen" und schließlich die Dauer der Mitgliedschaft. Hinsichtlich des Berufs ist bei hauptamtlichen Partei- und Gewerkschaftsfunktionären einheitlich die Bezeichnung „Sekretär" verwandt worden. Zudem wird wegen der Herausbildung des Typus des Berufspolitikers auch der Status des „Abgeordneten" vermerkt.

All diese Daten sind in der Hauptsache den oben genannten Quellen entnommen, wobei Listen von Kandidaten zu den allgemeinen öffentlichen Wahlen und der Gewählten ebenso hilfreich gewesen sind wie die selbstverständlich konsultierten Handbücher und Nachschlagewerke. Lebensdaten sind ferner bei Archiven und Verwaltungen erbeten worden. Leider ist es nicht gelungen, zu allen erfaßten Vorstandsmitgliedern die gewünschten Informationen zu erhalten, mitunter muß es mit dem Namen, dem Wohnort und der Zugehörigkeit sein Bewenden haben. Auch zu bedauern ist, daß Nachfragen mit dem Argument „Datenschutz" unbeantwortet gelassen worden sind.

II. Parteitage

1889, 15.09.: 1. Arbeitertag in Neustadt[70]
Zusammensetzung: etwa 150 Teilnehmer, öffentlich etwa 350.
Parteitagsleitung: Vors.: Ehrhart-Ludwigshafen, Stein-Neustadt; öffentlich: Dreesbach-Mannheim, Stein.
Tagesordnung: nichtöffentlich: 1. Unsere Stellung zur nächsten Reichstagswahl (J. Huber); 2. Aufstellung der Kandidaten (Stubenreich); 3. Unsere Stellung zu eventuellen Stichwahlen; 4. Stellungnahme zur Gemeinderatswahl (Ehrhart); öffentlich: Die Reichstagswahl und die Aufstellung eines Kandidaten (Ehrhart).

1891, 07.06.: 2. Arbeitertag in Speyer[71]
Zusammensetzung: 49 Delegierte aus Böhl, Edenkoben, Frankenthal, Hochspeyer, Kaiserslautern, Kirchheimbolanden, Lambrecht, Landau, Laumersheim, Ludwigshafen, Morlautern, Mundenheim, Mutterstadt, Neustadt, Oggersheim, Pirmasens, Schifferstadt, Speyer, Waldsee, Zweibrücken; etwa 800 Besucher des öffentlichen Teils.
Parteitagsleitung: Vors.: Ehrhart-Ludwigshafen, Kapp-Kaiserslautern.
Tagesordnung: nichtöffentlich: 1. Bericht über die agitatorische Tätigkeit seit der Lambrechter Konferenz (für den vorderpfälzischen Agitationsverein J. Huber, Körner; für den westpfälzischen Klement, Kapp); 2. Organisation und Agitation (Ehrhart); 3. Unsere Presse (Ehrhart); 4. Anträge aus der Mitte des Parteitages; öffentlich: 1. Das Landtags- und Gemeindewahlrecht in Bayern (Grillenberger); 2. Die Tätigkeit unserer Fraktion im Reichstag (Dreesbach-Mannheim); 3. Der Bauernstand und die Sozialdemokratie (Dr. Rüdt-Mannheim).

1892, 05. - 06.06.: 3. Arbeitertag in Kaiserslautern[72]
Zusammensetzung: 58 Delegierte aus 31 Orten.
Parteitagsleitung: 1. Vors.: Ehrhart-Ludwigshafen, 2. Vors.: Höltermann-Pirmasens[73]; Schriftführer: Laux-Landau, Alfons-Speyer, Lange-Kaiserslautern.
Tagesordnung: nichtöffentlich: 1. Bericht über die Tätigkeit des Agitationsvereins (J. Hauck); 2. Kassenbericht (J. Huber); öffentlich: 1. Parteipresse (Ehrhart); 2. Die Landtagswahl (Stubenreich); 3. Anträge und Verschiedenes.

1893, 19. - 20.08.: 4. Arbeitertag in Haßloch

1894, 27.05.: 5. Arbeitertag in Pirmasens

1895, 19.05.: 6. Parteitag in Neustadt

1896, 09. - 10.05.: 7. Parteitag in Ludwigshafen
[*Tagesordnung*[74]: Bericht des Agitationskomitees (Dikreiter); Bericht über den bayerischen Landtag (Ehrhart).]

1897, 20.06.: 8. Parteitag in Speyer[75]
[*Zusammensetzung:* 52 Delegierte aus 37 Orten.

Tagesordnung: Organisation und Agitation; Die nächste Reichstagswahl (Ehrhart)]

1898, 03. - 04.09.: 9. Parteitag in Frankenthal[76]
Zusammensetzung: 88 Delegierte aus 59 Orten.
Parteitagsleitung: 1. Vors.: J. Huber-Ludwigshafen, 2. Vors.: Schöb-Frankenthal; Schriftführer: Weigert-Kirchheimbolanden.
Tagesordnung: 1. Bericht des Agitationskomites (J. Huber); 2. Organisation (Dikreiter); 3. Die Presse (Wenzel); 4. Die nächsten Landtagswahlen (Ehrhart); 5. Anträge.

1899, 03.09.: 10. Parteitag in Kirchheimbolanden
Zusammensetzung: 72 Teilnehmer, davon aus Altenglan 1, Baalborn 1, Beindersheim 1, Billigheim 1, Dürkheim 1, Edigheim 1, Elmstein 1, Flomersheim 2, Frankeneck 1, Frankenthal 5, Friesenheim 2, Grünstadt 1, Haßloch 1, Hettenleidelheim 1, Iggelbach 1, Kaiserslautern 4, Kirchheimbolanden 2, Lambrecht 2, Lambsheim 2, Landau 1, Ludwigshafen 10, Maudach 1, Maxdorf 1, Mörsch 1, Mundenheim 3, Mutterstadt 2, Neidenfels 1, Neuhofen 1, Neustadt 2, Oggersheim 2, Oppau 2, Pirmasens 3, Rheingönheim 3, Roxheim-Bobenheim 1, Sembach 1, Speyer 4, Studernheim 1, Weisenheim 1 Delegierte/r.
Parteitagsleitung: 1. Vors.: Ehrhart-Ludwigshafen, 2. Vors.: Höltermann-Primasens; Schriftführer: Impertro-Mundenheim, Vogtländer-Frankenthal.
Tagesordnung[77]*:* 1. Bericht des Gauvorstandes (J. Huber); 2. Die Presse; 3. Die letzten Landtagswahlen (Wenzel); 4. Die bevorstehenden Gemeindewahlen (Ehrhart); 5. Anträge.

1900, 18. - 19.08.: 11. Parteitag in Lambrecht
Zusammensetzung: 75 Delegierte aus 45 Organisationen.
Parteitagsleitung: 1. Vors.: Ehrhart-Ludwigshafen, 2. Vors.: Keidel-Pirmasens; Schriftführer: Gerisch-Frankenthal, Weickert-Kirchheimbolanden.
Tagesordnung: 1. Bericht des Gauvorstandes (Dikreiter); 2. Unsere Presse (Wenzel); 3. Die Tätigkeit der Sozialdemokraten im bayerischen Landtage (Ehrhart); 4. Stellungnahme zum bayerischen und deutschen Parteitage sowie zum internationalen Kongreß in Paris (J. Huber); 5. Anträge.

1901, 24. - 25.08.: 12. Parteitag in Neustadt
Zusammensetzung: 74 Delegierte aus 46 Orten; 9 Gauvorstandsmitglieder, davon 2 als Delegierte; Huber als MdL.
Parteitagsleitung: Vors.: Ehrhart-Ludwigshafen, Metz-Frankenthal; Schriftführer: Edelhäuser-Neustadt, Weickerts-Kirchheimbolanden, Rampendahl-Pirmasens.
Tagesordnung: 1. Bericht über die Presse (Wenzel); 2. Die Tätigkeit des Gauvorstandes (Profit); 3. Die Agitation gegen die Getreidezölle (Ehrhart); 4. Die Reform des bayerischen Landtagswahlrechts (Keidel); 5. Stellungnahme zum deutschen Parteitag (Körner).

1902, 23. - 24.08.: 13. Gautag in Kaiserslautern
Zusammensetzung: 64 Delegierte von 47 Organisationen.
Parteitagsleitung: Vors.: Ehrhart-Ludwigshafen, Klement-Kaiserslautern; Schriftführer:

Gerisch-Frankenthal, Rampendahl-Pirmasens.
Tagesordnung: 1. Bericht über die Geschäftsergebnisse der Pfälzischen Post (Wenzel); 2. Die Tätigkeit des Gauvorstandes (Profit); 3. Die nächsten Reichstagswahlen (Ehrhart); 4. Wahl der Delegierten zum deutschen Parteitag.

1903, 05. - 06.09.: 14. Gautag in Speyer
Zusammensetzung: 89 Delegierte aus 49 Orten; 3 MdR, 3 MdL.
Parteitagsleitung: Vors.: Ehrhart-Ludwigshafen, Klement-Kaiserslautern; Schriftführer: Höltermann-Pirmasens, Wicke-Frankenthal.
Tagesordnung: 1. Bericht des Gauvorstandes (Dikreiter); 2. Unsere Presse (Wenzel); 3. Die Revision der pfälzischen Gemeindeordnung (Ehrhart); 4. Der deutsche Parteitag und Stellungnahme zu demselben; 5. Anträge.

1904, 27. - 28.08.: 15. Gautag in Edenkoben
Zusammensetzung: 87 Delegierte aus 45 Orten; 3 MdL.
Parteitagsleitung: Vors.: Ehrhart-Ludwigshafen, Keidel-Pirmasens; Schriftführer: Sturm-Speyer, Kleefoot-Mundenheim.
Tagesordnung: 1. Unsere Presse (Gerisch); 2. Bericht des Gauvorstandes (Körner); 3. Die in diesem Jahre stattfindenden Gemeinderatswahlen (Ehrhart); 4. Die Landtagswahlen (J. Huber); 5. Der deutsche Parteitag und Stellungnahme zu demselben; 5. Anträge.

1905, 09. - 10.09.: 16. Gautag in Annweiler
Zusammensetzung: 96 Delegierte aus 59 Orten; 2 weitere MdL.
Parteitagsleitung: 1. Vors.: Ehrhart-Ludwigshafen, 2. Vors.: Klement-Kaiserslautern; Schriftführer: Regener-Ludwigshafen, Ackermann-Frankenthal, Feldmüller-Pirmasens.
Tagesordnung[78]: 1. Unsere Presse (Gerisch); 2. Bericht des Gauvorstandes (Profit); 3. Rückblick auf die verflossenen Landtagswahlen (Ehrhart); 4. Revision der Parteiorganisation und Wahl der Delegierten zum deutschen Parteitage (Körner); 5. Wünsche und Anträge.

1906, 16. - 17.06.: 17. Gautag in Neustadt
Zusammensetzung: 116 Delegierte aus 75 Orten; vom Gauvorstand: Körner, Herzberg, Profit, Köhler, Binder, Ehrhart, J. Hauck, J. Huber, Kunkel, Prüll; Keidel als MdL.
Parteitagsleitung: Vors.: Ehrhart-Ludwigshafen, Rampendahl-Pirmasens; Schriftführer: Hannemann-Annweiler, Wilhelm-St. Ingbert, Menge-Kaiserslautern, Vogtländer-Frankenthal.
Tagesordnung: 1. Presse (Gerisch); 2. Bericht des Gauvorstandes (Profit); 3. Organisation und Anstellung eines Parteisekretärs (Körner); 4. Die kommenden Landtagswahlen (Ehrhart).

1907, 03. - 04.08.: 18. Gautag in Grünstadt
Zusammensetzung: 224 Teilnehmer – 1. Wahlkreis 85 Orte mit 63 Delegierten, 2. WK 13 mit 20, 3. WK 3 mit 3, 4. WK 11 mit 16, 5. WK 2 mit 2, 6. WK 17 mit 14; vom Gauvorstand: Körner, Profit, Prüll, Regener, Binder; Klement als MdL.
Parteitagsleitung: 1. Vors.: Ehrhart-Ludwigshafen, 2. Vors.: Klement-Kaiserslautern; Schriftführer: Völkel-Grünstadt, Kleefoot-Ludwigshafen, Feldmüller-Pirmasens.

Tagesordnung: 1. Presse (Gerisch, Herzberg); 2. Tätigkeitsbericht des Gauvorstandes (Profit); 3. Die Reform der pfälzischen Gemeindeordnung (Ackermann); 4. Der internationale Kongreß in Stuttgart – Der deutsche Parteitag in Essen; 5. Wünsche und Anträge.

1908, 01. - 02.08.: 19. Gautag in Bad Dürkheim
Zusammensetzung: 115 Delegierte, davon eine Frau, aus 68 (von 92) Organisationen.
Parteitagsleitung: 1. Vors.: Körner-Ludwigshafen, 2. Vors.: Keidel-Pirmasens; Schriftführer: Merck-Kaiserslautern, Fesser-Frankenthal.
Tagesordnung[79]: 1. Unsere Presse (Gerisch); 2. Bericht des Gauvorstandes (Profit); 3. Statut der Landespartei; 4. Wünsche und Anträge.

1909, 21. - 22.08.: 20. Gautag in Zweibrücken
Zusammensetzung: 106 Delegierte aus 68 (von 95) Orten; 2 MdR, 3 MdL; Gerisch, Lipfert für Verlag und Redaktion der „Pfälzischen Post".
Parteitagsleitung: gleichberechtigte Vors.: Körner-Ludwigshafen, Keidel-Pirmasens; Schriftführer: Stepp-Dürkheim, Zöllner-Kaiserslautern, Schützle-Pirmasens.
Tagesordnung: 1. Unsere Presse (Gerisch); 2. Bericht des Gauvorstandes (Profit); 3. Die bevorstehenden Gemeinderatswahlen in der Pfalz (Herzberg); 4. Wünsche und Anträge.

1910, 20. - 21.08.: 21. Gautag in Landau
Zusammensetzung: 129 Delegierte aus 81 Orten; Gauvorstand; Geschäftsleitung und Redaktion der „Pfälzischen Post".
Parteitagsleitung: gleichberechtigte Vors.: Körner-Ludwigshafen, Klement-Kaiserslautern; Schriftführer: H. Hartmann-Neustadt, Fuchs-Pirmasens, Kranz-Landau.
Tagesordnung[80]: 1. Unsere Presse (Gerisch); 2. Geschäftsbericht des Gauvorstandes (Profit); 3. Die politische Lage im Reich (Binder); 4. Die politische Lage in Bayern (J. Huber).

1911, 02. - 03.09.: 22. Gautag in Kaiserslautern
Zusammensetzung: 147 Teilnehmer – 1. Wahlkreis 21 Orte mit 48 Delegierten, 2. WK 15 mit 24, 3. WK 6 mit 6, 4. WK 14 mit 21, 5. WK 10 mit 10, 6. WK 12 mit 20; 12 Gauvorstandsmitglieder; 4 Vertreter des Verlages und 2 der Redaktion der „Pfälzischen Post".
Parteitagsleitung: Vors.: Körner-Ludwigshafen, Klement-Kaiserslautern; Schriftführer: H. Hartmann-Neustadt, L. Hauck-Rohrbach, Wilhelm-St. Ingbert.
Tagesordnung: 1. Unsere Presse; 2. Die Jugendbewegung (Radlof); 3. Bericht des Gauvorstandes (Lieser) – Bericht über die Bildungsbestrebungen (Kleefoot); 4. Die Reichstagswahlen und die Parteien in der Pfalz (J. Huber); 5. Wünsche und Anträge.

1912, 24. - 25.08.: 23. Gautag in Edenkoben
Zusammensetzung: 169 Delegierte aus 96 (von 138) Orten; der Gauvorstand; 18 Vertreter von Verlag und Redaktion der „Pfälzischen Post".
Parteitagsleitung: gleichberechtigte Vors.: Körner-Ludwigshafen, H. Hartmann-Neustadt; Schriftführer: Müller-Edenkoben, Leonhardt-Kaiserslautern, G. Huber-Pirmasens.
Tagesordnung: 1. Unsere Presse (Gerisch, Kleefoot); 2. Bericht des Gauvorstandes (Profit,

Lieser); 3. Änderung des Parteistatuts der Gesamtpartei (Kleefoot); 4. Die politische Lage (Binder); 5. Wünsche und Anträge.

1913, 06. - 07.09.: 24. Gautag in Pirmasens
Zusammensetzung: 153 Delegierte, darunter 12 Gauvorstandsmitglieder, 4 Vertreter von Redaktion und Verlag der „Pfälzischen Post"; nicht vertreten: 54 Orte.
Parteitagsleitung: gleichberechtigte Vors.: Körner-Ludwigshafen, Keidel-Pirmasens; Schriftführer: Hartmann-Lambrecht, Nußbaum-Lauterecken, Menge-Kaiserslautern, Feldmüller-Pirmasens.
Tagesordnung: 1. Unsere Presse (Gerisch, Kleefoot); 2. Bericht des Gauvorstandes (Profit, Lieser); 3. Statutenänderung aufgrund der auf dem Chemnitzer Parteitag gefaßten Beschlüsse (Profit); 4. Militarismus und Sozialdemokratie im deutschen Reichstage (J. Hoffmann); 5. Wünsche und Anträge.

1917, 16.12.: 25. Gautag in Neustadt[81]
Zusammensetzung: 83 Teilnehmer, darunter 10 Gauvorstandsmitglieder, 2 Vertreter der Parteipresse.
Parteitagsleitung: Vors.: Körner-Ludwigshafen, H. Hartmann-Neustadt; Schriftführer: Merck-Kaiserslautern, Feldmüller-Pirmasens.
Tagesordnung[82]: 1. Bericht des Gauvorstandes (Profit); 2. Unsere Presse (Gerisch); 3. Unsere nächsten Parteiaufgaben (Ackermann); 4. Anträge; 5. Wahlen zum Landesvorstand und Parteiausschuß in Berlin.

1919, 25. - 26.10.: 26. Gautag in Neustadt[83]
Zusammensetzung: 220 Teilnehmer, darunter: 1. Wahlkreis mit 70, 2. WK mit 47, 3. WK mit 14, 4. WK mit 20, 5. WK mit 19, 6. WK mit 30 Delegierten; 12 Gauvorstandsmitglieder; 2 Vertreter der Parteipresse; 2 Wahlkreisvertreter, 4 Abgeordnete „ohne besonderes Mandat".
Parteitagsleitung: Vors.: Körner-Ludwigshafen, H. Hartmann-Neustadt; Schriftführer: Babette Maffenbeier-Ludwigshafen, Hoffmann-Speyer, Feldmüller-Pirmasens, L. Hauck-Rohrbach.
Tagesordnung[84]: 1. Bericht des Gauvorstandes über den Stand unserer pfälzischen Organisation und das neue Parteistatut (Hammer, Lieser); 2. Unsere Presse (Gerisch, Steffen); 3. Die politische Lage und unsere nächsten Aufgaben (Dill-München); 4. Die Gemeinde-, Bezirks- und Kreisratswahlen in der Pfalz (Kleefoot); 5. Anträge.

1920, 11.05.: Außerordentlicher Bezirkstag in Neustadt[85]
Zusammensetzung: „mehr als 200 Delegierte".
Parteitagsleitung: Vors.: Körner-Ludwigshafen, Klement-Kaiserslautern; Schriftführer: Frau Schreiber-Ludwigshafen, Hartmann-Lambrecht, L. Hauck-Rohrbach, Lauppe-Primasens.
Tagesordnung[86]: 1. Die bevorstehenden Wahlen zum Reichs- und Landtag (J. Hoffmann); 2. Aufstellung der Kandidaten.

1921, 09. - 10.07.: 27. Bezirksparteitag in Kaiserslautern
Zusammensetzung[87]: 223 Teilnehmer – 205 Delegierte aus 149 Ortsgruppen; 10 Bezirksvorstandsmitglieder; 3 Redakteure; 5 Abgeordnete.

Parteitagsleitung: Vors.: Körner-Ludwigshafen, Klement-Kaiserslautern; Schriftführer: Langlotz-Speyer, Stepp-Bad Dürkheim, Schmitt-Bellheim, Blatter-Niederauerbach, Müller-Miesenbach, Hertel-Kaiserslautern.
Tagesordnung: 1. Bericht des Bezirksvorstandes (Körner); 2. Unsere Presse (Gerisch); 3. Unser Organisationsstatut (Profit); 4. Die politische Lage (Braun-Berlin); 5. Der deutsche Parteitag in Görlitz; 6. Anträge.

1924, 10.02.: Konferenz pfälzischer Sozialdemokraten in Mannheim[88]
Zusammensetzung: Bezirksvorstandsmitglieder; Teilnehmer aus der gesamten Pfalz.
Tagesordnung: Stellungnahme zur politischen Lage; Ergänzung des Bezirksvorstandes; Wahl der Delegierten zum Parteitag; Aufstellung der Kandidaten zur Reichstagswahl.

1924, 06.04.: Außerordentlicher Bezirksparteitag in Kaiserslautern[89]
Zusammensetzung: 160 stimmberechtigte Teilnehmer aus 113 Ortsgruppen, einschließlich der Abgeordneten und Bezirksvorstandsmitglieder.
Parteitagsleitung: Hammer-Ludwigshafen, Schmidt-Kaiserslautern; Schriftführer: Susanna Jacobshagen-Ludwigshafen, Stepp-Bad Dürkheim, Theobald-Zweibrücken, Ranft-Pirmasens.
Tagesordnung: 1. Vor der Reichstagswahl (J. Hoffmann); 2. Ergänzung und Bestätigung der in Mannheim aufgestellten Kandidatenliste; 3. Vier Jahre bayerische Politik – Landtagswahl und Volksbegehren; 4. Aufstellung der Kandidaten.

1924, 09.11.: Außerordentlicher Bezirksparteitag in Kaiserslautern[90]
Zusammensetzung: 175 Teilnehmer – 151 Delegierte aus 131 Orten; 22 Bezirksvorstandsmitglieder; 2 Vertreter der Parteipresse.
Parteitagsleitung: Vors.: Körner-Ludwigshafen, Leonhardt-Kaiserslautern; Schriftführer: Setzer-Ludwigshafen, H. Hartmann-Neustadt, Treubel, Eichling-Eisenberg.
Tagesordnung: 1. Die Reichstagswahl (J. Hoffmann); 2. Aufstellung der Kandidaten; 3. Die Gemeinderatswahlen (Kleefoot).

1925, 14. - 15.02.: Bezirksparteitag in Neustadt[91]
Zusammensetzung: 176 Teilnehmer – 154 Delegierte aus 135 Ortsgruppen; 10 Bezirksvorstandsmitglieder; 7 Vertreter der Parteipresse; 2 MdR, 3 MdL.
Parteitagsleitung: Vors.: Körner-Ludwigshafen, H. Hartmann-Neustadt; Schriftführer: Hertel-Kaiserslautern, Ludwig-Pirmasens, Sang-Frankenthal, Kern-Billigheim.
Tagesordnung: 1. Bericht des Bezirksvorstandes (Setzer); 2. Bericht über die Presse (Gerisch, Rahn); 3. Das neue Organisationsstatut des Bezirks; 4. Erledigung der zu keinem Tagesordnungspunkt gehörigen Anträge; 5. Neuwahl des Bezirksvorstandes; 6. Die politische Lage (Stelling-Berlin).

1927, 26. - 27.03.: 31. Bezirksparteitag in Neustadt
Zusammensetzung: 186 Teilnehmer – 157 Delegierte aus 127 (von 216) Ortsgruppen; 29 sonstige.
Parteitagsleitung: Vors.: Körner, Hammer-Ludwigshafen; Schriftführer: Weil-Neustadt, Ruby-Kaiserslautern, Dinges-Pirmasens, Forthuber-Frankenthal.

Tagesordnung: 1. Bericht des Bezirksvorstandes (Setzer); 2. Bericht über die Presse (Gerisch, Klement[92]); 3. Erledigung der zu keinem Tagesordnungspunkt gehörenden Anträge und Wahl des Ortes für den nächsten Bezirksparteitag; 4. Neuwahl des Bezirksvorstandes; 5. Wahl eines Vertreters und eines Stellvertreters für den Parteiausschuß in Berlin; 6. Der deutsche Parteitag in Kiel [Das Agrarprogramm der Partei] (J. Hoffmann); 7. Wahl der Delegierten zum Parteitag; 8. Die politische Lage (Wels-Berlin).

1927, 20.11.: Außerordentlicher Bezirksparteitag in Neustadt[93]
Zusammensetzung: 206 Teilnehmer – 187 Delegierte aus 148 (von 224) Ortsgruppen; 13 Bezirksvorstandsmitglieder; 2 MdR, 4 MdL.
Parteitagsleitung: Vors.: Hammer, Wagner-Ludwigshafen; Schriftführer: Sauer-Neustadt, Hügenell-Lambsheim, Hertel-Kaiserslautern, Kroll-Alsenz.
Tagesordnung: 1. Die Tätigkeit des bayerischen Landtages (Endres-München); 2. Aufstellung der Kandidaten zur Landtagswahl; 3. Aufstellung der Kandidaten zum Kreistag.

1928, 24. - 25.03.: 33. Bezirksparteitag in Ludwigshafen
Zusammensetzung: 208 stimmberechtigte Teilnehmer – 189 Delegierte, darunter 4 Frauen, aus 158 (von 222) Orten; 13 Bezirksvorstandsmitglieder; 2 MdR, 4 MdL.
Parteitagsleitung: Vors.: Hammer-Ludwigshafen, Klement-Kaiserslautern; Schriftführer: Bentel-Oggersheim, Mehrmann-Lachen.
Tagesordnung[94]*:* 1. Bericht des Bezirksvorstandes (Setzer); 2. Bericht über die Presse (Gerisch, Rahn); 3. Wahl des Ortes für den nächsten Parteitag; 4. Neuwahl des Bezirksvorstandes; 5. Wahl eines Vertreters und eines Stellvertreters für den Parteiausschuß in Berlin; 6. Die politische Lage und die bevorstehenden Wahlen (Müller-Berlin); 7. Die Aufstellung der Kandidaten für die Reichstagswahl.

1929, 06. - 07.07.: 34. Bezirksparteitag in Kaiserslautern
Zusammensetzung: 191 stimmberechtigte Teilnehmer – 174 Delegierte aus 146 (von 235) Ortsgruppen; alle 13 Bezirksvorstandsmitglieder; 1 MdR, 3 MdL.
Parteitagsleitung: Vors.: Hammer, Wagner-Ludwigshafen; Schriftführer: Kuhn-Zweibrücken, Frau Brenneisen-Dörnbach, Schneider-Pfortz, Frau Lang-Kaiserslautern.
Tagesordnung: 1. Bericht des Bezirksvorstandes (Setzer); 2. Bericht über die Presse (Gerisch, Klement[95]); 3. Neuwahl des Bezirksvorstandes; 4. Wahl eines Vertreters und eines Stellvertreters für den Parteiausschuß in Berlin; 5. Wahl des Ortes für den nächsten Bezirks-Parteitag; 6. Die Gemeinderatswahlen (Kleefoot); 7. Die Kulturreaktion in Bayern (Loschky).

1930, 17.08.: Außerordentlicher Bezirksparteitag in Kaiserslautern[96]
Zusammensetzung: 226 stimmberechtigte Teilnehmer – 210 Delegierte aus 175 Ortsgruppen; 13 Bezirksvorstandsmitglieder; 2 MdR, 3 MdL als Gäste; 62 Delegierte aus 60 Ortsgruppen fehlen.
Parteitagsleitung: Vors.: Hammer-Ludwigshafen, Leonhardt-Kaiserslautern; Schriftfüh*rer:* Bünnagel-Schifferstadt, Janson-Oppau, Bauer-Rockenhausen, Dinges-Pirmasens.
Tagesordnung: 1. Über die politische Lage (Dittmann-Berlin); 2. Kandidatenaufstellung; 3. Anträge.

1931, 11. - 12.04.: 36. Bezirksparteitag in Speyer
Zusammensetzung: 211 Teilnehmer – 194 Delegierte aus 156 (von 244) Ortsvereinen, darunter 12 Frauen; 17 Bezirksvorstandsmitglieder, Abgeordnete.
Parteitagsleitung: Vors.: Hammer, Wagner-Ludwigshafen; Schriftführer: Fickeisen-Kusel, Lenz-Kaiserslautern, Dora Zinser-Speyer, Freytag-Grünstadt.
Tagesordnung: 1. Bericht des Bezirksvorstandes (Setzer); 2. Bericht über die Presse (Schulz, Mann); 3. Das Statut des Bezirksverbandes; 4. Neuwahl des Bezirksvorstandes; 5. Wahl eines Vertreters und eines Stellvertreters für den Parteiausschuß in Berlin; 6. Wahl des Ortes für den nächsten Parteitag; 7. Bayerische Politik und die bevorstehenden Landtagswahlen (Roßhaupter-München); 8. Aufstellung der Kandidaten für die Landtagswahl; 9. Der deutsche Parteitag und Wahl der Delegierten; 10. Die politische Lage und die Taktik der Sozialdemokratie (Wagner).

1932, 26.06.: Außerordentlicher Bezirksparteitag in Neustadt[97]
Parteitagsleitung: [Vors.: Hammer]; Schriftführer: Dora Zinser-Speyer, Rees-Annweiler.
Tagesordnung: Die Reichstagswahl und Aufstellung der Kandidaten.

1933, 04. - 05.02.: 38. Bezirksparteitag in Pirmasens
Zusammensetzung: 156 Teilnehmer, davon 132 aus 105 (von 229) Ortsgruppen.
Parteitagsleitung: Vors.: Hammer-Ludwigshafen, Weber-Pirmasens; Schriftführer: Guthörle-Ludwigshafen, Zehetner-Pirmasens, Eitel-Edenkoben, Denzer-Dörnbach.
Tagesordnung[98]: 1. Bericht des Bezirksvorstandes (Setzer, Bögler); 2. Bericht über die Presse (Wagner, Mann); 3. Neuwahl des Bezirksvorstandes; 4. Anträge; 5. Der deutsche Parteitag (Hammer); 6. Die bevorstehenden Reichstagswahlen (Wagner); 7. Aufstellung der Kandidaten zur Reichstagswahl.

1945, 26. - 27.10.: „Illegale" Konferenz pfälzischer Sozialdemokraten in Elmstein
[*Tagesordnung[99]:* Bericht von der Reichskonferenz in Wennigsen; Vorbereitung einer pfälzischen Parteiorganisation; Wahl eines provisorischen Bezirksvorstandes.]

1946, 13. - 14.04.: 39. Bezirksparteitag in Kaiserslautern
Zusammensetzung: 367 Delegierte aus 197 Ortsvereinen, darunter 8 Frauen; 19 „nicht vertretene Mandate".
Parteitagsleitung: Vors.: Ludwig-Neustadt, Hertel-Kaiserslautern.
Tagesordnung[100]: 1. Aufgaben und Ziele der Sozialdemokratie (Kriedemann-Hannover); 2. Die Welt und die Sozialdemokratie (Markscheffel-Paris); 3. Tätigkeitsberichte: Die Sozialdemokratische Partei im Angriff (Bögler) – Sozialistische Jugendprobleme (Stein); 4. Organisationsfragen – Bezirksstatut (Ludwig); 5. Wahl des Bezirksvorstandes; 6. Wahl der Delegierten zum Westzonen Parteitag in Hannover; 7. Anträge.

1947, 26. - 27.05.: 40. Bezirksparteitag in Speyer
Parteitagsleitung: Präsidenten: Ludwig-Pirmasens, Langlotz-Speyer; Schriftführer: Lenz-Kaiserslautern, Heidelberg-Ludwigshafen, Böhm-Kandel, Lisbeth Hochwächter-Kaiserslautern, Ameis-Kusel.

Tagesordnung[101]: 1. Begrüßung; 2. Wahl des Präsidiums; 3. Wahl der Mandatsprüfungskommission; 4. Rück- und Ausblick – Ein Jahr Parteiarbeit (Kuraner); 5. Neuwahl des Bezirksvorstandes; 6. Wahl der Delegierten zum deutschen Parteitag in Nürnberg; 7. Die Partei im Brennpunkt der Außen- und Innenpolitik (Bögler); 8. Unsere Stellung zur Verfassung (Dr. H. Hoffmann); 9. Stellungnahme zur Landtagswahl und Aufstellung der Kandidaten (Bögler).

1948, 17. - 18.04.: 41. Bezirksparteitag in Kaiserslautern[102]
Tagesordnung: 1. Begrüßung und Eröffnung (Bögler), Wahl des Präsidiums; 2. Geschäftsberichte (Kuraner, Luise Herklotz); 3. Wahl des Bezirksvorstandes; 4. Bericht der Landtagsfraktion (Hertel); 5. Partei und Gewerkschaft (Lorenz); 6. Wahl der Delegierten zum deutschen Parteitag in Düsseldorf; 7. Bericht über die politische Situation (Neumann-Berlin); 8. Anträge und Entschließungen; 9. Unsere Gemeindepolitik (Schardt, I. Roth); 10. Beschlußfassung über ein neues Bezirksstatut.

1949, 05. - 06.03.: 42. Bezirksparteitag in Frankenthal
Zusammensetzung: 386 Delegierte, davon 16 Frauen – 343 Ortsvereine mit 356, Bezirksvorstand mit 15, Landtagsfraktion mit 2, Unterbezirke mit 13 Delegierten.
Parteitagsleitung: Vors.: Bögler-Speyer, E. Roth-Frankenthal; Schriftführer: Hilde Grenz-Frankenthal, Leyendecker-Annweiler, Berta Marx-Ludwigshafen, Bergkänel-Waldmohr.
Tagesordnung: 1. Begrüßung und Eröffnung (Bögler); 2. Geschäftsbericht (Gänger), Bericht über die Frauenorganisation und Presse (Luise Herklotz, Emig-Mainz); 3. Wahl des Bezirksvorstandes; 4. Bericht der Landtagsfraktion (Hertel); 5. Das Ergebnis der Arbeit des Parlamentarischen Rates (Wagner); 6. Vorbereitung zur Wahl des Volkstages; 7. Wahl der Delegierten zum Deutschen Parteitag; 8. Anträge und Entschließungen; 9. Politisches Referat: Planung und Freiheit (von Knoeringen-München).

III. Vorstände

1891 - 1892
1891, 11.6. Generalversammlung des Agitationsvereins für die Pfalz, Wahl der „Vorstandschaft", der ersten regionalen Parteileitung.
9 Mitglieder, ausschließlich aus Ludwigshafen: Franz Josef Ehrhart, Johann [Jean] Hauck, Josef Huber, Heinrich Koch, Jakob Heinz, Philipp Schreiner, Christian Köhler, Bruno Körner, Matthias Kunkel.
1. Vors.: Ehrhart, 2. Vors.: Huber, Kassierer: Körner.

1892 - 1893
1892, 20.6. Mitgliederversammlung des Sozialdemokratischen Vereins Ludwigshafen, Wahl des Agitationskomitees für die Pfalz.
9 Mitglieder: Franz Josef Ehrhart, Josef Huber, Schloß, Bruno Körner, Jean Hauck, Matthias Kunkel, Jakob Heinz, Kuppelmeier, Schmitt.
Vors.: Ehrhart, Kuppelmeier, Kassierer: Körner, Schriftführer: Hauck.

1899 - 1900
1899, 18.9. Mitgliederversammlung des Sozialdemokratischen Vereins Ludwigshafen, Wahl des Gauvorstandes.
9 Mitglieder: Heinrich G. Dikreiter, Franz Josef Ehrhart, Josef Huber, Jakob Heinz, Jean Hauck, Matthias Kunkel, Christian Köhler, Franz Wilhelm Wenzel, Friedrich Wagner.
1899, Sept. Konstituierung des Gauvorstandes:
1. Vors.: Wenzel, 2. Vors.: Köhler, Kassierer: Wagner, Schriftführer: Dikreiter.

1900 - 1901
1900, 23.8. Mitgliederversammlung des Sozialdemokratischen Vereins Ludwigshafen, Wahl des Gauvorstandes.
9 Mitglieder: Heinrich G. Dikreiter, Franz Josef Ehrhart, Jean Hauck, Christian Köhler, Bruno Körner, Friedrich Profit, Julius Pütz, Friedrich Wagner, Franz Wilhelm Wenzel.
1900, Sept. Konstituierung des Gauvorstandes:
1. Vors.: Wenzel, 2. Vors.: Körner, Kassierer: Wagner, Schriftführer: Profit.

1901 - 1902
1901, 2.9. Mitgliederversammlung des Sozialdemokratischen Vereins Ludwigshafen, „Wiederwahl"[103] des bisherigen Gauvorstandes.
9 Mitglieder: Heinrich G. Dikreiter, Franz Josef Ehrhart, Jean Hauck, Christian Köhler, Bruno Körner, Matthias Kunkel, Friedrich Profit, Julius Pütz, Franz Wilhelm Wenzel.
1901, Sept. Konstituierung des Gauvorstandes:
1. Vors.: Wenzel, 2. Vors.: Körner, Kassierer: Köhler, Schriftführer: Profit.

1902 - 1903
1902, 1.9. Mitgliederversammlung des Sozialdemokratischen Vereins Ludwigshafen, Wahl des Gauvorstandes.

9 Mitglieder: Heinrich G. Dikreiter, Franz Josef Ehrhart, Jean Hauck, Christian Köhler, Bruno Körner, August Müller, Friedrich Profit, Franz Wilhelm Wenzel, Friedrich Wagner.
1902, Sept. Konstituierung des Gauvorstandes:
1. Vors.: Wenzel, 2. Vors.: Körner, Kassierer: Köhler, Schriftführer: Profit.

1903 - 1904
1903, 10.9. Mitgliederversammlung des Sozialdemokratischen Vereins Ludwigshafen, Wahl des Gauvorstandes.
9 Mitglieder: Franz Josef Ehrhart, Bruno Körner, Franz Wilhelm Wenzel, Friedrich Profit, Christian Köhler, August Müller, Heinrich G. Dikreiter, Friedrich Wagner, Prizius.
1903, Okt. Konstituierung des Gauvorstandes:
1. Vors.: Wenzel, 2. Vors.: Körner, Kassierer: Köhler, Schriftführer: Profit.
Ende 1903 Körner 1. Vors. für den verstorbenen Wenzel.

1904 - 1905
1904, 1.9. Mitgliederversammlung des Sozialdemokratischen Vereins Ludwigshafen, Wahl des Gauvorstandes.[104]
1904, Sept. Konstituierung des Gauvorstandes:
1. Vors.: Bruno Körner, 2. Vors.: August Müller, Kassierer: Christian Köhler, Schriftführer: Johann Lipfert.

1905 - 1906
1905, 14.9. Mitgliederversammlung des Sozialdemokratischen Vereins Ludwigshafen, Wahl des vergrößerten Gauvorstandes.
12 Mitglieder: Jakob Binder, Heinrich G. Dikreiter, Franz Josef Ehrhart, Josef Huber, Wilhelm Herzberg, Jean Hauck, Matthias Kunkel, Christian Köhler, Bruno Körner, Friedrich Profit, Sebastian Prüll, Adam Remmele.
1905, 26.9. Konstituierung des Gauvorstandes:
1. Vors.: Körner, 2. Vors.: Herzberg, Kassierer: Köhler, Schriftführer: Profit.

1906 - 1907
1906, 28.6. Außerordentliche Generalversammlung des Sozialdemokratischen Vereins Ludwigshafen, Wahl des Gauvorstandes.
9 Mitglieder: Jakob Binder, Franz Josef Ehrhart, Richard Hammer, Wilhelm Herzberg, Edmund Koelitz, Bruno Körner, Albert Obermeier, Friedrich Profit, Sebastian Prüll.
1906, 3.7. Konstituierung des um je einen Vertreter der Organisationen von Mundenheim – Franz Fries – und Friesenheim – Gustav Regener – verbreiterten Gauvorstandes.
1. Vors.: Körner, 2. Vors.: Herzberg, Kassierer: Nicht gewählt – Übernahme des Amtes durch Profit vorgesehen, Schriftführer: Profit, ab 1.8.1906 besoldeter Parteisekretär.

1907 - 1908
1907, 15.8. Mitgliederversammlung des Sozialdemokratischen Vereins Ludwigshafen, Wahl des Gauvorstandes:
8 Mitglieder: Franz Josef Ehrhart, Josef Huber, Bruno Körner, Wilhelm Herzberg, Richard

Hammer, Dr. Edmund Koelitz, Jakob Binder, Jean Hauck.
1907, 19.8. Konstituierung des 11köpfigen Gauvorstandes, dem 3 weitere Mitglieder angehören: Friedrich Profit als Parteisekretär; Georg Hick, Heinrich Gensheimer als Delegierte von Mundenheim und Friesenheim.
1. Vors.: Körner, 2. Vors.: Herzberg, Kassierer und Schriftführer: Profit.
1908 Adam Schumann Nachrücker für Hick

1908 - 1909
1908, 7.8. Mitgliederversammlung des Sozialdemokratischen Vereins Ludwigshafen, Wahl des Gauvorstandes.
9 Mitglieder: Wilhelm Herzberg, Jakob Binder, Gustav Haupt, Richard Hammer, Paul Kleefoot, Valentin Liebmann, August Müller, Georg Hartmann, Johann Lipfert.
1908[105], Konstituierung des um 5 weitere Mitglieder vergrößerten, 14köpfigen Gauvorstandes: Josef Huber, Bruno Körner als Abgeordnete; Friedrich Profit als Sekretär; Adam Schumann, Heinrich Gensheimer als Delegierte von Mundenheim und Friesenheim.
1. Vors.: Körner, 2. Vors.: Herzberg, Kassierer und Schriftführer: Profit.

1909 - 1910
1909, 26.8. Mitgliederversammlung des Sozialdemokratischen Vereins Ludwigshafen, Wahl des Gauvorstandes.
9 Mitglieder: Wilhelm Herzberg, Richard Hammer, Paul Kleefoot, Valentin Liebmann, Emil Gerisch, Georg Hartmann, August Müller, Johann Lipfert, Theodor Heim.
1909, 31.8. Konstituierung des 15köpfigen Gauvorstandes, dem 6 weitere Mitglieder angehören: Jakob Binder, Josef Huber, Bruno Körner als Abgeordnete; Friedrich Profit als Sekretär; Adam Schumann, Heinrich Gensheimer als Delegierte von Mundenheim und Friesenheim.
1. Vors.: Körner, 2. Vors.: Herzberg, Kassierer und Schriftführer: Profit.

1910 - 1911
1910, 25.8. Mitgliederversammlung des Sozialdemokratischen Vereins Ludwigshafen, Wahl des Gauvorstandes.
8 Mitglieder: Richard Hammer, Valentin Liebmann, Paul Kleefoot, August Baum, Emil Gerisch, Paul Hertwig, Theodor Heim, Karl Fischer.
1910, 1.9. Konstituierung des 15köpfigen Gauvorstandes, dem 7 weitere Mitglieder angehören: Jakob Binder, Josef Huber, Bruno Körner als Abgeordnete; Heinrich Lieser, Friedrich Profit als Sekretäre; Adam Schumann, Heinrich Gensheimer als Delegierte von Mundenheim und Friesenheim.
1. Vors.: Körner, 2. Vors.: Kleefoot.

1911 - 1912
1911, 21.9. Mitgliederversammlung des Sozialdemokratischen Vereins Ludwigshafen, „Wiederwahl" des bisherigen Gauvorstandes.
8 Mitglieder: August Baum, Karl Fischer, Emil Gerisch, Richard Hammer, Theodor Heim, Paul Hertwig, Paul Kleefoot, Valentin Liebmann.

1911, 25.9. Konstituierung des Gauvorstandes[106], Bestellung von Gerisch, Hammer, Liebmann zu Revisoren; Bildung eines „weiteren Gauvorstandes" aus den Reichstagswahlkreisen, für den: 1. Reichstagswahlkreis Friedrich Ackermann (Frankenthal); 2. Hermann Hartmann (Neustadt), 3. Lorenz Hauck (Rohrbach); 4. Philipp Keidel (Pirmasens); 5. Koch (Edesheim), 6. Hubert Merck, Johannes Hoffmann, Eduard Klement (Kaiserslautern).
1. Vors.: Körner, 2. Vors.: Kleefoot.

1912 - 1913
1912, 30.8. Mitgliederversammlung des Sozialdemokratischen Vereins Ludwigshafen, Wahl des Gauvorstandes.
8 Mitglieder: Richard Hammer, August Baum, Karl Fischer, Valentin Liebmann, Ludwig Seyler, Theodor Heim, Emil Gerisch, Paul Kleefoot.
1912[107] Konstituierung des 14köpfigen Gauvorstandes, dem 6 weitere Mitglieder angehören: Jakob Binder, Josef Huber, Bruno Körner als Abgeordnete; Friedrich Profit als Sekretär; Georg Käb, Georg Müller als Delegierte aus Mundenheim und Friesenheim.
1. Vors.: Körner, 2. Vors.: ?
1912 mit Errichtung des Sekretariats Homburg Ausscheiden Liesers.

1913 - 1914/17[108]
1913, 11.9. Mitgliederversammlung des Sozialdemokratischen Vereins Ludwigshafen, Wahl des Gauvorstandes.
7 Mitglieder: Richard Hammer, August Baum, Emil Gerisch, Karl Fischer, Paul Kleefoot, Valentin Liebmann; Neugewählte: Babette Maffenbeier, Georg Michel.
1913[109] Konstituierung des Gauvorstandes.
1. Vors.: Körner, 2. Vors.: ?

1918 - 1919
1918, 7.1. Mitgliederversammlung des Sozialdemokratischen Vereins Ludwigshafen, Wahl und anschließende Konstituierung des 15köpfigen Gauvorstandes.
8 gewählte Mitglieder: Karl Fischer, Emil Gerisch, Richard Hammer, Paul Kleefoot, Georg Michel, Albert Rauschert, Ludwig Strauch, Babette Maffenbeier; Ersatzleute: Rudolf Lipfert, Heinrich Oberfrank;
7 weitere Mitglieder: Jakob Binder, Josef Huber, Bruno Körner als Abgeordnete; Heinrich Lieser, Friedrich Profit als Sekretäre, ein Delegierter[110] für Mundenheim und Flizikowski für Friesenheim.
1. Vors.: Körner, 2. Vors.: Kleefoot.

1919 - 1921
1919, 5.11. Die Mitgliederversammlung des SPD-Vereins Ludwigshafen, Wahl des Bezirksvorstandes.
7 gewählte Mitglieder: Rosine Speicher, Richard Hammer, Karl Fischer, Emil Gerisch, Albert Rauschert, Philipp Steinmetz, Ludwig Strauch.
Anfang 1920 15 Mitglieder: Jakob Binder, Karl Fischer, Emil Gerisch, Richard Hammer, Josef Huber, Paul Kleefoot, Bruno Körner, Albert Rauschert, Rosine Speicher, Philipp Stein-

metz, Ludwig Strauch; als Delegierte von Mundenheim und Friesenheim Georg Käb, Friedrich Wagner; ferner als Parteisekretäre Friedrich Profit, Heinrich Lieser.
1. Vors.: Körner, 2. Vors.: Kleefoot.
1920 Ausscheiden Binders wegen Wegzugs aus Ludwigshafen, 1921 Speichers wegen Parteiaustritts[111]. Oktober 1920 Huber weiterer Parteisekretär.

1921 - 1922

1921, 9.-10.7. Bezirksparteitag Kaiserslautern, durch diesen erstmalige Wahl des Bezirksvorstandes.
12 Mitglieder: Hermann Bernatz, Richard Hammer, Josef Huber, Bruno Körner, Heinrich Lieser, Hubert Merck, Fritz Ober, Friedrich Profit, Lina Rauschert, Christian Schwartz, Friedrich Wilhelm Wagner, Jakob Zaun.
1921, 19.7. Konstituierung des Bezirksvorstandes:
1. Vors.: Körner, 2. Vors.: Profit.
1921, Okt. Ausscheiden Profits, statt seiner Georg Setzer Parteisekretär.

1922 - 1924

1922, Nov. Zusammensetzung des Bezirksvorstandes nach der Vereinigung von MSPD und USPD[112]:
Bruno Körner, Friedrich Wilhelm Wagner, Richard Hammer, Lina Rauschert, Karl Haushalter, Gerhard Jacobshagen, Jakob Zaun, Fritz Ober, Hermann Bernatz, Hubert Merck, Georg Huber, Christian Schwartz, Jakob Leonhardt; ferner: Georg Setzer als Bezirkssekretär, Josef Huber als Kassierer, Heinrich Lieser- Homburg, Hans Völker- Kaiserslautern, Franz Wynands- Landau als Unterbezirkssekretäre.
1. Vors.: Körner, 2. Vors.: ?

1924 - 1925

1924, 10.2. Konferenz der Pfälzischen Sozialdemokratie in Mannheim[113], Wahl zur Ergänzung des Bezirksvorstandes:
Vors.: Sommer für Körner, Mayer für Bernatz, Weber für Georg Huber, Holzmann für Schwartz.
1924, 1.3. Mitgliederversammlung der SPD Ludwigshafen, Zuwahl zum Bezirksvorstand: Paul Kleefoot, Ihrig, Bernhard Hamm, Philipp Bitz (Mundenheim).

1925 - 1927

1925, 14.-15.2. Ordentlicher Bezirksparteitag Neustadt, Neuwahl des Bezirksvorstandes, bei nächster Vorstandssitzung Wahl der Vorsitzenden:
9 gewählte Mitglieder: Bruno Körner, Friedrich Wilhelm Wagner, Wilhelm Hofmann, Susanna Jacobshagen, Bernhard Sang[114], Hermann Hartmann, Fritz Theobald, Karl Haushalter, Richard Hammer[115];
Ersatzleute: Heinrich Weber- Pirmasens, Hubert Merck, König- Speyer, Hermann Bernatz, Kühn- Bruchhof.
3 weitere Mitglieder des 12köpfigen Vorstandes: Georg Setzer, Josef Huber, Hans Völker als Sekretäre.

1. Vors.: Körner, 2. Vors.: Setzer.
1925 Merck Nachrücker für verstorbenen Hartmann, Weber für verzogenen Haushalter; 1925 Fritz Müller Unterbezirkssekretär Kaiserslautern für Völker, Karl Klingenstein neu als Unterbezirkssekretär Landau.

1927 - 1928
1927, 26.-27.3. 31. Ordentlicher Bezirksparteitag Neustadt, Neuwahl des Bezirksvorstandes.
9 Mitglieder: Richard Hammer, Bruno Körner, Friedrich Wilhelm Wagner, Karl Fischer, Marie Wolf, Heinrich Weber, Jakob Zaun, Wilhelm Hofmann, Susanna Jacobshagen;
4 weitere Mitglieder des 13köpfigen Bezirksvorstandes: Georg Setzer als Bezirkssekretär, Josef Huber als Bezirkskassierer, Fritz Müller, Karl Klingenstein als Unterbezirkssekretäre.
1. Vors.: Körner, 2. Vors.: Wagner.
1927, Mai Eduard Klement Nachrücker für den verstorbenen Körner.
1927, Juli Hammer 1. Vorsitzender.

1928 - 1929
1928, 24.-25.3. 33. Bezirksparteitag Ludwigshafen, Neuwahl des Bezirksvorstandes; per Akklamation Wiederwahl des alten[116]; bei nächster Vorstandssitzung Wahl der Vorsitzenden.
9 Mitglieder: Richard Hammer, Friedrich Wilhelm Wagner, Andreas Hub, Susanna Jacobshagen, Wilhelm Hofmann, Eduard Klement, Heinrich Weber, Marie Wolf, Jakob Zaun;
4 weitere Mitglieder des 13köpfigen Bezirksvorstandes: Georg Setzer als Bezirkssekretär, Josef Huber als Bezirkskassierer, Fritz Müller, Karl Klingenstein als Unterbezirkssekretäre.
1. Vors.: Hammer, 2. Vors.: Wagner.

1929 - 1931
1929, 6.-7.7. Bezirksparteitag Kaiserslautern, Neuwahl des Bezirksvorstandes.
9 gewählte Mitglieder: Richard Hammer, Andreas Hub, Wilhelm Hofmann, Marie Wolf, Friedrich Wilhelm Wagner, Eduard Klement, Heinrich Weber, Susanna Jacobshagen, Karl Forthuber;
Ersatzleute: Rudolf Zorn, Hermann Langlotz, Paul Kleefoot;
4 weitere Mitglieder des 13köpfigen Bezirksvorstandes: Georg Setzer als Bezirkssekretär, Josef Huber als Bezirkskassierer, Karl Klingenstein, Fritz Müller als Unterbezirkssekretäre.
1. Vors.: Hammer, 2. Vors.: Wagner.
1929 Ausscheiden Hubers aus dem Bezirkssekretariat, Eintritt Franz Böglers als Bezirkssekretär.

1931 - 1933
1931, 11.-12.4. 36. Bezirksparteitag Speyer, Wahl des Bezirksvorstandes.
9 Mitglieder: Richard Hammer, Friedrich Wilhelm Wagner, Karl Forthuber, Wilhelm Hofmann, Franz Hund, Susanna Jacobshagen, Eduard Klement, Heinrich Weber, Marie Wolf;
4 weitere Mitglieder des 13köpfigen Bezirksvorstandes: Franz Bögler, Karl Klingenstein, Fritz Müller, Georg Setzer als Sekretäre.

1. Vors.: Hammer, 2. Vors.: Wagner.
1931 Oskar Vongerichten Nachrücker für die aus der Partei ausgeschlossene Jacobshagen.

1933[117]
1933, 4.-5.2. 38. Bezirksparteitag Pirmasens, Wahl des Bezirksvorstandes.
Mitglieder: Richard Hammer, Friedrich Wilhelm Wagner, Fritz Fickeisen, Karl Forthuber, Wilhelm Hofmann, Franz Hund, Oskar Vongerichten, Heinrich Weber, Marie Wolf; ferner die nicht erwähnten Sekretäre.
1. Vors.: Hammer, 2. Vors.: Wagner.

1945/46[118]
1945, 26./27.10. „Illegale" Konferenz Elmstein, Bildung eines Provisorischen Bezirksvorstandes.
Mitglieder: Adolf Ludwig; Johann Gröning, Eugen Hertel, Ernst Lorenz, Fritz Schott, Fritz Volkemer.
Vors.: Ludwig.

1946[119]
1946, 8.2. Genehmigung der SP Hessen-Pfalz und ihres Vorstandes durch die Besatzungsbehörde.
Vorstandsmitglieder: Adolf Ludwig, Heinrich Harasin, Hermann Langlotz, Eugen Hertel, Ignaz Roth, Johann Gröning.

1946 - 1947
1946, 13.-14.4. 39. Bezirksparteitag Kaiserslautern, erster gewählter Nachkriegsvorstand, 17 Mitglieder, davon 15 gewählt.
13 Beisitzer: Herbert Buhl, Eugen Hertel, Hans Hoffmann, Hermann Langlotz, Ernst Lorenz, Ignaz Roth, Julius Rüb, Ferdinand Schardt, Friedrich Schmidt, Fritz Schott, Fritz Theobald, Hans Vogtländer, Fritz Volkemer; als Bezirkssekretäre: Franz Bögler, Maxim Kuraner; ferner 2 Frauen, von Frauenkonferenz zu bestimmen, nur Else Müller kooptiert[120].
2 gleichberechtigte Vorsitzende: Franz Bögler, Adolf Ludwig;

1947 - 1948
1947, 26.-27.4. 40. Bezirksparteitag Speyer, Wahl des Vorsitzenden und des Bezirksvorstandes.
17 Beisitzer, davon 2 Frauen, nach Stimmenzahl: Adolf Ludwig, Hans Hoffmann, Eugen Hertel, Julius Rüb, Ella Weiß, Luise Herklotz, Friedrich Wilhelm Wagner, Ignaz Roth, Ferdinand Schardt, Fritz Volkemer, Oskar Böhm, Erwin Stein, Ernst Lorenz, Herbert Buhl, Philipp Mees, Kurt Ameis.
Vors.: Franz Bögler.

1948 - 1949[121]
1948, 17.-18.4. 41. Bezirksparteitag Kaiserslautern, Wahl des Vorsitzenden und des Bezirksvorstandes.

15 weitere Mitglieder: Adolf Ludwig, Hans Hoffmann, Julius Rüb, Friedrich Wilhelm Wagner, Ignaz Roth, Luise Herklotz, Ernst Lorenz, Hans Koller, Ella Weiß, Erwin Stein, Ferdinand Schardt, Else Müller, Philipp Mees, Friedrich Schmidt, Oskar Böhm; ferner die Bezirkssekretäre.
1. Vors.: Franz Bögler, 2. Vors.: Eugen Hertel,

1949 - 1950
1949, 5.-6.3. 42. Bezirksparteitag Frankenthal, Wahl des Vorsitzenden und des Bezirksvorstandes.
16 Beisitzer, nach Stimmenzahl: Eugen Hertel, Adolf Ludwig, Ernst Roth, Friedrich Wilhelm Wagner, Luise Herklotz, Ernst Lorenz, Willi Heidelberg, Julius Rüb, Ignaz Roth, Else Müller, Hans Koller, Erwin Stein, Maxim Kuraner, Fritz Volkemer, Ferdinand Schardt, Friedrich Schmidt.
Vors.: Franz Bögler.
1950 Oskar Böhm Nachrücker für den verstorbenen Schmidt.

IV. Vorstandsmitglieder

Name	Vorname	geb.	gest.	Beruf	Ort	Funktion/ Bemerkungen	von	bis
Ackermann	Friedrich	1876	1949	Rechtsanwalt Abgeordneter	Frankenthal	weiterer Vorstand	1911	1912
Ameis	Kurt	1917	1996	Verwaltungs-Angestellter Schmied	Kusel		1947	1948
Baum	August	1880	1931	Gewerkschaftssekretär	Ludwigshafen	seit 1917 USPD	1910	1917
Bernatz	Hermann	1875		Bahnverwalter	Dürkheim		1921	1924
						Ersatzmann	1925	1927
Binder	Jakob	1866	1932	Bäckermeister Abgeordneter	Ludwigshafen	seit 1909 als Abgeordneter	1905	1920
Bitz	Philipp	1868		Wohnungskontrolleur städtischer Beamter	Mundenheim		1924	1925
Bögler	Franz	1902	1976	Angestellter Parteisekretär Abgeordneter	Speyer	1929-33 als Bezirkssekretär 1946-61 1. Vors.	1929 1946	1933 1961
Böhm	Oskar	1916		Arbeitsamts-Angestellter	Kandel		1947	1949
Buhl	Herbert, Dr.	1901	1963	Bürgermeister Regierungs-Direktor	Neustadt Kaiserslautern	1950 Nachrücker für Schmidt	1950 1946	1978 1948
Dikreiter	Heinrich G.	1865	1947	Tischler Redakteur der PP	Ludwigshafen	1899-1900 Schriftführer	1899?	1906
Ehrhart	Franz Josef	1853	1908	Tapezierer Händler Abgeordneter	Ludwigshafen	ab 1885 pfälz. Parteiführer bis 1895 (?) Vors. des Agitationskomitees	1891	1908
Fickeisen	Fritz	1897	1969	Müller Angestellter	Kusel		1933	1933

Name	Vorname	geb.	gest.	Beruf	Ort	Funktion/ Bemerkungen	von	bis
Fischer	Karl	1877	1950	Dreher Gewerkschaftssekretär Abgeordneter	Ludwigshafen		1910 1927	1921 1928
Flizikowski Forthuber	Karl	1887	1964	Modellschreiner Angestellter	Friesenheim Frankenthal		1918 1929	1919 1933
Fries Gensheimer Gerisch	Franz Heinrich Emil	1861	1932	Metteur, bei der PP Schlosser Drucker Geschäftsführer der PP	Mundenheim Friesenheim Ludwigshafen	1911-1912 Revisor	1906 1907 1909	1907 1911? 1921
Gröning	Johann [Jean]	1893	1978	Schlosser Angestellter	Neustadt	prov. Vorstand ehem. USPD	1945	1946
Hamm Hammer	Bernhard Richard	1887 1879	1944	Schmied Buchdrucker Expedient, Redakteur der PP	Ludwigshafen Ludwigshafen	1911-1912 Revisor 1927-1933 1. Vors.	1924 1906	1925 1933
Harasin Hartmann Hartmann	Heinrich Georg Hermann	1869 1870	1925	Arbeiter Wagenbauer Dreher Händler Abgeordneter	Mainz Ludwigshafen Neustadt	prov. Vorstand Hessen-Pfalz weiterer Vorstand	1946 1908 1911 1925	1946 1910 1912 1925
Hauck	Johann [Jean]	1864	1909	Tabakhändler Expedient der Volksstimme Redakteur der PP	Ludwigshafen	1892-1993 Schriftführer 1903 Wiederwahl abgelehnt	1891 1899 1905 1907	1893? 1903 1906 1908
Hauck Haupt	Lorenz Gustav	1873 1870	1932	Schneidermeister Tischler Gewerkschaftssekretär	Rohrbach Ludwigshafen	weiterer Vorstand	1911 1908	1912 1909
Haushalter	Karl	1882		Kranführer	Ludwigshafen	ehem. USPD	1922	1925

Nachname	Vorname	geb.	gest.	Beruf	Ort	Anmerkung		
Heidelberg	Willi	1905	1980	Chemotechniker	Ludwigshafen		1949	1950
Heim	Theodor	1858		Brauer	Ludwigshafen		1909	1913
Heinz	Jakob			Spengler	Ludwigshafen		1891	1893?
				Milchhändler			1899	1900
Herklotz	Luise	1918		Journalistin	Speyer	1947 als Frauenvertreterin	1947	1980
				Abgeordnete				
Hertel	Eugen	1893	1973	Schreiner	Kaiserslautern	1945 prov. Vorstand	1945	1960
				Schriftleiter		1948-1949, 1950-1960 2. Vors.		
				Abgeordneter				
Hertwig	Paul	1882		Fabrikarbeiter	Ludwigshafen		1910	1912
Herzberg	Wilhelm	1869	1912	Arzt	Ludwigshafen	1905-1910 2. Vors.	1905	1910
				Redakteur der PP				
Hick	Georg	1875		Notar	Mundenheim		1907	1908
Hoffmann	Hans, Dr.	1893	1952	Staatsminister	Ludwigshafen		1946	1949
				Abgeordneter	Wachenheim			
Hoffmann	Johannes	1867	1930	Lehrer	Kaiserslautern	weiterer Vorstand	1911	1912
				Abgeordneter				
Hofmann	Wilhelm	1878	1944	Rechtsanwalt	Kaiserslautern		1925	1933
				Redakteur der PFP				
Holzmann	Andreas			Gewerkschaftssekretär	Zweibrücken	Ersatzmann für Schwartz	1924	1925
Hub				Arbeitersekretär	Ludwigshafen		1928	1931
Huber	Georg	1890	1945	Schuhfabrikarbeiter	Pirmasens	ehem. USPD	1922	1924
				Gewerkschaftssekretär				
Huber	Josef	1860	1940	Schriftsetzer	Ludwigshafen	1891-1892 2. Vors.	1891	1900
				Druckereibesitzer		1895?-1899? Vors. des	1905	1906
				Parteisekretär		Agitationskomitees	1907	1931
				Abgeordneter		1920-1929 als Parteisekretär		
Hund	Franz	1884		Gasarbeiter	Ludwigshafen		1931	1933
				Gewerkschaftssekretär				

Name	Vorname	geb.	gest.	Beruf	Ort	Funktion/ Bemerkungen	von	bis
Ihrig							1924	1925
Jacobshagen	Gerhard	1890	1953	Kaufmann Abgeordneter	Ludwigshafen	ehem. USPD	1922	1925
Jacobshagen	Susanna	1891		Hausfrau	Ludwigshafen	als Frauenvertreterin 1931 Parteiausschluß	1925	1931
Käb	Georg			Wirt	Mundenheim		1912	1913
							1920	1921
Keidel	Philipp	1857	1932	Schuhmacher Abgeordneter	Pirmasens	weiterer Vorstand	1911	1912
Kleefoot	Paul	1870	1938	Zigarrenmacher Redakteur der PP	Mundenheim Ludwigshafen	1910-1912, 1918-1921 2. Vors.	1908 1924	1921 1925
				Bürgermeister		Ersatzmann	1929	1931
Klement	Eduard	1867	1940	Ziseleur Wirt, Händler Abgeordneter	Kaiserslautern	weiterer Vorstand 1927 Nachrücker für Körner	1911 1927	1912 1933
Klingenstein	Karl	1885	1968	Buchdrucker Parteisekretär	Landau	seit 1925 als Unterbezirkssekretär	1925	1933
Koch					Edesbach	weiterer Vorstand	1911	1912
Koch	Heinrich	1853			Ludwigshafen	1899-1900 2. Vors.	1891	1892
Köhler	Christian	1849		Bautechniker	Ludwigshafen	1901-1906 Kassierer	1891	1892
Koelitz					Ludwigshafen		1899?	1906
König	Edmund, Dr.				Speyer		1906	1908
Koller	Hans	1902	1956	Regierungs-Baurat	Dürkheim	Ersatzmann	1925	1927
Körner	Bruno	1862	1927	Schreiner Gastwirt Abgeordneter	Ludwigshafen	1891-1892 Kassierer 1900-1903 2. Vors. 1903-1927 1. Vors.	1949 1891 1900	1953? 1893? 1927
Kühn					Bruchhof	Ersatzmann	1925	1927

Nachname	Vorname	geb.	gest.	Beruf	Ort	Bemerkung			
Kunkel	Matthias	1851		Schneider Fabrikarbeiter	Ludwigshafen		1891 1899? 1901 1905	1893? 1900 1902 1906	
Kuppelmeier Kuraner	Maxim	1901	1978	Schriftleiter Oberregierungsrat	Ludwigshafen Neustadt	1892-1893? 2. Vors. 1946 als Bezirksekretär	1892 1946	1893? 1959	
Langlotz	Hermann	1895	1964	Verwaltungsangestellter AOK-Direktor	Kaiserslautern	Ersatzmann	1929 1946	1931 1947	
Leonhardt	Jakob	1879	1943	Buchdrucker Gewerkschaftssekretär Abgeordneter	Speyer Kaiserslautern	ehem. USPD	1922	1925	
Liebmann	Valentin			Geschäftsführer Weber	Ludwigshafen Ludwigshafen	1911-1912 Revisor seit 1910 als Parteisekretär, 1912 Ausscheiden wegen Umzuges 1904-1905 Schriftführer	1908 1910	1914? 1912	
Lieser	Heinrich	1879		Parteisekretär			1918	1924	
Lipfert	Johann	1877		Buchbinder Angestellter der PP	Homburg Ludwigshafen		1904 1908	1905 1910	
Lipfert	Rudolf	1876		Schlosser		Ersatzmann	1918	1919	
Lorenz	Ernst	1901	1980	Schlosser Betriebsratsvorsitzender Abgeordneter	Ludwigshafen	1945 prov. Vorstand	1945	1967	
Ludwig	Adolf	1892	1962	Schuhmacher Gewerkschaftssekretär Abgeordneter	Neustadt	1945, prov. 1. Vors 1946-1947 1. Vors. mit Bögler	1945	1959	
Maffenbeier	Babette				Ludwigshafen		1913	1919	
Mayer	Georg	1888		Fabrikarbeiter	Bad Dürkheim	Ersatzmann für Bernatz	1924	1925	
Mees	Philipp	1901	1971	Metallarbeiter Gewerkschaftssekretär	Kaiserslautern		1947	1948	
Merck	Hubert	1874	1929	Schreiner Redakteur der PP	Kaiserlautern	weiterer Vorstand Nachrücker für H. Hartmann	1911 1921	1912 1927	

Eris J. Keim

Name	Vorname	geb.	gest.	Beruf	Ort	Funktion/ Bemerkungen	von	bis
Michel	Georg			Schuster	Ludwigshafen		1913	1919
Müller	August			Wirt	Ludwigshafen	1904-1905 2. Vors.	1902	1905
							1908	1910
Müller	Else	1901		Angestellte	Kaiserslautern	als Frauenvertreterin	1949	1953
Müller	Fritz	1900		Feinmechaniker	Kaiserslautern	als Unterbezirkssekretär	1925	1933
				Parteisekretär				
Müller	Georg	1877	1960	Holzschiffbauer, Schiffer	Friesenheim		1912	1913
Ober	Fritz	1879		Dreher	Speyer		1921	1924
Oberfrank	Hermann			Gewerkschaftssekretär	Ludwigshafen	Ersatzmann	1918	1919
Obermeier	Albert				Ludwigshafen		1906	1907
Prizius					Ludwigshafen		1903	1904
Profit	Friedrich	1875	1951	Schlosser	Ludwigshafen	1901-1905, 1906-1910 Schriftführer	1900	1921
				Redakteur der PP		1906-1921 als Bezirkssekretär		
				Parteisekretär		1921 2. Vors.		
				Abgeordneter				
Prüll	Sebastian	1874	1951	Tagelöhner	Ludwigshafen		1905	1907
				Gewerkschaftssekretär				
Pütz	Julius	1845	1906	Schreiner	Ludwigshafen		1900	1902
				Viktualienhändler				
Rauschert	Albert	1876	1946	Buchdrucker	Ludwigshafen		1918	1921
				Arbeitersekretär				
Rauschert	Lina	1878	1963	Hausfrau	Ludwigshafen	als Frauenvertreterin, 1925 Rücktritt	1921	1925
Regener	Gustav			Gewerkschaftssekretär	Friesenheim		1906	1907
Remmele	Adam	1877	1951	Müller	Ludwigshafen		1905	1906
				Arbeitsamtsleiter				
Roth	Ernst	1901	1951	Journalist	Frankenthal		1949	1951
				Landrat				

Name	Vorname	geb.	gest.	Beruf	Ort	Anmerkungen		
Roth	Ignaz	1894	1972	Schreiner Arbeitsamts-Angestellter Oberbürgermeister Abgeordneter	Zweibrücken	ehem. USPD	1946	1960
Rüb	Julius	1886	1968	Bauer Abgeordneter	Hütschenhausen		1946	1958
Sang	Bernhard	1876	1959	Mechaniker Mechanikermeister	Frankenthal		1925	1927
Schardt	Ferdinand	1898	1953	Lehrer Landrat	Kirchheimbolanden		1946	1950?
Schloß Schmidt	Friedrich	1880	1950	Bergmann Arbeitsamts-Direktor Abgeordneter	Ludwigshafen Landau		1892 1946 1948	1893? 1947 1950
Schmitt Schott	Friedrich	1905	1969	Dreher Sozialreferent	Ludwigshafen Ludwigshafen	1945 prov. 2. Vors.	1892 1945	1893? 1947
Schreiner	Philipp	1855		Wirt, Händler Fabrikarbeiter	Ludwigshafen		1891	1892
Schumann Schwartz	Adam Christian	1863 1877	1941	Zimmerer Bäckermeister Zigarrenhändler Abgeordneter	Mundenheim Zweibrücken		1908 1921	1911? 1924
Setzer	Georg	1884	1962	Schriftsetzer Angestellter der PP Parteisekretär	Ludwigshafen	1921-1933 als Bezirkssekretär 1925-1927 2. Vors.	1921	1933
Seyler Sommer Speicher	Ludwig Jakob Rosine	1878 1893 1884	1955 1967	Maschinenschlosser Dreher Hausfrau	Ludwigshafen Ludwigshafen Ludwigshafen	Ersatzmann für Körner als Frauenvertreterin 1920 Parteiaustritt	1912 1924 1919	1913 1925 1920
Stein	Erwin	1910	1998	Parteisekretär	Pirmasens	als Unterbezirkssekretär	1947	1950?

Name	Vorname	geb.	gest.	Beruf	Ort	Funktion/ Bemerkungen	von	bis
Steinmetz	Philipp	1882		Lehrer Schulamtmann	Ludwigshafen		1919	1921
Strauch Theobald	Ludwig Friedrich	1887	1964	Steinarbeiter Angestellter	Rammelsbach		1918 1925 1946	1921 1927 1947
Vogtländer	Hans	1897	1956	Buchdrucker Parteisekretär	Frankenthal	als Unterbezirkssekretär	1946	1947
Völker	Hans	1886		Töpfer Parteisekretär	Kaiserslautern	als Unterbezirkssekretär	1922	1925
Volkemer	Fritz	1907	1974	Schuhmacher Gewerkschaftssekretär Abgeordneter	Pirmasens	1945 prov. Vorstand	1945 1949	1948 1953?
Vongerichten	Oskar	1895	1959	Eisenbahner	Ludwigshafen	1931 Nachrücker für S. Jacobshagen	1931	1933
Wagner	Friedrich	1894	1971	Fabrikarbeiter Händler	Ludwigshafen Friesenheim	1899?-1901 Kassierer	1899? 1902 1919	1901 1904 1921
Wagner	Friedrich Wilhelm			Rechtsanwalt Abgeordneter	Ludwigshafen	1927-33 2. Vors. 1961 stellv. Vors. 1961 1. Vors.	1921 1947	1933 1962
Weber	Heinrich	1888	1961	Schuhmacher Arbeitsamts-Direktor	Pirmasens	1924 Ersatzmann für G. Huber 1925 Nachrücker für Haushalter	1924 1925	1925 1933
Weiß	Ella, Dr.	1910	1995	Studienrätin Abgeordnete	Frankenthal	als Frauenvertreterin	1947	1949
Wenzel	Franz Wilhelm	1856	1903	Buchdrucker Verleger der PP	Ludwigshafen	1898?-1899 2. Vors. 1899-1903 1. Vors.	1898?	1903
Wolf	Marie	1886	1944	Tabakarbeiterin Gewerkschaftssekretärin	Speyer	als Frauenvertreterin	1927	1933

Wynands	Franz			Parteisekretär	Landau	ehem. USPD, als Unterbezirkssekretär	1922 1924
Zaun	Jakob	1879	1960	Lehrer Bürgermeister	Frankenthal		1921 1924 1927 1929
Zorn	Rudolf, Dr.	1893	1966	Verwaltungsjurist Bürgermeister	Oppau	Ersatzmann	1929 1931

Anmerkungen

1 Siehe dazu die Beiträge von Wilhelm Kreutz und Gerhard Wunder in diesem Bande, zu Kaiserslautern: Eris J. Keim, „Aller Anfang fällt schwer". Erinnerungen, Dokumente, Biographien zum 100jährigen Bestehen der modernen Metallarbeiter- und sozialdemokratischen Bewegung in Kaiserslautern, Mertesheim 1991, S. 17.
2 Vgl. Erich Schneider, Die Anfänge der sozialistischen Arbeiterbewegung in der Rheinpfalz 1864-94, Diss. Mainz 1956 und seinen Beitrag über die Anfänge der pfälzischen Sozialdemokratie in diesem Buch.
3 Ohne auf den Begriff der „Elite" weiter eingehen zu können, liegt es nahe, hier den der sogenannten „Positionseliten" ins Auge zu fassen. Zur Problematik und den verschiedenen Forschungsansätzen, etwa: Edward O. Laumann/Franz Urban Pappi, Neue Ansätze zur Erforschung kommunaler Eliten, in: Lokale Politik unter exekutiver Führerschaft. Hrsg. v. Paul Kevenhörster, Meisenheim 1977, S. 281-324.
4 In der „Pfälzischen Post" v. 30.10.1903; zu Wenzel ferner: Ernst Otto Bräunche, Parteien und Reichstagswahlen in der Rheinpfalz von der Reichsgründung 1871 bis zum Ausbruch des Ersten Weltkrieges 1914, Speyer 1982, S. 180, 394 Anm. 37; Wilhelm Heinz Schröder, Sozialdemokratische Reichstagsabgeordnete und Reichstagskandidaten 1898-1918. Biographisch-Statistisches Handbuch, Düsseldorf 1986, S. 222.
5 Fragen etwa nach der Alters- und Berufsstruktur, Dauer der Mitgliedschaft, Bruch und Kontinuität 1918 und 1945 sollen späterer Behandlung vorbehalten bleiben. Auch bedürfte es systematischer Vergleiche mit anderen regionalen Parteiverbänden.
6 Grundlegend hierzu: Gerhard A. Ritter, Die Arbeiterbewegung im Wilhelminischen Reich, Berlin 2. Aufl. 1963, S. 45 ff; Dieter Fricke, Die Deutsche Arbeiterbewegung 1869-1914. Ein Handbuch, Berlin (DDR) 1976.
7 Protokoll über die Verhandlungen des Parteitages der Sozialdemokratischen Partei Deutschlands. Abgehalten zu Halle a. S. vom 12. bis 18. Oktober 1890, Berlin 1890, S. 4 ff (Statut) und dass. Mainz 1900, S. 6 ff (Statut).
8 Protokoll (wie Anm. 7) Jena 1905, S. 6 ff (Statut).
9 Siehe ebd., S. 192 und Ehrharts Beitrag in der „Pfälzischen Post" v. 7.9.1905.
10 „Pfälzische Post" v. 14.9.1905 (Parteitagsbericht). Zum „Reformismus" in der bayerischen Partei: Heinrich Hirschfeld, Die bayerische Sozialdemokratie 1864-1914. 2 Bde., Erlangen 1979, Bd. 1, S. 433-486.
11 Die pfälzischen Wahlkreisvereine, bislang in der Regionalforschung vernachlässigt, verdienten eingehendere Untersuchung.
12 Zum Ganzen: Protokolle der Sitzungen des Parteiausschusses der SPD 1912 bis 1921. Nachdruck hrsg. v. Dieter Dowe, eingel. v. Friedhelm Boll, Berlin-Bonn 1980.
13 Vgl. etwa Protokoll (wie Anm. 7) Frankfurt 1894, S. 23 und Fricke (wie Anm. 6), S. 184 ff, 188 f, 220 f.
14 Siehe: Protokoll über die Verhandlungen des IV. Parteitages der Bayerischen Sozialdemokratie. Abgehalten zu Würzburg am 30. und 31. Oktober 1898, Nürnberg 1898, bes. S. 68 ff (Statut).
15 Hierzu: Hirschfeld (wie Anm. 10), S. 433 ff.
16 Hierzu den Beitrag von Josef Kaiser über den Speyerer Arbeitertag von 1891 in diesem Buche.
17 Siehe: Landesarchiv Speyer, Best. H 3, Nr. 929 III, fol. 279-308 (Bericht über den Arbeitertag in Speyer v. 7.6.1891).
18 Ebd., fol. 331 f (Statuten des „Sozialdemokratischen Agitationsvereins für die Pfalz").
19 Ebd., Nr. 929 II fol. 385-388 (Bericht über den 3. Arbeitertag in Kaiserslautern v. 7.6.1892). Ferner: Schneider (wie Anm. 2), S. 144; Willi Breunig, Soziale Verhältnisse der Arbeiterschaft und sozialistische Arbeiterbewegung in Ludwigshafen am Rhein 1869-1919, Ludwigshafen 2. Aufl. 1990, S. 222 ff.
20 Siehe: Protokoll (wie Anm. 7) Weimar 1919, S. 318-345 und S. 517-522 (Statut); und: Heinrich August Winkler, Von der Revolution zur Stabilisierung. Arbeiter und Arbeiterbewegung in der Weimarer Republik 1918 bis 1924, Berlin-Bonn 1984, S. 245 f.
21 Mit der Einführung des Verhältniswahlrechtes nach gebundenen Parteilisten wurde das Reichsgebiet in 38 bzw. 35 Wahlkreise eingeteilt, die Pfalz bildete den 37. bzw. 30., vgl. meinen Beitrag über Wahlen und Abgeordnete in diesem Band.
22 Siehe „Pfälzische Post" v. 28.10.1919 (Parteibericht). Zuvor mußte schon der für den 22.12.1918 vorgesehene außerordentliche Gautag wegen Nichtgenehmigung abgesagt werden,; vgl. ebd. v. 28.10. – Ausschreibung nicht ermittelt – und v. 23.12.1918 hinsichtlich des analogen Verbots von Wahlkreisversammlungen; ferner: Sozialdemokratische Partei Deutschlands. Bezirk Pfalz. Bericht für die Zeit vom 1. April 1920 bis 31. März 1921, Ludwigshafen o. J., S. 1 f und S. 23.
23 Siehe: „Pfälzische Post" v. 16.10.1919 (Ausschreibung) und zum Folgenden die Ausgaben v. 28., 29., 30.10.1919 (Parteitagsberichte). Die Ausgabe v. 9.10. enthält den Abdruck des Weimarer Statutes.
24 Vgl. ebd. vom 27.4. (Ausschreibung) und 12., 14.5.1920 (Parteitagsberichte). Denkbar ist, daß

25 Dazu „Pfälzische Post" v. 19.5. (Satzungsentwurf) und 11.7.1921 (Parteitagsbericht).
26 Das vom Bezirksparteitag in Neustadt im Februar 1925 beschlossene Statut muß in diesem Zusammenhang außer Betracht bleiben, da es anscheinend nicht veröffentlicht wurde, so daß Berichte der „Pfälzischen Post" über damit einhergehende Debatten nur zum Teil nachvollziehbar sind. Bei dem Statut von 1931 handelt es sich lediglich um Anpassungen an das nationale, die hier nicht weiter interessieren, vgl. „Pfälzische Post" v. 13.4.1931 (Parteitagsbericht); ferner: Vera Stürmer, Die pfälzische SPD in der Endphase der Weimarer Republik, in: diess./Ralf Hundinger, „Wir kommen wieder!" Ende und Wiederaufbau der pfälzischen SPD 1929-1933 und 1945-1947, Mannheim 1995, bes. S. 23 ff, Text des Statutes abgedr. S. 127 ff.
27 Siehe: Ralf Hundinger, Die Wiedergründung der pfälzischen SPD 1945-1947, in Stürmer/Hundinger (wie Anm. 26), bes. S. 193 ff; SPD-Bezirk Pfalz. Ordner: Statuten, darin: Organisationsstatut der SP Hessen-Pfalz 1946 und Statut des Bezirksverbands Pfalz der SPD 1948
28 Vgl. „Pfälzische Post" vom 29.7.1914 (Ausschreibung); später heißt es, daß der Parteitag kriegsbedingt auf „unbestimmte Zeit verschoben" werden mußte, „bis nach dem Kriege"; vgl. Ausgaben v. 7.8., 15.12.1914, 18.12.1917.
29 Siehe: Bezirks-Bericht (wie Anm. 22) 1923/1924, S. 26 und Anm. 85.
30 Zur Frage schon, ob der Neustadter oder der Speyerer Arbeitertag als der erste pfälzische Parteitag zu gelten habe, siehe Kaiser (wie Anm. 16).
31 Wie Anm. 14 und „Pfälzische Post" v. 7.8.1899 (Ausschreibung des 10. Parteitages).
32 Ebd. v. 27.4.1920.
33 Zum Ganzen: Ebd. v. 16.10.1919 (Ausschreibung), 27.4.1920 (Ausschreibung), 2.6.1921 (Ausschreibung); Statuten 1921 und 1931: SPD-Bezirk Pfalz (wie Anm. 27).
34 So das 1948 in Kaiserslautern beschlossene Statut, ebd.
35 Anzeichen von Konflikten zwischen Ehrhart und Ludwigshafener Vorstand einerseits, Parteitag andererseits gab es bereits Ende der 90er Jahre, siehe: LA Sp H 3, Nr. 929 III (Berichte v. 25.6.1897 und 3.9.1998).
36 „Pfälzische Post" v. 9.9.1903 (Parteitagsbericht).
37 Ebd. v. 30.8.1904 (Parteitagsbericht).
38 Hierzu und zum Folgenden: Ebd. v. 18., 19.6.1906 (Parteitagsberichte).
39 Ebd. v. 19.6.1906 (Parteitagsbericht).
40 Siehe ebd. v. 4.7.1906 und 1.8.1907 (Geschäftsbericht 1906/07).
41 Das Ganze nach ebd. v. 23.8.1909 (Parteitagsbericht). Ob die Wahlkreisvertreter dann tatsächlich kooptiert wurden, hat sich nicht ermitteln lassen. Nachweislich ist dies 1911/12 geschehen.
42 Siehe: „Pfälzische Post" v. 28., 29., 30.10.1919 (Parteitagsberichte).
43 Ebd. v. 19.5.1921 (Entwurf eines neuen Organisationsstatuts für den Bezirksverband Pfalz der Sozial[demokratischen] Partei).
44 Ebd. v. 11.7.1921 (Parteitagsbericht), hier auch die folgenden Zitate.
45 Vgl. ebd. v. 17.1. (Bericht OV Ludwigshafen), 29.1. (Anträge), 16.2.1925 (Parteitagsbericht) und Bezirks-Bericht (wie Anm. 22) 1924/25, S. 27. Die vom Bezirksparteitag vom April 1931 beschlossenen Änderungen des Statuts betrafen nur Anpassungen an das nationale Statut. Ein Antrag von Weil-Neustadt, nur noch 3, nicht mehr 4 Vorstandsmitglieder aus Ludwigshafen zu wählen, wurde zurückgezogen, vgl. „Pfälzische Post" v. 13.4.1931 (Parteitagsbericht).
46 Siehe: 1832-1957. Die Pfälzische Sozialdemokratie. Werdegang und Aufbau. Eine Festschrift zum 50. Bezirksparteitag der pfälzischen SPD 1957, Ludwigshafen 1957, S. 37 f.
47 Bei dem in den Akten genannten „Stein" – siehe Anm. 70 – muß es sich um den Neustadter Johann S. handeln, vgl. Gerhard Wunder, Die Sozialdemokratie in Neustadt an der Weinstraße seit 1832, Neustadt 1985, bes. S. 37 f.
48 Zu dem in den Akten genannten „Kapp", mit Sicherheit Alex K.: Keim (wie Anm. 1), S. 125.
49 Siehe den Nachruf in der „Pfälzischen Post" v. 16.12.1930.
50 Vgl. Anm. 28 und analog zu den 1915 und 1917 nachweislich ausgesetzten Wahlen des Ludwigshafener Ortsvereinvorstandes „Pfälzische Post" v. 27.3.1915, 26.5.1917.
51 Vgl. ebd. v. 10., 11.10.1922 und Alfred Hermann, Die Geschichte der pfälzischen USPD, Neustadt 1989, S. 311 f sowie seinen Beitrag in diesem Band.
52 Siehe: „Pfälzische Post" v. 14.2.1924 und Bezirks-Berichte (wie Anm. 22) 1923/24, S. 26 und 1924/25, S. 27 und Anm. 88.
53 Vgl. die Erinnerungen von Friedrich Schott in diesem Band.
54 Schneider (wie Anm. 2), S. 144 und Breunig (wie Anm. 19), S. 222 ff geben für 1892 zwölf Mitglieder des Agitationskomitees an, während hier nur neun nachgewiesen sind.
55 Vgl. „Pfälzische Post" v. 15.9.1905.
56 Ebd. v. 8.8.1908.
57 Vgl. ebd. v. 21.8.1912 (Geschäftsbericht).
58 Bei den folgenden Wahlen tritt ein „weiterer Gau-

vorstand" nicht mehr in Erscheinung. Aus einer Bemerkung Körners, die während des Gautages vom Oktober 1919 in Neustadt fiel, geht indes hervor, daß „bei allen wichtigen Anlässen Vertreter der Wahlkreise und der größeren Orte zu den Beratungen zugezogen" wurden. Vgl. „Pfälzische Post" v. 30.10.1919 (Parteitagsbericht).
59 Hinsichtlich der Kooptierten ist der Vollständigkeit halber auf die nach 1945 kurzzeitig geltende Regelung hinzuweisen, wonach die zwei weiblichen Bezirksvorstandsmitglieder von der Frauenorganisation delegiert werden sollten. Vgl. Hundinger (wie Anm. 27), S. 209.
60 Ähnlich wie auf den Gautagen gab es auch innerhalb des Ludwigshafener Ortsverein dieserhalb Streitigkeiten, vgl. „Pfälzische Post" v. 1., 2., 12., 23., 24.9.1905.
61 Dazu exemplarisch die Erinnerungen von Heinrich G. Dikreiter, Emil Gerisch, Franz Hund und Fritz Steffen in der Jubiläumsausgabe der „Pfälzischen Post" v. 12.10.1929.
62 Georg Setzer, Saatzeit, in: „Pfälzische Post" v. 12.10.1929.
63 Heinrich G. Dikreiter, Aus den Not- und Sorgenjahren der „Pfälzischen Post", in: „Pfälzische Post" v. 12.10.1929 und StA Ludwigshafen. NL Ehrhart, Vertraulicher Bericht vom Oktober 1905.
64 „Pfälzische Post" v. 21.11.1927; vgl. auch Friedrich Profit, Franz Josef Ehrhart, in: Weißt du noch ... Ein Buch der Erinnerung, Ludwigshafen 1948, S. 12-26, S. 14 und den biographischen Abriß von Breunig (wie Anm. 19), S. 693 ff.
65 „Pfälzische Post" v. 24.3.1928 (Rückblick vom 2. auf den 1. Parteitag in Ludwigshafen); zu Huber auch: Breunig (wie Anm. 19), S. 686 ff.
66 Siehe jetzt den Beitrag von Erich Schneider mit zeitgenössischen Urteilen über Ehrhart in diesem Buch.
67 Wie Anm 62.
68 Siehe die Bibliographie von Gerhard Nestler in diesem Band.
69 Dies macht sich hinsichtlich der Mitgliederversammlungen in Friesenheim und Mundenheim besonders in den Jahren nach 1910 bemerkbar: Über Anzeigen lassen sich zwar Termine von Versammlungen festmachen, zu denen dann jedoch keine Berichte erschienen.
70 LA Speyer, Best. H 3, Nr. 932 II, fol. 273 ff (Berichte v. 28.8., 16.9.1889 mit Presseartikeln).
71 Ebd. Nr. 932 VIII, fol. 281 f, 283, 297-308 (Berichte über den Arbeitertag in Speyer vom 22.5., 25.5. und 8.6.1891).
72 Ebd. Nr. 932 II, fol. 385-388 (Bericht vom 7.6.1892)
73 Ebd. ist von „Hellemann"-Pirmasens die Rede, aber es handelt sich mit Sicherheit um Carl Höltermann.
74 Rekonstruiert nach Hinweisen, in: ebd. Nr. 932 III, fol. 30 (Bericht vom 16.5.1896) und „Pfälzische Post" v. 24.3.1928; Bericht Ehrharts abgesetzt.
75 Rekonstruiert nach: ebd., fol.139 ff (Bericht vom 24.6.1897).
76 Vgl. ebd., fol. 236-246 (gedr. Geschäftsordnung, Berichte v. 2., 3.,10.9.1898; und „Frankenthaler Zeitung" v. 5.9.1898.
77 TOP 2 auf dem Parteitag neu aufgenommen.
78 TOP 3 „Die Landtagswahlen" (Ehrhart) abgesetzt.
79 TOP 3 „Der deutsche Parteitag in Nürnberg" abgesetzt, da die Parteitagsdelegierten nicht mehr vom Gautag, sondern von den Konferenzen der Reichstagswahlkreise zu wählen waren, statt dessen Verhandlung des neuen Statutes der Landespartei.
80 TOP 4 durch Beschluß des Gauvorstandes aufgenommen.
81 Der für 22. - 23.8.1914 in Ludwigshafen vorgesehene 25. Gautag mußte kriegsbedingt abgesagt und verschoben werden, vgl. Anm. 28.
82 TOP 3 und 4 nach „Pfälzischer Post" v. 18.12. (Parteitagsbericht) gegenüber der Ausgabe v. 13.12.1917 (Ausschreibung).
83 Der für den 22.12.1918 vorgesehene außerordentliche Gautag mußte wegen Nichtgenehmigung abgesagt werden, vgl. Anm. 22.
84 TOP 4 durch Parteitag nach 3 vorgezogen, vgl. „Pfälzische Post" v. 16.10. (Ausschreibung) und v. 29.10.1919 (Parteitagsbericht).
85 Ohne Zählung, bei der der ordentlichen Parteitage nicht mitgerechnet.
86 Der vorgesehene TOP 3 „Organisationsstatut für den Bezirk Pfalz" (Profit) nicht behandelt, vgl. „Pfälzische Post" v. 27.4. (Ausschreibung) und v. 15.5.1920 (Parteitagsbericht).
87 Einschließlich der saarpfälzischen Ortsgruppen.
88 „Aus allen Teilen der Pfalz beschickte" Bezirkskonferenz als Ersatz für den statutarisch für die Jahresmitte 1923 erforderlichen, jedoch wegen des Passiven Widerstandes und der Separatistenherrschaft nicht möglichen ordentlichen Bezirksparteitag; vgl. Bezirks-Bericht (wie Anm. 22) 1923/24, S. 26 – hier auch Zusammensetzung und Tagesordnung – „Pfälzische Post" v. 5.4.1924 und Anm. 52.
89 Ohne Zählung, bei den ordentlichen Parteitagen jedoch mitgezählt.
90 Wie Anm. 85.
91 Ohne Zählung. Der für den 15. - 16.11.1924 in Neustadt vorgesehene ordentliche Bezirksparteitag mit der Tagesordnung: 1. Bericht des Bezirksvorstandes; 2. Bericht über die Presse; 3. Das neue Organisationsstatut des Bezirks; 4. Erledigung der zu keinem Tagesordnungspunkte gehörigen Anträge; 5. Neuwahl des Bezirksvorstandes; 6. Die Kreis-, Bezirks- und Gemeindewahlen; 7. Aussprache; 8. Die politische Lage, wurde wegen der Auflösung des Reichstages und der anstehenden Wah-

len verschoben; siehe: „Pfälzische Post" v. 14.10., 4.11., 8.11.1924.
92 Klement anstelle des vorgesehenen Rahn-Kaiserslautern.
93 Wie Anm. 85.
94 Wahl des nächsten Parteitagsortes durch den Parteitag von TOP 5 nach 3 vorgezogen; vgl. „Pfälzische Post" v. 23.3. (Ausschreibung) und vom 26.3.1928 (Parteitagsbericht).
95 Klement anstelle des erkrankten Rahn; vgl. ebd. v. 8.7.1929.
96 Wie Anm. 85.
97 Wie Anm. 85. Von der „üblichen abweichende Form" des Parteitages, um ihn zu einem „wuchtigen Auftakt" für den Wahlkampf zu machen; nur ein Tagesordnungspunkt, Wahl nur der Schriftführer, anscheinend keine Mandatsprüfung, vgl. „Pfälzische Post" v. 27.6.1932 (Parteitagsbericht).
98 TOP 6 und 7 vom Bezirksvorstand wegen der bevorstehenden Reichstagswahlen kurzfristig aufgenommen, vgl. „Pfälzische Post" v. 4., 6.2.1933 (Parteitagsberichte). Ausschreibung nicht ermittelt.
99 Rekonstruiert nach dem Einladungsschreiben Fritz Schotts vom 10.10.1945, in: SPD-Bezirk Pfalz. Ordner: Quellen nach 1945; abgdr. bei Ralf Hundinger in diesem Band.
100 Nach dem Parteitagsbericht, in: SP Hessen-Pfalz. Rundschreiben Nr. 2 v. 8.5.1946, S. 2 ff - SPD-Bezirk Pfalz (wie Anm. 99).
101 Da der zu TOP 7 vorgesehene Redner, Willi Eichler, Redeverbot erhalten hatte, übernahm diesen Part Bögler und Kuraner dessen Vorstandsbericht.
102 Vgl. SPD-Bezirk Pfalz. Parteitagsunterlagen 1948, Delegierten-Mappe Else Jung.
103 Bis auf Kunkel, der für Wagner gewählt wurde.
104 Näheres nicht ermittelt.
105 Genaues Datum nicht ermittelt.
106 Weitere Namen und Delegierte aus Mundenheim und Friesenheim nicht ermittelt.
107 Genaues Datum und 2. Vorsitzenden nicht ermittelt.
108 Wie Anm. 28.
109 Genaues Datum, 2. Vorsitzenden und Namen der Mitglieder aus Friesenheim und Mundenheim nicht ermittelt.
110 Name nicht ermittelt.
111 Vgl. „Pfälzische Post" v. 7.7.1921.
112 Darunter als ehemalige USPD-Mitglieder: Haushalter, G. Huber, Jacobshagen und Leonhardt. Letzterer, in der „Pfälzischen Post" v. 4.11.1922 nicht aufgeführt, sollte dem Parteiblatt vom 10. und 11.10.1922 zufolge jedoch dem um vier ehemalige Unabhängige erweiterten Bezirksvorstand angehören; vgl. auch den Beitrag von Alfred Hermann in diesem Band. Ferner ist Christian Schwartz nicht aufgeführt, der allerdings dem Bezirks-Bericht (wie Anm. 22) 1923/24, S. 26 nach bis zu Beginn des Jahres 1924 Vorstandsmitglied war. 2. Vorsitzender nicht ermittelt.
113 Siehe Anm. 52 und 88.
114 Im Bericht über den Parteitag, „Pfälzische Post" v. 16.2.1925 (Parteitagsbericht), heißt es: „Zang, Frankenthal". Es handelt sich sicher um einen Druckfehler und muß „Sang" heißen, der auch zum Schriftführer gewählt worden war, also um den prominenten Frankenthaler Bernhard Sang.
115 Die zunächst gewählte Lina Rauschert trat unmittelbar nach ihrer Wahl zurück, da aus Ludwigshafen zwei Frauen in den Vorstand gelangt waren; für sie rückte sofort der erstplazierte Ersatzmann, Richard Hammer, nach.
116 Mit Ausnahme des nicht mehr kandidierenden Karl Fischer.
117 Ob und wie lange angesichts des NS-Terrors der Bezirksvorstand bis zum offiziellen Verbot der Partei am 22. Juni 1933 noch als Organ fungieren konnte, bleibt im dunkeln; vgl. Stürmer (wie Anm. 26), S. 79 ff und den Beitrag von Günter Braun über die Sozialdemokratie während der NS-Herrschaft in diesem Bande.
118 Hierzu Schott (wie Anm. 53).
119 Vgl. Hundinger (wie Anm. 27), S. 181
120 Protokoll des 40. Bezirkstages der Sozialdemokratischen Partei. Bezirk Pfalz am 26. und 27. April 1947 in Speyer, Neustadt o. J., S. 12 f.
121 Wie Anm. 102.

Eris J. Keim

Wahlen und Abgeordnete der pfälzischen Sozialdemokratie von 1893 bis 1949

Die Regional- und Lokalgeschichtsschreibung der Pfalz des 19. und 20. Jahrhunderts hat sich vor längerem schon auch mit Wahlen befaßt.[1] Dabei hat sie sich allerdings mehr für die Ergebnisse nationaler Wahlen in der bis 1945 zu Bayern gehörenden Region interessiert als für Landtagswahlen oder etwa für die Gewählten selbst. Über die pfälzische Sozialdemokratie liegen keine speziellen, epochenübergreifenden wahlhistorischen Studien vor.[2] Immerhin sind deren gewählte Repräsentanten aufgrund der amtlichen Statistik erfaßbar und in anderen Zusammenhängen auch schon biographisch bearbeitet worden.[3] Umgekehrt erfordert das Interesse an den pfälzischen sozialdemokratischen Abgeordneten die Berücksichtigung der rechtlichen und politischen Voraussetzungen ihrer Wahl und nicht zuletzt des Ensembles der Parteien. Die folgende, teils beschreibende, teils chronologische und teils tabellarische Übersicht soll Lücken schließen und weitere Arbeiten anstoßen.[4]

I. Einführung

Eine Dokumentation über Wahlergebnisse der pfälzischen Sozialdemokratie und über ihre Abgeordneten nun bedarf einiger einführender Bemerkungen, zumal der zeitliche Rahmen weit gesteckt ist und von deren erstmaligem Auftreten auf der „parlamentarischen" Bühne im Jahre 1893 bis zur Konstituierungsphase der westdeutschen Bundesrepublik im Jahre 1949 reicht. Zunächst ist zu klären, was unter „Abgeordneten" überhaupt zu verstehen und wie dieser Personenkreis zu umschreiben ist. Dann sind Hinweise zu den Verfahren ihrer Wahl angebracht, wobei aus verfassungshistorischen wie wahlgeschichtlichen Gründen auf der Landesebene einzusetzen ist. Unumgänglich ist es hierbei, die Themen Parteien und Wahlen sowie Besonderheiten des pfälzischen Parteiensystems wenigstens anzuschneiden. Angebracht sind ferner Anmerkungen zur Wahlstatistik, zur tabellarischen Darstellung der Wahlergebnisse und Hinweise zur Anlage der Dokumentation.

Begriff und Stellung der Abgeordneten

Die gegenwärtige staats- und verfassungsrechtliche Literatur definiert „Abgeordnete" als Mitglieder von Parlamenten. Ihre Rechtsstellung wird eng mit dem Wesen des Parlaments in der modernen parlamentarischen Demokratie und im demokratischen Parteienstaat verknüpft.[5] Bei Anwendung eines solchen Begriffes müßten Mitglieder von Vertretungskörperschaften, die nicht „Parlamente" waren, wie der Reichstag und die Landtage der Einzelstaaten im kaiserlichen Deutschland aus der Betrachtung ausscheiden.[6] Ohne dies begrifflich und verfassungshistorisch hier weiter erörtern zu können[7], wird davon ausgegangen: Aufgrund der Herrschaftsstrukturen, insbesondere wegen der Prädominanz des monarchischen Prinzips über das parlamentarische, waren deren Mitglieder zwar keine Parlamentarier im Sinne des parlamentarischen Regierungssystems, aber doch Abgeordnete. So wurden sie im zeitgenössischen Sprachgebrauch und in verfassungsrechtlichen Texten genannt.[8]

Daher sollen allgemein als „Abgeordnete" die im Verfassungsstaate frei gewählten Volksvertreter bezeichnet werden, die das Gesamtinteresse zu verfolgen haben, an Weisungen nicht gebunden sind und an der Gesetzgebung teilhaben.[9] Dazu können dann – wie auch üblich – die Mitglieder verfassungsgebender Versammlungen wie der Nationalversammlung von 1919/20, der rheinland-pfälzischen Beratenden Landesversammlung von 1946/47 und des Parlamentarischen Rates von 1948/49 gezählt werden.[10] Nicht ganz begriffsgemäß, im Hinblick auf die Sozialdemokraten freilich vertretbar ist es, die Mitglieder des im April 1933 im Zuge der faschistischen Machtdurchsetzung „ernannten", verfassungswidrig nach den Ergebnissen der Reichstagswahlen vom März unter Ausschluß der Kommunisten zusammengesetzten, nur eine kurze Scheinexistenz führenden Münchner Landtages[11] in die Betrachtung einzubeziehen.

Nun bleibt noch die Frage, wie der sogenannte „provisorische Nationalrat des Volksstaates Bayern" zu handhaben ist, der vom 8. November 1918 bis zum 4. Januar 1919 tagte, nach dem Zusammentritt des am 12. Januar neugewählten Landtages jedoch wieder von der Bildfläche verschwand.[12] Dieses Gremium setzte sich wie folgt zusammen: Der Landesarbeiterrat, der Landessoldatenrat und der Bauernrat stellten je 50 Personen. Hinzu kamen Mitglieder des 1912 gewählten Landtages und zwar die der sozialdemokratischen Fraktion, die des Bayerischen Bauernbundes, vier Liberale, ferner 14 Vertreter der Freien Gewerkschaften, fünf der Münchener Christlichen Gewerkschaften und schließlich Vertreter zahlreicher berufsständischer Organisationen. Die Pfalz war mit zwölf Personen präsent, nämlich mit den sechs (M)SPD-Abgeordneten Johannes Hoffmann, Josef Huber, Philipp Keidel, Eduard Klement, Bruno Körner und Friedrich Profit, dem liberalen Abgeordneten Friedrich Scheu sowie mit fünf dem Landesarbeiterrat Angehörenden; dies waren drei Unabhängige Sozialdemokraten – der Kesselschmied Hermann Haas (Oppau), der Monteur und Vorsitzende des pfälzischen Bezirks Jakob Müller (Ludwigshafen), der Schlosser Georg Walter (Ludwigshafen) –, ferner der Maschinenarbeiter und mehrheitssozialdemokratische Vorsitzende des Frankenthaler Arbeiter- und Soldatenrates, Wilhelm Kern, sowie der Schlosser Heinrich Süß (Oppau), dessen Parteizugehörigkeit nicht hat geklärt werden können.[13]

Obschon als das „erste Parlament der Republik Bayern"[14] bezeichnet, war tatsächlich die staats- und verfassungsrechtliche Position des provisorischen Nationalrates verschwommen. So durfte er – ohne an der Bildung beteiligt gewesen zu sein – Kurt Eisners revolutionäres Kabinett zwar bestätigen, wenig später machte dieser jedoch unmißverständlich klar, „daß die Revolutionsregierung dem jetzigen improvisierten Parlamente nicht verantwortlich sein könne".[15] Was dessen Beteiligung an der Gesetzgebung anbelangt, so sah der „Entwurf einer Satzung und Geschäftsordnung" eine solche in Übereinstimmung mit der Regierung vor; indes, eine nennenswerte legislative Tätigkeit entfaltete der Nationalrat nicht.[16] Die Schaffung einer solchen Körperschaft in der revolutionären Umbruchphase entsprach im Ganzen doch wohl mehr dem Bedürfnis nach Symbolik und behelfsmäßiger, „parlamentarisch" verbrämter Legitimation. Auch die Rekrutierung der Mitglieder teils nach dem repräsentativem, teils nach dem Räteprinzip charakterisiert den Nationalrat als eigenartige Übergangserscheinung. Jene können nicht eigentlich „Abgeordnete" genannt werden, weswegen sie im weiteren vernachlässigt werden müssen.

Wenn es um „pfälzische" Abgeordnete der SPD geht, ist noch dies zu beachten: Die territoriale Veränderung aufgrund des Versailler Vertrages, also der Verlust saarpfälzischer Gebietsteile, wirkte sich auf die regionale Sozialdemokratie auch insofern nachteilig aus, als sie, nachdem sie in diesem Raume bis zum Weltkrieg bei Wahlen erfolglos geblieben war und 1919 erstmals ein Landtagsmandat hatte erringen können, dieses alsbald wieder abschreiben mußte; der Betroffene, Heinrich Rebmann aus St. Ingbert, wird gleichwohl berücksichtigt. Sodann kann als „pfälzischer Abgeordneter" eigentlich nur angesehen werden, wer in der Pfalz politisch beheimatet war. Da dies namentlich bei Martin Segitz, der der Nürnberger Partei angehörte und der 1905 in Ludwigshafen gewählt wurde, nicht zutraf, scheidet er hier aus.[17] Umgekehrt werden als „pfälzische" Abgeordnete auch diejenigen mitgezählt, die anderswo gewählt wurden, über die Verbindung von Wahlvorschlägen oder andere wahlrechtlichen Möglichkeiten in eine Volksvertretung gelangten, wie das bei Franz Josef Ehrhart 1893 der Fall war oder bei Bernhard Sang, 1928 sogenannter „Landesabgeordneter" (siehe unten) aus Frankenthal. Daß ferner mit „sozialdemokratischen" Abgeordneten auch Angehörige der USPD gemeint sind, ist selbstverständlich.[18] Was schließlich Übertritte anbelangt, so wird der prominente Ludwigshafener Kommunist Herbert Müller, der im Oktober 1949 zur SPD übertrat, noch berücksichtigt. Dahingegen kann Wilhelm Franke, der kurz vor dem Schluß des ersten rheinland-pfälzischen Landtages von der CDU- in die SPD-Fraktion wechselte, zwar an passender Stelle aufgeführt, in die Liste der sozialdemokratischen Abgeordneten aber nicht mehr aufgenommen werden. Ebenso, jedoch wegen der zeitlichen Begrenzung, ist endlich bei Maxim Kuraner zu verfahren, der, nach dem Exil in Neustadt ansässig, im Januar 1950 für den verstorbenen Friedrich Schmidt aus Landau in den Landtag nachrückte.

Wahlrecht, Volksvertretungen, Parteien

Das Wahlrecht, die Wahlen, die Gewählten und die Parteien sowie ihre Aktionsmöglichkeiten im politisch-gesellschaftlichen System stehen funktional und historisch in engem Zusammenhang.[19] So dominierten schon vor der Jahrhundertwende zunehmend die Parteien, obwohl nicht sie, sondern Personen zu wählen waren, das Wahlgeschäft, nominierten Kandidaten, führten Wahlkämpfe, nahmen Einfluß auf das öffentliche Leben. Mit der Weimarer Republik und der Einführung des Verhältniswahlrechtes begann sich dann eine parteienstaatliche Demokratie abzuzeichnen, die sich indes erst nach dem Zweiten Weltkrieg zu verfestigen vermochte. Die Parteienlandschaft in Deutschland ist dabei – im großen und ganzen betrachtet – durch die vier großen politischen Strömungen, die sich im 19. Jahrhundert ausbildeten, oder durch „sozialmoralische Milieus"[20] gekennzeichnet, nämlich durch den bürgerlichen Liberalismus, den stark ostelbisch geprägten Konservatismus, den politischen Katholizismus und den Sozialismus. Innerhalb dieser fügten sich die Parteien zu einem charakteristischen Parteiensystem, das über die Umformungen zu Beginn und während der

Weimarer Republik und über die Brüche von 1945/46 hinaus starke Kontinuitäten aufwies.[21] Dies System bestand zunächst im wesentlichen aus den bürgerlich-demokratischen und liberalen Parteien – hauptsächlich der demokratischen, nicht mit der gleichnamigen Partei der Weimarer Zeit zu verwechselnden „Deutschen Volkspartei" (DVP), der „Fortschrittlichen Volkspartei" und den Nationalliberalen –, den Parteien des Konservativismus – der freikonservativen „Reichspartei", der „Deutschkonservativen Partei" (DKP), und dem „Bund der Landwirte" (BdL) –, dem überwiegend katholischen Zentrum und der Sozialdemokratie. Letztere, lange verfolgt, ausgegrenzt und in Opposition zu System und Regierung, fand nur selten Berührungspunkte zu Demokraten, Liberalen und Katholiken. Vor dem Hintergrund von Absprachen mit dem Zentrum und den Liberalen in den süddeutschen Staaten, namentlich in Bayern, und anläßlich der Reichstagswahlen von 1912 dann auch reichsweit[22], fanden seit 1917 über der Friedensfrage die (M)SPD, die Fortschrittspartei und das Zentrum im eigens geschaffenen, sogenannten „Interfraktionellen Ausschuß" zu einer konstruktiven Kooperation im Reichstag und bereiteten damit die „Weimarer Koalition" vor.[23]

In Weltkrieg und revolutionärer Übergangsperiode spaltete sich die sozialistische Strömung in (M)SPD, USPD und KPD, organisierten sich die Liberalen – mit der linksliberalen „Deutschen Demokratischen Partei" (DDP) und der nationalliberalen „Deutschen Volkspartei (DVP) –, die Konservativen – mit der „Deutschnationalen Volkspartei" (DNVP) – und der politische Katholizismus – nun mit Zentrum und „Bayerischer Volkspartei" (BVP) – zum Teil um. Das eigentlich Neue im Parteienspektrum der Weimarer Periode war indessen der aus den verschiedenen völkisch-antisemitischen Gruppierungen hervorgegangene „Nationalsozialismus". Daß er zur Massenbewegung anschwellen und die Republik zerstören konnte, lag nicht so sehr am Wahlrecht, an der Zersplitterung des Parteiensystems, an den Extremen von links und rechts. Neben anderen Ursachen war es doch auch die Schwäche der bürgerlichen Parteien, die den Aufstieg der NSDAP begünstigte und sie zum Bündnispartner der reaktionären Eliten in Bürokratie, Militär und Wirtschaft bei der autoritären Lösung der sozio-politischen Krise und bei der Beseitigung der Errungenschaften von Revolution und Republik empfahl. Der Zwist zwischen Sozialdemokraten und Kommunisten und die damit einhergehende Lähmung der Linken kamen dem wiederum entgegen.

Die pfälzische Parteien-Konstellation nun unterschied sich in spezifischer Weise von der nationalen wie von der bayerischen.[24] Erstens konnten hier die Konservativen nie recht Fuß fassen. Politische Positionen der lange übermächtigen Nationalliberalen und Verbindungen zum Bund der Landwirte, der die bäuerlich-konservativen Elemente sammelte, machten die frei- beziehungsweise deutschkonservativen Parteien vor 1918 entbehrlich; und danach verschmolzen die Nationalliberalen und der BdL zur weit rechts angesiedelten DVP der Pfalz, während sich jener sonst mit der reaktionären DNVP vereinigte, die in der Region erst spät und wenig erfolgreich auftrat. Zweitens spielte auch der demokratische „Bayerische Bauernbund" (BBB), der im Rechtsrheinischen vor 1918 Gewicht hatte, der sich an der bayerischen Revolution und an der Rätebewegung beteiligte und in Kabinetten vertreten war, keine nennenswerte Rolle. Drittens trat der politische Katholizismus mit zwei, teilweise rivalisierenden Gruppierungen auf. Während das Zentrum vor 1918 reichsweit und einheitlich organisiert war, separierte sich am Anfang der Republik die bayerische Parteigliederung und formierte sich zur katholisch-konservativen Bayerischen Volkspartei, die in den folgenden Jahren die Landespolitik prägte. Das pfälzische Zentrum, das sich sogleich der BVP angeschlossen und entsprechend umbenannt hatte, spaltete sich jedoch 1924. Der linke Flügel gründete sich als Zentrum neu, so daß in der Pfalz die Schwesterparteien ihre jeweiligen territorialen Wirkungsbereiche überschritten.[25]

Die womöglich stärksten Einschnitte erfuhr das tradierte Ensemble der Parteien unmittelbar nach dem Zweiten Weltkrieg.[26] Sowohl die Politik der Besatzungsmächte, die die NSDAP verboten und nur „antifaschistisch-demokratische" Parteien gestatteten, als auch die aus Weimarer Erfahrungen genährten Sammlungsbestrebungen der deutschen politischen Akteure trugen dazu bei, daß zum einen sich die konservative Strömung nicht mehr in einer eigenen Kraft von Bedeutung organisieren konnte, sondern in den verbliebenen beiden bürgerlichen Parteien aufging; daß zum anderen die Beschränkung des politischen Katholizismus durch eine „Union" der christlichen Konfessionen – „und der Stände" – überwunden wurde. Zudem konnte der Liberalismus seine Spaltung hinter sich lassen, während dies trotz verschiedentlicher Bemühungen um Einheit die sozialistischen Parteien nicht zuwege brachten. Im Ergebnis erscheinen die SPD und die KPD als Wiedergründungen, die liberalen Organisationen – in Rheinland-Pfalz zunächst die „Liberale Partei" (LP) im Norden und der „Soziale Volksbund" (SV) im Süden, dann als verbindendes Zwischenstadium die „Demokratische Partei" (DP) –, die sich bald zur FDP vereinigten, als bedingte Wiedergründung und die christlichen Unionsparteien CDU und CSU als Neugründungen. Diese Organisationen machten, nach kurzzeitigen Differenzierungen, dann wieder einsetzender Konzentration, die westdeutsche Vierer-Konstellation der frühen Jahre aus. Im Unterschied zu den anderen Ländern trat sie in Rheinland-Pfalz schon beim ersten Urnengang im Mai 1947 in Erscheinung[27]; und anders als im trizonalen und im Bundeszusammenhang, wo das Parteiensystem lange gekennzeichnet war durch einen „Blockgegensatz"[28] zwischen den Bürgerblockparteien einerseits und der sich in der Oppositionsrolle einrichtenden Sozialdemokratie andererseits, blieb es im Lande bis 1951 bei der Großen Koalition von CDU und SPD, die selbst der „Fall Bögler" vom Herbst 1949 nicht ernsthaft gefährden konnte.

Landtagswahlrecht im Königreich

Nach der bis zum Ende der konstitutionellen Monarchie im wesentlichen gültigen Verfassung von 1818 bestand der Landtag des Königreichs Bayern aus zwei Kammern.[29] Die – hier nicht weiter interessierende – Erste Kammer, die der „Reichsräte", setzte sich aus geborenen oder vom König ernannten Mitgliedern zusammen. Die Zweite Kammer, die der „Abgeordneten", wurde auf sechs Jahre gewählt und umfaßte im Untersuchungszeitraum 159, seit 1907 163 Mitglieder (MdL).

Während nun das Zweikammersystem bestehen blieb, wurden die gesetzlichen Grundlagen zur Bildung der Abgeordnetenkammer verschiedentlich geändert, am einschneidendsten mit der Reform von 1906. Bis dahin wurde sie auf Grundlage des Gesetzes vom 4. Juni 1848 und der Novelle vom 21. März 1881 nach einem indirekten Verfahren, das zwei Handlungen – die Urwahl und die Wahl der Abgeordneten durch die Wahlmänner – vorsah, in folgender Weise optiert[30]: In anfänglich öffentlicher, seit 1881 in geheimer Wahl wurden zunächst in den Urwahlbezirken, die Mehrmannwahlkreise waren, die Wahlmänner, die die Voraussetzungen für das aktive Wahlrecht erfüllen und ein Mindestalter von 25 Jahren haben mußten, nach absoluter Mehrheitswahl bestimmt; jeder Wähler hatte dabei mehrere Voten. Die Wahlmänner wählten dann die Abgeordneten, für die ein Mindestalter von 30 Jahren galt, in ebenfalls mehrmännigen Wahlkreisen mit absoluter Mehrheit, gegebenenfalls in mehreren Wahlgängen. Stimmberechtigt waren alle 21jährigen Männer, die bayerische Staatsbürger waren, die einen Eid auf die Verfassung abgelegt hatten, die eine direkte Steuer entrichteten, die nicht öffentliche Armenunterstützung bezogen, die nicht wegen krimineller Vergehen verurteilt waren und die nicht aktiven Militärdienst leisteten. Der Anteil der Wahlberechtigten an der Bevölkerung betrug bis 1912 etwa 17 bis 18 Prozent.[31] Wählbar waren alle stimmfähigen Männer über 30 Jahre, auch die aktiv dienenden Militärpersonen.

Die Einteilung der Wahlkreise beruhte seit 1881 auf den Daten der Volkszählung vom Dezember 1875, wobei auf durchschnittlich 31.500 Einwohner ein Abgeordneter kommen sollte. Die Festlegung der Wahlkreise und der Urwahlbezirke war Sache des Ministeriums oder der unteren Verwaltungsbehörden; gegen deren Praxis der „Wahlkreisgeometrie"[32] wie gegen das indirekte Prozedere richtete sich die Hauptkritik der bayerischen Sozialdemokratie und des Zentrums. So waren beispielsweise 1899 im Königreich in 2.249 Urwahlbezirken 10.054 Wahlmänner, in 63 Wahlkreisen ein bis fünf Abgeordnete, insgesamt 159 zu wählen, in der Pfalz in 284 Urwahlbezirken 1.283 Wahlmänner und in 6 Wahlkreisen 20 Abgeordnete – nämlich in Speyer und Neustadt je 4, in Kandel, Zweibrücken, Landstuhl und Kaiserslautern je drei.[33]

Die namentlich auf Drängen der Sozialdemokratie zustande gekommene, grundlegende Reform von 1906 brachte ein System, das zwar dem zur Wahl des Reichstages angenähert war, das die Benachteiligung der Unterklassen aber dann doch festschrieb.[34] Nach dem Gesetz vom 9. April wurden die nun 163 Mitglieder der Zweiten Kammer durch geheime, gleiche und direkte Wahl in Einer- oder Zweierwahlkreisen nach relativer Mehrheitswahl votiert. Abgeordneter wurde, wer im ersten Wahlgang mindestens ein Drittel, oder im zweiten Wahlgang ohne Erfordernis des Drittels die relative Mehrheit der Stimmen erhalten hatte. Wählbar wurden jetzt alle über 25 Jahre alten wahlberechtigten Männer, einschließlich der aktiv Dienenden. Wahlberechtigung erhielten alle Männer über 25 Jahren, die mindestens ein Jahr bayerischer Staatsbürger und im Besitz der politischen und bürgerlichen Ehrenrechte waren, die auf die Verfassung geschworen, die mindestens ein Jahr direkte Steuern gezahlt und keine Armenunterstützung bezogen hatten.

Außerdem wurde ein neuer Zuschnitt der Wahlkreise auf Grundlage der Volkszählung vom Dezember 1900 nun gesetzlich vorgenommen, nicht mehr nach politisch-administrativen Erwägungen. Im Durchschnitt sollte auf 38.000 Einwohner ein Mandat entfallen. Dementsprechend wurde Bayern in 133 Wahlkreise gegliedert, wobei in 103 je ein, in 30 je zwei Abgeordnete zu wählen waren. Die Pfalz hatte 22 Kammermitglieder in 15 Wahlkreisen – sechs einmännige und sieben zweimännige – hervorzubringen und sie war so eingeteilt: 1. Pfälzischer Wahlkreis Speyer (1), 2. Ludwigshafen I (1), 3. Ludwigshafen II

(1), 4. Frankenthal (2), 5. Kirchheimbolanden (2), 6. Rockenhausen (1), 7. Kusel (2), 8. Homburg (1), 9. St. Ingbert (1), 10. Pirmasens (2), 11. Annweiler (1), 12. Germersheim (2), 13. Landau (1), 14. Neustadt (2), 15. Kaiserslautern (2). Dies Wahlrecht begünstigte im allgemeinen das Zentrum, weniger allerdings in der Pfalz, wo andererseits die Nationalliberalen bis zur Reform davon am meisten profitierten. Am stärksten benachteiligt waren die Sozialdemokraten, wobei sie über Absprachen, mit dem Zentrum und dann mit den Liberalen, dem etwas gegensteuern konnten.[35] Die Ergebnisse der Landtagswahlen im Einzelnen sind in den Tabellen 1 und 2 enthalten.

Wahlrecht zum Kaiserlichen Reichstag

Der Reichstag des Deutschen Reiches, der kein Parlament war und nur geringe Rechte besaß, wurde – im Vergleich zu den Einzelstaaten, wo bis 1918 mehr oder weniger rigides Zensuswahlrecht galt – nach einem fortschrittlichen, allgemeinen und gleichen Wahlrecht gewählt.[36] Ihm lag das Wahlgesetz des Norddeutschen Bundes vom 31. Mai 1869 zugrunde, das durch Reichsgesetz ins kaiserliche Deutschland übernommen wurde und das bis 1918 Gültigkeit hatte. Es beinhaltete ein absolutes Mehrheitswahlsystem mit Stichwahlen und mit, beim Ausscheiden eines Abgeordneten notwendigen, Ergänzungswahlen. Wahlberechtigt waren die Männer vom 25. Lebensjahre an, Soldaten waren allerdings vom aktiven Wahlrecht ausgeschlossen. Gewählt wurden in den Einmannwahlkreisen Personen, nicht Parteien, und zwar zunächst in 382 Wahlkreisen 382 Mitglieder des Reichstages (MdR), seit 1874 397 in ebenso vielen Wahlkreisen. Die Wahlperiode betrug anfangs drei, seit 1888 fünf Jahre.

Das formal zwar gleiche Wahlrecht war tatsächlich infolge der Wahlkreiseinteilung, die bis 1918 unverändert blieb und der Bevölkerungsentwicklung nicht angepaßt wurde, höchst ungleich. Es diskriminierte namentlich die Sozialdemokratie mit ihrer vorwiegend städtischen Anhängerschaft. So benötigten beispielsweise die Konservativen 1871 9.600, die Sozialdemokraten hingegen 62.000 Stimmen zur Erringung eines Mandates.[37] Das linksrheinische Bayern war in sechs Wahlkreise eingeteilt, in den 1. Pfälzischen Wahlkreis Ludwigshafen-Speyer, den 2. Landau-Neustadt, den 3. Bergzabern-Germersheim, den 4. Pirmasens-Zweibrücken, den 5. Homburg-Kusel und den 6. Kaiserslautern-Kirchheimbolanden. Die Wahlergebnisse sind den Tabellen 3 und 4 zu entnehmen.

Landtagswahlrecht des Freistaates Bayern

Im Zeichen der militärischen Niederlage, des Zusammenbruchs der Monarchie und der Ausrufung des Freistaates Bayern durch Kurt Eisner am 7. November 1918[38] fand hier die erste Nachkriegswahl am 12. Januar 1919, in der Pfalz – bedingt durch die militärische Besetzung – am 2. Februar statt. Ihr lag ein völlig neues Recht zugrunde.[39] Indem es zunächst die bisherigen, namentlich für Frauen und Soldaten geltenden Beschränkungen aufhob, das Erfordernis von der Zahlung einer direkten Steuer beseitigte und das Wahlalter von 25 auf 20 Jahre senkte, erweiterte es „in radikalster Weise"[40] das Elektorat. Konnten 1912 lediglich 1.187.217 oder 17,2 % der Einwohner an der Wahl teilnehmen, so waren es nun 3.977.614, also 57,8 % in Bayern; die Zahlen für die Pfalz lauteten: 177.148 und 18,9 % respektive 526.474 und 56,2 Prozent. Schon durch demographische Verschiebungen bedingt, stellten Frauen, die schlechthin zum ersten Male wählen und gewählt werden konnten, dabei – wie im bayerischen Durchschnitt – mit 53,8 % den größeren Teil, während Männer (46,2 %) zu diesem Zeitpunkt noch durch Militärdienst außerhalb Bayerns und Kriegsgefangenschaft an der Ausübung ihres Wahlrechtes verhindert waren.

Sodann trat an die Stelle des bisherigen Mehrheits- das Verhältniswahlrecht ohne Listenbindung. Der Freistaat sollte einen einzigen Wahlkreis bilden, in dem die Abgeordneten nach den Vorschlägen der Parteien zu wählen wären. In dieser Weise konnte das allerdings nicht geschehen, da wegen der besonderen Verhältnisse der Pfalz diese zu einem eigenen Wahlkreis erklärt werden mußte. Die bisherigen Wahlkreise blieben aus organisatorischen Gründen als Stimmbezirke erhalten. Gewählt wurde nach dem System der einnamigen Wahl, das heißt, jede Wählerin/jeder Wähler konnte ihre/seine Stimme nur einer/einem in einem Wahlvorschlag aufgeführten Kandidatin/Kandidaten geben, wobei eine Bindung an die in dem Stimmbezirk Aufgestellten nicht gegeben war.

Die Anzahl der einem Vorschlag zukommenden Sitze wurde nach der Gesamtzahl der Stimmen berechnet, die für die Bewerber abgegeben worden waren. Wer innerhalb eines Wahlvorschlages erfolgreich war, ergab sich aus der Reihenfolge der auf die einzelnen Kandidaten gekommenen Voten. Eine Besonderheit des bayerischen Wahlrechts bestand nun darin, daß auf diese Weise nur 163 der insgesamt 180 Abgeordneten gewählt wurden. Die übrigen 17 sogenannten „Landesabgeordneten" waren entsprechend dem Verhältnis der auf die Parteilisten entfallenen Stimmen von den „Vertrauensleuten der Wahlvorschläge" zu benennen. Auf die Pfalz kamen 24 Volksvertreter, davon zwei Landesabgeordnete.[41]

Diese Regelungen erfuhren mehrfache Änderungen.[42] Das Wahlgesetz vom Mai 1920 schränkte die Wahlbefähigung insofern wieder ein, als das Stimmrecht aktiver Soldaten ruhen mußte, und es gliederte Bayern wieder in mehrere Wahlkreise, die räumlich den Regierungsbezirken entsprachen; hier waren Vorschläge einzureichen. Die Wahlkreise wiederum wurden derart in Stimmkreise segmentiert, daß im Prinzip auf jeden eines der 140 Mandate kommen sollte. Außerdem waren 15 Landesabgeordnete zu bestimmen. Eine weitere Verminderung der Abgeordnetenzahl von 155 auf 129 trat aus finanziellen Gründen dann 1924 ein und noch einmal aufgrund der Wahlrechtsänderung 1925, die bei der Wahl von 1928 griff, als nur noch 113 Volksvertreter zu optieren und 15 Landesabgeordnete zu bestellen waren. Schließlich brachte die Novelle vom März 1931 die Beseitigung der Einrichtung der Landesabgeordneten. Der Gesetzgeber schrieb die Gesamtzahl von 128 Sitzen zwar fest, änderte ihre Verteilung aber so, daß sie nun zusammengefaßt und auf die acht Wahlkreise nach dem Verhältnis ihrer Einwohnerschaft vergeben wurden; Restsitze fielen den in Frage kommenden Kreiswahllisten zu.

Im Hinblick auf die SPD ist zu den Ergebnissen der Landtagswahlen der Periode 1919 bis 1932 (siehe Tabellen 5 und 6) zu bemerken, daß Frauen, die sich wie Rosine Speicher (Ludwigshafen) und Marie Wolf (Speyer) zur Kandidatur bereit fanden, niemals zum Zuge kamen. Zur Landtagswahl 1919 hatte die MSPD noch keine Kandidatin auf ihrer Liste, die erste sozialistische Bewerberin um einen Sitz in München – wie übrigens auch in Berlin – überhaupt war die Unabhängige Martha Delb, Hausfrau und zeitweilige Ortsvereinsvorsitzende aus Pirmasens.[43]

Eris J. Keim

Reichstagswahlrecht der Republik

Nach Ausrufung der Republik schuf die erste sozialistische Reichsregierung, der „Rat der Volksbeauftragten"[44] in Berlin, mit seinem Aufruf vom 12. November sowie mit der Verordnung über die Wahlen zur verfassunggebenden Deutschen Nationalversammlung und der entsprechenden Wahlordnung vom 30. November 1918 die Voraussetzungen zur ersten nationalen Wahl nach dem Ende des Kaiserreichs. Einer alten Forderung der Sozialdemokratie entsprechend, erhielten auch reichsweit allererst die Frauen Wahlrecht. Damit, wie mit der Senkung des Wahlalters von 25 auf 20 Jahre – ebenso beim passiven Wahlrecht – und der Zulassung von Militärpersonen, erhöhte sich im nationalen Maßstab die Wahlberechtigung ebenfalls dramatisch. In der Pfalz stieg der Anteil der Stimmberechtigten von den 21,8 % des Jahres 1912 auf nun 55,5 % der Bevölkerung. Unterschieden nach Geschlecht kamen dabei auf 100 Wahlberechtigte 54,2 % Frauen und 45,8 % Männer.[45]

Die zweite wesentliche Neuerung bestand in der Einführung des Verhältniswahlrechtes nach gebundenen Listen, wonach die Abstimmenden die Vorschläge der Parteien nicht verändern konnten. Das Reich war untergliedert in 38 Wahlkreise, der 37. umfaßte die Pfalz. In diesen wurde die im Verhältnis zur Bevölkerungszahl pro Wahlkreis festgesetzte Anzahl von Mandaten nach dem d'Hondtschen Verfahren auf die Listen ohne Verwertung der Reststimmen aufgeteilt. Im Durchschnitt sollte ein Abgeordneter 150.000 Einwohner vertreten. Insgesamt waren 423 Mitglieder der Nationalversammlung (MdNV) zu wählen, auf den 37. Wahlkreis entfielen deren sechs. Aus der Wahl vom 19. Januar ging die (Mehrheits-)Sozialdemokratie, die schon 1912 die meisten Stimmen auf sich vereinigt hatte, erneut im Reich und in der Pfalz als stärkste Partei hervor und errang 165 beziehungsweise zwei Sitze.

Dies „Übergangswahlsystem"[46] ersetzte die Nationalversammlung durch das Reichswahlgesetz vom April 1920. Es behielt das Verhältniswahlrecht nach starren Parteilisten bei, modifizierte allerdings die Sitzverteilung. Zunächst gab es nur noch 35 Wahlkreise, die zu – meist aus benachbarten gebildeten – sogenannten „Wahlkreisverbänden" zusammengefaßt waren; die Pfalz stellte ohne die infolge des Versailler Vertrages abgetrennten saarpfälzischen Gebietsteile den 30. dar. Ferner wurde auf 60.000 Stimmen ein Mandat vergeben. Darüber hinaus verbleibende Stimmen kamen in den Wahlkreisverbänden, etwaige immer noch vorhandene Reststimmen auf Reichsebene zur Verrechnung, wobei jeweils 60.000 einen Sitz bedeuteten. Voraussetzung dieses Verfahrens war, daß eine Partei mindestens in einem Wahlkreis ein Mandat errungen und daß sie in einem Wahlkreisverband nochmals wenigstens 30.000 Voten erreicht hatte. Auf der nationalen Ebene endlich entfiel wiederum auf 60.000 Stimmen ein Sitz, für den letzten noch zu erlangenden genügten 30.000. Dieses später nur noch geringfügig modifizierte Wahlrecht hatte unter anderem zur Folge, daß im Unterschied zum Kaiserreich oder zur späteren Bundesrepublik die ziffernmäßige Stärke des Reichstages je nach der Zahl der Wahlberechtigten und nach der Wahlbeteiligung beträchtlich schwankte. Die Extreme lagen zwischen den 459 Mandaten von 1920 und den 647 von 1933. Die SPD stellte bis zum Juli 1932 die größte Fraktion, in der die Pfalz zu Beginn und in den mittleren Jahren der Republik mit zwei Mitgliedern (MdR), sonst nur mit einem Abgeordneten präsent war (siehe Tabellen 7 und 8).

Rheinland-pfälzische Beratende Landesversammlung 1946

Nach der Niederlage des Faschismus wurde im Prozeß der Demokratisierung und Verfassungsgebung des neugebildeten Staates Rheinland-Pfalz am 17. November 1946 in Koblenz für die vier nördlichen Regierungsbezirke und in Neustadt für die Pfalz als vorläufiger Landtag die sogenannte „Beratende Landesversammlung" (BLV) gewählt, mit dem hauptsächlichen Auftrag, eine Verfassung zu erarbeiten.[47]

Die Wahl ging nach indirektem Verfahren in vier Wahlkörperschaften vonstatten, die auf Grundlage der Gemeindewahlen vom 15. September 1946 und der Kreiswahlen vom 13. Oktober 1946 aus den Räten der Städte mit mehr als 7.000 Einwohnern und den Kreisversammlungen der Landkreise gebildet worden waren. Wahlbefugnis hatten im ganzen 1.655, in der Pfalz 637 kommunale Repräsentanten. Vorschläge für die vier Wahlgremien durften nur von den vier lizenzierten Parteien eingereicht werden, also von der CDU, der SPD, der KPD und den Liberalen, die zu dieser Zeit als „Liberale Partei" oder als „Sozialer Volksbund" auftraten. Die Kandidaten mußten entweder einer Kreisversammlung oder dem Rat einer am Wahlvorgang beteiligten Stadt angehören. Die Wahl der 127 Mitglieder (MdBLV) selbst erfolgte nach dem Verhältniswahlrecht. Dies komplizierte Prozedere war von der Militärregierung mit der unverkennbaren Absicht vorgeschrieben worden, die Christdemokraten zu bevorzugen[48], die denn auch mühelos 70 Mandate erlangten (siehe Tabelle 9). Von den 47 pfälzischen Sitzen kamen 18 auf die SPD. Innerhalb der 41köpfigen sozialdemokratischen Fraktion spielten die aus dem südlichen Landesteil Kommenden bereits eine führende Rolle: Franz Bögler wurde Vizepräsident der BLV, Dr. Hans Hoffmann aus Wachenheim, Sohn von Johannes Hoffmann, fungierte als Fraktionsvorsitzender. Der Fraktion gehörten drei weibliche Mitglieder (7,3 %) an, darunter die Frankenthaler Studienrätin Dr. Ella Weis. Sie war nach den vergeblichen Anläufen der Weimarer Zeit schlechterdings die erste pfälzische Sozialdemokratin, die ein Mandat zu erwerben vermochte. Die nächste Wahl einige Monate später bestätigte sie, nun als – wiederum einzige pfälzisch-sozialdemokratische – Abgeordnete des ersten rheinland-pfälzischen Landtages.

Wahlrecht zum Landtag 1947

Zur Wahl des ersten ordentlichen rheinland-pfälzischen Landtages, die am 18. Mai 1947 stattfand, blieben die genannten Verordnungen in modifizierter, die Wahlberechtigung erweiternder Form zwar in Kraft.[49] Aufs Ganze jedoch erfuhr das Wahlrecht im Sinne der neuen Verfassung eine Demokratisierung und unter dem Einfluß der französischen Besatzungsmacht eine Ausgestaltung in der Weimarer Tradition. Die Abgeordneten (MdL) wurden nach den Grundsätzen der Verhältniswahl von den rheinland-pfälzischen Wahlberechtigten in Wahlkreisen gewählt. Diese entsprachen den fünf Regierungsbezirken. Kreiswahlvorschläge für jeden Wahlkreis durften wiederum nur die zugelassenen Parteien vorlegen. Nach einem Wahlschlüsselverfahren wurden dann die jedem Wahlkreis zustehenden Mandate auf die Listen der Parteien verteilt. Von den 100 zu vergebenden Sitzen kamen auf die Pfalz 35, auf Rheinhessen 13, auf Montabaur 8, auf Koblenz 31 und auf Trier zunächst 13, die nach der Rückgliederung des Kreises Saarburg im Juni 1947 sich auf 14 erhöhten; damit stieg die Gesamtzahl der Mandate auf 101 an.

Dem Anspruch, stärkste politische Kraft zu werden, konnte die sozialdemokratische Partei dabei nicht im Lande, jedoch in der Pfalz gerecht werden[50], wo sie 41,1 % erreichte gegenüber 34,4 % im Landesmittel und 14 der 34 auf sie entfallenen Mandate gewann (siehe Tabelle 9). So wurde Bögler wieder zum Vizepräsidenten gewählt, den Fraktionsvorsitz übernahm Eugen Hertel, Kaiserslautern, anstelle von Hoffmann. Dieser trat mit Wilhelm Bökenkrüger aus Neustadt in die Regierung ein, womit diese beiden als erste pfälzische SPD-Minister nach dem Zweiten Weltkrieg amtierten.

Bildung des Parlamentarischen Rates 1948

Nachdem in den Besatzungszonen Länder entstanden waren, wurde im Zuge der von den westlichen Alliierten in Aussicht gestellten Weststaatsgründung ein „Parlamentarischer Rat" gebildet, der eine als „Grundgesetz" bezeichnete Verfassung für die künftige Bundesrepublik zu geben hatte.[51] Da sich die Ministerpräsidenten der Länder darauf verständigt hatten, dieses Gremium durch die Landtage beschicken zu lassen, kam es ähnlich wie die Beratende Landesversammlung auf indirektem Wege zustande.[52] Rechtliche Grundlage stellte ein von den Ministerpräsidenten vorgelegtes, von den Landtagen meist ohne weiteres angenommenes „Modellgesetz" über Aufgaben, Zusammensetzung und Stellung der Mitglieder des Parlamentarischen Rates (MdPR) dar. So mußte jedes Land mit wenigstens einem Abgeordneten vertreten sein; ansonsten sollte auf je 750.000 Einwohner nach der Bevölkerungszahl vom 1. Juli 1948 ein Sitz entfallen, auf eine Restzahl von 200.000 Einwohner ein weiterer. Rheinland-Pfalz standen vier der 70 Abgeordneten zu.

Eine Regelung über die Aufteilung der Sitze auf die einzelnen Parteien beinhaltete das „Modellgesetz" nicht. Eine Vereinbarung zwischen den großen Parteien sah jedoch vor, daß eine „Majorisierung in den Landtagen vermieden werden sollte"[53] und die Mandate den Ergebnissen der Landtagswahlen entsprechend zugeteilt würden, wobei den einzelnen Fraktionen die Benennung der Kandidaten überlassen blieb. Im August 1948 vollzogen die Landtage die Wahlen (siehe Tabelle 9). Der rheinland-pfälzische delegierte am 18. des Monats Friedrich Wilhelm Wagner als einzigen sozialdemokratischen Abgeordneten der Pfalz in den Parlamentarischen Rat.[54]

Wahlrecht zum Ersten Bundestag 1949

Die Verabschiedung der vom Parlamentarischen Rat ausgearbeiteten Verfassung und der Erlaß eines Wahlgesetzes am 15. Juni 1949 zum ersten Bundestag schufen die Voraussetzungen zur Bildung des ersten Parlamentes im neuen Weststaat. Wahlberechtigt war, wer die deutsche Staatsbürgerschaft besaß, mindestens drei Monate seinen Wohnsitz oder – im Blick auf Flüchtlinge und Vertriebene – doch wenigstens seinen Aufenthalt im Bundesgebiet hatte; ausgeschlossen blieben die verschiedenen Gruppen der politisch Belasteten. Wählbar war, wer über die Wahlberechtigung verfügte und ein Alter von mindestens 25 Jahren erreichte. Da der Bundestag aus etwa 400 Mitgliedern bestehen sollte, vertrat im Durchschnitt ein Abgeordneter 109.000 Einwohner.[55]

Das vor dem Hintergrund historischer Erfahrungen zu sehende Wahlsystem kombinierte die Prinzipien des relativen Mehrheitswahlrechtes, das dem im Kaiserreich bestandenen absoluten nahekam, mit denen des Verhältniswahlverfahrens der Weimarer Republik.⁵⁶ Die den Ländern zugewiesenen Mandate waren in ungefährer Relation von 60 zu 40 zwischen Wahlkreisen und Parteilisten, sogenannten „Landesergänzungsvorschlägen" zu verteilen, die nur von den im Landesmaßstab zugelassenen Parteien eingereicht werden konnten. Bei der Mandatszuteilung nach dem d'Hondtschen Höchstzahlverfahren blieben aufgrund des Gesetzes zur Änderung des Bundeswahlgesetzes vom 5. August 1949 die Parteien, die weniger als 5 % der gültigen Stimmen in dem jeweiligen Bundesland erhalten hatten, unberücksichtigt – sofern sie nicht einen Wahlkreissitz errungen hatten. In Rheinland-Pfalz spielte diese später sogenannte „Sperrklausel", wonach dann nicht mehr nur in einem Bundesland, sondern im gesamten Bundesgebiet 5 % der Stimmen erreicht werden mußten, insofern keine Rolle, als nur vier Parteien, nämlich die SPD, die CDU, die FDP und die KPD zugelassen waren.⁵⁷ Sie hatten in allen Wahlkreisen Kreiswahlvorschläge und Landesergänzungsvorschläge eingereicht.

Das Land war eingeteilt in 15 Wahlkreise und stellte, mit den zehn über die Listen gewählten, 25 Abgeordnete des Ersten Bundestages (MdB). Die Pfalz gliederte sich in fünf Wahlkreise, nämlich in den Wahlkreis Ludwigshafen-Frankenthal, Neustadt-Kirchheimbolanden-Rockenhausen-Grünstadt, Kaiserslautern-Kusel, Zweibrücken-Pirmasens-Bergzabern und Speyer-Landau-Germersheim. Zu den in den Wahlkreisen gewählten zwei Christdemokraten und den Sozialdemokraten Adolf Ludwig, Ernst Roth (Frankenthal) und Friedrich Wilhelm Wagner gelangten noch zwei weitere pfälzische Abgeordnete über Ergänzungsvorschläge in den Bundestag. Da das Wahlrecht die kleineren Parteien begünstigte, konnten auch die Freien Demokraten einen Vertreter ins Bonner Parlament entsenden (siehe Tabelle 9).

Wahlergebnisse, Wahlstatistik, Anlage der Tabellen

Diese Entwicklungen und die Ergebnisse, die die Parteien bei den Wahlen erzielten, über mehrere historische Perioden hinweg tabellarisch darzustellen, ist schwer machbar; vielleicht nicht einmal sinnvoll, denn dies erforderte eine Aggregation, die Inhalte zum Verschwinden bringt, Unterschiede verwischt und unterstellte im Längsschnitt eine Vergleichbarkeit, die nicht so ohne weiteres gegeben ist.⁵⁸ Eine brauchbare und technisch gangbare Lösung ist die Aufteilung nach den Systemebenen und nach den Epochen.

Die nun folgende Dokumentation besteht aus drei Teilen. Im ersten (II.), möglichst allgemein und epochenübergreifend „Repräsentationen" überschriebenen, werden chronologisch die Wahlperioden der Abgeordnetenkammer, der Landtage und der Reichstage seit der ersten Wahl eines pfälzischen Sozialdemokraten im Jahre 1893 beziehungsweise im Jahre 1898 bis 1933 und der Vertretungen von 1946 bis zum ersten Bundestag hin aufgeführt. Angegeben werden: die Dauer der Periode, die Gesamtzahl der Abgeordneten, die Zahl der pfälzischen, die Stärke der sozialdemokratischen Fraktion und der/die Namen des Mitgliedes oder der Mitglieder aus der Pfalz, gegebenenfalls besondere Funktionen, die Wahlkreise, schließlich Veränderungen während der Periode (Nachrücker, Ersatzwahlen), nach Möglichkeit mit Datum.

Der zweite (III.) bringt unabhängig von der Systemebene eine alphabetische Liste der sozialdemokratischen Abgeordneten der Pfalz. Sie enthält folgende Informationen: Name, Vorname(n), Lebensjahre, erlernter und ausgeübter Beruf zur Zeit der Wahl, Wohnort zur Zeit der Wahl, Mandatsdauer und eine Rubrik „Funktionen oder Bemerkungen". Dabei machen die wechselnden Berufsbezeichnungen namentlich der häufig auftretenden und hauptamtlichen Partei- und Gewerkschaftsfunktionäre Schwierigkeiten. Sie werden hier einheitlich als „Sekretär" bezeichnet.

Der dritte Teil (IV.) besteht aus kommentierten Tabellen mit den Ergebnissen der Landtags- und Reichstagswahlen vor und nach dem Ersten Weltkrieg sowie den Wahlen nach 1945 für die relevanten Parteien einerseits in Relativzahlen, die sich nicht immer zu 100 Prozent addieren, andererseits mit der Sitzverteilung und den pfälzischen Sitzen. Dabei treten gewisse Unstimmigkeiten zwischen den Wähleranteilen und der Sitzverteilung namentlich bei den Liberalen und bei den katholischen Parteien auf. Sie rühren daher, daß die amtliche Statistik, auch durch Wahlbündnisse bedingt, Prozentsätze summarisch „Liberalen" oder dem Zentrum respektive der BVP zuschrieb, während sich nach den veröffentlichten Wahlvorschlägen und den Listen der gewählten Abgeordneten präzisere Parteiangaben machen lassen. Von dem im Titel des Beitrages angegebenen Zeitrahmen ist übrigens abgegangen worden, erstens bei den Landtagswahlen mit Hinsicht auf das erstmalige Auftreten von sozialdemokratischen Wahlmännern in Bayern überhaupt im Jahre 1881; zweitens bei den Reichstagswahlen insoweit, als es sinnvoll erschienen ist, die ganze Epoche zu dokumentieren, war die Sozialdemokratie doch seit der Reichseinigung im Reichstag vertreten; so werden die Unterschiede zwischen der allgemeinen und der pfälzischen Entwicklung markanter. Wenn von der sonstigen Anlage der Tabellen bei der letzten für die Periode 1946-1949 abgewichen worden ist, so hat das nur praktische Gründe.

Zur Wahlstatistik und zur Anlage der Tabellen ist dann noch das Folgende zu bemerken: Da es um die pfälzische Sozialdemokratie und um die pfälzischen Parteiverhältnisse geht, werden bei der tabellarischen Darstellung der Wahlergebnisse nach einem groben Links-Rechts-Schema die Zahlen beziehungsweise die Prozentsätze für die Pfalz und für Bayern/Rheinland-Pfalz oder für das Reich/den Bund aufgeführt. Davon ist bei den sozialistischen Parteien insofern abgewichen worden, als an erster Stelle die (M)SPD steht, dann die USPD, die „Sozialistische Arbeiterpartei" (SAP) und die KPD. Auch bei den Liberalen wird das Schema insoweit durchbrochen, als sie wegen ihrer häufig unklaren Stellung, wegen ihrer Verbindungen vor 1918 am besten nebeneinander plaziert werden – obwohl die Nationalliberalen gerade in der Pfalz nach rechts zu rücken wären. Für die Zeit nach 1918 ist das etwas einfacher. Statt dessen gibt es in der Weimarer Periode Zuordnungsschwierigkeiten beim politischen Katholizismus.[59]

Ungleich schwieriger als die gesamtstaatlichen Wahlen sind die zum bayerischen Landtag in monarchischer Zeit statistisch und tabellarisch zu erfassen.[60] Überhaupt haben die Landtagswahlen, außer in Lokalstudien[61], noch keine größere Aufmerksamkeit erfahren, so daß auch hier nichts anderes geblieben ist als der Rückgriff auf die Veröffentlichungen der amtlichen Statistik. Nun waren und sind die Ermittlung der Landtagswahlergebnisse und die parteimäßige Zuordnung der Wählerstimmen und der Wahlmänner bis 1907 beziehungsweise bis 1912 schon wegen des Wahlrechtes und der damit gegebenen Praxis der Absprachen und Wahlbündnisse nicht so ohne weiteres möglich. Hinzu kommt, daß sich die amtliche bayerische Statistik erst um 1881 – zugleich traten die ersten sozialdemokratischen Wahlmänner auf – umfassender der Kammerwahlen annahm und allmählich eine Wahlstatistik ausbildete.[62]

So wurden bis 1893 nur die den Parteien zuzurechnenden gewählten Wahlmänner bis auf Regierungsbezirksebene ausgewiesen, nicht aber die Stimmen, die sie erhalten hatten. 1899 erfaßte die Statistik erstmals auch die auf die gewählten Wahlmänner entfallenen Stimmen, was aber immer noch keinen Aufschluß über die Parteistimmen gibt. Daher sind in die Tabelle auch für 1899 nur die gewählten Wahlmänner und Prozentanteile aufgenommen. Erst 1905 wurden auch die im ersten Wahlgang auf alle, also auch auf die nichtgewählten Wahlmänner abgegebenen Voten registriert, so daß – auch bei Berücksichtigung der Unwägbarkeiten, die mit den Wahlbündnissen zusammenhängen – sich doch die Zahl der Wähler einer Partei hatte berechnen lassen. Daher werden für 1905 die Prozentsätze der auf die Wahlmänner gekommenen Stimmen wiedergegeben. Mit der Wahlrechtsnovelle verbesserte sich die Lage auch für die Statistik. Indes, selbst nach dem Wahlrecht von 1907 lassen sich Parteianteile nicht präzise bestimmen – wegen der zweimännigen Wahlkreise und der dortigen Möglichkeit der Wahlkompromisse zum Beispiel zwischen Liberalen und Bund der Landwirte wie in der Pfalz 1907. Die Ergebnisse der Wahlen vor/nach 1907 sind daher im Längsschnitt nicht so ohne weiteres vergleichbar[63], ebensowenig wie die vor und nach der Revolution.

II. Abfolge der Repräsentationen

1. Landesrepräsentationen

Königreich Bayern

XXXII. Landtagsperiode Juli 1893 bis Juni 1899
159 Abgeordnete, davon 20 pfälzische; Sozialdemokratische Fraktion: 5 Mitglieder, darunter: Franz Josef Ehrhart (WK Nürnberg).

XXXIII. Landtagsperiode Juli 1899 bis Juli 1905
159 Abgeordnete, davon 20 pfälzische; Sozialdemokratische Fraktion: 11 Mitglieder, darunter: Franz Josef Ehrhart (WK Speyer), Josef Huber (WK Speyer), Philipp Keidel (WK Zweibrücken).

XXXIV. Landtagsperiode Juli 1905 bis April 1907[64]
157 (159) Abgeordnete, davon 18 (20) pfälzische; Sozialdemokratische Fraktion: 12 Mitglieder, darunter: Franz Josef Ehrhart (1. WK Speyer), Martin Segitz (1. WK Speyer), Josef Huber (2. WK Frankenthal), Bruno Körner (5. WK Kandel), Philipp Keidel (6. WK Zweibrücken), Eduard Klement (14. WK Kaiserslautern).

XXXV. Landtagsperiode Mai 1907 bis Januar 1912
163 Abgeordnete, davon 22 pfälzische; Sozialdemokratische Fraktion: 20 Mitglieder, darunter: Franz Josef Ehrhart (15. WK Kaiserslautern) bis 20.7.1908 †, Eduard Klement (15. WK Kaiserslautern), Bruno Körner (3. WK Ludwigshafen II);
Nachwahl im 2. WK Ludwigshafen I: ab 25.6.1907: Josef Huber infolge der Doppelwahl Ehrharts im 2. und 15. Wahlkreis;
Nachwahl im 15. WK Kaiserslautern: ab 15.10.1908 Johannes Hoffmann für Ehrhart †.

XXXVI. Landtagsperiode Februar 1912 bis Dezember 1918
163 Abgeordnete, davon 22 pfälzische; Sozialdemokratische Fraktion: 30 Mitglieder, darunter: Johannes Hoffmann (15. WK Kaiserslautern), Josef Huber (2. WK Ludwigshafen I), Philipp Keidel (4. WK Frankenthal), Eduard Klement (15. WK Kaiserslautern), Bruno Körner (3. WK Ludwigshafen II), Friedrich Profit (1. WK Speyer).

Freistaat Bayern

Landtagsperiode 12.1.1919 bis 5.6.1920
180 Abgeordnete, davon 24 pfälzische; Sozialdemokratische Fraktionen: 64 (61 MSPD- und 3 USPD-) Mitglieder, darunter (nur MSPD, nach Stimmenzahl): Josef Huber (Ludwigshafen), Bruno Körner (Ludwigshafen), Philipp Keidel (Pirmasens), Friedrich Ackermann (Frankenthal), Friedrich Profit (Ludwigshafen), Eduard Klement (Kaiserslautern), Heinrich Rebmann (St. Ingbert), Hermann Hartmann (Neustadt), Paul Kleefoot (Ludwigshafen) als Landesabgeordneter.[65]

Landtagsperiode 6.6.1920 bis 3.5.1924
155 Abgeordnete, davon 17 pfälzische; Sozialdemokratische Fraktionen: 45 (25 MSPD- und 20 USPD-) Mitglieder, darunter (nach Stimmenzahl): MSPD – Bruno Körner (Ludwigshafen), Hermann Hartmann (Neustadt), Johannes Hoffmann (Kaiserslautern), wegen Doppelmandates[66] Rücktritt, Eduard Klement (Kaiserslautern).
USPD: Philipp Hügly (Haßloch), Jakob Leonhardt (Kaiserslautern), beide seit 1922 (wieder) SPD.
Nachrücker für Hoffmann: ab Juni 1920 Georg Metz (Frankenthal).

Landtagsperiode 4.5.1924 bis 19.5.1928
129 Abgeordnete, davon 14 pfälzische; Sozialdemokratische Fraktion: 23 Mitglieder, darunter: Bruno Körner (Ludwigshafen), bis 21.5.1927 †, Jakob Leonhardt (Kaiserslautern), Christian Schwartz (Zweibrücken);
Nachrücker für Körner: ab Mai 1927 Bernhard Sang (Frankenthal).

Landtagsperiode 20.5.1928 bis 23.4.1932
128 Abgeordnete, davon 16 pfälzische; Sozialdemokratische Fraktion: 34 Mitglieder, darunter (nach Stimmenzahl): Karl Fischer (Ludwigshafen), Jakob Leonhardt (Kaiserslautern), Christian Schwartz (Zweibrücken), Josef Weber (Speyer, zuvor KPD bzw. fraktionslos), Bernhard Sang (Frankenthal), als Landesabgeordneter.[67]

Landtagsperiode 24.4.1932 bis April 1933
128 Abgeordnete, davon 15 pfälzische; Sozialdemokratische Fraktion: 20 Mitglieder, darunter (nach Stimmenzahl): Karl Fischer (Ludwigshafen), Adolf Ludwig (Pirmasens), Jakob Leonhardt (Kaiserslautern).

„Ernannter" Landtag April/Mai 1933
103 „Abgeordnete", davon 13 pfälzische; Sozialdemokratische Fraktion: 17 Mitglieder, darunter: Franz Bögler (Speyer), Adolf Ludwig (Pirmasens).

Rheinland-Pfalz

Beratende Landesversammlung 22.11.1946 bis 25.4.1947
127 Abgeordnete, davon 47 pfälzische; Sozialdemokratische Fraktion: 41 Mitglieder, darunter: Valentin Bauer, Franz Bögler, Wilhelm Bökenkrüger, Dr. Herbert Buhl, Karl Fittler, Willibald Gänger, Eugen Hertel, Dr. Hans Hoffmann, Hermann Langlotz, Ernst Lorenz, Adolf Ludwig, Ignaz Roth, Julius Rüb, August Schäfer, Friedrich Schmidt, Fritz Volkemer, Dr. Ella Weiß, Helmut Ziegler.
Vizepräsident der BLV: Bögler,
Vorsitzender der SPD-Fraktion: Hoffmann.

Erster Rheinland-pfälzischer Landtag 18.5.1947 bis 17.5.1951
100, ab 21.9.1947 101 Abgeordnete, davon 35 pfälzische; Sozialdemokratische Fraktion: 34 Mitglieder, darunter: Franz Bögler, Fritz Fickeisen, Karl Fittler, Willibald Gänger,

Eugen Hertel, Dr. Hans Hoffmann, Ernst Lorenz, Adolf Ludwig bis 26.9.1949, Ignaz Roth, Julius Rüb, Friedrich Schmidt bis 11.1.1950 †, Fritz Volkemer, Friedrich Wilhelm Wagner bis 29.11.1949, Dr. Ella Weiß bis 27.1.1951 SPD, dann fraktionslos;
Vizepräsident: Bögler bis 29.7.1947,
Vorsitzender der SPD-Fraktion: Hertel.
Nachrücker(in): Luise Herklotz ab 2.10.1949 für Ludwig, August Schäfer ab 29.11.1949 für Wagner, Maxim Kuraner ab 13.1.1950 für Schmidt;
Übertritte: Herbert Müller bis 5.10.1949 KPD, Wilhelm Franke bis 26.4.1951 CDU.

2. Nationale Repräsentationen

Kaiserreich

10. Reichstagsperiode 16.6.1898 bis 30.4.1903
397 Abgeordnete, davon 6 pfälzische; Sozialdemokratische Fraktion: 56 Mitglieder, darunter: Franz Josef Ehrhart (1. WK Speyer).

11. Reichstagsperiode 16.6.1903 bis 13.12.1906
397 Abgeordnete, davon 6 pfälzische; Sozialdemokratische Fraktion: 81 Mitglieder, darunter: Franz Josef Ehrhart (1. WK Speyer).

12. Reichstagsperiode 25.1.1907 bis 7.12.1911
397 Abgeordnete, davon 6 pfälzische; Sozialdemokratische Fraktion: 43 Mitglieder, darunter: Franz Josef Ehrhart bis 20.7.1908 † (1. WK Speyer);
Nachwahl für Ehrhart (1. WK Speyer): Jakob Binder, ab 15.9.1908;
Nachwahl (2. WK Landau): Josef Huber, ab 30.7.1909.

13. Reichstagsperiode 12.1.1912 bis 15.11.1918
397 Abgeordnete, davon 6 pfälzische; Sozialdemokratische Fraktion: 110 Mitglieder, darunter: Jakob Binder (1. WK Speyer), Johannes Hoffmann (6. WK Kaiserslautern).

Weimarer Republik

Verfassungsgebende Deutsche Nationalversammlung 6.2.1919 bis 21.5.1920
423 Abgeordnete, davon 6 pfälzische; Sozialdemokratische Fraktion: 165 Mitglieder, darunter: Jakob Binder (Ludwigshafen), Johannes Hoffmann (Kaiserslautern).

I. Reichstagsperiode 6.6.1920 bis 3.5.1924
459 Abgeordnete, davon 4 pfälzische; Sozialdemokratische Fraktion: 102 Mitglieder, darunter: Johannes Hoffmann (Kaiserslautern).

II. Reichstagsperiode 4.5.1924 bis 20.10.1924
472 Abgeordnete, davon 4 pfälzische; Sozialdemokratische Fraktion: 100 Mitglieder, darunter: Johannes Hoffmann (Kaiserslautern).

III. Reichstagsperiode 7.12. 1924 bis 31.3.1928
493 Abgeordnete, davon 7 pfälzische; Sozialdemokratische Fraktion: 131 Mitglieder, darunter: Johannes Hoffmann (Kaiserslautern), Gerhard Jacobshagen (Ludwigshafen).

IV. Reichstagsperiode 20.5.1928 bis 18.7.1930
491 Abgeordnete, davon 6 pfälzische; Sozialdemokratische Fraktion: 153 Mitglieder, darunter: Johannes Hoffmann (Kaiserslautern), Gerhard Jacobshagen (Ludwigshafen).

V. Reichstagsperiode 14.9.1930 bis 4.6.1932
577 Abgeordnete, davon 5 pfälzische; Sozialdemokratische Fraktion: 143 Mitglieder, darunter: Johannes Hoffmann (Kaiserslautern) bis 15.12.1930 †; Nachrücker für Hoffmann: Friedrich Wilhelm Wagner (Ludwigshafen) ab 23.12.1930.

VI. Reichstagsperiode 31.7.1932 bis 12.9.1932
608 Abgeordnete, davon 8 pfälzische; Sozialdemokratische Fraktion: 133 Mitglieder, darunter: Friedrich Wilhelm Wagner (Ludwigshafen).

VII. Reichstagsperiode 6.11.1932 bis 1.2.1933
584 Abgeordnete, davon 7 pfälzische; Sozialdemokratische Fraktion: 121 Mitglieder, darunter: Friedrich Wilhelm Wagner (Ludwigshafen).

5.3.1933
647 Abgeordnete, davon 8 pfälzische; Sozialdemokratische Fraktion: 120 Mitglieder, darunter: Friedrich Wilhelm Wagner (Ludwigshafen).

Bundesrepublik

Parlamentarischer Rat 1.9.1948 bis Mai 1949
70 (65) Abgeordnete, davon 2 pfälzische; Sozialdemokratische Fraktion: 30 (27) Mitglieder, darunter: Friedrich Wilhelm Wagner.

Erster Bundestag 14.8.1949 bis 7.9.1953
402 Abgeordnete, davon 7 pfälzische; Sozialdemokratische Fraktion: 131 Mitglieder, darunter: Adolf Ludwig (WK. 13 Kaiserslautern-Kusel), Ernst Roth (WK 12 Neustadt-Kirchheimbolanden-Rockenhausen-Grünstadt), Friedrich Wilhelm Wagner (WK 11 Ludwigshafen-Frankenthal).

III. Die Abgeordneten

Name	Vorname	geb.	gest.	Beruf	Ort	Funktion Bemerkungen	von	bis
Ackermann	Friedrich	1876	1949	Rechtsanwalt Bürgermeister	Frankenthal	MdL, ab 1920 WK Schwaben	1919	1933
Bauer	Valentin	1885	1974	Zimmermann Oberbürgermeister	Augsburg Ludwigshafen	MdBLV	1946	1947
Binder	Jakob	1866	1932	Bäckermeister	Ludwigshafen	MdR, 15.9.08 für Ehrhart MdNV	1908 1919	1918 1920
Bögler	Franz	1902	1976	Angestellter Parteisekretär Oberregierungspräsident	Speyer	MdL MdBLV MdL, 46 - 47, 51 - 1961 Vizepräsident	1933 1946 1947	1947 1963
Bökenkrüger	Wilhelm	1890	1966	Arbeitsamtsleiter Präsidialdirektor	Neustadt	MdBLV	1946	1947
Buhl	Herbert, Dr.	1901	1963	Wirtschaftssachverständiger	Neustadt Kaiserslautern	MdBLV	1946	1947
Ehrhart	Franz Josef	1853	1908	Tapezierer Händler	Ludwigshafen	MdL, 1893 WK Nürnberg MdR, bis 20.7.1908	1893 1898	1908 1908
Fickeisen	Fritz	1897	1969	Müller Parteisekretär	Kusel	MdL	1947	1951
Fischer	Karl	1877	1950	Dreher Gewerkschaftssekretär	Ludwigshafen	MdL	1928	1933
Fittler	Karl	1894	1966	Arbeitsamtsangestellter Bürgermeister	Kirchheimbolanden	MdBLV MdL	1946 1947	1947 1951

Surname	First name	Born	Died	Profession	Place	Role		
Gänger	Willibald	1903	1994	Schlosser Parteisekretär	Bad Bergzabern	MdBLV MdL	1946 1947	1947 1967
Hartmann	Hermann	1870	1926	Dreher Händler	Neustadt	MdL	1919	1924
Herklotz	Luise	1918		Redakteurin	Speyer	MdL, 2.10.49 für Ludwig	1949	1957
Hertel	Eugen	1893	1973	Tischler Redakteur	Kaiserslautern	MdBLV MdL, 1947-1959 Fraktionsvorsitzender	1946 1947	1947 1959
Hoffmann	Hans, Dr.	1893	1952	Verwaltungsjurist Notar Staatsminister	Wachenheim	MdBLV, Fraktionsvorsitzender MdL	1946 1947	1947 1952
Hoffmann	Johannes	1867	1930	Lehrer Ministerpräsident	Kaiserslautern	MdL, 1920 Rücktritt[68] MdR MdNV MdR, bis 15.12.1930	1908 1912 1919 1920	1920 1918 1920 1930
Huber	Joseph	1860	1940	Schriftsetzer Druckereibesitzer	Ludwigshafen	MdL MdR, Nachwahl vom 30.7.1909	1899 1909	1920 1912
Hügly	Philipp	1879	1963	Tagelöhner Bahnarbeiter	Haßloch	MdL, bis 1922 USPD	1920	1924
Jacobshagen	Gerhard	1890	1951	Kaufmann	Ludwigshafen	MdR	1924	1930
Keidel	Philipp	1857	1932	Schuhmacher	Pirmasens	MdL	1899 1912	1907 1920
Kleefoot	Paul	1870	1938	Zigarrenmacher Redakteur der PP	Ludwigshafen	MdL, als Landesabgeordneter[69]	1919	1920
Klement	Eduard	1867	1940	Ziseleur Wirt, Händler	Kaiserslautern	MdL	1905	1924
Körner	Bruno	1862	1927	Schreiner Wirt	Ludwigshafen	MdL	1905	1927
Langlotz	Hermann	1895	1964	Verwaltungsangestellter Arbeitsamtsdirektor	Speyer	MdBLV	1946	1947

Name	Vorname	geb.	gest.	Beruf	Ort	Funktion Bemerkungen	von	bis
Leonhardt	Jakob	1897	1943	Buchdrucker Gewerkschaftssekretär	Kaiserslautern	MdL, bis 1922 USPD	1920	1933
Lorenz	Ernst	1901	1980	Schlosser Betriebsratsvorsitzender	Ludwigshafen	MdBLV MdL	1946 1947	1947 1967
Ludwig	Adolf	1892	1962	Schuhmacher Gewerkschaftssekretär	Pirmasens	MdL MdBLV MdL MdB	1932 1946 1947 1949	1933 1947 1949 1961
Metz	Georg	1867	1936	Dreher Geschäftsführer	Frankenthal	MdL, Juni 1920 für Hoffmann	1920	1924
Profit	Friedrich	1874	1951	Schlosser Parteisekretär	Ludwigshafen	MdL	1912	1920
Rebmann	Heinrich	1882	1966	Bergarbeiter Arbeitersekretär	St. Ingbert	MdL	1919	1920
Roth	Ernst	1901	1951	Journalist Landrat	Mannheim	MdR, WK Baden MdB	1932 1949	1933 1951
Roth	Ignaz	1894	1972	Schreiner Arbeitsamtsangestellter Oberbürgermeister	Frankenthal Zweibrücken	MdBLV MdL	1946 1947	1947 1963
Rüb	Julius	1886	1968	Bauer	Hütschenhausen	MdBLV MdL	1946 1947	1947 1959
Sang	Bernhard	1876	1959	Mechaniker Mechanikermeister	Frankenthal	MdL, Mai 1927 für Körner 1928 als Landesabg.[70]	1927	1932
Schäfer	August	1890	1977	Lehrer Stadtschulrat	Ludwigshafen	MdBLV MdL, 29.11.49 für Wagner, 8.10.1957 für Herklotz	1946 1949 1957	1947 1955 1959

Schmidt	Friedrich	1880	1950	Bergmann Gewerkschaftssekretär Arbeitsamtsdirektor	Landau	MdBLV MdL	1946 1947	1947 1950
Schwartz	Christian	1877	1941	Bäckermeister Zigarrenhändler		MdL	1924	1932
Volkemer	Friedrich	1907	1974	Schuhmacher	Pirmasens	MdBLV MdL	1946 1947	1947 1967
Wagner	Friedrich Wilhelm	1894	1971	Gewerkschaftssekretär Rechtsanwalt	Ludwigshafen	MdR, 23.12.1930 für Hoffmann MdL, bis 29.11.1949 MdPR MdB	1930 1947 1948 1949	1933 1949 1949 1961
Weber	Joseph	1894	1932	Schlosser Parteisekretär (KPD)	Speyer	MdL bis 1926 KPD, bis 1928 fraktionslos, dann SPD	1924	1932
Weiß	Ella, Dr.	1910	1995	Schiffsbauer Studienrätin	Frankenthal	MdBLV MdL, ab 27.1.1951 fraktionslos	1946 1947	1947 1951
Ziegler	Helmut	1913	1971	Arzt und Weinbauer	Maikammer	MdBLV	1946	1947

Tabelle 1: Landtagswahlen in der Pfalz und in Bayern 1881-1912

Wahlen von		[1]1881		1887		1893		1899		1905		1907		1912	
Wahlbeteiligung	Pfalz	33,0		19,2		26,4		41,0		55,8		76,0		85,6	
	Bayern			23,4		31,2		39,5		52,1		72,9		81,9	
Parteien		Wm[2]	%[3]	Wm	%	Wm	%	Wm	%	WmSt[4]	%[5]	Abstg.[6]	%	Abstg.	%
Sozialdemokraten	Pfalz	?	?	-	-	3	0,2	140	10,9	96363	24,0	25394	20,6	35285	23,6
	Bayern	5	0,0	214	2,1	376	3,7	747	7,4	463789	18,2	142084	17,7	188511	19,5
DVP (Demokraten)	Pfalz	?	?	53	4,1	43	3,4	35	2,7	8283	2,0	1037	0,8	-	-
	Bayern	118	1,2	148	1,5	210	2,1	146	1,4	15529	0,6	1037	0,1	3487	0,4
Freisinn/Fortschritt	Pfalz	-	-	44	3,4	?	?	?	?	-	-	-	-	3030	2,0
	Bayern	-	-	364	3,6	[8]7453	4,5	[8]271	2,7	-	-	-	-	27254	2,8
Liberale	Pfalz	?	?	-	-	[9]966	75,3	[10]585	45,6	147419	36,7	(41566)	(33,8)	2821	1,9
	Bayern	4054	40,5	-	-	[11]3172	31,6	[12]1949	19,4	[13]655808	25,7	[14]191965	24,0	114138	11,8
Nationalliberale	Pfalz	-	-	942	73,4	-	-	-	-	-	-	41566	33,8	45731	30,6
	Bayern	-	-	[15]3678	36,6	-	-	-	-	-	-	-	-	62060	6,4
Bauernbund (BBB)	Pfalz	-	-	-	-	-	-	-	-	-	-	-	-	-	-
	Bayern	-	-	-	-	833	8,3	682	6,8	[16]		[17]		65355	6,8
Zentrum[18]	Pfalz	?	?	238	18,6	266	20,7	321	25,0	104351	26,0	35136	28,5	33577	22,5
	Bayern	5834	58,3	5428	54,0	4726	47,0	5167	51,4	1113897	43,6	354900	44,3	393862	40,8
Landwirte (BdL)	Pfalz	-	-	-	-	-	-	201	15,7	39945	9,9	18559	15,1	25053	16,8
	Bayern	-	-	-	-	-	-	201	2,0	[19]224386	8,8	[20]84394	10,5	38899	4,0
Konservative	Pfalz	-	-	6	0,5	3	0,2	1	0,1	-	-	-	-	-	-
	Bayern	-	-	213	2,1	198	2,0	248	2,5	29308	1,1	18331	2,3	20962	2,2
Sonstige	Pfalz	-	-	-	-	2	0,2	-	-	5680	1,4	1441	1,2	3830	2,6
	Bayern	?	?	-	-	85	0,8	[21]643	6,4	52038	2,0	8403	1,1	[22]50142	5,2
Insgesamt	Pfalz	?	100	1283	100	1283	100	1283	100	402041	100	123133	100	149327	100
	Bayern	10011	100	10045	100	10053	100	10054	100	2554755	100	801114	100	964670	100

754

1 Nur bayerisches Gesamtergebniss, keine Aufschlüsselung nach Regierungsbezirken.
2 Gewählte Wahlmänner.
3 Vom Hundert der gewählten Wahlmänner.
4 Gültige Stimmen für die Wahlmänner, auf die mehrere Voten entfallen konnten.
5 Vom Hundert der gültigen Wahlmännerstimmen.
6 Gültige Abstimmungen für die nach der Wahlrechtsnovelle vom 9.4.1907 direkt gewählten Abgeordneten.
7 Nach ZBSL 25 (1893), S. 101 waren unter den 3.625 auf die liberalen Parteien entfallenden Wahlmännern 453 „Deutschfreisinnige". Für die Pfalz keine Angabe.
8 Nach ZBSL 31 (1899), S. 104 waren unter den 2.220 auf die liberalen Parteien entfallenden Wahlmännern 271 „Deutschfreisinnige". Für die Pfalz keine Angabe.
9 In der Pfalz Liberale aller Richtungen einschließlich möglicher „Deutschfreisinniger".
10 Wie Anm. 9.
11 Liberale ohne „Deutschfreisinnige".
12 Wie Anm. 11.
13 Liberale aller Richtungen.
14 1907 „Liberaler Block" von liberalen Parteien aller Richtungen einschließlich der Demokraten, in der Pfalz nur Nationalliberale und Demokraten im Wahlkreis Kirchheimbolanden.
15 1887 Liberale aller Richtungen, in der Pfalz nur Nationalliberale.
16 1905 in der amtlichen Statistik, vgl. ZBSL 37 (1905), S. 292, unter Absehen von gesonderten Zählungen Zusammenfassung von BBB und BdL; Ergebnisse für die Bauernbündler mit Hinsicht auf die Pfalz unter letzterem aufgeführt.
17 1907 wie 1905, vgl. ZBSL 39 (1907), S. 189.
18 Bis 1887 „Bayerische Patriotenpartei", auch „Klerikale".
19 Wie Anm. 16.
20 Wie Anm. 17.
21 Darunter 563 sonstige „Bauernbündler" und „Unbestimmte"
22 Darunter „Deutscher Bauernbund", „Konservativer Bauernbund", in der Pfalz auch „Wilde" und „Zersplitterte", d.h. Stimmen für diejenigen Kandidaten, die im Wahlkreis höchstens 25 Stimmen erhalten hatten.

Tabelle 2: Sitzverteilung und pfälzische Sitze im bayerischen Landtag 1881-1912

Wahlen von		[1]1881	1887	1893	1899	1905	1907	1912
Parteien		Zahl	Zahl	Zahl	Zahl	Zahl	Zahl	Zahl
Sozialdemokraten	Pfalz	-	-	1	3	6	4	6
	Bayern	-	-	5	11	12	20	30
DVP (Demokraten)	Pfalz	-	-	-	-	-	-	-
	Bayern	-	1	1	1	2	-	-
Freisinn/Fortschritt	Pfalz	-	-	-	-	-	-	-
	Bayern	-	-	[2]10	-	-	-	-
Liberale	Pfalz	-	[3]20	[4]20	12	3	10	8
	Bayern	[5]70	[6]71	57	[7]44	[8]22	[9]25	30
Nationalliberale	Pfalz	-	(20)	(20)	-	-	-	-
	Bayern	-	-	-	-	-	-	-
Bauernbund (BBB)	Pfalz	-	-	-	-	-	[10]?	-
	Bayern	-	-	9	5	6	?	5
Zentrum[11]	Pfalz	-	-	-	4	5	4	3
	Bayern	85	81	74	83	102	98	87
Landwirte (BdL)	Pfalz	-	-	-	1	4	4	4
	Bayern	-	-	-	[12]8	9	[13]13	[14]7
Konservative	Pfalz	-	-	-	-	-	-	-
	Bayern	[15]4	5	3	5	4	6	-
Sonstige	Pfalz	-	-	-	-	-	-	1
	Bayern	-	-	-	2	-	1	[16]4
Gesamt	Pfalz	20	20	20	20	[17]18	22	22
	Bayern	159	[18]158	159	159	157	163	163

1 Nur bayerisches Gesamtergebnis, keine Aufschlüsselung nach Wahlkreisen.
2 1893 Auszählung der Liberalen aller Richtungen, die eine Fraktion bildeten, nach dem Verzeichnis der Gewählten, ZBSL 25 (1893), S. 117 ff.
3 1887 in der Pfalz nur Nationalliberale.
4 1893 in der Pfalz nur Nationalliberale.
5 „Mittelpartei" (gemäßigte Liberale).
6 1887 Liberale aller Richtungen einschließlich der Nationalliberalen der Pfalz in einer Fraktion.
7 1899 nur „Liberale", in der Pfalz auch drei als „Liberal und Bund der Landwirte" Bezeichnete.
8 1905 Liberale aller Richtungen einschließlich der Demokraten unspezifiziert in einer Fraktion.
9 1907 „Liberaler Block" der liberalen Parteien und der Demokraten.
10 1907 BdL und BBB nach der amtlichen Statistik, ZBSL 39 (1907), S. 189, zusammengezählt, mit Hinsicht auf die Pfalz unter BdL aufgeführt.
11 Bis 1887 „Bayerische Patriotenpartei", auch „Klerikale".
12 1899 einschließlich sonstiger Bauernbündler.
13 Wie Anm. 10.
14 1912 „Freie Vereinigung" von Konservativen und BdL, mit Hinsicht auf die Pfalz unter letzterem aufgeführt.
15 1881-1887 gemeinsame Fraktion der Konservativen mit den „Patrioten" (Zentrum).
16 Drei Abgeordnete des „Deutschen Bauernbundes", ein fraktionsloser.
17 Zustande kam die Wahl von 157 Abgeordneten, im Wahlkreis Neustadt blieben 2 Sitze unerledigt.
18 Zustande kam die Wahl von 158 Abgeordneten, ein Sitz blieb unerledigt.

Tabelle 3: Reichstagswahlen in der Pfalz und im Reich 1871-1912. Prozentzahlen

Wahlen von		1871	1874	1877	1878	1881	1884	1887	1890	1893	1898	1903	1907	1912
Wahlbeteiligung	Pfalz	52,6	80,5	73,8	68,7	54,8	73,6	87,1	77,2	76,9	69,5	82,7	87,3	86,4
	Reich	51,0	61,2	60,6	63,4	56,3	60,6	77,5	71,6	72,5	68,1	76,1	84,6	84,9
Parteien		%	%	%	%	%	%	%	%	%	%	%	%	%
Sozialdemokraten	Pfalz	-	1,1	2,6	2,3	4,3	5,3	3,8	9,6	12,3	22,0	24,9	24,7	32,2
	Reich	3,2	6,8	9,1	7,6	6,1	9,7	7,1	19,7	23,3	27,2	31,7	29,0	34,8
DVP (Demokraten)	Pfalz	-	-	-	0,1	8,8	6,5	6,8	5,3	4,2	3,7	-	2,4	-
	Reich	0,5	0,4	0,8	1,2	2,0	1,7	1,2	2,0	2,2	1,4	1,0	1,2	-
Freisinn/Fortschritt[1]	Pfalz	-	21,5	²20,1	³20,4	⁴21,1	7,3	11,5	10,4	4,3	3,8	5,3	0,2	4,8
	Reich	8,8	8,6	7,7	6,7	5,6	17,6	12,9	16,0	⁵12,6	9,7	8,3	9,7	⁶12,3
Liberale[7]	Pfalz	12,0	1,0	2,5	2,7	-	-	-	-	-	-	-	-	-
	Reich	7,2	-	-	-	-	-	-	-	-	-	-	-	-
Nationalliberale	Pfalz	71,5	43,3	40,0	39,3	52,5	50,9	53,7	51,6	50,4	35,4	28,8	29,6	26,0
	Reich	30,1	29,7	27,2	23,1	14,7	17,6	22,3	16,3	13,0	12,5	13,9	14,5	13,6
Zentrum[8]	Pfalz	15,4	34,1	33,7	33,1	26,8	29,9	17,5	23,1	25,4	29,6	30,0	28,4	17,1
	Reich	18,7	30,2	26,0	24,1	23,2	22,6	22,1	18,6	19,0	18,8	19,7	19,4	16,4
Landwirte (BdL)	Pfalz	-	-	-	-	-	-	-	-	-	5,3	7,8	13,5	19,9
	Reich	-	-	-	4,8	-	-	-	-	-	3,3	1,2	2,0	-
Konservative[9]	Pfalz	23,0	14,1	3,6	26,6	23,7	22,1	25,0	19,1	19,2	15,5	13,5	13,6	12,2
	Reich	1,1	-	17,6	-	2,0	0,1	6,7	-	3,4	0,2	¹¹3,2	1,2	-
Sonstige[10]	Pfalz	-	-	-	-	-	-	-	-	-	-	-	-	-
	Reich	8,5	9,2	9,1	10,7	9,2	8,7	9,4	8,3	10,7	11,6	10,7	10,6	10,7

1 „Deutsche Fortschrittpartei", ab 1884 „Deutsch-Freisinnige Partei", ab 1893 „Freisinnige Volkspartei", ab 1910 aufgegangen in der „Fortschrittlichen Volkspartei".
2 Einschließlich „Liberale".
3 Einschließlich „Liberale".
4 1881 einschließlich der „Liberalen Vereinigung", ab 1893 „Freisinnige Vereinigung", die 1910 in der „Fortschrittlichen Volkspartei" aufging.
5 Ab 1893 einschließlich der „Freisinnigen Vereinigung".
6 1912 „Fortschrittliche Volkspartei" und DVP (Demokraten).
7 Liberale unbestimmter Parteirichtung, auch fraktionslose.
8 Bis 1887 „Patriotenpartei", auch „Klerikale".
9 Einschließlich „Reichspartei" (Freikonservative).
10 Darunter Minderheiten wie „Welfen", „Polen", „Elsaß-Lothringer".
11 „Bayerischer Bauernbund" (3,2 Prozent).

Tabelle 4: Sitzverteilung und pfälzische Sitze im Reichstag 1871-1912

Wahlen von		1871	1874	1877	1878	1881	1884	1887	1890	1893	1898	1903	1907	1912
Parteien		Zahl	Zahl	Zahl	Zahl	Zahl	Zahl	Zahl	Zahl	Zahl	Zahl	Zahl	Zahl	Zahl
Sozialdemokraten	Pfalz	-	-	-	-	-	-	-	-	-	1	1	[1](2) 1	2
	Reich	2	9	12	9	12	24	11	35	44	56	81	43	110
DVP (Demokraten)	Pfalz	-	1	4	3	-	1	-	-	-	-	-	-	-
	Reich	1	2	1	1	9	7	-	10	11	8	6	7	-
Freisinn/Fortschritt[2]	Pfalz	-	-	-	-	-	-	-	-	-	-	-	-	-
	Reich	46	49	35	26	[3]106	67	32	66	[4]37	41	30	42	[5]42
Liberale[6]	Pfalz	1	-	1	1	-	-	-	-	-	-	-	-	-
	Reich	30	3	13	10	-	-	-	-	-	-	-	-	-
Nationalliberale	Pfalz	5	4	4	4	6	5	6	6	6	4	3	1	2
	Reich	125	155	128	99	47	51	99	42	53	46	51	54	45
Zentrum	Pfalz	-	-	-	-	-	-	-	-	-	-	-	2	1
	Reich	63	91	93	94	100	99	98	106	96	102	100	105	91
Landwirte (BdL)	Pfalz	-	-	-	-	-	-	-	-	-	1	1	2	1
	Reich	-	-	-	-	-	-	-	-	-	?	?	?	?
Konservative[7]	Pfalz	-	-	-	-	-	-	-	-	-	-	-	-	-
	Reich	94	55	78	116	78	106	121	93	100	79	75	84	57
Sonstige[8]	Pfalz	-	-	-	-	-	-	-	-	-	-	-	-	-
	Reich	21	34	34	40	45	43	36	45	56	65	54	62	52
Gesamt	Pfalz	6	6	6	6	6	6	6	6	6	6	6	6	6
	Reich	382	397	397	397	397	397	397	397	397	397	397	397	397

[1] Wegen der Nachwahl im 2. WK Landau vom 30.7.1909 ein zweites Mandat.
[2] „Deutsche Fortschrittspartei", ab 1884 „Deutsch-Freisinnige Partei", ab 1893 „Freisinnige Volkspartei", ab 1910 aufgegangen in der „Fortschrittlichen Volkspartei".
[3] 1881 einschließlich der „Liberalen Vereinigung", ab 1893 „Freisinnige Vereinigung", die 1910 in der „Fortschrittlichen Volkspartei" aufging.
[4] Ab 1893 einschließlich der „Freisinnigen Vereinigung".
[5] „Fortschrittliche Volkspartei" und Demokraten.
[6] Liberale unbestimmter Parteirichtung, auch fraktionslose.
[7] Einschließlich der „Reichspartei" (Freikonservative).
[8] Darunter Minderheiten wie „Welfen", „Polen", „Elsaß-Lothringer".

Tabelle 5: Landtagswahlen in der Pfalz und in Bayern 1919-1932. Prozentzahlen

Wahlen vom		[1]Jan. 1919	[2]Juni 1920	[3]April 1924	Mai 1928	April 1932
Wahlbeteiligung	Pfalz	80,9	73,4	71,6	70,7	81,0
	Bayern	86,3	75,7	71,8	74,1	79,0
Parteien		%	%	%	%	%
SPD[4]	Pfalz	37,9	24,1	24,0	29,1	16,3
	Bayern	33,0	16,4	17,2	24,2	15,4
USPD	Pfalz	1,8	10,8	-	0,1	-
	Bayern	2,5	12,9	0,1	0,0	-
SAP	Pfalz	-	-	-	-	0,6
	Bayern	-	-	-	-	0,3
KPD	Pfalz	-	0,8	12,7	7,7	9,4
	Bayern	-	1,7	8,3	[5]3,9	6,6
DDP[6]	Pfalz	13,1	9,2	6,1	3,9	-
	Bayern	[7]14,0	8,1	[8]3,2	3,3	-
BBB[9]	Pfalz	-	-	-	4,1	1,3
	Bayern	9,1	7,9	7,1	11,5	6,5
Zentrum	Pfalz	-	-	10,1	-	-
	Bayern	-	-	[10]1,9	-	-
BVP	Pfalz	28,6	26,0	18,0	26,4	23,7
	Bayern	35,0	39,4	32,8	31,6	32,6
Wirtschaftspartei[11]	Pfalz	-	-	-	4,1	-
	Bayern	-	-	-	3,2	-
DVP	Pfalz	[12]18,6	29,1	23,5	14,5	3,1
	Bayern	[13]5,8	[14]13,6	[15]10,4	3,3	[16]1,7
DNVP	Pfalz	-	-	-	2,5	1,1
	Bayern	-	-	-	9,3	3,3
NSDAP	Pfalz	-	-	4,6	5,5	42,9
	Bayern	-	-	[17]17,1	6,4	32,5
Sonstige	Pfalz	-	-	1,0	2,1	1,6
	Bayern	0,6	-	1,9	3,3	1,1

[1] In der Pfalz am 2. Februar.
[2] Ohne die zum Saargebiet gehörenden Teile der Pfalz. In Coburg, das erst mit dem 1. Juli förmlich zu Bayern kam, wurden die Wahlen am 7. November nachgeholt.
[3] In der Pfalz am 4. Mai, zugleich mit den Reichstagswahlen.
[4] 1919 und 1920 Mehrheitssozialdemokratie (MSPD), 1924 „Vereinigte Sozialdemokratische Partei".
[5] Einschließlich „Alte Kommunistische Partei".
[6] Seit 1930 „Deutsche Staatspartei".
[7] 1919 „Deutsche Volkspartei in Bayern (Deutsche Demokratische Partei)" einschließlich DDP der Pfalz.
[8] 1924 Wahlvorschlag „Deutscher Block".
[9] 1920 „Bayerischer Bauernbund – Bayerische Mittelstandspartei"; seit 1924 „Bayerischer Bauern- und Mittelstandsbund".
[10] 1924 in der Pfalz „Zentrum" sonst „Christlich-Soziale Partei (Bayerisches Zentrum)".
[11] „Reichspartei der Deutschen Mittelstandes (Wirtschaftspartei)".
[12] 1919 in der Pfalz gemeinsamer Wahlvorschlag der „Deutschen Volkspartei", der „Nationalliberalen Partei" und des „Bundes der Landwirte".
[13] 1919 „Bayerische Mittelpartei" und „Nationalliberale Partei" des rechtsrheinischen Bayerns und DVP der Pfalz.
[14] 1920 im rechtsrheinischen Bayern gemeinsamer Wahlvorschlag der „Bayerischen Mittelpartei-Deutschnationale Volkspartei in Bayern" und der „Nationalliberalen Partei".
[15] 1924 Wahlvorschlag „Vereinigte Nationale Rechte" von der DVP der Pfalz, der DNVP und der „Nationalliberalen Landespartei".
[16] 1932 in ganz Bayern Wahlvorschlag „Deutsche Volkspartei und Wirtschaftspartei".
[17] 1924 „Völkischer Block", Bündnis von NSDAP, die in der Pfalz besatzungsbehördlich verboten blieb, und „Deutsch Völkischer Freiheitspartei".

Tabelle 6: Sitzverteilung und pfälzische Sitze im bayerischen Landtag 1919-1933

Wahlen vom		[1]Jan. 1919	[2]Juni 1920	[3]April 1924	Mai 1928	April 1932	[4]April 1933
Parteien		Zahl	Zahl	Zahl	Zahl	Zahl	Zahl
SPD[5]	Pfalz	9	4	3	5	3	2
	Bayern	61	25	23	34	20	17
USPD	Pfalz	-	2	-	-	-	-
	Bayern	3	20	-	-	-	-
KPD	Pfalz	-	-	2	1	1	-
	Bayern	-	2	9	5	8	-
DDP[6]	Pfalz	3	2	1	-	-	-
	Bayern	[7]25	12	[8]3	-	-	-
BBB[9]	Pfalz	-	-	-	1	-	-
	Bayern	16	12	10	17	9	3
Zentrum	Pfalz	-	-	1	-	-	[10]3
	Bayern	-	-	[11]2	-	-	3
BVP	Pfalz	8	4	3	5	4	-
	Bayern	66	65	46	46	45	27
DVP	Pfalz	4	5	3	2	-	-
	Bayern	[12]9	[13]19	[14]12	4	-	-
DNVP	Pfalz	-	-	-	1	-	1
	Bayern	-	-	-	13	3	[15]5
NSDAP	Pfalz	-	-	1	1	7	7
	Bayern	-	-	[16]23	9	43	48
Sonstige	Pfalz	-	-	-	-	-	-
	Bayern	-	-	1	-	-	-
Gesamt	Pfalz	24	17	14	16	15	[17]13
	Bayern	180	[18]155	129	128	128	103

[1] In der Pfalz am 2. Februar.
[2] Ohne die zum Saargebiet gehörenden Teile der Pfalz.
[3] In der Pfalz am 4. Mai, zugleich mit den Reichstagswahlen.
[4] Aufgrund des Vorläufigen Gesetzes zur Gleichschaltung der Länder mit dem Reich vom 31.3.1933 „ernannter Landtag". Die Neubildung erfolgte nach dem Ergebnis der – nicht mehr regulären – Reichstagswahl vom 5.3.1933, eingereicht waren sechs „Wahlvorschläge". Die KPD war bereits verboten.
[5] 1919 und 1920 Mehrheitssozialdemokratie (MSPD), 1924 „Vereinigte Sozialdemokratische Partei".
[6] Seit 1930 „Deutsche Staatspartei".
[7] 1919 „Deutsche Volkspartei in Bayern (Deutsche Demokratische Partei)" und „Deutsche Demokratische Partei der Pfalz".
[8] 1924 „Deutscher Block".
[9] 1920 „Bayerischer Bauernbund – Bayerische Mittelstandspartei", seit 1924 „Bayerischer Bauern- und Mittelstandsbund".
[10] In der Pfalz „Zentrum und Bayerische Volkspartei".
[11] 1924 in der Pfalz „Zentrum" und im übrigen Bayern „Christlich-Soziale Partei (Bayerisches Zentrum)".
[12] 1919 „Nationalliberale Partei", „Bayerische Mittelpartei" und „Deutsche Volkspartei der Pfalz (Nationalliberale Partei und Bund der Landwirte)".
[13] 1920 „Bayerische Mittelpartei" und „Deutsche Volkspartei im Bayern rechts des Rheines" und „Deutsche Volkspartei der Pfalz".
[14] 1924 Fraktion „Vereinigte Nationale Rechte" aus der DVP der Pfalz, der DNVP und der „Nationalliberalen Landespartei".
[15] 1933 „Kampffront Schwarz-Weiß-Rot".
[16] 1924 „Völkischer Block", Bündnis aus NSDAP, die in der Pfalz besatzungsbehörlich verboten blieb, und „Deutsch Völkischer Freiheitspartei".
[17] Zusammenstellung für die Pfalz nach der Liste der „gewählten" Abgeordneten, ZBSL 65 (1933), S. 310 ff.
[18] Nach ZBSL 53 (1921), S. 302 und 56 (1924), S. 233: 155 Abgeordnete.

Tabelle 7: Reichstagswahlen in der Pfalz und im Reich 1919-1933.
Prozentzahlen

Wahlen vom		Jan. 1919	Juni 1920	Mai 1924	Dez. 1924	Mai 1928	Sept. 1930	Juli 1932	Nov. 1932	März [1]1933
Wahlbeteiligung	Pfalz	86,6	73,5	71,9	62,9	70,8	76,5	86,9	83,9	91,1
	Reich	83,0	79,2	77,4	78,8	75,6	82,0	84,1	80,6	88,8
Parteien		%	%	%	%	%	%	%	%	%
SPD[2]	Pfalz	37,9	24,3	23,3	26,8	29,0	22,4	17,6	16,1	16,8
	Reich	37,9	21,7	20,5	26,0	29,8	24,5	21,6	20,4	18,3
USPD	Pfalz	1,6	10,8	0,3	0,8	0,1	-	-	-	-
	Reich	7,6	17,9	0,8	0,3	0,1	-	-	-	-
SAP	Pfalz	-	-	-	-	-	-	0,1	0,1	-
	Reich	-	-	-	-	-	-	0,2	0,1	-
KPD	Pfalz	-	0,8	13,5	8,1	7,1	10,5	10,7	12,9	9,0
	Reich	-	2,1	12,6	9,0	10,6	13,1	14,5	16,9	12,3
DDP[3]	Pfalz	13,2	8,9	[4]5,6	6,7	3,9	2,3	0,5	0,6	0,6
	Reich	18,5	8,3	5,7	6,3	4,9	3,8	1,0	1,0	0,9
Zentrum	Pfalz	-	-	10,6	11,6	[5]26,4	24,9	23,8	22,5	22,7
	Reich	[6]19,7	13,6	13,4	13,6	12,1	11,8	12,5	11,9	11,2
BVP	Pfalz	[7]27,6	26,1	17,6	15,6	-	-	-	-	-
	Reich	-	4,4	3,2	3,7	3,1	3,0	3,2	3,1	2,7
Wirtschaftspartei[8]	Pfalz	-	-	-	-	4,1	3,5	0,3	0,3	-
	Reich	0,9	0,8	2,4	3,3	4,5	3,9	0,4	0,3	-
DVP	Pfalz	[9]19,7	29,1	[10]22,7	23,6	14,7	6,6	1,4	2,1	1,2
	Reich	4,4	13,9	9,2	10,1	8,7	4,5	1,2	1,9	1,1
CSVD[11]	Pfalz	-	-	-	-	-	2,8	0,7	0,8	0,7
	Reich	-	-	-	-	-	2,5	1,0	1,2	1,0
DNVP	Pfalz	-	-	-	[12]4,4	2,8	0,8	1,1	1,8	[13]2,5
	Reich	10,3	15,1	19,5	20,5	14,2	7,0	5,9	8,3	8,0
NSDAP	Pfalz	-	-	5,7	1,9	5,7	22,8	43,7	42,6	46,5
	Reich	-	-	[14]6,5	[15]3,0	2,6	18,3	37,3	33,1	43,9
Sonstige	Pfalz	-	-	0,7	0,5	[16]6,2	3,4	0,1	0,2	-
	Reich	0,7	2,2	6,2	4,2	9,4	[17]7,6	1,2	1,8	0,6

[1] Keine reguläre Wahl, Nichtzulassung zahlreicher Wahlvorschläge, u. a. der SAP und der Wirtschaftspartei, Unterdrückungsmaßnahmen gegen die KPD.
[2] 1919 und 1920 Mehrheitssozialdemokratie (MSPD), 1924 „Vereinigte Sozialdemokratische Partei".
[3] Seit 1930 „Deutsche Staatspartei".
[4] 1924 „Deutscher Block in Bayern".
[5] Seit 1928 im Wahlkreis Pfalz „Zentrum und Bayerische Volkspartei".
[6] 1919 „Christlich föderalistische Reichswahlliste" aus Zentrum und BVP, in Bayern und der Pfalz Wahlvorschlag BVP, vgl. ZBSL 51 (1919), S. 886 und 53 (1921), S. 253.
[7] Wie Anm. 6.
[8] „Reichspartei des Deutschen Mittelstandes (Wirtschaftspartei)".
[9] 1919 in der Pfalz einschließlich des „Bundes der Landwirte" und der Konservativen.
[10] 1924 „Vereinigte Nationale Rechte (Deutsche Volkspartei der Pfalz)".
[11] „Christlich-sozialer Volksdienst (Evangelische Bewegung)".
[12] 1924 im Wahlkreis Pfalz „Christliche Nationale Volkspartei".
[13] 1933 „Kampffront Schwarz-Weiß-Rot".
[14] 1924 „Völkischer-Nationaler Block", Bündnis von NSDAP, die in der Pfalz besatzungsbehördlich verboten blieb, und „Deutsch Völkischer Freiheitspartei".
[15] Wie Anm. 14, im Wahlkreis Pfalz „Nationalsozialistische Freiheitsbewegung Großdeutschlands".
[16] Darunter „Bayerischer Bauern- und Mittelstandsbund" (BBB) (3,7%).
[17] Darunter BBB und „Christlich-nationale Bauern- und Landvolkpartei" (CNBL).

Tabelle 8: Sitzverteilung und pfälzische Sitze im Reichstag 1919-1933

Wahlen vom		Jan. 1919	Juni 1920	Mai 1924	Dez. 1924	Mai 1928	Sept. 1930	Juli 1932	Nov. 1932	März [1]1933
Parteien		Zahl	Zahl	Zahl	Zahl	Zahl	Zahl	Zahl	Zahl	Zahl
SPD[2]	Pfalz	2	1	2	2	2	1	1	1	1
	Reich	165	102	100	131	153	143	133	121	120
USPD	Pfalz	-	-	-	-	-	-	-	-	-
	Reich	22	84	-	-	-	-	-	-	-
KPD	Pfalz	-	-	-	-	-	-	1	1	1
	Reich	-	4	62	45	54	77	89	100	81
DDP[3]	Pfalz	1	-	-	1	-	-	-	-	-
	Reich	75	39	28	32	25	20	4	2	5
Zentrum	Pfalz	-	-	-	1	[4]1	1	1	1	1
	Reich	[5]91	64	65	69	62	68	75	70	74
BVP	Pfalz	[6]2	1	1	1	[7]1	1	1	1	1
	Reich	-	21	16	19	16	19	22	20	18
Wirtschaftspartei[8]	Pfalz	-	-	-	-	-	-	-	-	-
	Reich	-	-	7	11	23	23	2	1	-
DVP	Pfalz	1	2	1	2	2	-	-	-	-
	Reich	19	65	45	51	45	30	7	11	2
CSVD[9]	Pfalz	-	-	-	-	-	-	-	-	-
	Reich	-	-	-	-	-	14	3	5	4
DNVP	Pfalz	-	-	-	-	-	-	-	-	-
	Reich	44	71	95	103	73	41	37	52	52
NSDAP	Pfalz	-	-	-	-	-	2	4	3	4
	Reich	-	-	[10]32	[11]14	12	107	230	196	288
Sonstige[12]	Pfalz	-	-	-	-	-	-	-	-	-
	Reich	7	9	22	18	[13]28	[14]35	6	6	3
Gesamt	Pfalz	6	4	4	7	6	5	8	7	8
	Reich	423	459	472	493	491	577	608	584	647

[1] Keine reguläre Wahl, Nichtzulassung zahlreicher Wahlvorschläge, u. a. der SAP, der Wirtschaftspartei, Unterdrückungsmaßnahmen gegen die KPD.
[2] 1919 und 1920 MSPD, 1924 „Vereinigte Sozialdemokratische Partei".
[3] Seit 1930 „Deutsche Staatspartei".
[4] Seit 1928 im Wahlkreis Pfalz „Zentrum und Bayerische Volkspartei". Aufgrund der amtlichen Statistik lassen sich die Gewählten den beiden Parteien zuschreiben.
[5] 1919 „Christlich föderalistische Reichswahlliste" einschließlich der BVP. Die im Wahlkreis Pfalz erlangten Sitze lassen sich der BVP zuordnen, vgl. ZBSL 51 (1919), S. 887.
[6] Wie Anm. 5.
[7] Wie Anm. 4.
[8] „Reichspartei des Deutschen Mittelstandes (Wirtschaftspartei)".
[9] „Christlich-sozialer Volksdienst (Evangelische Bewegung)".
[10] 1924 „Völkisch-Nationaler Block", ein Bündnis zwischen NSDAP und „Deutsch Völkischer Freiheitspartei".
[11] Wie Anm. 10.
[12] Darunter bei allen Wahlen bis zu acht (1928) Abgeordnete des „Bayerischen Bauerbundes" (BBB).
[13] Darunter neben den acht Abgeordneten des BBB zehn der „Christlich-nationalen Bauern- und Landvolkpartei" (CNBL).
[14] Darunter sechs BBB und 19 CNBL.

Tabelle 9: Wahlen, Sitzverteilung und pfälzische Sitze in Landes- und Bundesvertretungen 1946-1949

Wahlen		¹BLV 1946 %	¹BLV 1946 Sitze	Landtag 1947 %	Landtag 1947 Sitze	²Parl. Rat 1948 Sitze	Bundestag 1949 %	Bundestag 1949 Sitze
Wahlbeteiligung	Pfalz	98,8		76,9		-	81,2	
	Land/Bund	98,6		77,9		-	79,0	
Parteien								
SPD	Pfalz	37,7	18	41,1	14	1	36,8	3
	Land/Bund	32,3	41	34,4	34	(27) 30	29,2	131
KPD	Pfalz	10,8	4	12,4	4	-	9,3	-
	Land/Bund	7,1	9	8,7	8	2	5,7	15
FDP	Pfalz	7,3	3	³10,4	4	-	14,7	1
	Land/Bund	⁴5,5	7	⁵9,7	11	(5) 6	11,9	52
CDU/CSU	Pfalz	44,1	22	36,1	13	1	39,2	3
	Land/Bund	55,1	70	47,2	47	(27) 28	31,0	139
Sonstige	Pfalz	-	-	-	-	-	-	-
	Land/Bund	-	-	-	-	⁶4	⁷22,2	⁸65
Gesamt	Pfalz	100	47	100	35	2	100	7
	Land/Bund	100	127	100	⁹100	¹⁰(65) 70	100	402

---

1. Indirekte Wahl der Mitglieder der Beratenden Landesversammlung am 15.11.1946, wahlberechtigt 1.655 bzw. 637, gültige Stimmen 1.635 bzw. 628. Zahlen für die Pfalz errechnet nach: Die Wahlen und Volksabstimmungen in Rheinland-Pfalz in den Jahren 1946/47, Bad Ems o. J. (1948), S. 21.
2. Durch die Landtage im August 1948 indirekte Wahl des Parlamentarischen Rates, der aus 65 stimmberechtigten und 5 nicht stimmberechtigten Mitgliedern aus Berlin (SPD 3, CDU und FDP je 1) bestand.
3. 1947 in der Pfalz nur „Sozialer Volksbund" (SV), siehe Anm. 4.
4. 1946/47 „Liberale Partei" (LP) und SV, die sich im April 1947 zur „Demokratischen Partei Rheinland-Pfalz" (DP-RhPf) zusammenschlossen, eine Fraktion bildeten und 1948 in die FDP aufgingen.
5. Wie Anm. 4.
6. „Deutsche Partei" (DP) und Zentrum je 2.
7. Darunter die „Bayernpartei" (BP) mit 4,2%, die DP mit 4,0%, die „Wirtschaftliche Aufbau-Vereinigung" (WAV) mit 2,9% und das Zentrum mit 3,1%.
8. Darunter die BP und die DP mit je 17, die WAV mit 12 und das Zentrum mit 10 Mandaten.
9. 101 Abgeordnete nach der Rückgliederung des Kreises Saarburg im Juni 1947, wodurch die CDU in der dort durchgeführten Nachwahl vom 21.9.1947 einen Sitz mehr erhielt; vgl. Die Wahlen (wie Anm. 1), S. 25.
10. Wie Anm. 2.

Anmerkungen

1 Siehe: Wolfgang Hartwich, Die Ergebnisse der Reichstags- und Bundestagswahlen von 1890 bis 1969, in: Pfalzatlas. Hrsg. v. Willi Alter, Textband II, Speyer 1971, S. 661-688 (tatsächlich bringt er übrigens, S. 676 ff die Wahlen seit 1871! Warum er die Wahl zur Nationalversammlung wegläßt, ist unerfindlich.) Ders., Die Bundestagswahlen 1972-1983 und die Landtagswahlen 1947-1983 in der Pfalz, in: ebd., Textband III, Speyer 1981, S. 1518-1541; Ernst Otto Bräunche, Parteien und Reichstagswahlen in der Rheinpfalz von der Reichsgründung 1871 bis zum Ausbruch des Ersten Weltkrieges 1914, Speyer 1982; Rolf Weidner, Wahlen und soziale Strukturen in Ludwigshafen am Rhein 1871-1914, Ludwigshafen 1984.

2 Vgl. die Bibliographie von Gerhard Nestler in diesem Buch. Zur Entwicklung im Reich und in einigen Einzelstaaten siehe die Arbeiten von Peter Steinbach (Kaiserreich), Bernhard Mann (Preußen) und des Herausgebers (Sachsen), in: Der Aufstieg der deutschen Arbeiterbewegung. Sozialdemokratie und Freie Gewerkschaften im Parteiensystem und Sozialmilieu des Kaiserreichs. Hrsg. v. Gerhard A. Ritter, München 1990; ferner: Mike Schmeitzner/Michael Rudloff, Geschichte der Sozialdemokratie im Sächsischen Landtag. Darstellung und Dokumentation 1877-1997, Dresden 1997.

3 Dazu die Zeitschrift des (Königlich) Bayerischen Statistischen Landesamtes (ZBSL), die die wichtigste Quellengrundlage dieses Beitrages darstellt, und generell die Parlamentshandbücher; Wilhelm Heinz Schröder, Sozialdemokratische Parlamentarier in den deutschen Reichs- und Landtagen 1867-1933. Ein Handbuch, Düsseldorf 1995, hier S. 911 ff und S. 920 ff Nachweis der Reichstags- und Landtagshandbücher, und ders., Sozialdemokratische Reichstagsabgeordnete und Reichstagskandidaten 1898-1918. Biographisch-Statistisches Handbuch, Düsseldorf 1986; ferner: Bernd Simon, Die Abgeordneten der 1. Wahlperiode des rheinland-pfälzischen Landtages, in: Rheinland-Pfalz entsteht. Beiträge zu den Anfängen des Landes Rheinland-Pfalz in Koblenz 1945-1951. Hrsg. v. Franz-Josef Heyen, Boppard 1984, S. 127-183; Abgeordnete in Rheinland-Pfalz. Biographisches Handbuch. Hrsg. v. Landtag Rheinland-Pfalz. Bearb. v. Heidi Mehl-Lippert/Doris Maria Peckhaus, Koblenz 1991; Peter Ruf, Ludwigshafener Abgeordnete im Landtag, Reichstag und Bundestag, Ludwigshafen 1993; Dieter Albrecht, Die Sozialstruktur der bayerischen Abgeordnetenkammer 1869-1918, in: Staat und Parteien. Festschrift für Rudolf Morsey zum 65. Geburtstag. Hrsg. v. Karl Dietrich Bracher u. a., Berlin 1992, S. 427-452.

4 Es ist geplant, diese Studie fortzusetzen und auch auf die anderen Parteien auszuweiten.

5 So vor dem Hintergrund der Verfassungsverhältnisse der Bundesrepublik an repräsentativer Stelle: Herbert Bethge, Artikel: Abgeordnete, in: Staatslexikon. Hrsg. v. der Görres-Gesellschaft, Bd. I, Freiburg usw. (7. Aufl.) 1985, Sp. 9-13; Konrad Hesse, Art.: Abgeordnete, in: Evangelisches Staatslexikon. Hrsg. v. Roman Herzog u. a., Bd. I, Stuttgart 1987 (3. Aufl.), Sp. 11-18.

6 Werden umgekehrt, wie bei Schröder, Parlamentarier (wie Anm. 3), die in Kaiserreich und Weimarer Republik Gewählten als „Parlamentarier" bezeichnet, wird nicht nur der konstitutionellen Monarchie ein parlamentarisches Regime unterlegt. Auch die Unterschiede in Stellung und Funktion der Mitglieder des Reichstages vor und nach 1918 geraten aus dem Blick.

7 Hierzu: Hans Boldt, Parlament, Parlamentarische Regierung, Parlamentarismus, in: Geschichtliche Grundbegriffe. Historisches Lexikon zur politisch-sozialen Sprache in Deutschland. Hrsg. v. Otto Brunner u. a., Bd. 4, Stuttgart 1978, S. 649-676; Adalbert Podlick, Repräsentation, in: ebd., Bd. 5, Stuttgart 1984, S. 509-547; Gerhard A. Ritter (Hrsg.), Gesellschaft, Parlament und Regierung. Zur Geschichte des Parlamentarismus in Deutschland, Düsseldorf 1974; Kurt Kluxen (Hrsg.), Parlamentarismus, Königstein/Ts. 1980; Elfi Pracht, Parlamentarismus und deutsche Sozialdemokratie 1867-1914, Pfaffenweiler 1990; zur konstitutionellen Monarchie aus konservativer Sicht: Ernst Rudolf Huber, Deutsche Verfassungsgeschichte seit 1789. Bd. 3, Stuttgart 1963, S. 3 ff, 533 ff; kritisch dazu: Hans Boldt, Deutscher Konstitutionalismus und Bismarckreich, in: Michael Stürmer (Hrsg.), Das kaiserliche Deutschland. Politik und Gesellschaft 1870-1914, Düsseldorf 1970, S. 119-142. Zu Bayern ausdrücklich: Eberhard Weis, Die Begründung des modernen bayerischen Staates unter König Max I. (1799-1825), in: Handbuch der bayerischen Geschichte. Hrsg. v. Max Spindler, Bd. IV, München 1975, S. 3-86, S. 83.

8 Siehe etwa den Artikel: Abgeordnete, in: Brockhaus' Konversationslexikon, Bd. 1, Leipzig 1893 (14. Aufl.), S. 43. Namentlich in bayerischen Verfassungs- und Gesetzestexten ist regelmäßig von „Abgeordneten", „Kammer der Abgeordneten" die Rede, vgl. Ernst Rudolf Huber, Dokumente zur deutschen Verfassungsgeschichte. Bd. 1, Stuttgart 1961, S. 141-156 (Verfassung von 1818); Dokumente zur Geschichte von Staat und Gesellschaft in Bayern, Bd. III/2, München 1976, S. 94 ff, 128 ff, 136 f und S. 141 ff.

9 Aus der Betrachtung scheiden von vornherein die Mitglieder von Vertretungskörperschaften der provinziellen und kommunalen Selbstverwaltung aus,

die zwar häufig auch als „Parlamente" bezeichnet werden, die historisch und gegenwärtig jedoch nichts als Verwaltungsorgane waren und sind; vgl. Eris J. Keim, Der Kreistag und seine Mitglieder in Kurzbiographien, in: 175 Jahre Landkreis Kaiserslautern. Beiträge zu Geschichte und Gegenwart. Hrsg. v. der Kreisverwaltung Kaiserslautern, Kaiserslautern 1994, S. 65-101.

10 Die letzteren wurden – wie schon die Mitglieder der Nationalversammlung – in dem sogenannten „Modellgesetz" über den Parlamentarischen Rat (siehe unten) ausdrücklich als Abgeordnete bezeichnet. Siehe: Der Parlamentarische Rat 1948-1949. Akten und Protokolle. Bd. 1: Vorgeschichte, bearb. v. Johannes Volker Wagner, Boppard 1975, S. LIV f und Dokument 15, S. 286 ff; Verordnung über die Wahlen zur verfassunggebenden Deutschen Nationalversammlung vom 30.11.1918, abgedr. in: Die Regierung der Volksbeauftragten 1918/19. Eingel. v. Erich Matthias, Düsseldorf 1969, Teil 1, S. 233 ff.

11 Vgl. ZBSL 65 (1933), S. 309 ff; Jochen Klenner, Verhältnis von Partei und Staat 1933 - 1945. Dargestellt am Beispiel Bayerns, München 1974, S. 67 ff und insgesamt: Martin Schumacher (Hrsg.), M.d.L. Das Ende der Parlamente 1933 und die Abgeordneten der Landtage und Bürgerschaften der Weimarer Republik in der Zeit des Nationalsozialismus, Düsseldorf 1995.

12 Siehe: Verhandlungen des provisorischen Nationalrates des Volksstaates Bayern im Jahre 1918/1919. Stenographische Berichte und Beilagenband, München o. J. (1919). Das Folgende aufgrund des Mitgliederverzeichnisses nach dem Stande vom 21. Dezember 1918, S. XIII ff.

13 Die Charakterisierung der Genannten nach: Alfred Hermann, Die Geschichte der pfälzischen USPD, Neustadt 1989, 147, S. 151 f und S. 367 ff; Dieter Schiffmann, „Revolution" in Frankenthal, in: Frankenthal einst und jetzt Jg. 1978, Heft 3, S. 69-76, 72 und S. 75.

14 So bei Schumacher, M.d.L. (wie Anm. 11), S. 20; zum Ganzen: Die Regierung Eisner 1918/19. Ministerratsprotokolle und Dokumente. Eingel. und bearb. v. Franz J. Bauer, Düsseldorf 1987.

15 Bauer (wie Anm. 14), Dokument 3a, S. 16. Dabei war lange um die „Verantwortlichkeit" der Minister gerungen und noch im Oktober 1918 die parlamentarische Monarchie eingeführt worden. Vgl.: Der Interfraktionelle Ausschuß 1917/18. Bearb. v. Erich Matthias, Düsseldorf 1959, bes. S. XI ff; zur etwas anderen Lage in Bayern: Willi Albrecht, Landtag und Regierung in Bayern am Vorabend der Revolution von 1918, Berlin 1968; Diethard Hennig, Johannes Hoffmann Sozialdemokrat und Ministerpräsident. Biographie, München usw. 1990, S. 94 ff überschätzt wohl die Bedeutung des Reformministeriums vom 2. November 1918.

16 Vgl. Verhandlungen (wie Anm. 12), S. 49 f (Aufwandsentschädigung); Beilagenband S. 206 ff (Satzungsentwurf).

17 Anders: Sylvia Fräßle, Die pfälzische SPD und ihre Abgeordneten im bayerischen Landtag 1893-1907, Diplomarbeit Universität Mannheim 1993, S. 42 ff u. ö; siehe auch ihren Beitrag in diesem Band.

18 Die pfälzischen Unabhängigen vermochten es zwar nicht, einen ihrer Reichstagskandidaten durchzubringen. Bei der Landtagswahl 1920 waren sie jedoch mit dem Haßlocher Philipp Hügly und Jakob Leonhardt aus Kaiserslautern erfolgreich. Hierzu insgesamt: Hermann, (wie Anm. 13) und sein Aufsatz in diesem Band; ferner: ZBSL 53 (1921), S. 313.

19 Zu diesem Komplex statt vieler: Hans Fenske, Strukturprobleme der deutschen Parteiengeschichte. Wahlrecht und Parteiensystem vom Vormärz bis heute, Frankfurt 1974; Dieter Nohlen, Wahlrecht und Parteiensystem, Opladen 1986.

20 Rainer M. Lepsius, Parteiensystem und Sozialstruktur: zum Problem der Demokratisierung der deutschen Gesellschaft, in: Wirtschaft, Geschichte und Wirtschaftsgeschichte. Festschrift zum 65. Geburtstag von Friedrich Lütge, Stuttgart 1966, S. 371-393.

21 Statt vieler: Gerhard A. Ritter, Die deutschen Parteien 1830-1914. Parteien und Gesellschaft im konstitutionellen Regierungssystem, Göttingen 1985; ders., Wahlen und Wählertraditionen in Deutschland. Kulturelle Grundlagen deutscher Parteien und Parteiensysteme im 19. und 20. Jahrhundert, Frankfurt 1992; Hans Fenske, Deutsche Parteiengeschichte, Stuttgart 1994.

22 Vgl. die Beiträge von Hans Fenske und Sylvia Fräßle in diesem Band; ferner: Gerhard A. Ritter, Die Sozialdemokratie im Deutschen Kaiserreich in sozialgeschichtlicher Perspektive (1989), in: ders., Arbeiter, Arbeiterbewegung und soziale Ideen in Deutschland, München 1996, S. 183-226 und S. 358-370, bes. S. 192 ff; Merith Niehuss, Die Stellung der Sozialdemokratie im Parteiensystem Bayerns, Württembergs und Badens, in: Ritter, Aufstieg (wie Anm. 2), S. 103-126; Eberhard Schanbacher, Parlamentarische Wahlen und Wahlsystem in der Weimarer Republik. Wahlgesetzgebung und Wahlreform im Reich und in den Ländern, Düsseldorf 1982, S. 26.

23 Hierzu: Matthias, Ausschuß (wie Anm. 15), S. XI; zu den einzelnen Parteien: Lexikon zur Parteiengeschichte. Die bürgerlichen und kleinbürgerlichen Parteien und Verbände in Deutschland (1789-1945). Hrsg. v. Dieter Fricke u. a., 4 Bde. Köln 1983.

24 Zum Folgenden: Bräunche (Anm. 1), bes. S. 322

ff; Hartwich, Ergebnisse (wie Anm. 1), S. 662 ff und S. 667 ff; für Bayern: Dietrich Thränhardt, Wahlen und politische Strukturen in Bayern 1848-1953, Düsseldorf 1973.
25 Vgl. Klaus Schoenhoven, Die Bayerische Volkspartei 1924 - 1932, Düsseldorf 1972, S. 92 ff, S. 172 ff und S. 184 ff.
26 Statt vieler: Dietrich Staritz (Hrsg.), Das Parteiensystem der Bundesrepublik. Geschichte–Entstehung–Entwicklung, Opladen 1976; Richard Stöss (Hrsg.), Parteienhandbuch. Die Parteien der Bundesrepublik Deutschland 1945-1980, 4 Bde. Opladen 1986.
27 Vgl. Gerhard A. Ritter/Merith Niehuss, Wahlen in der Bundesrepublik Deutschland. Bundestags- und Landtagswahlen 1946-1987, München 1987, S. 116.
28 So Richard Stöss, Struktur und Entwicklung des Parteiensystems der Bundesrepublik – Eine Theorie, in: ders., Parteienhandbuch (wie Anm. 26), S. 17-309, hier S. 302; zum Folgenden: Heinrich Küppers, Staatsaufbau zwischen Bruch und Tradition. Geschichte des Landes Rheinland-Pfalz 1946-1955, Mainz 1990, S. 153 ff und S. 160 ff; Katrin Kusch, Die Wiedergründung der SPD in Rheinland-Pfalz nach dem Zweiten Weltkrieg (1945-1951), Mainz 1989, S. 205 ff, S. 243 ff und S. 287 ff.
29 Vgl.: Huber (wie Anm. 7), Bd. 1, Stuttgart 1959, S. 215 ff, 319 ff und S. 341 ff.
30 Zum Ganzen: Max von Seydel, Bayerisches Staatsrecht. Bd. 1 bearb. v. Robert Piloty, Tübingen 1913, S. 246 ff.
31 Nach: Gerhard A. Ritter/Merith Niehuss, Wahlgeschichtliches Arbeitsbuch. Materialien zur Statistik des Kaiserreichs 1871-1918, München 1980, S. 152.
32 Ebd., S. 153.
33 ZBSL 31 (1899), S. 100, 103 und S. 108 f.
34 Ritter/Niehuss, Arbeitsbuch (wie Anm. 31), S. 153; zum Nachstehenden: Karl von Krazeisen, Das bayerische Landtagswahlgesetz vom 9. April 1906, München 1907, S. 149 ff auch die Wahlkreiseinteilung.
35 Vgl. Weidner (wie Anm. 1), S. 302 ff.
36 Hierzu und zum Folgenden: Ritter/Niehuss, Arbeitsbuch (wie Anm. 31), S. 26 ff; Schröder, Parlamentarier (wie Anm. 3), S. 829 ff; Huber (wie Anm. 7) Bd, 3, Stuttgart 1963, S. 809 ff, 860 ff und S. 889 ff.
37 Vgl. Walter Tormin, Der Reichstag im Kaiserreich, in: Max Schwarz, MdR. Biographisches Handbuch der Reichstage, Hannover 1965, S. 115-136, S. 122 f.
38 Siehe: Bauer (wie Anm. 14), S. XIII ff.
39 Dazu: ZBSL 51 (1919), S. 601 ff; zum Landtag: Huber (wie Anm. 7) Bd. 5, Stuttgart 1978, S. 1029 ff; zur bayerischen Verfassung: ebd., S. 781 ff.
40 ZBSL 51 (1919), S. 603.
41 Mit dieser Maßgabe entfernte sich Bayern von der allgemeinen Wahlrechtsentwicklung im Reiche, vgl. Schanbacher (wie Anm. 22), S. 102, und wich zudem vom üblichen Begriff des Abgeordneten ab.
42 Zum Ganzen: ZBSL 53 (1921), S. 294 ff, S. 300 ff; 56 (1924), S. 221; 60 (1928), S. 478 und 64 (1932), S. 357.
43 Vgl. den Beitrag von Ute Renner über die Frauenbewegung in diesem Band und ZBSL 51 (1919), S. 616 und S. 887.
44 Siehe insgesamt: Matthias, Volksbeauftragte (wie Anm. 10), hier auch S. 37 f der Aufruf vom 12.11.1918 und S. 233 ff die Wahlordnung vom 30.11.1918.
45 Während die Reichsstatistik für die Wahlen vom 19. Januar 1919 zur Wahlberechtigung und Wahlbeteiligung keine Angaben machte – vgl. Jürgen Falter u. a., Wahlen und Abstimmungen in der Weimarer Republik, München 1986, S. 41 –, lassen sich der bayerischen Statistik, ZBSL 51 (1919), S. 608 und S. 888 Zahlen für die Pfalz entnehmen; vgl. auch ZBSL 53 (1921), S. 251.
46 So Falter (wie Anm. 45), S. 15; zum Folgenden: ebd., S. 23 f; Reichswahlgesetz vom 27.4.1920, RGBl 1920, S. 627-642 (Wahlkreiseinteilung in der Anlage) und ZBSL 53 (1921), S. 249 ff.
47 Zur Nachkriegsentwicklung: Beratende Landesversammlung von Rheinland-Pfalz. Protokolle der Ausschüsse. Bearb. v. Peter Brommer, Koblenz 1981; ders., Die Entstehung der Verfassung, in: Heyen (Anm. 3), S. 59-78; Küppers (wie Anm. 28). In Verfolgung ihrer Entnazifizierungspolitik hatte die Militärregierung grundlegende Verordnungen erlassen, die bereits für die vorausgegangenen Kommunalwahlen gegolten hatten und die darauf abzielten, Angehörige der SS, der NSDAP und ihrer Gliederungen sowie sonstige Belastete vom aktiven und passiven Wahlrecht auszuschließen. Vgl. Verordnung Nr. 44 vom 28. Mai 1946 über die Aufstellung von Wählerlisten für deutsche Wahlen und Nr. 49 vom 5. August 1946 betr. Wahlgeheimnis und Wahlfreiheit usw., Journal Officiel Nr. 26 v. 15.6. und Nr. 32 v. 10.8. 1946; zum Folgenden: Die Wahlen und Volksabstimmungen in Rheinland-Pfalz in den Jahren 1946/47. Hrsg. v. Statistischen Landesamt Rheinland-Pfalz, Bad Ems o. J. (1948), S. 21.
48 So Küppers (wie Anm. 28), S. 85.
49 Vgl. ebd., S. 9 f und S. 21 f und: Die Wahlen zum Landtag und Bundestag in Rheinland-Pfalz 1947-1955. Hrsg. v. Statistischen Landesamt Rheinland-Pfalz, Bad Ems 1956, S. VIII; ferner: Ritter/Niehuss, Wahlen (wie Anm.27), S. 127 f; zur Verfassung: Die Entstehung der Verfassung für Rhein-

land-Pfalz. Hrsg. v. Helmut Klaas, Mainz 1978; die folgenden Zahlen nach: Die Wahl zum Ersten Bundestag am 14. August 1949. Hrsg. v. Statistischen Landesamt Rheinland-Pfalz, Bad Ems o. J. (1949), S. 4.
50 Dazu den Beitrag von Ralf Hundinger in diesem Band.
51 Siehe statt vieler: Rudolf Morsey, Die Bundesrepublik Deutschland. Entstehung und Entwicklung bis 1969, München 1987.
52 Hierzu und zum Folgenden: Wagner (wie Anm. 10), S. LIV f und Dokument Nr. 7, S. 146, Nr. 9, S. 161, Nr. 14, S. 284 und Nr. 15, S. 286 ff.
53 Ebd., S. 287, Anm. 6.
54 Ebd., Verzeichnis der Mitglieder des Parlamentarischen Rates, S. 429 ff und Küppers (Anm. 28), S. 216.
55 Dazu: Wahl zum Ersten Bundestag (wie Anm. 49), S. II ff.
56 Vgl. Ritter/Niehuss, Wahlen (wie Anm. 27), S. 63 f.
57 Vgl. ebd., S. 64, dagegen nicht ganz zutreffend: Falter (wie Anm. 45), S. 24 f.
58 Wohin es führt, wenn etwa Resultate der Reichstagswahlen von 1871 bis 1933 oder der Landtagswahlen von 1869 bis 1932 in eine Tabelle gepreßt werden, demonstriert eine amtliche Veröffentlichung: Hundert Jahre Bayerisches Statistisches Landesamt. Hrsg. v. Bayerischen Statistischen Landesamt, München 1933, S. 100; differenzierter: Bayerns Entwicklung nach den Ergebnissen der amtlichen Statistik seit 1840. Hrsg. v. Königlichen Statistischen Landesamt, München 1915, S. 132 ff.
59 Die in der Literatur vorfindlichen Tabellen haben sich zwar als hilfreich, aber als nicht immer brauchbar erwiesen. Die Wiedergabe der nationalen Wahlresultate ist an handlichen Veröffentlichungen zum Kaiserreich, zur Weimarer Republik und zur Bundesrepublik vergleichsweise problemlos, vgl. Gerd Hohorst u. a., Sozialgeschichtliches Arbeitsbuch II. Materialien zur Statistik des Kaiserreichs 1870-1914, München 1978; Dieter Petzina u. a., Sozialgeschichtliches Arbeitsbuch III. Materialien zur Statistik des Deutschen Reiches 1914-1945, München 1978; Falter (wie Anm. 45) und Ritter/Niehuss, Arbeitsbuch (wie Anm. 31). Demgegenüber können die pfälzischen Ergebnisse – wegen der zum Teil fraglichen Parteibezeichnungen bzw. -gruppierungen – nur mit Vorbehalt den Zusammenstellungen von Hartwich, Ergebnisse (wie Anm. 1) entnommen werden. Es bleibt nur der mühsame Weg über die amtliche Statistik. Sie ist bei der Ermittlung der Sitzverteilung, die im Vergleich Pfalz-Reich/Bund bzw. Pfalz-Bayern/Rheinland-Pfalz anscheinend noch nicht vorgenommen worden ist, ohnehin heranzuziehen. Jedenfalls hat sich die Notwendigkeit ergeben, neu zu gruppieren und neu zu berechnen.
60 Dies ist einmal dem Landtagswahlrecht selbst geschuldet, zum anderen der amtlichen Statistik und nicht zuletzt Unzulänglichkeiten der Forschung, die dies mit Ausnahme vielleicht von Albrecht (wie Anm. 3), S. 428 ff, nicht eigentlich problematisiert bzw. mit Hinblick auf die Pfalz bislang vernachlässigt hat. Das gilt namentlich für Thränhardt (wie Anm. 24), Tab. 48, S. 349 und etwas differenzierter Tab 22, S. 133, der unkritisch die in Anm. 58 erwähnte, geraffte und schiefe Tabelle des Statistischen Landesamtes von 1933 übernimmt, und für Heiner Haan, Ergebnisse der Landtagswahlen 1869-1970, in: Handbuch der Bayerischen Geschichte. Hrsg. v. Max Spindler, Bd. IV, München 1975, S. 1295-1301; dessen Tabellen bis 1912 sind zum Teil falsch, nach 1919 insoweit fragwürdig, als er den „ernannten" Landtag vom April 1933 in die Prozentergebnisse der Landtagswahlen aufnimmt – wohingegen es Sinn macht, die Zusammensetzung aufzuführen. Beide interessieren sich im übrigen nicht für die Pfalz.
61 Namentlich Weidner (wie Anm. 1), der in der Hauptsache die Reichstagswahlen analysiert, geht S. 275 ff ausführlicher auf Landtagswahlen in Ludwigshafen ein.
62 Dazu: Geschichte der neueren bayerischen Statistik. Hrsg. v. K. Statistischen Landesamt, München 1914 und: Hundert Jahre (wie Anm. 58). Bezeichnend ist, daß beide Bände außer zerstreuten Bemerkungen keinen eigenen Abschnitt zur Wahlstatistik enthalten. Dies ist zwar in der Festschrift zum 100jährigen Bestehen der Zeitschrift des Bayerischen Statistischen Landesamtes, ZBSL 100 (1968) zwar der Fall; aber der Beitrag von Adolf Miller, Die Entwicklung der Wahlstatistik, S. 58-64 enttäuscht, da tatsächlich die Entwicklungen des Wahlrechts behandelt werden, nicht aber Inhalte, Methoden und Probleme der Wahlstatistik.
63 So zurecht Weidner (wie Anm. 1), S. 296 ff.
64 Im Wahlkreis Neustadt, wo 4 Abgeordnete zu wählen waren, kam die Wahl von nur zweien zustande, so daß 2 Sitze „unerledigt" blieben und sich die Gesamtzahlen auf 18 bzw. 157 reduzierten. Vgl. ZBSL 37 (1905), S. 284 und 39 (1907), S. 190.
65 Zur Besonderheit des „Landesabgeordneten" siehe oben die Ausführungen zum Landtagswahlrecht des Freistaates Bayern.
66 Da zu Beginn der Republik die SPD die bisherige Praxis, Doppelmandate – also einen Sitz im Reichstag und einen in einem Landtag – zuzulassen, aufgegeben hatte, legte Hoffmann sein Landtagsmandat nieder.
67 Wie Anm. 65.
68 Wie Anm. 66.
69 Wie Anm. 65.
70 Wie Anm. 65.

Bibliographie zur Geschichte der pfälzischen SPD von den Anfängen bis 1949

zusammengestellt von Gerhard Nestler

Die Geschichte der pfälzischen SPD ist von den Historikern lange Zeit völlig vernachlässigt worden. Dies gilt sowohl für die Fachhistoriker als auch für die Heimatforscher der Region, hat aber ganz unterschiedliche Gründe. Während sich die wissenschaftliche Forschung zunächst einmal allgemeinen Fragestellungen und der Entwicklung auf nationaler Ebene zuwandte und regionale Entwicklungsprozesse daher vernachlässigen mußte, haben die pfälzischen Heimatforscher die Geschichte der Arbeiterbewegung der Region schlichtweg aus Desinteresse nicht zur Kenntnis genommen. Dies hing zum einen mit der konservativen Einstellung der meisten pfälzischen Historiker, zum anderen aber auch mit ihrem antiquierten Geschichtsverständnis zusammen.

Da die SPD als politische Partei stets ins politische Tagesgeschäft involviert war (und ist), wurde sie ausschließlich dem Bereich der „Politik" zugeordnet. Sie gehörte damit nicht zur „Geschichte" und wurde folglich aus den Themenbereichen ausgeschlossen, mit denen sich Heimat- und Regionalforschung zu beschäftigen hat. Pfingstbräuche, Gewannenamen und Kriegervereine, die ironische Spitze sei gestattet, waren eben wichtiger.

Ein Blick in die zahlreichen Ortsgeschichten und Chroniken pfälzischer Dörfer und Städte belegt dies in aller Deutlichkeit. Sozialdemokraten, die seit mehr als 100 Jahren kommunales Leben (und damit kommunale und regionale Geschichte) entscheidend geprägt haben und prägen, kommen in ihnen – wenn überhaupt – allenfalls am Rande vor.

Es ist daher auch nicht weiter verwunderlich, daß die ersten historischen Rückblicke auf die Geschichte der pfälzischen SPD von Mitgliedern der Partei selbst stammen. Der erste, der zur Feder griff, war Franz Josef Ehrhart. Er publizierte bereits 1903, 1904 und 1908 im „Vorwärts" und in der „Pfälzischen Post" kleinere Erinnerungsskizzen an die Zeit des Sozialistengesetzes, seinen Aufenthalt in Paris und die Entwicklung der sozialdemokratischen Presse in der Pfalz. 1913 wurde – ebenfalls in der „Pfälzischen Post" – ein erster kleiner Überblick über die Geschichte der Partei veröffentlicht. Sein Autor blieb ungenannt.

In der Weimarer Republik begann die pfälzische SPD dann systematischer, ihre Vergangenheit aufzuarbeiten. Der Parteivorstand forderte die älteren Mitglieder auf, ihre Erinnerungen an die Frühzeit der Partei niederzuschreiben und veröffentlichte die interessantesten in „Bei uns daheim", der Beilage der „Pfälzischen Post". 1929 erschienen auch die ersten beiden wissenschaftlichen Aufsätze zur Geschichte und Vorgeschichte der pfälzischen Sozialdemokratie. Sie stammten aus der Feder des jungen Speyerer Historikers Kurt Baumann und behandelten die proletarischen Strömungen in der Revolution von 1848/49 und den Aufenthalt Ferdinand Lassalles in der Pfalz im Jahre 1863. Eine weitere Beschäftigung mit der historischen Entwicklung der pfälzischen Sozialdemokratie wurde durch die Machtübernahme der Nazis und das Verbot der SPD dann allerdings verhindert.

Nach dem Ende der nationalsozialistischen Diktatur waren es zunächst erneut aktive Sozialdemokraten, die sich der Geschichte ihrer Partei annahmen und zahlreiche Broschüren, Zeitungsartikel, Festschriften und Erinnerungsskizzen publizierten. Wissenschaftliche Arbeiten, wie die Dissertationen von Erich Schneider über die „Anfänge der sozialistischen Arbeiterbewegung in der Pfalz" (1956), von Hans Blinn über die „SPD in Landau in der Weimarer Republik" (1966) und Willi Breunigs über die „Sozialen Verhältnisse der Arbeiter und die sozialistische Arbeiterbewegung in Ludwigshafen von 1869 bis 1919" (1976) blieben zunächst noch die Ausnahme. Ihre Zahl stieg erst an, als in den 80er Jahren regionalgeschichtliche Fragestellungen auch in der universitären Forschung immer mehr in den Vordergrund rückten und gleichzeitig wissenschaftlich geschulte jüngere Historiker in den regionalen Geschichtsvereinen an Einfluß gewannen.

Die folgende Bibliographie gibt einen Überblick über die gedruckten Quellen und die Literatur, die bislang zur Geschichte der pfälzischen SPD veröffentlicht wurden. Vollständigkeit war zwar angestrebt, wurde aber mit Sicherheit nicht erreicht. Aus diesem Grunde ist auch geplant, dieses Verzeichnis fortzuschreiben und in regelmäßigen Abständen in jeweils aktualisierter Form zu publizieren.

Um das Auffinden der einzelnen Publikationen zu erleichtern, wurde die Bibliographie in mehrere Abschnitte unterteilt. Sie besteht zunächst aus den zwei Hauptabschnitten „Gedruckte Quellen" und „Literatur", die dann beide wieder in mehrere Unterabschnitte unterteilt wurden. Dabei erschien es im zweiten Hauptabschnitt „Literatur" sinnvoll, die Unterabschnitte an die großen Zäsuren der deutschen Geschichte seit 1870/71 (Kaiserreich, Revolution, Weimar, NS-Zeit, Neubeginn nach 1945) anzulehnen, für die Biographien, Lokalstudien und wichtige Einzelaspekte – Presse, Arbeitskämpfe, Vertretung in Parlamenten und Kommunalpolitik – aber auch eigene Unterabschnitte zu bilden. Die Zuordnung der einen oder anderen Publikation mag dabei strittig sein, es wurde aber stets versucht, der Benutzbarkeit der Bibliographie Priorität vor allen anderen Aspekten einzuräumen. Auf Doppel- oder Mehrfachnennungen, die vielleicht hie und da sinnvoll gewesen wären, wurde aus Platzgründen verzichtet.

Aufgenommen wurden alle Monographien, Dokumentationen, Festschriften, Aufsätze, Zeitungsartikel, Lexikonbeiträge, die sich entweder explizit mit der Geschichte der pfälzischen SPD oder einer ihrer Persönlichkeiten befassen, oder diesen zumindest ein eigenes Kapitel oder einen größeren Abschnitt widmen. Berücksichtigung fanden auch jene Orte des heutigen Saarlandes, die bis 1919 zur Pfalz gehörten und bis zur Organisationsreform von 1921 Teil der pfälzischen SPD waren. Sie wurden allerdings nur verzeichnet, wenn vor diesem Datum, das heißt also noch während der Zugehörigkeit zur Pfalz beziehungsweise zur pfälzischen SPD, sozialdemokratische Ortsvereine bestanden oder sich zumindest namhafte Aktivitäten der Sozialdemokratie nachweisen lassen.

Die einzelnen Titel der Bibliographie wurden in Anlehnung an die „Regeln der alphabetischen Katalogisierung" bei Verfasserwerken nach dem Familiennamen der Autoren respektive Herausgeber alphabetisch geordnet. Bei Sachtitelwerken erfolgte die Einordnung nach der mechanischen Wortfolge, wobei bestimmte und unbestimmte Artikel unberücksichtigt blieben. Zahlen, wie sie vor allem in den Titeln von Festschriften und Jubiläumsartikeln häufig vorkommen, wurden nach dem ausgeschriebenen Zahlwort geordnet, also beispielsweise „1918 - 1978. Festschrift ..." unter „Neunzehnhundertachtzehn ...". Von diesem Prinzip wurde nur bei den Geschäftsberichten und Protokollen (Ziff. I.3), den Lokalstudien (Ziff. II.2) und den biographischen Beiträgen (Ziff. II.9) abgewichen. Bei den Geschäftsberichten und Protokollen wurde das Erscheinungsjahr, bei den Lokalstudien wurden die Ortsnamen und bei den Biographien die Personennamen als vorrangige, Autoren und Titel als nachrangige Gesichtspunkte behandelt. Lagen freilich bei den Lokalstudien und Biographien zu einem Ort oder zu einer Person mehrere Arbeiten vor, so wurden diese wieder in alphabetische Reihung gebracht. Lokalstudien zu mittlerweile nicht mehr selbständigen Gemeinden finden sich unter dem Namen der Kommune zu der sie heute gehören, also zum Beispiel „Studernheim" unter „Frankenthal-Studernheim".

I. Gedruckte Quellen

1. Quellenübersichten
Haan, Heiner, Quellen zur Geschichte der Arbeiterbewegung im Staatsarchiv Speyer, in: IWK 5 (1967), S. 42-46
Inventar zu den Nachlässen der deutschen Arbeiterbewegung. Im Auftrag des Archivs der sozialen Demokratie der Friedrich-Ebert-Stiftung, bearb. v. Hans-Holger Paul, München usw. 1993 (darin: Franz Bögler, S. 70 ff; Franz Josef Ehrhart, S. 117; Jean Feldmüller, S. 144; Eugen Hertel, S. 293 f; Friedrich Profit, S. 414 f; Fritz Volkemer, S. 669 f)
Schiffmann, Dieter, Spezialinventar der Quellen zur Geschichte der deutschen Arbeiterbewegung (im) Landesarchiv Speyer, unveröffentl. Ms., o. J.
Schneider, Erich, Material zur Geschichte der frühen Arbeiterbewegung in der Pfalz 1860-1890, in: Mitteilungen an die Archivpfleger der Pfalz Nr. 10 v. 28.7.1955, S. 12-13

2. Zeitungen
Die Freiheit. Organ der Sozialdemokratischen Partei, Mainz 1947-1966
Pfälzische Freie Presse. Organ für Jedermann aus dem Volk, Kaiserslautern/Ludwigshafen 1886-1888
Pfälzische Freie Presse, Sozialdemokratisches Organ für die Westpfalz, Kaiserslautern 1921-1933
Pfälzische Post. Organ für die Interessen des Volkes, ab 1921: Sozialdemokratisches Organ für die Vorder- und Südpfalz, Ludwigshafen 1895-1933
Pfälzische Volkswacht. Organ der Unabhängigen Sozialdemokratischen Partei, Gau Pfalz, Kopfblatt der Mannheimer Tribüne 1920-1922
Tribüne, Parteiorgan der USPD Badens und der Pfalz, Mannheim 1919-1922
Volksstimme. Sozialpolitisches Tageblatt für das werkthätige Volk der Badisch-bayerischen Pfalz, Mannheim 1890-1933

3. Geschäftsberichte und Protokolle
Bericht über die Thätigkeit der Redaktion und Expedition der „Volksstimme" (Pfälzischer Theil) in Ludwigshafen a. Rh. für die Zeit vom 1. Juli 1893 mit 31. März 1894, erstattet auf dem Arbeitertag zu Pirmasens am 27. Mai 1894, Ludwigshafen o. J.

Geschäftsbericht des Verlags der „Pfälzischen Post" für die Zeit vom 1. April 1899 bis zum 31. Februar 1900, erstattet auf dem Parteitag zu Lambrecht am 18. August 1900, o. O., o. J.

Geschäftsbericht des Verlags der „Pfälzischen Post" für die Zeit vom 1. April 1901 bis zum 30. Juni 1902, erstattet auf dem Parteitag zu Kaiserslautern am 23./24. August 1902, o. O., o. J.

Geschäftsbericht des Verlags der „Pfälzischen Post" für die Zeit vom 1. Juli 1903 bis zum 30. Juni 1904, o. O., o. J.

Geschäftsbericht des Sozialdemokratischen Vereins Ludwigshafen/Rhein für das Jahr 1904, Ludwigshafen Dezember 1904

Geschäftsbericht [des Verlags der „Pfälzischen Post"] für das Geschäftsjahr 1904/05 (1. Juli 1904 bis 30. Juni 1905), o. O., o. J.

Rechenschaftsbericht des Gauvorstandes der SPD Pfalz für das Geschäftsjahr 1904/5, Ludwigshafen/Rh. 1905

Geschäftsbericht des Sozialdemokratischen Vereins Ludwigshafen/Rhein für das Jahr 1905, Ludwigshafen Januar 1906

Rechenschaftsbericht des Gauvorstandes der SPD Pfalz für das Geschäftsjahr 1905/6, Ludwigshafen/Rh. 1906

Tätigkeitsbericht des Gauvorstandes der SPD Pfalz vom 1. Juli 1911 bis zum 30. Juni 1912, Ludwigshafen/Rh. 1912

Sozialdemokratische Partei Deutschlands. Bezirk Pfalz, Bericht für die Zeit vom 1. April 1920 bis 31. März 1921, Ludwigshafen/Rh., o. J.

Sozialdemokratische Partei Deutschlands. Bezirk Pfalz, Bericht für die Zeit vom 1. April 1921 bis 31. März 1922, Ludwigshafen/Rh., o. J.

SPD Bezirk Pfalz, Bericht für die Zeit vom 1. April 1923 bis 31. März 1924, Ludwigshafen/Rh., o. J.

SPD Bezirk Pfalz, Bericht für die Zeit vom 1. April 1924 bis 31. März 1925, Ludwigshafen/Rh., o. J.

SPD Bezirk Pfalz, Bericht für die Zeit vom 1. Januar 1927 bis 31. Dezember 1927, o. O. (Ludwigshafen/Rh.), o. J.

SPD Bezirk Pfalz, Bericht 1928 (1. Januar bis 31. Dezember), o. O. (Ludwigshafen/Rh.), o. J.

SPD Bezirksverband Pfalz, Berichte 1929 und 1930 (1. Januar bis 31. Dezember), o. O. (Ludwigshafen/Rh.), o. J.

SPD Bezirksverband Pfalz, Berichte 1931 und 1932 (umfassend die Zeit vom 1. Januar bis 31. Dezember), o. O. (Ludwigshafen/Rh.), o. J.

Protokoll des 40. Bezirksparteitages der Sozialdemokratischen Partei Bezirk Pfalz am 26. und 27. April 1947 in Speyer am Rhein, o. O., o. J.

Protokoll des 41. Bezirksparteitages der Sozialdemokratischen Partei Bezirk Pfalz am 17. und 18. April 1948 in Kaiserslautern, o. O., o. J.

Protokoll des 42. Bezirksparteitages der Sozialdemokratischen Partei Bezirk Pfalz am 5. und 6. März 1949 in Frankenthal, o. O., o. J.

4. Erinnerungen

Bögler, Lene, Auf der Flucht. Ausschnitt aus den Erlebnissen in der Emigration, in: Armer Konrad aus Rheinland-Pfalz 2 (1950), S. 74-79

Dikreiter, Heinrich Georg, Vom Waisenhaus zur Fabrik. Geschichte einer Proletarierjugend, Berlin 1914

Ehrhart, Franz Josef, Ein bewegtes Jahr (1884), in: Vorwärts v. 21.10.1903 (Beilage), auch in: Pfälzische Post v. 22.10.1903 (Beilage) und in: Weißt du noch ... Ein Buch der Erinnerung, Ludwigshafen/Rh. 1948, S. 36-43

ders., Erinnerungen aus Paris, in: Pfälzische Post v. 24., 25., 27.7.1908

Gerhold, Wilhelm, Unter dem Sozialistengesetz. Erinnerungen, in: Bei uns daheim 5 (1929), Bl. 27, und 6 (1930), Bl. 1

Graf, Fritz, Aus vergangener Zeit, in: Bei uns daheim 6 (1930), Bl. 18-23, 25-32
[Graf, Fritz]: „Ich war einziger Arbeiter im Speyerer Rat ..." Aus dem Leben von Friedrich Graf, in: Speyerer Tagespost v. 28. u. 30.4.1990
Das Hambacher Fest 1882, in: Weißt du noch ... Ein Buch der Erinnerung, Ludwigshafen/Rh. 1948, S. 110-113
Hartmann, Johannes, Eine heitere Episode aus dem Sozialistengesetz, in: Bei uns daheim 5 (1929), Bl. 3
Herklotz, Luise, Eine Sozialdemokratin erinnert sich, in: Hans-Jürgen Wünschel (Hrsg.), Rheinland-Pfalz. Beiträge zur Geschichte eines neuen Landes, Landau 1997, S. 125-135
[Hertel, Eugen]: Die Toleranz als Notwendigkeit der Zusammenarbeit. Eugen Hertel berichtet aus seinem Leben, in: Kaiserslautern Stadt und Land 3 (1963), S. 9-12
Hertel, Eugen, Ein Leben für Demokratie und Sozialismus. Erinnerungen eines Pfälzers und Bürgers der Barbarossastadt 1893-1966, Kaiserslautern 1966
Hoffmann, Johannes, Wie ich zur Partei kam, in: Pfälzische Post v. 12.10.1929
ders., Erinnerungen an Ehrhart, in: Bei uns daheim 7 (1931), Bl. 4-6, 10
Huber, Josef, Erinnerungen, in: Bei uns daheim 4 (1928), Bl. 17-30
Keidel, Philipp, Erinnerungen eines Parteiveteranen, in: Bei uns daheim 3 (1927), Bl. 16-24
[Keidel, Philipp]: Nestler, Gerhard, Philipp Keidels Erinnerungen an seine Frankenthaler Jahre, in: Frankenthal einst und jetzt 1996, H. 1/2, S. 24-29
Klingel, Karl, Aus meinem Werden, in: Bei uns daheim 3 (1927), Bl. 1-9, 11-15
Kurz, Karl, Zur Geschichte der Kaiserslauterer Parteibewegung (1887-1893/94), eingel. und bearb. v. Eris J. Keim und Gerhard Nestler, in: Der Vorbote 1(1986), H.3/4, S. 16-32, sowie in: Eris J. Keim, „Aller Anfang fällt schwer." Erinnerungen, Dokumente, Biographien zum 100jährigen Bestehen der modernen Metallarbeiter- und sozialdemokratischen Bewegung in Kaiserslautern, Mertesheim 1991, S. 81-86
Leßwing, Daniel, Wie ich unter dem Sozialistengesetz Sozialdemokrat wurde, in: Weißt du noch ... Ein Buch der Erinnerung, Ludwigshafen/Rh. 1948, S. 70-82, sowie in: Eris J. Keim, „Aller Anfang fällt schwer." Erinnerungen, Dokumente, Biographien zum 100jährigen Bestehen der modernen Metallarbeiter- und sozialdemokratischen Bewegung in Kaiserslautern, Mertesheim 1991, S. 57-70
ders., Aller Anfang fällt schwer, in: Eris J. Keim, „Aller Anfang fällt schwer." Erinnerungen, Dokumente, Biographien zum 100jährigen Bestehen der modernen Metallarbeiter- und sozialdemokratischen Bewegung in Kaiserslautern, Mertesheim 1991, S. 41-55
Ludwig, Werner, Unterwegs. Lebenserinnerungen, Landau 1997
Nord, Karl, Im Kampf gegen das Unrecht und für die Freiheit. Erlebnisse und Erfahrungen eines politischen Gefangenen unter der NS-Diktatur, eingel. und bearb. v. Günter Braun, Ludwigshafen/Rh. 1986
Ober, Heinrich, Der Asselstein: Symbol des illegalen Kampfes, in: 1872-1997. 125 Jahre Sozialdemokratie für Speyer, Speyer 1997, S. 70-71
Osterroth, Nikolaus, Vom Beter zum Kämpfer, Berlin/Bonn 2. Aufl. 1980
ders., Als Bergmann im Pfälzer Tonbergbau 1889-1899, in: Walter Köpping (Hrsg.), Lebensberichte deutscher Bergarbeiter, Frankfurt a. M. 1984, S. 79-87
Profit, Friedrich, Illegal. Vor 50 Jahren, in: Die Rheinpfalz v. 24.8.1946
ders., Eine verunglückte Schloßbeleuchtung, in: Pfälzische Post v. 7.8.1925; und mit Nachwort in: Weißt du noch ... Ein Buch der Erinnerung, Ludwigshafen/Rh. 1948, S. 121-125
ders., Meine Eisenbahnerzeit (4.1.1897 bis 30.4.1898), in: Weißt du noch ... Ein Buch der Erinnerung, Ludwigshafen/Rh. 1948, S. 129-161
ders., Der rote Schrecken, in: Armer Konrad aus Rheinland-Pfalz 1 (1949), S. 50-52
Queva, Josef, Auf geht die Saat, in: Bei uns daheim 4 (1928), Bl. 4-16

Roth, Ignaz, Erinnerungen nach zehn Jahren, in: Pfälzischer Merkur v. 26.11.1955 (Beilage: Zweibrücken baut wieder auf 1945-1955)

Schott, Fritz, Vor 40 Jahren: Wiedergründung der SPD Pfalz. Erinnerungen an die illegale Konferenz in Elmstein, in: Pfälzische Post 5 (1985), H. 3, Nr. 16, S. 19

Seel, Wehrmann, „Den Schaffenden zur Seite stehen". Erinnerungen an 1945/46, in: Pfälzische Post 5 (1985), H. 4, Nr. 17, S. 11-12

[Setzer, Georg]: „Doch verschlossen war das Tor". Aus Erinnerungen von Georg Setzer, in: Pfälzische Post v. 2.7.1930

Setzer, Georg, „Wir kamen wieder!" Erinnerungen an die ersten Tage des Naziregimes, in: Armer Konrad aus Rheinland-Pfalz 1 (1949), S. 72-77

[Stepp, Peter]: „Schmalhans" war Küchenmeister und „Frau Sorge" oft zu Gast. Die Jugenderinnerungen von Peter Stepp. Eingel. und komm. von Josef Kaiser, in: 100 Jahre SPD Bad Dürkheim 1898 - 1989. Die Festschrift, Bad Dürkheim 1998, S. 29 - 33.

Stubenreich, Leonhard, Erinnerungen, in: Bei uns daheim 7 (1931), Bl. 8-12, 14-18

Sturm, Anton, Aus meinem Leben, in: Weißt du noch … Ein Buch der Erinnerung, Ludwigshafen/Rh. 1948, S. 88-96

Vogel, Josef, Aus einem Proletarierleben, in: Bei uns daheim 5 (1929), Bl. 4-6

Was mir die alten Mundenheimer erzählten, in: Weißt du noch … Ein Buch der Erinnerung, Ludwigshafen/Rh. 1948, S. 83-88

Weber, Philipp Jakob, Erinnerungen. Einige lose Blätter aus Mutterstadt, in: Bei uns daheim 6 (1930), Bl. 3-4

Zorn, Rudolf, Nie etwas gegen seine Überzeugung tun, in: Die Geschichte der Oppauer Sozialdemokratie, o. O., o. J. (1956), S. 23-24

5. Sonstiges

Gewissenlose Volksvergiftung in der Pfalz. Aktenmäßige Stichproben aus dem Zeitungsgift der sozialdemokratischen „Pfälzischen Post", hrsg. v. Katholischen Arbeitersekretariat Neustadt und Homburg, o. O., o. J. (1909)

II. Literatur

1. Gesamtdarstellungen

1832-1957. Die Pfälzische Sozialdemokratie. Werdegang und Aufbau. Eine Festschrift zum 50. Bezirksparteitag der pfälzischen SPD 1957, Ludwigshafen 1957

100 Jahre SPD in der Pfalz. Dokumentationsschrift zum 100jährigen Bestehen der SPD in der Pfalz, hrsg. v. SPD-Bezirk Pfalz, Neustadt/W., o. J. (1963)

2. Lokalstudien

Altenglan

Latterner, Brigitte, 100 Jahre Sozialdemokratie in Altenglan, in: 1897-1997. 100 Jahre Sozialdemokratie in Altenglan, o. O., o. J. (1997), S. 11-41

Alsenz

Rehberger, Reinhold, Dem gedrückten Arbeiter zur Seite stehen. Die Gründung der nordpfälzischen Sozialdemokratie, in: 105 Jahre Sozialdemokratie in Alsenz. Beiträge zur Geschichte der Arbeiterbewegung der Nordpfalz. Festschrift zur Jubiläumsfeier des SPD Ortsvereins Alsenz am 22. November 1996, Alsenz 1996, S. 7-25

Weingarten, Joe, Die Geschichte der Alsenzer SPD, in: 105 Jahre Sozialdemokratie in Alsenz.

Beiträge zur Geschichte der Arbeiterbewegung in der Nordpfalz, Alsenz 1996, S. 26-105

Altrip

Geschichte der Arbeiterbewegung und der SPD Altrip, in: 100 Jahre SPD Altrip. 1895-1995, o. O., o. J. (1995), S. 18-63

Bad Dürkheim

Geis, Manfred, 80 Jahre SPD Bad Dürkheim (1898-1978), in: 1898-1978. 80 Jahre SPD Bad Dürkheim, o. O., o. J. (1978), S. 13-31

ders., 1898 - 1998: 100 Jahre SPD Bad Dürkheim, in: 100 Jahre SPD Bad Dürkheim 1898 - 1989. Die Festschrift, Bad Dürkheim 1998, S. 13 - 27.

Kaiser, Josef, Gemeinsames Schicksal – gemeinsame Arbeit. Zur Wiederentstehung des demokratisch-politischen Lebens in Bad Dürkheim nach dem Zweiten Weltkrieg, Neustadt/W. 1987

ders., Tradition war stärker als Terror und Verbot. Am 3. März 1946 wurde die Bad Dürkheimer SPD wiedergegründet, in: 1946-1986. 40 Jahre Wiedergründung, o. O., o. J. (1986), S. 5-9

Blieskastel-Niederwürzbach

50 Jahre Ortsverein Niederwürzbach. 8 Jahre kommunale Verantwortung, Niederwürzbach o. J. (1972)

Contwig

Schneider, Arnold, 1906-1986. 80 Jahre SPD-Ortsverein Contwig, Contwig 1986

Edesheim

Fücks, Karl, 1910-1995. 85 Jahre SPD Edesheim, Edesheim 1995

Frankenthal

„Arbeiterverein mit lassalleanischen Tendenzen". 125 Jahre SPD in Frankenthal, in: Die Rheinpfalz, Ausgabe Frankenthal v. 26.11.1994

Ebenau, Michael/Kuffler, Alfred, Es gilt den Kampf. Dokumente zur Geschichte der Arbeiterbewegung in Frankenthal 1832-1949, Kösching 1984

Hahn, Jürgen, Aufstieg der Sozialdemokratie in einer Industriestadt, in: 100 Jahre SPD in der Pfalz, Neustadt/W., o. J. (1963), S. 34-36

ders., Der Aufstieg der Sozialdemokratie in der Industriestadt Frankenthal, in: Frankenthaler Zeitung v. 5.9.1963

ders., Zur Geschichte der SPD in Frankenthal, in: Frankenthal einst und jetzt 1963, H.2, S. 19-23

Hüther, Helmut, 100 Jahre Arbeiterbewegung in Frankenthal, in: Vorwärts v. 28.2.1974

Nestler, Gerhard, Kampf für die Interessen der Arbeiter. Neues Buch über die Geschichte der pfälzischen USPD erschienen (betr. Frankenthal), in: Die Rheinpfalz, Ausgabe Frankenthal v. 24.3.1990

ders., Arbeiteridol und verdächtiger Reveluzzer. Heute vor 100 Jahren: Der Sozialdemokrat August Bebel spricht in der Frankenthaler Turnhalle, in: Die Rheinpfalz, Ausgabe Frankenthal v. 26.9.1992

ders., In der Zeit der Barbarei für die Menschenrechte eingetreten. Karl Hüther: (Ein) Widerstandskämpfer und seine Geschichte, in: Die Rheinpfalz, Ausgabe Frankenthal v. 22.1.1994

ders., Reise in die eigene Geschichte. Johann Philipp Beckers letzter Besuch in Frankenthal im Spätsommer 1886, in: Frankenthal einst und jetzt 1994, H. 1, S. 7-10

ders., Zwischen Kontinuität und Neubeginn. Die Wiedergründung der politischen Parteien in Frankenthal nach dem Ende der nationalsozialistischen Diktatur, in: Frankenthal einst und jetzt 1996, H.1/2, S. 40-48

Schiffmann, Dieter, Anfänge der sozialdemokratischen Arbeiterbewegung in Frankenthal, in: Frankenthal einst und jetzt 1979, H 2, S. 41-47

Frankenthal-Flomersheim

Petri, Hugo, Chronik des SPD-Ortsvereins Flomersheim in der Zeitrechung von 1880 bis heute, in:

90 Jahre SPD-Ortsverein Frankenthal-Flomersheim. Festschrift, o. O., o. J. (1979), S. 16-41
Stichwortartige Zusammenfassung der Geschichte des SPD-Ortsvereins Flomersheim, in: 100 Jahre SPD Ortsverein Flomersheim. Seit 100 Jahren Fortschritt, o. O. (Frankenthal), o. J. (1989), S. 33-35

Frankenthal-Studernheim
75 Jahre SPD Studernheim, in: 1893-1968. 75 Jahre SPD Studernheim, o. O. (Frankenthal), o. J. (1968), o. S.
In stetem Kampf für soziale Gerechtigkeit und Menschenwürde. 100 Jahre SPD Studernheim, in: 1893-1993. 100 Jahre SPD-Ortsverein Studernheim, o. O. (Frankenthal), o. J. (1993), S. 21-33
90 Jahre SPD Studernheim, in: 1893-1983. 90 Jahre SPD Studernheim, o. O., o. J. (1983), S. 11-19

Freinsheim
1900-1990. 90 Jahre Sozialdemokratische Partei Deutschland, Freinsheim, o. O., o. J. (1990)

Fußgönheim
SPD Fußgönheim 1907-1987, o. O. (Fußgönheim), o. J. (1987)

Großniedesheim
Nestler, Gerhard, Sozialdemokraten auf dem Land. Anmerkungen zur Geschichte der SPD Großniedesheim im Kaiserreich und in der Weimarer Republik, in: Heimatjahrbuch Landkreis Ludwigshafen 12 (1996), S. 107-112
Wegmann, Ilse/Nestler, Gerhard, „... daß jeder Genosse sich bemühen soll, seine ganze Kraft der Arbeitersache zu widmen". Die Geschichte der SPD in Großniedesheim, in: Großniedesheim. In der Geschichte des Ortes geblättert, Neustadt/W. o. J. (1991), S. 316-329

Grünstadt
Lampert, Walter, Die Geschichte der Grünstadter Sozialdemokratischen Partei, in: Die Rheinpfalz, Ausgabe Grünstadt v. 12.9., 19.9., 23.9. u. 11.10.1990
60 Jahre SPD Ortsverein Grünstadt, Grünstadt, o. J. (1953)

Haßloch
Theisohn, Johannes, 110 Jahre Sozialdemokratie in Haßloch, in: 110 Jahre Sozialdemokratie in Haßloch, hrsg. v. SPD-Ortsverein Haßloch, Neustadt o. J. (1984), S. 11-113
ders., Vor 40 Jahren. Die Befreiung von der Hitlerdiktatur und die Erneuerung des politischen Lebens. Zum 40. Jahrestag der Wiedergründung des SPD-Ortsvereins Haßloch am 24. Februar 1946, Neustadt/W. 1986

Heßheim
Nestler, Gerhard, In stetem Kampf für soziale Gerechtigkeit und Menschenwürde. Die Geschichte der Heßheimer SPD. Eine Chronik, in: 90 Jahre SPD-Ortsverein Heßheim, o. O. (Heßheim) o. J. (1990), S. 23-45
ders., Zwischen Kontinuität und Neubeginn. Die politische Entwicklung Heßheims von 1871-1990 im Spiegel der Reichs- und Bundestagswahlen, in: Heimatjahrbuch Landkreis Ludwigshafen 8 (1992), S. 69-74
ders., Zwischen konservativem Beharren und demokratischem Aufbruch: Heßheim in der Weimarer Republik, in: Erwin Schnell und ders., Heßheim. Geschichte eines pfälzischen Dorfes, Bd. II, Grünstadt 1993, S. 623-704
ders., Parteien, Wahlen, Koalitionen. Die politische Entwicklung Heßheims von 1945 bis 1990, in: Erwin Schnell und ders., Heßheim. Geschichte eines pfälzischen Dorfes, Bd. II, Grünstadt 1993, S. 775-836

Hettenleidelheim
Happersberger, Roland, Die SPD beginnt zwischen Kirchturm und Erdgrube. Am 1. Mai 1898 protestieren Tongrubenarbeiter. Kirche auf Seiten der Tongrubenarbeiter. Nikolaus Osteroth

gründet SPD, in: Die Rheinpfalz, Ausgabe Grünstadt v. 2.5.1998
Hochspeyer
Neumer, Franz, Politische Parteien während der Weimarer Republik und zu Beginn der NS-Zeit in Hochspeyer, in: Jahrbuch zur Geschichte von Stadt und Landkreis Kaiserslautern 34/35 (1996/97), S. 163-182
Homburg
60 Jahre SPD-Ortsverein Homburg. Festschrift zu den Jubiläumstagen 3. bis. 10. Juni 1972, Homburg o. J. (1972)
Homburg-Schwarzenbach
60 Jahre Sozialdemokratische Partei Schwarzenbach. Festschrift zum Jubiläum am 6. Dezember 1981, o. O., o. J. (1981)
Hornbach
SPD-Ortsverein Hornbach, Jubiläumsausgabe 1920-1995, Hornbach 1995
Hütschenhausen
75 Jahre SPD Ortsverein Hütschenhausen, in: 75 Jahre SPD Hütschenhausen. 1921-1996, o. O., o. J. (1996), S. 14-21
Kaiserslautern
Hertel, Eugen, 65 Jahre SPD-Organisation in der Barbarossastadt, in: Die Freiheit v. 26.3.1955

Herzog, Gerhard, Die Anfänge der Arbeiterbewegung und die Gründung der SPD in Kaiserslautern (1867-1905), Otterbach 1974

ders., SPD: Auftakt im Jahre 1869 mit demokratischem Bildungsverein, in: Die Rheinpfalz, Ausgabe Kaiserslautern, Sonderbeilage: 1276-1976. 700 Jahre Stadt Kaiserslautern, Mai 1976, o. S.

ders., 100 Jahre SPD Kaiserslautern. Der Versuch eines historischen Rückblicks, in: 100 Jahre Sozialdemokratische Partei Kaiserslautern 1892-1992, Kaiserslautern 1992, S. 25-37

Keim, Eris J., „Aller Anfang fällt schwer." Erinnerungen, Dokumente, Biographien zum 100jährigen Bestehen der modernen Metallarbeiter- und sozialdemokratischen Bewegung in Kaiserslautern, Mertesheim 1991

Lind, Ottfried, Die Situation der Kaiserslauterer Sozialdemokratie in der Endzeit der Weimarer Republik und in der Anfangsphase des nationalsozialistischen Regimes, unveröffentl. Examensarbeit, Universität Mannheim 1981

1946-1986. 40 Jahre SPD Kaiserslautern. Eine Dokumentation über den Wiederbeginn der politischen Arbeit der SPD nach Beendigung des 2. Weltkrieges und dem Ende der Nazidiktatur in Kaiserslautern und in der Pfalz, o. O. (Kaiserslautern), o. J. (1986)

Rauland, Gerd, 100 Jahre Sozialdemokratische Partei Kaiserslautern. Ein kurzer Überblick über die Geschichte ihrer Entstehung bis zur Gründung des Ortsvereins, in: 100 Jahre Sozialdemokratische Partei Kaiserslautern 1892-1992, Kaiserslautern 1992, S. 11-23
Kirkel-Neuhäusel
60 Jahre SPD-Ortsverein Kirkel-Neuhäusel. Festveranstaltung am 13. September 1980, o. O., o. J. (1980)
Kleinkarlbach-Battenberg-Neuleiningen
Niederhöfer, Wolfgang, Geschichte des SPD-Ortsvereins Kleinkarlbach-Battenberg-Neuleiningen, in: Festschrift zum 90jährigen Jubiläum des SPD-Ortsvereins Kleinkarlbach-Battenberg-Neuleiningen, o. O., o. J., o. S.
Kusel
Kirsch, Hans, Für Freiheit, Gleichheit und Recht. Die Anfänge der Sozialdemokratie im Kuseler Land, Kusel 1991
Lambrecht
Klemm, Claudia, Die Geschichte des Ortsvereins Lambrecht, in: 125 Jahre SPD-Ortsverein Lam-

brecht. Festschrift zum 125jährigen Bestehen des Ortsvereins 1872 bis 1997, Lambrecht 1997, S. 14-63

Sozialdemokratische Partei Deutschlands Ortsgruppe Lambrecht, Festschrift anläßlich der Gedenkfeier an das Bismarck'sche Kulturschandgesetz am 20. Oktober 1928, o. O., o. J. (1928)

Wode, Martina, 40 Jahre Wiedergründung des Ortsvereins Lambrecht/Pfalz, o. O., o. J. (1986)

Lambsheim

Freising, Johannes, Gründungsgeschichte der SPD Lambsheim, in: Der Lambsheimer Zirkel. Jubiläumsausgabe: 90 Jahre SPD Lambsheim, o. J. (1987), S. 1-2; auch in: 100 Jahre SPD-Ortsverein Lambsheim, o. O., o. J. (1997), S. 34-38

Kopecek, Ralf/Mangold, Knut, Die Entwicklung der SPD Lambsheim seit 1897, in: 100 Jahre SPD-Ortsverein Lambsheim, o. O., o. J. (1997), S. 13-33

Mangold, Knut, SPD Lambsheim im Wandel der Zeit, in: Der Lambsheimer Zirkel. Jubiläumsausgabe: 90 Jahre SPD Lambsheim, o. J. (1987), S. 3-7

ders., Die Wiedergründung der SPD Lambsheim nach 1945, in: Der Lambsheimer Zirkel. Jubiläumsausgabe: 90 Jahre SPD Lambsheim, o. J. (1987), S. 4-5

Landau

Blinn, Hans, Die sozialdemokratische Partei Deutschlands in der Stadt Landau in der Pfalz von 1918-1933, Diss. Heidelberg 1966

ders., 60 Jahre SPD Ortsverein Landau (1905-1965), in: Landauer Monatshefte 13 (1965), Nr. 7, S. 54-59

ders., Heute vor 60 Jahren wurde der SPD Ortsverein Landau gegründet, in: Die Rheinpfalz, Ausgabe Landau v. 9.7.1965

ders., SPD Ortsverein heute 70 Jahre. Geschichtlicher Rückblick, in: Die Rheinpfalz, Ausgabe Landau v. 9., 10., 14., 18., 22.7.1975

Ein Schneider gründete den „Verein zur Erziehung volkstümlicher Wahlen". Der Ortsverein Landau der Sozialdemokratischen Partei besteht 60 Jahre, in: Pfälzer Tageblatt v. 9.7.1965

Ziegler, Hans, Die frühe sozialistische Bewegung in Landau. Wandel der Gesellschaftsstruktur im 19. Jahrhundert, in: Die Rheinpfalz, Ausgabe Landau v. 7., 9.8.1962

Lautersheim

SPD Ortsverein Lautersheim 1919 bis 1984, o. O. (Lautersheim), o. J. (1985)

Ludwigshafen

Braun, Günter, Ludwigshafener Sozialdemokraten in Verfolgung und Widerstand 1933-1945, in: Der Freiheit und Demokratie verpflichtet. Beiträge zur Geschichte der Ludwigshafener Sozialdemokratie, Neustadt/W. 1986, S. 111-142

ders., Kampf um soziale und politische Rechte der Arbeiterschaft. Zur Entwicklung der sozialdemokratischen Stadtratsfraktion und ihrer Politik im Kaiserreich, in: 100 Jahre sozialdemokratische Kommunalpolitik für Ludwigshafen, Ludwigshafen/Rh. 1989, S. 17-26

Breunig, Willi, Soziale Verhältnisse der Arbeiterschaft und sozialistische Arbeiterbewegung in Ludwigshafen am Rhein (1869-1919), Ludwigshafen/Rh. 1976, 2. Aufl. 1990

ders., Chronik der Ludwigshafener Sozialdemokratie 1869-1949, in: Der Freiheit und Demokratie verpflichtet. Beiträge zur Geschichte der Ludwigshafener Sozialdemokratie, Neustadt/W. 1986, S. 17-52, 143-148

Die Demokratie begann vor 30 Jahren. Sozialdemokraten gründeten am 24. Februar 1946 den neuen Ortsverein, in: Die Rheinpfalz, Ausgabe Ludwigshafen v. 24.2.1976

Der Freiheit und Demokratie verpflichtet. Beiträge zur Geschichte der Ludwigshafener Sozialdemokratie (Schriftenreihe des SPD-Stadtverbandes Ludwigshafen am Rhein, Bd. 3), Neustadt/W. 1986

Hübel, Christian, „Wir sind wieder da!" Die SPD und der Neuaufbau 1945-1949 in Mannheim und Ludwigshafen, o. O. (Mannheim), o. J. (1995)

Janson, Günther, Ludwigshafener vor 60 Jahren in München verurteilt, in: Die Rheinpfalz, Ausgabe Ludwigshafen v. 17.5., 1.6., 8.6., 16.6.1995 (wechselnde Titel)

Laufer, Kurt, SPD-Mandatsträger in der Stadt Ludwigshafen a. Rh. Seit der Wiederzulassung der Partei 1946, in: Der Freiheit und Demokratie verpflichtet. Beiträge zur Geschichte der Ludwigshafener Sozialdemokratie, Neustadt/W. 1986, S. 173-183

Morweiser, Hermann, Auch in Ludwigshafen gab es Widerstand, in: Linksrheinische Nr. 6 v. Juni 1978

Schiffmann, Dieter, Die Ludwigshafener Sozialdemokratie in der Weimarer Republik, in: Der Freiheit und Demokratie verpflichtet. Beiträge zur Geschichte der Ludwigshafener Sozialdemokratie, Neustadt/W. 1986, S. 53-83

ders., Die Zeit der Weimarer Republik, in: 100 Jahre sozialdemokratische Kommunalpolitik für Ludwigshafen, Ludwigshafen/Rh. 1989, S. 29-44

ders., Frühe Erfolge der Arbeiterbewegung. Charakteristisches Produkt der Industriellen Revolution in der Pfalz, in: Die Rheinpfalz, Ausgabe Ludwigshafen, Sonderbeilage: 125 Jahre Stadt Ludwigshafen, April 1984, o. S.

Stumm, Ulrich, Neubeginn in Ludwigshafen, in: Der Freiheit und Demokratie verpflichtet. Beiträge zur Geschichte der Ludwigshafener Sozialdemokratie, Neustadt/W. 1986, S. 149-169

Vor 30 Jahren wurde der erste SPD-Ortsverein nach dem Krieg gegründet, in: Mannheimer Morgen v. 24.2.1976

Weidner, Rolf, Wahlen und soziale Strukturen in Ludwigshafen am Rhein 1871-1914, Ludwigshafen 1984

Ludwigshafen-Edigheim

Mohr, Heinz, 100 Jahre SPD Edigheim. Mit den Menschen, für die Menschen, in: Edigheimer Pumpe. Sozialdemokratische Stadtteilzeitung, Mai 1998, S. 23-63

Schork, Horst, 75 Jahre Sozialdemokratische Partei Edigheim, o. O. (Ludwigshafen), o. J. (1973)

ders., Geschichte der Sozialdemokratischen Partei Deutschlands Ortsverein Ludwigshafen-Edigheim, o. O., o. J.

Ludwigshafen-Friesenheim

Braun, Günter/Küppers, Marlies/Distler, Wilhelm, Auf geht die Saat. 1878-1988. 110 Jahre Sozialdemokraten in Ludwigshafen-Friesenheim, Neustadt/W., o. J. (1988)

Ludwigshafen-Oggersheim

1871-1981. 110 Jahre SPD Ludwigshafen a. Rh.-Oggersheim. 110 Jahre SPD in der Pfalz, o. O. (Ludwigshafen), o. J. (1981), S. 1-17

1871-1996. 125 Jahre SPD-Ortsverein Oggersheim, o. O. (Ludwigshafen), o. J. (1996)

Schneider, Lothar K., Keiner lebt für sich allein. Festschrift zum 100jährigen Jubiläum der SPD Ludwigshafen-Oggersheim, Ludwigshafen/Rh., o. J. (1971)

Ludwigshafen-Oppau

Aus der Geschichte der Oppauer Sozialdemokratie, in: 1891-1971. 80 Jahre Sozialdemokratische Partei Ludwigshafen-Oppau, o. O., o. J. (1971), o. S.

Aus der Geschichte der Oppauer Sozialdemokratie, in: 100 Jahre SPD Oppau. 1891-1991, Ludwigshafen-Oppau, o. J. (1991), S. 9-52

Die Geschichte der Oppauer Sozialdemokratie, Ludwigshafen/Rh., o. J. (1956)

Janson, Günther, Vor 100 Jahren Oppauer Wahlverein gegründet. Wegen SPD-Verbot getarnte Parteiorganisation ins Leben gerufen, in: Die Rheinpfalz, Ausgabe Ludwigshafen v. 30.9.1989

ders., Oppauer Sozialdemokraten im Kampf gegen den Nationalsozialismus, o. O., o. J. (1985)

Schork, Horst/Janson, Günther, Die Geschichte der Oppauer Sozialdemokratie, Ludwigshafen/Rh, 1956

70 Jahre SPD Oppau, Ludwigshafen 1961

Ludwighafen-Rheingönheim
110 Jahre SPD-Ortsverein Ludwigshafen-Rheingönheim 1878-1988, o. O., o. J. (1988)
Ludwigshafen-Ruchheim
80 Jahre SPD Ortsverein Ruchheim., o. O., o. J. (1982)
70 Jahre SPD Ruchheim, o. O., o. J. (1972)
Meckenheim
Seiberth, Wolfgang, 70 Jahre SPD-Ortsverein Meckenheim, in: Kleine Festschrift zum 70jährigen Jubiläum des SPD-Ortsvereins Meckenheim 1912-1982, Meckenheim 1982, S. 17-31
Mutterstadt
Biebinger, J., Aus der Geschichte der SPD-Ortsgruppe Mutterstadt, in: Bei uns daheim 6 (1930), Bl. 14-16
Ledig, Harry/Schläfer, Volker, Geschichte des SPD-Ortsvereins, in: SPD Mutterstadt. 125 Jahre Gründung. 50 Jahre Wiedergründung, o. O., o. J. (1996), S. 9-37
Neustadt/Weinstraße
Auch das gab es in der Geschichte: „Sozialdemokrat – sonst unbescholten". Der Neustadter SPD-Ortsverein besteht seit 100 Jahren, in: Die Rheinpfalz, Ausgabe Neustadt/W. v. 18.2.1978
Schwarzwälder, Bernd, Frühe „Arbeiterbewegung" in Neustadt an der Haardt, in: Mitteilungen des Historischen Vereins der Pfalz 81 (1983), S. 371-405
Wunder, Gerhard, Chronik der Sozialdemokratie in Neustadt von 1832 bis 1945, in: Hundert Jahre Neustadter SPD, Neustadt/W. 1978, S. 11-68
ders., Ist die SPD in Neustadt 110 oder 153 Jahre alt? Zur Geschichte des Ortsvereins und der Sozialdemokratie, in: Pfälzische Post 5 (1985), Nr. 15, S. 17-18
ders., Die Sozialdemokratie in Neustadt an der Weinstraße seit 1832. Zum 110jährigen Bestehen des Ortsvereins 1875 bis 1985, Neustadt/W. 1985
Neustadt/Weinstraße-Lachen-Speyerdorf
100 Jahre SPD-Ortsverein Lachen-Speyerdorf, o. O., o. J. (1993)
Neustadt/Weinstraße-Mußbach
Koppenstein, Herbert, 1907-1997. 90 Jahre Ortsverein Mußbach, o. O., o. J. (1997)
Obrigheim
75 Jahre SPD Ortsverein Obrigheim. 1904-1979, o. O., o. J. (1979)
Otterbach-Sambach
Aus der Geschichte des Ortsvereins, in: 50 Jahre SPD-Ortsverein Otterbach-Sambach, o. O., o. J. (1996), S. 12-15
Otterstadt
Klinkert, Ursula, Spurensuche: Die SPD in Otterstadt vor 1933, in: 1906-1986. 80 Jahre SPD-Ortsverein Otterstadt, o. O., o. J. (1986), S. 49-62
Lang, Wolfgang, Dokumente zu den Anfängen der Sozialdemokratie in Otterstadt, in: 1906-1986. 80 Jahre SPD-Ortsverein Otterstadt, o. O., o. J. (1986), S. 73-77
Ritter, Karl Martin, Eine Minderheit in der Offensive, in: 1906-1986. 80 Jahre SPD-Ortsverein Otterstadt, o. O., o. J. (1986), S. 23-33
Pirmasens
Ein Flugblatt zu lesen, war schon lebensgefährlich. Erwin Stein berichtet über das Ende der Sozialdemokratie im Jahre 1933, in: Pirmasenser Zeitung v. 5.2.1983
65 Jahre Kampf und Sieg der Sozialdemokratie in Pirmasens, in: Die Freiheit v. 3.4.1954
Stein, Erwin, Aus dem Wahlverein wurde die SPD. Kleine Parteiengeschichte der Pirmasenser SPD, in: Die Rheinpfalz, Ausgabe Pirmasens v. 10., 14., 22.11.1984
ders., Vom Wahlverein zur Pirmasenser SPD. Geschichte der Pirmasenser Sozialdemokratie, in: Pirmasenser Zeitung v. 6., 9.11.1984

ders., Zur Geschichte der SPD Pirmasens seit 1886, in: Pfälzische Post 5 (1985), Nr. 15, S. 14-16
Rammelsbach
Kreuz, Richard, Zur Geschichte des SPD-Ortsvereins Rammelsbach, in: 80 Jahre SPD-Ortsverein Rammelsbach, o. O. (Rammelsbach), o. J. (1987)
Ramstein-Miesenbach
Müller, Albert, 60 Jahre SPD-Ortsvereinsgeschichte Miesenbach 1918-1978, in: 1918-1978. Festschrift zum 60jährigen Jubiläum. SPD-Ortsverein Miesenbach, o. O., 1978, S. 11-29
Rockenhausen
Busch, Egon, 65 Jahre SPD-Ortsverein Rockenhausen, Neustadt/W. o. J. (1985)
ders., 75 Jahre SPD-Ortsverein Rockenhausen, in: Die Rheinpfalz, Ausgabe Rockenhausen v. 28.12., 29.12., 30.12.1995
Rehberger, Reinhold, Am Anfang waren es neun. Über die Geschichte des SPD-Ortsvereins Rockenhausen und die politisch-wirtschaftliche Entwicklung in der Nordpfalz (1850-1948), Rockenhausen 1976
ders., Treudeutsch. Die Kaiserzeit im Bezirksamt Rockenhausen, 2 Bde., Geldern 1994
Rodalben
1903-1953. 50 Jahre Kampf. Festschrift des SPD Ortsvereins Rodalben, o. O., o. J. (1953)
Rodenbach
60 Jahre SPD-Ortsverein Rodenbach, in: SPD Ortsverein Rodenbach 1919-1979. Festschrift zum 60jährigen Jubiläum, o. O., o. J. (1979), S. 9-45
Römerberg-Berghausen
Alschner, Elisabeth, Arbeiterleben in Berghausen von 1880 bis 1936, o. O. (Speyer), 1992
Rohrbach
1906-1981. 75 Jahre SPD-Ortsverein Rohrbach. Eine kleine Festschrift, o. O., o. J. (1981)
St. Ingbert
Barmbold, Sigrid/Staudt, Michael, Die Roten im schwarzen Eck. Die Anfänge der Sozialdemokratie in St. Ingbert 1889-1919, St. Ingbert 1991
St. Ingbert-Rohrbach
50 Jahre SPD-Ortsverein Rohrbach. Festschrift zur 50-Jahr-Feier des Ortsvereins Rohrbach der Sozialdemokratischen Partei Deutschlands, o. O., o. J. (1965)
Schifferstadt
Nestler, Gerhard, Zwischen nationaler Politik und lokalen Interessen. Die politische Entwicklung Schifferstadts von 1871 bis 1932, in: Schifferstadt. Geschichte und Geschichten, Schifferstadt 1998, S. 181-214
30jähriges Stiftungsfest der Ortsgruppe Schifferstadt, in: Pfälzische Post v. 27.7.1931
Schiersfeld
Lamb, Friedel, 65 Jahre SPD-Ortsverein Schiersfeld 1920-1985, Schiersfeld 1985
Speyer
1872-1997. 125 Jahre Sozialdemokratie für Speyer. Beiträge zur Geschichte der SPD in Speyer, Speyer 1997
Arbeiten und Leben in Speyer. Begleitheft zur Ausstellung des DGB mit Unterstützung der Stadt Speyer v. 3.-22.12.1990, o. O. (Speyer), o. J. (1990)
Fücks, Karl, Arbeiterwiderstand gegen Hitler 1933-1945, in: Arbeiten und Leben in Speyer, o. O., o. J., o. S.
Gegen Fürst Bismarck im „Römischen Kaiser" (Gründung der SPD in Speyer), in: Die Rheinpfalz, Ausgabe Speyer v. 14.4.1992
Härtel, Roland, Der „Kartoffelhandel" und die ersten Sozialdemokraten im Speyerer Stadtrat, in: 1872-1997. 125 Jahre Sozialdemokratie für Speyer. Beiträge zur Geschichte der SPD in

Speyer, Speyer 1997, S. 21-26

Hussong, Martin, Bruderzwist – Speyerer Bildersturm. Die Sozialdemokratie zwischen 1914 und den 20er Jahren, in: 1872-1997. 125 Jahre Sozialdemokratie für Speyer. Beiträge zur Geschichte der SPD in Speyer, Speyer 1997, S. 27-33

ders., „Die Niederlegung hat in allen Fällen freiwillig zu erfolgen." Annäherung an Dokumente zum Ende der SPD in Speyer zwischen März - Juli 1933, in: 1872-1997. 125 Jahre Sozialdemokratie für Speyer. Beiträge zur Geschichte der SPD in Speyer, Speyer 1997, S. 62-66

ders., „Die Gesetze der Illegalität mußten von uns allen hart erarbeitet werden." Widerstand von Speyerer Sozialdemokraten gegen Hitler, in: 1872-1997. 125 Jahre Sozialdemokratie für Speyer. Beiträge zur Geschichte der SPD in Speyer, Speyer 1997, S. 67-75

Morweiser, Hermann, Vom antifaschistischen Widerstand in Speyer, Speyer 1983

Nestler, Gerhard, „Gegen die Fascistische Gefahr." Die Speyerer SPD in der Endphase der Weimarer Republik, in: 1872-1997. 125 Jahre Sozialdemokratie für Speyer. Beiträge zur Geschichte der SPD in Speyer, Speyer 1997, S. 54-61

Schaupp, Stefan, Die Speyerer SPD im Abwehrkampf gegen den Separatismus 1919, in: 1872-1997. 125 Jahre Sozialdemokratie für Speyer. Beiträge zur Geschichte der SPD in Speyer, Speyer 1997, S. 34-41

Werner, Walter, 12 Jahre Unterdrückung durch das Sozialistengesetz, in: 1872-1997. 125 Jahre Sozialdemokratie für Speyer. Beiträge zur Geschichte der SPD in Speyer, Speyer 1997, S. 16-20

Trippstadt
75 Jahre SPD in Trippstadt, o. O., o. J. (1995)

Wachenheim
SPD Ortsverein Wachenheim 1946-1996, o. O., o. J. (1996)

Waldmohr
Hanß, Walter, Die Geschichte der SPD in Waldmohr, in: 75 Jahre Ortsverein Waldmohr, o. O., o. J. (1981), S. 18-35

Waldsee
Alschner, Elisabeth, Die hundertjährige Geschichte der Waldseer Sozialdemokraten, in: 100 Jahre Sozialdemokraten in Waldsee, o. O., o. J. (1991), S. 9-75

Weilerbach
Die Geschichte des Ortsvereins Weilerbach, in: 80 Jahre SPD-Ortsverein Weilerbach, o. O., o. J. (1989), S. 16-99

Wörth-Maximiliansau (vor 1938: Pfortz)
Die rührige Ortsgruppe Pfortz der SPD kann auf ihr 25jähriges Bestehen zurückblicken, in: Pfälzische Post v. 7.1.1932

Zweibrücken
Demokratischer Neubeginn. Die Wiedergründung des Ortsvereins Zweibrücken der Sozialdemokratischen Partei nach dem Kriege. Zusammengestellt von Werner von Blon, o. O. (Zweibrücken), o. J. (1996)

3. Vorgeschichte (1832-1870)

Baumann, Kurt, Ferdinand Lassalle und die Pfalz, in: Bei uns daheim 5 (1929), Bl. 22-23, S. 85-86 und S. 89-90

ders., Proletarische Strömungen in der pfälzischen Bewegung von 1848/49, in: Bei uns daheim 5 (1929), Bl. 3-4, S. 9-15

Kessler, Rainer, „Die wandernde Barrikade". Aus der Pfälzer Arbeiterbewegung von 1849, in: Pfälzer Heimat 35 (1984), S. 154-161

Krebs, Friedrich, Eine Verfolgung von Karl Marx in der Pfalz, in: Pfälzer Heimat 23 (1972), S. 129-130
Marx in der Pfalz, in: Linksrheinische, März 1983
Schwarzwälder, Bernd, Frühe „Arbeiterbewegung" in Neustadt an der Haardt, in: Mitteilungen des Historischen Vereins der Pfalz 81 (1983), S. 371-405
Wien, Ludwig, Auf der Walz in Speyer, „woselbst ich Arbeit fand". August Bebel als Handwerksbursche in der Pfalz, in: Die Rheinpfalz v. 17.7.1982 und in: ders., Bilder im Strom. Geschichte und Geschichten links und rechts des Rheins, Speyer 1988, S. 188-196
ders., „Wie ein letztes Atemholen." Ferdinand Lassalle in der Pfalz, in: Die Rheinpfalz v. 28.4.1984 und in: ders., Bilder im Strom. Geschichte und Geschichten links und rechts des Rheins, Speyer 1988, S. 177-187
Ziegler, Hans, Die frühe sozialistische Bewegung in Landau. Wandel der Gesellschaftsstruktur im 19. Jahrhundert, in: Die Rheinpfalz, Ausgabe Landau v. 7., 9.8.1962

4. Kaiserreich (1870/71-1918)

Alschner, Elisabeth, Frühe Politik in der Speyerer Krypta. Zentrum und Sozialdemokratische Partei verhandelten 1899 auf Kartoffelsäcken, in: Speyerer Tagespost v. 24./25., 29., 30.7.1993 (wechselnde Titel)
Altherr, Georg, Als die Sozis mächtige Schlapphüte mit roten Federn trugen. Vor hundert Jahren trat der erste Parteitag der Pfälzer Sozialdemokraten zusammen, in: Die Rheinpfalz v. 9.11.1991
Aus unserer pfälzischen Parteigeschichte, in: Pfälzische Post v. 23.5.1913
Bräunche, Ernst Otto, Parteien und Reichstagswahlen in der Rheinpfalz von der Reichsgründung 1871 bis zum Ausbruch des Ersten Weltkrieges 1914, Speyer 1982
Gartz, Peter, Vor 100 Jahren erster pfälzischer Arbeitertag in Neustadt, in: Die Rheinpfalz v. 24.4.1976
Geis, Manfred, Vor 90 Jahren auf der Limburg bei Bad Dürkheim: Das erste Pfalztreffen, in: Pfälzische Post 18 (1998), Nr. 69, S.19
Herzog, Gerhard, Bebel – Reichstagskandidat in der Pfalz (Leserbrief), in: Die Rheinpfalz v. 30.7.1982
Kaiser, Josef, Organisationsprobleme gab es besonders auf dem „platten" Land. Ein Rückblick zum pfälzischen Arbeitertag 1891, in: Pfälzische Post 11 (1991), Nr. 41, Beilage, S. I-VIII
ders., „Unser Ruf sei: Auf nach Speyer." Vor hundert Jahren fand der erste pfälzische „Arbeitertag" nach dem Sozialistengesetz statt, in: Pfälzische Post 11 (1991), Nr. 39, S. 7-8
Mallmann, Klaus-Michael, Die Anfänge der Arbeiterbewegung in der bayerischen Saarpfalz, in: Saarheimat 23 (1979), S. 177-182
Maurer-Böhm, Gabie, „Kurzum – man sah rot in allen Nuancen ..." Speyer – die Wiege der pfälzischen Sozialdemokratie. Vor 100 Jahren erster Bezirksparteitag, in: Speyerer Tagespost v. 7.6.1991
Profit, Friedrich, Dr. v. Bettinger und die Sozialdemokratie. Die Wahlkompromisse zwischen Zentrum und Sozialdemokratie in der Pfalz 1899-1909, München 1913
Rill, Hans, Die Anfänge der SPD in der Pfalz und ihre Entwicklung bis zum 1. Weltkrieg, unveröffentl. Examensarbeit EWH Landau 1976
Schneider, Erich, Die Anfänge der sozialistischen Arbeiterbewegung in der Rheinpfalz 1864-1899, Diss. Mainz 1956
ders., So begann es in der Pfalz. Die Anfänge der sozialistischen Arbeiterbewegung, in: 100 Jahre SPD in der Pfalz, Neustadt/W., o. J. (1963), S. 9-17
Setzer, Georg, Saatzeit. Aus den Jugendjahren der pfälzischen Sozialdemokratie, in: Pfälzische Post v. 12.10.1929

Thalmann, Heinrich, Die Pfalz im Ersten Weltkrieg, Kaiserslautern 1990
Weißt Du noch? ... Ein Buch der Erinnerung gewidmet unseren Jubilaren, Ludwigshafen/Rh. 1948

5. Revolution 1918
Friedel, Heinz, Die Revolution fand nicht statt. Erinnerung an den 9. November 1918, in: Die Rheinpfalz, Ausgabe Kaiserslautern v. 9.11.1968
Heute vor 60 Jahren ... 11. November 1918, in: Der Bote vom Rehbach v. 11., 17., 18., 20., 27., 29.11., 5.12.1978
Janson Günter, Vor 75 Jahren – Ende des Ersten Weltkrieges. Arbeiter gehen für Frieden auf die Straße. Der Zusammenbruch. Die große Not. Die friedliche Revolution, in: Die Rheinpfalz, Ausgabe Ludwigshafen v. 10.11., 23.11., 24.11., 9.12., 22.12., 23.12.1993 (wechselnde Titel)
Nestler, Gerhard, Heßheim vor 70 Jahren, in: Die Rheinpfalz, Ausgabe Frankenthal v. 25.11., 8.12.1988
Protokollbuch des Arbeiter-, Bauern- und Soldatenrates, in: Von Bauern, Bomben und Besatzungszeiten. Bürger protokollieren Heimatgeschichte. Schifferstadt 1856-1948, aufber. v. Emil Georg Sold, Schifferstadt 1994, S. 15-21
Schiffmann, Dieter, „Revolution" in Frankenthal. Zur 60. Wiederkehr des 9. November 1918, in: Frankenthal einst und jetzt 1978, H.3, S. 69-76
Wolff, Gustav, Vor 40 Jahren in der Pfalz. Erinnerungen an die Revolutionstage 1918, in: Pfälzer Tageblatt, Ausgabe Bergzabern-Germersheim-Landau v. 15.11.1958

6. Weimarer Republik (1918-1932/33)
Abwehr-Aktionen der Arbeiterschaft. Einige Episoden der Arbeiterschaft, in: Pfälzische Post v. 2.7.1930
Blinn, Hans, „Vaterlandslose Gesellen" retteten die Heimat. Der Kampf gegen den pfälzischen Separatismus, in: 100 Jahre SPD in der Pfalz, Neustadt/W., o. J. (1963), S. 21-23; ebenfalls in: Der Sozialdemokrat 1974, Nr. 8, S. 6
Fenske, Hans, Der Konflikt zwischen Bayern und dem Reich im Herbst 1923 und die pfälzische Sozialdemokratie, in: Mitteilungen des Historischen Vereins der Pfalz 71 (1974), S. 204-216
Geßner, Manfred, Der Kampf um die Freiheit von 1918 bis 1933. Sturmzeichen in der Weimarer Republik, in: 100 Jahre SPD in der Pfalz, Neustadt/W., o. J. (1963), S. 18-20
Gienanth, Carl Frhr. v., Die Einheitsfront der Arbeitgeber und Arbeitnehmer im nationalen Gedanken, in: Grünstadter Neueste Nachrichten v. 30.6.1930, 1. Bl. und Frankenthaler Tageblatt v. 30.6.1930
Gräber, Gerhard/Spindler, Matthias, Revolver Republik am Rhein. Die Pfalz und ihre Separatisten, Bd. 1: November 1918 - November 1923, Landau 1992
Hermann, Alfred, Die Geschichte der pfälzischen USPD, Neustadt/W. 1989
Lipp, Karlheinz, Religiöser Sozialismus in der Weimarer Republik, in: Zeitbilder aus der Geschichte der protestantischen Kirche in der Pfalz von der Reformation bis in die Gegenwart, hrsg. v. Gabriele Stüber/Karlheinz Nestle/Traudel Himmighöfer/Werner Schwartz, Speyer 1999, S. 104
Die Pfalz am Scheideweg. Die Aktion der pfälzischen Sozialdemokratie Oktober 1923, in: Pfälzische Post v. 2.7.1930
Profit, Friedrich, Die Rolle der Arbeiterschaft im Abwehrkampf, in: Volk und Reich 1928, H. 6, S. 320-334
Renner, Ute, Die sozialdemokratische Frauenbewegung der Pfalz in der Weimarer Republik (1918-1933), unveröffentl. Examensarbeit, Universität Mannheim 1993
Schaupp, Stefan, Das Verhältnis der Sozialdemokraten zum Separatismus in der Pfalz 1919-1923, unveröffentl. Examensarbeit, Universität Mannheim 1994

Die sozialdemokratische Presse und Arbeiterschaft in der Abwehr der französischen Rheinlandpolitik, in: Pfälzische Post v. 2.7.1930

Spindler, Matthias, „Das Volk will heraus aus der Not." Neue Erkenntnisse zur sogenannten „Hoffmann-Aktion" der pfälzischen SPD im Herbst 1923, in: Die Rheinpfalz v. 8.12.1990

Stürmer, Vera, Die pfälzische SPD in der Endphase der Weimarer Republik, in: dies./Hundinger, Ralf, „Wir kommen wieder." Ende und Wiederaufbau der pfälzischen SPD 1929-1933 und 1945-1947, Mannheim 1995, S. 3-154

7. Machtergreifung der NSDAP, Widerstand und Emigration

Braun, Günter, Sozialdemokratischer und kommunistischer Widerstand in der Pfalz, in: Die Pfalz unterm Hakenkreuz, hrsg. v. Gerhard Nestler/Hannes Ziegler, Landau 1993, S. 377-410

Degitz, Brigitte, Widerstand gegen Nazis am Asselstein geplant, in: Sonntag aktuell v. 15.5.1994

Ein Demokrat starb durch Mörderhand (Georg Hüter), in: Neue Lu 14 (1983), H. 3, S. 12

Morweiser, Hermann, Der letzte Unbekannte vom Asselstein war Franz Kiefer, in: Die Tat v. 30.1.1981

ders., Der feige Mord an dem Reichsbannermann Hüter, in: Die Tat v. 12.3.1982

Nestler, Gerhard, Gegen Hitler-Diktatur und Krieg. Die SAP in der Pfalz von 1931-1938, in: Pfälzische Post 4 (1984), Nr. 4, S. 15-16

Schiffmann, Dieter, Der Untergang der pfälzischen Sozialdemokratie im Jahre 1933, in: Pfälzische Post 4 (1984), Nr. 4, S. 11-14

Schott, Fritz, Der Asselstein. Symbol des illegalen Kampfes der SPD, in: Armer Konrad aus Rheinland-Pfalz 2 (1950), S. 90-91

8. Wiedergründung 1945/46

Blinn, Hans, Vor 20 Jahren entstand die SPD Pfalz neu, in: Der Sozialdemokrat, Nr. 3, März 1966, S. 1-2, 4 und Nr. 4, April 1966, S. 2, 4-5

ders., Die Wiedergründung der SPD in der Pfalz vor 20 Jahren, in: Pfälzische Heimatblätter 14 (1966), Nr. 2, S. 10-12

Geis, Manfred/Kaiser, Josef, „Wir sind wieder da!" Materialien zur Wiedergründung der SPD Pfalz 1945/46, in: Pfälzische Post 6 (1986), Nr. 18, April 1986, S. 3-18

Geßner, Manfred, Analyse der Parteitage nach dem 2. Weltkrieg, in: 100 Jahre SPD in der Pfalz, o. O. (Neustadt/W.), o. J. (1963), S. 42-46

Gleber, Peter, Zwischen Tradition und Moderne. Geschichte der pfälzischen Sozialdemokratie von der „Stunde Null" bis in die sechziger Jahre, in: Jahrbuch für westdeutsche Landesgeschichte 23 (1997), S. 595-617

Hess, Norbert, Konkursverwalter jener, die sie umbringen wollten. Die Gründung der SPD in Rheinland-Pfalz nach 1945, in: Sozialdemokrat Magazin 6 (1985), S. 20-22

Hundinger, Ralf, Die Wiedergründung der pfälzischen SPD 1945-1947, in: Stürmer, Vera/ders., „Wir kommen wieder!" Ende und Wiederaufbau der pfälzischen SPD 1929-1933 und 1945-1947, Mannheim 1995, S. 155-279

Kohl, Helmut, Die politische Entwicklung in der Pfalz und das Wiedererstehen der Parteien nach 1945, Diss. Heidelberg 1958

Kusch, Katrin, Die Wiedergründung der SPD in Rheinland-Pfalz nach dem Zweiten Weltkrieg (1945-1951), Mainz 1989

dies., Zur Parteienpolitik in der französischen Besatzungszone am Beispiel der SPD in Rheinland-Pfalz, in: Die französische Deutschlandpolitik zwischen 1945 und 1949, hrsg. v. Institut Français de Stuttgart, Tübingen 1987, S. 109-113

Nestler, Gerhard, Adolf Ludwig und der Wiederaufbau der pfälzischen Arbeiterbewegung nach dem 2. Weltkrieg. Eine Dokumentation, in: Mitteilungen des Historischen Vereins der Pfalz 92

(1994), S. 419-449
ders., Vor 50 Jahren: Erstes illegales Bezirkstreffen in Elmstein. Die Wiedergründung der pfälzischen SPD in den Jahren 1945/46, in: Pfälzische Post 15 (1995), Nr. 56, S. 17-19
Vor 30 Jahren: Wiedergründung der pfälzischen Sozialdemokratie nach dem Krieg, o. O. (Neustadt/W.), o. J. (1976)
Weitzel, Kurt, Vom Chaos zur Demokratie. Die Entstehung der Parteien in Rheinland-Pfalz 1945-1947, Mainz 1989
Wendel, Michael, „Wir sind wieder da!" Die Wiedergründung der pfälzischen SPD vor vierzig Jahren, in: Die Rheinpfalz v. 12.4.1986
Wünschel, Hans Jürgen, Angesichts der Trümmer ... Die Gründungsgeschichte der pfälzischen Parteien nach dem Ende der Diktatur, Otterbach 1987
ders., Drei Dokumente zur Geschichte der pfälzischen Sozialdemokratie nach dem Zweiten Weltkrieg, in: Mitteilungen des Historischen Vereins der Pfalz 72 (1974), S. 97-111

9. Biographisches

Abgeordnete in Rheinland-Pfalz 1946-1987. Biographisches Handbuch, bearb. v. Heidi Mehl-Lippert/Doris Maria Peckhaus, Mainz 1991 (darin: Valentin Bauer, S. 148; Franz Bögler, S. 157-158; Wilhelm Bökenkrüger, S. 159; Fritz Fickeisen, S. 181; Karl Fittler, S. 182; Willibald Gänger, S. 186; Luise Herklotz, S. 206; Eugen Hertel, S. 209; Hans Hoffmann, S. 212; Maxim Kuraner, S. 229-230; Hermann Langlotz, S. 232; Ernst Lorenz, S. 237; Adolf Ludwig, S. 238; Herbert Müller, S. 250; Ignaz Roth, S. 266-267; Julius Rüb, S. 268; August Schäfer, S. 271; Friedrich Schmidt, S. 276; Fritz Volkemer, S. 303; Friedrich Wilhelm Wagner, S. 305-306; Ella Weiß, S. 308)
Biographisches Handbuch der deutschsprachigen Emigration nach 1933. Gesamtleitung Werner Röder/Herbert A. Strauss, Bd. I, München-New York 1980 (darin: Franz Bögler, S. 67; Maxim Kuraner, S. 404; Adolf Ludwig, S. 464; Herbert Müller, S. 512; Ernst Roth, S. 620; Fritz Schott, S. 666; Fritz Volkemer, S. 785; Friedrich Wilhelm Wagner, S. 787)
Grass, Karl Martin, Politiker-Portraits, in: 40 Jahre Rheinland-Pfalz. Eine politische Landeskunde, hrsg. v. Peter Haungs, Mainz 1986, S. 255-288 (darin: Franz Bögler, S. 277-278; Eugen Hertel, S. 276-277; Hans Hoffmann, S. 272-273; Adolf Ludwig, S. 275-276; Friedrich Wilhelm Wagner, S. 278-279)
Das große Pfalzbuch, hrsg. v. Karl-Friedrich Geißler/Jürgen Müller/Roland Paul, 7. Aufl., Landau 1995 (darin: Franz Bögler, S. 550; Franz Josef Ehrhart, S. 573; Eugen Hertel, S. 607; Hans Hoffmann, S.612; Johannes Hoffmann, S. 612-613; Adolf Ludwig, S. 646; Herbert Müller, S. 660; Friedrich Profit, S. 675; Friedrich Wilhelm Wagner, S. 711; Karl Zimmermann, S. 724)
MdR. Die Reichstagsabgeordneten der Weimarer Republik in der Zeit des Nationalsozialismus. Politische Verfolgung, Emigration und Ausbürgerung 1933 - 1945. Eine biographische Dokumentation. Hrsg. u. eingel. v. Martin Schumacher, 3. Aufl. Düsseldorf 1994 (darin: Gerhard Jacobshagen, S. 228; Friedrich Wilhelm Wagner, S. 546 - 547.)
Osterroth, Franz, Biographisches Lexikon des Sozialismus, Hannover 1960 (darin: Franz Josef Ehrhart, S. 72-73; Johannes Hoffmann, S. 137-138; Friedrich Profit, S. 242)
Paulsen, Sven, Die Verfolgung jüdischer Richter, Beamter, Notare und Rechtsanwälte unter nationalsozialistischer Gewaltherrschaft in der Pfalz, in: 175 Jahre pfälzisches Oberlandesgericht, hrsg. v. dems., Neustadt/W. 1990, S. 267-282 (darin: Friedrich Wilhelm Wagner, S. 280; Karl Zimmermann, S. 281-282)
Schwarz, Max, MdR. Biographisches Handbuch der Reichstage, Hannover 1965 (darin: Jakob Binder, S. 269, 621; Franz Josef Ehrhart, S. 302; Johannes Hoffmann, S. 352, 676; Josef Huber, S. 356; Gerhard Jacobshagen, S. 681; Friedrich Wilhelm Wagner, S. 702)

Simon, Bernhard, Die Abgeordneten der 1. Wahlperiode des rheinland-pfälzischen Landtages 18. Mai 1947 - 17. Mai 1951, in: Rheinland-Pfalz entsteht. Beiträge zu den Anfängen des Landes Rheinland-Pfalz in Koblenz 1945-1951, hrsg. v. Franz-Josef Heyen, Boppard am Rhein 1984, S. 127-183 (darin: Franz Bögler, S. 141-142; Fritz Fickeisen, S. 149-150; Karl Fittler, S. 150; Willibald Gänger, S. 151; Luise Herklotz, S. 157; Eugen Hertel, S. 158; Hans Hoffmann, S. 158; Maxim Kuraner, S. 162; Ernst Lorenz, S. 163; Adolf Ludwig, S. 164; Herbert Müller, S. 165; Ignaz Roth, S. 169-170; Julius Rüb, S. 170; August Schäfer, S. 171; Friedrich Schmidt, S. 172; Fritz Volkemer, S. 179; Ella Weiß, S. 180)

Sozialdemokratische Parlamentarier in den deutschen Reichs- und Landtagen 1867 - 1933. Ein Handbuch, bearb. v. Wilhelm Heinz Schröder, Düsseldorf 1995 (darin: Friedrich Ackermann, S. 343; Franz Bögler, S. 377; Heinrich Dikreiter, S. 411; Franz Josef Ehrhart, S. 423; Karl Fischer, S. 440-441; Hermann Hartmann, S. 488-489; Johannes Hoffmann, S. 512-513; Josef Huber, S. 521; Philipp Hügly, S. 522; Gerhard Jacobshagen, S. 527; Philipp Keidel, S. 543; Paul Kleefoot, S. 550; Eduard Klement, S. 552; Bruno Körner, S. 560; Jakob Leonhardt, S. 584; Adolf Ludwig, S. 598; Georg Metz, S. 615; Friedrich Profit, S. 659-660; Heinrich Rebmann, S. 666; Ernst Roth, S. 686-687; Bernhard Sang, S. 694; Jakob Sommer, S. 708-709; Christian Schwartz, S. 746; Friedrich Wilhelm Wagner, S. 787; Josef Weber, S. 790)

Sozialdemokratische Reichstagsabgeordnete und Reichstagskandidaten 1898 - 1918. Biographisch-Statistisches Handbuch, bearb. v. Wilhelm Heinz Schröder, Düsseldorf 1986 (darin: Jakob Binder, S. 82; Heinrich Dikreiter, S. 96-97; Franz Josef Ehrhart, S. 100; Johannes Hoffmann, S. 131; Josef Huber, S. 134-135; Philipp Keidel, S. 141; Eduard Klement, S. 143-144; Bruno Körner, S. 146; Friedrich Profit, S. 180; Wilhelm Wenzel, S. 222)

Ackermann, Friedrich
In Memoriam Friedrich Ackermann, in: Armer Konrad aus Rheinland-Pfalz 2 (1950), S. 103-104
Nestler, Gerhard, Für soziale Gerechtigkeit und Demokratie. Der Frankenthaler Sozialdemokrat Friedrich Ackermann. Eine biographische Skizze, in: Frankenthal einst und jetzt 1990, H. 1, S. 20-24

Bökenkrüger, Wilhelm
Wunder, Gerhard, Glühender Sozialdemokrat und Schöngeist. Wilhelm Bökenkrüger vor 100 Jahren geboren, in: Die Rheinpfalz v. 11.8.1990

Bögler, Franz
1832-1957. Die Pfälzische Sozialdemokratie. Werdegang und Aufbau. Eine Festschrift zum 50. Bezirksparteitag der pfälzischen SPD, Ludwigshafen/Rhein 1957, S. 36-39
Collmann, Oswald, Franz Bögler, in: Speyer. Vierteljahreshefte des Verkehrsvereins, Frühling 1986, S. 21

Bögler, Lene
Biffar, Ursula, Ihr Leben im Rückblick erscheint einem wie ein heiterer Roman, in: Die Rheinpfalz, Ausgabe Neustadt, v. 8.1.1983
Lene Bögler, mehr als die Frau an seiner Seite, in: Pfälzische Post 16 (1996), Nr. 58, S. 16

Braun, Fridolin
Fridolin Braun, in: Die Geschichte der Oppauer Sozialdemokratie, o. O., o. J. (1956), S. 21
Lutz, Käthe und Hans, Der Lehrer Fridolin Braun: Leiter des Reichsbanners in Oppau, in: Janson, Günther/dies., Wer für die Freiheit stirbt, der ist nie tot, Ludwigshafen/Rh. 1989, S. 37

Ehrhart, Franz Josef
1832-1957. Die Pfälzische Sozialdemokratie. Werdegang und Aufbau. Eine Festschrift zum 50. Bezirksparteitag der pfälzischen SPD, Ludwigshafen 1957, S. 12-20
Beiträge zum Bilde von Fr(anz) J(osef) Ehrhart, in: Weißt du noch ... Ein Buch der Erinnerung,

Ludwigshafen/Rh. 1948, S. 59-67
Blinn, Hans, Franz Josef Ehrhart (1853-1908). Ein Lebensbild des Begründers der pfälzischen SPD, Neustadt/W. 1980
ders., Franz Josef Ehrhart (1853-1908). Der erste sozialdemokratische Landtags- und Reichstagsabgeordnete aus der Pfalz, in: Heimat-Jahrbuch Landkreis Südliche Weinstraße 2 (1980), S. 151-153
ders., Franz Josef Ehrhart und die Sozialdemokratie in der Pfalz, in: Von der Klassenbewegung zur Volkspartei. Wegmarken der bayerischen Sozialdemokratie 1892-1992, hrsg. v. Hartmut Mehringer, München u. a. 1992, S. 71-81
Breunig, Willi, Der rote Hecht im nationalliberalen Karpfenteich. Franz Josef Ehrhart. Erster Sozialdemokrat im Ludwigshafener Stadtrat vor 100 Jahren, in: 100 Jahre sozialdemokratische Kommunalpolitik für Ludwigshafen, Ludwigshafen/Rh. 1989, S. 9-16
Profit, Friedrich, Franz Josef Ehrhart zum Gedächtnis, in: Bei uns daheim 4 (1928), Bl. 16
ders., Aus vergilbten Gerichtsakten. Zum Lebensbild von Franz Josef Ehrhart, in: Weißt du noch ... Ein Buch der Erinnerung, Ludwigshafen/Rh. 1948, S. 44-56
ders., Franz Josef Ehrhart, in: Weißt du noch ... Ein Buch der Erinnerung, Ludwigshafen/Rh. 1948, S. 12-26
Schmitt, Valentin, Franz Josef Ehrhart, geb. am 3.2.1853 in Eschbach, gest. am 23.7.1908 in Ludwigshafen, in: Die Rheinpfalz, Ausgabe Ludwigshafen v. 5.9.1967
Schneider, Erich, Franz Josef Ehrhart. Der Begründer der pfälzischen Sozialdemokratie, in: Pfälzische Heimatblätter 8 (1960), S. 29-30
ders., Franz Josef Ehrhart (1853-1908), in: Pfälzer Lebensbilder Bd. I, hrsg. v. Kurt Baumann, Speyer 1964, S. 273-319
ders., Franz Josef Ehrhart und die Bauern, in: Pfälzische Post 11 (1993), Nr. 41, Beilage S. VII
ders., Zum 85. Todestag von Franz Josef Ehrhart (1853-1908), in: Pfälzische Post 13 (1993), H. 3, Nr. 48, S. 18-19
ders., Franz Josef Ehrhart (1853-1908). Der erste pfälzische Sozialdemokrat im bayerischen Landtag, in: Stimme der Pfalz 45 (1994), Nr. 3, S. 3-6
ders., Franz Josef Ehrhart und Karl Grillenberger. Von den Anfängen der sozialdemokratischen Bewegung in der bayerischen Pfalz, in: Pfälzer Heimat 47 (1996), S. 50-57
Ziegler, Hannes, Franz Josef Ehrhart, in: ders., Historische Streifzüge. Pfälzer Portraits aus dem 19. Jahrhundert, Landau 1992, S. 191-238

Feldmüller, Jean
Er stand auf der Schwarzen Liste. Zum 10jährigen Todestag von Jean Feldmüller, in: Stimme der Arbeit aus Rheinland-Pfalz v. 29.9.1950

Fries, Martin
Janson, Günther, Der letzte Bürgermeister von Edigheim: Martin Fries. Fast 30 Jahre für die Bürger gewirkt, in: Edigheimer Pumpe. Sozialdemokratische Stadtteilzeitung, Mai 1998, S. 37-40

Graf, Friedrich
Schwager, Fritz, Friedrich Graf, in: Speyer. Vierteljahresheft des Verkehrsvereins, Herbst 1976, S. 15

Haber, Heinrich
Janson, Günther, Der Leidensweg des Reichsbannermannes Heinrich Haber, in: ders./Lutz, Käthe und Hans, Wer für die Freiheit stirbt, der ist nie tot, Ludwigshafen/Rh. 1989, S. 27-32

Hartmeyer, Eugen
Mohr, Barbara, Der Widerstand der SPD in Speyer in den Jahren 1933/34 am Beispiel des Parteimitgliedes Eugen Hartmeyer, Facharbeit, Speyer 1988

Herklotz, Luise
Alschner, Elisabeth, „Erheben wir unsere Stimme, schalten wir uns in das politische Leben ein ..."

Luise Herklotz, eine pfälzische Sozialdemokratin in der Nachkriegszeit, Neustadt/W., o. J. (1994)

Hertel, Eugen

Friedel, Heinz, Eugen Hertel (1893-1973), Ehrenbürger von Kaiserslautern, zum Gedächtnis, in: Heimatkalender für Stadt und Landkreis Kaiserslautern 1974, S. 209-211

ders., Eugen Hertel, ein vielseitiger Anreger und Beweger, in: ders., Kaiserslautern. Von der Kaiserzeit bis zur Universitätsgründung, Kaiserslautern 1998, S. 146-147.

Ein Mensch und Politiker ohne Tadel, in: 100 Jahre SPD in der Pfalz, Neustadt/W., o. J. (1963), S. 38-39

Hoffmann, Hans

Dr. Hans Hoffmann (1893-1952). Sozialdemokrat, Oberregierungspräsident und Finanzminister, in: 1946-1996. SPD Ortsverein Wachenheim, o. O., o. J. (1996), S. 14

Kaiser, Josef, „Die Demokratie beginnt bei 3000 Kalorien." Der rheinland-pfälzische Finanzminister Hans Hoffmann im Mai 1948 zum Marschall-Plan, in: Die Rheinpfalz v. 27.3.1998

Hoffmann, Johannes

Albrecht, Willy, Gegen Räteherrschaft und Anarchie. Das Wirken des pfälzischen Politikers Johannes Hoffmann in der Revolutionszeit 1918/19, in: Stimme der Pfalz 19 (1968), S. 4-7

Fendler, Rudolf, Johannes Hoffmann. Politiker und Staatsmann, in: 1432-1982. Von der Lateinschule des Rates zum Eduard Spranger-Gymnasium Landau in der Pfalz, Landau 1982, S. 368-372

Fenske, Hans, Johannes Hoffmann (1867-1930), in: Pfälzer Lebensbilder, Bd. III, hrsg. v. Kurt Baumann, Speyer 1977, S. 267-299

Friedel, Heinz, Eduard Klement und Johannes Hoffmann. Gedenken an zwei erfolgreiche Politiker aus der Barbarossastadt, in: Die Rheinpfalz, Ausgabe Kaiserslautern v. 3.7.1967

ders., Johannes Hoffmann. Einst ein vielumstrittener Mann, in: Die Rheinpfalz, Ausgabe Kaiserslautern v. 30.3.1971

Hennig, Diethard, Johannes Hoffmann. Sozialdemokrat und Bayerischer Ministerpräsident. Biographie, München u. a. 1990

ders., Gegen Revolution und Gegenrevolution. Johannes Hoffmann, Sozialdemokrat und bayerischer Ministerpräsident, in: Von der Klassenbewegung zur Volkspartei. Wegmarken der bayerischen Sozialdemokratie 1892-1992, hrsg. v. Hartmut Mehringer, München u. a. 1992, S. 151-162

Johannes Hoffmann. Ein Bild seines Lebens, in: Bei uns daheim 7 (1931), Bl. 4

Kaiser, Josef, „Er machte nichts aus sich und ließ sich nie herausstellen." Johannes Hoffmann (1867-1930). Sozialdemokrat und bayerischer Ministerpräsident aus der Pfalz, in: Pfälzische Post 14 (1994), H. 4, Nr. 53, S. 6-7

Huber, Josef

Kreuter, Karl, Josef Huber und seine Zeit, in: Stadt-Anzeiger Ludwigshafen v. 7.5.1960

Ein neuer Straßenname: Josef-Huber-Straße. Josef Hubers Lebenslauf, in: Oggersheimer Zeitung v. 25.3.1960

Hüter, Georg

Georg Hüter, in: Die Geschichte der Oppauer Sozialdemokratie, o. O., o. J. (1956), S. 20

Georg Hüter zum Gedächtnis. Am 10. März 1933 durch Nazis erschossen, in: Die Rheinpfalz v. 20.2.1946

Kleefoot, Paul

Ein aufrechter Demokrat. Vor 50 Jahren starb Bürgermeister Paul Kleefoot, in: Neue LU 19 (1988), S. 31

Janson, Günther, Leben, Wirken und Schicksal von Paul Kleefoot, in: Der Freiheit und Demokratie verpflichtet. Beiträge zur Geschichte der Ludwigshafener Sozialdemokratie, Neustadt/W. 1986, S. 85-90 ders., Der erste sozialdemokratische Bürgermeister: Paul Kleefoot, in: 100 Jahre sozialdemokratische Kommunalpolitik für Ludwigshafen, Ludwigshafen/Rh. 1989, S. 45-48

ders., Paul Kleefoot und seine Zeit, in: Die Rheinpfalz, Ausgabe Ludwigshafen v. 12.12. u. 29.12.1995

Setzer, Georg, Eines Arbeiters Lebensweg. Zur Erinnerung an Paul Kleefoot, in: Armer Konrad aus Rheinland-Pfalz 2 (1950), S. 65-68

Klement, Eduard

Friedel, Heinz, Eduard Klement und Johannes Hoffmann. Gedenken an zwei erfolgreiche Politiker aus der Barbarossastadt, in: Die Rheinpfalz, Ausgabe Kaiserslautern v. 3.7.1967

Klingel, Karl

Böshenz, Jakob, Wie ich Karl Klingel kennenlernte, in: Armer Konrad aus Rheinland-Pfalz 2 (1950), S. 81-85

Kuraner, Maxim

Klopp, Eberhard, Kuraner, Maxim Heinrich, in: ders. (Hrsg.), Geschichte der Trierer Arbeiterbewegung, Trier 1979, S. 72-74

Lenz Richard

Müller, Wolfgang, Auch in der Nazizeit treuer Sozialdemokrat. Richard Lenz war lange stellvertretender Vorsitzender des SPD-Stadtverbandes, in: Die Rheinpfalz, Ausgabe Kaiserslautern v. 5.8.1988

Ludwig, Werner

Werner Ludwig. Ein Pfälzer Oberbürgermeister, o. O. (Ludwigshafen/Rh.), o. J. (1993)

Philipp, Mees

Müller, Wolfgang, Ein zentraler Beitrag zum politischen Wiederaufbau der Stadt. Philipp Mees: In der Nazizeit wegen Hochverrats verhaftet, in: Die Rheinpfalz, Ausgabe Kaiserslautern v. 28.4.1989

ders., Philipp Mees (1901 - 1971). Eine biographische Skizze, in: Jahrbuch zur Geschichte von Stadt und Landkreis Kaiserslautern 34/35 (1996/97), S. 305-313

Metzger, Ludwig

Alschner, Elisabeth, Jüdische Bürger als frühe Sozialisten. Familie Metzger schon vor der Jahrhundertwende in der Arbeiterbewegung aktiv, in: Die Rheinpfalz, Ausgabe Speyer v. 30.8.1995

dies., Ludwig Metzger setzt sich für Benachteiligte ein, in: Die Rheinpfalz, Ausgabe Speyer v. 15.8.1996

Minster, Carl

Der Edenkobener Carl Minster (1873 - 1943), in: Edenkobener Rundschau v. 29.1.1987

Müller, Alex

Friedel, Heinz, Oberbürgermeister Alex Müller (1885-1959). Sein Leben und Wirken, in: ders., Kaiserslautern im Wiederaufbau 1946-1966, Otterbach 1981, S. 96-102

Müller, Wolfgang, Bewährung in der Separatistenzeit, in: Die Rheinpfalz, Ausgabe Kaiserslautern v. 2.12.1986

Müller, Else

Liebrich, Annemarie, Wir können stolz sein auf eine Genossin wie Else Müller, in: Pfälzische Post 7 (1987), H. 1, Nr. 22, S. 10-11

Müller, Herbert

Hofmann, Klaus, Der Mensch muß zur Geltung kommen. Die Odyssee des Ludwigshafener Ehrenbürgers Herbert Müller, in: Die Rheinpfalz v. 7.9.1985

Der Mensch muß zur Geltung kommen. Zur Erinnerung an Herbert Müller 1900-1994, o. O. (Ludwigshafen), o. J. (1997)

Morweiser, Hermann W., Georges Ricard, Roger Fréderic Clary, Herbert Müller 1900-1994. Ein anderer Ehrenbürger unserer Stadt Ludwigshafen am Rhein, Ludwigshafen a. Rh. o. J. (1997)

Narjes, Heinrich
Alschner, Elisabeth, Heinrich Narjes, in: Speyer. Vierteljahresheft des Verkehrsvereins, Herbst 1992, S. 37-38

Ober, Fritz
Collmann, Oswald, Fritz Ober, in: Speyer. Vierteljahreshefte des Verkehrsvereins, Sommer 1978, S. 9
Fritz Ober, engagierter Kämpfer für SPD und Arbeiterbewegung, in: Die Rheinpfalz, Ausgabe Landau v. 11. und 12.11.1977 (wechselnde Titel)
Speyerer Sozialdemokraten gedenken ihres Vorkämpfers Fritz Ober, in: Speyerer Tagespost v. 12.11.1977

Ober, Heinrich und Jakob
Hill, Werner, Jakob und Heiner Ober als lebende Zeitzeugen. Vor 60 Jahren gehörten die beiden Speyerer zum SPD-Widerstand am Asselstein bei Annweiler, in: Die Rheinpfalz, Ausgabe Speyer v. 7.5.1994

Paulus, Philipp Ludwig
Maurer-Böhm, Gabie, „An ihm war kein falsch, sein ganzes Wesen war furchtlos und treu." Einnehmer Philipp Ludwig Paulus prägte vor mehr als hundert Jahren die Speyerer Sozialdemokratie. 1876 erster Reichstagskandidat, in: Speyerer Tagespost v. 27.6.1991

Profit, Friedrich
1832-1957. Die Pfälzische Sozialdemokratie. Werdegang und Aufbau. Eine Festschrift zum 50. Bezirksparteitag der pfälzischen SPD, Ludwigshafen/Rhein 1957, S. 25-29
Mayer, Eugen, Zum Gedenken an Friedrich Profit, in: Stimme der Pfalz 2 (1951), Nr. 21, August, S. 11
Wünschel, Hans-Jürgen, Friedrich Profits Kampf für die Pfalz. Am 18. August vor 25 Jahren starb der langjährige Vorsitzende der pfälzischen Sozialdemokraten, in: Die Rheinpfalz, Ausgabe Kusel v. 4.8.1976

Rauschert, Lina
Pfanz-Sponagel, Christiane, Lina Rauschert, in: … politisch auf eigenen Füßen stehen. Frauen in der Ludwigshafener Kommunalpolitik, Ludwigshafen/Rh. 1993, S. 50-52

Ries, Heinrich
Zur Erinnerung an Heinrich Ries. Leben und Wirken eines Sozialdemokraten in unserer Stadt, o. O. (Ludwigshafen), o. J. (1992)

Roth, Ernst
Wetzel, Gertrud, Am 14. Mai 1951 starb, fünfzigjährig, Ernst Roth, in: Frankenthal einst und jetzt 1981, H. 2, S. 57-58

Rothley, Adolf
Walter, Werner, Adolf Rothley. Sein Leben und Wirken in der Nordpfalz, in: Donnersberg-Jahrbuch 14 (1991), S. 32-35

Rüb, Julius
Paul, Roland, Julius Rüb – der „rote Bauer", in: Heimatjahrbuch des Landkreises Kaiserslautern 1998, S. 129-132
SPD-Gründungsmitglied Julius Rüb. Bauer, Genossenschaftler, Sozialdemokrat, in: 75 Jahre SPD Hütschenhausen 1921-1996, o. O., o. J. (1996), S. 27-29

Salzberg, Adolf
Kämpfer für die Rechte der Arbeiter. Der Speyerer Adolf Salzberg als herausragende Persönlichkeit der pfälzischen SPD, in: Speyerer Tagespost v. 13./14.7.1996

Schalk, Fritz
Schläfer, Volker, Fritz Schalk. Sozialdemokrat, Gewerkschafter, Widerstandskämpfer, in: SPD Mutterstadt. 125 Jahre Gründung. 50 Jahre Wiedergründung, o. O., o. J. (1996), S. 40-41

Selbach, Paul
Paul Selbach zum Gedächtnis, in: Armer Konrad aus Rheinland-Pfalz 2 (1950), S. 107-108
Stein, Johanna
Stein, Erwin, Johanna Stein. Eine der ersten Frauen in der Kommunalpolitik, in: Pfälzische Post 7 (1987), H. 2, Nr. 23, Sonderbeilage S. IV
Sturm, Johann
Alschner, Elisabeth, Johann Sturm. Der „Einrufer" des Arbeitertages (von 1891 in Speyer), in: Pfälzische Post 11 (1991), Nr. 41, Beilage S. II
Vom Schneidermeister zum aufrechten Sozialdemokraten. Johann Sturm als engagierter Politiker in der Domstadt tätig. 1899 in den Stadtrat gewählt, in: Speyerer Tagespost v. 8.11.1991
Trupp, Peter
Janson, Günther, Peter Trupp. Bürgermeister in schwerer Zeit, in: 100 Jahre sozialdemokratische Kommunalpolitik für Ludwigshafen, Ludwigshafen/Rh. 1989, S. 71-73
ders., Zugereister Zimmermann zeigt viel Herz für Ludwigshafen. Peter Trupp, Ehrenbürger und Sozialdezernent wäre heute 100 Jahre alt geworden, in: Die Rheinpfalz, Ausgabe Ludwigshafen v. 4.12.1989
Peter Trupp, in: Die Geschichte der Oppauer Sozialdemokratie, o. O., o. J. (1956), S. 22
Wagner, Friedrich Wilhelm
Friedrich Wilhelm Wagner – für Freiheit und Recht. Einer der Großen der pfälzischen Sozialdemokratie, in: 100 Jahre SPD in der Pfalz, Neustadt/W., o. J. (1963), S. 30-31
Janson, Günther, Ein wachsamer Vater des Grundgesetzes. Vor 100 Jahren wurde Ludwigshafens Ehrenbürger Friedrich Wilhelm Wagner geboren, in: Die Rheinpfalz, Ausgabe Ludwigshafen v. 24.2.1994
Schulze-Vorberg, Max, Drei Pfälzer im (Parlamentarischen) Rat 1949: Dr. Albert Finck, Friedrich Wilhelm Wagner, Dr. Anton Pfeiffer, in: Die Rheinpfalz v. 25.5.1974
Weber, Frieda
Frieda Weber, Annweiler, in: Pfälzische Post 7 (1987), H. 3, Nr. 24, S. 15
Weber, Jakob
Schläfer, Volker, Jakob Weber. Ein Sozialdemokrat sorgt für Licht und Wasser und schreibt ein Stück Deutschlandpolitik mit, in: SPD Mutterstadt. 125 Jahre Gründung. 50 Jahre Wiedergründung, o. O., o. J. (1996), S. 38-39
Wolf, Marie
Alschner, Elisabeth/Jäckle, Elke, Marie Wolf, in: Frauen in Speyer, Speyer 1990, S. 318-321
Die erste Hauptamtliche. Marie Wolf und die Frauen im Deutschen Tabakarbeiterverband, in: NGG Nr. 9, September 1990, S. 14-15
Zimmermann, Karl
Nestler, Gerhard, „... und besaß die Frechheit auf offener Straße 'Freiheit' zu rufen." Der Frankenthaler Sozialdemokrat Karl Zimmermann: Vom Gerichtsschreibergehilfen zum Oberbürgermeister und Provinzialdirektor, in: Frankenthal einst und jetzt 1991, H. 3, S. 71-76
Zorn, Rudolf
Janson, Günther, „Wie können Sie sich in Oppau wählen lassen?" Vor hundert Jahren wurde Dr. Rudolf Zorn geboren, in: Die Rheinpfalz, Ausgabe Ludwigshafen v. 24.12.1993
Lutz, Käthe und Hans, Dr. Rudolf Zorn. Leben und Wirken, in: Janson, Günther/dies., Wer für die Freiheit stirbt, der ist nie tot, Ludwigshafen/Rh. 1989, S. 39-41
Dr. Rudolf Zorn, in: Die Geschichte der Oppauer Sozialdemokratie, o. O., o. J. (1956), S. 21-22

10. Sozialdemokratische Presse
Dikreiter, Heinrich Georg, Aus den Not- und Sorgenjahren der „Pfälzischen Post", in: Pfälzische

Post v. 12.10.1929 und in: Weißt du noch ... Ein Buch der Erinnerung, Ludwigshafen/Rh. 1948, S. 97-104

Ehrhart, Franz Josef, Im eigenen Haus, in: Pfälzische Post v. 13.10.1904

Fischer, Karl, Die Gewerkschaften der Pfalz und die „Pfälzische Post", in: Pfälzische Post v. 12.10.1929

Gerisch, Emil, Das eigene Heim. Seine Entstehung und Entwicklung, in: Pfälzische Post v. 12.10.1929

Hub, Andreas, Die Parteipresse und das Arbeiter-Sekretariat, in: Pfälzische Post v. 12.10.1929

Huber, Josef, Die Vorgänger der „Pfälzischen Post", in: Pfälzische Post v. 12.10.1929 und in: Weißt du noch ... Ein Buch der Erinnerungen, Ludwigshafen/Rh. 1948, S. 104-107

Kaiser, Josef, „Spieß voran, drauf und dran!" Vor 50 Jahren: Jahreskalender „Der arme Konrad" erscheint wieder, in: Pfälzische Post 18 (1998) Nr. 69, S. 18

Mörz, Stefan, Vom Westboten zur Rheinpfalz. Die Geschichte der Presse im Raum Ludwigshafen von den Anfängen bis zur Gegenwart, Ludwigshafen/Rh. 1994

Oktober 1904 - Oktober 1924: Mit neuer Kraft, in: Pfälzische Post v. 18.10.1924

Pieroth, Stephan, Parteien und Presse in Rheinland-Pfalz 1945-1971, Mainz 1994

Schneider, Erich, Die Presse ist das Herzblut unserer Bewegung. Der Sozialdemokrat Franz Josef Ehrhart als Publizist und Zeitungsgründer und die „Pfälzische Post" Ludwigshafen in der Ära des „Roten Pfalzgrafen", in: Mitteilungen des Historischen Vereins der Pfalz 94 (1996), S. 367-460

Steffen, Fritz, Ein Gedenktag der „Pfälzischen Post". 25 Jahre im eigenen Betrieb, in: Pfälzische Post v. 12.10.1929

Zehn Jahre 1947-1957. Die Freiheit. Zeitung für sozialen und kulturellen Fortschritt, in: Die Freiheit v. 12.7.1957 (Beilage)

11. Sozialdemokraten in Parlamenten und Kommunalpolitik

Decker, Ludwig, Rammelsbach. Das Dorf der roten Steinbrecher, in: Westrich-Kalender 1994, S. 181-184

100 Jahre sozialdemokratische Kommunalpolitik für Ludwigshafen. Historische und aktuelle Beiträge, Ludwigshafen/Rh. 1989

Fräßle, Sylvia, Die pfälzische SPD und ihre Abgeordneten im bayerischen Landtag 1893-1907, unveröffentl. Examensarbeit, Universität Mannheim 1993

Hammer, Richard, Die pfälzische Sozialdemokratie in den Gemeindevertretungen, in: Pfälzische Post v. 12.10.1929

Kleefoot, Paul, Fünf Jahre Arbeit in der Ludwigshafener Stadtverwaltung, hrsg. im Auftrag der Ortsgruppe Ludwigshafen der SPD, Ludwigshafen/Rh. 1924

ders., Die Sozialdemokratie im Ludwigshafener Stadtrat, in: Pfälzische Post v. 12.10.1929

Pfälzer Sozialdemokraten in den Parlamenten. Für Fortschritt und soziale Gerechtigkeit, in: 100 Jahre SPD in der Pfalz, Neustadt/W., o. J. (1963), S. 32-33

Roth, Ignaz, Sozialdemokraten in der Kommunalpolitik, in: 100 Jahre SPD in der Pfalz, Neustadt/W., o. J. (1963), S. 27-29

Timm, Johannes, Die Sozialdemokratie und die Pfalz im bayerischen Landtag, in: Pfälzische Post v. 12.10.1929

Zu den Stadtratswahlen! Nach den stenographischen Aufzeichnungen eines Vortrages des Hr. Stadtrates Fr. J. Ehrhart, gehalten am 13. November 1899 im Gesellschaftshause, o. O., o. J.

12. Erster Mai, Streiks

Himmler, Karl Heinz, Lambrecht als Gendarmerie-Station. So reagierte die Regierung 1872 auf die „aufmüpfigen Weber", in: Heimat-Jahrbuch des Landkreises Bad Dürkheim 6 (1988), S. 50-51

Hundert Jahre 1. Mai in der Region Neustadt/Südpfalz 1890-1990. Eine Dokumentation, ausgew.

u. bearb. v. Werner A. Dietrich, Neustadt/W. 1990
Hussong, Martin, Siege waren eher die Ausnahme. Sozialdemokratie und Gewerkschaften in den Arbeitskämpfen, in: 1872-1997. 125 Jahre Sozialdemokratie für Speyer. Beiträge zur Geschichte der SPD in Speyer, Speyer 1997, S. 43-45
Jan, Helmut von, Der Metallarbeiterstreik 1908, in: Pfälzische Heimatblätter 11 (1963), S. 38
ders., Streik in Neidenfels vor 62 Jahren, In: Die Rheinpfalz, Ausgabe Neustadt-Bad Dürkheim v. 10.10.1962
Jüngling, Elisabeth, Streiks in Bayern (1889-1914), München 1987
Kreuter, Karl, Der erste große Streik in der Pfalz. In der Samtfabrik zu Oggersheim, in: Oggersheimer Zeitung v. 26.8.1960
Machtan, Lothar, Streiks und Aussperrungen im Deutschen Kaiserreich. Eine sozialgeschichtliche Dokumentation für die Jahre 1871 bis 1875, Berlin 1984
Mai-Kundgebung vor 25 Jahren endete mit einem Prozeß vor dem amerikanischen Kriegsgericht, in: Die Rheinpfalz, Ausgabe Frankenthal v. 30.4.1970 (betr. Frankenthal)
Mirkes, Adolf, Josef Simon. Schuhmacher, Gewerkschafter, Sozialist mit Ecken und Kanten, Köln 1985 (betr. Pirmasens 1903)
Morweiser, Hermann, Die großen Streiks bei der BASF. Anilinarbeiter im Kampf um ihre Rechte 1922/24, in: Linksrheinische v. Februar 1982
Neumer, Franz, Ein heißer August. Streik in Hochspeyer (betrifft 1907), in: Heimatjahrbuch des Landkreises Kaiserslautern 1998, S. 80-84
Oppinger, Margot/Fücks, Karl, Der erste Mai. Kampftag der Arbeiterklasse. Feiertag der Arbeit (1885-1990), in: Arbeiten und Leben in Speyer, o. O., o. J., o. S.
Patton, Craig, Strikes in the German and British Chemical Industries 1914-1924, in: Die Erfahrung der Inflation im internationalen Zusammenhang und Vergleich, hrsg. v. Gerald D. Feldman, Berlin 1984 (betr. BASF Ludwigshafen)
ders., Labor Protest in the German Inflation 1914-1923. The Case of the Chemical Industry, University of California, Berkeley 1985 (betr. BASF Ludwigshafen)
Rhode, Klaus, Nach der Maifeier vor das amerikanische Militärgericht. Erinnerung an den 1. Mai 1945, in: Die Rheinpfalz, Ausgabe Frankenthal v. 29.4.1995 (betr. Frankenthal)
Schiffmann, Dieter, Von der Revolution zum Neunstundentag. Arbeit und Konflikt bei BASF 1918-1924, Frankfurt/M. u. a. 1983
So war es vor 25 Jahren am 1. Mai 1945, in: Frankenthaler Zeitung v. 2.5.1970 (betr. Frankenthal)
Stolle, Uta, Arbeiterpolitik im Betrieb. Frauen und Männer, Reformisten und Radikale, Fach- und Massenarbeiter bei Bayer, BASF, Bosch und in Solingen (1900-1933), Frankfurt/M. u. a. 1980
Übel, Rolf, Der große Bürstenbinderstreik von Ramberg im Jahre 1907, in: Heimat-Jahrbuch Landkreis Südliche Weinstraße 13 (1991), S. 130-133
Um die Jahrhundertwende hängten junge Zwicker zum 1. Mai rote Fahnen in die höchsten Tannen, in: Die Rheinpfalz, Ausgabe Pirmasens v. 1./2.5.1970 (betrifft Pirmasens)

13. Sonstiges

Schneider, Erich, Sozialdemokratie und Hambacher Fest, in: Schon pflanzen sie frech die Freiheitsbäume. 150 Jahre Hambacher Fest, hrsg. v. Willi Rothley/Manfred Geis, Neustadt/W. 1982, S. 297-374
ders., Erinnerungen an die badisch-pfälzische Revolution und die Pflege der 1848/49er Tradition zwischen der Reichsgründung und dem Ende der Weimarer Republik, in: Der Rhein-Neckar-Raum und die Revolution von 1848/49. Revolutionäre und ihre Gegenspieler, Ubstadt-Weiher 1998, S. 327-356

Personenregister

In das Personenregister sind alle Sozialdemokratinnen und Sozialdemokraten aufgenommen worden, ferner solche Personen, die für die im Buch beschriebenen Ereignisse und Entwicklungen von Bedeutung sind. Sofern die Vornamen nicht ermittelt werden konnten, erfolgt nach Möglichkeit in Klammern eine Ortsangabe – so auch bei Namensgleichheit –, bei Frauen der Zusatz „Frau". Fett gesetzte Seiten verweisen auf nähere biographische Informationen beziehungsweise auf eine Illustration, römische Zahlen auf eine Farbtafel.

Ackermann, Friedrich VII, 27, 32-34, 38 (Anm. 42), **277**, 278f, 282-285, **286f**, 288, 301, 346, 348, 387, 425, 694, 698, 704-706, 714, **719**, 746, **750**, 786
Adenauer, Konrad 371, 378, 668
Adler, Ernst 456
Adler, Gottlieb **456**
Adler, Mathilde 456
Adler, Max 31
Adler, Nelly 456
Adler, Viktor **184f**
Alfons (Speyer) 702
Alterthum, Karl 522
Altmann, Wilhelm **259**
Altmeier Peter 651, 682
Ambos, Luitpold 609
Ameis, Kurt 587, 709, 717, **719**
Andreae, Carl von 352
Antz, Walter 524
Auer, Erhard 361, 363f, 417
Auer, Ignaz 120, 188f, 192, **196** (Anm. 9)
Aufhäuser, Siegfried 665

Baader, Ottilie 413 (Anm. 2)
Babeuf, Gracchus 45, 46, 48, 475
Bakunin, Michael 68
Bardens, Hans Dr. **644-646**
Barth, Karl Theodor 46, 48, 56 (Anm. 23)
Barthel, August 487, 510, 598 (Anm. 75), 637

Barthel, Baltfried **636**, **637**, 639f, 642
Bassermann, Ernst 232
Bauer, Gustav 293, 311
Bauer, Valentin 747, **750**, 785
Bauer, Wilhelm 149, **389f**, 428
Bauer (Rockenhausen) 708
Baum, August 329-331, 713, 714, **719**
Baumann, Kurt 31, 39 (Anm. 58), 768
Baumbacher, Karl 503f
Baumgärtner, Fritz 630
Baumgärtner, Georg 508
Bayer, Andreas 30f, 39 (Anm. 58)
Bayersdörfer, Michael Dr. 428, 433, 436 (Anm. 23), 456
Bebel, August 62, **63**, 69f, 74f, 80f, 84, 88, 91, 108, **121**, 124, 131 (Anm. 15), 151, 181, 184, 189, 191, 196 (Anm. 9), 197, 200, 221, 225, 279, 355, 357, 371 (Anm. 12), 438, 774, 782
Becker, Albert 31, 39 (Anm. 61)
Becker, Friedrich (Altenglan) 172
Becker, Friedrich (Zweibrücken) 348
Becker, Helene 467
Becker, Johann Philipp 15, 18, 45, 49, **64-69**, 83, 774
Behringer (Frau) 467
Bender, Alfred 609
Bentel (Oggersheim) 708
Bergkänel (Waldmohr) 710
Beringer, Peter 534f

Bernatz, Hermann   290, 314, **317f**, 428, 431, 694, 715, **719**
Bernstein, Eduard   188, **196** (Anm. 12), 198, 201, 218 (Anm. 11), 355
Bernzott, Karl   348
Bethmann Hollweg, Theodor von   354, 359
Bettgenhäuser, Emil   649f
Bettinger, Franz Dr. von   219 (Anm. 58), 356, 385, 782
Binder, Jakob   81, 142, **211**, 212, 259, 301, 348, 416, 445, 654, 704-706, 712-715, **719**, 748, **750**, 786
Birnbaum, Ernst   570, 595 (Anm. 19), 610, 628f
Bismarck, Otto von   17, 19, 109, 114, 170, 288, 437
Bitsch, Karl   216, 265, **266f**
Bittermann, Johann   535
Bittmann, Friedrich Jakob   48
Bitz, Philipp   715, **719**
Blase, Therese   402
Blatter (Niederauerbach)   707
Blauth (Mutterstadt)   142
Bleyl, Philipp   574
Blos, Anna   31
Blos, Wilhelm   15, **18f**, 24, 31, 37f (Anm. 1, 13)
Blum, Robert   15, 31, 49, 72
Blumhardt, Christoph   **470**
Böckler, Hans   182, 675
Bofinger, Gottfried   264
Bögler, Franz   12, 35, **298**, **303**, 304, 319, 341, **463**, **483**, **495**, 497, 499, 508, 512f, **521**, 524, **540**, 541f, 554, 564, 566, **571**, 572, 578, 583, 587, **591**, 594 (Anm. 8), 595 (Anm. 17, 22), 601f, 610, 627f, 631, 649f, 653, **666**, 669, 673, **677-686**, 695f, 700, 709f, 716-718, **719**, 731 (Anm. 101), 741f, 747, **750**, 785f
Bögler, Magdalena [Lene]   **678**, 679, 685 (Anm. 6), 686 (Anm. 14), 771, 786
Bohley, Günther   **592**
Bohley, Ludwig   647
Böhm (Frau)   467
Böhm, Oskar   587, 709, 717f, **719**
Bohn, Frank   664
Bohr, Manfred   652
Bökenkrüger, Marta   578, **596** (Anm. 42)
Bökenkrüger, Wilhelm   12, 568, 596 (Anm. 42), 742, 747, **750**, 785f
Bollinger, Johann Georg   48
Börger, Willi   609
Born, Georg   594 (Anm. 11), 595 (Anm. 15)
Born, J.   143
Born, Stephan   44, 50, 59
Börne, Ludwig   45
Borowsky (Rheingönheim)   693
Brauch, Georg   613
Brauer, Max   665
Braun, Fridolin   532, 535, 786
Braun, Hans   594 (Anm. 11), 595 (Anm. 15)
Braun, Karl   615
Braun, Max   377, 662f
Braun, Otto   31, 35, 372 (Anm. 31), 680, 707
Braun (Stahlberg)   502
Brech (Frau)   467
Brenneisen (Frau)   708
Breyer   524
Bröger, Karl   549
Bruch, August   348
Brüning, Heinrich   479, 481f, 484f, 499, 659
Buchenbender (Speyer)   **284**
Buchert, Karl   108
Buchheister, Adolf   57 (Anm. 49), 59
Buchmann, Kilian   609
Buchrucker, Käthe   464
Büchner, Michael   451
Bühler, Friedrich   348
Buhl, Armand   170
Buhl, Herbert Dr.   572, 717, **719**, 747, **750**
Bülow, Bernhard von   225 230f, 234, 235 (Anm. 1)
Bünnagel (Schifferstadt)   708
Buonarroti, Filippo   46
Bürckel, Josef   423, 516
Bürger, Heinrich   381

Calvi, Otto   522, 524
Chlingensperg, Friedrich von   346f
Christ   525
Christ, Eugen   308
Christmann, Heinrich   130
Clemm, Carl Dr.   109, 114
Conrad (Frau)   410
Culmann, August   53
Czerski, Johann   52

Dahlhäuser (Frau)   467
Damian, Emilie Charlotte   **471**
Damian, Georg Oswald   441, 470, **471f**, 473-477
Darstein, August   389
David, Eduard   31
Delb, Martha   331, 739
Dell, Philipp   389f
Deml, Franz   535
Denzer (Dörnbach)   709
Derringer, Heinrich   **452f**
Dietrich, Heinrich   472
Dikreiter, Heinrich Georg   184, 698f, 702-704, 711f, **719**, 771, 786, 791
Dill, Hans   706
Dinges, Karl   623, 625
Dinges (Pirmasens)   707f
Dittmann, Wilhelm   218 (Anm. 18), 498, 708
Dobbeck, Oswald   545
Dobrinsky, Hermann   329f
Dörrsam, Adam   330
Drechsler, Hans   551
Drechsler, Jakob   535
Dreesbach, August   19, 38 (Anm. 24), **76**, 77, 80-82, 84, 102-104, 106, 109, 114, 140, 145f, 155, 438, 699, 702
Dreher, Balthasar   148f
Dreissigacker, Carl   111f, 266
Drescher, Heinrich   164f
Dullens, Hugo   **176-183**
Dupré (Speyer)   569, 599

Eberhardt, Eugen   307, 519, 524-526, 599, 621, 625
Eberle, Otto   636
Eberspach, Peter   535
Ebert, Friedrich   27, 31, 288, 304, 326 (Anm. 47), 359, 361, 365, 367, 369, 385, 460
Ecarius, Fritz Dr.   444, 669
Eckert, Erwin   471f, 477 (Anm. 1)
Eckert, Otto   525
Eckhardt, Philipp   504
Edelblut (Pirmsens)   620
Edelhäuser, Michael   703
Ehrhardt, Ludwig   574
Ehrhart, Franz Josef   11, 19f, 22, 38 (Anm. 38), 41, 69, **74f**, 76, **79-81**, 82-85, 87-90, 104, **105**, 109, 121, 130, **135-141**, 142, 145, 148f, 153, 156, 171f, 179, **185-196**, 197, 199, 201, 210f, 213, **214**, 215, 217, 218 (Anm. 14), 221-223, 239, **241**, 242, 244- 249, **250**, 253, 255-260, 301, 304, 355, 357, 371, 381-383, 386, 438, 442, 687-690, 694, 696f, **699f**, 702-704, 711f, **719**, 729 (Anm. 35), 730 (Anm. 74, 78), 734, 746, 748, **750**, 768, 771, 785f, 792
Ehrstein, Johann Ludwig   50
Eichborn, Hermann   49
Eichenlaub, Otto Dr.   591, 601
Eichhorn, Jakob   387
Eichler, Willi   731 (Anm. 101)
Eichling (Eisenberg)   707
Eicke, Theodor   423, 549, 550
Eid, Georg   162
Eisenstuck, Jakob Bernhard   53
Eisner, Kurt   184f, 192, 284, 286, 293, 320, 360f, 363f, 365, 368, 371 (Anm. 27), 372 Anm. 37), 425, 733, 738, 765 (Anm. 14)
Eitel (Edenkoben)   709
Emig, Else – siehe: Jung
Emig, Willi   710
Endres, Fritz   426, 708
Engel, Max   167
Engelberger (Frau)   467
Engelhardt, Kurt   536
Engels, Friedrich   15, 18, 21, 54, 57 (Anm. 60), 62, 64f, 68f, 70, 79f, 184, 197, 218 (Anm. 1), 438
Erlenbach, Linchen   **592**
Erlenwein, Karl   332
Eßlinger, Johann   46, 48
Ester, Karl de   54

Fallstaff – siehe: Gerhold
Fasel   630
Faulhaber, Michael von   362f, 369, 372 (Anm. 53)
Fehn, August sen.   273, 275
Feibelmann, Saly Dr.   387
Fein, Georg   47, 49, 56 (Anm. 28)
Feldmüller, Jean   **217**, 704, 706, 787
Feller, Willi   628, 632 (Anm. 9)
Fendl, Georg   52
Fentz, Karl   19
Fesser (Frankenthal)   705
Fesser (Frau)   467
Fick, Emil   535

Fickeisen, Fritz 597 (Anm. 65), 709, 717, **719**, 747, **750**, 785f
Finck, Albert Dr. 36, 791
Fischer, Edmund 184
Fischer, Heinrich 433
Fischer, Johann Egidius 57 (Anm. 44)
Fischer, Karl 301, 346, 602, 654, 671, 676 (Anm. 1), 678, 713f, 716, **720**, 731 (Anm. 116), 747, **750**, 786, 792
Fischer, Richard 88, 184,
Fittler, Karl 604f, 747, **750**, 785f
Flaschendreher, Friedrich 147
Fleischhauer, Hermann 387
Fleischmann, Emil 100
Fleischmann, Karl 471
Flizikowski (Friesenheim) 714, 720
Flohr, Karl 169
Flügel, Hermann **463**, 464
Forthuber, Karl **303**, 707, 716f, **720**
Fourier, Charles 47
Frank (Frankenthal) 113
Frank (Pirmasens) **217**
Franke, Wilhelm 734, 748
Frankenberger, Adam 519, 525, 535
Frankenstein, Willy 392
Freiberg, Arno 628, 632 (Anm. 7)
Freitag, Georg 709
Freitag, Walter 676
Freudenberger, Georg 163f
Freund, Johann 392
Frick, Wilhelm 392, 505, 514
Friedrich, Hans Dr. 294, 428-430
Fries, Franz 694, 712, 720
Fries, Martin **259**, 787
Fries, Peter 54
Frisch, Oskar Dr. 433
Fritzsche, Friedrich Wilhelm 77
Fritz, Alois 308
Frohme, Karl 100f, 266
Frosch (Frau) 467
Fuchs (Pirmasens) **217**
Fuchs (Pirmasens) 705
Fuchs, Jockel 636
Füllenbach **592**

Gab, Otto 609
Gabler, Anton 146
Gallenstein, Otto 598 (Anm. 75)

Gänger, Willibald 645, 710, 747, **751**, 785f
Gareis, Karl 340
Garnier, Joseph 44
Gauweiler, Theodor [Theo] 472, 494, 497f, 514, 546
Gebhart, Karl 348
Geck, Adolf 184
Gehm, Karola 411
Geib, Ferdinand 46
Gensheimer, Heinrich 713, **719**
Gérard, Augustin Grégoire 345, 349, 388
Gerdes, Gisela **592**
Gerhold, Wilhelm 81, **108-110**, 135-137, 141, 771
Gerisch, Alwin 259, 416
Gerisch, Emil **259**, 416, 698, 703-708, 713f, **720**, 792
Giro, Gerhard 605
Glafey, Christian 81, 122, 227, 253, 255
Glaser, Heinrich 392
Glaser, Kurt Dr. 663
Goegg, Armand 17
Göhre, Paul 470
Golombek, Hedwig **592**
Gotthelf, Herta 597 (Anm. 45)
Götz (Speyer) 275
Graf, Friedrich [Fritz] 81, **496**, 497, 772, 787
Graner, Karl 332
Greim, Hans 172
Greiner, Theordor 54
Grenz, Hilde 710
Grillenberger, Karl 81, 83, 88f, 147, 154f, 184, 188, 192, 194, **241**, 702, 787
Grohé, Georg Friedrich 41
Grohs, Ludwig 271
Gröning, Johann [Jean] **343**, 564, 566, 599, 601, 717, **720**
Grosius, Hans 315, 497
Groß, Andreas 48
Groß, Ludwig Dr. 82, 85, 106
Groß, Peter 177
Gruner, Arnold 330
Grüner, Friedrich **259**
Grüny, Philipp 623
Grzesinsky, Albert 27, 665
Gschwind, Alfred 535
Günther, Wolfgang 587, 598 (Anm. 75)
Gütermann, Adam 387

Guth, Karl   433, 434
Guthörle (Ludwigshafen)   709

Haas, Adam   307, 519, 524, 531 (Anm. 31), 542-544, 553-555
Haas[ß], Eberhard Dr.   344-347, 349, 384, 389, 440
Haas, Hermann   733
Haas, Ludwig   27, 52
Haase, Hugo   280, 359f
Haber, Heinrich   **535f**, 787
Hahn, Günther   652
Hamm, Bernhard   307-309, 715, **720**
Hammer, Heinrich   551
Hammer, Richard   33f, **303**, 304, 321, 398, 420, 479, **483**, 492, 494f, 498, 508, 540, 654, 691, 696, 698f, 706-709, 712-717, **720**, 731 (Anm. 115)
Hammerschmidt, Karl Dr.   348
Hannemann (Annweiler)   704
Harasin, Heinrich   566, 717, **720**
Hardt, Ludwig   619
Hardt, Werner   535
Hartmann, Franz   116f
Hartmann, Georg   713, **720**
Hartmann, Georg Wilhelm   100, 266
Hartmann, Heinrich   696
Hartmann, Hermann   **300**, 301, 348, 411, 698, 705-707, 714-716, **720**, 746f, **751**, 786
Hartmann, Johannes   **116f**, 772
Hartmann, Otto   19, 37 (Anm. 8)
Hartmann (Assenheim)   693
Hartmann (Lambrecht)   294, 706
Hartmeyer, Eugen   **545-552**, 787
Hartmeyer, Jakob   545, **551f**
Harz, Anna   457
Hasenclever, Wilhelm   77
Hasselmann, Wilhelm   77
Hatzfeld, Sophie von   70
Hauck, Johannes [Jean]   81, 142, 173, 702, 704, 711-713, **720**
Hauck, Lorenz   428, 698, 705f, 714, **720**
Hauck, Wilhelm   451
Haupt, Gustav   713, **720**
Hauptreif, Heinrich   **522**, 525f, 621
Haushalter, Karl   329, 331, 342, 426-429, 715f, **720**, 731 (Anm. 112)

Heck, Johann   615
Hecker, Friedrich Karl   68
Heene (Frau)   467
Heeren, Eduard   52
Heidelberg, Kurt   308
Heidelberg, Wilhelm [Willi]   519, 709, 718, **721**
Heim, Georg   320
Heim, Theodor   713f, **721**
Heimann, Eduard   471
Heimerich, Hermann   27, 32
Heine, Fritz   664
Heine, Heinrich   44
Heinemann, Gustav   668, 669
Heinreicke   664
Heinz, Franz Josef   373f, 440f, 658
Heinz, Jakob   711, **721**
Helffenstein, Karl   27
Hellpach, Willy   33
Henk, Emil   522-525, 531
Hennen, Michael   630
Hennig, Arno   644
Henz, Heinrich   390
Hepp, Philipp Dr.   54, 58, 61
Herklotz, Luise   **571**, 573, 578, 581, 587, **592**, 597 (Anm. 45, 66), 649f, **652**, 710, 717f, **721**, 748, **751**, 772, 785f, **787**
Herle (Oggersheim)   96
Hermann, Julia   467
Herrmann, Hans   636, **637-642**
Hertel, Eugen   **XI**, 12, 35-37, 354, 371 (Anm. 8), 459 (Anm. 23), 564, 566, **572**, 598 (Anm 89), 599, 601, 604f, 633, 635, 639f, 641f, 643 (Anm. 14), 648f, 684, 696, 707-710, 717f, **721**, 742, 747f, **751**, 772, 776, 785f, 788
Hertwig, Paul   713, **721**
Herwegh, Georg   17, 113
Herzberg, Wilhelm   149, 184, 260, 698, 704f, 712f, **721**
Hess, Daniel   48
Hess, Hans   319
Heuser, Adam   100, 102
Heuss, Theodor   184f, 195
Heymann, Bertold   184
Heymann, Johann   468
Hick, Georg   713, **721**
Hildenbrand, Karl   234

Hirschfeld 502
Hitter, W. 649
Hochdörfer, Johann Heinrich 45, 47-50, 54, 56 (Anm. 12), **61**
Hochwächter, Gustav 640
Hochwächter, Lisbeth 709
Hockenberger, Friedrich Wilhelm 115
Hoegner, Wilhelm 27f, 31, 680, 686 (Anm. 26)
Hoffäcker, Fritz 560
Hoffmann, Hans Dr. 12, 572, 593, 601, 675, 710, 717f, **721**, 741f, 747f, **751**, 785f, 788
Hoffmann, Johannes 12, 129, 196 (Anm. 1), 212, 217, 219 (Anm. 51), 287 (Anm. 4), 293, 301, 303, 311, 313f, 320f, 323, 325 (Anm. 23), 327 (Anm. 88), 332, 335, 349, **351-372**, 373-379, 411f, 416, 425, 435 (Anm. 1), 443, 445, 467, 480, 482, 657f, 696, 698, 706-708, 714, **721**, 733, 741, 746-749, **751**, 765 (Anm. 15), 767 (Anm. 66), 772, 785f, 788
Hoffmann, Luise 360, 368f
Hoffmann, Rudolf **571**, 600, 602
Hoffmann (Pirmasens) **217**
Hoffmann (Speyer) 706
Hofheinz, Oskar 27
Höflinger, Ludwig 52, 57 (Anm. 59)
Hofmann, Georg 472
Hofmann, Hermann 348
Hofmann, Wilhelm **VIII**, 35, **303**, **305**, **315**, 316, 420, **483**, 662, 715-717, **721**
Hofstetten, F. B. von 71f
Hofstetter, Karl 331
Hohle, Karl 120
Höltermann, Carl 696, 702-704
Höltermann, Karl 27, 38 (Anm. 42)
Holzmann (Zweibrücken) 715, 721
Höring, Johannes 615
Hörsing, Otto 33
Hub, Andreas 316, 716, **721**, 791
Huber, Georg 336, 342, 705, 715, **721**, 731 (Anm. 112)
Huber, Josef 81, 89, 142, 147f, 149 (Anm. 11), 153, 155, 171f, 212f, **214**, 215, 222, **223f**, 237, 239, 242, **250**, 255, 257, 266, 288, 301, 425, 690, **698-700**, 702-705, 711-716, **721**, 730 (Anm. 65), 733, 746, 748, **751**, 772, 785f, 788, 792

Hudlett, Friedrich 348
Hügenell (Lambsheim) 708
Hügly, Philipp 330, 336, 349, 654, 656, 747, **751**, 765 (Anm. 18), 786
Hummel, Hermann 27
Hummrich, Peter 652f
Hund, Franz 303, 716f, **721**
Hussong, Bernhard 609
Hüter, Georg 508, **533-536**, 784, 788
Hüther, Helmut 555
Hüther, Karl 519, 524, 531 (Anm. 32), 543, **553-555**, 774

Ihrig, 715, 722
Imbt, Richard 435
Impertro, Michael 703

Jacobshagen, Gerhard 301, 315f, 342, **343**, 412, 715, **722**, 731 (Anm. 112), 749, **751**, 785f
Jacobshagen, Susanna **303**, 312, **343**, 399, 402, 406, 409f, 464, 707, 715-717, **722**
Jacoby, Johann 18, 120
Jäger, Eugen Dr. 213, 219 (Anm. 54), 348, 363
Janson, Günther 532-536, 644, 655, 669
Janson, Peter 534f, 708
Jattiot, Karl 522
Jeckel, Gottfried 625
Joseph, Richard 148, 387, 389f, **453f**
Juchacz, Marie 394f, 407, 409, 413f, 460f, 468 (Anm. 8), 469 (Anm. 28)
Jung, Else **592**, 731 (Anm. 102)
Jung, Simon **217**

Käb, Georg 693, 714f, **722**
Kaeb [Käb], Wilhelm 525, 526
Kähler, Luise 402
Kähler, Wilhelmine 88
Kahr, Gustav von 320-323, 351, 370f, 376
Kaindl, Georg 307
Kaiser, Otto 614
Kaiser (Haßloch) 617
Kapp, Alex 696, 702, 729 (Anm. 48)
Kapp, Jakob 149
Kapp, Wolfgang 313f, 317, 319, 334, 354, 369, 376, 659
Kapell, August 77

Kapell, Otto 77
Kappes, Heinz 472
Karbaum, Willi 28
Karl, Albin **674**
Katz, Rudolf Dr. 665, 668
Kaul, Liesel 597 (Anm. 45)
Kautsky, Karl 174, 279, 354, 357
Keidel, Philipp 81, 89, 177, 213, 215, **217**, 239, **242f**, 244, 248, **250**, 251, 294, 301, 349, 696, 698, 703-706, 714, **722**, 733, 746, **751**, 772, 786
Keil, Wilhelm 184
Keistler, Konrad 113, 115
Keller, Karl 615
Kempf, Andreas 228, 233, 235
Kern, Ernst 308, 560, 585f, 597 (Anm. 69), 623
Kern, Fritz 597 (Anm. 69)
Kern, Paula 560
Kern, Wilhelm 733
Kern (Billigheim) 707
Kessler, Philipp 595 (Anm. 17)
Kiefer, Franz 784
Kiefer, Lorenz 290
Kilian, Jakob 161
Kinkel, Gottfried 31, 72, 177, 183 (Anm. 6)
Kirn, Friedrich [Fritz] 519, **522**, 525-527, 551
Kirstein, Walter 620
Klag, Heinrich 604
Klan, Theo **310**
Kleeberger, Karl 31
Kleefoot, Paul 260, 301, 323, 349, 374, 377f, **445-449**, 464, 508, 654, 657, 695, 698, 704-708, 713-716, **722**, 746, **751**, 786, 788f, 792
Klein, Daniel 103
Klein, Karl August 46, 48, 56 (Anm. 17)
Klein, Ph. (Frau) 273
Klein, Dr. 59, 61
Klement, Eduard **20**, **122**, 123, 125, 127-130, 132 (Anm. 40), 167, 169, 198, 211, 213, **214**, 218 (Anm. 6), 222, **227**f, 229, 231-235, 239, 247, 280, 301, **303**, 346, 354-357, 411f, 416, **483**, 694, 696, 698, 702-707, 714, 716, **722**, 733, 746, 747, **751**, 786, 788f
Klingel, Karl 81, 428, 433f, **437-441**, 772, 789

Klingel, Karl (sen.) 437
Klingenstein, Karl **303**, 306, 392, 453, **483**, 716, **722**
Klöckner, Johann 609
Klug (Pirmasens) **217**
Klundt, Philipp Jakob 352
Knerr, Otto 625
Knopp, Johann Philipp 48
Knoeringen, Waldemar von 644, 710
Koch, Carl Felix Dr. 601
Koch, Heinrich 711, **722**
Koch, Johannes 168
Koch, Karl 172
Koch (Edesheim) 698, 714, 722
Koelitz, Edmund Dr. 712f, 722
Kohl, Ludwig 307
Köhler, Christian 704, 711f, **722**
Köhler, Heinrich 27
Köhler, Julius 551
Kolb (Neustadt) 55
Koller, Hans 718, **722**
König, Friedrich 159, 162f
König, G. K. 166
König (Speyer) 715, 722
Koob, Georg 574
Kopp, August 472-475, 477
Kornberger, Karl 625
Körner, Bruno 81, 149, 200, 213, **214**, 222, 239, 245, 288, 301, **302**, 303f, 318, 321, 346f, 349, 383, 411, 416f, 425, 689, 690, 696, **699f**, 702-707, 711-716, **722**, 730 (Anm. 58), 733, 746f, **751**, 786
Kranz (Landau) 705
Kranz, Lebrecht 149
Kraut, Josef 605
Krautschneider, Dominikus 535
Krebs, Jakob 149
Kreutter, Philipp 604f
Kriedemann, Herbert 595 (Anm. 23), 709
Krieg, Fritz 308
Kröber, Adolf 41, 119f
Kroll, Theodor 169, 433f, 708
Krug (Ludwigshafen) 599
Kuchenmeister, Friedrich 535
Kühn (Bruchhof) 715, 722
Kuhn, Jakob 609, 611
Kuhn (Zweibrücken) 708
Kunkel, Matthias 704, 711f, **723**, 731

Künstler, Rudolf   122
Kuppelmeier (Ludwigshafen)   711, 723
Kuraner, Maxim   **571f**, 585, 602, 648, 717f, **723**, 731 (Anm. 101), 734, 748, 785f, 789
Kurz, Karl   81, 122, 128, **129**, 132 (Anm. 33), 772
Kurz, Nikolaus   81, 122, 125, 127-129

Lambert, August   609
Landauer, Gustav   363f
Landsberg   502
Lang, Johann Philipp   144
Lang (Frau)   708
Lange (Kaiserslautern)   702
Langlotz, Hermann   497, 566, 572, 599, 696, 707, 709, 716f, **723**, 747, **751**, 785
Lassalle, Ferdinand   18, 68f, **71**, 73, 99, 108, 113, 144, 150, 153f, **254**, 768, 781f
Lauppe (Pirmasens)   706
Laux, Johann   147f, 702
Lay, Jakob   265
Ledebour, Georg   341
Lehmann, Julius   473
Leist (Speyer)   451
Lembert, Abraham   47
Lembert, Gustav   47f, 56 (Anm. 26)
Lenz, Richard   563, 565, 599f, 604, 633, 635, 641, 709, 789
Leonhardt, Emil   535
Leonhardt, Jakob   301, 317, 332, 336, 342, 678, 696, 705, 707f, 715, **723**, 731 (Anm. 112), 747, **752**, 765 (Anm. 18), 786
Lerchenfeld, Hugo Graf von   321, 351
Lerno, Franz Xaver   248
Leßwing, Daniel   81, 124f, 130, **133f**, 256, 772
Leuschner, Wilhelm   36
Levi, Paul   31
Levien, Max   363, 367
Leviné, Eugen   367, 368
Leyendecker (Annweiler)   710
Liar, Georg (jun.)   388
Liar, Georg (sen.)   149, 387
Liebknecht, Karl   221, 279, 329, 438
Liebknecht, Theodor   341
Liebknecht, Wilhelm   15, 18f, 22-24, 33, 37 (Anm. 3), **40-42**, 62, 69f, 74f, 80, 83, 88, 108, 151, 184, 186, 189

Liebmann, Valentin   713f, 723
Lieser, Heinrich   306, 698, 705f, 714f, **723**
Lindner, Alois   364
Lindstaedt, Erich   597 (Anm. 70), 625
Lipfert, Johann   **259**, 705, 712f, **723**
Lipfert, Rudolf   714, **723**
Lipp, Franz Dr.   366
Lippmann, Max   620
Löbe, Paul   31
Löbenberg, Friedrich   255f
Loose, Heinrich   50-52, 54, 57 (Anm. 46), 61
Lorenz, Ernst   563-566, 572, 600f, 710, 717f, **723**, 747f, **752**, 785f
Loring, Marianne   665, 670 (Anm. 30)
Loschky, Hans   473, 708
Löwenstein, Gabriel   **241**
Lübbering, Walter   620
Ludwig I.   64
Ludwig, Adolf   35, **305**, 323, 330, **331**, 334, 337, 342, 512f, 521, 523, 531 (Anm. 17), 539f, 556-561, 564, **566**, 567f, **571**, 572, 584, 594 (Anm. 11), 595 (Anm. 16, 25), 601, 604f, 619-621, 626f, 630, 662-664, 666f, 670 (Anm. 26, 36), **671-676**, 678, 680f, 686 (Anm. 21), 696, 707, 709, 717f, **723**, 743, 747-749, **752**, 784f, 786
Ludwig, Christian   161
Ludwig, Helene   402, 411, 556, 558
Ludwig, Werner   **556-561**, **644-646**, 772, 789
Luthringshausen, Jakob   **571**, 595, 599
Luxemburg, Rosa   **221**, 438

Maas, Benjamin   57 (Anm. 44), 60
Maffenbeier, Babette   698, 706, 714, 723
Mahla, Friedrich   246
Mahla, Friedrich Norbert   144
Mancier, M.   646
Manier, Wilhelm   615f
Mann, Hans   423f, 709
Mann, Richard   556
Mann (Frau)   424
Mannschatz, Johann   609
Markscheffel, Günther   571, 595 (Anm. 23), 620, 649-651, 653, 709
Marschall, Max   609
Marschall von Bieberstein, Adolf Hermann   189f
Marum, Ludwig   27
Marx, Berta   710

Marx, Karl 18, 55, 62, 64, 68f, 70, 72, 79f, 197, 218 (Anm. 1), 315, 438, 475, 541, 782
Marx, Wilhelm 27
Mathes, Egon **592**
Matt, Joseph Georg 456
Mattern, Adam 331
Mattil, Ludwig 348
Mattil, Saladin 57 (Anm. 44)
May, Heiner 528
Mayer, Else 456
Mayer, Georg 715, **723**
Mayer, Otto 528
Mayer, Selma **456**
Mayer, Theodor 456
Mayr, Karl 28
Mazzini, Giuseppe 46f
Mechtersheimer, Martin 438
Meergott, Karl 57 (Anm. 44)
Mees, Philipp **571**, 638, 717f, **723**, 789
Mehring, Franz 18
Mehrmann (Lachen) 708
Mendelsohn, Bella 457
Menge (Kaiserslautern) 704f
Menge (Kusel) 694
Mennicke, Carl 471
Menzel (Pirmasens) **217**
Merck, Hubert 128, 358, 420, 698, 705f, 714-716, **723**
Merck, Luise **463**, 464
Merkel, Emil 616
Merkel, Paul 145, 149
Merkle, Karl Dr. 142
Merz, Elise 410, **463**, 464, 467
Merz, Otto 599
Messemer, Anton 271
Messerschmitt, Eugen 308
Messerschmidt (Frau) 467
Metz, Albert de 323, 349, 378f, 657f
Metz, Georg 115, 301, 696, 703, 747, **752**, 786
Metz, Otto 307, 598 (Anm. 73, 75)
Metzger, Adolf 450
Metzger, Friedrich 450, 457, 458
Metzger, Helmut [Helle] 457f
Metzger, Isidor 451
Metzger, Jean 457
Metzger, Ludwig **450-452**, 789

Metzger, Rosa 450, **456-459**
Meyer, Friedrich – siehe: Gerhold
Meyer, Karl 100f
Michel, Georg 714, **724**
Michel, Hans 621
Mierendorff, Carlo 28, 31, 33, 39 (Anm. 83)
Minster, Carl 789
Miquel, Johannes 161
Mischon, Georg 613f
Möhl, Arnold von 353, 369f
Moll, Valentin 392
Moritz, Friedrich 123
Moses, Abraham 450
Most, Johann 75, 80, **196** (Anm. 10)
Motteler, Julius 188, **196** (Anm. 11)
Mühlstein, Gitte 452
Mühsam, Erich 367, 505, 507
Müller, Alex **334**, **342**, 426-429, 633, 635, 789
Müller, August 712f, **724**
Müller, Charlotte 402, 410
Müller, Else **310**, 596f (Anm. 45), 717f, **724**, 789
Müller, Fritz 34, **303**, **305**, 306, 308f, 483, 502, 508, **510**, 511, 530 (Anm. 12), 611, 716, **724**
Müller, Georg 714, 724
Müller, Herbert 561, 626-628, 631, 632 (Anm. 6), 734, 748, 785f, 789
Müller, Hermann 444, 479, 708
Müller, Hermann (Miesenbach) 428, 707
Müller, Jakob 323f, 329, 331f, 334f, 339, 340, 342, 385, 445, 733
Müller, Johannes 143
Müller, Karl 535
Müller, Luitpold 392
Müller, Peter 332, 337-339, 443
Müller, Reinhold 609
Müller, Richard Dr. 658
Müller, Wilhelm 122, 125
Müller (Edenkoben) 705
Müller-Emmert, Adolf Dr. 641
Müller-Meiningen, Ernst 352, 369

Narjes, Heinrich 274, 790
Narjes, J. (Frau) 273
Narjes, L. (Frau) 273
Nau, Alfred 573, 589, 652

Nemitz, Anna   409
Neu, Max   216, **267**
Neufeld, Adam I   574
Neufeld, Adam II   574
Neumann (Berlin)   710
Neumayer, Friedrich   228, 232, 235 (Anm. 8)
Neumeyer, Friedrich   348
Neunreither, Karl   522
Niebergall, Otto   628
Niebler, Johann   229
Niederberger (Pirmasens)   620
Niekisch, Ernst   364
Nikolaus (Pirmasens)   **217**
Nord, Karl   527f, 531 (Anm. 38), 772
Noske, Gustav   335, 365, 367
Nußbaum (Lauterecken)   706

Ober, Friedrich [Fritz]   **284**, 314, 319, **347ff**, 426, 428f, **432**, 435, **495**, 497, 513, **522**, 540, 715, **724**, 790
Ober, Heinrich   **298**, **319**, 519, **522**, 525f, 546f, 551, 772, 790
Ober, Jakob   **522**, 790
Oberfrank, Heinrich   714
Obermeier, Albert   712, 724
Ochsenbein, Ulrich   66
Oeffler, Marie   403
Oeser, Richard   97, 100
Offenbacher, Karoline   525
Offenbacher, Wilhelm   525
Ohler, Fritz   616
Ohler, Philipp   615
Ohligmacher, Georg   348
Ollenhauer, Erich   39 (Anm. 93), 595 (Anm. 25), 665, 670 (Anm. 28), 674, 676 (Anm. 7)
Oppinger, Gottfried   271
Ort, Valentin   308, 558, 560
Oster, Karl   615
Osterroth, Nikolaus   772, 775

Paulus, Philipp Ludwig   790
Peters, Berhand   149
Peters, Katharina   390, **403**
Petersen, Julius   145, 149 (Anm. 3)
Pfaff, Michael   128
Pfeif, Georg   621f, 625
Pfeiffer, Anton Dr.   456, 791
Pfleger (Ludwigshafen)   110

Piloty, Robert von   368, 372 (Anm. 372)
Pistor, Daniel   45, 49, 57 (Anm. 35)
Pistor, Lorenz   57 (Anm. 35)
Postel, Emil   616
Postel, Philipp   614
Pressler, Jakob   149
Prestele, Karl   525
Prizius (Ludwigshafen)   712, 724
Profit, Friedrich   81, 174, 184, 205, 219 (Anm. 58), 221-224, 229, 236-238, 293f, 301f, 305, 319f, 327 (Anm. 76), 345f, 348f, 350 (Anm. 5), 371 (Anm. 14), **380-386**, 396, 426, 428f, **432**, 436 (Anm. 15), 440, **563**, 565, 594 (Anm. 9), 600, 602, 654, 691, 693-695, 697, 699f, 703-707, 711-715, **724**, 733, 746, **752**, 772, 782, 785-787, 790
Prüll, Sebastian   693, 704, 712, **724**
Pütz, Julius   711, **724**

Quarck, Max   184f
Queva, Josef   **77**, 80f, **94-97**, 101, 142, 772
Quidde, Ludwig   17, 37 (Anm. 8), 234f, 353

Radbruch, Gustav   352
Radlof   705
Ragaz, Leonhard   **470**
Rahn (Kaiserslautern)   707f, 731 (Anm. 92, 95)
Rampendahl, Friedrich   696, 703f
Ranft, August   625, 707
Rapp, Karl   514
Rapp, Katharina   403
Rappel, Franz   147
Raschig, Friedrich Dr.   348
Rauh, Heribert   437
Rauschert, Albert   714, **724**
Rauschert, Lina   **305**, **406**, 409f, **463**, 464, **467**, **483**, 715, **724**, 731 (Anm. 115), 790
Rebmann, Heinrich   301, 349
Rebmann, Kurt   734, 746, **752**, 786
Rechberg – siehe: Henk
Rees (Annweiler)   709
Regener, Gustav   694, 704, 712, **724**
Reichard, Martin   54
Reichel, Fritz   615
Reichenberger (Frau)   457
Reinbold, Georg   521f, 529, 551, 663-667, 670 (Anm. 26)

Personenregister   803

Reinert Hedi **592**
Reinfrank, Ernst 525
Reisch, Josef 433f
Reisch, Otto 525
Reisch (Frau) 525
Remmele, Adam 27f, 33, 712, **724**
Renner, Jakob 149, 388f
Renner, Karl 31
Reul, Heinrich 508
Reuter, Georg **674**
Reuther, Johann Christian 535
Richter, Sophian 348
Richter, Willi 675
Riedel, Karl 307
Ries, Heinrich 790
Ritter, Georg 47
Roesicke, Gustav Dr. 226, 228, **229f**, 232-235, 357
Röhle, Alma 407
Ronge, Johannes 52, 437
Röper, Herbert 636, **638-641**, 642
Rosenfeld 502
Rosenthal, Sigismund **455**
Roßhaupter, Albert 512f, 541, 709
Rost, Magdalena – siehe: Bögler
Roth, Ernst XVI, **608**, 609f, 662, 664, 670 (Anm. 20), 710, 718, **724**, 743, 747, 749, **752**, 785f, 790
Roth, Ignaz **342f**, 566, 572, 599, **606**, 607f, 611, 612, 696, 710, 717f, **725**, 748, **752**, 773, 785f, 792
Roth, Michael 47f, 56 (Anm. 27)
Rothaug, Theodor 615
Rothe, Paul 392
Rothenfelder, Franz Dr. 366
Rothley, Adolf 790
Rüb, Julius 437, 441 (Anm. 1), 572, 717f, **725**, 747f, **752**, 785f, 790
Ruby (Kaiserslautern) 707
Ruderer, Luise 402, 411, **463**, 464, 469 (Anm. 21)
Rüdt, Philipp August Dr. 143, 155f, 702
Rumetsch, Aenne 579, 597 (Anm. 45)
Russhardt, Reinhard 609
Ryneck, Elfriede 409, 460

Saalfeld, Ernst 148
Sahm, Jakob 389

Salzberg, Adolf **452**, 790
Sang, Bernhard 301, 412, 553, 707, 715, **725**, 731 (Anm. 114), 734, 747, **752**, 786
Satorius, Otto 226
Sauer (Neustadt) 708
Saur, Georg 149
Savoye, Joseph 44-46, 49, 54, 56 (Anm. 9)
Schade, Julius 120
Schäfer, August 747f, **752**, 785f
Schäfer, Heinrich 100
Schäfer, Jakob 329
Schäfer, Liesel **619-625**
Schäfer (Frau) 467
Schäffer, Katharina 411
Schäffler, Marie 403f, 414 (Anm. 32)
Schalk, Fritz 790
Schardt, Ferdinand **571**, 572, 604, **605**, 710, 717f, **725**
Scharpff, Christian 47, 49, 56 (Anm. 25)
Scheidemann, Philipp 31, 293, 359, 367, 425
Scheller, Otto **674**
Schellhammer, Franz 273
Scherm, Johann **241**
Scheu, Friedrich 228, 232-234, 348, 733
Schifrin, Alexander 498, 501, 537
Schilling, Martha 414 (Anm. 48)
Schlegelmilch, August 125
Schleicher, Markus **674**
Schloß (Ludwigshafen) 711, 725
Schlosser, Karl 216, 265
Schmalenbach, Johannes 143
Schmalenberger, Adolf 125
Schmaller, Emil 229, 354, 426, 428, 433f
Schmid, Carlo 26, 38 (Anm. 37), 664, 669, 670 (Anm. 42)
Schmidbauer (Speyer) 497
Schmidt, Franz 228, 235 (Anm. 8)
Schmidt, Friedrich 572, 696, 717f, **725**, 734, 747f, **753**, 785f
Schmidt, Helmut 646
Schmidt, Therese 348
Schmidt (Kaiserslautern) 696, 707
Schmitt, August 97
Schmitt, E. 649
Schmitt, Jakob 497
Schmitt, Jakob (Bellheim) 707
Schmitt, Josef 271
Schmitt, Karl 308

Schmitt, Ludwig   536
Schmitt, Nikolaus   54
Schmitt, Philipp   633
Schmitt (Ludwigshafen)   711, 725
Schmitt (Odernheim)   228, 233
Schnabel, Franz   35
Schneider, Anton   535
Schneider, August   614,
Schneider (Haßloch)   617
Schneider (Pfortz)   551, 708
Schnell (Neustadt)   60
Schnitter, Karl   434
Schöb (Frankenthal)   696, 703
Schoenlank, Bruno   186, **196** (Anm. 6)
Schöfer, Sophie   395
Scholl, Karl   171f
Schoner, Jakob   435
Schönfeld, August   392, 453, **454**
Schöpflin, Johann Georg   27f
Schott, Arthur   525f
Schott, Friedrich [Fritz]   308, 519, **522**, 523, 527f, 531 (Anm. 28, 37), 551, 563-565, 572, 594 (Anm. 3, 6), 599-603, **600**, 604f, 664, 717, **725**, 731 (Anm. 99), 773, 784f
Schreiber, Franz   22f
Schreiber, Fritz   469 (Anm. 25)
Schreiber (Frau)   706
Schreiber (Neustadt)   498
Schreiner, Philipp   711, **725**
Schreiner, Albert   433
Schrick, Frank   161
Schröder, Luise   450
Schuhmacher, Georg   499, 547
Schüler, Friedrich   45f, 49, 56 (Anm. 9)
Schultze-Delitsch, Hermann   55
Schulz   709
Schumacher, Auguste   597 (Anm. 45)
Schumacher, Elise   273
Schumacher, Kurt   563, 565, 570, 589, 594 (Anm. 6), 600, 628, 638, 644, 649, 651, 677, 681, 686 (Anm. 22)
Schumann, Adam   713, **725**
Schumann, Philipp   615
Schunck, Jakob   599, 619, **624**, 625
Schunck, Liesel – siehe: Schäfer
Schützle (Pirmasens)   **217**, 705
Schwaninger, Franz   335, 338-340
Schwartz, Christian   301, 428, 431, 715, **725**, 731 (Anm. 112), 747, **753**, 786
Schwartz, Lothar   636, **637f**, 639, 641, **642**
Schwarz, Heinrich   331
Schwarz, Kurt   620
Schwarze, Christian   147
Schwed, Anna   **463**, 464
Schwehm, Theobald   123
Schweitzer, Johann Baptist von   71f
Schweitzer, Karl   609
Schworm, Georg   158f, 161, 163, 169
Seebach, Georg   147
Seel, Wehrmann   604f, 773
Seel, Wilhelm   114
Seel (Kirchheimbolanden)   604
Seel (Ludwigshafen)   109
Seger, Gerhard   665
Segitz, Martin   88, 184, 213, 239, 247, 734, 746
Seise, Rudi   **592**
Selbach, Paul   648, 791
Semler, Wolfgang   621, 625
Semmler, Johannes   574
Sender, August   454
Sender, Emil   454
Setzer, Georg   **303**, 306, **309**, **406**, 412, 433-435, **463**, 464, 469 (Anm. 17, 21), **483**, 510-514, 531 (Anm. 17), 537-541, 685 (Anm. 5), 699f, 707, 708f, 715f, **725**, 773, 782
Setzer, Johanna   402, 411, **463**, 464, 467
Severing, Carl   31, 35, **490**
Seyler, Ludwig   714, **725**
Siben, Joseph   348
Siebenpfeiffer, Philipp Jakob   42, 44, 47, 56 (Anm. 30), 66
Sieber, Wilhelm   390
Sigel, Franz   19
Siegel, Fritz   453, **454**
Siegel (Frau)   457
Simon, Helene   402, 461
Simon, Josef   793
Simon (Speyer)   569
Sohn, Adam   316
Sollmann, Wilhelm   27f, 665
Sommer, Jakob   **343**, 715, **725**, 786
Sonnick, Eugen   387
Speck, Otto   **592**
Speicher, Rosine   396, 409, 411-413, 426,

691, 714f, **725**, 739
Spieß, Gustav 166
Spieß, Jakob 503
Spindler, Karl 497, 547
Sprengler, Michael 392
Städel, Friedrich 71
Stampfer, Friedrich 28, 31, 289, 531 (Anm. 24), 665, 670 (Anm. 28)
Stark, Ernst 348
Steffan, Jakob 36, 649, 650
Steffen, Friedrich [Fritz] **259**, 314, 347, 350 (Anm. 10), 420, 428, 433f, 706, 792
Steiger, Olga 273
Steigleiter, Ludwig 426-429
Stein, Erwin 308, 583, 596, 598 (Anm. 78), 604, 621, 625, 709, 717f, **725**, 779, 791
Stein, Johann 208f, 696, 702, 729 (Anm. 47)
Stein, Johanna **463**, 464, 791
Steinbach, Helma 85
Steinmetz, Philipp 714f, **726**
Stelling, Johannes 707
Stepp, Peter 318, **602**, 705, 707, 773
Stoecker, Adolf 227
Strauch, Ludwig 714f, 726
Stro[h]meyer, Franz 45f, 49
Strobel, Otto 428, 431, 433
Stubenreich, Leonhard 702, 773
Stumpf, Paul **18**
Sturm, Anton 773
Sturm, Johann 81, 151, **152**, 155, 704, 791
Stützel, Heinrich 392, 519, 523-527, 551
Süß, Heinrich 733
Suttner, Bertha von 261

Tarnow, Fritz **674**
Tesch, Johanna 407
Teste, Charles Antoine 46
Thedy, Jakob 124
Theisinger, Ludwig 229
Theiss, Wilhelm 434
Theobald, Friedrich [Fritz] 572, 715, 717, **726**
Theobald, Georg 122, 256
Theobald (Zweibrücken) 707
Thibault, Daniel 675f
Thieme, Emil 230
Thumm, Christian 553
Tillich, Paul 471
Timm, Johannes 28, 792

Tobergte, Heinrich 149
Toller, Ernst 367
Treidel, Ernst Israel Dr. **IX**
Tremel, Wilhelm 605
Tremmel, Oskar **522**, 525-527, 531 (Anm. 23)
Treubel 707
Treutler, Max 185, 194f
Trumm, Adolf 472, 473, 477
Trupp, Peter 535, 791
Tülp (Neustadt) 59

Uebelhoerf (Frau) **463**
Ulrich (Speyer) 275
Unger, Hedi – siehe: Reinert

Valentin, Veit 31, 39 (Anm. 61)
Venedey, Jakob 44, 47, 49, 56 (Anm. 14), 66
Venedey, Michael 45, 56
Vinzenz, Karl Wilhelm 47f, 56 (Anm. 24)
Vogel, Hans 28, 663
Vogel, Johann 33
Vogel, Josef 200, 773
Vogt, Manfred 598 (Anm. 75)
Vogtländer, Hans 572, 599, 717, **726**
Vogtländer, Martin 693, 704
Völkel (Grünstadt) 704
Volkemer, Fritz 35, 308, 521, 560, 564, 566, **571**, 572, 601, 610, **620**, 621, 625, 717f, **726**, 747f, **753**, 785f
Völker, Hans 306, 311, 715f, **726**
Vollmar, Georg von 81, 88f, 174, 194, **196** (Anm. 16), 198, 218 (Anm. 10), **241**, 355-357
Vollmer, Wilhelm Heinrich 525f
Vongerichten, Oskar 602, 717, **726**

Wachenheim, Hedwig 665
Wagner, Elisabeth 656
Wagner, Friedrich 655, 711f, 715, 726, 731 (Anm. 103)
Wagner, Friedrich Wilhelm **X**, 26, 28, 34f, **303**, 314-316, 321, 323, 374, 482, **483**, 486, 489, 491f, **506**, 508, 521, 532f, 539, 551f, **654-670**, 672, 684, 696, 708-710, 715-718, **726**, 742f, 748f, **753**, 785f, 791
Walter, Friedrich 32, 39 (Anm. 63)
Walter, Georg 733
Walter (Pirmasens) **217**

Wambsganß, Georg Valentin   473, **474**
Weber, Elise   467
Weber, Frieda   **791**
Weber, Heinrich   **303**, 428, 433f, 696, 709, 715-717, **726**
Weber, Jakob   142, 433f, 791
Weber, Josef Valentin   50-52, 54f, **59-62**, 72, 687
Weber, Johannes   142
Weber, Josef   301, 747, **753**, 786
Weber, Otto   **298**
Weber, Philipp Jakob   **142f**, 773
Weber, Wilhelm   55, 72
Weich, Clara   469
Weichers, Gustav   163
Weick, Friedrich   524f
Weickert (Kirchheimbolanden)   703
Weidemann, Ferdinand   104
Weidemann, Eugen   **XII**
Weidler, Anton   609
Weil, Gustav   433f, **455f**, 707, 729 (Anm. 45)
Weil, Johanna   **456**
Weinrich, Karl   391
Weiß, Christian Dr.   335, 443f, 447
Weiß, Ella Dr.   573, 578f, 597 (Anm. 45), 717f, **726**, 741, 747f, **753**, 785f
Weiß, Heinrich   48
Weißenstein, Katharina   411
Weißheimer, W.   71
Weitling, Wilhelm   46, 48, 52
Wels, Otto   385, 512, 539, 708
Wendel, Albert   337
Wendel, Hermann   31
Wenzel, Franz Wilhelm   81, 142, 688, 698, **699f**, 703f, 711f, **726**, 786
Wertheimer, Carl   416, **454f**, **510**, 633
Wertheimer, Emil   455
Wertheimer, Franz   454, **455**
Wertheimer, Gustav   455
Wertheimer, Julius   455
Wetzstein, Otto   307
Wicke, Fritz   704
Wiessner, Samuel   149
Wilhelm, Heinrich   331
Wilhelm (St. Ingbert)   704f
Will, Edwin   599, 671, 676 (Anm. 2)
Willig, Jakob   257
Willms, Wilhelm   72

Wind, Berta   392
Winkelsträter, Liesel   **584**
Winold, Friedrich   161
Winterstein, Theodor von   345f
Wirth, Johann August   47-49, 56 (Anm. 30), 66
Wirth, Josef   27, 311, 315, 680, 683, 686 (Anm. 18)
Wolf, Marie   **303**, 402, 408-**411**, 412, 456, **463**, 464, 467, **483**, 491, 547, 716f, **726**, 739, 791
Wolf, Peter   128, 167, 229, 232f
Wolf, Philipp   497
Wolff, Jeanette   450
Wolfrum, Hermann   44
Wörle, Karl   18
Wünsch, Georg   472
Wurster, Carl Dr.   667f
Würz, Karl   522, 525
Wynands, Franz   306, 715, **727**

Zacharias, Kurt Dr.   620
Zapp (Kirchheimbolanden)   604
Zaun, Jakob   553, 715f, **727**
Zehetner (Pirmasens)   709
Zenetti, Johann Baptist von   58
Zeppler, Wally   394
Zetkin, Klara   184, 221, 407
Ziegler, Helmut   747, **753**
Ziener, Philippine   273
Zietz, Luise   402
Zimmermann, Georg   497
Zimmermann, Karl   785, 791
Zimmern, Sigmund Josef Dr.   356
Zinser, Dora   456, 709
Zinser, Hermann   433f
Zöllner (Kaiserslautern)   705
Zorn, Rudolf Dr.   444, 533-535, 716, **727**, 773, 791
Zubeil, Fritz   221

Geographisches Register

In das geographische Register sind grundsätzlich alle Ortsnamen und Namen von Teilregionen der Pfalz, ferner solche Ortsnamen, Ländernamen und Landschaftsbezeichnungen aufgenommen worden, deren Erwähnung eine Bedeutung hat für die Geschichte der Region, der pfälzischen Sozialdemokratie oder einer ihrer Persönlichkeiten. Ehemals selbständige Gemeinden finden sich unter dem Namen derer, in die sie eingemeindet worden sind. Fett gesetzte Seitenangaben verweisen auf Illustrationen, römische Zahlen auf die Farbtafeln.

Aachen 376, 415 (Anm. 67)
Albersweiler 595 (Anm. 15)
Albsheim 464
Alsenz 158-169, 203, 433, 503, 708, 773
Alsenztal 229
Alsheim **86**
Altenbamberg 229
Altenglan 170, 172, 174f, 203, 206f, 703, 773
Altenkirchen 172, 433
Altleiningen 203, 271, 450
Altrip 202, 216, 271, 451, 467, 693, 774
Amsterdam 66, 88
Annweiler 20, 21, 36f, 146f, 202, 308, 312, 314, 328 (Anm. 120), 560, **672**, 689, 704, 709f, 738, 791
Argentinien 508
Asselstein **522**, 523-525, 551, 772, 784, 790
Assenheim **86**, 693
Aue 270
Augsburg 34, 184, 287, 365, 750
Auschwitz 454, 456f

Baalborn 703
Bad Bergzabern 48, 50, 70, 72, 83, 147, 171, 300, 306, 314f, 328 (Anm. 120), 401, 576, 578, 590f, 738, 743, 751
Bad Dürkheim 49, 149 (Anm. 3), 202, **212**, 213, 236, 271, 285, **290**, 303f, 314f, 318, 327 (Anm. 71, 78, 88, 93, 100), 328 (Anm. 120), 332, 401f, 415 (Anm. 53), 428, 442, 463, 480, 542, 595 (Anm. 15), 694, 703, 705, 707, 719, 722f, 774, 782
Bad Ems 70
Baden 11, 16f, 27, 53-55, 68, 78, 84, 102, 124, 151, 186, 191, 244, 253, 259, 270f, 323, 376, 402, 404, 471, 473, 476, 521
Bamberg 364, **366**, 368, 372 (Anm. 51)
Basel 47, 470
Battenberg 776
Bayern 12, 26, 43, 52, 58, 61, 84, 160, 189, 191, 193, 196, 201, 207, 215f, 219 (Anm. 59), 222, 241f, 246-248, 250f, 261, 264, 268, 284, 286f, 293, 313, 315, 320-323, 335, 344-346, 351, 354, 360, 361f, 364f, 367f, 370f, 373f, 376, 385, 416, 424-426, 430, 435, 467, 490, 508, 512, 533, 535, 540, 542, 657, 660, 682, 689, 705, 708, 732f, 735f, 738f, 744, 746, 754, 756, 759-761, 765-767
Bayreuth 217
Bechhofen 609
Bedesbach 172
Beindersheim 202, 515, 703
Bellheim 327 (Anm. 94), 464, 707
Belgien 375
Bennhausen 233
Berg 524
Berghausen 780
Berlin 15, 19, 30, 35, 41, 71, 88, 92, 158,

166, 184-186, 192, 195f, 209f, 227, 289, 293f, 318, 321, 329, 332, 344, 366, 369, 370, 375f, 380f, 385, 393f, 405, 415 (Anm. 67), 422, 425, 428f, **432**, 450, 454, 460, 471, 475, 512, 539, 628, 656, 658, 678, 706-709, 739f
Bern 46f
Biebermühle 242
Biel 68
Billigheim 48, 147, 202, 703, 707
Bindersbach 147
Bisterschied 504
Blaubach 172
Blieskastel-Niederwürzbach 774
Bobenheim am Berg 302
Bobenheim am Rhein 202, 271, 451, 703
Bockenheim 81, 428, 437-439, 441
Böhl 203, 702
Bolanden 202, 605
Bonn 642
Bornheim 46
Bottenbach 609
Breitenbach 172
Breslau 174
Bruchhof 715, 722
Bruchmühlbach 525
Brücken 172
Brüssel 79, 154
Bubenhausen – siehe: Zweibrücken

Camp de Noé 457, **458**
Camp de Vernet 457f
Cannstadt 270, 273
Chelsea 62
Chemnitz 380, 689, 706
Collbach 352
Contwig 609, 774

Dachau 68, 270, 508, 547-550, 556
Dahn 314, 328 (Anm. 120), 471, 666
Dannstadt **86**, 203
Deidesheim 385
Dellfeld 609
Diedelkopf 172
Dielkirchen 167, 229
Diemerstein 441
Diez 179
Dittweiler 172

Dörnbach 504, 708f
Dörrmoschel 504
Donnersberg 18, 160
Dordogne 664
Drancy 456
Dresden 199f
Dudenhofen **IV**
Dudweiler 182
Düsseldorf 70, 380
Durlach 68, 270

Edenkoben 49, 59, 78, 145-147, 202, 277, 309f, 352, 525, 601, 702, 704f, 709, 789
Edesbach 722
Edesheim 698, 714, 774
Edigheim – siehe: Ludwigshafen
Egetswil (Schweiz) 680
Eisenach 69, 75
Eisenberg 202, 451, 568, 707
Elmstein 12, 305, 564, **565**, 600f, 604, 645, 703, 709, 717, 773, 785
Elsaß 54, 266, 271, 285, 296, 300, 456, 524, 554
England 44, 46, 62, 646
Eppstein – siehe: Frankenthal
Erdesbach 172
Erfurt 197
Erlenbrunn 207, 271, 428
Erpolzheim 302
Erzenhausen 232
Eschbach 75, 787
Essen 705
Esthal 302

Falkenstein 229
Feilbingert 229
Flomersheim – siehe: Frankenthal
Franken 89f, 184f, 404
Frankeneck 203, 703
Frankenstein 203, 441
Frankenthal 11, 45f, 48-50, 52, 55, 64-66, 69, 72f, 76, 78, 81, 89, 91, 101, 104, 111-115, 136, 142, 148, 149 (Anm. 3), 174, 179, 188, 202, 207, 213, 216, 218 (Anm. 22), 248f, 266, 270, 277, **278**, 282f, 288, 290-292, 294-297, 299, 301, 307, **308**, 310, **322**, 327 (Anm. 70, 87, 91), 328 (Anm. 104, 120), 330-332, 335f, 346, 349,

387, **394**, 400-403, 407, 410-412, 415 (Anm. 53), 416, 425, 428, 440f, 451, 463f, 467, 469 (Anm. 15), 473, 480f, **485**, 491, 515, 519, 524f, 534-536, 539, 542-544, 553-555, **571**, 576, 586, 590f, 594 (Anm. 7), 597 (Anm. 45, 52), 599, 631, 632 (Anm. 12), 636, 652f, 660, 693f, 696, 702-705, 707, 710, 714, 718-720, 724-727, 731 (Anm. 114), 733f, 738, 741, 743, 746-748, 750, 752f, 771f, 774, 783, 786, 791

Frankenthal-Eppstein 203

Frankenthal-Flomersheim 101, 203, 271, 703, 774

Frankenthal-Mörsch 203, 703

Frankenthal-Studernheim 203, 703, 775

Frankfurt **II**, 17, 23, 41-43, 48f, 52-54, 59, 66, 70, 77, 92, 98, 101, 120, 158, 161, 169, 174, 184f, 407, 564, 578, 652

Frankreich 43f, 48, 55, 197, 253, 260, 278, 345, 366, 374f, 379, 384, 431, 644, 678-680

Freinsheim **574**, 775

Friedelsheim 302

Friedrichsfeld 270

Friesenheim – siehe: Ludwigshafen

Frohnhofen 172

Fußgönheim 775

Fürth 75

Gartenstadt – siehe: Ludwigshafen

Geisburg 273

Genf 47, 64, 68f

Gerbach 228

Germersheim 50, 63, 80, 83, 171, 198, 204-206, 211f, 300, 315, 318, 401, 411, 415 (Anm. 53), 576, 590f, 738, 743

Godramstein 145

Göllheim 213

Gönnheim 302

Görlitz 314, 395, 707

Gotha 41, 75, 102-104, 329, 359, 438

Grafenstaden bei Straßburg 46

Gries 172

Großbritannien 664

Großniedesheim 312, 775

Grünstadt **XVI**, 54, 202, 216, 332, 401f, 407, 437f, 463f, 576, 578, 595 (Anm. 15), 626, 703f, 709, 743, 749, 775

Gurs 454, 556f, 561

Haardt – siehe: Neustadt

Hagenbach **200**, 203, 524

Halle 122, 230, 337f, 688

Hallgarten 229

Hambach – siehe: Neustadt

Hambacher Schloß **I**, **16**, 18, 22, 26f, 30, 34, 36, 40-46, 61, 65f, 83, 188, 236, 351, 387, 772

Hamburg 85, 88, 101, 120, 134, 165, 184, 266, 646

Hannover 52, 266, **571**, 579, 586, 595 (Anm. 23), 600f, 610, 628, 646, 709

Haßloch 61, 78, 108f, 202, 282, 327 (Anm. 78), 330f, 336, 411, 550, 613-618, 702f, 747, 751, 765, 775

Hedelfingen 270

Heidelberg 27, 40f, 44, 49, 61, 63, 68, 143, 156, 379, 385, 547, 556, 656

Heiligenmoschel 232

Heiligenstein 551

Heinzenhausen **XI, XII**

Hemshof – siehe: Ludwigshafen

Hertlingshausen 645

Herxheim bei Landau 36, 147f

Hessen 11, 33, 404, 476, 570, 597 (Anm. 45), 628, 675

Hessen-Pfalz 564, 601, 647f, 667, 673, 717

Heßheim 203, 216, **296**, 316, 515f, 693, 775, 783

Hettenleidelheim 202, 216, 703, 775

Heuberg 536

Heuchelheim bei Landau 48

Hinterweidenthal 473, 557

Hirschhorn am Neckar 68

Hochdorf **86**, 203

Hochspeyer 433, 441, **463**, **465**, 469 (Anm. 20), 471f, 595 (Anm. 19), 702, 776, 793

Hochstätten 161, 229

Hofstätten 327 (Anm. 72)

Hohenecken – siehe: Kaiserslautern

Homburg 47, 83, **126**, 170-175, 198, 204-206, 305f, 473, 525, 714f, 723, 738, 776

Homburg-Schwarzenbach 776

Hornbach 609, 776

Hottingen (Schweiz) 139

Hütschenhausen 437, 725, 752, 776, 790

Iggelbach 703

Iggelheim 202, 537

Ilbesheim   233, 352
Ingelheim   649
Ingenheim   147, 454
Ingolstadt   367
Ingwiller   558
Insheim   302
Ixheim – siehe: Zweibrücken

Jena   172, 208f, 228, 688f

Kaiserslautern   12, 17, 19, **20**, **25**, 26f, 29, 31, 36, 38 (Anm. 15, 16, 19), 48-50, 52-55, **60**, 61, 75, 78, 81, 83-85, 88f, 91, 118-134, 151, 153f, 156f, 166, 168f, 174, 198, 202, 204, 206f, 210-212, 216f, 222, 225-230, 232-234, 242f, 247f, 253-256, 258, 270, 280-282, **283**, 292, 295f, 299, 301, 306, 308-311, 314f, 321, 323, 327 (Anm. 71), 332, 334-336, 340, 342, 346, 352-354, 356f, **358**, 362, 373, 376, 379, 400-402, 405, 410f, 416, **417**, 418, 420, 422-424, 426, 428, 437, 446, 451, 454f, 463f, 469 (Anm. 15, 20), 472f, 476f, 479, 481, 497, 502f, 510, 521, 528, 542, 558, 563, **571**, 573, 576, 578, 583, 590f, 594 (Anm. 7), 597 (Anm. 45), 598 (Anm. 75), 599f, 602, 628, 631, 633-643, 648, 652, 657, 659, 662, 678, 684, 687, 690-692, 695f, 698f, 702-710, 714-717, 719, 721-724, 726, 729 (Anm. 34), 731 (Anm. 92), 737f, 742f, 746-752, 765, 771f, 776, 788f
Kaiserslautern-Hohenecken   234
Kaiserslautern-Mo[o]rlautern   203, 702
Kalkofen   229
Kandel   203, 576, 578, 709, 719, 737, 746
Karlsruhe   35, 62f, 68, 100, 185, 192, 207, 270, 390, 451, 472, 524, 554
Kassel   108, 144, 385
Kerzenheim   451
Kiel   708
Kirchheimbolanden   **VII**, **XVI**, 17-20, 27, **30**, **32**, 33f, 36f, 38 (Anm. 16, 19), 49, **53**, 75, 78, 83, 89, 91, 120f, 123, **126**, 130f, 151, 153, 160f, 163, 165-167, 203, 225f, 229f, 232, 255, 270, 299, 331, 356f, 401, 481, 491, **571**, 575f, 578, 590f, 604f, 702f, 725, 738, 743, 748, 750, 755
Kirkel-Neuhäusel   776

Kindenheim   437
Kirrberg   609
Kleinkarlbach   776
Kleinsteinhausen   609
Klingenmünster   352, 440
Koblenz   590f, 646, 741
Köln   70, 92, 415 (Anm. 67), 471, 475, 642
Königswinter   674
Kopenhagen   81, 407
Kreuzlingen (Schweiz)   47
Krottelsbach   172
Kübelberg   172
Kusel   83, **126**, 170-175, 202, 206f, 295, 302, 331f, 401, 475, 481, 576, 590f, 694, 709, 719, 738, 743, 749f, 776

La Chaux-de-Fonds   62
Lachen-Speyerdorf   476, **510**, 708, 779
Lambrecht   11, 12, 73f, 76, 78, 112, 151, **155**, 157, 159, 203, 207, 216f, 220 (Anm. 62), 264-268, 271, 275, 294, 327 (Anm. 93), 332, 337f, 341, 405, 631, 702f, 706, 771, 776, 792
Lambsborn   609
Lambsheim   202, 216, 270, 407, 703, 708, 777
Landau   **VI**, 29, 49f, 52, 63, 66, 75, 80, 83, 103, 139, 144-149, 198, 204, 206, 210, 212, 236, 285, 291, 295, 299f, 306f, 314, 328 (Anm. 104), 345f, 349, 387-392, 401-403, 415 (Anm. 53), 440, 453-455, 475, 480, 514, 519, 521, 523, 545f, 576, 590f, 594 (Anm. 7), 651, 702f, 705, 715f, 722, 725, 727, 734, 738, 743, 748, 752, 758, 769, 777, 782, 788
Landshut   220 (Anm. 62)
Landstuhl   401, 576, 578, 651, 737
Langmeil   228
Laumersheim   702
Lauterburg   524
Lauterecken   170, 174, 706
Lautersheim   777
Lautertal   229
Leinsweiler   287
Leipzig   149 (Anm. 3), 159, 184, 200, 483, 498, 582
Lemberg   202, 726
Liestal (Schweiz)   47
Limburgerhof   327 (Anm. 93), 476

Lingenfeld 456
Linkes Rheinufer – siehe: Rheinufer
Lissabon 665
London 38 (Anm. 15), 47, 55, 62, 64, 69, 72, 76, 79, 109, 144, 182, 187f, 190f, 195, 665, 675
Lothringen 557, 677
Ludwigshafen **VIII**, **XIV**, 11, 12, 17-19, 22, 26f, 29, 32f, 36, 38 (Anm. 15), 41, 73, 76, 78, 80-82, 84f, **87**, 88-91, 93 (Anm. 14), 94, 98-107, 109, 112, 135f, 138-142, 148-151, 153, 156, 159, 165, 167, 171f, 174, 185-191, 193, 195, 196 (Anm. 14), 202, 204f, 207-209, 211-213, 215-217, 218 (Anm. 22), 219 (Anm. 23), 222-224, 243, 253, 255f, 258f, 261, 270f, 277, **278**, 281-283, 291f, 295f, 299, 301, 303-309, 313-315, 321, 323, 327 (Anm. 87, 88, 93, 99), 328 (Anm. 104), 329-332, 334-336, 340-344, 346, 349, 374, 376, 380-386, 389, 400-403, 407, 410f, 413, 416-418, 420, 422-426, 428, 433, 442-449, 451-453, 457, 463f, 467, 469 (Anm. 15, 21), 473, 475, 480f, **484**, 486, 491, 494, 497, **507**, 508, 510, 513, 519, 521, **522**, 523-525, **526**, 527-529, 532, 535, 537f, 540, 542-544, 548f, 551, 554, 560-564, 570, **571**, 572f, 576, 578, 582, 586, 588, 590-592, 594 (Anm. 7), 595 (Anm. 15), 597 (Anm. 45), 598 (Anm. 75, 83), 599f, 602, 611, 624, 626, 628, 630f, 644, 652-658, **659**, 660f, 663f, 666f, 669, 671, 678, 687, 690, 693-699, 701-716, 719-726, 729 (Anm. 35, 45, 50), 730 (Anm. 60, 81), 731 (Anm. 115), 733f, 738f, 743, 746-753, 767, 769, 771, 777, 787-793
Ludwigshafen-Edigheim 203, 216, 271, 400, 402, 407, 415 (Anm. 53), 533, 703, 778, 787
Ludwigshafen-Friesenheim 78, 89, 140, 202, 207, 219 (Anm. 23), 451f, 467, 519, 655, 657, 693f, 697f, 701, 703, 713-715, 720, 724, 726, 730 (Anm. 69), 731 (Anm. 106), 778
Ludwigshafen-Gartenstadt 467, 525
Ludwigshafen-Hemshof 223, 540, 655
Ludwigshafen-Maudach 78, 101, 202, 451, 703
Ludwigshafen-Mundenheim 76, 78, 89, 141, 203, 207, 218, 219 (Anm. 23), 270, 331, 337, 467, 473, 693f, 697f, 701-704, 713-715, 719-722, 725, 730 (Anm. 69), 731 (Anm. 106), 773
Ludwigshafen-Oggersheim 11, 73, 76, 78, 81, 94-97, 99-102, 104, 106, 111f, 138, 142, 159, 202, 207, 255, 270, 282, 328 (Anm. 101), 331, 400, 402, 407, 415 (Anm. 53), 451, 563, 600, 626, 656, 678, 702f, 708, 778, 793
Ludwigshafen-Oppau 89, 203, 207, 216, 282, 308, 327 (Anm. 88, 93), 328 (Anm. 101), 330f, 400, 402, 407, 415 (Anm. 53), 444, 451, 463, 467, 486, 508, 519, 532-536, 703, 708, 727, 733, 773, 778, 786, 788, 791
Ludwigshafen-Rheingönheim **V**, 78, 89, 203, 207, 216f, 268, 331, 693, 703, 779
Ludwigshafen-Ruchheim 203, 779
Lübeck 199
Luxemburg 521
Luzern 66
Lyon 57 (Anm. 59)

Magdeburg 184, 391, 414 (Anm. 49)
Maikammer 753
Mainz 18, 36, 98, 158f, 620, 630, 635, 641f, 644, 649, 652f, 674, 710, 720
Mannheim 11, 17, 19f, 22, 26f, 31, 33, 36, 41, 49, 63, 73, 75-80, 82, 84, 90, 95-102, 108, **114**, 139f, 151, 153, 159, 186-191, 193f, 221, 223f, 239, 253, 255f, 258, 270, 273, 282, 329, 332, 335, 337, 381f, 385, 402, 438, 451, 454, 471, 521f, 525, 528, 543, 554, 600, 608, 624, 653, 662, 687, 697, 702, 707, 715, 752
Mannheim-Neckarstadt 543
Mannweiler 233
Marseilles 68, 454, 665
Maudach – siehe: Ludwigshafen
Mauthausen 454
Maxburg 41
Maxdorf 101, 202, 703
Maximiliansau 551, 789
Meckenheim **86**, 779
Meisenheim 209
Merzig 209
Metz 49, 133, 559, 677
Metzdorf 304

Miesenbach 428, 707
Minfeld 456
Mittelbach – siehe: Zweibrücken
Mitteldeutschland 75, 78
Mittelschlesien 521, 678
Mölschbach 229
Mörsbach – siehe: Zweibrücken
Mörsch – siehe: Frankenthal
Montabaur 590, 741
Mo[o]rlautern – siehe: Kaiserslautern
Moscheltal 503
Mühlbach 172, 203, 487
Mühlhausen 49
Mühlheim 464
Mühlheim am Main 100
München 48, 54f, 89, 152, 160, 183 (Anm. 3), 184, 198, 207f, 213, 216, 249f, 255f, 288f, 293f, 321, 332, 335, 358, 360f, 364-367, 369f, 376, 425, 525, 549, 656, 708f, 678, 733, 739
Münchweiler **IX**, 229, 624
Münsterappel 229
Münstertal 168
Mundenheim – siehe: Ludwigshafen
Murten (Schweiz) 62
Mußbach – siehe: Neustadt
Mutterstadt 11, 73, 78, 101, 104, 112, 142f, 203, 207, 216, 385, 415 (Anm. 53), 433, 467, 563, 702f, 773, 779, 790f

Nancy 46
Neckarstadt – siehe: Mannheim
Neidenfels 705, 793
Neuhofen 109f, 142, 203, 407, 473, 703
Neuleiningen 776
Neumühle 430
Neunkirchen 229
Neunkirchen/Saar 521, 523
Neustadt an der Haardt/an der Weinstraße **XVI**, 29, 41f, 47-52, 54f, 58f, 70-73, 75f, 78, 81, 83f, 94, 102f, 108, 144-148, 150-152, 154, 156f, 171, 185f, 188, 202, 207-209, **212**, 213, 217, 222, 233, 236f, 243, 266, 271, 285f, 291, 294f, 299, 301-303, 308, 315, 320f, 327 (Anm. 71, 87), 328 (Anm. 102), 332, 335, 338, 343, 345, 358, 389, 396, 400f, 405, 407, 411, 415 (Anm. 53), 428, 433, 451, 455f, 464, 480f, 489f, 498, 508, 552, 566, **571**, 576, 578, 586, 589f, **592**, 594 (Anm. 7), 598 (Anm. 75), 599, 601, 622, 645, 647f, 652, **659**, 673f, 682, 687f, 691, 693-698, 702-709, 714-716, 719f, 723, 729 (Anm. 26, 30, 45, 47), 730 (Anm. 58, 91), 734, 737f, 742f, 746f, 749-751, 756, 767, 779, 782, 792
Neustadt-Haardt 71, 302
Neustadt-Hambach 11, 45, 54, 66, 151, 203, 236-238
Neustadt-Mußbach 59, 779
Neustadt-Winzingen 61
Neustadt im Schwarzwald 660
New York 665
Niederauerbach – siehe: Zweibrücken
Niederbayern 89, 467
Niederhochstadt 147, 388, 595 (Anm. 19)
Niederkirchen 229
Niedermoschel 229
Nordpfalz 12, 34, 158-160, 163, 165, 167-169, 341, 401, 473, 475, 502, 508, 790
Nürnberg 50, 75, 89f, 130, 145, 184, 201, 208, 213, 249, 260, 319, 341, 364, 450, 549, 573, 622, 667f, 710, 730 (Anm. 79), 734, 746

Oberauerbach – siehe: Zweibrücken
Oberbayern 89, 366, 467
Obermoschel 164, 166, 473, 503
Oberpfalz 89, 404
Oberschlesien 521, 678
Obrigheim 779
Odenbach 170
Odernheim 49, 161, 228, 232
Österreich 52, 80, 150, 358, 559
Offenbach am Main 98, 100
Offenbach bei Landau 147
Oggersheim – siehe: Ludwigshafen
Oppau – siehe: Ludwigshafen
Orbis 373
Ostdeutschland 628
Otterbach-Sambach 779
Otterstadt 779
Ottweiler 209

Paris 15, 44-46, 52, 54f, 64, 68, 79f, 102, 182, 190, 195, 558, 620, 646, 662-664, 679, 703, 709, 768, 771

Pfälzer Wald 11, 542, 551, 554, 564, 619
Pfortz 433, 525, 551, 708, 781
Pforzheim 270, 273
Pirmasens 29, 34, 81, 83f, 88f, **126**, 153, 177, 203, 207, 213, 216, 242f, 248, 259, 270, 282, 292-296, 300f, 306f, 309f, 328 (Anm. 120), 329-332, 334, **336**, 341f, 377, 400-402, 405, 410f, 416, 428, 433, 451, 463f, 475f, 481, 491, 508, 519, 521, **522**, 524, **526**, 528, 540, 556-561, **571**, 576, 578, 585f, 590f, 594 (Anm. 7), 597 (Anm. 45), 599, 601, 610, 619-626, 662, 666, 671f, 696, 698, 702-709, 714f, 717, 721f, 725f, 730 (Anm. 73), 738f, 743, 746f, 751-753, 770, 779, 793
Portugal 664
Potsdam 415 (Anm. 67)
Prag 519-522, 524, 663, 678f
Preußen 764

Queichheim 391

Ramberg 793
Rammelsbach 170, 172, 174f, 207, 271, 726, 780, 792
Ramsen 597 (Anm. 45)
Ramstein-Miesenbach 780
Rastatt 17, 68
Regensburg 89, 239
Rehborn 472, 475
Reichshofen 558
Rhein, -ufer 11, 118, 138, 192, 285, 344f, 364, 374, 379, 431, 442
Rheingönheim – siehe: Ludwigshafen
Rheinhessen 590, 627, 636, 650f, 682, 741
Rheinhessen-Pfalz 629
Rheinland 70, 297, 306, 349, 374, 389, 475f, 480, 682
Rheinland-Hessen-Nassau 650
Rheinland-Pfalz 12, 35, 349, 374, 435, 561, 575, 591, 601, 630, 636, 642, 648, 671, 673-676, 682f, 733f, 736, 741-744, 747, 763f, 784f, 792
Rieschweiler 609
Rimschweiler – siehe: Zweibrücken
Rinnthal 21
Robertsau bei Straßburg 660
Rockenhausen **X**, **XVI**, 158, 167f, 225f, 229f,

299, 401, 481, 576, 578, **584**, 590f, 708, 738, 743, 749, 780
Rodalben 203, 780
Rodenbach 780
Rödersheim 302
Römerberg 685, 780
Rohrbach 147, 203, 271, 428, 698, 705f, 714, 720, 780
Rothenburg-Hoyerswerda 232
Roxheim 116f, 202, 270, 703
Ruchheim – siehe: Ludwigshafen
Ruhrgebiet, -revier 22, 168, 313, 319
Rupertsweiler 271
Rußland 285, 365, 536, 693
Rutsweiler 172

Saarbrücken 124, 176, 182, 209
Saarburg 209, 741
Saargebiet 33, 118, 177-179, 181f, 183 (Anm. 22), 209, 299, 305, 374, 476, 518, 521, 527, 556f, 650f, 666, 672, 678, 759f, 769
Saarlouis 209
Saarpfalz 176f, 182, 525, 730 (Anm. 87), 740, 782
Sachsen 52f, 97, 297, 315, 764
Sarreguemines 559, 561, 663
Schaffhausen 660
Schifferstadt 78, 202, 694, 702, 708, 780, 783
Schiersfeld 229, 502-504, 780
Schlesien 165
Schlüchtern 471
Schmalfelderhof 163
Schneckenhausen 233f
Schönenberg-Kübelberg 170
Schöntal 71
Schwaben 89, 184
Schweden 664
Schweinfurt 689, 694
Schweiz 40, 44-48, 52, 55, 61f, 64, 66, 68, 70, 72, 124, 136, 457, 470, 601, 660, 666, 680, 682
Sembach 47, 638, 703
Sippersfeld 229
Sitters 233
Skandinavien 646
Spanien 664f
Speyer **III**, **XIV**, 11, 46-48, 50, 52, 54, 57 (Anm. 59), 63, 73, **74**, 76, 78, 80-82, 84f,

88f, 91f, 93 (Anm. 14), 94, 100, 103f, 106, 113f, 120, 139, 150-157, 159f, 163, 168, 171f, 189, 197f, 203f, 206f, 210f, 213, 216, 218 (Anm. 22), 270-272, 274f, 282, **284**, 286, 288, 290, 296, **298**, 299, 301, 304, 313-316, 319f, 323, 327 (Anm. 93, 101), 328 (Anm. 102, 104), 329-331, 335, 345-347, 356, 363, 383f, 400-403, 407, **408**, 410f, 416, 426, 428, 430, 433, 450-452, 456f, 463f, 467, 469 (Anm. 15), 471-473, **491**, 494-501, 513, **514**, 519, **522**, **526**, 528, 540, 545-550, 564, 566, **569**, **571**, 576, 578, 590f, 594 (Anm. 7), 597 (Anm. 45), 599, 627, 629, 631, 652, 677, 680, **681**, 690, 693f, 696, 702-704, 706f, 709f, 715-717, 719, 721-724, 726, 729 (Anm. 30), 737-739, 743, 746-748, 750f, 753, 770-772, 780, 782, 787, 790f, 793
Stahlberg 167f, 229, 502, 504
Stadelheim 621
Standenbühl 228
Staudernheim 161
Steinhölzli bei Bern 47
St. Gallen 84, 191
St. Ingbert 11, 176-178, 181f, 183 (Anm. 22), 202, 205, 282, 301, 305f, 331, 704f, 734, 738, 746, 752, 780
St. Ingbert-Rohrbach 780
Straßburg 42, 47, 149 (Anm. 3), 457, 521, 524, 551f, 608, 661, 663f
Studernheim – siehe: Frankenthal
Stuttgart 19, 50, 54, 61, 77, 119, 121, 159, 184, 234, 270, 273, 527, 624f, 705
St. Wendel 209
Sudetenland 559
Südbayern 208
Süddeutschland 75, 78, 84, 98, 451, 735
Südfrankreich 560, 626, 644, 679
Südpfalz 144f, 300, 332, 341, 473, 524, 792
Südwestdeutschland 102, 269f, 323, 521, 528, 586, 653
Südwestpfalz 300, 332, 508
Suresnes 646

Termes d'Armagnac **559**, 560
Thaleischweiler 54, 202, 508
Theisbergstegen 170
Thüringen 471

Toulouse 561
Tours 646
Trippstadt 781
Trutna (Trautenau) 521, 678
Trier 52, 590, 741, 789
Trippstadt 229
Tschechoslowakei 678f
Tübingen 61, 656

Ulmet 172
Ungarn 365

Venningen 302,
Vereinigte Staaten von Amerika 48, 55, 108, 256f, 352, 360, 454, 456f, 646, 664f, 679
Vernet 679
Versailles 384f, 646
Vorderpfalz 11, 73, 91, 98, 100-102, 105, 111, 124, 138, 150f, 153, 257, 260, 332, 341, 402, 473, 480, 532, 631, 648, 652, 690

Wachenheim 146, 352, 721, 741, 751, 781, 788
Waldfischbach 242
Waldmohr 170, 174f, 576, 590, 710, 781
Waldsee 202, 702
Wattweiler – siehe: Zweibrücken
Weidenthal 302
Weilerbach 781
Weimar 365, 694
Weißenburg 551, 666
Weisenheim am Sand 202, 271, 703
Wennigsen 385, 563, 709
Westdeutschland 375
Westpfalz 11, 73, 76, 81, 89, 118, **126**, 151, 153, 156, 170, 205, 207, 242, 306, 332, 341, 373, 380, 401, 416, 473, 475, 540, 633, 648, 652, 690, 694
Westrich 11, 540
Wien 80, 184, 189, 191f, 196 (Anm. 15), 287
Wiesbaden 98, 158, 169
Wiesentalerhof 229
Wildbad 72
Winnweiler 46, 158
Wörth 203, 552
Wolfstein 170

Geographisches Register 815

Wollmesheim 147
Worms 65, 135, 158, 159
Württemberg 270, 306, 376, 404, 470, 476
Würzburg 89, 208, 360, 689
Würzweiler 233

Zürich 18, 47, 109, 124, 182, 457, 470, 680
Zweibrücken 29, 46f, 49, 52, 66, 83, **126**, 149 (Anm. 3), 198, 202, 204, 206f, 211-213, 222f, 248, 256, 271, 295f, 299, 301, 328 (Anm. 105), 342, 380, 385, 401, 428, 481, 490, **506**, 523, 551, 570, 576, 590f, 594 (Anm. 7), 599, 606-612, 628, 651, 662, 698, 702, 705, 707f, 721, 725, 737f, 743, 746f, 752, 781
Zweibrücken-Bubenhausen 216
Zweibrücken-Ixheim 202
Zweibrücken-Mittelbach 609
Zweibrücken-Mörsbach 609
Zweibrücken-Niederauerbach 202, 608f, 707
Zweibrücken-Oberauerbach 609
Zweibrücken-Rimschweiler 609
Zweibrücken-Wattweiler 609

Nachweis der Abbildungen

Landesarchiv Speyer   VII, IX, X, XI, XII, 32, 51, 60, 74, 155, 162, 173, 200, 254, 255, 408, 420, 427, 456, 458, 487, 511, 547, 659
Historisches Museum der Pfalz, Speyer   III
Stadtarchiv Frankenthal (Pfalz)   66, 112, 114, 286, 307, 308, 322, 394, 406, 485, 553
Stadtarchiv Kaiserslautern   20, 22, 25, 121, 122, 127, 129, 283, 333, 334, 336, 338, 339, 417, 422, 462, 509
Stadtarchiv Landau   146, 389, 391, 403
Stadtarchiv Ludwigshafen am Rhein   V, VIII, 21, 23, 26, 76, 79, 82, 87, 95, 99, 103, 105, 185, 187, 190, 193, 202, 211, 212, 231, 262, 278, 302, 353, 356, 358, 365, 377, 378, 381, 385, 388, 397, 405, 419, 445, 447, 448, 467, 491, 507, 533, 535, 580, 627, 630
Stadtarchiv Mannheim   254, 257
Stadtarchiv Neustadt an der Weinstraße   266, 300 (Repro R. Schädler)
Stadtarchiv Speyer   XIV, 284, 347, 411, 451, 495, 496, 500, 569, 681
Zentralarchiv der Evangelischen Kirche, Speyer   471, 474, 476
Archiv der sozialen Demokratie der Friedrich-Ebert-Stiftung, Bonn (AdsD)   I, II, XIII, XV, XVI, 71, 181, 221, 241, 567, 584
DGB-Archiv im AdsD   674
SPD-Bezirk Pfalz Neustadt an der Weinstraße   VI, 16, 30, 36, 40, 86, 90, 126, 130, 152, 214, 217, 250, 259, 270, 271, 274, 296, 303, 305, 306, 309, 310, 312, 315, 341, 348, 355, 421, 423, 440, 463, 465, 481, 482, 483, 484, 490, 506, 510, 514, 522, 527, 528, 563, 566, 571, 572, 592, 602, 606, 607, 620, 624, 649, 650, 668, 683
SPD-Unterbezirk Speyer   28
SPD-Ortsverein Bad Dürkheim   290, 317
SPD-Ortsverein Freinsheim   574

SPD-Stadtverband Ludwigshafen   666
Baltfried Barthel   636
Werner von Blon   609, 610, 611
Günter Braun   517, 520, 526, 657
Rolf Dlubek   67, 69
Diethard Hennig   361, 366
Luise Herklotz   652
Jürgen Keddigkeit   640
Hans Kirsch   138, 223, 243, 383
Wilhelm Kreutz   53
Margit Lommatzsch   565, 600
Werner Ludwig   331, 559, 672
Erna Merkel   267
Heinrich Ober   298, 432
Roland Paul   439
Herbert Röper   641
Liesel Schäfer   585, 622, 623
Hedwig Schardt   605
Lothar Schwartz   637
Michael Staudt   177, 180, 182
Heinrich Wolf   IV
Gerhard Wunder   59

Herausgeber, Autorinnen und Autoren

Elisabeth Alschner (1929 - 1997), lebte in Speyer. Stepperin, Fabrikarbeiterin. Sozialdemokratin, Gewerkschafterin, 1973 - 1978 Mitglied des SPD-Bezirksvorstandes. Publikationen u. a.: Luise Herklotz, eine pfälzische Sozialdemokratin in der Nachkriegszeit. Eine Dokumentation, Neustadt 1994; Turngesellschaft Speyer 1880 - 1920. Freie Turnerschaft Speyer 1920 - 1933, Speyer-Neustadt 1996.

Hans Bardens, Jahrgang 1927, lebt in Ludwigshafen. Studium der Medizin in Mainz, Dr. med. Arzt. 1965 - 1983 SPD-Bundestagsabgeordneter, 1972 - 1983 Mitglied der Parlamentarischen Versammlung des Europarates, 1969 - 1980 Mitglied des pfälzischen Bezirksvorstandes.

Kurt Baumann (1909 - 1983), lebte in Speyer. Studium der Geschichte, Germanistik und Anglistik in Heidelberg und München, Dr. phil. Gymnasiallehrer. Zahlreiche Veröffentlichungen zur pfälzischen Geschichte u. a.: Das Hambacher Fest – Männer und Ideen, Speyer 1957; Pfälzische Lebensbilder. 2 Bde. Speyer 1964/1970.

Klaus J. Becker, Jahrgang 1963, lebt in Bockenheim. Studium der Politischen Wissenschaft, der Neueren und der Wirtschafts- und Sozialgeschichte in Mannheim, M. A., Dissertation über die KPD in Rheinland-Pfalz 1946 - 1956. Wissenschaftlicher Mitarbeiter. Publikationen u. a.: Georg K. Glaser und die Wormser KPD, in: Georg K. Glaser: Zeuge seiner Zeit/Schmied und Schriftsteller, hrsg. v. K. D. Wolff, Basel-Frankfurt 1997; Der lange Weg von der KPD zur SPD, in: Der Mensch muß zur Geltung kommen. Erinnerungen an den Ludwigshafener Ehrenbürger Herbert Müller, Ludwigshafen 1996.

Hans Günther Blinn, Jahrgang 1925, lebt in Landau. Nach Kriegsteilnahme und amerikanischer Gefangenschaft Studium der Germanistik, Geschichte, Geographie und Philosophie an der Universität Heidelberg, Dr. phil. Studiendirektor i. R. und Verleger, Komponist, Texter, Produzent pfälzischer Lieder. 1964 - 1974 ehrenamtlicher Bürgermeister der Stadt Landau, 1971 - 1979 SPD-Abgeordneter des Landtages. Autor und Herausgeber zahlreicher Publikationen.

Werner von Blon, Jahrgang 1929, lebt in Zweibrücken. Pädagogikstudium. Lehrer, 1980 - 1992 Oberbürgermeister von Zweibrücken. In den 1980er Jahren und 1990 - 1992 Mitglied des SPD-Bezirksvorstandes. Publikation: Demokratischer Neubeginn. Die Wiedergründung des Ortsvereins Zweibrücken der Sozialdemokratischen Partei nach dem Kriege, Zweibrücken 1996.

Günter Braun, Jahrgang 1953, lebt in Ludwigshafen. Studium der Politikwissenschaft, Zeitgeschichte und Germanistik in Mannheim, Dr. phil. Politologe und Zeithistoriker an der Universität Mannheim, Mannheimer Zentrum für europäische Sozialforschung. Arbeitsschwerpunkte: DDR-Geschichte, Entwicklung und Politik der Gewerkschaften in Europa, Widerstand gegen den Nationalsozialismus. Mitherausgeber des „Jahrbuchs für Historische Kommunismusforschung", Berlin, Redakteur der „Zeitschrift für Geschichtswissenschaft", Berlin.

Willi Breunig, Jahrgang 1933, lebt in Ludwigshafen. Studium der Geschichte, Sozial- und Wirtschaftsgeschichte, der Soziologie und Philosophie in Heidelberg, Dr. phil. Ehemaliger Leiter des Stadtarchivs Ludwigshafen. Publikationen u. a.: Soziale Verhältnisse der Arbeiterschaft und sozialistische Arbeiterbewegung in Ludwigshafen am Rhein 1869 - 1919, Ludwigshafen 1976; Vom Handelsplatz zur Industriestadt – Wirtschaftsentwicklung in Ludwigshafen am Rhein 1820 - 1920, Ludwigshafen 1986; Der Sprung auf die Bühne – Die Jugend- und Theatererinnerungen des Schauspielers und Regisseurs William Dieterle, Ludwigshafen 1998.

Egon Busch, Jahrgang 1938, lebt in Rockenhausen. Studium an der Pädagogischen Hochschule Kaiserslautern. Lehrer, Realschulkonrektor. Publikationen zur nordpfälzischen Geschichte, Mitautor mehrerer Ortschroniken und Dokumentationen; Schriftleiter der „Nordpfälzischen Geschichtsblätter"; Verfasser zahlreicher Theaterstücke.

Armin Dürr, Jahrgang 1962, lebt in Kaiserslautern. Studium der Geschichte, Germanistik und Politischen Wissenschaften an der Universität Erlangen-Nürnberg, M. A. Wissenschaftlicher Angestellter. Arbeitsschwerpunkte: Fränkische und pfälzische Landesgeschichte des 18. bis 20. Jahrhunderts, Publikationen u. a.: Vom Ministerialsitz zur Marktgemeinde. Wilhermsdorf von 1096 bis 1996, Wilhermsdorf 1996.

Franz Josef Ehrhart (1853 - 1908), lebte zuletzt in Ludwigshafen. Tapezierer. Erster pfälzischer Parteiführer, Mitbegründer und Mitarbeiter der „Pfälzischen Post", erster Landtags- und Reichstagsabgeordneter der pfälzischen Sozialdemokratie. Publikationen u. a.: Die Zustände in der Badischen Anilin- und Sodafabrik, Ludwigshafen 1892; Das bayerische Heimatgesetz und seine Anwendung in der Pfalz, Ludwigshafen 1904.

Hans Fenske, Jahrgang 1936, lebt in Speyer. Studium der Geschichte, Wissenschaftlichen Politik und Geographie in Tübingen und Freiburg, Dr. phil. Professor für Neue und Neueste Geschichte an der Universität Freiburg. Publikationen u. a.: Konservativismus und Rechtsradikalismus in Bayern nach 1918, Bad Homburg 1969; Wahlrecht und Parteiensystem. Ein Beitrag zur deutschen Parteiengeschichte, Frankfurt/Main 1972; Der liberale Südwesten. Freiheitliche und demokratische Traditionen in Baden und Württemberg, Stuttgart 1981; Deutsche Verfassungsgeschichte. Vom Norddeutschen Bund bis heute, Berlin 1981, 3. Aufl. 1991; Deutsche Parteiengeschichte. Von den Anfängen bis zur Gegenwart, Paderborn 1994.

Sylvia Fräßle, Jahrgang 1965, lebt in Mannheim. Studium der Wirtschaftspädagogik an der Universität Mannheim. Diplomhandelslehrerin.

Manfred Geis, Jahrgang 1949, lebt in Bad Dürkheim. Studium der Politischen Wissenschaften, Geschichte und Germanistik an der Universität Mannheim. 1975 - 1980 wissenschaftlicher Mitarbeiter an der Universität Mannheim, seit 1980 Geschäftsführer des SPD-Bezirks Pfalz, seit Dezember 1998 Mitglied des Landtages, seit 1999 Mitglied des pfälzischen Bezirkstages. Mitherausgeber von „Schon pflanzen sie frech die Freiheitsbäume." 150 Jahre Hambacher Fest, Neustadt 1982 und von Widerstand und Exil der deutschen Arbeiterbewegung 1933 - 1945, Bonn 1982.

Wilhelm Gerhold, genannt „Fallstaff" (1851 - 1932), lebte zuletzt in Ludwigshafen. Schuhmacher. Einer der frühen pfälzischen Sozialdemokraten. Neben seinen Erinnerungen: Unter dem Sozialistengesetz, in: Bei uns daheim 6 (1930) Blatt 1, verfaßte er zahlreiche Gedichte politischen Inhalts und trat bei Parteifesten als Rezitator auf.

Adam Haas (1909 - ?), lebte in Frankenthal. Schlosser, Mitarbeiter der „Pfälzischen Post". Sozialdemokrat, Arbeitersportler und Mitglied der SAJ, im November 1933 Flucht nach Saarlouis, dann nach Schweden, wo er verstarb. Verfaßte Erinnerungen.

Johannes Hartmann (Lebensdaten unbekannt). Einer der frühen pfälzischen Sozialdemokraten. Veröffentlichte in: Bei uns daheim 5 (1929) „Eine heitere Episode aus dem Sozialistengesetz".

Eugen Hartmeyer (1904 - 1989), lebte in Speyer. Schmied, städtischer Angestellter. Sozialdemokrat, vor 1933 SAJ-Jugendleiter, Unterkassierer des Reichsbanners, danach KZ-Haft und russische Kriegsgefangenschaft; 1969 - 1984 Mitglied des pfälzischen Bezirkstages. Hinterließ Erinnerungen.

Diethard Hennig, Jahrgang 1941, lebt in Langensendelbach/Bayern. Studium der Geschichte, Germanistik, Politologie und Soziologie in Erlangen, Dr. phil. Studiendirektor und Seminarleiter für Geschichte. Publikationen u. a.: Johannes Hoffmann, Sozialdemokrat und Bayerischer Ministerpräsident, München usw. 1990; „Gas- und Wassersozialismus": Sozialdemokratische Programmatik zur Kommunalpolitik auf dem Landesparteitag 1910 in Erlangen, in: 120 Jahre Sozialdemokratie in Erlangen, Erlangen 1990; Die Weimarer Republik, in: Geschichte für Gymnasien 12, Oldenburg 1994.

Alfred Hermann, Jahrgang 1951, lebt in Dossenheim. Studium der Wirtschaftspädagogik, Zeitgeschichte und Philosophie an der Universität Mannheim, Dr. phil. Diplom-Handelslehrer. Publikation: Die Geschichte der pfälzischen USPD, Neustadt 1989.

Ralf Hundinger, Jahrgang 1964, lebt in Dudenhofen. Studium der Wirtschaftspädagogik an der Universität Mannheim. Diplom-Handelslehrer. Publikation: Die Wiedergründung der pfälzischen SPD 1945 - 1947, in: ders./Vera Stürmer, „Wir kommen wieder." Ende und Wiederaufbau der pfälzischen SPD 1929 - 1933 und 1945 - 1947, Mannheim 1995.

Günther Janson, Jahrgang 1919, lebt in Ludwigshafen. Schriftsetzer, Dezernent und Bürgermeister a. D. Publikationen u. a.: Oppauer Sozialdemokraten im Kampf gegen den Nationalsozialismus, o. O. 1985; mit Horst Schork, Die Geschichte der Oppauer Sozialdemokratie, Ludwigshafen 1956; Mitherausgeber von: Der Freiheit und Demokratie verpflichtet. Beiträge zur Geschichte der Ludwigshafener Sozialdemokratie, Neustadt 1986.

Josef Kaiser, Jahrgang 1964, lebt in Ludwigshafen. Studium der Politischen Wissenschaft, Geschichte und Deutschen Philologie. Referent für wissenschaftliche Weiterbildung. Publikationen u. a.: Der Deutsche Gewerkschaftsbund 1949 - 1956 (Quellen zur Geschichte der deutschen Gewerkschaftsbewegung im 20. Jahrhundert, Bd. 11), Köln 1996.

Jürgen Keddigkeit, Jahrgang 1946, lebt in Kaiserslautern. Studium der Geschichte, Germanistik und des Rechtes. Wissenschaftlicher Mitarbeiter am Institut für Pfälzische Geschichte und Volkskunde. Publikationen u. a.: Das militärische Ende des Zweiten Weltkrieges in der Pfalz 1945, in: Pfalzatlas, Textband III, Heft 37 und 38, Karten 110 und 111, Speyer 1985; Feste und Festbräuche in der Pfalz, Kaiserslautern 1992; Burgen, Schlösser, feste Häuser. Wohnen, Wehren und Wirtschaften auf Adelssitzen in der Pfalz und im Elsaß, Kaiserslautern 1997.

Eris J. Keim, Jahrgang 1945, lebt in Altleiningen. Studium der Geschichte, Politischen Wissenschaft und Germanistik in München und Mannheim, Staatsexamen. Wissenschaftlicher Angestellter. Forschungen und Publikationen zur Kommunalpolitik und -geschichte, Geschichte der Arbeiterbewegung u. a.: „Aller Anfang fällt schwer." Erinnerungen, Dokumente, Biographien zum 100jährigen Bestehen der modernen Metallarbeiter- und sozialdemokratischen Bewegung in Kaiserslautern, Mertesheim 1991.

Hans Kirsch, Jahrgang 1944, lebt in Selchenbach. Polizeibeamter. Publikationen, u. a.: Von heute an seid Ihr keine Saargänger mehr. Die Angliederung von 13 Gemeinden an das Saarland 1947, Niederkirchen 1988; Für Freiheit, Gleichheit und Recht. Die Anfänge der Sozialdemokratie im Kuseler Land, Kusel 1991.

Claudia Klemm, studiert Mittlere und Neuere Geschichte und Journalistik in Gießen und am Cheltenham und Gloucester College of Higher Education Cheltenham/Großbritannien. Veröffentlichungen: Die Geschichte des SPD-Ortsvereins Lambrecht. Festschrift zum 125jährigen Bestehen des Ortsvereins 1872 bis 1997, Lambrecht 1997; Fürsorge für die Bevölkerung. Aller Anfang fällt schwer – Die Verwaltung nach Kriegsende, in: Landkreis Bad Dürkheim. Heimat-Jahrbuch 1996, S. 283-285; Die Wallonen in Lambrecht, in: Talpost 31 (1994).

Karl Klingel (1859 - 1936), lebte in Großbockenheim. Bauer und Winzer. Einer der ersten sozialdemokratischen Landwirte. 1924 - 1933 Bürgermeister von Bockenheim, 1920 - 1933 Mitglied des pfälzischen Kreistages. Veröffentlichung: Aus meinem Werden, in: Bei uns Daheim 3 (1927).

Wilhelm Kreutz, Jahrgang1950, lebt in Mannheim. Studium der Geschichte, Germanistik und Politischen Wissenschaft in Mannheim, Dr. phil. habil. Wissenschaftlicher Mitarbeiter. Forschungsschwerpunkte: Die südwestdeutsche Aufklärung, die Französische Revolution und ihre Folgen, die Revolution von 1848/49 in Bayern, die Besatzungszeit nach dem Ersten Weltkrieg, die deutschjüdische Geschichte und der historische Film.

Daniel Leßwing (1858 - 1937), lebte in Kaiserslautern. Schlosser. Mitbegründer der Metallarbeiterbewegung in Kaiserslautern, 1891 - 1902 Bevollmächtigter der Verwaltungsstelle Kaiserslautern des Deutschen Metallarbeiterverbandes, sozialdemokratischer Vertrauensmann. Schrieb Erinnerungsskizzen: Wie ich unter dem Sozialistengesetz Sozialdemokrat wurde (1930); Aller Anfang fällt schwer (1931).

Karlheinz Lipp, Jahrgang 1957, lebt in Berlin. Studium der Geschichte und Evangelischen Theologie in Mainz, Dr. phil. Gymnasiallehrer. Schwerpunkte der Forschungs- und Publikationstätigkeit: Geschichte der Friedensbewegung, Friedenspädagogik, Religiöser Sozialismus.

Werner Ludwig, Jahrgang 1926, lebt in Ludwigshafen. 1933 - 1945 mit den Eltern im Exil in Frankreich, Jurastudium in Toulouse, Paris und Mainz, Dr. jur. 1965 - 1993 Oberbürgermeister von Ludwigshafen. 1962 - 1980 Vorsitzender des SPD-Bezirks Pfalz, 1964 - 1974 und 1979 - 1996 Vorsitzender des Bezirkstages Pfalz, 1974 - 1979 Vorsitzender der SPD-Bezirkstagsfraktion, 1963 bis 1965 Mitglied des rheinland-pfälzischen Landtages. Veröffentlichung: Unterwegs – Lebenserinnerungen, Landau 1997.

Stefan Mörz, Jahrgang 1959, lebt in Ludwigshafen. Studium der Geschichte und Anglistik in Mainz und München, Dr. phil. Leiter des Stadtarchivs Ludwigshafen. Schwerpunkte der Forschungs- und Publikationstätigkeit: Kurpfälzische Geschichte des 18. Jahrhunderts, Geschichte der Stadt Ludwigshafen, Pressegeschichte.

Gerhard Nestler, Jahrgang 1952, lebt in Heuchelheim bei Frankenthal. Studium der Anglistik, Politischen Wissenschaft und Zeitgeschichte in Mannheim, Staatsexamen. Leiter des Stadtarchivs Frankenthal. Zahlreiche Publikationen zur pfälzischen Geschichte des 19. und 20. Jahrhunderts, Mitherausgeber des Bandes „Die Pfalz unterm Hakenkreuz", Landau 1993.

Roland Paul, Jahrgang 1951, lebt in Steinwenden und Kaiserslautern. Studium der Geschichte, Germanistik und Deutschen Volkskunde in Landau und Mainz, Staatsexamen. Wissenschaftlicher Mitarbeiter, stellvertretender Leiter des Instituts für Pfälzische Geschichte und Volkskunde. Ausgedehnte Vortragstätigkeit, vor allem auch in den USA; zahlreiche Publikationen mit den Schwerpunkten pfälzische Geschichte, insbesondere der Ein- und Auswanderung vom 16. bis 19. Jahrhundert, jüdische Emigration in der NS-Zeit.

Stephan Pieroth, Jahrgang 1958, lebt in Bad Dürkheim. Nach Volontariat Studium der Geschichte, Germanistik, Philosophie und des Öffentlichen Rechts in Mainz, Dr. phil. Redakteur. Publikationen u. a.: Parteien und Presse in Rheinland-Pfalz 1945 - 1971, Mainz 1994.

Friedrich Profit (1874 - 1951), lebte zuletzt wieder in Ludwigshafen. Schlosser, ab 1906 erster besoldeter Parteisekretär der pfälzischen SPD, Ministerialrat. 1900 - 1921 Mitglied des Gauvorstandes, 1912 bis 1920 Landtagsabgeordneter. Veröffentlichungen u. a.: Dr. v. Bettinger und die Sozialdemokratie. Die Wahlkompromisse zwischen Zentrum und Sozialdemokratie in der Pfalz, München 1913.

Josef Queva (1849 - 1929), lebte in Friesenheim. Bäckermeister, Fabrikarbeiter. Einer der ersten und führenden Vertreter der frühen pfälzischen Sozialdemokratie. Mitglied des Ludwigshafener Stadtrates. Veröffentlichte 1928 in: Bei uns daheim seine Erinnerungen „Auf geht die Saat".

Gerd Rauland, Jahrgang 1952, lebt in Steinwenden. Studium der Geschichte und Politischen Wissenschaft an der FU Berlin, Staatsexamen. Leiter des Stadtarchivs Kaiserslautern. Publikationen u. a.: 100 Jahre Sozialdemokratische Partei Kaiserslautern. Ein kurzer Überblick über die Geschichte ihrer Entstehung bis zur Gründung des Ortsvereins, in: 100 Jahre Sozialdemokratische Partei Kaiserslautern 1892 - 1992, Kaiserslautern 1992; Mitbearbeiter von Frühjahr '45. Die Stunde Null in einer pfälzischen Region, Kaiserslautern 1995.

Reinold Rehberger, Jahrgang 1946, lebt in München. Journalist, Textchef des Kommunikationsfachblattes W & V. Publikationen u. a.: „Treudeutsch", ein zweibändiges Werk über die Kaiserzeit in der Nordpfalz, Geldern 1994.

Ute Renner, Jahrgang 1964, lebt in Karlsruhe. Studium der Wirtschaftspädagogik an der Universität Mannheim. Diplom-Handelslehrerin.

Liesel Schäfer, Jahrgang 1929, lebt in Ludwigshafen. Medizinisch-technische Assistentin. Hausfrau. Seit 1995 Mitglied des SPD-Parteivorstandes und seit 1973 des pfälzischen Bezirksvorstandes.

Stefan Schaupp, Jahrgang 1968, lebt in Neustadt. Studium der Geschichte und Germanistik in Bonn und Mannheim. Studienreferendar. Publikation: Ramsen im 19. und 20. Jahrhundert, in: 850 Jahre Ramsen. Beiträge zur Ortsgeschichte, Ramsen 1996.

Karl Scherer, Jahrgang 1937, lebt in Kaiserslautern. Studium der Geschichte, Germanistik, Politischen Wissenschaft und Philosophie an den Universitäten Mainz, Bonn und Heidelberg, Staatsexamen. Direktor des Instituts für Pfälzische Geschichte und Volkskunde Kaiserslautern. Forschungen und Publikationen zum Dreißigjährigen Krieg, zur pfälzischen Kirchengeschichte und zur pfälzischen Migration, u. a.: Herausgeber von „Pfälzer – Palatines. Beiträge zur pfälzischen Ein- und Auswanderung", Kaiserslautern 1981.

Dieter Schiffmann, Jahrgang 1948, lebt in Frankenthal. Studium der Geschichte, Geographie und Politischen Wissenschaft in Mannheim, Dr. phil. Wissenschaftlicher Angestellter, seit 1987 Landtagsabgeordneter, seit 1994 stellvertretender Vorsitzender der SPD-Landtagsfraktion. Publikationen u. a.: Von der Revolution zum Neunstundentag. Arbeit und Konflikt bei BASF 1918 - 1924, Frankfurt-New York 1983; Die Gewerkschaften von der Stabilisierung bis zur Weltwirtschaftskrise 1924 bis 1930. (Quellen zur Geschichte der deutschen Gewerkschaftsbewegung im 20. Jahrhundert, Bd. 3/1 und 3/2.) Bearb. v. Horst A. Kukuck/Dieter Schiffmann, Köln 1986.

Erich Schneider, Jahrgang 1929, lebt in Kaiserslautern. Studium der Geschichte und Germanistik in München, Tübingen und Mainz, Dr. phil. Studiendirektor i. R. Zahlreiche Publikationen zu den freiheitlichen Tendenzen der pfälzischen Geschichte, u. a. zur Pfalz im Zeitalter der Französischen Revolution, zum Hambacher Fest, zur Revolution von 1848/49 und zur pfälzischen Sozialdemokratie, besonders zu Franz Josef Ehrhart.

Fritz Schott (1905 - 1969), lebte vor und nach Emigration, Auslieferung und Haft in Ludwigshafen. Dreher, Expedient der „Pfälzischen Post", Sozialreferent. Nach 1945 führend am Wiederaufbau der SPD und der Arbeiterwohlfahrt beteiligt. Verfaßte Aufzeichnungen über die illegale Konferenz in Elmstein 1945.

Wehrmann Seel (1914 - 1989), Beamter des Landratsamtes Kirchheimbolanden. Am Wiederaufbau der SPD nach 1945 in der Nordpfalz beteiligt. Veröffentlichung: „Den Schaffenden zur Seite stehen." Erinnerungen an 1945/46, in: Pfälzische Post 5 (1985), H. 4, Nr. 17, S. 11-12.

Georg Setzer (1884 - 1962), lebte in Ludwigshafen. Buchdrucker, bis 1933 hauptamtlicher Sekretär des SPD-Bezirks Pfalz. 1921 - 1933 Mitglied des Bezirksvorstandes, 1928 - 1933 des pfälzischen Kreistages. Veröffentlichte 1949 im Armen Konrad aus Rheinland-Pfalz: „Wir kamen wieder!" Erinnerungen an die ersten Tage des Naziregimes.

Matthias Spindler, Jahrgang 1954, lebt in Mannheim und Waldsee. Studium der Geschichte an den Universitäten Mannheim und Heidelberg, M. A. Freiberuflicher Jazz-Journalist beim Hessischen Rundfunk und Historiker. Forschungsschwerpunkt: Pfälzischer Separatismus, Veröffentlichungen: mit Gerhard Gräber, Revolver-Republik am Rhein. Die Pfalz und ihre Separatisten. Bd. 1, Landau 1992; Fernsehdokumentationen über: Albert Mangelsdorff – Ein Leben für den Jazz; mit Klaus Tröster, Mensch sein heißt Kämpfer sein. Ein Porträt des bayerischen Ministerpräsidenten Johannes Hoffmann 1867 - 1930.

Michael Staudt, Jahrgang 1963, lebt in Zweibrücken. Studium der Neueren, Wirtschafts- und Sozialgeschichte und der Politikwissenschaft in Saarbrücken, M. A. Volkshochschulleiter. Publikationen u. a.: Die Roten im schwarzen Eck. Die Anfänge der Sozialdemokratie in St. Ingbert 1889 - 1919, St. Ingbert 1991; Lebenswelt Verein. Historischer Bild- und Lesekalender für das Jahr 1993, St. Ingbert 1992.

Vera Stürmer, Jahrgang 1966, lebt in Mannheim. Reiseverkehrskauffrau, Studium der Betriebswirtschaftslehre, Pädagogik und Politischen Wissenschaft an der Universität Mannheim. Diplomhandelslehrerin. Veröffentlichung: Die pfälzische SPD in der Endphase der Weimarer Republik, in:

dies./Ralf Hundinger, „Wir kommen wieder." Ende und Wiederaufbau der pfälzischen SPD 1929 - 1933 und 1945 - 1947, Mannheim 1995.

Heinrich Thalmann, Jahrgang 1950, lebt in Landau. Studium der Germanistik, Geschichte und Politischen Wissenschaften in Mannheim, Heidelberg und Freiburg, Dr. phil. Oberstudienrat. Publikationen: Die Pfalz im Ersten Weltkrieg. Der ehemalige bayerische Regierungskreis bis zur französischen Besetzung im Dezember 1918, Kaiserslautern 1990; Nußdorf – ein pfälzisch-französisches Dorf in der Zeit der Französischen Revolution, in: MHVP 92 (1994), S. 207-239; Die Demonstration von Kaiserslauterer Frauen für die Anerkennung ihrer Arbeitskraft im Juli 1917, in: Jahrbuch zur Geschichte von Stadt und Landkreis Kaiserslautern 30/31 (1992/93), S. 329-346.

Johannes Theisohn, Jahrgang 1943, lebt in Haßloch. Studium der Evangelischen Theologie, der Geschichte und Politik in Heidelberg, Göttingen und Mainz, Dr. theol. Oberstudiendirektor. Publikationen zur jüdischen Lokal- und Regionalgeschichte und zur Geschichte der Haßlocher SPD.

Philipp Jakob Weber (Lebensdaten unbekannt). Einer der ersten Mutterstadter Sozialdemokraten, während des Sozialistengesetzes Gefängnishaft. Veröffentlichte 1930 Erinnerungen, in: Bei uns daheim „Einige lose Blätter aus Mutterstadt".

Gerhard Wunder, Jahrgang 1935, lebt in Neustadt. Studium der Rechtswissenschaft und Geschichte in Heidelberg, München, Berlin, Münster und Straßburg, Dr. jur., Dr. phil. Regierungsdirektor i. R. Publikationen zum mittelalterlichen Territorium der Stadt Straßburg und zur pfälzischen Politik im 19. und 20. Jahrhundert.